춘하추동 실전 종합 만세력 시리즈-3

파워 만세력 ❸

한명호 엮음

도서출판 두원 출판미디어

파워만세력-3

지 은 이 / 한명호
펴 낸 이 / 한원석
펴 낸 곳 / 두원출판미디어
강원도 춘천시 후만로 116번길2
☎ 033) 244-5612, 242-5612 FAX 033) 251-5611

등록 / 1999. 08. 06 제041호

판권 본사 소유 의인

♣ 파본, 낙장본은 교환하여 드립니다.
♣ 다음까페 : 두원출판미디어
홈페이지: www.dooweonmedia.co.kr

♣ E-mail : doo1616@naver.com
1판 2쇄 2021. 05. 22 ISBN 978-89-91253-13-1

정가 12,000원

"파워 만세력" 을 펴내면서

벌써 한참 전에 했어야 할 일인데, 그대로 있어서는 안 되는 일인데 하면서도, 알고도 못 한 일이었는데 이제라도 다시 할 수 있다는 것에 대한 작은 기쁨과도 같은 일이었습니다. 근 십여 년 만에 다시 만세력을 매만지게 되었습니다. 처음의 기획에서부터 편집도 직접 하였습니다. 전문적인 편집인은 아니더라도 직접 만들고 싶었습니다. 제작의 전 과정도 두루 같이 하면서 살펴보았습니다. 용지의 선택도, 그 외의 많은 일에도 직접 관여하며 표지도 직접 꾸며보았습니다. 부족한 면이 많다는 것을 알면서도, 흉잡힐 사안이 많다는 것을 알면서도 직접 부딪혀 보았습니다. 이 모든 것을 극복하도록 만든 것, 그것은 정성 이었습니다. 지성이면 감천이라는 생각으로 마련하였습니다. 나름대로 세세한 부분을 직접 실무자로써 느껴지는 필요한 부분을 집중적으로 다루어보았습니다. 많은 부분을 수록하려 하였으나 실질적인 부분에 비중을 두고 다루어보았습니다.

역사(歷史)를 알아야 천기天氣를 살필 수 있다는 것은 누구나 알 것입니다. 알기 쉽게 집약하여 놓은 것이 바로 파워만세력입니다. 각각의 절기를 알기 쉽게 나누어 표기하였습니다. 입절만 생각하다가 실수를 하는 우를 범하지 않게 하도록 함입니다. 제일 큰 차이입니다. 세세한 부분은 책장을 넘기고 자세히 보시면 시각적인 효과가 나타날 것입니다. 혁신적으로 색을 넣어 시각적인 면에도 신경을 썼습니다. 가격 또한 부담이 없는 가격을 책정하였습니다. 어느 분야를 전공하신 분이라도 지니고 다닐 종합적인 만세력으로 부끄럽지 않으리라 생각합니다. 더 다루지 못한 부분 더욱 노력하여 보완을 하려고 합니다. 혁신적이고, 스마트한 파워만세력은 시리즈로 여러 형태로 계속 이어질 것입니다. 많은 지도와 연락을 부탁드립니다.

2015년 11월 25일

엮은이　한명호 올림.

-------차례------------

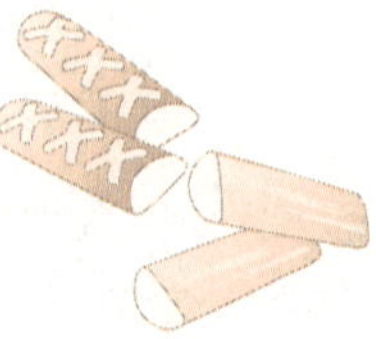

판권--2

"스마트 만세력"을 펴내면서---------------------------------3

차례--4

파워만세력 살펴보기------------------------5

매해 운 년과, 구성과 활용법---------------------------------8

절기도표--9

시(時) 간지(干支) 조견표.----------------11-12

년두법--------------------------------13

표준시 참고사항------------------------14

십이신살十二神殺조견표--------------------27

12신살 神殺의 분석 ---------------------29

삼원갑자 구성 년 별 조견표------------------------------40

명궁지지 속견표---41

구성의 명칭과 구궁의 변화도------------------------------43

육십갑자 속견표---45

납음오행--47

만세력 1921년-2050년 까지.---------- --57-317

도서안내---------------------------318-319

판권--------------------------------320

【 파워 만세력-3 살펴보기】

【전체적인 구성.】

❶ 명리(命理), 구성(九星)을 동시 활용할 수 있도록 만든 만세력으로 활용범위를 극대화.

❷ 최대한 한글을 많이 삽입, 사용의 편리함을 제공. 책장을 넘기는 부분마다 큰 글씨로 년도를 표시해 찾기 쉽도록 하고, 해마다 간지 동물 그림을 삽입, 기억을 쉽게 하도록 최대한 노력을 하였습니다.

❸ 하단 부분에는 그 해의 역사적인 사실을 기록. 과거의 흐름에 대한 기운을 참조하고, 응용하는데 보조 역할을 할 수 있도록 하였다.

상단 부분에는 그해의 참조할 많은 사항을 기록, 다양함을 갖추었습니다.

❹ 서머타임에 관한 부분은 적용된 시기(時期)를 일일이 파악하여 시간을 수정, 계산하여 기록, 따로 신경을 쓸 필요 없이 바로바로 편안하게 사용할 수 있도록 적용.(✸서머타임을 잊고 사용하여도 됨, 간혹 실수하는 부분을 사전에 예방하는 효과.)

❺ 부록으로 기본적인 한자와 추명을 함에 있어 필요한 사항 등을 모았습니다. 2015년 발표된 인명용 한자를 수록하려 하였으나, 양이 워낙 방대하여 실질적으로 참고해야 할 기본적인 한자 1800자를 수록하여 항시 알아두어야 할 지극히 필수적인 사항으로 든든함을 간직하도록 하였습니다. 좀 더 광범위한 내용을 필요로 하시는 분들은 따로 참조하시기 바랍니다.

【 세부적인 특징, 참고사항..】

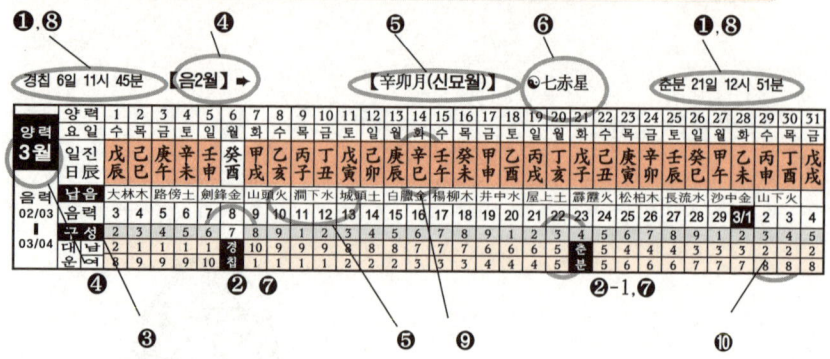

❶,❽ 경칩 6일 11시 45분 ❹【음2월】➡ ❺【辛卯月(신묘월)】 ❻ ☯七赤星 ❶,❽ 춘분 21일 12시 51분

양력 3월 / 음력 02/03 – 03/04

양력	1	2	3	4	5	6	7	8	9	10	11	12	13	14	15	16
요일	수	목	금	토	일	월	화	수	목	금	토	일	월	화	수	목
일진 日辰	戊辰	己巳	庚午	辛未	壬申	癸酉	甲戌	乙亥	丙子	丁丑	戊寅	己卯	庚辰	辛巳	壬午	癸未
납음	大林木		路傍土		劍鋒金		山頭火		澗下水		城頭土		白臘金		楊柳木	
음력	3	4	5	6	7	8	9	10	11	12	13	14	15	16	17	18
구성	2	3	4	5	6	7	8	9	1	2	3	4	5	6	7	8
대운 남	2	1	1	1	1	경	10	9	9	9	8	8	8	7	7	7
대운 여	8	9	9	9	10	칩	1	1	1	1	2	2	2	3	3	3

양력	17	18	19	20	21	22	23	24	25	26	27	28	29	30	31
요일	금	토	일	월	화	수	목	금	토	일	월	화	수	목	금
일진 日辰	甲申	乙酉	丙戌	丁亥	戊子	己丑	庚寅	辛卯	壬辰	癸巳	甲午	乙未	丙申	丁酉	戊戌
납음	井中水		屋上土		霹靂火		松柏木		長流水		沙中金		山下火		
음력	19	20	21	22	23	24	25	26	27	28	29	3/1	2	3	4
구성	9	1	2	3	4	5	6	7	8	9	1	2	3	4	5
대운 남	6	6	6	5	춘	5	4	4	4	3	3	3	2	2	2
대운 여	4	4	4	5	분	5	6	6	6	7	7	7	8	8	8

❹ ❷ ❼ ❷-1,❼ ❸ ❺ ❾ ❿

❶ 절입節入시간으로 절기(節氣)가 시작되는 시간.

❷ 매달 해당하는 절기(節氣)를 한글로 표기 살피기 편하도록 하였습니다.(아래부분) 절기에 해당하는 대운(大運)수(數)는 절입시간을 기준하여 절입시간 전(前)은 전날의 대운수를 사용, 절입시간 후(後)는 다음날의 대운수를 사용하면 됩니다.

❷전반부 절입시간으로 해당월이 시작됩니다.(윗부분) 여기서는 신묘월이 해당됩니다. 각 절기마다 해당월이 변화됩니다. ❷-1 후반부의 절기입니다.

❸ 구성을 활용하는 편안함을 표시하였습니다. 일반작성시 구성조견표를 찾지 않아도 바로 사용할 수가 있습니다. 해당하는 날의 구성의 수(數)로 표시합니다.

❹ 해당월을 표시합니다. ❺ 음력 날짜로 월을 표시합니다.

❻ 구성 월반 작성시 사용. ❼ 절기를 표시합니다. ❽ 절입시간입니다.

❾ 해당날짜의 일진(日辰)을 표시합니다.

✪ 양력 3월14일은 음력으로 2월5일 일진은 병자(丙子)입니다.

✪ 양력 3월15일은 음력으로 2월6일 일진은 정축(丁丑)입니다.

❿ 대운수를 표시합니다. 남성(男性)과 여성(女性)으로 구분, 순행(順行)과 역행(逆行)을 나타냅니다.

☯ 납음 오행을 삽입하여 더욱 알찬 만세력이 되도록 하였습니다. 궁합이 좋다고 했는데 왜 결과는? 운이 좋다고 했는데 현실은 거꾸로? 감추어진 기운의 작용을 몰랐기 때문에 부족한 통변이 되고 만 것이지요. 전통적인 통변의 기법입니다. 무조건 외면하는 것은 문제가 있는 것이지요.

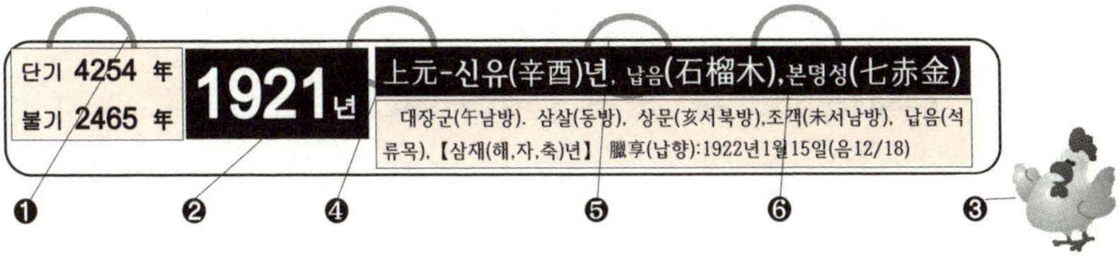

❶ 단기(檀紀)년도와 불기(佛紀)년도를 표시합니다. ❷ 서기(西紀) 년도를 표기합니다. ❸ 해마다 적용되는 년지의 특색을 그림으로 표시합니다.

❹상원이라 함은 상원, 중원, 하원중 중원임을 표시.

❺납음은 납음오행을 나타냅니다.

❻구성에 있어서 본명성을 나타냅니다.

대장군(酉서방), 삼살(동방), 상문(卯동방),조객(亥서북방), 납음(벽상토),【삼재(해,자,축)년】 臘享(납향):1962년1월23일(음12/18)

☯ 대장군은 대장군 방위를 말합니다.

✪삼살은 삼살방위, ✪상문은 상문방위,✪조객은 조객방위,

✪삼재(三災)는 삼재년을 말합니다.

☯ 납향이라함은 납일(臘日)에 한 해 동안 이룬 농사와 그 밖의 일들을 여러 신(神)에게 고하는 제사를 일컫는다. 한해를 마무리하는 제사이다. **음력섣달**이라 양력으로 다음해에 해당 새해로 널이 넘어간다.

☯ 춘사(春社), 추사(秋社)는 봄과, 가을에 지내는 제사로 농사가 잘되도록, 추수가 잘되도록 지내는 소원과 감사의 제사이다.

삼원 갑자 조견표

<table>
<tr><th>구분(區分)
삼원(三元)갑자</th><th>해당년도</th><th>9성 붙이기</th><th>비고</th></tr>
<tr><td>일원(一元)
상원갑자</td><td>1864년 갑자년
부터 1923년 계해년
까지 60년간</td><td>18644년 갑자년에
1백수성을 붙여 매년
한 번 씩 뒤로
내려가며 9성을
붙인다.</td><td rowspan="4">현재 2015년은
하원갑자에 해당.

3원 갑자는 이어 계속
반복하여 변화한다.
그러므로 9성의
변화역시 삼원갑자의
변화에 따른다.</td></tr>
<tr><td>이원(二元)
중원갑자</td><td>1924년 갑자년
부터 1983년
계해년까지60년 간</td><td>1924년 갑자년에
4록목성을 붙여 매년
한 번 씩 뒤로
내려가며 9성을
붙인다.</td></tr>
<tr><td>삼원(三元)
하원갑자</td><td>1984년 갑자년
부터 2043년 계해년
까지 60년간</td><td>1984년 갑자년에
4록목성을 붙여 매년
한 번 씩 뒤로
내려가며 9성을
붙인다.</td></tr>
<tr><td>일원상원
갑자시대로 반복</td><td>2044년 갑자년
부터 2104년 계해년
까지 60년간</td><td></td></tr>
</table>

【 절기(節氣)도표 】

【절기(節氣)도표】

구분 / 월(月)	년간年干 / 입절(立節)	갑,기 년	을,경 년	병,신 년	정,임 년	무,계 년
1월	입춘(立春)	병인(丙寅)	무인(戊寅)	경인(庚寅)	임인(壬寅)	갑인(甲寅)
2월	경칩(驚蟄)	정묘(丁卯)	기묘(己卯)	신묘(辛卯)	계묘(癸卯)	을묘(乙卯)
3월	청명(淸明)	무진(戊辰)	경진(庚辰)	임진(壬辰)	갑진(甲辰)	병진(丙辰)
4월	입하(立夏)	기사(己巳)	신사(辛巳)	계사(癸巳)	을사(乙巳)	정사(丁巳)
5월	망종(芒種)	경오(庚午)	임오(壬午)	갑오(甲午)	병오(丙午)	무오(戊午)
6월	소서(小暑)	신미(辛未)	계미(癸未)	을미(乙未)	정미(丁未)	기미(己未)
7월	입추(立秋)	임신(壬申)	갑신(甲申)	병신(丙申)	무신(戊申)	경신(庚申)
8월	백로(白露)	계유(癸酉)	을유(乙酉)	정유(丁酉)	기유(己酉)	신유(辛酉)
9월	한로(寒露)	갑술(甲戌)	병술(丙戌)	무술(戊戌)	경술(庚戌)	임술(壬戌)
10월	입동(立冬)	을해(乙亥)	정해(丁亥)	기해(己亥)	신해(辛亥)	계해(癸亥)
11월	대설(大雪)	병자(丙子)	무자(戊子)	경자(庚子)	임자(壬子)	갑자(甲子)
12월	소한(小寒)	정축(丁丑)	기축(己丑)	신축(辛丑)	계축(癸丑)	을축(乙丑)

【 절기(節氣)개요(槪要) 】

	24절기(절기)	음력陰曆	양력陽曆	일출시각	일몰시각
춘 春	입춘(入春); 봄이 시작 되는 철	정월절	2월4일경	07:33	17:58
	우수(雨水):비가 내리는 철	정월중	2월19일경	07:17	18;15
	경칩(驚蟄):동면곤충이 깨어나는 철	2월절	3월6일경	06:57	18:30
	춘분(春分):봄 태양환경의 분기 철	2월중	3월21일경	06:35	18:44
	청명(淸明):날씨가 맑고 밝은 철	3월절	4월5일경	06:13	18:58
	곡우(穀雨):곡식에 비가 내리는 철	3월중	4월20일경	05:51	19;11
하 夏	입하(立夏);여름이 시작되는 철	4월절	5월 6일경	05:32	19:26
	소만(小滿):보리가 굵어지는 철	4월중	5월21일경	05:19	19:36
	망종(芒種);보리를 베는 철	5월절	6월 6일경	05:11	19:50
	하지(夏至);여름의 막바지 철	5월중	6월21일경	05:11	19:56
	소서(小署);조금 더운 철	6월절	7월7일경	05:17	19:56
	대서(大署):매우 더운 철	6월중	7월23일경	05:28	19:48
추 秋	입추(立秋);가을이 시작되는 철	7월절	8월8일경	05:41	19:33
	처서(處署);더위가 그치는 철	7월중	8월23일경	05:44	19:55
	백로(白露):흰 이슬이 내리는 철	8월절	9월8일경	06:07	18:52
	추분(秋分):가을의 분기 철	8월중	9월23일경	06:20	18:29
	한로(寒露);찬 이슬이 내리는 철	9월절	10월8일경	06:33	18:06
	상강(霜降):서리가 내리는 철	9월중	10월23일경	06:48	17:44
동 冬	입동(立冬);겨울이 시작 되는 철	10월절	11월7일경	07:03	17:27
	소설(小雪);눈이 조금 오는 철	10월중	11월22일경	07:18	17;17
	대설(大雪);눈이 많이 오는 철	11월절	12월7일경	07:33	17:13
	동지(冬至):겨울의 막바지 철	11월중	12월12일경	07:43	17:17
	소한(小寒):조금 추운 철	12월절	1월5일경	07:47	17:28
	대한(大寒):매우 추운 철	12월중	1월20일경	07:44	17:42

약간의 변동이 있을 수 있으므로 만세력을 확인하시기 바랍니다.

【 시(時) 간지(干支) 조견표 】

☯ 야(夜) 자시(子時)와, 조(朝) 자시(子時), 구별하지 않은 경우

일간 오행(五行) / 출생 시간(時間)		갑(甲) 기(己)	을(乙) 경(庚)	병(丙) 신(辛)	정(丁) 임(壬)	무(戊) 계(癸)
23:30-01:30	자시 子時)	갑자 甲子	병자 丙子	무자 戊子	경자 庚子	임자 壬子
01:30-03:30	축시 丑時	을축 乙丑	정축 丁丑	기축 己丑	신축 辛丑	계축 癸丑
03:30-05:30	인시 寅時	병인 丙寅	무인 戊寅	경인 庚寅	임인 壬寅	갑인 甲寅
05:30-07:30	묘시 卯時	정묘 丁卯	기묘 己卯	신묘 辛卯	계묘 癸卯	을묘 乙卯
07:30-09:30	진시 辰時	무진 戊辰	경진 庚辰	임진 壬辰	갑진 甲辰	병진 丙辰
09:30-11:30	사시 巳時	기사 己巳	신사 辛巳	계사 癸巳	을사 乙巳	정사 丁巳
11:30-13:30	오시 午時	경오 庚午	임오 壬午	갑오 甲午	병오 丙午	무오 戊午
13:30-15:30	미시 未時	신미 辛未	계미 癸未	을미 乙未	정미 丁未	기미 己未
15:30-17:30	신시 申時	임신 壬申	갑신 甲申	병신 丙申	무신 戊申	경신 庚申
07:30-19:30	유시 酉時	계유 癸酉	을유 乙酉	정유 丁酉	기유 己酉	신유 辛酉
19:30-21:30	술시 戌時	갑술 甲戌	병술 丙戌	무술 戊戌	경술 庚戌	임술 壬戌
21:30-23:30	해시 亥時	을해 乙亥	정해 丁亥	기해 己亥	신해 辛亥	계해 癸亥

【 시(時) 간지(干支) 조견표 】

◒ 야(夜) 자시(子時)와, 조(朝) 자시(子時), 구별하는 경우

일간 오행(五行) 출생 시간(時間)		갑(甲) 기(己)	을(乙) 경(庚)	병(丙) 신(辛)	정(丁) 임(壬)	무(戊) 계(癸)
24:30-01:30 조(朝)자시(子時	자시 子時	갑자 甲子	병자 丙子	무자 戊子	경자 庚子	임자 壬子
01:30-03:30	축시 丑時	을축 乙丑	정축 丁丑	기축 己丑	신축 辛丑	계축 癸丑
03:30-05:30	인시 寅時	병인 丙寅	무인 戊寅	경인 庚寅	임인 壬寅	갑인 甲寅
05:30-07:30	묘시 卯時	정묘 丁卯	기묘 己卯	신묘 辛卯	계묘 癸卯	을묘 乙卯
07:30-09:30	진시 辰時	무진 戊辰	경진 庚辰	임진 壬辰	갑진 甲辰	병진 丙辰
09:30-11:30	사시 巳時	기사 己巳	신사 辛巳	계사 癸巳	을사 乙巳	정사 丁巳
11:30-13:30	오시 午時	경오 庚午	임오 壬午	갑오 甲午	병오 丙午	무오 戊午
13:30-15:30	미시 未時	신미 辛未	계미 癸未	을미 乙未	정미 丁未	기미 己未
15:30-17:30	신시 申時	임신 壬申	갑신 甲申	병신 丙申	무신 戊申	경신 庚申
07:30-19;30	유시 酉時	계유 癸酉	을유 乙酉	정유 丁酉	기유 己酉	신유 辛酉
19:30-21:30	술시 戌時	갑술 甲戌	병술 丙戌	무술 戊戌	경술 庚戌	임술 壬戌
21:30-23:30	해시 亥時	을해 乙亥	정해 丁亥	기해 己亥	신해 辛亥	계해 癸亥
23:30-24:30 야(夜)자시(子時	자시 子時	병자 丙子	무자 戊子	경자 庚子	임자 壬子	갑자 甲子

【 년두법 年頭法 】

생년 / 생월	甲,己年 갑·기년	乙,庚年 을·경년	丙,申年 병·신년	丁,壬年 정·임년	戊癸年 무·계년
1 월	丙寅 병인	戊寅 무인	庚寅 경인	壬寅 임인	甲寅 갑인
2 월	丁卯 정묘	己卯 기묘	辛卯 신묘	癸卯 계묘	乙卯 을묘
3 월	戊辰 무진	庚辰 경진	壬辰 임진	甲辰 갑진	丙辰 병진
4 월	己巳 기사	辛巳 신사	癸巳 계사	乙巳 을사	丁巳 정사
5 월	庚午 경오	壬午 임오	甲午 갑오	丙午 병오	戊午 무오
6 월	辛未 신미	癸未 계미	乙未 을미	丁未 정미	己未 기미
7 월	壬申 임신	甲申 갑신	丙申 병신	戊申 무신	庚申 경신
8 월	癸酉 계유	乙酉 을유	丁酉 정유	己酉 기유	辛酉 신유
9 월	甲戌 갑술	丙戌 병술	戊戌 무술	庚戌 경술	壬戌 임술
10 월	乙亥 을해	丁亥 정해	己亥 기해	辛亥 신해	癸亥 계해
11 월	丙子 병자	戊子 무자	庚子 경자	壬子 임자	甲子 갑자
12 월	丁丑 정축	己丑 기축	辛丑 신축	癸丑 계축	乙丑 을축

【 표준시 참고사항 】

◉ 대한민국의 표준시 기준 변경 현황

경선 기준 표준시	적용 기간(期間)
동경 127도 30분	1908년 04/29일 18:30⇛18:00으로 조정~1912년 01/01일 11시30분 까지
동경 135도 30분	1912년 01/01일 11:30⇛12:00조정 조정~1954년 03/21일 00시 30분 까지
동경 127도 30분	1954년 03/21일 00:30⇛00:00조정 조정~1961년 08/09일 00시 00분 까지
동경 135도 30분	1961년 08/10일 00:00⇛00:30조정 조정~현재 까지 사용되고 있음

◉ 대한민국의 서머타임 기준 변경 현황(적용 시작과 종료)

해당년도	서머타임 시작	서머타임종료	기준
1948	05/31일 23시00분⇛24시00분으로	09/12일 24시00분⇛23시00분으로	동경 135도 00분
1949	04/02일 23시00분⇛24시00분으로	09/10일 24시00분⇛23시00분으로	동경 135도 00분
1950	03/31일 23시00분⇛24시00분으로	09/09일 24시00분⇛23시00분으로	동경 135도 00분
1951	05/06일 23시00분⇛24시00분으로	09/08일 24시00분⇛23시00분으로	동경 135도 00분
1955	05/05일 00시00분⇛01시00분으로	09/09일 01시00분⇛00시00분으로	동경 127도 30분
1956	05/20일 00시00분⇛01시00분으로	09/30일 01시00분⇛00시00분으로	동경 127도 30분
1957	05/05일 00시00분⇛01시00분으로	09/22일 01시00분⇛00시00분으로	동경 127도 30분
1958	05/04일 00시00분⇛01시00분으로	09/21일 01시00분⇛00시00분으로	동경 127도 30분
1959	05/03일 00시00분⇛01시00분으로	09/20일 01시00분⇛00시00분으로	동경 127도 30분
1960	05/01일 00시00분⇛01시00분으로	09/18일 01시00분⇛00시00분으로	동경 127도 30분
1987	05/10일 02시00분⇛03시00분으로	10/11일 03시00분⇛02시00분으로	동경 135도 00분
1988	05/08일 02시00분⇛03시00분으로	10/09일 03시00분⇛02시00분으로	동경 135도 00분

◉ 상기 서머타임 적용에 대한 번거로움을 없애기 위해 해당년도의 날짜를 확인하여 절입시간까지 계산하여 수록, 시작과 종료되는 절기 및 시간까지 확인하여 수록되었기에 일일이 서머타임에 대한 착각의 염려는 안하셔도 됩니다. 수정을 하다 보니 절기가 바뀌는 경우도 나타나기도 합니다. 많은 분들이 간혹 하시는 실수는 없으리라 확신 합니다.

윤초는 1972부터 사용. 1/1,7/1 1초를 더하거나 빼서 적용. 개념은 윤년과 같으나 사용은 다름.

☯ 현재 표준시로 인하여 시간 차이가 30분씩 나는 점을 참고하시기 바랍니다.
이것은 시간지 조견표를 참조하시면 됩니다. 수정하여 올려 있습니다.

【 사주의 각 위치에 따른 해석과 응용 】

위치 / 기준	시(時柱)	일(日柱)	월(月柱)	년(年柱)
시간적 관계	앞(미래)		뒤(과거)	
위치적 관계	후(後)(뒤)		선(先)(앞)	
상하관계	후배, 부하	본인(本人)	윗사람, 선배	기관의장, 우두머리
가족관계	자손(子孫)	본인, 배우자	부모,형제	선조,조상
나이로 보는 관계	말년(末年)	중말년 (中末年)	중년(中年)	초년(初年)
사회관계	후대(後代)	가정(家政)	사회(社會)	국가(國家)
성장관계	실(實)	화(花)	묘(苗)	근(根)
수리관계	정(貞)	이(利)	형(亨)	원(元)
천체,우주	시간과 공간	지구	달	해

☯. 【 음(陰),양(陽)오행(五行)의 의미(意味).】

구분(區分) / 오행(五行)	천간 (天干)	음양 (陰陽)	구분 (區分)	의미(意味), 질(質)
목(木)	갑(甲)	양(陽)	대림 大林)	동량지목(棟樑之木)
	을(乙)	음(陰)	초목 (草木)	유목(幼木), 풀, 굽은 나무
화(火)	병(丙)	양(陽)	태양 (太陽)	태양(太陽),빛, 열
	정(丁)	음(陰)	등촉 (燈燭)	등, 모닥불,
토(土)	무(戊)	양(陽)	성원 (城垣)	광야(廣野),태산(泰山)
	기(己)	음(陰)	전원 (田園)	전(田),답(畓)
금(金)	경(庚)	양(陽)	검극 (劍戟)	무쇠, 강철
	신(辛)	음(陰)	주옥 (珠玉)	유약한 쇠, 철사, 핀
수(水)	임(壬)	양(陽)	강호 (江湖)	바다, 큰 호수
	계(癸)	음(陰)	우로 (雨露)	시냇물, 샘물

※ 대략적인 분류를 한 것이다. 자세한 것은 추후 내용을 가미하기로 합니다.

☯【 성정(性情)으로 살펴보는 오행(五行).】

오행 구분	목(木)	화(火)	토(土)	금(金)	수(水)
	인정(仁情)	예의(禮儀)	신용 (信用)	의리(義理)	지혜 (知慧)
	강직(剛直)	조급(躁急)	후중 (厚重)	냉정(冷情)	원만 (圓滿)
	희(喜)	락(樂)	사(思)	로(怒)	애(愛)
	경사(慶事)	명랑(明朗)	한 대 (寒帶)	급속(急速)	포용 (包容)
	정도(正道)	달변(達辯)	허경 (虛驚)	숙살(肅殺)	비밀 (秘密)
	유덕(有德)	솔직(率直)	구사 (久事)	변혁(變革)	인내 (忍耐)
	경화(硬化)	분산(分散)	집결 (集結)	건실(健實)	응결 (凝結)
	곡직(曲直)	염상(炎上)	가색 (稼穡)	종혁(從革)	윤하 (潤下)

☯ 【 다양한 비교 오행.】

오행(五行) 구분(區分)	목(木)	화(火)	토(土)	금(金)	수(水)
	간(肝)	심장 (心腸)	비(脾)	폐(肺)	신장 (腎臟)
	담(膽)	소장 (小腸)	위(胃)	대장 (大腸)	방광 (膀胱)
	신경 (神經)	정신 (精神)	비육 (肥肉)	골격 (骨格)	신기 (腎氣)
	수족 (手足)	시력 視力)	복부 (腹部)	피부 (皮膚)	비뇨기 (泌尿器)
	모발(毛髮) 두(頭)	안(顔) 체온(體溫)	요(腰)	치아(齒牙) 기관지 (氣管支)	수분(水分) 당뇨(糖尿)
	풍(風)	열(熱)	습(濕)	조(燥)	한(寒)
	인후 (咽喉)	혈압 (血壓)	원(晼)	조혈 (造血)	산(疝)

☯ 【 다양한 비교 오행.】

♣ 감각적(感覺的)인 면으로 분류한 오행.

오행(五行) / 구분(區分)	목(木)	화(火)	토(土)	금(金)	수(水)
오각 (五覺)	촉(觸)	시(視)	미(味)	후(嗅)	청(聽)

♣ 오관(五官)으로 분류하여 보는 방법(方法).

오관(五官)이라 함은 귀, 눈, 코, 입, 눈 (이(耳), 목(目), 구(口), 비(鼻), 미(眉))의 총칭인데, 관상학(觀相學)에서 주로 많이 사용을 하는 단어이다.

오행 / 구분	목(木)	화(火)	토(土)	금(金)	수(水)
오관	목(目)	설(舌)	구(口)	비(鼻)	이(耳)

♣ 정(精))적인 면으로 보는 오행.

오행 / 구분	목(木)	화(火)	토(土)	금(金)	수(水)
	혼(魂)	신(神)	의(意)	귀(鬼)	정(精)

♣ 소리로 보는 오행 ——— 음(音)으로 보는 오행.

오행 / 구분	목(木)	화(火)	토(土)	금(金)	수(水)
소리(音)	각(角)	치(緻)	궁(宮)	상(商)	우(羽)

♣ 성(聲)으로 보는 오행.

음(音)과 성(聲)은 다 같은 소리의 뜻을 내포하고 있다.

오행(五行) / 구분(區分)	목(木)	화(火)	토(土)	금(金)	수(水)
소리(聲)	호(呼)	언(言)	가(歌)	곡(哭)	신음 (呻吟)

☯ 【 다양한 비교 오행.】

♣ 냄새로 구분하는 오행.

모든 물체(物體)는 각각의 고유한 향(香)을 갖고 있다. 그리고 그것이 변화될 경우도 다른 독특한 향을 내기도 하지만 부패(腐敗)한 경우, 먼지, 기타 우리가 모르는 냄새와 향(香)도 많은 것이다. 그 각각을 분류하여보자.

오행(五行) / 구분(區分)	목(木)	화(火)	토(土)	금(金)	수(水)
냄세	조(臊)	초(焦)	향(香)	성(腥)	부(腐)

♣ 생물체(生物體)로 보는 오행.

지구상에 존재하는 모든 생명체를 오행으로 분류하여 보는 것이다.

오행(五行) / 구분(區分)	목(木)	화(火)	토(土)	금(金)	수(水)
생물체	초목 (草木)	우족 (羽族)	족복 (足腹)	곤충 (昆蟲)	어족 (魚族)

♣ 귀(鬼)로 구분하는 오행.

그야말로 귀신이야기다. 씨나락 까먹는 소리라고 할지도 모른다. 그러나 있는 것은 있는 것이다. 그다음은 본인의 결정여하에 달린 것이고

오행(五行) / 구분(區分)	목(木)	화(火)	토(土)	금(金)	수(水)
귀(鬼)	나무	불	흙	금속	물

♣ 과일로 보는 오행

과일은 그 색(色)과 향(香)이 매우 그윽하다. 결실의 산물인 것이다. 제각각 그 특징과 의미를 살펴보도록 하자. 제사상(祭祀床)에는 항상 과일이 올라간다.

오행(五行) / 구분(區分)	목(木)	화(火)	토(土)	금(金)	수(水)
과일	이(李); 오얏	행(杏); 살구	조(棗): 대추	도(挑): 복숭아	율(栗); 밤

☯ 【 다양한 비교 오행.】

♣ 비의 형태로 구분하는 오행.

일진(日辰)을 보아가며 비가 오더라도 어떤 형태로 올 것인가를 예측을 하는 것이다.

오행(五行) / 구분(區分)	목(木)	화(火)	토(土)	금(金)	수(水)
비의 종류	뇌우 (雷雨)	폭우 (暴雨)	몽우 (蒙雨)	예우 (銳雨)	림우 (霖雨)

♣ 구름으로 비교하는 오행과 색(色).

각각의 일진(日辰)이 어느 오행에 해당이 되는 가를 확인 후에

오행(五行) / 구분(區分)	목(木)	화(火)	토(土)	금(金)	수(水)
구름 색(色)	청운 (青雲)	적운 (赤雲)	황운 (黃雲)	백운 (白雲)	흑운 (黑雲)

☯【 직능, 업종분야로 보는 오행.】

오행(五行) / 구분(區分)	목(木)	화(火)	토(土)	금(金)	수(水)
직능 (職能) 업종 (業種)	교육 (教育)	문화공보	농림,축산	국방(國防), 감사	외교 (外交)
	체신 (遞信)	동(動)자(資) 부	건설 (建設)	교통,항공	외무 (外務)
	임업 (林業)	상공,경제	통일부, 전매청	조선 (造船)	주류 (酒類)
	섬유 (纖維)	화공 (化工)	토건 (土建)	기계 (機械)	수산업
	제지 (製紙)	전기 (電氣)	부동산	제철 (製鐵)	양식 (養殖)
	가구 (家具)	유류 (油類)	토산품	광업 (鑛業)	상하수도
	예능(藝能), 연예(演藝)	항공(航空)분 야,원자력,	민속(民俗 분야, 토속	제련 (製鍊)업	치수(治水)사 업,수력
	농림 (農林)	화학 (化學)	골동품	양품 (洋品)	냉동업 (冷凍業)
	악기,음악	문화 (文化)	중재 (仲裁)	정비,관리	무역업
	원예 (園藝)	온난방, 열관리	중개업, 펀드	중장비	원양 (遠洋)업,유흥 업
	죽세공(竹細工)	소방(消防) 분야	토지구획정리	비철(非鐵) 금속	숙박업,온천, 호텔업
	목공예	컴퓨터	컨설팅	검경찰	해운,항만
	분식 (粉食)	인터넷	화랑,경매	군,국정원	양식업

♣ 【자연(自然)에 비유한 오행.】

오행(五行) / 구분(區分)	목(木)	화(火)	토(土)	금(金)	수(水)
자연(自然)	동량 (棟樑)	로야 (爐冶)	안산 (岸山)	금철 (金鐵)	해포 (海浦)
	지엽 (枝葉)	등촉 (燈燭)	전답 (田畓)	금은 (金銀)	천천 (川泉)
	목(木); 나무	화(花); 꽃	과도 (過度)	실과 (實果)	수장 (收藏)
	근(根)	전기 (電氣)	제방 (堤防)	동선 (銅線)	호수 (湖水)
	초(草)	광선 (光線)	사(砂)	부근 (斧斤)	설(雪)
	림(林)	전자파 (電子波)	암석 (岩石)	비금속 (非金屬)	빙(氷)
	좌(左)	상(上)	중앙 (中央)	우(右)	하(下)
	장(長)	역(逆) 상(上)	원(圓)	각(角)	미(美)

☯ 【地支藏干表 (지지장간표)】

월(月) / 구분(區分)		1	2	3	4	5	6	7	8	9	10	11	12
지지		寅	卯	辰	巳	午	未	申	酉	戌	亥	子	丑
餘氣 여기	支	戊	甲	乙	戊	丙	丁	戊	庚	申	戊	壬	癸
	日	7	10	9	7	10	9	7	10	9	7	10	9
仲氣 중기	支	丙		癸	庚	己	乙	壬		丁	壬		申
	日	7		3	7	9	3	7		3	7		3
正氣 정기	支	甲	乙	戊	丙	丁	己	庚	申	戊	壬	癸	己
	日	16	20	18	16	11	18	16	20	18	16	20	18

♣ 지지에 장축(藏畜)하고 있는 천간을 논하는데 30일 가운데 기운이 나타나는 일수를 나타내는 것이다.

➧지지가 함축하고 있는 천간의 기운이 작용하는 기간을 나타내는 것으로 사주 통변에 있어서 매우 중요한 사항이다.

【 포태법의 분류 】

천간 / 12운성	갑(甲)	을(乙)	병(丙)	정(丁)	무(戊)	기(己)	경(庚)	신(辛)	임(壬)	계(癸)
포(胞)	신(申)	유(酉)	해(亥)	자(子)	해(亥)	자(子)	인(寅)	묘(卯)	사(巳)	오(午)
태(胎)	유(酉)	신(申)	자(子)	해(亥)	자(子)	해(亥)	묘(卯)	인(寅)	오(午)	사(巳)
양(陽)	술(戌)	미(未)	축(丑)	술(戌)	축(丑)	술(戌)	진(辰)	축(丑)	미(未)	진(辰)
생(生)	해(亥)	오(午)	인(寅)	유(酉)	인(寅)	유(酉)	사(巳)	자(子)	신(申)	묘(卯)
욕(浴)	자(子)	사(巳)	묘(卯)	신(申)	묘(卯)	신(申)	오(午)	해(亥)	유(酉)	인(寅)
대(帶)	축(丑)	진(辰)	진(辰)	미(未)	진(辰)	미(未)	미(未)	술(戌)	술(戌)	축(丑)
관(官)	인(寅)	묘(卯)	사(巳)	오(午)	사(巳)	오(午)	신(申)	유(酉)	해(亥)	자(子)
왕(旺)	묘(卯)	인(寅)	오(午)	사(巳)	오(午)	사(巳)	유(酉)	신(申)	자(子)	해(亥)
쇠(衰)	진(辰)	축(丑)	미(未)	진(辰)	미(未)	진(辰)	술(戌)	미(未)	축(丑)	술(戌)
병(病)	사(巳)	자(子)	신(申)	묘(卯)	신(申)	묘(卯)	해(亥)	오(午)	인(寅)	유(酉)
사(死)	오(午)	해(亥)	유(酉)	인(寅)	유(酉)	인(寅)	자(子)	사(巳)	묘(卯)	신(申)
묘(墓)	미(未)	술(戌)	술(戌)	축(丑)	술(戌)	축(丑)	축(丑)	진(辰)	진(辰)	미(未)

※왕궁(旺宮)을 기준, 순행(順行), 역행(逆行)을 행(行)한다.

【 격국의 분류 】

기본적인 면으로의 분류

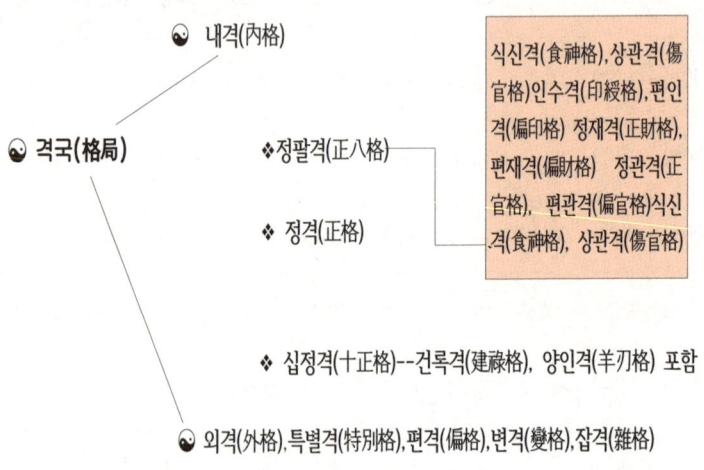

- 격국(格局)
  - 내격(內格)
    - ❖정팔격(正八格)
    - ❖ 정격(正格)
      - 식신격(食神格), 상관격(傷官格)인수격(印綬格), 편인격(偏印格) 정재격(正財格), 편재격(偏財格) 정관격(正官格), 편관격(偏官格)식신격(食神格), 상관격(傷官格)
    - ❖ 십정격(十正格)--건록격(建祿格), 양인격(羊刃格) 포함
  - 외격(外格), 특별격(特別格), 편격(偏格), 변격(變格), 잡격(雜格)

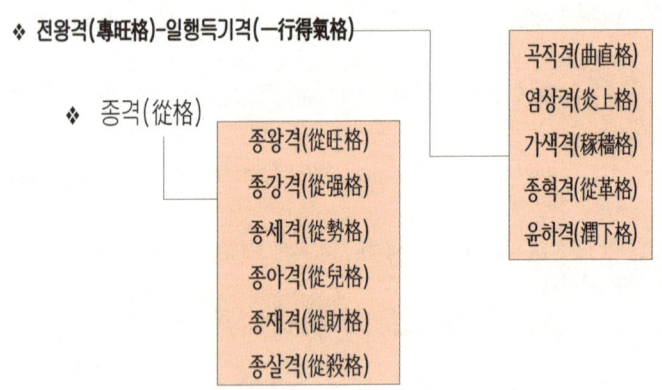

❖ **전왕격(專旺格)-일행득기격(一行得氣格)**

- 곡직격(曲直格)
- 염상격(炎上格)
- 가색격(稼穡格)
- 종혁격(從革格)
- 윤하격(潤下格)

❖ 종격(從格)

- 종왕격(從旺格)
- 종강격(從强格)
- 종세격(從勢格)
- 종아격(從兒格)
- 종재격(從財格)
- 종살격(從殺格)

격국의 분류는 세부적인 면에서 약간씩 견해가 다를 수도 있으나 일반적인 분류법으로 나타낸 것이다.

【 십이신살十二神殺조견표 】

십이신살十二神殺 조견표

삼합(三合) / 구분(신살)	사유축巳酉丑	해묘미亥卯未	신자진申子辰	인오술寅午戌
겁살 劫煞	인(寅)	신(申)	사(巳)	해(亥)
재살 災殺	묘(卯)	유(酉)	오(午)	자(子)
천살 天殺	진(辰)	술(戌)	미(未)	축(丑)
지살 地殺	사(巳)	해(亥)	신(辛)	인(寅)
년살 年殺	오(午)	자(子)	유(酉)	묘(卯)
월살 月殺	미(未)	축(丑)	술(戌)	진(辰)
망신 亡身	신(申)	인(寅)	해(亥)	사(巳)
장성 將星	유(酉)	묘(卯)	자(子)	오(午)
반안 攀鞍	술(戌)	진(辰)	축(丑)	미(未)
역마 驛馬	해(亥)	사(巳)	인(寅)	신(辛)
육해 六害	자(子)	오(午)	묘(卯)	유(酉)
화개 華蓋	축(丑)	미(未)	진(辰)	술(戌)

【육십갑자(六十甲子) 공망표(空亡表)】

갑인(甲寅)	갑진(甲辰)	갑오(甲午)	갑신(甲申)	갑술(甲戌)	갑자(甲子)	육십갑자 六十甲子
을묘(乙卯)	을사(乙巳)	을미(乙未)	을유(乙酉)	을해(乙亥)	을축(乙丑)	
병진(丙辰)	병오(丙午)	병신(丙申)	병술(丙戌)	병자(丙子)	병인(丙寅)	
정사(丁巳)	정미(丁未)	정유(丁酉)	정해(丁亥)	정축(丁丑)	정묘(丁卯)	
무오(戊午)	무신(戊申)	무술(戊戌)	무자(戊子)	무인(戊寅)	무진(戊辰)	
기미(己未)	기유(己酉)	기해(己亥)	기축(己丑)	기묘(己卯)	기사(己巳)	
경신(庚申)	경술(庚戌)	경자(庚子)	경인(庚寅)	경진(庚辰)	경오(庚午)	
신유(辛酉)	신해(辛亥)	신축(辛丑)	신묘(辛卯)	신사(辛巳)	신미(辛未)	
임술(壬戌)	임자(壬子)	임인(壬寅)	임진(壬辰)	임오(壬午)	임신(壬申)	
계해(癸亥)	계축(癸丑)	계묘(癸卯)	계사(癸巳)	계미(癸未)	계유(癸酉)	
자축(子丑)	인묘(寅卯)	진사(辰巳)	오미(午未)	신유(辛酉)	술해(戌亥)	공망(空亡)

갑자(甲子)순(旬)--술해(戌亥), 갑술(甲戌)순(旬)--신유(辛酉), 갑신(甲申)순(旬)--오미(午未), 갑오(甲午)순(旬)--진사(辰巳), 갑진(甲辰)순(旬)--인묘(寅卯), 갑인(甲寅)순(旬)--자축(子丑)이 각각 공망(空亡)에 해당이 된다.

【十二神殺의 분석】

【 겁살(劫煞).】

◘ 일간(日干)을 기준으로 하여 볼 경우.(겁살표)

오행(五行)	목(木)		화(火)		토(土)		금(金)		수(水)	
십간(十干)	甲	乙	丙	丁	戊	己	庚	辛	壬	癸
절(絶)	申		亥		亥		寅		巳	
사(死)		亥		寅		寅		巳		申

◘ (양(陽)은 절(絶)이요, 음(陰)은 사(死)이다.)

지지	子	丑	寅	卯	辰	巳	午	未	申	酉	戌	亥
겁살	巳	寅	亥	申	巳	寅	亥	申	巳	寅	亥	申

◘ 지지(地支)와의 대조(對照)로 살펴보는 겁살과의 관계인 것이다.

【 재살(災殺).】

☯ (양간(陽干)의 경우).—태궁(胎宮)에 해당하는 것이 재살(災殺)

천간 / 지지	갑(甲)	병(丙)	무(戊)	경(庚)	임(壬)
자(子)	년살(年殺)	재살 (災殺)	재살 (災殺)	육해 (六害)	장생 (長生)
오(午)	육해 (六害)	장생 (長生)	장생 (長生)	년살 (年殺)	재살 (災殺)
묘(卯)	장생 (長生)	년살 (年殺)	년살(年殺)	재살 (災殺)	육해 (六害)
유(酉)	재살 (災殺)	육해 (六害)	육해 (六害)	장생 (長生)	년살 (年殺)

◘ 장성(將星)과, 재살(災殺)이 충(沖)하고, 년살(年殺)과, 육해(六害)가 충(沖)한다.

☯ (음간(陰干)의 경우).——병궁(病宮)에 해당.——양간의 역마(驛馬)

천간 / 지지	을(乙)	정(丁)	기(己)	신(辛)	계(癸)
자(子)	역마(驛馬)	겁살(劫煞)	겁살(劫煞)	지살(地殺)	망신(亡身)
오(午)	지살(地殺)	망신(亡身)	망신(亡身)	역마(驛馬)	겁살(劫煞)
묘(卯)	망신(亡身)	역마(驛馬)	역마(驛馬)	겁살(劫煞)	지살(地殺)
유(酉)	겁살(劫煞)	지살(地殺)	지살(地殺)	망신(亡身)	역마(驛馬)

◉ 년지(年支), 일지(日支) 기준으로 볼 경우.

삼합(三合) 신살(殺)	사유축 (巳酉丑)	해묘미 (亥卯未)	신자진 (申子辰)	인오술 (寅午戌)
재살(災殺)	묘(卯)	유(酉)	오(午)	자(子)

◉ 일간(日干) 기준으로 볼 경우.

오행(五行) 구분(區分)	목(木)		화(火)		(土)		금(金)		수(水)	
십간(十干)	甲	乙	丙	丁	戊	己	庚	辛	壬	癸
태(胎)	酉		子		子		卯		午	
병(病)		子		卯		卯		午		酉

(양(陽)은 태궁(胎宮)이요, 음(陰)은 병궁(病宮)이다.)

✺ 지지(地支) 재살(災殺) 신살표(神殺表).

地支	子	丑	寅	卯	辰	巳	午	未	申	酉	戌	亥
災煞	午	卯	子	酉	午	卯	子	酉	午	卯	子	酉

지지(地支)와의 대조로 살펴보는 재살(災殺)과의 관계다.

【 천살(天殺) 】

◘ 년지(年支), 일지(日支)를 기준으로 하여 볼 경우.

삼합(三合) 신살 神殺	❶ 사유축 (巳酉丑)	❷ 해묘미 (亥卯未)	❸ 신자진 (申子辰)	❹ 인오술 (寅午戌)
천살(天殺)	진(辰)	술(戌)	미(未)	축(丑)

◉ 삼합(三合)의 첫 글자의 앞 자(字)가 천살(天殺)이다.

◘ 일간(日干)을 기준으로 하여 보는 천살표(天殺表).

오행(五行)		목(木)		화(火)		토(土)		금(金)		수(水)	
십간(十干)		甲	乙	丙	丁	戊	己	庚	辛	壬	癸
십이운성	양(養)	戌		丑		丑		辰		未	
	쇠(衰)		丑		辰		辰		未		戌

(양간(陽干)은 양(養)이요, 음간(陰干)은 쇠(衰)이다.)

☯. 양간(陽干)으로 보는 진술축미(辰戌丑未).

양간(陽干) \ 지지(地支)	갑(甲)	병(丙)	무(戊)	경(庚)	임(壬)
진(辰)	반안(攀鞍)	월살(月殺)	월살(月殺)	천살(天殺)	화개(華蓋)
술(戌)	천살(天殺)	화개(華蓋)	화개(華蓋)	반안(攀鞍)	월살(月殺)
축(丑)	월살(月殺)	천살(天殺)	천살(天殺)	화개(華蓋)	반안(攀鞍)
미(未)	화개(華蓋)	반안(攀鞍)	반안(攀鞍)	월살(月殺)	천살(天殺)

☯. 음간(陰干)으로 보는 진술축미(辰戌丑未).

음간(陰干) \ 지지(地支)	을(乙)	정(丁)	기(己)	신(辛)	계(癸)
진(辰)	월살(月殺)	반안(攀鞍)	반안(攀鞍)	화개(華蓋)	천살(天殺)
술(戌)	화개(華蓋)	천살(天殺)	천살(天殺)	월살(月殺)	반안(攀鞍)
축(丑)	반안(攀鞍)	화개(華蓋)	화개(華蓋)	천살(天殺)	월살(月殺)
미(未)	천살(天殺)	월살(月殺)	월살(月殺)	반안(攀鞍)	화개(華蓋)

【 지살(地殺).】

◘ 년지(年支), 일지(日支)를 기준으로 하여 볼 경우.

삼합(三合)	❶ 사유축 (巳酉丑)	❷ 해묘미 (亥卯未)	❸ 신자진 (申子辰)	❹ 인오술 (寅午戌)
지살(地殺)	사(巳)	해(亥)	신(申)	인(寅)

◘ 일간(日干)을 기준으로 하여 볼 경우의 지살(地殺).

오행(五行)		목(木)		화(火)		토(土)		금(金)		수(水)	
십간(十干)		甲	乙	丙	丁	戊	己	庚	辛	壬	癸
십이운성	생(生)	亥		寅		寅		巳		申	
	왕(旺)		寅		巳		巳		申		亥

◘ (양간(陽干)은 생(生)이요, 음간(陰干)은 왕(旺)이다.)인신사해(寅申巳亥)가 해당 된다.

◉ (양간(陽干)의 경우.)

陽干 / 地支	갑(甲)	병(丙)	무(戊)	경(庚)	임(壬)
인(寅)	망신(亡身)	지살(地殺)	지살(地殺)	겁살(劫煞)	역마(驛馬)
신(申)	겁살(劫煞)	역마(驛馬)	역마(驛馬)	망신(亡身)	지살(地殺)
사(巳)	역마(驛馬)	망신(亡身)	망신(亡身)	지살(地殺)	겁살(劫煞)
해(亥)	지살(地殺)	겁살(劫煞)	겁살(劫煞)	역마(驛馬)	망신(亡身)

◉ (음간(陰干)의 경우).

陰干 / 地支	을(乙)	정(丁)	기(己)	신(辛)	계(癸)
인(寅)	장생(長生)	육해(六害)	육해(六害)	재살(災殺)	년살(年殺)
신(申)	재살(災殺)	년살(年殺)	년살(年殺)	장생(長生)	육해(六害)
사(巳)	년살(年殺)	장생(長生)	장생(長生)	육해(六害)	재살(災殺)
해(亥)	육해(六害)	재살(災殺)	재살(災殺)	년살(年殺)	장생(長生)

【 년살(年殺).】

◘ 년지(年支), 일지(日支)를 기준으로 하여 볼 경우.

삼합(三合) / 신살(殺)	❶ 사유축 (巳酉丑)	❷ 해묘미 (亥卯未)	❸ 신자진 (申子辰)	❹ 인오술 (寅午戌)
년살(年殺)	오(午)	자(子)	유(酉)	묘(卯)

◘ 일간(日干)을 기준으로 하여 볼 경우.

오행(五行)		목(木)		화(火)		토(土)		금(金)		수(水)	
십간(十干)		甲	乙	丙	丁	戊	己	庚	辛	壬	癸
십이 운성	목욕 沐浴)	자(子)		묘(卯)		묘(卯)		오(午)		유(酉)	
	건록 建祿)		묘(卯)		오(午)		오(午)		유(酉)		자(子)

✺ (양간(陽干)은 목욕(沐浴)이요, 음간(陰干)은 건록(建祿)이다.) 자오묘유(子午卯酉)가 해당 된다.

【 월살(月殺).—고초살(枯焦殺) 】

◘ 년지(年支), 일지(日支)를 기준으로 하여 보는 월살(月殺).

삼합(三合) / 신살(殺)	❶ 사유축 (巳酉丑)	❷ 해묘미 (亥卯未)	❸ 신자진 (申子辰)	❹ 인오술 (寅午戌)
월살(月殺)	미(未)	축(丑)	술(戌)	진(辰)

◘ 일간(日干)을 기준으로 하여 볼 경우.

오행(五行)		목(木)		화(火)		토(土)		금(金)		수(水)	
십간(十干)		甲	乙	丙	丁	戊	己	庚	辛	壬	癸
십이 운성	관대 冠帶)	축 (丑)		진 (辰)		진 (辰)		미 (未)		술 (戌)	
	관대 冠帶)		진 (辰)		미 (未)		미 (未)		술 (戌)		축 (丑)

☯ (월살(月殺)의 경우, 양간(陽干)은 관대(冠帶)요, 음간(陰干)도 관대(冠帶)이다.)
진술축미(辰,戌,丑,未)가 해당 된다.

✪ 삼합(三合)의 끝 자는 화개(華蓋)다. 화개란 종교인데, 신앙(信仰)이다. 삶의 정신적(精神的) 종착역(終着驛)이다. 생(生)의 마지막 장식을 거부하면서, 억지를 부린다. 이승에서의 미련이 남아 있다. 음(陰)이 있으면 양(陽)이 있다. 정신적(精神的)인 면을 거부하니 육체적(肉體的)인 면으로 타격(打擊)을 입는다.

연평도에서 천안 함이 두 동강 나듯 육신(肉身)이 갈라진다.

매사 쪼개지고, 커가지 못한다. 중도에서 흐름이 절단 난다. 발전(發展)의 끝이다.

☯. 양간(陽干)으로 보는 진술축미(辰,戌,丑,未).

陽干 / 地支	갑(甲)	병(丙)	무(戊)	경(庚)	임(壬)
진(辰)	반안(攀鞍)	월살(月殺)	월살(月殺)	천살(天殺)	화개(華蓋)
술(戌)	천살(天殺)	화개(華蓋)	화개(華蓋)	반안(攀鞍)	월살(月殺)
축(丑)	월살(月殺)	천살(天殺)	천살(天殺)	화개(華蓋)	반안(攀鞍)
미(未)	화개(華蓋)	반안(攀鞍)	반안(攀鞍)	월살(月殺)	천살(天殺)

☯. 음간(陰干)으로 보는 진술축미(辰,戌,丑,未).

陰干 / 地支	을(乙)	정(丁)	기(己)	신(辛)	계(癸)
진(辰)	월살(月殺)	반안(攀鞍)	반안(攀鞍)	화개(華蓋)	천살(天殺)
술(戌)	화개(華蓋)	천살(天殺)	천살(天殺)	월살(月殺)	반안(攀鞍)
축(丑)	반안(攀鞍)	화개(華蓋)	화개(華蓋)	천살(天殺)	월살(月殺)
미(未)	천살(天殺)	월살(月殺)	월살(月殺)	반안(攀鞍)	화개(華蓋)

【 망신살(亡身殺).】

◘ 년지(年支), 일지(日支)를 기준으로 하여 보는 망신살(亡身殺).

삼합(三合)	❶ 사유축 (巳酉丑)	❷ 해묘미 (亥卯未)	❸ 신자진 (申子辰)	❹ 인오술 (寅午戌)
망신(亡神)	신(申)	인(寅)	해(亥)	사(巳)

◘ 삼합(三合)화(化)한 오행과, 동일(同一)한 오행(五行)을 찾아본다.

◘ 일간(日干)을 기준으로 하여 볼 경우.

오행(五行)		목(木)		화(火)		토(土)		금(金)		수(水)	
십간 (十干)		甲	乙	丙	丁	戊	己	庚	辛	壬	癸
십이 운성	망신亡身	인 (寅)		사 (巳)		사 (巳)		신 (申)		해 (亥)	
	목욕沐浴		사 (巳)		신 (申)		신 (申)		해 (亥)		인 (寅)

◘ 망신살(亡身殺)의 경우, 양간(陽干)은 망신(亡身), 음간(陰干)은 목욕(沐浴). 전체적으로 인신사해(寅申巳亥)가 해당이 된다.

【 장성(將星).】

◘ 년지(年支), 일지(日支)를 기준으로 하여 보는 장성살(將星殺).

삼합(三合) / 신살(殺)	❶ 사유축 (巳酉丑)	❷ 해묘미 (亥卯未)	❸ 신자진 (申子辰)	❹ 인오술 (寅午戌)
장성(將星)	유(酉)	묘(卯)	자(子)	오(午)

◘ 일간(日干)을 기준으로 하여 볼 경우.

오행(五行)	목(木)		화(火)		토(土)		금(金)		수(水)	
십간(十干)	甲	乙	丙	丁	戊	己	庚	辛	壬	癸
십이운성 제왕帝旺	묘(卯)		오(午)		오(午)		유(酉)		자(子)	
십이운성 장생長生		오(午)		유(酉)		유(酉)		자(子)		묘(卯)

◘ (장성살(將星殺)의 경우, 양간(陽干)은 제왕(帝旺), 음간(陰干)은 장생(長生).) 전체적으로 자, 오, 묘, 유(子午卯酉)가 해당 된다.

【 반안(攀鞍).】

◘ 년지(年支), 일지(日支)를 기준으로 하여 보는 반안살(攀鞍殺).

삼합(三合) / 신살(殺)	❶ 사유축 (巳酉丑)	❷ 해묘미 (亥卯未)	❸ 신자진 (申子辰)	❹ 인오술 (寅午戌)
반안	술(戌)	진(辰)	축(丑)	미(未)

신자진(申子辰) : 중간 자(子) 다음 축(丑)이 반안살(攀鞍殺).
해묘미(亥卯未) : 중간 묘(卯) 다음 진(辰)이 반안살(攀鞍殺).
인오술(寅午戌) : 중간 오(午) 다음 미(未)가 반안살(攀鞍殺).
사유축(巳酉丑) : 중간 유(酉) 다음 술(戌)이 반안살(攀鞍殺).

◘ 일간(日干)을 기준으로 하여 볼 경우의 반안살(攀鞍殺).

오행(五行)	목(木)		화(火)		토(土)		금(金)		(水)	
십간(十干)	甲	乙	丙	丁	戊	己	庚	辛	壬	癸
십이운성 쇠궁 衰宮	진 辰		미 未		미 未		술 戌		축 丑	
십이운성 양궁 養宮		미 未		술 戌		술 戌		축 丑		진 辰

◘ (반안살(攀鞍殺)의 경우, 양간(陽干)은 쇠궁(衰宮), 음간(陰干)은 양궁(養宮).) 전체적으로 진, 술, 축, 미 (辰戌丑未)가 해당이 된다.

【 역마살(驛馬殺).】

◘ 년지(年支), 일지(日支)를 기준으로 하여 보는 역마살(驛馬殺).

삼합(三合)	❶ 사유축 (巳酉丑)	❷ 해묘미 (亥卯未)	❸ 신자진 (申子辰)	❹ 인오술 (寅午戌)
역마(驛馬)	해(亥)	사(巳)	인(寅)	신(申)

☯ (역마살(驛馬殺)의 경우, 양간(陽干)은 병궁(病宮), 음간(陰干)은 태궁(胎宮).)

전체적으로 인신사해(寅申巳亥)가 해당 된다.

◘ 일간(日干)을 기준으로 하여 볼 경우의 역마살(驛馬殺).

오행(五行)		목(木)		화(火)		토(土)		금(金)		수(水)	
십간(十干)		甲	乙	丙	丁	戊	己	庚	辛	壬	癸
십이운성	병궁 病宮)	사 巳		신 申		신 申		해 亥		인 寅	
	태궁 胎宮)		신 申		해 亥		해 亥		인 寅		사 巳

【 육해살(六害殺).】

지지(地支) 육합(六合), 육해(六害) 연결도(連結圖).

신(申)	미(未)	오(午)	사(巳)
❸사(巳)●⑤	❷오(午)●⑥	⑥●미(未)❶	⑤●신(申)❺
유(酉)			진(辰)
❹진(辰)●④			④●유(酉)❻
술(戌)			묘(卯)
❹묘(卯)●③			③●술(戌)❻
❸인(寅)●②	❷축(丑)●①	①●자(子)❶	②●해(亥)❺
해(亥)	자(子)	축(丑)	인(寅)

✪육합(六合)은 천지인(天地人) 합이요, 계절(季節)의 합(合)이다. 내합(內合)이요, 외합(外合)이다. 각 숫자대로 연결하면 내항(內項), 외항(外項)의 연결임을 알 것이다. 육해(六害)의 경우는 상하(上下)로 하여 숫자를 연결한다.

◘ 년지(年支), 일지(日支)를 기준으로 하여 보는 육해살(六害殺).

삼합(三合) / 신살(殺)	❶ 사유축 (巳酉丑)	❷ 해묘미 (亥卯未)	❸ 신자진 (申子辰)	❹ 인오술 (寅午戌)
육해(六害)	자(子)	오(午)	묘(卯)	유(酉)

◘ 일간(日干)을 기준으로 하여 볼 경우의 육해살(六害殺).

오행(五行)		목(木)		화(火)		토(土)		금(金)		수(水)	
십간(十干)		甲	乙	丙	丁	戊	己	庚	辛	壬	癸
십이운성	사궁 死宮	오 午		유 酉		유 酉		자 子		묘 卯	
	절궁 絶宮		유 酉		자 子		자 子		묘 卯		오 午

◘ (육해살(六害殺)의 경우, 양간(陽干)은 사궁(死宮), 음간(陰干)은 절궁(絶宮).) 전체적으로 자오묘유(子午卯酉)가 해당 된다.

【 화개살(華蓋殺).】

◘ 년지(年支), 일지(日支)를 기준으로 하여 보는 화개살(華蓋殺).

삼합(三合)	❶ 사유축 (巳酉丑)	❷ 해묘미 (亥卯未)	❸ 신자진 (申子辰)	❹ 인오술 (寅午戌)
화개(華蓋)	축(丑)	미(未)	진(辰)	술(戌)

◘ 일간(日干)을 기준으로 하여 볼 경우의 화개살(華蓋殺).

오행(五行)		목(木)		화(火)		토(土)		금(金)		수(水)	
십간(十干)		甲	乙	丙	丁	戊	己	庚	辛	壬	癸
십이운성	묘궁 墓宮	미 未		술 戌		술 戌		축 丑		진 辰	
	묘궁 墓宮		술 戌		축 丑		축 丑		진 辰		미 未

◘ (화개살(華蓋殺)의 경우, 양간(陽干), 음간(陰干) 모두 묘궁(墓宮)에 해당한다.) 전체적으로 진술축미(辰戌丑未)가 해당 된다.

【 양인살(羊刃殺).】

❑. 천간(天干)과 지지(地支)의 양인(羊刃)관계.

천간	갑(甲)	을(乙)	병(丙)	정(丁)	무(戊)	기(己)	경(庚)	신(辛)	임(壬)	계(癸)
양인	묘(卯)	진(辰)	오(午)	미(未)	오(午)	미(未)	유(酉)	술(戌)	자(子)	축(丑)

✪ 화(火).토(土)는 동격(同格)으로 한다.

【 공망살(空亡殺).】

❑.절로공망(截路空亡)의 구성

일간(日干)	갑기(甲己)	을경(乙庚)	병신(丙辛)	정임(丁壬)	무계(戊癸)
시지(時支)	신유(申酉)	오미(午未)	진사(辰巳)	인묘(寅卯)	자축(子丑)

【 시간(時間) 구성(九星)조견표(早見表).】

循類	中	循	陽	中	循	陽
일(日)	子午卯酉	辰戌丑未	寅申巳亥	子午卯酉	辰戌丑未	寅申巳亥
자시(子時)	1	4	7	9	6	3
축시(丑時)	2	5	8	8	5	2
인시(寅時)	3	6	9	7	4	1
묘시(卯時)	4	7	1	6	3	9
진시(辰時)	5	8	2	5	2	8
사시(巳時)	6	9	3	4	1	7
오시(午時)	7	1	4	3	9	6
미시(未時)	8	2	5	2	8	5
신시(申時)	9	3	6	1	7	4
유시(酉時)	1	4	7	9	6	3
술시(戌時)	2	5	8	8	5	2
해시(亥時)	3	6	9	7	4	1

◉ 순행, 역행을 참조바랍니다.

【 월(月)별 구성(구星)조견표(早見表).】

절기(節氣) 지지(地支)	입춘 1월	경칩 2월	청명 3월	입하 4월	망종 5월	소서 6월	입추 7월	백로 8월	한로 9월	입동 10월	대설 11월	소설 12월
子午卯酉	八白	七赤	六白	五黃	四綠	三碧	二黑	一白	九紫	八白	七赤	六白
辰戌丑未	五黃	四綠	三碧	二黑	一白	九紫	八白	七赤	六白	五黃	四綠	三碧
寅申巳亥	二黑	一白	九紫	八白	七赤	六白	五黃	四綠	三碧	二黑	一白	九紫

【 상원갑자 년(年)별 구성(九星)조견표(早見表).】

상원갑자 (三元甲子) 해당년도							상원갑자 1864-1923	중원갑자 1924-1983	하원갑자 1984-2043
甲子	癸酉	임오	辛卯	庚子	己酉	戊午	1白	4綠	7赤
乙丑	甲戌	癸未	壬辰	辛丑	庚戌	己未	9紫	3碧	6白
丙寅	乙亥	甲申	癸巳	壬寅	辛亥	庚申	8白	2黑	5黃
丁卯	丙子	乙酉	甲午	癸卯	壬子	辛酉	7赤	1白	4綠
戊辰	丁丑	丙戌	乙未	甲辰	癸丑	壬戌	6白	9紫	3碧
己巳	戊寅	丁亥	丙申	乙巳	甲寅	癸亥	5黃	8白	2黑
庚午	己卯	戊子	丁酉	丙午	乙卯		4綠	7赤	1白
辛未	庚辰	己丑	戊戌	丁未	丙辰		3碧	6白	9紫
壬申	신사	庚寅	己亥	戊申	丁巳		2黑	5黃	8白

❶

을	갑	계	임	신	경	기
축	술	미	진	축	술	미

5황(黃)	1백(白)	3벽(碧)
4록(綠)	6백(白)	8백(白)
9자(紫)	2흑(黑)	7적(赤)

정	병	을	갑	계	임	신
묘	자	유	오	묘	자	유

3벽(碧)	8백(白)	1백(白)
2흑(黑)	4록(綠)	6백(白)
7적(赤)	9자(紫)	5황(黃)

❷

❶ 2021년 신축(辛丑)년을 기준하여 작성할 때 하원(下元)갑자(甲子)에 해당하므로 (❶)의 경우에 해당하므로 **6백(白)**을 중앙의 자리에 위치하도록 한다.

❷ 2014년 갑오(甲午)년을 기준하여 작성할 때 하원(下元)갑자(甲子)에 해당하므로 (❷)의 경우에 해당하므로 **4록(綠)**을 중앙의 자리에 위치하도록 한다.

命宮(명궁)地支(지지)속견표

생월	출생시 / 절기(節氣)	卯時	寅時	丑時	子時	亥時	戌時	酉時	申時	未時	午時	巳時	辰時
1월	대한(大寒)	子	丑	寅	卯	辰	巳	午	未	申	酉	戌	亥
2월	우수(雨水)	亥	子	丑	寅	卯	辰	巳	午	未	申	酉	戌
3월	춘분(春分)	戌	亥	子	丑	寅	卯	辰	巳	午	未	申	酉
4월	곡우(穀雨)	酉	戌	亥	子	丑	寅	卯	辰	巳	午	未	申
5월	소만(小滿)	申	酉	戌	亥	子	丑	寅	卯	辰	巳	午	未
6월	하지(夏至)	未	申	酉	戌	亥	子	丑	寅	卯	辰	巳	午
7월	대서(大暑)	午	未	申	酉	戌	亥	子	丑	寅	卯	辰	巳
8월	처서(處暑)	巳	午	未	申	酉	戌	亥	子	丑	寅	卯	辰
9월	추분(秋分)	辰	巳	午	未	申	酉	戌	亥	子	丑	寅	卯
10월	상강(霜降)	卯	辰	巳	午	未	申	酉	戌	亥	子	丑	寅
11월	소설(小雪)	寅	卯	辰	巳	午	未	申	酉	戌	亥	子	丑
12월	동지(冬至)	丑	寅	卯	辰	巳	午	未	申	酉	戌	亥	子

◉ 생월과 생시를 대조한다. 생월은 월의 후반부 절기를 사용한다.

간지 命宮(명궁)속견표

月(월)의 節氣(절기)를 확인 시 항상 주의. 時(시)를 확인 후 해당하는 地支(지지)를 선택한다.

생년 / 명궁	甲己(갑기)년	乙庚(을경)년	丙申(병신)년	丁壬(정임)년	戊癸(무계)년
寅	丙寅(병인)	戊寅(무인)	庚寅(경인)	壬寅(임인)	甲寅(갑인)
卯	丁卯(정묘)	己卯(기묘)	辛卯(신묘)	癸卯(계묘)	乙卯(을묘)
辰	戊辰(무진)	庚辰(경진)	壬辰(임진)	甲辰(갑진)	丙辰(병진)
巳	己巳(기사)	辛巳(신사)	癸巳(계사)	乙巳(을사)	丁巳(정사)
午	庚午(경오)	壬午(임오)	甲午(갑오)	丙午(병오)	戊午(무오)
未	辛未(신미)	癸未(계미)	乙未(을미)	丁未(정미)	己未(기미)
申	壬申(임신)	甲申(갑신)	丙申(병신)	戊申(무신)	庚申(경신)
酉	癸酉(계유)	乙酉(을유)	丁酉(정유)	己酉(기유)	辛酉(신유)
戌	甲戌(갑술)	丙戌(병술)	戊戌(무술)	庚戌(경술)	壬戌(임술)
亥	乙亥(을해)	丁亥(정해)	己亥(기해)	辛亥(신해)	癸亥(계해)
子	丙子(병자)	戊子(무자)	庚子(경자)	壬子(임자)	甲子(갑자)
丑	丁丑(정축)	己丑(기축)	辛丑(신축)	癸丑(계축)	乙丑(을축)

◉ 명궁 지지를 찾은 후 좌측 지지에 안착 후 년을 찾으면 명궁의 간지가 나타난다.

九星(구성)의 名稱(명칭)과 九宮(구궁)의 變化圖(변화도).

	巳(사)	午(오)	未(미)	
辰(진)	4綠 木星	9紫 火星	2黑 土星	申(신)
卯(묘)	3白 木星	5黃 土星	7赤 金星	酉(유)
寅(인)	8白 土星	1白 水性	6白 金星	戌(술)
	丑(축)	子(자)	亥(해)	

☯ 九宮(구궁)의 名稱(명칭)과 본 位置(위치).

구분 / 구성	五行(오행)	方位(방위)	본위치
1백수성	水星(수성)	北方(북방)	子(자)방
2흑토성	土星(토성)	西南方(서남방)	未申(미신)방
3백목성	木星(목성)	東方(동방)	卯(묘)방
4록목성	木星(목성)	東南方(동남방)	辰巳(진사)방
5황토성	土星(토성)	中央(중앙)	中央(중앙)
6백금성	金星(금성)	西北方(서북방)	戌亥(술해)방
7적금성	金星(금성)	西方(서방)	酉(유)방
8백토성	土星(토성)	東北方(동북방)	丑寅(축인)방
9자화성	火星(화성)	南方(남방)	午(오)방

九宮(구궁) 각 星(성)의 특징.

	4綠木	9紫火 南(남)	2黑土	
	음덕, 자애(우유부단)	**명예, 망신**	**성실, 근면, 이동**	
	자녀결혼 장녀결혼 귀인내조 성취감 일의 번창 신규사업발전 바람기주의 장거리이동 경사가 발생 연령은 장녀 전염병 코 호흡기계통 갑상선	명예 인기 환호 표창 사기 실물 소송 망신 이별수 갈등 화재 연령은 차녀 뇌 심장병 고혈압 여난 뜬구름 잡기 허영에 조심	근검 절약으로 기틀을 마련한다 어머니 연상녀 수전노 가출 농토 가옥 토지 부동산 가족불화 이동 이민 연령은 중년 부인 비 위 위장 소화기 관련	
	발전	**혁신, 불길**	**유흥,애교, 금융전자**	
東(동) 3白木	모든 일에 활기가 넘친다. 지나침은 항상 화를 부른다. 몸짱과 같은 형상이다. 아직은 완전하지 않다. 성숙하는 단계다. 심각애정 이동수 잠시 숨을 고르는 것이 좋다.	보수성이 요구된다. 변화에 신중을 기해야 한다. 자중함이 좋다. 개축 불길 출산 사망 가출 행불 진중함필요. 보이스피싱이 거래다 조심해야한다.	이성교재 환락 과다지출 금전관리 주의. 투자조심 색정 여난 삼각애정 수술주의 투기 투자금물. 연령은 소녀 입 혀 치아관련 주의	西(서) 7赤金
	가정, 준비, 계획	**부하, 타락**	**권위, 미해결**	
8白土	계혁하고 준비를 한다. 가정에 문제가 발생한다 부동산, 주식 매매문제 상속 유산 이주 변동수 고민 끝에 묘수를 궁리 연령은 소년, 손과 발, 요추-건강 새로운 탄생을 위한 서곡이다. 잘못되면 수장된다.	부하 후배 직원등 원만한 대화타협이 필요 색란, 음주 실수주의 도난 실물 투잡 고민 귀인내조 개업 연령은 차남 신장 비뇨기과 허리병	승진 승급 지나친 권위의식 금물 금전거래 보증 확신 주의 희생이 절실, 매사 미결이 많아진다. 낙방 탈락 좌절 사고 주의 연령은 아버지 윗사람 상관 뇌,종양	6白金
		北(북) 1白水		

六十甲子(육십갑자) 해당 年(년) 속견표

육십갑자	해당년도	육십갑자	해당년도	육십갑자	해당년도
甲子(갑자)	1924, 1984, 2044	甲申(갑신)	1884, 1944, 2004	甲辰(갑진)	1904, 1964, 2024
乙丑(을축)	1925, 1985, 2045	乙酉(을유)	1885, 1945, 2005	乙巳(을사)	1905, 1965, 2025
丙寅(병인)	1926, 1986, 2046	丙戌(병술)	1886, 1946, 2006	丙午(병오)	1906, 1966, 2026
丁卯(정묘)	1927, 1987, 2047	丁亥(정해)	1887, 1947, 2007	丁未(정미)	1907, 1967, 2027
戊辰(무진)	1928, 1988, 2048	戊子(무자)	1888, 1948, 2008	戊申(무신)	1908, 1968, 2028
己巳(기사)	1929, 1989, 2049	己丑(기축)	1889, 1949, 2009	己酉(기유)	1909, 1969, 2029
庚午(경오)	1930, 1990, 2050	庚寅(경인)	1890, 1950, 2010	庚戌(경술)	1910, 1970, 2030
辛未(신미)	1931, 1991, 2051	辛卯(신묘)	1891, 1951, 2011	辛亥(신해)	1911, 1971, 2031
壬申(임신)	1932, 1992, 2052	壬辰(임진)	1892, 1952, 2012	壬子(임자)	1912, 1972, 2032
癸酉(계유)	1933, 1993, 2053	癸巳(계사)	1893, 1953, 2013	癸丑(계축)	1913, 1973, 2033
甲戌(갑술)	1934, 1994, 2054	甲午(갑오)	1894, 1954, 2014	甲寅(갑인)	1914, 1974, 2034
乙亥(을해)	1935, 1995, 2055	乙未(을미)	1895, 1955, 2015	乙卯(을묘)	1915, 1975, 2035
丙子(병자)	1936, 1996, 2056	丙申(병신)	1896, 1956, 2016	丙辰(병진)	1916, 1976, 2036
丁丑(정축)	1937,1997, 2057	丁酉(정유)	1897, 1957, 2017	丁巳(정사)	1917, 1977, 2037
戊寅(무인)	1938, 1998, 2058	戊戌(무술)	1898, 1958, 2018	戊午(무오)	1918, 1978, 2038
己卯(기묘)	1939, 1999, 2059	己亥(기해)	1899, 1959, 2019	己未(기미)	1919, 1979, 2039
庚辰(경진)	1940, 2000, 2060	庚子(경자)	1900, 1960, 2020	庚申(경신)	1920, 1980, 2040
辛巳(신사)	1941, 2001, 2061	辛丑(신축)	1901, 1961, 2021	辛酉(신유)	1921, 1981, 2041
壬午(임오)	1942, 2002, 2062	壬寅(임인)	1902, 1962, 2022	壬戌(임술)	1922, 1982, 2042
癸未(계미)	1943, 2003, 2063	癸卯(계묘)	1903, 1963, 2023	癸亥(계해)	1923, 1983, 2043

◉ 육십갑자와 그에 해당하는 년도를 각각 대입한 것이다.

六十甲子(육십갑자) 納音(납음) 속견표

甲子(갑자) 1循(순)		甲子(갑자) 4循(순)	
甲子(갑자) 乙丑(을축)	해중금(海中金)	甲午(갑오) 乙未(을미)	사중금(沙中金)
丙寅(병인) 丁卯(정묘)	노중화(爐中火)	丙申(병신) 丁酉(정유)	산하화(山下火)
戊辰(무진) 己巳(기사)	대림목(大林木)	戊戌(무술) 己亥(기해)	평지목(平地木)
庚午(경오) 辛未(신미)	로방토(路傍土)	庚子(경자) 辛丑(신축)	벽상토(壁上土)
壬申(임신) 癸酉(계유)	검봉금(劍鋒金)	壬寅(임인) 癸卯(계묘)	금박금(金箔金)
甲子(갑자) 2循(순)		**甲子(갑자) 5循(순)**	
甲戌(갑술) 乙亥(을해)	산두화(山頭火)	甲辰(갑진) 乙巳(을사)	복등화(覆燈火)
丙子(병자) 丁丑(정축)	간하수(澗下水)	丙午(병오) 丁未(정미)	천하수(天河水)
戊寅(무인) 己卯(기묘)	성두토(城頭土)	戊申(무신) 己酉(기유)	대역토(大驛土)
庚辰(경진) 辛巳(신사)	백랍금(白臘金)	庚戌(경술) 辛亥(신해)	차천금(釵釧金)
壬午(임오) 癸未(계미)	양류목(楊柳木)	壬子(임자) 癸丑(계축)	상자목(桑柘木)
甲子(갑자) 3循(순)		**甲子(갑자) 6循(순)**	
甲申(갑신) 乙酉(을유)	정중수(井中水)	甲寅(갑인) 乙卯(을묘)	대계수(大溪水)
丙戌(병술) 丁亥(정해)	옥상토(屋上土)	丙辰(병진) 丁巳(정사)	사중토(沙中土)
戊子(무자) 己丑(기축)	벽력화(霹靂火)	戊午(무오) 己未(기미)	천상화(天上火)
庚寅(경인) 辛卯(신묘)	송백목(松柏木)	庚申(경신) 辛酉(신유)	석류목(石榴木)
壬辰(임진) 癸巳(계사)	장류수(長流水)	壬戌(임술) 癸亥(계해)	대해수(大海水)

納音(납음)五行(오행)- ①

◉ 납음오행(納音五行)이란?

보이지 않는 기(氣)의 오행으로 통변 시 행하는 사람의 판단과 기준에 따른 차이가 발생하지만 이에 대한 무용론을 주장하는 이들도 많다. 모름지기 음양이란? 보이고 나타나는 것, 안보이고 간직된 기운이 존재하는 것이다. 명궁에 대한 사용을 생각하면서 재삼 참고할 필요도 있을 것이다. 인체에 내장된 기(氣)의 오행(五行)이요, 이것을 오행(五行)으로 구분하여 수(數)로 표시하는 방법으로 활용을 한다.

❶ 목(木), ❷ 화(火), ❸ 토(土), ❹ 금(金), ❺ 수(水)하여 차례대로 살펴보자.

천간 (天干)	갑(甲) 을(乙)	병(丙) 정(丁)	무(戊) 기(己)	경(庚) 신(辛)	임(壬) 계(癸)
지지 (地支)	자오(子午) 축미(丑未)	인신(寅申) 묘유(卯酉)	진술(辰戌) 사해(巳亥)	☜ 충(沖)으로 연결하여 생각한다.	
수(數)	1	2	3	4	5
오행	목(木)	화(火)	토(土)	금(金)	수(水)

천간(天干)과, 지지(地支)의 숫자를 합하여 계산하는 방법5를 기준(基準)수(數)로 하여 계산.

◒. 수(數)의 결과로 보는 납음오행(納音五行).

오행	목(木)	금(金)	수(水)	화(火)	토(土)
수(數)	1	2	3	4	5

천간(天干)의 수(數), 지지(地支) 수(數)를 합하여 5이상일 경우는 5로 나누어 남는 수를 취한다.

❶ 갑오(甲午) : 1+1=2------------2---금(金)

❷ 계사(癸巳) : 5+3=8---8÷5=1---3----수(水)

☞ ❶ 은 천간(天干)과 지지(地支)가 합(合)하여 2이다. 2는 금(金)이다. 납음오행(納音五行)이 금(金)이다

☞ ❷ 는 천간(天干), 지지(地支)의 합(合)이 8이다. 8을 5로 나누어 남는 수 3을 취하는 것이다. 3은 수(水)이다.

기억하기 쉽도록 납음오행을 연상법식으로 나열한 것이다. 좀 더 깊은 내용을 파악하려면 전체적으로 파악을 한 후 분류 및 기타, 연관 작용 등을 살펴야 할 것이나 기본적인 흐름만을 파악한 것이다.

納音(납음)五行(오행)- ②

● 갑자(甲子), 을축(乙丑) : 해중금(海中金)

쇠의 비중은 7.86(20℃)이다. 물의 비중이 1이기 때문에 당연히 쇠는 갈아 앉는다
무쇠가 바다 속에 깊숙이 가라앉아 있는 형상이다. 갑자(甲子)란 천간으로 갑(甲)목이요, 지지는 자(子)수이다. 기운(氣運)으로 살펴보면 금(金)의 사, 절(死絶)이다. 금(金)의 기운(氣運)이 저연 소진(消盡)된다. 금이 맥을 못 추니 표면에서부터 부수어지는 형상이니 녹이 스는 형상이요 부식작용으로 인하여 조각이 떨어져 나간다.
을축(乙丑)의 천간 을(乙)목은 경(庚)금과 합(合)하여 자신을 망각하고 기능을 정지(停止)시키고, 을신(乙辛) 충(沖)하여 상처(傷處)가 난다. 정지(停止)된 상태에서 부딪혀 상하니 부식(腐蝕)이 되는 것이다. 시간이 지날수록 상처는 깊어간다.
축(丑)토는 지장간 계(癸), 신(辛), 기(己)를 간직하고 있는데 각각의 기능을 비교하면 기(己)토는 신(辛)금을 생(生)하고, 계(癸)수가 금(金)의 기운을 설기토록 한다. 약주고 병 주는 결과다. 축(丑)은 금(金)의 묘(墓)이다. 나 죽었소! 하고 끽소리 못하고 만다. 쓸모없는 金(금)이다. 때를 기다리고 있는 사람이다. 지금은 어렵지만 미래를 기다려본다.

● 丙寅(병인)丁卯(정묘) 爐中火(노중화)

成長(성장)의 기운과 發散(발산)의 기운이 결합된 상황이다. 봄과 여름이 결합 상품이다.
봄날의 따스함이다. 겉으로는 여름인 것 같아도 아직은 봄이다. 木生火(목생화)를 지양하며 전진하는 기운이다. 점점 뜨거워지는 상황이니 화로속의 불이니 불길이 점점 뜨거워진다. 지속적인 木生火(목생화)가 이루어져야 한다. 일시적으로 연기가 나며 멈추어도 잔여기운이 있음을 알아야 한다. 順理(순리)대로 진행 중 이다. 일단 뜨거우면 불길이 있다는 것을 알아야 한다. 조심이나 주의라는 단어가 보이면 항상 경계심을 늦추지 말아야한다. 상대를 경시해서는 안 된다. 실로 뜨거운 국은 기름기가 위에 떠 김도 안 나는 경우다.

● 戊辰(무진)己巳(기사) 大林木(대림목)

흙의 양에 따라 땅이라는 평가어가 나타난다. 보잘 것 없으면 흙이라 하지만, 넓은 의미의 땅이라는 범주에는 포함이 된다. 戊辰(무진)과 己巳(기사)는 본시 광활한 넓은 땅을 말하지만 土(토)의 기본성향인 稼穡(가색)의 功(공)을 이루어야 한다. 나무와 풀의 차이가 나타난다. 비옥한 땅에는 커다란 나무들이 울창한 숲을 이루지만 그렇지 못할 경우는 황무지요, 버림받은 땅으로 전락한다. 燥濕(조습)이 원만히 이루어져야 서로 간에 相剋(상극)과 相生(상생)이 이루어진다. 克(극) 다음에는 生(생)이 순리다. 그것이 相生(상생)이다. 원만함에 숲이 이루어진다.

納音(납음)五行(오행)

庚午(경오)辛未(신미) 路傍土(노방토)

犧牲(희생)으로 인한 결과요, 獻身(헌신)의 부산물이다. 庚(경)금과 辛(신)금이 전면에 부각하니 그 이전 과정이 끝이 난 것이다. 뒤를 보니 흙이 재로 化(화)하는 과정이다. 자기의 역할을 충실히 한 것이다. 殺身成仁(살신성인)이요, 순리에 응한 것이다. 路傍土(노방토)란 燥土(조토)다. 火氣(화기)가 强(강)한 것이다. 길가에서는 날리는 먼지가 항상 심하다.

壬申(임신)癸酉(계유) 劍鋒金(검봉금)

劍鋒金(검봉금)이란, 칼끝에 서려있는 날카로움이다. 예리함이다. 쇠를 물로 씻어낸다 함은 칼을 예리하게 날카롭게 간다는 말이요, 연마한다는 것이다. 바늘의 끝이 날카로움을 떠나 실질적인 역할을 하고 있다. 각각의 역할이 다 중요하지만 말단직원의 역할도 중요하다는 것이다. 날카로움이요, 직접적인 영향이 제일 먼저 도달하는 과정이다. 단순한 칼끝이라는 해석에서 벗어나야 한다.

甲戌(갑술)乙亥(을해) 山頭花(산두화)

꽃이란 枝葉(지엽)의 결실이다. 계절로는 봄에서 벗어나 여름의 정상에 도달하는 과정이다. 봄은 아직 끝나지 않았다. 여름도 여름의 남은 열기가 식어야 여름이 끝나는 것이다. 꽃이란 풀꽃도 꽃이다. 나무나 화초에만 해당되는 말이 아니다. 꽃을 피울 때는 뿌리에 간직함이 강하다. 木氣(목기)의 기운이 최상에 도달한 것이다. 木氣(목기)의 기운이 지나치면 절로 火(화)가된다. 火(화)를 염원하는 象(상)이라 볼 수도 있지만, 몸은 木(목)이지만 이미 火(화)로 化(화)하는 것이다. 부분적인 火氣(화기)이다. 전체가 火(화)가 될 수는 없다. 본질은 당연히 木(목)이지만, 火(화)나 마찬가지다. 그래서 氣運(기운)이다.

丙子(병자)丁丑(정축) 澗下水(간하수)

석양에 물든 노을이 허락도 없이 강물위에 내려앉은 것이다. 지는 태양이 아쉬운 것이다. 아직은 태양의 열기가 남아있으나 얼마 후면 사라져 버릴 것이다. 강물에 소리 없이 스며든다. 따뜻한 온기를 품은 채 대지를 적신다. 자신의 역할은 다하는 것이다. 아직은 불이다. 잔재가 남아있다. 겉은 불이나 곧 사라지는 물이다. 열기가 사라진다. 물길에 잠겨 대지를 적시며 사라진다. 불꽃이 사라지는 형국이다. 되살아 나기위해서는 아침이 와야 한다. 봄을 기다린다.

戊寅(무인)己卯(기묘) 城頭土(성두토)

흙 자체로만 성곽을 쌓는다는 것은 힘든 일이다. 흙으로 벽돌을 만든 다던가 다른 튼튼한 지지대를 만들어 사용해야 한다. 모든 것이 그렇듯 자체로만은 어려운 일이다. 다른 성분을 잘

이용해야 자체가 빛난다. 生剋制化(생극제화)가 필요하다. 토가 목의 극을 받으니 실질적인 역할은 토가 하지만 보이지 않는 목의 역할이 돋보인다는 것이다. 혼자서는 이루기 어려움이 다. 본연의 기본적인 역할을 뛰어넘는 무한한 역량을 발휘한다. 겉모양의 장식은 흙이 하는 것이다.

庚辰(경진)辛巳(신사) 白蠟金(백납금)

森羅萬象(삼라만상) 모든 것은 자신의 형질을 항상 간직하고 있는 것 같아도 쉼 없이 변화하고 적응하면서 변한다. 외형상으로 나타나는 형질은 본연의 고유성질을 보여도 내외적으로 변화하는 경우도 나타난다. 약자에겐 강하고 강자에겐 약한 것이 기본이지만 오히려 그 반대의 작용도 나타난다. 통상적인 범주를 벗어나는 것이다. 완성인 것 같아도 또다시 시작한다. 그것이 순리다. 白蠟金(백납금)이란, 강한 火氣(화기)에 의해 때로는 다른 성향의 작용에 의해 자타 간에 그 형질이 변화하여 쓰이게 되는 金氣(금기)의 象(상)이다.
金(금)이란 土(토)에서 발전한다. 土(토)란 火(화)에서 이루어지고 때로는 작게, 때로는 크게 밀고 당기면서 생을 위한 합리화 작용을 한다. 필요하면 동시에 여러 작용을 연속해 나가면서 본연의 성향을 지키며 발전한다. 금을 형성하며 쓰임새를 나타내는 것이다. 처세에 능숙함과 기묘함을 보인다.

임오(壬午)계미(癸未) 양류목(楊柳木)

生(생)을 받아도 지나치면 안 받은 만 못하다. 지나친 사랑은 자녀를 나약하게 하고 병들게 한다. 외부의 강한 抑壓(억압)이나 적합지 않은 환경에 적응을 하기 어려워진다. 나무의 경우 풀이라 해도 좋고 水耕(수경) 재배하는 경우가 아니라면 생각해볼 문제다. 옆에서 직접적인 도움이 필요하다. 天干(천간)과 地支(지지)를 찾아봐도 고독한 乙(을)목 뿐이다. 물바다이고 속은 뜨겁다. 열기가 가득하다. 동료를 찾는다. 외롭다. 형제가 그립고 가족의 도움이 급선무다. 환경은 病(병) 주고 藥(약) 주고다. 어려운 환경 이다보니 스스로 강해진다. 악착같은 根性(근성)을 배우게 된다. 자신을 찾는 노력을 게을리 해서는 안 된다. 존재를 확인하고 存立(존립)을 위한 몸부림이다. 자신을 찾는 꿈을 찾아 노력한다. 양류목이란 수양버들이다.

갑신(甲申),을유(乙酉) 정천수(井泉水)

바위위에 뿌리를 내리고 자라는 나무다. 도끼의 자루와 같아 매우 유용하기도 하지만 홀로 작용을 하지는 못한다. 돌밭에서 자라는 부처손과 같은 식물도 된다. 바위에 붙어 자라는 석이 버섯도 된다. 生存(생존)력이 강하다. 克(극)하는 어려움을 두려워하지 않는다. 헤쳐 나가야 할 길이다. 흔하지 않은 물을 마시고 자란다. 귀한 물이다. 아무 곳에서나 볼 수가 없다.

納音(납음)五行(오행)

生(생)이란 克(극)하고 다음이라 했다. 극한 환경을 이기고 일어나는 참다운 아름다움이다. 생명수다. 돌 위에 붙은 이끼요, 풀이요, 뿌리를 내린 나무다. 진정한 생명수다. 井泉水(정천수)이다.

● 丙戌(병술)丁亥(정해) 屋上土(옥상토)

도시의 빈 공간을 활용한다. 상상의 세계로 인도한다. 불사능한 일은 아니다. 옥상정원이다. 도시의 삭막함에서 농촌의 푸름을 맛보는 도시농군이 된다. 두텁지 않은 흙이라도 식물이 자라기는 충분하다. 위에는 뜨거운 태양별이 쏟아진다. 흙에는 물기가 넉넉지는 않아도 자작하다. 중요한 것은 흙의 기운을 북돋는 길이다. 볕의 양을 조절하는 물의 역할도 중요하다. 그래야만 희망이 이루어진다. 처음에는 시간이 걸려도 기반이 갖추어지면 안정이 쉽게 이루어진다. 가까이서 관리할 수 있는 이점도 있다. 천기를 응용하는 노력이 요구된다.

● 戊子(무자)己丑(기축) 霹靂火(벽력화)

凍土(동토)의 흙이다. 衝擊(충격)療法(요법)이 필요하다. 장기적인 요법은 形質(형질)을 변화시킨다. 단시간 내 효과적인 방법을 찾아야 한다. 겉으로 보기에는 왕성한 활동을 하는 흙 같으나 속을 들여다보면 찬물이 그득하다. 온기가 필요한 土(토)가 된다. 丑土(축토)는 막힘이요, 子水(자수)는 넘침이다. 中庸(중용)의 묘수가 필요하다. 火(화)가 象(상)으로 作用(작용)한다. 보기에 말이 없고 조용한 것 같아도 속으로는 고민이 많고 생각이 어지러운 삶이다. 잠자는 호랑이와 같다. 건드리면 폭발한다. 환경에서 벗어나 잠시 휴식을 취하는 것도 좋다.

● 庚寅(경인)辛卯(신묘) 松柏木(송백목)

겨울의 모진 추위와 찬바람에도 굴하지 않고 견디는 꿋꿋함이다. 이미 찬 서리가 온 몸을 감싸고 있지만 한 줄기 온기에 의지하며 견디는 기다림과 은근과 끈기의 아름다움이다. 忍冬草(인동초)요, 사시사철 소나무다. 松柏木(송백목)으로 나타난다. 할 말은 제때에 해야 한다. 참고 견디기만 하면 없는 줄로 한다. 존재감이 묻혀버린다. 새도 울어야 소리가 들린다. 개도 짖어야 누가 온 지 안다. 자기 역할을 충실히 하되 돌출되는 튀는 맛이 필요하다.

● 壬辰(임진)癸巳(계사) 長流水(장류수)

엄청난 물의 흐름이다. 천지가 물바다다. 물이란 흐름을 멈추지 않고 높은 곳에서 낮은 곳으로 모이고 모이면 점점 힘이 강해져 통제가 어려워진다. 완급조절이 필요해진다. 결국에는 바다로 헤쳐모여를 한다. 모이기 전에 물의 수온도 작용을 한다. 지나치게 차면 세기는 강할지 몰라도 흐름이 딱딱해진다. 약간의 온기가 있어야 원활한 흐름을 이어간다. 사중 병화가 그 역할을 한다. 또한 辰(진)토가 흐름을 조절하며 힘을 더해간다.
기운이 지나치니 앞뒤를 가리지 않는다. 침착성이 필요하다. 쉬면서 생각하는 사고의 시간을 요한다. 일방통행이 걱정된다. 항상 조화를 이루면서 나가야한다. 완급조절을 무시한 지나친 추진력은 노력과 시간을 쓸데없이 허비하는 경우도 나타난다. 심사숙고가 필요하다. 힘은 가히 인정할 만하다. 건드리면 휩쓸려간다. 꼬임에 주의하라.

● 甲午(갑오)乙未(을미) 砂中金(사중금)

金(금)이 보이지가 않는다. 안 보인다는 것은 감추어지거나 가려서 보이지 않는다. 存在(존재) 자체가 有名無實(유명무실)하다. 실로 보이지 않을 때가 있다. 없는 것이다. 아쉬워진다. 산에서는 바닷가 생선이 그립고 바닷가에서는 육류가 그리운 것이다. 砂金(사금)과도 같다.
모래나 흙속에 묻혀 존재가 확인이 안 된다. 걸러내고 눈을 까뒤집어 봐야 제대로 보인다. 없어도 있는 것이나 진배가 없다. 보이지는 않아도 마음속에는 항상 자리를 잡고 있다. 살아있네! 눈에 안 보이면 멀어지는 것이 情(정)이다. 항시 잊지 말고 생각하는 아쉬움이다. 잊을 때는 확실히 잊는 것도 방법이다.

● 丙申(병신)丁酉(정유) 山下火(산하화)

산불이란? 아래에서 위로 올라온다. 넓은 면적에서 점점 이로 올라가며 불길을 강하게 한다. 위에서 아래로 내려오는 경우도 있지만 불길을 잡아야 하는 경우 어떻게 할 것인가? 물과 불의 차이는 있다. 불이란 흔적을 그래도 남기기는 하지만 물이란 흔적도 없이 쓸어간다. 불도 강하면 재만 남기고 다 태운다. 불길이 워낙 강하면 무엇이든 다 삼켜버린다. 녹이고 말리고 다 태워 허공으로 날려 보낸다. 용광로의 불길이다. 불길이 올라가도 밑에 있는 쇠를 녹이면서 올라가는 것이다.

● 戊戌(무술)己亥(기해) 平地木(평지목)

戊土(무토)와 己土(기토)가 어우러져 大地(대지)를 형성한다. 넓은 平野(평야)요, 기름진 沃土(옥토)다. 광활한 넓은 땅이다. 植物(식물)은 땅에 溫氣(온기)가 있어야 발육이 제대로 이루어진다. 戌(술)중 丁(정)화라 항상 속에는 따스함이 존재한다. 지구상에 존재하는 최상의 작품은 草木(초목)이다. 대지는 어머니다. 사랑과 포용으로 萬物(만물)을 감싼다. 거기에서 탄생되는 것이 나무다. 어머니의 바램이요, 기원이다. 자신을 희생하는 그런 마음이다. 결과를 위한 만반의 준비를 다하고 최선을 다하는 것이다. 그것이 氣運(기운)으로 나타난다. 평화로운 땅에 한그루의 나무가 자라듯 平地木(평지목)으로 나타나는 것이다. 평지목이란 材木(재목)이요, 棟梁(동량)을 말한다.

納音(납음)五行(오행)

庚子(경자)辛丑(신축) 壁上土(벽상토)

흙이란 엉기어야 뭉쳐진다. 작은 입자가 모여 커다란 형상을 이루기도 하고 작게 엉기어 단단한 형체로 바뀐다. 토생금이 이루어지기 위한 여러 환경적인 조건이 부합되어야 하는데 子(자)수는 土(토)를 엉기는 역할을 하고 축토는 흙이지만 찬 기운이 그윽하고 신금을 포함하고 있어 분쇄된 금이다. 돌가루인데 금속성의 입자이다. 천간에 드러난 금기는 토의 기운이 변화하여 나타나지만 원형은 토로 시작한다. 시멘트의 역할이다. 작은 가루들이 엉기어 단단한 형체의 固形(고형)물을 나타내는 것이다. 미장 효과다. 壁上土(벽상토)에 대한 과정이다. 작은 것 같아도 큰 역할을 한다. 보기에는 미비해도 변화 응집된 결과는 상상을 초월한다.

壬寅(임인)癸卯(계묘) 金箔金(금박금)

鍍金(도금)이란? 속 내용물을 보호하기 위함이기도 하고 기본적인 形體(형체)를 이용한 미적 효과다. 간혹 겉모양만 보고 속 내용물도 같은 줄 알고 착각을 많이 한다. 흉으로 본다면 속임수요, 邪術(사술)이다. 순박하고 남을 잘 믿는 사람들은 낚시에 낚이는 결과로 나타난다. 金箔(금박) 역시 마찬가지다. 금을 두들기고 늘려서 얇게 만드는 작업이다. 그것을 위에 덧칠하듯 입히는 것이다. 壬寅(임인) 癸卯(계묘)는 아침이슬을 머금은 풀잎과도 같다. 차이가 있다면 겉과 내용이 두드러지게 같아 보이는 것이다. 얼핏 보아도 같다는 것을 알게 된다. 금박의 기본적인 개념은 眩惑(현혹)하는 것이다. 상대에게 눈속임을 행하는 것이다. 당하는 사람은 당하는 것이요, 아는 사람에게는 먹히지가 않는다. 다만 아름다움이요, 보이기 위한 요식행위다. 반면에 금박으로 인해 오히려 돋보임이 나타나고 내용물의 가치가 상승하고 일시적 또는 장기적으로 이어지기도 한다. 결코 동일화 될 수는 없다. 벗기면 속이 나타나는 경우는 들통이 난다. 바람 앞의 등불과도 같다. 항상 위험요소를 안고 있다. 결코 영구적이지 않은 모든 일의 상황이다.

甲辰(갑진)乙巳(을사) 覆燈火(복등화)

불길이 사위어진다. 아차하면 꺼지는 경우도 발생한다. 아궁이에 장작이 많다보면 연기만 난다. 공간을 확보하고 비바람이 멀어지도록 해야 한다. 보살핌이 필요하다. 사중병화가 있어도 진중계수가 위험요소다. 나무를 습하게 만들기도 하고 불길을 잠재우는 역할도 한다. 다행히 불길이 살아나면 오히려 촉매 역할을 하기도 한다. 모든 여건이 완벽할 수는 없다. 준비는 되어 있어도 항상 장애물은 있기 마련이다. 슬기롭게 환경을 이해하고 어려움을 헤쳐나간다면 진로는 밝다. 覆燈火(복등화)의 기운이란 이런 것이다.

丙午(병오)丁未(정미) 天河水(천하수)

火氣(화기)란? 항상 빛나는 것이요, 남이 우러러 봄을 원한다. 자칫 중독되면 튀지 못해 환

장한 사람으로 보인다. 세상에 적응하는 길은 튀는 길이라 말하는 현실에서 相通(상통)한다 볼 수 있다. 낮에는 뜨거운 태양열로 하늘을 지배하고 밤에는 뭇별들의 반짝임으로 하늘을 수놓는다. 온통 화기가 衝天(충천)하니 감당이 어려워진다. 맛이 간 상황이다. 항상 지나치면 禍(화)가 따르는 법이다. 도 아니면 모의 형국이다. 이기지 못하면 굴복을 하고 同化(동화)해야 한다. 불만이나 抵抗(저항)은 命(명)을 재촉한다. 극에 달하면 다음은 내리막길이다. 기다림을 暗示(암시)하는 기운이다.

戊申(무신)己酉(기유) 大驛土(대역토)

기초공사가 끝난 땅이다. 건물을 올리기 위한 준비가 끝났다. 土(토)란 땅인데 일반적인 觀念(관념)은 식물을 栽培(재배)하는 쪽에만 비중을 둔다. 현세는 그런 해석이 능통은 아니다. 일종의 固定觀念(고정관념)이다. 재배라는 개념으로 본다면 밭에 돌이 많은 돌밭이다. 일일이 돌을 골라 정지 작업을 해야 한다는 말이다. 大驛土(대역토)의 의미는 驛(역)의 의미와 상통한다. 驛(역)이란 예전에는 말이 쉬고, 거하는 곳이다. 다른 면으로 본다면 말이란 금전, 재산, 재물의미가 강하다. 터전이라는 말인데 재물을 늘려주는 근간이 된다. 부동산으로의 가치다. 건물을 짓고 터전을 마련하는 것이다. 주거의 개념도 포함된다. 일방적인 통변을 하다 보면 어색함이 나타난다. 단순 해석을 한다면 돌밭에서 무슨 옥토가 나오는가? 금덩이라도 묻힌 밭인가? 얼마 전 마늘밭에 돈을 묻어놓은 경우도 있었지만 성립이 어려워진다. 억지 해석이 나올 확률이 많아진다. 大驛土(대역토)의 진정한 의미를 되새겨 봐야한다.

庚戌(경술)辛亥(신해) 釵釧金(차천금)

釵釧金(차천금)이란? 일종의 패물이다. 비녀, 팔찌 등 일종의 액사사리다. 金(금)을 다듬고 다듬어 작품을 만든 것이다. 금을 洗練(세련)하고 다듬어 귀중품으로 만든 것이다. 축소지향적인 의미가 나타나지만 많은 工程(공정)을 거치고 장인의 손길이 가해지듯 매사 귀한 결과를 얻는 형상이다. 규모는 작은 것 같아도 덩치만 큰 실속이 없는 것보다 가치는 무한하다. 장시간 노력을 하여 엄청난 결과를 얻는 놀라움이다. 他(타)의 눈에 노출이 되면 항상 위험이 나타난다. 많으면 많을수록 좋으나 관리에 어려움이 따른다. 戌(술)중 丁(정)화불로 은은히 쇠를 달군다. 亥(해)중 甲(갑)목으로 땔감을 조달하고 계수로 식혀가며 긴 시간을 세련하며 작업을 하는 것이다.

壬子(임자) 癸丑(계축)桑柘木(상자목)

桑柘木(상자목)이란? 뽕나무다. 누에의 유용함과 버릴 것 하나 없는 뽕나무의 귀함도 나타난다. 地支(지지)가 서로 合(합)을 이루어 土(토)도 되고, 水(수)도 형성 한다. 천간 지지가 때로는 물바다를 이룬다. 이럴 경우는 속을 알 수가 없는 것이다. 전체를 보면 土(토)金(금)

水(수)뿐이다. 토로 합성되면 잠시 숨을 고르는 시간이다. 순리대로 이어지면 일사천리지만 지나치게 음의 기운이 강하다. 조용히 일을 처리한다. 누에의 뽕잎 갉아먹는 소리는 작으면서도 크다. 얼핏 안 들리는 것으로 착각 할 수도 있지만 상상을 넘어 우렁찬 소리가 난다. 말없이 행하는 아름다움이다. 새까만 열매는 더욱 그 성향을 나타낸다. 실제로 까만색은 절대 아니다. 진자색이 농도가 진해지면 자연 검어진다. 土金(토금)의 보조역할을 항상 원하지만 抵抗(저항)은 불허한다. 다른 納音(납음)五行(오행)과의 相關關係(상관관계)에 대한 설명은 추후 따로 하기로 합니다.

● 甲寅(갑인)乙卯(을묘) 大溪水(대계수)

초목은 뿌리 쪽이 습한 것을 좋아한다. 수분을 흡수하기 때문이다. 아무리 잎이 무성하고 꽃이 피고 열매가 열린다 해도 자양분의 수급이 원활하지 못하면 생육에 지장이 생긴다. 가뭄에는 寤寐不忘(오매불망) 한 줄기 단비가 그립듯 지나치게 木(목) 기운이 강하면 水氣(수기)에 대한 갈망 또한 커진다. 강하면 강할수록 짝사랑은 더욱 심해진다. 지나치면 자나 깨나 水氣(수기)를 찾는다. 그리움이 현실로 변하다보면 실제로 그렇게 상황은 변한다. 근원을 찾아도 장구한 근본을 찾으니 대계수로 이어진다. 인간은 누구나 그 근본이 있는 것이니 그것이 부모다, 고향도 또한 그리운 것이다. 어느 한 분야에 특출하다보면 다른 분야는 절로 더듬거리게 된다. 지나치게 똑똑하면 멍청이가 되는 사연이다.

● 丙辰(병진)丁巳(정사) 砂中土(사중토)

사막의 오아시스다. 달구어진 모래에 손을 찌르며 무술을 연마하는 광경이 나타난다. 불길이 강하면 근처에만 있어도 뜨거운 법이다. 순리상 火(화)는 土(토)를 생한다. 土(토)는 金(금)을 생한다. 한쪽으로 지나치게 기울면 쓰러진다. 물에 빠지지 않으려면 구명조끼가 필수품이다. 여기서는 辰(진)중 癸(계)수와 巳(사)중 庚(경)금이 貴人(귀인)의 역할을 한다. 항시 간직하고 있는 것이다. 불이 나도 비상구는 항시 바로 옆에 있다. 辰(진)과 巳(사)가 밀었다 당겼다 하며 전체를 조율한다. 여름 해변 백사장은 맨발로 걸으면 뜨겁지만 실상 그 모래를 파보면 시원한 물과 젖은 모래가 나온다. 항상 그늘과 수분을 함축하고 있는 것이다. 바로 그것이 砂中土(사중토)다.

● 戊午(무오)己未(기미) 天上火(천상화)

화란 열기도 되고 빛도 된다. 열기로 작용할 때와 밝음으로 작용하는 것을 구분해야 한다. 때로는 동시에 작용을 하기도 한다. 하늘위란 위에 있음이니 하강작용을 한다. 화는 원래 양이라 근본은 내려가려는 작용을 하는 것이다. 빛도 강하면 시간이 갈수록 집약되어 열기를 내 뿜는다. 불이나면 흙으로 덮는 것도 화재피해를 줄이는 방법이다. 화토는 동격이라 하지 않던가? 화기가 강하면 토기도 자연 열기가 발생한다. 강한 화기가 땅속에 스미는 형상이다.

● **庚申(경신)辛酉(신유) 石榴木(석류목)**

철기시대 이전 석기시대가 있었다. 석기나 철기나 다 긴요한 생활수단이었다. 오행상으로 다 금에 해당된다. 온통 금으로 도배가 되었다. 戊土(무토)와 壬水(임수)만이 자기의 색을 나타내고 있다. 土金水(토금수)로 이어져 陰(음)으로 향하니 겉으로 드러나지 않는다. 지향하는 곳은 木(목)이다. 陽(양)이 없으니 조용하고 內性的(내성적)이며 毒氣(독기)를 품은 듯 항상 자중하나 火氣(화기)가 부족하여 洗鍊(세련)이 부족하다. 水(수)가 있어 날카로운 면은 있으나 유연함이 부족하다.

● **壬戌(임술)癸亥(계해) 大海水(대해수)**

陰陽(음양)이 어우러진 大海水(대해수)다. 계곡의 물은 양기가 부족하지만 바닷물은 음양이 어우러져 조화를 이룬다. 戌(술)중 丁(정)화 와 亥(해)중 甲(갑)목이 貴人(귀인)의 역할을 한다. 壬(임) 癸(계) 亥(해) 水(수)가 調和(조화)를 이루어 큰물을 형성하고 戌(술)토가 그 가운데 잠겨 흐름의 조화를 이루어준다.

파워 만세력 ❸

1921년-2050년

(매년 양력신년1월 / 음력전년12월 부터 시작.)

단기 4254 年	불기 2465 年	**1921년**

上元·辛酉年 납음(石榴木),본명성(七赤金)

대장군(午남방). 삼살(동방), 상문(亥서북방),조객(未서남방), 납음(석류목),【삼재(해,자,축)년】 臘享(납향):1922년1월15일(음12/18)

소한 6일 05시 34분 【음12월】 ➡ 【己丑月(기축월)】 ☯九紫星 대한 20일 22시 55분

양력 1월 / 음력 11/23 ~ 12/23

양력	1	2	3	4	5	6	7	8	9	10	11	12	13	14	15	16	17	18	19	20	21	22	23	24	25	26	27	28	29	30	31
요일	토	일	월	화	수	목	금	토	일	월	화	수	목	금	토	일	월	화	수	목	금	토	일	월	화	수	목	금	토	일	월
일진 日辰	甲子	乙丑	丙寅	丁卯	戊辰	己巳	庚午	辛未	壬申	癸酉	甲戌	乙亥	丙子	丁丑	戊寅	己卯	庚辰	辛巳	壬午	癸未	甲申	乙酉	丙戌	丁亥	戊子	己丑	庚寅	辛卯	壬辰	癸巳	甲午
납음	海中金		爐中火		大林木		路傍土		劍鋒金		山頭花		澗下水		城頭土		白臘金		楊柳木		井中水		屋上土		霹靂火		松柏木		長流水		
음력	23	24	25	26	27	28	29	30	12/1	2	3	4	5	6	7	8	9	10	11	12	13	14	15	16	17	18	19	20	21	22	23
구성	1	2	3	4	5	6	7	8	9	1	2	3	4	5	6	7	8	9	1	2	3	4	5	6	7	8	9	1	2	3	4
대운 남	2	1	1	1	1	소	9	9	9	8	8	8	7	7	7	6	6	6	5	대	5	4	4	4	3	3	3	2	2	2	1
대운 여	8	9	9	9	10	한	1	1	1	1	2	2	2	3	3	3	4	4	4	한	5	5	6	6	6	7	7	7	8	8	8

입춘 4일 17시 20분 【음1월】 ➡ 【庚寅月(경인월)】 ☯八白星 우수 19일 13시 20분

양력 2월 / 음력 12/24 ~ 01/21

양력	1	2	3	4	5	6	7	8	9	10	11	12	13	14	15	16	17	18	19	20	21	22	23	24	25	26	27	28
요일	화	수	목	금	토	일	월	화	수	목	금	토	일	월	화	수	목	금	토	일	월	화	수	목	금	토	일	월
일진 日辰	乙未	丙申	丁酉	戊戌	己亥	庚子	辛丑	壬寅	癸卯	甲辰	乙巳	丙午	丁未	戊申	己酉	庚戌	辛亥	壬子	癸丑	甲寅	乙卯	丙辰	丁巳	戊午	己未	庚申	辛酉	壬戌
납음		山下火		平地木		壁上土		金箔金		覆燈火		天河水		大驛土		釵釧金		桑柘木		大溪水		沙中土		天上火		石榴木		
음력	24	25	26	27	28	29	30	1/1	2	3	4	5	6	7	8	9	10	11	12	13	14	15	16	17	18	19	20	21
구성	5	6	7	8	9	1	2	3	4	5	6	7	8	9	1	2	3	4	5	6	7	8	9	1	2	3	4	5
대운 남	1	1	1	입	1	1	1	1	2	2	2	3	3	3	4	4	4	5	우	5	6	6	6	7	7	7	8	8
대운 여	9	9	9	춘	10	9	9	9	8	8	8	7	7	7	6	6	6	5	수	5	4	4	4	3	3	3	2	2

辛酉年

경칩 6일 11시 45분 【음2월】 ➡ 【辛卯月(신묘월)】 ☯七赤星 춘분 21일 12시 51분

양력 3월 / 음력 01/22 ~ 02/22

양력	1	2	3	4	5	6	7	8	9	10	11	12	13	14	15	16	17	18	19	20	21	22	23	24	25	26	27	28	29	30	31
요일	화	수	목	금	토	일	월	화	수	목	금	토	일	월	화	수	목	금	토	일	월	화	수	목	금	토	일	월	화	수	목
일진 日辰	癸亥	甲子	乙丑	丙寅	丁卯	戊辰	己巳	庚午	辛未	壬申	癸酉	甲戌	乙亥	丙子	丁丑	戊寅	己卯	庚辰	辛巳	壬午	癸未	甲申	乙酉	丙戌	丁亥	戊子	己丑	庚寅	辛卯	壬辰	癸巳
납음		海中金		爐中火		大林木		路傍土		劍鋒金		山頭火		澗下水		城頭土		白臘金		楊柳木		井中水		屋上土		霹靂火		松柏木		長流水	
음력	22	23	24	25	26	27	28	29	30	2/1	2	3	4	5	6	7	8	9	10	11	12	13	14	15	16	17	18	19	20	21	22
구성	6	7	8	9	1	2	3	4	5	6	7	8	9	1	2	3	4	5	6	7	8	9	1	2	3	4	5	6	7	8	9
대운 남	8	9	9	9	10	경	1	1	1	1	2	2	2	3	3	3	4	4	4	5	춘	5	6	6	6	7	7	7	8	8	8
대운 여	2	1	1	1	1	칩	10	9	9	9	8	8	8	7	7	7	6	6	6	5	분	5	4	4	4	3	3	3	2	2	2

청명 5일 17시 09분 【음3월】 ➡ 【壬辰月(임진월)】 ☯六白星 곡우 21일 00시 32분

양력 4월 / 음력 02/23 ~ 03/23

양력	1	2	3	4	5	6	7	8	9	10	11	12	13	14	15	16	17	18	19	20	21	22	23	24	25	26	27	28	29	30
요일	금	토	일	월	화	수	목	금	토	일	월	화	수	목	금	토	일	월	화	수	목	금	토	일	월	화	수	목	금	토
일진 日辰	甲午	乙未	丙申	丁酉	戊戌	己亥	庚子	辛丑	壬寅	癸卯	甲辰	乙巳	丙午	丁未	戊申	己酉	庚戌	辛亥	壬子	癸丑	甲寅	乙卯	丙辰	丁巳	戊午	己未	庚申	辛酉	壬戌	癸亥
납음	沙中金		山下火		平地木		壁上土		金箔金		覆燈火		天河水		大驛土		釵釧金		桑柘木		大溪水		沙中土		天上火		石榴木		大海水	
음력	23	24	25	26	27	28	29	3/1	2	3	4	5	6	7	8	9	10	11	12	13	14	15	16	17	18	19	20	21	22	23
구성	1	2	3	4	5	6	7	8	9	1	2	3	4	5	6	7	8	9	1	2	3	4	5	6	7	8	9	1	2	3
대운 남	9	9	9	10	청	1	1	1	1	2	2	2	3	3	3	4	4	4	5	5	곡	6	6	6	7	7	7	8	8	8
대운 여	1	1	1	1	명	10	10	9	9	9	8	8	8	7	7	7	6	6	6	5	우	5	4	4	4	3	3	3	2	2

입하 6일 11시 04분 【음4월】 ➡ 【癸巳月(계사월)】 ☯五黃星 소만 22일 00시 17분

양력 5월 / 음력 03/24 ~ 04/24

양력	1	2	3	4	5	6	7	8	9	10	11	12	13	14	15	16	17	18	19	20	21	22	23	24	25	26	27	28	29	30	31
요일	일	월	화	수	목	금	토	일	월	화	수	목	금	토	일	월	화	수	목	금	토	일	월	화	수	목	금	토	일	월	화
일진 日辰	甲子	乙丑	丙寅	丁卯	戊辰	己巳	庚午	辛未	壬申	癸酉	甲戌	乙亥	丙子	丁丑	戊寅	己卯	庚辰	辛巳	壬午	癸未	甲申	乙酉	丙戌	丁亥	戊子	己丑	庚寅	辛卯	壬辰	癸巳	甲午
납음	海中金		爐中火		大林木		路傍土		劍鋒金		山頭火		澗下水		城頭土		白臘金		楊柳木		井中水		屋上土		霹靂火		松柏木		長流水		
음력	24	25	26	27	28	29	30	4/1	2	3	4	5	6	7	8	9	10	11	12	13	14	15	16	17	18	19	20	21	22	23	24
구성	4	5	6	7	8	9	1	2	3	4	5	6	7	8	9	1	2	3	4	5	6	7	8	9	1	2	3	4	5	6	7
대운 남	9	9	9	10	10	입	1	1	1	1	2	2	2	3	3	3	4	4	4	5	5	소	6	6	6	7	7	7	8	8	8
대운 여	2	1	1	1	1	하	10	10	9	9	9	8	8	8	7	7	7	6	6	6	5	만	5	4	4	4	3	3	3	2	2

망종 6일 15시 42분 【음5월】 ➡ 【甲午月(갑오월)】 ☯四綠星 하지 22일 08시 36분

양력 6월 / 음력 04/25 ~ 05/25

양력	1	2	3	4	5	6	7	8	9	10	11	12	13	14	15	16	17	18	19	20	21	22	23	24	25	26	27	28	29	30
요일	수	목	금	토	일	월	화	수	목	금	토	일	월	화	수	목	금	토	일	월	화	수	목	금	토	일	월	화	수	목
일진 日辰	乙未	丙申	丁酉	戊戌	己亥	庚子	辛丑	壬寅	癸卯	甲辰	乙巳	丙午	丁未	戊申	己酉	庚戌	辛亥	壬子	癸丑	甲寅	乙卯	丙辰	丁巳	戊午	己未	庚申	辛酉	壬戌	癸亥	甲子
납음		山下火		平地木		壁上土		金箔金		覆燈火		天河水		大驛土		釵釧金		桑柘木		大溪水		砂中土		天上火		石榴木		大海水		
음력	25	26	27	28	29	5/1	2	3	4	5	6	7	8	9	10	11	12	13	14	15	16	17	18	19	20	21	22	23	24	25
구성	8	9	1	2	3	4	5	6	7	8	9	1	2	3	4	5	6	7	8	9	1	2	3	4	5	6	7	8	9	9
대운 남	9	9	9	10	10	망	1	1	1	1	2	2	2	3	3	3	4	4	4	5	5	하	6	6	6	7	7	7	8	8
대운 여	2	1	1	1	1	종	10	10	10	9	9	9	8	8	8	7	7	7	6	6	6	지	5	5	4	4	4	3	3	3

한식(4월06일), 초복(7월16일), 중복(7월26일), 말복(8월15일) 춘사(春社)3/26 추사(秋社)9/22
토왕지절(土旺之節):4월17일,7월20일,10월21일,1월18일(신년양력),臘享(납향):1월20일(신년양력)

十日得辛, 三龍治水, 1921년 신유年(석류목), 칠적금

6白	2黑	4綠
5黃	7赤	9紫
1白	3碧	8白

1921 辛酉年

소서 8일 02시 07분 【음6월】 ➡ 【乙未月(을미월)】 ☯三碧星 대서 23일 19시 30분

양력 7월 / 음력 05/26 ~ 06/27

양력	1	2	3	4	5	6	7	8	9	10	11	12	13	14	15	16	17	18	19	20	21	22	23	24	25	26	27	28	29	30	31
요일	금	토	일	월	화	수	목	금	토	일	월	화	수	목	금	토	일	월	화	수	목	금	토	일	월	화	수	목	금	토	일
일진 日辰	乙丑	丙寅	丁卯	戊辰	己巳	庚午	辛未	壬申	癸酉	甲戌	乙亥	丙子	丁丑	戊寅	己卯	庚辰	辛巳	壬午	癸未	甲申	乙酉	丙戌	丁亥	戊子	己丑	庚寅	辛卯	壬辰	癸巳	甲午	乙未
납음		爐中火		大林木		路傍土		劍鋒金		山頭火		澗下水		城頭土		白臘金		楊柳木		井中水		屋上土		霹靂火		松柏木		長流水		沙中金	
음력	26	27	28	29	6/1	2	3	4	5	6	7	8	9	10	11	12	13	14	15	16	17	18	19	20	21	22	23	24	25	26	27
구성	8	7	6	5	4	3	2	1	9	8	7	6	5	4	3	2	1	9	8	7	6	5	4	3	2	1	9	8	7	6	5
대운 남	8	9	9	9	10	10	10	소	1	1	1	1	2	2	2	3	3	3	4	4	4	5	대	5	6	6	6	7	7	7	8
대운 여	2	2	2	1	1	1	1	서	10	10	9	9	9	8	8	8	7	7	7	6	6	6	서	5	5	4	4	4	3	3	3

입추 8일 11시 44분 【음7월】 ➡ 【丙申月(병신월)】 ☯二黑星 처서 24일 02시 15분

양력 8월 / 음력 06/28 ~ 07/28

양력	1	2	3	4	5	6	7	8	9	10	11	12	13	14	15	16	17	18	19	20	21	22	23	24	25	26	27	28	29	30	31
요일	월	화	수	목	금	토	일	월	화	수	목	금	토	일	월	화	수	목	금	토	일	월	화	수	목	금	토	일	월	화	수
일진 日辰	丙申	丁酉	戊戌	己亥	庚子	辛丑	壬寅	癸卯	甲辰	乙巳	丙午	丁未	戊申	己酉	庚戌	辛亥	壬子	癸丑	甲寅	乙卯	丙辰	丁巳	戊午	己未	庚申	辛酉	壬戌	癸亥	甲子	乙丑	丙寅
납음	山下火		平地木		壁上土		金箔金		覆燈火		天河水		大驛土		釵釧金		桑柘木		大溪水		沙中土		天上火		石榴木		大海水		海中金		
음력	28	29	30	7/1	2	3	4	5	6	7	8	9	10	11	12	13	14	15	16	17	18	19	20	21	22	23	24	25	26	27	28
구성	4	3	2	1	9	8	7	6	5	4	3	2	1	9	8	7	6	5	4	3	2	1	9	8	7	6	5	4	3	2	1
대운 남	8	8	9	9	9	10	10	입	1	1	1	1	2	2	2	3	3	3	4	4	4	5	5	처	6	6	6	7	7	7	8
대운 여	2	2	2	1	1	1	1	추	10	10	9	9	9	8	8	8	7	7	7	6	6	6	5	서	5	4	4	4	3	3	3

백로 8일 14시 10분 【음8월】 ➡ 【丁酉月(정유월)】 ☯一白星 추분 23일 23시 20분

양력 9월 / 음력 07/29 ~ 08/29

양력	1	2	3	4	5	6	7	8	9	10	11	12	13	14	15	16	17	18	19	20	21	22	23	24	25	26	27	28	29	30
요일	목	금	토	일	월	화	수	목	금	토	일	월	화	수	목	금	토	일	월	화	수	목	금	토	일	월	화	수	목	금
일진 日辰	丁卯	戊辰	己巳	庚午	辛未	壬申	癸酉	甲戌	乙亥	丙子	丁丑	戊寅	己卯	庚辰	辛巳	壬午	癸未	甲申	乙酉	丙戌	丁亥	戊子	己丑	庚寅	辛卯	壬辰	癸巳	甲午	乙未	丙申
납음		大林木		路傍土		劍鋒金		山頭火		澗下水		城頭土		白臘金		楊柳木		井中水		屋上土		霹靂火		松柏木		長流水		沙中金		
음력	29	8/1	2	3	4	5	6	7	8	9	10	11	12	13	14	15	16	17	18	19	20	21	22	23	24	25	26	27	28	29
구성	9	8	7	6	5	4	3	2	1	9	8	7	6	5	4	3	2	1	9	8	7	6	5	4	3	2	1	9	8	7
대운 남	8	8	9	9	9	10	10	백	1	1	1	1	2	2	2	3	3	3	4	4	4	5	추	5	6	6	6	7	7	7
대운 여	2	2	2	1	1	1	1	로	10	10	9	9	9	8	8	8	7	7	7	6	6	6	분	5	5	4	4	4	3	3

한로 9일 05시 11분 【음9월】 ➡ 【戊戌月(무술월)】 ☯九紫星 상강 24일 08시 02분

양력 10월 / 음력 09/01 ~ 10/01

양력	1	2	3	4	5	6	7	8	9	10	11	12	13	14	15	16	17	18	19	20	21	22	23	24	25	26	27	28	29	30	31
요일	토	일	월	화	수	목	금	토	일	월	화	수	목	금	토	일	월	화	수	목	금	토	일	월	화	수	목	금	토	일	월
일진 日辰	丁酉	戊戌	己亥	庚子	辛丑	壬寅	癸卯	甲辰	乙巳	丙午	丁未	戊申	己酉	庚戌	辛亥	壬子	癸丑	甲寅	乙卯	丙辰	丁巳	戊午	己未	庚申	辛酉	壬戌	癸亥	甲子	乙丑	丙寅	丁卯
납음		平地木		壁上土		金箔金		覆燈火		天河水		大驛土		釵釧金		桑柘木		大溪水		沙中土		天上火		石榴木		大海水		海中金		爐中火	
음력	9/1	2	3	4	5	6	7	8	9	10	11	12	13	14	15	16	17	18	19	20	21	22	23	24	25	26	27	28	29	30	10/1
구성	6	5	2	8	4	1	6	3	8	5	1	8	5	3	1	9	8	7	6	5	4	3	2	1	9	8	7	6	5	4	3
대운 남	8	8	8	9	9	9	10	10	한	1	1	1	1	2	2	2	3	3	3	4	4	4	5	상	5	6	6	6	7	7	7
대운 여	3	2	2	2	1	1	1	1	로	10	9	9	9	8	8	8	7	7	7	6	6	6	5	강	5	4	4	4	3	3	3

입동 8일 07시 46분 【음10월】 ➡ 【己亥月(기해월)】 ☯八白星 소설 23일 05시 05분

양력 11월 / 음력 10/02 ~ 11/02

양력	1	2	3	4	5	6	7	8	9	10	11	12	13	14	15	16	17	18	19	20	21	22	23	24	25	26	27	28	29	30
요일	화	수	목	금	토	일	월	화	수	목	금	토	일	월	화	수	목	금	토	일	월	화	수	목	금	토	일	월	화	수
일진 日辰	戊辰	己巳	庚午	辛未	壬申	癸酉	甲戌	乙亥	丙子	丁丑	戊寅	己卯	庚辰	辛巳	壬午	癸未	甲申	乙酉	丙戌	丁亥	戊子	己丑	庚寅	辛卯	壬辰	癸巳	甲午	乙未	丙申	丁酉
납음	大林木		路傍土		劍鋒金		山頭火		澗下水		城頭土		白臘金		楊柳木		井中水		屋上土		霹靂火		松柏木		長流水		沙中金		山下火	
음력	2	3	4	5	6	7	8	9	10	11	12	13	14	15	16	17	18	19	20	21	22	23	24	25	26	27	28	29	11/1	2
구성	2	1	9	8	7	6	5	4	3	2	1	9	8	7	6	5	4	3	2	1	9	8	7	6	5	4	3	2	1	9
대운 남	8	8	8	9	9	9	10	입	1	1	1	1	2	2	2	3	3	3	4	4	4	5	소	5	6	6	6	7	7	7
대운 여	2	2	2	1	1	1	1	동	10	9	9	9	8	8	8	7	7	7	6	6	6	5	설	5	4	4	4	3	3	3

대설 8일 00시 12분 【음11월】 ➡ 【庚子月(경자월)】 ☯七赤星 동지 22일 18시 07분

양력 12월 / 음력 11/03 ~ 12/03

양력	1	2	3	4	5	6	7	8	9	10	11	12	13	14	15	16	17	18	19	20	21	22	23	24	25	26	27	28	29	30	31
요일	목	금	토	일	월	화	수	목	금	토	일	월	화	수	목	금	토	일	월	화	수	목	금	토	일	월	화	수	목	금	토
일진 日辰	戊戌	己亥	庚子	辛丑	壬寅	癸卯	甲辰	乙巳	丙午	丁未	戊申	己酉	庚戌	辛亥	壬子	癸丑	甲寅	乙卯	丙辰	丁巳	戊午	己未	庚申	辛酉	壬戌	癸亥	甲子	乙丑	丙寅	丁卯	戊辰
납음	平地木		壁上土		金箔金		覆燈火		天河水		大驛土		釵釧金		桑柘木		大溪水		沙中土		天上火		石榴木		大海水		海中金		爐中火		
음력	3	4	5	6	7	8	9	10	11	12	13	14	15	16	17	18	19	20	21	22	23	24	25	26	27	28	29	30	12/1	2	3
구성	8	7	6	4	3	1	9	7	6	4	3	1	9	7	6	4	3	1	1	3	4	5	4	3	2	1	1	2	3	4	5
대운 남	8	8	8	9	9	9	10	대	1	1	1	1	2	2	2	3	3	3	4	4	4	동	5	5	6	6	6	7	7	7	8
대운 여	2	2	2	1	1	1	1	설	9	9	9	8	8	8	7	7	7	6	6	6	5	지	5	4	4	4	3	3	3	2	2

단기 4255 年
불기 2466 年

1922년

上元· 壬戌年 납음(大海水),본명성(六白金)

대장군(午남방), 삼살(북방), 상문(子북방),조객(申서남방), 납음(대해수),
【삼재(신유술)년】 臘享(납향):1923년1월22일(음12/06)

소한 06일 11시 17분 【음12월】 ➡ 【辛丑月(신축월)】 ☯六白星 대한 21일 04시 48분

양력 1월 / 음력 12/04 ~ 01/04

양력	1	2	3	4	5	6	7	8	9	10	11	12	13	14	15	16	17	18	19	20	21	22	23	24	25	26	27	28	29	30	31
요일	일	월	화	수	목	금	토	일	월	화	수	목	금	토	일	월	화	수	목	금	토	일	월	화	수	목	금	토	일	월	화
일진 日辰	己巳	庚午	辛未	壬申	癸酉	甲戌	乙亥	丙子	丁丑	戊寅	己卯	庚辰	辛巳	壬午	癸未	甲申	乙酉	丙戌	丁亥	戊子	己丑	庚寅	辛卯	壬辰	癸巳	甲午	乙未	丙申	丁酉	戊戌	己亥
납음		路傍土		劍鋒金		山頭火		澗下水		城頭土		白臘金		楊柳木		井中水		屋上土		霹靂火		松柏木		長流水		沙中金		山下火		平地木	
음력	4	5	6	7	8	9	10	11	12	13	14	15	16	17	18	19	20	21	22	23	24	25	26	27	28	29	30	1/1	2	3	4
구성	6	7	8	9	2	3	5	6	8	9	2	3	5	6	8	9	2	3	5	6	8	9	1	2	3	4	5	6	7	8	9
대운 남	8	8	9	9	9	소	1	1	1	1	2	2	2	3	3	3	4	4	4	5	대	5	6	6	6	7	7	7	8	8	8
대운 여	2	1	1	1	1	한	9	9	9	8	8	8	7	7	7	6	6	6	5	5	한	4	4	4	3	3	3	2	2	2	1

입춘 4일 23시 06분 【음1월】 ➡ 【壬寅月(임인월)】 ☯五黃星 우수 19일 19시 16분

양력 2월 / 음력 01/05 ~ 02/02

양력	1	2	3	4	5	6	7	8	9	10	11	12	13	14	15	16	17	18	19	20	21	22	23	24	25	26	27	28
요일	수	목	금	토	일	월	화	수	목	금	토	일	월	화	수	목	금	토	일	월	화	수	목	금	토	일	월	화
일진 日辰	庚子	辛丑	壬寅	癸卯	甲辰	乙巳	丙午	丁未	戊申	己酉	庚戌	辛亥	壬子	癸丑	甲寅	乙卯	丙辰	丁巳	戊午	己未	庚申	辛酉	壬戌	癸亥	甲子	乙丑	丙寅	丁卯
납음	壁上土		金箔金		覆燈火		天河水		大驛土		釵釧金		桑柘木		大溪水		沙中土		天上火		石榴木		大海水		海中金		爐中火	
음력	5	6	7	8	9	10	11	12	13	14	15	16	17	18	19	20	21	22	23	24	25	26	27	28	29	30	2/1	2
구성	1	2	3	4	5	6	7	8	9	1	2	3	4	5	6	7	8	9	1	2	3	4	5	6	7	8	9	1
대운 남	9	9	9	입	10	9	9	9	8	8	8	7	7	7	6	6	6	5	우	5	4	4	4	3	3	3	2	2
대운 여	1	1	1	춘	1	1	1	1	2	2	2	3	3	3	4	4	4	5	수	5	6	6	6	7	7	7	8	8

壬戌年

경칩 6일 17시 34분 【음2월】 ➡ 【癸卯月(계묘월)】 ☯四綠星 춘분 21일 18시 49분

양력 3월 / 음력 02/03 ~ 03/04

양력	1	2	3	4	5	6	7	8	9	10	11	12	13	14	15	16	17	18	19	20	21	22	23	24	25	26	27	28	29	30	31
요일	수	목	금	토	일	월	화	수	목	금	토	일	월	화	수	목	금	토	일	월	화	수	목	금	토	일	월	화	수	목	금
일진 日辰	戊辰	己巳	庚午	辛未	壬申	癸酉	甲戌	乙亥	丙子	丁丑	戊寅	己卯	庚辰	辛巳	壬午	癸未	甲申	乙酉	丙戌	丁亥	戊子	己丑	庚寅	辛卯	壬辰	癸巳	甲午	乙未	丙申	丁酉	戊戌
납음	大林木		路傍土		劍鋒金		山頭火		澗下水		城頭土		白臘金		楊柳木		井中水		屋上土		霹靂火		松柏木		長流水		沙中金		山下火		
음력	3	4	5	6	7	8	9	10	11	12	13	14	15	16	17	18	19	20	21	22	23	24	25	26	27	28	29	3/1	2	3	4
구성	2	3	4	5	6	7	8	9	1	2	3	4	5	6	7	8	9	1	2	3	4	5	6	7	8	9	1	2	3	4	5
대운 남	2	1	1	1	1	경	10	9	9	9	8	8	8	7	7	7	6	6	6	5	춘	5	4	4	4	3	3	3	2	2	2
대운 여	8	9	9	9	10	칩	1	1	1	1	2	2	2	3	3	3	4	4	4	5	분	5	6	6	6	7	7	7	8	8	8

청명 5일 22시58분 【음3월】 ➡ 【甲辰月(갑진월)】 ☯三碧星 곡우 21일 06시 29분

양력 4월 / 음력 03/05 ~ 04/04

양력	1	2	3	4	5	6	7	8	9	10	11	12	13	14	15	16	17	18	19	20	21	22	23	24	25	26	27	28	29	30
요일	토	일	월	화	수	목	금	토	일	월	화	수	목	금	토	일	월	화	수	목	금	토	일	월	화	수	목	금	토	일
일진 日辰	己亥	庚子	辛丑	壬寅	癸卯	甲辰	乙巳	丙午	丁未	戊申	己酉	庚戌	辛亥	壬子	癸丑	甲寅	乙卯	丙辰	丁巳	戊午	己未	庚申	辛酉	壬戌	癸亥	甲子	乙丑	丙寅	丁卯	戊辰
납음		壁上土		金箔金		覆燈火		天河水		大驛土		釵釧金		桑柘木		大溪水		沙中土		天上火		石榴木		大海水		海中金		爐中火		
음력	5	6	7	8	9	10	11	12	13	14	15	16	17	18	19	20	21	22	23	24	25	26	27	28	29	30	4/1	2	3	4
구성	6	7	8	9	1	2	3	4	5	6	7	8	9	1	2	3	4	5	6	7	8	9	1	2	3	4	5	6	7	8
대운 남	1	1	1	1	청	10	10	9	9	9	8	8	8	7	7	7	6	6	6	5	곡	5	4	4	4	3	3	3	2	2
대운 여	9	9	9	10	명	1	1	1	1	2	2	2	3	3	3	4	4	4	5	5	우	6	6	6	7	7	7	8	8	8

입하 6일 16시 53분 【음4월】 ➡ 【乙巳月(을사월)】 ☯二黑星 소만 22일 06시 10분

양력 5월 / 음력 04/05 ~ 05/05

양력	1	2	3	4	5	6	7	8	9	10	11	12	13	14	15	16	17	18	19	20	21	22	23	24	25	26	27	28	29	30	31
요일	월	화	수	목	금	토	일	월	화	수	목	금	토	일	월	화	수	목	금	토	일	월	화	수	목	금	토	일	월	화	수
일진 日辰	己巳	庚午	辛未	壬申	癸酉	甲戌	乙亥	丙子	丁丑	戊寅	己卯	庚辰	辛巳	壬午	癸未	甲申	乙酉	丙戌	丁亥	戊子	己丑	庚寅	辛卯	壬辰	癸巳	甲午	乙未	丙申	丁酉	戊戌	己亥
납음		路傍土		劍鋒金		山頭火		澗下水		城頭土		白臘金		楊柳木		井中水		屋上土		霹靂火		松柏木		長流水		沙中金		山下火		平地木	
음력	5	6	7	8	9	10	11	12	13	14	15	16	17	18	19	20	21	22	23	24	25	26	27	28	29	30	5/1	2	3	4	5
구성	9	1	2	3	4	5	6	7	8	9	1	2	3	4	5	6	7	8	9	1	2	3	4	5	6	7	8	9	1	2	3
대운 남	2	1	1	1	1	입	10	10	9	9	9	8	8	8	7	7	7	6	6	6	5	소	5	4	4	4	3	3	3	2	2
대운 여	9	9	9	10	10	하	1	1	1	1	2	2	2	3	3	3	4	4	4	5	5	만	6	6	6	7	7	7	8	8	8

망종 6일 21시 30분 【음5월】 ➡ 【丙午月(병오월)】 ☯一白星 하지 22일 14시 27분

양력 6월 / 음력 05/06 ~ 윤506

양력	1	2	3	4	5	6	7	8	9	10	11	12	13	14	15	16	17	18	19	20	21	22	23	24	25	26	27	28	29	30
요일	목	금	토	일	월	화	수	목	금	토	일	월	화	수	목	금	토	일	월	화	수	목	금	토	일	월	화	수	목	금
일진 日辰	庚子	辛丑	壬寅	癸卯	甲辰	乙巳	丙午	丁未	戊申	己酉	庚戌	辛亥	壬子	癸丑	甲寅	乙卯	丙辰	丁巳	戊午	己未	庚申	辛酉	壬戌	癸亥	甲子	乙丑	丙寅	丁卯	戊辰	己巳
납음	壁上土		金箔金		覆燈火		天河水		大驛土		釵釧金		桑柘木		大溪水		沙中土		天上火		石榴木		大海水		海中金		爐中火		大林木	
음력	6	7	8	9	10	11	12	13	14	15	16	17	18	19	20	21	22	23	24	25	26	27	28	29	윤5	2	3	4	5	6
구성	4	5	6	7	8	9	1	2	3	4	5	6	7	8	9	1	2	3	4	5	6	7	8	9	9	8	7	6	5	4
대운 남	2	1	1	1	1	망	10	10	10	9	9	9	8	8	8	7	7	7	6	6	6	하	5	5	4	4	4	3	3	3
대운 여	9	9	9	10	10	종	1	1	1	1	2	2	2	3	3	3	4	4	4	5	5	지	6	6	6	7	7	7	8	8

한식(4월06일), 초복(7월16일), 중복(7월26일), 말복(8월15일) ☂춘사(春社)3/21 ☀추사(秋社)9/27
토왕지절(土旺之節):4월18일,7월20일,10월21일,1월18일(신년양력),臘享(납향):1월22일(신년양력)

六日得辛, 九龍治水, 1922년 임술年(대해수), 육백금

5黃	1白	3碧
4綠	6白	8白
9紫	2黑	7赤

1922 壬戌年

소서 8일 07시 58분 【음6월】 ➡ 【丁未月(정미월)】 ☯九紫星 대서 24일 01시 20분

양력 7월 / 음력 윤507 ~ 06/08

양력	1	2	3	4	5	6	7	8	9	10	11	12	13	14	15	16	17	18	19	20	21	22	23	24	25	26	27	28	29	30	31
요일	토	일	월	화	수	목	금	토	일	월	화	수	목	금	토	일	월	화	수	목	금	토	일	월	화	수	목	금	토	일	월
일진 日辰	庚午	辛未	壬申	癸酉	甲戌	乙亥	丙子	丁丑	戊寅	己卯	庚辰	辛巳	壬午	癸未	甲申	乙酉	丙戌	丁亥	戊子	己丑	庚寅	辛卯	壬辰	癸巳	甲午	乙未	丙申	丁酉	戊戌	己亥	庚子
납음	路傍土		劍鋒金		山頭火		澗下水		城頭土		白臘金		楊柳木		井中水		屋上土		霹靂火		松柏木		長流水		沙中金		山下火		平地木		
음력	7	8	9	10	11	12	13	14	15	16	17	18	19	20	21	22	23	24	25	26	27	28	29	6/1	2	3	4	5	6	7	8
구성	3	2	1	9	8	7	6	5	4	3	2	1	9	8	7	6	5	4	3	2	1	9	8	7	6	5	4	3	2	1	9
대운 남	2	2	2	1	1	1	1	소	10	10	9	9	9	8	8	8	7	7	7	6	6	6	5	대	5	4	4	4	3	3	3
대운 여	8	9	9	9	10	10	10	서	1	1	1	1	2	2	2	3	3	3	4	4	4	5	5	서	6	6	6	7	7	7	8

입추 8일 17시 37분 【음7월】 ➡ 【戊申月(무신월)】 ☯八白星 처서 24일 08시 04분

양력 8월 / 음력 06/09 ~ 07/09

양력	1	2	3	4	5	6	7	8	9	10	11	12	13	14	15	16	17	18	19	20	21	22	23	24	25	26	27	28	29	30	31
요일	화	수	목	금	토	일	월	화	수	목	금	토	일	월	화	수	목	금	토	일	월	화	수	목	금	토	일	월	화	수	목
일진 日辰	辛丑	壬寅	癸卯	甲辰	乙巳	丙午	丁未	戊申	己酉	庚戌	辛亥	壬子	癸丑	甲寅	乙卯	丙辰	丁巳	戊午	己未	庚申	辛酉	壬戌	癸亥	甲子	乙丑	丙寅	丁卯	戊辰	己巳	庚午	辛未
납음		金箔金		覆燈火		天河水		大驛土		釵釧金		桑柘木		大溪水		沙中土		天上火		石榴木		大海水		海中金		爐中火		大林木		路傍土	
음력	9	10	11	12	13	14	15	16	17	18	19	20	21	22	23	24	25	26	27	28	29	30	7/1	2	3	4	5	6	7	8	9
구성	8	7	6	5	4	3	2	1	9	8	7	6	5	4	3	2	1	9	8	7	6	5	4	3	2	1	9	8	7	6	5
대운 남	2	2	2	1	1	1	1	입	10	10	9	9	9	8	8	8	7	7	7	6	6	6	5	처	5	4	4	4	3	3	3
대운 여	8	8	9	9	9	10	10	추	1	1	1	1	2	2	2	3	3	3	4	4	4	5	5	서	6	6	6	7	7	7	8

백로 8일 20시06분 【음8월】 ➡ 【己酉月(기유월)】 ☯七赤星 추분 24일 05시 10분

양력 9월 / 음력 07/10 ~ 08/10

양력	1	2	3	4	5	6	7	8	9	10	11	12	13	14	15	16	17	18	19	20	21	22	23	24	25	26	27	28	29	30
요일	금	토	일	월	화	수	목	금	토	일	월	화	수	목	금	토	일	월	화	수	목	금	토	일	월	화	수	목	금	토
일진 日辰	壬申	癸酉	甲戌	乙亥	丙子	丁丑	戊寅	己卯	庚辰	辛巳	壬午	癸未	甲申	乙酉	丙戌	丁亥	戊子	己丑	庚寅	辛卯	壬辰	癸巳	甲午	乙未	丙申	丁酉	戊戌	己亥	庚子	辛丑
납음	劍鋒金		山頭火		澗下水		城頭土		白臘金		楊柳木		井中水		屋上土		霹靂火		松柏木		長流水		沙中金		山下火		平地木		壁上土	
음력	10	11	12	13	14	15	16	17	18	19	20	21	22	23	24	25	26	27	28	29	8/1	2	3	4	5	6	7	8	9	10
구성	4	3	2	1	9	8	7	6	5	4	3	2	1	9	8	7	6	5	4	3	2	1	9	8	7	6	5	4	3	2
대운 남	2	2	2	1	1	1	1	백	10	10	9	9	9	8	8	8	7	7	7	6	6	6	5	추	5	4	4	4	3	3
대운 여	8	8	9	9	9	10	10	로	1	1	1	1	2	2	2	3	3	3	4	4	4	5	5	분	6	6	6	7	7	7

한로 9일 11시 09분 【음9월】 ➡ 【庚戌月(경술월)】 ☯六白星 상강 24일 13시 53분

양력 10월 / 음력 08/11 ~ 09/12

양력	1	2	3	4	5	6	7	8	9	10	11	12	13	14	15	16	17	18	19	20	21	22	23	24	25	26	27	28	29	30	31
요일	일	월	화	수	목	금	토	일	월	화	수	목	금	토	일	월	화	수	목	금	토	일	월	화	수	목	금	토	일	월	화
일진 日辰	壬寅	癸卯	甲辰	乙巳	丙午	丁未	戊申	己酉	庚戌	辛亥	壬子	癸丑	甲寅	乙卯	丙辰	丁巳	戊午	己未	庚申	辛酉	壬戌	癸亥	甲子	乙丑	丙寅	丁卯	戊辰	己巳	庚午	辛未	壬申
납음	金箔金		覆燈火		天河水		大驛土		釵釧金		桑柘木		大溪水		沙中土		天上火		石榴木		大海水		海中金		爐中火		大林木		路傍土		
음력	11	12	13	14	15	16	17	18	19	20	21	22	23	24	25	26	27	28	29	9/1	2	3	4	5	6	7	8	9	10	11	12
구성	1	9	8	7	6	5	4	3	2	1	9	8	7	6	5	4	3	2	1	9	8	7	6	5	4	3	2	1	9	8	7
대운 남	3	2	2	2	1	1	1	1	한	10	9	9	9	8	8	8	7	7	7	6	6	6	5	상	5	4	4	4	3	3	3
대운 여	8	8	8	9	9	9	10	10	로	1	1	1	1	2	2	2	3	3	3	4	4	4	5	강	5	6	6	6	7	7	7

입동 8일 13시 45분 【음10월】 ➡ 【辛亥月(신해월)】 ☯五黃星 소설 23일 10시 55분

양력 11월 / 음력 09/13 ~ 10/12

양력	1	2	3	4	5	6	7	8	9	10	11	12	13	14	15	16	17	18	19	20	21	22	23	24	25	26	27	28	29	30
요일	수	목	금	토	일	월	화	수	목	금	토	일	월	화	수	목	금	토	일	월	화	수	목	금	토	일	월	화	수	목
일진 日辰	癸酉	甲戌	乙亥	丙子	丁丑	戊寅	己卯	庚辰	辛巳	壬午	癸未	甲申	乙酉	丙戌	丁亥	戊子	己丑	庚寅	辛卯	壬辰	癸巳	甲午	乙未	丙申	丁酉	戊戌	己亥	庚子	辛丑	壬寅
납음		山頭火		澗下水		城頭土		白臘金		楊柳木		井中水		屋上土		霹靂火		松柏木		長流水		沙中金		山下火		平地木		壁上土		
음력	13	14	15	16	17	18	19	20	21	22	23	24	25	26	27	28	29	30	10/1	2	3	4	5	6	7	8	9	10	11	12
구성	6	5	4	3	2	1	9	8	7	6	5	4	3	2	1	9	8	7	6	5	4	3	2	1	9	8	7	6	5	4
대운 남	2	2	2	1	1	1	1	입	10	9	9	9	8	8	8	7	7	7	6	6	6	5	소	5	4	4	4	3	3	3
대운 여	8	8	8	9	9	9	10	동	1	1	1	1	2	2	2	3	3	3	4	4	4	5	설	5	6	6	6	7	7	7

대설 8일 06시 11분 【음11월】 ➡ 【壬子月(임자월)】 ☯四綠星 동지 22일 23시 57분

양력 12월 / 음력 10/13 ~ 11/14

양력	1	2	3	4	5	6	7	8	9	10	11	12	13	14	15	16	17	18	19	20	21	22	23	24	25	26	27	28	29	30	31
요일	금	토	일	월	화	수	목	금	토	일	월	화	수	목	금	토	일	월	화	수	목	금	토	일	월	화	수	목	금	토	일
일진 日辰	癸卯	甲辰	乙巳	丙午	丁未	戊申	己酉	庚戌	辛亥	壬子	癸丑	甲寅	乙卯	丙辰	丁巳	戊午	己未	庚申	辛酉	壬戌	癸亥	甲子	乙丑	丙寅	丁卯	戊辰	己巳	庚午	辛未	壬申	癸酉
납음		覆燈火		天河水		大驛土		釵釧金		桑柘木		大溪水		沙中土		天上火		石榴木		大海水		海中金		爐中火		大林木		路傍土		劍鋒金	
음력	13	14	15	16	17	18	19	20	21	22	23	24	25	26	27	28	29	11/1	2	3	4	5	6	7	8	9	10	11	12	13	14
구성	3	2	1	9	8	7	6	5	4	3	2	1	9	8	7	6	5	4	3	2	1	1	2	3	4	5	6	7	8	9	1
대운 남	2	2	2	1	1	1	1	대	9	9	9	8	8	8	7	7	7	6	6	6	5	동	5	4	4	4	3	3	3	2	2
대운 여	8	8	8	9	9	9	10	설	1	1	1	1	2	2	2	3	3	3	4	4	4	지	5	5	6	6	6	7	7	7	8

단기 4256 年	1923년	上元 癸亥年 납음(大海水),본명성(五黃土)
불기 2467 年		대장군(酉서방), 삼살(서방), 상문(丑동북방),조객(酉서방), 납음(대해수), 【삼재(사오미)년】 臘享(납향):1924년1월17일(음12/12)

돼지

소한 06일 17시 14분 【음12월】 ➡ 【癸丑月(계축월)】 ☯三碧星 대한 21일 10시 35분

양력 1월 / 음력 11/15 ~ 12/15

양력	1	2	3	4	5	6	7	8	9	10	11	12	13	14	15	16	17	18	19	20	21	22	23	24	25	26	27	28	29	30	31
요일	월	화	수	목	금	토	일	월	화	수	목	금	토	일	월	화	수	목	금	토	일	월	화	수	목	금	토	일	월	화	수
일진 日辰	甲戌	乙亥	丙子	丁丑	戊寅	己卯	庚辰	辛巳	壬午	癸未	甲申	乙酉	丙戌	丁亥	戊子	己丑	庚寅	辛卯	壬辰	癸巳	甲午	乙未	丙申	丁酉	戊戌	己亥	庚子	辛丑	壬寅	癸卯	甲辰
납음	山頭火		澗下水		城頭土		白臘金		楊柳木		井中水		屋上土		霹靂火		松柏木		長流水		沙中金		山下火		平地木		壁上土		金箔金		
음력	15	16	17	18	19	20	21	22	23	24	25	26	27	28	29	30	12/1	2	3	4	5	6	7	8	9	10	11	12	13	14	15
구성	2	3	4	5	6	7	8	9	1	2	3	4	5	6	7	8	9	1	2	3	4	5	6	7	8	9	1	2	3	4	5
대운 남	2	1	1	1	1	소	10	9	9	9	8	8	8	7	7	7	6	6	6	5	대	5	4	4	4	3	3	3	2	2	2
대운 여	8	8	9	9	9	한	1	1	1	1	2	2	2	3	3	3	4	4	4	5	한	5	6	6	6	7	7	7	8	8	8

입춘 5일 05시 00분 【음1월】 ➡ 【甲寅月(갑인월)】 ☯二黑星 우수 20일 01시 00분

양력 2월 / 음력 12/16 ~ 01/13

양력	1	2	3	4	5	6	7	8	9	10	11	12	13	14	15	16	17	18	19	20	21	22	23	24	25	26	27	28
요일	목	금	토	일	월	화	수	목	금	토	일	월	화	수	목	금	토	일	월	화	수	목	금	토	일	월	화	수
일진 日辰	乙巳	丙午	丁未	戊申	己酉	庚戌	辛亥	壬子	癸丑	甲寅	乙卯	丙辰	丁巳	戊午	己未	庚申	辛酉	壬戌	癸亥	甲子	乙丑	丙寅	丁卯	戊辰	己巳	庚午	辛未	壬申
납음		天河水		大驛土		釵釧金		桑柘木		大溪水		沙中土		天上火		石榴木		大海水		海中金		爐中火		大林木		路傍土		
음력	16	17	18	19	20	21	22	23	24	25	26	27	28	29	30	1/1	2	3	4	5	6	7	8	9	10	11	12	13
구성	6	7	8	9	1	2	3	4	5	6	7	8	9	1	2	3	4	5	6	7	8	9	1	2	3	4	5	6
대운 남	1	1	1	1	입	1	1	1	1	2	2	2	3	3	3	4	4	4	5	우	5	6	6	6	7	7	7	8
대운 여	9	9	9	10	춘	9	9	9	8	8	8	7	7	7	6	6	6	5	5	수	4	4	4	3	3	3	2	2

癸亥年

경칩 6일 23시 25분 【음2월】 ➡ 【乙卯月(을묘월)】 ☯一白星 춘분 22일 00시 29분

양력 3월 / 음력 01/14 ~ 02/15

양력	1	2	3	4	5	6	7	8	9	10	11	12	13	14	15	16	17	18	19	20	21	22	23	24	25	26	27	28	29	30	31
요일	목	금	토	일	월	화	수	목	금	토	일	월	화	수	목	금	토	일	월	화	수	목	금	토	일	월	화	수	목	금	토
일진 日辰	癸酉	甲戌	乙亥	丙子	丁丑	戊寅	己卯	庚辰	辛巳	壬午	癸未	甲申	乙酉	丙戌	丁亥	戊子	己丑	庚寅	辛卯	壬辰	癸巳	甲午	乙未	丙申	丁酉	戊戌	己亥	庚子	辛丑	壬寅	癸卯
납음		山頭火		澗下水		城頭土		白臘金		楊柳木		井中水		屋上土		霹靂火		松柏木		長流水		沙中金		山下火		平地木		壁上土		金箔金	
음력	14	15	16	17	18	19	20	21	22	23	24	25	26	27	28	29	2/1	2	3	4	5	6	7	8	9	10	11	12	13	14	15
구성	7	8	9	1	2	3	4	5	6	7	8	9	1	2	3	4	5	6	7	8	9	1	2	3	4	5	6	7	8	9	1
대운 남	8	8	9	9	9	경	1	1	1	1	2	2	2	3	3	3	4	4	4	5	5	춘	6	6	6	7	7	7	8	8	8
대운 여	2	1	1	1	1	칩	10	10	9	9	9	8	8	8	7	7	7	6	6	6	5	분	5	4	4	4	3	3	3	2	2

청명 06일 04시 46분 【음3월】 ➡ 【丙辰月(병진월)】 ☯九紫星 곡우 21일 12시 06분

양력 4월 / 음력 02/16 ~ 03/15

양력	1	2	3	4	5	6	7	8	9	10	11	12	13	14	15	16	17	18	19	20	21	22	23	24	25	26	27	28	29	30
요일	일	월	화	수	목	금	토	일	월	화	수	목	금	토	일	월	화	수	목	금	토	일	월	화	수	목	금	토	일	월
일진 日辰	甲辰	乙巳	丙午	丁未	戊申	己酉	庚戌	辛亥	壬子	癸丑	甲寅	乙卯	丙辰	丁巳	戊午	己未	庚申	辛酉	壬戌	癸亥	甲子	乙丑	丙寅	丁卯	戊辰	己巳	庚午	辛未	壬申	癸酉
납음	覆燈火		天河水		大驛土		釵釧金		桑柘木		大溪水		沙中土		天上火		石榴木		大海水		海中金		爐中火		大林木		路傍土		劍鋒金	
음력	16	17	18	19	20	21	22	23	24	25	26	27	28	29	30	3/1	2	3	4	5	6	7	8	9	10	11	12	13	14	15
구성	2	3	4	5	6	7	8	9	1	2	3	4	5	6	7	8	9	1	2	3	4	5	6	7	8	9	1	2	3	4
대운 남	9	9	9	10	10	청	1	1	1	1	2	2	2	3	3	3	4	4	4	5	곡	5	6	6	6	7	7	7	8	8
대운 여	2	1	1	1	1	명	10	9	9	9	8	8	8	7	7	7	6	6	6	5	우	5	4	4	4	3	3	3	2	2

입하 6일 22시 38분 【음4월】 ➡ 【丁巳月(정사월)】 ☯八白星 소만 22일 11시 45분

양력 5월 / 음력 03/16 ~ 04/16

양력	1	2	3	4	5	6	7	8	9	10	11	12	13	14	15	16	17	18	19	20	21	22	23	24	25	26	27	28	29	30	31
요일	화	수	목	금	토	일	월	화	수	목	금	토	일	월	화	수	목	금	토	일	월	화	수	목	금	토	일	월	화	수	목
일진 日辰	甲戌	乙亥	丙子	丁丑	戊寅	己卯	庚辰	辛巳	壬午	癸未	甲申	乙酉	丙戌	丁亥	戊子	己丑	庚寅	辛卯	壬辰	癸巳	甲午	乙未	丙申	丁酉	戊戌	己亥	庚子	辛丑	壬寅	癸卯	甲辰
납음	山頭火		澗下水		城頭土		白臘金		楊柳木		井中水		屋上土		霹靂火		松柏木		長流水		沙中金		山下火		平地木		壁上土		金箔金		
음력	16	17	18	19	20	21	22	23	24	25	26	27	28	29	30	4/1	2	3	4	5	6	7	8	9	10	11	12	13	14	15	16
구성	5	6	7	8	9	1	2	3	4	5	6	7	8	9	1	2	3	4	5	6	7	8	9	1	2	3	4	5	6	7	8
대운 남	8	9	9	9	10	입	1	1	1	1	2	2	2	3	3	3	4	4	4	5	5	소	6	6	6	7	7	7	8	8	8
대운 여	2	1	1	1	1	하	10	10	10	9	9	9	8	8	8	7	7	7	6	6	6	만	5	5	4	4	4	3	3	3	2

망종 7일 03시 14분 【음5월】 ➡ 【戊午月(무오월)】 ☯七赤星 하지 22일 20시 03분

양력 6월 / 음력 04/17 ~ 05/17

양력	1	2	3	4	5	6	7	8	9	10	11	12	13	14	15	16	17	18	19	20	21	22	23	24	25	26	27	28	29	30
요일	금	토	일	월	화	수	목	금	토	일	월	화	수	목	금	토	일	월	화	수	목	금	토	일	월	화	수	목	금	토
일진 日辰	乙巳	丙午	丁未	戊申	己酉	庚戌	辛亥	壬子	癸丑	甲寅	乙卯	丙辰	丁巳	戊午	己未	庚申	辛酉	壬戌	癸亥	甲子	乙丑	丙寅	丁卯	戊辰	己巳	庚午	辛未	壬申	癸酉	甲戌
납음		天河水		大驛土		釵釧金		桑柘木		大溪水		沙中土		天上火		石榴木		大海水		海中金		爐中火		大林木		路傍土		劍鋒金		
음력	17	18	19	20	21	22	23	24	25	26	27	28	29	5/1	2	3	4	5	6	7	8	9	10	11	12	13	14	15	16	17
구성	9	1	2	3	4	5	6	7	8	9	1	2	3	4	5	6	7	8	9	9	8	7	6	5	4	3	2	1	9	8
대운 남	9	9	9	10	10	10	망	1	1	1	1	2	2	2	3	3	3	4	4	4	5	하	5	6	6	6	7	7	7	8
대운 여	2	2	1	1	1	1	종	10	10	9	9	9	8	8	8	7	7	7	6	6	6	지	5	5	4	4	4	3	3	3

한식(4월7일), 초복(7월16일), 중복(7월26일), 말복(8월15일) ☂춘사(春社)3/26 ☀추사(秋社)9/22
토왕지절(土旺之節):4월17일,7월20일,10월21일,1월18일(신년양력),臘享(납향):1월17일(신년양력)

二日得辛, 九龍治水, 1923년 계해年(대해수), 오황토

4綠	9紫	2黑
3碧	5黃	7赤
8白	1白	6白

1923 癸亥年

소서 8일 13시 42분 【음6월】 ➡ 【己未月(기미월)】 ☯六白星 대서 24일 07시 01분

		1	2	3	4	5	6	7	8	9	10	11	12	13	14	15	16	17	18	19	20	21	22	23	24	25	26	27	28	29	30	31
양력 7월	요일	일	월	화	수	목	금	토	일	월	화	수	목	금	토	일	월	화	수	목	금	토	일	월	화	수	목	금	토	일	월	화
	일진 日辰	乙亥	丙子	丁丑	戊寅	己卯	庚辰	辛巳	壬午	癸未	甲申	乙酉	丙戌	丁亥	戊子	己丑	庚寅	辛卯	壬辰	癸巳	甲午	乙未	丙申	丁酉	戊戌	己亥	庚子	辛丑	壬寅	癸卯	甲辰	乙巳
음력 05/18 – 06/18	납음		澗下水		城頭土		白臘金		楊柳木		井中水		屋上土		霹靂火		松柏木		長流水		沙中金		山下火		平地木		壁上土		金箔金		覆燈火	
	음력	18	19	20	21	22	23	24	25	26	27	28	29	30	6/1	2	3	4	5	6	7	8	9	10	11	12	13	14	15	16	17	18
	구성	7	6	5	4	3	2	1	9	8	7	6	5	4	3	2	1	9	8	7	6	5	4	3	2	1	9	8	7	6	5	4
	대운 남	8	8	9	9	9	10	10	소	1	1	1	1	2	2	2	3	3	3	4	4	4	5	5	대	6	6	6	7	7	7	8
	대운 여	2	2	2	1	1	1	1	서	10	10	9	9	9	8	8	8	7	7	7	6	6	6	5	서	5	4	4	4	3	3	3

입추 8일 23시 25분 【음7월】 ➡ 【庚申月(경신월)】 ☯五黃星 처서 24일 13시 52분

		1	2	3	4	5	6	7	8	9	10	11	12	13	14	15	16	17	18	19	20	21	22	23	24	25	26	27	28	29	30	31
양력 8월	요일	수	목	금	토	일	월	화	수	목	금	토	일	월	화	수	목	금	토	일	월	화	수	목	금	토	일	월	화	수	목	금
	일진 日辰	丙午	丁未	戊申	己酉	庚戌	辛亥	壬子	癸丑	甲寅	乙卯	丙辰	丁巳	戊午	己未	庚申	辛酉	壬戌	癸亥	甲子	乙丑	丙寅	丁卯	戊辰	己巳	庚午	辛未	壬申	癸酉	甲戌	乙亥	丙子
음력 06/19 – 07/20	납음	天河水		大驛土		釵釧金		桑柘木		大溪水		沙中土		天上火		石榴木		大海水		海中金		爐中火		大林木		路傍土		劍鋒金		山頭火		
	음력	19	20	21	22	23	24	25	26	27	28	29	7/1	2	3	4	5	6	7	8	9	10	11	12	13	14	15	16	17	18	19	20
	구성	3	2	1	9	8	7	6	5	4	3	2	1	9	8	7	6	5	4	3	2	1	9	8	7	6	5	4	3	2	1	9
	대운 남	8	8	9	9	9	10	10	입	1	1	1	1	2	2	2	3	3	3	4	4	4	5	5	처	6	6	6	7	7	7	8
	대운 여	2	2	2	1	1	1	1	추	10	10	10	9	9	9	8	8	8	7	7	7	6	6	6	서	5	5	4	4	4	3	3

백로 9일 01시 57분 【음8월】 ➡ 【辛酉月(신유월)】 ☯四綠星 추분 24일 11시 04분

		1	2	3	4	5	6	7	8	9	10	11	12	13	14	15	16	17	18	19	20	21	22	23	24	25	26	27	28	29	30
양력 9월	요일	토	일	월	화	수	목	금	토	일	월	화	수	목	금	토	일	월	화	수	목	금	토	일	월	화	수	목	금	토	일
	일진 日辰	丁丑	戊寅	己卯	庚辰	辛巳	壬午	癸未	甲申	乙酉	丙戌	丁亥	戊子	己丑	庚寅	辛卯	壬辰	癸巳	甲午	乙未	丙申	丁酉	戊戌	己亥	庚子	辛丑	壬寅	癸卯	甲辰	乙巳	丙午
음력 07/21 – 08/20	납음		城頭土		白臘金		楊柳木		井中水		屋上土		霹靂火		松柏木		長流水		沙中金		山下火		平地木		壁上土		金箔金		覆燈火		
	음력	21	22	23	24	25	26	27	28	29	30	8/1	2	3	4	5	6	7	8	9	10	11	12	13	14	15	16	17	18	19	20
	구성	8	7	6	5	4	3	2	1	9	8	7	6	5	4	3	2	1	9	8	7	6	5	4	3	2	1	9	8	7	6
	대운 남	8	8	9	9	9	10	10	10	백	1	1	1	1	2	2	2	3	3	3	4	4	4	5	추	5	6	6	6	7	7
	대운 여	3	2	2	2	1	1	1	1	로	10	9	9	9	8	8	8	7	7	7	6	6	6	5	분	5	4	4	4	3	3

한로 9일 17시 03분 【음9월】 ➡ 【壬戌月(임술월)】 ☯三碧星 상강 24일 19시 51분

		1	2	3	4	5	6	7	8	9	10	11	12	13	14	15	16	17	18	19	20	21	22	23	24	25	26	27	28	29	30	31
양력 10월	요일	월	화	수	목	금	토	일	월	화	수	목	금	토	일	월	화	수	목	금	토	일	월	화	수	목	금	토	일	월	화	수
	일진 日辰	丁未	戊申	己酉	庚戌	辛亥	壬子	癸丑	甲寅	乙卯	丙辰	丁巳	戊午	己未	庚申	辛酉	壬戌	癸亥	甲子	乙丑	丙寅	丁卯	戊辰	己巳	庚午	辛未	壬申	癸酉	甲戌	乙亥	丙子	丁丑
음력 08/21 – 09/22	납음		大驛土		釵釧金		桑柘木		大溪水		沙中土		天上火		石榴木		大海水		海中金		爐中火		大林木		路傍土		劍鋒金		山頭火		澗下水	
	음력	21	22	23	24	25	26	27	28	29	9/1	2	3	4	5	6	7	8	9	10	11	12	13	14	15	16	17	18	19	20	21	22
	구성	5	4	3	2	1	9	8	7	6	5	4	3	2	1	9	8	7	6	5	4	3	2	1	9	8	7	6	5	4	3	2
	대운 남	7	8	8	8	9	9	9	10	한	1	1	1	1	2	2	2	3	3	3	4	4	4	5	상	5	6	6	6	7	7	7
	대운 여	3	2	2	2	1	1	1	1	로	10	9	9	9	8	8	8	7	7	7	6	6	6	5	강	5	4	4	4	3	3	3

입동 8일 19시 40분 【음10월】 ➡ 【癸亥月(계해월)】 ☯二黑星 소설 23일 16시 54분

		1	2	3	4	5	6	7	8	9	10	11	12	13	14	15	16	17	18	19	20	21	22	23	24	25	26	27	28	29	30
양력 11월	요일	목	금	토	일	월	화	수	목	금	토	일	월	화	수	목	금	토	일	월	화	수	목	금	토	일	월	화	수	목	금
	일진 日辰	戊寅	己卯	庚辰	辛巳	壬午	癸未	甲申	乙酉	丙戌	丁亥	戊子	己丑	庚寅	辛卯	壬辰	癸巳	甲午	乙未	丙申	丁酉	戊戌	己亥	庚子	辛丑	壬寅	癸卯	甲辰	乙巳	丙午	丁未
음력 09/23 – 10/22	납음	城頭土		白臘金		楊柳木		井中水		屋上土		霹靂火		松柏木		長流水		沙中金		山下火		平地木		壁上土		金箔金		覆燈火		天河水	
	음력	23	24	25	26	27	28	29	30	10/1	2	3	4	5	6	7	8	9	10	11	12	13	14	15	16	17	18	19	20	21	22
	구성	1	9	8	7	6	5	4	3	2	1	9	8	7	6	5	4	3	2	1	9	8	7	6	5	4	3	2	1	9	8
	대운 남	8	8	8	9	9	9	10	입	1	1	1	1	2	2	2	3	3	3	4	4	4	5	소	5	6	6	6	7	7	7
	대운 여	2	2	2	1	1	1	1	동	10	9	9	9	8	8	8	7	7	7	6	6	6	5	설	5	4	4	4	3	3	3

대설 8일 12시 05분 【음11월】 ➡ 【甲子月(갑자월)】 ☯一白星 동지 23일 05시 53분

		1	2	3	4	5	6	7	8	9	10	11	12	13	14	15	16	17	18	19	20	21	22	23	24	25	26	27	28	29	30	31
양력 12월	요일	토	일	월	화	수	목	금	토	일	월	화	수	목	금	토	일	월	화	수	목	금	토	일	월	화	수	목	금	토	일	월
	일진 日辰	戊申	己酉	庚戌	辛亥	壬子	癸丑	甲寅	乙卯	丙辰	丁巳	戊午	己未	庚申	辛酉	壬戌	癸亥	甲子	乙丑	丙寅	丁卯	戊辰	己巳	庚午	辛未	壬申	癸酉	甲戌	乙亥	丙子	丁丑	戊寅
음력 10/23 – 11/24	납음	大驛土		釵釧金		桑柘木		大溪水		沙中土		天上火		石榴木		大海水		海中金		爐中火		大林木		路傍土		劍鋒金		山頭火		澗下水		
	음력	23	24	25	26	27	28	29	11/1	2	3	4	5	6	7	8	9	10	11	12	13	14	15	16	17	18	19	20	21	22	23	24
	구성	7	6	5	4	3	2	1	9	8	7	6	5	4	3	2	1	1	2	3	4	5	6	7	8	9	1	2	3	4	5	6
	대운 남	8	8	8	9	9	9	10	대	1	1	1	1	2	2	2	3	3	3	4	4	4	5	동	5	6	6	6	7	7	7	8
	대운 여	2	2	2	1	1	1	1	설	9	9	9	8	8	8	7	7	7	6	6	6	5	5	지	4	4	4	3	3	3	2	2

단기 4257 年
불기 2468 年

1924년

中元 甲子年 납음(海中金),본명성(四綠木)

대장군(酉서방), 삼살(남방), 상문(寅동북방),조객(戌서북방), 납음(해중금),【삼재(인,묘,진)년】 臘享(납향):1925년1월23일(음12/29)

쥐

소한 06일 23시 06분 【음12월】 ➡ 【乙丑月(을축월)】 ☯九紫星 대한 21일 16시 28분

양력 1월 / 음력 11/25 ~ 12/26

양력	1	2	3	4	5	6	7	8	9	10	11	12	13	14	15	16	17	18	19	20	21	22	23	24	25	26	27	28	29	30	31
요일	화	수	목	금	토	일	월	화	수	목	금	토	일	월	화	수	목	금	토	일	월	화	수	목	금	토	일	월	화	수	목
일진 日辰	己卯	庚辰	辛巳	壬午	癸未	甲申	乙酉	丙戌	丁亥	戊子	己丑	庚寅	辛卯	壬辰	癸巳	甲午	乙未	丙申	丁酉	戊戌	己亥	庚子	辛丑	壬寅	癸卯	甲辰	乙巳	丙午	丁未	戊申	己酉
납음		白臘金		楊柳木		井中水		屋上土		霹靂火		松柏木		長流水		沙中金		山下火		平地木		壁上土		金箔金		覆燈火		天河水		大驛土	
음력	25	26	27	28	29	12/1	2	3	4	5	6	7	8	9	10	11	12	13	14	15	16	17	18	19	20	21	22	23	24	25	26
구성	7	8	9	1	2	3	4	5	6	7	8	9	1	2	3	4	5	6	7	8	9	1	2	3	4	5	6	7	8	9	1
대운 남	8	8	9	9	9	소	1	1	1	1	2	2	2	3	3	3	4	4	4	5	대	5	6	6	6	7	7	7	8	8	8
대운 여	2	1	1	1	1	한	10	9	9	9	8	8	8	7	7	7	6	6	6	5	한	5	4	4	4	3	3	3	2	2	2

입춘05일 10시 50분 【음1월】 ➡ 【丙寅月(병인월)】 ☯八白星 우수 20일 06시 51분

양력 2월 / 음력 12/27 ~ 01/25

양력	1	2	3	4	5	6	7	8	9	10	11	12	13	14	15	16	17	18	19	20	21	22	23	24	25	26	27	28	29
요일	금	토	일	월	화	수	목	금	토	일	월	화	수	목	금	토	일	월	화	수	목	금	토	일	월	화	수	목	금
일진 日辰	庚戌	辛亥	壬子	癸丑	甲寅	乙卯	丙辰	丁巳	戊午	己未	庚申	辛酉	壬戌	癸亥	甲子	乙丑	丙寅	丁卯	戊辰	己巳	庚午	辛未	壬申	癸酉	甲戌	乙亥	丙子	丁丑	戊寅
납음	釵釧金		桑柘木		大溪水		沙中土		天上火		石榴木		大海水		海中金		爐中火		大林木		路傍土		劍鋒金		山頭火		澗下水		
음력	27	28	29	30	1/1	2	3	4	5	6	7	8	9	10	11	12	13	14	15	16	17	18	19	20	21	22	23	24	25
구성	2	3	4	5	6	7	8	9	1	2	3	4	5	6	7	8	9	1	2	3	4	5	6	7	8	9	1	2	3
대운 남	9	9	9	10	입	10	9	9	9	8	8	8	7	7	7	6	6	6	5	우	5	4	4	4	3	3	3	2	2
대운 여	1	1	1	1	춘	1	1	1	1	2	2	2	3	3	3	4	4	4	5	수	5	6	6	6	7	7	7	8	8

甲子年

경칩 06일 05시 12분 【음2월】 ➡ 【丁卯月(정묘월)】 ☯七赤星 춘분 21일 06시 20분

양력 3월 / 음력 01/26 ~ 02/26

양력	1	2	3	4	5	6	7	8	9	10	11	12	13	14	15	16	17	18	19	20	21	22	23	24	25	26	27	28	29	30	31
요일	토	일	월	화	수	목	금	토	일	월	화	수	목	금	토	일	월	화	수	목	금	토	일	월	화	수	목	금	토	일	월
일진 日辰	己卯	庚辰	辛巳	壬午	癸未	甲申	乙酉	丙戌	丁亥	戊子	己丑	庚寅	辛卯	壬辰	癸巳	甲午	乙未	丙申	丁酉	戊戌	己亥	庚子	辛丑	壬寅	癸卯	甲辰	乙巳	丙午	丁未	戊申	己酉
납음		白臘金		楊柳木		井中水		屋上土		霹靂火		松柏木		長流水		沙中金		山下火		平地木		壁上土		金箔金		覆燈火		天河水		大驛土	
음력	26	27	28	29	30	2/1	2	3	4	5	6	7	8	9	10	11	12	13	14	15	16	17	18	19	20	21	22	23	24	25	26
구성	4	5	6	7	8	9	1	2	3	4	5	6	7	8	9	1	2	3	4	5	6	7	8	9	1	2	3	4	5	6	7
대운 남	2	1	1	1	1	경	10	9	9	9	8	8	8	7	7	7	6	6	6	5	춘	5	4	4	4	3	3	3	2	2	2
대운 여	8	9	9	9	10	칩	1	1	1	1	2	2	2	3	3	3	4	4	4	5	분	5	6	6	6	7	7	7	8	8	8

청명 5일 10시 33분 【음3월】 ➡ 【戊辰月(무진월)】 ☯六白星 곡우 20일 17시 59분

양력 4월 / 음력 02/27 ~ 03/27

양력	1	2	3	4	5	6	7	8	9	10	11	12	13	14	15	16	17	18	19	20	21	22	23	24	25	26	27	28	29	30
요일	화	수	목	금	토	일	월	화	수	목	금	토	일	월	화	수	목	금	토	일	월	화	수	목	금	토	일	월	화	수
일진 日辰	庚戌	辛亥	壬子	癸丑	甲寅	乙卯	丙辰	丁巳	戊午	己未	庚申	辛酉	壬戌	癸亥	甲子	乙丑	丙寅	丁卯	戊辰	己巳	庚午	辛未	壬申	癸酉	甲戌	乙亥	丙子	丁丑	戊寅	己卯
납음	釵釧金		桑柘木		大溪水		沙中土		天上火		石榴木		大海水		海中金		爐中火		大林木		路傍土		劍鋒金		山頭火		澗下水		城頭土	
음력	27	28	29	3/1	2	3	4	5	6	7	8	9	10	11	12	13	14	15	16	17	18	19	20	21	22	23	24	25	26	27
구성	8	9	1	2	3	4	5	6	7	8	9	1	2	3	4	5	6	7	8	9	1	2	3	4	5	6	7	8	9	1
대운 남	1	1	1	1	청	10	10	9	9	9	8	8	8	7	7	7	6	6	6	곡	5	5	4	4	4	3	3	3	2	2
대운 여	9	9	9	10	명	1	1	1	1	2	2	2	3	3	3	4	4	4	5	우	5	6	6	6	7	7	7	8	8	8

입하 6일 04시 26분 【음4월】 ➡ 【己巳月(기사월)】 ☯五黃星 소만 21일 17시 40분

양력 5월 / 음력 03/28 ~ 04/28

양력	1	2	3	4	5	6	7	8	9	10	11	12	13	14	15	16	17	18	19	20	21	22	23	24	25	26	27	28	29	30	31
요일	목	금	토	일	월	화	수	목	금	토	일	월	화	수	목	금	토	일	월	화	수	목	금	토	일	월	화	수	목	금	토
일진 日辰	庚辰	辛巳	壬午	癸未	甲申	乙酉	丙戌	丁亥	戊子	己丑	庚寅	辛卯	壬辰	癸巳	甲午	乙未	丙申	丁酉	戊戌	己亥	庚子	辛丑	壬寅	癸卯	甲辰	乙巳	丙午	丁未	戊申	己酉	庚戌
납음	白臘金		楊柳木		井中水		屋上土		霹靂火		松柏木		長流水		沙中金		山下火		平地木		壁上土		金箔金		覆燈火		天河水		大驛土		
음력	28	29	30	4/1	2	3	4	5	6	7	8	9	10	11	12	13	14	15	16	17	18	19	20	21	22	23	24	25	26	27	28
구성	2	3	4	5	6	7	8	9	1	2	3	4	5	6	7	8	9	1	2	3	4	5	6	7	8	9	1	2	3	4	5
대운 남	2	1	1	1	1	입	10	10	9	9	9	8	8	8	7	7	7	6	6	6	소	5	5	4	4	4	3	3	3	2	2
대운 여	9	9	9	10	10	하	1	1	1	1	2	2	2	3	3	3	4	4	4	5	만	5	6	6	6	7	7	7	8	8	8

망종 6일 09시 02분 【음5월】 ➡ 【庚午月(경오월)】 ☯四綠星 하지 22일 01시 59분

양력 6월 / 음력 04/29 ~ 05/29

양력	1	2	3	4	5	6	7	8	9	10	11	12	13	14	15	16	17	18	19	20	21	22	23	24	25	26	27	28	29	30
요일	일	월	화	수	목	금	토	일	월	화	수	목	금	토	일	월	화	수	목	금	토	일	월	화	수	목	금	토	일	월
일진 日辰	辛亥	壬子	癸丑	甲寅	乙卯	丙辰	丁巳	戊午	己未	庚申	辛酉	壬戌	癸亥	甲子	乙丑	丙寅	丁卯	戊辰	己巳	庚午	辛未	壬申	癸酉	甲戌	乙亥	丙子	丁丑	戊寅	己卯	庚辰
납음		桑柘木		大溪水		沙中土		天上火		石榴木		大海水		海中金		爐中火		大林木		路傍土		劍鋒金		山頭火		澗下水		城頭土		
음력	29	5/1	2	3	4	5	6	7	8	9	10	11	12	13	14	15	16	17	18	19	20	21	22	23	24	25	26	27	28	29
구성	6	7	8	9	1	2	3	4	5	6	7	8	9	9	8	7	6	5	4	3	2	1	9	8	7	6	5	4	3	2
대운 남	2	1	1	1	1	망	10	10	9	9	9	8	8	8	7	7	7	6	6	6	5	하	5	4	4	4	3	3	3	2
대운 여	9	9	9	10	10	종	1	1	1	1	2	2	2	3	3	3	4	4	4	5	5	지	6	6	6	7	7	7	8	8

한식(4월06일), 초복(7월20일), 중복(7월30일), 말복(8월09일) 춘사(春社)3/20 추사(秋社)9/26
토왕지절(土旺之節):4월17일,7월20일,10월21일,1월17일(신년양력),臘享(납향):1월23일(신년양력)

八日得辛, 三龍治水, 1924년 갑자年(해중금), 사록목

3碧	8白	1白
2黑	4綠	6白
7赤	9紫	5黃

1924 甲子年

소서 7일 19시 30분 【음6월】 ➡ 【辛未月(신미월)】 ☯三碧星 대서 23일 12시 58분

양력 7월 / 음력 05/30 ~ 06/30

양력	1	2	3	4	5	6	7	8	9	10	11	12	13	14	15	16	17	18	19	20	21	22	23	24	25	26	27	28	29	30	31
요일	화	수	목	금	토	일	월	화	수	목	금	토	일	월	화	수	목	금	토	일	월	화	수	목	금	토	일	월	화	수	목
일진 日辰	辛巳	壬午	癸未	甲申	乙酉	丙戌	丁亥	戊子	己丑	庚寅	辛卯	壬辰	癸巳	甲午	乙未	丙申	丁酉	戊戌	己亥	庚子	辛丑	壬寅	癸卯	甲辰	乙巳	丙午	丁未	戊申	己酉	庚戌	辛亥
납음		楊柳木		井中水		屋上土		霹靂火		松柏木		長流水		沙中金		山下火		平地木		壁上土		金箔金		覆燈火		天河水		大驛土		釵釧金	
음력	30	6/1	2	3	4	5	6	7	8	9	10	11	12	13	14	15	16	17	18	19	20	21	22	23	24	25	26	27	28	29	30
구성	1	9	8	7	6	5	4	3	2	1	9	8	7	6	5	4	3	2	1	9	8	7	6	5	4	3	2	1	9	8	7
대운 남	2	2	1	1	1	1	소	10	10	10	9	9	9	8	8	8	7	7	7	6	6	6	대	5	5	4	4	4	3	3	3
대운 여	8	9	9	9	10	10	서	1	1	1	1	2	2	2	3	3	3	4	4	4	5	5	서	6	6	6	7	7	7	8	8

입추 8일 05시 12분 【음7월】 ➡ 【壬申月(임신월)】 ☯二黑星 처서 23일 19시 48분

양력 8월 / 음력 07/01 ~ 08/02

양력	1	2	3	4	5	6	7	8	9	10	11	12	13	14	15	16	17	18	19	20	21	22	23	24	25	26	27	28	29	30	31
요일	금	토	일	월	화	수	목	금	토	일	월	화	수	목	금	토	일	월	화	수	목	금	토	일	월	화	수	목	금	토	일
일진 日辰	壬子	癸丑	甲寅	乙卯	丙辰	丁巳	戊午	己未	庚申	辛酉	壬戌	癸亥	甲子	乙丑	丙寅	丁卯	戊辰	己巳	庚午	辛未	壬申	癸酉	甲戌	乙亥	丙子	丁丑	戊寅	己卯	庚辰	辛巳	壬午
납음	桑柘木		大溪水		沙中土		天上火		石榴木		大海水		海中金		爐中火		大林木		路傍土		劍鋒金		山頭火		澗下水		城頭土		白臘金		
음력	7/1	2	3	4	5	6	7	8	9	10	11	12	13	14	15	16	17	18	19	20	21	22	23	24	25	26	27	28	29	8/1	2
구성	6	5	4	3	2	1	9	8	7	6	5	4	3	2	1	9	8	7	6	5	4	3	2	1	9	8	7	6	5	4	3
대운 남	2	2	2	1	1	1	1	입	10	10	9	9	9	8	8	8	7	7	7	6	6	6	처	5	5	4	4	4	3	3	3
대운 여	8	9	9	9	10	10	10	추	1	1	1	1	2	2	2	3	3	3	4	4	4	5	서	5	6	6	6	7	7	7	8

백로 8일 07시 46분 【음8월】 ➡ 【癸酉月(계유월)】 ☯一白星 추분 23일 16시 58분

양력 9월 / 음력 08/03 ~ 09/02

양력	1	2	3	4	5	6	7	8	9	10	11	12	13	14	15	16	17	18	19	20	21	22	23	24	25	26	27	28	29	30
요일	월	화	수	목	금	토	일	월	화	수	목	금	토	일	월	화	수	목	금	토	일	월	화	수	목	금	토	일	월	화
일진 日辰	癸未	甲申	乙酉	丙戌	丁亥	戊子	己丑	庚寅	辛卯	壬辰	癸巳	甲午	乙未	丙申	丁酉	戊戌	己亥	庚子	辛丑	壬寅	癸卯	甲辰	乙巳	丙午	丁未	戊申	己酉	庚戌	辛亥	壬子
납음		井中水		屋上土		霹靂火		松柏木		長流水		沙中金		山下火		平地木		壁上土		金箔金		覆燈火		天河水		大驛土		釵釧金		
음력	3	4	5	6	7	8	9	10	11	12	13	14	15	16	17	18	19	20	21	22	23	24	25	26	27	28	29	30	9/1	2
구성	2	1	9	8	7	6	5	4	3	2	1	9	8	7	6	5	4	3	2	1	9	8	7	6	5	4	3	2	1	9
대운 남	2	2	2	1	1	1	1	백	10	9	9	9	8	8	8	7	7	7	6	6	6	5	추	5	4	4	4	3	3	3
대운 여	8	8	9	9	9	10	10	로	1	1	1	1	2	2	2	3	3	3	4	4	4	5	분	5	6	6	6	7	7	7

한로 8일 22시 52분 【음9월】 ➡ 【甲戌月(갑술월)】 ☯九紫星 상강 24일 01시 44분

양력 10월 / 음력 09/03 ~ 10/04

양력	1	2	3	4	5	6	7	8	9	10	11	12	13	14	15	16	17	18	19	20	21	22	23	24	25	26	27	28	29	30	31
요일	수	목	금	토	일	월	화	수	목	금	토	일	월	화	수	목	금	토	일	월	화	수	목	금	토	일	월	화	수	목	금
일진 日辰	癸丑	甲寅	乙卯	丙辰	丁巳	戊午	己未	庚申	辛酉	壬戌	癸亥	甲子	乙丑	丙寅	丁卯	戊辰	己巳	庚午	辛未	壬申	癸酉	甲戌	乙亥	丙子	丁丑	戊寅	己卯	庚辰	辛巳	壬午	癸未
납음		大溪水		沙中土		天上火		石榴木		大海水		海中金		爐中火		大林木		路傍土		劍鋒金		山頭火		澗下水		城頭土		白臘金		楊柳木	
음력	3	4	5	6	7	8	9	10	11	12	13	14	15	16	17	18	19	20	21	22	23	24	25	26	27	28	29	10/1	2	3	4
구성	8	7	6	5	4	3	2	1	9	8	7	6	5	4	3	2	1	9	8	7	6	5	4	3	2	1	9	8	7	6	5
대운 남	2	2	2	1	1	1	1	한	10	10	9	9	9	8	8	8	7	7	7	6	6	6	5	상	5	4	4	4	3	3	3
대운 여	8	8	8	9	9	9	10	로	1	1	1	1	2	2	2	3	3	3	4	4	4	5	5	강	6	6	6	7	7	7	8

입동 8일 01시 29분 【음10월】 ➡ 【乙亥月(을해월)】 ☯八白星 소설 22일 22시 46분

양력 11월 / 음력 10/05 ~ 11/04

양력	1	2	3	4	5	6	7	8	9	10	11	12	13	14	15	16	17	18	19	20	21	22	23	24	25	26	27	28	29	30
요일	토	일	월	화	수	목	금	토	일	월	화	수	목	금	토	일	월	화	수	목	금	토	일	월	화	수	목	금	토	일
일진 日辰	甲申	乙酉	丙戌	丁亥	戊子	己丑	庚寅	辛卯	壬辰	癸巳	甲午	乙未	丙申	丁酉	戊戌	己亥	庚子	辛丑	壬寅	癸卯	甲辰	乙巳	丙午	丁未	戊申	己酉	庚戌	辛亥	壬子	癸丑
납음	井中水		屋上土		霹靂火		松柏木		長流水		沙中金		山下火		平地木		壁上土		金箔金		覆燈火		天河水		大驛土		釵釧金		桑柘木	
음력	5	6	7	8	9	10	11	12	13	14	15	16	17	18	19	20	21	22	23	24	25	26	27	28	29	30	11/1	2	3	4
구성	4	3	2	1	9	8	7	6	5	4	3	2	1	9	8	7	6	5	4	3	2	1	9	8	7	6	5	4	3	2
대운 남	2	2	2	1	1	1	1	입	9	9	9	8	8	8	7	7	7	6	6	6	5	소	5	4	4	4	3	3	3	2
대운 여	8	8	9	9	9	10	10	동	1	1	1	1	2	2	2	3	3	3	4	4	4	설	5	5	6	6	6	7	7	7

대설 7일 17시 53분 【음11월】 ➡ 【丙子月(병자월)】 ☯七赤星 동지 22일 11시 46분

양력 12월 / 음력 11/05 ~ 12/06

양력	1	2	3	4	5	6	7	8	9	10	11	12	13	14	15	16	17	18	19	20	21	22	23	24	25	26	27	28	29	30	31
요일	월	화	수	목	금	토	일	월	화	수	목	금	토	일	월	화	수	목	금	토	일	월	화	수	목	금	토	일	월	화	수
일진 日辰	甲寅	乙卯	丙辰	丁巳	戊午	己未	庚申	辛酉	壬戌	癸亥	甲子	乙丑	丙寅	丁卯	戊辰	己巳	庚午	辛未	壬申	癸酉	甲戌	乙亥	丙子	丁丑	戊寅	己卯	庚辰	辛巳	壬午	癸未	甲申
납음	大溪水		沙中土		天上火		石榴木		大海水		海中金		爐中火		大林木		路傍土		劍鋒金		山頭火		澗下水		城頭土		白臘金		楊柳木		
음력	5	6	7	8	9	10	11	12	13	14	15	16	17	18	19	20	21	22	23	24	25	26	27	28	29	12/1	2	3	4	5	6
구성	1	9	8	7	6	5	4	3	2	1	1	2	3	4	5	6	7	8	9	1	2	3	4	5	6	7	8	9	1	2	3
대운 남	2	2	1	1	1	1	대	10	9	9	9	8	8	8	7	7	7	6	6	6	5	동	5	4	4	4	3	3	3	2	2
대운 여	8	8	8	9	9	9	설	1	1	1	1	2	2	2	3	3	3	4	4	4	5	지	5	6	6	6	7	7	7	8	8

단기 4258 年	1925년	中元 乙丑年 납음(海中金),본명성(三碧木)
불기 2469 年		대장군(酉서방). 삼살(동방). 상문(卯동방),조객(亥서북방). 납음(해중금). 【삼재(해,자,축)년】 臘享(납향):1926년1월18일(음12/05)

소

소한 6일 04시 53분 【음12월】 ➡ 【丁丑月(정축월)】 ☯六白星 대한 20일 22시 20분

양력 1월 / 음력 12/07 ~ 01/08

양력	1	2	3	4	5	6	7	8	9	10	11	12	13	14	15	16	17	18	19	20	21	22	23	24	25	26	27	28	29	30	31
요일	목	금	토	일	월	화	수	목	금	토	일	월	화	수	목	금	토	일	월	화	수	목	금	토	일	월	화	수	목	금	토
일진 日辰	乙酉	丙戌	丁亥	戊子	己丑	庚寅	辛卯	壬辰	癸巳	甲午	乙未	丙申	丁酉	戊戌	己亥	庚子	辛丑	壬寅	癸卯	甲辰	乙巳	丙午	丁未	戊申	己酉	庚戌	辛亥	壬子	癸丑	甲寅	乙卯
납음		屋上土		霹靂火		松柏木		長流水		沙中金		山下火		平地木		壁上土		金箔金		覆燈火		天河水		大驛土		釵釧金		桑柘木		大溪水	
음력	7	8	9	10	11	12	13	14	15	16	17	18	19	20	21	22	23	24	25	26	27	28	29	1/1	2	3	4	5	6	7	8
구성	4	5	6	7	8	9	1	2	3	4	5	6	7	8	9	1	2	3	4	5	6	7	8	9	1	2	3	4	5	6	7
대운 남	2	1	1	1	1	소	9	9	9	8	8	8	7	7	7	6	6	6	5	대	5	4	4	4	3	3	3	2	2	2	1
대운 여	8	9	9	9	10	한	1	1	1	1	2	2	2	3	3	3	4	4	4	한	5	5	6	6	6	7	7	7	8	8	8

입춘 4일 16시 37분 【음1월】 ➡ 【戊寅月(무인월)】 ☯五黃星 우수 19일 12시 43분

양력 2월 / 음력 01/09 ~ 02/06

양력	1	2	3	4	5	6	7	8	9	10	11	12	13	14	15	16	17	18	19	20	21	22	23	24	25	26	27	28
요일	일	월	화	수	목	금	토	일	월	화	수	목	금	토	일	월	화	수	목	금	토	일	월	화	수	목	금	토
일진 日辰	丙辰	丁巳	戊午	己未	庚申	辛酉	壬戌	癸亥	甲子	乙丑	丙寅	丁卯	戊辰	己巳	庚午	辛未	壬申	癸酉	甲戌	乙亥	丙子	丁丑	戊寅	己卯	庚辰	辛巳	壬午	癸未
납음	沙中土		天上火		石榴木		大海水		海中金		爐中火		大林木		路傍土		劍鋒金		山頭火		澗下水		城頭土		白臘金		楊柳木	
음력	9	10	11	12	13	14	15	16	17	18	19	20	21	22	23	24	25	26	27	28	29	30	2/1	2	3	4	5	6
구성	8	9	1	2	3	4	5	6	7	8	9	1	2	3	4	5	6	7	8	9	1	2	3	4	5	6	7	8
대운 남	1	1	1	입	1	1	1	1	2	2	2	3	3	3	4	4	4	5	우	5	6	6	6	7	7	7	8	8
대운 여	9	9	9	춘	10	9	9	9	8	8	8	7	7	7	6	6	6	5	수	5	4	4	4	3	3	3	2	2

乙丑年

경칩 6일 11시 00분 【음2월】 ➡ 【己卯月(기묘월)】 ☯四綠星 춘분 21일 12시 12분

양력 3월 / 음력 02/07 ~ 03/08

양력	1	2	3	4	5	6	7	8	9	10	11	12	13	14	15	16	17	18	19	20	21	22	23	24	25	26	27	28	29	30	31
요일	일	월	화	수	목	금	토	일	월	화	수	목	금	토	일	월	화	수	목	금	토	일	월	화	수	목	금	토	일	월	화
일진 日辰	甲申	乙酉	丙戌	丁亥	戊子	己丑	庚寅	辛卯	壬辰	癸巳	甲午	乙未	丙申	丁酉	戊戌	己亥	庚子	辛丑	壬寅	癸卯	甲辰	乙巳	丙午	丁未	戊申	己酉	庚戌	辛亥	壬子	癸丑	甲寅
납음	井中水		屋上土		霹靂火		松柏木		長流水		沙中金		山下火		平地木		壁上土		金箔金		覆燈火		天河水		大驛土		釵釧金		桑柘木		
음력	7	8	9	10	11	12	13	14	15	16	17	18	19	20	21	22	23	24	25	26	27	28	29	3/1	2	3	4	5	6	7	8
구성	9	1	2	3	4	5	6	7	8	9	1	2	3	4	5	6	7	8	9	1	2	3	4	5	6	7	8	9	1	2	3
대운 남	8	9	9	9	10	경	1	1	1	1	2	2	2	3	3	3	4	4	4	5	춘	5	6	6	6	7	7	7	8	8	8
대운 여	2	1	1	1	1	칩	10	9	9	9	8	8	8	7	7	7	6	6	6	5	분	5	4	4	4	3	3	3	2	2	2

청명 5일 16시 23분 【음3월】 ➡ 【庚辰月(경진월)】 ☯三碧星 곡우 20일 23시 51분

양력 4월 / 음력 03/09 ~ 04/08

양력	1	2	3	4	5	6	7	8	9	10	11	12	13	14	15	16	17	18	19	20	21	22	23	24	25	26	27	28	29	30
요일	수	목	금	토	일	월	화	수	목	금	토	일	월	화	수	목	금	토	일	월	화	수	목	금	토	일	월	화	수	목
일진 日辰	乙卯	丙辰	丁巳	戊午	己未	庚申	辛酉	壬戌	癸亥	甲子	乙丑	丙寅	丁卯	戊辰	己巳	庚午	辛未	壬申	癸酉	甲戌	乙亥	丙子	丁丑	戊寅	己卯	庚辰	辛巳	壬午	癸未	甲申
납음		沙中土		天上火		石榴木		大海水		海中金		爐中火		大林木		路傍土		劍鋒金		山頭火		澗下水		城頭土		白臘金		楊柳木		
음력	9	10	11	12	13	14	15	16	17	18	19	20	21	22	23	24	25	26	27	28	29	30	4/1	2	3	4	5	6	7	8
구성	4	5	6	7	8	9	1	2	3	4	5	6	7	8	9	1	2	3	4	5	6	7	8	9	1	2	3	4	5	6
대운 남	9	9	9	10	청	1	1	1	1	2	2	2	3	3	3	4	4	4	5	곡	5	6	6	6	7	7	7	8	8	8
대운 여	1	1	1	1	명	10	10	9	9	9	8	8	8	7	7	7	6	6	6	우	5	5	4	4	4	3	3	3	2	2

입하 6일 10시 18분 【음4월】 ➡ 【辛巳月(신사월)】 ☯二黑星 소만 21일 23시 33분

양력 5월 / 음력 04/09 ~ 윤409

양력	1	2	3	4	5	6	7	8	9	10	11	12	13	14	15	16	17	18	19	20	21	22	23	24	25	26	27	28	29	30	31
요일	금	토	일	월	화	수	목	금	토	일	월	화	수	목	금	토	일	월	화	수	목	금	토	일	월	화	수	목	금	토	일
일진 日辰	乙酉	丙戌	丁亥	戊子	己丑	庚寅	辛卯	壬辰	癸巳	甲午	乙未	丙申	丁酉	戊戌	己亥	庚子	辛丑	壬寅	癸卯	甲辰	乙巳	丙午	丁未	戊申	己酉	庚戌	辛亥	壬子	癸丑	甲寅	乙卯
납음		屋上土		霹靂火		松柏木		長流水		沙中金		山下火		平地木		壁上土		金箔金		覆燈火		天河水		大驛土		釵釧金		桑柘木		大溪水	
음력	9	10	11	12	13	14	15	16	17	18	19	20	21	22	23	24	25	26	27	28	29	30	윤4	2	3	4	5	6	7	8	9
구성	7	8	9	1	2	3	4	5	6	7	8	9	1	2	3	4	5	6	7	8	9	1	2	3	4	5	6	7	8	9	1
대운 남	9	9	9	10	10	입	1	1	1	1	2	2	2	3	3	3	4	4	4	5	소	5	6	6	6	7	7	7	8	8	8
대운 여	2	1	1	1	1	하	10	10	9	9	9	8	8	8	7	7	7	6	6	6	만	5	5	4	4	4	3	3	3	2	2

망종 6일 14시 56분 【음5월】 ➡ 【壬午月(임오월)】 ☯一白星 하지 22일 07시 50분

양력 6월 / 음력 윤410 ~ 05/10

양력	1	2	3	4	5	6	7	8	9	10	11	12	13	14	15	16	17	18	19	20	21	22	23	24	25	26	27	28	29	30
요일	월	화	수	목	금	토	일	월	화	수	목	금	토	일	월	화	수	목	금	토	일	월	화	수	목	금	토	일	월	화
일진 日辰	丙辰	丁巳	戊午	己未	庚申	辛酉	壬戌	癸亥	甲子	乙丑	丙寅	丁卯	戊辰	己巳	庚午	辛未	壬申	癸酉	甲戌	乙亥	丙子	丁丑	戊寅	己卯	庚辰	辛巳	壬午	癸未	甲申	乙酉
납음	沙中土		天上火		石榴木		大海水		海中金		爐中火		大林木		路傍土		劍鋒金		山頭火		澗下水		城頭土		白臘金		楊柳木		井中水	
음력	10	11	12	13	14	15	16	17	18	19	20	21	22	23	24	25	26	27	28	29	5/1	2	3	4	5	6	7	8	9	10
구성	2	3	4	5	6	7	8	9	9	8	7	6	5	4	3	2	1	9	8	7	6	5	4	3	2	1	9	8	7	6
대운 남	9	9	9	10	10	망	1	1	1	1	2	2	2	3	3	3	4	4	4	5	5	하	6	6	6	7	7	7	8	8
대운 여	2	1	1	1	1	종	10	10	10	9	9	9	8	8	8	7	7	7	6	6	6	지	5	5	4	4	4	3	3	3

한식(4월6일), 초복(7월15일), 중복(7월25일), 말복(8월14일) ☂춘사(春社)3/25 ☀추사(秋社)9/21
토왕지절(土旺之節):4월17일,7월20일,10월21일,1월18일(신년양력),臘享(납향):1월18일(신년양력)

四日得辛, 九龍治水, 1925년 을축年(해중금), 삼벽목

2黑	7赤	9紫
1白	3碧	5黃
6白	8白	4綠

1925 乙丑年

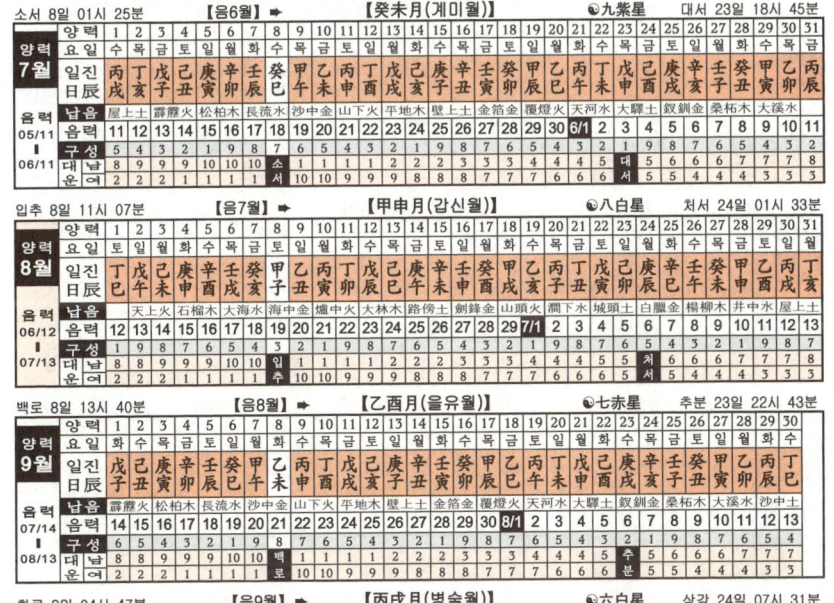

소서 8일 01시 25분 【음6월】 ➡ 【癸未月(계미월)】 ☯九紫星 대서 23일 18시 45분

양력 7월 / 음력 05/11 – 06/11

양력	1	2	3	4	5	6	7	8	9	10	11	12	13	14	15	16	17	18	19	20	21	22	23	24	25	26	27	28	29	30	31
요일	수	목	금	토	일	월	화	수	목	금	토	일	월	화	수	목	금	토	일	월	화	수	목	금	토	일	월	화	수	목	금
일진 日辰	丙戌	丁亥	戊子	己丑	庚寅	辛卯	壬辰	癸巳	甲午	乙未	丙申	丁酉	戊戌	己亥	庚子	辛丑	壬寅	癸卯	甲辰	乙巳	丙午	丁未	戊申	己酉	庚戌	辛亥	壬子	癸丑	甲寅	乙卯	丙辰
납음	屋上土		霹靂火		松柏木		長流水		沙中金		山下火		平地木		壁上土		金箔金		覆燈火		天河水		大驛土		釵釧金		桑柘木		大溪水		
음력	11	12	13	14	15	16	17	18	19	20	21	22	23	24	25	26	27	28	29	30	6/1	2	3	4	5	6	7	8	9	10	11
구성	5	4	3	2	1	9	8	7	6	5	4	3	2	1	9	8	7	6	5	4	3	2	1	9	8	7	6	5	4	3	2
대운 남	8	9	9	9	10	10	10	소	1	1	1	1	2	2	2	3	3	3	4	4	4	5	대	5	6	6	6	7	7	7	8
대운 여	2	2	2	1	1	1	1	서	10	10	9	9	9	8	8	8	7	7	7	6	6	6	서	5	5	4	4	4	3	3	3

입추 8일 11시 07분 【음7월】 ➡ 【甲申月(갑신월)】 ☯八白星 처서 24일 01시 33분

양력 8월 / 음력 06/12 – 07/13

양력	1	2	3	4	5	6	7	8	9	10	11	12	13	14	15	16	17	18	19	20	21	22	23	24	25	26	27	28	29	30	31
요일	토	일	월	화	수	목	금	토	일	월	화	수	목	금	토	일	월	화	수	목	금	토	일	월	화	수	목	금	토	일	월
일진 日辰	丁巳	戊午	己未	庚申	辛酉	壬戌	癸亥	甲子	乙丑	丙寅	丁卯	戊辰	己巳	庚午	辛未	壬申	癸酉	甲戌	乙亥	丙子	丁丑	戊寅	己卯	庚辰	辛巳	壬午	癸未	甲申	乙酉	丙戌	丁亥
납음		天上火		石榴木		大海水		海中金		爐中火		大林木		路傍土		劍鋒金		山頭火		澗下水		城頭土		白臘金		楊柳木		井中水		屋上土	
음력	12	13	14	15	16	17	18	19	20	21	22	23	24	25	26	27	28	29	7/1	2	3	4	5	6	7	8	9	10	11	12	13
구성	1	9	8	7	6	5	4	3	2	1	9	8	7	6	5	4	3	2	1	9	8	7	6	5	4	3	2	1	9	8	7
대운 남	8	8	9	9	9	10	10	입	1	1	1	1	2	2	2	3	3	3	4	4	4	5	5	처	6	6	6	7	7	7	8
대운 여	2	2	2	1	1	1	1	추	10	10	9	9	9	8	8	8	7	7	7	6	6	6	5	서	5	4	4	4	3	3	3

백로 8일 13시 40분 【음8월】 ➡ 【乙酉月(을유월)】 ☯七赤星 추분 23일 22시 43분

양력 9월 / 음력 07/14 – 08/13

양력	1	2	3	4	5	6	7	8	9	10	11	12	13	14	15	16	17	18	19	20	21	22	23	24	25	26	27	28	29	30
요일	화	수	목	금	토	일	월	화	수	목	금	토	일	월	화	수	목	금	토	일	월	화	수	목	금	토	일	월	화	수
일진 日辰	戊子	己丑	庚寅	辛卯	壬辰	癸巳	甲午	乙未	丙申	丁酉	戊戌	己亥	庚子	辛丑	壬寅	癸卯	甲辰	乙巳	丙午	丁未	戊申	己酉	庚戌	辛亥	壬子	癸丑	甲寅	乙卯	丙辰	丁巳
납음	霹靂火		松柏木		長流水		沙中金		山下火		平地木		壁上土		金箔金		覆燈火		天河水		大驛土		釵釧金		桑柘木		大溪水		沙中土	
음력	14	15	16	17	18	19	20	21	22	23	24	25	26	27	28	29	30	8/1	2	3	4	5	6	7	8	9	10	11	12	13
구성	6	5	4	3	2	1	9	8	7	6	5	4	3	2	1	9	8	7	6	5	4	3	2	1	9	8	7	6	5	4
대운 남	8	8	9	9	9	10	10	백	1	1	1	1	2	2	2	3	3	3	4	4	4	5	추	5	6	6	6	7	7	7
대운 여	2	2	2	1	1	1	1	로	10	10	9	9	9	8	8	8	7	7	7	6	6	6	분	5	5	4	4	4	3	3

한로 9일 04시 47분 【음9월】 ➡ 【丙戌月(병술월)】 ☯六白星 상강 24일 07시 31분

양력 10월 / 음력 08/14 – 09/14

양력	1	2	3	4	5	6	7	8	9	10	11	12	13	14	15	16	17	18	19	20	21	22	23	24	25	26	27	28	29	30	31
요일	목	금	토	일	월	화	수	목	금	토	일	월	화	수	목	금	토	일	월	화	수	목	금	토	일	월	화	수	목	금	토
일진 日辰	戊午	己未	庚申	辛酉	壬戌	癸亥	甲子	乙丑	丙寅	丁卯	戊辰	己巳	庚午	辛未	壬申	癸酉	甲戌	乙亥	丙子	丁丑	戊寅	己卯	庚辰	辛巳	壬午	癸未	甲申	乙酉	丙戌	丁亥	戊子
납음	天上火		石榴木		大海水		海中金		爐中火		大林木		路傍土		劍鋒金		山頭火		澗下水		城頭土		白臘金		楊柳木		井中水		屋上土		
음력	14	15	16	17	18	19	20	21	22	23	24	25	26	27	28	29	30	9/1	2	3	4	5	6	7	8	9	10	11	12	13	14
구성	3	2	1	9	8	7	6	5	4	3	2	1	9	8	7	6	5	4	3	2	1	9	8	7	6	5	4	3	2	1	9
대운 남	8	8	8	9	9	9	10	10	한	1	1	1	1	2	2	2	3	3	3	4	4	4	5	상	5	6	6	6	7	7	7
대운 여	3	2	2	2	1	1	1	1	로	10	9	9	9	8	8	8	7	7	7	6	6	6	5	강	5	4	4	4	3	3	3

입동 8일 07시 26분 【음10월】 ➡ 【丁亥月(정해월)】 ☯五黃星 소설 23일 04시 35분

양력 11월 / 음력 09/15 – 10/15

양력	1	2	3	4	5	6	7	8	9	10	11	12	13	14	15	16	17	18	19	20	21	22	23	24	25	26	27	28	29	30
요일	일	월	화	수	목	금	토	일	월	화	수	목	금	토	일	월	화	수	목	금	토	일	월	화	수	목	금	토	일	월
일진 日辰	己丑	庚寅	辛卯	壬辰	癸巳	甲午	乙未	丙申	丁酉	戊戌	己亥	庚子	辛丑	壬寅	癸卯	甲辰	乙巳	丙午	丁未	戊申	己酉	庚戌	辛亥	壬子	癸丑	甲寅	乙卯	丙辰	丁巳	戊午
납음		松柏木		長流水		沙中金		山下火		平地木		壁上土		金箔金		覆燈火		天河水		大驛土		釵釧金		桑柘木		大溪水		沙中土		
음력	15	16	17	18	19	20	21	22	23	24	25	26	27	28	29	10/1	2	3	4	5	6	7	8	9	10	11	12	13	14	15
구성	8	7	6	5	4	3	2	1	9	8	7	6	5	4	3	2	1	9	8	7	6	5	4	3	2	1	9	8	7	6
대운 남	8	8	8	9	9	9	10	입	1	1	1	1	2	2	2	3	3	3	4	4	4	5	소	5	6	6	6	7	7	7
대운 여	2	2	2	1	1	1	1	동	9	9	9	8	8	8	7	7	7	6	6	6	5	5	설	4	4	4	3	3	3	2

대설 7일 23시 52분 【음11월】 ➡ 【戊子月(무자월)】 ☯四綠星 동지 22일 17시 37분

양력 12월 / 음력 10/16 – 11/16

양력	1	2	3	4	5	6	7	8	9	10	11	12	13	14	15	16	17	18	19	20	21	22	23	24	25	26	27	28	29	30	31
요일	화	수	목	금	토	일	월	화	수	목	금	토	일	월	화	수	목	금	토	일	월	화	수	목	금	토	일	월	화	수	목
일진 日辰	己未	庚申	辛酉	壬戌	癸亥	甲子	乙丑	丙寅	丁卯	戊辰	己巳	庚午	辛未	壬申	癸酉	甲戌	乙亥	丙子	丁丑	戊寅	己卯	庚辰	辛巳	壬午	癸未	甲申	乙酉	丙戌	丁亥	戊子	己丑
납음		石榴木		大海水		海中金		爐中火		大林木		路傍土		劍鋒金		山頭火		澗下水		城頭土		白臘金		楊柳木		井中水		屋上土		霹靂火	
음력	16	17	18	19	20	21	22	23	24	25	26	27	28	29	30	11/1	2	3	4	5	6	7	8	9	10	11	12	13	14	15	16
구성	5	4	3	2	1	1	2	3	4	5	6	7	8	9	1	2	3	4	5	6	7	8	9	1	2	3	4	5	6	7	8
대운 남	8	8	8	9	9	9	대	1	1	1	1	2	2	2	3	3	3	4	4	4	5	동	5	6	6	6	7	7	7	8	8
대운 여	2	2	1	1	1	1	설	10	9	9	9	8	8	8	7	7	7	6	6	6	5	지	5	4	4	4	3	3	3	2	2

단기 4259 年
불기 2470 年

1926년

中元 丙寅年 납음(爐中火),본명성(二黑土)

대장군(子북방), 삼살(북방), 상문(辰동남방),조객(子북방), 납음(노중화),【삼재(신유술)년】臘享(납향):1927년1월25일(음12/22)

호랑이

소한 6일 10시 54분 【음12월】 ➡ 【己丑月(기축월)】 ☯三碧星 대한 21일 04시 12분

양력 1월 / 음력 11/17 ~ 12/18

양력	1	2	3	4	5	6	7	8	9	10	11	12	13	14	15	16	17	18	19	20	21	22	23	24	25	26	27	28	29	30	31
요일	금	토	일	월	화	수	목	금	토	일	월	화	수	목	금	토	일	월	화	수	목	금	토	일	월	화	수	목	금	토	일
일진 日辰	庚寅	辛卯	壬辰	癸巳	甲午	乙未	丙申	丁酉	戊戌	己亥	庚子	辛丑	壬寅	癸卯	甲辰	乙巳	丙午	丁未	戊申	己酉	庚戌	辛亥	壬子	癸丑	甲寅	乙卯	丙辰	丁巳	戊午	己未	庚申
납음	松柏木		長流水		沙中金		山下火		平地木		壁上土		金箔金		覆燈火		天河水		大驛土		釵釧金		桑柘木		大溪水		沙中土		天上火		
음력	17	18	19	20	21	22	23	24	25	26	27	28	29	12/1	2	3	4	5	6	7	8	9	10	11	12	13	14	15	16	17	18
구성	9	1	2	3	4	5	6	7	8	9	1	2	3	4	5	6	7	8	9	1	2	3	4	5	6	7	8	9	1	2	3
대운 남	8	9	9	9	10	소	1	1	1	1	2	2	2	3	3	3	4	4	4	5	대	5	6	6	6	7	7	7	8	8	8
대운 여	2	1	1	1	1	한	9	9	9	8	8	8	7	7	7	6	6	6	5	5	한	4	4	4	3	3	3	2	2	2	1

입춘 4일 22시 38분 【음1월】 ➡ 【庚寅月(경인월)】 ☯二黑星 우수 19일 18시 35분

양력 2월 / 음력 12/19 ~ 01/16

양력	1	2	3	4	5	6	7	8	9	10	11	12	13	14	15	16	17	18	19	20	21	22	23	24	25	26	27	28
요일	월	화	수	목	금	토	일	월	화	수	목	금	토	일	월	화	수	목	금	토	일	월	화	수	목	금	토	일
일진 日辰	辛酉	壬戌	癸亥	甲子	乙丑	丙寅	丁卯	戊辰	己巳	庚午	辛未	壬申	癸酉	甲戌	乙亥	丙子	丁丑	戊寅	己卯	庚辰	辛巳	壬午	癸未	甲申	乙酉	丙戌	丁亥	戊子
납음		大海水		海中金		爐中火		大林木		路傍土		劍鋒金		山頭火		澗下水		城頭土		白臘金		楊柳木		井中水		屋上土		
음력	19	20	21	22	23	24	25	26	27	28	29	30	1/1	2	3	4	5	6	7	8	9	10	11	12	13	14	15	16
구성	4	5	6	7	8	9	1	2	3	4	5	6	7	8	9	1	2	3	4	5	6	7	8	9	1	2	3	4
대운 남	9	9	9	입	10	9	9	9	8	8	8	7	7	7	6	6	6	5	우	5	4	4	4	3	3	3	2	2
대운 여	1	1	1	춘	1	1	1	1	2	2	2	3	3	3	4	4	4	5	수	5	6	6	6	7	7	7	8	8

丙寅年

경칩 6일 17시 00분 【음2월】 ➡ 【辛卯月(신묘월)】 ☯一白星 춘분 21일 18시 01분

양력 3월 / 음력 01/17 ~ 02/18

양력	1	2	3	4	5	6	7	8	9	10	11	12	13	14	15	16	17	18	19	20	21	22	23	24	25	26	27	28	29	30	31
요일	월	화	수	목	금	토	일	월	화	수	목	금	토	일	월	화	수	목	금	토	일	월	화	수	목	금	토	일	월	화	수
일진 日辰	己丑	庚寅	辛卯	壬辰	癸巳	甲午	乙未	丙申	丁酉	戊戌	己亥	庚子	辛丑	壬寅	癸卯	甲辰	乙巳	丙午	丁未	戊申	己酉	庚戌	辛亥	壬子	癸丑	甲寅	乙卯	丙辰	丁巳	戊午	己未
납음		松柏木		長流水		沙中金		山下火		平地木		壁上土		金箔金		覆燈火		天河水		大驛土		釵釧金		桑柘木		大溪水		沙中土		天上火	
음력	17	18	19	20	21	22	23	24	25	26	27	28	29	2/1	2	3	4	5	6	7	8	9	10	11	12	13	14	15	16	17	18
구성	5	6	7	8	9	1	2	3	4	5	6	7	8	9	1	2	3	4	5	6	7	8	9	1	2	3	4	5	6	7	8
대운 남	2	1	1	1	1	경	10	9	9	9	8	8	8	7	7	7	6	6	6	5	춘	5	4	4	4	3	3	3	2	2	2
대운 여	8	9	9	9	10	칩	1	1	1	1	2	2	2	3	3	3	4	4	4	5	분	5	6	6	6	7	7	7	8	8	8

청명 5일 22시 18분 【음3월】 ➡ 【壬辰月(임진월)】 ☯九紫星 곡우 21일 05시 36분

양력 4월 / 음력 02/19 ~ 03/19

양력	1	2	3	4	5	6	7	8	9	10	11	12	13	14	15	16	17	18	19	20	21	22	23	24	25	26	27	28	29	30
요일	목	금	토	일	월	화	수	목	금	토	일	월	화	수	목	금	토	일	월	화	수	목	금	토	일	월	화	수	목	금
일진 日辰	庚申	辛酉	壬戌	癸亥	甲子	乙丑	丙寅	丁卯	戊辰	己巳	庚午	辛未	壬申	癸酉	甲戌	乙亥	丙子	丁丑	戊寅	己卯	庚辰	辛巳	壬午	癸未	甲申	乙酉	丙戌	丁亥	戊子	己丑
납음	石榴木		大海水		海中金		爐中火		大林木		路傍土		劍鋒金		山頭火		澗下水		城頭土		白臘金		楊柳木		井中水		屋上土		霹靂火	
음력	19	20	21	22	23	24	25	26	27	28	29	3/1	2	3	4	5	6	7	8	9	10	11	12	13	14	15	16	17	18	19
구성	9	1	2	3	4	5	6	7	8	9	1	2	3	4	5	6	7	8	9	1	2	3	4	5	6	7	8	9	1	2
대운 남	1	1	1	1	청	10	10	9	9	9	8	8	8	7	7	7	6	6	6	5	곡	5	4	4	4	3	3	3	2	2
대운 여	9	9	9	10	명	1	1	1	1	2	2	2	3	3	3	4	4	4	5	5	우	6	6	6	7	7	7	8	8	8

입하 6일 16시 08분 【음4월】 ➡ 【癸巳月(계사월)】 ☯八白星 소만 22일 05시 15분

양력 5월 / 음력 03/20 ~ 04/20

양력	1	2	3	4	5	6	7	8	9	10	11	12	13	14	15	16	17	18	19	20	21	22	23	24	25	26	27	28	29	30	31
요일	토	일	월	화	수	목	금	토	일	월	화	수	목	금	토	일	월	화	수	목	금	토	일	월	화	수	목	금	토	일	월
일진 日辰	庚寅	辛卯	壬辰	癸巳	甲午	乙未	丙申	丁酉	戊戌	己亥	庚子	辛丑	壬寅	癸卯	甲辰	乙巳	丙午	丁未	戊申	己酉	庚戌	辛亥	壬子	癸丑	甲寅	乙卯	丙辰	丁巳	戊午	己未	庚申
납음	松柏木		長流水		沙中金		山下火		平地木		壁上土		金箔金		覆燈火		天河水		大驛土		釵釧金		桑柘木		大溪水		沙中土		天上火		
음력	20	21	22	23	24	25	26	27	28	29	30	4/1	2	3	4	5	6	7	8	9	10	11	12	13	14	15	16	17	18	19	20
구성	3	4	5	6	7	8	9	1	2	3	4	5	6	7	8	9	1	2	3	4	5	6	7	8	9	1	2	3	4	5	6
대운 남	2	1	1	1	1	입	10	10	9	9	9	8	8	8	7	7	7	6	6	6	5	소	5	4	4	4	3	3	3	2	2
대운 여	9	9	9	10	10	하	1	1	1	1	2	2	2	3	3	3	4	4	4	5	5	만	6	6	6	7	7	7	8	8	8

망종 6일 20시 42분 【음5월】 ➡ 【甲午月(갑오월)】 ☯七赤星 하지 22일 13시 30분

양력 6월 / 음력 04/21 ~ 05/21

양력	1	2	3	4	5	6	7	8	9	10	11	12	13	14	15	16	17	18	19	20	21	22	23	24	25	26	27	28	29	30
요일	화	수	목	금	토	일	월	화	수	목	금	토	일	월	화	수	목	금	토	일	월	화	수	목	금	토	일	월	화	수
일진 日辰	辛酉	壬戌	癸亥	甲子	乙丑	丙寅	丁卯	戊辰	己巳	庚午	辛未	壬申	癸酉	甲戌	乙亥	丙子	丁丑	戊寅	己卯	庚辰	辛巳	壬午	癸未	甲申	乙酉	丙戌	丁亥	戊子	己丑	庚寅
납음		大海水		海中金		爐中火		大林木		路傍土		劍鋒金		山頭火		澗下水		城頭土		白臘金		楊柳木		井中水		屋上土		霹靂火		
음력	21	22	23	24	25	26	27	28	29	5/1	2	3	4	5	6	7	8	9	10	11	12	13	14	15	16	17	18	19	20	21
구성	7	8	9	9	8	7	6	5	4	3	2	1	9	8	7	6	5	4	3	2	1	9	8	7	6	5	4	3	2	1
대운 남	2	1	1	1	1	망	10	10	10	9	9	9	8	8	8	7	7	7	6	6	6	하	5	5	4	4	4	3	3	3
대운 여	9	9	9	10	10	종	1	1	1	1	2	2	2	3	3	3	4	4	4	5	5	지	6	6	6	7	7	7	8	8

한식(4월6일), 초복(7월20일), 중복(7월30일), 말복(8월09일) ☂춘사(春社)3/20 ☀추사(秋社)9/26

토왕지절(土旺之節):4월18일,7월20일,10월21일,1월18일(신년양력),臘享(납향):1월20일(신년양력)

九日得辛, 八龍治水, 1926년 병인年(로중화), 이흑토

1白	6白	8白
9紫	2黑	4綠
5黃	7赤	3碧

1926 丙寅年

소서 8일 07시 06분 【음6월】 ➡ 【乙未月(을미월)】 ☯六白星 대서 24일 00시 25분

양력 7월	양력	1	2	3	4	5	6	7	8	9	10	11	12	13	14	15	16	17	18	19	20	21	22	23	24	25	26	27	28	29	30	31
	요일	목	금	토	일	월	화	수	목	금	토	일	월	화	수	목	금	토	일	월	화	수	목	금	토	일	월	화	수	목	금	토
	일진 日辰	辛卯	壬辰	癸巳	甲午	乙未	丙申	丁酉	戊戌	己亥	庚子	辛丑	壬寅	癸卯	甲辰	乙巳	丙午	丁未	戊申	己酉	庚戌	辛亥	壬子	癸丑	甲寅	乙卯	丙辰	丁巳	戊午	己未	庚申	辛酉
음력 05/22 ~ 06/22	납음		長流水		沙中金		山下火		平地木		壁上土		金箔金		覆燈火		天河水		大驛土		釵釧金		桑柘木		大溪水		沙中土		天上火		石榴木	
	음력	22	23	24	25	26	27	28	29	30	6/1	2	3	4	5	6	7	8	9	10	11	12	13	14	15	16	17	18	19	20	21	22
	구성	9	8	7	6	5	4	3	2	1	9	8	7	6	5	4	3	2	1	9	8	7	6	5	4	3	2	1	9	8	7	6
대운	남	2	2	2	1	1	1	1	소	10	10	9	9	9	8	8	8	7	7	7	6	6	6	5	대	5	4	4	4	3	3	3
대운	여	8	9	9	9	10	10	10	서	1	1	1	1	2	2	2	3	3	3	4	4	4	5	5	서	6	6	6	7	7	7	8

입추 8일 16시 44분 【음7월】 ➡ 【丙申月(병신월)】 ☯五黃星 처서 24일 07시 14분

양력 8월	양력	1	2	3	4	5	6	7	8	9	10	11	12	13	14	15	16	17	18	19	20	21	22	23	24	25	26	27	28	29	30	31
	요일	일	월	화	수	목	금	토	일	월	화	수	목	금	토	일	월	화	수	목	금	토	일	월	화	수	목	금	토	일	월	화
	일진 日辰	壬戌	癸亥	甲子	乙丑	丙寅	丁卯	戊辰	己巳	庚午	辛未	壬申	癸酉	甲戌	乙亥	丙子	丁丑	戊寅	己卯	庚辰	辛巳	壬午	癸未	甲申	乙酉	丙戌	丁亥	戊子	己丑	庚寅	辛卯	壬辰
음력 06/23 ~ 07/24	납음	大海水		海中金		爐中火		大林木		路傍土		劍鋒金		山頭火		澗下水		城頭土		白臘金		楊柳木		井中水		屋上土		霹靂火		松柏木		
	음력	23	24	25	26	27	28	29	7/1	2	3	4	5	6	7	8	9	10	11	12	13	14	15	16	17	18	19	20	21	22	23	24
	구성	5	4	3	2	1	9	8	7	6	5	4	3	2	1	9	8	7	6	5	4	3	2	1	9	8	7	6	5	4	3	2
대운	남	2	2	2	1	1	1	1	입	10	10	9	9	9	8	8	8	7	7	7	6	6	6	5	처	5	4	4	4	3	3	3
대운	여	8	8	9	9	9	10	10	추	1	1	1	1	2	2	2	3	3	3	4	4	4	5	5	서	6	6	6	7	7	7	8

백로 8일 19시 16분 【음8월】 ➡ 【丁酉月(정유월)】 ☯四綠星 추분 24일 04시 27분

양력 9월	양력	1	2	3	4	5	6	7	8	9	10	11	12	13	14	15	16	17	18	19	20	21	22	23	24	25	26	27	28	29	30
	요일	수	목	금	토	일	월	화	수	목	금	토	일	월	화	수	목	금	토	일	월	화	수	목	금	토	일	월	화	수	목
	일진 日辰	癸巳	甲午	乙未	丙申	丁酉	戊戌	己亥	庚子	辛丑	壬寅	癸卯	甲辰	乙巳	丙午	丁未	戊申	己酉	庚戌	辛亥	壬子	癸丑	甲寅	乙卯	丙辰	丁巳	戊午	己未	庚申	辛酉	壬戌
음력 07/25 ~ 08/24	납음		沙中金		山下火		平地木		壁上土		金箔金		覆燈火		天河水		大驛土		釵釧金		桑柘木		大溪水		沙中土		天上火		石榴木		
	음력	25	26	27	28	29	30	8/1	2	3	4	5	6	7	8	9	10	11	12	13	14	15	16	17	18	19	20	21	22	23	24
	구성	1	9	8	7	6	5	4	3	2	1	9	8	7	6	5	4	3	2	1	9	8	7	6	5	4	3	2	1	9	8
대운	남	2	2	2	1	1	1	1	백	10	10	9	9	9	8	8	8	7	7	7	6	6	6	5	추	5	4	4	4	3	3
대운	여	8	8	9	9	9	10	10	로	1	1	1	1	2	2	2	3	3	3	4	4	4	5	5	분	6	6	6	7	7	7

한로 9일 10시 25분 【음9월】 ➡ 【戊戌月(무술월)】 ☯三碧星 상강 24일 13시 18분

양력 10월	양력	1	2	3	4	5	6	7	8	9	10	11	12	13	14	15	16	17	18	19	20	21	22	23	24	25	26	27	28	29	30	31
	요일	금	토	일	월	화	수	목	금	토	일	월	화	수	목	금	토	일	월	화	수	목	금	토	일	월	화	수	목	금	토	일
	일진 日辰	癸亥	甲子	乙丑	丙寅	丁卯	戊辰	己巳	庚午	辛未	壬申	癸酉	甲戌	乙亥	丙子	丁丑	戊寅	己卯	庚辰	辛巳	壬午	癸未	甲申	乙酉	丙戌	丁亥	戊子	己丑	庚寅	辛卯	壬辰	癸巳
음력 08/25 ~ 09/25	납음		海中金		爐中火		大林木		路傍土		劍鋒金		山頭火		澗下水		城頭土		白臘金		楊柳木		井中水		屋上土		霹靂火		松柏木		長流水	
	음력	25	26	27	28	29	30	9/1	2	3	4	5	6	7	8	9	10	11	12	13	14	15	16	17	18	19	20	21	22	23	24	25
	구성	7	6	5	4	3	2	1	9	8	7	6	5	4	3	2	1	9	8	7	6	5	4	3	2	1	9	8	7	6	5	4
대운	남	3	2	2	2	1	1	1	1	한	10	9	9	9	8	8	8	7	7	7	6	6	6	5	상	5	4	4	4	3	3	3
대운	여	8	8	8	9	9	9	10	10	로	1	1	1	1	2	2	2	3	3	3	4	4	4	5	강	5	6	6	6	7	7	7

입동 8일 13시 08분 【음10월】 ➡ 【己亥月(기해월)】 ☯二黑星 소설 23일 10시 28분

양력 11월	양력	1	2	3	4	5	6	7	8	9	10	11	12	13	14	15	16	17	18	19	20	21	22	23	24	25	26	27	28	29	30
	요일	월	화	수	목	금	토	일	월	화	수	목	금	토	일	월	화	수	목	금	토	일	월	화	수	목	금	토	일	월	화
	일진 日辰	甲午	乙未	丙申	丁酉	戊戌	己亥	庚子	辛丑	壬寅	癸卯	甲辰	乙巳	丙午	丁未	戊申	己酉	庚戌	辛亥	壬子	癸丑	甲寅	乙卯	丙辰	丁巳	戊午	己未	庚申	辛酉	壬戌	癸亥
음력 09/26 ~ 10/26	납음	沙中金		山下火		平地木		壁上土		金箔金		覆燈火		天河水		大驛土		釵釧金		桑柘木		大溪水		沙中土		天上火		石榴木		大海水	
	음력	26	27	28	29	10/1	2	3	4	5	6	7	8	9	10	11	12	13	14	15	16	17	18	19	20	21	22	23	24	25	26
	구성	3	2	1	9	8	7	6	5	4	3	2	1	9	8	7	6	5	4	3	2	1	9	8	7	6	5	4	3	2	1
대운	남	2	2	2	1	1	1	1	입	10	9	9	9	8	8	8	7	7	7	6	6	6	5	소	5	4	4	4	3	3	3
대운	여	8	8	8	9	9	9	10	동	1	1	1	1	2	2	2	3	3	3	4	4	4	5	설	5	6	6	6	7	7	7

대설 8일 05시 39분 【음11월】 ➡ 【庚子月(경자월)】 ☯一白星 동지 22일 23시 33분

양력 12월	양력	1	2	3	4	5	6	7	8	9	10	11	12	13	14	15	16	17	18	19	20	21	22	23	24	25	26	27	28	29	30	31
	요일	수	목	금	토	일	월	화	수	목	금	토	일	월	화	수	목	금	토	일	월	화	수	목	금	토	일	월	화	수	목	금
	일진 日辰	甲子	乙丑	丙寅	丁卯	戊辰	己巳	庚午	辛未	壬申	癸酉	甲戌	乙亥	丙子	丁丑	戊寅	己卯	庚辰	辛巳	壬午	癸未	甲申	乙酉	丙戌	丁亥	戊子	己丑	庚寅	辛卯	壬辰	癸巳	甲午
음력 10/27 ~ 11/27	납음	海中金		爐中火		大林木		路傍土		劍鋒金		山頭火		澗下水		城頭土		白臘金		楊柳木		井中水		屋上土		霹靂火		松柏木		長流水		
	음력	27	28	29	30	11/1	2	3	4	5	6	7	8	9	10	11	12	13	14	15	16	17	18	19	20	21	22	23	24	25	26	27
	구성	1	2	3	4	5	6	7	8	9	1	2	3	4	5	6	7	8	9	1	2	3	4	5	6	7	8	9	1	2	3	4
대운	남	2	2	2	1	1	1	1	대	9	9	9	8	8	8	7	7	7	6	6	6	5	동	5	4	4	4	3	3	3	2	2
대운	여	8	8	8	9	9	9	10	설	1	1	1	1	2	2	2	3	3	3	4	4	4	지	5	5	6	6	6	7	7	7	8

단기 4260 年
불기 2471 年

1927년

中元 丁卯年 납음(爐中火),본명성(一白水)

대장군(子북방), 삼살(서방), 상문(巳동남방),조객(丑동북방), 납음(노중화),【삼재(사,오,미)년】 臘享(납향):1928년1월20일(음12/28)

토끼

소한 6일 16시 45분 【음12월】 ➡ 【辛丑月(신축월)】 ☯九紫星 대한 21일 10시 12분

양력 1월 / 음력 11/28 ~ 12/28

구분	1	2	3	4	5	6	7	8	9	10	11	12	13	14	15	16	17	18	19	20	21	22	23	24	25	26	27	28	29	30	31
요일	토	일	월	화	수	목	금	토	일	월	화	수	목	금	토	일	월	화	수	목	금	토	일	월	화	수	목	금	토	일	월
일진 日辰	乙未	丙申	丁酉	戊戌	己亥	庚子	辛丑	壬寅	癸卯	甲辰	乙巳	丙午	丁未	戊申	己酉	庚戌	辛亥	壬子	癸丑	甲寅	乙卯	丙辰	丁巳	戊午	己未	庚申	辛酉	壬戌	癸亥	甲子	乙丑
납음		山下火		平地木		壁上土		金箔金		覆燈火		天河水		大驛土		釵釧金		桑柘木		大溪水		沙中土		天上火		石榴木		大海水		海中金	
음력	28	29	30	12/1	2	3	4	5	6	7	8	9	10	11	12	13	14	15	16	17	18	19	20	21	22	23	24	25	26	27	28
구성	5	6	7	8	9	1	2	3	4	5	6	7	8	9	1	2	3	4	5	6	7	8	9	1	2	3	4	5	6	7	8
대운 남	2	1	1	1	1	소	10	9	9	9	8	8	8	7	7	7	6	6	6	5	대	5	4	4	4	3	3	3	2	2	2
대운 여	8	8	9	9	9	한	1	1	1	1	2	2	2	3	3	3	4	4	4	5	한	5	6	6	6	7	7	7	8	8	8

입춘 5일 04시 30분 【음1월】 ➡ 【壬寅月(임인월)】 ☯八白星 우수 20일 00시 34분

양력 2월 / 음력 01/29 ~ 01/27

구분	1	2	3	4	5	6	7	8	9	10	11	12	13	14	15	16	17	18	19	20	21	22	23	24	25	26	27	28
요일	화	수	목	금	토	일	월	화	수	목	금	토	일	월	화	수	목	금	토	일	월	화	수	목	금	토	일	월
일진 日辰	丙寅	丁卯	戊辰	己巳	庚午	辛未	壬申	癸酉	甲戌	乙亥	丙子	丁丑	戊寅	己卯	庚辰	辛巳	壬午	癸未	甲申	乙酉	丙戌	丁亥	戊子	己丑	庚寅	辛卯	壬辰	癸巳
납음	爐中火		大林木		路傍土		劍鋒金		山頭火		澗下水		城頭土		白臘金		楊柳木		井中水		屋上土		霹靂火		松柏木		長流水	
음력	29	1/1	2	3	4	5	6	7	8	9	10	11	12	13	14	15	16	17	18	19	20	21	22	23	24	25	26	27
구성	9	1	2	3	4	5	6	7	8	9	1	2	3	4	5	6	7	8	9	1	2	3	4	5	6	7	8	9
대운 남	1	1	1	1	입	1	1	1	1	2	2	2	3	3	3	4	4	4	5	우	5	6	6	6	7	7	7	8
대운 여	9	9	9	10	춘	9	9	9	8	8	8	7	7	7	6	6	6	5	5	수	4	4	4	3	3	3	2	2

丁卯年

경칩 6일 22시 50분 【음2월】 ➡ 【癸卯月(계묘월)】 ☯七赤星 춘분 21일 23시 59분

양력 3월 / 음력 01/28 ~ 02/28

구분	1	2	3	4	5	6	7	8	9	10	11	12	13	14	15	16	17	18	19	20	21	22	23	24	25	26	27	28	29	30	31
요일	화	수	목	금	토	일	월	화	수	목	금	토	일	월	화	수	목	금	토	일	월	화	수	목	금	토	일	월	화	수	목
일진 日辰	甲午	乙未	丙申	丁酉	戊戌	己亥	庚子	辛丑	壬寅	癸卯	甲辰	乙巳	丙午	丁未	戊申	己酉	庚戌	辛亥	壬子	癸丑	甲寅	乙卯	丙辰	丁巳	戊午	己未	庚申	辛酉	壬戌	癸亥	甲子
납음	沙中金		山下火		平地木		壁上土		金箔金		覆燈火		天河水		大驛土		釵釧金		桑柘木		大溪水		沙中土		天上火		石榴木		大海水		
음력	28	29	30	2/1	2	3	4	5	6	7	8	9	10	11	12	13	14	15	16	17	18	19	20	21	22	23	24	25	26	27	28
구성	1	2	3	4	5	6	7	8	9	1	2	3	4	5	6	7	8	9	1	2	3	4	5	6	7	8	9	1	2	3	4
대운 남	8	8	9	9	9	경	1	1	1	1	2	2	2	3	3	3	4	4	4	5	춘	5	6	6	6	7	7	7	8	8	8
대운 여	2	1	1	1	1	칩	10	10	9	9	9	8	8	8	7	7	7	6	6	6	분	5	5	4	4	4	3	3	3	2	2

청명 6일 04시 06분 【음3월】 ➡ 【甲辰月(갑진월)】 ☯六白星 곡우 21일 11시 32분

양력 4월 / 음력 02/29 ~ 03/29

구분	1	2	3	4	5	6	7	8	9	10	11	12	13	14	15	16	17	18	19	20	21	22	23	24	25	26	27	28	29	30
요일	금	토	일	월	화	수	목	금	토	일	월	화	수	목	금	토	일	월	화	수	목	금	토	일	월	화	수	목	금	토
일진 日辰	乙丑	丙寅	丁卯	戊辰	己巳	庚午	辛未	壬申	癸酉	甲戌	乙亥	丙子	丁丑	戊寅	己卯	庚辰	辛巳	壬午	癸未	甲申	乙酉	丙戌	丁亥	戊子	己丑	庚寅	辛卯	壬辰	癸巳	甲午
납음		爐中火		大林木		路傍土		劍鋒金		山頭火		澗下水		城頭土		白臘金		楊柳木		井中水		屋上土		霹靂火		松柏木		長流水		
음력	29	3/1	2	3	4	5	6	7	8	9	10	11	12	13	14	15	16	17	18	19	20	21	22	23	24	25	26	27	28	29
구성	5	6	7	8	9	1	2	3	4	5	6	7	8	9	1	2	3	4	5	6	7	8	9	1	2	3	4	5	6	7
대운 남	9	9	9	10	10	청	1	1	1	1	2	2	2	3	3	3	4	4	4	5	곡	5	6	6	6	7	7	7	8	8
대운 여	2	1	1	1	1	명	10	9	9	9	8	8	8	7	7	7	6	6	6	5	우	5	4	4	4	3	3	3	2	2

입하 6일 21시 53분 【음4월】 ➡ 【乙巳月(을사월)】 ☯五黃星 소만 22일 11시 08분

양력 5월 / 음력 04/01 ~ 05/01

구분	1	2	3	4	5	6	7	8	9	10	11	12	13	14	15	16	17	18	19	20	21	22	23	24	25	26	27	28	29	30	31
요일	일	월	화	수	목	금	토	일	월	화	수	목	금	토	일	월	화	수	목	금	토	일	월	화	수	목	금	토	일	월	화
일진 日辰	乙未	丙申	丁酉	戊戌	己亥	庚子	辛丑	壬寅	癸卯	甲辰	乙巳	丙午	丁未	戊申	己酉	庚戌	辛亥	壬子	癸丑	甲寅	乙卯	丙辰	丁巳	戊午	己未	庚申	辛酉	壬戌	癸亥	甲子	乙丑
납음		山下火		平地木		壁上土		金箔金		覆燈火		天河水		大驛土		釵釧金		桑柘木		大溪水		沙中土		天上火		石榴木		大海水		海中金	
음력	4/1	2	3	4	5	6	7	8	9	10	11	12	13	14	15	16	17	18	19	20	21	22	23	24	25	26	27	28	29	30	5/1
구성	8	9	1	2	3	4	5	6	7	8	9	1	2	3	4	5	6	7	8	9	1	2	3	4	5	6	7	8	9	9	8
대운 남	8	9	9	9	10	입	1	1	1	1	2	2	2	3	3	3	4	4	4	5	5	소	6	6	6	7	7	7	8	8	8
대운 여	2	1	1	1	1	하	10	10	10	9	9	9	8	8	8	7	7	7	6	6	6	만	5	5	4	4	4	3	3	3	2

망종 7일 02시 25분 【음5월】 ➡ 【丙午月(병오월)】 ☯四綠星 하지 22일 19시 22분

양력 6월 / 음력 05/02 ~ 06/02

구분	1	2	3	4	5	6	7	8	9	10	11	12	13	14	15	16	17	18	19	20	21	22	23	24	25	26	27	28	29	30
요일	수	목	금	토	일	월	화	수	목	금	토	일	월	화	수	목	금	토	일	월	화	수	목	금	토	일	월	화	수	목
일진 日辰	丙寅	丁卯	戊辰	己巳	庚午	辛未	壬申	癸酉	甲戌	乙亥	丙子	丁丑	戊寅	己卯	庚辰	辛巳	壬午	癸未	甲申	乙酉	丙戌	丁亥	戊子	己丑	庚寅	辛卯	壬辰	癸巳	甲午	乙未
납음	爐中火		大林木		路傍土		劍鋒金		山頭火		澗下水		城頭土		白臘金		楊柳木		井中水		屋上土		霹靂火		松柏木		長流水		沙中金	
음력	2	3	4	5	6	7	8	9	10	11	12	13	14	15	16	17	18	19	20	21	22	23	24	25	26	27	28	29	6/1	2
구성	7	6	5	4	3	2	1	9	8	7	6	5	4	3	2	1	9	8	7	6	5	4	3	2	1	9	8	7	6	5
대운 남	9	9	9	10	10	10	망	1	1	1	1	2	2	2	3	3	3	4	4	4	5	하	5	6	6	6	7	7	7	8
대운 여	2	2	1	1	1	1	종	10	10	9	9	9	8	8	8	7	7	7	6	6	6	지	5	5	4	4	4	3	3	3

한식(4월6일), 초복(7월15일), 중복(7월25일), 말복(8월14일) ☂춘사(春社)3/25 ☀추사(秋社)9/21
토왕지절(土旺之節):4월18일,7월21일,10월21일,1월18일(신년양력),臘享(납향):1월20일(신년양력)

五日得辛, 二龍治水, 1927년 정묘年(로중화), 일백수

9紫	5黃	7赤
8白	1白	3碧
4綠	6白	2黑

1927 丁卯年

소서 8일 12시 50분 【음6월】➡ 【丁未月(정미월)】 ☯三碧星 대서 24일 06시 17분

양력 7월 / 음력 06/03 ~ 07/03

양력	1	2	3	4	5	6	7	8	9	10	11	12	13	14	15	16	17	18	19	20	21	22	23	24	25	26	27	28	29	30	31
요일	금	토	일	월	화	수	목	금	토	일	월	화	수	목	금	토	일	월	화	수	목	금	토	일	월	화	수	목	금	토	일
일진 日辰	丙申	丁酉	戊戌	己亥	庚子	辛丑	壬寅	癸卯	甲辰	乙巳	丙午	丁未	戊申	己酉	庚戌	辛亥	壬子	癸丑	甲寅	乙卯	丙辰	丁巳	戊午	己未	庚申	辛酉	壬戌	癸亥	甲子	乙丑	丙寅
납음	山下火		平地木		壁上土		金箔金		覆燈火		天河水		大驛土		釵釧金		桑柘木		大溪水		沙中土		天上火		石榴木		大海水		海中金		
음력	3	4	5	6	7	8	9	10	11	12	13	14	15	16	17	18	19	20	21	22	23	24	25	26	27	28	29	30	7/1	2	3
구성	4	3	2	1	9	8	7	6	5	4	3	2	1	9	8	7	6	5	4	3	2	1	9	8	7	6	5	4	3	2	1
대운 남	8	8	9	9	9	10	10	소	1	1	1	1	2	2	2	3	3	3	4	4	4	5	5	대	6	6	6	7	7	7	8
대운 여	2	2	2	1	1	1	1	서	10	10	9	9	9	8	8	8	7	7	7	6	6	6	5	서	5	4	4	4	3	3	3

입추 8일 22시 31분 【음7월】➡ 【戊申月(무신월)】 ☯二黑星 처서 24일 13시 05분

양력 8월 / 음력 07/04 ~ 08/05

양력	1	2	3	4	5	6	7	8	9	10	11	12	13	14	15	16	17	18	19	20	21	22	23	24	25	26	27	28	29	30	31
요일	월	화	수	목	금	토	일	월	화	수	목	금	토	일	월	화	수	목	금	토	일	월	화	수	목	금	토	일	월	화	수
일진 日辰	丁卯	戊辰	己巳	庚午	辛未	壬申	癸酉	甲戌	乙亥	丙子	丁丑	戊寅	己卯	庚辰	辛巳	壬午	癸未	甲申	乙酉	丙戌	丁亥	戊子	己丑	庚寅	辛卯	壬辰	癸巳	甲午	乙未	丙申	丁酉
납음		大林木		路傍土		劍鋒金		山頭火		澗下水		城頭土		白臘金		楊柳木		井中水		屋上土		霹靂火		松柏木		長流水		沙中金		山下火	
음력	4	5	6	7	8	9	10	11	12	13	14	15	16	17	18	19	20	21	22	23	24	25	26	27	28	29	8/1	2	3	4	5
구성	9	8	7	6	5	4	3	2	1	9	8	7	6	5	4	3	2	1	9	8	7	6	5	4	3	2	1	9	8	7	6
대운 남	8	8	9	9	9	10	10	입	1	1	1	1	2	2	2	3	3	3	4	4	4	5	5	처	6	6	6	7	7	7	8
대운 여	2	2	2	1	1	1	1	추	10	10	10	9	9	9	8	8	8	7	7	7	6	6	6	서	5	5	4	4	4	3	3

백로 9일 01시 06분 【음8월】➡ 【己酉月(기유월)】 ☯一白星 추분 24일 10시 17분

양력 9월 / 음력 08/06 ~ 09/05

양력	1	2	3	4	5	6	7	8	9	10	11	12	13	14	15	16	17	18	19	20	21	22	23	24	25	26	27	28	29	30
요일	목	금	토	일	월	화	수	목	금	토	일	월	화	수	목	금	토	일	월	화	수	목	금	토	일	월	화	수	목	금
일진 日辰	戊戌	己亥	庚子	辛丑	壬寅	癸卯	甲辰	乙巳	丙午	丁未	戊申	己酉	庚戌	辛亥	壬子	癸丑	甲寅	乙卯	丙辰	丁巳	戊午	己未	庚申	辛酉	壬戌	癸亥	甲子	乙丑	丙寅	丁卯
납음	平地木		壁上土		金箔金		覆燈火		天河水		大驛土		釵釧金		桑柘木		大溪水		沙中土		天上火		石榴木		大海水		海中金		爐中火	
음력	6	7	8	9	10	11	12	13	14	15	16	17	18	19	20	21	22	23	24	25	26	27	28	29	30	9/1	2	3	4	5
구성	5	4	3	2	1	9	8	7	6	5	4	3	2	1	9	8	7	6	5	4	3	2	1	9	8	7	6	5	4	3
대운 남	8	8	9	9	9	10	10	10	백	1	1	1	1	2	2	2	3	3	3	4	4	4	5	추	5	6	6	6	7	7
대운 여	3	2	2	2	1	1	1	1	로	10	9	9	9	8	8	8	7	7	7	6	6	6	5	분	5	4	4	4	3	3

한로 9일 16시 15분 【음9월】➡ 【庚戌月(경술월)】 ☯九紫星 상강 24일 19시 07분

양력 10월 / 음력 09/06 ~ 10/06

양력	1	2	3	4	5	6	7	8	9	10	11	12	13	14	15	16	17	18	19	20	21	22	23	24	25	26	27	28	29	30	31
요일	토	일	월	화	수	목	금	토	일	월	화	수	목	금	토	일	월	화	수	목	금	토	일	월	화	수	목	금	토	일	월
일진 日辰	戊辰	己巳	庚午	辛未	壬申	癸酉	甲戌	乙亥	丙子	丁丑	戊寅	己卯	庚辰	辛巳	壬午	癸未	甲申	乙酉	丙戌	丁亥	戊子	己丑	庚寅	辛卯	壬辰	癸巳	甲午	乙未	丙申	丁酉	戊戌
납음	大林木		路傍土		劍鋒金		山頭火		澗下水		城頭土		白臘金		楊柳木		井中水		屋上土		霹靂火		松柏木		長流水		沙中金		山下火		
음력	6	7	8	9	10	11	12	13	14	15	16	17	18	19	20	21	22	23	24	25	26	27	28	29	30	10/1	2	3	4	5	6
구성	2	1	9	8	7	6	5	4	3	2	1	9	8	7	6	5	4	3	2	1	9	8	7	6	5	4	3	2	1	9	8
대운 남	7	8	8	8	9	9	9	10	한	1	1	1	1	2	2	2	3	3	3	4	4	4	5	상	5	6	6	6	7	7	7
대운 여	3	2	2	2	1	1	1	1	로	10	9	9	9	8	8	8	7	7	7	6	6	6	5	강	5	4	4	4	3	3	3

입동 8일 18시 57분 【음10월】➡ 【辛亥月(신해월)】 ☯八白星 소설 23일 16시 14분

양력 11월 / 음력 10/07 ~ 11/07

양력	1	2	3	4	5	6	7	8	9	10	11	12	13	14	15	16	17	18	19	20	21	22	23	24	25	26	27	28	29	30
요일	화	수	목	금	토	일	월	화	수	목	금	토	일	월	화	수	목	금	토	일	월	화	수	목	금	토	일	월	화	수
일진 日辰	己亥	庚子	辛丑	壬寅	癸卯	甲辰	乙巳	丙午	丁未	戊申	己酉	庚戌	辛亥	壬子	癸丑	甲寅	乙卯	丙辰	丁巳	戊午	己未	庚申	辛酉	壬戌	癸亥	甲子	乙丑	丙寅	丁卯	戊辰
납음		壁上土		金箔金		覆燈火		天河水		大驛土		釵釧金		桑柘木		大溪水		沙中土		天上火		石榴木		大海水		海中金		爐中火		
음력	7	8	9	10	11	12	13	14	15	16	17	18	19	20	21	22	23	24	25	26	27	28	29	11/1	2	3	4	5	6	7
구성	7	6	5	4	3	2	1	9	8	7	6	5	4	3	2	1	9	8	7	6	5	4	3	2	1	1	2	3	4	5
대운 남	8	8	8	9	9	9	10	입	1	1	1	1	2	2	2	3	3	3	4	4	4	5	소	5	6	6	6	7	7	7
대운 여	2	2	2	1	1	1	1	동	10	9	9	9	8	8	8	7	7	7	6	6	6	5	설	5	4	4	4	3	3	3

대설 8일 11시 26분 【음11월】➡ 【壬子月(임자월)】 ☯七赤星 동지 23일 05시 19분

양력 12월 / 음력 11/08 ~ 12/08

양력	1	2	3	4	5	6	7	8	9	10	11	12	13	14	15	16	17	18	19	20	21	22	23	24	25	26	27	28	29	30	31
요일	목	금	토	일	월	화	수	목	금	토	일	월	화	수	목	금	토	일	월	화	수	목	금	토	일	월	화	수	목	금	토
일진 日辰	己巳	庚午	辛未	壬申	癸酉	甲戌	乙亥	丙子	丁丑	戊寅	己卯	庚辰	辛巳	壬午	癸未	甲申	乙酉	丙戌	丁亥	戊子	己丑	庚寅	辛卯	壬辰	癸巳	甲午	乙未	丙申	丁酉	戊戌	己亥
납음		路傍土		劍鋒金		山頭火		澗下水		城頭土		白臘金		楊柳木		井中水		屋上土		霹靂火		松柏木		長流水		沙中金		山下火		平地木	
음력	8	9	10	11	12	13	14	15	16	17	18	19	20	21	22	23	24	25	26	27	28	29	30	12/1	2	3	4	5	6	7	8
구성	6	7	8	9	1	2	3	4	5	6	7	8	9	1	2	3	4	5	6	7	8	9	1	2	3	4	5	6	7	8	9
대운 남	8	8	8	9	9	9	10	대	1	1	1	1	2	2	2	3	3	3	4	4	4	5	동	5	6	6	6	7	7	7	8
대운 여	2	2	2	1	1	1	1	설	9	9	9	8	8	8	7	7	7	6	6	6	5	5	지	4	4	4	3	3	3	2	2

단기 4261 年
불기 2472 年

1928년

中元 戊辰年, 납음(大林木), 본명성(九紫火)

대장군(子북방), 삼살(남방), 상문(午남방),조객(寅동북방), 납음(대림목), 【삼재(인,묘,진)년】 臘享(납향):1929년1월26일(음12/16)

용

소한 06일 22시 31분 【음12월】 ➡ 【癸丑月(계축월)】 ☯六白星 대한 21일 15시 57분

양력 1월 / 음력 12/09 ~ 01/09

양력	1	2	3	4	5	6	7	8	9	10	11	12	13	14	15	16	17	18	19	20	21	22	23	24	25	26	27	28	29	30	31
요일	일	월	화	수	목	금	토	일	월	화	수	목	금	토	일	월	화	수	목	금	토	일	월	화	수	목	금	토	일	월	화
일진 日辰	庚子	辛丑	壬寅	癸卯	甲辰	乙巳	丙午	丁未	戊申	己酉	庚戌	辛亥	壬子	癸丑	甲寅	乙卯	丙辰	丁巳	戊午	己未	庚申	辛酉	壬戌	癸亥	甲子	乙丑	丙寅	丁卯	戊辰	己巳	庚午
납음	壁上土		金箔金		覆燈火		天河水		大驛土		釵釧金		桑柘木		大溪水		沙中土		天上火		石榴木		大海水		海中金		爐中火		大林木		
음력	9	10	11	12	13	14	15	16	17	18	19	20	21	22	23	24	25	26	27	28	29	30	1/1	2	3	4	5	6	7	8	9
구성	1	2	3	4	5	6	7	8	9	1	2	3	4	5	6	7	8	9	1	2	3	4	5	6	7	8	9	1	2	3	4
대운 남	8	8	9	9	9	소	1	1	1	1	2	2	2	3	3	3	4	4	4	5	대	5	6	6	6	7	7	7	8	8	8
대운 여	2	1	1	1	1	한	10	9	9	9	8	8	8	7	7	7	6	6	6	5	한	5	4	4	4	3	3	3	2	2	2

입춘 05일 10시 16분 【음1월】 ➡ 【甲寅月(갑인월)】 ☯五黃星 우수 20일 06시 19분

양력 2월 / 음력 01/10 ~ 02/09

양력	1	2	3	4	5	6	7	8	9	10	11	12	13	14	15	16	17	18	19	20	21	22	23	24	25	26	27	28	29
요일	수	목	금	토	일	월	화	수	목	금	토	일	월	화	수	목	금	토	일	월	화	수	목	금	토	일	월	화	수
일진 日辰	辛未	壬申	癸酉	甲戌	乙亥	丙子	丁丑	戊寅	己卯	庚辰	辛巳	壬午	癸未	甲申	乙酉	丙戌	丁亥	戊子	己丑	庚寅	辛卯	壬辰	癸巳	甲午	乙未	丙申	丁酉	戊戌	己亥
납음		劍鋒金		山頭火		澗下水		城頭土		白臘金		楊柳木		井中水		屋上土		霹靂火		松柏木		長流水		沙中金		山下火		平地木	
음력	10	11	12	13	14	15	16	17	18	19	20	21	22	23	24	25	26	27	28	29	2/1	2	3	4	5	6	7	8	9
구성	5	6	7	8	9	1	2	3	4	5	6	7	8	9	1	2	3	4	5	6	7	8	9	1	2	3	4	5	6
대운 남	9	9	9	10	입	10	9	9	9	8	8	8	7	7	7	6	6	6	5	우	5	4	4	4	3	3	3	2	2
대운 여	1	1	1	1	춘	1	1	1	1	2	2	2	3	3	3	4	4	4	5	수	5	6	6	6	7	7	7	8	8

戊辰年

경칩 6일 04시 37분 【음2월】 ➡ 【乙卯月(을묘월)】 ☯四綠星 춘분 21일 05시 44분

양력 3월 / 음력 02/10 ~ 윤210

양력	1	2	3	4	5	6	7	8	9	10	11	12	13	14	15	16	17	18	19	20	21	22	23	24	25	26	27	28	29	30	31
요일	목	금	토	일	월	화	수	목	금	토	일	월	화	수	목	금	토	일	월	화	수	목	금	토	일	월	화	수	목	금	토
일진 日辰	庚子	辛丑	壬寅	癸卯	甲辰	乙巳	丙午	丁未	戊申	己酉	庚戌	辛亥	壬子	癸丑	甲寅	乙卯	丙辰	丁巳	戊午	己未	庚申	辛酉	壬戌	癸亥	甲子	乙丑	丙寅	丁卯	戊辰	己巳	庚午
납음	壁上土		金箔金		覆燈火		天河水		大驛土		釵釧金		桑柘木		大溪水		沙中土		天上火		石榴木		大海水		海中金		爐中火		大林木		
음력	10	11	12	13	14	15	16	17	18	19	20	21	22	23	24	25	26	27	28	29	30	윤2	2	3	4	5	6	7	8	9	10
구성	7	8	9	1	2	3	4	5	6	7	8	9	1	2	3	4	5	6	7	8	9	1	2	3	4	5	6	7	8	9	1
대운 남	2	1	1	1	1	경	10	9	9	9	8	8	8	7	7	7	6	6	6	5	춘	5	4	4	4	3	3	3	2	2	2
대운 여	8	9	9	9	10	칩	1	1	1	1	2	2	2	3	3	3	4	4	4	5	분	5	6	6	6	7	7	7	8	8	8

청명 5일 09시 55분 【음3월】 ➡ 【丙辰月(병진월)】 ☯三碧星 곡우 20일 17시 17분

양력 4월 / 음력 윤211 ~ 03/11

양력	1	2	3	4	5	6	7	8	9	10	11	12	13	14	15	16	17	18	19	20	21	22	23	24	25	26	27	28	29	30
요일	일	월	화	수	목	금	토	일	월	화	수	목	금	토	일	월	화	수	목	금	토	일	월	화	수	목	금	토	일	월
일진 日辰	辛未	壬申	癸酉	甲戌	乙亥	丙子	丁丑	戊寅	己卯	庚辰	辛巳	壬午	癸未	甲申	乙酉	丙戌	丁亥	戊子	己丑	庚寅	辛卯	壬辰	癸巳	甲午	乙未	丙申	丁酉	戊戌	己亥	庚子
납음		劍鋒金		山頭火		澗下水		城頭土		白臘金		楊柳木		井中水		屋上土		霹靂火		松柏木		長流水		沙中金		山下火		平地木		
음력	11	12	13	14	15	16	17	18	19	20	21	22	23	24	25	26	27	28	29	3/1	2	3	4	5	6	7	8	9	10	11
구성	2	3	4	5	6	7	8	9	1	2	3	4	5	6	7	8	9	1	2	3	4	5	6	7	8	9	1	2	3	4
대운 남	1	1	1	1	청	10	10	9	9	9	8	8	8	7	7	7	6	6	6	곡	5	5	4	4	4	3	3	3	2	2
대운 여	9	9	9	10	명	1	1	1	1	2	2	2	3	3	3	4	4	4	5	우	5	6	6	6	7	7	7	8	8	8

입하 6일 03시 44분 【음4월】 ➡ 【丁巳月(정사월)】 ☯二黑星 소만 21일 16시 52분

양력 5월 / 음력 03/12 ~ 04/13

양력	1	2	3	4	5	6	7	8	9	10	11	12	13	14	15	16	17	18	19	20	21	22	23	24	25	26	27	28	29	30	31
요일	화	수	목	금	토	일	월	화	수	목	금	토	일	월	화	수	목	금	토	일	월	화	수	목	금	토	일	월	화	수	목
일진 日辰	辛丑	壬寅	癸卯	甲辰	乙巳	丙午	丁未	戊申	己酉	庚戌	辛亥	壬子	癸丑	甲寅	乙卯	丙辰	丁巳	戊午	己未	庚申	辛酉	壬戌	癸亥	甲子	乙丑	丙寅	丁卯	戊辰	己巳	庚午	辛未
납음		金箔金		覆燈火		天河水		大驛土		釵釧金		桑柘木		大溪水		沙中土		天上火		石榴木		大海水		海中金		爐中火		大林木		路傍土	
음력	12	13	14	15	16	17	18	19	20	21	22	23	24	25	26	27	28	29	4/1	2	3	4	5	6	7	8	9	10	11	12	13
구성	5	6	7	8	9	1	2	3	4	5	6	7	8	9	1	2	3	4	5	6	7	8	9	1	2	3	4	5	6	7	8
대운 남	2	1	1	1	1	입	10	10	9	9	9	8	8	8	7	7	7	6	6	6	소	5	5	4	4	4	3	3	3	2	2
대운 여	9	9	9	10	10	하	1	1	1	1	2	2	2	3	3	3	4	4	4	5	만	5	6	6	6	7	7	7	8	8	8

망종 6일 08시 17분 【음5월】 ➡ 【戊午月(무오월)】 ☯一白星 하지 22일 01시 06분

양력 6월 / 음력 04/14 ~ 05/13

양력	1	2	3	4	5	6	7	8	9	10	11	12	13	14	15	16	17	18	19	20	21	22	23	24	25	26	27	28	29	30
요일	금	토	일	월	화	수	목	금	토	일	월	화	수	목	금	토	일	월	화	수	목	금	토	일	월	화	수	목	금	토
일진 日辰	壬申	癸酉	甲戌	乙亥	丙子	丁丑	戊寅	己卯	庚辰	辛巳	壬午	癸未	甲申	乙酉	丙戌	丁亥	戊子	己丑	庚寅	辛卯	壬辰	癸巳	甲午	乙未	丙申	丁酉	戊戌	己亥	庚子	辛丑
납음	劍鋒金		山頭火		澗下水		城頭土		白臘金		楊柳木		井中水		屋上土		霹靂火		松柏木		長流水		沙中金		山下火		平地木		壁上土	
음력	14	15	16	17	18	19	20	21	22	23	24	25	26	27	28	29	30	5/1	2	3	4	5	6	7	8	9	10	11	12	13
구성	9	1	2	3	4	5	6	7	8	9	1	2	3	4	5	6	7	8	9	1	2	3	3	2	1	9	8	7	6	5
대운 남	2	1	1	1	1	망	10	10	9	9	9	8	8	8	7	7	7	6	6	6	5	하	5	4	4	4	3	3	3	2
대운 여	9	9	9	10	10	종	1	1	1	1	2	2	2	3	3	3	4	4	4	5	5	지	6	6	6	7	7	7	8	8

한식(4월6일), 초복(7월19일), 중복(7월29일), 말복(8월08일) ☂춘사(春社)3/19 ☀추사(秋社)9/25

토왕지절(土旺之節):4월17일,7월20일,10월21일,1월17일(신년양력),臘享(납향):1월26일(신년양력)

十日得辛, 七龍治水, 1928년 무진年(대림목), 구자화

8白	4綠	6白
7赤	9紫	2黑
3碧	5黃	1白

1928 戊辰年

소서 7일 18시 44분 【음6월】 ➡ 【己未月(기미월)】 ☯九紫星 대서 23일 12시 02분

양력 7월 / 음력 05/14 ~ 06/15

양력	1	2	3	4	5	6	7	8	9	10	11	12	13	14	15	16	17	18	19	20	21	22	23	24	25	26	27	28	29	30	31
요일	일	월	화	수	목	금	토	일	월	화	수	목	금	토	일	월	화	수	목	금	토	일	월	화	수	목	금	토	일	월	화
일진 日辰	壬寅	癸卯	甲辰	乙巳	丙午	丁未	戊申	己酉	庚戌	辛亥	壬子	癸丑	甲寅	乙卯	丙辰	丁巳	戊午	己未	庚申	辛酉	壬戌	癸亥	甲子	乙丑	丙寅	丁卯	戊辰	己巳	庚午	辛未	壬申
납음	金箔金		覆燈火		天河水		大驛土		釵釧金		桑柘木		大溪水		沙中土		天上火		石榴木		大海水		海中金		爐中火		大林木		路傍土		
음력	14	15	16	17	18	19	20	21	22	23	24	25	26	27	28	29	6/1	2	3	4	5	6	7	8	9	10	11	12	13	14	15
구성	4	3	2	1	9	8	7	6	5	4	3	2	1	9	8	7	6	5	4	3	2	1	9	8	7	6	5	4	3	2	1
대운 남	2	2	1	1	1	1	소	10	10	10	9	9	9	8	8	8	7	7	7	6	6	6	대	5	5	4	4	4	3	3	3
대운 여	8	9	9	9	10	10	서	1	1	1	1	2	2	2	3	3	3	4	4	4	5	5	서	6	6	6	7	7	7	8	8

입추 8일 04시 28분 【음7월】 ➡ 【庚申月(경신월)】 ☯八白星 처서 23일 18시 53분

양력 8월 / 음력 06/16 ~ 07/17

양력	1	2	3	4	5	6	7	8	9	10	11	12	13	14	15	16	17	18	19	20	21	22	23	24	25	26	27	28	29	30	31
요일	수	목	금	토	일	월	화	수	목	금	토	일	월	화	수	목	금	토	일	월	화	수	목	금	토	일	월	화	수	목	금
일진 日辰	癸酉	甲戌	乙亥	丙子	丁丑	戊寅	己卯	庚辰	辛巳	壬午	癸未	甲申	乙酉	丙戌	丁亥	戊子	己丑	庚寅	辛卯	壬辰	癸巳	甲午	乙未	丙申	丁酉	戊戌	己亥	庚子	辛丑	壬寅	癸卯
납음		山頭火		澗下水		城頭土		白臘金		楊柳木		井中水		屋上土		霹靂火		松柏木		長流水		沙中金		山下火		平地木		壁上土		金箔金	
음력	16	17	18	19	20	21	22	23	24	25	26	27	28	29	7/1	2	3	4	5	6	7	8	9	10	11	12	13	14	15	16	17
구성	9	8	7	6	5	4	3	2	1	9	8	7	6	5	4	3	2	1	9	8	7	6	5	4	3	2	1	9	8	7	6
대운 남	2	2	2	1	1	1	1	입	10	10	9	9	9	8	8	8	7	7	7	6	6	6	처	5	5	4	4	4	3	3	3
대운 여	8	9	9	9	10	10	10	추	1	1	1	1	2	2	2	3	3	3	4	4	4	5	서	5	6	6	6	7	7	7	8

백로 8일 07시 02분 【음8월】 ➡ 【辛酉月(신유월)】 ☯七赤星 추분23일 16시 06분

양력 9월 / 음력 07/18 ~ 08/17

양력	1	2	3	4	5	6	7	8	9	10	11	12	13	14	15	16	17	18	19	20	21	22	23	24	25	26	27	28	29	30
요일	토	일	월	화	수	목	금	토	일	월	화	수	목	금	토	일	월	화	수	목	금	토	일	월	화	수	목	금	토	일
일진 日辰	甲辰	乙巳	丙午	丁未	戊申	己酉	庚戌	辛亥	壬子	癸丑	甲寅	乙卯	丙辰	丁巳	戊午	己未	庚申	辛酉	壬戌	癸亥	甲子	乙丑	丙寅	丁卯	戊辰	己巳	庚午	辛未	壬申	癸酉
납음	覆燈火		天河水		大驛土		釵釧金		桑柘木		大溪水		沙中土		天上火		石榴木		大海水		海中金		爐中火		大林木		路傍土		劍鋒金	
음력	18	19	20	21	22	23	24	25	26	27	28	29	30	8/1	2	3	4	5	6	7	8	9	10	11	12	13	14	15	16	17
구성	5	4	3	2	1	9	8	7	6	5	4	3	2	1	9	8	7	6	5	4	3	2	1	9	8	7	6	5	4	3
대운 남	2	2	2	1	1	1	1	백	10	9	9	9	8	8	8	7	7	7	6	6	6	5	추	5	4	4	4	3	3	3
대운 여	8	8	9	9	9	10	10	로	1	1	1	1	2	2	2	3	3	3	4	4	4	5	분	5	6	6	6	7	7	7

한로 8일 22시 10분 【음9월】 ➡ 【壬戌月(임술월)】 ☯六白星 상강 24일 00시 55분

양력 10월 / 음력 08/18 ~ 09/18

양력	1	2	3	4	5	6	7	8	9	10	11	12	13	14	15	16	17	18	19	20	21	22	23	24	25	26	27	28	29	30	31
요일	월	화	수	목	금	토	일	월	화	수	목	금	토	일	월	화	수	목	금	토	일	월	화	수	목	금	토	일	월	화	수
일진 日辰	甲戌	乙亥	丙子	丁丑	戊寅	己卯	庚辰	辛巳	壬午	癸未	甲申	乙酉	丙戌	丁亥	戊子	己丑	庚寅	辛卯	壬辰	癸巳	甲午	乙未	丙申	丁酉	戊戌	己亥	庚子	辛丑	壬寅	癸卯	甲辰
납음	山頭火		澗下水		城頭土		白臘金		楊柳木		井中水		屋上土		霹靂火		松柏木		長流水		沙中金		山下火		平地木		壁上土		金箔金		
음력	18	19	20	21	22	23	24	25	26	27	28	29	30	9/1	2	3	4	5	6	7	8	9	10	11	12	13	14	15	16	17	18
구성	2	1	9	8	7	6	5	4	3	2	1	9	8	7	6	5	4	3	2	1	9	8	7	6	5	4	3	2	1	9	8
대운 남	2	2	2	1	1	1	1	한	10	10	9	9	9	8	8	8	7	7	7	6	6	6	5	상	5	4	4	4	3	3	3
대운 여	8	8	8	9	9	9	10	로	1	1	1	1	2	2	2	3	3	3	4	4	4	5	5	강	6	6	6	7	7	7	8

입동 8일 00시 50분 【음10월】 ➡ 【癸亥月(계해월)】 ☯五黃星 소설 22일 22시 00분

양력 11월 / 음력 09/19 ~ 10/19

양력	1	2	3	4	5	6	7	8	9	10	11	12	13	14	15	16	17	18	19	20	21	22	23	24	25	26	27	28	29	30
요일	목	금	토	일	월	화	수	목	금	토	일	월	화	수	목	금	토	일	월	화	수	목	금	토	일	월	화	수	목	금
일진 日辰	乙巳	丙午	丁未	戊申	己酉	庚戌	辛亥	壬子	癸丑	甲寅	乙卯	丙辰	丁巳	戊午	己未	庚申	辛酉	壬戌	癸亥	甲子	乙丑	丙寅	丁卯	戊辰	己巳	庚午	辛未	壬申	癸酉	甲戌
납음		天河水		大驛土		釵釧金		桑柘木		大溪水		沙中土		天上火		石榴木		大海水		海中金		爐中火		大林木		路傍土		劍鋒金		
음력	19	20	21	22	23	24	25	26	27	28	29	10/1	2	3	4	5	6	7	8	9	10	11	12	13	14	15	16	17	18	19
구성	7	6	5	4	3	2	1	9	8	7	6	5	4	3	2	1	9	8	7	6	5	4	3	2	1	9	8	7	6	5
대운 남	2	2	2	1	1	1	1	입	9	9	9	8	8	8	7	7	7	6	6	6	5	소	5	4	4	4	3	3	3	2
대운 여	8	8	9	9	9	10	10	동	1	1	1	1	2	2	2	3	3	3	4	4	4	설	5	5	6	6	6	7	7	7

대설 7일 17시 17분 【음11월】 ➡ 【甲子月(갑자월)】 ☯四綠星 동지 22일 11시 04분

양력 12월 / 음력 10/20 ~ 11/20

양력	1	2	3	4	5	6	7	8	9	10	11	12	13	14	15	16	17	18	19	20	21	22	23	24	25	26	27	28	29	30	31
요일	토	일	월	화	수	목	금	토	일	월	화	수	목	금	토	일	월	화	수	목	금	토	일	월	화	수	목	금	토	일	월
일진 日辰	乙亥	丙子	丁丑	戊寅	己卯	庚辰	辛巳	壬午	癸未	甲申	乙酉	丙戌	丁亥	戊子	己丑	庚寅	辛卯	壬辰	癸巳	甲午	乙未	丙申	丁酉	戊戌	己亥	庚子	辛丑	壬寅	癸卯	甲辰	乙巳
납음		澗下水		城頭土		白臘金		楊柳木		井中水		屋上土		霹靂火		松柏木		長流水		沙中金		山下火		平地木		壁上土		金箔金		覆燈火	
음력	20	21	22	23	24	25	26	27	28	29	30	11/1	2	3	4	5	6	7	8	9	10	11	12	13	14	15	16	17	18	19	20
구성	4	3	2	1	9	8	7	6	5	4	3	2	1	9	8	7	6	5	4	3	2	1	9	8	7	6	5	4	3	2	1
대운 남	2	2	1	1	1	1	대	10	9	9	9	8	8	8	7	7	7	6	6	6	5	동	5	4	4	4	3	3	3	2	2
대운 여	8	8	8	9	9	9	설	1	1	1	1	2	2	2	3	3	3	4	4	4	5	지	5	6	6	6	7	7	7	8	8

단기 4262 年	1929년	中元 **己巳年** 납음(大林木),본명성(八白土)
불기 2473 年		대장군(卯동방), 삼살(동방), 상문(未서남방),조객(卯동방), 납음(대림목), 【삼재(인,묘,진)년】 臘享(납향):1930년1월21일(음12/22)

뱀

소한 6일 04시 22분 【음12월】 ➡ 【乙丑月(을축월)】 ☯三碧星 대한 20일 21시 42분

양력 1월 / 음력 11/21 – 12/21

양력	1	2	3	4	5	6	7	8	9	10	11	12	13	14	15	16	17	18	19	20	21	22	23	24	25	26	27	28	29	30	31
요일	화	수	목	금	토	일	월	화	수	목	금	토	일	월	화	수	목	금	토	일	월	화	수	목	금	토	일	월	화	수	목
일진 日辰	丙午	丁未	戊申	己酉	庚戌	辛亥	壬子	癸丑	甲寅	乙卯	丙辰	丁巳	戊午	己未	庚申	辛酉	壬戌	癸亥	甲子	乙丑	丙寅	丁卯	戊辰	己巳	庚午	辛未	壬申	癸酉	甲戌	乙亥	丙子
납음	天河水		大驛土		釵釧金		桑柘木		大溪水		沙中土		天上火		石榴木		大海水		海中金		爐中火		大林木		路傍土		劍鋒金		山頭火		
음력	21	22	23	24	25	26	27	28	29	30	12/1	2	3	4	5	6	7	8	9	10	11	12	13	14	15	16	17	18	19	20	21
구성	9	8	7	6	5	4	3	2	1	9	8	7	6	5	4	3	2	1	1	2	3	4	5	6	7	8	9	1	2	3	4
대운 남	2	1	1	1	1	소	9	9	9	8	8	8	7	7	7	6	6	6	5	대	5	4	4	4	3	3	3	2	2	2	1
대운 여	8	9	9	9	10	한	1	1	1	1	2	2	2	3	3	3	4	4	4	한	5	5	6	6	6	7	7	7	8	8	8

입춘 4일 16시 09분 【음1월】 ➡ 【丙寅月(병인월)】 ☯二黑星 우수 19일 12시 07분

양력 2월 / 음력 12/22 – 01/19

양력	1	2	3	4	5	6	7	8	9	10	11	12	13	14	15	16	17	18	19	20	21	22	23	24	25	26	27	28
요일	금	토	일	월	화	수	목	금	토	일	월	화	수	목	금	토	일	월	화	수	목	금	토	일	월	화	수	목
일진 日辰	丁丑	戊寅	己卯	庚辰	辛巳	壬午	癸未	甲申	乙酉	丙戌	丁亥	戊子	己丑	庚寅	辛卯	壬辰	癸巳	甲午	乙未	丙申	丁酉	戊戌	己亥	庚子	辛丑	壬寅	癸卯	甲辰
납음		城頭土		白臘金		楊柳木		井中水		屋上土		霹靂火		松柏木		長流水		沙中金		山下火		平地木		壁上土		金箔金		
음력	22	23	24	25	26	27	28	29	30	1/1	2	3	4	5	6	7	8	9	10	11	12	13	14	15	16	17	18	19
구성	5	6	7	8	9	1	2	3	4	5	6	7	8	9	1	2	3	4	5	6	7	8	9	1	2	3	4	5
대운 남	1	1	1	입	1	1	1	1	2	2	2	3	3	3	4	4	4	5	우	5	6	6	6	7	7	7	8	8
대운 여	9	9	9	춘	10	9	9	9	8	8	8	7	7	7	6	6	6	5	수	5	4	4	4	3	3	3	2	2

己巳年

경칩 6일 10시 32분 【음2월】 ➡ 【丁卯月(정묘월)】 ☯一白星 춘분 21일 11시 35분

양력 3월 / 음력 01/20 – 02/21

양력	1	2	3	4	5	6	7	8	9	10	11	12	13	14	15	16	17	18	19	20	21	22	23	24	25	26	27	28	29	30	31
요일	금	토	일	월	화	수	목	금	토	일	월	화	수	목	금	토	일	월	화	수	목	금	토	일	월	화	수	목	금	토	일
일진 日辰	乙巳	丙午	丁未	戊申	己酉	庚戌	辛亥	壬子	癸丑	甲寅	乙卯	丙辰	丁巳	戊午	己未	庚申	辛酉	壬戌	癸亥	甲子	乙丑	丙寅	丁卯	戊辰	己巳	庚午	辛未	壬申	癸酉	甲戌	乙亥
납음		天河水		大驛土		釵釧金		桑柘木		大溪水		沙中土		天上火		石榴木		大海水		海中金		爐中火		大林木		路傍土		劍鋒金		山頭火	
음력	20	21	22	23	24	25	26	27	28	29	2/1	2	3	4	5	6	7	8	9	10	11	12	13	14	15	16	17	18	19	20	21
구성	6	7	8	9	1	2	3	4	5	6	7	8	9	1	2	3	4	5	6	7	8	9	1	2	3	4	5	6	7	8	9
대운 남	8	9	9	9	10	경	1	1	1	1	2	2	2	3	3	3	4	4	4	5	춘	5	6	6	6	7	7	7	8	8	8
대운 여	2	1	1	1	1	칩	10	9	9	9	8	8	8	7	7	7	6	6	6	5	분	5	4	4	4	3	3	3	2	2	2

청명 5일 15시 51분 【음3월】 ➡ 【戊辰月(무진월)】 ☯九紫星 곡우 20일 23시 10분

양력 4월 / 음력 02/22 – 03/21

양력	1	2	3	4	5	6	7	8	9	10	11	12	13	14	15	16	17	18	19	20	21	22	23	24	25	26	27	28	29	30
요일	월	화	수	목	금	토	일	월	화	수	목	금	토	일	월	화	수	목	금	토	일	월	화	수	목	금	토	일	월	화
일진 日辰	丙子	丁丑	戊寅	己卯	庚辰	辛巳	壬午	癸未	甲申	乙酉	丙戌	丁亥	戊子	己丑	庚寅	辛卯	壬辰	癸巳	甲午	乙未	丙申	丁酉	戊戌	己亥	庚子	辛丑	壬寅	癸卯	甲辰	乙巳
납음	澗下水		城頭土		白臘金		楊柳木		井中水		屋上土		霹靂火		松柏木		長流水		沙中金		山下火		平地木		壁上土		金箔金		覆燈火	
음력	22	23	24	25	26	27	28	29	30	3/1	2	3	4	5	6	7	8	9	10	11	12	13	14	15	16	17	18	19	20	21
구성	1	2	3	4	5	6	7	8	9	1	2	3	4	5	6	7	8	9	1	2	3	4	5	6	7	8	9	1	2	3
대운 남	9	9	9	10	청	1	1	1	1	2	2	2	3	3	3	4	4	4	5	곡	5	6	6	6	7	7	7	8	8	8
대운 여	1	1	1	1	명	10	9	9	9	8	8	8	7	7	7	6	6	6	5	우	5	4	4	4	3	3	3	2	2	2

입하 6일 09시 40분 【음4월】 ➡ 【己巳月(기사월)】 ☯八白星 소만 21일 22시 48분

양력 5월 / 음력 03/22 – 04/23

양력	1	2	3	4	5	6	7	8	9	10	11	12	13	14	15	16	17	18	19	20	21	22	23	24	25	26	27	28	29	30	31
요일	수	목	금	토	일	월	화	수	목	금	토	일	월	화	수	목	금	토	일	월	화	수	목	금	토	일	월	화	수	목	금
일진 日辰	丙午	丁未	戊申	己酉	庚戌	辛亥	壬子	癸丑	甲寅	乙卯	丙辰	丁巳	戊午	己未	庚申	辛酉	壬戌	癸亥	甲子	乙丑	丙寅	丁卯	戊辰	己巳	庚午	辛未	壬申	癸酉	甲戌	乙亥	丙子
납음	天河水		大驛土		釵釧金		桑柘木		大溪水		沙中土		天上火		石榴木		大海水		海中金		爐中火		大林木		路傍土		劍鋒金		山頭火		
음력	22	23	24	25	26	27	28	29	4/1	2	3	4	5	6	7	8	9	10	11	12	13	14	15	16	17	18	19	20	21	22	23
구성	4	5	6	7	8	9	1	2	3	4	5	6	7	8	9	1	2	3	4	5	6	7	8	9	1	2	3	4	5	6	7
대운 남	9	9	9	10	10	입	1	1	1	1	2	2	2	3	3	3	4	4	4	5	소	5	6	6	6	7	7	7	8	8	8
대운 여	2	1	1	1	1	하	10	10	9	9	9	8	8	8	7	7	7	6	6	6	만	5	5	4	4	4	3	3	3	2	2

망종 6일 14시 11분 【음5월】 ➡ 【庚午月(경오월)】 ☯七赤星 하지 22일 07시 01분

양력 6월 / 음력 04/24 – 05/24

양력	1	2	3	4	5	6	7	8	9	10	11	12	13	14	15	16	17	18	19	20	21	22	23	24	25	26	27	28	29	30
요일	토	일	월	화	수	목	금	토	일	월	화	수	목	금	토	일	월	화	수	목	금	토	일	월	화	수	목	금	토	일
일진 日辰	丁丑	戊寅	己卯	庚辰	辛巳	壬午	癸未	甲申	乙酉	丙戌	丁亥	戊子	己丑	庚寅	辛卯	壬辰	癸巳	甲午	乙未	丙申	丁酉	戊戌	己亥	庚子	辛丑	壬寅	癸卯	甲辰	乙巳	丙午
납음		城頭土		白臘金		楊柳木		井中水		屋上土		霹靂火		松柏木		長流水		沙中金		山下火		平地木		壁上土		金箔金		覆燈火		
음력	24	25	26	27	28	29	5/1	2	3	4	5	6	7	8	9	10	11	12	13	14	15	16	17	18	19	20	21	22	23	24
구성	8	9	1	2	3	4	5	6	7	8	9	1	2	3	4	5	6	7	8	9	1	2	3	4	5	6	7	8	9	1
대운 남	9	9	9	10	10	망	1	1	1	1	2	2	2	3	3	3	4	4	4	5	5	하	6	6	6	7	7	7	8	8
대운 여	2	1	1	1	1	종	10	10	10	9	9	9	8	8	8	7	7	7	6	6	6	지	5	5	4	4	4	3	3	3

한식(4월6일), 초복(7월14일), 중복(7월24일), 말복(8월13일) ☂춘사(春社)3/24 ☀추사(秋社)9/20
토왕지절(土旺之節):4월17일,7월20일,10월21일,1월18일(신년양력),臘享(납향):1월21일(신년양력)

六日得辛, 七龍治水, 1929년 기사年(대림목), 팔백토

7赤	3碧	5黃
6白	8白	1白
2黑	4綠	9紫

1929 己巳年

소서 8일 00시 32분 【음6월】➡ 【辛未月(신미월)】 ☯六白星 대서 23일 17시 53분

양력 7월 / 음력 05/25 ~ 06/25

양력	1	2	3	4	5	6	7	8	9	10	11	12	13	14	15	16	17	18	19	20	21	22	23	24	25	26	27	28	29	30	31
요일	월	화	수	목	금	토	일	월	화	수	목	금	토	일	월	화	수	목	금	토	일	월	화	수	목	금	토	일	월	화	수
일진 日辰	丁未	戊申	己酉	庚戌	辛亥	壬子	癸丑	甲寅	乙卯	丙辰	丁巳	戊午	己未	庚申	辛酉	壬戌	癸亥	甲子	乙丑	丙寅	丁卯	戊辰	己巳	庚午	辛未	壬申	癸酉	甲戌	乙亥	丙子	丁丑
납음		大驛土		釵釧金		桑柘木		大溪水		沙中土		天上火		石榴木		大海水		海中金		爐中火		大林木		路傍土		劍鋒金		山頭火		澗下水	
음력	25	26	27	28	29	30	6/1	2	3	4	5	6	7	8	9	10	11	12	13	14	15	16	17	18	19	20	21	22	23	24	25
구성	2	3	4	5	6	7	8	9	1	2	3	4	5	6	7	8	9	9	8	7	6	5	4	3	2	1	9	8	7	6	5
대운 남	8	9	9	9	10	10	10	소	1	1	1	1	2	2	2	3	3	3	4	4	4	5	대	5	6	6	6	7	7	7	8
대운 여	2	2	2	1	1	1	1	서	10	10	9	9	9	8	8	8	7	7	7	6	6	6	서	5	5	4	4	4	3	3	3

입추 8일 10시 09분 【음7월】➡ 【壬申月(임신월)】 ☯五黃星 처서 24일 00시 41분

양력 8월 / 음력 06/26 ~ 07/27

양력	1	2	3	4	5	6	7	8	9	10	11	12	13	14	15	16	17	18	19	20	21	22	23	24	25	26	27	28	29	30	31
요일	목	금	토	일	월	화	수	목	금	토	일	월	화	수	목	금	토	일	월	화	수	목	금	토	일	월	화	수	목	금	토
일진 日辰	戊寅	己卯	庚辰	辛巳	壬午	癸未	甲申	乙酉	丙戌	丁亥	戊子	己丑	庚寅	辛卯	壬辰	癸巳	甲午	乙未	丙申	丁酉	戊戌	己亥	庚子	辛丑	壬寅	癸卯	甲辰	乙巳	丙午	丁未	戊申
납음	城頭土		白臘金		楊柳木		井中水		屋上土		霹靂火		松柏木		長流水		沙中金		山下火		平地木		壁上土		金箔金		覆燈火		天河水		
음력	26	27	28	29	7/1	2	3	4	5	6	7	8	9	10	11	12	13	14	15	16	17	18	19	20	21	22	23	24	25	26	27
구성	4	3	2	1	9	8	7	6	5	4	3	2	1	9	8	7	6	5	4	3	2	1	9	8	7	6	5	4	3	2	1
대운 남	8	8	9	9	9	10	10	입	1	1	1	1	2	2	2	3	3	3	4	4	4	5	5	처	6	6	6	7	7	7	8
대운 여	2	2	2	1	1	1	1	추	10	10	9	9	9	8	8	8	7	7	7	6	6	6	5	서	5	4	4	4	3	3	3

백로 8일 12시 40분 【음8월】➡ 【癸酉月(계유월)】 ☯四綠星 추분 23일 21시 52분

양력 9월 / 음력 07/28 ~ 08/28

양력	1	2	3	4	5	6	7	8	9	10	11	12	13	14	15	16	17	18	19	20	21	22	23	24	25	26	27	28	29	30
요일	일	월	화	수	목	금	토	일	월	화	수	목	금	토	일	월	화	수	목	금	토	일	월	화	수	목	금	토	일	월
일진 日辰	己酉	庚戌	辛亥	壬子	癸丑	甲寅	乙卯	丙辰	丁巳	戊午	己未	庚申	辛酉	壬戌	癸亥	甲子	乙丑	丙寅	丁卯	戊辰	己巳	庚午	辛未	壬申	癸酉	甲戌	乙亥	丙子	丁丑	戊寅
납음		釵釧金		桑柘木		大溪水		沙中土		天上火		石榴木		大海水		海中金		爐中火		大林木		路傍土		劍鋒金		山頭火		澗下水		
음력	28	29	8/1	2	3	4	5	6	7	8	9	10	11	12	13	14	15	16	17	18	19	20	21	22	23	24	25	26	27	28
구성	9	8	7	6	5	4	3	2	1	9	8	7	6	5	4	3	2	1	9	8	7	6	5	4	3	2	1	9	8	7
대운 남	8	8	9	9	9	10	10	백	1	1	1	1	2	2	2	3	3	3	4	4	4	5	추	5	6	6	6	7	7	7
대운 여	2	2	2	1	1	1	1	로	10	10	9	9	9	8	8	8	7	7	7	6	6	6	분	5	5	4	4	4	3	3

한로 9일 03시 47분 【음9월】➡ 【甲戌月(갑술월)】 ☯三碧星 상강 24일 06시 41분

양력 10월 / 음력 08/29 ~ 09/29

양력	1	2	3	4	5	6	7	8	9	10	11	12	13	14	15	16	17	18	19	20	21	22	23	24	25	26	27	28	29	30	31
요일	화	수	목	금	토	일	월	화	수	목	금	토	일	월	화	수	목	금	토	일	월	화	수	목	금	토	일	월	화	수	목
일진 日辰	己卯	庚辰	辛巳	壬午	癸未	甲申	乙酉	丙戌	丁亥	戊子	己丑	庚寅	辛卯	壬辰	癸巳	甲午	乙未	丙申	丁酉	戊戌	己亥	庚子	辛丑	壬寅	癸卯	甲辰	乙巳	丙午	丁未	戊申	己酉
납음		白臘金		楊柳木		井中水		屋上土		霹靂火		松柏木		長流水		沙中金		山下火		平地木		壁上土		金箔金		覆燈火		天河水		大驛土	
음력	29	30	9/1	2	3	4	5	6	7	8	9	10	11	12	13	14	15	16	17	18	19	20	21	22	23	24	25	26	27	28	29
구성	6	5	4	3	2	1	9	8	7	6	5	4	3	2	1	9	8	7	6	5	4	3	2	1	9	8	7	6	5	4	3
대운 남	8	8	8	9	9	9	10	10	한	1	1	1	1	2	2	2	3	3	3	4	4	4	5	상	5	6	6	6	7	7	7
대운 여	3	2	2	2	1	1	1	1	로	10	9	9	9	8	8	8	7	7	7	6	6	6	5	강	5	4	4	4	3	3	3

입동 8일 06시 28분 【음10월】➡ 【乙亥月(을해월)】 ☯二黑星 소설 23일 03시 48분

양력 11월 / 음력 10/01 ~ 10/30

양력	1	2	3	4	5	6	7	8	9	10	11	12	13	14	15	16	17	18	19	20	21	22	23	24	25	26	27	28	29	30
요일	금	토	일	월	화	수	목	금	토	일	월	화	수	목	금	토	일	월	화	수	목	금	토	일	월	화	수	목	금	토
일진 日辰	庚戌	辛亥	壬子	癸丑	甲寅	乙卯	丙辰	丁巳	戊午	己未	庚申	辛酉	壬戌	癸亥	甲子	乙丑	丙寅	丁卯	戊辰	己巳	庚午	辛未	壬申	癸酉	甲戌	乙亥	丙子	丁丑	戊寅	己卯
납음	釵釧金		桑柘木		大溪水		沙中土		天上火		石榴木		大海水		海中金		爐中火		大林木		路傍土		劍鋒金		山頭火		澗下水		城頭土	
음력	10/1	2	3	4	5	6	7	8	9	10	11	12	13	14	15	16	17	18	19	20	21	22	23	24	25	26	27	28	29	30
구성	2	1	9	8	7	6	5	4	3	2	1	9	8	7	6	5	4	3	2	1	9	8	7	6	5	4	3	2	1	9
대운 남	8	8	8	9	9	9	10	입	1	1	1	1	2	2	2	3	3	3	4	4	4	5	소	5	6	6	6	7	7	7
대운 여	2	2	2	1	1	1	1	동	9	9	9	8	8	8	7	7	7	6	6	6	5	5	설	4	4	4	3	3	3	2

대설 7일 22시 56분 【음11월】➡ 【丙子月(병자월)】 ☯一白星 동지 22일 16시 53분

양력 12월 / 음력 11/01 ~ 12/01

양력	1	2	3	4	5	6	7	8	9	10	11	12	13	14	15	16	17	18	19	20	21	22	23	24	25	26	27	28	29	30	31
요일	일	월	화	수	목	금	토	일	월	화	수	목	금	토	일	월	화	수	목	금	토	일	월	화	수	목	금	토	일	월	화
일진 日辰	庚辰	辛巳	壬午	癸未	甲申	乙酉	丙戌	丁亥	戊子	己丑	庚寅	辛卯	壬辰	癸巳	甲午	乙未	丙申	丁酉	戊戌	己亥	庚子	辛丑	壬寅	癸卯	甲辰	乙巳	丙午	丁未	戊申	己酉	庚戌
납음	白臘金		楊柳木		井中水		屋上土		霹靂火		松柏木		長流水		沙中金		山下火		平地木		壁上土		金箔金		覆燈火		天河水		大驛土		
음력	11/1	2	3	4	5	6	7	8	9	10	11	12	13	14	15	16	17	18	19	20	21	22	23	24	25	26	27	28	29	30	12/1
구성	8	7	6	5	4	3	2	1	9	8	7	6	5	4	3	2	1	9	8	7	6	5	4	3	2	1	9	8	7	6	5
대운 남	8	8	8	9	9	9	대	1	1	1	1	2	2	2	3	3	3	4	4	4	5	동	5	6	6	6	7	7	7	8	8
대운 여	2	2	1	1	1	1	설	10	9	9	9	8	8	8	7	7	7	6	6	6	5	지	5	4	4	4	3	3	3	2	2

단기 4263 年 불기 2474 年

1930년 中元 庚午年

납음(路傍土), 본명성(七赤金)

대장군(卯동방), 삼살(북방), 상문(申서남방), 조객(辰동남방), 납음(노방토), 【삼재(신유술)년】 臘享(납향):1931년1월28일(음12/10)

소한 06일 10시 03분 【음12월】➡ 【丁丑月(정축월)】 ☯九紫星 대한 21일 03시 33분

양력 1월 / 음력 12/02 ~ 01/02

양력	1	2	3	4	5	6	7	8	9	10	11	12	13	14	15	16	17	18	19	20	21	22	23	24	25	26	27	28	29	30	31
요일	수	목	금	토	일	월	화	수	목	금	토	일	월	화	수	목	금	토	일	월	화	수	목	금	토	일	월	화	수	목	금
일진 日辰	辛亥	壬子	癸丑	甲寅	乙卯	丙辰	丁巳	戊午	己未	庚申	辛酉	壬戌	癸亥	甲子	乙丑	丙寅	丁卯	戊辰	己巳	庚午	辛未	壬申	癸酉	甲戌	乙亥	丙子	丁丑	戊寅	己卯	庚辰	辛巳
납음		桑柘木		大溪水		沙中土		天上火		石榴木		大海水		海中金		爐中火		大林木		路傍土		劍鋒金		山頭火		澗下水		城頭土		白臘金	
음력	2	3	4	5	6	7	8	9	10	11	12	13	14	15	16	17	18	19	20	21	22	23	24	25	26	27	28	29	30	1/1	2
구성	4	3	2	1	9	8	7	6	5	4	3	2	1	1	2	3	4	5	6	7	8	9	1	2	3	4	5	6	7	8	9
대운 남	8	9	9	9	10	소	1	1	1	1	2	2	2	3	3	3	4	4	4	5	대	5	6	6	6	7	7	7	8	8	8
대운 여	2	1	1	1	1	한	9	9	9	8	8	8	7	7	7	6	6	6	5	5	한	4	4	4	3	3	3	2	2	2	1

입춘 4일 21시 51분 【음1월】➡ 【戊寅月(무인월)】 ☯八白星 우수 19일 18시 00분

양력 2월 / 음력 01/03 ~ 02/01

양력	1	2	3	4	5	6	7	8	9	10	11	12	13	14	15	16	17	18	19	20	21	22	23	24	25	26	27	28
요일	토	일	월	화	수	목	금	토	일	월	화	수	목	금	토	일	월	화	수	목	금	토	일	월	화	수	목	금
일진 日辰	壬午	癸未	甲申	乙酉	丙戌	丁亥	戊子	己丑	庚寅	辛卯	壬辰	癸巳	甲午	乙未	丙申	丁酉	戊戌	己亥	庚子	辛丑	壬寅	癸卯	甲辰	乙巳	丙午	丁未	戊申	己酉
납음	楊柳木		井中水		屋上土		霹靂火		松柏木		長流水		沙中金		山下火		平地木		壁上土		金箔金		覆燈火		天河水		大驛土	
음력	3	4	5	6	7	8	9	10	11	12	13	14	15	16	17	18	19	20	21	22	23	24	25	26	27	28	29	2/1
구성	1	2	3	4	5	6	7	8	9	1	2	3	4	5	6	7	8	9	1	2	3	4	5	6	7	8	9	1
대운 남	9	9	9	입	10	9	9	9	8	8	8	7	7	7	6	6	6	5	우	5	4	4	4	3	3	3	2	2
대운 여	1	1	1	춘	1	1	1	1	2	2	2	3	3	3	4	4	4	5	수	5	6	6	6	7	7	7	8	8

庚午年

경칩 6일 16시 17분 【음2월】➡ 【己卯月(기묘월)】 ☯七赤星 춘분 21일 17시 30분

양력 3월 / 음력 02/02 ~ 03/02

양력	1	2	3	4	5	6	7	8	9	10	11	12	13	14	15	16	17	18	19	20	21	22	23	24	25	26	27	28	29	30	31
요일	토	일	월	화	수	목	금	토	일	월	화	수	목	금	토	일	월	화	수	목	금	토	일	월	화	수	목	금	토	일	월
일진 日辰	庚戌	辛亥	壬子	癸丑	甲寅	乙卯	丙辰	丁巳	戊午	己未	庚申	辛酉	壬戌	癸亥	甲子	乙丑	丙寅	丁卯	戊辰	己巳	庚午	辛未	壬申	癸酉	甲戌	乙亥	丙子	丁丑	戊寅	己卯	庚辰
납음	釵釧金		桑柘木		大溪水		沙中土		天上火		石榴木		大海水		海中金		爐中火		大林木		路傍土		劍鋒金		山頭火		澗下水		城頭土		
음력	2	3	4	5	6	7	8	9	10	11	12	13	14	15	16	17	18	19	20	21	22	23	24	25	26	27	28	29	30	3/1	2
구성	2	3	4	5	6	7	8	9	1	2	3	4	5	6	7	8	9	1	2	3	4	5	6	7	8	9	1	2	3	4	5
대운 남	2	1	1	1	1	경	10	9	9	9	8	8	8	7	7	7	6	6	6	5	춘	5	4	4	4	3	3	3	2	2	2
대운 여	8	9	9	9	10	칩	1	1	1	1	2	2	2	3	3	3	4	4	4	5	분	5	6	6	6	7	7	7	8	8	8

청명 5일 21시 37분 【음3월】➡ 【庚辰月(경진월)】 ☯六白星 곡우 21일 05시 06분

양력 4월 / 음력 03/03 ~ 04/02

양력	1	2	3	4	5	6	7	8	9	10	11	12	13	14	15	16	17	18	19	20	21	22	23	24	25	26	27	28	29	30
요일	화	수	목	금	토	일	월	화	수	목	금	토	일	월	화	수	목	금	토	일	월	화	수	목	금	토	일	월	화	수
일진 日辰	辛巳	壬午	癸未	甲申	乙酉	丙戌	丁亥	戊子	己丑	庚寅	辛卯	壬辰	癸巳	甲午	乙未	丙申	丁酉	戊戌	己亥	庚子	辛丑	壬寅	癸卯	甲辰	乙巳	丙午	丁未	戊申	己酉	庚戌
납음		楊柳木		井中水		屋上土		霹靂火		松柏木		長流水		沙中金		山下火		平地木		壁上土		金箔金		覆燈火		天河水		大驛土		
음력	3	4	5	6	7	8	9	10	11	12	13	14	15	16	17	18	19	20	21	22	23	24	25	26	27	28	29	30	4/1	2
구성	6	7	8	9	1	2	3	4	5	6	7	8	9	1	2	3	4	5	6	7	8	9	1	2	3	4	5	6	7	8
대운 남	1	1	1	1	청	10	10	9	9	9	8	8	8	7	7	7	6	6	6	5	곡	5	4	4	4	3	3	3	2	2
대운 여	9	9	9	10	명	1	1	1	1	2	2	2	3	3	3	4	4	4	5	5	우	6	6	6	7	7	7	8	8	8

입하 6일 15시 27분 【음4월】➡ 【辛巳月(신사월)】 ☯五黃星 소만 22일 04시 42분

양력 5월 / 음력 04/03 ~ 05/04

양력	1	2	3	4	5	6	7	8	9	10	11	12	13	14	15	16	17	18	19	20	21	22	23	24	25	26	27	28	29	30	31
요일	목	금	토	일	월	화	수	목	금	토	일	월	화	수	목	금	토	일	월	화	수	목	금	토	일	월	화	수	목	금	토
일진 日辰	辛亥	壬子	癸丑	甲寅	乙卯	丙辰	丁巳	戊午	己未	庚申	辛酉	壬戌	癸亥	甲子	乙丑	丙寅	丁卯	戊辰	己巳	庚午	辛未	壬申	癸酉	甲戌	乙亥	丙子	丁丑	戊寅	己卯	庚辰	辛巳
납음		桑柘木		大溪水		沙中土		天上火		石榴木		大海水		海中金		爐中火		大林木		路傍土		劍鋒金		山頭火		澗下水		城頭土		白臘金	
음력	3	4	5	6	7	8	9	10	11	12	13	14	15	16	17	18	19	20	21	22	23	24	25	26	27	28	29	5/1	2	3	4
구성	9	1	2	3	4	5	6	7	8	9	1	2	3	4	5	6	7	8	9	1	2	3	4	5	6	7	8	9	1	2	3
대운 남	2	1	1	1	1	입	10	10	9	9	9	8	8	8	7	7	7	6	6	6	5	소	5	4	4	4	3	3	3	2	2
대운 여	9	9	9	10	10	하	1	1	1	1	2	2	2	3	3	3	4	4	4	5	5	만	6	6	6	7	7	7	8	8	8

망종 6일 19시 58분 【음5월】➡ 【壬午月(임오월)】 ☯四綠星 하지 22일 12시 53분

양력 6월 / 음력 05/05 ~ 06/05

양력	1	2	3	4	5	6	7	8	9	10	11	12	13	14	15	16	17	18	19	20	21	22	23	24	25	26	27	28	29	30
요일	일	월	화	수	목	금	토	일	월	화	수	목	금	토	일	월	화	수	목	금	토	일	월	화	수	목	금	토	일	월
일진 日辰	壬午	癸未	甲申	乙酉	丙戌	丁亥	戊子	己丑	庚寅	辛卯	壬辰	癸巳	甲午	乙未	丙申	丁酉	戊戌	己亥	庚子	辛丑	壬寅	癸卯	甲辰	乙巳	丙午	丁未	戊申	己酉	庚戌	辛亥
납음	楊柳木		井中水		屋上土		霹靂火		松柏木		長流水		沙中金		山下火		平地木		壁上土		金箔金		覆燈火		天河水		大驛土		釵釧金	
음력	5	6	7	8	9	10	11	12	13	14	15	16	17	18	19	20	21	22	23	24	25	26	27	28	29	6/1	2	3	4	5
구성	4	5	6	7	8	9	1	2	3	4	5	6	7	8	9	1	2	3	4	5	6	7	8	9	1	2	3	4	5	6
대운 남	2	1	1	1	1	망	10	10	10	9	9	9	8	8	8	7	7	7	6	6	6	하	5	5	4	4	4	3	3	3
대운 여	9	9	9	10	10	종	1	1	1	1	2	2	2	3	3	3	4	4	4	5	5	지	6	6	6	7	7	7	8	8

한식(4월06일), 초복(7월19일), 중복(7월29일), 말복(8월08일) ↑춘사(春社)3/19 ☀추사(秋社)9/25
토왕지절(土旺之節):4월18일,7월20일,10월21일,1월18일(신년양력), 臘享(납향):1월28일(신년양력)

二日得辛, 一龍治水, 1930년 경오年(노방토), 칠적금

6白	2黑	4綠
5黃	7赤	9紫
1白	3碧	8白

1930 庚午年

소서 8일 06시 20분 【음6월】 ➡ 【癸未月(계미월)】 ☯三碧星 대서 23일 23시 42분

양력 7월 / 음력 06/06 ㅣ 윤606

양력	1	2	3	4	5	6	7	8	9	10	11	12	13	14	15	16	17	18	19	20	21	22	23	24	25	26	27	28	29	30	31
요일	화	수	목	금	토	일	월	화	수	목	금	토	일	월	화	수	목	금	토	일	월	화	수	목	금	토	일	월	화	수	목
일진 日辰	壬子	癸丑	甲寅	乙卯	丙辰	丁巳	戊午	己未	庚申	辛酉	壬戌	癸亥	甲子	乙丑	丙寅	丁卯	戊辰	己巳	庚午	辛未	壬申	癸酉	甲戌	乙亥	丙子	丁丑	戊寅	己卯	庚辰	辛巳	壬午
납음	桑柘木		大溪水		沙中土		天上火		石榴木		大海水		海中金		爐中火		大林木		路傍土		劍鋒金		山頭火		澗下水		城頭土		白臘金		
음력	6	7	8	9	10	11	12	13	14	15	16	17	18	19	20	21	22	23	24	25	26	27	28	29	30	윤6	2	3	4	5	6
구성	7	8	9	1	2	3	4	5	6	7	8	9	9	8	7	6	5	4	3	2	1	9	8	7	6	5	4	3	2	1	9
대운 남	2	2	2	1	1	1	1	소	10	10	9	9	9	8	8	8	7	7	7	6	6	6	대	5	5	4	4	4	3	3	3
대운 여	8	9	9	9	10	10	10	서	1	1	1	1	2	2	2	3	3	3	4	4	4	5	서	5	6	6	6	7	7	7	8

입추 8일 15시 57분 【음7월】 ➡ 【甲申月(갑신월)】 ☯二黑星 처서 24일 06시 26분

양력 8월 / 음력 윤607 ㅣ 07/08

양력	1	2	3	4	5	6	7	8	9	10	11	12	13	14	15	16	17	18	19	20	21	22	23	24	25	26	27	28	29	30	31
요일	금	토	일	월	화	수	목	금	토	일	월	화	수	목	금	토	일	월	화	수	목	금	토	일	월	화	수	목	금	토	일
일진 日辰	癸未	甲申	乙酉	丙戌	丁亥	戊子	己丑	庚寅	辛卯	壬辰	癸巳	甲午	乙未	丙申	丁酉	戊戌	己亥	庚子	辛丑	壬寅	癸卯	甲辰	乙巳	丙午	丁未	戊申	己酉	庚戌	辛亥	壬子	癸丑
납음		井中水		屋上土		霹靂火		松柏木		長流水		沙中金		山下火		平地木		壁上土		金箔金		覆燈火		天河水		大驛土		釵釧金		桑柘木	
음력	7	8	9	10	11	12	13	14	15	16	17	18	19	20	21	22	23	24	25	26	27	28	29	7/1	2	3	4	5	6	7	8
구성	8	7	6	5	4	3	2	1	9	8	7	6	5	4	3	2	1	9	8	7	6	5	4	3	2	1	9	8	7	6	5
대운 남	2	2	2	1	1	1	1	입	10	10	9	9	9	8	8	8	7	7	7	6	6	6	5	처	5	4	4	4	3	3	3
대운 여	8	8	9	9	9	10	10	추	1	1	1	1	2	2	2	3	3	3	4	4	4	5	5	서	6	6	6	7	7	7	8

백로 8일 18시 28분 【음8월】 ➡ 【乙酉月(을유월)】 ☯一白星 추분 24일 03시 36분

양력 9월 / 음력 07/09 ㅣ 08/09

양력	1	2	3	4	5	6	7	8	9	10	11	12	13	14	15	16	17	18	19	20	21	22	23	24	25	26	27	28	29	30
요일	월	화	수	목	금	토	일	월	화	수	목	금	토	일	월	화	수	목	금	토	일	월	화	수	목	금	토	일	월	화
일진 日辰	甲寅	乙卯	丙辰	丁巳	戊午	己未	庚申	辛酉	壬戌	癸亥	甲子	乙丑	丙寅	丁卯	戊辰	己巳	庚午	辛未	壬申	癸酉	甲戌	乙亥	丙子	丁丑	戊寅	己卯	庚辰	辛巳	壬午	癸未
납음	大溪水		沙中土		天上火		石榴木		大海水		海中金		爐中火		大林木		路傍土		劍鋒金		山頭火		澗下水		城頭土		白臘金		楊柳木	
음력	9	10	11	12	13	14	15	16	17	18	19	20	21	22	23	24	25	26	27	28	29	8/1	2	3	4	5	6	7	8	9
구성	4	3	2	1	9	8	7	6	5	4	3	2	1	9	8	7	6	5	4	3	2	1	9	8	7	6	5	4	3	2
대운 남	2	2	2	1	1	1	1	백	10	10	9	9	9	8	8	8	7	7	7	6	6	6	5	추	5	4	4	4	3	3
대운 여	8	8	9	9	9	10	10	로	1	1	1	1	2	2	2	3	3	3	4	4	4	5	5	분	6	6	6	7	7	7

한로 9일 09시 38분 【음9월】 ➡ 【丙戌月(병술월)】 ☯九紫星 상강 24일 12시 26분

양력 10월 / 음력 08/10 ㅣ 09/10

양력	1	2	3	4	5	6	7	8	9	10	11	12	13	14	15	16	17	18	19	20	21	22	23	24	25	26	27	28	29	30	31
요일	수	목	금	토	일	월	화	수	목	금	토	일	월	화	수	목	금	토	일	월	화	수	목	금	토	일	월	화	수	목	금
일진 日辰	甲申	乙酉	丙戌	丁亥	戊子	己丑	庚寅	辛卯	壬辰	癸巳	甲午	乙未	丙申	丁酉	戊戌	己亥	庚子	辛丑	壬寅	癸卯	甲辰	乙巳	丙午	丁未	戊申	己酉	庚戌	辛亥	壬子	癸丑	甲寅
납음	井中水		屋上土		霹靂火		松柏木		長流水		沙中金		山下火		平地木		壁上土		金箔金		覆燈火		天河水		大驛土		釵釧金		桑柘木		
음력	10	11	12	13	14	15	16	17	18	19	20	21	22	23	24	25	26	27	28	29	30	9/1	2	3	4	5	6	7	8	9	10
구성	1	9	8	7	6	5	4	3	2	1	9	8	7	6	5	4	3	2	1	9	8	7	6	5	4	3	2	1	9	8	7
대운 남	3	2	2	2	1	1	1	1	한	10	9	9	9	8	8	8	7	7	7	6	6	6	5	상	5	4	4	4	3	3	3
대운 여	8	8	8	9	9	9	10	10	로	1	1	1	1	2	2	2	3	3	3	4	4	4	5	강	5	6	6	6	7	7	7

입동 8일 12시 20분 【음10월】 ➡ 【丁亥月(정해월)】 ☯八白星 소설 23일 09시 34분

양력 11월 / 음력 09/11 ㅣ 10/11

양력	1	2	3	4	5	6	7	8	9	10	11	12	13	14	15	16	17	18	19	20	21	22	23	24	25	26	27	28	29	30
요일	토	일	월	화	수	목	금	토	일	월	화	수	목	금	토	일	월	화	수	목	금	토	일	월	화	수	목	금	토	일
일진 日辰	乙卯	丙辰	丁巳	戊午	己未	庚申	辛酉	壬戌	癸亥	甲子	乙丑	丙寅	丁卯	戊辰	己巳	庚午	辛未	壬申	癸酉	甲戌	乙亥	丙子	丁丑	戊寅	己卯	庚辰	辛巳	壬午	癸未	甲申
납음		沙中土		天上火		石榴木		大海水		海中金		爐中火		大林木		路傍土		劍鋒金		山頭火		澗下水		城頭土		白臘金		楊柳木		
음력	11	12	13	14	15	16	17	18	19	20	21	22	23	24	25	26	27	28	29	10/1	2	3	4	5	6	7	8	9	10	11
구성	6	5	4	3	2	1	9	8	7	6	5	4	3	2	1	9	8	7	6	5	4	3	2	1	9	8	7	6	5	4
대운 남	2	2	2	1	1	1	1	입	10	9	9	9	8	8	8	7	7	7	6	6	6	5	소	5	4	4	4	3	3	3
대운 여	8	8	8	9	9	9	10	동	1	1	1	1	2	2	2	3	3	3	4	4	4	5	설	5	6	6	6	7	7	7

대설 8일 04시 51분 【음11월】 ➡ 【戊子月(무자월)】 ☯七赤星 동지 22일 22시 40분

양력 12월 / 음력 10/12 ㅣ 11/12

양력	1	2	3	4	5	6	7	8	9	10	11	12	13	14	15	16	17	18	19	20	21	22	23	24	25	26	27	28	29	30	31
요일	월	화	수	목	금	토	일	월	화	수	목	금	토	일	월	화	수	목	금	토	일	월	화	수	목	금	토	일	월	화	수
일진 日辰	乙酉	丙戌	丁亥	戊子	己丑	庚寅	辛卯	壬辰	癸巳	甲午	乙未	丙申	丁酉	戊戌	己亥	庚子	辛丑	壬寅	癸卯	甲辰	乙巳	丙午	丁未	戊申	己酉	庚戌	辛亥	壬子	癸丑	甲寅	乙卯
납음		屋上土		霹靂火		松柏木		長流水		沙中金		山下火		平地木		壁上土		金箔金		覆燈火		天河水		大驛土		釵釧金		桑柘木		大溪水	
음력	12	13	14	15	16	17	18	19	20	21	22	23	24	25	26	27	28	29	30	11/1	2	3	4	5	6	7	8	9	10	11	12
구성	3	2	1	9	8	7	6	5	4	3	2	1	9	8	7	6	5	4	3	2	1	9	8	7	6	5	4	3	2	1	9
대운 남	2	2	2	1	1	1	1	대	9	9	9	8	8	8	7	7	7	6	6	6	5	동	5	4	4	4	3	3	3	2	2
대운 여	8	8	8	9	9	9	10	설	1	1	1	1	2	2	2	3	3	3	4	4	4	지	5	5	6	6	6	7	7	7	8

단기 4264 年 불기 2475 年

1931년 辛未年

중원 납음(路傍土)본명성,(六白土)

대장군(卯동방), 삼살(서방), 상문(酉서방),조객(巳동남방), 납음(로방토), 【삼재(사,오,미)년】 臘享(납향):1931년1월23일(음12/16)

소한 6일 15시 56분 【음12월】 ➡ 【己丑月(기축월)】 ☯六白星 대한 21일 09시 18분

양력 1월 / 음력 11/13 ~ 12/13

양력	1	2	3	4	5	6	7	8	9	10	11	12	13	14	15	16	17	18	19	20	21	22	23	24	25	26	27	28	29	30	31
요일	목	금	토	일	월	화	수	목	금	토	일	월	화	수	목	금	토	일	월	화	수	목	금	토	일	월	화	수	목	금	토
일진 日辰	丙辰	丁巳	戊午	己未	庚申	辛酉	壬戌	癸亥	甲子	乙丑	丙寅	丁卯	戊辰	己巳	庚午	辛未	壬申	癸酉	甲戌	乙亥	丙子	丁丑	戊寅	己卯	庚辰	辛巳	壬午	癸未	甲申	乙酉	丙戌
납음	沙中土		天上火		石榴木		大海水		海中金		爐中火		大林木		路傍土		劍鋒金		山頭火		澗下水		城頭土		白臘金		楊柳木		井中水		
음력	13	14	15	16	17	18	19	20	21	22	23	24	25	26	27	28	29	30	12/1	2	3	4	5	6	7	8	9	10	11	12	13
구성	8	7	6	5	4	3	2	1	1	2	3	4	5	6	7	8	9	1	2	3	4	5	6	7	8	9	1	2	3	4	5
대운 남	2	1	1	1	1	소	10	9	9	9	8	8	8	7	7	7	6	6	6	5	대	5	4	4	4	3	3	3	2	2	2
대운 여	8	8	9	9	9	한	1	1	1	1	2	2	2	3	3	3	4	4	4	5	한	5	6	6	6	7	7	7	8	8	8

입춘 5일 03시 41분 【음1월】 ➡ 【庚寅月(경인월)】 ☯五黃星 우수 19일 23시 40분

양력 2월 / 음력 12/14 ~ 01/12

양력	1	2	3	4	5	6	7	8	9	10	11	12	13	14	15	16	17	18	19	20	21	22	23	24	25	26	27	28
요일	일	월	화	수	목	금	토	일	월	화	수	목	금	토	일	월	화	수	목	금	토	일	월	화	수	목	금	토
일진 日辰	丁亥	戊子	己丑	庚寅	辛卯	壬辰	癸巳	甲午	乙未	丙申	丁酉	戊戌	己亥	庚子	辛丑	壬寅	癸卯	甲辰	乙巳	丙午	丁未	戊申	己酉	庚戌	辛亥	壬子	癸丑	甲寅
납음		霹靂火		松柏木		長流水		沙中金		山下火		平地木		壁上土		金箔金		覆燈火		天河水		大驛土		釵釧金		桑柘木		
음력	14	15	16	17	18	19	20	21	22	23	24	25	26	27	28	29	1/1	2	3	4	5	6	7	8	9	10	11	12
구성	6	7	8	9	1	2	3	4	5	6	7	8	9	1	2	3	4	5	6	7	8	9	1	2	3	4	5	6
대운 남	2	1	1	1	입	1	1	1	1	2	2	2	3	3	3	4	4	4	우	5	5	6	6	6	7	7	7	8
대운 여	9	9	9	10	춘	9	9	9	8	8	8	7	7	7	6	6	6	5	수	5	4	4	4	3	3	3	2	2

辛未年

경칩 6일 22시 02분 【음2월】 ➡ 【辛卯月(신묘월)】 ☯四綠星 춘분 21일 23시 06분

양력 3월 / 음력 01/13 ~ 02/13

양력	1	2	3	4	5	6	7	8	9	10	11	12	13	14	15	16	17	18	19	20	21	22	23	24	25	26	27	28	29	30	31
요일	일	월	화	수	목	금	토	일	월	화	수	목	금	토	일	월	화	수	목	금	토	일	월	화	수	목	금	토	일	월	화
일진 日辰	乙卯	丙辰	丁巳	戊午	己未	庚申	辛酉	壬戌	癸亥	甲子	乙丑	丙寅	丁卯	戊辰	己巳	庚午	辛未	壬申	癸酉	甲戌	乙亥	丙子	丁丑	戊寅	己卯	庚辰	辛巳	壬午	癸未	甲申	乙酉
납음		沙中土		天上火		石榴木		大海水		海中金		爐中火		大林木		路傍土		劍鋒金		山頭火		澗下水		城頭土		白臘金		楊柳木		井中水	
음력	13	14	15	16	17	18	19	20	21	22	23	24	25	26	27	28	29	30	2/1	2	3	4	5	6	7	8	9	10	11	12	13
구성	7	8	9	1	2	3	4	5	6	7	8	9	1	2	3	4	5	6	7	8	9	1	2	3	4	5	6	7	8	9	1
대운 남	8	8	9	9	9	경	1	1	1	1	2	2	2	3	3	3	4	4	4	5	춘	5	6	6	6	7	7	7	8	8	8
대운 여	2	1	1	1	1	칩	10	10	9	9	9	8	8	8	7	7	7	6	6	6	분	5	5	4	4	4	3	3	3	2	2

청명 6일 03시 20분 【음3월】 ➡ 【壬辰月(임진월)】 ☯三碧星 곡우 21일 10시 40분

양력 4월 / 음력 02/14 ~ 03/13

양력	1	2	3	4	5	6	7	8	9	10	11	12	13	14	15	16	17	18	19	20	21	22	23	24	25	26	27	28	29	30
요일	수	목	금	토	일	월	화	수	목	금	토	일	월	화	수	목	금	토	일	월	화	수	목	금	토	일	월	화	수	목
일진 日辰	丙戌	丁亥	戊子	己丑	庚寅	辛卯	壬辰	癸巳	甲午	乙未	丙申	丁酉	戊戌	己亥	庚子	辛丑	壬寅	癸卯	甲辰	乙巳	丙午	丁未	戊申	己酉	庚戌	辛亥	壬子	癸丑	甲寅	乙卯
납음	屋上土		霹靂火		松柏木		長流水		沙中金		山下火		平地木		壁上土		金箔金		覆燈火		天河水		大驛土		釵釧金		桑柘木		大溪水	
음력	14	15	16	17	18	19	20	21	22	23	24	25	26	27	28	29	30	3/1	2	3	4	5	6	7	8	9	10	11	12	13
구성	2	3	4	5	6	7	8	9	1	2	3	4	5	6	7	8	9	1	2	3	4	5	6	7	8	9	1	2	3	4
대운 남	9	9	9	10	10	청	1	1	1	1	2	2	2	3	3	3	4	4	4	5	곡	5	6	6	6	7	7	7	8	8
대운 여	2	1	1	1	1	명	10	9	9	9	8	8	8	7	7	7	6	6	6	5	우	5	4	4	4	3	3	3	2	2

입하 6일 21시 0분 【음4월】 ➡ 【癸巳月(계사월)】 ☯二黑星 소만 22일 10시 15분

양력 5월 / 음력 03/14 ~ 04/14

양력	1	2	3	4	5	6	7	8	9	10	11	12	13	14	15	16	17	18	19	20	21	22	23	24	25	26	27	28	29	30	31
요일	금	토	일	월	화	수	목	금	토	일	월	화	수	목	금	토	일	월	화	수	목	금	토	일	월	화	수	목	금	토	일
일진 日辰	丙辰	丁巳	戊午	己未	庚申	辛酉	壬戌	癸亥	甲子	乙丑	丙寅	丁卯	戊辰	己巳	庚午	辛未	壬申	癸酉	甲戌	乙亥	丙子	丁丑	戊寅	己卯	庚辰	辛巳	壬午	癸未	甲申	乙酉	丙戌
납음	沙中土		天上火		石榴木		大海水		海中金		爐中火		大林木		路傍土		劍鋒金		山頭火		澗下水		城頭土		白臘金		楊柳木		井中水		
음력	14	15	16	17	18	19	20	21	22	23	24	25	26	27	28	29	30	4/1	2	3	4	5	6	7	8	9	10	11	12	13	14
구성	5	6	7	8	9	1	2	3	4	5	6	7	8	9	1	2	3	4	5	6	7	8	9	1	2	3	4	5	6	7	8
대운 남	8	9	9	9	10	입	1	1	1	1	2	2	2	3	3	3	4	4	4	5	5	소	6	6	6	7	7	7	8	8	8
대운 여	2	1	1	1	1	하	10	10	10	9	9	9	8	8	8	7	7	7	6	6	6	만	5	5	4	4	4	3	3	3	2

망종 7일 01시 42분 【음5월】 ➡ 【甲午月(갑오월)】 ☯一白星 하지 22일 18시 28분

양력 6월 / 음력 04/15 ~ 05/15

양력	1	2	3	4	5	6	7	8	9	10	11	12	13	14	15	16	17	18	19	20	21	22	23	24	25	26	27	28	29	30
요일	월	화	수	목	금	토	일	월	화	수	목	금	토	일	월	화	수	목	금	토	일	월	화	수	목	금	토	일	월	화
일진 日辰	丁亥	戊子	己丑	庚寅	辛卯	壬辰	癸巳	甲午	乙未	丙申	丁酉	戊戌	己亥	庚子	辛丑	壬寅	癸卯	甲辰	乙巳	丙午	丁未	戊申	己酉	庚戌	辛亥	壬子	癸丑	甲寅	乙卯	丙辰
납음		霹靂火		松柏木		長流水		沙中金		山下火		平地木		壁上土		金箔金		覆燈火		天河水		大驛土		釵釧金		桑柘木		大溪水		
음력	15	16	17	18	19	20	21	22	23	24	25	26	27	28	29	5/1	2	3	4	5	6	7	8	9	10	11	12	13	14	15
구성	9	1	2	3	4	5	6	7	8	9	1	2	3	4	5	6	7	8	9	1	2	3	4	5	6	7	8	9	1	2
대운 남	9	9	9	10	10	10	망	1	1	1	1	2	2	2	3	3	3	4	4	4	5	하	5	6	6	6	7	7	7	8
대운 여	2	2	1	1	1	1	종	10	10	9	9	9	8	8	8	7	7	7	6	6	6	지	5	5	4	4	4	3	3	3

한식(4월06일), 초복(7월14일), 중복(7월24일), 말복(8월13일) ☂춘사(春社)3/24 ☀추사(秋社)9/20
토왕지절(土旺之節):4월18일,7월21일,10월21일,1월18일(신년양력),臘享(납향):1월23일(신년양력)

九日得辛, 二龍治水, 1931년 신미年(노방토), 육백금

5黃	1白	3碧
4綠	6白	8白
9紫	2黑	7赤

1931 辛未年

소서 8일 12시 06분 【음6월】 ➡ 【乙未月(을미월)】 ☯九紫星 대서 24일 05시 21분

양력 7월 / 음력 05/16 ~ 06/17

양력	1	2	3	4	5	6	7	8	9	10	11	12	13	14	15	16	17	18	19	20	21	22	23	24	25	26	27	28	29	30	31
요일	수	목	금	토	일	월	화	수	목	금	토	일	월	화	수	목	금	토	일	월	화	수	목	금	토	일	월	화	수	목	금
일진 日辰	丁巳	戊午	己未	庚申	辛酉	壬戌	癸亥	甲子	乙丑	丙寅	丁卯	戊辰	己巳	庚午	辛未	壬申	癸酉	甲戌	乙亥	丙子	丁丑	戊寅	己卯	庚辰	辛巳	壬午	癸未	甲申	乙酉	丙戌	丁亥
납음		天上火		石榴木		大海水		海中金		爐中火		大林木		路傍土		劍鋒金		山頭火		澗下水		城頭土		白臘金		楊柳木		井中水		屋上土	
음력	16	17	18	19	20	21	22	23	24	25	26	27	28	29	6/1	2	3	4	5	6	7	8	9	10	11	12	13	14	15	16	17
구성	3	4	5	6	7	8	9	9	8	7	6	5	4	3	2	1	9	8	7	6	5	4	3	2	1	9	8	7	6	5	4
대운 남	8	8	9	9	9	10	10	소	1	1	1	1	2	2	2	3	3	3	4	4	4	5	5	대	6	6	6	7	7	7	8
대운 여	2	2	2	1	1	1	1	서	10	10	9	9	9	8	8	8	7	7	7	6	6	6	5	서	5	4	4	4	3	3	3

입추 8일 21시 45분 【음7월】 ➡ 【丙申月(병신월)】 ☯八白星 처서 24일 12시 10분

양력 8월 / 음력 06/18 ~ 07/18

양력	1	2	3	4	5	6	7	8	9	10	11	12	13	14	15	16	17	18	19	20	21	22	23	24	25	26	27	28	29	30	31
요일	토	일	월	화	수	목	금	토	일	월	화	수	목	금	토	일	월	화	수	목	금	토	일	월	화	수	목	금	토	일	월
일진 日辰	戊子	己丑	庚寅	辛卯	壬辰	癸巳	甲午	乙未	丙申	丁酉	戊戌	己亥	庚子	辛丑	壬寅	癸卯	甲辰	乙巳	丙午	丁未	戊申	己酉	庚戌	辛亥	壬子	癸丑	甲寅	乙卯	丙辰	丁巳	戊午
납음	霹靂火		松柏木		長流水		沙中金		山下火		平地木		壁上土		金箔金		覆燈火		天河水		大驛土		釵釧金		桑柘木		大溪水		沙中土		
음력	18	19	20	21	22	23	24	25	26	27	28	29	30	7/1	2	3	4	5	6	7	8	9	10	11	12	13	14	15	16	17	18
구성	3	2	1	9	8	7	6	5	4	3	2	1	9	8	7	6	5	4	3	2	1	9	8	7	6	5	4	3	2	1	9
대운 남	8	8	9	9	9	10	10	입	1	1	1	1	2	2	2	3	3	3	4	4	4	5	5	처	6	6	6	7	7	7	8
대운 여	2	2	2	1	1	1	1	추	10	10	10	9	9	9	8	8	8	7	7	7	6	6	6	서	5	5	4	4	4	3	3

백로 9일 00시 17분 【음8월】 ➡ 【丁酉月(정유월)】 ☯七赤星 추분 24일 09시 23분

양력 9월 / 음력 07/19 ~ 08/19

양력	1	2	3	4	5	6	7	8	9	10	11	12	13	14	15	16	17	18	19	20	21	22	23	24	25	26	27	28	29	30
요일	화	수	목	금	토	일	월	화	수	목	금	토	일	월	화	수	목	금	토	일	월	화	수	목	금	토	일	월	화	수
일진 日辰	己未	庚申	辛酉	壬戌	癸亥	甲子	乙丑	丙寅	丁卯	戊辰	己巳	庚午	辛未	壬申	癸酉	甲戌	乙亥	丙子	丁丑	戊寅	己卯	庚辰	辛巳	壬午	癸未	甲申	乙酉	丙戌	丁亥	戊子
납음		石榴木		大海水		海中金		爐中火		大林木		路傍土		劍鋒金		山頭火		澗下水		城頭土		白臘金		楊柳木		井中水		屋上土		
음력	19	20	21	22	23	24	25	26	27	28	29	8/1	2	3	4	5	6	7	8	9	10	11	12	13	14	15	16	17	18	19
구성	8	7	6	5	4	3	2	1	9	8	7	6	5	4	3	2	1	9	8	7	6	5	4	3	2	1	9	8	7	6
대운 남	8	8	9	9	9	10	10	10	백	1	1	1	1	2	2	2	3	3	3	4	4	4	5	추	5	6	6	6	7	7
대운 여	3	2	2	2	1	1	1	1	로	10	9	9	9	8	8	8	7	7	7	6	6	6	5	분	5	4	4	4	3	3

한로 9일 15시 27분 【음9월】 ➡ 【戊戌月(무술월)】 ☯六白星 상강 24일 18시 16분

양력 10월 / 음력 08/20 ~ 09/21

양력	1	2	3	4	5	6	7	8	9	10	11	12	13	14	15	16	17	18	19	20	21	22	23	24	25	26	27	28	29	30	31
요일	목	금	토	일	월	화	수	목	금	토	일	월	화	수	목	금	토	일	월	화	수	목	금	토	일	월	화	수	목	금	토
일진 日辰	己丑	庚寅	辛卯	壬辰	癸巳	甲午	乙未	丙申	丁酉	戊戌	己亥	庚子	辛丑	壬寅	癸卯	甲辰	乙巳	丙午	丁未	戊申	己酉	庚戌	辛亥	壬子	癸丑	甲寅	乙卯	丙辰	丁巳	戊午	己未
납음		松柏木		長流水		沙中金		山下火		平地木		壁上土		金箔金		覆燈火		天河水		大驛土		釵釧金		桑柘木		大溪水		沙中土		天上火	
음력	20	21	22	23	24	25	26	27	28	29	9/1	2	3	4	5	6	7	8	9	10	11	12	13	14	15	16	17	18	19	20	21
구성	5	4	3	2	1	9	8	7	6	5	4	3	2	1	9	8	7	6	5	4	3	2	1	9	8	7	6	5	4	3	2
대운 남	7	8	8	8	9	9	9	10	한	1	1	1	1	2	2	2	3	3	3	4	4	4	5	상	5	6	6	6	7	7	7
대운 여	3	2	2	2	1	1	1	1	로	10	9	9	9	8	8	8	7	7	7	6	6	6	5	강	5	4	4	4	3	3	3

입동 8일 18시 10분 【음10월】 ➡ 【己亥月(기해월)】 ☯五黃星 소설 23일 15시 25분

양력 11월 / 음력 09/22 ~ 10/21

양력	1	2	3	4	5	6	7	8	9	10	11	12	13	14	15	16	17	18	19	20	21	22	23	24	25	26	27	28	29	30
요일	일	월	화	수	목	금	토	일	월	화	수	목	금	토	일	월	화	수	목	금	토	일	월	화	수	목	금	토	일	월
일진 日辰	庚申	辛酉	壬戌	癸亥	甲子	乙丑	丙寅	丁卯	戊辰	己巳	庚午	辛未	壬申	癸酉	甲戌	乙亥	丙子	丁丑	戊寅	己卯	庚辰	辛巳	壬午	癸未	甲申	乙酉	丙戌	丁亥	戊子	己丑
납음	石榴木		大海水		海中金		爐中火		大林木		路傍土		劍鋒金		山頭火		澗下水		城頭土		白臘金		楊柳木		井中水		屋上土		霹靂火	
음력	22	23	24	25	26	27	28	29	30	10/1	2	3	4	5	6	7	8	9	10	11	12	13	14	15	16	17	18	19	20	21
구성	1	9	8	7	6	5	4	3	2	1	9	8	7	6	5	4	3	2	1	9	8	7	6	5	4	3	2	1	9	8
대운 남	8	8	8	9	9	9	10	입	1	1	1	1	2	2	2	3	3	3	4	4	4	5	소	5	6	6	6	7	7	7
대운 여	2	2	2	1	1	1	1	동	10	9	9	9	8	8	8	7	7	7	6	6	6	5	설	5	4	4	4	3	3	3

대설 8일 10시 40분 【음11월】 ➡ 【庚子月(경자월)】 ☯四綠星 동지 23일 04시 30분

양력 12월 / 음력 10/22 ~ 11/23

양력	1	2	3	4	5	6	7	8	9	10	11	12	13	14	15	16	17	18	19	20	21	22	23	24	25	26	27	28	29	30	31
요일	화	수	목	금	토	일	월	화	수	목	금	토	일	월	화	수	목	금	토	일	월	화	수	목	금	토	일	월	화	수	목
일진 日辰	庚寅	辛卯	壬辰	癸巳	甲午	乙未	丙申	丁酉	戊戌	己亥	庚子	辛丑	壬寅	癸卯	甲辰	乙巳	丙午	丁未	戊申	己酉	庚戌	辛亥	壬子	癸丑	甲寅	乙卯	丙辰	丁巳	戊午	己未	庚申
납음	松柏木		長流水		沙中金		山下火		平地木		壁上土		金箔金		覆燈火		天河水		大驛土		釵釧金		桑柘木		大溪水		沙中土		天上火		
음력	22	23	24	25	26	27	28	29	11/1	2	3	4	5	6	7	8	9	10	11	12	13	14	15	16	17	18	19	20	21	22	23
구성	7	6	5	4	3	2	1	9	8	7	6	5	4	3	2	1	9	8	7	6	5	4	3	2	1	9	8	7	6	5	4
대운 남	8	8	8	9	9	9	10	대	1	1	1	1	2	2	2	3	3	3	4	4	4	5	동	5	6	6	6	7	7	7	8
대운 여	2	2	2	1	1	1	1	설	9	9	9	8	8	8	7	7	7	6	6	6	5	5	지	4	4	4	3	3	3	2	2

단기 4265 年
불기 2476 年

1932년 壬申年

중원( ),납음(劍鋒金),본명성(五黃土)

대장군(午남방). 삼살(남방). 상문(戌서북방),조객(午남방). 납음(검봉금).【삼재(인,묘,진)년】臘享(납향):1933년1월17일(음12/20)

원숭이

소한 6일 21시 45분 【음12월】➡ 【辛丑月(신축월)】 ☯三碧星 대한 21일 15시 07분

양력 1월 / 음력 11/24 ~ 12/24

양력	1	2	3	4	5	6	7	8	9	10	11	12	13	14	15	16	17	18	19	20	21	22	23	24	25	26	27	28	29	30	31
요일	금	토	일	월	화	수	목	금	토	일	월	화	수	목	금	토	일	월	화	수	목	금	토	일	월	화	수	목	금	토	일
일진 日辰	辛酉	壬戌	癸亥	甲子	乙丑	丙寅	丁卯	戊辰	己巳	庚午	辛未	壬申	癸酉	甲戌	乙亥	丙子	丁丑	戊寅	己卯	庚辰	辛巳	壬午	癸未	甲申	乙酉	丙戌	丁亥	戊子	己丑	庚寅	辛卯
납음		大海水		海中金		爐中火		大林木		路傍土		劍鋒金		山頭火		澗下水		城頭土		白臘金		楊柳木		井中水		屋上土		霹靂火		松柏木	
음력	24	25	26	27	28	29	30	12/1	2	3	4	5	6	7	8	9	10	11	12	13	14	15	16	17	18	19	20	21	22	23	24
구성	3	2	1	1	2	3	4	5	6	7	8	9	1	2	3	4	5	6	7	8	9	1	2	3	4	5	6	7	8	9	1
대운 남	8	8	9	9	9	소	1	1	1	1	2	2	2	3	3	3	4	4	4	5	대	5	6	6	6	7	7	7	8	8	8
대운 여	2	1	1	1	1	한	10	9	9	9	8	8	8	7	7	7	6	6	6	5	한	5	4	4	4	3	3	3	2	2	2

입춘 5일 09시 29분 【음1월】➡ 【壬寅月(임인월)】 ☯二黑星 우수 20일 05시 28분

양력 2월 / 음력 01/25 ~ 02/24

양력	1	2	3	4	5	6	7	8	9	10	11	12	13	14	15	16	17	18	19	20	21	22	23	24	25	26	27	28	29
요일	월	화	수	목	금	토	일	월	화	수	목	금	토	일	월	화	수	목	금	토	일	월	화	수	목	금	토	일	월
일진 日辰	壬辰	癸巳	甲午	乙未	丙申	丁酉	戊戌	己亥	庚子	辛丑	壬寅	癸卯	甲辰	乙巳	丙午	丁未	戊申	己酉	庚戌	辛亥	壬子	癸丑	甲寅	乙卯	丙辰	丁巳	戊午	己未	庚申
납음	長流水		沙中金		山下火		平地木		壁上土		金箔金		覆燈火		天河水		大驛土		釵釧金		桑柘木		大溪水		沙中土		天上火		
음력	25	26	27	28	29	1/1	2	3	4	5	6	7	8	9	10	11	12	13	14	15	16	17	18	19	20	21	22	23	24
구성	2	3	4	5	6	7	8	9	1	2	3	4	5	6	7	8	9	1	2	3	4	5	6	7	8	9	1	2	3
대운 남	9	9	9	10	입	10	9	9	9	8	8	8	7	7	7	6	6	6	5	우	5	4	4	4	3	3	3	2	2
대운 여	1	1	1	1	춘	1	1	1	1	2	2	2	3	3	3	4	4	4	5	수	5	6	6	6	7	7	7	8	8

壬申年

경칩 6일 03시 49분 【음2월】➡ 【癸卯月(계묘월)】 ☯一白星 춘분 21일 04시 54분

양력 3월 / 음력 01/25 ~ 02/25

양력	1	2	3	4	5	6	7	8	9	10	11	12	13	14	15	16	17	18	19	20	21	22	23	24	25	26	27	28	29	30	31
요일	화	수	목	금	토	일	월	화	수	목	금	토	일	월	화	수	목	금	토	일	월	화	수	목	금	토	일	월	화	수	목
일진 日辰	辛酉	壬戌	癸亥	甲子	乙丑	丙寅	丁卯	戊辰	己巳	庚午	辛未	壬申	癸酉	甲戌	乙亥	丙子	丁丑	戊寅	己卯	庚辰	辛巳	壬午	癸未	甲申	乙酉	丙戌	丁亥	戊子	己丑	庚寅	辛卯
납음		大海水		海中金		爐中火		大林木		路傍土		劍鋒金		山頭火		澗下水		城頭土		白臘金		楊柳木		井中水		屋上土		霹靂火		松柏木	
음력	25	26	27	28	29	30	2/1	2	3	4	5	6	7	8	9	10	11	12	13	14	15	16	17	18	19	20	21	22	23	24	25
구성	4	5	6	7	8	9	1	2	3	4	5	6	7	8	9	1	2	3	4	5	6	7	8	9	1	2	3	4	5	6	7
대운 남	2	1	1	1	1	경	10	9	9	9	8	8	8	7	7	7	6	6	6	5	춘	5	4	4	4	3	3	3	2	2	2
대운 여	8	9	9	9	10	칩	1	1	1	1	2	2	2	3	3	3	4	4	4	5	분	5	6	6	6	7	7	7	8	8	8

청명 5일 09시 06분 【음3월】➡ 【甲辰月(갑진월)】 ☯九紫星 곡우 20일 16시 28분

양력 4월 / 음력 02/26 ~ 03/25

양력	1	2	3	4	5	6	7	8	9	10	11	12	13	14	15	16	17	18	19	20	21	22	23	24	25	26	27	28	29	30
요일	금	토	일	월	화	수	목	금	토	일	월	화	수	목	금	토	일	월	화	수	목	금	토	일	월	화	수	목	금	토
일진 日辰	壬辰	癸巳	甲午	乙未	丙申	丁酉	戊戌	己亥	庚子	辛丑	壬寅	癸卯	甲辰	乙巳	丙午	丁未	戊申	己酉	庚戌	辛亥	壬子	癸丑	甲寅	乙卯	丙辰	丁巳	戊午	己未	庚申	辛酉
납음	長流水		沙中金		山下火		平地木		壁上土		金箔金		覆燈火		天河水		大驛土		釵釧金		桑柘木		大溪水		沙中土		天上火		石榴木	
음력	26	27	28	29	30	3/1	2	3	4	5	6	7	8	9	10	11	12	13	14	15	16	17	18	19	20	21	22	23	24	25
구성	8	9	1	2	3	4	5	6	7	8	9	1	2	3	4	5	6	7	8	9	1	2	3	4	5	6	7	8	9	1
대운 남	1	1	1	1	청	10	10	9	9	9	8	8	8	7	7	7	6	6	6	곡	5	5	4	4	4	3	3	3	2	2
대운 여	9	9	9	10	명	1	1	1	1	2	2	2	3	3	3	4	4	4	5	우	5	6	6	6	7	7	7	8	8	8

입하 6일 02시 55분 【음4월】➡ 【乙巳月(을사월)】 ☯八白星 소만 21일 16시 07분

양력 5월 / 음력 03/26 ~ 04/26

양력	1	2	3	4	5	6	7	8	9	10	11	12	13	14	15	16	17	18	19	20	21	22	23	24	25	26	27	28	29	30	31
요일	일	월	화	수	목	금	토	일	월	화	수	목	금	토	일	월	화	수	목	금	토	일	월	화	수	목	금	토	일	월	화
일진 日辰	壬戌	癸亥	甲子	乙丑	丙寅	丁卯	戊辰	己巳	庚午	辛未	壬申	癸酉	甲戌	乙亥	丙子	丁丑	戊寅	己卯	庚辰	辛巳	壬午	癸未	甲申	乙酉	丙戌	丁亥	戊子	己丑	庚寅	辛卯	壬辰
납음	大海水		海中金		爐中火		大林木		路傍土		劍鋒金		山頭火		澗下水		城頭土		白臘金		楊柳木		井中水		屋上土		霹靂火		松柏木		
음력	26	27	28	29	30	4/1	2	3	4	5	6	7	8	9	10	11	12	13	14	15	16	17	18	19	20	21	22	23	24	25	26
구성	2	3	4	5	6	7	8	9	1	2	3	4	5	6	7	8	9	1	2	3	4	5	6	7	8	9	1	2	3	4	5
대운 남	2	1	1	1	1	입	10	10	9	9	9	8	8	8	7	7	7	6	6	6	소	5	5	4	4	4	3	3	3	2	2
대운 여	9	9	9	10	10	하	1	1	1	1	2	2	2	3	3	3	4	4	4	5	만	5	6	6	6	7	7	7	8	8	8

망종 6일 07시 28분 【음5월】➡ 【丙午月(병오월)】 ☯七赤星 하지 22일 00시 23분

양력 6월 / 음력 04/27 ~ 05/27

양력	1	2	3	4	5	6	7	8	9	10	11	12	13	14	15	16	17	18	19	20	21	22	23	24	25	26	27	28	29	30
요일	수	목	금	토	일	월	화	수	목	금	토	일	월	화	수	목	금	토	일	월	화	수	목	금	토	일	월	화	수	목
일진 日辰	癸巳	甲午	乙未	丙申	丁酉	戊戌	己亥	庚子	辛丑	壬寅	癸卯	甲辰	乙巳	丙午	丁未	戊申	己酉	庚戌	辛亥	壬子	癸丑	甲寅	乙卯	丙辰	丁巳	戊午	己未	庚申	辛酉	壬戌
납음		沙中金		山下火		平地木		壁上土		金箔金		覆燈火		天河水		大驛土		釵釧金		桑柘木		大溪水		沙中土		天上火		石榴木		
음력	27	28	29	5/1	2	3	4	5	6	7	8	9	10	11	12	13	14	15	16	17	18	19	20	21	22	23	24	25	26	27
구성	6	7	8	9	1	2	3	4	5	6	7	8	9	1	2	3	4	5	6	7	8	9	1	2	3	4	5	6	7	8
대운 남	2	1	1	1	1	망	10	10	9	9	9	8	8	8	7	7	7	6	6	6	5	하	5	4	4	4	3	3	3	2
대운 여	9	9	9	10	10	종	1	1	1	1	2	2	2	3	3	3	4	4	4	5	5	지	6	6	6	7	7	7	8	8

한식(4월06일), 초복(7월18일), 중복(7월24일), 말복(8월07일) 춘사(春社)3/18 추사(秋社)9/24
토왕지절(土旺之節):4월17일,7월20일,10월20일,1월17일(신년양력),臘享(납향):1월17일(신년양력)

五日得辛, 八龍治水, 1932년 임신年(검봉금), 오황토

4綠	9紫	2黑
3碧	5黃	7赤
8白	1白	6白

1932 壬申年

소서 7일 17시 52분 【음6월】 ➡ 【丁未月(정미월)】 ☯六白星 대서 23일 11시 18분

양력 7월 / 음력 05/28 ~ 06/28	1	2	3	4	5	6	7	8	9	10	11	12	13	14	15	16	17	18	19	20	21	22	23	24	25	26	27	28	29	30	31
요일	금	토	일	월	화	수	목	금	토	일	월	화	수	목	금	토	일	월	화	수	목	금	토	일	월	화	수	목	금	토	일
일진 日辰	癸亥	甲子	乙丑	丙寅	丁卯	戊辰	己巳	庚午	辛未	壬申	癸酉	甲戌	乙亥	丙子	丁丑	戊寅	己卯	庚辰	辛巳	壬午	癸未	甲申	乙酉	丙戌	丁亥	戊子	己丑	庚寅	辛卯	壬辰	癸巳
납음		海中金		爐中火		大林木		路傍土		劍鋒金		山頭火		澗下水		城頭土		白臘金		楊柳木		井中水		屋上土		霹靂火		松柏木		長流水	
음력	28	29	30	6/1	2	3	4	5	6	7	8	9	10	11	12	13	14	15	16	17	18	19	20	21	22	23	24	25	26	27	28
구성	9	9	8	7	6	5	4	3	2	1	9	8	7	6	5	4	3	2	1	9	8	7	6	5	4	3	2	1	9	8	7
대운 남	2	2	1	1	1	1	소	10	10	10	9	9	9	8	8	8	7	7	7	6	6	6	대	5	5	4	4	4	3	3	3
대운 여	8	9	9	9	10	10	서	1	1	1	1	2	2	2	3	3	3	4	4	4	5	5	서	6	6	6	7	7	7	8	8

입추 8일 03시 32분 【음7월】 ➡ 【戊申月(무신월)】 ☯五黃星 처서 23일 18시 06분

양력 8월 / 음력 06/29 ~ 07/30	1	2	3	4	5	6	7	8	9	10	11	12	13	14	15	16	17	18	19	20	21	22	23	24	25	26	27	28	29	30	31
요일	월	화	수	목	금	토	일	월	화	수	목	금	토	일	월	화	수	목	금	토	일	월	화	수	목	금	토	일	월	화	수
일진 日辰	甲午	乙未	丙申	丁酉	戊戌	己亥	庚子	辛丑	壬寅	癸卯	甲辰	乙巳	丙午	丁未	戊申	己酉	庚戌	辛亥	壬子	癸丑	甲寅	乙卯	丙辰	丁巳	戊午	己未	庚申	辛酉	壬戌	癸亥	甲子
납음	沙中金		山下火		平地木		壁上土		金箔金		覆燈火		天河水		大驛土		釵釧金		桑柘木		大溪水		沙中土		天上火		石榴木		大海水		
음력	29	7/1	2	3	4	5	6	7	8	9	10	11	12	13	14	15	16	17	18	19	20	21	22	23	24	25	26	27	28	29	30
구성	6	5	4	3	2	1	9	8	7	6	5	4	3	2	1	9	8	7	6	5	4	3	2	1	9	8	7	6	5	4	3
대운 남	2	2	2	1	1	1	1	입	10	10	9	9	9	8	8	8	7	7	7	6	6	6	처	5	5	4	4	4	3	3	3
대운 여	8	9	9	9	10	10	10	추	1	1	1	1	2	2	2	3	3	3	4	4	4	5	서	5	6	6	6	7	7	7	8

백로 8일 06시 03분 【음8월】 ➡ 【己酉月(기유월)】 ☯四綠星 추분 23일 15시 16분

양력 9월 / 음력 08/01 ~ 09/01	1	2	3	4	5	6	7	8	9	10	11	12	13	14	15	16	17	18	19	20	21	22	23	24	25	26	27	28	29	30
요일	목	금	토	일	월	화	수	목	금	토	일	월	화	수	목	금	토	일	월	화	수	목	금	토	일	월	화	수	목	금
일진 日辰	乙丑	丙寅	丁卯	戊辰	己巳	庚午	辛未	壬申	癸酉	甲戌	乙亥	丙子	丁丑	戊寅	己卯	庚辰	辛巳	壬午	癸未	甲申	乙酉	丙戌	丁亥	戊子	己丑	庚寅	辛卯	壬辰	癸巳	甲午
납음		爐中火		大林木		路傍土		劍鋒金		山頭火		澗下水		城頭土		白臘金		楊柳木		井中水		屋上土		霹靂火		松柏木		長流水		
음력	8/1	2	3	4	5	6	7	8	9	10	11	12	13	14	15	16	17	18	19	20	21	22	23	24	25	26	27	28	29	9/1
구성	2	1	9	8	7	6	5	4	3	2	1	9	8	7	6	5	4	3	2	1	9	8	7	6	5	4	3	2	1	9
대운 남	2	2	2	1	1	1	1	백	10	9	9	9	8	8	8	7	7	7	6	6	6	5	추	5	4	4	4	3	3	3
대운 여	8	8	9	9	9	10	10	로	1	1	1	1	2	2	2	3	3	3	4	4	4	5	분	5	6	6	6	7	7	7

한로 8일 21시 10분 【음9월】 ➡ 【庚戌月(경술월)】 ☯三碧星 상강 24일 00시 04분

양력 10월 / 음력 09/02 ~ 10/03	1	2	3	4	5	6	7	8	9	10	11	12	13	14	15	16	17	18	19	20	21	22	23	24	25	26	27	28	29	30	31
요일	토	일	월	화	수	목	금	토	일	월	화	수	목	금	토	일	월	화	수	목	금	토	일	월	화	수	목	금	토	일	월
일진 日辰	乙未	丙申	丁酉	戊戌	己亥	庚子	辛丑	壬寅	癸卯	甲辰	乙巳	丙午	丁未	戊申	己酉	庚戌	辛亥	壬子	癸丑	甲寅	乙卯	丙辰	丁巳	戊午	己未	庚申	辛酉	壬戌	癸亥	甲子	乙丑
납음		山下火		平地木		壁上土		金箔金		覆燈火		天河水		大驛土		釵釧金		桑柘木		大溪水		沙中土		天上火		石榴木		大海水		海中金	
음력	2	3	4	5	6	7	8	9	10	11	12	13	14	15	16	17	18	19	20	21	22	23	24	25	26	27	28	29	10/1	2	3
구성	8	7	6	5	4	3	2	1	9	8	7	6	5	4	3	2	1	9	8	7	6	5	4	3	2	1	9	8	7	6	5
대운 남	2	2	2	1	1	1	1	한	10	9	9	9	8	8	8	7	7	7	6	6	6	5	5	상	4	4	4	3	3	3	2
대운 여	8	8	8	9	9	9	10	로	1	1	1	1	2	2	2	3	3	3	4	4	4	5	5	강	6	6	6	7	7	7	8

입동 7일 23시 50분 【음10월】 ➡ 【辛亥月(신해월)】 ☯二黑星 소설 22일 21시 10분

양력 11월 / 음력 10/04 ~ 11/03	1	2	3	4	5	6	7	8	9	10	11	12	13	14	15	16	17	18	19	20	21	22	23	24	25	26	27	28	29	30
요일	화	수	목	금	토	일	월	화	수	목	금	토	일	월	화	수	목	금	토	일	월	화	수	목	금	토	일	월	화	수
일진 日辰	丙寅	丁卯	戊辰	己巳	庚午	辛未	壬申	癸酉	甲戌	乙亥	丙子	丁丑	戊寅	己卯	庚辰	辛巳	壬午	癸未	甲申	乙酉	丙戌	丁亥	戊子	己丑	庚寅	辛卯	壬辰	癸巳	甲午	乙未
납음	爐中火		大林木		路傍土		劍鋒金		山頭火		澗下水		城頭土		白臘金		楊柳木		井中水		屋上土		霹靂火		松柏木		長流水		沙中金	
음력	4	5	6	7	8	9	10	11	12	13	14	15	16	17	18	19	20	21	22	23	24	25	26	27	28	29	30	11/1	2	3
구성	4	3	2	1	9	8	7	6	5	4	3	2	1	9	8	7	6	5	4	3	2	1	9	8	7	6	5	4	3	2
대운 남	2	2	1	1	1	1	입	10	9	9	9	8	8	8	7	7	7	6	6	6	5	소	5	4	4	4	3	3	3	2
대운 여	8	8	9	9	9	10	동	1	1	1	1	2	2	2	3	3	3	4	4	4	5	설	5	6	6	6	7	7	7	8

대설 7일 16시 18분 【음11월】 ➡ 【壬子月(임자월)】 ☯一白星 동지 22일 10시 14분

양력 12월 / 음력 11/04 ~ 12/05	1	2	3	4	5	6	7	8	9	10	11	12	13	14	15	16	17	18	19	20	21	22	23	24	25	26	27	28	29	30	31
요일	목	금	토	일	월	화	수	목	금	토	일	월	화	수	목	금	토	일	월	화	수	목	금	토	일	월	화	수	목	금	토
일진 日辰	丙申	丁酉	戊戌	己亥	庚子	辛丑	壬寅	癸卯	甲辰	乙巳	丙午	丁未	戊申	己酉	庚戌	辛亥	壬子	癸丑	甲寅	乙卯	丙辰	丁巳	戊午	己未	庚申	辛酉	壬戌	癸亥	甲子	乙丑	丙寅
납음	山下火		平地木		壁上土		金箔金		覆燈火		天河水		大驛土		釵釧金		桑柘木		大溪水		沙中土		天上火		石榴木		大海水		海中金		
음력	4	5	6	7	8	9	10	11	12	13	14	15	16	17	18	19	20	21	22	23	24	25	26	27	28	29	12/1	2	3	4	5
구성	1	9	8	7	6	5	4	3	2	1	9	8	7	6	5	4	3	2	1	9	8	7	6	5	4	3	2	1	1	2	3
대운 남	2	2	1	1	1	1	대	10	9	9	9	8	8	8	7	7	7	6	6	6	5	동	5	4	4	4	3	3	3	2	2
대운 여	8	8	9	9	9	10	설	1	1	1	1	2	2	2	3	3	3	4	4	4	5	지	5	6	6	6	7	7	7	8	8

단기 4266 年	불기 2477 年

1933년

癸酉年

중원 ,납음(劍鋒金),본명성(四綠木)

대장군(午남방),삼살(동방),상문(亥서북방),조객(未서남방), 납음(검봉금), 【삼재(해,자,축)년】 臘享(납향):1934년1월24일(음12/10)

닭

소한 6일 03시 23분 【음12월】 ➡ 【癸丑月(계축월)】 ☯九紫星 대한 20일 20시 53분

양력 1월	양력	1	2	3	4	5	6	7	8	9	10	11	12	13	14	15	16	17	18	19	20	21	22	23	24	25	26	27	28	29	30	31
	요일	일	월	화	수	목	금	토	일	월	화	수	목	금	토	일	월	화	수	목	금	토	일	월	화	수	목	금	토	일	월	화
	일진 日辰	丁卯	戊辰	己巳	庚午	辛未	壬申	癸酉	甲戌	乙亥	丙子	丁丑	戊寅	己卯	庚辰	辛巳	壬午	癸未	甲申	乙酉	丙戌	丁亥	戊子	己丑	庚寅	辛卯	壬辰	癸巳	甲午	乙未	丙申	丁酉
음력 12/06 ▮ 01/06	납음		大林木		路傍土		劍鋒金		山頭火		澗下水		城頭土		白臘金		楊柳木		井中水		屋上土		霹靂火		松柏木		長流水		沙中金		山下火	
	음력	6	7	8	9	10	11	12	13	14	15	16	17	18	19	20	21	22	23	24	25	26	27	28	29	30	1/1	2	3	4	5	6
	구성	4	5	6	7	8	9	1	2	3	4	5	6	7	8	9	1	2	3	4	5	6	7	8	9	1	2	3	4	5	6	7
	대운 남	2	1	1	1	1	소	9	9	9	8	8	8	7	7	7	6	6	6	5	대	5	4	4	4	3	3	3	2	2	2	1
	대운 여	8	9	9	9	10	한	1	1	1	1	2	2	2	3	3	3	4	4	4	한	5	5	6	6	6	7	7	7	8	8	8

입춘 4일 15시 09분 【음1월】 ➡ 【甲寅月(갑인월)】 ☯八白星 우수 19일 11시 16분

양력 2월	양력	1	2	3	4	5	6	7	8	9	10	11	12	13	14	15	16	17	18	19	20	21	22	23	24	25	26	27	28
	요일	수	목	금	토	일	월	화	수	목	금	토	일	월	화	수	목	금	토	일	월	화	수	목	금	토	일	월	화
	일진 日辰	戊戌	己亥	庚子	辛丑	壬寅	癸卯	甲辰	乙巳	丙午	丁未	戊申	己酉	庚戌	辛亥	壬子	癸丑	甲寅	乙卯	丙辰	丁巳	戊午	己未	庚申	辛酉	壬戌	癸亥	甲子	乙丑
음력 01/07 ▮ 02/05	납음	平地木		壁上土		金箔金		覆燈火		天河水		大驛土		釵釧金		桑柘木		大溪水		沙中土		天上火		石榴木		大海水		海中金	
	음력	7	8	9	10	11	12	13	14	15	16	17	18	19	20	21	22	23	24	25	26	27	28	29	2/1	2	3	4	5
	구성	8	9	1	2	3	4	5	6	7	8	9	1	2	3	4	5	6	7	8	9	1	2	3	4	5	6	7	8
	대운 남	1	1	1	입	1	1	1	1	2	2	2	3	3	3	4	4	4	5	우	5	6	6	6	7	7	7	8	8
	대운 여	9	9	9	춘	10	9	9	9	8	8	8	7	7	7	6	6	6	5	수	5	4	4	4	6	6	6	2	2

癸酉年

경칩 6일 09시 31분 【음2월】 ➡ 【乙卯月(을묘월)】 ☯七赤星 춘분 21일 10시 43분

양력 3월	양력	1	2	3	4	5	6	7	8	9	10	11	12	13	14	15	16	17	18	19	20	21	22	23	24	25	26	27	28	29	30	31
	요일	수	목	금	토	일	월	화	수	목	금	토	일	월	화	수	목	금	토	일	월	화	수	목	금	토	일	월	화	수	목	금
	일진 日辰	丙寅	丁卯	戊辰	己巳	庚午	辛未	壬申	癸酉	甲戌	乙亥	丙子	丁丑	戊寅	己卯	庚辰	辛巳	壬午	癸未	甲申	乙酉	丙戌	丁亥	戊子	己丑	庚寅	辛卯	壬辰	癸巳	甲午	乙未	丙申
음력 02/06 ▮ 03/06	납음	爐中火		大林木		路傍土		劍鋒金		山頭火		澗下水		城頭土		白臘金		楊柳木		井中水		屋上土		霹靂火		松柏木		長流水		沙中金		
	음력	6	7	8	9	10	11	12	13	14	15	16	17	18	19	20	21	22	23	24	25	26	27	28	29	30	3/1	2	3	4	5	6
	구성	9	1	2	3	4	5	6	7	8	9	1	2	3	4	5	6	7	8	9	1	2	3	4	5	6	7	8	9	1	2	3
	대운 남	8	9	9	9	10	경	1	1	1	1	2	2	2	3	3	3	4	4	4	5	춘	5	6	6	6	7	7	7	8	8	8
	대운 여	2	1	1	1	1	칩	10	9	9	9	8	8	8	7	7	7	6	6	6	5	분	5	4	4	4	3	3	3	2	2	2

청명 5일 14시 51분 【음3월】 ➡ 【丙辰月(병진월)】 ☯六白星 곡우 20일 22시 18분

양력 4월	양력	1	2	3	4	5	6	7	8	9	10	11	12	13	14	15	16	17	18	19	20	21	22	23	24	25	26	27	28	29	30
	요일	토	일	월	화	수	목	금	토	일	월	화	수	목	금	토	일	월	화	수	목	금	토	일	월	화	수	목	금	토	일
	일진 日辰	丁酉	戊戌	己亥	庚子	辛丑	壬寅	癸卯	甲辰	乙巳	丙午	丁未	戊申	己酉	庚戌	辛亥	壬子	癸丑	甲寅	乙卯	丙辰	丁巳	戊午	己未	庚申	辛酉	壬戌	癸亥	甲子	乙丑	丙寅
음력 03/07 ▮ 04/06	납음		平地木		壁上土		金箔金		覆燈火		天河水		大驛土		釵釧金		桑柘木		大溪水		沙中土		天上火		石榴木		大海水		海中金		
	음력	7	8	9	10	11	12	13	14	15	16	17	18	19	20	21	22	23	24	25	26	27	28	29	30	4/1	2	3	4	5	6
	구성	4	5	6	7	8	9	1	2	3	4	5	6	7	8	9	1	2	3	4	5	6	7	8	9	1	2	3	4	5	6
	대운 남	9	9	9	10	청	1	1	1	1	2	2	2	3	3	3	4	4	4	5	곡	5	6	6	6	7	7	7	8	8	8
	대운 여	1	1	1	1	명	10	10	9	9	9	8	8	8	7	7	7	6	6	6	우	5	5	4	4	4	3	3	3	2	2

입하 6일 08시 42분 【음4월】 ➡ 【丁巳月(정사월)】 ☯五黃星 소만 21일 21시 57분

양력 5월	양력	1	2	3	4	5	6	7	8	9	10	11	12	13	14	15	16	17	18	19	20	21	22	23	24	25	26	27	28	29	30	31
	요일	월	화	수	목	금	토	일	월	화	수	목	금	토	일	월	화	수	목	금	토	일	월	화	수	목	금	토	일	월	화	수
	일진 日辰	丁卯	戊辰	己巳	庚午	辛未	壬申	癸酉	甲戌	乙亥	丙子	丁丑	戊寅	己卯	庚辰	辛巳	壬午	癸未	甲申	乙酉	丙戌	丁亥	戊子	己丑	庚寅	辛卯	壬辰	癸巳	甲午	乙未	丙申	丁酉
음력 04/07 ▮ 05/08	납음		大林木		路傍土		劍鋒金		山頭火		澗下水		城頭土		白臘金		楊柳木		井中水		屋上土		霹靂火		松柏木		長流水		沙中金		山下火	
	음력	7	8	9	10	11	12	13	14	15	16	17	18	19	20	21	22	23	24	25	26	27	28	29	5/1	2	3	4	5	6	7	8
	구성	7	8	9	1	2	3	4	5	6	7	8	9	1	2	3	4	5	6	7	8	9	1	2	3	4	5	6	7	8	9	1
	대운 남	9	9	9	10	10	입	1	1	1	1	2	2	2	3	3	3	4	4	4	5	소	5	6	6	6	7	7	7	8	8	8
	대운 여	2	1	1	1	1	하	10	10	9	9	9	8	8	8	7	7	7	6	6	6	만	5	5	4	4	4	3	3	3	2	2

망종 6일 13시 17분 【음5월】 ➡ 【戊午月(무오월)】 ☯四綠星 하지 22일 06시 12분

양력 6월	양력	1	2	3	4	5	6	7	8	9	10	11	12	13	14	15	16	17	18	19	20	21	22	23	24	25	26	27	28	29	30
	요일	목	금	토	일	월	화	수	목	금	토	일	월	화	수	목	금	토	일	월	화	수	목	금	토	일	월	화	수	목	금
	일진 日辰	戊戌	己亥	庚子	辛丑	壬寅	癸卯	甲辰	乙巳	丙午	丁未	戊申	己酉	庚戌	辛亥	壬子	癸丑	甲寅	乙卯	丙辰	丁巳	戊午	己未	庚申	辛酉	壬戌	癸亥	甲子	乙丑	丙寅	丁卯
음력 05/09 ▮ 윤508	납음	平地木		壁上土		金箔金		覆燈火		天河水		大驛土		釵釧金		桑柘木		大溪水		沙中土		天上火		石榴木		大海水		海中金		爐中火	
	음력	9	10	11	12	13	14	15	16	17	18	19	20	21	22	23	24	25	26	27	28	29	30	윤5	2	3	4	5	6	7	8
	구성	2	3	4	5	6	7	8	9	1	2	3	4	5	6	7	8	9	1	2	3	4	5	6	7	8	9	9	8	7	6
	대운 남	9	9	9	10	10	망	1	1	1	1	2	2	2	3	3	3	4	4	4	5	5	하	6	6	6	7	7	7	8	8
	대운 여	2	1	1	1	1	종	10	10	9	9	9	8	8	8	7	7	7	6	6	6	5	지	5	4	4	4	3	3	3	2

한식(4월06일), 초복(7월13일), 중복(7월23일), 말복(8월12일) ☂춘사(春社)3/23 ☀추사(秋社)9/19

토왕지절(土旺之節):4월17일,7월20일,10월21일,1월18일(신년양력),臘享(납향):1월24일(신년양력)

十日得辛, 一龍治水, 1933년 계유年(검봉금), 사록목

3碧	8白	1白
2黑	4綠	6白
7赤	9紫	5黃

소서 7일 23시 44분 【음6월】 ➡ 【己未月(기미월)】 ☯三碧星 대서 23일 17시 05분

양력 7월 / 음력 윤509 ~ 06/09

양력	1	2	3	4	5	6	7	8	9	10	11	12	13	14	15	16	17	18	19	20	21	22	23	24	25	26	27	28	29	30	31
요일	토	일	월	화	수	목	금	토	일	월	화	수	목	금	토	일	월	화	수	목	금	토	일	월	화	수	목	금	토	일	월
일진 日辰	戊辰	己巳	庚午	辛未	壬申	癸酉	甲戌	乙亥	丙子	丁丑	戊寅	己卯	庚辰	辛巳	壬午	癸未	甲申	乙酉	丙戌	丁亥	戊子	己丑	庚寅	辛卯	壬辰	癸巳	甲午	乙未	丙申	丁酉	戊戌
납음	大林木		路傍土		劍鋒金		山頭火		澗下水		城頭土		白臘金		楊柳木		井中水		屋上土		霹靂火		松柏木		長流水		沙中金		山下火		
음력	9	10	11	12	13	14	15	16	17	18	19	20	21	22	23	24	25	26	27	28	29	30	6/1	2	3	4	5	6	7	8	9
구성	5	4	3	2	1	9	8	7	6	5	4	3	2	1	9	8	7	6	5	4	3	2	1	9	8	7	6	5	4	3	2
대운 남	8	9	9	9	10	10	소	1	1	1	1	2	2	2	3	3	3	4	4	4	5	5	대	6	6	6	7	7	7	8	8
대운 여	2	2	1	1	1	1	서	10	10	10	9	9	9	8	8	8	7	7	7	6	6	6	서	5	5	4	4	4	3	3	3

입추 8일 09시 26분 【음7월】 ➡ 【庚申月(경신월)】 ☯二黑星 처서 23일 23시 52분

양력 8월 / 음력 06/10 ~ 07/11

양력	1	2	3	4	5	6	7	8	9	10	11	12	13	14	15	16	17	18	19	20	21	22	23	24	25	26	27	28	29	30	31
요일	화	수	목	금	토	일	월	화	수	목	금	토	일	월	화	수	목	금	토	일	월	화	수	목	금	토	일	월	화	수	목
일진 日辰	己亥	庚子	辛丑	壬寅	癸卯	甲辰	乙巳	丙午	丁未	戊申	己酉	庚戌	辛亥	壬子	癸丑	甲寅	乙卯	丙辰	丁巳	戊午	己未	庚申	辛酉	壬戌	癸亥	甲子	乙丑	丙寅	丁卯	戊辰	己巳
납음		壁上土		金箔金		覆燈火		天河水		大驛土		釵釧金		桑柘木		大溪水		沙中土		天上火		石榴木		大海水		海中金		爐中火		大林木	
음력	10	11	12	13	14	15	16	17	18	19	20	21	22	23	24	25	26	27	28	29	7/1	2	3	4	5	6	7	8	9	10	11
구성	1	9	8	7	6	5	4	3	2	1	9	8	7	6	5	4	3	2	1	9	8	7	6	5	4	3	2	1	9	8	7
대운 남	8	9	9	9	10	10	10	입	1	1	1	1	2	2	2	3	3	3	4	4	4	5	처	5	6	6	6	7	7	7	8
대운 여	2	2	2	1	1	1	1	추	10	10	9	9	9	8	8	8	7	7	7	6	6	6	서	5	5	4	4	4	3	3	3

백로 8일 11시 58분 【음8월】 ➡ 【辛酉月(신유월)】 ☯一白星 추분 23일 21시 01분

양력 9월 / 음력 07/12 ~ 08/11

양력	1	2	3	4	5	6	7	8	9	10	11	12	13	14	15	16	17	18	19	20	21	22	23	24	25	26	27	28	29	30
요일	금	토	일	월	화	수	목	금	토	일	월	화	수	목	금	토	일	월	화	수	목	금	토	일	월	화	수	목	금	토
일진 日辰	庚午	辛未	壬申	癸酉	甲戌	乙亥	丙子	丁丑	戊寅	己卯	庚辰	辛巳	壬午	癸未	甲申	乙酉	丙戌	丁亥	戊子	己丑	庚寅	辛卯	壬辰	癸巳	甲午	乙未	丙申	丁酉	戊戌	己亥
납음	路傍土		劍鋒金		山頭火		澗下水		城頭土		白臘金		楊柳木		井中水		屋上土		霹靂火		松柏木		長流水		沙中金		山下火		平地木	
음력	12	13	14	15	16	17	18	19	20	21	22	23	24	25	26	27	28	29	30	8/1	2	3	4	5	6	7	8	9	10	11
구성	6	5	4	3	2	1	9	8	7	6	5	4	3	2	1	9	8	7	6	5	4	3	2	1	9	8	7	6	5	4
대운 남	8	8	9	9	9	10	10	백	1	1	1	1	2	2	2	3	3	3	4	4	4	5	추	5	6	6	6	7	7	7
대운 여	2	2	2	1	1	1	1	로	10	10	9	9	9	8	8	8	7	7	7	6	6	6	분	5	5	4	4	4	3	3

한로 9일 03시 04분 【음9월】 ➡ 【壬戌月(임술월)】 ☯九紫星 상강 24일 05시 48분

양력 10월 / 음력 08/12 ~ 09/13

양력	1	2	3	4	5	6	7	8	9	10	11	12	13	14	15	16	17	18	19	20	21	22	23	24	25	26	27	28	29	30	31
요일	일	월	화	수	목	금	토	일	월	화	수	목	금	토	일	월	화	수	목	금	토	일	월	화	수	목	금	토	일	월	화
일진 日辰	庚子	辛丑	壬寅	癸卯	甲辰	乙巳	丙午	丁未	戊申	己酉	庚戌	辛亥	壬子	癸丑	甲寅	乙卯	丙辰	丁巳	戊午	己未	庚申	辛酉	壬戌	癸亥	甲子	乙丑	丙寅	丁卯	戊辰	己巳	庚午
납음	壁上土		金箔金		覆燈火		天河水		大驛土		釵釧金		桑柘木		大溪水		沙中土		天上火		石榴木		大海水		海中金		爐中火		大林木		
음력	12	13	14	15	16	17	18	19	20	21	22	23	24	25	26	27	28	29	9/1	2	3	4	5	6	7	8	9	10	11	12	13
구성	3	2	1	9	8	7	6	5	4	3	2	1	9	8	7	6	5	4	3	2	1	9	8	7	6	5	4	3	2	1	9
대운 남	8	8	8	9	9	9	10	10	한	1	1	1	1	2	2	2	3	3	3	4	4	4	5	상	5	6	6	6	7	7	7
대운 여	3	2	2	2	1	1	1	1	로	10	9	9	9	8	8	8	7	7	7	6	6	6	5	강	5	4	4	4	3	3	3

입동 8일 05시 43분 【음10월】 ➡ 【癸亥月(계해월)】 ☯八白星 소설 23일 02시 53분

양력 11월 / 음력 09/14 ~ 11/13

양력	1	2	3	4	5	6	7	8	9	10	11	12	13	14	15	16	17	18	19	20	21	22	23	24	25	26	27	28	29	30
요일	수	목	금	토	일	월	화	수	목	금	토	일	월	화	수	목	금	토	일	월	화	수	목	금	토	일	월	화	수	목
일진 日辰	辛未	壬申	癸酉	甲戌	乙亥	丙子	丁丑	戊寅	己卯	庚辰	辛巳	壬午	癸未	甲申	乙酉	丙戌	丁亥	戊子	己丑	庚寅	辛卯	壬辰	癸巳	甲午	乙未	丙申	丁酉	戊戌	己亥	庚子
납음		劍鋒金		山頭火		澗下水		城頭土		白臘金		楊柳木		井中水		屋上土		霹靂火		松柏木		長流水		沙中金		山下火		平地木		
음력	14	15	16	17	18	19	20	21	22	23	24	25	26	27	28	29	30	10/1	2	3	4	5	6	7	8	9	10	11	12	13
구성	8	7	6	5	4	3	2	1	9	8	7	6	5	4	3	2	1	9	8	7	6	5	4	3	2	1	9	8	7	6
대운 남	8	8	8	9	9	9	10	입	1	1	1	1	2	2	2	3	3	3	4	4	4	5	소	5	6	6	6	7	7	7
대운 여	2	2	2	1	1	1	1	동	9	9	9	8	8	8	7	7	7	6	6	6	5	5	설	4	4	4	3	3	3	2

대설 7일 22시 11분 【음11월】 ➡ 【甲子月(갑자월)】 ☯七赤星 동지 22일 15시 58분

양력 12월 / 음력 10/14 ~ 11/15

양력	1	2	3	4	5	6	7	8	9	10	11	12	13	14	15	16	17	18	19	20	21	22	23	24	25	26	27	28	29	30	31
요일	금	토	일	월	화	수	목	금	토	일	월	화	수	목	금	토	일	월	화	수	목	금	토	일	월	화	수	목	금	토	일
일진 日辰	辛丑	壬寅	癸卯	甲辰	乙巳	丙午	丁未	戊申	己酉	庚戌	辛亥	壬子	癸丑	甲寅	乙卯	丙辰	丁巳	戊午	己未	庚申	辛酉	壬戌	癸亥	甲子	乙丑	丙寅	丁卯	戊辰	己巳	庚午	辛未
납음		金箔金		覆燈火		天河水		大驛土		釵釧金		桑柘木		大溪水		沙中土		天上火		石榴木		大海水		海中金		爐中火		大林木		路傍土	
음력	14	15	16	17	18	19	20	21	22	23	24	25	26	27	28	29	11/1	2	3	4	5	6	7	8	9	10	11	12	13	14	15
구성	5	4	3	2	1	9	8	7	6	5	4	3	2	1	9	8	7	6	5	4	3	2	1	1	2	3	4	5	6	7	8
대운 남	8	8	8	9	9	9	대	1	1	1	1	2	2	2	3	3	3	4	4	4	5	동	5	6	6	6	7	7	7	8	8
대운 여	2	2	1	1	1	1	설	10	9	9	9	8	8	8	7	7	7	6	6	6	5	지	5	4	4	4	3	3	3	2	2

단기 4267 年	1934년	중원(甲戌年 ,납음(山頭火)본명성(三碧木)
불기 2478 年		대장군(午남방), 삼살(북방), 상문(子북방),조객(申서남방), 납음(산두화), 【삼재(신,유,술)년】 臘享(납향):1935년1월19일(음12/15)

개

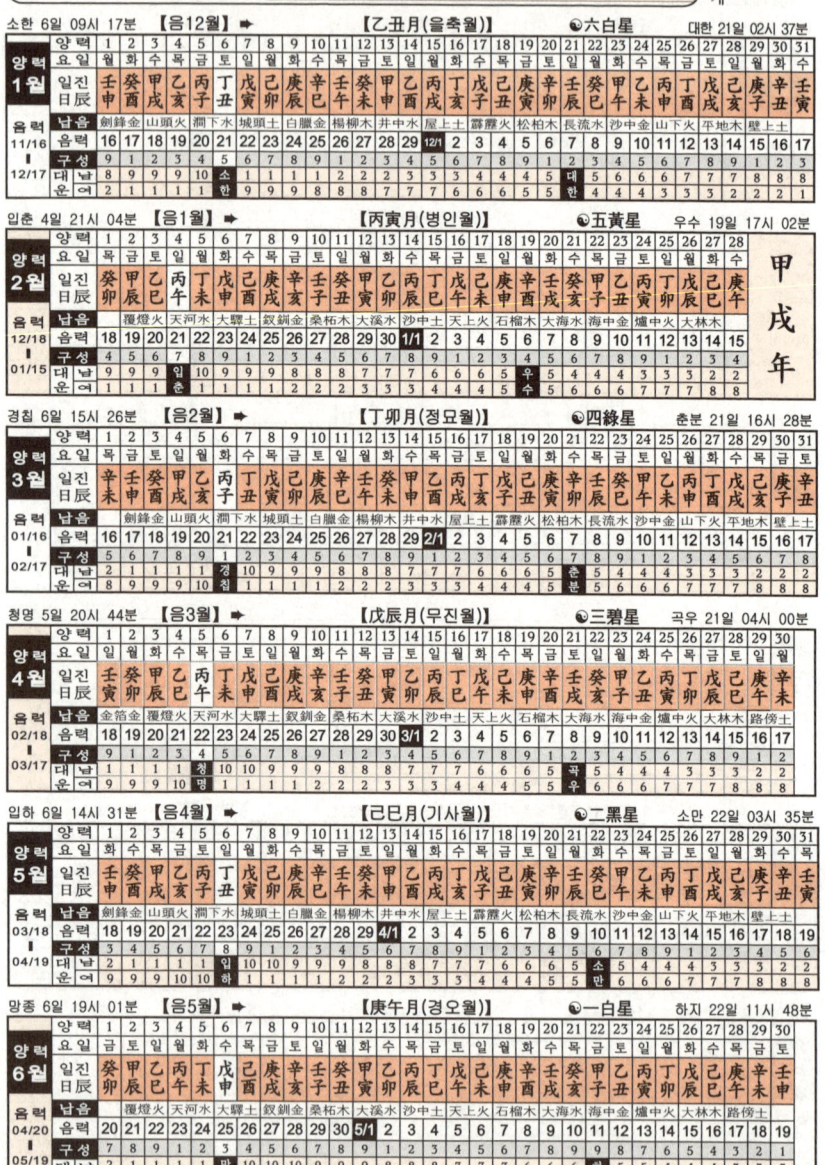

소한 6일 09시 17분 【음12월】 ➡ 【乙丑月(을축월)】 ☯六白星 대한 21일 02시 37분

양력 1월 음력 11/16 ▮ 12/17

양력	1	2	3	4	5	6	7	8	9	10	11	12	13	14	15	16	17	18	19	20	21	22	23	24	25	26	27	28	29	30	31
요일	월	화	수	목	금	토	일	월	화	수	목	금	토	일	월	화	수	목	금	토	일	월	화	수	목	금	토	일	월	화	수
일진 日辰	壬申	癸酉	甲戌	乙亥	丙子	丁丑	戊寅	己卯	庚辰	辛巳	壬午	癸未	甲申	乙酉	丙戌	丁亥	戊子	己丑	庚寅	辛卯	壬辰	癸巳	甲午	乙未	丙申	丁酉	戊戌	己亥	庚子	辛丑	壬寅
납음	劍鋒金		山頭火		澗下水		城頭土		白臘金		楊柳木		井中水		屋上土		霹靂火		松柏木		長流水		沙中金		山下火		平地木		壁上土		
음력	16	17	18	19	20	21	22	23	24	25	26	27	28	29	12/1	2	3	4	5	6	7	8	9	10	11	12	13	14	15	16	17
구성	9	1	2	3	4	5	6	7	8	9	1	2	3	4	5	6	7	8	9	1	2	3	4	5	6	7	8	9	1	2	3
대운 남	8	9	9	9	10	소	1	1	1	1	2	2	2	3	3	3	4	4	4	5	대	5	6	6	6	7	7	7	8	8	8
대운 여	2	1	1	1	1	한	9	9	9	8	8	8	7	7	7	6	6	6	5	5	한	4	4	4	3	3	3	2	2	2	1

입춘 4일 21시 04분 【음1월】 ➡ 【丙寅月(병인월)】 ☯五黃星 우수 19일 17시 02분

양력 2월 음력 12/18 ▮ 01/15

양력	1	2	3	4	5	6	7	8	9	10	11	12	13	14	15	16	17	18	19	20	21	22	23	24	25	26	27	28
요일	목	금	토	일	월	화	수	목	금	토	일	월	화	수	목	금	토	일	월	화	수	목	금	토	일	월	화	수
일진 日辰	癸卯	甲辰	乙巳	丙午	丁未	戊申	己酉	庚戌	辛亥	壬子	癸丑	甲寅	乙卯	丙辰	丁巳	戊午	己未	庚申	辛酉	壬戌	癸亥	甲子	乙丑	丙寅	丁卯	戊辰	己巳	庚午
납음		覆燈火		天河水		大驛土		釵釧金		桑柘木		大溪水		沙中土		天上火		石榴木		大海水		海中金		爐中火		大林木		
음력	18	19	20	21	22	23	24	25	26	27	28	29	30	1/1	2	3	4	5	6	7	8	9	10	11	12	13	14	15
구성	4	5	6	7	8	9	1	2	3	4	5	6	7	8	9	1	2	3	4	5	6	7	8	9	1	2	3	4
대운 남	9	9	9	입	10	9	9	9	8	8	8	7	7	7	6	6	6	5	우	5	4	4	4	3	3	3	2	2
대운 여	1	1	1	춘	1	1	1	1	2	2	2	3	3	3	4	4	4	5	수	5	6	6	6	7	7	7	8	8

甲戌年

경칩 6일 15시 26분 【음2월】 ➡ 【丁卯月(정묘월)】 ☯四綠星 춘분 21일 16시 28분

양력 3월 음력 01/16 ▮ 02/17

양력	1	2	3	4	5	6	7	8	9	10	11	12	13	14	15	16	17	18	19	20	21	22	23	24	25	26	27	28	29	30	31
요일	목	금	토	일	월	화	수	목	금	토	일	월	화	수	목	금	토	일	월	화	수	목	금	토	일	월	화	수	목	금	토
일진 日辰	辛未	壬申	癸酉	甲戌	乙亥	丙子	丁丑	戊寅	己卯	庚辰	辛巳	壬午	癸未	甲申	乙酉	丙戌	丁亥	戊子	己丑	庚寅	辛卯	壬辰	癸巳	甲午	乙未	丙申	丁酉	戊戌	己亥	庚子	辛丑
납음		劍鋒金		山頭火		澗下水		城頭土		白臘金		楊柳木		井中水		屋上土		霹靂火		松柏木		長流水		沙中金		山下火		平地木		壁上土	
음력	16	17	18	19	20	21	22	23	24	25	26	27	28	29	2/1	2	3	4	5	6	7	8	9	10	11	12	13	14	15	16	17
구성	5	6	7	8	9	1	2	3	4	5	6	7	8	9	1	2	3	4	5	6	7	8	9	1	2	3	4	5	6	7	8
대운 남	2	1	1	1	1	경	10	9	9	9	8	8	8	7	7	7	6	6	6	5	춘	5	4	4	4	3	3	3	2	2	2
대운 여	8	9	9	9	10	칩	1	1	1	1	2	2	2	3	3	3	4	4	4	5	분	5	6	6	6	7	7	7	8	8	8

청명 5일 20시 44분 【음3월】 ➡ 【戊辰月(무진월)】 ☯三碧星 곡우 21일 04시 00분

양력 4월 음력 02/18 ▮ 03/17

양력	1	2	3	4	5	6	7	8	9	10	11	12	13	14	15	16	17	18	19	20	21	22	23	24	25	26	27	28	29	30
요일	일	월	화	수	목	금	토	일	월	화	수	목	금	토	일	월	화	수	목	금	토	일	월	화	수	목	금	토	일	월
일진 日辰	壬寅	癸卯	甲辰	乙巳	丙午	丁未	戊申	己酉	庚戌	辛亥	壬子	癸丑	甲寅	乙卯	丙辰	丁巳	戊午	己未	庚申	辛酉	壬戌	癸亥	甲子	乙丑	丙寅	丁卯	戊辰	己巳	庚午	辛未
납음	金箔金		覆燈火		天河水		大驛土		釵釧金		桑柘木		大溪水		沙中土		天上火		石榴木		大海水		海中金		爐中火		大林木		路傍土	
음력	18	19	20	21	22	23	24	25	26	27	28	29	30	3/1	2	3	4	5	6	7	8	9	10	11	12	13	14	15	16	17
구성	9	1	2	3	4	5	6	7	8	9	1	2	3	4	5	6	7	8	9	1	2	3	4	5	6	7	8	9	1	2
대운 남	1	1	1	1	청	10	10	9	9	9	8	8	8	7	7	7	6	6	6	5	곡	5	4	4	4	3	3	3	2	2
대운 여	9	9	9	10	명	1	1	1	1	2	2	2	3	3	3	4	4	4	5	5	우	6	6	6	7	7	7	8	8	8

입하 6일 14시 31분 【음4월】 ➡ 【己巳月(기사월)】 ☯二黑星 소만 22일 03시 35분

양력 5월 음력 03/18 ▮ 04/19

양력	1	2	3	4	5	6	7	8	9	10	11	12	13	14	15	16	17	18	19	20	21	22	23	24	25	26	27	28	29	30	31
요일	화	수	목	금	토	일	월	화	수	목	금	토	일	월	화	수	목	금	토	일	월	화	수	목	금	토	일	월	화	수	목
일진 日辰	壬申	癸酉	甲戌	乙亥	丙子	丁丑	戊寅	己卯	庚辰	辛巳	壬午	癸未	甲申	乙酉	丙戌	丁亥	戊子	己丑	庚寅	辛卯	壬辰	癸巳	甲午	乙未	丙申	丁酉	戊戌	己亥	庚子	辛丑	壬寅
납음	劍鋒金		山頭火		澗下水		城頭土		白臘金		楊柳木		井中水		屋上土		霹靂火		松柏木		長流水		沙中金		山下火		平地木		壁上土		
음력	18	19	20	21	22	23	24	25	26	27	28	29	4/1	2	3	4	5	6	7	8	9	10	11	12	13	14	15	16	17	18	19
구성	3	4	5	6	7	8	9	1	2	3	4	5	6	7	8	9	1	2	3	4	5	6	7	8	9	1	2	3	4	5	6
대운 남	2	1	1	1	1	입	10	10	9	9	9	8	8	8	7	7	7	6	6	6	5	소	5	4	4	4	3	3	3	2	2
대운 여	9	9	9	10	10	하	1	1	1	1	2	2	2	3	3	3	4	4	4	5	5	만	6	6	6	7	7	7	8	8	8

망종 6일 19시 01분 【음5월】 ➡ 【庚午月(경오월)】 ☯一白星 하지 22일 11시 48분

양력 6월 음력 04/20 ▮ 05/19

양력	1	2	3	4	5	6	7	8	9	10	11	12	13	14	15	16	17	18	19	20	21	22	23	24	25	26	27	28	29	30
요일	금	토	일	월	화	수	목	금	토	일	월	화	수	목	금	토	일	월	화	수	목	금	토	일	월	화	수	목	금	토
일진 日辰	癸卯	甲辰	乙巳	丙午	丁未	戊申	己酉	庚戌	辛亥	壬子	癸丑	甲寅	乙卯	丙辰	丁巳	戊午	己未	庚申	辛酉	壬戌	癸亥	甲子	乙丑	丙寅	丁卯	戊辰	己巳	庚午	辛未	壬申
납음		覆燈火		天河水		大驛土		釵釧金		桑柘木		大溪水		沙中土		天上火		石榴木		大海水		海中金		爐中火		大林木		路傍土		
음력	20	21	22	23	24	25	26	27	28	29	30	5/1	2	3	4	5	6	7	8	9	10	11	12	13	14	15	16	17	18	19
구성	7	8	9	1	2	3	4	5	6	7	8	9	1	2	3	4	5	6	7	8	9	9	8	7	6	5	4	3	2	1
대운 남	2	1	1	1	1	망	10	10	10	9	9	9	8	8	8	7	7	7	6	6	6	하	5	5	4	4	4	3	3	3
대운 여	9	9	9	10	10	종	1	1	1	1	2	2	2	3	3	3	4	4	4	5	5	지	6	6	6	7	7	7	8	8

한식(4월06일), 초복(7월28일), 중복(7월07일), 말복(8월17일) ☂춘사(春社)3/18 ☀추사(秋社)9/24
토왕지절(土旺之節):4월18일,7월20일,10월21일,1월18일(신년양력),臘享(납향):1월19일(신년양력)

六日得辛, 一龍治水, 1934년 갑술年(산두화), 삼벽목

2黑	7赤	9紫
1白	3碧	5黃
6白	8白	4綠

소서 8일 05시 24분 【음6월】 ➡ 【辛未月(신미월)】 ☯九紫星 대서 23일 22시 42분

양력 7월	양력	1	2	3	4	5	6	7	8	9	10	11	12	13	14	15	16	17	18	19	20	21	22	23	24	25	26	27	28	29	30	31
	요일	일	월	화	수	목	금	토	일	월	화	수	목	금	토	일	월	화	수	목	금	토	일	월	화	수	목	금	토	일	월	화
	일진 日辰	癸酉	甲戌	乙亥	丙子	丁丑	戊寅	己卯	庚辰	辛巳	壬午	癸未	甲申	乙酉	丙戌	丁亥	戊子	己丑	庚寅	辛卯	壬辰	癸巳	甲午	乙未	丙申	丁酉	戊戌	己亥	庚子	辛丑	壬寅	癸卯
음력	납음		山頭火		澗下水		城頭土		白臘金		楊柳木		井中水		屋上土		霹靂火		松柏木		長流水		沙中金		山下火		平地木		壁上土		金箔金	
05/20	음력	20	21	22	23	24	25	26	27	28	29	30	6/1	2	3	4	5	6	7	8	9	10	11	12	13	14	15	16	17	18	19	20
I	구성	9	8	7	6	5	4	3	2	1	9	8	7	6	5	4	3	2	1	9	8	7	6	5	4	3	2	1	9	8	7	6
06/20	대운 남	2	2	2	1	1	1	1	소	10	10	9	9	9	8	8	7	7	7	6	6	6	5	대	5	4	4	4	3	3	3	3
	대운 여	8	9	9	9	10	10	10	서	1	1	1	1	2	2	3	3	3	4	4	4	5	5	서	6	6	6	7	7	7	8	8

입추 8일 15시 04분 【음7월】 ➡ 【壬申月(임신월)】 ☯八白星 처서 24일 05시 32분

양력 8월	양력	1	2	3	4	5	6	7	8	9	10	11	12	13	14	15	16	17	18	19	20	21	22	23	24	25	26	27	28	29	30	31
	요일	수	목	금	토	일	월	화	수	목	금	토	일	월	화	수	목	금	토	일	월	화	수	목	금	토	일	월	화	수	목	금
	일진 日辰	甲辰	乙巳	丙午	丁未	戊申	己酉	庚戌	辛亥	壬子	癸丑	甲寅	乙卯	丙辰	丁巳	戊午	己未	庚申	辛酉	壬戌	癸亥	甲子	乙丑	丙寅	丁卯	戊辰	己巳	庚午	辛未	壬申	癸酉	甲戌
음력	납음	覆燈火		天河水		大驛土		釵釧金		桑柘木		大溪水		沙中土		天上火		石榴木		大海水		海中金		爐中火		大林木		路傍土		劍鋒金		
06/21	음력	21	22	23	24	25	26	27	28	29	7/1	2	3	4	5	6	7	8	9	10	11	12	13	14	15	16	17	18	19	20	21	22
I	구성	5	4	3	2	1	9	8	7	6	5	4	3	2	1	9	8	7	6	5	4	3	2	1	9	8	7	6	5	4	3	2
07/22	대운 남	2	2	2	1	1	1	1	입	10	10	9	9	9	8	8	8	7	7	7	6	6	6	5	처	5	4	4	4	3	3	3
	대운 여	8	8	9	9	9	10	10	추	1	1	1	1	2	2	2	3	3	3	4	4	4	5	5	서	6	6	6	7	7	7	8

백로 8일 17시 36분 【음8월】 ➡ 【癸酉月(계유월)】 ☯七赤星 추분 24일 02시 45분

양력 9월	양력	1	2	3	4	5	6	7	8	9	10	11	12	13	14	15	16	17	18	19	20	21	22	23	24	25	26	27	28	29	30
	요일	토	일	월	화	수	목	금	토	일	월	화	수	목	금	토	일	월	화	수	목	금	토	일	월	화	수	목	금	토	일
	일진 日辰	乙亥	丙子	丁丑	戊寅	己卯	庚辰	辛巳	壬午	癸未	甲申	乙酉	丙戌	丁亥	戊子	己丑	庚寅	辛卯	壬辰	癸巳	甲午	乙未	丙申	丁酉	戊戌	己亥	庚子	辛丑	壬寅	癸卯	甲辰
음력	납음		澗下水		城頭土		白臘金		楊柳木		井中水		屋上土		霹靂火		松柏木		長流水		沙中金		山下火		平地木		壁上土		金箔金		
07/23	음력	23	24	25	26	27	28	29	30	8/1	2	3	4	5	6	7	8	9	10	11	12	13	14	15	16	17	18	19	20	21	22
I	구성	1	9	8	7	6	5	4	3	2	1	9	8	7	6	5	4	3	2	1	9	8	7	6	5	4	3	2	1	9	8
08/22	대운 남	2	2	2	1	1	1	1	백	10	10	9	9	9	8	8	8	7	7	7	6	6	6	5	추	5	4	4	4	3	3
	대운 여	8	8	9	9	9	10	10	로	1	1	1	1	2	2	2	3	3	3	4	4	4	5	5	분	6	6	6	7	7	7

한로 9일 08시 45분 【음9월】 ➡ 【甲戌月(갑술월)】 ☯六白星 상강 24일 11시 36분

양력 10월	양력	1	2	3	4	5	6	7	8	9	10	11	12	13	14	15	16	17	18	19	20	21	22	23	24	25	26	27	28	29	30	31
	요일	월	화	수	목	금	토	일	월	화	수	목	금	토	일	월	화	수	목	금	토	일	월	화	수	목	금	토	일	월	화	수
	일진 日辰	乙巳	丙午	丁未	戊申	己酉	庚戌	辛亥	壬子	癸丑	甲寅	乙卯	丙辰	丁巳	戊午	己未	庚申	辛酉	壬戌	癸亥	甲子	乙丑	丙寅	丁卯	戊辰	己巳	庚午	辛未	壬申	癸酉	甲戌	乙亥
음력	납음		天河水		大驛土		釵釧金		桑柘木		大溪水		沙中土		天上火		石榴木		大海水		海中金		爐中火		大林木		路傍土		劍鋒金		山頭火	
08/23	음력	23	24	25	26	27	28	29	30	9/1	2	3	4	5	6	7	8	9	10	11	12	13	14	15	16	17	18	19	20	21	22	23
I	구성	7	6	5	4	3	2	1	9	8	7	6	5	4	3	2	1	9	8	7	6	5	4	3	2	1	9	8	7	6	5	4
09/23	대운 남	3	2	2	2	1	1	1	1	한	10	9	9	9	8	8	8	7	7	7	6	6	6	5	상	5	4	4	4	3	3	3
	대운 여	8	8	8	9	9	9	10	10	로	1	1	1	1	2	2	2	3	3	3	4	4	4	5	강	5	6	6	6	7	7	7

입동 8일 11시 27분 【음10월】 ➡ 【乙亥月(을해월)】 ☯五黃星 소설 23일 08시 44분

양력 11월	양력	1	2	3	4	5	6	7	8	9	10	11	12	13	14	15	16	17	18	19	20	21	22	23	24	25	26	27	28	29	30
	요일	목	금	토	일	월	화	수	목	금	토	일	월	화	수	목	금	토	일	월	화	수	목	금	토	일	월	화	수	목	금
	일진 日辰	丙子	丁丑	戊寅	己卯	庚辰	辛巳	壬午	癸未	甲申	乙酉	丙戌	丁亥	戊子	己丑	庚寅	辛卯	壬辰	癸巳	甲午	乙未	丙申	丁酉	戊戌	己亥	庚子	辛丑	壬寅	癸卯	甲辰	乙巳
음력	납음	澗下水		城頭土		白臘金		楊柳木		井中水		屋上土		霹靂火		松柏木		長流水		沙中金		山下火		平地木		壁上土		金箔金		覆燈火	
09/24	음력	24	25	26	27	28	29	10/1	2	3	4	5	6	7	8	9	10	11	12	13	14	15	16	17	18	19	20	21	22	23	24
I	구성	3	2	1	9	8	7	6	5	4	3	2	1	9	8	7	6	5	4	3	2	1	9	8	7	6	5	4	3	2	1
10/24	대운 남	2	2	2	1	1	1	1	입	10	9	9	9	8	8	8	7	7	7	6	6	6	5	소	5	4	4	4	3	3	3
	대운 여	8	8	8	9	9	9	10	동	1	1	1	1	2	2	2	3	3	3	4	4	4	5	설	5	6	6	6	7	7	7

대설 8일 03시 57분 【음11월】 ➡ 【丙子月(병자월)】 ☯四綠星 동지 22일 21시 49분

양력 12월	양력	1	2	3	4	5	6	7	8	9	10	11	12	13	14	15	16	17	18	19	20	21	22	23	24	25	26	27	28	29	30	31
	요일	토	일	월	화	수	목	금	토	일	월	화	수	목	금	토	일	월	화	수	목	금	토	일	월	화	수	목	금	토	일	월
	일진 日辰	丙午	丁未	戊申	己酉	庚戌	辛亥	壬子	癸丑	甲寅	乙卯	丙辰	丁巳	戊午	己未	庚申	辛酉	壬戌	癸亥	甲子	乙丑	丙寅	丁卯	戊辰	己巳	庚午	辛未	壬申	癸酉	甲戌	乙亥	丙子
음력	납음	天河水		大驛土		釵釧金		桑柘木		大溪水		沙中土		天上火		石榴木		大海水		海中金		爐中火		大林木		路傍土		劍鋒金		山頭火		
10/25	음력	25	26	27	28	29	30	11/1	2	3	4	5	6	7	8	9	10	11	12	13	14	15	16	17	18	19	20	21	22	23	24	25
I	구성	9	8	7	6	5	4	3	2	1	9	8	7	6	5	4	3	2	1	1	2	3	4	5	6	7	8	9	1	2	3	4
11/25	대운 남	2	2	2	1	1	1	1	대	9	9	9	8	8	8	7	7	7	6	6	6	5	동	5	4	4	4	3	3	3	2	2
	대운 여	8	8	8	9	9	9	10	설	1	1	1	1	2	2	2	3	3	3	4	4	4	지	5	5	6	6	6	7	7	7	8

단기 4268 年
불기 2479 年

1935년

중원(**乙亥年**) 납음(山頭火), 본명성(二黑土)

대장군(酉서방). 삼살(서방), 상문(丑동북방).조객(酉서방), 납음(산두화), 【삼재(사,오,미)년】 臘享(납향):1936년1월26일(음12/03)

소한 6일 15시 02분 【음12월】 ➡ 【丁丑月(정축월)】 ☯三碧星 대한 21일 08시 28분

양력 1월 / 음력 11/26 ~ 12/27

양력	1	2	3	4	5	6	7	8	9	10	11	12	13	14	15	16	17	18	19	20	21	22	23	24	25	26	27	28	29	30	31
요일	화	수	목	금	토	일	월	화	수	목	금	토	일	월	화	수	목	금	토	일	월	화	수	목	금	토	일	월	화	수	목
일진 日辰	丁丑	戊寅	己卯	庚辰	辛巳	壬午	癸未	甲申	乙酉	丙戌	丁亥	戊子	己丑	庚寅	辛卯	壬辰	癸巳	甲午	乙未	丙申	丁酉	戊戌	己亥	庚子	辛丑	壬寅	癸卯	甲辰	乙巳	丙午	丁未
납음		城頭土		白臘金		楊柳木		井中水		屋上土		霹靂火		松柏木		長流水		沙中金		山下火		平地木		壁上土		金箔金		覆燈火		天河水	
음력	26	27	28	29	12/1	2	3	4	5	6	7	8	9	10	11	12	13	14	15	16	17	18	19	20	21	22	23	24	25	26	27
구성	5	6	7	8	9	1	2	3	4	5	6	7	8	9	1	2	3	4	5	6	7	8	9	1	2	3	4	5	6	7	8
대운 남	2	1	1	1	1	소	10	9	9	9	8	8	8	7	7	7	6	6	6	5	대	5	4	4	4	3	3	3	2	2	2
대운 여	8	8	9	9	9	한	1	1	1	1	2	2	2	3	3	3	4	4	4	5	한	5	6	6	6	7	7	7	8	8	8

입춘 5일 02시 49분 【음1월】 ➡ 【戊寅月(무인월)】 ☯二黑星 우수 19일 22시 52분

양력 2월 / 음력 12/28 ~ 01/25

양력	1	2	3	4	5	6	7	8	9	10	11	12	13	14	15	16	17	18	19	20	21	22	23	24	25	26	27	28
요일	금	토	일	월	화	수	목	금	토	일	월	화	수	목	금	토	일	월	화	수	목	금	토	일	월	화	수	목
일진 日辰	戊申	己酉	庚戌	辛亥	壬子	癸丑	甲寅	乙卯	丙辰	丁巳	戊午	己未	庚申	辛酉	壬戌	癸亥	甲子	乙丑	丙寅	丁卯	戊辰	己巳	庚午	辛未	壬申	癸酉	甲戌	乙亥
납음	大驛土		釵釧金		桑柘木		大溪水		沙中土		天上火		石榴木		大海水		海中金		爐中火		大林木		路傍土		劍鋒金		山頭火	
음력	28	29	30	1/1	2	3	4	5	6	7	8	9	10	11	12	13	14	15	16	17	18	19	20	21	22	23	24	25
구성	9	1	2	3	4	5	6	7	8	9	1	2	3	4	5	6	7	8	9	1	2	3	4	5	6	7	8	9
대운 남	1	1	1	1	입	1	1	1	1	2	2	2	3	3	3	4	4	4	우	5	5	6	6	6	7	7	7	8
대운 여	9	9	9	10	춘	9	9	9	8	8	8	7	7	7	6	6	6	5	수	5	4	4	4	3	3	3	2	2

乙亥年

경칩 6일 21시 10분 【음2월】 ➡ 【己卯月(기묘월)】 ☯一白星 춘분 21일 22시 18분

양력 3월 / 음력 01/26 ~ 02/27

양력	1	2	3	4	5	6	7	8	9	10	11	12	13	14	15	16	17	18	19	20	21	22	23	24	25	26	27	28	29	30	31
요일	금	토	일	월	화	수	목	금	토	일	월	화	수	목	금	토	일	월	화	수	목	금	토	일	월	화	수	목	금	토	일
일진 日辰	丙子	丁丑	戊寅	己卯	庚辰	辛巳	壬午	癸未	甲申	乙酉	丙戌	丁亥	戊子	己丑	庚寅	辛卯	壬辰	癸巳	甲午	乙未	丙申	丁酉	戊戌	己亥	庚子	辛丑	壬寅	癸卯	甲辰	乙巳	丙午
납음	澗下水	城頭土		白臘金		楊柳木		井中水		屋上土		霹靂火		松柏木		長流水		沙中金		山下火		平地木		壁上土		金箔金		覆燈火			
음력	26	27	28	29	2/1	2	3	4	5	6	7	8	9	10	11	12	13	14	15	16	17	18	19	20	21	22	23	24	25	26	27
구성	1	2	3	4	5	6	7	8	9	1	2	3	4	5	6	7	8	9	1	2	3	4	5	6	7	8	9	1	2	3	4
대운 남	8	8	9	9	9	경	1	1	1	1	2	2	2	3	3	3	4	4	4	5	춘	5	6	6	6	7	7	7	8	8	8
대운 여	2	1	1	1	1	칩	10	10	9	9	9	8	8	8	7	7	7	6	6	6	분	5	5	4	4	4	3	3	3	2	2

청명 6일 02시 26분 【음3월】 ➡ 【庚辰月(경진월)】 ☯九紫星 곡우 21일 09시 50분

양력 4월 / 음력 02/28 ~ 03/28

양력	1	2	3	4	5	6	7	8	9	10	11	12	13	14	15	16	17	18	19	20	21	22	23	24	25	26	27	28	29	30
요일	월	화	수	목	금	토	일	월	화	수	목	금	토	일	월	화	수	목	금	토	일	월	화	수	목	금	토	일	월	화
일진 日辰	丁未	戊申	己酉	庚戌	辛亥	壬子	癸丑	甲寅	乙卯	丙辰	丁巳	戊午	己未	庚申	辛酉	壬戌	癸亥	甲子	乙丑	丙寅	丁卯	戊辰	己巳	庚午	辛未	壬申	癸酉	甲戌	乙亥	丙子
납음		大驛土		釵釧金		桑柘木		大溪水		沙中土		天上火		石榴木		大海水		海中金		爐中火		大林木		路傍土		劍鋒金		山頭火		
음력	28	29	3/1	2	3	4	5	6	7	8	9	10	11	12	13	14	15	16	17	18	19	20	21	22	23	24	25	26	27	28
구성	5	6	7	8	9	1	2	3	4	5	6	7	8	9	1	2	3	4	5	6	7	8	9	1	2	3	4	5	6	7
대운 남	9	9	9	10	10	청	1	1	1	1	2	2	2	3	3	3	4	4	4	5	곡	5	6	6	6	7	7	7	8	8
대운 여	2	1	1	1	1	명	10	9	9	9	8	8	8	7	7	7	6	6	6	5	우	5	4	4	4	3	3	3	2	2

입하 6일 20시 12분 【음4월】 ➡ 【辛巳月(신사월)】 ☯八白星 소만 22일 09시 25분

양력 5월 / 음력 03/29 ~ 04/29

양력	1	2	3	4	5	6	7	8	9	10	11	12	13	14	15	16	17	18	19	20	21	22	23	24	25	26	27	28	29	30	31
요일	수	목	금	토	일	월	화	수	목	금	토	일	월	화	수	목	금	토	일	월	화	수	목	금	토	일	월	화	수	목	금
일진 日辰	丁丑	戊寅	己卯	庚辰	辛巳	壬午	癸未	甲申	乙酉	丙戌	丁亥	戊子	己丑	庚寅	辛卯	壬辰	癸巳	甲午	乙未	丙申	丁酉	戊戌	己亥	庚子	辛丑	壬寅	癸卯	甲辰	乙巳	丙午	丁未
납음		城頭土		白臘金		楊柳木		井中水		屋上土		霹靂火		松柏木		長流水		沙中金		山下火		平地木		壁上土		金箔金		覆燈火		天河水	
음력	29	30	4/1	2	3	4	5	6	7	8	9	10	11	12	13	14	15	16	17	18	19	20	21	22	23	24	25	26	27	28	29
구성	8	9	1	2	3	4	5	6	7	8	9	1	2	3	4	5	6	7	8	9	1	2	3	4	5	6	7	8	9	1	2
대운 남	8	9	9	9	10	입	1	1	1	1	2	2	2	3	3	3	4	4	4	5	5	소	6	6	6	7	7	7	8	8	8
대운 여	2	1	1	1	1	하	10	10	10	9	9	9	8	8	8	7	7	7	6	6	6	만	5	5	4	4	4	3	3	3	2

망종 7일 00시 42분 【음5월】 ➡ 【壬午月(임오월)】 ☯七赤星 하지 22일 17시 38분

양력 6월 / 음력 05/01 ~ 05/30

양력	1	2	3	4	5	6	7	8	9	10	11	12	13	14	15	16	17	18	19	20	21	22	23	24	25	26	27	28	29	30
요일	토	일	월	화	수	목	금	토	일	월	화	수	목	금	토	일	월	화	수	목	금	토	일	월	화	수	목	금	토	일
일진 日辰	戊申	己酉	庚戌	辛亥	壬子	癸丑	甲寅	乙卯	丙辰	丁巳	戊午	己未	庚申	辛酉	壬戌	癸亥	甲子	乙丑	丙寅	丁卯	戊辰	己巳	庚午	辛未	壬申	癸酉	甲戌	乙亥	丙子	丁丑
납음	大驛土		釵釧金		桑柘木		大溪水		沙中土		天上火		石榴木		大海水		海中金		爐中火		大林木		路傍土		劍鋒金		山頭火		澗下水	
음력	5/1	2	3	4	5	6	7	8	9	10	11	12	13	14	15	16	17	18	19	20	21	22	23	24	25	26	27	28	29	30
구성	3	4	5	6	7	8	9	1	2	3	4	5	6	7	8	9	9	8	7	6	5	4	3	2	1	9	8	7	6	5
대운 남	9	9	9	10	10	10	망	1	1	1	1	2	2	2	3	3	3	4	4	4	5	하	5	6	6	6	7	7	7	8
대운 여	2	2	1	1	1	1	종	10	10	9	9	9	8	8	8	7	7	7	6	6	6	지	5	5	4	4	4	3	3	3

한식(4월6일), 초복(7월13일), 중복(7월23일), 말복(8월02일) 춘사(春社)3/23 추사(秋社)9/19
토왕지절(土旺之節):4월18일,7월21일,10월21일,1월18일(신년양력),臘享(납향):1월26일(신년양력)

一日得辛, 六龍治水, 1935년 을해年(산두화), 이흑토

1白	6白	8白
9紫	2黑	4綠
5黃	7赤	3碧

1935 乙亥年

소서 8일 11시 06분 【음6월】 ➡ 【癸未月(계미월)】 ☯六白星 대서 24일 04시 33분

양력 7월 / 음력 06/01–07/02	1	2	3	4	5	6	7	8	9	10	11	12	13	14	15	16	17	18	19	20	21	22	23	24	25	26	27	28	29	30	31
요일	월	화	수	목	금	토	일	월	화	수	목	금	토	일	월	화	수	목	금	토	일	월	화	수	목	금	토	일	월	화	수
일진 日辰	戊寅	己卯	庚辰	辛巳	壬午	癸未	甲申	乙酉	丙戌	丁亥	戊子	己丑	庚寅	辛卯	壬辰	癸巳	甲午	乙未	丙申	丁酉	戊戌	己亥	庚子	辛丑	壬寅	癸卯	甲辰	乙巳	丙午	丁未	戊申
납음	城頭土		白臘金		楊柳木		井中水		屋上土		霹靂火		松柏木		長流水		沙中金		山下火		平地木		壁上土		金箔金		覆燈火		天河水		
음력	6/1	2	3	4	5	6	7	8	9	10	11	12	13	14	15	16	17	18	19	20	21	22	23	24	25	26	27	28	29	7/1	2
구성	4	3	2	1	9	8	7	6	5	4	3	2	1	9	8	7	6	5	4	3	2	1	9	8	7	6	5	4	3	2	1
대운 남	8	8	9	9	9	10	10	소	1	1	1	1	2	2	2	3	3	3	4	4	4	5	5	대	6	6	6	7	7	7	8
대운 여	2	2	2	1	1	1	1	서	10	10	9	9	9	8	8	8	7	7	7	6	6	6	5	서	5	4	4	4	3	3	3

입추 8일 20시 48분 【음7월】 ➡ 【甲申月(갑신월)】 ☯五黃星 처서 24일 11시 24분

양력 8월 / 음력 07/03–08/03	1	2	3	4	5	6	7	8	9	10	11	12	13	14	15	16	17	18	19	20	21	22	23	24	25	26	27	28	29	30	31
요일	목	금	토	일	월	화	수	목	금	토	일	월	화	수	목	금	토	일	월	화	수	목	금	토	일	월	화	수	목	금	토
일진 日辰	己酉	庚戌	辛亥	壬子	癸丑	甲寅	乙卯	丙辰	丁巳	戊午	己未	庚申	辛酉	壬戌	癸亥	甲子	乙丑	丙寅	丁卯	戊辰	己巳	庚午	辛未	壬申	癸酉	甲戌	乙亥	丙子	丁丑	戊寅	己卯
납음		釵釧金		桑柘木		大溪水		沙中土		天上火		石榴木		大海水		海中金		爐中火		大林木		路傍土		劍鋒金		山頭火		澗下水		城頭土	
음력	3	4	5	6	7	8	9	10	11	12	13	14	15	16	17	18	19	20	21	22	23	24	25	26	27	28	29	30	8/1	2	3
구성	9	8	7	6	5	4	3	2	1	9	8	7	6	5	4	3	2	1	9	8	7	6	5	4	3	2	1	9	8	7	6
대운 남	8	8	9	9	9	10	10	입	1	1	1	1	2	2	2	3	3	3	4	4	4	5	5	처	6	6	6	7	7	7	8
대운 여	2	2	2	1	1	1	1	추	10	10	9	9	9	8	8	8	7	7	7	6	6	6	5	서	5	4	4	4	3	3	3

백로8일 23시 24분 【음8월】 ➡ 【乙酉月(을유월)】 ☯四綠星 추분 24일 08시 38분

양력 9월 / 음력 08/04–09/03	1	2	3	4	5	6	7	8	9	10	11	12	13	14	15	16	17	18	19	20	21	22	23	24	25	26	27	28	29	30
요일	일	월	화	수	목	금	토	일	월	화	수	목	금	토	일	월	화	수	목	금	토	일	월	화	수	목	금	토	일	월
일진 日辰	庚辰	辛巳	壬午	癸未	甲申	乙酉	丙戌	丁亥	戊子	己丑	庚寅	辛卯	壬辰	癸巳	甲午	乙未	丙申	丁酉	戊戌	己亥	庚子	辛丑	壬寅	癸卯	甲辰	乙巳	丙午	丁未	戊申	己酉
납음	白臘金		楊柳木		井中水		屋上土		霹靂火		松柏木		長流水		沙中金		山下火		平地木		壁上土		金箔金		覆燈火		天河水		大驛土	
음력	4	5	6	7	8	9	10	11	12	13	14	15	16	17	18	19	20	21	22	23	24	25	26	27	28	29	30	9/1	2	3
구성	5	4	3	2	1	9	8	7	6	5	4	3	2	1	9	8	7	6	5	4	3	2	1	9	8	7	6	5	4	3
대운 남	8	8	9	9	9	10	10	백	1	1	1	1	2	2	2	3	3	3	4	4	4	5	5	추	6	6	6	7	7	7
대운 여	2	2	2	1	1	1	1	로	10	10	9	9	9	8	8	8	7	7	7	6	6	6	5	분	5	4	4	4	3	3

한로 9일 14시 36분 【음9월】 ➡ 【丙戌月(병술월)】 ☯三碧星 상강 24일 17시 29분

양력 10월 / 음력 09/04–10/05	1	2	3	4	5	6	7	8	9	10	11	12	13	14	15	16	17	18	19	20	21	22	23	24	25	26	27	28	29	30	31
요일	화	수	목	금	토	일	월	화	수	목	금	토	일	월	화	수	목	금	토	일	월	화	수	목	금	토	일	월	화	수	목
일진 日辰	庚戌	辛亥	壬子	癸丑	甲寅	乙卯	丙辰	丁巳	戊午	己未	庚申	辛酉	壬戌	癸亥	甲子	乙丑	丙寅	丁卯	戊辰	己巳	庚午	辛未	壬申	癸酉	甲戌	乙亥	丙子	丁丑	戊寅	己卯	庚辰
납음	釵釧金		桑柘木		大溪水		沙中土		天上火		石榴木		大海水		海中金		爐中火		大林木		路傍土		劍鋒金		山頭火		澗下水		城頭土		
음력	4	5	6	7	8	9	10	11	12	13	14	15	16	17	18	19	20	21	22	23	24	25	26	27	28	29	10/1	2	3	4	5
구성	2	1	9	8	7	6	5	4	3	2	1	9	8	7	6	5	4	3	2	1	9	8	7	6	5	4	3	2	1	9	8
대운 남	8	8	8	9	9	9	10	10	한	1	1	1	1	2	2	2	3	3	3	4	4	4	5	상	5	6	6	6	7	7	7
대운 여	3	2	2	2	1	1	1	1	로	10	9	9	9	8	8	8	7	7	7	6	6	6	5	강	5	4	4	4	3	3	3

입동 8일 17시 18분 【음10월】 ➡ 【丁亥月(정해월)】 ☯二黑星 소설 23일 14시 35분

양력 11월 / 음력 10/06–11/05	1	2	3	4	5	6	7	8	9	10	11	12	13	14	15	16	17	18	19	20	21	22	23	24	25	26	27	28	29	30
요일	금	토	일	월	화	수	목	금	토	일	월	화	수	목	금	토	일	월	화	수	목	금	토	일	월	화	수	목	금	토
일진 日辰	辛巳	壬午	癸未	甲申	乙酉	丙戌	丁亥	戊子	己丑	庚寅	辛卯	壬辰	癸巳	甲午	乙未	丙申	丁酉	戊戌	己亥	庚子	辛丑	壬寅	癸卯	甲辰	乙巳	丙午	丁未	戊申	己酉	庚戌
납음		楊柳木		井中水		屋上土		霹靂火		松柏木		長流水		沙中金		山下火		平地木		壁上土		金箔金		覆燈火		天河水		大驛土		
음력	6	7	8	9	10	11	12	13	14	15	16	17	18	19	20	21	22	23	24	25	26	27	28	29	30	11/1	2	3	4	5
구성	7	6	5	4	3	2	1	9	8	7	6	5	4	3	2	1	9	8	7	6	5	4	3	2	1	9	8	7	6	5
대운 남	8	8	8	9	9	9	10	입	1	1	1	1	2	2	2	3	3	3	4	4	4	5	소	5	6	6	6	7	7	7
대운 여	2	2	2	1	1	1	1	동	10	9	9	9	8	8	8	7	7	7	6	6	6	5	설	5	4	4	4	3	3	3

대설 8일 09시 45분 【음11월】 ➡ 【戊子月(무자월)】 ☯一白星 동지 23일 03시 37분

양력 12월 / 음력 11/06–12/06	1	2	3	4	5	6	7	8	9	10	11	12	13	14	15	16	17	18	19	20	21	22	23	24	25	26	27	28	29	30	31
요일	일	월	화	수	목	금	토	일	월	화	수	목	금	토	일	월	화	수	목	금	토	일	월	화	수	목	금	토	일	월	화
일진 日辰	辛亥	壬子	癸丑	甲寅	乙卯	丙辰	丁巳	戊午	己未	庚申	辛酉	壬戌	癸亥	甲子	乙丑	丙寅	丁卯	戊辰	己巳	庚午	辛未	壬申	癸酉	甲戌	乙亥	丙子	丁丑	戊寅	己卯	庚辰	辛巳
납음		桑柘木		大溪水		沙中土		天上火		石榴木		大海水		海中金		爐中火		大林木		路傍土		劍鋒金		山頭火		澗下水		城頭土		白臘金	
음력	6	7	8	9	10	11	12	13	14	15	16	17	18	19	20	21	22	23	24	25	26	27	28	29	30	12/1	2	3	4	5	6
구성	4	3	2	1	9	8	7	6	5	4	3	2	1	1	2	3	4	5	6	7	8	9	1	2	3	4	5	6	7	8	9
대운 남	8	8	8	9	9	9	10	대	1	1	1	1	2	2	2	3	3	3	4	4	4	5	동	5	6	6	6	7	7	7	8
대운 여	2	2	2	1	1	1	1	설	9	9	9	8	8	8	7	7	7	6	6	6	5	5	지	4	4	4	3	3	3	2	2

단기 4269 年

불기 2480 年

1936년

丙子年

중원(,납음(澗下水),본명성(一白水)

대장군(酉서방), 삼살(남방), 상문(寅동북방), 조객(戌서북방),납음(간하수), 삼재(인,묘,진)년 臘享(납향):1937년1월20일(음12/08)

쥐

소한 6일 20시 47분 【음12월】 ➡ 【己丑月(기축월)】 ☯九紫星 대한 21일 14시 12분

	양력	1	2	3	4	5	6	7	8	9	10	11	12	13	14	15	16	17	18	19	20	21	22	23	24	25	26	27	28	29	30	31
양력 1월	요일	수	목	금	토	일	월	화	수	목	금	토	일	월	화	수	목	금	토	일	월	화	수	목	금	토	일	월	화	수	목	금
	일진 日辰	壬午	癸未	甲申	乙酉	丙戌	丁亥	戊子	己丑	庚寅	辛卯	壬辰	癸巳	甲午	乙未	丙申	丁酉	戊戌	己亥	庚子	辛丑	壬寅	癸卯	甲辰	乙巳	丙午	丁未	戊申	己酉	庚戌	辛亥	壬子
음력 12/07 ~ 01/08	납음	楊柳木		井中水		屋上土		霹靂火		松柏木		長流水		沙中金		山下火		平地木		壁上土		金箔金		覆燈火		天河水		大驛土		釵釧金		
	음력	7	8	9	10	11	12	13	14	15	16	17	18	19	20	21	22	23	24	25	26	27	28	29	1/1	2	3	4	5	6	7	8
	구성	1	2	3	4	5	6	7	8	9	1	2	3	4	5	6	7	8	9	1	2	3	4	5	6	7	8	9	1	2	3	4
	대운 남	8	8	9	9	9	소	1	1	1	1	2	2	2	3	3	3	4	4	4	5	대	5	6	6	6	7	7	7	8	8	8
	대운 여	2	1	1	1	1	한	10	9	9	9	8	8	8	7	7	7	6	6	6	5	한	5	4	4	4	3	3	3	2	2	2

입춘 5일 08시 29분 【음1월】 ➡ 【庚寅月(경인월)】 ☯八白星 우수 20일 04시 33분

	양력	1	2	3	4	5	6	7	8	9	10	11	12	13	14	15	16	17	18	19	20	21	22	23	24	25	26	27	28	29
양력 2월	요일	토	일	월	화	수	목	금	토	일	월	화	수	목	금	토	일	월	화	수	목	금	토	일	월	화	수	목	금	토
	일진 日辰	癸丑	甲寅	乙卯	丙辰	丁巳	戊午	己未	庚申	辛酉	壬戌	癸亥	甲子	乙丑	丙寅	丁卯	戊辰	己巳	庚午	辛未	壬申	癸酉	甲戌	乙亥	丙子	丁丑	戊寅	己卯	庚辰	辛巳
음력 01/09 ~ 02/07	납음		大溪水		沙中土		天上火		石榴木		大海水		海中金		爐中火		大林木		路傍土		劍鋒金		山頭火		澗下水		城頭土		白臘金	
	음력	9	10	11	12	13	14	15	16	17	18	19	20	21	22	23	24	25	26	27	28	29	30	2/1	2	3	4	5	6	7
	구성	5	6	7	8	9	1	2	3	4	5	6	7	8	9	1	2	3	4	5	6	7	8	9	1	2	3	4	5	6
	대운 남	9	9	9	10	입	10	9	9	9	8	8	8	7	7	7	6	6	6	5	우	5	4	4	4	3	3	3	2	2
	대운 여	1	1	1	1	춘	1	1	1	1	2	2	2	3	3	3	4	4	4	5	수	5	6	6	6	7	7	7	8	8

丙子年

경칩 6일 02시 49분 【음2월】 ➡ 【辛卯月(신묘월)】 ☯七赤星 춘분 21일 03시 58분

	양력	1	2	3	4	5	6	7	8	9	10	11	12	13	14	15	16	17	18	19	20	21	22	23	24	25	26	27	28	29	30	31
양력 3월	요일	일	월	화	수	목	금	토	일	월	화	수	목	금	토	일	월	화	수	목	금	토	일	월	화	수	목	금	토	일	월	화
	일진 日辰	壬午	癸未	甲申	乙酉	丙戌	丁亥	戊子	己丑	庚寅	辛卯	壬辰	癸巳	甲午	乙未	丙申	丁酉	戊戌	己亥	庚子	辛丑	壬寅	癸卯	甲辰	乙巳	丙午	丁未	戊申	己酉	庚戌	辛亥	壬子
음력 02/08 ~ 03/09	납음	楊柳木		井中水		屋上土		霹靂火		松柏木		長流水		沙中金		山下火		平地木		壁上土		金箔金		覆燈火		天河水		大驛土		釵釧金		
	음력	8	9	10	11	12	13	14	15	16	17	18	19	20	21	22	23	24	25	26	27	28	29	3/1	2	3	4	5	6	7	8	9
	구성	7	8	9	1	2	3	4	5	6	7	8	9	1	2	3	4	5	6	7	8	9	1	2	3	4	5	6	7	8	9	1
	대운 남	2	1	1	1	1	경	10	9	9	9	8	8	8	7	7	7	6	6	6	5	춘	5	4	4	4	3	3	3	2	2	2
	대운 여	8	9	9	9	10	칩	1	1	1	1	2	2	2	3	3	3	4	4	4	5	분	5	6	6	6	7	7	7	8	8	8

청명 5일 08시 07분 【음3월】 ➡ 【壬辰月(임진월)】 ☯六白星 곡우 20일 15시 31분

	양력	1	2	3	4	5	6	7	8	9	10	11	12	13	14	15	16	17	18	19	20	21	22	23	24	25	26	27	28	29	30
양력 4월	요일	수	목	금	토	일	월	화	수	목	금	토	일	월	화	수	목	금	토	일	월	화	수	목	금	토	일	월	화	수	목
	일진 日辰	癸丑	甲寅	乙卯	丙辰	丁巳	戊午	己未	庚申	辛酉	壬戌	癸亥	甲子	乙丑	丙寅	丁卯	戊辰	己巳	庚午	辛未	壬申	癸酉	甲戌	乙亥	丙子	丁丑	戊寅	己卯	庚辰	辛巳	壬午
음력 03/10 ~ 윤310	납음		大溪水		沙中土		天上火		石榴木		大海水		海中金		爐中火		大林木		路傍土		劍鋒金		山頭火		澗下水		城頭土		白臘金		
	음력	10	11	12	13	14	15	16	17	18	19	20	21	22	23	24	25	26	27	28	29	윤3	2	3	4	5	6	7	8	9	10
	구성	2	3	4	5	6	7	8	9	1	2	3	4	5	6	7	8	9	1	2	3	4	5	6	7	8	9	1	2	3	4
	대운 남	1	1	1	1	청	10	10	9	9	9	8	8	8	7	7	7	6	6	6	곡	5	5	4	4	4	3	3	3	2	2
	대운 여	9	9	9	10	명	1	1	1	1	2	2	2	3	3	3	4	4	4	5	우	5	6	6	6	7	7	7	8	8	8

입하 6일 01시 57분 【음4월】 ➡ 【癸巳月(계사월)】 ☯五黃星 소만 21일 15시 07분

	양력	1	2	3	4	5	6	7	8	9	10	11	12	13	14	15	16	17	18	19	20	21	22	23	24	25	26	27	28	29	30	31
양력 5월	요일	금	토	일	월	화	수	목	금	토	일	월	화	수	목	금	토	일	월	화	수	목	금	토	일	월	화	수	목	금	토	일
	일진 日辰	癸未	甲申	乙酉	丙戌	丁亥	戊子	己丑	庚寅	辛卯	壬辰	癸巳	甲午	乙未	丙申	丁酉	戊戌	己亥	庚子	辛丑	壬寅	癸卯	甲辰	乙巳	丙午	丁未	戊申	己酉	庚戌	辛亥	壬子	癸丑
음력 윤311 ~ 04/11	납음		井中水		屋上土		霹靂火		松柏木		長流水		沙中金		山下火		平地木		壁上土		金箔金		覆燈火		天河水		大驛土		釵釧金		桑柘木	
	음력	11	12	13	14	15	16	17	18	19	20	21	22	23	24	25	26	27	28	29	30	4/1	2	3	4	5	6	7	8	9	10	11
	구성	5	6	7	8	9	1	2	3	4	5	6	7	8	9	1	2	3	4	5	6	7	8	9	1	2	3	4	5	6	7	8
	대운 남	2	1	1	1	1	입	10	10	9	9	9	8	8	8	7	7	7	6	6	6	소	5	5	4	4	4	3	3	3	2	2
	대운 여	9	9	9	10	10	하	1	1	1	1	2	2	2	3	3	3	4	4	4	5	만	5	6	6	6	7	7	7	8	8	8

망종 6일 06시 31분 【음5월】 ➡ 【甲午月(갑오월)】 ☯四綠星 하지 21일 23시 22분

	양력	1	2	3	4	5	6	7	8	9	10	11	12	13	14	15	16	17	18	19	20	21	22	23	24	25	26	27	28	29	30
양력 6월	요일	월	화	수	목	금	토	일	월	화	수	목	금	토	일	월	화	수	목	금	토	일	월	화	수	목	금	토	일	월	화
	일진 日辰	甲寅	乙卯	丙辰	丁巳	戊午	己未	庚申	辛酉	壬戌	癸亥	甲子	乙丑	丙寅	丁卯	戊辰	己巳	庚午	辛未	壬申	癸酉	甲戌	乙亥	丙子	丁丑	戊寅	己卯	庚辰	辛巳	壬午	癸未
음력 04/12 ~ 05/12	납음	大溪水		沙中土		天上火		石榴木		大海水		海中金		爐中火		大林木		路傍土		劍鋒金		山頭火		澗下水		城頭土		白臘金		楊柳木	
	음력	12	13	14	15	16	17	18	19	20	21	22	23	24	25	26	27	28	29	5/1	2	3	4	5	6	7	8	9	10	11	12
	구성	9	1	2	3	4	5	6	7	8	9	9	8	7	6	5	4	3	2	1	9	8	7	6	5	4	3	2	1	9	8
	대운 남	2	1	1	1	1	망	10	10	9	9	9	8	8	8	7	7	7	6	6	6	하	5	5	4	4	4	3	3	3	2
	대운 여	9	9	9	10	10	종	1	1	1	1	2	2	2	3	3	3	4	4	4	5	지	5	6	6	6	7	7	7	8	8

한식(4월6일), 초복(7월17일), 중복(7월27일), 말복(8월16일) ☂춘사(春社)3/17 ☀추사(秋社)9/23
토왕지절(土旺之節):4월17일,7월20일,10월20일,1월17일(신년양력),臘享(납향):1월20일(신년양력)

七日得辛, 十二龍治水, 1936년 병자年(간하수), 일백수

9紫	5黃	7赤
8白	1白	3碧
4綠	6白	2黑

1936 丙子年

소서 7일 16시 58분 【음6월】➡ 【乙未月(을미월)】 ☯三碧星 대서 23일 10시 18분

양력 7월 / 음력 05/13 ~ 06/13

양력	1	2	3	4	5	6	7	8	9	10	11	12	13	14	15	16	17	18	19	20	21	22	23	24	25	26	27	28	29	30	31
요일	수	목	금	토	일	월	화	수	목	금	토	일	월	화	수	목	금	토	일	월	화	수	목	금	토	일	월	화	수	목	금
일진 日辰	甲申	乙酉	丙戌	丁亥	戊子	己丑	庚寅	辛卯	壬辰	癸巳	甲午	乙未	丙申	丁酉	戊戌	己亥	庚子	辛丑	壬寅	癸卯	甲辰	乙巳	丙午	丁未	戊申	己酉	庚戌	辛亥	壬子	癸丑	甲寅
납음	井中水		屋上土		霹靂火		松柏木		長流水		沙中金		山下火		平地木		壁上土		金箔金		覆燈火		天河水		大驛土		釵釧金		桑柘木		
음력	13	14	15	16	17	18	19	20	21	22	23	24	25	26	27	28	29	30	6/1	2	3	4	5	6	7	8	9	10	11	12	13
구성	7	6	5	4	3	2	1	9	8	7	6	5	4	3	2	1	9	8	7	6	5	4	3	2	1	9	8	7	6	5	4
대운 남	2	2	1	1	1	1	소	10	10	10	9	9	9	8	8	8	7	7	7	6	6	6	대	5	5	4	4	4	3	3	3
대운 여	8	9	9	9	10	10	서	1	1	1	1	2	2	2	3	3	3	4	4	4	5	5	서	6	6	6	7	7	7	8	8

입추 8일 02시 43분 【음7월】➡ 【丙申月(병신월)】 ☯二黑星 처서 23일 17시 11분

양력 8월 / 음력 06/14 ~ 07/15

양력	1	2	3	4	5	6	7	8	9	10	11	12	13	14	15	16	17	18	19	20	21	22	23	24	25	26	27	28	29	30	31
요일	토	일	월	화	수	목	금	토	일	월	화	수	목	금	토	일	월	화	수	목	금	토	일	월	화	수	목	금	토	일	월
일진 日辰	乙卯	丙辰	丁巳	戊午	己未	庚申	辛酉	壬戌	癸亥	甲子	乙丑	丙寅	丁卯	戊辰	己巳	庚午	辛未	壬申	癸酉	甲戌	乙亥	丙子	丁丑	戊寅	己卯	庚辰	辛巳	壬午	癸未	甲申	乙酉
납음		沙中土		天上火		石榴木		大海水		海中金		爐中火		大林木		路傍土		劍鋒金		山頭火		澗下水		城頭土		白臘金		楊柳木		井中水	
음력	14	15	16	17	18	19	20	21	22	23	24	25	26	27	28	29	7/1	2	3	4	5	6	7	8	9	10	11	12	13	14	15
구성	3	2	1	9	8	7	6	5	4	3	2	1	9	8	7	6	5	4	3	2	1	9	8	7	6	5	4	3	2	1	9
대운 남	2	2	2	1	1	1	1	입	10	10	9	9	9	8	8	8	7	7	7	6	6	6	처	5	5	4	4	4	3	3	3
대운 여	8	8	9	9	9	10	10	추	1	1	1	1	2	2	2	3	3	3	4	4	4	5	서	5	6	6	6	7	7	7	8

백로 8일 05시 21분 【음8월】➡ 【丁酉月(정유월)】 ☯一白星 추분 23일 14시 26분

양력 9월 / 음력 07/16 ~ 08/15

양력	1	2	3	4	5	6	7	8	9	10	11	12	13	14	15	16	17	18	19	20	21	22	23	24	25	26	27	28	29	30
요일	화	수	목	금	토	일	월	화	수	목	금	토	일	월	화	수	목	금	토	일	월	화	수	목	금	토	일	월	화	수
일진 日辰	丙戌	丁亥	戊子	己丑	庚寅	辛卯	壬辰	癸巳	甲午	乙未	丙申	丁酉	戊戌	己亥	庚子	辛丑	壬寅	癸卯	甲辰	乙巳	丙午	丁未	戊申	己酉	庚戌	辛亥	壬子	癸丑	甲寅	乙卯
납음	屋上土		霹靂火		松柏木		長流水		沙中金		山下火		平地木		壁上土		金箔金		覆燈火		天河水		大驛土		釵釧金		桑柘木		大溪水	
음력	16	17	18	19	20	21	22	23	24	25	26	27	28	29	30	8/1	2	3	4	5	6	7	8	9	10	11	12	13	14	15
구성	8	7	6	5	4	3	2	1	9	8	7	6	5	4	3	2	1	9	8	7	6	5	4	3	2	1	9	8	7	6
대운 남	2	2	2	1	1	1	1	백	10	10	9	9	9	8	8	8	7	7	7	6	6	6	추	5	5	4	4	4	3	3
대운 여	8	8	9	9	9	10	10	로	1	1	1	1	2	2	2	3	3	3	4	4	4	5	분	5	6	6	6	7	7	7

한로 8일 20시 32분 【음9월】➡ 【戊戌月(무술월)】 ☯九紫星 상강 23일 23시 18분

양력 10월 / 음력 09/16 ~ 09/17

양력	1	2	3	4	5	6	7	8	9	10	11	12	13	14	15	16	17	18	19	20	21	22	23	24	25	26	27	28	29	30	31
요일	목	금	토	일	월	화	수	목	금	토	일	월	화	수	목	금	토	일	월	화	수	목	금	토	일	월	화	수	목	금	토
일진 日辰	丙辰	丁巳	戊午	己未	庚申	辛酉	壬戌	癸亥	甲子	乙丑	丙寅	丁卯	戊辰	己巳	庚午	辛未	壬申	癸酉	甲戌	乙亥	丙子	丁丑	戊寅	己卯	庚辰	辛巳	壬午	癸未	甲申	乙酉	丙戌
납음	沙中土		天上火		石榴木		大海水		海中金		爐中火		大林木		路傍土		劍鋒金		山頭火		澗下水		城頭土		白臘金		楊柳木		井中水		
음력	16	17	18	19	20	21	22	23	24	25	26	27	28	29	9/1	2	3	4	5	6	7	8	9	10	11	12	13	14	15	16	17
구성	5	4	3	2	1	9	8	7	6	5	4	3	2	1	9	8	7	6	5	4	3	2	1	9	8	7	6	5	4	3	2
대운 남	3	2	2	2	1	1	1	한	10	9	9	9	8	8	8	7	7	7	6	6	6	5	상	5	4	4	4	3	3	3	2
대운 여	8	8	8	9	9	9	10	로	1	1	1	1	2	2	2	3	3	3	4	4	4	5	강	5	6	6	6	7	7	7	8

입동 7일 23시 15분 【음10월】➡ 【己亥月(기해월)】 ☯八白星 소설 22일 20시 25분

양력 11월 / 음력 09/18 ~ 10/17

양력	1	2	3	4	5	6	7	8	9	10	11	12	13	14	15	16	17	18	19	20	21	22	23	24	25	26	27	28	29	30
요일	일	월	화	수	목	금	토	일	월	화	수	목	금	토	일	월	화	수	목	금	토	일	월	화	수	목	금	토	일	월
일진 日辰	丁亥	戊子	己丑	庚寅	辛卯	壬辰	癸巳	甲午	乙未	丙申	丁酉	戊戌	己亥	庚子	辛丑	壬寅	癸卯	甲辰	乙巳	丙午	丁未	戊申	己酉	庚戌	辛亥	壬子	癸丑	甲寅	乙卯	丙辰
납음		霹靂火		松柏木		長流水		沙中金		山下火		平地木		壁上土		金箔金		覆燈火		天河水		大驛土		釵釧金		桑柘木		大溪水		
음력	18	19	20	21	22	23	24	25	26	27	28	29	30	10/1	2	3	4	5	6	7	8	9	10	11	12	13	14	15	16	17
구성	1	9	8	7	6	5	4	3	2	1	9	8	7	6	5	4	3	2	1	9	8	7	6	5	4	3	2	1	9	8
대운 남	2	2	1	1	1	1	입	10	9	9	9	8	8	8	7	7	7	6	6	6	5	소	5	4	4	4	3	3	3	2
대운 여	8	8	9	9	9	10	동	1	1	1	1	2	2	2	3	3	3	4	4	4	5	설	5	6	6	6	7	7	7	8

대설 7일 15시 42분 【음11월】➡ 【庚子月(경자월)】 ☯七赤星 동지 22일 09시 27분

양력 12월 / 음력 10/18 ~ 11/18

양력	1	2	3	4	5	6	7	8	9	10	11	12	13	14	15	16	17	18	19	20	21	22	23	24	25	26	27	28	29	30	31
요일	화	수	목	금	토	일	월	화	수	목	금	토	일	월	화	수	목	금	토	일	월	화	수	목	금	토	일	월	화	수	목
일진 日辰	丁巳	戊午	己未	庚申	辛酉	壬戌	癸亥	甲子	乙丑	丙寅	丁卯	戊辰	己巳	庚午	辛未	壬申	癸酉	甲戌	乙亥	丙子	丁丑	戊寅	己卯	庚辰	辛巳	壬午	癸未	甲申	乙酉	丙戌	丁亥
납음		天上火		石榴木		大海水		海中金		爐中火		大林木		路傍土		劍鋒金		山頭火		澗下水		城頭土		白臘金		楊柳木		井中水		屋上土	
음력	18	19	20	21	22	23	24	25	26	27	28	29	30	11/1	2	3	4	5	6	7	8	9	10	11	12	13	14	15	16	17	18
구성	7	6	5	4	3	2	1	1	2	3	4	5	6	7	8	9	1	2	3	4	5	6	7	8	9	1	2	3	4	5	6
대운 남	2	2	2	1	1	1	대	10	9	9	9	8	8	8	7	7	7	6	6	6	5	동	5	4	4	4	3	3	3	2	2
대운 여	8	8	8	9	9	9	설	1	1	1	1	2	2	2	3	3	3	4	4	4	5	지	5	6	6	6	7	7	7	8	8

단기 4270 年
불기 2481 年

1937년

중원 丁丑年 ,납음(澗下水),본명성(九紫火)

대장군(酉서방), 삼살(동방), 상문(卯동방),조객(亥서북방), 납음(간하수),【삼재(해,자,축)년】 臘享(납향):1938년1월15일(음12/14)

소

소한 6일 02시 44분 【음12월】 ➡ 【辛丑月(신축월)】 ☯六白星 대한 20일 20시 01분

양력 1월	양력	1	2	3	4	5	6	7	8	9	10	11	12	13	14	15	16	17	18	19	20	21	22	23	24	25	26	27	28	29	30	31
	요일	금	토	일	월	화	수	목	금	토	일	월	화	수	목	금	토	일	월	화	수	목	금	토	일	월	화	수	목	금	토	일
	일진 日辰	戊子	己丑	庚寅	辛卯	壬辰	癸巳	甲午	乙未	丙申	丁酉	戊戌	己亥	庚子	辛丑	壬寅	癸卯	甲辰	乙巳	丙午	丁未	戊申	己酉	庚戌	辛亥	壬子	癸丑	甲寅	乙卯	丙辰	丁巳	戊午
음력 11/19 ~ 12/19	납음	霹靂火		松柏木		長流水		沙中金		山下火		平地木		壁上土		金箔金		覆燈火		天河水		大驛土		釵釧金		桑柘木		大溪水		沙中土		
	음력	19	20	21	22	23	24	25	26	27	28	29	30	12/1	2	3	4	5	6	7	8	9	10	11	12	13	14	15	16	17	18	19
	구성	7	8	9	1	2	3	4	5	6	7	8	9	1	2	3	4	5	6	7	8	9	1	2	3	4	5	6	7	8	9	1
대운	남	2	1	1	1	1	소	9	9	9	8	8	8	7	7	7	6	6	6	5	대	5	4	4	4	3	3	3	2	2	2	1
	여	8	9	9	9	10	한	1	1	1	1	2	2	2	3	3	3	4	4	4	한	5	5	6	6	6	7	7	7	8	8	8

입춘 4일 14시 26분 【음1월】 ➡ 【壬寅月(임인월)】 ☯五黃星 우수 19일 10시 21분

양력 2월	양력	1	2	3	4	5	6	7	8	9	10	11	12	13	14	15	16	17	18	19	20	21	22	23	24	25	26	27	28
	요일	월	화	수	목	금	토	일	월	화	수	목	금	토	일	월	화	수	목	금	토	일	월	화	수	목	금	토	일
	일진 日辰	己未	庚申	辛酉	壬戌	癸亥	甲子	乙丑	丙寅	丁卯	戊辰	己巳	庚午	辛未	壬申	癸酉	甲戌	乙亥	丙子	丁丑	戊寅	己卯	庚辰	辛巳	壬午	癸未	甲申	乙酉	丙戌
음력 12/20 ~ 01/18	납음		石榴木		大海水		海中金		爐中火		大林木		路傍土		劍鋒金		山頭火		澗下水		城頭土		白臘金		楊柳木		井中水		
	음력	20	21	22	23	24	25	26	27	28	29	1/1	2	3	4	5	6	7	8	9	10	11	12	13	14	15	16	17	18
	구성	2	3	4	5	6	7	8	9	1	2	3	4	5	6	7	8	9	1	2	3	4	5	6	7	8	9	1	2
대운	남	1	1	1	입	1	1	1	1	2	2	2	3	3	3	4	4	4	5	우	5	6	6	6	7	7	7	8	8
	여	9	9	9	춘	10	9	9	9	8	8	8	7	7	7	6	6	6	5	수	5	4	4	4	3	3	3	2	2

丁丑年

경칩 6일 08시 44분 【음2월】 ➡ 【癸卯月(계묘월)】 ☯四綠星 춘분 21일 09시 45분

양력 3월	양력	1	2	3	4	5	6	7	8	9	10	11	12	13	14	15	16	17	18	19	20	21	22	23	24	25	26	27	28	29	30	31
	요일	월	화	수	목	금	토	일	월	화	수	목	금	토	일	월	화	수	목	금	토	일	월	화	수	목	금	토	일	월	화	수
	일진 日辰	丁亥	戊子	己丑	庚寅	辛卯	壬辰	癸巳	甲午	乙未	丙申	丁酉	戊戌	己亥	庚子	辛丑	壬寅	癸卯	甲辰	乙巳	丙午	丁未	戊申	己酉	庚戌	辛亥	壬子	癸丑	甲寅	乙卯	丙辰	丁巳
음력 01/19 ~ 02/19	납음		霹靂火		松柏木		長流水		沙中金		山下火		平地木		壁上土		金箔金		覆燈火		天河水		大驛土		釵釧金		桑柘木		大溪水		沙中土	
	음력	19	20	21	22	23	24	25	26	27	28	29	30	2/1	2	3	4	5	6	7	8	9	10	11	12	13	14	15	16	17	18	19
	구성	3	4	5	6	7	8	9	1	2	3	4	5	6	7	8	9	1	2	3	4	5	6	7	8	9	1	2	3	4	5	6
대운	남	8	9	9	9	10	경	1	1	1	1	2	2	2	3	3	3	4	4	4	5	춘	5	6	6	6	7	7	7	8	8	8
	여	2	1	1	1	1	칩	10	9	9	9	8	8	8	7	7	7	6	6	6	5	분	5	4	4	4	3	3	3	2	2	2

청명 5일 14시 01분 【음3월】 ➡ 【甲辰月(갑진월)】 ☯三碧星 곡우 20일 21시 19분

양력 4월	양력	1	2	3	4	5	6	7	8	9	10	11	12	13	14	15	16	17	18	19	20	21	22	23	24	25	26	27	28	29	30
	요일	목	금	토	일	월	화	수	목	금	토	일	월	화	수	목	금	토	일	월	화	수	목	금	토	일	월	화	수	목	금
	일진 日辰	戊午	己未	庚申	辛酉	壬戌	癸亥	甲子	乙丑	丙寅	丁卯	戊辰	己巳	庚午	辛未	壬申	癸酉	甲戌	乙亥	丙子	丁丑	戊寅	己卯	庚辰	辛巳	壬午	癸未	甲申	乙酉	丙戌	丁亥
음력 02/20 ~ 03/20	납음	天上火		石榴木		大海水		海中金		爐中火		大林木		路傍土		劍鋒金		山頭火		澗下水		城頭土		白臘金		楊柳木		井中水		屋上土	
	음력	20	21	22	23	24	25	26	27	28	29	3/1	2	3	4	5	6	7	8	9	10	11	12	13	14	15	16	17	18	19	20
	구성	7	8	9	1	2	3	4	5	6	7	8	9	1	2	3	4	5	6	7	8	9	1	2	3	4	5	6	7	8	9
대운	남	9	9	9	10	청	1	1	1	1	2	2	2	3	3	3	4	4	4	5	곡	5	6	6	6	7	7	7	8	8	8
	여	1	1	1	1	명	10	10	9	9	9	8	8	8	7	7	7	6	6	6	우	5	5	4	4	4	3	3	3	2	2

입하 6일 07시 51분 【음4월】 ➡ 【乙巳月(을사월)】 ☯二黑星 소만 21일 20시 57분

양력 5월	양력	1	2	3	4	5	6	7	8	9	10	11	12	13	14	15	16	17	18	19	20	21	22	23	24	25	26	27	28	29	30	31
	요일	토	일	월	화	수	목	금	토	일	월	화	수	목	금	토	일	월	화	수	목	금	토	일	월	화	수	목	금	토	일	월
	일진 日辰	戊子	己丑	庚寅	辛卯	壬辰	癸巳	甲午	乙未	丙申	丁酉	戊戌	己亥	庚子	辛丑	壬寅	癸卯	甲辰	乙巳	丙午	丁未	戊申	己酉	庚戌	辛亥	壬子	癸丑	甲寅	乙卯	丙辰	丁巳	戊午
음력 03/21 ~ 04/22	납음	霹靂火		松柏木		長流水		沙中金		山下火		平地木		壁上土		金箔金		覆燈火		天河水		大驛土		釵釧金		桑柘木		大溪水		沙中土		
	음력	21	22	23	24	25	26	27	28	29	4/1	2	3	4	5	6	7	8	9	10	11	12	13	14	15	16	17	18	19	20	21	22
	구성	1	2	3	4	5	6	7	8	9	1	2	3	4	5	6	7	8	9	1	2	3	4	5	6	7	8	9	1	2	3	4
대운	남	9	9	9	10	10	입	1	1	1	1	2	2	2	3	3	3	4	4	4	5	소	5	6	6	6	7	7	7	8	8	8
	여	2	1	1	1	1	하	10	10	9	9	9	8	8	8	7	7	7	6	6	6	만	5	5	4	4	4	3	3	3	2	2

망종 6일 12시 23분 【음5월】 ➡ 【丙午月(병오월)】 ☯一白星 하지 22일 05시 12분

양력 6월	양력	1	2	3	4	5	6	7	8	9	10	11	12	13	14	15	16	17	18	19	20	21	22	23	24	25	26	27	28	29	30
	요일	화	수	목	금	토	일	월	화	수	목	금	토	일	월	화	수	목	금	토	일	월	화	수	목	금	토	일	월	화	수
	일진 日辰	己未	庚申	辛酉	壬戌	癸亥	甲子	乙丑	丙寅	丁卯	戊辰	己巳	庚午	辛未	壬申	癸酉	甲戌	乙亥	丙子	丁丑	戊寅	己卯	庚辰	辛巳	壬午	癸未	甲申	乙酉	丙戌	丁亥	戊子
음력 04/23 ~ 05/22	납음		石榴木		大海水		海中金		爐中火		大林木		路傍土		劍鋒金		山頭火		澗下水		城頭土		白臘金		楊柳木		井中水		屋上土		
	음력	23	24	25	26	27	28	29	30	5/1	2	3	4	5	6	7	8	9	10	11	12	13	14	15	16	17	18	19	20	21	22
	구성	5	6	7	8	9	9	8	7	6	5	4	3	2	1	9	8	7	6	5	4	3	2	1	9	8	7	6	5	4	3
대운	남	9	9	9	10	10	망	1	1	1	1	2	2	2	3	3	3	4	4	4	5	5	하	6	6	6	7	7	7	8	8
	여	2	1	1	1	1	종	10	10	9	9	9	8	8	8	7	7	7	6	6	6	5	지	5	4	4	4	3	3	3	2

한식(4월06일), 초복(7월12일), 중복(7월22일), 말복(8월11일) 춘사(春社)3/22 추사(秋社)9/28
토왕지절(土旺之節):4월17일,7월20일,10월21일,1월18일(신년양력),臘享(납향):1월15일(신년양력)

三日得辛, 十二龍治水, 1937년 정축年(간하수), 구자화

8白	4綠	6白
7赤	9紫	2黑
3碧	5黃	1白

1937 丁丑年

소서 7일 22시 46분 【음6월】 ➡ 【丁未月(정미월)】 ☯九紫星 대서 23일 16시 07분

양력 7월 / 음력 05/23–06/24	1	2	3	4	5	6	7	8	9	10	11	12	13	14	15	16	17	18	19	20	21	22	23	24	25	26	27	28	29	30	31
요일	목	금	토	일	월	화	수	목	금	토	일	월	화	수	목	금	토	일	월	화	수	목	금	토	일	월	화	수	목	금	토
일진 日辰	己丑	庚寅	辛卯	壬辰	癸巳	甲午	乙未	丙申	丁酉	戊戌	己亥	庚子	辛丑	壬寅	癸卯	甲辰	乙巳	丙午	丁未	戊申	己酉	庚戌	辛亥	壬子	癸丑	甲寅	乙卯	丙辰	丁巳	戊午	己未
납음		松柏木		長流水		沙中金		山下火		平地木		壁上土		金箔金		覆燈火		天河水		大驛土		釵釧金		桑柘木		大溪水		沙中土		天上火	
음력	23	24	25	26	27	28	29	6/1	2	3	4	5	6	7	8	9	10	11	12	13	14	15	16	17	18	19	20	21	22	23	24
구성	2	1	9	8	7	6	5	4	3	2	1	9	8	7	6	5	4	3	2	1	9	8	7	6	5	4	3	2	1	9	8
대운 남	8	9	9	9	10	10	소	1	1	1	1	2	2	2	3	3	3	4	4	4	5	5	대	6	6	6	7	7	7	8	8
대운 여	2	2	1	1	1	1	서	10	10	10	9	9	9	8	8	8	7	7	7	6	6	6	서	5	5	4	4	4	3	3	3

입추 8일 08시 25분 【음7월】 ➡ 【戊申月(무신월)】 ☯八白星 처서 23일 22시 58분

양력 8월 / 음력 06/25–07/26	1	2	3	4	5	6	7	8	9	10	11	12	13	14	15	16	17	18	19	20	21	22	23	24	25	26	27	28	29	30	31
요일	일	월	화	수	목	금	토	일	월	화	수	목	금	토	일	월	화	수	목	금	토	일	월	화	수	목	금	토	일	월	화
일진 日辰	庚申	辛酉	壬戌	癸亥	甲子	乙丑	丙寅	丁卯	戊辰	己巳	庚午	辛未	壬申	癸酉	甲戌	乙亥	丙子	丁丑	戊寅	己卯	庚辰	辛巳	壬午	癸未	甲申	乙酉	丙戌	丁亥	戊子	己丑	庚寅
납음	石榴木		大海水		海中金		爐中火		大林木		路傍土		劍鋒金		山頭火		澗下水		城頭土		白臘金		楊柳木		井中水		屋上土		霹靂火		
음력	25	26	27	28	29	7/1	2	3	4	5	6	7	8	9	10	11	12	13	14	15	16	17	18	19	20	21	22	23	24	25	26
구성	7	6	5	4	3	2	1	9	8	7	6	5	4	3	2	1	9	8	7	6	5	4	3	2	1	9	8	7	6	5	4
대운 남	8	9	9	9	10	10	10	입	1	1	1	1	2	2	2	3	3	3	4	4	4	5	처	5	6	6	6	7	7	7	8
대운 여	2	2	2	1	1	1	1	추	10	10	9	9	9	8	8	8	7	7	7	6	6	6	서	5	5	4	4	4	3	3	3

백로 8일 10시 59분 【음8월】 ➡ 【己酉月(기유월)】 ☯七赤星 추분 23일 20시 13분

양력 9월 / 음력 07/27–08/26	1	2	3	4	5	6	7	8	9	10	11	12	13	14	15	16	17	18	19	20	21	22	23	24	25	26	27	28	29	30
요일	수	목	금	토	일	월	화	수	목	금	토	일	월	화	수	목	금	토	일	월	화	수	목	금	토	일	월	화	수	목
일진 日辰	辛卯	壬辰	癸巳	甲午	乙未	丙申	丁酉	戊戌	己亥	庚子	辛丑	壬寅	癸卯	甲辰	乙巳	丙午	丁未	戊申	己酉	庚戌	辛亥	壬子	癸丑	甲寅	乙卯	丙辰	丁巳	戊午	己未	庚申
납음		長流水		沙中金		山下火		平地木		壁上土		金箔金		覆燈火		天河水		大驛土		釵釧金		桑柘木		大溪水		沙中土		天上火		
음력	27	28	29	30	8/1	2	3	4	5	6	7	8	9	10	11	12	13	14	15	16	17	18	19	20	21	22	23	24	25	26
구성	3	2	1	9	8	7	6	5	4	3	2	1	9	8	7	6	5	4	3	2	1	9	8	7	6	5	4	3	2	1
대운 남	8	8	9	9	9	10	10	백	1	1	1	1	2	2	2	3	3	3	4	4	4	5	추	5	6	6	6	7	7	7
대운 여	2	2	2	1	1	1	1	로	10	10	9	9	9	8	8	8	7	7	7	6	6	6	분	5	5	4	4	4	3	3

한로 9일 02시 11분 【음9월】 ➡ 【庚戌月(경술월)】 ☯六白星 상강 24일 05시 07분

양력 10월 / 음력 08/28–09/28	1	2	3	4	5	6	7	8	9	10	11	12	13	14	15	16	17	18	19	20	21	22	23	24	25	26	27	28	29	30	31
요일	금	토	일	월	화	수	목	금	토	일	월	화	수	목	금	토	일	월	화	수	목	금	토	일	월	화	수	목	금	토	일
일진 日辰	辛酉	壬戌	癸亥	甲子	乙丑	丙寅	丁卯	戊辰	己巳	庚午	辛未	壬申	癸酉	甲戌	乙亥	丙子	丁丑	戊寅	己卯	庚辰	辛巳	壬午	癸未	甲申	乙酉	丙戌	丁亥	戊子	己丑	庚寅	辛卯
납음		大海水		海中金		爐中火		大林木		路傍土		劍鋒金		山頭火		澗下水		城頭土		白臘金		楊柳木		井中水		屋上土		霹靂火		松柏木	
음력	27	28	29	9/1	2	3	4	5	6	7	8	9	10	11	12	13	14	15	16	17	18	19	20	21	22	23	24	25	26	27	28
구성	9	8	7	6	5	4	3	2	1	9	8	7	6	5	4	3	2	1	9	8	7	6	5	4	3	2	1	9	8	7	6
대운 남	8	8	8	9	9	9	10	10	한	1	1	1	1	2	2	2	3	3	3	4	4	4	5	상	5	6	6	6	7	7	7
대운 여	3	2	2	2	1	1	1	1	로	10	9	9	9	8	8	8	7	7	7	6	6	6	5	강	5	4	4	4	3	3	3

입동 8일 04시 55분 【음10월】 ➡ 【辛亥月(신해월)】 ☯五黃星 소설 23일 02시 17분

양력 11월 / 음력 09/29–10/28	1	2	3	4	5	6	7	8	9	10	11	12	13	14	15	16	17	18	19	20	21	22	23	24	25	26	27	28	29	30
요일	월	화	수	목	금	토	일	월	화	수	목	금	토	일	월	화	수	목	금	토	일	월	화	수	목	금	토	일	월	화
일진 日辰	壬辰	癸巳	甲午	乙未	丙申	丁酉	戊戌	己亥	庚子	辛丑	壬寅	癸卯	甲辰	乙巳	丙午	丁未	戊申	己酉	庚戌	辛亥	壬子	癸丑	甲寅	乙卯	丙辰	丁巳	戊午	己未	庚申	辛酉
납음	長流水		沙中金		山下火		平地木		壁上土		金箔金		覆燈火		天河水		大驛土		釵釧金		桑柘木		大溪水		沙中土		天上火		石榴木	
음력	29	30	10/1	2	3	4	5	6	7	8	9	10	11	12	13	14	15	16	17	18	19	20	21	22	23	24	25	26	27	28
구성	5	4	3	2	1	9	8	7	6	5	4	3	2	1	9	8	7	6	5	4	3	2	1	9	8	7	6	5	4	3
대운 남	8	8	8	9	9	9	10	입	1	1	1	1	2	2	2	3	3	3	4	4	4	5	소	5	6	6	6	7	7	7
대운 여	2	2	2	1	1	1	1	동	9	9	9	8	8	8	7	7	7	6	6	6	5	5	설	4	4	4	3	3	3	2

대설 7일 21시 26분 【음11월】 ➡ 【壬子月(임자월)】 ☯四綠星 동지 22일 15시 22분

양력 12월 / 음력 10/29–11/29	1	2	3	4	5	6	7	8	9	10	11	12	13	14	15	16	17	18	19	20	21	22	23	24	25	26	27	28	29	30	31
요일	수	목	금	토	일	월	화	수	목	금	토	일	월	화	수	목	금	토	일	월	화	수	목	금	토	일	월	화	수	목	금
일진 日辰	壬戌	癸亥	甲子	乙丑	丙寅	丁卯	戊辰	己巳	庚午	辛未	壬申	癸酉	甲戌	乙亥	丙子	丁丑	戊寅	己卯	庚辰	辛巳	壬午	癸未	甲申	乙酉	丙戌	丁亥	戊子	己丑	庚寅	辛卯	壬辰
납음	大海水		海中金		爐中火		大林木		路傍土		劍鋒金		山頭火		澗下水		城頭土		白臘金		楊柳木		井中水		屋上土		霹靂火		松柏木		
음력	29	30	11/1	2	3	4	5	6	7	8	9	10	11	12	13	14	15	16	17	18	19	20	21	22	23	24	25	26	27	28	29
구성	2	1	1	2	3	4	5	6	7	8	9	1	2	3	4	5	6	7	8	9	1	2	3	4	5	6	7	8	9	1	2
대운 남	8	8	8	9	9	9	대	1	1	1	1	2	2	2	3	3	3	4	4	4	5	동	5	6	6	6	7	7	7	8	8
대운 여	2	2	1	1	1	1	설	10	9	9	9	8	8	8	7	7	7	6	6	6	5	지	5	4	4	4	3	3	3	2	2

단기 4271 年	1938년	중원 戊寅年 ,납음(城頭土),본명성(八白土)
불기 2482 年		대장군(子북방), 삼살(북방), 상문(辰동남방),조객(子북방), 납음(성두토),【삼재(신,유,술)년】 臘享(납향):1939년1월22일(음12/03)

소한 6일 08시 31분 【음12월】 ➡ 【癸丑月(계축월)】 ☯三碧星 대한 21일 01시 59분

	양력	1	2	3	4	5	6	7	8	9	10	11	12	13	14	15	16	17	18	19	20	21	22	23	24	25	26	27	28	29	30	31
양력 1월	요일	일	월	화	수	목	금	토	일	월	화	수	목	금	토	일	월	화	수	목	금	토	일	월	화	수	목	금	토	일	월	화
	일진 日辰	癸巳	甲午	乙未	丙申	丁酉	戊戌	己亥	庚子	辛丑	壬寅	癸卯	甲辰	乙巳	丙午	丁未	戊申	己酉	庚戌	辛亥	壬子	癸丑	甲寅	乙卯	丙辰	丁巳	戊午	己未	庚申	辛酉	壬戌	癸亥
음력	납음		沙中金		山下火		平地木		壁上土		金箔金		覆燈火		天河水		大驛土		釵釧金		桑柘木		大溪水		沙中土		天上火		石榴木		大海水	
11/30	음력	30	12/1	2	3	4	5	6	7	8	9	10	11	12	13	14	15	16	17	18	19	20	21	22	23	24	25	26	27	28	29	1/1
~	구성	3	4	5	6	7	8	9	1	2	3	4	5	6	7	8	9	1	2	3	4	5	6	7	8	9	1	2	3	4	5	6
01/01	대운 남	8	9	9	9	10	소	1	1	1	1	2	2	2	3	3	3	4	4	4	5	대	5	6	6	6	7	7	7	8	8	8
	대운 여	2	1	1	1	1	한	9	9	9	8	8	8	7	7	7	6	6	6	5	5	한	4	4	4	3	3	3	2	2	2	1

입춘 4일 20시 15분 【음1월】 ➡ 【甲寅月(갑인월)】 ☯二黑星 우수 19일 16시 20분

	양력	1	2	3	4	5	6	7	8	9	10	11	12	13	14	15	16	17	18	19	20	21	22	23	24	25	26	27	28
양력 2월	요일	수	목	금	토	일	월	화	수	목	금	토	일	월	화	수	목	금	토	일	월	화	수	목	금	토	일	월	화
	일진 日辰	甲子	乙丑	丙寅	丁卯	戊辰	己巳	庚午	辛未	壬申	癸酉	甲戌	乙亥	丙子	丁丑	戊寅	己卯	庚辰	辛巳	壬午	癸未	甲申	乙酉	丙戌	丁亥	戊子	己丑	庚寅	辛卯
음력	납음	海中金		爐中火		大林木		路傍土		劍鋒金		山頭火		澗下水		城頭土		白臘金		楊柳木		井中水		屋上土		霹靂火		松柏木	
01/02	음력	2	3	4	5	6	7	8	9	10	11	12	13	14	15	16	17	18	19	20	21	22	23	24	25	26	27	28	29
~	구성	7	8	9	1	2	3	4	5	6	7	8	9	1	2	3	4	5	6	7	8	9	1	2	3	4	5	6	7
01/29	대운 남	9	9	9	입	10	9	9	9	8	8	8	7	7	7	6	6	6	5	우	5	4	4	4	3	3	3	2	2
	대운 여	1	1	1	춘	1	1	1	1	2	2	2	3	3	3	4	4	4	5	수	5	6	6	6	7	7	7	8	8

戊寅年

경칩 6일 14시 34분 【음2월】 ➡ 【乙卯月(을묘월)】 ☯一白星 춘분 21일 15시 43분

	양력	1	2	3	4	5	6	7	8	9	10	11	12	13	14	15	16	17	18	19	20	21	22	23	24	25	26	27	28	29	30	31
양력 3월	요일	목	금	토	일	월	화	수	목	금	토	일	월	화	수	목	금	토	일	월	화	수	목	금	토	일	월	화	수	목	금	토
	일진 日辰	壬辰	癸巳	甲午	乙未	丙申	丁酉	戊戌	己亥	庚子	辛丑	壬寅	癸卯	甲辰	乙巳	丙午	丁未	戊申	己酉	庚戌	辛亥	壬子	癸丑	甲寅	乙卯	丙辰	丁巳	戊午	己未	庚申	辛酉	壬戌
음력	납음	長流水		沙中金		山下火		平地木		壁上土		金箔金		覆燈火		天河水		大驛土		釵釧金		桑柘木		大溪水		沙中土		天上火		石榴木		
01/30	음력	30	2/1	2	3	4	5	6	7	8	9	10	11	12	13	14	15	16	17	18	19	20	21	22	23	24	25	26	27	28	29	30
~	구성	8	9	1	2	3	4	5	6	7	8	9	1	2	3	4	5	6	7	8	9	1	2	3	4	5	6	7	8	9	1	2
02/30	대운 남	2	1	1	1	1	경	10	9	9	9	8	8	8	7	7	7	6	6	6	5	춘	5	4	4	4	3	3	3	2	2	2
	대운 여	8	9	9	9	10	칩	1	1	1	1	2	2	2	3	3	3	4	4	4	5	분	5	6	6	6	7	7	7	8	8	8

청명 5일 19시 49분 【음3월】 ➡ 【丙辰月(병진월)】 ☯九紫星 곡우 21일 03시 15분

	양력	1	2	3	4	5	6	7	8	9	10	11	12	13	14	15	16	17	18	19	20	21	22	23	24	25	26	27	28	29	30
양력 4월	요일	일	월	화	수	목	금	토	일	월	화	수	목	금	토	일	월	화	수	목	금	토	일	월	화	수	목	금	토	일	월
	일진 日辰	癸亥	甲子	乙丑	丙寅	丁卯	戊辰	己巳	庚午	辛未	壬申	癸酉	甲戌	乙亥	丙子	丁丑	戊寅	己卯	庚辰	辛巳	壬午	癸未	甲申	乙酉	丙戌	丁亥	戊子	己丑	庚寅	辛卯	壬辰
음력	납음		海中金		爐中火		大林木		路傍土		劍鋒金		山頭火		澗下水		城頭土		白臘金		楊柳木		井中水		屋上土		霹靂火		松柏木		
03/01	음력	3/1	2	3	4	5	6	7	8	9	10	11	12	13	14	15	16	17	18	19	20	21	22	23	24	25	26	27	28	29	4/1
~	구성	3	4	5	6	7	8	9	1	2	3	4	5	6	7	8	9	1	2	3	4	5	6	7	8	9	1	2	3	4	5
04/01	대운 남	1	1	1	1	청	10	10	9	9	9	8	8	8	7	7	7	6	6	6	5	곡	5	4	4	4	3	3	3	2	2
	대운 여	9	9	9	10	명	1	1	1	1	2	2	2	3	3	3	4	4	4	5	5	우	6	6	6	7	7	7	8	8	8

입하 6일 13시 35분 【음4월】 ➡ 【丁巳月(정사월)】 ☯八白星 소만 22일 02시 50분

	양력	1	2	3	4	5	6	7	8	9	10	11	12	13	14	15	16	17	18	19	20	21	22	23	24	25	26	27	28	29	30	31
양력 5월	요일	화	수	목	금	토	일	월	화	수	목	금	토	일	월	화	수	목	금	토	일	월	화	수	목	금	토	일	월	화	수	목
	일진 日辰	癸巳	甲午	乙未	丙申	丁酉	戊戌	己亥	庚子	辛丑	壬寅	癸卯	甲辰	乙巳	丙午	丁未	戊申	己酉	庚戌	辛亥	壬子	癸丑	甲寅	乙卯	丙辰	丁巳	戊午	己未	庚申	辛酉	壬戌	癸亥
음력	납음		沙中金		山下火		平地木		壁上土		金箔金		覆燈火		天河水		大驛土		釵釧金		桑柘木		大溪水		沙中土		天上火		石榴木		大海水	
04/02	음력	2	3	4	5	6	7	8	9	10	11	12	13	14	15	16	17	18	19	20	21	22	23	24	25	26	27	28	29	5/1	2	3
~	구성	6	7	8	9	1	2	3	4	5	6	7	8	9	1	2	3	4	5	6	7	8	9	1	2	3	4	5	6	7	8	9
05/03	대운 남	2	1	1	1	1	입	10	10	9	9	9	8	8	8	7	7	7	6	6	6	5	소	5	4	4	4	3	3	3	2	2
	대운 여	9	9	9	10	10	하	1	1	1	1	2	2	2	3	3	3	4	4	4	5	5	만	6	6	6	7	7	7	8	8	8

망종 6일 18시 07분 【음5월】 ➡ 【戊午月(무오월)】 ☯七赤星 하지 22일 11시 04분

	양력	1	2	3	4	5	6	7	8	9	10	11	12	13	14	15	16	17	18	19	20	21	22	23	24	25	26	27	28	29	30
양력 6월	요일	금	토	일	월	화	수	목	금	토	일	월	화	수	목	금	토	일	월	화	수	목	금	토	일	월	화	수	목	금	토
	일진 日辰	甲子	乙丑	丙寅	丁卯	戊辰	己巳	庚午	辛未	壬申	癸酉	甲戌	乙亥	丙子	丁丑	戊寅	己卯	庚辰	辛巳	壬午	癸未	甲申	乙酉	丙戌	丁亥	戊子	己丑	庚寅	辛卯	壬辰	癸巳
음력	납음	海中金		爐中火		大林木		路傍土		劍鋒金		山頭火		澗下水		城頭土		白臘金		楊柳木		井中水		屋上土		霹靂火		松柏木		長流水	
05/04	음력	4	5	6	7	8	9	10	11	12	13	14	15	16	17	18	19	20	21	22	23	24	25	26	27	28	29	30	6/1	2	3
~	구성	9	8	7	6	5	4	3	2	1	9	8	7	6	5	4	3	2	1	9	8	7	6	5	4	3	2	1	9	8	7
06/03	대운 남	2	1	1	1	1	망	10	10	10	9	9	9	8	8	8	7	7	7	6	6	6	하	5	5	4	4	4	3	3	3
	대운 여	9	9	9	10	10	종	1	1	1	1	2	2	2	3	3	3	4	4	4	5	5	지	6	6	6	7	7	7	8	8

한식(4월6일), 초복(7월17일), 중복(7월27일), 말복(8월16일)☂춘사(春社)3/17 ☀추사(秋社)9/23
토왕지절(土旺之節):4월18일,7월20일,10월21일,1월18일(신년양력),臘享(납향):1월22일(신년양력)

九日得辛, 六龍治水, 1938년 무인年(성두토), 팔백토

7赤	3碧	5黃
6白	8白	1白
2黑	4綠	9紫

1938 戊寅年

소서 8일 04시 31분 【음6월】 ➡ 【己未月(기미월)】 ☯六白星 대서 23일 21시 57분

양력 7월 / 음력 06/04 – 07/05

양력	1	2	3	4	5	6	7	8	9	10	11	12	13	14	15	16	17	18	19	20	21	22	23	24	25	26	27	28	29	30	31
요일	일	월	화	수	목	금	토	일	월	화	수	목	금	토	일	월	화	수	목	금	토	일	월	화	수	목	금	토	일	월	화
일진 日辰	甲午	乙未	丙申	丁酉	戊戌	己亥	庚子	辛丑	壬寅	癸卯	甲辰	乙巳	丙午	丁未	戊申	己酉	庚戌	辛亥	壬子	癸丑	甲寅	乙卯	丙辰	丁巳	戊午	己未	庚申	辛酉	壬戌	癸亥	甲子
납음	沙中金		山下火		平地木		壁上土		金箔金		覆燈火		天河水		大驛土		釵釧金		桑柘木		大溪水		沙中土		天上火		石榴木		大海水		
음력	4	5	6	7	8	9	10	11	12	13	14	15	16	17	18	19	20	21	22	23	24	25	26	27	28	29	7/1	2	3	4	5
구성	6	5	4	3	2	1	9	8	7	6	5	4	3	2	1	9	8	7	6	5	4	3	2	1	9	8	7	6	5	4	3
대운 남	2	2	2	1	1	1	1	소	10	10	9	9	9	8	8	8	7	7	7	6	6	6	대	5	5	4	4	4	3	3	3
대운 여	8	9	9	9	10	10	10	서	1	1	1	1	2	2	2	3	3	3	4	4	4	5	서	5	6	6	6	7	7	7	8

입추 8일 14시 13분 【음7월】 ➡ 【庚申月(경신월)】 ☯五黃星 처서 24일 04시 46분

양력 8월 / 음력 07/06 – 윤707

양력	1	2	3	4	5	6	7	8	9	10	11	12	13	14	15	16	17	18	19	20	21	22	23	24	25	26	27	28	29	30	31
요일	수	목	금	토	일	월	화	수	목	금	토	일	월	화	수	목	금	토	일	월	화	수	목	금	토	일	월	화	수	목	금
일진 日辰	乙丑	丙寅	丁卯	戊辰	己巳	庚午	辛未	壬申	癸酉	甲戌	乙亥	丙子	丁丑	戊寅	己卯	庚辰	辛巳	壬午	癸未	甲申	乙酉	丙戌	丁亥	戊子	己丑	庚寅	辛卯	壬辰	癸巳	甲午	乙未
납음		爐中火		大林木		路傍土		劍鋒金		山頭火		澗下水		城頭土		白臘金		楊柳木		井中水		屋上土		霹靂火		松柏木		長流水		沙中金	
음력	6	7	8	9	10	11	12	13	14	15	16	17	18	19	20	21	22	23	24	25	26	27	28	29	윤7	2	3	4	5	6	7
구성	2	1	9	8	7	6	5	4	3	2	1	9	8	7	6	5	4	3	2	1	9	8	7	6	5	4	3	2	1	9	8
대운 남	2	2	2	1	1	1	1	입	10	10	9	9	9	8	8	8	7	7	7	6	6	6	5	처	5	4	4	4	3	3	3
대운 여	8	8	9	9	9	10	10	추	1	1	1	1	2	2	2	3	3	3	4	4	4	5	5	서	6	6	6	7	7	7	8

백로 8일 16시 48분 【음8월】 ➡ 【辛酉月(신유월)】 ☯四綠星 추분 24일 02시 00분

양력 9월 / 음력 윤708 – 08/07

양력	1	2	3	4	5	6	7	8	9	10	11	12	13	14	15	16	17	18	19	20	21	22	23	24	25	26	27	28	29	30
요일	토	일	월	화	수	목	금	토	일	월	화	수	목	금	토	일	월	화	수	목	금	토	일	월	화	수	목	금	토	일
일진 日辰	丙申	丁酉	戊戌	己亥	庚子	辛丑	壬寅	癸卯	甲辰	乙巳	丙午	丁未	戊申	己酉	庚戌	辛亥	壬子	癸丑	甲寅	乙卯	丙辰	丁巳	戊午	己未	庚申	辛酉	壬戌	癸亥	甲子	乙丑
납음	山下火		平地木		壁上土		金箔金		覆燈火		天河水		大驛土		釵釧金		桑柘木		大溪水		沙中土		天上火		石榴木		大海水		海中金	
음력	8	9	10	11	12	13	14	15	16	17	18	19	20	21	22	23	24	25	26	27	28	29	30	8/1	2	3	4	5	6	7
구성	7	6	5	4	3	2	1	9	8	7	6	5	4	3	2	1	9	8	7	6	5	4	3	2	1	9	8	7	6	5
대운 남	2	2	2	1	1	1	1	백	10	10	9	9	9	8	8	8	7	7	7	6	6	6	5	추	5	4	4	4	3	3
대운 여	8	8	9	9	9	10	10	로	1	1	1	1	2	2	2	3	3	3	4	4	4	5	5	분	6	6	6	7	7	7

한로 9일 08시 01분 【음9월】 ➡ 【壬戌月(임술월)】 ☯三碧星 상강 24일 10시 54분

양력 10월 / 음력 08/08 – 09/09

양력	1	2	3	4	5	6	7	8	9	10	11	12	13	14	15	16	17	18	19	20	21	22	23	24	25	26	27	28	29	30	31
요일	월	화	수	목	금	토	일	월	화	수	목	금	토	일	월	화	수	목	금	토	일	월	화	수	목	금	토	일	월	화	수
일진 日辰	丙寅	丁卯	戊辰	己巳	庚午	辛未	壬申	癸酉	甲戌	乙亥	丙子	丁丑	戊寅	己卯	庚辰	辛巳	壬午	癸未	甲申	乙酉	丙戌	丁亥	戊子	己丑	庚寅	辛卯	壬辰	癸巳	甲午	乙未	丙申
납음	爐中火		大林木		路傍土		劍鋒金		山頭火		澗下水		城頭土		白臘金		楊柳木		井中水		屋上土		霹靂火		松柏木		長流水		沙中金		
음력	8	9	10	11	12	13	14	15	16	17	18	19	20	21	22	23	24	25	26	27	28	29	9/1	2	3	4	5	6	7	8	9
구성	4	3	2	1	9	8	7	6	5	4	3	2	1	9	8	7	6	5	4	3	2	1	9	8	7	6	5	4	3	2	1
대운 남	3	2	2	2	1	1	1	1	한	10	9	9	9	8	8	8	7	7	7	6	6	6	5	상	5	4	4	4	3	3	3
대운 여	8	8	8	9	9	9	10	10	로	1	1	1	1	2	2	2	3	3	3	4	4	4	5	강	5	6	6	6	7	7	7

입동 8일 10시 48분 【음10월】 ➡ 【癸亥月(계해월)】 ☯二黑星 소설 23일 08시 06분

양력 11월 / 음력 09/10 – 10/09

양력	1	2	3	4	5	6	7	8	9	10	11	12	13	14	15	16	17	18	19	20	21	22	23	24	25	26	27	28	29	30
요일	목	금	토	일	월	화	수	목	금	토	일	월	화	수	목	금	토	일	월	화	수	목	금	토	일	월	화	수	목	금
일진 日辰	丁酉	戊戌	己亥	庚子	辛丑	壬寅	癸卯	甲辰	乙巳	丙午	丁未	戊申	己酉	庚戌	辛亥	壬子	癸丑	甲寅	乙卯	丙辰	丁巳	戊午	己未	庚申	辛酉	壬戌	癸亥	甲子	乙丑	丙寅
납음		平地木		壁上土		金箔金		覆燈火		天河水		大驛土		釵釧金		桑柘木		大溪水		沙中土		天上火		石榴木		大海水		海中金		
음력	10	11	12	13	14	15	16	17	18	19	20	21	22	23	24	25	26	27	28	29	30	10/1	2	3	4	5	6	7	8	9
구성	9	8	7	6	5	4	3	2	1	9	8	7	6	5	4	3	2	1	9	8	7	6	5	4	3	2	1	1	2	3
대운 남	2	2	2	1	1	1	1	입	10	9	9	9	8	8	8	7	7	7	6	6	6	5	소	5	4	4	4	3	3	3
대운 여	8	8	8	9	9	9	10	동	1	1	1	1	2	2	2	3	3	3	4	4	4	5	설	5	6	6	6	7	7	7

대설 8일 03시 22분 【음11월】 ➡ 【甲子月(갑자월)】 ☯一白星 동지 22일 21시 13분

양력 12월 / 음력 10/10 – 11/10

양력	1	2	3	4	5	6	7	8	9	10	11	12	13	14	15	16	17	18	19	20	21	22	23	24	25	26	27	28	29	30	31
요일	토	일	월	화	수	목	금	토	일	월	화	수	목	금	토	일	월	화	수	목	금	토	일	월	화	수	목	금	토	일	월
일진 日辰	丁卯	戊辰	己巳	庚午	辛未	壬申	癸酉	甲戌	乙亥	丙子	丁丑	戊寅	己卯	庚辰	辛巳	壬午	癸未	甲申	乙酉	丙戌	丁亥	戊子	己丑	庚寅	辛卯	壬辰	癸巳	甲午	乙未	丙申	丁酉
납음		大林木		路傍土		劍鋒金		山頭火		澗下水		城頭土		白臘金		楊柳木		井中水		屋上土		霹靂火		松柏木		長流水		沙中金		山下火	
음력	10	11	12	13	14	15	16	17	18	19	20	21	22	23	24	25	26	27	28	29	30	11/1	2	3	4	5	6	7	8	9	10
구성	4	5	6	7	8	9	1	2	3	4	5	6	7	8	9	1	2	3	4	5	6	7	8	9	1	2	3	4	5	6	7
대운 남	2	2	2	1	1	1	1	대	9	9	9	8	8	8	7	7	7	6	6	6	5	동	5	4	4	4	3	3	3	2	2
대운 여	8	8	8	9	9	9	10	설	1	1	1	1	2	2	2	3	3	3	4	4	4	지	5	5	6	6	6	7	7	7	8

단기 4272 年	1939년	중원(己卯年),납음(城頭土),본명성(七赤金)
불기 2483 年		대장군(子북방), 삼살(서방), 상문(巳동남방),조객(丑동북방), 납음(성두토), 【삼재(사,오,미)년】 臘享(납향):1940년1월17일(음12/09)

토끼

소한 6일 14시 28분 【음12월】 ➡ 【乙丑月(을축월)】 ☯九紫星 대한 21일 07시 51분

	양력	1	2	3	4	5	6	7	8	9	10	11	12	13	14	15	16	17	18	19	20	21	22	23	24	25	26	27	28	29	30	31
양력	요일	화	수	목	금	토	일	월	화	수	목	금	토	일	월	화	수	목	금	토	일	월	화	수	목	금	토	일	월	화	수	목
1월	일진 日辰	戊戌	己亥	庚子	辛丑	壬寅	癸卯	甲辰	乙巳	丙午	丁未	戊申	己酉	庚戌	辛亥	壬子	癸丑	甲寅	乙卯	丙辰	丁巳	戊午	己未	庚申	辛酉	壬戌	癸亥	甲子	乙丑	丙寅	丁卯	戊辰
음력	납음	平地木		壁上土		金箔金		覆燈火		天河水		大驛土		釵釧金		桑柘木		大溪水		沙中土		天上火		石榴木		大海水		海中金		爐中火		
11/11	음력	11	12	13	14	15	16	17	18	19	20	21	22	23	24	25	26	27	28	29	12/1	2	3	4	5	6	7	8	9	10	11	12
~	구성	8	9	1	2	3	4	5	6	7	8	9	1	2	3	4	5	6	7	8	9	1	2	3	4	5	6	7	8	9	1	2
12/12	대운 남	2	1	1	1	1	소	10	9	9	9	8	8	8	7	7	7	6	6	6	5	대	5	4	4	4	3	3	3	2	2	2
	대운 여	8	8	9	9	9	한	1	1	1	1	2	2	2	3	3	3	4	4	4	5	한	5	6	6	6	7	7	7	8	8	8

입춘 5일 02시 10분 【음1월】 ➡ 【丙寅月(병인월)】 ☯八白星 우수 19일 22시 09분

	양력	1	2	3	4	5	6	7	8	9	10	11	12	13	14	15	16	17	18	19	20	21	22	23	24	25	26	27	28
양력	요일	금	토	일	월	화	수	목	금	토	일	월	화	수	목	금	토	일	월	화	수	목	금	토	일	월	화	수	목
2월	일진 日辰	己巳	庚午	辛未	壬申	癸酉	甲戌	乙亥	丙子	丁丑	戊寅	己卯	庚辰	辛巳	壬午	癸未	甲申	乙酉	丙戌	丁亥	戊子	己丑	庚寅	辛卯	壬辰	癸巳	甲午	乙未	丙申
음력	납음		路傍土		劍鋒金		山頭火		澗下水		城頭土		白臘金		楊柳木		井中水		屋上土		霹靂火		松柏木		長流水		沙中金		
12/13	음력	13	14	15	16	17	18	19	20	21	22	23	24	25	26	27	28	29	30	1/1	2	3	4	5	6	7	8	9	10
~	구성	3	4	5	6	7	8	9	1	2	3	4	5	6	7	8	9	1	2	3	4	5	6	7	8	9	1	2	3
01/10	대운 남	1	1	1	1	입	1	1	1	1	2	2	2	3	3	3	4	4	4	우	5	5	6	6	6	7	7	7	8
	대운 여	9	9	9	10	춘	9	9	9	8	8	8	7	7	7	6	6	6	5	수	5	4	4	4	3	3	3	2	2

己卯年

경칩 6일 20시 26분 【음2월】 ➡ 【丁卯月(정묘월)】 ☯七赤星 춘분 21일 21시 28분

	양력	1	2	3	4	5	6	7	8	9	10	11	12	13	14	15	16	17	18	19	20	21	22	23	24	25	26	27	28	29	30	31
양력	요일	금	토	일	월	화	수	목	금	토	일	월	화	수	목	금	토	일	월	화	수	목	금	토	일	월	화	수	목	금	토	일
3월	일진 日辰	丁酉	戊戌	己亥	庚子	辛丑	壬寅	癸卯	甲辰	乙巳	丙午	丁未	戊申	己酉	庚戌	辛亥	壬子	癸丑	甲寅	乙卯	丙辰	丁巳	戊午	己未	庚申	辛酉	壬戌	癸亥	甲子	乙丑	丙寅	丁卯
음력	납음		平地木		壁上土		金箔金		覆燈火		天河水		大驛土		釵釧金		桑柘木		大溪水		沙中土		天上火		石榴木		大海水		海中金		爐中火	
01/11	음력	11	12	13	14	15	16	17	18	19	20	21	22	23	24	25	26	27	28	29	30	2/1	2	3	4	5	6	7	8	9	10	11
~	구성	4	5	6	7	8	9	1	2	3	4	5	6	7	8	9	1	2	3	4	5	6	7	8	9	1	2	3	4	5	6	7
02/11	대운 남	8	8	9	9	9	경	1	1	1	1	2	2	2	3	3	3	4	4	4	5	춘	5	6	6	6	7	7	7	8	8	8
	대운 여	2	1	1	1	1	칩	10	10	9	9	9	8	8	8	7	7	7	6	6	6	분	5	5	4	4	4	3	3	3	2	2

청명 6일 01시 37분 【음3월】 ➡ 【戊辰月(무진월)】 ☯六白星 곡우 21일 08시 55분

	양력	1	2	3	4	5	6	7	8	9	10	11	12	13	14	15	16	17	18	19	20	21	22	23	24	25	26	27	28	29	30
양력	요일	월	화	수	목	금	토	일	월	화	수	목	금	토	일	월	화	수	목	금	토	일	월	화	수	목	금	토	일	월	화
4월	일진 日辰	戊辰	己巳	庚午	辛未	壬申	癸酉	甲戌	乙亥	丙子	丁丑	戊寅	己卯	庚辰	辛巳	壬午	癸未	甲申	乙酉	丙戌	丁亥	戊子	己丑	庚寅	辛卯	壬辰	癸巳	甲午	乙未	丙申	丁酉
음력	납음	大林木		路傍土		劍鋒金		山頭火		澗下水		城頭土		白臘金		楊柳木		井中水		屋上土		霹靂火		松柏木		長流水		沙中金		山下火	
02/12	음력	12	13	14	15	16	17	18	19	20	21	22	23	24	25	26	27	28	29	30	3/1	2	3	4	5	6	7	8	9	10	11
~	구성	8	9	1	2	3	4	5	6	7	8	9	1	2	3	4	5	6	7	8	9	1	2	3	4	5	6	7	8	9	1
03/11	대운 남	9	9	9	10	10	청	1	1	1	1	2	2	2	3	3	3	4	4	4	5	곡	5	6	6	6	7	7	7	8	8
	대운 여	2	1	1	1	1	명	10	9	9	9	8	8	8	7	7	7	6	6	6	5	우	5	4	4	4	3	3	3	2	2

입하 6일 19시 21분 【음4월】 ➡ 【己巳月(기사월)】 ☯五黃星 소만 22일 08시 27분

	양력	1	2	3	4	5	6	7	8	9	10	11	12	13	14	15	16	17	18	19	20	21	22	23	24	25	26	27	28	29	30	31
양력	요일	수	목	금	토	일	월	화	수	목	금	토	일	월	화	수	목	금	토	일	월	화	수	목	금	토	일	월	화	수	목	금
5월	일진 日辰	戊戌	己亥	庚子	辛丑	壬寅	癸卯	甲辰	乙巳	丙午	丁未	戊申	己酉	庚戌	辛亥	壬子	癸丑	甲寅	乙卯	丙辰	丁巳	戊午	己未	庚申	辛酉	壬戌	癸亥	甲子	乙丑	丙寅	丁卯	戊辰
음력	납음	平地木		壁上土		金箔金		覆燈火		天河水		大驛土		釵釧金		桑柘木		大溪水		沙中土		天上火		石榴木		大海水		海中金		爐中火		
03/12	음력	12	13	14	15	16	17	18	19	20	21	22	23	24	25	26	27	28	29	4/1	2	3	4	5	6	7	8	9	10	11	12	13
~	구성	2	3	4	5	6	7	8	9	1	2	3	4	5	6	7	8	9	1	2	3	4	5	6	7	8	9	9	8	7	6	5
04/13	대운 남	8	9	9	9	10	입	1	1	1	1	2	2	2	3	3	3	4	4	4	5	5	소	6	6	6	7	7	7	8	8	8
	대운 여	2	1	1	1	1	하	10	10	9	9	9	8	8	8	7	7	7	6	6	6	5	만	5	4	4	4	3	3	3	2	2

망종 6일 23시 52분 【음5월】 ➡ 【庚午月(경오월)】 ☯四綠星 하지 22일 16시 39분

	양력	1	2	3	4	5	6	7	8	9	10	11	12	13	14	15	16	17	18	19	20	21	22	23	24	25	26	27	28	29	30
양력	요일	토	일	월	화	수	목	금	토	일	월	화	수	목	금	토	일	월	화	수	목	금	토	일	월	화	수	목	금	토	일
6월	일진 日辰	己巳	庚午	辛未	壬申	癸酉	甲戌	乙亥	丙子	丁丑	戊寅	己卯	庚辰	辛巳	壬午	癸未	甲申	乙酉	丙戌	丁亥	戊子	己丑	庚寅	辛卯	壬辰	癸巳	甲午	乙未	丙申	丁酉	戊戌
음력	납음		路傍土		劍鋒金		山頭火		澗下水		城頭土		白臘金		楊柳木		井中水		屋上土		霹靂火		松柏木		長流水		沙中金		山下火		
04/14	음력	14	15	16	17	18	19	20	21	22	23	24	25	26	27	28	29	5/1	2	3	4	5	6	7	8	9	10	11	12	13	14
~	구성	4	3	2	1	9	8	7	6	5	4	3	2	1	9	8	7	6	5	4	3	2	1	9	8	7	6	5	4	3	2
05/14	대운 남	9	9	9	10	10	망	1	1	1	1	2	2	2	3	3	3	4	4	4	5	5	하	6	6	6	7	7	7	8	8
	대운 여	2	1	1	1	1	종	10	10	10	9	9	9	8	8	8	7	7	7	6	6	6	지	5	5	4	4	4	3	3	3

한식(4월06일), 초복(7월12일), 중복(7월22일), 말복(8월11일) 춘사(春社)3/22 추사(秋社)9/28
토왕지절(土旺之節):4월18일,7월21일,10월21일,1월18일(신년양력),臘享(납향):1월17일(신년양력)

五日得辛, 六龍治水, 1939년 기묘年(성두토), 칠적금

6白	2黑	4綠
5黃	7赤	9紫
1白	3碧	8白

1939 己卯年

소서 8일 10시 18분 【음6월】 ➡ 【辛未月(신미월)】 ☯三碧星 대서 24일 03시 37분

양력 7월 / 음력 05/15 ~ 06/15

양력	1	2	3	4	5	6	7	8	9	10	11	12	13	14	15	16	17	18	19	20	21	22	23	24	25	26	27	28	29	30	31
요일	월	화	수	목	금	토	일	월	화	수	목	금	토	일	월	화	수	목	금	토	일	월	화	수	목	금	토	일	월	화	수
일진 日辰	己亥	庚子	辛丑	壬寅	癸卯	甲辰	乙巳	丙午	丁未	戊申	己酉	庚戌	辛亥	壬子	癸丑	甲寅	乙卯	丙辰	丁巳	戊午	己未	庚申	辛酉	壬戌	癸亥	甲子	乙丑	丙寅	丁卯	戊辰	己巳
납음		壁上土		金箔金		覆燈火		天河水		大驛土		釵釧金		桑柘木		大溪水		沙中土		天上火		石榴木		大海水		海中金		爐中火		大林木	
음력	15	16	17	18	19	20	21	22	23	24	25	26	27	28	29	30	6/1	2	3	4	5	6	7	8	9	10	11	12	13	14	15
구성	1	9	8	7	6	5	4	3	2	1	9	8	7	6	5	4	3	2	1	9	8	7	6	5	4	3	2	1	9	8	7
대운 남	8	9	9	9	10	10	10	소	1	1	1	1	2	2	2	3	3	3	4	4	4	5	5	대	6	6	6	7	7	7	8
대운 여	2	2	2	1	1	1	1	서	10	10	9	9	9	8	8	8	7	7	7	6	6	6	5	서	5	4	4	4	3	3	3

입추 8일 20시 04분 【음7월】 ➡ 【壬申月(임신월)】 ☯二黑星 처서 24일 10시 31분

양력 8월 / 음력 06/16 ~ 07/17

양력	1	2	3	4	5	6	7	8	9	10	11	12	13	14	15	16	17	18	19	20	21	22	23	24	25	26	27	28	29	30	31
요일	목	금	토	일	월	화	수	목	금	토	일	월	화	수	목	금	토	일	월	화	수	목	금	토	일	월	화	수	목	금	토
일진 日辰	庚午	辛未	壬申	癸酉	甲戌	乙亥	丙子	丁丑	戊寅	己卯	庚辰	辛巳	壬午	癸未	甲申	乙酉	丙戌	丁亥	戊子	己丑	庚寅	辛卯	壬辰	癸巳	甲午	乙未	丙申	丁酉	戊戌	己亥	庚子
납음	路傍土		劍鋒金		山頭火		澗下水		城頭土		白臘金		楊柳木		井中水		屋上土		霹靂火		松柏木		長流水		沙中金		山下火		平地木		
음력	16	17	18	19	20	21	22	23	24	25	26	27	28	29	7/1	2	3	4	5	6	7	8	9	10	11	12	13	14	15	16	17
구성	6	5	4	3	2	1	9	8	7	6	5	4	3	2	1	9	8	7	6	5	4	3	2	1	9	8	7	6	5	4	3
대운 남	8	8	9	9	9	10	10	입	1	1	1	1	2	2	2	3	3	3	4	4	4	5	5	처	6	6	6	7	7	7	8
대운 여	2	2	2	1	1	1	1	추	10	10	9	9	9	8	8	8	7	7	7	6	6	6	5	서	5	4	4	4	3	3	3

백로 8일 22시 42분 【음8월】 ➡ 【癸酉月(계유월)】 ☯一白星 추분 24일 07시 49분

양력 9월 / 음력 07/18 ~ 08/18

양력	1	2	3	4	5	6	7	8	9	10	11	12	13	14	15	16	17	18	19	20	21	22	23	24	25	26	27	28	29	30
요일	일	월	화	수	목	금	토	일	월	화	수	목	금	토	일	월	화	수	목	금	토	일	월	화	수	목	금	토	일	월
일진 日辰	辛丑	壬寅	癸卯	甲辰	乙巳	丙午	丁未	戊申	己酉	庚戌	辛亥	壬子	癸丑	甲寅	乙卯	丙辰	丁巳	戊午	己未	庚申	辛酉	壬戌	癸亥	甲子	乙丑	丙寅	丁卯	戊辰	己巳	庚午
납음		金箔金		覆燈火		天河水		大驛土		釵釧金		桑柘木		大溪水		沙中土		天上火		石榴木		大海水		海中金		爐中火		大林木		
음력	18	19	20	21	22	23	24	25	26	27	28	29	8/1	2	3	4	5	6	7	8	9	10	11	12	13	14	15	16	17	18
구성	2	1	9	8	7	6	5	4	3	2	1	9	8	7	6	5	4	3	2	1	9	8	7	6	5	4	3	2	1	9
대운 남	8	8	9	9	9	10	10	백	1	1	1	1	2	2	2	3	3	3	4	4	4	5	5	추	6	6	6	7	7	7
대운 여	2	2	2	1	1	1	1	로	10	10	9	9	9	8	8	8	7	7	7	6	6	6	5	분	5	4	4	4	3	3

한로 9일 13시 57분 【음9월】 ➡ 【甲戌月(갑술월)】 ☯九紫星 상강 24일 16시 46분

양력 10월 / 음력 08/19 ~ 09/19

양력	1	2	3	4	5	6	7	8	9	10	11	12	13	14	15	16	17	18	19	20	21	22	23	24	25	26	27	28	29	30	31
요일	화	수	목	금	토	일	월	화	수	목	금	토	일	월	화	수	목	금	토	일	월	화	수	목	금	토	일	월	화	수	목
일진 日辰	辛未	壬申	癸酉	甲戌	乙亥	丙子	丁丑	戊寅	己卯	庚辰	辛巳	壬午	癸未	甲申	乙酉	丙戌	丁亥	戊子	己丑	庚寅	辛卯	壬辰	癸巳	甲午	乙未	丙申	丁酉	戊戌	己亥	庚子	辛丑
납음		劍鋒金		山頭火		澗下水		城頭土		白臘金		楊柳木		井中水		屋上土		霹靂火		松柏木		長流水		沙中金		山下火		平地木		壁上土	
음력	19	20	21	22	23	24	25	26	27	28	29	30	9/1	2	3	4	5	6	7	8	9	10	11	12	13	14	15	16	17	18	19
구성	8	7	6	5	4	3	2	1	9	8	7	6	5	4	3	2	1	9	8	7	6	5	4	3	2	1	9	8	7	6	5
대운 남	8	8	8	9	9	9	10	10	한	1	1	1	1	2	2	2	3	3	3	4	4	4	5	상	5	6	6	6	7	7	7
대운 여	3	2	2	2	1	1	1	1	로	10	9	9	9	8	8	8	7	7	7	6	6	6	5	강	5	4	4	4	3	3	3

입동 8일 16시 44분 【음10월】 ➡ 【乙亥月(을해월)】 ☯八白星 소설 23일 13시 59분

양력 11월 / 음력 09/02 ~ 10/20

양력	1	2	3	4	5	6	7	8	9	10	11	12	13	14	15	16	17	18	19	20	21	22	23	24	25	26	27	28	29	30
요일	금	토	일	월	화	수	목	금	토	일	월	화	수	목	금	토	일	월	화	수	목	금	토	일	월	화	수	목	금	토
일진 日辰	壬寅	癸卯	甲辰	乙巳	丙午	丁未	戊申	己酉	庚戌	辛亥	壬子	癸丑	甲寅	乙卯	丙辰	丁巳	戊午	己未	庚申	辛酉	壬戌	癸亥	甲子	乙丑	丙寅	丁卯	戊辰	己巳	庚午	辛未
납음	金箔金		覆燈火		天河水		大驛土		釵釧金		桑柘木		大溪水		沙中土		天上火		石榴木		大海水		海中金		爐中火		大林木		路傍土	
음력	20	21	22	23	24	25	26	27	28	29	10/1	2	3	4	5	6	7	8	9	10	11	12	13	14	15	16	17	18	19	20
구성	4	3	2	1	9	8	7	6	5	4	3	2	1	9	8	7	6	5	4	3	2	1	9	8	7	6	5	4	3	2
대운 남	8	8	8	9	9	9	10	입	1	1	1	1	2	2	2	3	3	3	4	4	4	5	소	5	6	6	6	7	7	7
대운 여	2	2	2	1	1	1	1	동	10	9	9	9	8	8	8	7	7	7	6	6	6	5	설	5	4	4	4	3	3	3

대설 8일 09시 17분 【음11월】 ➡ 【丙子月(병자월)】 ☯七赤星 동지 23일 03시 06분

양력 12월 / 음력 10/21 ~ 11/21

양력	1	2	3	4	5	6	7	8	9	10	11	12	13	14	15	16	17	18	19	20	21	22	23	24	25	26	27	28	29	30	31
요일	일	월	화	수	목	금	토	일	월	화	수	목	금	토	일	월	화	수	목	금	토	일	월	화	수	목	금	토	일	월	화
일진 日辰	壬申	癸酉	甲戌	乙亥	丙子	丁丑	戊寅	己卯	庚辰	辛巳	壬午	癸未	甲申	乙酉	丙戌	丁亥	戊子	己丑	庚寅	辛卯	壬辰	癸巳	甲午	乙未	丙申	丁酉	戊戌	己亥	庚子	辛丑	壬寅
납음	劍鋒金		山頭火		澗下水		城頭土		白臘金		楊柳木		井中水		屋上土		霹靂火		松柏木		長流水		沙中金		山下火		平地木		壁上土		
음력	21	22	23	24	25	26	27	28	29	30	11/1	2	3	4	5	6	7	8	9	10	11	12	13	14	15	16	17	18	19	20	21
구성	1	9	8	7	6	5	4	3	2	1	9	8	7	6	5	4	3	2	1	9	8	7	7	8	9	1	2	3	4	5	6
대운 남	8	8	8	9	9	9	10	대	1	1	1	1	2	2	2	3	3	3	4	4	4	5	동	5	6	6	6	7	7	7	8
대운 여	2	2	2	1	1	1	1	설	9	9	9	8	8	8	7	7	7	6	6	6	5	5	지	4	4	4	3	3	3	2	2

단기 4273 年	1940년	중원 庚辰年, 납음(白臘金), 본명성(六白金)
불기 2484 年		대장군(子북방), 삼살(남방), 상문(午남방), 조객(寅동북방), 납음(백납금), 삼재(인,묘,진)년 臘享(납향):1941년1월23일(음12/26)

용

소한 6일 20시 24분 【음12월】 ➡ 【丁丑月(정축월)】 ☯六白星 대한 21일 13시 44분

양력 1월 · 음력 11/22 ▮ 12/23

양력	1	2	3	4	5	6	7	8	9	10	11	12	13	14	15	16	17	18	19	20	21	22	23	24	25	26	27	28	29	30	31
요일	토	일	월	화	수	목	금	토	일	월	화	수	목	금	토	일	월	화	수	목	금	토	일	월	화	수	목	금	토	일	월
일진 日辰	癸卯	甲辰	乙巳	丙午	丁未	戊申	己酉	庚戌	辛亥	壬子	癸丑	甲寅	乙卯	丙辰	丁巳	戊午	己未	庚申	辛酉	壬戌	癸亥	甲子	乙丑	丙寅	丁卯	戊辰	己巳	庚午	辛未	壬申	癸酉
납음		覆燈火		天河水		大驛土		釵釧金		桑柘木		大溪水		沙中土		天上火		石榴木		大海水		海中金		爐中火		大林木		路傍土		劍鋒金	
음력	22	23	24	25	26	27	28	29	12/1	2	3	4	5	6	7	8	9	10	11	12	13	14	15	16	17	18	19	20	21	22	23
구성	7	8	9	1	2	3	4	5	6	7	8	9	1	2	3	4	5	6	7	8	9	1	2	3	4	5	6	7	8	9	1
대운 남	8	8	9	9	9	소	1	1	1	1	2	2	2	3	3	3	4	4	4	5	대	5	6	6	6	7	7	7	8	8	8
대운 여	2	1	1	1	1	한	10	9	9	9	8	8	8	7	7	7	6	6	6	5	한	5	4	4	4	3	3	3	2	2	2

입춘 5일 08시 08분 【음1월】 ➡ 【戊寅月(무인월)】 ☯五黃星 우수 20일 04시 04분

양력 2월 · 음력 12/24 ▮ 01/22

양력	1	2	3	4	5	6	7	8	9	10	11	12	13	14	15	16	17	18	19	20	21	22	23	24	25	26	27	28	29
요일	화	수	목	금	토	일	월	화	수	목	금	토	일	월	화	수	목	금	토	일	월	화	수	목	금	토	일	월	화
일진 日辰	甲戌	乙亥	丙子	丁丑	戊寅	己卯	庚辰	辛巳	壬午	癸未	甲申	乙酉	丙戌	丁亥	戊子	己丑	庚寅	辛卯	壬辰	癸巳	甲午	乙未	丙申	丁酉	戊戌	己亥	庚子	辛丑	壬寅
납음	山頭火		澗下水		城頭土		白臘金		楊柳木		井中水		屋上土		霹靂火		松柏木		長流水		沙中金		山下火		平地木		壁上土		
음력	24	25	26	27	28	29	30	1/1	2	3	4	5	6	7	8	9	10	11	12	13	14	15	16	17	18	19	20	21	22
구성	2	3	4	5	6	7	8	9	1	2	3	4	5	6	7	8	9	1	2	3	4	5	6	7	8	9	1	2	3
대운 남	9	9	9	10	입	10	9	9	9	8	8	8	7	7	7	6	6	6	5	우	5	4	4	4	3	3	3	2	2
대운 여	1	1	1	1	춘	1	1	1	1	2	2	2	3	3	3	4	4	4	5	수	5	6	6	6	7	7	7	8	8

庚辰年

경칩 6일 02시 24분 【음2월】 ➡ 【己卯月(기묘월)】 ☯四綠星 춘분 21일 03시 24분

양력 3월 · 음력 01/23 ▮ 02/23

양력	1	2	3	4	5	6	7	8	9	10	11	12	13	14	15	16	17	18	19	20	21	22	23	24	25	26	27	28	29	30	31
요일	화	수	목	금	토	일	월	화	수	목	금	토	일	월	화	수	목	금	토	일	월	화	수	목	금	토	일	월	화	수	목
일진 日辰	癸卯	甲辰	乙巳	丙午	丁未	戊申	己酉	庚戌	辛亥	壬子	癸丑	甲寅	乙卯	丙辰	丁巳	戊午	己未	庚申	辛酉	壬戌	癸亥	甲子	乙丑	丙寅	丁卯	戊辰	己巳	庚午	辛未	壬申	癸酉
납음		覆燈火		天河水		大驛土		釵釧金		桑柘木		大溪水		沙中土		天上火		石榴木		大海水		海中金		爐中火		大林木		路傍土		劍鋒金	
음력	23	24	25	26	27	28	29	30	2/1	2	3	4	5	6	7	8	9	10	11	12	13	14	15	16	17	18	19	20	21	22	23
구성	4	5	6	7	8	9	1	2	3	4	5	6	7	8	9	1	2	3	4	5	6	7	8	9	1	2	3	4	5	6	7
대운 남	2	1	1	1	1	경	10	9	9	9	8	8	8	7	7	7	6	6	6	5	춘	5	4	4	4	3	3	3	2	2	2
대운 여	8	9	9	9	10	칩	1	1	1	1	2	2	2	3	3	3	4	4	4	5	분	5	6	6	6	7	7	7	8	8	8

청명 5일 07시 35분 【음3월】 ➡ 【庚辰月(경진월)】 ☯三碧星 곡우 20일 14시 51분

양력 4월 · 음력 02/24 ▮ 03/23

양력	1	2	3	4	5	6	7	8	9	10	11	12	13	14	15	16	17	18	19	20	21	22	23	24	25	26	27	28	29	30
요일	금	토	일	월	화	수	목	금	토	일	월	화	수	목	금	토	일	월	화	수	목	금	토	일	월	화	수	목	금	토
일진 日辰	甲戌	乙亥	丙子	丁丑	戊寅	己卯	庚辰	辛巳	壬午	癸未	甲申	乙酉	丙戌	丁亥	戊子	己丑	庚寅	辛卯	壬辰	癸巳	甲午	乙未	丙申	丁酉	戊戌	己亥	庚子	辛丑	壬寅	癸卯
납음	山頭火		澗下水		城頭土		白臘金		楊柳木		井中水		屋上土		霹靂火		松柏木		長流水		沙中金		山下火		平地木		壁上土		金箔金	
음력	24	25	26	27	28	29	30	3/1	2	3	4	5	6	7	8	9	10	11	12	13	14	15	16	17	18	19	20	21	22	23
구성	8	9	1	2	3	4	5	6	7	8	9	1	2	3	4	5	6	7	8	9	1	2	3	4	5	6	7	8	9	1
대운 남	1	1	1	1	청	10	10	9	9	9	8	8	8	7	7	7	6	6	6	곡	5	5	4	4	4	3	3	3	2	2
대운 여	9	9	9	10	명	1	1	1	1	2	2	2	3	3	3	4	4	4	5	우	5	6	6	6	7	7	7	8	8	8

입하 6일 01시 16분 【음4월】 ➡ 【辛巳月(신사월)】 ☯二黑星 소만 21일 14시 23분

양력 5월 · 음력 03/24 ▮ 04/25

양력	1	2	3	4	5	6	7	8	9	10	11	12	13	14	15	16	17	18	19	20	21	22	23	24	25	26	27	28	29	30	31
요일	일	월	화	수	목	금	토	일	월	화	수	목	금	토	일	월	화	수	목	금	토	일	월	화	수	목	금	토	일	월	화
일진 日辰	甲辰	乙巳	丙午	丁未	戊申	己酉	庚戌	辛亥	壬子	癸丑	甲寅	乙卯	丙辰	丁巳	戊午	己未	庚申	辛酉	壬戌	癸亥	甲子	乙丑	丙寅	丁卯	戊辰	己巳	庚午	辛未	壬申	癸酉	甲戌
납음	覆燈火		天河水		大驛土		釵釧金		桑柘木		大溪水		沙中土		天上火		石榴木		大海水		海中金		爐中火		大林木		路傍土		劍鋒金		
음력	24	25	26	27	28	29	4/1	2	3	4	5	6	7	8	9	10	11	12	13	14	15	16	17	18	19	20	21	22	23	24	25
구성	2	3	4	5	6	7	8	9	1	2	3	4	5	6	7	8	9	1	2	3	4	5	6	7	8	9	1	2	3	4	5
대운 남	2	1	1	1	1	입	10	10	9	9	9	8	8	8	7	7	7	6	6	6	소	5	5	4	4	4	3	3	3	2	2
대운 여	9	9	9	10	10	하	1	1	1	1	2	2	2	3	3	3	4	4	4	5	만	5	6	6	6	7	7	7	8	8	8

망종 6일 05시 44분 【음5월】 ➡ 【壬午月(임오월)】 ☯一白星 하지 21일 22시 36분

양력 6월 · 음력 04/26 ▮ 05/25

양력	1	2	3	4	5	6	7	8	9	10	11	12	13	14	15	16	17	18	19	20	21	22	23	24	25	26	27	28	29	30
요일	수	목	금	토	일	월	화	수	목	금	토	일	월	화	수	목	금	토	일	월	화	수	목	금	토	일	월	화	수	목
일진 日辰	乙亥	丙子	丁丑	戊寅	己卯	庚辰	辛巳	壬午	癸未	甲申	乙酉	丙戌	丁亥	戊子	己丑	庚寅	辛卯	壬辰	癸巳	甲午	乙未	丙申	丁酉	戊戌	己亥	庚子	辛丑	壬寅	癸卯	甲辰
납음		澗下水		城頭土		白臘金		楊柳木		井中水		屋上土		霹靂火		松柏木		長流水		沙中金		山下火		平地木		壁上土		金箔金		
음력	26	27	28	29	30	5/1	2	3	4	5	6	7	8	9	10	11	12	13	14	15	16	17	18	19	20	21	22	23	24	25
구성	6	7	8	9	1	2	3	4	5	6	7	8	9	1	2	3	4	5	6	7	8	9	1	2	3	4	5	6	7	8
대운 남	2	1	1	1	1	망	10	10	9	9	9	8	8	8	7	7	7	6	6	6	하	5	5	4	4	4	3	3	3	2
대운 여	9	9	9	10	10	종	1	1	1	1	2	2	2	3	3	3	4	4	4	5	지	5	6	6	6	7	7	7	8	8

한식(4월06일), 초복(7월16일), 중복(7월26일), 말복(8월15일) 춘사(春社)3/16 추사(秋社)9/22
토왕지절(土旺之節):4월17일,7월20일,10월20일,1월17일(신년양력),臘享(납향):1월23일(신년양력)

一日得辛, 十二龍治水, 1940년 경진年(백랍금), 육백금

5黃	1白	3碧
4綠	6白	8白
9紫	2黑	7赤

1940 庚辰年

소서 7일 16시 08분 【음6월】➡ 【癸未月(계미월)】 ☯九紫星 대서 23일 09시 34분

양력 7월	1	2	3	4	5	6	7	8	9	10	11	12	13	14	15	16	17	18	19	20	21	22	23	24	25	26	27	28	29	30	31
요일	금	토	일	월	화	수	목	금	토	일	월	화	수	목	금	토	일	월	화	수	목	금	토	일	월	화	수	목	금	토	일
일진 日辰	乙巳	丙午	丁未	戊申	己酉	庚戌	辛亥	壬子	癸丑	甲寅	乙卯	丙辰	丁巳	戊午	己未	庚申	辛酉	壬戌	癸亥	甲子	乙丑	丙寅	丁卯	戊辰	己巳	庚午	辛未	壬申	癸酉	甲戌	乙亥
납음		天河水		大驛土		釵釧金		桑柘木		大溪水		沙中土		天上火		石榴木		大海水		海中金		爐中火		大林木		路傍土		劍鋒金		山頭火	
음력 (05/26 ~ 06/27)	26	27	28	29	6/1	2	3	4	5	6	7	8	9	10	11	12	13	14	15	16	17	18	19	20	21	22	23	24	25	26	27
구성	9	1	2	3	4	5	6	7	8	9	1	2	3	4	5	6	7	8	9	9	8	7	6	5	4	3	2	1	9	8	7
대운 남	2	2	1	1	1	1	소	10	10	10	9	9	9	8	8	8	7	7	7	6	6	6	대	5	5	4	4	4	3	3	3
대운 여	8	9	9	9	10	10	서	1	1	1	1	2	2	2	3	3	3	4	4	4	5	5	서	6	6	6	7	7	7	8	8

입추 8일 01시 52분 【음7월】➡ 【甲申月(갑신월)】 ☯八白星 처서 23일 16시 29분

양력 8월	1	2	3	4	5	6	7	8	9	10	11	12	13	14	15	16	17	18	19	20	21	22	23	24	25	26	27	28	29	30	31
요일	월	화	수	목	금	토	일	월	화	수	목	금	토	일	월	화	수	목	금	토	일	월	화	수	목	금	토	일	월	화	수
일진 日辰	丙子	丁丑	戊寅	己卯	庚辰	辛巳	壬午	癸未	甲申	乙酉	丙戌	丁亥	戊子	己丑	庚寅	辛卯	壬辰	癸巳	甲午	乙未	丙申	丁酉	戊戌	己亥	庚子	辛丑	壬寅	癸卯	甲辰	乙巳	丙午
납음	澗下水		城頭土		白臘金		楊柳木		井中水		屋上土		霹靂火		松柏木		長流水		沙中金		山下火		平地木		壁上土		金箔金		覆燈火		
음력 (06/28 ~ 07/28)	28	29	30	7/1	2	3	4	5	6	7	8	9	10	11	12	13	14	15	16	17	18	19	20	21	22	23	24	25	26	27	28
구성	6	5	4	3	2	1	9	8	7	6	5	4	3	2	1	9	8	7	6	5	4	3	2	1	9	8	7	6	5	4	3
대운 남	2	2	2	1	1	1	1	입	10	10	9	9	9	8	8	8	7	7	7	6	6	6	처	5	5	4	4	4	3	3	3
대운 여	8	9	9	9	10	10	10	추	1	1	1	1	2	2	2	3	3	3	4	4	4	5	서	5	6	6	6	7	7	7	8

백로 8일 04시 29분 【음8월】➡ 【乙酉月(을유월)】 ☯七赤星 추분 23일 13시 46분

양력 9월	1	2	3	4	5	6	7	8	9	10	11	12	13	14	15	16	17	18	19	20	21	22	23	24	25	26	27	28	29	30
요일	목	금	토	일	월	화	수	목	금	토	일	월	화	수	목	금	토	일	월	화	수	목	금	토	일	월	화	수	목	금
일진 日辰	丁未	戊申	己酉	庚戌	辛亥	壬子	癸丑	甲寅	乙卯	丙辰	丁巳	戊午	己未	庚申	辛酉	壬戌	癸亥	甲子	乙丑	丙寅	丁卯	戊辰	己巳	庚午	辛未	壬申	癸酉	甲戌	乙亥	丙子
납음		大驛土		釵釧金		桑柘木		大溪水		沙中土		天上火		石榴木		大海水		海中金		爐中火		大林木		路傍土		劍鋒金		山頭火		
음력 (07/29 ~ 08/29)	29	8/1	2	3	4	5	6	7	8	9	10	11	12	13	14	15	16	17	18	19	20	21	22	23	24	25	26	27	28	29
구성	2	1	9	8	7	6	5	4	3	2	1	9	8	7	6	5	4	3	2	1	9	8	7	6	5	4	3	2	1	9
대운 남	2	2	2	1	1	1	1	백	10	9	9	9	8	8	8	7	7	7	6	6	6	5	추	5	4	4	4	3	3	3
대운 여	8	8	9	9	9	10	10	로	1	1	1	1	2	2	2	3	3	3	4	4	4	5	분	5	6	6	6	7	7	7

한로 8일 19시 42분 【음9월】➡ 【丙戌月(병술월)】 ☯六白星 상강 23일 22시 39분

양력 10월	1	2	3	4	5	6	7	8	9	10	11	12	13	14	15	16	17	18	19	20	21	22	23	24	25	26	27	28	29	30	31
요일	토	일	월	화	수	목	금	토	일	월	화	수	목	금	토	일	월	화	수	목	금	토	일	월	화	수	목	금	토	일	월
일진 日辰	丁丑	戊寅	己卯	庚辰	辛巳	壬午	癸未	甲申	乙酉	丙戌	丁亥	戊子	己丑	庚寅	辛卯	壬辰	癸巳	甲午	乙未	丙申	丁酉	戊戌	己亥	庚子	辛丑	壬寅	癸卯	甲辰	乙巳	丙午	丁未
납음		城頭土		白臘金		楊柳木		井中水		屋上土		霹靂火		松柏木		長流水		沙中金		山下火		平地木		壁上土		金箔金		覆燈火		天河水	
음력 (09/01 ~ 10/01)	9/1	2	3	4	5	6	7	8	9	10	11	12	13	14	15	16	17	18	19	20	21	22	23	24	25	26	27	28	29	30	10/1
구성	8	7	6	5	4	3	2	1	9	8	7	6	5	4	3	2	1	9	8	7	6	5	4	3	2	1	9	8	7	6	5
대운 남	2	2	2	1	1	1	1	한	10	9	9	9	8	8	8	7	7	7	6	6	6	5	상	5	4	4	4	3	3	3	2
대운 여	8	8	8	9	9	9	10	로	1	1	1	1	2	2	2	3	3	3	4	4	4	5	강	5	6	6	6	7	7	7	8

입동 7일 22시 27분 【음10월】➡ 【丁亥月(정해월)】 ☯五黃星 소설 22일 19시 49분

양력 11월	1	2	3	4	5	6	7	8	9	10	11	12	13	14	15	16	17	18	19	20	21	22	23	24	25	26	27	28	29	30
요일	화	수	목	금	토	일	월	화	수	목	금	토	일	월	화	수	목	금	토	일	월	화	수	목	금	토	일	월	화	수
일진 日辰	戊申	己酉	庚戌	辛亥	壬子	癸丑	甲寅	乙卯	丙辰	丁巳	戊午	己未	庚申	辛酉	壬戌	癸亥	甲子	乙丑	丙寅	丁卯	戊辰	己巳	庚午	辛未	壬申	癸酉	甲戌	乙亥	丙子	丁丑
납음	大驛土		釵釧金		桑柘木		大溪水		沙中土		天上火		石榴木		大海水		海中金		爐中火		大林木		路傍土		劍鋒金		山頭火		澗下水	
음력 (10/02 ~ 11/02)	2	3	4	5	6	7	8	9	10	11	12	13	14	15	16	17	18	19	20	21	22	23	24	25	26	27	28	29	11/1	2
구성	4	3	2	1	9	8	7	6	5	4	3	2	1	9	8	7	6	5	4	3	2	1	9	8	7	6	5	4	3	2
대운 남	2	2	1	1	1	1	입	10	9	9	9	8	8	8	7	7	7	6	6	6	5	소	5	4	4	4	3	3	3	2
대운 여	8	8	9	9	9	10	동	1	1	1	1	2	2	2	3	3	3	4	4	4	5	설	5	6	6	6	7	7	7	8

대설 7일 14시 58분 【음11월】➡ 【戊子月(무자월)】 ☯四綠星 동지 22일 08시 55분

양력 12월	1	2	3	4	5	6	7	8	9	10	11	12	13	14	15	16	17	18	19	20	21	22	23	24	25	26	27	28	29	30	31
요일	목	금	토	일	월	화	수	목	금	토	일	월	화	수	목	금	토	일	월	화	수	목	금	토	일	월	화	수	목	금	토
일진 日辰	戊寅	己卯	庚辰	辛巳	壬午	癸未	甲申	乙酉	丙戌	丁亥	戊子	己丑	庚寅	辛卯	壬辰	癸巳	甲午	乙未	丙申	丁酉	戊戌	己亥	庚子	辛丑	壬寅	癸卯	甲辰	乙巳	丙午	丁未	戊申
납음	城頭土		白臘金		楊柳木		井中水		屋上土		霹靂火		松柏木		長流水		沙中金		山下火		平地木		壁上土		金箔金		覆燈火		天河水		
음력 (11/03 ~ 12/03)	3	4	5	6	7	8	9	10	11	12	13	14	15	16	17	18	19	20	21	22	23	24	25	26	27	28	29	30	12/1	2	3
구성	1	9	8	7	6	5	4	3	2	1	9	8	7	6	5	4	3	2	1	9	8	7	6	5	4	3	2	1	9	8	7
대운 남	2	2	1	1	1	1	대	10	9	9	9	8	8	8	7	7	7	6	6	6	5	동	5	4	4	4	3	3	3	2	2
대운 여	8	8	9	9	9	10	설	1	1	1	1	2	2	2	3	3	3	4	4	4	5	지	5	6	6	6	7	7	7	8	8

단기 4274 年
불기 2485 年

1941년 辛巳年

중원(辛巳年, 납음(白臘金), 본명성(五黃土)

대장군(卯동방). 삼살(동방). 상문(未서남방), 조객(卯동방). 납음(백납금).
【삼재(해,자,축)년】 臘享(납향):1942년1월18일(음12/02)

소한 6일 02시 04분 【음12월】 ➡ 【己丑月(기축월)】 ☯三碧星 대한 20일 19시 34분

양력 1월 / 음력 12/04 ▮ 01/05

양력	1	2	3	4	5	6	7	8	9	10	11	12	13	14	15	16	17	18	19	20	21	22	23	24	25	26	27	28	29	30	31
요일	수	목	금	토	일	월	화	수	목	금	토	일	월	화	수	목	금	토	일	월	화	수	목	금	토	일	월	화	수	목	금
일진 日辰	己酉	庚戌	辛亥	壬子	癸丑	甲寅	乙卯	丙辰	丁巳	戊午	己未	庚申	辛酉	壬戌	癸亥	甲子	乙丑	丙寅	丁卯	戊辰	己巳	庚午	辛未	壬申	癸酉	甲戌	乙亥	丙子	丁丑	戊寅	己卯
납음		釵釧金		桑柘木		大溪水		沙中土		天上火		石榴木		大海水		海中金		爐中火		大林木		路傍土		劍鋒金		山頭火		澗下水		城頭土	
음력	4	5	6	7	8	9	10	11	12	13	14	15	16	17	18	19	20	21	22	23	24	25	26	27	28	29	1/1	2	3	4	5
구성	6	5	4	3	2	1	9	8	7	6	5	4	3	2	1	1	2	3	4	5	6	7	8	9	1	2	3	4	5	6	7
대운 남	2	1	1	1	1	소	9	9	9	8	8	8	7	7	7	6	6	6	5	대	5	4	4	4	3	3	3	2	2	2	1
대운 여	8	9	9	9	10	한	1	1	1	1	2	2	2	3	3	3	4	4	4	한	5	5	6	6	6	7	7	7	8	8	8

입춘 4일 13시 50분 【음1월】 ➡ 【庚寅月(경인월)】 ☯二黑星 우수 19일 09시 56분

양력 2월 / 음력 01/06 ▮ 02/03

양력	1	2	3	4	5	6	7	8	9	10	11	12	13	14	15	16	17	18	19	20	21	22	23	24	25	26	27	28
요일	토	일	월	화	수	목	금	토	일	월	화	수	목	금	토	일	월	화	수	목	금	토	일	월	화	수	목	금
일진 日辰	庚辰	辛巳	壬午	癸未	甲申	乙酉	丙戌	丁亥	戊子	己丑	庚寅	辛卯	壬辰	癸巳	甲午	乙未	丙申	丁酉	戊戌	己亥	庚子	辛丑	壬寅	癸卯	甲辰	乙巳	丙午	丁未
납음	白臘金		楊柳木		井中水		屋上土		霹靂火		松柏木		長流水		沙中金		山下火		平地木		壁上土		金箔金		覆燈火		天河水	
음력	6	7	8	9	10	11	12	13	14	15	16	17	18	19	20	21	22	23	24	25	26	27	28	29	30	2/1	2	3
구성	8	9	1	2	3	4	5	6	7	8	9	1	2	3	4	5	6	7	8	9	1	2	3	4	5	6	7	8
대운 남	1	1	1	입	1	1	1	1	2	2	2	3	3	3	4	4	4	5	우	5	6	6	6	7	7	7	8	8
대운 여	9	9	9	춘	10	9	9	9	8	8	8	7	7	7	6	6	6	5	수	5	4	4	4	3	3	3	2	2

辛巳年

경칩 6일 08시 10분 【음2월】 ➡ 【辛卯月(신묘월)】 ☯一白星 춘분 21일 09시 20분

양력 3월 / 음력 02/04 ▮ 03/04

양력	1	2	3	4	5	6	7	8	9	10	11	12	13	14	15	16	17	18	19	20	21	22	23	24	25	26	27	28	29	30	31
요일	토	일	월	화	수	목	금	토	일	월	화	수	목	금	토	일	월	화	수	목	금	토	일	월	화	수	목	금	토	일	월
일진 日辰	戊申	己酉	庚戌	辛亥	壬子	癸丑	甲寅	乙卯	丙辰	丁巳	戊午	己未	庚申	辛酉	壬戌	癸亥	甲子	乙丑	丙寅	丁卯	戊辰	己巳	庚午	辛未	壬申	癸酉	甲戌	乙亥	丙子	丁丑	戊寅
납음	大驛土		釵釧金		桑柘木		大溪水		沙中土		天上火		石榴木		大海水		海中金		爐中火		大林木		路傍土		劍鋒金		山頭火		澗下水		
음력	4	5	6	7	8	9	10	11	12	13	14	15	16	17	18	19	20	21	22	23	24	25	26	27	28	29	30	3/1	2	3	4
구성	9	1	2	3	4	5	6	7	8	9	1	2	3	4	5	6	7	8	9	1	2	3	4	5	6	7	8	9	1	2	3
대운 남	8	9	9	9	10	경	1	1	1	1	2	2	2	3	3	3	4	4	4	5	춘	5	6	6	6	7	7	7	8	8	8
대운 여	2	1	1	1	1	칩	10	9	9	9	8	8	8	7	7	7	6	6	6	5	분	5	4	4	4	3	3	3	2	2	2

청명 5일 13시 25분 【음3월】 ➡ 【壬辰月(임진월)】 ☯九紫星 곡우 20일 20시 50분

양력 4월 / 음력 03/05 ▮ 04/05

양력	1	2	3	4	5	6	7	8	9	10	11	12	13	14	15	16	17	18	19	20	21	22	23	24	25	26	27	28	29	30
요일	화	수	목	금	토	일	월	화	수	목	금	토	일	월	화	수	목	금	토	일	월	화	수	목	금	토	일	월	화	수
일진 日辰	己卯	庚辰	辛巳	壬午	癸未	甲申	乙酉	丙戌	丁亥	戊子	己丑	庚寅	辛卯	壬辰	癸巳	甲午	乙未	丙申	丁酉	戊戌	己亥	庚子	辛丑	壬寅	癸卯	甲辰	乙巳	丙午	丁未	戊申
납음		白臘金		楊柳木		井中水		屋上土		霹靂火		松柏木		長流水		沙中金		山下火		平地木		壁上土		金箔金		覆燈火		天河水		
음력	5	6	7	8	9	10	11	12	13	14	15	16	17	18	19	20	21	22	23	24	25	26	27	28	29	4/1	2	3	4	5
구성	4	5	6	7	8	9	1	2	3	4	5	6	7	8	9	1	2	3	4	5	6	7	8	9	1	2	3	4	5	6
대운 남	9	9	9	10	청	1	1	1	1	2	2	2	3	3	3	4	4	4	5	곡	5	6	6	6	7	7	7	8	8	8
대운 여	1	1	1	1	명	10	10	9	9	9	8	8	8	7	7	7	6	6	6	우	5	5	4	4	4	3	3	3	2	2

입하 6일 07시 10분 【음4월】 ➡ 【癸巳月(계사월)】 ☯八白星 소만 21일 20시 23분

양력 5월 / 음력 04/06 ▮ 05/06

양력	1	2	3	4	5	6	7	8	9	10	11	12	13	14	15	16	17	18	19	20	21	22	23	24	25	26	27	28	29	30	31
요일	목	금	토	일	월	화	수	목	금	토	일	월	화	수	목	금	토	일	월	화	수	목	금	토	일	월	화	수	목	금	토
일진 日辰	己酉	庚戌	辛亥	壬子	癸丑	甲寅	乙卯	丙辰	丁巳	戊午	己未	庚申	辛酉	壬戌	癸亥	甲子	乙丑	丙寅	丁卯	戊辰	己巳	庚午	辛未	壬申	癸酉	甲戌	乙亥	丙子	丁丑	戊寅	己卯
납음		釵釧金		桑柘木		大溪水		沙中土		天上火		石榴木		大海水		海中金		爐中火		大林木		路傍土		劍鋒金		山頭火		澗下水		城頭土	
음력	6	7	8	9	10	11	12	13	14	15	16	17	18	19	20	21	22	23	24	25	26	27	28	29	30	5/1	2	3	4	5	6
구성	7	8	9	1	2	3	4	5	6	7	8	9	1	2	3	4	5	6	7	8	9	1	2	3	4	5	6	7	8	9	1
대운 남	9	9	9	10	10	입	1	1	1	1	2	2	2	3	3	3	4	4	4	5	소	5	6	6	6	7	7	7	8	8	8
대운 여	2	1	1	1	1	하	10	10	9	9	9	8	8	8	7	7	7	6	6	6	만	5	5	4	4	4	3	3	3	2	2

망종 6일 11시 39분 【음5월】 ➡ 【甲午月(갑오월)】 ☯七赤星 하지 22일 04시 33분

양력 6월 / 음력 05/07 ▮ 06/06

양력	1	2	3	4	5	6	7	8	9	10	11	12	13	14	15	16	17	18	19	20	21	22	23	24	25	26	27	28	29	30
요일	일	월	화	수	목	금	토	일	월	화	수	목	금	토	일	월	화	수	목	금	토	일	월	화	수	목	금	토	일	월
일진 日辰	庚辰	辛巳	壬午	癸未	甲申	乙酉	丙戌	丁亥	戊子	己丑	庚寅	辛卯	壬辰	癸巳	甲午	乙未	丙申	丁酉	戊戌	己亥	庚子	辛丑	壬寅	癸卯	甲辰	乙巳	丙午	丁未	戊申	己酉
납음	白臘金		楊柳木		井中水		屋上土		霹靂火		松柏木		長流水		沙中金		山下火		平地木		壁上土		金箔金		覆燈火		天河水		大驛土	
음력	7	8	9	10	11	12	13	14	15	16	17	18	19	20	21	22	23	24	25	26	27	28	29	30	6/1	2	3	4	5	6
구성	2	3	4	5	6	7	8	9	1	2	3	4	5	6	7	8	9	1	2	3	4	5	6	7	8	9	1	2	3	4
대운 남	9	9	9	10	10	망	1	1	1	1	2	2	2	3	3	3	4	4	4	5	5	하	6	6	6	7	7	7	8	8
대운 여	2	1	1	1	1	종	10	10	9	9	9	8	8	8	7	7	7	6	6	6	5	지	5	4	4	4	3	3	3	2

한식(4월6일), 초복(7월21일), 중복(7월31일), 말복(8월10일) ☂춘사(春社)3/21 ☀추사(秋社)9/27
토왕지절(土旺之節):4월17일,7월20일,10월21일,1월18일(신년양력),臘享(납향):1월18일(신년양력)

七日得辛, 六龍治水, 1941년 신사年(백랍금), 오황토

6白	2黑	4綠
5黃	7赤	9紫
1白	3碧	8白

소서 7일 22시 03분 【음6월】 ➡ 【乙未月(을미월)】 ☯六白星 대서 23일 15시 26분

양력 7월	양력	1	2	3	4	5	6	7	8	9	10	11	12	13	14	15	16	17	18	19	20	21	22	23	24	25	26	27	28	29	30	31
	요일	화	수	목	금	토	일	월	화	수	목	금	토	일	월	화	수	목	금	토	일	월	화	수	목	금	토	일	월	화	수	목
	일진 日辰	庚戌	辛亥	壬子	癸丑	甲寅	乙卯	丙辰	丁巳	戊午	己未	庚申	辛酉	壬戌	癸亥	甲子	乙丑	丙寅	丁卯	戊辰	己巳	庚午	辛未	壬申	癸酉	甲戌	乙亥	丙子	丁丑	戊寅	己卯	庚辰
음력 06/07 ~ 06/27	납음	釵釧金		桑柘木		大溪水		沙中土		天上火		石榴木		大海水		海中金		爐中火		大林木		路傍土		劍鋒金		山頭火		澗下水		城頭土		
	음력	7	8	9	10	11	12	13	14	15	16	17	18	19	20	21	22	23	24	25	26	27	28	29	윤6	2	3	4	5	6	7	8
	구성	5	6	7	8	9	1	2	3	4	5	6	7	8	9	9	8	7	6	5	4	3	2	1	9	8	7	6	5	4	3	2
	대운 남	8	9	9	9	10	10	소	1	1	1	1	2	2	2	3	3	3	4	4	4	5	5	대	6	6	6	7	7	7	8	8
	대운 여	2	2	1	1	1	1	서	10	10	10	9	9	9	8	8	8	7	7	7	6	6	6	서	5	5	4	4	4	3	3	3

입추 8일 07시 46분 【음7월】 ➡ 【丙申月(병신월)】 ☯五黃星 처서 23일 22시 17분

양력 8월	양력	1	2	3	4	5	6	7	8	9	10	11	12	13	14	15	16	17	18	19	20	21	22	23	24	25	26	27	28	29	30	31
	요일	금	토	일	월	화	수	목	금	토	일	월	화	수	목	금	토	일	월	화	수	목	금	토	일	월	화	수	목	금	토	일
	일진 日辰	辛巳	壬午	癸未	甲申	乙酉	丙戌	丁亥	戊子	己丑	庚寅	辛卯	壬辰	癸巳	甲午	乙未	丙申	丁酉	戊戌	己亥	庚子	辛丑	壬寅	癸卯	甲辰	乙巳	丙午	丁未	戊申	己酉	庚戌	辛亥
음력 윤609 ~ 07/09	납음		楊柳木		井中水		屋上土		霹靂火		松柏木		長流水		沙中金		山下火		平地木		壁上土		金箔金		覆燈火		天河水		大驛土		釵釧金	
	음력	9	10	11	12	13	14	15	16	17	18	19	20	21	22	23	24	25	26	27	28	29	30	7/1	2	3	4	5	6	7	8	9
	구성	1	9	8	7	6	5	4	3	2	1	9	8	7	6	5	4	3	2	1	9	8	7	6	5	4	3	2	1	9	8	7
	대운 남	8	9	9	9	10	10	10	입	1	1	1	1	2	2	2	3	3	3	4	4	4	5	처	5	6	6	6	7	7	7	8
	대운 여	2	2	2	1	1	1	1	추	10	10	9	9	9	8	8	8	7	7	7	6	6	6	서	5	5	4	4	4	3	3	3

백로 8일 10시 24분 【음8월】 ➡ 【丁酉月(정유월)】 ☯四綠星 추분 23일 19시 33분

양력 9월	양력	1	2	3	4	5	6	7	8	9	10	11	12	13	14	15	16	17	18	19	20	21	22	23	24	25	26	27	28	29	30
	요일	월	화	수	목	금	토	일	월	화	수	목	금	토	일	월	화	수	목	금	토	일	월	화	수	목	금	토	일	월	화
	일진 日辰	壬子	癸丑	甲寅	乙卯	丙辰	丁巳	戊午	己未	庚申	辛酉	壬戌	癸亥	甲子	乙丑	丙寅	丁卯	戊辰	己巳	庚午	辛未	壬申	癸酉	甲戌	乙亥	丙子	丁丑	戊寅	己卯	庚辰	辛巳
음력 07/08 ~ 08/10	납음	桑柘木		大溪水		沙中土		天上火		石榴木		大海水		海中金		爐中火		大林木		路傍土		劍鋒金		山頭火		澗下水		城頭土		白臘金	
	음력	10	11	12	13	14	15	16	17	18	19	20	21	22	23	24	25	26	27	28	29	8/1	2	3	4	5	6	7	8	9	10
	구성	6	5	4	3	2	1	9	8	7	6	5	4	3	2	1	9	8	7	6	5	4	3	2	1	9	8	7	6	5	4
	대운 남	8	8	9	9	9	10	10	한	1	1	1	1	2	2	2	3	3	3	4	4	4	5	추	5	6	6	6	7	7	7
	대운 여	2	2	2	1	1	1	1	로	10	10	9	9	9	8	8	8	7	7	7	6	6	6	분	5	5	4	4	4	3	3

한로 9일 01시 38분 【음9월】 ➡ 【戊戌月(무술월)】 ☯三碧星 상강 24일 04시 27분

양력 10월	양력	1	2	3	4	5	6	7	8	9	10	11	12	13	14	15	16	17	18	19	20	21	22	23	24	25	26	27	28	29	30	31
	요일	수	목	금	토	일	월	화	수	목	금	토	일	월	화	수	목	금	토	일	월	화	수	목	금	토	일	월	화	수	목	금
	일진 日辰	壬午	癸未	甲申	乙酉	丙戌	丁亥	戊子	己丑	庚寅	辛卯	壬辰	癸巳	甲午	乙未	丙申	丁酉	戊戌	己亥	庚子	辛丑	壬寅	癸卯	甲辰	乙巳	丙午	丁未	戊申	己酉	庚戌	辛亥	壬子
음력 08/11 ~ 09/12	납음	楊柳木		井中水		屋上土		霹靂火		松柏木		長流水		沙中金		山下火		平地木		壁上土		金箔金		覆燈火		天河水		大驛土		釵釧金		
	음력	11	12	13	14	15	16	17	18	19	20	21	22	23	24	25	26	27	28	29	9/1	2	3	4	5	6	7	8	9	10	11	12
	구성	3	2	1	9	8	7	6	5	4	3	2	1	9	8	7	6	5	4	3	2	1	9	8	7	6	5	4	3	2	1	9
	대운 남	8	8	8	9	9	9	10	10	한	1	1	1	1	2	2	2	3	3	3	4	4	4	5	상	5	6	6	6	7	7	7
	대운 여	3	2	2	2	1	1	1	1	로	10	9	9	9	8	8	8	7	7	7	6	6	6	5	강	5	4	4	4	3	3	3

입동 8일 04시 24분 【음10월】 ➡ 【己亥月(기해월)】 ☯二黑星 소설 23일 01시 38분

양력 11월	양력	1	2	3	4	5	6	7	8	9	10	11	12	13	14	15	16	17	18	19	20	21	22	23	24	25	26	27	28	29	30
	요일	토	일	월	화	수	목	금	토	일	월	화	수	목	금	토	일	월	화	수	목	금	토	일	월	화	수	목	금	토	일
	일진 日辰	癸丑	甲寅	乙卯	丙辰	丁巳	戊午	己未	庚申	辛酉	壬戌	癸亥	甲子	乙丑	丙寅	丁卯	戊辰	己巳	庚午	辛未	壬申	癸酉	甲戌	乙亥	丙子	丁丑	戊寅	己卯	庚辰	辛巳	壬午
음력 09/13 ~ 10/12	납음		大溪水		沙中土		天上火		石榴木		大海水		海中金		爐中火		大林木		路傍土		劍鋒金		山頭火		澗下水		城頭土		白臘金		
	음력	13	14	15	16	17	18	19	20	21	22	23	24	25	26	27	28	29	30	10/1	2	3	4	5	6	7	8	9	10	11	12
	구성	8	7	6	5	4	3	2	1	9	8	7	6	5	4	3	2	1	9	8	7	6	5	4	3	2	1	9	8	7	6
	대운 남	8	8	8	9	9	9	10	입	1	1	1	1	2	2	2	3	3	3	4	4	4	5	소	5	6	6	6	7	7	7
	대운 여	2	2	2	1	1	1	1	동	9	9	9	8	8	8	7	7	7	6	6	6	5	5	설	4	4	4	3	3	3	2

대설 7일 20시 56분 【음11월】 ➡ 【庚子月(경자월)】 ☯一白星 동지 22일 14시 44분

양력 12월	양력	1	2	3	4	5	6	7	8	9	10	11	12	13	14	15	16	17	18	19	20	21	22	23	24	25	26	27	28	29	30	31
	요일	월	화	수	목	금	토	일	월	화	수	목	금	토	일	월	화	수	목	금	토	일	월	화	수	목	금	토	일	월	화	수
	일진 日辰	癸未	甲申	乙酉	丙戌	丁亥	戊子	己丑	庚寅	辛卯	壬辰	癸巳	甲午	乙未	丙申	丁酉	戊戌	己亥	庚子	辛丑	壬寅	癸卯	甲辰	乙巳	丙午	丁未	戊申	己酉	庚戌	辛亥	壬子	癸丑
음력 10/13 ~ 11/14	납음		井中水		屋上土		霹靂火		松柏木		長流水		沙中金		山下火		平地木		壁上土		金箔金		覆燈火		天河水		大驛土		釵釧金		桑柘木	
	음력	13	14	15	16	17	18	19	20	21	22	23	24	25	26	27	28	29	11/1	2	3	4	5	6	7	8	9	10	11	12	13	14
	구성	5	4	3	2	1	9	8	7	6	5	4	3	2	1	9	8	7	6	5	4	3	2	1	9	8	7	6	5	4	3	2
	대운 남	8	8	8	9	9	9	대	1	1	1	1	2	2	2	3	3	3	4	4	4	5	동	5	6	6	6	7	7	7	8	8
	대운 여	2	2	1	1	1	1	설	10	9	9	9	8	8	8	7	7	7	6	6	6	5	지	5	4	4	4	3	3	3	2	2

말

단기 4275 年 불기 2486 年

1942년

壬午年

중원(,납음(楊柳木),본명성(四綠木)

대장군(卯동방).삼살(북방).상문(申서남방).조객(辰동남방).납음(양류목).【삼재(신,유,술)년】 臘享(납향):1943년1월25일(음12/20)

소한 6일 08시 02분 【음12월】 ➡ 【辛丑月(신축월)】 ☯九紫星 대한 21일 01시 24분

양력 1월 / 음력 11/15 ~ 12/15

양력	1	2	3	4	5	6	7	8	9	10	11	12	13	14	15	16	17	18	19	20	21	22	23	24	25	26	27	28	29	30	31
요일	목	금	토	일	월	화	수	목	금	토	일	월	화	수	목	금	토	일	월	화	수	목	금	토	일	월	화	수	목	금	토
일진 日辰	甲寅	乙卯	丙辰	丁巳	戊午	己未	庚申	辛酉	壬戌	癸亥	甲子	乙丑	丙寅	丁卯	戊辰	己巳	庚午	辛未	壬申	癸酉	甲戌	乙亥	丙子	丁丑	戊寅	己卯	庚辰	辛巳	壬午	癸未	甲申
납음	大溪水		沙中土		天上火		石榴木		大海水		海中金		爐中火		大林木		路傍土		劍鋒金		山頭火		澗下水		城頭土		白臘金		楊柳木		
음력	15	16	17	18	19	20	21	22	23	24	25	26	27	28	29	30	12/1	2	3	4	5	6	7	8	9	10	11	12	13	14	15
구성	1	9	8	7	6	5	4	3	2	1	1	2	3	4	5	6	7	8	9	1	2	3	4	5	6	7	8	9	1	2	3
대운 남	8	9	9	9	10	소	1	1	1	1	2	2	2	3	3	3	4	4	4	5	대	5	6	6	6	7	7	7	8	8	8
대운 여	2	1	1	1	1	한	9	9	9	8	8	8	7	7	7	6	6	6	5	5	한	4	4	4	3	3	3	2	2	2	1

입춘 4일 19시 49분 【음1월】 ➡ 【壬寅月(임인월)】 ☯八白星 우수 19일 15시 47분

양력 2월 / 음력 01/06 ~ 02/03

양력	1	2	3	4	5	6	7	8	9	10	11	12	13	14	15	16	17	18	19	20	21	22	23	24	25	26	27	28
요일	일	월	화	수	목	금	토	일	월	화	수	목	금	토	일	월	화	수	목	금	토	일	월	화	수	목	금	토
일진 日辰	乙酉	丙戌	丁亥	戊子	己丑	庚寅	辛卯	壬辰	癸巳	甲午	乙未	丙申	丁酉	戊戌	己亥	庚子	辛丑	壬寅	癸卯	甲辰	乙巳	丙午	丁未	戊申	己酉	庚戌	辛亥	壬子
납음		屋上土		霹靂火		松柏木		長流水		沙中金		山下火		平地木		壁上土		金箔金		覆燈火		天河水		大驛土		釵釧金		
음력	16	17	18	19	20	21	22	23	24	25	26	27	28	29	1/1	2	3	4	5	6	7	8	9	10	11	12	13	14
구성	4	5	6	7	8	9	1	2	3	4	5	6	7	8	9	1	2	3	4	5	6	7	8	9	1	2	3	4
대운 남	9	9	9	입	10	9	9	9	8	8	8	7	7	7	6	6	6	5	우	5	4	4	4	3	3	3	2	2
대운 여	1	1	1	춘	1	1	1	1	2	2	2	3	3	3	4	4	4	5	수	5	6	6	6	7	7	7	8	8

壬午年

경칩 6일 14시 09분 【음2월】 ➡ 【癸卯月(계묘월)】 ☯七赤星 춘분 21일 15시 11분

양력 3월 / 음력 02/04 ~ 03/04

양력	1	2	3	4	5	6	7	8	9	10	11	12	13	14	15	16	17	18	19	20	21	22	23	24	25	26	27	28	29	30	31
요일	일	월	화	수	목	금	토	일	월	화	수	목	금	토	일	월	화	수	목	금	토	일	월	화	수	목	금	토	일	월	화
일진 日辰	癸丑	甲寅	乙卯	丙辰	丁巳	戊午	己未	庚申	辛酉	壬戌	癸亥	甲子	乙丑	丙寅	丁卯	戊辰	己巳	庚午	辛未	壬申	癸酉	甲戌	乙亥	丙子	丁丑	戊寅	己卯	庚辰	辛巳	壬午	癸未
납음		大溪水		沙中土		天上火		石榴木		大海水		海中金		爐中火		大林木		路傍土		劍鋒金		山頭火		澗下水		城頭土		白臘金		楊柳木	
음력	15	16	17	18	19	20	21	22	23	24	25	26	27	28	29	30	2/1	2	3	4	5	6	7	8	9	10	11	12	13	14	15
구성	5	6	7	8	9	1	2	3	4	5	6	7	8	9	1	2	3	4	5	6	7	8	9	1	2	3	4	5	6	7	8
대운 남	2	1	1	1	1	경	10	9	9	9	8	8	8	7	7	7	6	6	6	5	춘	5	4	4	4	3	3	3	2	2	2
대운 여	8	9	9	9	10	칩	1	1	1	1	2	2	2	3	3	3	4	4	4	5	분	5	6	6	6	7	7	7	8	8	8

청명 5일 19시 24분 【음3월】 ➡ 【甲辰月(갑진월)】 ☯六白星 곡우 21일 02시 39분

양력 4월 / 음력 03/05 ~ 04/05

양력	1	2	3	4	5	6	7	8	9	10	11	12	13	14	15	16	17	18	19	20	21	22	23	24	25	26	27	28	29	30
요일	수	목	금	토	일	월	화	수	목	금	토	일	월	화	수	목	금	토	일	월	화	수	목	금	토	일	월	화	수	목
일진 日辰	甲申	乙酉	丙戌	丁亥	戊子	己丑	庚寅	辛卯	壬辰	癸巳	甲午	乙未	丙申	丁酉	戊戌	己亥	庚子	辛丑	壬寅	癸卯	甲辰	乙巳	丙午	丁未	戊申	己酉	庚戌	辛亥	壬子	癸丑
납음	井中水		屋上土		霹靂火		松柏木		長流水		沙中金		山下火		平地木		壁上土		金箔金		覆燈火		天河水		大驛土		釵釧金		桑柘木	
음력	16	17	18	19	20	21	22	23	24	25	26	27	28	29	3/1	2	3	4	5	6	7	8	9	10	11	12	13	14	15	16
구성	9	1	2	3	4	5	6	7	8	9	1	2	3	4	5	6	7	8	9	1	2	3	4	5	6	7	8	9	1	2
대운 남	1	1	1	1	청	10	10	9	9	9	8	8	8	7	7	7	6	6	6	5	곡	5	4	4	4	3	3	3	2	2
대운 여	9	9	9	10	명	1	1	1	1	2	2	2	3	3	3	4	4	4	5	5	우	6	6	6	7	7	7	8	8	8

입하 6일 13시 07분 【음4월】 ➡ 【乙巳月(을사월)】 ☯五黃星 소만 22일 02시 09분

양력 5월 / 음력 04/06 ~ 05/06

양력	1	2	3	4	5	6	7	8	9	10	11	12	13	14	15	16	17	18	19	20	21	22	23	24	25	26	27	28	29	30	31
요일	금	토	일	월	화	수	목	금	토	일	월	화	수	목	금	토	일	월	화	수	목	금	토	일	월	화	수	목	금	토	일
일진 日辰	甲寅	乙卯	丙辰	丁巳	戊午	己未	庚申	辛酉	壬戌	癸亥	甲子	乙丑	丙寅	丁卯	戊辰	己巳	庚午	辛未	壬申	癸酉	甲戌	乙亥	丙子	丁丑	戊寅	己卯	庚辰	辛巳	壬午	癸未	甲申
납음	大溪水		沙中土		天上火		石榴木		大海水		海中金		爐中火		大林木		路傍土		劍鋒金		山頭火		澗下水		城頭土		白臘金		楊柳木		
음력	17	18	19	20	21	22	23	24	25	26	27	28	29	30	4/1	2	3	4	5	6	7	8	9	10	11	12	13	14	15	16	17
구성	3	4	5	6	7	8	9	1	2	3	4	5	6	7	8	9	1	2	3	4	5	6	7	8	9	1	2	3	4	5	6
대운 남	2	1	1	1	1	입	10	10	9	9	9	8	8	8	7	7	7	6	6	6	5	소	5	4	4	4	3	3	3	2	2
대운 여	9	9	9	10	10	하	1	1	1	1	2	2	2	3	3	3	4	4	4	5	5	만	6	6	6	7	7	7	8	8	8

망종 6일 17시 33분 【음5월】 ➡ 【丙午月(병오월)】 ☯四綠星 하지 22일 10시 16분

양력 6월 / 음력 04/18 ~ 05/17

양력	1	2	3	4	5	6	7	8	9	10	11	12	13	14	15	16	17	18	19	20	21	22	23	24	25	26	27	28	29	30
요일	월	화	수	목	금	토	일	월	화	수	목	금	토	일	월	화	수	목	금	토	일	월	화	수	목	금	토	일	월	화
일진 日辰	乙酉	丙戌	丁亥	戊子	己丑	庚寅	辛卯	壬辰	癸巳	甲午	乙未	丙申	丁酉	戊戌	己亥	庚子	辛丑	壬寅	癸卯	甲辰	乙巳	丙午	丁未	戊申	己酉	庚戌	辛亥	壬子	癸丑	甲寅
납음		屋上土		霹靂火		松柏木		長流水		沙中金		山下火		平地木		壁上土		金箔金		覆燈火		天河水		大驛土		釵釧金		桑柘木		
음력	18	19	20	21	22	23	24	25	26	27	28	29	30	5/1	2	3	4	5	6	7	8	9	10	11	12	13	14	15	16	17
구성	7	8	9	1	2	3	4	5	6	7	8	9	1	2	3	4	5	6	7	8	9	1	2	3	4	5	6	7	8	9
대운 남	2	1	1	1	1	망	10	10	10	9	9	9	8	8	8	7	7	7	6	6	6	하	5	5	4	4	4	3	3	3
대운 여	9	9	9	10	10	종	1	1	1	1	2	2	2	3	3	3	4	4	4	5	5	지	6	6	6	7	7	7	8	8

한식(4월6일), 초복(7월16일), 중복(7월26일), 말복(8월15일) ☂춘사(春社)3/26 ☀추사(秋社)9/22
토왕지절(土旺之節):4월18일,7월20일,10월21일,1월18일(신년양력),臘享(납향):1월25일(신년양력)

三日得辛, 六龍治水, 1942년 임오年(양류목), 사록목

3碧	8白	1白
2黑	4綠	6白
7赤	9紫	5黃

1942 壬午年

소서 8일 03시 52분 【음6월】➡ 【丁未月(정미월)】 ☯三碧星 대서 23일 21시 07분

양력 7월 / 음력 06/07 ~ 06/27

양력	1	2	3	4	5	6	7	8	9	10	11	12	13	14	15	16	17	18	19	20	21	22	23	24	25	26	27	28	29	30	31
요일	수	목	금	토	일	월	화	수	목	금	토	일	월	화	수	목	금	토	일	월	화	수	목	금	토	일	월	화	수	목	금
일진 日辰	乙卯	丙辰	丁巳	戊午	己未	庚申	辛酉	壬戌	癸亥	甲子	乙丑	丙寅	丁卯	戊辰	己巳	庚午	辛未	壬申	癸酉	甲戌	乙亥	丙子	丁丑	戊寅	己卯	庚辰	辛巳	壬午	癸未	甲申	乙酉
납음		沙中土		天上火		石榴木		大海水		海中金		爐中火		大林木		路傍土		劍鋒金		山頭火		澗下水		城頭土		白臘金		楊柳木		井中水	
음력	18	19	20	21	22	23	24	25	26	27	28	29	6/1	2	3	4	5	6	7	8	9	10	11	12	13	14	15	16	17	18	19
구성	1	2	3	4	5	6	7	8	9	9	8	7	6	5	4	3	2	1	9	8	7	6	5	4	3	2	1	9	8	7	6
대운 남	2	2	2	1	1	1	1	소	10	10	9	9	9	8	8	8	7	7	7	6	6	6	대	5	5	4	4	4	3	3	3
대운 여	8	9	9	9	10	10	10	서	1	1	1	1	2	2	2	3	3	3	4	4	4	5	서	5	6	6	6	7	7	7	8

입추 8일 13시 30분 【음7월】➡ 【戊申月(무신월)】 ☯二黑星 처서 24일 03시 58분

양력 8월 / 음력 윤609 ~ 07/09

양력	1	2	3	4	5	6	7	8	9	10	11	12	13	14	15	16	17	18	19	20	21	22	23	24	25	26	27	28	29	30	31
요일	토	일	월	화	수	목	금	토	일	월	화	수	목	금	토	일	월	화	수	목	금	토	일	월	화	수	목	금	토	일	월
일진 日辰	丙戌	丁亥	戊子	己丑	庚寅	辛卯	壬辰	癸巳	甲午	乙未	丙申	丁酉	戊戌	己亥	庚子	辛丑	壬寅	癸卯	甲辰	乙巳	丙午	丁未	戊申	己酉	庚戌	辛亥	壬子	癸丑	甲寅	乙卯	丙辰
납음	屋上土		霹靂火		松柏木		長流水		沙中金		山下火		平地木		壁上土		金箔金		覆燈火		天河水		大驛土		釵釧金		桑柘木		大溪水		
음력	20	21	22	23	24	25	26	27	28	29	30	7/1	2	3	4	5	6	7	8	9	10	11	12	13	14	15	16	17	18	19	20
구성	5	4	3	2	1	9	8	7	6	5	4	3	2	1	9	8	7	6	5	4	3	2	1	9	8	7	6	5	4	3	2
대운 남	2	2	2	1	1	1	1	입	10	10	9	9	9	8	8	8	7	7	7	6	6	6	5	처	5	4	4	4	3	3	3
대운 여	8	8	9	9	9	10	10	추	1	1	1	1	2	2	2	3	3	3	4	4	4	5	5	서	6	6	6	7	7	7	8

백로 8일 16시 06분 【음8월】➡ 【己酉月(기유월)】 ☯一白星 추분 24일 10시 16분

양력 9월 / 음력 07/08 ~ 08/10

양력	1	2	3	4	5	6	7	8	9	10	11	12	13	14	15	16	17	18	19	20	21	22	23	24	25	26	27	28	29	30
요일	화	수	목	금	토	일	월	화	수	목	금	토	일	월	화	수	목	금	토	일	월	화	수	목	금	토	일	월	화	수
일진 日辰	丁巳	戊午	己未	庚申	辛酉	壬戌	癸亥	甲子	乙丑	丙寅	丁卯	戊辰	己巳	庚午	辛未	壬申	癸酉	甲戌	乙亥	丙子	丁丑	戊寅	己卯	庚辰	辛巳	壬午	癸未	甲申	乙酉	丙戌
납음		天上火		石榴木		大海水		海中金		爐中火		大林木		路傍土		劍鋒金		山頭火		澗下水		城頭土		白臘金		楊柳木		井中水		
음력	21	22	23	24	25	26	27	28	29	30	8/1	2	3	4	5	6	7	8	9	10	11	12	13	14	15	16	17	18	19	20
구성	1	9	8	7	6	5	4	3	2	1	9	8	7	6	5	4	3	2	1	9	8	7	6	5	4	3	2	1	9	8
대운 남	2	2	2	1	1	1	1	백	10	10	9	9	9	8	8	8	7	7	7	6	6	6	5	추	5	4	4	4	3	3
대운 여	8	8	9	9	9	10	10	로	1	1	1	1	2	2	2	3	3	3	4	4	4	5	5	분	6	6	6	7	7	7

한로 9일 07시 22분 【음9월】➡ 【庚戌月(경술월)】 ☯九紫星 상강 24일 10시 15분

양력 10월 / 음력 08/11 ~ 09/12

양력	1	2	3	4	5	6	7	8	9	10	11	12	13	14	15	16	17	18	19	20	21	22	23	24	25	26	27	28	29	30	31
요일	목	금	토	일	월	화	수	목	금	토	일	월	화	수	목	금	토	일	월	화	수	목	금	토	일	월	화	수	목	금	토
일진 日辰	丁亥	戊子	己丑	庚寅	辛卯	壬辰	癸巳	甲午	乙未	丙申	丁酉	戊戌	己亥	庚子	辛丑	壬寅	癸卯	甲辰	乙巳	丙午	丁未	戊申	己酉	庚戌	辛亥	壬子	癸丑	甲寅	乙卯	丙辰	丁巳
납음		霹靂火		松柏木		長流水		沙中金		山下火		平地木		壁上土		金箔金		覆燈火		天河水		大驛土		釵釧金		桑柘木		大溪水		沙中土	
음력	21	22	23	24	25	26	27	28	29	9/1	2	3	4	5	6	7	8	9	10	11	12	13	14	15	16	17	18	19	20	21	22
구성	7	6	5	4	3	2	1	9	8	7	6	5	4	3	2	1	9	8	7	6	5	4	3	2	1	9	8	7	6	5	4
대운 남	3	2	2	2	1	1	1	1	한	10	9	9	9	8	8	8	7	7	7	6	6	6	5	상	5	4	4	4	3	3	3
대운 여	8	8	8	9	9	9	10	10	로	1	1	1	1	2	2	2	3	3	3	4	4	4	5	강	5	6	6	6	7	7	7

입동 8일 10시 11분 【음10월】➡ 【辛亥月(신해월)】 ☯八白星 소설 23일 07시 30분

양력 11월 / 음력 09/13 ~ 10/12

양력	1	2	3	4	5	6	7	8	9	10	11	12	13	14	15	16	17	18	19	20	21	22	23	24	25	26	27	28	29	30
요일	일	월	화	수	목	금	토	일	월	화	수	목	금	토	일	월	화	수	목	금	토	일	월	화	수	목	금	토	일	월
일진 日辰	戊午	己未	庚申	辛酉	壬戌	癸亥	甲子	乙丑	丙寅	丁卯	戊辰	己巳	庚午	辛未	壬申	癸酉	甲戌	乙亥	丙子	丁丑	戊寅	己卯	庚辰	辛巳	壬午	癸未	甲申	乙酉	丙戌	丁亥
납음	天上火		石榴木		大海水		海中金		爐中火		大林木		路傍土		劍鋒金		山頭火		澗下水		城頭土		白臘金		楊柳木		井中水		屋上土	
음력	23	24	25	26	27	28	29	30	10/1	2	3	4	5	6	7	8	9	10	11	12	13	14	15	16	17	18	19	20	21	22
구성	3	2	1	9	8	7	6	5	4	3	2	1	9	8	7	6	5	4	3	2	1	9	8	7	6	5	4	3	2	1
대운 남	2	2	2	1	1	1	1	입	10	9	9	9	8	8	8	7	7	7	6	6	6	5	소	5	4	4	4	3	3	3
대운 여	8	8	8	9	9	9	10	동	1	1	1	1	2	2	2	3	3	3	4	4	4	5	설	5	6	6	6	7	7	7

대설 8일 02시 47분 【음11월】➡ 【壬子月(임자월)】 ☯七赤星 동지 22일 20시 40분

양력 12월 / 음력 10/13 ~ 11/14

양력	1	2	3	4	5	6	7	8	9	10	11	12	13	14	15	16	17	18	19	20	21	22	23	24	25	26	27	28	29	30	31
요일	화	수	목	금	토	일	월	화	수	목	금	토	일	월	화	수	목	금	토	일	월	화	수	목	금	토	일	월	화	수	목
일진 日辰	戊子	己丑	庚寅	辛卯	壬辰	癸巳	甲午	乙未	丙申	丁酉	戊戌	己亥	庚子	辛丑	壬寅	癸卯	甲辰	乙巳	丙午	丁未	戊申	己酉	庚戌	辛亥	壬子	癸丑	甲寅	乙卯	丙辰	丁巳	戊午
납음	霹靂火		松柏木		長流水		沙中金		山下火		平地木		壁上土		金箔金		覆燈火		天河水		大驛土		釵釧金		桑柘木		大溪水		沙中土		
음력	23	24	25	26	27	28	29	11/1	2	3	4	5	6	7	8	9	10	11	12	13	14	15	16	17	18	19	20	21	22	23	24
구성	9	8	7	6	5	4	3	2	1	9	8	7	6	5	4	3	2	1	9	8	7	6	5	4	3	2	1	9	8	7	6
대운 남	2	2	2	1	1	1	1	대	9	9	9	8	8	8	7	7	7	6	6	6	5	동	5	4	4	4	3	3	3	2	2
대운 여	8	8	8	9	9	9	10	설	1	1	1	1	2	2	2	3	3	3	4	4	4	지	5	5	6	6	6	7	7	7	8

단기 4276 年
불기 2487 年

1943년

중원 **癸未年** 납음(楊柳木),본명성(三碧木)

대장군(卯동방), 삼살(서방), 상문(酉서방),조객(巳동남방), 납음(양류목),【삼재(사,오,미)년】 臘享(납향):1944년1월20일(음12/25)

양

소한 6일 13시 55분 【음12월】 ➡ 【癸丑月(계축월)】 ☯六白星 대한 21일 07시 19분

양력 1월 / 음력 11/25 – 12/26

양력	1	2	3	4	5	6	7	8	9	10	11	12	13	14	15	16	17	18	19	20	21	22	23	24	25	26	27	28	29	30	31
요일	금	토	일	월	화	수	목	금	토	일	월	화	수	목	금	토	일	월	화	수	목	금	토	일	월	화	수	목	금	토	일
일진 日辰	己未	庚申	辛酉	壬戌	癸亥	甲子	乙丑	丙寅	丁卯	戊辰	己巳	庚午	辛未	壬申	癸酉	甲戌	乙亥	丙子	丁丑	戊寅	己卯	庚辰	辛巳	壬午	癸未	甲申	乙酉	丙戌	丁亥	戊子	己丑
납음		石榴木		大海水		海中金		爐中火		大林木		路傍土		劍鋒金		山頭火		澗下水		城頭土		白臘金		楊柳木		井中水		屋上土		霹靂火	
음력	25	26	27	28	29	12/1	2	3	4	5	6	7	8	9	10	11	12	13	14	15	16	17	18	19	20	21	22	23	24	25	26
구성	5	4	3	2	1	1	2	3	4	5	6	7	8	9	1	2	3	4	5	6	7	8	9	1	2	3	4	5	6	7	8
대운 남	2	1	1	1	1	소	10	9	9	9	8	8	8	7	7	7	6	6	6	5	대	5	4	4	4	3	3	3	2	2	2
대운 여	8	8	9	9	9	한	1	1	1	1	2	2	2	3	3	3	4	4	4	5	한	5	6	6	6	7	7	7	8	8	8

입춘 5일 01시 40분 【음1월】 ➡ 【甲寅月(갑인월)】 ☯五黃星 우수 21일 21시 40분

양력 2월 / 음력 12/27 – 01/24

양력	1	2	3	4	5	6	7	8	9	10	11	12	13	14	15	16	17	18	19	20	21	22	23	24	25	26	27	28
요일	월	화	수	목	금	토	일	월	화	수	목	금	토	일	월	화	수	목	금	토	일	월	화	수	목	금	토	일
일진 日辰	庚寅	辛卯	壬辰	癸巳	甲午	乙未	丙申	丁酉	戊戌	己亥	庚子	辛丑	壬寅	癸卯	甲辰	乙巳	丙午	丁未	戊申	己酉	庚戌	辛亥	壬子	癸丑	甲寅	乙卯	丙辰	丁巳
납음	松柏木		長流水		沙中金		山下火		平地木		壁上土		金箔金		覆燈火		天河水		大驛土		釵釧金		桑柘木		大溪水		沙中土	
음력	27	28	29	30	1/1	2	3	4	5	6	7	8	9	10	11	12	13	14	15	16	17	18	19	20	21	22	23	24
구성	9	1	2	3	4	5	6	7	8	9	1	2	3	4	5	6	7	8	9	1	2	3	4	5	6	7	8	9
대운 남	1	1	1	1	입	1	1	1	1	2	2	2	3	3	3	4	4	4	5	5	우	6	6	6	7	7	7	8
대운 여	9	9	9	10	춘	9	9	9	8	8	8	7	7	7	6	6	6	5	5	5	수	4	4	3	3	3	2	2

癸未年

경칩 6일 19시 59분 【음2월】 ➡ 【乙卯月(을묘월)】 ☯四綠星 춘분 21일 21시 03분

양력 3월 / 음력 01/25 – 02/26

양력	1	2	3	4	5	6	7	8	9	10	11	12	13	14	15	16	17	18	19	20	21	22	23	24	25	26	27	28	29	30	31
요일	월	화	수	목	금	토	일	월	화	수	목	금	토	일	월	화	수	목	금	토	일	월	화	수	목	금	토	일	월	화	수
일진 日辰	戊午	己未	庚申	辛酉	壬戌	癸亥	甲子	乙丑	丙寅	丁卯	戊辰	己巳	庚午	辛未	壬申	癸酉	甲戌	乙亥	丙子	丁丑	戊寅	己卯	庚辰	辛巳	壬午	癸未	甲申	乙酉	丙戌	丁亥	戊子
납음	天上火		石榴木		大海水		海中金		爐中火		大林木		路傍土		劍鋒金		山頭火		澗下水		城頭土		白臘金		楊柳木		井中水		屋上土		
음력	25	26	27	28	29	2/1	2	3	4	5	6	7	8	9	10	11	12	13	14	15	16	17	18	19	20	21	22	23	24	25	26
구성	1	2	3	4	5	6	7	8	9	1	2	3	4	5	6	7	8	9	1	2	3	4	5	6	7	8	9	1	2	3	4
대운 남	8	8	9	9	9	경	1	1	1	1	2	2	2	3	3	3	4	4	4	5	춘	5	6	6	6	7	7	7	8	8	8
대운 여	2	1	1	1	1	칩	10	10	9	9	9	8	8	8	7	7	7	6	6	6	분	5	5	4	4	4	3	3	3	2	2

청명 6일 01시 11분 【음3월】 ➡ 【丙辰月(병진월)】 ☯三碧星 곡우 21일 08시 32분

양력 4월 / 음력 02/27 – 03/26

양력	1	2	3	4	5	6	7	8	9	10	11	12	13	14	15	16	17	18	19	20	21	22	23	24	25	26	27	28	29	30
요일	목	금	토	일	월	화	수	목	금	토	일	월	화	수	목	금	토	일	월	화	수	목	금	토	일	월	화	수	목	금
일진 日辰	己丑	庚寅	辛卯	壬辰	癸巳	甲午	乙未	丙申	丁酉	戊戌	己亥	庚子	辛丑	壬寅	癸卯	甲辰	乙巳	丙午	丁未	戊申	己酉	庚戌	辛亥	壬子	癸丑	甲寅	乙卯	丙辰	丁巳	戊午
납음		松柏木		長流水		沙中金		山下火		平地木		壁上土		金箔金		覆燈火		天河水		大驛土		釵釧金		桑柘木		大溪水		沙中土		
음력	27	28	29	30	3/1	2	3	4	5	6	7	8	9	10	11	12	13	14	15	16	17	18	19	20	21	22	23	24	25	26
구성	5	6	7	8	9	1	2	3	4	5	6	7	8	9	1	2	3	4	5	6	7	8	9	1	2	3	4	5	6	7
대운 남	9	9	9	10	10	청	1	1	1	1	2	2	2	3	3	3	4	4	4	5	곡	5	6	6	6	7	7	7	8	8
대운 여	2	1	1	1	1	명	10	9	9	9	8	8	8	7	7	7	6	6	6	5	우	5	4	4	4	3	3	3	2	2

입하 6일 18시 53분 【음4월】 ➡ 【丁巳月(정사월)】 ☯二黑星 소만 22일 08시 03분

양력 5월 / 음력 03/27 – 04/28

양력	1	2	3	4	5	6	7	8	9	10	11	12	13	14	15	16	17	18	19	20	21	22	23	24	25	26	27	28	29	30	31
요일	토	일	월	화	수	목	금	토	일	월	화	수	목	금	토	일	월	화	수	목	금	토	일	월	화	수	목	금	토	일	월
일진 日辰	己未	庚申	辛酉	壬戌	癸亥	甲子	乙丑	丙寅	丁卯	戊辰	己巳	庚午	辛未	壬申	癸酉	甲戌	乙亥	丙子	丁丑	戊寅	己卯	庚辰	辛巳	壬午	癸未	甲申	乙酉	丙戌	丁亥	戊子	己丑
납음		石榴木		大海水		海中金		爐中火		大林木		路傍土		劍鋒金		山頭火		澗下水		城頭土		白臘金		楊柳木		井中水		屋上土		霹靂火	
음력	27	28	29	4/1	2	3	4	5	6	7	8	9	10	11	12	13	14	15	16	17	18	19	20	21	22	23	24	25	26	27	28
구성	8	9	1	2	3	4	5	6	7	8	9	1	2	3	4	5	6	7	8	9	1	2	3	4	5	6	7	8	9	1	2
대운 남	8	9	9	9	10	입	1	1	1	1	2	2	2	3	3	3	4	4	4	5	5	소	6	6	6	7	7	7	8	8	8
대운 여	2	1	1	1	1	하	10	10	9	9	9	8	8	8	7	7	7	6	6	6	5	만	5	4	4	4	3	3	3	2	2

망종 6일 23시 19분 【음5월】 ➡ 【戊午月(무오월)】 ☯一白星 하지 22일 16시 12분

양력 6월 / 음력 04/29 – 05/28

양력	1	2	3	4	5	6	7	8	9	10	11	12	13	14	15	16	17	18	19	20	21	22	23	24	25	26	27	28	29	30
요일	화	수	목	금	토	일	월	화	수	목	금	토	일	월	화	수	목	금	토	일	월	화	수	목	금	토	일	월	화	수
일진 日辰	庚寅	辛卯	壬辰	癸巳	甲午	乙未	丙申	丁酉	戊戌	己亥	庚子	辛丑	壬寅	癸卯	甲辰	乙巳	丙午	丁未	戊申	己酉	庚戌	辛亥	壬子	癸丑	甲寅	乙卯	丙辰	丁巳	戊午	己未
납음	松柏木		長流水		沙中金		山下火		平地木		壁上土		金箔金		覆燈火		天河水		大驛土		釵釧金		桑柘木		大溪水		沙中土		天上火	
음력	29	30	5/1	2	3	4	5	6	7	8	9	10	11	12	13	14	15	16	17	18	19	20	21	22	23	24	25	26	27	28
구성	3	4	5	6	7	8	9	1	2	3	4	5	6	7	8	9	1	2	3	4	5	6	7	8	9	1	2	3	4	5
대운 남	9	9	9	10	10	망	1	1	1	1	2	2	2	3	3	3	4	4	4	5	5	하	6	6	6	7	7	7	8	8
대운 여	2	1	1	1	1	종	10	10	10	9	9	9	8	8	8	7	7	7	6	6	6	지	5	5	4	4	4	3	3	3

한식(4월6일), 초복(7월21일), 중복(7월31일), 말복(8월10일) ☂춘사(春社)3/21 ☀추사(秋社)9/27
토왕지절(土旺之節):4월18일,7월20일,10월21일,1월18일(신년양력),臘享(납향):1월20일(신년양력)

八日得辛, 十一龍治水, 1943년 계미年(양류목), 삼벽목

2黑	7赤	9紫
1白	3碧	5黃
6白	8白	4綠

1943 癸未年

소서 8일 09시 39분 【음6월】➡ 【己未月(기미월)】 ☯九紫星 대서 24일 03시 05분

양력 7월	양력	1	2	3	4	5	6	7	8	9	10	11	12	13	14	15	16	17	18	19	20	21	22	23	24	25	26	27	28	29	30	31
	요일	목	금	토	일	월	화	수	목	금	토	일	월	화	수	목	금	토	일	월	화	수	목	금	토	일	월	화	수	목	금	토
	일진 日辰	庚申	辛酉	壬戌	癸亥	甲子	乙丑	丙寅	丁卯	戊辰	己巳	庚午	辛未	壬申	癸酉	甲戌	乙亥	丙子	丁丑	戊寅	己卯	庚辰	辛巳	壬午	癸未	甲申	乙酉	丙戌	丁亥	戊子	己丑	庚寅
음력 05/29 – 06/30	납음	石榴木		大海水		海中金		爐中火		大林木		路傍土		劍鋒金		山頭火		澗下水		城頭土		白臘金		楊柳木		井中水		屋上土		霹靂火		
	음력	29	6/1	2	3	4	5	6	7	8	9	10	11	12	13	14	15	16	17	18	19	20	21	22	23	24	25	26	27	28	29	30
	구성	6	7	8	9	9	8	7	6	5	4	3	2	1	9	8	7	6	5	4	3	2	1	9	8	7	6	5	4	3	2	1
	대운 남	8	9	9	9	10	10	10	소	1	1	1	1	2	2	2	3	3	3	4	4	4	5	5	대	6	6	6	7	7	7	8
	대운 여	2	2	2	1	1	1	1	서	10	10	9	9	9	8	8	8	7	7	7	6	6	6	5	서	5	4	4	4	3	3	3

입추 8일 19시 19분 【음7월】➡ 【庚申月(경신월)】 ☯八白星 처서 24일 09시 55분

양력 8월	양력	1	2	3	4	5	6	7	8	9	10	11	12	13	14	15	16	17	18	19	20	21	22	23	24	25	26	27	28	29	30	31
	요일	일	월	화	수	목	금	토	일	월	화	수	목	금	토	일	월	화	수	목	금	토	일	월	화	수	목	금	토	일	월	화
	일진 日辰	辛卯	壬辰	癸巳	甲午	乙未	丙申	丁酉	戊戌	己亥	庚子	辛丑	壬寅	癸卯	甲辰	乙巳	丙午	丁未	戊申	己酉	庚戌	辛亥	壬子	癸丑	甲寅	乙卯	丙辰	丁巳	戊午	己未	庚申	辛酉
음력 07/01 – 08/01	납음		長流水		沙中金		山下火		平地木		壁上土		金箔金		覆燈火		天河水		大驛土		釵釧金		桑柘木		大溪水		沙中土		天上火		石榴木	
	음력	7/1	2	3	4	5	6	7	8	9	10	11	12	13	14	15	16	17	18	19	20	21	22	23	24	25	26	27	28	29	30	8/1
	구성	9	8	7	6	5	4	3	2	1	9	8	7	6	5	4	3	2	1	9	8	7	6	5	4	3	2	1	9	8	7	6
	대운 남	8	8	9	9	9	10	10	입	1	1	1	1	2	2	2	3	3	3	4	4	4	5	5	처	6	6	6	7	7	7	8
	대운 여	2	2	2	1	1	1	1	추	10	10	9	9	9	8	8	8	7	7	7	6	6	6	5	서	5	4	4	4	3	3	3

백로 8일 21시 55분 【음8월】➡ 【辛酉月(신유월)】 ☯七赤星 추분 24일 07시 12분

양력 9월	양력	1	2	3	4	5	6	7	8	9	10	11	12	13	14	15	16	17	18	19	20	21	22	23	24	25	26	27	28	29	30	
	요일	수	목	금	토	일	월	화	수	목	금	토	일	월	화	수	목	금	토	일	월	화	수	목	금	토	일	월	화	수	목	
	일진 日辰	壬戌	癸亥	甲子	乙丑	丙寅	丁卯	戊辰	己巳	庚午	辛未	壬申	癸酉	甲戌	乙亥	丙子	丁丑	戊寅	己卯	庚辰	辛巳	壬午	癸未	甲申	乙酉	丙戌	丁亥	戊子	己丑	庚寅	辛卯	
음력 08/02 – 09/02	납음	大海水		海中金		爐中火		大林木		路傍土		劍鋒金		山頭火		澗下水		城頭土		白臘金		楊柳木		井中水		屋上土		霹靂火		松柏木		
	음력	2	3	4	5	6	7	8	9	10	11	12	13	14	15	16	17	18	19	20	21	22	23	24	25	26	27	28	29	9/1	2	
	구성	5	4	3	2	1	9	8	7	6	5	4	3	2	1	9	8	7	6	5	4	3	2	1	9	8	7	6	5	4	3	
	대운 남	8	8	9	9	9	10	10	백	1	1	1	1	2	2	2	3	3	3	4	4	4	5	5	추	6	6	6	7	7	7	
	대운 여	2	2	2	1	1	1	1	로	10	10	9	9	9	8	8	8	7	7	7	6	6	6	5	분	5	4	4	4	3	3	

한로 9일 13시 11분 【음9월】➡ 【壬戌月(임술월)】 ☯六白星 상강 24일 16시 08분

양력 10월	양력	1	2	3	4	5	6	7	8	9	10	11	12	13	14	15	16	17	18	19	20	21	22	23	24	25	26	27	28	29	30	31
	요일	금	토	일	월	화	수	목	금	토	일	월	화	수	목	금	토	일	월	화	수	목	금	토	일	월	화	수	목	금	토	일
	일진 日辰	壬辰	癸巳	甲午	乙未	丙申	丁酉	戊戌	己亥	庚子	辛丑	壬寅	癸卯	甲辰	乙巳	丙午	丁未	戊申	己酉	庚戌	辛亥	壬子	癸丑	甲寅	乙卯	丙辰	丁巳	戊午	己未	庚申	辛酉	壬戌
음력 09/03 – 10/03	납음	長流水		沙中金		山下火		平地木		壁上土		金箔金		覆燈火		天河水		大驛土		釵釧金		桑柘木		大溪水		沙中土		天上火		石榴木		
	음력	3	4	5	6	7	8	9	10	11	12	13	14	15	16	17	18	19	20	21	22	23	24	25	26	27	28	29	30	10/1	2	3
	구성	2	1	9	8	7	6	5	4	3	2	1	9	8	7	6	5	4	3	2	1	9	8	7	6	5	4	3	2	1	9	8
	대운 남	8	8	8	9	9	9	10	10	한	1	1	1	1	2	2	2	3	3	3	4	4	4	5	상	5	6	6	6	7	7	7
	대운 여	3	2	2	2	1	1	1	1	로	10	9	9	9	8	8	8	7	7	7	6	6	6	5	강	5	4	4	4	3	3	3

입동 8일 15시 59분 【음10월】➡ 【癸亥月(계해월)】 ☯五黃星 소설 23일 13시 22분

양력 11월	양력	1	2	3	4	5	6	7	8	9	10	11	12	13	14	15	16	17	18	19	20	21	22	23	24	25	26	27	28	29	30	
	요일	월	화	수	목	금	토	일	월	화	수	목	금	토	일	월	화	수	목	금	토	일	월	화	수	목	금	토	일	월	화	
	일진 日辰	癸亥	甲子	乙丑	丙寅	丁卯	戊辰	己巳	庚午	辛未	壬申	癸酉	甲戌	乙亥	丙子	丁丑	戊寅	己卯	庚辰	辛巳	壬午	癸未	甲申	乙酉	丙戌	丁亥	戊子	己丑	庚寅	辛卯	壬辰	
음력 10/04 – 11/03	납음		海中金		爐中火		大林木		路傍土		劍鋒金		山頭火		澗下水		城頭土		白臘金		楊柳木		井中水		屋上土		霹靂火		松柏木			
	음력	4	5	6	7	8	9	10	11	12	13	14	15	16	17	18	19	20	21	22	23	24	25	26	27	28	29	30	11/1	2	3	
	구성	7	6	5	4	3	2	1	9	8	7	6	5	4	3	2	1	9	8	7	6	5	4	3	2	1	9	8	7	6	5	
	대운 남	8	8	8	9	9	9	10	입	1	1	1	1	2	2	2	3	3	3	4	4	4	5	소	5	6	6	6	7	7	7	
	대운 여	2	2	2	1	1	1	1	동	10	9	9	9	8	8	8	7	7	7	6	6	6	5	설	5	4	4	4	3	3	3	

대설 8일 08시 33분 【음11월】➡ 【甲子月(갑자월)】 ☯四綠星 동지 23일 02시 29분

양력 12월	양력	1	2	3	4	5	6	7	8	9	10	11	12	13	14	15	16	17	18	19	20	21	22	23	24	25	26	27	28	29	30	31
	요일	수	목	금	토	일	월	화	수	목	금	토	일	월	화	수	목	금	토	일	월	화	수	목	금	토	일	월	화	수	목	금
	일진 日辰	癸巳	甲午	乙未	丙申	丁酉	戊戌	己亥	庚子	辛丑	壬寅	癸卯	甲辰	乙巳	丙午	丁未	戊申	己酉	庚戌	辛亥	壬子	癸丑	甲寅	乙卯	丙辰	丁巳	戊午	己未	庚申	辛酉	壬戌	癸亥
음력 11/04 – 12/05	납음		沙中金		山下火		平地木		壁上土		金箔金		覆燈火		天河水		大驛土		釵釧金		桑柘木		大溪水		沙中土		天上火		石榴木		大海水	
	음력	4	5	6	7	8	9	10	11	12	13	14	15	16	17	18	19	20	21	22	23	24	25	26	27	28	29	12/1	2	3	4	5
	구성	4	3	2	1	9	8	7	6	5	4	3	2	1	9	8	7	6	5	4	3	2	1	9	8	7	6	5	4	3	2	1
	대운 남	8	8	8	9	9	9	10	대	1	1	1	1	2	2	2	3	3	3	4	4	4	5	동	5	6	6	6	7	7	7	8
	대운 여	2	2	2	1	1	1	1	설	9	9	9	8	8	8	7	7	7	6	6	6	5	5	지	4	4	4	3	3	3	2	2

단기 4277 年 불기 2488 年 **1944**년

중원(**甲申年** 납음(泉中水)본명성,(二黑土)

대장군(午남방), 삼살(남방), 상문(戌서북방), 조객(午남방),납음(천중수), 삼재(인,묘,진)년 臘享(납향):1945년1월26일(음12/13)

원숭이

소한 6일 19시 39분 【음12월】➡ 【乙丑月(을축월)】 ☯三碧星 대한 21일 13시 07분

양력 1월	양력	1	2	3	4	5	6	7	8	9	10	11	12	13	14	15	16	17	18	19	20	21	22	23	24	25	26	27	28	29	30	31
	요일	토	일	월	화	수	목	금	토	일	월	화	수	목	금	토	일	월	화	수	목	금	토	일	월	화	수	목	금	토	일	월
	일진 日辰	甲子	乙丑	丙寅	丁卯	戊辰	己巳	庚午	辛未	壬申	癸酉	甲戌	乙亥	丙子	丁丑	戊寅	己卯	庚辰	辛巳	壬午	癸未	甲申	乙酉	丙戌	丁亥	戊子	己丑	庚寅	辛卯	壬辰	癸巳	甲午
음력 12/06 ~ 01/06	납음	海中金		爐中火		大林木		路傍土		劍鋒金		山頭火		澗下水		城頭土		白臘金		楊柳木		井中水		屋上土		霹靂火		松柏木		長流水		
	음력	6	7	8	9	10	11	12	13	14	15	16	17	18	19	20	21	22	23	24	25	26	27	28	29	30	1/1	2	3	4	5	6
	구성	1	2	3	4	5	6	7	8	9	1	2	3	4	5	6	7	8	9	1	2	3	4	5	6	7	8	9	1	2	3	4
	대운 남	8	8	9	9	9	소	1	1	1	1	2	2	2	3	3	3	4	4	4	5	대	5	6	6	6	7	7	7	8	8	8
	대운 여	2	1	1	1	1	한	10	9	9	9	8	8	8	7	7	7	6	6	6	5	한	5	4	4	4	3	3	3	2	2	2

입춘5일 07시 23분 【음1월】➡ 【丙寅月(병인월)】 ☯二黑星 우수 20일 03시 27분

양력 2월	양력	1	2	3	4	5	6	7	8	9	10	11	12	13	14	15	16	17	18	19	20	21	22	23	24	25	26	27	28	29
	요일	화	수	목	금	토	일	월	화	수	목	금	토	일	월	화	수	목	금	토	일	월	화	수	목	금	토	일	월	화
	일진 日辰	乙未	丙申	丁酉	戊戌	己亥	庚子	辛丑	壬寅	癸卯	甲辰	乙巳	丙午	丁未	戊申	己酉	庚戌	辛亥	壬子	癸丑	甲寅	乙卯	丙辰	丁巳	戊午	己未	庚申	辛酉	壬戌	癸亥
음력 01/07 ~ 02/06	납음		山下火		平地木		壁上土		金箔金		覆燈火		天河水		大驛土		釵釧金		桑柘木		大溪水		沙中土		天上火		石榴木		大海水	
	음력	7	8	9	10	11	12	13	14	15	16	17	18	19	20	21	22	23	24	25	26	27	28	29	2/1	2	3	4	5	6
	구성	5	6	7	8	9	1	2	3	4	5	6	7	8	9	1	2	3	4	5	6	7	8	9	1	2	3	4	5	6
	대운 남	9	9	9	10	입	10	9	9	9	8	8	8	7	7	7	6	6	6	5	우	5	4	4	4	3	3	3	2	2
	대운 여	1	1	1	1	춘	1	1	1	1	2	2	2	3	3	3	4	4	4	5	수	5	6	6	6	7	7	7	8	8

甲申年

경칩 6일 01시 40분 【음2월】➡ 【丁卯月(정묘월)】 ☯一白星 춘분 21일 02시 49분

양력 3월	양력	1	2	3	4	5	6	7	8	9	10	11	12	13	14	15	16	17	18	19	20	21	22	23	24	25	26	27	28	29	30	31
	요일	수	목	금	토	일	월	화	수	목	금	토	일	월	화	수	목	금	토	일	월	화	수	목	금	토	일	월	화	수	목	금
	일진 日辰	甲子	乙丑	丙寅	丁卯	戊辰	己巳	庚午	辛未	壬申	癸酉	甲戌	乙亥	丙子	丁丑	戊寅	己卯	庚辰	辛巳	壬午	癸未	甲申	乙酉	丙戌	丁亥	戊子	己丑	庚寅	辛卯	壬辰	癸巳	甲午
음력 02/07 ~ 03/08	납음	海中金		爐中火		大林木		路傍土		劍鋒金		山頭火		澗下水		城頭土		白臘金		楊柳木		井中水		屋上土		霹靂火		松柏木		長流水		
	음력	7	8	9	10	11	12	13	14	15	16	17	18	19	20	21	22	23	24	25	26	27	28	29	3/1	2	3	4	5	6	7	8
	구성	7	8	9	1	2	3	4	5	6	7	8	9	1	2	3	4	5	6	7	8	9	1	2	3	4	5	6	7	8	9	1
	대운 남	2	1	1	1	1	경	10	9	9	9	8	8	8	7	7	7	6	6	6	5	춘	5	4	4	4	3	3	3	2	2	2
	대운 여	8	9	9	9	10	칩	1	1	1	1	2	2	2	3	3	3	4	4	4	5	분	5	6	6	6	7	7	7	8	8	8

청명 5일 06시 54분 【음3월】➡ 【戊辰月(무진월)】 ☯九紫星 곡우 20일 14시 18분

양력 4월	양력	1	2	3	4	5	6	7	8	9	10	11	12	13	14	15	16	17	18	19	20	21	22	23	24	25	26	27	28	29	30
	요일	토	일	월	화	수	목	금	토	일	월	화	수	목	금	토	일	월	화	수	목	금	토	일	월	화	수	목	금	토	일
	일진 日辰	乙未	丙申	丁酉	戊戌	己亥	庚子	辛丑	壬寅	癸卯	甲辰	乙巳	丙午	丁未	戊申	己酉	庚戌	辛亥	壬子	癸丑	甲寅	乙卯	丙辰	丁巳	戊午	己未	庚申	辛酉	壬戌	癸亥	甲子
음력 03/09 ~ 04/08	납음		山下火		平地木		壁上土		金箔金		覆燈火		天河水		大驛土		釵釧金		桑柘木		大溪水		沙中土		天上火		石榴木		大海水		
	음력	9	10	11	12	13	14	15	16	17	18	19	20	21	22	23	24	25	26	27	28	29	30	4/1	2	3	4	5	6	7	8
	구성	2	3	4	5	6	7	8	9	1	2	3	4	5	6	7	8	9	1	2	3	4	5	6	7	8	9	1	2	3	4
	대운 남	1	1	1	1	청	10	10	9	9	9	8	8	8	7	7	7	6	6	6	곡	5	5	4	4	4	3	3	3	2	2
	대운 여	9	9	9	10	명	1	1	1	1	2	2	2	3	3	3	4	4	4	5	우	5	6	6	6	7	7	7	8	8	8

입하 6일 00시 40분 【음4월】➡ 【己巳月(기사월)】 ☯八白星 소만 21일 13시 51분

양력 5월	양력	1	2	3	4	5	6	7	8	9	10	11	12	13	14	15	16	17	18	19	20	21	22	23	24	25	26	27	28	29	30	31
	요일	월	화	수	목	금	토	일	월	화	수	목	금	토	일	월	화	수	목	금	토	일	월	화	수	목	금	토	일	월	화	수
	일진 日辰	乙丑	丙寅	丁卯	戊辰	己巳	庚午	辛未	壬申	癸酉	甲戌	乙亥	丙子	丁丑	戊寅	己卯	庚辰	辛巳	壬午	癸未	甲申	乙酉	丙戌	丁亥	戊子	己丑	庚寅	辛卯	壬辰	癸巳	甲午	乙未
음력 04/09 ~ 윤410	납음		爐中火		大林木		路傍土		劍鋒金		山頭火		澗下水		城頭土		白臘金		楊柳木		井中水		屋上土		霹靂火		松柏木		長流水		沙中金	
	음력	9	10	11	12	13	14	15	16	17	18	19	20	21	22	23	24	25	26	27	28	29	윤4	2	3	4	5	6	7	8	9	10
	구성	5	6	7	8	9	1	2	3	4	5	6	7	8	9	1	2	3	4	5	6	7	8	9	1	2	3	4	5	6	7	8
	대운 남	2	1	1	1	1	입	10	10	9	9	9	8	8	8	7	7	7	6	6	6	소	5	5	4	4	4	3	3	3	2	2
	대운 여	9	9	9	10	10	하	1	1	1	1	2	2	2	3	3	3	4	4	4	5	만	5	6	6	6	7	7	7	8	8	8

망종 6일 05시 11분 【음5월】➡ 【庚午月(경오월)】 ☯七赤星 하지 21일 22시 02분

양력 6월	양력	1	2	3	4	5	6	7	8	9	10	11	12	13	14	15	16	17	18	19	20	21	22	23	24	25	26	27	28	29	30
	요일	목	금	토	일	월	화	수	목	금	토	일	월	화	수	목	금	토	일	월	화	수	목	금	토	일	월	화	수	목	금
	일진 日辰	丙申	丁酉	戊戌	己亥	庚子	辛丑	壬寅	癸卯	甲辰	乙巳	丙午	丁未	戊申	己酉	庚戌	辛亥	壬子	癸丑	甲寅	乙卯	丙辰	丁巳	戊午	己未	庚申	辛酉	壬戌	癸亥	甲子	乙丑
음력 윤411 ~ 05/10	납음	山下火		平地木		壁上土		金箔金		覆燈火		天河水		大驛土		釵釧金		桑柘木		大溪水		沙中土		天上火		石榴木		大海水		海中金	
	음력	11	12	13	14	15	16	17	18	19	20	21	22	23	24	25	26	27	28	29	30	5/1	2	3	4	5	6	7	8	9	10
	구성	9	1	2	3	4	5	6	7	8	9	1	2	3	4	5	6	7	8	9	1	2	3	4	5	6	7	8	9	9	8
	대운 남	2	1	1	1	1	망	10	10	9	9	9	8	8	8	7	7	7	6	6	6	하	5	5	4	4	4	3	3	3	2
	대운 여	9	9	9	10	10	종	1	1	1	1	2	2	2	3	3	3	4	4	4	5	지	5	6	6	6	7	7	7	8	8

한식(4월06일),초복(7월15일), 중복(7월25일), 말복(8월14일) ☂춘사(春社)3/25 ☀추사(秋社)9/21
토왕지절(土旺之節):4월17일,7월20일,10월20일,1월17일(신년양력),臘享(납향):1월26일(신년양력)

三日得辛, 四龍治水, 1944년 갑신年(천중수), 이흑토

1白	6白	8白
9紫	2黑	4綠
5黃	7赤	3碧

1944 甲申年

소서 7일 15시 36분 【음6월】 ➡ 【辛未月(신미월)】 ☯六白星 대서 23일 08시 56분

양력 7월 / 음력 05/11 ~ 06/12

양력	1	2	3	4	5	6	7	8	9	10	11	12	13	14	15	16	17	18	19	20	21	22	23	24	25	26	27	28	29	30	31
요일	토	일	월	화	수	목	금	토	일	월	화	수	목	금	토	일	월	화	수	목	금	토	일	월	화	수	목	금	토	일	월
일진 日辰	丙寅	丁卯	戊辰	己巳	庚午	辛未	壬申	癸酉	甲戌	乙亥	丙子	丁丑	戊寅	己卯	庚辰	辛巳	壬午	癸未	甲申	乙酉	丙戌	丁亥	戊子	己丑	庚寅	辛卯	壬辰	癸巳	甲午	乙未	丙申
납음	爐中火		大林木		路傍土		劍鋒金		山頭火		澗下水		城頭土		白臘金		楊柳木		井中水		屋上土		霹靂火		松柏木		長流水		沙中金		
음력	11	12	13	14	15	16	17	18	19	20	21	22	23	24	25	26	27	28	29	6/1	2	3	4	5	6	7	8	9	10	11	12
구성	7	6	5	4	3	2	1	9	8	7	6	5	4	3	2	1	9	8	7	6	5	4	3	2	1	9	8	7	6	5	4
대운 남	2	2	1	1	1	1	소	10	10	10	9	9	9	8	8	8	7	7	7	6	6	6	대	5	5	4	4	4	3	3	3
대운 여	8	9	9	9	10	10	서	1	1	1	1	2	2	2	3	3	3	4	4	4	5	5	서	6	6	6	7	7	7	8	8

입추 8일 01시 19분 【음7월】 ➡ 【壬申月(임신월)】 ☯五黃星 처서 23일 15시 46분

양력 8월 / 음력 06/13 ~ 07/13

양력	1	2	3	4	5	6	7	8	9	10	11	12	13	14	15	16	17	18	19	20	21	22	23	24	25	26	27	28	29	30	31
요일	화	수	목	금	토	일	월	화	수	목	금	토	일	월	화	수	목	금	토	일	월	화	수	목	금	토	일	월	화	수	목
일진 日辰	丁酉	戊戌	己亥	庚子	辛丑	壬寅	癸卯	甲辰	乙巳	丙午	丁未	戊申	己酉	庚戌	辛亥	壬子	癸丑	甲寅	乙卯	丙辰	丁巳	戊午	己未	庚申	辛酉	壬戌	癸亥	甲子	乙丑	丙寅	丁卯
납음		平地木		壁上土		金箔金		覆燈火		天河水		大驛土		釵釧金		桑柘木		大溪水		沙中土		天上火		石榴木		大海水		海中金		爐中火	
음력	13	14	15	16	17	18	19	20	21	22	23	24	25	26	27	28	29	30	7/1	2	3	4	5	6	7	8	9	10	11	12	13
구성	3	2	1	9	8	7	6	5	4	3	2	1	9	8	7	6	5	4	3	2	1	9	8	7	6	5	4	3	2	1	9
대운 남	2	2	2	1	1	1	1	입	10	10	9	9	9	8	8	8	7	7	7	6	6	6	처	5	5	4	4	4	3	3	3
대운 여	8	9	9	9	10	10	10	추	1	1	1	1	2	2	2	3	3	3	4	4	4	5	서	5	6	6	6	7	7	7	8

백로 8일 03시 56분 【음8월】 ➡ 【癸酉月(계유월)】 ☯四綠星 추분 23일 13시 02분

양력 9월 / 음력 07/14 ~ 08/14

양력	1	2	3	4	5	6	7	8	9	10	11	12	13	14	15	16	17	18	19	20	21	22	23	24	25	26	27	28	29	30	
요일	금	토	일	월	화	수	목	금	토	일	월	화	수	목	금	토	일	월	화	수	목	금	토	일	월	화	수	목	금	토	
일진 日辰	戊辰	己巳	庚午	辛未	壬申	癸酉	甲戌	乙亥	丙子	丁丑	戊寅	己卯	庚辰	辛巳	壬午	癸未	甲申	乙酉	丙戌	丁亥	戊子	己丑	庚寅	辛卯	壬辰	癸巳	甲午	乙未	丙申	丁酉	
납음	大林木		路傍土		劍鋒金		山頭火		澗下水		城頭土		白臘金		楊柳木		井中水		屋上土		霹靂火		松柏木		長流水		沙中金		山下火		
음력	14	15	16	17	18	19	20	21	22	23	24	25	26	27	28	29	8/1	2	3	4	5	6	7	8	9	10	11	12	13	14	
구성	8	7	6	5	4	3	2	1	9	8	7	6	5	4	3	2	1	9	8	7	6	5	4	3	2	1	9	8	7	6	
대운 남	2	2	2	1	1	1	1	백	10	9	9	9	8	8	8	7	7	7	6	6	6	5	추	5	4	4	4	3	3	3	
대운 여	8	8	9	9	9	10	10	로	1	1	1	1	2	2	2	3	3	3	4	4	4	5	분	5	6	6	6	7	7	7	

한로 9일 19시 09분 【음9월】 ➡ 【甲戌月(갑술월)】 ☯三碧星 상강 23일 21시 56분

양력 10월 / 음력 08/15 ~ 09/15

양력	1	2	3	4	5	6	7	8	9	10	11	12	13	14	15	16	17	18	19	20	21	22	23	24	25	26	27	28	29	30	31
요일	일	월	화	수	목	금	토	일	월	화	수	목	금	토	일	월	화	수	목	금	토	일	월	화	수	목	금	토	일	월	화
일진 日辰	戊戌	己亥	庚子	辛丑	壬寅	癸卯	甲辰	乙巳	丙午	丁未	戊申	己酉	庚戌	辛亥	壬子	癸丑	甲寅	乙卯	丙辰	丁巳	戊午	己未	庚申	辛酉	壬戌	癸亥	甲子	乙丑	丙寅	丁卯	戊辰
납음	平地木		壁上土		金箔金		覆燈火		天河水		大驛土		釵釧金		桑柘木		大溪水		沙中土		天上火		石榴木		大海水		海中金		爐中火		
음력	15	16	17	18	19	20	21	22	23	24	25	26	27	28	29	30	9/1	2	3	4	5	6	7	8	9	10	11	12	13	14	15
구성	5	4	3	2	1	9	8	7	6	5	4	3	2	1	9	8	7	6	5	4	3	2	1	9	8	7	6	5	4	3	2
대운 남	2	2	2	1	1	1	1	한	10	9	9	9	8	8	8	7	7	7	6	6	6	5	상	5	4	4	4	3	3	3	2
대운 여	8	8	8	9	9	9	10	로	1	1	1	1	2	2	2	3	3	3	4	4	4	5	강	5	6	6	6	7	7	7	8

입동 7일 21시 55분 【음10월】 ➡ 【乙亥月(을해월)】 ☯二黑星 소설 22일 19시 08분

양력 11월 / 음력 09/16 ~ 10/15

양력	1	2	3	4	5	6	7	8	9	10	11	12	13	14	15	16	17	18	19	20	21	22	23	24	25	26	27	28	29	30	
요일	수	목	금	토	일	월	화	수	목	금	토	일	월	화	수	목	금	토	일	월	화	수	목	금	토	일	월	화	수	목	
일진 日辰	己巳	庚午	辛未	壬申	癸酉	甲戌	乙亥	丙子	丁丑	戊寅	己卯	庚辰	辛巳	壬午	癸未	甲申	乙酉	丙戌	丁亥	戊子	己丑	庚寅	辛卯	壬辰	癸巳	甲午	乙未	丙申	丁酉	戊戌	
납음		路傍土		劍鋒金		山頭火		澗下水		城頭土		白臘金		楊柳木		井中水		屋上土		霹靂火		松柏木		長流水		沙中金		山下火			
음력	16	17	18	19	20	21	22	23	24	25	26	27	28	29	30	10/1	2	3	4	5	6	7	8	9	10	11	12	13	14	15	
구성	1	9	8	7	6	5	4	3	2	1	9	8	7	6	5	4	3	2	1	9	8	7	6	5	4	3	2	1	9	8	
대운 남	2	2	1	1	1	1	입	10	9	9	9	8	8	8	7	7	7	6	6	6	5	소	5	4	4	4	3	3	3	2	
대운 여	8	8	9	9	9	10	동	1	1	1	1	2	2	2	3	3	3	4	4	4	5	설	5	6	6	6	7	7	7	8	

대설 7일 14시 28분 【음11월】 ➡ 【丙子月(병자월)】 ☯一白星 동지 22일 08시 15분

양력 12월 / 음력 10/16 ~ 11/17

양력	1	2	3	4	5	6	7	8	9	10	11	12	13	14	15	16	17	18	19	20	21	22	23	24	25	26	27	28	29	30	31
요일	금	토	일	월	화	수	목	금	토	일	월	화	수	목	금	토	일	월	화	수	목	금	토	일	월	화	수	목	금	토	일
일진 日辰	己亥	庚子	辛丑	壬寅	癸卯	甲辰	乙巳	丙午	丁未	戊申	己酉	庚戌	辛亥	壬子	癸丑	甲寅	乙卯	丙辰	丁巳	戊午	己未	庚申	辛酉	壬戌	癸亥	甲子	乙丑	丙寅	丁卯	戊辰	己巳
납음		壁上土		金箔金		覆燈火		天河水		大驛土		釵釧金		桑柘木		大溪水		沙中土		天上火		石榴木		大海水		海中金		爐中火		大林木	
음력	16	17	18	19	20	21	22	23	24	25	26	27	28	29	11/1	2	3	4	5	6	7	8	9	10	11	12	13	14	15	16	17
구성	7	6	5	4	3	2	1	9	8	7	6	5	4	3	2	1	9	8	7	6	5	4	3	2	1	1	2	3	4	5	6
대운 남	2	2	1	1	1	1	대	10	9	9	9	8	8	8	7	7	7	6	6	6	5	동	5	4	4	4	3	3	3	2	2
대운 여	8	8	9	9	9	10	설	1	1	1	1	2	2	2	3	3	3	4	4	4	5	지	5	6	6	6	7	7	7	8	8

단기 4278 年 | 불기 2489 年

1945년

중원 乙酉年 납음(泉中水),본명성(一白水)

대장군(午남방), 삼살(동방), 상문(亥서북방),조객(未서남방), 납음(천중수),【삼재(해,자,축)년】 臘享(납향):1946년1월21일(음12/19)

소한 6일 01시 34분 【음12월】 ➡ 【丁丑月(정축월)】 ☯九紫星 대한 20일 18시 54분

양력 1월 / 음력 11/18 ~ 12/18

양력	1	2	3	4	5	6	7	8	9	10	11	12	13	14	15	16	17	18	19	20	21	22	23	24	25	26	27	28	29	30	31
요일	월	화	수	목	금	토	일	월	화	수	목	금	토	일	월	화	수	목	금	토	일	월	화	수	목	금	토	일	월	화	수
일진 日辰	庚午	辛未	壬申	癸酉	甲戌	乙亥	丙子	丁丑	戊寅	己卯	庚辰	辛巳	壬午	癸未	甲申	乙酉	丙戌	丁亥	戊子	己丑	庚寅	辛卯	壬辰	癸巳	甲午	乙未	丙申	丁酉	戊戌	己亥	庚子
납음	路傍土		劍鋒金		山頭火		澗下水		城頭土		白臘金		楊柳木		井中水		屋上土		霹靂火		松柏木		長流水		沙中金		山下火		平地木		
음력	18	19	20	21	22	23	24	25	26	27	28	29	30	12/1	2	3	4	5	6	7	8	9	10	11	12	13	14	15	16	17	18
구성	7	8	9	1	2	3	4	5	6	7	8	9	1	2	3	4	5	6	7	8	9	1	2	3	4	5	6	7	8	9	1
대운 남	2	1	1	1	1	소	9	9	9	8	8	8	7	7	7	6	6	6	5	대	5	4	4	4	3	3	3	2	2	2	1
대운 여	8	9	9	9	10	한	1	1	1	1	2	2	2	3	3	3	4	4	4	한	5	5	6	6	6	7	7	7	8	8	8

입춘 4일 13시 19분 【음1월】 ➡ 【戊寅月(무인월)】 ☯八白星 우수 19일 09시 15분

양력 2월 / 음력 12/19 ~ 01/16

양력	1	2	3	4	5	6	7	8	9	10	11	12	13	14	15	16	17	18	19	20	21	22	23	24	25	26	27	28
요일	목	금	토	일	월	화	수	목	금	토	일	월	화	수	목	금	토	일	월	화	수	목	금	토	일	월	화	수
일진 日辰	辛丑	壬寅	癸卯	甲辰	乙巳	丙午	丁未	戊申	己酉	庚戌	辛亥	壬子	癸丑	甲寅	乙卯	丙辰	丁巳	戊午	己未	庚申	辛酉	壬戌	癸亥	甲子	乙丑	丙寅	丁卯	戊辰
납음		金箔金		覆燈火		天河水		大驛土		釵釧金		桑柘木		大溪水		沙中土		天上火		石榴木		大海水		海中金		爐中火		
음력	19	20	21	22	23	24	25	26	27	28	29	30	1/1	2	3	4	5	6	7	8	9	10	11	12	13	14	15	16
구성	2	3	4	5	6	7	8	9	1	2	3	4	5	6	7	8	9	1	2	3	4	5	6	7	8	9	1	2
대운 남	1	1	1	입	1	1	1	1	2	2	2	3	3	3	4	4	4	5	우	5	6	6	6	7	7	7	8	8
대운 여	9	9	9	춘	10	9	9	9	8	8	8	7	7	7	6	6	6	5	수	5	4	4	4	3	3	3	2	2

乙酉年

경칩 6일 07시 38분 【음2월】 ➡ 【己卯月(기묘월)】 ☯七赤星 춘분 21일 08시 37분

양력 3월 / 음력 01/17 ~ 02/18

양력	1	2	3	4	5	6	7	8	9	10	11	12	13	14	15	16	17	18	19	20	21	22	23	24	25	26	27	28	29	30	31
요일	목	금	토	일	월	화	수	목	금	토	일	월	화	수	목	금	토	일	월	화	수	목	금	토	일	월	화	수	목	금	토
일진 日辰	己巳	庚午	辛未	壬申	癸酉	甲戌	乙亥	丙子	丁丑	戊寅	己卯	庚辰	辛巳	壬午	癸未	甲申	乙酉	丙戌	丁亥	戊子	己丑	庚寅	辛卯	壬辰	癸巳	甲午	乙未	丙申	丁酉	戊戌	己亥
납음		路傍土		劍鋒金		山頭火		澗下水		城頭土		白臘金		楊柳木		井中水		屋上土		霹靂火		松柏木		長流水		沙中金		山下火		平地木	
음력	17	18	19	20	21	22	23	24	25	26	27	28	29	2/1	2	3	4	5	6	7	8	9	10	11	12	13	14	15	16	17	18
구성	3	4	5	6	7	8	9	1	2	3	4	5	6	7	8	9	1	2	3	4	5	6	7	8	9	1	2	3	4	5	6
대운 남	8	9	9	9	10	경	1	1	1	1	2	2	2	3	3	3	4	4	4	5	춘	5	6	6	6	7	7	7	8	8	8
대운 여	2	1	1	1	1	칩	10	9	9	9	8	8	8	7	7	7	6	6	6	5	분	5	4	4	4	3	3	3	2	2	2

청명 5일 12시 52분 【음3월】 ➡ 【庚辰月(경진월)】 ☯六白星 곡우 20일 20시 07분

양력 4월 / 음력 02/19 ~ 03/19

양력	1	2	3	4	5	6	7	8	9	10	11	12	13	14	15	16	17	18	19	20	21	22	23	24	25	26	27	28	29	30
요일	일	월	화	수	목	금	토	일	월	화	수	목	금	토	일	월	화	수	목	금	토	일	월	화	수	목	금	토	일	월
일진 日辰	庚子	辛丑	壬寅	癸卯	甲辰	乙巳	丙午	丁未	戊申	己酉	庚戌	辛亥	壬子	癸丑	甲寅	乙卯	丙辰	丁巳	戊午	己未	庚申	辛酉	壬戌	癸亥	甲子	乙丑	丙寅	丁卯	戊辰	己巳
납음	壁上土		金箔金		覆燈火		天河水		大驛土		釵釧金		桑柘木		大溪水		沙中土		天上火		石榴木		大海水		海中金		爐中火		大林木	
음력	19	20	21	22	23	24	25	26	27	28	29	3/1	2	3	4	5	6	7	8	9	10	11	12	13	14	15	16	17	18	19
구성	7	8	9	1	2	3	4	5	6	7	8	9	1	2	3	4	5	6	7	8	9	1	2	3	4	5	6	7	8	9
대운 남	9	9	9	10	청	1	1	1	1	2	2	2	3	3	3	4	4	4	5	곡	5	6	6	6	7	7	7	8	8	8
대운 여	1	1	1	1	명	10	10	9	9	9	8	8	8	7	7	7	6	6	6	우	5	5	4	4	4	3	3	3	2	2

입하 6일 06시 37분 【음4월】 ➡ 【辛巳月(신사월)】 ☯五黃星 소만 21일 19시 40분

양력 5월 / 음력 03/20 ~ 04/20

양력	1	2	3	4	5	6	7	8	9	10	11	12	13	14	15	16	17	18	19	20	21	22	23	24	25	26	27	28	29	30	31
요일	화	수	목	금	토	일	월	화	수	목	금	토	일	월	화	수	목	금	토	일	월	화	수	목	금	토	일	월	화	수	목
일진 日辰	庚午	辛未	壬申	癸酉	甲戌	乙亥	丙子	丁丑	戊寅	己卯	庚辰	辛巳	壬午	癸未	甲申	乙酉	丙戌	丁亥	戊子	己丑	庚寅	辛卯	壬辰	癸巳	甲午	乙未	丙申	丁酉	戊戌	己亥	庚子
납음	路傍土		劍鋒金		山頭火		澗下水		城頭土		白臘金		楊柳木		井中水		屋上土		霹靂火		松柏木		長流水		沙中金		山下火		平地木		
음력	20	21	22	23	24	25	26	27	28	29	30	4/1	2	3	4	5	6	7	8	9	10	11	12	13	14	15	16	17	18	19	20
구성	1	2	3	4	5	6	7	8	9	1	2	3	4	5	6	7	8	9	1	2	3	4	5	6	7	8	9	1	2	3	4
대운 남	9	9	9	10	10	입	1	1	1	1	2	2	2	3	3	3	4	4	4	5	소	5	6	6	6	7	7	7	8	8	8
대운 여	2	1	1	1	1	하	10	10	9	9	9	8	8	8	7	7	7	6	6	6	만	5	5	4	4	4	3	3	3	2	2

망종 6일 11시 05분 【음5월】 ➡ 【壬午月(임오월)】 ☯四綠星 하지 22일 03시 52분

양력 6월 / 음력 04/21 ~ 05/21

양력	1	2	3	4	5	6	7	8	9	10	11	12	13	14	15	16	17	18	19	20	21	22	23	24	25	26	27	28	29	30
요일	금	토	일	월	화	수	목	금	토	일	월	화	수	목	금	토	일	월	화	수	목	금	토	일	월	화	수	목	금	토
일진 日辰	辛丑	壬寅	癸卯	甲辰	乙巳	丙午	丁未	戊申	己酉	庚戌	辛亥	壬子	癸丑	甲寅	乙卯	丙辰	丁巳	戊午	己未	庚申	辛酉	壬戌	癸亥	甲子	乙丑	丙寅	丁卯	戊辰	己巳	庚午
납음		金箔金		覆燈火		天河水		大驛土		釵釧金		桑柘木		大溪水		沙中土		天上火		石榴木		大海水		海中金		爐中火		大林木		
음력	21	22	23	24	25	26	27	28	29	5/1	2	3	4	5	6	7	8	9	10	11	12	13	14	15	16	17	18	19	20	21
구성	5	6	7	8	9	1	2	3	4	5	6	7	8	9	1	2	3	4	5	6	7	8	9	9	8	7	6	5	4	3
대운 남	9	9	9	10	10	망	1	1	1	1	2	2	2	3	3	3	4	4	4	5	5	하	6	6	6	7	7	7	8	8
대운 여	2	1	1	1	1	종	10	10	9	9	9	8	8	8	7	7	7	6	6	6	5	지	5	4	4	4	3	3	3	2

한식(4월06일), 초복(7월20일), 중복(7월30일), 말복(8월09일) ☂춘사(春社)3/20 ☀추사(秋社)9/26
토왕지절(土旺之節):4월17일,7월20일,10월21일,1월18일(신년양력),臘享(납향):1월21일(신년양력)

九日得辛, 四龍治水, 1945년 을유年(천중수), 일백수

9紫	5黃	7赤
8白	1白	3碧
4綠	6白	2黑

1945 乙酉年

소서 7일 21시 27분 【음6월】 ➡ 【癸未月(계미월)】 ☯三碧星 대서 23일 14시 45분

양력 7월 / 음력 05/22 ~ 06/23	1	2	3	4	5	6	7	8	9	10	11	12	13	14	15	16	17	18	19	20	21	22	23	24	25	26	27	28	29	30	31
요일	일	월	화	수	목	금	토	일	월	화	수	목	금	토	일	월	화	수	목	금	토	일	월	화	수	목	금	토	일	월	화
일진 日辰	辛未	壬申	癸酉	甲戌	乙亥	丙子	丁丑	戊寅	己卯	庚辰	辛巳	壬午	癸未	甲申	乙酉	丙戌	丁亥	戊子	己丑	庚寅	辛卯	壬辰	癸巳	甲午	乙未	丙申	丁酉	戊戌	己亥	庚子	辛丑
납음		劍鋒金		山頭火		澗下水		城頭土		白臘金		楊柳木		井中水		屋上土		霹靂火		松柏木		長流水		沙中金		山下火		平地木		壁上土	
음력	22	23	24	25	26	27	28	29	6/1	2	3	4	5	6	7	8	9	10	11	12	13	14	15	16	17	18	19	20	21	22	23
구성	2	1	9	8	7	6	5	4	3	2	1	9	8	7	6	5	4	3	2	1	9	8	7	6	5	4	3	2	1	9	8
대운 남	8	9	9	9	10	10	소	1	1	1	1	2	2	2	3	3	3	4	4	4	5	5	대	6	6	6	7	7	7	8	8
대운 여	2	2	1	1	1	1	서	10	10	10	9	9	9	8	8	8	7	7	7	6	6	6	서	5	5	4	4	4	3	3	3

입추 8일 07시 05분 【음7월】 ➡ 【甲申月(갑신월)】 ☯二黑星 처서 23일 21시 35분

양력 8월 / 음력 06/24 ~ 07/24	1	2	3	4	5	6	7	8	9	10	11	12	13	14	15	16	17	18	19	20	21	22	23	24	25	26	27	28	29	30	31
요일	수	목	금	토	일	월	화	수	목	금	토	일	월	화	수	목	금	토	일	월	화	수	목	금	토	일	월	화	수	목	금
일진 日辰	壬寅	癸卯	甲辰	乙巳	丙午	丁未	戊申	己酉	庚戌	辛亥	壬子	癸丑	甲寅	乙卯	丙辰	丁巳	戊午	己未	庚申	辛酉	壬戌	癸亥	甲子	乙丑	丙寅	丁卯	戊辰	己巳	庚午	辛未	壬申
납음	金箔金		覆燈火		天河水		大驛土		釵釧金		桑柘木		大溪水		沙中土		天上火		石榴木		大海水		海中金		爐中火		大林木		路傍土		
음력	24	25	26	27	28	29	30		2	3	4	5	6	7	8	9	10	11	12	13	14	15	16	17	18	19	20	21	22	23	24
구성	7	6	5	4	3	2	1	9	8	7	6	5	4	3	2	1	9	8	7	6	5	4	3	2	1	9	8	7	6	5	4
대운 남	8	9	9	9	10	10	10	입	1	1	1	1	2	2	2	3	3	3	4	4	4	5	처	5	6	6	6	7	7	7	8
대운 여	2	2	2	1	1	1	1	추	10	10	9	9	9	8	8	8	7	7	7	6	6	6	서	5	5	4	4	4	3	3	3

백로 8일 09시 38분 【음8월】 ➡ 【乙酉月(을유월)】 ☯一白星 추분 23일 18시 50분

양력 9월 / 음력 07/25 ~ 08/25	1	2	3	4	5	6	7	8	9	10	11	12	13	14	15	16	17	18	19	20	21	22	23	24	25	26	27	28	29	30
요일	토	일	월	화	수	목	금	토	일	월	화	수	목	금	토	일	월	화	수	목	금	토	일	월	화	수	목	금	토	일
일진 日辰	癸酉	甲戌	乙亥	丙子	丁丑	戊寅	己卯	庚辰	辛巳	壬午	癸未	甲申	乙酉	丙戌	丁亥	戊子	己丑	庚寅	辛卯	壬辰	癸巳	甲午	乙未	丙申	丁酉	戊戌	己亥	庚子	辛丑	壬寅
납음		山頭火		澗下水		城頭土		白臘金		楊柳木		井中水		屋上土		霹靂火		松柏木		長流水		沙中金		山下火		平地木		壁上土		
음력	25	26	27	28	29	8/1	2	3	4	5	6	7	8	9	10	11	12	13	14	15	16	17	18	19	20	21	22	23	24	25
구성	3	2	1	9	8	7	6	5	4	3	2	1	9	8	7	6	5	4	3	2	1	9	8	7	6	5	4	3	2	1
대운 남	8	8	9	9	9	10	10	백	1	1	1	1	2	2	2	3	3	3	4	4	4	5	추	5	6	6	6	7	7	7
대운 여	2	2	2	1	1	1	1	로	10	10	9	9	9	8	8	8	7	7	7	6	6	6	분	5	5	4	4	4	3	3

한로 9일 00시 49분 【음9월】 ➡ 【丙戌月(병술월)】 ☯九紫星 상강 24일 03시 44분

양력 10월 / 음력 08/26 ~ 09/26	1	2	3	4	5	6	7	8	9	10	11	12	13	14	15	16	17	18	19	20	21	22	23	24	25	26	27	28	29	30	31
요일	월	화	수	목	금	토	일	월	화	수	목	금	토	일	월	화	수	목	금	토	일	월	화	수	목	금	토	일	월	화	수
일진 日辰	癸卯	甲辰	乙巳	丙午	丁未	戊申	己酉	庚戌	辛亥	壬子	癸丑	甲寅	乙卯	丙辰	丁巳	戊午	己未	庚申	辛酉	壬戌	癸亥	甲子	乙丑	丙寅	丁卯	戊辰	己巳	庚午	辛未	壬申	癸酉
납음		覆燈火		天河水		大驛土		釵釧金		桑柘木		大溪水		沙中土		天上火		石榴木		大海水		海中金		爐中火		大林木		路傍土		劍鋒金	
음력	26	27	28	29	30	9/1	2	3	4	5	6	7	8	9	10	11	12	13	14	15	16	17	18	19	20	21	22	23	24	25	26
구성	9	8	7	6	5	4	3	2	1	9	8	7	6	5	4	3	2	1	9	8	7	6	5	4	3	2	1	9	8	7	6
대운 남	8	8	8	9	9	9	10	10	한	1	1	1	1	2	2	2	3	3	3	4	4	4	5	상	5	6	6	6	7	7	7
대운 여	3	2	2	2	1	1	1	1	로	10	9	9	9	8	8	8	7	7	7	6	6	6	5	강	5	4	4	4	3	3	3

입동 8일 03시 34분 【음10월】 ➡ 【丁亥月(정해월)】 ☯八白星 소설 23일 00시 55분

양력 11월 / 음력 09/27 ~ 10/26	1	2	3	4	5	6	7	8	9	10	11	12	13	14	15	16	17	18	19	20	21	22	23	24	25	26	27	28	29	30
요일	목	금	토	일	월	화	수	목	금	토	일	월	화	수	목	금	토	일	월	화	수	목	금	토	일	월	화	수	목	금
일진 日辰	甲戌	乙亥	丙子	丁丑	戊寅	己卯	庚辰	辛巳	壬午	癸未	甲申	乙酉	丙戌	丁亥	戊子	己丑	庚寅	辛卯	壬辰	癸巳	甲午	乙未	丙申	丁酉	戊戌	己亥	庚子	辛丑	壬寅	癸卯
납음	山頭火		澗下水		城頭土		白臘金		楊柳木		井中水		屋上土		霹靂火		松柏木		長流水		沙中金		山下火		平地木		壁上土		金箔金	
음력	27	28	29	30	10/1	2	3	4	5	6	7	8	9	10	11	12	13	14	15	16	17	18	19	20	21	22	23	24	25	26
구성	5	4	3	2	1	9	8	7	6	5	4	3	2	1	9	8	7	6	5	4	3	2	1	9	8	7	6	5	4	3
대운 남	8	8	8	9	9	9	10	입	1	1	1	1	2	2	2	3	3	3	4	4	4	5	소	5	6	6	6	7	7	7
대운 여	2	2	2	1	1	1	1	동	9	9	9	8	8	8	7	7	7	6	6	6	5	5	설	4	4	4	3	3	3	2

대설 7일 02시 08분 【음11월】 ➡ 【戊子月(무자월)】 ☯七赤星 동지 22일 14시 04분

양력 12월 / 음력 10/27 ~ 11/27	1	2	3	4	5	6	7	8	9	10	11	12	13	14	15	16	17	18	19	20	21	22	23	24	25	26	27	28	29	30	31
요일	토	일	월	화	수	목	금	토	일	월	화	수	목	금	토	일	월	화	수	목	금	토	일	월	화	수	목	금	토	일	월
일진 日辰	甲辰	乙巳	丙午	丁未	戊申	己酉	庚戌	辛亥	壬子	癸丑	甲寅	乙卯	丙辰	丁巳	戊午	己未	庚申	辛酉	壬戌	癸亥	甲子	乙丑	丙寅	丁卯	戊辰	己巳	庚午	辛未	壬申	癸酉	甲戌
납음	覆燈火		天河水		大驛土		釵釧金		桑柘木		大溪水		沙中土		天上火		石榴木		大海水		海中金		爐中火		大林木		路傍土		劍鋒金		
음력	27	28	29	30	11/1	2	3	4	5	6	7	8	9	10	11	12	13	14	15	16	17	18	19	20	21	22	23	24	25	26	27
구성	2	1	9	8	7	6	5	4	3	2	1	9	8	7	6	5	4	3	2	1	1	2	3	4	5	6	7	8	9	1	2
대운 남	8	8	8	9	9	9	대	1	1	1	1	2	2	2	3	3	3	4	4	4	5	동	5	6	6	6	7	7	7	8	8
대운 여	2	2	1	1	1	1	설	10	9	9	9	8	8	8	7	7	7	6	6	6	5	지	5	4	4	4	3	3	3	2	2

단기 4279 年
불기 2490 年

1946년

중원(**丙戌年** 납음(屋上土),본명성(九紫火)

대장군(午남방).삼살(북방),상문(子북방),조객(申서남방),납음(옥상토),
【삼재(신,유,술)년】 臘享(납향):1947년1월16일(음12/25)

개

소한 6일 07시 16분 【음12월】➡ 【己丑月(기축월)】 ☯六白星 대한 21일 00시 45분

양력 1월 / 음력 11/28 ▮ 12/29

양력	1	2	3	4	5	6	7	8	9	10	11	12	13	14	15	16	17	18	19	20	21	22	23	24	25	26	27	28	29	30	31
요일	화	수	목	금	토	일	월	화	수	목	금	토	일	월	화	수	목	금	토	일	월	화	수	목	금	토	일	월	화	수	목
일진 日辰	乙亥	丙子	丁丑	戊寅	己卯	庚辰	辛巳	壬午	癸未	甲申	乙酉	丙戌	丁亥	戊子	己丑	庚寅	辛卯	壬辰	癸巳	甲午	乙未	丙申	丁酉	戊戌	己亥	庚子	辛丑	壬寅	癸卯	甲辰	乙巳
납음		澗下水		城頭土		白臘金		楊柳木		井中水		屋上土		霹靂火		松柏木		長流水		沙中金		山下火		平地木		壁上土		金箔金		覆燈火	
음력	28	29	12/1	2	3	4	5	6	7	8	9	10	11	12	13	14	15	16	17	18	19	20	21	22	23	24	25	26	27	28	29
구성	3	4	5	6	7	8	9	1	2	3	4	5	6	7	8	9	1	2	3	4	5	6	7	8	9	1	2	3	4	5	6
대운 남	8	9	9	9	10	소	1	1	1	1	2	2	2	3	3	3	4	4	4	5	대	5	6	6	6	7	7	7	8	8	8
대운 여	2	1	1	1	1	한	9	9	9	8	8	8	7	7	7	6	6	6	5	5	한	4	4	4	3	3	3	2	2	2	1

입춘 4일 19시 04분 【음1월】➡ 【庚寅月(경인월)】 ☯五黃星 우수 19일 15시 09분

양력 2월 / 음력 12/30 ▮ 01/27

양력	1	2	3	4	5	6	7	8	9	10	11	12	13	14	15	16	17	18	19	20	21	22	23	24	25	26	27	28
요일	금	토	일	월	화	수	목	금	토	일	월	화	수	목	금	토	일	월	화	수	목	금	토	일	월	화	수	목
일진 日辰	丙午	丁未	戊申	己酉	庚戌	辛亥	壬子	癸丑	甲寅	乙卯	丙辰	丁巳	戊午	己未	庚申	辛酉	壬戌	癸亥	甲子	乙丑	丙寅	丁卯	戊辰	己巳	庚午	辛未	壬申	癸酉
납음	天河水		大驛土		釵釧金		桑柘木		大溪水		沙中土		天上火		石榴木		大海水		海中金		爐中火		大林木		路傍土		劍鋒金	
음력	30	1/1	2	3	4	5	6	7	8	9	10	11	12	13	14	15	16	17	18	19	20	21	22	23	24	25	26	27
구성	7	8	9	1	2	3	4	5	6	7	8	9	1	2	3	4	5	6	7	8	9	1	2	3	4	5	6	7
대운 남	9	9	9	입	10	9	9	9	8	8	8	7	7	7	6	6	6	5	우	5	4	4	4	3	3	3	2	2
대운 여	1	1	1	춘	1	1	1	1	2	2	2	3	3	3	4	4	4	5	수	5	6	6	6	7	7	7	8	8

丙戌年

경칩 6일 13시 25분 【음2월】➡ 【辛卯月(신묘월)】 ☯四綠星 춘분 21일 14시 33분

양력 3월 / 음력 01/28 ▮ 02/28

양력	1	2	3	4	5	6	7	8	9	10	11	12	13	14	15	16	17	18	19	20	21	22	23	24	25	26	27	28	29	30	31
요일	금	토	일	월	화	수	목	금	토	일	월	화	수	목	금	토	일	월	화	수	목	금	토	일	월	화	수	목	금	토	일
일진 日辰	甲戌	乙亥	丙子	丁丑	戊寅	己卯	庚辰	辛巳	壬午	癸未	甲申	乙酉	丙戌	丁亥	戊子	己丑	庚寅	辛卯	壬辰	癸巳	甲午	乙未	丙申	丁酉	戊戌	己亥	庚子	辛丑	壬寅	癸卯	甲辰
납음	山頭火		澗下水		城頭土		白臘金		楊柳木		井中水		屋上土		霹靂火		松柏木		長流水		沙中金		山下火		平地木		壁上土		金箔金		
음력	28	29	30	2/1	2	3	4	5	6	7	8	9	10	11	12	13	14	15	16	17	18	19	20	21	22	23	24	25	26	27	28
구성	8	9	1	2	3	4	5	6	7	8	9	1	2	3	4	5	6	7	8	9	1	2	3	4	5	6	7	8	9	1	2
대운 남	2	1	1	1	1	경	10	9	9	9	8	8	8	7	7	7	6	6	6	5	춘	5	4	4	4	3	3	3	2	2	2
대운 여	8	9	9	9	10	칩	1	1	1	1	2	2	2	3	3	3	4	4	4	5	분	5	6	6	6	7	7	7	8	8	8

청명 5일 18시 39분 【음3월】➡ 【壬辰月(임진월)】 ☯三碧星 곡우 21일 02시 02분

양력 4월 / 음력 02/29 ▮ 03/29

양력	1	2	3	4	5	6	7	8	9	10	11	12	13	14	15	16	17	18	19	20	21	22	23	24	25	26	27	28	29	30
요일	월	화	수	목	금	토	일	월	화	수	목	금	토	일	월	화	수	목	금	토	일	월	화	수	목	금	토	일	월	화
일진 日辰	乙巳	丙午	丁未	戊申	己酉	庚戌	辛亥	壬子	癸丑	甲寅	乙卯	丙辰	丁巳	戊午	己未	庚申	辛酉	壬戌	癸亥	甲子	乙丑	丙寅	丁卯	戊辰	己巳	庚午	辛未	壬申	癸酉	甲戌
납음		天河水		大驛土		釵釧金		桑柘木		大溪水		沙中土		天上火		石榴木		大海水		海中金		爐中火		大林木		路傍土		劍鋒金		
음력	29	3/1	2	3	4	5	6	7	8	9	10	11	12	13	14	15	16	17	18	19	20	21	22	23	24	25	26	27	28	29
구성	3	4	5	6	7	8	9	1	2	3	4	5	6	7	8	9	1	2	3	4	5	6	7	8	9	1	2	3	4	5
대운 남	1	1	1	1	청	10	10	9	9	9	8	8	8	7	7	7	6	6	6	5	곡	5	4	4	4	3	3	3	2	2
대운 여	9	9	9	10	명	1	1	1	1	2	2	2	3	3	3	4	4	4	5	5	우	6	6	6	7	7	7	8	8	8

입하 6일 12시 12분 【음4월】➡ 【癸巳月(계사월)】 ☯二黑星 소만 22일 01시 34분

양력 5월 / 음력 04/01 ▮ 05/01

양력	1	2	3	4	5	6	7	8	9	10	11	12	13	14	15	16	17	18	19	20	21	22	23	24	25	26	27	28	29	30	31
요일	수	목	금	토	일	월	화	수	목	금	토	일	월	화	수	목	금	토	일	월	화	수	목	금	토	일	월	화	수	목	금
일진 日辰	乙亥	丙子	丁丑	戊寅	己卯	庚辰	辛巳	壬午	癸未	甲申	乙酉	丙戌	丁亥	戊子	己丑	庚寅	辛卯	壬辰	癸巳	甲午	乙未	丙申	丁酉	戊戌	己亥	庚子	辛丑	壬寅	癸卯	甲辰	乙巳
납음		澗下水		城頭土		白臘金		楊柳木		井中水		屋上土		霹靂火		松柏木		長流水		沙中金		山下火		平地木		壁上土		金箔金		覆燈火	
음력	4/1	2	3	4	5	6	7	8	9	10	11	12	13	14	15	16	17	18	19	20	21	22	23	24	25	26	27	28	29	30	5/1
구성	6	7	8	9	1	2	3	4	5	6	7	8	9	1	2	3	4	5	6	7	8	9	1	2	3	4	5	6	7	8	9
대운 남	2	1	1	1	1	입	10	10	9	9	9	8	8	8	7	7	7	6	6	6	5	소	5	4	4	4	3	3	3	2	2
대운 여	9	9	9	10	10	하	1	1	1	1	2	2	2	3	3	3	4	4	4	5	5	만	6	6	6	7	7	7	8	8	8

망종 6일 14시 49분 【음5월】➡ 【甲午月(갑오월)】 ☯一白星 하지 22일 09시 44분

양력 6월 / 음력 05/02 ▮ 06/02

양력	1	2	3	4	5	6	7	8	9	10	11	12	13	14	15	16	17	18	19	20	21	22	23	24	25	26	27	28	29	30
요일	토	일	월	화	수	목	금	토	일	월	화	수	목	금	토	일	월	화	수	목	금	토	일	월	화	수	목	금	토	일
일진 日辰	丙午	丁未	戊申	己酉	庚戌	辛亥	壬子	癸丑	甲寅	乙卯	丙辰	丁巳	戊午	己未	庚申	辛酉	壬戌	癸亥	甲子	乙丑	丙寅	丁卯	戊辰	己巳	庚午	辛未	壬申	癸酉	甲戌	乙亥
납음	天河水		大驛土		釵釧金		桑柘木		大溪水		沙中土		天上火		石榴木		大海水		海中金		爐中火		大林木		路傍土		劍鋒金		山頭火	
음력	2	3	4	5	6	7	8	9	10	11	12	13	14	15	16	17	18	19	20	21	22	23	24	25	26	27	28	29	6/1	2
구성	1	2	3	4	5	6	7	8	9	1	2	3	4	5	6	7	8	9	9	8	7	6	5	4	3	2	1	9	8	7
대운 남	2	1	1	1	1	망	10	10	10	9	9	9	8	8	8	7	7	7	6	6	6	하	5	5	4	4	4	3	3	3
대운 여	9	9	9	10	10	종	1	1	1	1	2	2	2	3	3	3	4	4	4	5	5	지	6	6	6	7	7	7	8	8

한식(4월06일), 초복(7월15일), 중복(7월25일), 말복(8월14일) ☂춘사(春社)3/25 ☀추사(秋社)9/21
토왕지절(土旺之節):4월18일,7월20일,10월21일,1월18일(신년양력),臘享(납향):1월16일(신년양력)

午日得辛, 十龍治水, 1946년 병술年(옥상토), 구자화

8白	4綠	6白
7赤	9紫	2黑
3碧	5黃	1白

1946 丙戌年

소서 8일 03시 11분 【음6월】➡ 【乙未月(을미월)】 ☯九紫星 대서 23일 20시 37분

양력 7월 / 음력 06/03 ~ 07/04

양력	1	2	3	4	5	6	7	8	9	10	11	12	13	14	15	16	17	18	19	20	21	22	23	24	25	26	27	28	29	30	31
요일	월	화	수	목	금	토	일	월	화	수	목	금	토	일	월	화	수	목	금	토	일	월	화	수	목	금	토	일	월	화	수
일진 日辰	丙子	丁丑	戊寅	己卯	庚辰	辛巳	壬午	癸未	甲申	乙酉	丙戌	丁亥	戊子	己丑	庚寅	辛卯	壬辰	癸巳	甲午	乙未	丙申	丁酉	戊戌	己亥	庚子	辛丑	壬寅	癸卯	甲辰	乙巳	丙午
납음	澗下水		城頭土		白臘金		楊柳木		井中水		屋上土		霹靂火		松柏木		長流水		沙中金		山下火		平地木		壁上土		金箔金		覆燈火		
음력	3	4	5	6	7	8	9	10	11	12	13	14	15	16	17	18	19	20	21	22	23	24	25	26	27	28	29	7/1	2	3	4
구성	6	5	4	3	2	1	9	8	7	6	5	4	3	2	1	9	8	7	6	5	4	3	2	1	9	8	7	6	5	4	3
대운 남	2	2	2	1	1	1	1	소	10	10	9	9	9	8	8	8	7	7	7	6	6	6	대	5	5	4	4	4	3	3	3
대운 여	8	9	9	9	10	10	10	서	1	1	1	1	2	2	2	3	3	3	4	4	4	5	서	5	6	6	6	7	7	7	8

입추 8일 12시 52분 【음7월】➡ 【丙申月(병신월)】 ☯八白星 처서 24일 03시 26분

양력 8월 / 음력 07/05 ~ 08/05

양력	1	2	3	4	5	6	7	8	9	10	11	12	13	14	15	16	17	18	19	20	21	22	23	24	25	26	27	28	29	30	31
요일	목	금	토	일	월	화	수	목	금	토	일	월	화	수	목	금	토	일	월	화	수	목	금	토	일	월	화	수	목	금	토
일진 日辰	丁未	戊申	己酉	庚戌	辛亥	壬子	癸丑	甲寅	乙卯	丙辰	丁巳	戊午	己未	庚申	辛酉	壬戌	癸亥	甲子	乙丑	丙寅	丁卯	戊辰	己巳	庚午	辛未	壬申	癸酉	甲戌	乙亥	丙子	丁丑
납음		大驛土		釵釧金		桑柘木		大溪水		沙中土		天上火		石榴木		大海水		海中金		爐中火		大林木		路傍土		劍鋒金		山頭火		澗下水	
음력	5	6	7	8	9	10	11	12	13	14	15	16	17	18	19	20	21	22	23	24	25	26	27	28	29	30	8/1	2	3	4	5
구성	2	1	9	8	7	6	5	4	3	2	1	9	8	7	6	5	4	3	2	1	9	8	7	6	5	4	3	2	1	9	8
대운 남	2	2	2	1	1	1	1	입	10	10	9	9	9	8	8	8	7	7	7	6	6	6	5	처	5	4	4	4	3	3	3
대운 여	8	8	9	9	9	10	10	추	1	1	1	1	2	2	2	3	3	3	4	4	4	5	5	서	6	6	6	7	7	7	8

백로 8일 15시 27분 【음8월】➡ 【丁酉月(정유월)】 ☯七赤星 추분 24일 00시 41분

양력 9월 / 음력 08/06 ~ 09/06

양력	1	2	3	4	5	6	7	8	9	10	11	12	13	14	15	16	17	18	19	20	21	22	23	24	25	26	27	28	29	30
요일	일	월	화	수	목	금	토	일	월	화	수	목	금	토	일	월	화	수	목	금	토	일	월	화	수	목	금	토	일	월
일진 日辰	戊寅	己卯	庚辰	辛巳	壬午	癸未	甲申	乙酉	丙戌	丁亥	戊子	己丑	庚寅	辛卯	壬辰	癸巳	甲午	乙未	丙申	丁酉	戊戌	己亥	庚子	辛丑	壬寅	癸卯	甲辰	乙巳	丙午	丁未
납음	城頭土		白臘金		楊柳木		井中水		屋上土		霹靂火		松柏木		長流水		沙中金		山下火		平地木		壁上土		金箔金		覆燈火		天河水	
음력	6	7	8	9	10	11	12	13	14	15	16	17	18	19	20	21	22	23	24	25	26	27	28	29	9/1	2	3	4	5	6
구성	7	6	5	4	3	2	1	9	8	7	6	5	4	3	2	1	9	8	7	6	5	4	3	2	1	9	8	7	6	5
대운 남	2	2	2	1	1	1	1	백	10	10	9	9	9	8	8	8	7	7	7	6	6	6	5	추	5	4	4	4	3	3
대운 여	8	8	9	9	9	10	10	로	1	1	1	1	2	2	2	3	3	3	4	4	4	5	5	분	6	6	6	7	7	7

한로 9일 06시 41분 【음9월】➡ 【戊戌月(무술월)】 ☯六白星 상강 24일 09시 35분

양력 10월 / 음력 09/07 ~ 10/07

양력	1	2	3	4	5	6	7	8	9	10	11	12	13	14	15	16	17	18	19	20	21	22	23	24	25	26	27	28	29	30	31
요일	화	수	목	금	토	일	월	화	수	목	금	토	일	월	화	수	목	금	토	일	월	화	수	목	금	토	일	월	화	수	목
일진 日辰	戊申	己酉	庚戌	辛亥	壬子	癸丑	甲寅	乙卯	丙辰	丁巳	戊午	己未	庚申	辛酉	壬戌	癸亥	甲子	乙丑	丙寅	丁卯	戊辰	己巳	庚午	辛未	壬申	癸酉	甲戌	乙亥	丙子	丁丑	戊寅
납음	大驛土		釵釧金		桑柘木		大溪水		沙中土		天上火		石榴木		大海水		海中金		爐中火		大林木		路傍土		劍鋒金		山頭火		澗下水		
음력	7	8	9	10	11	12	13	14	15	16	17	18	19	20	21	22	23	24	25	26	27	28	29	30	10/1	2	3	4	5	6	7
구성	4	3	2	1	9	8	7	6	5	4	3	2	1	9	8	7	6	5	4	3	2	1	9	8	7	6	5	4	3	2	1
대운 남	3	2	2	2	1	1	1	1	한	10	9	9	9	8	8	8	7	7	7	6	6	6	5	상	5	4	4	4	3	3	3
대운 여	8	8	8	9	9	9	10	10	로	1	1	1	1	2	2	2	3	3	3	4	4	4	5	강	5	6	6	6	7	7	7

입동 8일 09시 27분 【음10월】➡ 【己亥月(기해월)】 ☯五黃星 소설 23일 06시 46분

양력 11월 / 음력 10/08 ~ 11/07

양력	1	2	3	4	5	6	7	8	9	10	11	12	13	14	15	16	17	18	19	20	21	22	23	24	25	26	27	28	29	30
요일	금	토	일	월	화	수	목	금	토	일	월	화	수	목	금	토	일	월	화	수	목	금	토	일	월	화	수	목	금	토
일진 日辰	己卯	庚辰	辛巳	壬午	癸未	甲申	乙酉	丙戌	丁亥	戊子	己丑	庚寅	辛卯	壬辰	癸巳	甲午	乙未	丙申	丁酉	戊戌	己亥	庚子	辛丑	壬寅	癸卯	甲辰	乙巳	丙午	丁未	戊申
납음		白臘金		楊柳木		井中水		屋上土		霹靂火		松柏木		長流水		沙中金		山下火		平地木		壁上土		金箔金		覆燈火		天河水		
음력	8	9	10	11	12	13	14	15	16	17	18	19	20	21	22	23	24	25	26	27	28	29	30	11/1	2	3	4	5	6	7
구성	9	8	7	6	5	4	3	2	1	9	8	7	6	5	4	3	2	1	9	8	7	6	5	4	3	2	1	9	8	7
대운 남	2	2	2	1	1	1	1	입	10	9	9	9	8	8	8	7	7	7	6	6	6	5	소	5	4	4	4	3	3	3
대운 여	8	8	8	9	9	9	10	동	1	1	1	1	2	2	2	3	3	3	4	4	4	5	설	5	6	6	6	7	7	7

대설 8일 02시 00분 【음11월】➡ 【庚子月(경자월)】 ☯四綠星 동지 22일 19시 53분

양력 12월 / 음력 11/08 ~ 12/09

양력	1	2	3	4	5	6	7	8	9	10	11	12	13	14	15	16	17	18	19	20	21	22	23	24	25	26	27	28	29	30	31
요일	일	월	화	수	목	금	토	일	월	화	수	목	금	토	일	월	화	수	목	금	토	일	월	화	수	목	금	토	일	월	화
일진 日辰	己酉	庚戌	辛亥	壬子	癸丑	甲寅	乙卯	丙辰	丁巳	戊午	己未	庚申	辛酉	壬戌	癸亥	甲子	乙丑	丙寅	丁卯	戊辰	己巳	庚午	辛未	壬申	癸酉	甲戌	乙亥	丙子	丁丑	戊寅	己卯
납음		釵釧金		桑柘木		大溪水		沙中土		天上火		石榴木		大海水		海中金		爐中火		大林木		路傍土		劍鋒金		山頭火		澗下水		城頭土	
음력	8	9	10	11	12	13	14	15	16	17	18	19	20	21	22	23	24	25	26	27	28	29	12/1	2	3	4	5	6	7	8	9
구성	6	5	4	3	2	1	9	8	7	6	5	4	3	2	1	1	2	3	4	5	6	7	8	9	1	2	3	4	5	6	7
대운 남	2	2	2	1	1	1	1	대	9	9	9	8	8	8	7	7	7	6	6	6	5	동	5	4	4	4	3	3	3	2	2
대운 여	8	8	8	9	9	9	10	설	1	1	1	1	2	2	2	3	3	3	4	4	4	지	5	5	6	6	6	7	7	7	8

단기 4280 年
불기 2491 年

1947년

중원 **丁亥年** 납음(屋上土),본명성(八白土)

대장군(酉서방), 삼살(서방), 상문(丑동북방),조객(酉서방), 납음(옥상토),
【삼재(사,오,미)년】 臘享(납향):1948년1월23일(음12/30)

돼지

소한 6일 13시 06분 【음12월】 ➡ 【辛丑月(신축월)】 ☯三碧星 대한 21일 06시 32분

양력 1월	양력	1	2	3	4	5	6	7	8	9	10	11	12	13	14	15	16	17	18	19	20	21	22	23	24	25	26	27	28	29	30	31
	요일	수	목	금	토	일	월	화	수	목	금	토	일	월	화	수	목	금	토	일	월	화	수	목	금	토	일	월	화	수	목	금
	일진 日辰	庚辰	辛巳	壬午	癸未	甲申	乙酉	丙戌	丁亥	戊子	己丑	庚寅	辛卯	壬辰	癸巳	甲午	乙未	丙申	丁酉	戊戌	己亥	庚子	辛丑	壬寅	癸卯	甲辰	乙巳	丙午	丁未	戊申	己酉	庚戌
음력 12/10 ▮ 01/10	납음	白臘金		楊柳木		井中水		屋上土		霹靂火		松柏木		長流水		沙中金		山下火		平地木		壁上土		金箔金		覆燈火		天河水		大驛土		
	음력	10	11	12	13	14	15	16	17	18	19	20	21	22	23	24	25	26	27	28	29	30	1/1	2	3	4	5	6	7	8	9	10
	구성	8	9	1	2	3	4	5	6	7	8	9	1	2	3	4	5	6	7	8	9	1	2	3	4	5	6	7	8	9	1	2
	대운 남	2	1	1	1	1	소	10	9	9	9	8	8	8	7	7	7	6	6	6	5	대	5	4	4	4	3	3	3	2	2	2
	대운 여	8	8	9	9	9	한	1	1	1	1	2	2	2	3	3	3	4	4	4	5	한	5	6	6	6	7	7	7	8	8	8

입춘 5일 00시 50분 【음1월】 ➡ 【壬寅月(임인월)】 ☯二黑星 우수 19일 20시 52분

양력 2월	양력	1	2	3	4	5	6	7	8	9	10	11	12	13	14	15	16	17	18	19	20	21	22	23	24	25	26	27	28
	요일	토	일	월	화	수	목	금	토	일	월	화	수	목	금	토	일	월	화	수	목	금	토	일	월	화	수	목	금
	일진 日辰	辛亥	壬子	癸丑	甲寅	乙卯	丙辰	丁巳	戊午	己未	庚申	辛酉	壬戌	癸亥	甲子	乙丑	丙寅	丁卯	戊辰	己巳	庚午	辛未	壬申	癸酉	甲戌	乙亥	丙子	丁丑	戊寅
음력 01/11 ▮ 02/08	납음		桑柘木		大溪水		沙中土		天上火		石榴木		大海水		海中金		爐中火		大林木		路傍土		劍鋒金		山頭火		澗下水		
	음력	11	12	13	14	15	16	17	18	19	20	21	22	23	24	25	26	27	28	29	30	2/1	2	3	4	5	6	7	8
	구성	3	4	5	6	7	8	9	1	2	3	4	5	6	7	8	9	1	2	3	4	5	6	7	8	9	1	2	3
	대운 남	1	1	1	1	입	1	1	1	1	2	2	2	3	3	3	4	4	4	우	5	5	6	6	6	7	7	7	8
	대운 여	9	9	9	10	춘	9	9	9	8	8	8	7	7	7	6	6	6	5	수	5	4	4	4	3	3	3	2	2

丁亥年

경칩 6일 19시 08분 【음2월】 ➡ 【癸卯月(계묘월)】 ☯一白星 춘분 21일 20시 13분

양력 3월	양력	1	2	3	4	5	6	7	8	9	10	11	12	13	14	15	16	17	18	19	20	21	22	23	24	25	26	27	28	29	30	31
	요일	토	일	월	화	수	목	금	토	일	월	화	수	목	금	토	일	월	화	수	목	금	토	일	월	화	수	목	금	토	일	월
	일진 日辰	己卯	庚辰	辛巳	壬午	癸未	甲申	乙酉	丙戌	丁亥	戊子	己丑	庚寅	辛卯	壬辰	癸巳	甲午	乙未	丙申	丁酉	戊戌	己亥	庚子	辛丑	壬寅	癸卯	甲辰	乙巳	丙午	丁未	戊申	己酉
음력 02/09 ▮ 윤209	납음		白臘金		楊柳木		井中水		屋上土		霹靂火		松柏木		長流水		沙中金		山下火		平地木		壁上土		金箔金		覆燈火		天河水		大驛土	
	음력	9	10	11	12	13	14	15	16	17	18	19	20	21	22	23	24	25	26	27	28	29	30	윤2	2	3	4	5	6	7	8	9
	구성	4	5	6	7	8	9	1	2	3	4	5	6	7	8	9	1	2	3	4	5	6	7	8	9	1	2	3	4	5	6	7
	대운 남	8	8	9	9	9	경	1	1	1	1	2	2	2	3	3	3	4	4	4	5	춘	5	6	6	6	7	7	7	8	8	8
	대운 여	2	1	1	1	1	칩	10	10	9	9	9	8	8	8	7	7	7	6	6	6	분	5	5	4	4	4	3	3	3	2	2

청명 6일 00시 20분 【음3월】 ➡ 【甲辰月(갑진월)】 ☯九紫星 곡우 21일 07시 39분

양력 4월	양력	1	2	3	4	5	6	7	8	9	10	11	12	13	14	15	16	17	18	19	20	21	22	23	24	25	26	27	28	29	30
	요일	화	수	목	금	토	일	월	화	수	목	금	토	일	월	화	수	목	금	토	일	월	화	수	목	금	토	일	월	화	수
	일진 日辰	庚戌	辛亥	壬子	癸丑	甲寅	乙卯	丙辰	丁巳	戊午	己未	庚申	辛酉	壬戌	癸亥	甲子	乙丑	丙寅	丁卯	戊辰	己巳	庚午	辛未	壬申	癸酉	甲戌	乙亥	丙子	丁丑	戊寅	己卯
음력 윤210 ▮ 03/10	납음	釵釧金		桑柘木		大溪水		沙中土		天上火		石榴木		大海水		海中金		爐中火		大林木		路傍土		劍鋒金		山頭火		澗下水		城頭土	
	음력	10	11	12	13	14	15	16	17	18	19	20	21	22	23	24	25	26	27	28	29	3/1	2	3	4	5	6	7	8	9	10
	구성	8	9	1	2	3	4	5	6	7	8	9	1	2	3	4	5	6	7	8	9	1	2	3	4	5	6	7	8	9	1
	대운 남	9	9	9	10	10	청	1	1	1	1	2	2	2	3	3	3	4	4	4	5	곡	5	6	6	6	7	7	7	8	8
	대운 여	2	1	1	1	1	명	10	9	9	9	8	8	8	7	7	7	6	6	6	5	우	5	4	4	4	3	3	3	2	2

입하 6일 18시 03분 【음4월】 ➡ 【乙巳月(을사월)】 ☯八白星 소만 22일 07시 09분

양력 5월	양력	1	2	3	4	5	6	7	8	9	10	11	12	13	14	15	16	17	18	19	20	21	22	23	24	25	26	27	28	29	30	31
	요일	목	금	토	일	월	화	수	목	금	토	일	월	화	수	목	금	토	일	월	화	수	목	금	토	일	월	화	수	목	금	토
	일진 日辰	庚辰	辛巳	壬午	癸未	甲申	乙酉	丙戌	丁亥	戊子	己丑	庚寅	辛卯	壬辰	癸巳	甲午	乙未	丙申	丁酉	戊戌	己亥	庚子	辛丑	壬寅	癸卯	甲辰	乙巳	丙午	丁未	戊申	己酉	庚戌
음력 03/11 ▮ 04/12	납음	白臘金		楊柳木		井中水		屋上土		霹靂火		松柏木		長流水		沙中金		山下火		平地木		壁上土		金箔金		覆燈火		天河水		大驛土		
	음력	11	12	13	14	15	16	17	18	19	20	21	22	23	24	25	26	27	28	29	4/1	2	3	4	5	6	7	8	9	10	11	12
	구성	2	3	4	5	6	7	8	9	1	2	3	4	5	6	7	8	9	1	2	3	4	5	6	7	8	9	1	2	3	4	5
	대운 남	8	9	9	9	10	입	1	1	1	1	2	2	2	3	3	3	4	4	4	5	5	소	6	6	6	7	7	7	8	8	8
	대운 여	2	1	1	1	1	하	10	10	9	9	9	8	8	8	7	7	7	6	6	6	5	만	5	4	4	4	3	3	3	2	2

망종 6일 22시 31분 【음5월】 ➡ 【丙午月(병오월)】 ☯七赤星 하지 22일 15시 19분

양력 6월	양력	1	2	3	4	5	6	7	8	9	10	11	12	13	14	15	16	17	18	19	20	21	22	23	24	25	26	27	28	29	30
	요일	일	월	화	수	목	금	토	일	월	화	수	목	금	토	일	월	화	수	목	금	토	일	월	화	수	목	금	토	일	월
	일진 日辰	辛亥	壬子	癸丑	甲寅	乙卯	丙辰	丁巳	戊午	己未	庚申	辛酉	壬戌	癸亥	甲子	乙丑	丙寅	丁卯	戊辰	己巳	庚午	辛未	壬申	癸酉	甲戌	乙亥	丙子	丁丑	戊寅	己卯	庚辰
음력 04/13 ▮ 05/12	납음		桑柘木		大溪水		沙中土		天上火		石榴木		大海水		海中金		爐中火		大林木		路傍土		劍鋒金		山頭火		澗下水		城頭土		
	음력	13	14	15	16	17	18	19	20	21	22	23	24	25	26	27	28	29	30	5/1	2	3	4	5	6	7	8	9	10	11	12
	구성	6	7	8	9	1	2	3	4	5	6	7	8	9	9	8	7	6	5	4	3	2	1	9	8	7	6	5	4	3	2
	대운 남	9	9	9	10	10	망	1	1	1	1	2	2	2	3	3	3	4	4	4	5	5	하	6	6	6	7	7	7	8	8
	대운 여	2	1	1	1	1	종	10	10	10	9	9	9	8	8	8	7	7	7	6	6	6	지	5	5	4	4	4	3	3	3

한식(4월06일), 초복(7월20일), 중복(7월30일), 말복(8월09일) 춘사(春社)3/20 추사(秋社)9/26
토왕지절(土旺之節):4월18일,7월20일,10월21일,1월18일(신년양력),臘享(납향):1월23일(선년양력)

一日得辛, 四龍治水, 1947년 정해年(옥상토), 팔백토

7赤	3碧	5黃
6白	8白	1白
2黑	4綠	9紫

1947 丁亥年

소서 8일 08시 56분 【음6월】 ➡ 【丁未月(정미월)】 ☯六白星 대서 24일 02시 14분

양력 7월	1	2	3	4	5	6	7	8	9	10	11	12	13	14	15	16	17	18	19	20	21	22	23	24	25	26	27	28	29	30	31
요일	화	수	목	금	토	일	월	화	수	목	금	토	일	월	화	수	목	금	토	일	월	화	수	목	금	토	일	월	화	수	목
일진 日辰	辛巳	壬午	癸未	甲申	乙酉	丙戌	丁亥	戊子	己丑	庚寅	辛卯	壬辰	癸巳	甲午	乙未	丙申	丁酉	戊戌	己亥	庚子	辛丑	壬寅	癸卯	甲辰	乙巳	丙午	丁未	戊申	己酉	庚戌	辛亥
납음		楊柳木		井中水		屋上土		霹靂火		松柏木		長流水		沙中金		山下火		平地木		壁上土		金箔金		覆燈火		天河水		大驛土		釵釧金	
음력 05/13 ~ 06/14	13	14	15	16	17	18	19	20	21	22	23	24	25	26	27	28	29	6/1	2	3	4	5	6	7	8	9	10	11	12	13	14
구성	1	9	8	7	6	5	4	3	2	1	9	8	7	6	5	4	3	2	1	9	8	7	6	5	4	3	2	1	9	8	7
대운 남	8	9	9	9	10	10	10	소	1	1	1	1	2	2	2	3	3	3	4	4	4	5	5	대	6	6	6	7	7	7	8
대운 여	2	2	2	1	1	1	1	서	10	10	9	9	9	8	8	8	7	7	7	6	6	6	5	서	5	4	4	4	3	3	3

입추 8일 18시 41분 【음7월】 ➡ 【戊申月(무신월)】 ☯五黃星 처서 24일 09시 09분

양력 8월	1	2	3	4	5	6	7	8	9	10	11	12	13	14	15	16	17	18	19	20	21	22	23	24	25	26	27	28	29	30	31
요일	금	토	일	월	화	수	목	금	토	일	월	화	수	목	금	토	일	월	화	수	목	금	토	일	월	화	수	목	금	토	일
일진 日辰	壬子	癸丑	甲寅	乙卯	丙辰	丁巳	戊午	己未	庚申	辛酉	壬戌	癸亥	甲子	乙丑	丙寅	丁卯	戊辰	己巳	庚午	辛未	壬申	癸酉	甲戌	乙亥	丙子	丁丑	戊寅	己卯	庚辰	辛巳	壬午
납음	桑柘木		大溪水		沙中土		天上火		石榴木		大海水		海中金		爐中火		大林木		路傍土		劍鋒金		山頭火		澗下水		城頭土		白臘金		
음력 06/15 ~ 07/16	15	16	17	18	19	20	21	22	23	24	25	26	27	28	29	7/1	2	3	4	5	6	7	8	9	10	11	12	13	14	15	16
구성	6	5	4	3	2	1	9	8	7	6	5	4	3	2	1	9	8	7	6	5	4	3	2	1	9	8	7	6	5	4	3
대운 남	8	8	9	9	9	10	10	입	1	1	1	1	2	2	2	3	3	3	4	4	4	5	5	처	6	6	6	7	7	7	8
대운 여	2	2	2	1	1	1	1	추	10	10	9	9	9	8	8	8	7	7	7	6	6	6	5	서	5	4	4	4	3	3	3

백로 8일 21시 21분 【음8월】 ➡ 【己酉月(기유월)】 ☯四綠星 추분24일 06시 29분

양력 9월	1	2	3	4	5	6	7	8	9	10	11	12	13	14	15	16	17	18	19	20	21	22	23	24	25	26	27	28	29	30
요일	월	화	수	목	금	토	일	월	화	수	목	금	토	일	월	화	수	목	금	토	일	월	화	수	목	금	토	일	월	화
일진 日辰	癸未	甲申	乙酉	丙戌	丁亥	戊子	己丑	庚寅	辛卯	壬辰	癸巳	甲午	乙未	丙申	丁酉	戊戌	己亥	庚子	辛丑	壬寅	癸卯	甲辰	乙巳	丙午	丁未	戊申	己酉	庚戌	辛亥	壬子
납음		井中水		屋上土		霹靂火		松柏木		長流水		沙中金		山下火		平地木		壁上土		金箔金		覆燈火		天河水		大驛土		釵釧金		
음력 07/17 ~ 08/16	17	18	19	20	21	22	23	24	25	26	27	28	29	30	8/1	2	3	4	5	6	7	8	9	10	11	12	13	14	15	16
구성	2	1	9	8	7	6	5	4	3	2	1	9	8	7	6	5	4	3	2	1	9	8	7	6	5	4	3	2	1	9
대운 남	8	8	9	9	9	10	10	백	1	1	1	1	2	2	2	3	3	3	4	4	4	5	5	추	6	6	6	7	7	7
대운 여	2	2	2	1	1	1	1	로	10	10	9	9	9	8	8	8	7	7	7	6	6	6	5	분	5	4	4	4	3	3

한로 9일 12시 37분 【음9월】 ➡ 【庚戌月(경술월)】 ☯三碧星 상강 24일 15시 26분

양력 10월	1	2	3	4	5	6	7	8	9	10	11	12	13	14	15	16	17	18	19	20	21	22	23	24	25	26	27	28	29	30	31
요일	수	목	금	토	일	월	화	수	목	금	토	일	월	화	수	목	금	토	일	월	화	수	목	금	토	일	월	화	수	목	금
일진 日辰	癸丑	甲寅	乙卯	丙辰	丁巳	戊午	己未	庚申	辛酉	壬戌	癸亥	甲子	乙丑	丙寅	丁卯	戊辰	己巳	庚午	辛未	壬申	癸酉	甲戌	乙亥	丙子	丁丑	戊寅	己卯	庚辰	辛巳	壬午	癸未
납음		大溪水		沙中土		天上火		石榴木		大海水		海中金		爐中火		大林木		路傍土		劍鋒金		山頭火		澗下水		城頭土		白臘金		楊柳木	
음력 08/17 ~ 09/18	17	18	19	20	21	22	23	24	25	26	27	28	29	9/1	2	3	4	5	6	7	8	9	10	11	12	13	14	15	16	17	18
구성	8	7	6	5	4	3	2	1	9	8	7	6	5	4	3	2	1	9	8	7	6	5	4	3	2	1	9	8	7	6	5
대운 남	8	8	8	9	9	9	10	10	한	1	1	1	1	2	2	2	3	3	3	4	4	4	5	상	5	6	6	6	7	7	7
대운 여	3	2	2	2	1	1	1	1	로	10	9	9	9	8	8	8	7	7	7	6	6	6	5	강	5	4	4	4	3	3	3

입동 8일 15시 24분 【음10월】 ➡ 【辛亥月(신해월)】 ☯二黑星 소설 23일 12시 38분

양력 11월	1	2	3	4	5	6	7	8	9	10	11	12	13	14	15	16	17	18	19	20	21	22	23	24	25	26	27	28	29	30
요일	토	일	월	화	수	목	금	토	일	월	화	수	목	금	토	일	월	화	수	목	금	토	일	월	화	수	목	금	토	일
일진 日辰	甲申	乙酉	丙戌	丁亥	戊子	己丑	庚寅	辛卯	壬辰	癸巳	甲午	乙未	丙申	丁酉	戊戌	己亥	庚子	辛丑	壬寅	癸卯	甲辰	乙巳	丙午	丁未	戊申	己酉	庚戌	辛亥	壬子	癸丑
납음	井中水		屋上土		霹靂火		松柏木		長流水		沙中金		山下火		平地木		壁上土		金箔金		覆燈火		天河水		大驛土		釵釧金		桑柘木	
음력 09/19 ~ 10/18	19	20	21	22	23	24	25	26	27	28	29	30	10/1	2	3	4	5	6	7	8	9	10	11	12	13	14	15	16	17	18
구성	4	3	2	1	9	8	7	6	5	4	3	2	1	9	8	7	6	5	4	3	2	1	9	8	7	6	5	4	3	2
대운 남	8	8	8	9	9	9	10	입	1	1	1	1	2	2	2	3	3	3	4	4	4	5	소	5	6	6	6	7	7	7
대운 여	2	2	2	1	1	1	1	동	10	9	9	9	8	8	8	7	7	7	6	6	6	5	설	5	4	4	4	3	3	3

대설 8일 07시 56분 【음11월】 ➡ 【壬子月(임자월)】 ☯一白星 동지 23일 01시 43분

양력 12월	1	2	3	4	5	6	7	8	9	10	11	12	13	14	15	16	17	18	19	20	21	22	23	24	25	26	27	28	29	30	31
요일	월	화	수	목	금	토	일	월	화	수	목	금	토	일	월	화	수	목	금	토	일	월	화	수	목	금	토	일	월	화	수
일진 日辰	甲寅	乙卯	丙辰	丁巳	戊午	己未	庚申	辛酉	壬戌	癸亥	甲子	乙丑	丙寅	丁卯	戊辰	己巳	庚午	辛未	壬申	癸酉	甲戌	乙亥	丙子	丁丑	戊寅	己卯	庚辰	辛巳	壬午	癸未	甲申
납음	大溪水		沙中土		天上火		石榴木		大海水		海中金		爐中火		大林木		路傍土		劍鋒金		山頭火		澗下水		城頭土		白臘金		楊柳木		
음력 10/19 ~ 11/20	19	20	21	22	23	24	25	26	27	28	29	11/1	2	3	4	5	6	7	8	9	10	11	12	13	14	15	16	17	18	19	20
구성	1	9	8	7	6	5	4	3	2	1	1	2	3	4	5	6	7	8	9	1	2	3	4	5	6	7	8	9	1	2	3
대운 남	8	8	8	9	9	9	10	대	1	1	1	1	2	2	2	3	3	3	4	4	4	5	동	5	6	6	6	7	7	7	8
대운 여	2	2	2	1	1	1	1	설	9	9	9	8	8	8	7	7	7	6	6	6	5	5	지	4	4	4	3	3	3	2	2

단기 4281 年
불기 2492 年

1948년

중원 戊子年 ,납음(霹靂火),본명성(七赤金)

대장군(酉서방), 삼살(남방), 상문(寅동북방), 조객(戌서북방),납음(벽력화), 삼재(인,묘,진) 臘享(납향):1949년1월17일(음12/19)

소한 6일 19시 00분 【음12월】 ➡ 【癸丑月(계축월)】 ☯九紫星 대한 21일 12시 18분

양력 1월	양력	1	2	3	4	5	6	7	8	9	10	11	12	13	14	15	16	17	18	19	20	21	22	23	24	25	26	27	28	29	30	31
	요일	목	금	토	일	월	화	수	목	금	토	일	월	화	수	목	금	토	일	월	화	수	목	금	토	일	월	화	수	목	금	토
	일진 日辰	乙酉	丙戌	丁亥	戊子	己丑	庚寅	辛卯	壬辰	癸巳	甲午	乙未	丙申	丁酉	戊戌	己亥	庚子	辛丑	壬寅	癸卯	甲辰	乙巳	丙午	丁未	戊申	己酉	庚戌	辛亥	壬子	癸丑	甲寅	乙卯
음력 11/21 ~ 12/21	납음		屋上土		霹靂火		松柏木		長流水		沙中金		山下火		平地木		壁上土		金箔金		覆燈火		天河水		大驛土		釵釧金		桑柘木		大溪水	
	음력	21	22	23	24	25	26	27	28	29	30	12/1	2	3	4	5	6	7	8	9	10	11	12	13	14	15	16	17	18	19	20	21
	구성	4	5	6	7	8	9	1	2	3	4	5	6	7	8	9	1	2	3	4	5	6	7	8	9	1	2	3	4	5	6	7
	대운 남	8	8	9	9	9	소	1	1	1	1	2	2	2	3	3	3	4	4	4	5	대	5	6	6	6	7	7	7	8	8	8
	대운 여	2	1	1	1	1	한	10	9	9	9	8	8	8	7	7	7	6	6	6	5	한	5	4	4	4	3	3	3	2	2	2

입춘 5일 06시 42분 【음1월】 ➡ 【甲寅月(갑인월)】 ☯八白星 우수 20일 02시 37분

양력 2월	양력	1	2	3	4	5	6	7	8	9	10	11	12	13	14	15	16	17	18	19	20	21	22	23	24	25	26	27	28	29
	요일	일	월	화	수	목	금	토	일	월	화	수	목	금	토	일	월	화	수	목	금	토	일	월	화	수	목	금	토	일
	일진 日辰	丙辰	丁巳	戊午	己未	庚申	辛酉	壬戌	癸亥	甲子	乙丑	丙寅	丁卯	戊辰	己巳	庚午	辛未	壬申	癸酉	甲戌	乙亥	丙子	丁丑	戊寅	己卯	庚辰	辛巳	壬午	癸未	甲申
음력 12/22 ~ 01/02	납음	沙中土		天上火		石榴木		大海水		海中金		爐中火		大林木		路傍土		劍鋒金		山頭火		澗下水		城頭土		白臘金		楊柳木		
	음력	22	23	24	25	26	27	28	29	30	1/1	2	3	4	5	6	7	8	9	10	11	12	13	14	15	16	17	18	19	20
	구성	8	9	1	2	3	4	5	6	7	8	9	1	2	3	4	5	6	7	8	9	1	2	3	4	5	6	7	8	9
	대운 남	9	9	9	10	입	10	9	9	9	8	8	8	7	7	7	6	6	6	5	우	5	4	4	4	3	3	3	2	2
	대운 여	1	1	1	1	춘	1	1	1	1	2	2	2	3	3	3	4	4	4	5	수	5	6	6	6	7	7	7	8	8

戊子年

경칩 6일 00시 58분 【음2월】 ➡ 【乙卯月(을묘월)】 ☯七赤星 춘분 21일 01시 57분

양력 3월	양력	1	2	3	4	5	6	7	8	9	10	11	12	13	14	15	16	17	18	19	20	21	22	23	24	25	26	27	28	29	30	31
	요일	월	화	수	목	금	토	일	월	화	수	목	금	토	일	월	화	수	목	금	토	일	월	화	수	목	금	토	일	월	화	수
	일진 日辰	乙酉	丙戌	丁亥	戊子	己丑	庚寅	辛卯	壬辰	癸巳	甲午	乙未	丙申	丁酉	戊戌	己亥	庚子	辛丑	壬寅	癸卯	甲辰	乙巳	丙午	丁未	戊申	己酉	庚戌	辛亥	壬子	癸丑	甲寅	乙卯
음력 01/21 ~ 02/21	납음		屋上土		霹靂火		松柏木		長流水		沙中金		山下火		平地木		壁上土		金箔金		覆燈火		天河水		大驛土		釵釧金		桑柘木		大溪水	
	음력	21	22	23	24	25	26	27	28	29	30	2/1	2	3	4	5	6	7	8	9	10	11	12	13	14	15	16	17	18	19	20	21
	구성	1	2	3	4	5	6	7	8	9	1	2	3	4	5	6	7	8	9	1	2	3	4	5	6	7	8	9	1	2	3	4
	대운 남	2	1	1	1	1	경	10	9	9	9	8	8	8	7	7	7	6	6	6	5	춘	5	4	4	4	3	3	3	2	2	2
	대운 여	8	9	9	9	10	칩	1	1	1	1	2	2	2	3	3	3	4	4	4	5	분	5	6	6	6	7	7	7	8	8	8

청명 5일 06시 09분 【음3월】 ➡ 【丙辰月(병진월)】 ☯六白星 곡우 20일 13시 25분

양력 4월	양력	1	2	3	4	5	6	7	8	9	10	11	12	13	14	15	16	17	18	19	20	21	22	23	24	25	26	27	28	29	30
	요일	목	금	토	일	월	화	수	목	금	토	일	월	화	수	목	금	토	일	월	화	수	목	금	토	일	월	화	수	목	금
	일진 日辰	丙辰	丁巳	戊午	己未	庚申	辛酉	壬戌	癸亥	甲子	乙丑	丙寅	丁卯	戊辰	己巳	庚午	辛未	壬申	癸酉	甲戌	乙亥	丙子	丁丑	戊寅	己卯	庚辰	辛巳	壬午	癸未	甲申	乙酉
음력 02/22 ~ 03/22	납음	沙中土		天上火		石榴木		大海水		海中金		爐中火		大林木		路傍土		劍鋒金		山頭火		澗下水		城頭土		白臘金		楊柳木		井中水	
	음력	22	23	24	25	26	27	28	29	3/1	2	3	4	5	6	7	8	9	10	11	12	13	14	15	16	17	18	19	20	21	22
	구성	5	6	7	8	9	1	2	3	4	5	6	7	8	9	1	2	3	4	5	6	7	8	9	1	2	3	4	5	6	7
	대운 남	1	1	1	1	청	10	9	9	9	8	8	8	7	7	7	6	6	6	5	곡	5	4	4	4	3	3	3	2	2	2
	대운 여	9	9	9	10	명	1	1	1	1	2	2	2	3	3	3	4	4	4	5	우	5	6	6	6	7	7	7	8	8	8

입하 5일 23시 52분 【음4월】 ➡ 【丁巳月(정사월)】 ☯五黃星 소만 21일 12시 58분

양력 5월	양력	1	2	3	4	5	6	7	8	9	10	11	12	13	14	15	16	17	18	19	20	21	22	23	24	25	26	27	28	29	30	31
	요일	토	일	월	화	수	목	금	토	일	월	화	수	목	금	토	일	월	화	수	목	금	토	일	월	화	수	목	금	토	일	월
	일진 日辰	丙戌	丁亥	戊子	己丑	庚寅	辛卯	壬辰	癸巳	甲午	乙未	丙申	丁酉	戊戌	己亥	庚子	辛丑	壬寅	癸卯	甲辰	乙巳	丙午	丁未	戊申	己酉	庚戌	辛亥	壬子	癸丑	甲寅	乙卯	丙辰
음력 03/23 ~ 04/23	납음	屋上土		霹靂火		松柏木		長流水		沙中金		山下火		平地木		壁上土		金箔金		覆燈火		天河水		大驛土		釵釧金		桑柘木		大溪水		
	음력	23	24	25	26	27	28	29	30	4/1	2	3	4	5	6	7	8	9	10	11	12	13	14	15	16	17	18	19	20	21	22	23
	구성	8	9	1	2	3	4	5	6	7	8	9	1	2	3	4	5	6	7	8	9	1	2	3	4	5	6	7	8	9	1	2
	대운 남	1	1	1	1	입	10	10	10	9	9	9	8	8	8	7	7	7	6	6	6	소	5	5	4	4	4	3	3	3	2	2
	대운 여	9	9	9	10	하	1	1	1	1	2	2	2	3	3	3	4	4	4	5	5	만	6	6	6	7	7	7	8	8	8	9

망종 6일 05시 20분 【음5월】 ➡ 【戊午月(무오월)】 ☯四綠星 하지 21일 22시 11분

양력 6월	양력	1	2	3	4	5	6	7	8	9	10	11	12	13	14	15	16	17	18	19	20	21	22	23	24	25	26	27	28	29	30
	요일	화	수	목	금	토	일	월	화	수	목	금	토	일	월	화	수	목	금	토	일	월	화	수	목	금	토	일	월	화	수
	일진 日辰	丁巳	戊午	己未	庚申	辛酉	壬戌	癸亥	甲子	乙丑	丙寅	丁卯	戊辰	己巳	庚午	辛未	壬申	癸酉	甲戌	乙亥	丙子	丁丑	戊寅	己卯	庚辰	辛巳	壬午	癸未	甲申	乙酉	丙戌
음력 04/24 ~ 05/24	납음		天上火		石榴木		大海水		海中金		爐中火		大林木		路傍土		劍鋒金		山頭火		澗下水		城頭土		白臘金		楊柳木		井中水		
	음력	24	25	26	27	28	29	5/1	2	3	4	5	6	7	8	9	10	11	12	13	14	15	16	17	18	19	20	21	22	23	24
	구성	3	4	5	6	7	8	9	9	8	7	6	5	4	3	2	1	9	8	7	6	5	4	3	2	1	9	8	7	6	5
	대운 남	2	1	1	1	1	망	10	10	9	9	9	8	8	8	7	7	7	6	6	6	하	5	5	4	4	4	3	3	3	2
	대운 여	9	9	10	10	10	종	1	1	1	1	2	2	2	3	3	3	4	4	4	5	지	5	6	6	6	7	7	7	8	8

한식(4월06일), 초복(7월14일), 중복(7월24일), 말복(8월13일) ☂춘사(春社)3/24 ☀추사(秋社)9/20

토왕지절(土旺之節):4월17일,7월20일,10월20일,1월17일(신년양력),

七日得辛, 四龍治水, 1948년 무자年(벽력화), 칠적금

서머타임 시작 5월31일 23시→24시로 조정
종료 9월12일 24시→23시로 조정
수정한 시간으로 표기(동경표준시 사용)

6白	2黑	4綠
5黃	7赤	9紫
1白	3碧	8白

1948 戊子年

소서 7일 15시 44분 【음6월】➡ 【己未月(기미월)】 ☯三碧星 대서 23일 09시 08분

	양력	1	2	3	4	5	6	7	8	9	10	11	12	13	14	15	16	17	18	19	20	21	22	23	24	25	26	27	28	29	30	31
양력	요일	목	금	토	일	월	화	수	목	금	토	일	월	화	수	목	금	토	일	월	화	수	목	금	토	일	월	화	수	목	금	토
7월	일진 日辰	丁亥	戊子	己丑	庚寅	辛卯	壬辰	癸巳	甲午	乙未	丙申	丁酉	戊戌	己亥	庚子	辛丑	壬寅	癸卯	甲辰	乙巳	丙午	丁未	戊申	己酉	庚戌	辛亥	壬子	癸丑	甲寅	乙卯	丙辰	丁巳
음력	납음		霹靂火		松柏木		長流水		沙中金		山下火		平地木		壁上土		金箔金		覆燈火		天河水		大驛土		釵釧金		桑柘木		大溪水		沙中土	
05/25	음력	25	26	27	28	29	30	6/1	2	3	4	5	6	7	8	9	10	11	12	13	14	15	16	17	18	19	20	21	22	23	24	25
~	구성	4	3	2	1	9	8	7	6	5	4	3	2	1	9	8	7	6	5	4	3	2	1	9	8	7	6	5	4	3	2	1
06/25	대운 남	2	2	1	1	1	1	소	10	10	10	9	9	9	8	8	8	7	7	7	6	6	6	대	5	5	4	4	4	3	3	3
	대운 여	8	9	9	9	10	10	서	1	1	1	1	2	2	2	3	3	3	4	4	4	5	5	서	6	6	6	7	7	7	8	8

입추 8일 01시 26분 【음7월】➡ 【庚申月(경신월)】 ☯二黑星 처서 23일 16시 03분

	양력	1	2	3	4	5	6	7	8	9	10	11	12	13	14	15	16	17	18	19	20	21	22	23	24	25	26	27	28	29	30	31
양력	요일	일	월	화	수	목	금	토	일	월	화	수	목	금	토	일	월	화	수	목	금	토	일	월	화	수	목	금	토	일	월	화
8월	일진 日辰	戊午	己未	庚申	辛酉	壬戌	癸亥	甲子	乙丑	丙寅	丁卯	戊辰	己巳	庚午	辛未	壬申	癸酉	甲戌	乙亥	丙子	丁丑	戊寅	己卯	庚辰	辛巳	壬午	癸未	甲申	乙酉	丙戌	丁亥	戊子
음력	납음	天上火		石榴木		大海水		海中金		爐中火		大林木		路傍土		劍鋒金		山頭火		澗下水		城頭土		白臘金		楊柳木		井中水		屋上土		
06/26	음력	26	27	28	29	7/1	2	3	4	5	6	7	8	9	10	11	12	13	14	15	16	17	18	19	20	21	22	23	24	25	26	27
~	구성	9	8	7	6	5	4	3	2	1	9	8	7	6	5	4	3	2	1	9	8	7	6	5	4	3	2	1	9	8	7	6
07/27	대운 남	2	2	2	1	1	1	1	입	10	10	9	9	9	8	8	8	7	7	7	6	6	6	처	5	5	4	4	4	3	3	3
	대운 여	8	9	9	9	10	10	10	추	1	1	1	1	2	2	2	3	3	3	4	4	4	5	서	5	6	6	6	7	7	7	8

백로 8일 04시 05분 【음8월】➡ 【辛酉月(신유월)】 ☯一白星 추분23일 12시 22분

	양력	1	2	3	4	5	6	7	8	9	10	11	12	13	14	15	16	17	18	19	20	21	22	23	24	25	26	27	28	29	30
양력	요일	수	목	금	토	일	월	화	수	목	금	토	일	월	화	수	목	금	토	일	월	화	수	목	금	토	일	월	화	수	목
9월	일진 日辰	己丑	庚寅	辛卯	壬辰	癸巳	甲午	乙未	丙申	丁酉	戊戌	己亥	庚子	辛丑	壬寅	癸卯	甲辰	乙巳	丙午	丁未	戊申	己酉	庚戌	辛亥	壬子	癸丑	甲寅	乙卯	丙辰	丁巳	戊午
음력	납음		松柏木		長流水		沙中金		山下火		平地木		壁上土		金箔金		覆燈火		天河水		大驛土		釵釧金		桑柘木		大溪水		沙中土		
07/28	음력	28	29	8/1	2	3	4	5	6	7	8	9	10	11	12	13	14	15	16	17	18	19	20	21	22	23	24	25	26	27	28
~	구성	5	4	3	2	1	9	8	7	6	5	4	3	2	1	9	8	7	6	5	4	3	2	1	9	8	7	6	5	4	3
08/28	대운 남	2	2	2	1	1	1	1	백	10	9	9	9	8	8	8	7	7	7	6	6	6	5	추	5	4	4	4	3	3	3
	대운 여	8	8	9	9	9	10	10	로	1	1	1	1	2	2	2	3	3	3	4	4	4	5	분	5	6	6	6	7	7	7

한로 8일 18시 20분 【음9월】➡ 【壬戌月(임술월)】 ☯九紫星 상강 23일 21시 18분

	양력	1	2	3	4	5	6	7	8	9	10	11	12	13	14	15	16	17	18	19	20	21	22	23	24	25	26	27	28	29	30	31
양력	요일	금	토	일	월	화	수	목	금	토	일	월	화	수	목	금	토	일	월	화	수	목	금	토	일	월	화	수	목	금	토	일
10월	일진 日辰	己未	庚申	辛酉	壬戌	癸亥	甲子	乙丑	丙寅	丁卯	戊辰	己巳	庚午	辛未	壬申	癸酉	甲戌	乙亥	丙子	丁丑	戊寅	己卯	庚辰	辛巳	壬午	癸未	甲申	乙酉	丙戌	丁亥	戊子	己丑
음력	납음		石榴木		大海水		海中金		爐中火		大林木		路傍土		劍鋒金		山頭火		澗下水		城頭土		白臘金		楊柳木		井中水		屋上土		霹靂火	
08/29	음력	29	30	9/1	2	3	4	5	6	7	8	9	10	11	12	13	14	15	16	17	18	19	20	21	22	23	24	25	26	27	28	29
~	구성	2	1	9	8	7	6	5	4	3	2	1	9	8	7	6	5	4	3	2	1	9	8	7	6	5	4	3	2	1	9	8
09/29	대운 남	2	2	2	1	1	1	1	한	10	9	9	9	8	8	8	7	7	7	6	6	6	5	상	5	4	4	4	3	3	3	2
	대운 여	8	8	8	9	9	9	10	로	1	1	1	1	2	2	2	3	3	3	4	4	4	5	강	5	6	6	6	7	7	7	8

입동 7일 21시 07분 【음10월】➡ 【癸亥月(계해월)】 ☯八白星 소설 22일 18시 29분

	양력	1	2	3	4	5	6	7	8	9	10	11	12	13	14	15	16	17	18	19	20	21	22	23	24	25	26	27	28	29	30
양력	요일	월	화	수	목	금	토	일	월	화	수	목	금	토	일	월	화	수	목	금	토	일	월	화	수	목	금	토	일	월	화
11월	일진 日辰	庚寅	辛卯	壬辰	癸巳	甲午	乙未	丙申	丁酉	戊戌	己亥	庚子	辛丑	壬寅	癸卯	甲辰	乙巳	丙午	丁未	戊申	己酉	庚戌	辛亥	壬子	癸丑	甲寅	乙卯	丙辰	丁巳	戊午	己未
음력	납음	松柏木		長流水		沙中金		山下火		平地木		壁上土		金箔金		覆燈火		天河水		大驛土		釵釧金		桑柘木		大溪水		沙中土		天上火	
10/01	음력	10/1	2	3	4	5	6	7	8	9	10	11	12	13	14	15	16	17	18	19	20	21	22	23	24	25	26	27	28	29	30
~	구성	7	6	5	4	3	2	1	9	8	7	6	5	4	3	2	1	9	8	7	6	5	4	3	2	1	9	8	7	6	5
10/30	대운 남	2	2	1	1	1	1	입	10	9	9	9	8	8	8	7	7	7	6	6	6	5	소	5	4	4	4	3	3	3	2
	대운 여	8	8	9	9	9	10	동	1	1	1	1	2	2	2	3	3	3	4	4	4	5	설	5	6	6	6	7	7	7	8

대설 7일 13시 38분 【음11월】➡ 【甲子月(갑자월)】 ☯七赤星 동지 22일 07시 33분

	양력	1	2	3	4	5	6	7	8	9	10	11	12	13	14	15	16	17	18	19	20	21	22	23	24	25	26	27	28	29	30	31
양력	요일	수	목	금	토	일	월	화	수	목	금	토	일	월	화	수	목	금	토	일	월	화	수	목	금	토	일	월	화	수	목	금
12월	일진 日辰	庚申	辛酉	壬戌	癸亥	甲子	乙丑	丙寅	丁卯	戊辰	己巳	庚午	辛未	壬申	癸酉	甲戌	乙亥	丙子	丁丑	戊寅	己卯	庚辰	辛巳	壬午	癸未	甲申	乙酉	丙戌	丁亥	戊子	己丑	庚寅
음력	납음	石榴木		大海水		海中金		爐中火		大林木		路傍土		劍鋒金		山頭火		澗下水		城頭土		白臘金		楊柳木		井中水		屋上土		霹靂火		
11/01	음력	11/1	2	3	4	5	6	7	8	9	10	11	12	13	14	15	16	17	18	19	20	21	22	23	24	25	26	27	28	29	12/1	2
~	구성	4	3	2	1	1	2	3	4	5	6	7	8	9	1	2	3	4	5	6	7	8	9	1	2	3	4	5	6	7	8	9
12/02	대운 남	2	2	1	1	1	1	대	10	9	9	9	8	8	8	7	7	7	6	6	6	5	동	5	4	4	4	3	3	3	2	2
	대운 여	8	8	9	9	9	10	설	1	1	1	1	2	2	2	3	3	3	4	4	4	5	지	5	6	6	6	7	7	7	8	8

단기 4282 年	1949년
불기 2493 年	

중원 **己丑年** ,납음(霹靂火),본명성(六白金)

대장군(酉동방), 삼살(동방), 상문(卯서남방),조객(亥동방), 납음(대림목), 【삼재(해,자,축)년】 臘享(납향):1950년1월24일(음12/07)

소한 6일 00시 41분 【음12월】 ➡ 【乙丑月(을축월)】 ☯六白星 대한 20일 18시 09분

양력 1월 / 음력 12/03 ~ 01/03

양력	1	2	3	4	5	6	7	8	9	10	11	12	13	14	15	16	17	18	19	20	21	22	23	24	25	26	27	28	29	30	31
요일	토	일	월	화	수	목	금	토	일	월	화	수	목	금	토	일	월	화	수	목	금	토	일	월	화	수	목	금	토	일	월
일진 日辰	辛卯	壬辰	癸巳	甲午	乙未	丙申	丁酉	戊戌	己亥	庚子	辛丑	壬寅	癸卯	甲辰	乙巳	丙午	丁未	戊申	己酉	庚戌	辛亥	壬子	癸丑	甲寅	乙卯	丙辰	丁巳	戊午	己未	庚申	辛酉
납음		長流水		沙中金		山下火		平地木		壁上土		金箔金		覆燈火		天河水		大驛土		釵釧金		桑柘木		大溪水		沙中土		天上火		石榴木	
음력	3	4	5	6	7	8	9	10	11	12	13	14	15	16	17	18	19	20	21	22	23	24	25	26	27	28	29	30	1/1	2	3
구성	1	2	3	4	5	6	7	8	9	1	2	3	4	5	6	7	8	9	1	2	3	4	5	6	7	8	9	1	2	3	4
대운 남	2	1	1	1	1	소	9	9	9	8	8	8	7	7	7	6	6	6	5	대	5	4	4	4	3	3	3	2	2	2	1
대운 여	8	9	9	9	10	한	1	1	1	1	2	2	2	3	3	3	4	4	4	한	5	5	6	6	6	7	7	7	8	8	8

입춘 4일 12시 23분 【음1월】 ➡ 【丙寅月(병인월)】 ☯五黃星 우수 19일 08시 27분

양력 2월 / 음력 01/04 ~ 02/01

양력	1	2	3	4	5	6	7	8	9	10	11	12	13	14	15	16	17	18	19	20	21	22	23	24	25	26	27	28
요일	화	수	목	금	토	일	월	화	수	목	금	토	일	월	화	수	목	금	토	일	월	화	수	목	금	토	일	월
일진 日辰	壬戌	癸亥	甲子	乙丑	丙寅	丁卯	戊辰	己巳	庚午	辛未	壬申	癸酉	甲戌	乙亥	丙子	丁丑	戊寅	己卯	庚辰	辛巳	壬午	癸未	甲申	乙酉	丙戌	丁亥	戊子	己丑
납음	大海水		海中金		爐中火		大林木		路傍土		劍鋒金		山頭火		澗下水		城頭土		白臘金		楊柳木		井中水		屋上土		霹靂火	
음력	4	5	6	7	8	9	10	11	12	13	14	15	16	17	18	19	20	21	22	23	24	25	26	27	28	29	30	2/1
구성	5	6	7	8	9	1	2	3	4	5	6	7	8	9	1	2	3	4	5	6	7	8	9	1	2	3	4	5
대운 남	1	1	1	입	1	1	1	1	2	2	2	3	3	3	4	4	4	5	우	5	6	6	6	7	7	7	8	8
대운 여	9	9	9	춘	10	9	9	9	8	8	8	7	7	7	6	6	6	5	수	5	4	4	4	3	3	3	2	2

己丑年

경칩 6일 06시 39분 【음2월】 ➡ 【丁卯月(정묘월)】 ☯四綠星 춘분 21일 07시 48분

양력 3월 / 음력 02/02 ~ 03/02

양력	1	2	3	4	5	6	7	8	9	10	11	12	13	14	15	16	17	18	19	20	21	22	23	24	25	26	27	28	29	30	31
요일	화	수	목	금	토	일	월	화	수	목	금	토	일	월	화	수	목	금	토	일	월	화	수	목	금	토	일	월	화	수	목
일진 日辰	庚寅	辛卯	壬辰	癸巳	甲午	乙未	丙申	丁酉	戊戌	己亥	庚子	辛丑	壬寅	癸卯	甲辰	乙巳	丙午	丁未	戊申	己酉	庚戌	辛亥	壬子	癸丑	甲寅	乙卯	丙辰	丁巳	戊午	己未	庚申
납음	松柏木		長流水		沙中金		山下火		平地木		壁上土		金箔金		覆燈火		天河水		大驛土		釵釧金		桑柘木		大溪水		沙中土		天上火		
음력	2	3	4	5	6	7	8	9	10	11	12	13	14	15	16	17	18	19	20	21	22	23	24	25	26	27	28	29	30	3/1	2
구성	6	7	8	9	1	2	3	4	5	6	7	8	9	1	2	3	4	5	6	7	8	9	1	2	3	4	5	6	7	8	9
대운 남	8	9	9	9	10	경	1	1	1	1	2	2	2	3	3	3	4	4	4	5	춘	5	6	6	6	7	7	7	8	8	8
대운 여	2	1	1	1	1	칩	10	9	9	9	8	8	8	7	7	7	6	6	6	5	분	5	4	4	4	3	3	3	2	2	2

청명 5일 12시 52분 【음3월】 ➡ 【戊辰月(무진월)】 ☯三碧星 곡우 20일 20시 17분

양력 4월 / 음력 03/03 ~ 04/03

양력	1	2	3	4	5	6	7	8	9	10	11	12	13	14	15	16	17	18	19	20	21	22	23	24	25	26	27	28	29	30
요일	금	토	일	월	화	수	목	금	토	일	월	화	수	목	금	토	일	월	화	수	목	금	토	일	월	화	수	목	금	토
일진 日辰	辛酉	壬戌	癸亥	甲子	乙丑	丙寅	丁卯	戊辰	己巳	庚午	辛未	壬申	癸酉	甲戌	乙亥	丙子	丁丑	戊寅	己卯	庚辰	辛巳	壬午	癸未	甲申	乙酉	丙戌	丁亥	戊子	己丑	庚寅
납음		大海水		海中金		爐中火		大林木		路傍土		劍鋒金		山頭火		澗下水		城頭土		白臘金		楊柳木		井中水		屋上土		霹靂火		
음력	3	4	5	6	7	8	9	10	11	12	13	14	15	16	17	18	19	20	21	22	23	24	25	26	27	28	29	4/1	2	3
구성	1	2	3	4	5	6	7	8	9	1	2	3	4	5	6	7	8	9	1	2	3	4	5	6	7	8	9	1	2	3
대운 남	9	9	9	10	청	1	1	1	1	2	2	2	3	3	3	4	4	4	5	곡	5	6	6	6	7	7	7	8	8	8
대운 여	1	1	1	1	명	10	10	9	9	9	8	8	8	7	7	7	6	6	6	우	5	5	4	4	4	3	3	3	2	2

입하 6일 06시 37분 【음4월】 ➡ 【己巳月(기사월)】 ☯二黑星 소만 21일 19시 51분

양력 5월 / 음력 04/04 ~ 05/04

양력	1	2	3	4	5	6	7	8	9	10	11	12	13	14	15	16	17	18	19	20	21	22	23	24	25	26	27	28	29	30	31
요일	일	월	화	수	목	금	토	일	월	화	수	목	금	토	일	월	화	수	목	금	토	일	월	화	수	목	금	토	일	월	화
일진 日辰	辛卯	壬辰	癸巳	甲午	乙未	丙申	丁酉	戊戌	己亥	庚子	辛丑	壬寅	癸卯	甲辰	乙巳	丙午	丁未	戊申	己酉	庚戌	辛亥	壬子	癸丑	甲寅	乙卯	丙辰	丁巳	戊午	己未	庚申	辛酉
납음		長流水		沙中金		山下火		平地木		壁上土		金箔金		覆燈火		天河水		大驛土		釵釧金		桑柘木		大溪水		沙中土		天上火		石榴木	
음력	4	5	6	7	8	9	10	11	12	13	14	15	16	17	18	19	20	21	22	23	24	25	26	27	28	29	30	5/1	2	3	4
구성	4	5	6	7	8	9	1	2	3	4	5	6	7	8	9	1	2	3	4	5	6	7	8	9	1	2	3	4	5	6	7
대운 남	9	9	9	10	10	입	1	1	1	1	2	2	2	3	3	3	4	4	4	5	소	5	6	6	6	7	7	7	8	8	8
대운 여	2	1	1	1	1	하	10	10	9	9	9	8	8	8	7	7	7	6	6	6	만	5	5	4	4	4	3	3	3	2	2

망종 6일 11시 07분 【음5월】 ➡ 【庚午月(경오월)】 ☯一白星 하지 22일 04시 03분

양력 6월 / 음력 05/05 ~ 06/05

양력	1	2	3	4	5	6	7	8	9	10	11	12	13	14	15	16	17	18	19	20	21	22	23	24	25	26	27	28	29	30
요일	수	목	금	토	일	월	화	수	목	금	토	일	월	화	수	목	금	토	일	월	화	수	목	금	토	일	월	화	수	목
일진 日辰	壬戌	癸亥	甲子	乙丑	丙寅	丁卯	戊辰	己巳	庚午	辛未	壬申	癸酉	甲戌	乙亥	丙子	丁丑	戊寅	己卯	庚辰	辛巳	壬午	癸未	甲申	乙酉	丙戌	丁亥	戊子	己丑	庚寅	辛卯
납음	大海水		海中金		爐中火		大林木		路傍土		劍鋒金		山頭火		澗下水		城頭土		白臘金		楊柳木		井中水		屋上土		霹靂火		松柏木	
음력	5	6	7	8	9	10	11	12	13	14	15	16	17	18	19	20	21	22	23	24	25	26	27	28	29	6/1	2	3	4	5
구성	8	9	9	8	7	6	5	4	3	2	1	9	8	7	6	5	4	3	2	1	9	8	7	6	5	4	3	2	1	9
대운 남	9	9	9	10	10	망	1	1	1	1	2	2	2	3	3	3	4	4	4	5	5	하	6	6	6	7	7	7	8	8
대운 여	2	1	1	1	1	종	10	10	9	9	9	8	8	8	7	7	7	6	6	6	5	지	5	4	4	4	3	3	3	2

한식(4월06일), 초복(7월19일), 중복(7월29일), 말복(8월08일) 춘사(春社)3/19 추사(秋社)9/25
토왕지절(土旺之節):4월17일,7월20일,10월21일,1월18일(신년양력),

三日得辛, 十龍治水,1949년 기축年(벽력화), 육백금

서머타임 시작 4월02일 23시→24시로 조정
종료 9월10일 24시→23시로 조정
수정한 시간으로 표기(동경표준시 사용)

5黃	1白	3碧
4綠	6白	8白
9紫	2黑	7赤

1949 己丑年

소서 7일 21시 32분 【음6월】 ➡ 【辛未月(신미월)】 ☯九紫星 대서 23일 14시 57분

양력 7월 / 음력 06/06 ~ 07/06

양력	1	2	3	4	5	6	7	8	9	10	11	12	13	14	15	16	17	18	19	20	21	22	23	24	25	26	27	28	29	30	31
요일	금	토	일	월	화	수	목	금	토	일	월	화	수	목	금	토	일	월	화	수	목	금	토	일	월	화	수	목	금	토	일
일진 日辰	壬辰	癸巳	甲午	乙未	丙申	丁酉	戊戌	己亥	庚子	辛丑	壬寅	癸卯	甲辰	乙巳	丙午	丁未	戊申	己酉	庚戌	辛亥	壬子	癸丑	甲寅	乙卯	丙辰	丁巳	戊午	己未	庚申	辛酉	壬戌
납음	長流水		沙中金		山下火		平地木		壁上土		金箔金		覆燈火		天河水		大驛土		釵釧金		桑柘木		大溪水		沙中土		天上火		石榴木		
음력	6	7	8	9	10	11	12	13	14	15	16	17	18	19	20	21	22	23	24	25	26	27	28	29	30	7/1	2	3	4	5	6
구성	8	7	6	5	4	3	2	1	9	8	7	6	5	4	3	2	1	9	8	7	6	5	4	3	2	1	9	8	7	6	5
대운 남	8	9	9	9	10	10	소	1	1	1	1	2	2	2	3	3	3	4	4	4	5	5	대	6	6	6	7	7	7	8	8
대운 여	2	2	1	1	1	1	서	10	10	10	9	9	9	8	8	8	7	7	7	6	6	6	서	5	5	4	4	4	3	3	3

입추 8일 07시 15분 【음7월】 ➡ 【壬申月(임신월)】 ☯八白星 처서 23일 21시 48분

양력 8월 / 음력 07/07 ~ 윤708

양력	1	2	3	4	5	6	7	8	9	10	11	12	13	14	15	16	17	18	19	20	21	22	23	24	25	26	27	28	29	30	31
요일	월	화	수	목	금	토	일	월	화	수	목	금	토	일	월	화	수	목	금	토	일	월	화	수	목	금	토	일	월	화	수
일진 日辰	癸亥	甲子	乙丑	丙寅	丁卯	戊辰	己巳	庚午	辛未	壬申	癸酉	甲戌	乙亥	丙子	丁丑	戊寅	己卯	庚辰	辛巳	壬午	癸未	甲申	乙酉	丙戌	丁亥	戊子	己丑	庚寅	辛卯	壬辰	癸巳
납음		海中金		爐中火		大林木		路傍土		劍鋒金		山頭火		澗下水		城頭土		白臘金		楊柳木		井中水		屋上土		霹靂火		松柏木		長流水	
음력	7	8	9	10	11	12	13	14	15	16	17	18	19	20	21	22	23	24	25	26	27	28	29	윤7	2	3	4	5	6	7	8
구성	4	3	2	1	9	8	7	6	5	4	3	2	1	9	8	7	6	5	4	3	2	1	9	8	7	6	5	4	3	2	1
대운 남	8	9	9	9	10	10	10	입	1	1	1	1	2	2	2	3	3	3	4	4	4	5	처	5	6	6	6	7	7	7	8
대운 여	2	2	2	1	1	1	1	추	10	10	9	9	9	8	8	8	7	7	7	6	6	6	서	5	5	4	4	4	3	3	3

백로 8일 09시 54분 【음8월】 ➡ 【癸酉月(계유월)】 ☯七赤星 추분 23일 18시 06분

양력 9월 / 음력 윤709 ~ 08/09

양력	1	2	3	4	5	6	7	8	9	10	11	12	13	14	15	16	17	18	19	20	21	22	23	24	25	26	27	28	29	30
요일	목	금	토	일	월	화	수	목	금	토	일	월	화	수	목	금	토	일	월	화	수	목	금	토	일	월	화	수	목	금
일진 日辰	甲午	乙未	丙申	丁酉	戊戌	己亥	庚子	辛丑	壬寅	癸卯	甲辰	乙巳	丙午	丁未	戊申	己酉	庚戌	辛亥	壬子	癸丑	甲寅	乙卯	丙辰	丁巳	戊午	己未	庚申	辛酉	壬戌	癸亥
납음	沙中金		山下火		平地木		壁上土		金箔金		覆燈火		天河水		大驛土		釵釧金		桑柘木		大溪水		沙中土		天上火		石榴木		大海水	
음력	9	10	11	12	13	14	15	16	17	18	19	20	21	22	23	24	25	26	27	28	29	8/1	2	3	4	5	6	7	8	9
구성	9	8	7	6	5	4	3	2	1	9	8	7	6	5	4	3	2	1	9	8	7	6	5	4	3	2	1	9	8	7
대운 남	8	8	9	9	9	10	10	백	1	1	1	1	2	2	2	3	3	3	4	4	4	5	추	5	6	6	6	7	7	7
대운 여	2	2	2	1	1	1	1	로	10	10	9	9	9	8	8	8	7	7	7	6	6	6	분	5	5	4	4	4	3	3

한로 9일 00시 11분 【음9월】 ➡ 【甲戌月(갑술월)】 ☯六白星 상강 24일 03시 03분

양력 10월 / 음력 08/10 ~ 09/10

양력	1	2	3	4	5	6	7	8	9	10	11	12	13	14	15	16	17	18	19	20	21	22	23	24	25	26	27	28	29	30	31
요일	토	일	월	화	수	목	금	토	일	월	화	수	목	금	토	일	월	화	수	목	금	토	일	월	화	수	목	금	토	일	월
일진 日辰	甲子	乙丑	丙寅	丁卯	戊辰	己巳	庚午	辛未	壬申	癸酉	甲戌	乙亥	丙子	丁丑	戊寅	己卯	庚辰	辛巳	壬午	癸未	甲申	乙酉	丙戌	丁亥	戊子	己丑	庚寅	辛卯	壬辰	癸巳	甲午
납음	海中金		爐中火		大林木		路傍土		劍鋒金		山頭火		澗下水		城頭土		白臘金		楊柳木		井中水		屋上土		霹靂火		松柏木		長流水		
음력	10	11	12	13	14	15	16	17	18	19	20	21	22	23	24	25	26	27	28	29	30	9/1	2	3	4	5	6	7	8	9	10
구성	6	5	4	3	2	1	9	8	7	6	5	4	3	2	1	9	8	7	6	5	4	3	2	1	9	8	7	6	5	4	3
대운 남	8	8	8	9	9	9	10	10	한	1	1	1	1	2	2	2	3	3	3	4	4	4	5	상	5	6	6	6	7	7	7
대운 여	3	2	2	2	1	1	1	1	로	10	9	9	9	8	8	8	7	7	7	6	6	6	5	강	5	4	4	4	3	3	3

입동 8일 03시 00분 【음10월】 ➡ 【乙亥月(을해월)】 ☯五黃星 소설 23일 00시 16분

양력 11월 / 음력 09/11 ~ 10/11

양력	1	2	3	4	5	6	7	8	9	10	11	12	13	14	15	16	17	18	19	20	21	22	23	24	25	26	27	28	29	30
요일	화	수	목	금	토	일	월	화	수	목	금	토	일	월	화	수	목	금	토	일	월	화	수	목	금	토	일	월	화	수
일진 日辰	乙未	丙申	丁酉	戊戌	己亥	庚子	辛丑	壬寅	癸卯	甲辰	乙巳	丙午	丁未	戊申	己酉	庚戌	辛亥	壬子	癸丑	甲寅	乙卯	丙辰	丁巳	戊午	己未	庚申	辛酉	壬戌	癸亥	甲子
납음		山下火		平地木		壁上土		金箔金		覆燈火		天河水		大驛土		釵釧金		桑柘木		大溪水		沙中土		天上火		石榴木		大海水		
음력	11	12	13	14	15	16	17	18	19	20	21	22	23	24	25	26	27	28	29	10/1	2	3	4	5	6	7	8	9	10	11
구성	2	1	9	8	7	6	5	4	3	2	1	9	8	7	6	5	4	3	2	1	9	8	7	6	5	4	3	2	1	1
대운 남	8	8	8	9	9	9	10	입	1	1	1	1	2	2	2	3	3	3	4	4	4	5	소	5	6	6	6	7	7	7
대운 여	2	2	2	1	1	1	1	동	9	9	9	8	8	8	7	7	7	6	6	6	5	5	설	4	4	4	3	3	3	2

대설 7일 19시 33분 【음11월】 ➡ 【丙子月(병자월)】 ☯四綠星 동지 22일 13시 23분

양력 12월 / 음력 10/12 ~ 11/12

양력	1	2	3	4	5	6	7	8	9	10	11	12	13	14	15	16	17	18	19	20	21	22	23	24	25	26	27	28	29	30	31
요일	목	금	토	일	월	화	수	목	금	토	일	월	화	수	목	금	토	일	월	화	수	목	금	토	일	월	화	수	목	금	토
일진 日辰	乙丑	丙寅	丁卯	戊辰	己巳	庚午	辛未	壬申	癸酉	甲戌	乙亥	丙子	丁丑	戊寅	己卯	庚辰	辛巳	壬午	癸未	甲申	乙酉	丙戌	丁亥	戊子	己丑	庚寅	辛卯	壬辰	癸巳	甲午	乙未
납음		爐中火		大林木		路傍土		劍鋒金		山頭火		澗下水		城頭土		白臘金		楊柳木		井中水		屋上土		霹靂火		松柏木		長流水		沙中金	
음력	12	13	14	15	16	17	18	19	20	21	22	23	24	25	26	27	28	29	30	11/1	2	3	4	5	6	7	8	9	10	11	12
구성	2	3	4	5	6	7	8	9	1	2	3	4	5	6	7	8	9	1	2	3	4	5	6	7	8	9	1	2	3	4	5
대운 남	8	8	8	9	9	9	대	1	1	1	1	2	2	2	3	3	3	4	4	4	5	동	5	6	6	6	7	7	7	8	8
대운 여	2	2	1	1	1	1	설	10	9	9	9	8	8	8	7	7	7	6	6	6	5	지	5	4	4	4	3	3	3	2	2

단기 4283 年
불기 2494 年

1950년

중원 **庚寅年** 납음(松柏木),본명성(五黃土)

대장군(子북방). 삼살(북방). 상문(辰동남방),조객(子북방). 납음(송백목).【삼재(신,유,술)년】 臘享(납향):1951년1월19일(음12/12)

호랑이

소한 6일 06시 39분 【음12월】 ➡ 【丁丑月(정축월)】 ☯三碧星 대한 21일 00시 00분

	양력	1	2	3	4	5	6	7	8	9	10	11	12	13	14	15	16	17	18	19	20	21	22	23	24	25	26	27	28	29	30	31
양력 1월	요일	일	월	화	수	목	금	토	일	월	화	수	목	금	토	일	월	화	수	목	금	토	일	월	화	수	목	금	토	일	월	화
	일진 日辰	丙申	丁酉	戊戌	己亥	庚子	辛丑	壬寅	癸卯	甲辰	乙巳	丙午	丁未	戊申	己酉	庚戌	辛亥	壬子	癸丑	甲寅	乙卯	丙辰	丁巳	戊午	己未	庚申	辛酉	壬戌	癸亥	甲子	乙丑	丙寅
음력 11/13 ~ 12/14	납음	山下火		平地木		壁上土		金箔金		覆燈火		天河水		大驛土		釵釧金		桑柘木		大溪水		沙中土		天上火		石榴木		大海水		海中金		
	음력	13	14	15	16	17	18	19	20	21	22	23	24	25	26	27	28	29	12/1	2	3	4	5	6	7	8	9	10	11	12	13	14
	구성	6	7	8	9	1	2	3	4	5	6	7	8	9	1	2	3	4	5	6	7	8	9	1	2	3	4	5	6	7	8	9
	대운 남	8	9	9	9	10	소	1	1	1	1	2	2	2	3	3	3	4	4	4	5	대	5	6	6	6	7	7	7	8	8	8
	대운 여	2	1	1	1	1	한	9	9	9	8	8	8	7	7	7	6	6	6	5	5	한	4	4	4	3	3	3	2	2	2	1

입춘 4일 18시 21분 【음1월】 ➡ 【戊寅月(무인월)】 ☯二黑星 우수 19일 14시 18분

	양력	1	2	3	4	5	6	7	8	9	10	11	12	13	14	15	16	17	18	19	20	21	22	23	24	25	26	27	28
양력 2월	요일	수	목	금	토	일	월	화	수	목	금	토	일	월	화	수	목	금	토	일	월	화	수	목	금	토	일	월	화
	일진 日辰	丁卯	戊辰	己巳	庚午	辛未	壬申	癸酉	甲戌	乙亥	丙子	丁丑	戊寅	己卯	庚辰	辛巳	壬午	癸未	甲申	乙酉	丙戌	丁亥	戊子	己丑	庚寅	辛卯	壬辰	癸巳	甲午
음력 12/15 ~ 01/12	납음		大林木		路傍土		劍鋒金		山頭火		澗下水		城頭土		白臘金		楊柳木		井中水		屋上土		霹靂火		松柏木		長流水		
	음력	15	16	17	18	19	20	21	22	23	24	25	26	27	28	29	30	1/1	2	3	4	5	6	7	8	9	10	11	12
	구성	1	2	3	4	5	6	7	8	9	1	2	3	4	5	6	7	8	9	1	2	3	4	5	6	7	8	9	1
	대운 남	9	9	9	입	10	9	9	9	8	8	8	7	7	7	6	6	6	5	우	5	4	4	4	3	3	3	2	2
	대운 여	1	1	1	춘	1	1	1	1	2	2	2	3	3	3	4	4	4	5	수	5	6	6	6	7	7	7	8	8

庚寅年

경칩 6일 12시 35분 【음2월】 ➡ 【己卯月(기묘월)】 ☯一白星 춘분 21일 13시 35분

	양력	1	2	3	4	5	6	7	8	9	10	11	12	13	14	15	16	17	18	19	20	21	22	23	24	25	26	27	28	29	30	31
양력 3월	요일	수	목	금	토	일	월	화	수	목	금	토	일	월	화	수	목	금	토	일	월	화	수	목	금	토	일	월	화	수	목	금
	일진 日辰	乙未	丙申	丁酉	戊戌	己亥	庚子	辛丑	壬寅	癸卯	甲辰	乙巳	丙午	丁未	戊申	己酉	庚戌	辛亥	壬子	癸丑	甲寅	乙卯	丙辰	丁巳	戊午	己未	庚申	辛酉	壬戌	癸亥	甲子	乙丑
음력 01/13 ~ 02/13	납음		山下火		平地木		壁上土		金箔金		覆燈火		天河水		大驛土		釵釧金		桑柘木		大溪水		沙中土		天上火		石榴木		大海水		海中金	
	음력	13	14	15	16	17	18	19	20	21	22	23	24	25	26	27	28	29	30	2/1	2	3	4	5	6	7	8	9	10	11	12	13
	구성	2	3	4	5	6	7	8	9	1	2	3	4	5	6	7	8	9	1	2	3	4	5	6	7	8	9	1	2	3	4	5
	대운 남	2	1	1	1	1	경	10	9	9	9	8	8	8	7	7	7	6	6	6	5	춘	5	4	4	4	3	3	3	2	2	2
	대운 여	8	9	9	9	10	칩	1	1	1	1	2	2	2	3	3	3	4	4	4	5	분	5	6	6	6	7	7	7	8	8	8

청명 5일 18시 44분 【음3월】 ➡ 【庚辰月(경진월)】 ☯九紫星 곡우 21일 01시 59분

	양력	1	2	3	4	5	6	7	8	9	10	11	12	13	14	15	16	17	18	19	20	21	22	23	24	25	26	27	28	29	30
양력 4월	요일	토	일	월	화	수	목	금	토	일	월	화	수	목	금	토	일	월	화	수	목	금	토	일	월	화	수	목	금	토	일
	일진 日辰	丙寅	丁卯	戊辰	己巳	庚午	辛未	壬申	癸酉	甲戌	乙亥	丙子	丁丑	戊寅	己卯	庚辰	辛巳	壬午	癸未	甲申	乙酉	丙戌	丁亥	戊子	己丑	庚寅	辛卯	壬辰	癸巳	甲午	乙未
음력 02/14 ~ 03/14	납음	爐中火		大林木		路傍土		劍鋒金		山頭火		澗下水		城頭土		白臘金		楊柳木		井中水		屋上土		霹靂火		松柏木		長流水		沙中金	
	음력	14	15	16	17	18	19	20	21	22	23	24	25	26	27	28	29	3/1	2	3	4	5	6	7	8	9	10	11	12	13	14
	구성	6	7	8	9	1	2	3	4	5	6	7	8	9	1	2	3	4	5	6	7	8	9	1	2	3	4	5	6	7	8
	대운 남	1	1	1	1	청	10	10	9	9	9	8	8	8	7	7	7	6	6	6	5	곡	5	4	4	4	3	3	3	2	2
	대운 여	9	9	9	10	명	1	1	1	1	2	2	2	3	3	3	4	4	4	5	5	우	6	6	6	7	7	7	8	8	8

입하 6일 12시 25분 【음4월】 ➡ 【辛巳月(신사월)】 ☯八白星 소만 22일 01시 27분

	양력	1	2	3	4	5	6	7	8	9	10	11	12	13	14	15	16	17	18	19	20	21	22	23	24	25	26	27	28	29	30	31
양력 5월	요일	월	화	수	목	금	토	일	월	화	수	목	금	토	일	월	화	수	목	금	토	일	월	화	수	목	금	토	일	월	화	수
	일진 日辰	丙申	丁酉	戊戌	己亥	庚子	辛丑	壬寅	癸卯	甲辰	乙巳	丙午	丁未	戊申	己酉	庚戌	辛亥	壬子	癸丑	甲寅	乙卯	丙辰	丁巳	戊午	己未	庚申	辛酉	壬戌	癸亥	甲子	乙丑	丙寅
음력 03/15 ~ 04/15	납음	山下火		平地木		壁上土		金箔金		覆燈火		天河水		大驛土		釵釧金		桑柘木		大溪水		沙中土		天上火		石榴木		大海水		海中金		
	음력	15	16	17	18	19	20	21	22	23	24	25	26	27	28	29	30	4/1	2	3	4	5	6	7	8	9	10	11	12	13	14	15
	구성	9	1	2	3	4	5	6	7	8	9	1	2	3	4	5	6	7	8	9	1	2	3	4	5	6	7	8	9	9	8	7
	대운 남	2	1	1	1	1	입	10	10	9	9	9	8	8	8	7	7	7	6	6	6	5	소	5	4	4	4	3	3	3	2	2
	대운 여	9	9	9	10	10	하	1	1	1	1	2	2	2	3	3	3	4	4	4	5	5	만	6	6	6	7	7	7	8	8	8

망종 6일 16시 51분 【음5월】 ➡ 【壬午月(임오월)】 ☯七赤星 하지 22일 09시 36분

	양력	1	2	3	4	5	6	7	8	9	10	11	12	13	14	15	16	17	18	19	20	21	22	23	24	25	26	27	28	29	30
양력 6월	요일	목	금	토	일	월	화	수	목	금	토	일	월	화	수	목	금	토	일	월	화	수	목	금	토	일	월	화	수	목	금
	일진 日辰	丁卯	戊辰	己巳	庚午	辛未	壬申	癸酉	甲戌	乙亥	丙子	丁丑	戊寅	己卯	庚辰	辛巳	壬午	癸未	甲申	乙酉	丙戌	丁亥	戊子	己丑	庚寅	辛卯	壬辰	癸巳	甲午	乙未	丙申
음력 04/16 ~ 05/15	납음		大林木		路傍土		劍鋒金		山頭火		澗下水		城頭土		白臘金		楊柳木		井中水		屋上土		霹靂火		松柏木		長流水		沙中金		
	음력	16	17	18	19	20	21	22	23	24	25	26	27	28	29	29	5/1	2	3	4	5	6	7	8	9	10	11	12	13	14	15
	구성	6	5	4	3	2	1	9	8	7	6	5	4	3	2	1	9	8	7	6	5	4	3	2	1	9	8	7	6	5	4
	대운 남	2	1	1	1	1	망	10	10	10	9	9	9	8	8	8	7	7	7	6	6	6	하	5	5	4	4	4	3	3	3
	대운 여	9	9	9	10	10	종	1	1	1	1	2	2	2	3	3	3	4	4	4	5	5	지	6	6	6	7	7	7	8	8

한식(4월06일), 초복(7월14일), 중복(7월24일), 말복(8월13일) ☂춘사(春社)3/24 ☀추사(秋社)9/20
토왕지절(土旺之節):4월17일,7월20일,10월21일,1월18일(신년양력),

九日得辛,十龍治水,1950년 경인年(송백목), 오황토

서머타임 시작 3월31일 23시→24시로 조정
종료 9월09일 24시→23시로 조정
수정한 시간으로 표기(동경표준시 사용)

4綠	9紫	2黑
3碧	5黃	7赤
8白	1白	6白

1950 庚寅年

소서 8일 03시 13분 【음6월】 ➡ 【癸未月(계미월)】 ☯六白星 대서 23일 20시 30분

양력 7월	양력	1	2	3	4	5	6	7	8	9	10	11	12	13	14	15	16	17	18	19	20	21	22	23	24	25	26	27	28	29	30	31
	요일	토	일	월	화	수	목	금	토	일	월	화	수	목	금	토	일	월	화	수	목	금	토	일	월	화	수	목	금	토	일	월
	일진 日辰	丁酉	戊戌	己亥	庚子	辛丑	壬寅	癸卯	甲辰	乙巳	丙午	丁未	戊申	己酉	庚戌	辛亥	壬子	癸丑	甲寅	乙卯	丙辰	丁巳	戊午	己未	庚申	辛酉	壬戌	癸亥	甲子	乙丑	丙寅	丁卯
음력 05/16 ~ 06/17	납음		平地木		壁上土		金箔金		覆燈火		天河水		大驛土		釵釧金		桑柘木		大溪水		沙中土		天上火		石榴木		大海水		海中金		爐中火	
	음력	16	17	18	19	20	21	22	23	24	25	26	27	28	29	6/1	2	3	4	5	6	7	8	9	10	11	12	13	14	15	16	17
	구성	3	2	1	9	8	7	6	5	4	3	2	1	9	8	7	6	5	4	3	2	1	9	8	7	6	5	4	3	2	1	9
대운	남	2	2	2	1	1	1	1	소	10	10	9	9	9	8	8	8	7	7	7	6	6	6	대	5	5	4	4	4	3	3	3
	여	8	9	9	9	10	10	10	서	1	1	1	1	2	2	2	3	3	3	4	4	4	5	서	5	6	6	6	7	7	7	8

입추 8일 12시 55분 【음7월】 ➡ 【甲申月(갑신월)】 ☯五黃星 처서 24일 03시 23분

양력 8월	양력	1	2	3	4	5	6	7	8	9	10	11	12	13	14	15	16	17	18	19	20	21	22	23	24	25	26	27	28	29	30	31
	요일	화	수	목	금	토	일	월	화	수	목	금	토	일	월	화	수	목	금	토	일	월	화	수	목	금	토	일	월	화	수	목
	일진 日辰	戊辰	己巳	庚午	辛未	壬申	癸酉	甲戌	乙亥	丙子	丁丑	戊寅	己卯	庚辰	辛巳	壬午	癸未	甲申	乙酉	丙戌	丁亥	戊子	己丑	庚寅	辛卯	壬辰	癸巳	甲午	乙未	丙申	丁酉	戊戌
음력 06/18 ~ 07/18	납음	大林木		路傍土		劍鋒金		山頭火		澗下水		城頭土		白臘金		楊柳木		井中水		屋上土		霹靂火		松柏木		長流水		沙中金		山下火		
	음력	18	19	20	21	22	23	24	25	26	27	28	29	29	7/1	2	3	4	5	6	7	8	9	10	11	12	13	14	15	16	17	18
	구성	8	7	6	5	4	3	2	1	9	8	7	6	5	4	3	2	1	9	8	7	6	5	4	3	2	1	9	8	7	6	5
대운	남	2	2	2	1	1	1	1	입	10	10	9	9	9	8	8	8	7	7	7	6	6	6	5	처	5	4	4	4	3	3	3
	여	8	8	9	9	9	10	10	추	1	1	1	1	2	2	2	3	3	3	4	4	4	5	5	서	6	6	6	7	7	7	8

백로 8일 15시 34분 【음8월】 ➡ 【乙酉月(을유월)】 ☯四綠星 추분 23일 23시 44분

양력 9월	양력	1	2	3	4	5	6	7	8	9	10	11	12	13	14	15	16	17	18	19	20	21	22	23	24	25	26	27	28	29	30
	요일	금	토	일	월	화	수	목	금	토	일	월	화	수	목	금	토	일	월	화	수	목	금	토	일	월	화	수	목	금	토
	일진 日辰	己亥	庚子	辛丑	壬寅	癸卯	甲辰	乙巳	丙午	丁未	戊申	己酉	庚戌	辛亥	壬子	癸丑	甲寅	乙卯	丙辰	丁巳	戊午	己未	庚申	辛酉	壬戌	癸亥	甲子	乙丑	丙寅	丁卯	戊辰
음력 07/19 ~ 08/19	납음		壁上土		金箔金		覆燈火		天河水		大驛土		釵釧金		桑柘木		大溪水		沙中土		天上火		石榴木		大海水		海中金		爐中火		
	음력	19	20	21	22	23	24	25	26	27	28	29	8/1	2	3	4	5	6	7	8	9	10	11	12	13	14	15	16	17	18	19
	구성	4	3	2	1	9	8	7	6	5	4	3	2	1	9	8	7	6	5	4	3	2	1	9	8	7	6	5	4	3	2
대운	남	2	2	2	1	1	1	1	백	10	10	9	9	9	8	8	8	7	7	7	6	6	6	추	5	5	4	4	4	3	3
	여	8	8	9	9	9	10	10	로	1	1	1	1	2	2	2	3	3	3	4	4	4	5	분	5	6	6	6	7	7	7

한로 9일 05시 52분 【음9월】 ➡ 【丙戌月(병술월)】 ☯三碧星 상강 24일 08시 45분

양력 10월	양력	1	2	3	4	5	6	7	8	9	10	11	12	13	14	15	16	17	18	19	20	21	22	23	24	25	26	27	28	29	30	31
	요일	일	월	화	수	목	금	토	일	월	화	수	목	금	토	일	월	화	수	목	금	토	일	월	화	수	목	금	토	일	월	화
	일진 日辰	己巳	庚午	辛未	壬申	癸酉	甲戌	乙亥	丙子	丁丑	戊寅	己卯	庚辰	辛巳	壬午	癸未	甲申	乙酉	丙戌	丁亥	戊子	己丑	庚寅	辛卯	壬辰	癸巳	甲午	乙未	丙申	丁酉	戊戌	己亥
음력 08/20 ~ 09/21	납음		路傍土		劍鋒金		山頭火		澗下水		城頭土		白臘金		楊柳木		井中水		屋上土		霹靂火		松柏木		長流水		沙中金		山下火		平地木	
	음력	20	21	22	23	24	25	26	27	28	29	9/1	2	3	4	5	6	7	8	9	10	11	12	13	14	15	16	17	18	19	20	21
	구성	1	9	8	7	6	5	4	3	2	1	9	8	7	6	5	4	3	2	1	9	8	7	6	5	4	3	2	1	9	8	7
대운	남	3	2	2	2	1	1	1	1	한	10	9	9	9	8	8	8	7	7	7	6	6	6	5	상	5	4	4	4	3	3	3
	여	8	8	8	9	9	9	10	10	로	1	1	1	1	2	2	2	3	3	3	4	4	4	5	강	5	6	6	6	7	7	7

입동 8일 08시 44분 【음10월】 ➡ 【丁亥月(정해월)】 ☯二黑星 소설 23일 06시 03분

양력 11월	양력	1	2	3	4	5	6	7	8	9	10	11	12	13	14	15	16	17	18	19	20	21	22	23	24	25	26	27	28	29	30
	요일	수	목	금	토	일	월	화	수	목	금	토	일	월	화	수	목	금	토	일	월	화	수	목	금	토	일	월	화	수	목
	일진 日辰	庚子	辛丑	壬寅	癸卯	甲辰	乙巳	丙午	丁未	戊申	己酉	庚戌	辛亥	壬子	癸丑	甲寅	乙卯	丙辰	丁巳	戊午	己未	庚申	辛酉	壬戌	癸亥	甲子	乙丑	丙寅	丁卯	戊辰	己巳
음력 09/22 ~ 10/21	납음	壁上土		金箔金		覆燈火		天河水		大驛土		釵釧金		桑柘木		大溪水		沙中土		天上火		石榴木		大海水		海中金		爐中火		大林木	
	음력	22	23	24	25	26	27	28	29	30	10/1	2	3	4	5	6	7	8	9	10	11	12	13	14	15	16	17	18	19	20	21
	구성	6	5	4	3	2	1	9	8	7	6	5	4	3	2	1	9	8	7	6	5	4	3	2	1	1	2	3	4	5	6
대운	남	2	2	2	1	1	1	1	입	10	9	9	9	8	8	8	7	7	7	6	6	6	5	소	5	4	4	4	3	3	3
	여	8	8	8	9	9	9	10	동	1	1	1	1	2	2	2	3	3	3	4	4	4	5	설	5	6	6	6	7	7	7

대설 8일 01시 22분 【음11월】 ➡ 【戊子月(무자월)】 ☯一白星 동지 22일 19시 13분

양력 12월	양력	1	2	3	4	5	6	7	8	9	10	11	12	13	14	15	16	17	18	19	20	21	22	23	24	25	26	27	28	29	30	31
	요일	금	토	일	월	화	수	목	금	토	일	월	화	수	목	금	토	일	월	화	수	목	금	토	일	월	화	수	목	금	토	일
	일진 日辰	庚午	辛未	壬申	癸酉	甲戌	乙亥	丙子	丁丑	戊寅	己卯	庚辰	辛巳	壬午	癸未	甲申	乙酉	丙戌	丁亥	戊子	己丑	庚寅	辛卯	壬辰	癸巳	甲午	乙未	丙申	丁酉	戊戌	己亥	庚子
음력 10/22 ~ 11/23	납음	路傍土		劍鋒金		山頭火		澗下水		城頭土		白臘金		楊柳木		井中水		屋上土		霹靂火		松柏木		長流水		沙中金		山下火		平地木		
	음력	22	23	24	25	26	27	28	29	11/1	2	3	4	5	6	7	8	9	10	11	12	13	14	15	16	17	18	19	20	21	22	23
	구성	7	8	9	1	2	3	4	5	6	7	8	9	1	2	3	4	5	6	7	8	9	1	2	3	4	5	6	7	8	9	1
대운	남	2	2	2	1	1	1	1	대	9	9	9	8	8	8	7	7	7	6	6	6	5	동	5	4	4	4	3	3	3	2	2
	여	8	8	8	9	9	9	10	설	1	1	1	1	2	2	2	3	3	3	4	4	4	지	5	5	6	6	6	7	7	7	8

단기 4284 年	1951년	중원 辛卯年 납음(松柏木),본명성(四綠木)
불기 2495 年		대장군(子북방). 삼살(酉서방). 상문(巳동남방).조객(丑동북방). 납음(송백목).【삼재(사,오,미)년】 臘享(납향):1952년1월26일(음12/30)

토끼

소한 6일 12시 30분 【음12월】 ➡ 【己丑月(기축월)】 ☯九紫星 대한 21일 05시 52분

		1	2	3	4	5	6	7	8	9	10	11	12	13	14	15	16	17	18	19	20	21	22	23	24	25	26	27	28	29	30	31
양력 1월	양력	1	2	3	4	5	6	7	8	9	10	11	12	13	14	15	16	17	18	19	20	21	22	23	24	25	26	27	28	29	30	31
	요일	월	화	수	목	금	토	일	월	화	수	목	금	토	일	월	화	수	목	금	토	일	월	화	수	목	금	토	일	월	화	수
	일진 日辰	辛丑	壬寅	癸卯	甲辰	乙巳	丙午	丁未	戊申	己酉	庚戌	辛亥	壬子	癸丑	甲寅	乙卯	丙辰	丁巳	戊午	己未	庚申	辛酉	壬戌	癸亥	甲子	乙丑	丙寅	丁卯	戊辰	己巳	庚午	辛未
음력 11/24 ~ 12/24	납음		金箔金		覆燈火		天河水		大驛土		釵釧金		桑柘木		大溪水		沙中土		天上火		石榴木		大海水		海中金		爐中火		大林木		路傍土	
	음력	24	25	26	27	28	29	30	12/1	2	3	4	5	6	7	8	9	10	11	12	13	14	15	16	17	18	19	20	21	22	23	24
	구성	2	3	4	5	6	7	8	9	1	2	3	4	5	6	7	8	9	1	2	3	4	5	6	7	8	9	1	2	3	4	5
	대운 남	2	1	1	1	1	소	10	9	9	9	8	8	8	7	7	7	6	6	6	5	대	5	4	4	4	3	3	3	2	2	2
	대운 여	8	8	9	9	9	한	1	1	1	1	2	2	2	3	3	3	4	4	4	5	한	5	6	6	6	7	7	7	8	8	8

입춘 5일 00시 13분 【음1월】 ➡ 【庚寅月(경인월)】 ☯八白星 우수 19일 20시 10분

		1	2	3	4	5	6	7	8	9	10	11	12	13	14	15	16	17	18	19	20	21	22	23	24	25	26	27	28
양력 2월	양력	1	2	3	4	5	6	7	8	9	10	11	12	13	14	15	16	17	18	19	20	21	22	23	24	25	26	27	28
	요일	목	금	토	일	월	화	수	목	금	토	일	월	화	수	목	금	토	일	월	화	수	목	금	토	일	월	화	수
	일진 日辰	壬申	癸酉	甲戌	乙亥	丙子	丁丑	戊寅	己卯	庚辰	辛巳	壬午	癸未	甲申	乙酉	丙戌	丁亥	戊子	己丑	庚寅	辛卯	壬辰	癸巳	甲午	乙未	丙申	丁酉	戊戌	己亥
음력 12/25 ~ 01/23	납음	劍鋒金		山頭火		澗下水		城頭土		白臘金		楊柳木		井中水		屋上土		霹靂火		松柏木		長流水		沙中金		山下火		平地木	
	음력	25	26	27	28	29	1/1	2	3	4	5	6	7	8	9	10	11	12	13	14	15	16	17	18	19	20	21	22	23
	구성	6	7	8	9	1	2	3	4	5	6	7	8	9	1	2	3	4	5	6	7	8	9	1	2	3	4	5	6
	대운 남	1	1	1	1	입	1	1	1	1	2	2	2	3	3	3	4	4	4	우	5	5	6	6	6	7	7	7	8
	대운 여	9	9	9	10	춘	9	9	9	8	8	8	7	7	7	6	6	6	5	수	5	4	4	4	3	3	3	2	2

辛卯年

경칩 6일 18시 27분 【음2월】 ➡ 【辛卯月(신묘월)】 ☯七赤星 춘분 21일 19시 26분

		1	2	3	4	5	6	7	8	9	10	11	12	13	14	15	16	17	18	19	20	21	22	23	24	25	26	27	28	29	30	31
양력 3월	양력	1	2	3	4	5	6	7	8	9	10	11	12	13	14	15	16	17	18	19	20	21	22	23	24	25	26	27	28	29	30	31
	요일	목	금	토	일	월	화	수	목	금	토	일	월	화	수	목	금	토	일	월	화	수	목	금	토	일	월	화	수	목	금	토
	일진 日辰	庚子	辛丑	壬寅	癸卯	甲辰	乙巳	丙午	丁未	戊申	己酉	庚戌	辛亥	壬子	癸丑	甲寅	乙卯	丙辰	丁巳	戊午	己未	庚申	辛酉	壬戌	癸亥	甲子	乙丑	丙寅	丁卯	戊辰	己巳	庚午
음력 01/24 ~ 02/24	납음	壁上土		金箔金		覆燈火		天河水		大驛土		釵釧金		桑柘木		大溪水		沙中土		天上火		石榴木		大海水		海中金		爐中火		大林木		
	음력	24	25	26	27	28	29	30	2/1	2	3	4	5	6	7	8	9	10	11	12	13	14	15	16	17	18	19	20	21	22	23	24
	구성	7	8	9	1	2	3	4	5	6	7	8	9	1	2	3	4	5	6	7	8	9	1	2	3	4	5	6	7	8	9	1
	대운 남	8	8	9	9	9	경	1	1	1	1	2	2	2	3	3	3	4	4	4	5	춘	5	6	6	6	7	7	7	8	8	8
	대운 여	2	1	1	1	1	칩	10	9	9	9	8	8	8	7	7	7	6	6	6	5	분	5	4	4	4	3	3	3	2	2	2

청명 5일 23시 33분 【음3월】 ➡ 【壬辰月(임진월)】 ☯六白星 곡우 21일 06시 48분

		1	2	3	4	5	6	7	8	9	10	11	12	13	14	15	16	17	18	19	20	21	22	23	24	25	26	27	28	29	30
양력 4월	양력	1	2	3	4	5	6	7	8	9	10	11	12	13	14	15	16	17	18	19	20	21	22	23	24	25	26	27	28	29	30
	요일	일	월	화	수	목	금	토	일	월	화	수	목	금	토	일	월	화	수	목	금	토	일	월	화	수	목	금	토	일	월
	일진 日辰	辛未	壬申	癸酉	甲戌	乙亥	丙子	丁丑	戊寅	己卯	庚辰	辛巳	壬午	癸未	甲申	乙酉	丙戌	丁亥	戊子	己丑	庚寅	辛卯	壬辰	癸巳	甲午	乙未	丙申	丁酉	戊戌	己亥	庚子
음력 02/25 ~ 03/25	납음		劍鋒金		山頭火		澗下水		城頭土		白臘金		楊柳木		井中水		屋上土		霹靂火		松柏木		長流水		沙中金		山下火		平地木		
	음력	25	26	27	28	29	3/1	2	3	4	5	6	7	8	9	10	11	12	13	14	15	16	17	18	19	20	21	22	23	24	25
	구성	2	3	4	5	6	7	8	9	1	2	3	4	5	6	7	8	9	1	2	3	4	5	6	7	8	9	1	2	3	4
	대운 남	9	9	9	10	청	1	1	1	1	2	2	2	3	3	3	4	4	4	5	5	곡	6	6	6	7	7	7	8	8	8
	대운 여	1	1	1	1	명	10	10	9	9	9	8	8	8	7	7	7	6	6	6	5	우	5	4	4	4	3	3	3	2	2

입하 6일 17시 09분 【음4월】 ➡ 【癸巳月(계사월)】 ☯五黃星 소만 22일 07시 15분

		1	2	3	4	5	6	7	8	9	10	11	12	13	14	15	16	17	18	19	20	21	22	23	24	25	26	27	28	29	30	31
양력 5월	양력	1	2	3	4	5	6	7	8	9	10	11	12	13	14	15	16	17	18	19	20	21	22	23	24	25	26	27	28	29	30	31
	요일	화	수	목	금	토	일	월	화	수	목	금	토	일	월	화	수	목	금	토	일	월	화	수	목	금	토	일	월	화	수	목
	일진 日辰	辛丑	壬寅	癸卯	甲辰	乙巳	丙午	丁未	戊申	己酉	庚戌	辛亥	壬子	癸丑	甲寅	乙卯	丙辰	丁巳	戊午	己未	庚申	辛酉	壬戌	癸亥	甲子	乙丑	丙寅	丁卯	戊辰	己巳	庚午	辛未
음력 03/26 ~ 04/26	납음		金箔金		覆燈火		天河水		大驛土		釵釧金		桑柘木		大溪水		沙中土		天上火		石榴木		大海水		海中金		爐中火		大林木		路傍土	
	음력	26	27	28	29	30	4/1	2	3	4	5	6	7	8	9	10	11	12	13	14	15	16	17	18	19	20	21	22	23	24	25	26
	구성	5	6	7	8	9	1	2	3	4	5	6	7	8	9	1	2	3	4	5	6	7	8	9	1	2	3	4	5	6	7	8
	대운 남	9	9	9	10	10	입	1	1	1	1	2	2	2	3	3	3	4	4	4	5	5	소	6	6	6	7	7	7	8	8	8
	대운 여	2	1	1	1	1	하	10	10	9	9	9	8	8	8	7	7	7	6	6	6	5	만	5	4	4	4	3	3	3	2	2

망종 6일 22시 33분 【음5월】 ➡ 【甲午月(갑오월)】 ☯四綠星 하지 22일 15시 25분

		1	2	3	4	5	6	7	8	9	10	11	12	13	14	15	16	17	18	19	20	21	22	23	24	25	26	27	28	29	30
양력 6월	양력	1	2	3	4	5	6	7	8	9	10	11	12	13	14	15	16	17	18	19	20	21	22	23	24	25	26	27	28	29	30
	요일	금	토	일	월	화	수	목	금	토	일	월	화	수	목	금	토	일	월	화	수	목	금	토	일	월	화	수	목	금	토
	일진 日辰	壬申	癸酉	甲戌	乙亥	丙子	丁丑	戊寅	己卯	庚辰	辛巳	壬午	癸未	甲申	乙酉	丙戌	丁亥	戊子	己丑	庚寅	辛卯	壬辰	癸巳	甲午	乙未	丙申	丁酉	戊戌	己亥	庚子	辛丑
음력 04/27 ~ 05/26	납음	劍鋒金		山頭火		澗下水		城頭土		白臘金		楊柳木		井中水		屋上土		霹靂火		松柏木		長流水		沙中金		山下火		平地木		壁上土	
	음력	27	28	29	30	5/1	2	3	4	5	6	7	8	9	10	11	12	13	14	15	16	17	18	19	20	21	22	23	24	25	26
	구성	9	1	2	3	4	5	6	7	8	9	1	2	3	4	5	6	7	8	9	1	2	3	3	2	1	9	8	7	6	5
	대운 남	9	9	9	10	10	망	1	1	1	1	2	2	2	3	3	3	4	4	4	5	5	하	6	6	6	7	7	7	8	8
	대운 여	2	1	1	1	1	종	10	10	10	9	9	9	8	8	8	7	7	7	6	6	6	지	5	5	4	4	4	3	3	3

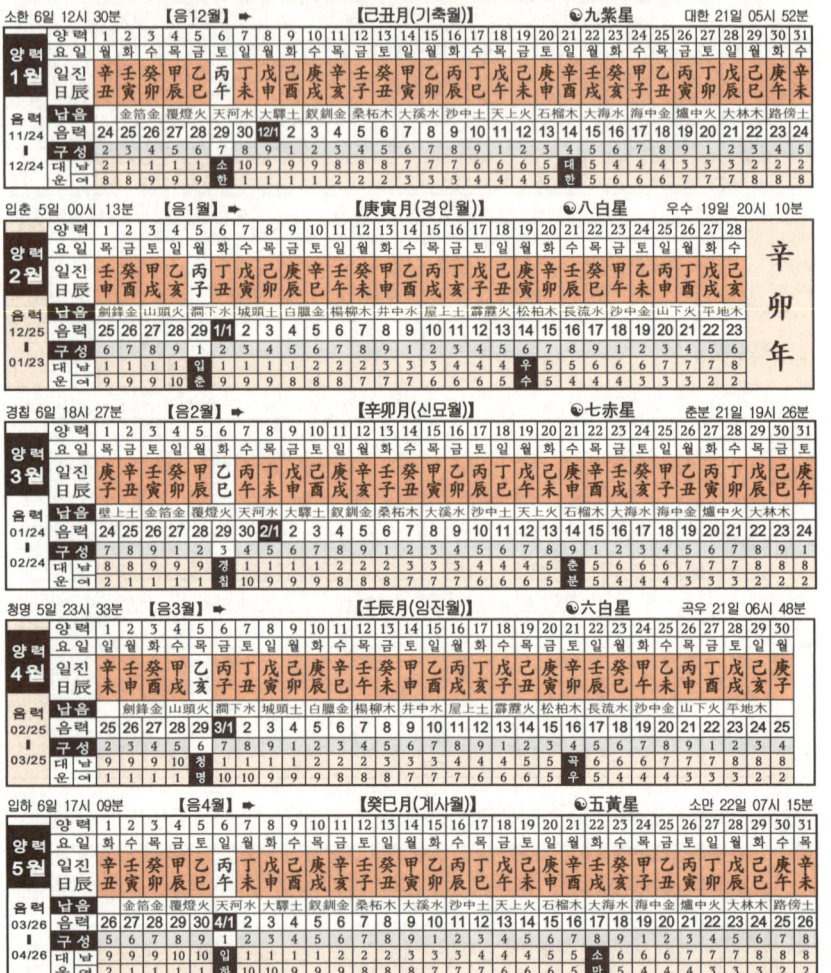

한식(4월06일), 초복(7월19일), 중복(7월29일), 말복(8월08일) ☂춘사(春社)3/19 ☀추사(秋社)9/25
토왕지절(土旺之節):4월18일,7월20일,10월21일,1월18일(신년양력),

五日得辛,四龍治水,1951년 신묘年(송백목), 사록목

서머타임 시작 5월06일 23시→24시로 조정
종료 9월08일 24시→23시로 조정
수정한 시간으로 표기(동경표준시 사용)

3碧	8白	1白
2黑	4綠	6白
7赤	9紫	5黃

1951 辛卯年

소서 8일 08시 54분 【음6월】➡ 【乙未月(을미월)】 ☯三碧星 대서 24일 02시 21분

양력 7월	양력	1	2	3	4	5	6	7	8	9	10	11	12	13	14	15	16	17	18	19	20	21	22	23	24	25	26	27	28	29	30	31
	요일	일	월	화	수	목	금	토	일	월	화	수	목	금	토	일	월	화	수	목	금	토	일	월	화	수	목	금	토	일	월	화
	일진 日辰	壬寅	癸卯	甲辰	乙巳	丙午	丁未	戊申	己酉	庚戌	辛亥	壬子	癸丑	甲寅	乙卯	丙辰	丁巳	戊午	己未	庚申	辛酉	壬戌	癸亥	甲子	乙丑	丙寅	丁卯	戊辰	己巳	庚午	辛未	壬申
음력	납음	金箔金		覆燈火		天河水		大驛土		釵釧金		桑柘木		大溪水		沙中土		天上火		石榴木		大海水		海中金		爐中火		大林木		路傍土		
05/27	음력	27	28	29	6/1	2	3	4	5	6	7	8	9	10	11	12	13	14	15	16	17	18	19	20	21	22	23	24	25	26	27	28
⁞	구성	4	3	2	1	9	8	7	6	5	4	3	2	1	9	8	7	6	5	4	3	2	1	9	8	7	6	5	4	3	2	1
06/28	대운 남	8	9	9	9	10	10	10	소	1	1	1	1	2	2	2	3	3	3	4	4	4	5	5	대	6	6	6	7	7	7	8
	대운 여	2	2	2	1	1	1	1	서	10	10	9	9	9	8	8	8	7	7	7	6	6	6	5	서	5	4	4	4	3	3	3

입추 8일 18시 37분 【음7월】➡ 【丙申月(병신월)】 ☯二黑星 처서 24일 09시 16분

양력 8월	양력	1	2	3	4	5	6	7	8	9	10	11	12	13	14	15	16	17	18	19	20	21	22	23	24	25	26	27	28	29	30	31
	요일	수	목	금	토	일	월	화	수	목	금	토	일	월	화	수	목	금	토	일	월	화	수	목	금	토	일	월	화	수	목	금
	일진 日辰	癸酉	甲戌	乙亥	丙子	丁丑	戊寅	己卯	庚辰	辛巳	壬午	癸未	甲申	乙酉	丙戌	丁亥	戊子	己丑	庚寅	辛卯	壬辰	癸巳	甲午	乙未	丙申	丁酉	戊戌	己亥	庚子	辛丑	壬寅	癸卯
음력	납음		山頭火		澗下水		城頭土		白臘金		楊柳木		井中水		屋上土		霹靂火		松柏木		長流水		沙中金		山下火		平地木		壁上土		金箔金	
06/29	음력	29	30	7/1	2	3	4	5	6	7	8	9	10	11	12	13	14	15	16	17	18	19	20	21	22	23	24	25	26	27	28	29
⁞	구성	9	8	7	6	5	4	3	2	1	9	8	7	6	5	4	3	2	1	9	8	7	6	5	4	3	2	1	9	8	7	6
07/29	대운 남	8	8	9	9	9	10	10	입	1	1	1	1	2	2	2	3	3	3	4	4	4	5	5	처	6	6	6	7	7	7	8
	대운 여	2	2	2	1	1	1	1	추	10	10	9	9	9	8	8	8	7	7	7	6	6	6	5	서	5	4	4	4	3	3	3

백로 8일 21시 18분 【음8월】➡ 【丁酉月(정유월)】 ☯一白星 추분 24일 05시 37분

양력 9월	양력	1	2	3	4	5	6	7	8	9	10	11	12	13	14	15	16	17	18	19	20	21	22	23	24	25	26	27	28	29	30
	요일	토	일	월	화	수	목	금	토	일	월	화	수	목	금	토	일	월	화	수	목	금	토	일	월	화	수	목	금	토	일
	일진 日辰	甲辰	乙巳	丙午	丁未	戊申	己酉	庚戌	辛亥	壬子	癸丑	甲寅	乙卯	丙辰	丁巳	戊午	己未	庚申	辛酉	壬戌	癸亥	甲子	乙丑	丙寅	丁卯	戊辰	己巳	庚午	辛未	壬申	癸酉
음력	납음	覆燈火		天河水		大驛土		釵釧金		桑柘木		大溪水		沙中土		天上火		石榴木		大海水		海中金		爐中火		大林木		路傍土		劍鋒金	
08/01	음력	8/1	2	3	4	5	6	7	8	9	10	11	12	13	14	15	16	17	18	19	20	21	22	23	24	25	26	27	28	29	30
⁞	구성	5	4	3	2	1	9	8	7	6	5	4	3	2	1	9	8	7	6	5	4	3	2	1	9	8	7	6	5	4	3
08/30	대운 남	8	8	9	9	9	10	10	백	1	1	1	1	2	2	2	3	3	3	4	4	4	5	5	추	6	6	6	7	7	7
	대운 여	2	2	2	1	1	1	1	로	10	10	9	9	9	8	8	8	7	7	7	6	6	6	5	분	5	4	4	4	3	3

한로 9일 11시 36분 【음9월】➡ 【戊戌月(무술월)】 ☯九紫星 상강 24일 14시 36분

양력 10월	양력	1	2	3	4	5	6	7	8	9	10	11	12	13	14	15	16	17	18	19	20	21	22	23	24	25	26	27	28	29	30	31
	요일	월	화	수	목	금	토	일	월	화	수	목	금	토	일	월	화	수	목	금	토	일	월	화	수	목	금	토	일	월	화	수
	일진 日辰	甲戌	乙亥	丙子	丁丑	戊寅	己卯	庚辰	辛巳	壬午	癸未	甲申	乙酉	丙戌	丁亥	戊子	己丑	庚寅	辛卯	壬辰	癸巳	甲午	乙未	丙申	丁酉	戊戌	己亥	庚子	辛丑	壬寅	癸卯	甲辰
음력	납음	山頭火		澗下水		城頭土		白臘金		楊柳木		井中水		屋上土		霹靂火		松柏木		長流水		沙中金		山下火		平地木		壁上土		金箔金		
09/01	음력	9/1	2	3	4	5	6	7	8	9	10	11	12	13	14	15	16	17	18	19	20	21	22	23	24	25	26	27	28	29	10/1	2
⁞	구성	2	1	9	8	7	6	5	4	3	2	1	9	8	7	6	5	4	3	2	1	9	8	7	6	5	4	3	2	1	9	8
10/02	대운 남	8	8	8	9	9	9	10	10	한	1	1	1	1	2	2	2	3	3	3	4	4	4	5	상	5	6	6	6	7	7	7
	대운 여	3	2	2	2	1	1	1	1	로	10	9	9	9	8	8	8	7	7	7	6	6	6	5	강	5	4	4	4	3	3	3

입동 8일 14시 27분 【음10월】➡ 【己亥月(기해월)】 ☯八白星 소설 23일 11시 51분

양력 11월	양력	1	2	3	4	5	6	7	8	9	10	11	12	13	14	15	16	17	18	19	20	21	22	23	24	25	26	27	28	29	30
	요일	목	금	토	일	월	화	수	목	금	토	일	월	화	수	목	금	토	일	월	화	수	목	금	토	일	월	화	수	목	금
	일진 日辰	乙巳	丙午	丁未	戊申	己酉	庚戌	辛亥	壬子	癸丑	甲寅	乙卯	丙辰	丁巳	戊午	己未	庚申	辛酉	壬戌	癸亥	甲子	乙丑	丙寅	丁卯	戊辰	己巳	庚午	辛未	壬申	癸酉	甲戌
음력	납음		天河水		大驛土		釵釧金		桑柘木		大溪水		沙中土		天上火		石榴木		大海水		海中金		爐中火		大林木		路傍土		劍鋒金		
10/03	음력	3	4	5	6	7	8	9	10	11	12	13	14	15	16	17	18	19	20	21	22	23	24	25	26	27	28	29	30	11/1	2
⁞	구성	7	6	5	4	3	2	1	9	8	7	6	5	4	3	2	1	9	8	7	6	5	4	3	2	1	9	8	7	6	5
11/02	대운 남	8	8	8	9	9	9	10	입	1	1	1	1	2	2	2	3	3	3	4	4	4	5	소	5	6	6	6	7	7	7
	대운 여	2	2	2	1	1	1	1	동	10	9	9	9	8	8	8	7	7	7	6	6	6	5	설	5	4	4	4	3	3	3

대설 8일 07시 02분 【음11월】➡ 【庚子月(경자월)】 ☯七赤星 동지 23일 01시 00분

양력 12월	양력	1	2	3	4	5	6	7	8	9	10	11	12	13	14	15	16	17	18	19	20	21	22	23	24	25	26	27	28	29	30	31
	요일	토	일	월	화	수	목	금	토	일	월	화	수	목	금	토	일	월	화	수	목	금	토	일	월	화	수	목	금	토	일	월
	일진 日辰	乙亥	丙子	丁丑	戊寅	己卯	庚辰	辛巳	壬午	癸未	甲申	乙酉	丙戌	丁亥	戊子	己丑	庚寅	辛卯	壬辰	癸巳	甲午	乙未	丙申	丁酉	戊戌	己亥	庚子	辛丑	壬寅	癸卯	甲辰	乙巳
음력	납음		澗下水		城頭土		白臘金		楊柳木		井中水		屋上土		霹靂火		松柏木		長流水		沙中金		山下火		平地木		壁上土		金箔金		覆燈火	
11/03	음력	3	4	5	6	7	8	9	10	11	12	13	14	15	16	17	18	19	20	21	22	23	24	25	26	27	28	29	12/1	2	3	4
⁞	구성	4	3	2	1	9	8	7	6	5	4	3	2	1	9	8	7	6	5	4	3	2	1	9	8	7	6	5	4	3	2	1
12/04	대운 남	8	8	8	9	9	9	10	대	1	1	1	1	2	2	2	3	3	3	4	4	4	5	동	5	6	6	6	7	7	7	8
	대운 여	2	2	2	1	1	1	1	설	9	9	9	8	8	8	7	7	7	6	6	6	5	5	지	4	4	4	3	3	3	2	2

단기 4285 年	불기 2496 年

1952년

중원 壬辰年 납음(長流水),본명성(三碧木)

대장군(子북방), 삼살(남방), 상문(午남방), 조객(寅동북방),납음(장류수), 삼재(인,묘,진) 臘享(납향):1953년1월20일(음12/06)

소한 6일 18시 10분 【음12월】 ➡ 【辛丑月(신축월)】 ☯六白星 대한 21일 11시 38분

양력 1월 / 음력 12/05 ~ 01/05

양력	1	2	3	4	5	6	7	8	9	10	11	12	13	14	15	16	17	18	19	20	21	22	23	24	25	26	27	28	29	30	31
요일	화	수	목	금	토	일	월	화	수	목	금	토	일	월	화	수	목	금	토	일	월	화	수	목	금	토	일	월	화	수	목
일진 日辰	丙午	丁未	戊申	己酉	庚戌	辛亥	壬子	癸丑	甲寅	乙卯	丙辰	丁巳	戊午	己未	庚申	辛酉	壬戌	癸亥	甲子	乙丑	丙寅	丁卯	戊辰	己巳	庚午	辛未	壬申	癸酉	甲戌	乙亥	丙子
납음	天河水		大驛土		釵釧金		桑柘木		大溪水		沙中土		天上火		石榴木		大海水		海中金		爐中火		大林木		路傍土		劍鋒金		山頭火		
음력	5	6	7	8	9	10	11	12	13	14	15	16	17	18	19	20	21	22	23	24	25	26	27	28	29	30	1/1	2	3	4	5
구성	9	8	7	6	5	4	3	2	1	9	8	7	6	5	4	3	2	1	1	2	3	4	5	6	7	8	9	1	2	3	4
대운 남	8	8	9	9	9	소	1	1	1	1	2	2	2	3	3	3	4	4	4	5	대	5	6	6	6	7	7	7	8	8	8
대운 여	2	1	1	1	1	한	10	9	9	9	8	8	8	7	7	7	6	6	6	5	한	5	4	4	4	3	3	3	2	2	2

입춘 5일 05시 53분 【음1월】 ➡ 【壬寅月(임인월)】 ☯五黃星 우수 20일 01시 57분

양력 2월 / 음력 01/06 ~ 02/05

양력	1	2	3	4	5	6	7	8	9	10	11	12	13	14	15	16	17	18	19	20	21	22	23	24	25	26	27	28	29
요일	금	토	일	월	화	수	목	금	토	일	월	화	수	목	금	토	일	월	화	수	목	금	토	일	월	화	수	목	금
일진 日辰	丁丑	戊寅	己卯	庚辰	辛巳	壬午	癸未	甲申	乙酉	丙戌	丁亥	戊子	己丑	庚寅	辛卯	壬辰	癸巳	甲午	乙未	丙申	丁酉	戊戌	己亥	庚子	辛丑	壬寅	癸卯	甲辰	乙巳
납음		城頭土		白臘金		楊柳木		井中水		屋上土		霹靂火		松柏木		長流水		沙中金		山下火		平地木		壁上土		金箔金		覆燈火	
음력	6	7	8	9	10	11	12	13	14	15	16	17	18	19	20	21	22	23	24	25	26	27	28	29	2/1	2	3	4	5
구성	5	6	7	8	9	1	2	3	4	5	6	7	8	9	1	2	3	4	5	6	7	8	9	1	2	3	4	5	6
대운 남	9	9	9	10	입	10	9	9	9	8	8	8	7	7	7	6	6	6	5	우	5	4	4	4	3	3	3	2	2
대운 여	1	1	1	1	춘	1	1	1	1	2	2	2	3	3	3	4	4	4	5	수	5	6	6	6	7	7	7	8	8

壬辰年

경칩 6일 00시 07분 【음2월】 ➡ 【癸卯月(계묘월)】 ☯四綠星 춘분 21일 01시 14분

양력 3월 / 음력 02/06 ~ 03/06

양력	1	2	3	4	5	6	7	8	9	10	11	12	13	14	15	16	17	18	19	20	21	22	23	24	25	26	27	28	29	30	31
요일	토	일	월	화	수	목	금	토	일	월	화	수	목	금	토	일	월	화	수	목	금	토	일	월	화	수	목	금	토	일	월
일진 日辰	丙午	丁未	戊申	己酉	庚戌	辛亥	壬子	癸丑	甲寅	乙卯	丙辰	丁巳	戊午	己未	庚申	辛酉	壬戌	癸亥	甲子	乙丑	丙寅	丁卯	戊辰	己巳	庚午	辛未	壬申	癸酉	甲戌	乙亥	丙子
납음	天河水		大驛土		釵釧金		桑柘木		大溪水		沙中土		天上火		石榴木		大海水		海中金		爐中火		大林木		路傍土		劍鋒金		山頭火		
음력	6	7	8	9	10	11	12	13	14	15	16	17	18	19	20	21	22	23	24	25	26	27	28	29	30	3/1	2	3	4	5	6
구성	7	8	9	1	2	3	4	5	6	7	8	9	1	2	3	4	5	6	7	8	9	1	2	3	4	5	6	7	8	9	1
대운 남	2	1	1	1	1	경	10	9	9	9	8	8	8	7	7	7	6	6	6	5	춘	5	4	4	4	3	3	3	2	2	2
대운 여	8	9	9	9	10	칩	1	1	1	1	2	2	2	3	3	3	4	4	4	5	분	5	6	6	6	7	7	7	8	8	8

청명 5일 05시 15분 【음3월】 ➡ 【甲辰月(갑진월)】 ☯三碧星 곡우 20일 12시 37분

양력 4월 / 음력 03/07 ~ 04/07

양력	1	2	3	4	5	6	7	8	9	10	11	12	13	14	15	16	17	18	19	20	21	22	23	24	25	26	27	28	29	30
요일	화	수	목	금	토	일	월	화	수	목	금	토	일	월	화	수	목	금	토	일	월	화	수	목	금	토	일	월	화	수
일진 日辰	丁丑	戊寅	己卯	庚辰	辛巳	壬午	癸未	甲申	乙酉	丙戌	丁亥	戊子	己丑	庚寅	辛卯	壬辰	癸巳	甲午	乙未	丙申	丁酉	戊戌	己亥	庚子	辛丑	壬寅	癸卯	甲辰	乙巳	丙午
납음		城頭土		白臘金		楊柳木		井中水		屋上土		霹靂火		松柏木		長流水		沙中金		山下火		平地木		壁上土		金箔金		覆燈火		
음력	7	8	9	10	11	12	13	14	15	16	17	18	19	20	21	22	23	24	25	26	27	28	29	4/1	2	3	4	5	6	7
구성	2	3	4	5	6	7	8	9	1	2	3	4	5	6	7	8	9	1	2	3	4	5	6	7	8	9	1	2	3	4
대운 남	1	1	1	1	청	10	9	9	9	8	8	8	7	7	7	6	6	6	5	곡	5	4	4	4	3	3	3	2	2	2
대운 여	9	9	9	10	명	1	1	1	1	2	2	2	3	3	3	4	4	4	5	우	5	6	6	6	7	7	7	8	8	8

입하 5일 22시 54분 【음4월】 ➡ 【乙巳月(을사월)】 ☯二黑星 소만 21일 12시 04분

양력 5월 / 음력 04/08 ~ 05/08

양력	1	2	3	4	5	6	7	8	9	10	11	12	13	14	15	16	17	18	19	20	21	22	23	24	25	26	27	28	29	30	31
요일	목	금	토	일	월	화	수	목	금	토	일	월	화	수	목	금	토	일	월	화	수	목	금	토	일	월	화	수	목	금	토
일진 日辰	丁未	戊申	己酉	庚戌	辛亥	壬子	癸丑	甲寅	乙卯	丙辰	丁巳	戊午	己未	庚申	辛酉	壬戌	癸亥	甲子	乙丑	丙寅	丁卯	戊辰	己巳	庚午	辛未	壬申	癸酉	甲戌	乙亥	丙子	丁丑
납음		大驛土		釵釧金		桑柘木		大溪水		沙中土		天上火		石榴木		大海水		海中金		爐中火		大林木		路傍土		劍鋒金		山頭火		澗下水	
음력	8	9	10	11	12	13	14	15	16	17	18	19	20	21	22	23	24	25	26	27	28	29	30	5/1	2	3	4	5	6	7	8
구성	5	6	7	8	9	1	2	3	4	5	6	7	8	9	1	2	3	4	5	6	7	8	9	1	2	3	4	5	6	7	8
대운 남	1	1	1	1	입	10	10	10	9	9	9	8	8	8	7	7	7	6	6	6	소	5	5	4	4	4	3	3	3	2	2
대운 여	9	9	9	10	하	1	1	1	1	2	2	2	3	3	3	4	4	4	5	5	만	6	6	6	7	7	7	8	8	8	9

망종 6일 03시 20분 【음5월】 ➡ 【丙午月(병오월)】 ☯一白星 하지 21일 20시 13분

양력 6월 / 음력 05/09 ~ 윤509

양력	1	2	3	4	5	6	7	8	9	10	11	12	13	14	15	16	17	18	19	20	21	22	23	24	25	26	27	28	29	30
요일	일	월	화	수	목	금	토	일	월	화	수	목	금	토	일	월	화	수	목	금	토	일	월	화	수	목	금	토	일	월
일진 日辰	戊寅	己卯	庚辰	辛巳	壬午	癸未	甲申	乙酉	丙戌	丁亥	戊子	己丑	庚寅	辛卯	壬辰	癸巳	甲午	乙未	丙申	丁酉	戊戌	己亥	庚子	辛丑	壬寅	癸卯	甲辰	乙巳	丙午	丁未
납음	城頭土		白臘金		楊柳木		井中水		屋上土		霹靂火		松柏木		長流水		沙中金		山下火		平地木		壁上土		金箔金		覆燈火		天河水	
음력	9	10	11	12	13	14	15	16	17	18	19	20	21	22	23	24	25	26	27	28	29	윤5	2	3	4	5	6	7	8	9
구성	9	1	2	3	4	5	6	7	8	9	1	2	3	4	5	6	7	8	9	1	2	3	4	5	6	7	8	9	1	2
대운 남	2	1	1	1	1	망	10	10	9	9	9	8	8	8	7	7	7	6	6	6	하	5	5	4	4	4	3	3	3	2
대운 여	9	9	10	10	10	종	1	1	1	1	2	2	2	3	3	3	4	4	4	5	지	5	6	6	6	7	7	7	8	8

한식(4월06일), 초복(7월13일), 중복(7월23일), 말복(8월12일) 춘사(春社)3/23 추사(秋社)9/19
토왕지절(土旺之節):4월17일,7월20일,10월20일,1월17일(신년양력),

十日得辛,九龍治水, 1952년 임진年(장류수), 삼벽목

2黑	7赤	9紫
1白	3碧	5黃
6白	8白	4綠

1952 壬辰年

소서 7일 13시 45분 【음6월】 ➡ 【丁未月(정미월)】 ☯九紫星 대서 23일 07시 07분

양력 7월 / 음력 윤510 ~ 06/10

양력	1	2	3	4	5	6	7	8	9	10	11	12	13	14	15	16	17	18	19	20	21	22	23	24	25	26	27	28	29	30	31
요일	화	수	목	금	토	일	월	화	수	목	금	토	일	월	화	수	목	금	토	일	월	화	수	목	금	토	일	월	화	수	목
일진 日辰	戊申	己酉	庚戌	辛亥	壬子	癸丑	甲寅	乙卯	丙辰	丁巳	戊午	己未	庚申	辛酉	壬戌	癸亥	甲子	乙丑	丙寅	丁卯	戊辰	己巳	庚午	辛未	壬申	癸酉	甲戌	乙亥	丙子	丁丑	戊寅
납음	大驛土		釵釧金		桑柘木		大溪水		沙中土		天上火		石榴木		大海水		海中金		爐中火		大林木		路傍土		劍鋒金		山頭火		澗下水		
음력	10	11	12	13	14	15	16	17	18	19	20	21	22	23	24	25	26	27	28	29	30	6/1	2	3	4	5	6	7	8	9	10
구성	3	4	5	6	7	8	9	1	2	3	4	5	6	7	8	9	9	8	7	6	5	4	3	2	1	9	8	7	6	5	4
대운 남	2	2	1	1	1	1	소	10	10	9	9	9	8	8	8	7	7	7	6	6	6	5	대	5	4	4	4	3	3	3	2
대운 여	8	9	9	9	10	10	서	1	1	1	1	2	2	2	3	3	3	4	4	4	5	5	서	6	6	6	7	7	7	8	8

입추 7일 23시 31분 【음7월】 ➡ 【戊申月(무신월)】 ☯八白星 처서 23일 14시 03분

양력 8월 / 음력 06/11 ~ 07/11

양력	1	2	3	4	5	6	7	8	9	10	11	12	13	14	15	16	17	18	19	20	21	22	23	24	25	26	27	28	29	30	31
요일	금	토	일	월	화	수	목	금	토	일	월	화	수	목	금	토	일	월	화	수	목	금	토	일	월	화	수	목	금	토	일
일진 日辰	己卯	庚辰	辛巳	壬午	癸未	甲申	乙酉	丙戌	丁亥	戊子	己丑	庚寅	辛卯	壬辰	癸巳	甲午	乙未	丙申	丁酉	戊戌	己亥	庚子	辛丑	壬寅	癸卯	甲辰	乙巳	丙午	丁未	戊申	己酉
납음		白臘金		楊柳木		井中水		屋上土		霹靂火		松柏木		長流水		沙中金		山下火		平地木		壁上土		金箔金		覆燈火		天河水		大驛土	
음력	11	12	13	14	15	16	17	18	19	20	21	22	23	24	25	26	27	28	29	30	7/1	2	3	4	5	6	7	8	9	10	11
구성	3	2	1	9	8	7	6	5	4	3	2	1	9	8	7	6	5	4	3	2	1	9	8	7	6	5	4	3	2	1	9
대운 남	2	2	1	1	1	1	입	10	10	10	9	9	9	8	8	8	7	7	7	6	6	6	처	5	5	4	4	4	3	3	3
대운 여	8	9	9	9	10	10	추	1	1	1	1	2	2	2	3	3	3	4	4	4	5	5	서	6	6	6	7	7	7	8	8

백로 8일 02시 14분 【음8월】 ➡ 【己酉月(기유월)】 ☯七赤星 추분 23일 11시 24분

양력 9월 / 음력 07/12 ~ 08/12

양력	1	2	3	4	5	6	7	8	9	10	11	12	13	14	15	16	17	18	19	20	21	22	23	24	25	26	27	28	29	30
요일	월	화	수	목	금	토	일	월	화	수	목	금	토	일	월	화	수	목	금	토	일	월	화	수	목	금	토	일	월	화
일진 日辰	庚戌	辛亥	壬子	癸丑	甲寅	乙卯	丙辰	丁巳	戊午	己未	庚申	辛酉	壬戌	癸亥	甲子	乙丑	丙寅	丁卯	戊辰	己巳	庚午	辛未	壬申	癸酉	甲戌	乙亥	丙子	丁丑	戊寅	己卯
납음	釵釧金		桑柘木		大溪水		沙中土		天上火		石榴木		大海水		海中金		爐中火		大林木		路傍土		劍鋒金		山頭火		澗下水		城頭土	
음력	12	13	14	15	16	17	18	19	20	21	22	23	24	25	26	27	28	29	8/1	2	3	4	5	6	7	8	9	10	11	12
구성	8	7	6	5	4	3	2	1	9	8	7	6	5	4	3	2	1	9	8	7	6	5	4	3	2	1	9	8	7	6
대운 남	2	2	2	1	1	1	1	백	10	9	9	9	8	8	8	7	7	7	6	6	6	5	추	5	4	4	4	3	3	3
대운 여	8	9	9	9	10	10	10	로	1	1	1	1	2	2	2	3	3	3	4	4	4	5	분	5	6	6	6	7	7	7

한로 8일 17시 32분 【음9월】 ➡ 【庚戌月(경술월)】 ☯六白星 상강 23일 20시 22분

양력 10월 / 음력 08/13 ~ 09/13

양력	1	2	3	4	5	6	7	8	9	10	11	12	13	14	15	16	17	18	19	20	21	22	23	24	25	26	27	28	29	30	31
요일	수	목	금	토	일	월	화	수	목	금	토	일	월	화	수	목	금	토	일	월	화	수	목	금	토	일	월	화	수	목	금
일진 日辰	庚辰	辛巳	壬午	癸未	甲申	乙酉	丙戌	丁亥	戊子	己丑	庚寅	辛卯	壬辰	癸巳	甲午	乙未	丙申	丁酉	戊戌	己亥	庚子	辛丑	壬寅	癸卯	甲辰	乙巳	丙午	丁未	戊申	己酉	庚戌
납음	白臘金		楊柳木		井中水		屋上土		霹靂火		松柏木		長流水		沙中金		山下火		平地木		壁上土		金箔金		覆燈火		天河水		大驛土		
음력	13	14	15	16	17	18	19	20	21	22	23	24	25	26	27	28	29	30	9/1	2	3	4	5	6	7	8	9	10	11	12	13
구성	5	4	3	2	1	9	8	7	6	5	4	3	2	1	9	8	7	6	5	4	3	2	1	9	8	7	6	5	4	3	2
대운 남	2	2	2	1	1	1	1	한	10	9	9	9	8	8	8	7	7	7	6	6	6	5	상	5	4	4	4	3	3	3	2
대운 여	8	8	8	9	9	9	10	로	1	1	1	1	2	2	2	3	3	3	4	4	4	5	강	5	6	6	6	7	7	7	8

입동 7일 20시 22분 【음10월】 ➡ 【辛亥月(신해월)】 ☯五黃星 소설 22일 17시 36분

양력 11월 / 음력 09/14 ~ 10/14

양력	1	2	3	4	5	6	7	8	9	10	11	12	13	14	15	16	17	18	19	20	21	22	23	24	25	26	27	28	29	30
요일	토	일	월	화	수	목	금	토	일	월	화	수	목	금	토	일	월	화	수	목	금	토	일	월	화	수	목	금	토	일
일진 日辰	辛亥	壬子	癸丑	甲寅	乙卯	丙辰	丁巳	戊午	己未	庚申	辛酉	壬戌	癸亥	甲子	乙丑	丙寅	丁卯	戊辰	己巳	庚午	辛未	壬申	癸酉	甲戌	乙亥	丙子	丁丑	戊寅	己卯	庚辰
납음		桑柘木		大溪水		沙中土		天上火		石榴木		大海水		海中金		爐中火		大林木		路傍土		劍鋒金		山頭火		澗下水		城頭土		
음력	14	15	16	17	18	19	20	21	22	23	24	25	26	27	28	29	10/1	2	3	4	5	6	7	8	9	10	11	12	13	14
구성	1	9	8	7	6	5	4	3	2	1	9	8	7	6	5	4	3	2	1	9	8	7	6	5	4	3	2	1	9	8
대운 남	2	2	1	1	1	1	입	10	9	9	9	8	8	8	7	7	7	6	6	6	5	소	5	4	4	4	3	3	3	2
대운 여	8	8	9	9	9	10	동	1	1	1	1	2	2	2	3	3	3	4	4	4	5	설	5	6	6	6	7	7	7	8

대설 7일 12시 56분 【음11월】 ➡ 【壬子月(임자월)】 ☯四綠星 동지 22일 06시 43분

양력 12월 / 음력 10/15 ~ 11/15

양력	1	2	3	4	5	6	7	8	9	10	11	12	13	14	15	16	17	18	19	20	21	22	23	24	25	26	27	28	29	30	31
요일	월	화	수	목	금	토	일	월	화	수	목	금	토	일	월	화	수	목	금	토	일	월	화	수	목	금	토	일	월	화	수
일진 日辰	辛巳	壬午	癸未	甲申	乙酉	丙戌	丁亥	戊子	己丑	庚寅	辛卯	壬辰	癸巳	甲午	乙未	丙申	丁酉	戊戌	己亥	庚子	辛丑	壬寅	癸卯	甲辰	乙巳	丙午	丁未	戊申	己酉	庚戌	辛亥
납음		楊柳木		井中水		屋上土		霹靂火		松柏木		長流水		沙中金		山下火		平地木		壁上土		金箔金		覆燈火		天河水		大驛土		釵釧金	
음력	15	16	17	18	19	20	21	22	23	24	25	26	27	28	29	30	11/1	2	3	4	5	6	7	8	9	10	11	12	13	14	15
구성	7	6	5	4	3	2	1	9	8	7	6	5	4	3	2	1	9	8	7	6	5	4	3	2	1	9	8	7	6	5	4
대운 남	2	2	1	1	1	1	대	10	9	9	9	8	8	8	7	7	7	6	6	6	5	동	5	4	4	4	3	3	3	2	2
대운 여	8	8	9	9	9	10	설	1	1	1	1	2	2	2	3	3	3	4	4	4	5	지	5	6	6	6	7	7	7	8	8

단기 4286 年	1953년	중원 **癸巳年** 납음(長流水), 본명성(二黑土)
불기 2497 年		대장군(卯동방), 삼살(동방), 상문(未서남방), 조객(卯동방), 납음(장류수), 【삼재(해,자,축)년】 臘享(납향): 1954년1월15일(음12/11)

뱀

소한 6일 00시 02분 【음12월】 ➡ 【癸丑月(계축월)】 ☯三碧星 대한 20일 17시 21분

양력 1월	양력	1	2	3	4	5	6	7	8	9	10	11	12	13	14	15	16	17	18	19	20	21	22	23	24	25	26	27	28	29	30	31
	요일	목	금	토	일	월	화	수	목	금	토	일	월	화	수	목	금	토	일	월	화	수	목	금	토	일	월	화	수	목	금	토
	일진 日辰	壬子	癸丑	甲寅	乙卯	丙辰	丁巳	戊午	己未	庚申	辛酉	壬戌	癸亥	甲子	乙丑	丙寅	丁卯	戊辰	己巳	庚午	辛未	壬申	癸酉	甲戌	乙亥	丙子	丁丑	戊寅	己卯	庚辰	辛巳	壬午
음력	납음	桑柘木		大溪水		沙中土		天上火		石榴木		大海水		海中金		爐中火		大林木		路傍土		劍鋒金		山頭火		澗下水		城頭土		白臘金		
11/16	음력	16	17	18	19	20	21	22	23	24	25	26	27	28	29	12/1	2	3	4	5	6	7	8	9	10	11	12	13	14	15	16	17
~	구성	3	2	1	9	8	7	6	5	4	3	2	1	1	2	3	4	5	6	7	8	9	1	2	3	4	5	6	7	8	9	1
12/17	대운 남	2	1	1	1	1	소	9	9	9	8	8	8	7	7	7	6	6	6	5	대	5	4	4	4	3	3	3	2	2	2	1
	대운 여	8	9	9	9	10	한	1	1	1	1	2	2	2	3	3	3	4	4	4	한	5	5	6	6	6	7	7	7	8	8	8

입춘 4일 11시 46분 【음1월】 ➡ 【甲寅月(갑인월)】 ☯二黑星 우수 19일 07시 41분

양력 2월	양력	1	2	3	4	5	6	7	8	9	10	11	12	13	14	15	16	17	18	19	20	21	22	23	24	25	26	27	28
	요일	일	월	화	수	목	금	토	일	월	화	수	목	금	토	일	월	화	수	목	금	토	일	월	화	수	목	금	토
	일진 日辰	癸未	甲申	乙酉	丙戌	丁亥	戊子	己丑	庚寅	辛卯	壬辰	癸巳	甲午	乙未	丙申	丁酉	戊戌	己亥	庚子	辛丑	壬寅	癸卯	甲辰	乙巳	丙午	丁未	戊申	己酉	庚戌
음력	납음		井中水		屋上土		霹靂火		松柏木		長流水		沙中金		山下火		平地木		壁上土		金箔金		覆燈火		天河水		大驛土		
12/18	음력	18	19	20	21	22	23	24	25	26	27	28	29	30	1/1	2	3	4	5	6	7	8	9	10	11	12	13	14	15
~	구성	2	3	4	5	6	7	8	9	1	2	3	4	5	6	7	8	9	1	2	3	4	5	6	7	8	9	1	2
01/15	대운 남	1	1	1	입	1	1	1	1	2	2	2	3	3	3	4	4	4	5	우	5	6	6	6	7	7	7	8	8
	대운 여	9	9	9	춘	10	9	9	9	8	8	8	7	7	7	6	6	6	5	수	5	4	4	4	3	3	3	2	2

癸巳年

경칩 6일 06시 02분 【음2월】 ➡ 【乙卯月(을묘월)】 ☯一白星 춘분 21일 07시 01분

양력 3월	양력	1	2	3	4	5	6	7	8	9	10	11	12	13	14	15	16	17	18	19	20	21	22	23	24	25	26	27	28	29	30	31
	요일	일	월	화	수	목	금	토	일	월	화	수	목	금	토	일	월	화	수	목	금	토	일	월	화	수	목	금	토	일	월	화
	일진 日辰	辛亥	壬子	癸丑	甲寅	乙卯	丙辰	丁巳	戊午	己未	庚申	辛酉	壬戌	癸亥	甲子	乙丑	丙寅	丁卯	戊辰	己巳	庚午	辛未	壬申	癸酉	甲戌	乙亥	丙子	丁丑	戊寅	己卯	庚辰	辛巳
음력	납음		桑柘木		大溪水		沙中土		天上火		石榴木		大海水		海中金		爐中火		大林木		路傍土		劍鋒金		山頭火		澗下水		城頭土		白臘金	
01/16	음력	16	17	18	19	20	21	22	23	24	25	26	27	28	29	2/1	2	3	4	5	6	7	8	9	10	11	12	13	14	15	16	17
~	구성	3	4	5	6	7	8	9	1	2	3	4	5	6	7	8	9	1	2	3	4	5	6	7	8	9	1	2	3	4	5	6
02/17	대운 남	8	9	9	9	10	경	1	1	1	1	2	2	2	3	3	3	4	4	4	5	춘	5	6	6	6	7	7	7	8	8	8
	대운 여	2	1	1	1	1	칩	10	9	9	9	8	8	8	7	7	7	6	6	6	5	분	5	4	4	4	3	3	3	2	2	2

청명 5일 11시 13분 【음3월】 ➡ 【丙辰月(병진월)】 ☯九紫星 곡우 20일 18시 25분

양력 4월	양력	1	2	3	4	5	6	7	8	9	10	11	12	13	14	15	16	17	18	19	20	21	22	23	24	25	26	27	28	29	30
	요일	수	목	금	토	일	월	화	수	목	금	토	일	월	화	수	목	금	토	일	월	화	수	목	금	토	일	월	화	수	목
	일진 日辰	壬午	癸未	甲申	乙酉	丙戌	丁亥	戊子	己丑	庚寅	辛卯	壬辰	癸巳	甲午	乙未	丙申	丁酉	戊戌	己亥	庚子	辛丑	壬寅	癸卯	甲辰	乙巳	丙午	丁未	戊申	己酉	庚戌	辛亥
음력	납음	楊柳木		井中水		屋上土		霹靂火		松柏木		長流水		沙中金		山下火		平地木		壁上土		金箔金		覆燈火		天河水		大驛土		釵釧金	
02/18	음력	18	19	20	21	22	23	24	25	26	27	28	29	30	3/1	2	3	4	5	6	7	8	9	10	11	12	13	14	15	16	17
~	구성	7	8	9	1	2	3	4	5	6	7	8	9	1	2	3	4	5	6	7	8	9	1	2	3	4	5	6	7	8	9
03/17	대운 남	9	9	9	10	청	1	1	1	1	2	2	2	3	3	3	4	4	4	5	곡	5	6	6	6	7	7	7	8	8	8
	대운 여	1	1	1	1	명	10	10	9	9	9	8	8	8	7	7	7	6	6	6	우	5	5	4	4	4	3	3	3	2	2

입하 6일 04시 52분 【음4월】 ➡ 【丁巳月(정사월)】 ☯八白星 소만 21일 17시 53분

양력 5월	양력	1	2	3	4	5	6	7	8	9	10	11	12	13	14	15	16	17	18	19	20	21	22	23	24	25	26	27	28	29	30	31
	요일	금	토	일	월	화	수	목	금	토	일	월	화	수	목	금	토	일	월	화	수	목	금	토	일	월	화	수	목	금	토	일
	일진 日辰	壬子	癸丑	甲寅	乙卯	丙辰	丁巳	戊午	己未	庚申	辛酉	壬戌	癸亥	甲子	乙丑	丙寅	丁卯	戊辰	己巳	庚午	辛未	壬申	癸酉	甲戌	乙亥	丙子	丁丑	戊寅	己卯	庚辰	辛巳	壬午
음력	납음	桑柘木		大溪水		沙中土		天上火		石榴木		大海水		海中金		爐中火		大林木		路傍土		劍鋒金		山頭火		澗下水		城頭土		白臘金		
03/18	음력	18	19	20	21	22	23	24	25	26	27	28	29	4/1	2	3	4	5	6	7	8	9	10	11	12	13	14	15	16	17	18	19
~	구성	1	2	3	4	5	6	7	8	9	1	2	3	4	5	6	7	8	9	1	2	3	4	5	6	7	8	9	1	2	3	4
04/19	대운 남	9	9	9	10	10	입	1	1	1	1	2	2	2	3	3	3	4	4	4	5	소	5	6	6	6	7	7	7	8	8	8
	대운 여	2	1	1	1	1	하	10	10	9	9	9	8	8	8	7	7	7	6	6	6	만	5	5	4	4	4	3	3	3	2	2

망종 6일 09시 16분 【음5월】 ➡ 【戊午月(무오월)】 ☯七赤星 하지 22일 02시 00분

양력 6월	양력	1	2	3	4	5	6	7	8	9	10	11	12	13	14	15	16	17	18	19	20	21	22	23	24	25	26	27	28	29	30
	요일	월	화	수	목	금	토	일	월	화	수	목	금	토	일	월	화	수	목	금	토	일	월	화	수	목	금	토	일	월	화
	일진 日辰	癸未	甲申	乙酉	丙戌	丁亥	戊子	己丑	庚寅	辛卯	壬辰	癸巳	甲午	乙未	丙申	丁酉	戊戌	己亥	庚子	辛丑	壬寅	癸卯	甲辰	乙巳	丙午	丁未	戊申	己酉	庚戌	辛亥	壬子
음력	납음		井中水		屋上土		霹靂火		松柏木		長流水		沙中金		山下火		平地木		壁上土		金箔金		覆燈火		天河水		大驛土		釵釧金		
04/20	음력	20	21	22	23	24	25	26	27	28	29	5/1	2	3	4	5	6	7	8	9	10	11	12	13	14	15	16	17	18	19	20
~	구성	5	6	7	8	9	1	2	3	4	5	6	7	8	9	1	2	3	4	5	6	7	8	9	1	2	3	4	5	6	7
05/20	대운 남	9	9	9	10	10	망	1	1	1	1	2	2	2	3	3	3	4	4	4	5	5	하	6	6	6	7	7	7	8	8
	대운 여	2	1	1	1	1	종	10	10	9	9	9	8	8	8	7	7	7	6	6	6	5	지	5	4	4	4	3	3	3	2

한식(4월06일), 초복(7월18일), 중복(7월28일), 말복(8월17일) ☂춘사(春社)3/18 ☀추사(秋社)9/24
토왕지절(土旺之節):4월17일,7월20일,10월21일,1월17일(신년양력), 臘享(납향):1월 15일(신년양력)

六日得辛,九龍治水, 1953년 계사年(장류수), 이흑토

1白	6白	8白
9紫	2黑	4綠
5黃	7赤	3碧

1953 癸巳年

소서 7일 19시 35분 【음6월】 ➡ 【己未月(기미월)】 ☯六白星 대서 23일 12시 52분

양력 7월 / 음력 05/21 ~ 06/21	1	2	3	4	5	6	7	8	9	10	11	12	13	14	15	16	17	18	19	20	21	22	23	24	25	26	27	28	29	30	31
요일	수	목	금	토	일	월	화	수	목	금	토	일	월	화	수	목	금	토	일	월	화	수	목	금	토	일	월	화	수	목	금
일진 日辰	癸丑	甲寅	乙卯	丙辰	丁巳	戊午	己未	庚申	辛酉	壬戌	癸亥	甲子	乙丑	丙寅	丁卯	戊辰	己巳	庚午	辛未	壬申	癸酉	甲戌	乙亥	丙子	丁丑	戊寅	己卯	庚辰	辛巳	壬午	癸未
납음		大溪水		沙中土		天上火		石榴木		大海水		海中金		爐中火		大林木		路傍土		劍鋒金		山頭火		澗下水		城頭土		白臘金		楊柳木	
음력	21	22	23	24	25	26	27	28	29	30	6/1	2	3	4	5	6	7	8	9	10	11	12	13	14	15	16	17	18	19	20	21
구성	8	9	1	2	3	4	5	6	7	8	9	9	8	7	6	5	4	3	2	1	9	8	7	6	5	4	3	2	1	9	8
대운 남	8	9	9	9	10	10	소	1	1	1	1	2	2	2	3	3	3	4	4	4	5	5	대	6	6	6	7	7	7	8	8
대운 여	2	2	1	1	1	1	서	10	10	10	9	9	9	8	8	8	7	7	7	6	6	6	서	5	5	4	4	4	3	3	3

입추 8일 05시 15분 【음7월】 ➡ 【庚申月(경신월)】 ☯五黃星 처서 23일 19시 45분

양력 8월 / 음력 06/22 ~ 07/22	1	2	3	4	5	6	7	8	9	10	11	12	13	14	15	16	17	18	19	20	21	22	23	24	25	26	27	28	29	30	31
요일	토	일	월	화	수	목	금	토	일	월	화	수	목	금	토	일	월	화	수	목	금	토	일	월	화	수	목	금	토	일	월
일진 日辰	甲申	乙酉	丙戌	丁亥	戊子	己丑	庚寅	辛卯	壬辰	癸巳	甲午	乙未	丙申	丁酉	戊戌	己亥	庚子	辛丑	壬寅	癸卯	甲辰	乙巳	丙午	丁未	戊申	己酉	庚戌	辛亥	壬子	癸丑	甲寅
납음	井中水		屋上土		霹靂火		松柏木		長流水		沙中金		山下火		平地木		壁上土		金箔金		覆燈火		天河水		大驛土		釵釧金		桑柘木		
음력	22	23	24	25	26	27	28	29	30	7/1	2	3	4	5	6	7	8	9	10	11	12	13	14	15	16	17	18	19	20	21	22
구성	7	6	5	4	3	2	1	9	8	7	6	5	4	3	2	1	9	8	7	6	5	4	3	2	1	9	8	7	6	5	4
대운 남	8	9	9	9	10	10	10	입	1	1	1	1	2	2	2	3	3	3	4	4	4	5	처	5	6	6	6	7	7	7	8
대운 여	2	2	2	1	1	1	1	추	10	10	9	9	9	8	8	8	7	7	7	6	6	6	서	5	5	4	4	4	3	3	3

백로 8일 07시 53분 【음8월】 ➡ 【辛酉月(신유월)】 ☯四綠星 추분 23일 17시 06분

양력 9월 / 음력 07/23 ~ 08/23	1	2	3	4	5	6	7	8	9	10	11	12	13	14	15	16	17	18	19	20	21	22	23	24	25	26	27	28	29	30
요일	화	수	목	금	토	일	월	화	수	목	금	토	일	월	화	수	목	금	토	일	월	화	수	목	금	토	일	월	화	수
일진 日辰	乙卯	丙辰	丁巳	戊午	己未	庚申	辛酉	壬戌	癸亥	甲子	乙丑	丙寅	丁卯	戊辰	己巳	庚午	辛未	壬申	癸酉	甲戌	乙亥	丙子	丁丑	戊寅	己卯	庚辰	辛巳	壬午	癸未	甲申
납음		沙中土		天上火		石榴木		大海水		海中金		爐中火		大林木		路傍土		劍鋒金		山頭火		澗下水		城頭土		白臘金		楊柳木		
음력	23	24	25	26	27	28	29	8/1	2	3	4	5	6	7	8	9	10	11	12	13	14	15	16	17	18	19	20	21	22	23
구성	3	2	1	9	8	7	6	5	4	3	2	1	9	8	7	6	5	4	3	2	1	9	8	7	6	5	4	3	2	1
대운 남	8	8	9	9	9	10	10	백	1	1	1	1	2	2	2	3	3	3	4	4	4	5	추	5	6	6	6	7	7	7
대운 여	2	2	2	1	1	1	1	로	10	9	9	9	8	8	8	7	7	7	6	6	6	5	분	5	4	4	4	3	3	3

한로 8일 23시 10분 【음9월】 ➡ 【壬戌月(임술월)】 ☯三碧星 상강 24일 02시 06분

양력 10월 / 음력 08/24 ~ 09/24	1	2	3	4	5	6	7	8	9	10	11	12	13	14	15	16	17	18	19	20	21	22	23	24	25	26	27	28	29	30	31
요일	목	금	토	일	월	화	수	목	금	토	일	월	화	수	목	금	토	일	월	화	수	목	금	토	일	월	화	수	목	금	토
일진 日辰	乙酉	丙戌	丁亥	戊子	己丑	庚寅	辛卯	壬辰	癸巳	甲午	乙未	丙申	丁酉	戊戌	己亥	庚子	辛丑	壬寅	癸卯	甲辰	乙巳	丙午	丁未	戊申	己酉	庚戌	辛亥	壬子	癸丑	甲寅	乙卯
납음		屋上土		霹靂火		松柏木		長流水		沙中金		山下火		平地木		壁上土		金箔金		覆燈火		天河水		大驛土		釵釧金				大溪水	
음력	24	25	26	27	28	29	30	9/1	2	3	4	5	6	7	8	9	10	11	12	13	14	15	16	17	18	19	20	21	22	23	24
구성	9	8	7	6	5	4	3	2	1	9	8	7	6	5	4	3	2	1	9	8	7	6	5	4	3	2	1	9	8	7	6
대운 남	8	8	8	9	9	9	10	한	1	1	1	1	2	2	2	3	3	3	4	4	4	5	5	상	6	6	6	7	7	7	8
대운 여	2	2	2	1	1	1	1	로	10	10	9	9	9	8	8	8	7	7	7	6	6	6	5	강	5	4	4	4	3	3	3

입동 8일 02시 01분 【음10월】 ➡ 【癸亥月(계해월)】 ☯二黑星 소설 22일 23시 22분

양력 11월 / 음력 09/25 ~ 10/24	1	2	3	4	5	6	7	8	9	10	11	12	13	14	15	16	17	18	19	20	21	22	23	24	25	26	27	28	29	30
요일	일	월	화	수	목	금	토	일	월	화	수	목	금	토	일	월	화	수	목	금	토	일	월	화	수	목	금	토	일	월
일진 日辰	丙辰	丁巳	戊午	己未	庚申	辛酉	壬戌	癸亥	甲子	乙丑	丙寅	丁卯	戊辰	己巳	庚午	辛未	壬申	癸酉	甲戌	乙亥	丙子	丁丑	戊寅	己卯	庚辰	辛巳	壬午	癸未	甲申	乙酉
납음	沙中土		天上火		石榴木		大海水		海中金		爐中火		大林木		路傍土		劍鋒金		山頭火		澗下水		城頭土		白臘金		楊柳木		井中水	
음력	25	26	27	28	29	30	10/1	2	3	4	5	6	7	8	9	10	11	12	13	14	15	16	17	18	19	20	21	22	23	24
구성	5	4	3	2	1	9	8	7	6	5	4	3	2	1	9	8	7	6	5	4	3	2	1	9	8	7	6	5	4	3
대운 남	8	8	9	9	9	10	10	입	1	1	1	1	2	2	2	3	3	3	4	4	4	소	5	5	6	6	6	7	7	7
대운 여	2	2	2	1	1	1	1	동	9	9	9	8	8	8	7	7	7	6	6	6	5	설	5	4	4	4	3	3	3	2

대설 7일 18시 37분 【음11월】 ➡ 【甲子月(갑자월)】 ☯一白星 동지 22일 12시 31분

양력 12월 / 음력 10/25 ~ 11/26	1	2	3	4	5	6	7	8	9	10	11	12	13	14	15	16	17	18	19	20	21	22	23	24	25	26	27	28	29	30	31
요일	화	수	목	금	토	일	월	화	수	목	금	토	일	월	화	수	목	금	토	일	월	화	수	목	금	토	일	월	화	수	목
일진 日辰	丙戌	丁亥	戊子	己丑	庚寅	辛卯	壬辰	癸巳	甲午	乙未	丙申	丁酉	戊戌	己亥	庚子	辛丑	壬寅	癸卯	甲辰	乙巳	丙午	丁未	戊申	己酉	庚戌	辛亥	壬子	癸丑	甲寅	乙卯	丙辰
납음	屋上土		霹靂火		松柏木		長流水		沙中金		山下火		平地木		壁上土		金箔金		覆燈火		天河水		大驛土		釵釧金		桑柘木		大溪水		
음력	25	26	27	28	29	11/1	2	3	4	5	6	7	8	9	10	11	12	13	14	15	16	17	18	19	20	21	22	23	24	25	26
구성	2	1	9	8	7	6	5	4	3	2	1	9	8	7	6	5	4	3	2	1	9	8	7	6	5	4	3	2	1	9	8
대운 남	8	8	8	9	9	9	대	1	1	1	1	2	2	2	3	3	3	4	4	4	5	동	5	6	6	6	7	7	7	8	8
대운 여	2	2	1	1	1	1	설	10	9	9	9	8	8	8	7	7	7	6	6	6	5	지	5	4	4	4	3	3	3	2	2

단기 4287 年 불기 2498 年

1954년 甲午年

중원 甲午年 ,납음(砂中金),본명성(一白水)

대장군(동방), 삼살(북방), 상문(서남방),조객(동남방), 납음(사중금),
【삼재(신,유,술)년】 臘享(납향):1955년1월22일(음12/29)

말

소한 6일 05시 45분 【음12월】 ➡ 【乙丑月(을축월)】 ☯九紫星 대한 20일 23시 11분

양력 1월 / 음력 11/27 ~ 12/27

양력	1	2	3	4	5	6	7	8	9	10	11	12	13	14	15	16	17	18	19	20	21	22	23	24	25	26	27	28	29	30	31
요일	금	토	일	월	화	수	목	금	토	일	월	화	수	목	금	토	일	월	화	수	목	금	토	일	월	화	수	목	금	토	일
일진 日辰	丁巳	戊午	己未	庚申	辛酉	壬戌	癸亥	甲子	乙丑	丙寅	丁卯	戊辰	己巳	庚午	辛未	壬申	癸酉	甲戌	乙亥	丙子	丁丑	戊寅	己卯	庚辰	辛巳	壬午	癸未	甲申	乙酉	丙戌	丁亥
납음		天上火		石榴木		大海水		海中金		爐中火		大林木		路傍土		劍鋒金		山頭火		澗下水		城頭土		白臘金		楊柳木		井中水		屋上土	
음력	27	28	29	30	12/1	2	3	4	5	6	7	8	9	10	11	12	13	14	15	16	17	18	19	20	21	22	23	24	25	26	27
구성	7	6	5	4	3	2	1	1	2	3	4	5	6	7	8	9	1	2	3	4	5	6	7	8	9	1	2	3	4	5	6
대운 남	8	9	9	9	10	소	1	1	1	1	2	2	2	3	3	3	4	4	4	대	5	5	6	6	6	7	7	7	8	8	8
대운 여	2	1	1	1	1	한	9	9	9	8	8	8	7	7	7	6	6	6	5	한	5	4	4	4	3	3	3	2	2	2	1

입춘 4일 17시 31분 【음1월】 ➡ 【丙寅月(병인월)】 ☯八白星 우수 19일 13시 32분

양력 2월 / 음력 12/28 ~ 01/25

양력	1	2	3	4	5	6	7	8	9	10	11	12	13	14	15	16	17	18	19	20	21	22	23	24	25	26	27	28
요일	월	화	수	목	금	토	일	월	화	수	목	금	토	일	월	화	수	목	금	토	일	월	화	수	목	금	토	일
일진 日辰	戊子	己丑	庚寅	辛卯	壬辰	癸巳	甲午	乙未	丙申	丁酉	戊戌	己亥	庚子	辛丑	壬寅	癸卯	甲辰	乙巳	丙午	丁未	戊申	己酉	庚戌	辛亥	壬子	癸丑	甲寅	乙卯
납음	霹靂火		松柏木		長流水		沙中金		山下火		平地木		壁上土		金箔金		覆燈火		天河水		大驛土		釵釧金		桑柘木		大溪水	
음력	28	29	30	1/1	2	3	4	5	6	7	8	9	10	11	12	13	14	15	16	17	18	19	20	21	22	23	24	25
구성	7	8	9	1	2	3	4	5	6	7	8	9	1	2	3	4	5	6	7	8	9	1	2	3	4	5	6	7
대운 남	9	9	9	입	10	9	9	9	8	8	8	7	7	7	6	6	6	5	우	5	4	4	4	3	3	3	2	2
대운 여	1	1	1	춘	1	1	1	1	2	2	2	3	3	3	4	4	4	5	수	5	6	6	6	7	7	7	8	8

甲午年

경칩 6일 11시 49분 【음2월】 ➡ 【丁卯月(정묘월)】 ☯七赤星 춘분 21일 12시 53분

양력 3월 / 음력 01/26 ~ 02/27

양력	1	2	3	4	5	6	7	8	9	10	11	12	13	14	15	16	17	18	19	20	21	22	23	24	25	26	27	28	29	30	31
요일	월	화	수	목	금	토	일	월	화	수	목	금	토	일	월	화	수	목	금	토	일	월	화	수	목	금	토	일	월	화	수
일진 日辰	丙辰	丁巳	戊午	己未	庚申	辛酉	壬戌	癸亥	甲子	乙丑	丙寅	丁卯	戊辰	己巳	庚午	辛未	壬申	癸酉	甲戌	乙亥	丙子	丁丑	戊寅	己卯	庚辰	辛巳	壬午	癸未	甲申	乙酉	丙戌
납음	沙中土		天上火		石榴木		大海水		海中金		爐中火		大林木		路傍土		劍鋒金		山頭火		澗下水		城頭土		白臘金		楊柳木		井中水		
음력	26	27	28	29	2/1	2	3	4	5	6	7	8	9	10	11	12	13	14	15	16	17	18	19	20	21	22	23	24	25	26	27
구성	8	9	1	2	3	4	5	6	7	8	9	1	2	3	4	5	6	7	8	9	1	2	3	4	5	6	7	8	9	1	2
대운 남	2	1	1	1	1	경	10	9	9	9	8	8	8	7	7	7	6	6	6	5	춘	5	4	4	4	3	3	3	2	2	2
대운 여	8	9	9	9	10	칩	1	1	1	1	2	2	2	3	3	3	4	4	4	5	분	5	6	6	6	7	7	7	8	8	8

청명 5일 16시 59분 【음3월】 ➡ 【戊辰月(무진월)】 ☯六白星 곡우 21일 00시 20분

양력 4월 / 음력 02/28 ~ 03/28

양력	1	2	3	4	5	6	7	8	9	10	11	12	13	14	15	16	17	18	19	20	21	22	23	24	25	26	27	28	29	30
요일	목	금	토	일	월	화	수	목	금	토	일	월	화	수	목	금	토	일	월	화	수	목	금	토	일	월	화	수	목	금
일진 日辰	丁亥	戊子	己丑	庚寅	辛卯	壬辰	癸巳	甲午	乙未	丙申	丁酉	戊戌	己亥	庚子	辛丑	壬寅	癸卯	甲辰	乙巳	丙午	丁未	戊申	己酉	庚戌	辛亥	壬子	癸丑	甲寅	乙卯	丙辰
납음		霹靂火		松柏木		長流水		沙中金		山下火		平地木		壁上土		金箔金		覆燈火		天河水		大驛土		釵釧金		桑柘木		大溪水		
음력	28	29	3/1	2	3	4	5	6	7	8	9	10	11	12	13	14	15	16	17	18	19	20	21	22	23	24	25	26	27	28
구성	3	4	5	6	7	8	9	1	2	3	4	5	6	7	8	9	1	2	3	4	5	6	7	8	9	1	2	3	4	5
대운 남	1	1	1	1	청	10	10	9	9	9	8	8	8	7	7	7	6	6	6	5	곡	5	4	4	4	3	3	3	2	2
대운 여	9	9	9	10	명	1	1	1	1	2	2	2	3	3	3	4	4	4	5	5	우	6	6	6	7	7	7	8	8	8

입하 6일 10시 38분 【음4월】 ➡ 【己巳月(기사월)】 ☯五黃星 소만 21일 23시 47분

양력 5월 / 음력 03/29 ~ 04/29

양력	1	2	3	4	5	6	7	8	9	10	11	12	13	14	15	16	17	18	19	20	21	22	23	24	25	26	27	28	29	30	31
요일	토	일	월	화	수	목	금	토	일	월	화	수	목	금	토	일	월	화	수	목	금	토	일	월	화	수	목	금	토	일	월
일진 日辰	丁巳	戊午	己未	庚申	辛酉	壬戌	癸亥	甲子	乙丑	丙寅	丁卯	戊辰	己巳	庚午	辛未	壬申	癸酉	甲戌	乙亥	丙子	丁丑	戊寅	己卯	庚辰	辛巳	壬午	癸未	甲申	乙酉	丙戌	丁亥
납음		天上火		石榴木		大海水		海中金		爐中火		大林木		路傍土		劍鋒金		山頭火		澗下水		城頭土		白臘金		楊柳木		井中水		屋上土	
음력	29	30	4/1	2	3	4	5	6	7	8	9	10	11	12	13	14	15	16	17	18	19	20	21	22	23	24	25	26	27	28	29
구성	6	7	8	9	1	2	3	4	5	6	7	8	9	1	2	3	4	5	6	7	8	9	1	2	3	4	5	6	7	8	9
대운 남	2	1	1	1	1	입	10	10	9	9	9	8	8	8	7	7	7	6	6	6	소	5	5	4	4	4	3	3	3	2	2
대운 여	9	9	9	10		하	1	1	1	1	2	2	2	3	3	3	4	4	4	5	만	5	6	6	6	7	7	7	8	8	8

망종 6일 15시 01분 【음5월】 ➡ 【庚午月(경오월)】 ☯四綠星 하지 22일 07시 54분

양력 6월 / 음력 05/01 ~ 06/01

양력	1	2	3	4	5	6	7	8	9	10	11	12	13	14	15	16	17	18	19	20	21	22	23	24	25	26	27	28	29	30
요일	화	수	목	금	토	일	월	화	수	목	금	토	일	월	화	수	목	금	토	일	월	화	수	목	금	토	일	월	화	수
일진 日辰	戊子	己丑	庚寅	辛卯	壬辰	癸巳	甲午	乙未	丙申	丁酉	戊戌	己亥	庚子	辛丑	壬寅	癸卯	甲辰	乙巳	丙午	丁未	戊申	己酉	庚戌	辛亥	壬子	癸丑	甲寅	乙卯	丙辰	丁巳
납음	霹靂火		松柏木		長流水		沙中金		山下火		平地木		壁上土		金箔金		覆燈火		天河水		大驛土		釵釧金		桑柘木		大溪水		沙中土	
음력	5/1	2	3	4	5	6	7	8	9	10	11	12	13	14	15	16	17	18	19	20	21	22	23	24	25	26	27	28	29	6/1
구성	1	2	3	4	5	6	7	8	9	1	2	3	4	5	6	7	8	9	1	2	3	4	5	6	7	8	9	1	2	3
대운 남	2	1	1	1	1	망	10	10	10	9	9	9	8	8	8	7	7	7	6	6	6	하	5	5	4	4	4	3	3	3
대운 여	9	9	9	10	10	종	1	1	1	1	2	2	2	3	3	3	4	4	4	5	5	지	6	6	6	7	7	7	8	8

한식(4월06일), 초복(7월13일), 중복(7월23일), 말복(8월12일) ↑춘사(春社)3/23 ☀추사(秋社)9/19
토왕지절(土旺之節):4월17일,7월20일,10월21일,1월18일(신년양력),양력

一日得辛, 二龍治水,1954년 갑오年(사중금), 일백수

9紫	5黃	7赤
8白	1白	3碧
4綠	6白	2黑

1954 甲午年

소서 8일 01시 19분 【음6월】 ➡ 【辛未月(신미월)】 ☯三碧星 대서 23일 18시 45분

양력 7월	양력	1	2	3	4	5	6	7	8	9	10	11	12	13	14	15	16	17	18	19	20	21	22	23	24	25	26	27	28	29	30	31
	요일	목	금	토	일	월	화	수	목	금	토	일	월	화	수	목	금	토	일	월	화	수	목	금	토	일	월	화	수	목	금	토
	일진 日辰	戊午	己未	庚申	辛酉	壬戌	癸亥	甲子	乙丑	丙寅	丁卯	戊辰	己巳	庚午	辛未	壬申	癸酉	甲戌	乙亥	丙子	丁丑	戊寅	己卯	庚辰	辛巳	壬午	癸未	甲申	乙酉	丙戌	丁亥	戊子
음력 06/02 ~ 07/02	납음	天上火		石榴木		大海水		海中金		爐中火		大林木		路傍土		劍鋒金		山頭火		澗下水		城頭土		白鑞金		楊柳木		井中水		屋上土		
	음력	2	3	4	5	6	7	8	9	10	11	12	13	14	15	16	17	18	19	20	21	22	23	24	25	26	27	28	29	30	7/1	2
	구성	4	5	6	7	8	9	9	8	7	6	5	4	3	2	1	9	8	7	6	5	4	3	2	1	9	8	7	6	5	4	3
대운	남	2	2	2	1	1	1	1	소	10	10	9	9	9	8	8	8	7	7	7	6	6	6	대	5	5	4	4	4	3	3	3
	여	8	9	9	9	10	10	10	서	1	1	1	1	2	2	2	3	3	3	4	4	4	5	서	5	6	6	6	7	7	7	8

입추 8일 10시 59분 【음7월】 ➡ 【壬申月(임신월)】 ☯二黑星 처서 24일 01시 36분

양력 8월	양력	1	2	3	4	5	6	7	8	9	10	11	12	13	14	15	16	17	18	19	20	21	22	23	24	25	26	27	28	29	30	31
	요일	일	월	화	수	목	금	토	일	월	화	수	목	금	토	일	월	화	수	목	금	토	일	월	화	수	목	금	토	일	월	화
	일진 日辰	己丑	庚寅	辛卯	壬辰	癸巳	甲午	乙未	丙申	丁酉	戊戌	己亥	庚子	辛丑	壬寅	癸卯	甲辰	乙巳	丙午	丁未	戊申	己酉	庚戌	辛亥	壬子	癸丑	甲寅	乙卯	丙辰	丁巳	戊午	己未
음력 07/03 ~ 08/04	납음		松柏木		長流水		沙中金		山下火		平地木		壁上土		金箔金		覆燈火		天河水		大驛土		釵釧金		桑柘木		大溪水		沙中土		天上火	
	음력	3	4	5	6	7	8	9	10	11	12	13	14	15	16	17	18	19	20	21	22	23	24	25	26	27	28	29	8/1	2	3	4
	구성	2	1	9	8	7	6	5	4	3	2	1	9	8	7	6	5	4	3	2	1	9	8	7	6	5	4	3	2	1	9	8
대운	남	2	2	2	1	1	1	1	입	10	10	9	9	9	8	8	8	7	7	7	6	6	6	5	처	5	4	4	4	3	3	3
	여	8	8	9	9	9	10	10	추	1	1	1	1	2	2	2	3	3	3	4	4	4	5	5	서	6	6	6	7	7	7	8

백로 8일 13시 38분 【음8월】 ➡ 【癸酉月(계유월)】 ☯一白星 추분 23일 22시 55분

양력 9월	양력	1	2	3	4	5	6	7	8	9	10	11	12	13	14	15	16	17	18	19	20	21	22	23	24	25	26	27	28	29	30
	요일	수	목	금	토	일	월	화	수	목	금	토	일	월	화	수	목	금	토	일	월	화	수	목	금	토	일	월	화	수	목
	일진 日辰	庚申	辛酉	壬戌	癸亥	甲子	乙丑	丙寅	丁卯	戊辰	己巳	庚午	辛未	壬申	癸酉	甲戌	乙亥	丙子	丁丑	戊寅	己卯	庚辰	辛巳	壬午	癸未	甲申	乙酉	丙戌	丁亥	戊子	己丑
음력 08/05 ~ 09/04	납음	石榴木		大海水		海中金		爐中火		大林木		路傍土		劍鋒金		山頭火		澗下水		城頭土		白鑞金		楊柳木		井中水		屋上土		霹靂火	
	음력	5	6	7	8	9	10	11	12	13	14	15	16	17	18	19	20	21	22	23	24	25	26	27	28	29	30	9/1	2	3	4
	구성	7	6	5	4	3	2	1	9	8	7	6	5	4	3	2	1	9	8	7	6	5	4	3	2	1	9	8	7	6	5
대운	남	2	2	2	1	1	1	1	백	10	10	9	9	9	8	8	8	7	7	7	6	6	6	추	5	5	4	4	4	3	3
	여	8	8	9	9	9	10	10	로	1	1	1	1	2	2	2	3	3	3	4	4	4	5	분	5	6	6	6	7	7	7

한로 9일 04시 57분 【음9월】 ➡ 【甲戌月(갑술월)】 ☯九紫星 상강 24일 07시 56분

양력 10월	양력	1	2	3	4	5	6	7	8	9	10	11	12	13	14	15	16	17	18	19	20	21	22	23	24	25	26	27	28	29	30	31
	요일	금	토	일	월	화	수	목	금	토	일	월	화	수	목	금	토	일	월	화	수	목	금	토	일	월	화	수	목	금	토	일
	일진 日辰	庚寅	辛卯	壬辰	癸巳	甲午	乙未	丙申	丁酉	戊戌	己亥	庚子	辛丑	壬寅	癸卯	甲辰	乙巳	丙午	丁未	戊申	己酉	庚戌	辛亥	壬子	癸丑	甲寅	乙卯	丙辰	丁巳	戊午	己未	庚申
음력 09/05 ~ 10/05	납음	松柏木		長流水		沙中金		山下火		平地木		壁上土		金箔金		覆燈火		天河水		大驛土		釵釧金		桑柘木		大溪水		沙中土		天上火		
	음력	5	6	7	8	9	10	11	12	13	14	15	16	17	18	19	20	21	22	23	24	25	26	27	28	29	30	10/1	2	3	4	5
	구성	4	3	2	1	9	8	7	6	5	4	3	2	1	9	8	7	6	5	4	3	2	1	9	8	7	6	5	4	3	2	1
대운	남	3	2	2	2	1	1	1	1	한	10	9	9	9	8	8	8	7	7	7	6	6	6	5	상	5	4	4	4	3	3	3
	여	8	8	8	9	9	9	10	10	로	1	1	1	1	2	2	2	3	3	3	4	4	4	5	강	5	6	6	6	7	7	7

입동 8일 07시 51분 【음10월】 ➡ 【乙亥月(을해월)】 ☯八白星 소설 23일 05시 14분

양력 11월	양력	1	2	3	4	5	6	7	8	9	10	11	12	13	14	15	16	17	18	19	20	21	22	23	24	25	26	27	28	29	30
	요일	월	화	수	목	금	토	일	월	화	수	목	금	토	일	월	화	수	목	금	토	일	월	화	수	목	금	토	일	월	화
	일진 日辰	辛酉	壬戌	癸亥	甲子	乙丑	丙寅	丁卯	戊辰	己巳	庚午	辛未	壬申	癸酉	甲戌	乙亥	丙子	丁丑	戊寅	己卯	庚辰	辛巳	壬午	癸未	甲申	乙酉	丙戌	丁亥	戊子	己丑	庚寅
음력 10/06 ~ 11/06	납음		大海水		海中金		爐中火		大林木		路傍土		劍鋒金		山頭火		澗下水		城頭土		白鑞金		楊柳木		井中水		屋上土		霹靂火		
	음력	6	7	8	9	10	11	12	13	14	15	16	17	18	19	20	21	22	23	24	25	26	27	28	29	11/1	2	3	4	5	6
	구성	9	8	7	6	5	4	3	2	1	9	8	7	6	5	4	3	2	1	9	8	7	6	5	4	3	2	1	9	8	7
대운	남	2	2	2	1	1	1	1	입	10	9	9	9	8	8	8	7	7	7	6	6	6	5	소	5	4	4	4	3	3	3
	여	8	8	8	9	9	9	10	동	1	1	1	1	2	2	2	3	3	3	4	4	4	5	설	5	6	6	6	7	7	7

대설 8일 00시 29분 【음11월】 ➡ 【丙子月(병자월)】 ☯七赤星 동지 22일 18시 24분

양력 12월	양력	1	2	3	4	5	6	7	8	9	10	11	12	13	14	15	16	17	18	19	20	21	22	23	24	25	26	27	28	29	30	31
	요일	수	목	금	토	일	월	화	수	목	금	토	일	월	화	수	목	금	토	일	월	화	수	목	금	토	일	월	화	수	목	금
	일진 日辰	辛卯	壬辰	癸巳	甲午	乙未	丙申	丁酉	戊戌	己亥	庚子	辛丑	壬寅	癸卯	甲辰	乙巳	丙午	丁未	戊申	己酉	庚戌	辛亥	壬子	癸丑	甲寅	乙卯	丙辰	丁巳	戊午	己未	庚申	辛酉
음력 11/07 ~ 12/07	납음		長流水		沙中金		山下火		平地木		壁上土		金箔金		覆燈火		天河水		大驛土		釵釧金		桑柘木		大溪水		沙中土		天上火		石榴木	
	음력	7	8	9	10	11	12	13	14	15	16	17	18	19	20	21	22	23	24	25	26	27	28	29	30	12/1	2	3	4	5	6	7
	구성	6	5	4	3	2	1	9	8	7	6	5	4	3	2	1	9	8	7	6	5	4	3	2	1	9	8	7	6	5	4	3
대운	남	2	2	2	1	1	1	1	대	9	9	9	8	8	8	7	7	7	6	6	6	5	동	5	4	4	4	3	3	3	2	2
	여	8	8	8	9	9	9	10	설	1	1	1	2	2	2	3	3	3	4	4	4	5	지	5	6	6	6	7	7	7	8	8

양

단기 4288 年
불기 2499 年

1955년

중원 **乙未年** 납음(砂中金),본명성(九紫火)

대장군(卯동방), 삼살(酉서방), 상문(酉서방),조객(巳동남방), 납음(사중금), 【삼재(사,오,미)년】 臘享(납향):1956년1월18일(음12/06)

소한 6일 11시 36분 【음12월】 ➡ 【丁丑月(정축월)】 ☯六白星 대한 21일 05시 02분

양력 1월 / 음력 12/08 ~ 01/08

양력	1	2	3	4	5	6	7	8	9	10	11	12	13	14	15	16	17	18	19	20	21	22	23	24	25	26	27	28	29	30	31
요일	토	일	월	화	수	목	금	토	일	월	화	수	목	금	토	일	월	화	수	목	금	토	일	월	화	수	목	금	토	일	월
일진 日辰	壬戌	癸亥	甲子	乙丑	丙寅	丁卯	戊辰	己巳	庚午	辛未	壬申	癸酉	甲戌	乙亥	丙子	丁丑	戊寅	己卯	庚辰	辛巳	壬午	癸未	甲申	乙酉	丙戌	丁亥	戊子	己丑	庚寅	辛卯	壬辰
납음	大海水		海中金		爐中火		大林木		路傍土		劍鋒金		山頭火		澗下水		城頭土		白臘金		楊柳木		井中水		屋上土		霹靂火		松柏木		
음력	8	9	10	11	12	13	14	15	16	17	18	19	20	21	22	23	24	25	26	27	28	29	30	1/1	2	3	4	5	6	7	8
구성	2	1	1	2	3	4	5	6	7	8	9	1	2	3	4	5	6	7	8	9	1	2	3	4	5	6	7	8	9	1	2
대운 남	2	1	1	1	1	소	9	9	9	8	8	8	7	7	7	6	6	6	5	5	대	4	4	4	3	3	3	2	2	2	1
대운 여	8	9	9	9	10	한	1	1	1	1	2	2	2	3	3	3	4	4	4	5	한	5	6	6	6	7	7	7	8	8	8

입춘 4일 23시 18분 【음1월】 ➡ 【戊寅月(무인월)】 ☯五黃星 우수 19일 19시 19분

양력 2월 / 음력 01/09 ~ 02/06

양력	1	2	3	4	5	6	7	8	9	10	11	12	13	14	15	16	17	18	19	20	21	22	23	24	25	26	27	28
요일	화	수	목	금	토	일	월	화	수	목	금	토	일	월	화	수	목	금	토	일	월	화	수	목	금	토	일	월
일진 日辰	癸巳	甲午	乙未	丙申	丁酉	戊戌	己亥	庚子	辛丑	壬寅	癸卯	甲辰	乙巳	丙午	丁未	戊申	己酉	庚戌	辛亥	壬子	癸丑	甲寅	乙卯	丙辰	丁巳	戊午	己未	庚申
납음		沙中金		山下火		平地木		壁上土		金箔金		覆燈火		天河水		大驛土		釵釧金		桑柘木		大溪水		沙中土		天上火		
음력	9	10	11	12	13	14	15	16	17	18	19	20	21	22	23	24	25	26	27	28	29	30	2/1	2	3	4	5	6
구성	3	4	5	6	7	8	9	1	2	3	4	5	6	7	8	9	1	2	3	4	5	6	7	8	9	1	2	3
대운 남	1	1	1	입	1	1	1	1	2	2	2	3	3	3	4	4	4	5	우	5	6	6	6	7	7	7	8	8
대운 여	9	9	9	춘	10	9	9	9	8	8	8	7	7	7	6	6	6	5	수	5	4	4	4	3	3	3	2	2

乙未年

경칩 6일 17시 31분 【음2월】 ➡ 【己卯月(기묘월)】 ☯四綠星 춘분 21일 18시 35분

양력 3월 / 음력 02/07 ~ 03/08

양력	1	2	3	4	5	6	7	8	9	10	11	12	13	14	15	16	17	18	19	20	21	22	23	24	25	26	27	28	29	30	31
요일	화	수	목	금	토	일	월	화	수	목	금	토	일	월	화	수	목	금	토	일	월	화	수	목	금	토	일	월	화	수	목
일진 日辰	辛酉	壬戌	癸亥	甲子	乙丑	丙寅	丁卯	戊辰	己巳	庚午	辛未	壬申	癸酉	甲戌	乙亥	丙子	丁丑	戊寅	己卯	庚辰	辛巳	壬午	癸未	甲申	乙酉	丙戌	丁亥	戊子	己丑	庚寅	辛卯
납음		大海水		海中金		爐中火		大林木		路傍土		劍鋒金		山頭火		澗下水		城頭土		白臘金		楊柳木		井中水		屋上土		霹靂火		松柏木	
음력	7	8	9	10	11	12	13	14	15	16	17	18	19	20	21	22	23	24	25	26	27	28	29	3/1	2	3	4	5	6	7	8
구성	4	5	6	7	8	9	1	2	3	4	5	6	7	8	9	1	2	3	4	5	6	7	8	9	1	2	3	4	5	6	7
대운 남	8	9	9	9	10	경	1	1	1	1	2	2	2	3	3	3	4	4	4	5	춘	5	6	6	6	7	7	7	8	8	8
대운 여	2	1	1	1	1	칩	10	9	9	9	8	8	8	7	7	7	6	6	6	5	분	5	4	4	4	3	3	3	2	2	2

청명 5일 22시 39분 【음3월】 ➡ 【庚辰月(경진월)】 ☯三碧星 곡우 21일 05시 28분

양력 4월 / 음력 03/09 ~ 윤309

양력	1	2	3	4	5	6	7	8	9	10	11	12	13	14	15	16	17	18	19	20	21	22	23	24	25	26	27	28	29	30
요일	금	토	일	월	화	수	목	금	토	일	월	화	수	목	금	토	일	월	화	수	목	금	토	일	월	화	수	목	금	토
일진 日辰	壬辰	癸巳	甲午	乙未	丙申	丁酉	戊戌	己亥	庚子	辛丑	壬寅	癸卯	甲辰	乙巳	丙午	丁未	戊申	己酉	庚戌	辛亥	壬子	癸丑	甲寅	乙卯	丙辰	丁巳	戊午	己未	庚申	辛酉
납음	長流水		沙中金		山下火		平地木		壁上土		金箔金		覆燈火		天河水		大驛土		釵釧金		桑柘木		大溪水		沙中土		天上火		石榴木	
음력	9	10	11	12	13	14	15	16	17	18	19	20	21	22	23	24	25	26	27	28	29	윤3	2	3	4	5	6	7	8	9
구성	8	9	1	2	3	4	5	6	7	8	9	1	2	3	4	5	6	7	8	9	1	2	3	4	5	6	7	8	9	1
대운 남	9	9	9	10	청	1	1	1	1	2	2	2	3	3	3	4	4	4	5	5	곡	6	6	6	7	7	7	8	8	8
대운 여	1	1	1	1	명	10	10	9	9	9	8	8	8	7	7	7	6	6	6	5	우	5	4	4	4	3	3	3	2	2

입하 6일 17시 18분 【음4월】 ➡ 【辛巳月(신사월)】 ☯二黑星 소만 22일 06시 24분

양력 5월 / 음력 윤310 ~ 04/10

양력	1	2	3	4	5	6	7	8	9	10	11	12	13	14	15	16	17	18	19	20	21	22	23	24	25	26	27	28	29	30	31
요일	일	월	화	수	목	금	토	일	월	화	수	목	금	토	일	월	화	수	목	금	토	일	월	화	수	목	금	토	일	월	화
일진 日辰	壬戌	癸亥	甲子	乙丑	丙寅	丁卯	戊辰	己巳	庚午	辛未	壬申	癸酉	甲戌	乙亥	丙子	丁丑	戊寅	己卯	庚辰	辛巳	壬午	癸未	甲申	乙酉	丙戌	丁亥	戊子	己丑	庚寅	辛卯	壬辰
납음	大海水		海中金		爐中火		大林木		路傍土		劍鋒金		山頭火		澗下水		城頭土		白臘金		楊柳木		井中水		屋上土		霹靂火		松柏木		
음력	10	11	12	13	14	15	16	17	18	19	20	21	22	23	24	25	26	27	28	29	30	4/1	2	3	4	5	6	7	8	9	10
구성	2	3	4	5	6	7	8	9	1	2	3	4	5	6	7	8	9	1	2	3	4	5	6	7	8	9	1	2	3	4	5
대운 남	9	9	9	10	10	입	1	1	1	1	2	2	2	3	3	3	4	4	4	5	5	소	6	6	6	7	7	7	8	8	8
대운 여	2	1	1	1	1	하	10	10	9	9	9	8	8	8	7	7	7	6	6	6	5	만	5	4	4	4	3	3	3	2	2

망종 6일 21시 43분 【음5월】 ➡ 【壬午月(임오월)】 ☯一白星 하지 22일 14시 31분

양력 6월 / 음력 04/11 ~ 05/11

양력	1	2	3	4	5	6	7	8	9	10	11	12	13	14	15	16	17	18	19	20	21	22	23	24	25	26	27	28	29	30
요일	수	목	금	토	일	월	화	수	목	금	토	일	월	화	수	목	금	토	일	월	화	수	목	금	토	일	월	화	수	목
일진 日辰	癸巳	甲午	乙未	丙申	丁酉	戊戌	己亥	庚子	辛丑	壬寅	癸卯	甲辰	乙巳	丙午	丁未	戊申	己酉	庚戌	辛亥	壬子	癸丑	甲寅	乙卯	丙辰	丁巳	戊午	己未	庚申	辛酉	壬戌
납음		沙中金		山下火		平地木		壁上土		金箔金		覆燈火		天河水		大驛土		釵釧金		桑柘木		大溪水		沙中土		天上火		石榴木		
음력	11	12	13	14	15	16	17	18	19	20	21	22	23	24	25	26	27	28	29	5/1	2	3	4	5	6	7	8	9	10	11
구성	6	7	8	9	1	2	3	4	5	6	7	8	9	1	2	3	4	5	6	7	8	9	1	2	3	4	5	6	7	8
대운 남	9	9	9	10	10	망	1	1	1	1	2	2	2	3	3	3	4	4	4	5	5	하	6	6	6	7	7	7	8	8
대운 여	2	1	1	1	1	종	10	10	10	9	9	9	8	8	8	7	7	7	6	6	6	지	5	5	4	4	4	3	3	3

한식(4월06일), 초복(7월18일), 중복(7월28일), 말복(8월17일) ☂춘사(春社)3/18 ☀추사(秋社)9/24
토왕지절(土旺之節):4월18일,7월20일,10월21일,1월17일(신년양력),

七日得辛,八龍治水,1955년 을미年(사중금), 구자화

서머타임 시작 5월5일 00시→01시로 조정
종료 9월09일 01시→00시로 조정
수정한 시간으로 표기(동경표준시 사용)

8白	4綠	6白
7赤	9紫	2黑
3碧	5黃	1白

1955 乙未年

소서 8일 08시 06분 【음6월】➡ 【癸未月(계미월)】 ☯九紫星 대서 24일 01시 25분

양력 7월 / 음력 05/12 ~ 06/13

양력	1	2	3	4	5	6	7	8	9	10	11	12	13	14	15	16	17	18	19	20	21	22	23	24	25	26	27	28	29	30	31
요일	금	토	일	월	화	수	목	금	토	일	월	화	수	목	금	토	일	월	화	수	목	금	토	일	월	화	수	목	금	토	일
일진 日辰	癸亥	甲子	乙丑	丙寅	丁卯	戊辰	己巳	庚午	辛未	壬申	癸酉	甲戌	乙亥	丙子	丁丑	戊寅	己卯	庚辰	辛巳	壬午	癸未	甲申	乙酉	丙戌	丁亥	戊子	己丑	庚寅	辛卯	壬辰	癸巳
납음		海中金		爐中火		大林木		路傍土		劍鋒金		山頭火		澗下水		城頭土		白臘金		楊柳木		井中水		屋上土		霹靂火		松柏木		長流水	
음력	12	13	14	15	16	17	18	19	20	21	22	23	24	25	26	27	28	29	6/1	2	3	4	5	6	7	8	9	10	11	12	13
구성	9	9	8	7	6	5	4	3	2	1	9	8	7	6	5	4	3	2	1	9	8	7	6	5	4	3	2	1	9	8	7
대운 남	8	9	9	9	10	10	10	소	1	1	1	1	2	2	2	3	3	3	4	4	4	5	5	대	6	6	6	7	7	7	8
대운 여	2	2	2	1	1	1	1	서	10	10	9	9	9	8	8	8	7	7	7	6	6	6	5	서	5	4	4	4	3	3	3

입추 8일 17시 50분 【음7월】➡ 【甲申月(갑신월)】 ☯八白星 처서 24일 08시 19분

양력 8월 / 음력 06/14 ~ 07/14

양력	1	2	3	4	5	6	7	8	9	10	11	12	13	14	15	16	17	18	19	20	21	22	23	24	25	26	27	28	29	30	31
요일	월	화	수	목	금	토	일	월	화	수	목	금	토	일	월	화	수	목	금	토	일	월	화	수	목	금	토	일	월	화	수
일진 日辰	甲午	乙未	丙申	丁酉	戊戌	己亥	庚子	辛丑	壬寅	癸卯	甲辰	乙巳	丙午	丁未	戊申	己酉	庚戌	辛亥	壬子	癸丑	甲寅	乙卯	丙辰	丁巳	戊午	己未	庚申	辛酉	壬戌	癸亥	甲子
납음	沙中金		山下火		平地木		壁上土		金箔金		覆燈火		天河水		大驛土		釵釧金		桑柘木		大溪水		沙中土		天上火		石榴木		大海水		
음력	14	15	16	17	18	19	20	21	22	23	24	25	26	27	28	29	30	7/1	2	3	4	5	6	7	8	9	10	11	12	13	14
구성	6	5	4	3	2	1	9	8	7	6	5	4	3	2	1	9	8	7	6	5	4	3	2	1	9	8	7	6	5	4	3
대운 남	8	8	9	9	9	10	10	입	1	1	1	1	2	2	2	3	3	3	4	4	4	5	5	처	6	6	6	7	7	7	8
대운 여	2	2	2	1	1	1	1	추	10	10	9	9	9	8	8	8	7	7	7	6	6	6	5	서	5	4	4	4	3	3	3

백로 8일 20시 32분 【음8월】➡ 【乙酉月(을유월)】 ☯七赤星 추분 24일 04시 41분

양력 9월 / 음력 07/15 ~ 08/15

양력	1	2	3	4	5	6	7	8	9	10	11	12	13	14	15	16	17	18	19	20	21	22	23	24	25	26	27	28	29	30
요일	목	금	토	일	월	화	수	목	금	토	일	월	화	수	목	금	토	일	월	화	수	목	금	토	일	월	화	수	목	금
일진 日辰	乙丑	丙寅	丁卯	戊辰	己巳	庚午	辛未	壬申	癸酉	甲戌	乙亥	丙子	丁丑	戊寅	己卯	庚辰	辛巳	壬午	癸未	甲申	乙酉	丙戌	丁亥	戊子	己丑	庚寅	辛卯	壬辰	癸巳	甲午
납음		爐中火		大林木		路傍土		劍鋒金		山頭火		澗下水		城頭土		白臘金		楊柳木		井中水		屋上土		霹靂火		松柏木		長流水		
음력	15	16	17	18	19	20	21	22	23	24	25	26	27	28	29	8/1	2	3	4	5	6	7	8	9	10	11	12	13	14	15
구성	2	1	9	8	7	6	5	4	3	2	1	9	8	7	6	5	4	3	2	1	9	8	7	6	5	4	3	2	1	9
대운 남	8	8	9	9	9	10	10	백	1	1	1	1	2	2	2	3	3	3	4	4	4	5	5	추	6	6	6	7	7	7
대운 여	2	2	2	1	1	1	1	로	10	10	9	9	9	8	8	8	7	7	7	6	6	6	5	분	5	4	4	4	3	3

한로 9일 10시 52분 【음9월】➡ 【丙戌月(병술월)】 ☯六白星 상강 24일 13시 43분

양력 10월 / 음력 08/16 ~ 09/16

양력	1	2	3	4	5	6	7	8	9	10	11	12	13	14	15	16	17	18	19	20	21	22	23	24	25	26	27	28	29	30	31
요일	토	일	월	화	수	목	금	토	일	월	화	수	목	금	토	일	월	화	수	목	금	토	일	월	화	수	목	금	토	일	월
일진 日辰	乙未	丙申	丁酉	戊戌	己亥	庚子	辛丑	壬寅	癸卯	甲辰	乙巳	丙午	丁未	戊申	己酉	庚戌	辛亥	壬子	癸丑	甲寅	乙卯	丙辰	丁巳	戊午	己未	庚申	辛酉	壬戌	癸亥	甲子	乙丑
납음		山下火		平地木		壁上土		金箔金		覆燈火		天河水		大驛土		釵釧金		桑柘木		大溪水		沙中土		大上火		石榴木		人海水		海中金	
음력	16	17	18	19	20	21	22	23	24	25	26	27	28	29	30	9/1	2	3	4	5	6	7	8	9	10	11	12	13	14	15	16
구성	8	7	6	5	4	3	2	1	9	8	7	6	5	4	3	2	1	9	8	7	6	5	4	3	2	1	9	8	7	6	5
대운 남	8	8	8	9	9	9	10	10	한	1	1	1	1	2	2	2	3	3	3	4	4	4	5	상	5	6	6	6	7	7	7
대운 여	3	2	2	2	1	1	1	1	로	10	9	9	9	8	8	8	7	7	7	6	6	6	5	강	5	4	4	4	3	3	3

입동 8일 3시 45분 【음10월】➡ 【丁亥月(정해월)】 ☯五黃星 소설 23일 11시 01분

양력 11월 / 음력 09/17 ~ 10/17

양력	1	2	3	4	5	6	7	8	9	10	11	12	13	14	15	16	17	18	19	20	21	22	23	24	25	26	27	28	29	30
요일	화	수	목	금	토	일	월	화	수	목	금	토	일	월	화	수	목	금	토	일	월	화	수	목	금	토	일	월	화	수
일진 日辰	丙寅	丁卯	戊辰	己巳	庚午	辛未	壬申	癸酉	甲戌	乙亥	丙子	丁丑	戊寅	己卯	庚辰	辛巳	壬午	癸未	甲申	乙酉	丙戌	丁亥	戊子	己丑	庚寅	辛卯	壬辰	癸巳	甲午	乙未
납음	爐中火		大林木		路傍土		劍鋒金		山頭火		澗下水		城頭土		白臘金		楊柳木		井中水		屋上土		霹靂火		松柏木		長流水		沙中金	
음력	17	18	19	20	21	22	23	24	25	26	27	28	29	10/1	2	3	4	5	6	7	8	9	10	11	12	13	14	15	16	17
구성	4	3	2	1	9	8	7	6	5	4	3	2	1	9	8	7	6	5	4	3	2	1	9	8	7	6	5	4	3	2
대운 남	8	8	8	9	9	9	10	입	1	1	1	1	2	2	2	3	3	3	4	4	4	5	소	5	6	6	6	7	7	7
대운 여	2	2	2	1	1	1	1	동	10	9	9	9	8	8	8	7	7	7	6	6	6	5	설	5	4	4	4	3	3	3

대설 8일 06시 23분 【음11월】➡ 【戊子月(무자월)】 ☯四綠星 동지 23일 00시 11분

양력 12월 / 음력 10/18 ~ 11/18

양력	1	2	3	4	5	6	7	8	9	10	11	12	13	14	15	16	17	18	19	20	21	22	23	24	25	26	27	28	29	30	31
요일	목	금	토	일	월	화	수	목	금	토	일	월	화	수	목	금	토	일	월	화	수	목	금	토	일	월	화	수	목	금	토
일진 日辰	丙申	丁酉	戊戌	己亥	庚子	辛丑	壬寅	癸卯	甲辰	乙巳	丙午	丁未	戊申	己酉	庚戌	辛亥	壬子	癸丑	甲寅	乙卯	丙辰	丁巳	戊午	己未	庚申	辛酉	壬戌	癸亥	甲子	乙丑	丙寅
납음	山下火		平地木		壁上土		金箔金		覆燈火		天河水		大驛土		釵釧金		桑柘木		大溪水		沙中土		天上火		石榴木		大海水		海中金		
음력	18	19	20	21	22	23	24	25	26	27	28	29	30	11/1	2	3	4	5	6	7	8	9	10	11	12	13	14	15	16	17	18
구성	1	9	8	7	6	5	4	3	2	1	9	8	7	6	5	4	3	2	1	9	8	7	6	5	4	3	2	1	1	2	3
대운 남	8	8	8	9	9	9	10	대	1	1	1	1	2	2	2	3	3	3	4	4	4	5	동	5	6	6	6	7	7	7	8
대운 여	2	2	2	1	1	1	1	설	9	9	9	8	8	8	7	7	7	6	6	6	5	5	지	4	4	4	3	3	3	2	2

단기 4289 年	1956년	중원 丙申年 납음(山下火),본명성(八白土)
불기 2500 年		대장군(午남방), 삼살(남방), 상문(戌서북방), 조객(午남방),납음(산하화),삼재(인,묘,진) 臘享(납향):1957년1월23일(음12/23)

원숭이

소한 6일 17시 30분 【음12월】 ➡ 【己丑月(기축월)】 ☯三碧星 대한 21일 10시 48분

양력 1월 / 음력 11/19 ~ 12/19

양력	1	2	3	4	5	6	7	8	9	10	11	12	13	14	15	16	17	18	19	20	21	22	23	24	25	26	27	28	29	30	31
요일	일	월	화	수	목	금	토	일	월	화	수	목	금	토	일	월	화	수	목	금	토	일	월	화	수	목	금	토	일	월	화
일진 日辰	丁卯	戊辰	己巳	庚午	辛未	壬申	癸酉	甲戌	乙亥	丙子	丁丑	戊寅	己卯	庚辰	辛巳	壬午	癸未	甲申	乙酉	丙戌	丁亥	戊子	己丑	庚寅	辛卯	壬辰	癸巳	甲午	乙未	丙申	丁酉
납음		大林木		路傍土		劍鋒金		山頭火		澗下水		城頭土		白臘金		楊柳木		井中水		屋上土		霹靂火		松柏木		長流水		沙中金		山下火	
음력	19	20	21	22	23	24	25	26	27	28	29	30	12/1	2	3	4	5	6	7	8	9	10	11	12	13	14	15	16	17	18	19
구성	4	5	6	7	8	9	1	2	3	4	5	6	7	8	9	1	2	3	4	5	6	7	8	9	1	2	3	4	5	6	7
대운 남	8	8	9	9	9	소	1	1	1	1	2	2	2	3	3	3	4	4	4	5	대	5	6	6	6	7	7	7	8	8	8
대운 여	2	1	1	1	1	한	10	9	9	9	8	8	8	7	7	7	6	6	6	5	한	5	4	4	4	3	3	3	2	2	2

입춘 5일 05시 12분 【음1월】 ➡ 【庚寅月(경인월)】 ☯二黑星 우수 20일 01시 05분

양력 2월 / 음력 12/20 ~ 01/18

양력	1	2	3	4	5	6	7	8	9	10	11	12	13	14	15	16	17	18	19	20	21	22	23	24	25	26	27	28	29
요일	수	목	금	토	일	월	화	수	목	금	토	일	월	화	수	목	금	토	일	월	화	수	목	금	토	일	월	화	수
일진 日辰	戊戌	己亥	庚子	辛丑	壬寅	癸卯	甲辰	乙巳	丙午	丁未	戊申	己酉	庚戌	辛亥	壬子	癸丑	甲寅	乙卯	丙辰	丁巳	戊午	己未	庚申	辛酉	壬戌	癸亥	甲子	乙丑	丙寅
납음	平地木		壁上土		金箔金		覆燈火		天河水		大驛土		釵釧金		桑柘木		大溪水		沙中土		天上火		石榴木		大海水		海中金		
음력	20	21	22	23	24	25	26	27	28	29	30	1/1	2	3	4	5	6	7	8	9	10	11	12	13	14	15	16	17	18
구성	8	9	1	2	3	4	5	6	7	8	9	1	2	3	4	5	6	7	8	9	1	2	3	4	5	6	7	8	9
대운 남	9	9	9	10	입	9	9	9	8	8	8	7	7	7	6	6	6	5	5	우	4	4	4	3	3	3	2	2	2
대운 여	1	1	1	1	춘	1	1	1	1	2	2	2	3	3	3	4	4	4	5	수	5	6	6	6	7	7	7	8	8

丙申年

경칩 5일 23시 24분 【음2월】 ➡ 【辛卯月(신묘월)】 ☯一白星 춘분 21일 00시 20분

양력 3월 / 음력 01/19 ~ 02/20

양력	1	2	3	4	5	6	7	8	9	10	11	12	13	14	15	16	17	18	19	20	21	22	23	24	25	26	27	28	29	30	31
요일	목	금	토	일	월	화	수	목	금	토	일	월	화	수	목	금	토	일	월	화	수	목	금	토	일	월	화	수	목	금	토
일진 日辰	丁卯	戊辰	己巳	庚午	辛未	壬申	癸酉	甲戌	乙亥	丙子	丁丑	戊寅	己卯	庚辰	辛巳	壬午	癸未	甲申	乙酉	丙戌	丁亥	戊子	己丑	庚寅	辛卯	壬辰	癸巳	甲午	乙未	丙申	丁酉
납음		大林木		路傍土		劍鋒金		山頭火		澗下水		城頭土		白臘金		楊柳木		井中水		屋上土		霹靂火		松柏木		長流水		沙中金		山下火	
음력	19	20	21	22	23	24	25	26	27	28	29	2/1	2	3	4	5	6	7	8	9	10	11	12	13	14	15	16	17	18	19	20
구성	1	2	3	4	5	6	7	8	9	1	2	3	4	5	6	7	8	9	1	2	3	4	5	6	7	8	9	1	2	3	4
대운 남	1	1	1	1	경	10	10	9	9	9	8	8	8	7	7	7	6	6	6	5	춘	5	4	4	4	3	3	3	2	2	2
대운 여	8	9	9	9	칩	1	1	1	1	2	2	2	3	3	3	4	4	4	5	5	분	6	6	6	7	7	7	8	8	8	9

청명 5일 04시 31분 【음3월】 ➡ 【壬辰月(임진월)】 ☯九紫星 곡우 20일 11시 43분

양력 4월 / 음력 02/21 ~ 03/20

양력	1	2	3	4	5	6	7	8	9	10	11	12	13	14	15	16	17	18	19	20	21	22	23	24	25	26	27	28	29	30
요일	일	월	화	수	목	금	토	일	월	화	수	목	금	토	일	월	화	수	목	금	토	일	월	화	수	목	금	토	일	월
일진 日辰	戊戌	己亥	庚子	辛丑	壬寅	癸卯	甲辰	乙巳	丙午	丁未	戊申	己酉	庚戌	辛亥	壬子	癸丑	甲寅	乙卯	丙辰	丁巳	戊午	己未	庚申	辛酉	壬戌	癸亥	甲子	乙丑	丙寅	丁卯
납음	平地木		壁上土		金箔金		覆燈火		天河水		大驛土		釵釧金		桑柘木		大溪水		沙中土		天上火		石榴木		大海水		海中金		爐中火	
음력	21	22	23	24	25	26	27	28	29	30	3/1	2	3	4	5	6	7	8	9	10	11	12	13	14	15	16	17	18	19	20
구성	5	6	7	8	9	1	2	3	4	5	6	7	8	9	1	2	3	4	5	6	7	8	9	1	2	3	4	5	6	7
대운 남	1	1	1	1	청	10	9	9	9	8	8	8	7	7	7	6	6	6	5	곡	5	4	4	4	3	3	3	2	2	2
대운 여	9	9	10	10	명	1	1	1	1	2	2	2	3	3	3	4	4	4	5	우	5	6	6	6	7	7	7	8	8	8

입하 5일 22시 10분 【음4월】 ➡ 【癸巳月(계사월)】 ☯八白星 소만 21일 12시 13분

양력 5월 / 음력 03/21 ~ 04/22

양력	1	2	3	4	5	6	7	8	9	10	11	12	13	14	15	16	17	18	19	20	21	22	23	24	25	26	27	28	29	30	31
요일	화	수	목	금	토	일	월	화	수	목	금	토	일	월	화	수	목	금	토	일	월	화	수	목	금	토	일	월	화	수	목
일진 日辰	戊辰	己巳	庚午	辛未	壬申	癸酉	甲戌	乙亥	丙子	丁丑	戊寅	己卯	庚辰	辛巳	壬午	癸未	甲申	乙酉	丙戌	丁亥	戊子	己丑	庚寅	辛卯	壬辰	癸巳	甲午	乙未	丙申	丁酉	戊戌
납음	大林木		路傍土		劍鋒金		山頭火		澗下水		城頭土		白臘金		楊柳木		井中水		屋上土		霹靂火		松柏木		長流水		沙中金		山下火		
음력	21	22	23	24	25	26	27	28	29	4/1	2	3	4	5	6	7	8	9	10	11	12	13	14	15	16	17	18	19	20	21	22
구성	8	9	1	2	3	4	5	6	7	8	9	1	2	3	4	5	6	7	8	9	1	2	3	4	5	6	7	8	9	1	2
대운 남	1	1	1	1	입	10	10	10	9	9	9	8	8	8	7	7	7	6	6	6	소	5	5	4	4	4	3	3	3	2	2
대운 여	9	9	9	10	하	1	1	1	1	2	2	2	3	3	3	4	4	4	5	5	만	6	6	6	7	7	7	8	8	8	9

망종 6일 03시 36분 【음5월】 ➡ 【甲午月(갑오월)】 ☯七赤星 하지 21일 20시 24분

양력 6월 / 음력 04/23 ~ 05/22

양력	1	2	3	4	5	6	7	8	9	10	11	12	13	14	15	16	17	18	19	20	21	22	23	24	25	26	27	28	29	30
요일	금	토	일	월	화	수	목	금	토	일	월	화	수	목	금	토	일	월	화	수	목	금	토	일	월	화	수	목	금	토
일진 日辰	己亥	庚子	辛丑	壬寅	癸卯	甲辰	乙巳	丙午	丁未	戊申	己酉	庚戌	辛亥	壬子	癸丑	甲寅	乙卯	丙辰	丁巳	戊午	己未	庚申	辛酉	壬戌	癸亥	甲子	乙丑	丙寅	丁卯	戊辰
납음		壁上土		金箔金		覆燈火		天河水		大驛土		釵釧金		桑柘木		大溪水		沙中土		天上火		石榴木		大海水		海中金		爐中火		
음력	23	24	25	26	27	28	29	30	5/1	2	3	4	5	6	7	8	9	10	11	12	13	14	15	16	17	18	19	20	21	22
구성	3	4	5	6	7	8	9	1	2	3	4	5	6	7	8	9	1	2	3	4	5	6	7	8	9	9	8	7	6	5
대운 남	2	1	1	1	1	망	10	10	9	9	9	8	8	8	7	7	7	6	6	6	하	5	5	4	4	4	3	3	3	2
대운 여	9	9	10	10	10	종	1	1	1	1	2	2	2	3	3	3	4	4	4	5	지	5	6	6	6	7	7	7	8	8

한식(4월05일), 초복(7월12일), 중복(7월22일), 말복(8월11일) 춘사(春社)3/22 추사(秋社)9/18
토왕지절(土旺之節):4월17일,7월20일,10월20일,1월17일(신년양력),

三日得辛,八龍治水,1956년 병신年(산하화), 팔백토

서머타임 시작 5월20일 00시→01시로 조정
종료 9월30일 01시→00시로 조정
수정한 시간으로 표기(동경표준시 사용)

7赤	3碧	5黃
6白	8白	1白
2黑	4綠	9紫

소서 7일 13시 58분 【음6월】 ➡ 【乙未月(을미월)】 ☯六白星 대서 23일 07시 20분

양력 7월 / 음력 05/23 ~ 06/24

양력	1	2	3	4	5	6	7	8	9	10	11	12	13	14	15	16	17	18	19	20	21	22	23	24	25	26	27	28	29	30	31
요일	일	월	화	수	목	금	토	일	월	화	수	목	금	토	일	월	화	수	목	금	토	일	월	화	수	목	금	토	일	월	화
일진 日辰	己巳	庚午	辛未	壬申	癸酉	甲戌	乙亥	丙子	丁丑	戊寅	己卯	庚辰	辛巳	壬午	癸未	甲申	乙酉	丙戌	丁亥	戊子	己丑	庚寅	辛卯	壬辰	癸巳	甲午	乙未	丙申	丁酉	戊戌	己亥
납음		路傍土		劍鋒金		山頭火		澗下水		城頭土		白臘金		楊柳木		井中水		屋上土		霹靂火		松柏木		長流水		沙中金		山下火		平地木	
음력	23	24	25	26	27	28	29	6/1	2	3	4	5	6	7	8	9	10	11	12	13	14	15	16	17	18	19	20	21	22	23	24
구성	4	3	2	1	9	8	7	6	5	4	3	2	1	9	8	7	6	5	4	3	2	1	9	8	7	6	5	4	3	2	1
대운 남	2	2	1	1	1	1	소	10	10	9	9	9	8	8	8	7	7	7	6	6	6	5	대	5	4	4	4	3	3	3	2
대운 여	8	9	9	9	10	10	서	1	1	1	1	2	2	2	3	3	3	4	4	4	5	5	서	6	6	6	7	7	7	8	8

입추 7일 23시 40분 【음7월】 ➡ 【丙申月(병신월)】 ☯五黃星 처서 23일 14시 15분

양력 8월 / 음력 06/25 ~ 07/26

양력	1	2	3	4	5	6	7	8	9	10	11	12	13	14	15	16	17	18	19	20	21	22	23	24	25	26	27	28	29	30	31
요일	수	목	금	토	일	월	화	수	목	금	토	일	월	화	수	목	금	토	일	월	화	수	목	금	토	일	월	화	수	목	금
일진 日辰	庚子	辛丑	壬寅	癸卯	甲辰	乙巳	丙午	丁未	戊申	己酉	庚戌	辛亥	壬子	癸丑	甲寅	乙卯	丙辰	丁巳	戊午	己未	庚申	辛酉	壬戌	癸亥	甲子	乙丑	丙寅	丁卯	戊辰	己巳	庚午
납음	壁上土		金箔金		覆燈火		天河水		大驛土		釵釧金		桑柘木		大溪水		沙中土		天上火		石榴木		大海水		海中金		爐中火		大林木		
음력	25	26	27	28	29	7/1	2	3	4	5	6	7	8	9	10	11	12	13	14	15	16	17	18	19	20	21	22	23	24	25	26
구성	9	8	7	6	5	4	3	2	1	9	8	7	6	5	4	3	2	1	9	8	7	6	5	4	3	2	1	9	8	7	6
대운 남	2	2	1	1	1	1	입	10	10	10	9	9	9	8	8	8	7	7	7	6	6	6	처	5	5	4	4	4	3	3	3
대운 여	8	9	9	9	10	10	추	1	1	1	1	2	2	2	3	3	3	4	4	4	5	5	서	6	6	6	7	7	7	8	8

백로 8일 02시 19분 【음8월】 ➡ 【丁酉月(정유월)】 ☯四綠星 추분 23일 11시 35분

양력 9월 / 음력 07/27 ~ 08/26

양력	1	2	3	4	5	6	7	8	9	10	11	12	13	14	15	16	17	18	19	20	21	22	23	24	25	26	27	28	29	30
요일	토	일	월	화	수	목	금	토	일	월	화	수	목	금	토	일	월	화	수	목	금	토	일	월	화	수	목	금	토	일
일진 日辰	辛未	壬申	癸酉	甲戌	乙亥	丙子	丁丑	戊寅	己卯	庚辰	辛巳	壬午	癸未	甲申	乙酉	丙戌	丁亥	戊子	己丑	庚寅	辛卯	壬辰	癸巳	甲午	乙未	丙申	丁酉	戊戌	己亥	庚子
납음		劍鋒金		山頭火		澗下水		城頭土		白臘金		楊柳木		井中水		屋上土		霹靂火		松柏木		長流水		沙中金		山下火		平地木		
음력	27	28	29	30	8/1	2	3	4	5	6	7	8	9	10	11	12	13	14	15	16	17	18	19	20	21	22	23	24	25	26
구성	5	4	3	2	1	9	8	7	6	5	4	3	2	1	9	8	7	6	5	4	3	2	1	9	8	7	6	5	4	3
대운 남	2	2	2	1	1	1	1	백	10	9	9	9	8	8	8	7	7	7	6	6	6	5	추	5	4	4	4	3	3	3
대운 여	8	9	9	9	10	10	10	로	1	1	1	1	2	2	2	3	3	3	4	4	4	5	분	5	6	6	6	7	7	7

한로 8일 16시 36분 【음9월】 ➡ 【戊戌月(무술월)】 ☯三碧星 상강 23일 19시 34분

양력 10월 / 음력 08/27 ~ 09/28

양력	1	2	3	4	5	6	7	8	9	10	11	12	13	14	15	16	17	18	19	20	21	22	23	24	25	26	27	28	29	30	31
요일	월	화	수	목	금	토	일	월	화	수	목	금	토	일	월	화	수	목	금	토	일	월	화	수	목	금	토	일	월	화	수
일진 日辰	辛丑	壬寅	癸卯	甲辰	乙巳	丙午	丁未	戊申	己酉	庚戌	辛亥	壬子	癸丑	甲寅	乙卯	丙辰	丁巳	戊午	己未	庚申	辛酉	壬戌	癸亥	甲子	乙丑	丙寅	丁卯	戊辰	己巳	庚午	辛未
납음		金箔金		覆燈火		天河水		大驛土		釵釧金		桑柘木		大溪水		沙中土		天上火		石榴木		大海水		海中金		爐中火		大林木		路傍土	
음력	27	28	29	9/1	2	3	4	5	6	7	8	9	10	11	12	13	14	15	16	17	18	19	20	21	22	23	24	25	26	27	28
구성	2	1	9	8	7	6	5	4	3	2	1	9	8	7	6	5	4	3	2	1	9	8	7	6	5	4	3	2	1	9	8
대운 남	2	2	2	1	1	1	1	한	10	9	9	9	8	8	8	7	7	7	6	6	6	5	상	5	4	4	4	3	3	3	2
대운 여	8	8	8	9	9	9	10	로	1	1	1	1	2	2	2	3	3	3	4	4	4	5	강	5	6	6	6	7	7	7	8

입동 7일 19시 26분 【음10월】 ➡ 【己亥月(기해월)】 ☯二黑星 소설 22일 16시 50분

양력 11월 / 음력 09/29 ~ 10/28

양력	1	2	3	4	5	6	7	8	9	10	11	12	13	14	15	16	17	18	19	20	21	22	23	24	25	26	27	28	29	30
요일	목	금	토	일	월	화	수	목	금	토	일	월	화	수	목	금	토	일	월	화	수	목	금	토	일	월	화	수	목	금
일진 日辰	壬申	癸酉	甲戌	乙亥	丙子	丁丑	戊寅	己卯	庚辰	辛巳	壬午	癸未	甲申	乙酉	丙戌	丁亥	戊子	己丑	庚寅	辛卯	壬辰	癸巳	甲午	乙未	丙申	丁酉	戊戌	己亥	庚子	辛丑
납음	劍鋒金		山頭火		澗下水		城頭土		白臘金		楊柳木		井中水		屋上土		霹靂火		松柏木		長流水		沙中金		山下火		平地木		壁上土	
음력	29	30	10/1	2	3	4	5	6	7	8	9	10	11	12	13	14	15	16	17	18	19	20	21	22	23	24	25	26	27	28
구성	7	6	5	4	3	2	1	9	8	7	6	5	4	3	2	1	9	8	7	6	5	4	3	2	1	9	8	7	6	5
대운 남	2	2	1	1	1	1	입	10	9	9	9	8	8	8	7	7	7	6	6	6	5	소	5	4	4	4	3	3	3	2
대운 여	8	8	9	9	9	10	동	1	1	1	1	2	2	2	3	3	3	4	4	4	5	설	5	6	6	6	7	7	7	8

대설 7일 12시 02분 【음11월】 ➡ 【庚子月(경자월】 ☯一白星 동지 22일 05시 59분

양력 12월 / 음력 10/29 ~ 11/30

양력	1	2	3	4	5	6	7	8	9	10	11	12	13	14	15	16	17	18	19	20	21	22	23	24	25	26	27	28	29	30	31
요일	토	일	월	화	수	목	금	토	일	월	화	수	목	금	토	일	월	화	수	목	금	토	일	월	화	수	목	금	토	일	월
일진 日辰	壬寅	癸卯	甲辰	乙巳	丙午	丁未	戊申	己酉	庚戌	辛亥	壬子	癸丑	甲寅	乙卯	丙辰	丁巳	戊午	己未	庚申	辛酉	壬戌	癸亥	甲子	乙丑	丙寅	丁卯	戊辰	己巳	庚午	辛未	壬申
납음	金箔金		覆燈火		天河水		大驛土		釵釧金		桑柘木		大溪水		沙中土		天上火		石榴木		大海水		海中金		爐中火		大林木		路傍土		
음력	29	11/1	2	3	4	5	6	7	8	9	10	11	12	13	14	15	16	17	18	19	20	21	22	23	24	25	26	27	28	29	30
구성	4	3	2	1	9	8	7	6	5	4	3	2	1	9	8	7	6	5	4	3	2	1	1	2	3	4	5	6	7	8	9
대운 남	2	2	1	1	1	1	대	9	9	9	8	8	8	7	7	7	6	6	6	5	5	동	4	4	4	3	3	3	2	2	2
대운 여	8	8	9	9	9	10	설	1	1	1	1	2	2	2	3	3	3	4	4	4	5	징	5	6	6	6	7	7	7	8	8

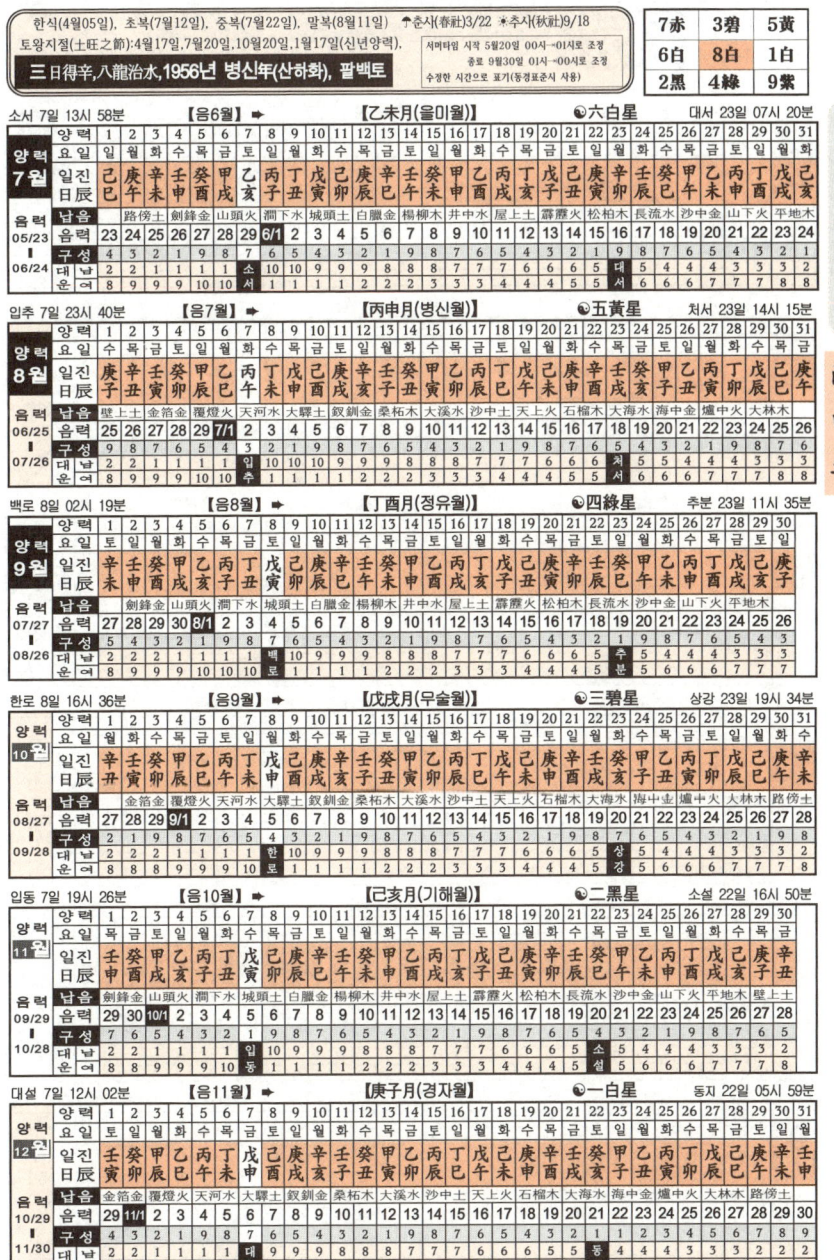

단기 4290 年
불기 2501 年

1957년

중원 **丁酉年** 납음(山下火),본명성(七赤金)

대장군(午남방).삼살(동방),상문(亥서북방),조객(未서남방),납음(산하화),【삼재(해,자,축)년】 臘享(납향):1958년1월30일(음12/11)

닭

소한 5일 23시 10분 【음12월】 ➡ 【辛丑月(신축월)】 ☯九紫星 대한 20일 16시 39분

양력 1월 / 음력 12/01 – 01/01

양력	1	2	3	4	5	6	7	8	9	10	11	12	13	14	15	16	17	18	19	20	21	22	23	24	25	26	27	28	29	30	31
요일	화	수	목	금	토	일	월	화	수	목	금	토	일	월	화	수	목	금	토	일	월	화	수	목	금	토	일	월	화	수	목
일진 日辰	癸酉	甲戌	乙亥	丙子	丁丑	戊寅	己卯	庚辰	辛巳	壬午	癸未	甲申	乙酉	丙戌	丁亥	戊子	己丑	庚寅	辛卯	壬辰	癸巳	甲午	乙未	丙申	丁酉	戊戌	己亥	庚子	辛丑	壬寅	癸卯
납음		山頭火		澗下水		城頭土		白臘金		楊柳木		井中水		屋上土		霹靂火		松柏木		長流水		沙中金		山下火		平地木		壁上土		金箔金	
음력	12/1	2	3	4	5	6	7	8	9	10	11	12	13	14	15	16	17	18	19	20	21	22	23	24	25	26	27	28	29	30	1/1
구성	1	2	3	4	5	6	7	8	9	1	2	3	4	5	6	7	8	9	1	2	3	4	5	6	7	8	9	1	2	3	4
대운 남	1	1	1	1	소	10	9	9	9	8	8	8	7	7	7	6	6	6	5	대	5	4	4	4	3	3	3	2	2	2	1
대운 여	8	9	9	9	한	1	1	1	1	2	2	2	3	3	3	4	4	4	5	한	5	6	6	6	7	7	7	8	8	8	9

입춘 4일 10시 55분 【음1월】 ➡ 【壬寅月(임인월)】 ☯八白星 우수 19일 06시 58분

양력 2월 / 음력 01/02 – 01/29

양력	1	2	3	4	5	6	7	8	9	10	11	12	13	14	15	16	17	18	19	20	21	22	23	24	25	26	27	28
요일	금	토	일	월	화	수	목	금	토	일	월	화	수	목	금	토	일	월	화	수	목	금	토	일	월	화	수	목
일진 日辰	甲辰	乙巳	丙午	丁未	戊申	己酉	庚戌	辛亥	壬子	癸丑	甲寅	乙卯	丙辰	丁巳	戊午	己未	庚申	辛酉	壬戌	癸亥	甲子	乙丑	丙寅	丁卯	戊辰	己巳	庚午	辛未
납음	覆燈火		天河水		大驛土		釵釧金		桑柘木		大溪水		沙中土		天上火		石榴木		大海水		海中金		爐中火		大林木		路傍土	
음력	2	3	4	5	6	7	8	9	10	11	12	13	14	15	16	17	18	19	20	21	22	23	24	25	26	27	28	29
구성	5	6	7	8	9	1	2	3	4	5	6	7	8	9	1	2	3	4	5	6	7	8	9	1	2	3	4	5
대운 남	1	1	1	입	1	1	1	1	2	2	2	3	3	3	4	4	4	5	우	5	6	6	6	7	7	7	8	8
대운 여	9	9	10	춘	10	9	9	9	8	8	8	7	7	7	6	6	6	5	수	5	4	4	4	3	3	3	2	2

丁酉年

경칩 6일 05시 10분 【음2월】 ➡ 【癸卯月(계묘월)】 ☯七赤星 춘분 21일 06시 16분

양력 3월 / 음력 01/30 – 03/01

양력	1	2	3	4	5	6	7	8	9	10	11	12	13	14	15	16	17	18	19	20	21	22	23	24	25	26	27	28	29	30	31
요일	금	토	일	월	화	수	목	금	토	일	월	화	수	목	금	토	일	월	화	수	목	금	토	일	월	화	수	목	금	토	일
일진 日辰	壬申	癸酉	甲戌	乙亥	丙子	丁丑	戊寅	己卯	庚辰	辛巳	壬午	癸未	甲申	乙酉	丙戌	丁亥	戊子	己丑	庚寅	辛卯	壬辰	癸巳	甲午	乙未	丙申	丁酉	戊戌	己亥	庚子	辛丑	壬寅
납음	劍鋒金		山頭火		澗下水		城頭土		白臘金		楊柳木		井中水		屋上土		霹靂火		松柏木		長流水		沙中金		山下火		平地木		壁上土		
음력	30	2/1	2	3	4	5	6	7	8	9	10	11	12	13	14	15	16	17	18	19	20	21	22	23	24	25	26	27	28	29	3/1
구성	6	7	8	9	1	2	3	4	5	6	7	8	9	1	2	3	4	5	6	7	8	9	1	2	3	4	5	6	7	8	9
대운 남	8	9	9	9	10	경	1	1	1	1	2	2	2	3	3	3	4	4	4	5	춘	5	6	6	6	7	7	7	8	8	8
대운 여	2	1	1	1	1	칩	10	9	9	9	8	8	8	7	7	7	6	6	6	5	분	5	4	4	4	3	3	3	2	2	2

청명 5일 10시 19분 【음3월】 ➡ 【甲辰月(갑진월)】 ☯六白星 곡우 20일 17시 41분

양력 4월 / 음력 03/02 – 04/01

양력	1	2	3	4	5	6	7	8	9	10	11	12	13	14	15	16	17	18	19	20	21	22	23	24	25	26	27	28	29	30
요일	월	화	수	목	금	토	일	월	화	수	목	금	토	일	월	화	수	목	금	토	일	월	화	수	목	금	토	일	월	화
일진 日辰	癸卯	甲辰	乙巳	丙午	丁未	戊申	己酉	庚戌	辛亥	壬子	癸丑	甲寅	乙卯	丙辰	丁巳	戊午	己未	庚申	辛酉	壬戌	癸亥	甲子	乙丑	丙寅	丁卯	戊辰	己巳	庚午	辛未	壬申
납음		覆燈火		天河水		大驛土		釵釧金		桑柘木		大溪水		沙中土		天上火		石榴木		大海水		海中金		爐中火		大林木		路傍土		
음력	2	3	4	5	6	7	8	9	10	11	12	13	14	15	16	17	18	19	20	21	22	23	24	25	26	27	28	29	30	4/1
구성	1	2	3	4	5	6	7	8	9	1	2	3	4	5	6	7	8	9	1	2	3	4	5	6	7	8	9	1	2	3
대운 남	9	9	9	10	청	1	1	1	1	2	2	2	3	3	3	4	4	4	5	곡	5	6	6	6	7	7	7	8	8	8
대운 여	1	1	1	1	명	10	10	9	9	9	8	8	8	7	7	7	6	6	6	우	5	5	4	4	4	3	3	3	2	2

입하 6일 04시 58분 【음4월】 ➡ 【乙巳月(을사월)】 ☯五黃星 소만 21일 18시 10분

양력 5월 / 음력 04/02 – 05/03

양력	1	2	3	4	5	6	7	8	9	10	11	12	13	14	15	16	17	18	19	20	21	22	23	24	25	26	27	28	29	30	31
요일	수	목	금	토	일	월	화	수	목	금	토	일	월	화	수	목	금	토	일	월	화	수	목	금	토	일	월	화	수	목	금
일진 日辰	癸酉	甲戌	乙亥	丙子	丁丑	戊寅	己卯	庚辰	辛巳	壬午	癸未	甲申	乙酉	丙戌	丁亥	戊子	己丑	庚寅	辛卯	壬辰	癸巳	甲午	乙未	丙申	丁酉	戊戌	己亥	庚子	辛丑	壬寅	癸卯
납음		山頭火		澗下水		城頭土		白臘金		楊柳木		井中水		屋上土		霹靂火		松柏木		長流水		沙中金		山下火		平地木		壁上土		金箔金	
음력	2	3	4	5	6	7	8	9	10	11	12	13	14	15	16	17	18	19	20	21	22	23	24	25	26	27	28	29	5/1	2	3
구성	4	5	6	7	8	9	1	2	3	4	5	6	7	8	9	1	2	3	4	5	6	7	8	9	1	2	3	4	5	6	7
대운 남	9	9	9	10	10	입	1	1	1	1	2	2	2	3	3	3	4	4	4	5	소	5	6	6	6	7	7	7	8	8	8
대운 여	2	1	1	1	1	하	10	10	9	9	9	8	8	8	7	7	7	6	6	6	만	5	5	4	4	4	3	3	3	2	2

망종 6일 09시 25분 【음5월】 ➡ 【丙午月(병오월)】 ☯四綠星 하지 22일 02시 21분

양력 6월 / 음력 05/04 – 06/03

양력	1	2	3	4	5	6	7	8	9	10	11	12	13	14	15	16	17	18	19	20	21	22	23	24	25	26	27	28	29	30
요일	토	일	월	화	수	목	금	토	일	월	화	수	목	금	토	일	월	화	수	목	금	토	일	월	화	수	목	금	토	일
일진 日辰	甲辰	乙巳	丙午	丁未	戊申	己酉	庚戌	辛亥	壬子	癸丑	甲寅	乙卯	丙辰	丁巳	戊午	己未	庚申	辛酉	壬戌	癸亥	甲子	乙丑	丙寅	丁卯	戊辰	己巳	庚午	辛未	壬申	癸酉
납음	覆燈火		天河水		大驛土		釵釧金		桑柘木		大溪水		沙中土		天上火		石榴木		大海水		海中金		爐中火		大林木		路傍土		劍鋒金	
음력	4	5	6	7	8	9	10	11	12	13	14	15	16	17	18	19	20	21	22	23	24	25	26	27	28	29	30	6/1	2	3
구성	8	9	1	2	3	4	5	6	7	8	9	1	2	3	4	5	6	7	8	9	9	8	7	6	5	4	3	2	1	9
대운 남	9	9	9	10	10	망	1	1	1	1	2	2	2	3	3	3	4	4	4	5	5	하	6	6	6	7	7	7	8	8
대운 여	2	1	1	1	1	종	10	10	9	9	9	8	8	8	7	7	7	6	6	6	5	지	5	4	4	4	3	3	3	2

한식(4월06일), 초복(7월17일), 중복(7월27일), 말복(8월15일) ☂춘사(春社)3/17 ☀추사(秋社)9/23
토왕지절(土旺之節):4월17일,7월20일,10월21일,1월17일(신년양력),

九日得辛,二龍治水,1957년 정유年(산하화), 칠적금

서머타임 시작 5월05일 00시→01시로 조정
종료 9월22일 01시→00시로 조정
수정한 시간으로 표기(동경표준시 사용)

6白	2黑	4綠
5黃	7赤	9紫
1白	3碧	8白

1957 丁酉年

소서 7일 19시 48분 【음6월】 ➡ 【丁未月(정미월)】 ☯三碧星 대서 23일 13시 15분

양력 7월	양력	1	2	3	4	5	6	7	8	9	10	11	12	13	14	15	16	17	18	19	20	21	22	23	24	25	26	27	28	29	30	31
	요일	월	화	수	목	금	토	일	월	화	수	목	금	토	일	월	화	수	목	금	토	일	월	화	수	목	금	토	일	월	화	수
	일진 日辰	甲戌	乙亥	丙子	丁丑	戊寅	己卯	庚辰	辛巳	壬午	癸未	甲申	乙酉	丙戌	丁亥	戊子	己丑	庚寅	辛卯	壬辰	癸巳	甲午	乙未	丙申	丁酉	戊戌	己亥	庚子	辛丑	壬寅	癸卯	甲辰
음력 06/04 ~ 07/05	납음	山頭火		澗下水		城頭土		白臘金		楊柳木		井中水		屋上土		霹靂火		松柏木		長流水		沙中金		山下火		平地木		壁上土		金箔金		
	음력	4	5	6	7	8	9	10	11	12	13	14	15	16	17	18	19	20	21	22	23	24	25	26	27	28	29	7/1	2	3	4	5
	구성	8	7	6	5	4	3	2	1	9	8	7	6	5	4	3	2	1	9	8	7	6	5	4	3	2	1	9	8	7	6	5
	대운 남	8	9	9	9	10	10	소	1	1	1	1	2	2	2	3	3	3	4	4	4	5	5	대	6	6	6	7	7	7	8	8
	대운 여	2	2	1	1	1	1	서	10	10	10	9	9	9	8	8	8	7	7	7	6	6	6	서	5	5	4	4	4	3	3	3

입추 8일 05시 32분 【음7월】 ➡ 【戊申月(무신월)】 ☯二黑星 처서 23일 20시 08분

양력 8월	양력	1	2	3	4	5	6	7	8	9	10	11	12	13	14	15	16	17	18	19	20	21	22	23	24	25	26	27	28	29	30	31
	요일	목	금	토	일	월	화	수	목	금	토	일	월	화	수	목	금	토	일	월	화	수	목	금	토	일	월	화	수	목	금	토
	일진 日辰	乙巳	丙午	丁未	戊申	己酉	庚戌	辛亥	壬子	癸丑	甲寅	乙卯	丙辰	丁巳	戊午	己未	庚申	辛酉	壬戌	癸亥	甲子	乙丑	丙寅	丁卯	戊辰	己巳	庚午	辛未	壬申	癸酉	甲戌	乙亥
음력 07/06 ~ 08/07	납음		天河水		大驛土		釵釧金		桑柘木		大溪水		沙中土		天上火		石榴木		大海水		海中金		爐中火		大林木		路傍土		劍鋒金		山頭火	
	음력	6	7	8	9	10	11	12	13	14	15	16	17	18	19	20	21	22	23	24	25	26	27	28	29	8/1	2	3	4	5	6	7
	구성	4	3	2	1	9	8	7	6	5	4	3	2	1	9	8	7	6	5	4	3	2	1	9	8	7	6	5	4	3	2	1
	대운 남	8	9	9	9	10	10	10	입	1	1	1	1	2	2	2	3	3	3	4	4	4	5	처	5	6	6	6	7	7	7	8
	대운 여	2	2	2	1	1	1	1	추	10	10	9	9	9	8	8	8	7	7	7	6	6	6	서	5	5	4	4	4	3	3	3

백로 8일 08시 12분 【음8월】 ➡ 【己酉月(기유월)】 ☯一白星 추분 23일 16시 26분

양력 9월	양력	1	2	3	4	5	6	7	8	9	10	11	12	13	14	15	16	17	18	19	20	21	22	23	24	25	26	27	28	29	30
	요일	일	월	화	수	목	금	토	일	월	화	수	목	금	토	일	월	화	수	목	금	토	일	월	화	수	목	금	토	일	월
	일진 日辰	丙子	丁丑	戊寅	己卯	庚辰	辛巳	壬午	癸未	甲申	乙酉	丙戌	丁亥	戊子	己丑	庚寅	辛卯	壬辰	癸巳	甲午	乙未	丙申	丁酉	戊戌	己亥	庚子	辛丑	壬寅	癸卯	甲辰	乙巳
음력 08/08 ~ 윤807	납음	澗下水		城頭土		白臘金		楊柳木		井中水		屋上土		霹靂火		松柏木		長流水		沙中金		山下火		平地木		壁上土		金箔金		覆燈火	
	음력	8	9	10	11	12	13	14	15	16	17	18	19	20	21	22	23	24	25	26	27	28	29	30	윤8	2	3	4	5	6	7
	구성	9	8	7	6	5	4	3	2	1	9	8	7	6	5	4	3	2	1	9	8	7	6	5	4	3	2	1	9	8	7
	대운 남	8	8	9	9	9	10	10	백	1	1	1	1	2	2	2	3	3	3	4	4	4	5	추	5	6	6	6	7	7	7
	대운 여	2	2	2	1	1	1	1	로	10	9	9	9	8	8	8	7	7	7	6	6	6	5	분	5	4	4	4	3	3	3

한로 8일 22시 30분 【음9월】 ➡ 【庚戌月(경술월)】 ☯九紫星 상강 24일 01시 24분

양력 10월	양력	1	2	3	4	5	6	7	8	9	10	11	12	13	14	15	16	17	18	19	20	21	22	23	24	25	26	27	28	29	30	31
	요일	화	수	목	금	토	일	월	화	수	목	금	토	일	월	화	수	목	금	토	일	월	화	수	목	금	토	일	월	화	수	목
	일진 日辰	丙午	丁未	戊申	己酉	庚戌	辛亥	壬子	癸丑	甲寅	乙卯	丙辰	丁巳	戊午	己未	庚申	辛酉	壬戌	癸亥	甲子	乙丑	丙寅	丁卯	戊辰	己巳	庚午	辛未	壬申	癸酉	甲戌	乙亥	丙子
음력 윤808 ~ 09/09	납음	天河水		大驛土		釵釧金		桑柘木		大溪水		沙中土		天上火		石榴木		大海水		海中金		爐中火		大林木		路傍土		劍鋒金		山頭火		
	음력	8	9	10	11	12	13	14	15	16	17	18	19	20	21	22	23	24	25	26	27	28	29	9/1	2	3	4	5	6	7	8	9
	구성	6	5	4	3	2	1	9	8	7	6	5	4	3	2	1	9	8	7	6	5	4	3	2	1	9	8	7	6	5	4	3
	대운 남	8	8	8	9	9	9	10	한	1	1	1	1	2	2	2	3	3	3	4	4	4	5	5	상	6	6	6	7	7	7	8
	대운 여	2	2	2	1	1	1	1	로	10	10	9	9	9	8	8	8	7	7	7	6	6	6	5	강	5	4	4	4	3	3	3

입동 8일 01시 20분 【음10월】 ➡ 【辛亥月(신해월)】 ☯八白星 소설 22일 22시 39분

양력 11월	양력	1	2	3	4	5	6	7	8	9	10	11	12	13	14	15	16	17	18	19	20	21	22	23	24	25	26	27	28	29	30
	요일	금	토	일	월	화	수	목	금	토	일	월	화	수	목	금	토	일	월	화	수	목	금	토	일	월	화	수	목	금	토
	일진 日辰	丁丑	戊寅	己卯	庚辰	辛巳	壬午	癸未	甲申	乙酉	丙戌	丁亥	戊子	己丑	庚寅	辛卯	壬辰	癸巳	甲午	乙未	丙申	丁酉	戊戌	己亥	庚子	辛丑	壬寅	癸卯	甲辰	乙巳	丙午
음력 09/10 ~ 10/09	납음		城頭土		白臘金		楊柳木		井中水		屋上土		霹靂火		松柏木		長流水		沙中金		山下火		平地木		壁上土		金箔金		覆燈火		
	음력	10	11	12	13	14	15	16	17	18	19	20	21	22	23	24	25	26	27	28	29	30	10/1	2	3	4	5	6	7	8	9
	구성	2	1	9	8	7	6	5	4	3	2	1	9	8	7	6	5	4	3	2	1	9	8	7	6	5	4	3	2	1	9
	대운 남	8	8	9	9	9	10	10	입	1	1	1	1	2	2	2	3	3	3	4	4	4	5	소	5	6	6	6	7	7	7
	대운 여	2	2	2	1	1	1	1	동	9	9	9	8	8	8	7	7	7	6	6	6	5	5	설	4	4	4	3	3	3	2

대설 7일 17시 56분 【음11월】 ➡ 【壬子月(임자월)】 ☯七赤星 동지 22일 11시 49분

양력 12월	양력	1	2	3	4	5	6	7	8	9	10	11	12	13	14	15	16	17	18	19	20	21	22	23	24	25	26	27	28	29	30	31
	요일	일	월	화	수	목	금	토	일	월	화	수	목	금	토	일	월	화	수	목	금	토	일	월	화	수	목	금	토	일	월	화
	일진 日辰	丁未	戊申	己酉	庚戌	辛亥	壬子	癸丑	甲寅	乙卯	丙辰	丁巳	戊午	己未	庚申	辛酉	壬戌	癸亥	甲子	乙丑	丙寅	丁卯	戊辰	己巳	庚午	辛未	壬申	癸酉	甲戌	乙亥	丙子	丁丑
음력 10/10 ~ 11/11	납음		大驛土		釵釧金		桑柘木		大溪水		沙中土		天上火		石榴木		大海水		海中金		爐中火		大林木		路傍土		劍鋒金		山頭火		澗下水	
	음력	10	11	12	13	14	15	16	17	18	19	20	21	22	23	24	25	26	27	28	29	11/1	2	3	4	5	6	7	8	9	10	11
	구성	8	7	6	5	4	3	2	1	9	8	7	6	5	4	3	2	1	1	2	3	4	5	6	7	8	9	1	2	3	4	5
	대운 남	8	8	8	9	9	9	대	1	1	1	1	2	2	2	3	3	3	4	4	4	5	동	5	6	6	6	7	7	7	8	8
	대운 여	2	2	1	1	1	1	설	10	9	9	9	8	8	8	7	7	7	6	6	6	5	지	5	4	4	4	3	3	3	2	2

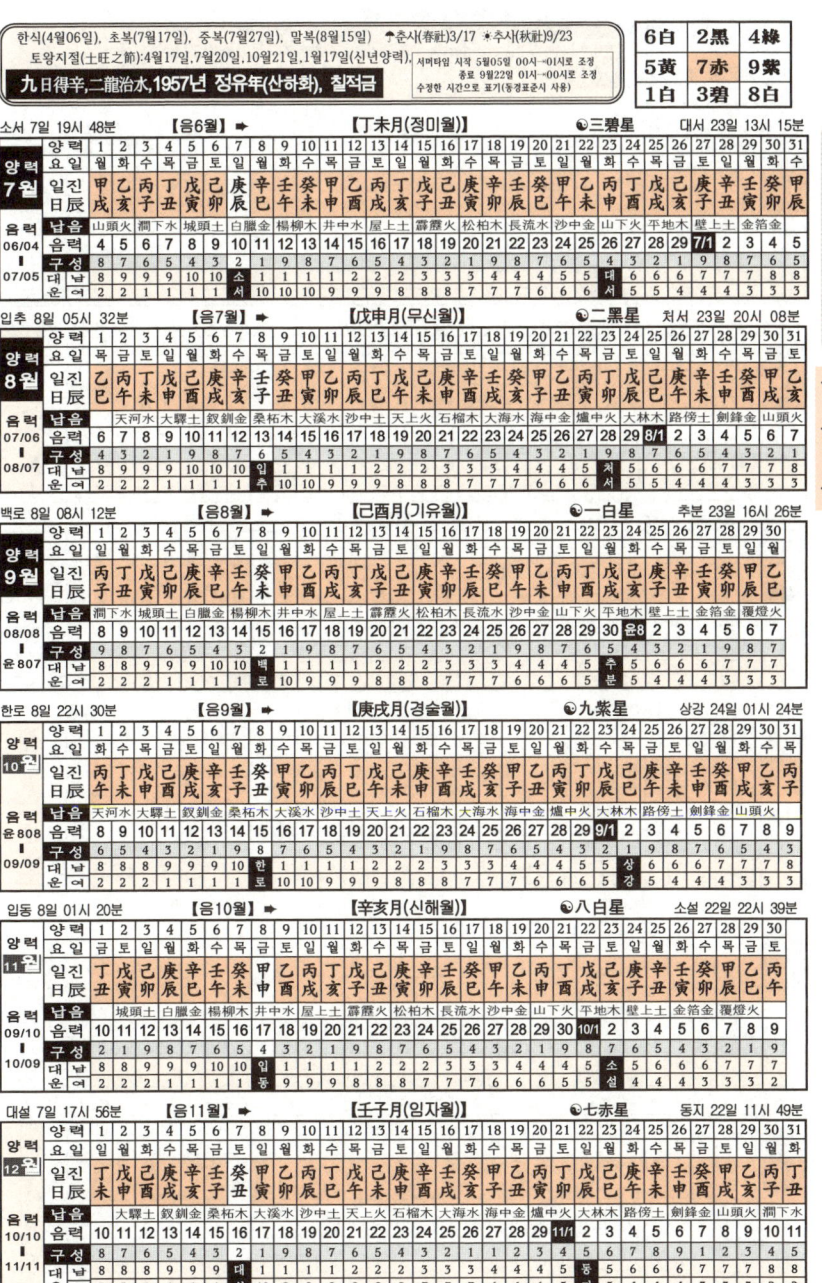

단기 4291 年 불기 2502 年

1958년 중원 戊戌年 납음(平地木),본명성(六白金)

대장군(午서방). 삼살(서방), 상문(子북방),조객(申서남방),납음(평지목),
【삼재(신,유,술)년】 臘享(납향):1959년1월25일(음12/17)

개

소한 6일 05시 04분 【음12월】 ➡ 【癸丑月(계축월)】 ☯六白星 대한 20일 22시 28분

양력 1월 / 음력 11/12 ~ 12/12

양력	1	2	3	4	5	6	7	8	9	10	11	12	13	14	15	16	17	18	19	20	21	22	23	24	25	26	27	28	29	30	31
요일	수	목	금	토	일	월	화	수	목	금	토	일	월	화	수	목	금	토	일	월	화	수	목	금	토	일	월	화	수	목	금
일진 日辰	戊寅	己卯	庚辰	辛巳	壬午	癸未	甲申	乙酉	丙戌	丁亥	戊子	己丑	庚寅	辛卯	壬辰	癸巳	甲午	乙未	丙申	丁酉	戊戌	己亥	庚子	辛丑	壬寅	癸卯	甲辰	乙巳	丙午	丁未	戊申
납음	城頭土		白臘金		楊柳木		井中水		屋上土		霹靂火		松柏木		長流水		沙中金		山下火		平地木		壁上土		金箔金		覆燈火		天河水		
음력	12	13	14	15	16	17	18	19	20	21	22	23	24	25	26	27	28	29	30	12/1	2	3	4	5	6	7	8	9	10	11	12
구성	6	7	8	9	1	2	3	4	5	6	7	8	9	1	2	3	4	5	6	7	8	9	1	2	3	4	5	6	7	8	9
대운 남	8	9	9	9	10	소	1	1	1	1	2	2	2	3	3	3	4	4	4	대	5	5	6	6	6	7	7	7	8	8	8
대운 여	2	1	1	1	1	한	9	9	9	8	8	8	7	7	7	6	6	6	5	한	5	4	4	4	3	3	3	2	2	2	1

입춘 4일 16시 49분 【음1월】 ➡ 【甲寅月(갑인월)】 ☯五黃星 우수 19일 12시 48분

양력 2월 / 음력 12/13 ~ 01/10

양력	1	2	3	4	5	6	7	8	9	10	11	12	13	14	15	16	17	18	19	20	21	22	23	24	25	26	27	28
요일	토	일	월	화	수	목	금	토	일	월	화	수	목	금	토	일	월	화	수	목	금	토	일	월	화	수	목	금
일진 日辰	己酉	庚戌	辛亥	壬子	癸丑	甲寅	乙卯	丙辰	丁巳	戊午	己未	庚申	辛酉	壬戌	癸亥	甲子	乙丑	丙寅	丁卯	戊辰	己巳	庚午	辛未	壬申	癸酉	甲戌	乙亥	丙子
납음		釵釧金		桑柘木		大溪水		沙中土		天上火		石榴木		大海水		海中金		爐中火		大林木		路傍土		劍鋒金		山頭火		
음력	13	14	15	16	17	18	19	20	21	22	23	24	25	26	27	28	29	30	1/1	2	3	4	5	6	7	8	9	10
구성	1	2	3	4	5	6	7	8	9	1	2	3	4	5	6	7	8	9	1	2	3	4	5	6	7	8	9	1
대운 남	9	9	9	입	10	9	9	9	8	8	8	7	7	7	6	6	6	5	우	5	4	4	4	3	3	3	2	2
대운 여	1	1	1	춘	1	1	1	1	2	2	2	3	3	3	4	4	4	5	수	5	6	6	6	7	7	7	8	8

戊戌年

경칩 6일 11시 05분 【음2월】 ➡ 【乙卯月(을묘월)】 ☯四綠星 춘분 21일 12시 06분

양력 3월 / 음력 01/11 ~ 02/12

양력	1	2	3	4	5	6	7	8	9	10	11	12	13	14	15	16	17	18	19	20	21	22	23	24	25	26	27	28	29	30	31
요일	토	일	월	화	수	목	금	토	일	월	화	수	목	금	토	일	월	화	수	목	금	토	일	월	화	수	목	금	토	일	월
일진 日辰	丁丑	戊寅	己卯	庚辰	辛巳	壬午	癸未	甲申	乙酉	丙戌	丁亥	戊子	己丑	庚寅	辛卯	壬辰	癸巳	甲午	乙未	丙申	丁酉	戊戌	己亥	庚子	辛丑	壬寅	癸卯	甲辰	乙巳	丙午	丁未
납음		城頭土		白臘金		楊柳木		井中水		屋上土		霹靂火		松柏木		長流水		沙中金		山下火		平地木		壁上土		金箔金		覆燈火		天河水	
음력	11	12	13	14	15	16	17	18	19	20	21	22	23	24	25	26	27	28	29	2/1	2	3	4	5	6	7	8	9	10	11	12
구성	2	3	4	5	6	7	8	9	1	2	3	4	5	6	7	8	9	1	2	3	4	5	6	7	8	9	1	2	3	4	5
대운 남	2	1	1	1	1	경	10	9	9	9	8	8	8	7	7	7	6	6	6	5	춘	5	4	4	4	3	3	3	2	2	2
대운 여	8	9	9	9	10	칩	1	1	1	1	2	2	2	3	3	3	4	4	4	5	분	5	6	6	6	7	7	7	8	8	8

청명 5일 16시 12분 【음3월】 ➡ 【丙辰月(병진월)】 ☯三碧星 곡우 20일 23시 27분

양력 4월 / 음력 02/13 ~ 03/12

양력	1	2	3	4	5	6	7	8	9	10	11	12	13	14	15	16	17	18	19	20	21	22	23	24	25	26	27	28	29	30
요일	화	수	목	금	토	일	월	화	수	목	금	토	일	월	화	수	목	금	토	일	월	화	수	목	금	토	일	월	화	수
일진 日辰	戊申	己酉	庚戌	辛亥	壬子	癸丑	甲寅	乙卯	丙辰	丁巳	戊午	己未	庚申	辛酉	壬戌	癸亥	甲子	乙丑	丙寅	丁卯	戊辰	己巳	庚午	辛未	壬申	癸酉	甲戌	乙亥	丙子	丁丑
납음	大驛土		釵釧金		桑柘木		大溪水		沙中土		天上火		石榴木		大海水		海中金		爐中火		大林木		路傍土		劍鋒金		山頭火		澗下水	
음력	13	14	15	16	17	18	19	20	21	22	23	24	25	26	27	28	29	30	3/1	2	3	4	5	6	7	8	9	10	11	12
구성	6	7	8	9	1	2	3	4	5	6	7	8	9	1	2	3	4	5	6	7	8	9	1	2	3	4	5	6	7	8
대운 남	1	1	1	1	청	10	10	9	9	9	8	8	8	7	7	7	6	6	6	곡	5	5	4	4	4	3	3	3	2	2
대운 여	9	9	9	10	명	1	1	1	1	2	2	2	3	3	3	4	4	4	5	우	5	6	6	6	7	7	7	8	8	8

입하 6일 10시 49분 【음4월】 ➡ 【丁巳月(정사월)】 ☯二黑星 소만 21일 23시 51분

양력 5월 / 음력 03/13 ~ 04/13

양력	1	2	3	4	5	6	7	8	9	10	11	12	13	14	15	16	17	18	19	20	21	22	23	24	25	26	27	28	29	30	31
요일	목	금	토	일	월	화	수	목	금	토	일	월	화	수	목	금	토	일	월	화	수	목	금	토	일	월	화	수	목	금	토
일진 日辰	戊寅	己卯	庚辰	辛巳	壬午	癸未	甲申	乙酉	丙戌	丁亥	戊子	己丑	庚寅	辛卯	壬辰	癸巳	甲午	乙未	丙申	丁酉	戊戌	己亥	庚子	辛丑	壬寅	癸卯	甲辰	乙巳	丙午	丁未	戊申
납음	城頭土		白臘金		楊柳木		井中水		屋上土		霹靂火		松柏木		長流水		沙中金		山下火		平地木		壁上土		金箔金		覆燈火		天河水		
음력	13	14	15	16	17	18	19	20	21	22	23	24	25	26	27	28	29	30	4/1	2	3	4	5	6	7	8	9	10	11	12	13
구성	9	1	2	3	4	5	6	7	8	9	1	2	3	4	5	6	7	8	9	1	2	3	4	5	6	7	8	9	1	2	3
대운 남	2	1	1	1	1	입	10	10	9	9	9	8	8	8	7	7	7	6	6	6	소	5	5	4	4	4	3	3	3	2	2
대운 여	9	9	9	10	10	하	1	1	1	1	2	2	2	3	3	4	4	4	5	5	만	6	6	6	7	7	7	8	8	8	9

망종 6일 15시 12분 【음5월】 ➡ 【戊午月(무오월)】 ☯一白星 하지 22일 07시 57분

양력 6월 / 음력 04/14 ~ 05/14

양력	1	2	3	4	5	6	7	8	9	10	11	12	13	14	15	16	17	18	19	20	21	22	23	24	25	26	27	28	29	30
요일	일	월	화	수	목	금	토	일	월	화	수	목	금	토	일	월	화	수	목	금	토	일	월	화	수	목	금	토	일	월
일진 日辰	己酉	庚戌	辛亥	壬子	癸丑	甲寅	乙卯	丙辰	丁巳	戊午	己未	庚申	辛酉	壬戌	癸亥	甲子	乙丑	丙寅	丁卯	戊辰	己巳	庚午	辛未	壬申	癸酉	甲戌	乙亥	丙子	丁丑	戊寅
납음		釵釧金		桑柘木		大溪水		沙中土		天上火		石榴木		大海水		海中金		爐中火		大林木		路傍土		劍鋒金		山頭火		澗下水		
음력	14	15	16	17	18	19	20	21	22	23	24	25	26	27	28	29	5/1	2	3	4	5	6	7	8	9	10	11	12	13	14
구성	4	5	6	7	8	9	1	2	3	4	5	6	7	8	9	9	8	7	6	5	4	3	2	1	9	8	7	6	5	4
대운 남	2	1	1	1	1	망	10	10	10	9	9	9	8	8	8	7	7	7	6	6	6	하	5	5	4	4	4	3	3	3
대운 여	9	9	10	10	10	종	1	1	1	1	2	2	2	3	3	3	4	4	4	5	5	지	6	6	6	7	7	7	8	8

한식(4월06일), 초복(7월12일), 중복(7월22일), 말복(8월11일) 춘사(春社)3/22 추사(秋社)9/28
토왕지절(土旺之節):4월17일,7월20일,10월21일,1월18일(신년양력),

五日得辛,二龍治水,1958년 무술年(평지목, 육백금

서머타임 시작 5월04일 00시→01시로 조정
종료 9월21일 01시→00시로 조정
수정한 시간으로 표기(동경표준시 사용)

5黃	1白	3碧
4綠	6白	8白
9紫	2黑	7赤

1958 戊戌年

소서 8일 01시 33분 【음6월】 ➡ 【己未月(기미월)】 ☯九紫星 대서 23일 18시 50분

양력 7월 / 음력 05/15 ~ 06/15

양력	1	2	3	4	5	6	7	8	9	10	11	12	13	14	15	16	17	18	19	20	21	22	23	24	25	26	27	28	29	30	31
요일	화	수	목	금	토	일	월	화	수	목	금	토	일	월	화	수	목	금	토	일	월	화	수	목	금	토	일	월	화	수	목
일진 日辰	己卯	庚辰	辛巳	壬午	癸未	甲申	乙酉	丙戌	丁亥	戊子	己丑	庚寅	辛卯	壬辰	癸巳	甲午	乙未	丙申	丁酉	戊戌	己亥	庚子	辛丑	壬寅	癸卯	甲辰	乙巳	丙午	丁未	戊申	己酉
납음		白臘金		楊柳木		井中水		屋上土		霹靂火		松柏木		長流水		沙中金		山下火		平地木		壁上土		金箔金		覆燈火		天河水		大驛土	
음력	15	16	17	18	19	20	21	22	23	24	25	26	27	28	29	30	6/1	2	3	4	5	6	7	8	9	10	11	12	13	14	15
구성	3	2	1	9	8	7	6	5	4	3	2	1	9	8	7	6	5	4	3	2	1	9	8	7	6	5	4	3	2	1	9
대운 남	2	2	2	1	1	1	1	소	10	10	9	9	9	8	8	8	7	7	7	6	6	6	대	5	5	4	4	4	3	3	3
대운 여	8	9	9	9	10	10	10	서	1	1	1	1	2	2	2	3	3	3	4	4	4	5	서	5	6	6	6	7	7	7	8

입추 8일 11시 17분 【음7월】 ➡ 【庚申月(경신월)】 ☯八白星 처서 24일 01시 46분

양력 8월 / 음력 06/16 ~ 07/17

양력	1	2	3	4	5	6	7	8	9	10	11	12	13	14	15	16	17	18	19	20	21	22	23	24	25	26	27	28	29	30	31
요일	금	토	일	월	화	수	목	금	토	일	월	화	수	목	금	토	일	월	화	수	목	금	토	일	월	화	수	목	금	토	일
일진 日辰	庚戌	辛亥	壬子	癸丑	甲寅	乙卯	丙辰	丁巳	戊午	己未	庚申	辛酉	壬戌	癸亥	甲子	乙丑	丙寅	丁卯	戊辰	己巳	庚午	辛未	壬申	癸酉	甲戌	乙亥	丙子	丁丑	戊寅	己卯	庚辰
납음	釵釧金		桑柘木		大溪水		沙中土		天上火		石榴木		大海水		海中金		爐中火		大林木		路傍土		劍鋒金		山頭火		澗下水		城頭土		
음력	16	17	18	19	20	21	22	23	24	25	26	27	28	29	7/1	2	3	4	5	6	7	8	9	10	11	12	13	14	15	16	17
구성	8	7	6	5	4	3	2	1	9	8	7	6	5	4	3	2	1	9	8	7	6	5	4	3	2	1	9	8	7	6	5
대운 남	2	2	2	1	1	1	1	입	10	10	9	9	9	8	8	8	7	7	7	6	6	6	5	처	5	4	4	4	3	3	3
대운 여	8	8	9	9	9	10	10	추	1	1	1	1	2	2	2	3	3	3	4	4	4	5	5	서	6	6	6	7	7	7	8

백로 8일 13시 59분 【음8월】 ➡ 【辛酉月(신유월)】 ☯七赤星 추분 23일 22시 09분

양력 9월 / 음력 07/18 ~ 08/18

양력	1	2	3	4	5	6	7	8	9	10	11	12	13	14	15	16	17	18	19	20	21	22	23	24	25	26	27	28	29	30
요일	월	화	수	목	금	토	일	월	화	수	목	금	토	일	월	화	수	목	금	토	일	월	화	수	목	금	토	일	월	화
일진 日辰	辛巳	壬午	癸未	甲申	乙酉	丙戌	丁亥	戊子	己丑	庚寅	辛卯	壬辰	癸巳	甲午	乙未	丙申	丁酉	戊戌	己亥	庚子	辛丑	壬寅	癸卯	甲辰	乙巳	丙午	丁未	戊申	己酉	庚戌
납음		楊柳木		井中水		屋上土		霹靂火		松柏木		長流水		沙中金		山下火		平地木		壁上土		金箔金		覆燈火		天河水		大驛土		
음력	18	19	20	21	22	23	24	25	26	27	28	29	8/1	2	3	4	5	6	7	8	9	10	11	12	13	14	15	16	17	18
구성	4	3	2	1	9	8	7	6	5	4	3	2	1	9	8	7	6	5	4	3	2	1	9	8	7	6	5	4	3	2
대운 남	2	2	2	1	1	1	1	백	10	10	9	9	9	8	8	8	7	7	7	6	6	6	추	5	5	4	4	4	3	3
대운 여	8	8	9	9	9	10	10	로	1	1	1	1	2	2	2	3	3	3	4	4	4	5	분	5	6	6	6	7	7	7

한로 9일 04시 19분 【음9월】 ➡ 【壬戌月(임술월)】 ☯六白星 상강 24일 07시 11분

양력 10월 / 음력 08/19 ~ 09/19

양력	1	2	3	4	5	6	7	8	9	10	11	12	13	14	15	16	17	18	19	20	21	22	23	24	25	26	27	28	29	30	31
요일	수	목	금	토	일	월	화	수	목	금	토	일	월	화	수	목	금	토	일	월	화	수	목	금	토	일	월	화	수	목	금
일진 日辰	辛亥	壬子	癸丑	甲寅	乙卯	丙辰	丁巳	戊午	己未	庚申	辛酉	壬戌	癸亥	甲子	乙丑	丙寅	丁卯	戊辰	己巳	庚午	辛未	壬申	癸酉	甲戌	乙亥	丙子	丁丑	戊寅	己卯	庚辰	辛巳
납음		桑柘木		大溪水		沙中土		天上火		石榴木		大海水		海中金		爐中火		大林木		路傍土		劍鋒金		山頭火		澗下水		城頭土		白臘金	
음력	19	20	21	22	23	24	25	26	27	28	29	30	9/1	2	3	4	5	6	7	8	9	10	11	12	13	14	15	16	17	18	19
구성	1	9	8	7	6	5	4	3	2	1	9	8	7	6	5	4	3	2	1	9	8	7	6	5	4	3	2	1	9	8	7
대운 남	3	2	2	2	1	1	1	1	한	10	9	9	9	8	8	8	7	7	7	6	6	6	5	상	5	4	4	4	3	3	3
대운 여	8	8	8	9	9	9	10	10	로	1	1	1	1	2	2	2	3	3	3	4	4	4	5	강	5	6	6	6	7	7	7

입동 8일 07시 12분 【음10월】 ➡ 【癸亥月(계해월)】 ☯五黃星 소설 23일 04시 29분

양력 11월 / 음력 09/20 ~ 10/20

양력	1	2	3	4	5	6	7	8	9	10	11	12	13	14	15	16	17	18	19	20	21	22	23	24	25	26	27	28	29	30
요일	토	일	월	화	수	목	금	토	일	월	화	수	목	금	토	일	월	화	수	목	금	토	일	월	화	수	목	금	토	일
일진 日辰	壬午	癸未	甲申	乙酉	丙戌	丁亥	戊子	己丑	庚寅	辛卯	壬辰	癸巳	甲午	乙未	丙申	丁酉	戊戌	己亥	庚子	辛丑	壬寅	癸卯	甲辰	乙巳	丙午	丁未	戊申	己酉	庚戌	辛亥
납음	楊柳木		井中水		屋上土		霹靂火		松柏木		長流水		沙中金		山下火		平地木		壁上土		金箔金		覆燈火		天河水		大驛土		釵釧金	
음력	20	21	22	23	24	25	26	27	28	29	10/1	2	3	4	5	6	7	8	9	10	11	12	13	14	15	16	17	18	19	20
구성	6	5	4	3	2	1	9	8	7	6	5	4	3	2	1	9	8	7	6	5	4	3	2	1	9	8	7	6	5	4
대운 남	2	2	2	1	1	1	1	입	9	9	9	8	8	8	7	7	7	6	6	6	5	5	소	4	4	4	3	3	3	2
대운 여	8	8	8	9	9	9	10	동	1	1	1	1	2	2	2	3	3	3	4	4	4	5	설	5	6	6	6	7	7	7

대설 7일 23시 50분 【음11월】 ➡ 【甲子月(갑자월)】 ☯四綠星 동지 22일 17시 40분

양력 12월 / 음력 10/21 ~ 11/21

양력	1	2	3	4	5	6	7	8	9	10	11	12	13	14	15	16	17	18	19	20	21	22	23	24	25	26	27	28	29	30	31
요일	월	화	수	목	금	토	일	월	화	수	목	금	토	일	월	화	수	목	금	토	일	월	화	수	목	금	토	일	월	화	수
일진 日辰	壬子	癸丑	甲寅	乙卯	丙辰	丁巳	戊午	己未	庚申	辛酉	壬戌	癸亥	甲子	乙丑	丙寅	丁卯	戊辰	己巳	庚午	辛未	壬申	癸酉	甲戌	乙亥	丙子	丁丑	戊寅	己卯	庚辰	辛巳	壬午
납음	桑柘木		大溪水		沙中土		天上火		石榴木		大海水		海中金		爐中火		大林木		路傍土		劍鋒金		山頭火		澗下水		城頭土		白臘金		
음력	21	22	23	24	25	26	27	28	29	30	11/1	2	3	4	5	6	7	8	9	10	11	12	13	14	15	16	17	18	19	20	21
구성	3	2	1	9	8	7	6	5	4	3	2	1	1	2	3	4	5	6	7	8	9	1	2	3	4	5	6	7	8	9	1
대운 남	2	2	1	1	1	1	대	10	9	9	9	8	8	8	7	7	7	6	6	6	5	동	5	4	4	4	3	3	3	2	2
대운 여	8	8	8	9	9	9	설	1	1	1	1	2	2	2	3	3	3	4	4	4	5	지	5	6	6	6	7	7	7	8	8

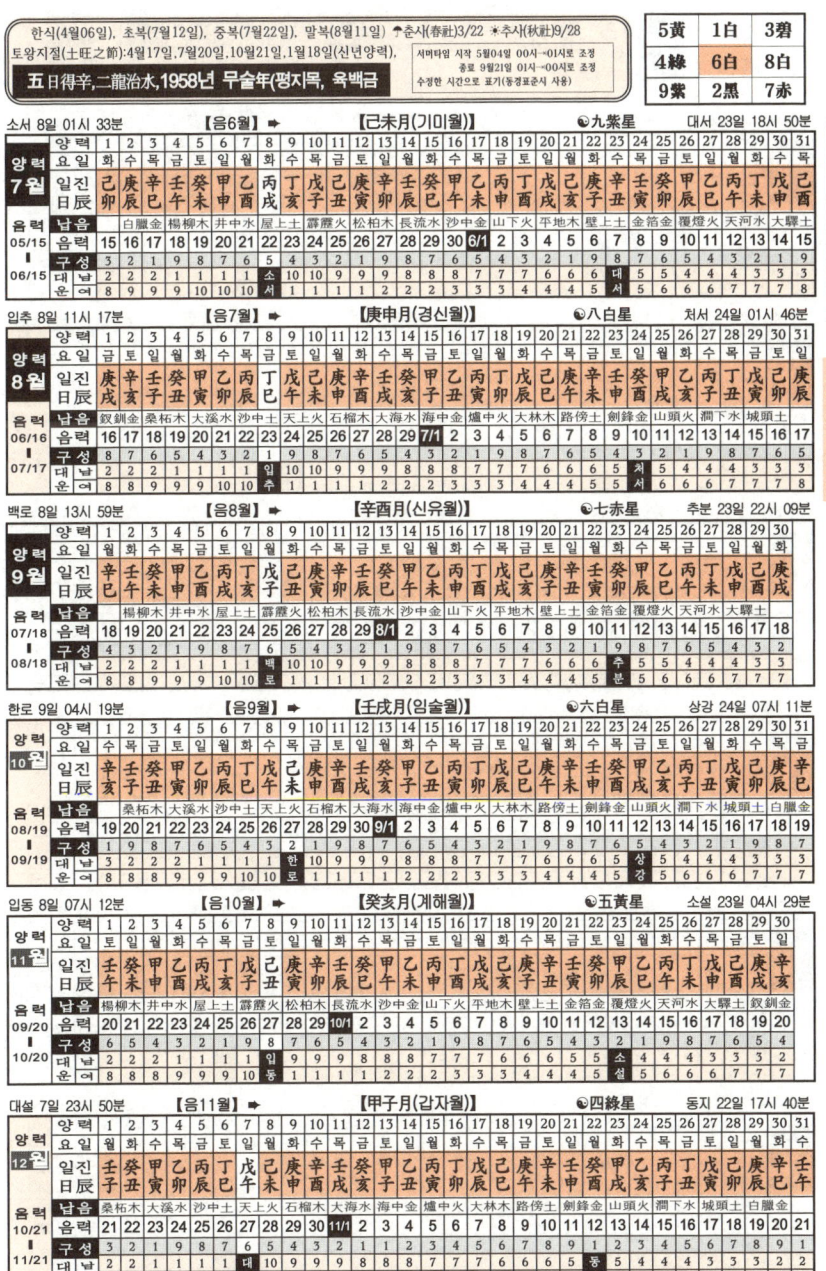

단기 4292 年
불기 2503 年

1959년

중원 **己亥年** 납음(平地木),본명성(五黃土)

대장군(酉서방), 삼살(酉서방), 상문(丑동북방),조객(酉서방), 납음(평지목), 【삼재(사,오,미년】 臘享(납향):1960년1월20일(음12/22)

돼지

소한 6일 10시 58분 【음12월】 ➡ 【乙丑月(을축월)】 ☯三碧星 대한 21일 04시 19분

양력 1월 / 음력 11/22 ~ 12/23

양력	1	2	3	4	5	6	7	8	9	10	11	12	13	14	15	16	17	18	19	20	21	22	23	24	25	26	27	28	29	30	31
요일	목	금	토	일	월	화	수	목	금	토	일	월	화	수	목	금	토	일	월	화	수	목	금	토	일	월	화	수	목	금	토
일진 日辰	癸未	甲申	乙酉	丙戌	丁亥	戊子	己丑	庚寅	辛卯	壬辰	癸巳	甲午	乙未	丙申	丁酉	戊戌	己亥	庚子	辛丑	壬寅	癸卯	甲辰	乙巳	丙午	丁未	戊申	己酉	庚戌	辛亥	壬子	癸丑
납음		井中水		屋上土		霹靂火		松柏木		長流水		沙中金		山下火		平地木		壁上土		金箔金		覆燈火		天河水		大驛土		釵釧金		桑柘木	
음력	22	23	24	25	26	27	28	29	12/1	2	3	4	5	6	7	8	9	10	11	12	13	14	15	16	17	18	19	20	21	22	23
구성	2	3	4	5	6	7	8	9	1	2	3	4	5	6	7	8	9	1	2	3	4	5	6	7	8	9	1	2	3	4	5
대운 남	2	1	1	1	1	소	9	9	9	8	8	8	7	7	7	6	6	6	5	5	대	4	4	4	3	3	3	2	2	2	1
대운 여	8	9	9	9	10	한	1	1	1	1	2	2	2	3	3	3	4	4	4	5	한	5	6	6	6	7	7	7	8	8	8

입춘 4일 22시 42분 【음1월】 ➡ 【丙寅月(병인월)】 ☯二黑星 우수 19일 18시 38분

양력 2월 / 음력 12/24 ~ 01/21

양력	1	2	3	4	5	6	7	8	9	10	11	12	13	14	15	16	17	18	19	20	21	22	23	24	25	26	27	28
요일	일	월	화	수	목	금	토	일	월	화	수	목	금	토	일	월	화	수	목	금	토	일	월	화	수	목	금	토
일진 日辰	甲寅	乙卯	丙辰	丁巳	戊午	己未	庚申	辛酉	壬戌	癸亥	甲子	乙丑	丙寅	丁卯	戊辰	己巳	庚午	辛未	壬申	癸酉	甲戌	乙亥	丙子	丁丑	戊寅	己卯	庚辰	辛巳
납음	大溪水		沙中土		天上火		石榴木		大海水		海中金		爐中火		大林木		路傍土		劍鋒金		山頭火		澗下水		城頭土		白臘金	
음력	24	25	26	27	28	29	30	1/1	2	3	4	5	6	7	8	9	10	11	12	13	14	15	16	17	18	19	20	21
구성	6	7	8	9	1	2	3	4	5	6	7	8	9	1	2	3	4	5	6	7	8	9	1	2	3	4	5	6
대운 남	1	1	1	입	1	1	1	1	2	2	2	3	3	3	4	4	4	5	우	5	6	6	6	7	7	7	8	8
대운 여	9	9	9	춘	10	9	9	9	8	8	8	7	7	7	6	6	6	5	수	5	4	4	4	3	3	3	2	2

己亥年

경칩 6일 16시 57분 【음2월】 ➡ 【丁卯月(정묘월)】 ☯一白星 춘분 21일 17시 55분

양력 3월 / 음력 01/22 ~ 02/23

양력	1	2	3	4	5	6	7	8	9	10	11	12	13	14	15	16	17	18	19	20	21	22	23	24	25	26	27	28	29	30	31
요일	일	월	화	수	목	금	토	일	월	화	수	목	금	토	일	월	화	수	목	금	토	일	월	화	수	목	금	토	일	월	화
일진 日辰	壬午	癸未	甲申	乙酉	丙戌	丁亥	戊子	己丑	庚寅	辛卯	壬辰	癸巳	甲午	乙未	丙申	丁酉	戊戌	己亥	庚子	辛丑	壬寅	癸卯	甲辰	乙巳	丙午	丁未	戊申	己酉	庚戌	辛亥	壬子
납음	楊柳木		井中水		屋上土		霹靂火		松柏木		長流水		沙中金		山下火		平地木		壁上土		金箔金		覆燈火		天河水		大驛土		釵釧金		
음력	22	23	24	25	26	27	28	29	2/1	2	3	4	5	6	7	8	9	10	11	12	13	14	15	16	17	18	19	20	21	22	23
구성	7	8	9	1	2	3	4	5	6	7	8	9	1	2	3	4	5	6	7	8	9	1	2	3	4	5	6	7	8	9	1
대운 남	8	9	9	9	10	경	1	1	1	1	2	2	2	3	3	3	4	4	4	5	춘	5	6	6	6	7	7	7	8	8	8
대운 여	2	1	1	1	1	칩	10	9	9	9	8	8	8	7	7	7	6	6	6	5	분	5	4	4	4	3	3	3	2	2	2

청명 5일 22시 03분 【음3월】 ➡ 【戊辰月(무진월)】 ☯九紫星 곡우 21일 05시 16분

양력 4월 / 음력 02/24 ~ 03/23

양력	1	2	3	4	5	6	7	8	9	10	11	12	13	14	15	16	17	18	19	20	21	22	23	24	25	26	27	28	29	30
요일	수	목	금	토	일	월	화	수	목	금	토	일	월	화	수	목	금	토	일	월	화	수	목	금	토	일	월	화	수	목
일진 日辰	癸丑	甲寅	乙卯	丙辰	丁巳	戊午	己未	庚申	辛酉	壬戌	癸亥	甲子	乙丑	丙寅	丁卯	戊辰	己巳	庚午	辛未	壬申	癸酉	甲戌	乙亥	丙子	丁丑	戊寅	己卯	庚辰	辛巳	壬午
납음		大溪水		沙中土		天上火		石榴木		大海水		海中金		爐中火		大林木		路傍土		劍鋒金		山頭火		澗下水		城頭土		白臘金		
음력	24	25	26	27	28	29	30	3/1	2	3	4	5	6	7	8	9	10	11	12	13	14	15	16	17	18	19	20	21	22	23
구성	2	3	4	5	6	7	8	9	1	2	3	4	5	6	7	8	9	1	2	3	4	5	6	7	8	9	1	2	3	4
대운 남	9	9	9	10	청	1	1	1	1	2	2	2	3	3	3	4	4	4	5	5	곡	6	6	6	7	7	7	8	8	8
대운 여	1	1	1	1	명	10	10	9	9	9	8	8	8	7	7	7	6	6	6	5	우	5	4	4	4	3	3	3	2	2

입하 6일 16시 39분 【음4월】 ➡ 【己巳月(기사월)】 ☯八白星 소만 22일 05시 42분

양력 5월 / 음력 03/24 ~ 04/24

양력	1	2	3	4	5	6	7	8	9	10	11	12	13	14	15	16	17	18	19	20	21	22	23	24	25	26	27	28	29	30	31
요일	금	토	일	월	화	수	목	금	토	일	월	화	수	목	금	토	일	월	화	수	목	금	토	일	월	화	수	목	금	토	일
일진 日辰	癸未	甲申	乙酉	丙戌	丁亥	戊子	己丑	庚寅	辛卯	壬辰	癸巳	甲午	乙未	丙申	丁酉	戊戌	己亥	庚子	辛丑	壬寅	癸卯	甲辰	乙巳	丙午	丁未	戊申	己酉	庚戌	辛亥	壬子	癸丑
납음		井中水		屋上土		霹靂火		松柏木		長流水		沙中金		山下火		平地木		壁上土		金箔金		覆燈火		天河水		大驛土		釵釧金		桑柘木	
음력	24	25	26	27	28	29	30	4/1	2	3	4	5	6	7	8	9	10	11	12	13	14	15	16	17	18	19	20	21	22	23	24
구성	5	6	7	8	9	1	2	3	4	5	6	7	8	9	1	2	3	4	5	6	7	8	9	1	2	3	4	5	6	7	8
대운 남	9	9	9	10	10	입	1	1	1	1	2	2	2	3	3	3	4	4	4	5	5	소	6	6	6	7	7	7	8	8	8
대운 여	2	1	1	1	1	하	10	10	9	9	9	8	8	8	7	7	7	6	6	6	5	만	5	4	4	4	3	3	3	2	2

망종 6일 21시 00분 【음5월】 ➡ 【庚午月(경오월)】 ☯七赤星 하지 22일 13시 50분

양력 6월 / 음력 04/25 ~ 05/25

양력	1	2	3	4	5	6	7	8	9	10	11	12	13	14	15	16	17	18	19	20	21	22	23	24	25	26	27	28	29	30
요일	월	화	수	목	금	토	일	월	화	수	목	금	토	일	월	화	수	목	금	토	일	월	화	수	목	금	토	일	월	화
일진 日辰	甲寅	乙卯	丙辰	丁巳	戊午	己未	庚申	辛酉	壬戌	癸亥	甲子	乙丑	丙寅	丁卯	戊辰	己巳	庚午	辛未	壬申	癸酉	甲戌	乙亥	丙子	丁丑	戊寅	己卯	庚辰	辛巳	壬午	癸未
납음	大溪水		沙中土		天上火		石榴木		大海水		海中金		爐中火		大林木		路傍土		劍鋒金		山頭火		澗下水		城頭土		白臘金		楊柳木	
음력	25	26	27	28	29	5/1	2	3	4	5	6	7	8	9	10	11	12	13	14	15	16	17	18	19	20	21	22	23	24	25
구성	9	1	2	3	4	5	6	7	8	9	9	8	7	6	5	4	3	2	1	9	8	7	6	5	4	3	2	1	9	8
대운 남	9	9	9	10	10	망	1	1	1	1	2	2	2	3	3	3	4	4	4	5	5	하	6	6	6	7	7	7	8	8
대운 여	2	1	1	1	1	종	10	10	10	9	9	9	8	8	8	7	7	7	6	6	6	지	5	5	4	4	4	3	3	3

한식(4월06일), 초복(7월17일), 중복(7월27일), 말복(8월16일) ☂춘사(春社)3/17 ☀추사(秋社)9/23
토왕지절(土旺之節):4월18일,7월20일,10월21일,1월18일(신년양력),

一日得辛,八龍治水,1959년 기해年(평지목, 오황토

서머타임 시작 5월03일 00시→01시로 조정
종료 9월20일 01시→00시로 조정
수정한 시간으로 표기(동경표준시 사용)

4綠	9紫	2黑
3碧	5黃	7赤
8白	1白	6白

1959 己亥年

소서 8일 07시 20분 【음6월】➡ 【辛未月(신미월)】 ☯六白星 대서 24일 00시 45분

양력 7월 / 음력 05/26 ~ 06/26

양력	1	2	3	4	5	6	7	8	9	10	11	12	13	14	15	16	17	18	19	20	21	22	23	24	25	26	27	28	29	30	31
요일	수	목	금	토	일	월	화	수	목	금	토	일	월	화	수	목	금	토	일	월	화	수	목	금	토	일	월	화	수	목	금
일진 日辰	甲申	乙酉	丙戌	丁亥	戊子	己丑	庚寅	辛卯	壬辰	癸巳	甲午	乙未	丙申	丁酉	戊戌	己亥	庚子	辛丑	壬寅	癸卯	甲辰	乙巳	丙午	丁未	戊申	己酉	庚戌	辛亥	壬子	癸丑	甲寅
납음	井中水		屋上土		霹靂火		松柏木		長流水		沙中金		山下火		平地木		壁上土		金箔金		覆燈火		天河水		大驛土		釵釧金		桑柘木		
음력	26	27	28	29	30	6/1	2	3	4	5	6	7	8	9	10	11	12	13	14	15	16	17	18	19	20	21	22	23	24	25	26
구성	7	6	5	4	3	2	1	9	8	7	6	5	4	3	2	1	9	8	7	6	5	4	3	2	1	9	8	7	6	5	4
대운 남	8	9	9	9	10	10	10	소	1	1	1	1	2	2	2	3	3	3	4	4	4	5	5	대	6	6	6	7	7	7	8
대운 여	2	2	2	1	1	1	1	서	10	10	9	9	9	8	8	8	7	7	7	6	6	6	5	서	5	4	4	4	3	3	3

입추 8일 17시 04분 【음7월】➡ 【壬申月(임신월)】 ☯五黃星 처서 24일 07시 44분

양력 8월 / 음력 06/27 ~ 07/28

양력	1	2	3	4	5	6	7	8	9	10	11	12	13	14	15	16	17	18	19	20	21	22	23	24	25	26	27	28	29	30	31
요일	토	일	월	화	수	목	금	토	일	월	화	수	목	금	토	일	월	화	수	목	금	토	일	월	화	수	목	금	토	일	월
일진 日辰	乙卯	丙辰	丁巳	戊午	己未	庚申	辛酉	壬戌	癸亥	甲子	乙丑	丙寅	丁卯	戊辰	己巳	庚午	辛未	壬申	癸酉	甲戌	乙亥	丙子	丁丑	戊寅	己卯	庚辰	辛巳	壬午	癸未	甲申	乙酉
납음		沙中土		天上火		石榴木		大海水		海中金		爐中火		大林木		路傍土		劍鋒金		山頭火		澗下水		城頭土		白臘金		楊柳木		井中水	
음력	27	28	29	7/1	2	3	4	5	6	7	8	9	10	11	12	13	14	15	16	17	18	19	20	21	22	23	24	25	26	27	28
구성	3	2	1	9	8	7	6	5	4	3	2	1	9	8	7	6	5	4	3	2	1	9	8	7	6	5	4	3	2	1	9
대운 남	8	8	9	9	9	10	10	입	1	1	1	1	2	2	2	3	3	3	4	4	4	5	5	처	6	6	6	7	7	7	8
대운 여	2	2	2	1	1	1	1	추	10	10	9	9	9	8	8	8	7	7	7	6	6	6	5	서	5	4	4	4	3	3	3

백로 8일 19시 48분 【음8월】➡ 【癸酉月(계유월)】 ☯四綠星 추분 24일 04시 08분

양력 9월 / 음력 07/29 ~ 08/28

양력	1	2	3	4	5	6	7	8	9	10	11	12	13	14	15	16	17	18	19	20	21	22	23	24	25	26	27	28	29	30
요일	화	수	목	금	토	일	월	화	수	목	금	토	일	월	화	수	목	금	토	일	월	화	수	목	금	토	일	월	화	수
일진 日辰	丙戌	丁亥	戊子	己丑	庚寅	辛卯	壬辰	癸巳	甲午	乙未	丙申	丁酉	戊戌	己亥	庚子	辛丑	壬寅	癸卯	甲辰	乙巳	丙午	丁未	戊申	己酉	庚戌	辛亥	壬子	癸丑	甲寅	乙卯
납음	屋上土		霹靂火		松柏木		長流水		沙中金		山下火		平地木		壁上土		金箔金		覆燈火		天河水		大驛土		釵釧金		桑柘木		大溪水	
음력	29	30	8/1	2	3	4	5	6	7	8	9	10	11	12	13	14	15	16	17	18	19	20	21	22	23	24	25	26	27	28
구성	8	7	6	5	4	3	2	1	9	8	7	6	5	4	3	2	1	9	8	7	6	5	4	3	2	1	9	8	7	6
대운 남	8	8	9	9	9	10	10	백	1	1	1	1	2	2	2	3	3	3	4	4	4	5	5	추	6	6	6	7	7	7
대운 여	2	2	2	1	1	1	1	로	10	10	9	9	9	8	8	8	7	7	7	6	6	6	5	분	5	4	4	4	3	3

한로 9일 10시 10분 【음9월】➡ 【甲戌月(갑술월)】 ☯三碧星 상강 24일 13시 11분

양력 10월 / 음력 08/29 ~ 10/01

양력	1	2	3	4	5	6	7	8	9	10	11	12	13	14	15	16	17	18	19	20	21	22	23	24	25	26	27	28	29	30	31
요일	목	금	토	일	월	화	수	목	금	토	일	월	화	수	목	금	토	일	월	화	수	목	금	토	일	월	화	수	목	금	토
일진 日辰	丙辰	丁巳	戊午	己未	庚申	辛酉	壬戌	癸亥	甲子	乙丑	丙寅	丁卯	戊辰	己巳	庚午	辛未	壬申	癸酉	甲戌	乙亥	丙子	丁丑	戊寅	己卯	庚辰	辛巳	壬午	癸未	甲申	乙酉	丙戌
납음	沙中土		天上火		石榴木		大海水		海中金		爐中火		大林木		路傍土		劍鋒金		山頭火		澗下水		城頭土		白臘金		楊柳木		井中水		
음력	29	9/1	2	3	4	5	6	7	8	9	10	11	12	13	14	15	16	17	18	19	20	21	22	23	24	25	26	27	28	29	30
구성	5	4	3	2	1	9	8	7	6	5	4	3	2	1	9	8	7	6	5	4	3	2	1	9	8	7	6	5	4	3	2
대운 남	8	8	8	9	9	9	10	10	한	1	1	1	1	2	2	2	3	3	3	4	4	4	5	상	5	6	6	6	7	7	7
대운 여	3	2	2	2	1	1	1	1	로	10	9	9	9	8	8	8	7	7	7	6	6	6	5	강	5	4	4	4	3	3	3

입동 8일 13시 02분 【음10월】➡ 【乙亥月(을해월)】 ☯二黑星 소설 23일 10시 27분

양력 11월 / 음력 10/01 ~ 11/01

양력	1	2	3	4	5	6	7	8	9	10	11	12	13	14	15	16	17	18	19	20	21	22	23	24	25	26	27	28	29	30
요일	일	월	화	수	목	금	토	일	월	화	수	목	금	토	일	월	화	수	목	금	토	일	월	화	수	목	금	토	일	월
일진 日辰	丁亥	戊子	己丑	庚寅	辛卯	壬辰	癸巳	甲午	乙未	丙申	丁酉	戊戌	己亥	庚子	辛丑	壬寅	癸卯	甲辰	乙巳	丙午	丁未	戊申	己酉	庚戌	辛亥	壬子	癸丑	甲寅	乙卯	丙辰
납음		霹靂火		松柏木		長流水		沙中金		山下火		平地木		壁上土		金箔金		覆燈火		天河水		大驛土		釵釧金		桑柘木		大溪水		
음력	10/1	2	3	4	5	6	7	8	9	10	11	12	13	14	15	16	17	18	19	20	21	22	23	24	25	26	27	28	29	11/1
구성	1	9	8	7	6	5	4	3	2	1	9	8	7	6	5	4	3	2	1	9	8	7	6	5	4	3	2	1	9	8
대운 남	8	8	8	9	9	9	10	입	1	1	1	1	2	2	2	3	3	3	4	4	4	5	소	5	6	6	6	7	7	7
대운 여	2	2	2	1	1	1	1	동	10	9	9	9	8	8	8	7	7	7	6	6	6	5	설	5	4	4	4	3	3	3

대설 8일 05시 37분 【음11월】➡ 【丙子月(병자월)】 ☯一白星 동지 22일 23시 34분

양력 12월 / 음력 11/02 ~ 12/02

양력	1	2	3	4	5	6	7	8	9	10	11	12	13	14	15	16	17	18	19	20	21	22	23	24	25	26	27	28	29	30	31
요일	화	수	목	금	토	일	월	화	수	목	금	토	일	월	화	수	목	금	토	일	월	화	수	목	금	토	일	월	화	수	목
일진 日辰	丁巳	戊午	己未	庚申	辛酉	壬戌	癸亥	甲子	乙丑	丙寅	丁卯	戊辰	己巳	庚午	辛未	壬申	癸酉	甲戌	乙亥	丙子	丁丑	戊寅	己卯	庚辰	辛巳	壬午	癸未	甲申	乙酉	丙戌	丁亥
납음		天上火		石榴木		大海水		海中金		爐中火		大林木		路傍土		劍鋒金		山頭火		澗下水		城頭土		白臘金		楊柳木		井中水		屋上土	
음력	2	3	4	5	6	7	8	9	10	11	12	13	14	15	16	17	18	19	20	21	22	23	24	25	26	27	28	29	30	12/1	2
구성	7	6	5	4	3	2	1	1	2	3	4	5	6	7	8	9	1	2	3	4	5	6	7	8	9	1	2	3	4	5	6
대운 남	8	8	8	9	9	9	10	대	1	1	1	1	2	2	2	3	3	3	4	4	4	동	5	5	6	6	6	7	7	7	8
대운 여	2	2	2	1	1	1	1	설	9	9	9	8	8	8	7	7	7	6	6	6	5	지	5	4	4	4	3	3	3	2	2

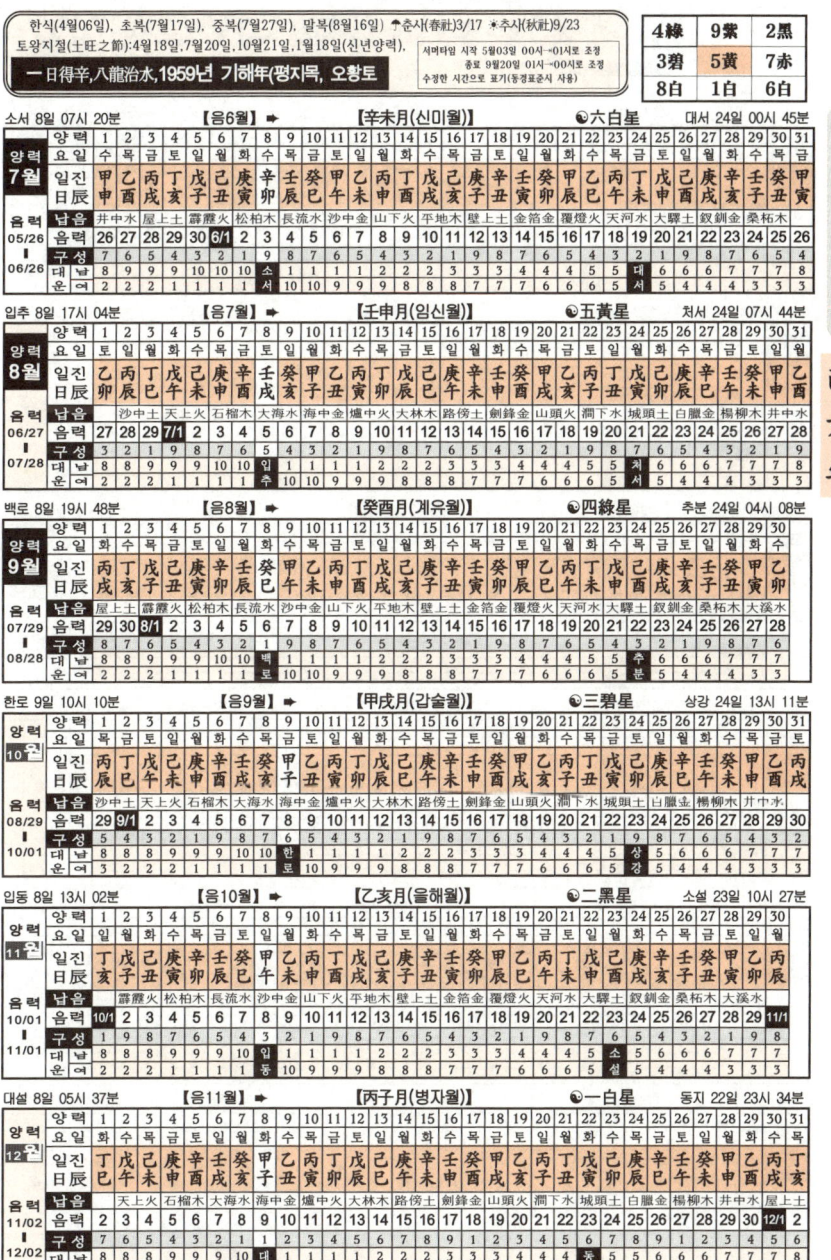

쥐

단기 4293 年	불기 2504 年

1960년

중원 庚子年 납음(壁上土),본명성(四綠木)

대장군(酉서방), 삼살(남방), 상문(寅동북방),조객(戌서북방),납음(벽상토), 삼재(인,묘,진)년 臘享(납향):1961년1월26일(음12/06)

소한 6일 16시 42분 【음12월】 ➡ 【丁丑月(정축월)】 ☯九紫星 대한 21일 10시 10분

양력 1월	양력	1	2	3	4	5	6	7	8	9	10	11	12	13	14	15	16	17	18	19	20	21	22	23	24	25	26	27	28	29	30	31
	요일	금	토	일	월	화	수	목	금	토	일	월	화	수	목	금	토	일	월	화	수	목	금	토	일	월	화	수	목	금	토	일
	일진 日辰	戊子	己丑	庚寅	辛卯	壬辰	癸巳	甲午	乙未	丙申	丁酉	戊戌	己亥	庚子	辛丑	壬寅	癸卯	甲辰	乙巳	丙午	丁未	戊申	己酉	庚戌	辛亥	壬子	癸丑	甲寅	乙卯	丙辰	丁巳	戊午
음력 12/03 ~ 01/04	납음	霹靂火		松柏木		長流水		沙中金		山下火		平地木		壁上土		金箔金		覆燈火		天河水		大驛土		釵釧金		桑柘木		大溪水		沙中土		
	음력	3	4	5	6	7	8	9	10	11	12	13	14	15	16	17	18	19	20	21	22	23	24	25	26	27	28	29	1/1	2	3	4
	구성	7	8	9	1	2	3	4	5	6	7	8	9	1	2	3	4	5	6	7	8	9	1	2	3	4	5	6	7	8	9	1
	대운 남	8	8	9	9	9	소	1	1	1	1	2	2	2	3	3	3	4	4	4	5	대	5	6	6	6	7	7	7	8	8	8
	대운 여	2	1	1	1	1	한	10	9	9	9	8	8	8	7	7	7	6	6	6	5	한	5	4	4	4	3	3	3	2	2	2

입춘 5일 04시 23분 【음1월】 ➡ 【戊寅月(무인월)】 ☯八白星 우수 19일 00시 26분

양력 2월	양력	1	2	3	4	5	6	7	8	9	10	11	12	13	14	15	16	17	18	19	20	21	22	23	24	25	26	27	28	29
	요일	월	화	수	목	금	토	일	월	화	수	목	금	토	일	월	화	수	목	금	토	일	월	화	수	목	금	토	일	월
	일진 日辰	己未	庚申	辛酉	壬戌	癸亥	甲子	乙丑	丙寅	丁卯	戊辰	己巳	庚午	辛未	壬申	癸酉	甲戌	乙亥	丙子	丁丑	戊寅	己卯	庚辰	辛巳	壬午	癸未	甲申	乙酉	丙戌	丁亥
음력 01/05 ~ 02/03	납음		石榴木		大海水		海中金		爐中火		大林木		路傍土		劍鋒金		山頭火		澗下水		城頭土		白臘金		楊柳木		井中水		屋上土	
	음력	5	6	7	8	9	10	11	12	13	14	15	16	17	18	19	20	21	22	23	24	25	26	27	28	29	30	2/1	2	3
	구성	2	3	4	5	6	7	8	9	1	2	3	4	5	6	7	8	9	1	2	3	4	5	6	7	8	9	1	2	3
	대운 남	9	9	9	10	입	9	9	9	8	8	8	7	7	7	6	6	6	5	우	5	4	4	4	3	3	3	2	2	2
	대운 여	1	1	1	1	춘	1	1	1	1	2	2	2	3	3	3	4	4	4	수	5	5	6	6	6	7	7	7	8	8

庚子年

경칩 5일 22시 36분 【음2월】 ➡ 【己卯月(기묘월)】 ☯七赤星 춘분 20일 23시 43분

양력 3월	양력	1	2	3	4	5	6	7	8	9	10	11	12	13	14	15	16	17	18	19	20	21	22	23	24	25	26	27	28	29	30	31
	요일	화	수	목	금	토	일	월	화	수	목	금	토	일	월	화	수	목	금	토	일	월	화	수	목	금	토	일	월	화	수	목
	일진 日辰	戊子	己丑	庚寅	辛卯	壬辰	癸巳	甲午	乙未	丙申	丁酉	戊戌	己亥	庚子	辛丑	壬寅	癸卯	甲辰	乙巳	丙午	丁未	戊申	己酉	庚戌	辛亥	壬子	癸丑	甲寅	乙卯	丙辰	丁巳	戊午
음력 02/04 ~ 03/05	납음	霹靂火		松柏木		長流水		沙中金		山下火		平地木		壁上土		金箔金		覆燈火		天河水		大驛土		釵釧金		桑柘木		大溪水		沙中土		
	음력	4	5	6	7	8	9	10	11	12	13	14	15	16	17	18	19	20	21	22	23	24	25	26	27	28	29	3/1	2	3	4	5
	구성	4	5	6	7	8	9	1	2	3	4	5	6	7	8	9	1	2	3	4	5	6	7	8	9	1	2	3	4	5	6	7
	대운 남	1	1	1	1	경	10	10	9	9	9	8	8	8	7	7	7	6	6	6	춘	5	5	4	4	4	3	3	3	2	2	2
	대운 여	8	9	9	9	칩	1	1	1	1	2	2	2	3	3	3	4	4	4	5	분	5	6	6	6	7	7	7	8	8	8	9

청명 5일 03시 44분 【음3월】 ➡ 【庚辰月(경진월)】 ☯六白星 곡우 20일 11시 06분

양력 4월	양력	1	2	3	4	5	6	7	8	9	10	11	12	13	14	15	16	17	18	19	20	21	22	23	24	25	26	27	28	29	30
	요일	금	토	일	월	화	수	목	금	토	일	월	화	수	목	금	토	일	월	화	수	목	금	토	일	월	화	수	목	금	토
	일진 日辰	己未	庚申	辛酉	壬戌	癸亥	甲子	乙丑	丙寅	丁卯	戊辰	己巳	庚午	辛未	壬申	癸酉	甲戌	乙亥	丙子	丁丑	戊寅	己卯	庚辰	辛巳	壬午	癸未	甲申	乙酉	丙戌	丁亥	戊子
음력 03/06 ~ 04/05	납음		石榴木		大海水		海中金		爐中火		大林木		路傍土		劍鋒金		山頭火		澗下水		城頭土		白臘金		楊柳木		井中水		屋上土		
	음력	6	7	8	9	10	11	12	13	14	15	16	17	18	19	20	21	22	23	24	25	26	27	28	29	30	4/1	2	3	4	5
	구성	8	9	1	2	3	4	5	6	7	8	9	1	2	3	4	5	6	7	8	9	1	2	3	4	5	6	7	8	9	1
	대운 남	1	1	1	1	청	10	9	9	9	8	8	8	7	7	7	6	6	6	5	곡	5	4	4	4	3	3	3	2	2	2
	대운 여	9	9	10	10	명	1	1	1	1	2	2	2	3	3	3	4	4	4	5	우	5	6	6	6	7	7	7	8	8	8

입하 5일 22시 23분 【음4월】 ➡ 【辛巳月(신사월)】 ☯五黃星 소만 21일 11시 34분

양력 5월	양력	1	2	3	4	5	6	7	8	9	10	11	12	13	14	15	16	17	18	19	20	21	22	23	24	25	26	27	28	29	30	31
	요일	일	월	화	수	목	금	토	일	월	화	수	목	금	토	일	월	화	수	목	금	토	일	월	화	수	목	금	토	일	월	화
	일진 日辰	己丑	庚寅	辛卯	壬辰	癸巳	甲午	乙未	丙申	丁酉	戊戌	己亥	庚子	辛丑	壬寅	癸卯	甲辰	乙巳	丙午	丁未	戊申	己酉	庚戌	辛亥	壬子	癸丑	甲寅	乙卯	丙辰	丁巳	戊午	己未
음력 04/06 ~ 05/07	납음		松柏木		長流水		沙中金		山下火		平地木		壁上土		金箔金		覆燈火		天河水		大驛土		釵釧金		桑柘木		大溪水		沙中土		天上火	
	음력	6	7	8	9	10	11	12	13	14	15	16	17	18	19	20	21	22	23	24	25	26	27	28	29	5/1	2	3	4	5	6	7
	구성	2	3	4	5	6	7	8	9	1	2	3	4	5	6	7	8	9	1	2	3	4	5	6	7	8	9	1	2	3	4	5
	대운 남	1	1	1	1	입	10	10	10	9	9	9	8	8	8	7	7	7	6	6	6	소	5	5	4	4	4	3	3	3	2	2
	대운 여	9	9	9	10	하	1	1	1	1	2	2	2	3	3	3	4	4	4	5	5	만	6	6	6	7	7	7	8	8	8	9

망종 6일 02시 49분 【음5월】 ➡ 【壬午月(임오월)】 ☯四綠星 하지 21일 19시 42분

양력 6월	양력	1	2	3	4	5	6	7	8	9	10	11	12	13	14	15	16	17	18	19	20	21	22	23	24	25	26	27	28	29	30
	요일	수	목	금	토	일	월	화	수	목	금	토	일	월	화	수	목	금	토	일	월	화	수	목	금	토	일	월	화	수	목
	일진 日辰	庚申	辛酉	壬戌	癸亥	甲子	乙丑	丙寅	丁卯	戊辰	己巳	庚午	辛未	壬申	癸酉	甲戌	乙亥	丙子	丁丑	戊寅	己卯	庚辰	辛巳	壬午	癸未	甲申	乙酉	丙戌	丁亥	戊子	己丑
음력 05/08 ~ 06/07	납음	石榴木		大海水		海中金		爐中火		大林木		路傍土		劍鋒金		山頭火		澗下水		城頭土		白臘金		楊柳木		井中水		屋上土		霹靂火	
	음력	8	9	10	11	12	13	14	15	16	17	18	19	20	21	22	23	24	25	26	27	28	29	30	6/1	2	3	4	5	6	7
	구성	6	7	8	9	9	8	7	6	5	4	3	2	1	9	8	7	6	5	4	3	2	1	9	8	7	6	5	4	3	2
	대운 남	2	1	1	1	1	망	10	10	9	9	9	8	8	8	7	7	7	6	6	6	하	5	5	4	4	4	3	3	3	2
	대운 여	9	9	10	10	10	종	1	1	1	1	2	2	2	3	3	3	4	4	4	5	지	5	6	6	6	7	7	7	8	8

한식(4월05일), 초복(7월11일), 중복(7월21일), 말복(8월10일) ☂춘사(春社)3/21 ☀추사(秋社)9/27
토왕지절(土旺之節):4월17일,7월20일,10월20일,1월17일(신년양력),

七日得辛,二龍治水,1960년 경자年(벽상토), 사록목

서머타임 시작 5월01일 00시→01시로 조정
종료 9월18일 01시→00시로 조정
수정한 시간으로 표기(동경표준시 사용)

3碧	8白	1白
2黑	4綠	6白
7赤	9紫	5黃

1960 庚子年

소서 7일 13시 13분 【음6월】➡ 【癸未月(계미월)】 ☯三碧星 대서 23일 06시 37분

양력 7월	양력	1	2	3	4	5	6	7	8	9	10	11	12	13	14	15	16	17	18	19	20	21	22	23	24	25	26	27	28	29	30	31
	요일	금	토	일	월	화	수	목	금	토	일	월	화	수	목	금	토	일	월	화	수	목	금	토	일	월	화	수	목	금	토	일
	일진 日辰	庚寅	辛卯	壬辰	癸巳	甲午	乙未	丙申	丁酉	戊戌	己亥	庚子	辛丑	壬寅	癸卯	甲辰	乙巳	丙午	丁未	戊申	己酉	庚戌	辛亥	壬子	癸丑	甲寅	乙卯	丙辰	丁巳	戊午	己未	庚申
음력 06/08 ▮ 윤608	납음	松柏木		長流水		沙中金		山下火		平地木		壁上土		金箔金		覆燈火		天河水		大驛土		釵釧金		桑柘木		大溪水		沙中土		天上火		
	음력	8	9	10	11	12	13	14	15	16	17	18	19	20	21	22	23	24	25	26	27	28	29	30	윤6	2	3	4	5	6	7	8
	구성	1	9	8	7	6	5	4	3	2	1	9	8	7	6	5	4	3	2	1	9	8	7	6	5	4	3	2	1	9	8	7
	대운 남	2	2	1	1	1	1	소	10	10	9	9	9	8	8	8	7	7	7	6	6	6	5	대	5	4	4	4	3	3	3	2
	대운 여	8	9	9	9	10	10	서	1	1	1	1	2	2	2	3	3	3	4	4	4	5	5	서	6	6	6	7	7	7	8	8

입추 7일 23시 00분 【음7월】➡ 【甲申月(갑신월)】 ☯二黑星 처서 23일 13시 34분

양력 8월	양력	1	2	3	4	5	6	7	8	9	10	11	12	13	14	15	16	17	18	19	20	21	22	23	24	25	26	27	28	29	30	31
	요일	월	화	수	목	금	토	일	월	화	수	목	금	토	일	월	화	수	목	금	토	일	월	화	수	목	금	토	일	월	화	수
	일진 日辰	辛酉	壬戌	癸亥	甲子	乙丑	丙寅	丁卯	戊辰	己巳	庚午	辛未	壬申	癸酉	甲戌	乙亥	丙子	丁丑	戊寅	己卯	庚辰	辛巳	壬午	癸未	甲申	乙酉	丙戌	丁亥	戊子	己丑	庚寅	辛卯
음력 윤609 ▮ 07/10	납음		大海水		海中金		爐中火		大林木		路傍土		劍鋒金		山頭火		澗下水		城頭土		白臘金		楊柳木		井中水		屋上土		霹靂火		松柏木	
	음력	9	10	11	12	13	14	15	16	17	18	19	20	21	22	23	24	25	26	27	28	29	7/1	2	3	4	5	6	7	8	9	10
	구성	6	5	4	3	2	1	9	8	7	6	5	4	3	2	1	9	8	7	6	5	4	3	2	1	9	8	7	6	5	4	3
	대운 남	2	2	1	1	1	1	입	10	10	10	9	9	9	8	8	8	7	7	7	6	6	6	처	5	5	4	4	4	3	3	3
	대운 여	8	9	9	9	10	10	추	1	1	1	1	2	2	2	3	3	3	4	4	4	5	5	서	6	6	6	7	7	7	8	8

백로 8일 01시 45분 【음8월】➡ 【乙酉月(을유월)】 ☯一白星 추분 23일 09시 59분

양력 9월	양력	1	2	3	4	5	6	7	8	9	10	11	12	13	14	15	16	17	18	19	20	21	22	23	24	25	26	27	28	29	30	
	요일	목	금	토	일	월	화	수	목	금	토	일	월	화	수	목	금	토	일	월	화	수	목	금	토	일	월	화	수	목	금	
	일진 日辰	壬辰	癸巳	甲午	乙未	丙申	丁酉	戊戌	己亥	庚子	辛丑	壬寅	癸卯	甲辰	乙巳	丙午	丁未	戊申	己酉	庚戌	辛亥	壬子	癸丑	甲寅	乙卯	丙辰	丁巳	戊午	己未	庚申	辛酉	
음력 07/11 ▮ 08/10	납음	長流水		沙中金		山下火		平地木		壁上土		金箔金		覆燈火		天河水		大驛土		釵釧金		桑柘木		大溪水		沙中土		天上火		石榴木		
	음력	11	12	13	14	15	16	17	18	19	20	21	22	23	24	25	26	27	28	29	30	8/1	2	3	4	5	6	7	8	9	10	
	구성	2	1	9	8	7	6	5	4	3	2	1	9	8	7	6	5	4	3	2	1	9	8	7	6	5	4	3	2	1	9	
	대운 남	2	2	2	1	1	1	1	백	10	9	9	9	8	8	8	7	7	7	6	6	6	5	추	5	4	4	4	3	3	3	
	대운 여	8	9	9	9	10	10	10	로	1	1	1	1	2	2	2	3	3	3	4	4	4	5	분	5	6	6	6	7	7	7	

한로 8일 16시 09분 【음9월】➡ 【丙戌月(병술월)】 ☯九紫星 상강 23일 19시 02분

양력 10월	양력	1	2	3	4	5	6	7	8	9	10	11	12	13	14	15	16	17	18	19	20	21	22	23	24	25	26	27	28	29	30	31
	요일	토	일	월	화	수	목	금	토	일	월	화	수	목	금	토	일	월	화	수	목	금	토	일	월	화	수	목	금	토	일	월
	일진 日辰	壬戌	癸亥	甲子	乙丑	丙寅	丁卯	戊辰	己巳	庚午	辛未	壬申	癸酉	甲戌	乙亥	丙子	丁丑	戊寅	己卯	庚辰	辛巳	壬午	癸未	甲申	乙酉	丙戌	丁亥	戊子	己丑	庚寅	辛卯	壬辰
음력 08/11 ▮ 09/12	납음	大海水		海中金		爐中火		大林木		路傍土		劍鋒金		山頭火		澗下水		城頭土		白臘金		楊柳木		井中水		屋上土		霹靂火		松柏木		
	음력	11	12	13	14	15	16	17	18	19	20	21	22	23	24	25	26	27	28	29	9/1	2	3	4	5	6	7	8	9	10	11	12
	구성	8	7	6	5	4	3	2	1	9	8	7	6	5	4	3	2	1	9	8	7	6	5	4	3	2	1	9	8	7	6	5
	대운 남	2	2	2	1	1	1	1	한	10	9	9	9	8	8	8	7	7	7	6	6	6	5	상	5	4	4	4	3	3	3	2
	대운 여	8	8	8	9	9	9	10	로	1	1	1	1	2	2	2	3	3	3	4	4	4	5	강	5	6	6	6	7	7	7	8

입동 7일 19시 02분 【음10월】➡ 【丁亥月(정해월)】 ☯八白星 소설 22일 16시 18분

양력 11월	양력	1	2	3	4	5	6	7	8	9	10	11	12	13	14	15	16	17	18	19	20	21	22	23	24	25	26	27	28	29	30	
	요일	화	수	목	금	토	일	월	화	수	목	금	토	일	월	화	수	목	금	토	일	월	화	수	목	금	토	일	월	화	수	
	일진 日辰	癸巳	甲午	乙未	丙申	丁酉	戊戌	己亥	庚子	辛丑	壬寅	癸卯	甲辰	乙巳	丙午	丁未	戊申	己酉	庚戌	辛亥	壬子	癸丑	甲寅	乙卯	丙辰	丁巳	戊午	己未	庚申	辛酉	壬戌	
음력 09/13 ▮ 10/12	납음		沙中金		山下火		平地木		壁上土		金箔金		覆燈火		天河水		大驛土		釵釧金		桑柘木		大溪水		沙中土		天上火		石榴木			
	음력	13	14	15	16	17	18	19	20	21	22	23	24	25	26	27	28	29	30	10/1	2	3	4	5	6	7	8	9	10	11	12	
	구성	4	3	2	1	9	8	7	6	5	4	3	2	1	9	8	7	6	5	4	3	2	1	9	8	7	6	5	4	3	2	
	대운 남	2	2	1	1	1	1	입	10	9	9	9	8	8	8	7	7	7	6	6	6	5	소	5	4	4	4	3	3	3	2	
	대운 여	8	8	9	9	9	10	동	1	1	1	1	2	2	2	3	3	3	4	4	4	5	설	5	6	6	6	7	7	7	8	

대설 7일 11시 38분 【음11월】➡ 【戊子月(무자월】 ☯七赤星 동지 22일 05시 26분

양력 12월	양력	1	2	3	4	5	6	7	8	9	10	11	12	13	14	15	16	17	18	19	20	21	22	23	24	25	26	27	28	29	30	31
	요일	목	금	토	일	월	화	수	목	금	토	일	월	화	수	목	금	토	일	월	화	수	목	금	토	일	월	화	수	목	금	토
	일진 日辰	癸亥	甲子	乙丑	丙寅	丁卯	戊辰	己巳	庚午	辛未	壬申	癸酉	甲戌	乙亥	丙子	丁丑	戊寅	己卯	庚辰	辛巳	壬午	癸未	甲申	乙酉	丙戌	丁亥	戊子	己丑	庚寅	辛卯	壬辰	癸巳
음력 10/13 ▮ 11/14	납음		海中金		爐中火		大林木		路傍土		劍鋒金		山頭火		澗下水		城頭土		白臘金		楊柳木		井中水		屋上土		霹靂火		松柏木		長流水	
	음력	13	14	15	16	17	18	19	20	21	22	23	24	25	26	27	28	29	11/1	2	3	4	5	6	7	8	9	10	11	12	13	14
	구성	1	1	2	3	4	5	6	7	8	9	1	2	3	4	5	6	7	8	9	1	2	3	4	5	6	7	8	9	1	2	3
	대운 남	2	2	1	1	1	1	대	9	9	9	8	8	8	7	7	7	6	6	6	5	5	동	4	4	4	3	3	3	2	2	2
	대운 여	8	8	9	9	9	10	설	1	1	1	1	2	2	2	3	3	3	4	4	4	5	지	5	6	6	6	7	7	7	8	8

단기 4294 年 불기 2505 年

1961년 중원 辛丑年 납음(壁上土),본명성(三碧木)

대장군(酉서방), 삼살(동방), 상문(卯동방),조객(亥서북방), 납음(벽상토),【삼재(해,자,축)년】 臘享(납향):1962년1월23일(음12/18)

소

소한 5일 22시 43분 【음12월】 ➡ 【己丑月(기축월)】 ☯六白星 대한 20일 16시 01분

	양력	1	2	3	4	5	6	7	8	9	10	11	12	13	14	15	16	17	18	19	20	21	22	23	24	25	26	27	28	29	30	31
양력 1월	요일	일	월	화	수	목	금	토	일	월	화	수	목	금	토	일	월	화	수	목	금	토	일	월	화	수	목	금	토	일	월	화
	일진	甲	乙	丙	丁	戊	己	庚	辛	壬	癸	甲	乙	丙	丁	戊	己	庚	辛	壬	癸	甲	乙	丙	丁	戊	己	庚	辛	壬	癸	甲
	日辰	午	未	申	酉	戌	亥	子	丑	寅	卯	辰	巳	午	未	申	酉	戌	亥	子	丑	寅	卯	辰	巳	午	未	申	酉	戌	亥	子
음력 11/15 ~ 12/15	납음	沙中金		山下火		平地木		壁上土		金箔金		覆燈火		天河水		大驛土		釵釧金		桑柘木		大溪水		沙中土		天上火		石榴木		大海水		
	음력	15	16	17	18	19	20	21	22	23	24	25	26	27	28	29	30	12/1	2	3	4	5	6	7	8	9	10	11	12	13	14	15
	구성	4	5	6	7	8	9	1	2	3	4	5	6	7	8	9	1	2	3	4	5	6	7	8	9	1	2	3	4	5	6	7
	대운 남	1	1	1	1	소	10	9	9	9	8	8	8	7	7	7	6	6	6	5	대	5	4	4	4	3	3	3	2	2	2	1
	대운 여	8	9	9	9	한	1	1	1	1	2	2	2	3	3	3	4	4	4	5	한	5	6	6	6	7	7	7	8	8	8	9

입춘 4일 10시 22분 【음1월】 ➡ 【庚寅月(경인월)】 ☯五黃星 우수 19일 06시 16분

	양력	1	2	3	4	5	6	7	8	9	10	11	12	13	14	15	16	17	18	19	20	21	22	23	24	25	26	27	28	
양력 2월	요일	수	목	금	토	일	월	화	수	목	금	토	일	월	화	수	목	금	토	일	월	화	수	목	금	토	일	월	화	辛丑年
	일진	乙	丙	丁	戊	己	庚	辛	壬	癸	甲	乙	丙	丁	戊	己	庚	辛	壬	癸	甲	乙	丙	丁	戊	己	庚	辛	壬	
	日辰	丑	寅	卯	辰	巳	午	未	申	酉	戌	亥	子	丑	寅	卯	辰	巳	午	未	申	酉	戌	亥	子	丑	寅	卯	辰	
음력 12/16 ~ 01/14	납음		爐中火		大林木		路傍土		劍鋒金		山頭火		澗下水		城頭土		白臘金		楊柳木		井中水		屋上土		霹靂火		松柏木			
	음력	16	17	18	19	20	21	22	23	24	25	26	27	28	29	1/1	2	3	4	5	6	7	8	9	10	11	12	13	14	
	구성	8	9	1	2	3	4	5	6	7	8	9	1	2	3	4	5	6	7	8	9	1	2	3	4	5	6	7	8	
	대운 남	1	1	1	입	1	1	1	1	2	2	2	3	3	3	4	4	4	5	우	5	6	6	6	7	7	7	8	8	
	대운 여	9	9	10	춘	10	9	9	9	8	8	8	7	7	7	6	6	6	5	수	5	4	4	4	3	3	3	2	2	

경칩 6일 04시 35분 【음2월】 ➡ 【辛卯月(신묘월)】 ☯四綠星 춘분 21일 05시 32분

	양력	1	2	3	4	5	6	7	8	9	10	11	12	13	14	15	16	17	18	19	20	21	22	23	24	25	26	27	28	29	30	31
양력 3월	요일	수	목	금	토	일	월	화	수	목	금	토	일	월	화	수	목	금	토	일	월	화	수	목	금	토	일	월	화	수	목	금
	일진	癸	甲	乙	丙	丁	戊	己	庚	辛	壬	癸	甲	乙	丙	丁	戊	己	庚	辛	壬	癸	甲	乙	丙	丁	戊	己	庚	辛	壬	癸
	日辰	巳	午	未	申	酉	戌	亥	子	丑	寅	卯	辰	巳	午	未	申	酉	戌	亥	子	丑	寅	卯	辰	巳	午	未	申	酉	戌	亥
음력 01/15 ~ 02/15	납음		沙中金		山下火		平地木		壁上土		金箔金		覆燈火		天河水		大驛土		釵釧金		桑柘木		大溪水		沙中土		天上火		石榴木		大海水	
	음력	15	16	17	18	19	20	21	22	23	24	25	26	27	28	29	30	2/1	2	3	4	5	6	7	8	9	10	11	12	13	14	15
	구성	9	1	2	3	4	5	6	7	8	9	1	2	3	4	5	6	7	8	9	1	2	3	4	5	6	7	8	9	1	2	3
	대운 남	8	9	9	9	10	경	1	1	1	1	2	2	2	3	3	3	4	4	4	5	춘	5	6	6	6	7	7	7	8	8	8
	대운 여	2	1	1	1	1	칩	10	9	9	9	8	8	8	7	7	7	6	6	6	5	분	5	4	4	4	3	3	3	2	2	2

청명 5일 09시 42분 【음3월】 ➡ 【壬辰月(임진월)】 ☯三碧星 곡우 20일 16시 55분

	양력	1	2	3	4	5	6	7	8	9	10	11	12	13	14	15	16	17	18	19	20	21	22	23	24	25	26	27	28	29	30
양력 4월	요일	토	일	월	화	수	목	금	토	일	월	화	수	목	금	토	일	월	화	수	목	금	토	일	월	화	수	목	금	토	일
	일진	甲	乙	丙	丁	戊	己	庚	辛	壬	癸	甲	乙	丙	丁	戊	己	庚	辛	壬	癸	甲	乙	丙	丁	戊	己	庚	辛	壬	癸
	日辰	子	丑	寅	卯	辰	巳	午	未	申	酉	戌	亥	子	丑	寅	卯	辰	巳	午	未	申	酉	戌	亥	子	丑	寅	卯	辰	巳
음력 02/16 ~ 03/16	납음	海中金		爐中火		大林木		路傍土		劍鋒金		山頭火		澗下水		城頭土		白臘金		楊柳木		井中水		屋上土		霹靂火		松柏木		長流水	
	음력	16	17	18	19	20	21	22	23	24	25	26	27	28	29	3/1	2	3	4	5	6	7	8	9	10	11	12	13	14	15	16
	구성	4	5	6	7	8	9	1	2	3	4	5	6	7	8	9	1	2	3	4	5	6	7	8	9	1	2	3	4	5	6
	대운 남	9	9	9	10	청	1	1	1	1	2	2	2	3	3	3	4	4	4	5	곡	5	6	6	6	7	7	7	8	8	8
	대운 여	1	1	1	1	명	10	10	9	9	9	8	8	8	7	7	7	6	6	6	우	5	5	4	4	4	3	3	3	2	2

입하 6일 03시 21분 【음4월】 ➡ 【癸巳月(계사월)】 ☯二黑星 소만 21일 16시 22분

	양력	1	2	3	4	5	6	7	8	9	10	11	12	13	14	15	16	17	18	19	20	21	22	23	24	25	26	27	28	29	30	31
양력 5월	요일	월	화	수	목	금	토	일	월	화	수	목	금	토	일	월	화	수	목	금	토	일	월	화	수	목	금	토	일	월	화	수
	일진	甲	乙	丙	丁	戊	己	庚	辛	壬	癸	甲	乙	丙	丁	戊	己	庚	辛	壬	癸	甲	乙	丙	丁	戊	己	庚	辛	壬	癸	甲
	日辰	午	未	申	酉	戌	亥	子	丑	寅	卯	辰	巳	午	未	申	酉	戌	亥	子	丑	寅	卯	辰	巳	午	未	申	酉	戌	亥	子
음력 03/17 ~ 04/17	납음	沙中金		山下火		平地木		壁上土		金箔金		覆燈火		天河水		大驛土		釵釧金		桑柘木		大溪水		沙中土		天上火		石榴木		大海水		
	음력	17	18	19	20	21	22	23	24	25	26	27	28	29	30	4/1	2	3	4	5	6	7	8	9	10	11	12	13	14	15	16	17
	구성	7	8	9	1	2	3	4	5	6	7	8	9	1	2	3	4	5	6	7	8	9	1	2	3	4	5	6	7	8	9	9
	대운 남	9	9	9	10	10	입	1	1	1	1	2	2	2	3	3	3	4	4	4	5	소	5	6	6	6	7	7	7	8	8	8
	대운 여	2	1	1	1	1	하	10	10	9	9	9	8	8	8	7	7	7	6	6	6	만	5	5	4	4	4	3	3	3	2	2

망종 6일 07시 46분 【음5월】 ➡ 【甲午月(갑오월)】 ☯一白星 하지 22일 00시 30분

	양력	1	2	3	4	5	6	7	8	9	10	11	12	13	14	15	16	17	18	19	20	21	22	23	24	25	26	27	28	29	30
양력 6월	요일	목	금	토	일	월	화	수	목	금	토	일	월	화	수	목	금	토	일	월	화	수	목	금	토	일	월	화	수	목	금
	일진	乙	丙	丁	戊	己	庚	辛	壬	癸	甲	乙	丙	丁	戊	己	庚	辛	壬	癸	甲	乙	丙	丁	戊	己	庚	辛	壬	癸	甲
	日辰	丑	寅	卯	辰	巳	午	未	申	酉	戌	亥	子	丑	寅	卯	辰	巳	午	未	申	酉	戌	亥	子	丑	寅	卯	辰	巳	午
음력 04/18 ~ 05/18	납음		爐中火		大林木		路傍土		劍鋒金		山頭火		澗下水		城頭土		白臘金		楊柳木		井中水		屋上土		霹靂火		松柏木		長流水		
	음력	18	19	20	21	22	23	24	25	26	27	28	29	5/1	2	3	4	5	6	7	8	9	10	11	12	13	14	15	16	17	18
	구성	8	7	6	5	4	3	2	1	9	8	7	6	5	4	3	2	1	9	8	7	6	5	4	3	2	1	9	8	7	6
	대운 남	9	9	9	10	10	망	1	1	1	1	2	2	2	3	3	3	4	4	4	5	5	하	6	6	6	7	7	7	8	8
	대운 여	2	1	1	1	1	종	10	10	9	9	9	8	8	8	7	7	7	6	6	6	5	지	5	4	4	4	3	3	3	2

한식(4월06일), 초복(7월16일), 중복(7월26일), 말복(8월15일) ☂춘사(春社)3/16 ☀추사(秋社)9/22
토왕지절(土旺之節):4월17일,7월20일,10월20일,1월17일(신년양력),臘享(납향):1월23일(신년양력)

三日得辛,二龍治水, 1961년 신축年(벽상토), 삼벽목

2黑	7赤	9紫
1白	3碧	5黃
6白	8白	4綠

1961 辛丑年

소서 7일 18시 07분 【음6월】➡ 【乙未月(을미월)】 ☯九紫星 대서 23일 11시 24분

양력 7월 / 음력 05/19 ~ 06/19

양력	1	2	3	4	5	6	7	8	9	10	11	12	13	14	15	16	17	18	19	20	21	22	23	24	25	26	27	28	29	30	31
요일	토	일	월	화	수	목	금	토	일	월	화	수	목	금	토	일	월	화	수	목	금	토	일	월	화	수	목	금	토	일	월
일진 日辰	乙未	丙申	丁酉	戊戌	己亥	庚子	辛丑	壬寅	癸卯	甲辰	乙巳	丙午	丁未	戊申	己酉	庚戌	辛亥	壬子	癸丑	甲寅	乙卯	丙辰	丁巳	戊午	己未	庚申	辛酉	壬戌	癸亥	甲子	乙丑
납음		山下火		平地木		壁上土		金箔金		覆燈火		天河水		大驛土		釵釧金		桑柘木		大溪水		沙中土		天上火		石榴木		大海水		海中金	
음력	19	20	21	22	23	24	25	26	27	28	29	30	6/1	2	3	4	5	6	7	8	9	10	11	12	13	14	15	16	17	18	19
구성	5	4	3	2	1	9	8	7	6	5	4	3	2	1	9	8	7	6	5	4	3	2	1	9	8	7	6	5	4	3	2
대운 남	8	9	9	9	10	10	소	1	1	1	1	2	2	2	3	3	3	4	4	4	5	5	대	6	6	6	7	7	7	8	8
대운 여	2	2	1	1	1	1	서	10	10	10	9	9	9	8	8	8	7	7	7	6	6	6	서	5	5	4	4	4	3	3	3

입추 8일 03시 48분 【음7월】➡ 【丙申月(병신월)】 ☯八白星 처서 23일 18시 19분

양력 8월 / 음력 06/20 ~ 07/21

양력	1	2	3	4	5	6	7	8	9	10	11	12	13	14	15	16	17	18	19	20	21	22	23	24	25	26	27	28	29	30	31
요일	화	수	목	금	토	일	월	화	수	목	금	토	일	월	화	수	목	금	토	일	월	화	수	목	금	토	일	월	화	수	목
일진 日辰	丙寅	丁卯	戊辰	己巳	庚午	辛未	壬申	癸酉	甲戌	乙亥	丙子	丁丑	戊寅	己卯	庚辰	辛巳	壬午	癸未	甲申	乙酉	丙戌	丁亥	戊子	己丑	庚寅	辛卯	壬辰	癸巳	甲午	乙未	丙申
납음	爐中火		大林木		路傍土		劍鋒金		山頭火		澗下水		城頭土		白臘金		楊柳木		井中水		屋上土		霹靂火		松柏木		長流水		沙中金		
음력	20	21	22	23	24	25	26	27	28	29	7/1	2	3	4	5	6	7	8	9	10	11	12	13	14	15	16	17	18	19	20	21
구성	1	9	8	7	6	5	4	3	2	1	9	8	7	6	5	4	3	2	1	9	8	7	6	5	4	3	2	1	9	8	7
대운 남	8	9	9	9	10	10	10	입	1	1	1	1	2	2	2	3	3	3	4	4	4	5	처	5	6	6	6	7	7	7	8
대운 여	2	2	2	1	1	1	1	추	10	10	9	9	9	8	8	8	7	7	7	6	6	6	서	5	5	4	4	4	3	3	3

백로 8일 06시 29분 【음8월】➡ 【丁酉月(정유월)】 ☯七赤星 추분 23일 15시 42분

양력 9월 / 음력 07/22 ~ 08/21

양력	1	2	3	4	5	6	7	8	9	10	11	12	13	14	15	16	17	18	19	20	21	22	23	24	25	26	27	28	29	30
요일	금	토	일	월	화	수	목	금	토	일	월	화	수	목	금	토	일	월	화	수	목	금	토	일	월	화	수	목	금	토
일진 日辰	丁酉	戊戌	己亥	庚子	辛丑	壬寅	癸卯	甲辰	乙巳	丙午	丁未	戊申	己酉	庚戌	辛亥	壬子	癸丑	甲寅	乙卯	丙辰	丁巳	戊午	己未	庚申	辛酉	壬戌	癸亥	甲子	乙丑	丙寅
납음		平地木		壁上土		金箔金		覆燈火		天河水		大驛土		釵釧金		桑柘木		大溪水		沙中土		天上火		石榴木		大海水		海中金		
음력	22	23	24	25	26	27	28	29	30	8/1	2	3	4	5	6	7	8	9	10	11	12	13	14	15	16	17	18	19	20	21
구성	6	5	4	3	2	1	9	8	7	6	5	4	3	2	1	9	8	7	6	5	4	3	2	1	9	8	7	6	5	4
대운 남	8	8	9	9	9	10	10	백	1	1	1	1	2	2	2	3	3	3	4	4	4	5	추	5	6	6	6	7	7	7
대운 여	2	2	2	1	1	1	1	로	10	9	9	9	8	8	8	7	7	7	6	6	6	5	분	5	4	4	4	3	3	3

한로 8일 21시 51분 【음9월】➡ 【戊戌月(무술월)】 ☯六白星 상강 24일 00시 47분

양력 10월 / 음력 08/22 ~ 09/22

양력	1	2	3	4	5	6	7	8	9	10	11	12	13	14	15	16	17	18	19	20	21	22	23	24	25	26	27	28	29	30	31
요일	일	월	화	수	목	금	토	일	월	화	수	목	금	토	일	월	화	수	목	금	토	일	월	화	수	목	금	토	일	월	화
일진 日辰	丁卯	戊辰	己巳	庚午	辛未	壬申	癸酉	甲戌	乙亥	丙子	丁丑	戊寅	己卯	庚辰	辛巳	壬午	癸未	甲申	乙酉	丙戌	丁亥	戊子	己丑	庚寅	辛卯	壬辰	癸巳	甲午	乙未	丙申	丁酉
납음		大林木		路傍土		劍鋒金		山頭火		澗下水		城頭土		白臘金		楊柳木		井中水		屋上土		霹靂火		松柏木		長流水		沙中金		山下火	
음력	22	23	24	25	26	27	28	29	30	9/1	2	3	4	5	6	7	8	9	10	11	12	13	14	15	16	17	18	19	20	21	22
구성	3	2	1	9	8	7	6	5	4	3	2	1	9	8	7	6	5	4	3	2	1	9	8	7	6	5	4	3	2	1	9
대운 남	8	8	8	9	9	9	10	한	1	1	1	1	2	2	2	3	3	3	4	4	4	5	5	상	6	6	6	7	7	7	8
대운 여	2	2	2	1	1	1	1	로	10	10	9	9	9	8	8	8	7	7	7	6	6	6	5	강	5	4	4	4	3	3	3

입동 8일 00시 46분 【음10월】➡ 【己亥月(기해월)】 ☯五黃星 소설 22일 22시 08분

양력 11월 / 음력 09/23 ~ 10/23

양력	1	2	3	4	5	6	7	8	9	10	11	12	13	14	15	16	17	18	19	20	21	22	23	24	25	26	27	28	29	30
요일	수	목	금	토	일	월	화	수	목	금	토	일	월	화	수	목	금	토	일	월	화	수	목	금	토	일	월	화	수	목
일진 日辰	戊戌	己亥	庚子	辛丑	壬寅	癸卯	甲辰	乙巳	丙午	丁未	戊申	己酉	庚戌	辛亥	壬子	癸丑	甲寅	乙卯	丙辰	丁巳	戊午	己未	庚申	辛酉	壬戌	癸亥	甲子	乙丑	丙寅	丁卯
납음	平地木		壁上土		金箔金		覆燈火		天河水		大驛土		釵釧金		桑柘木		大溪水		沙中土		天上火		石榴木		大海水		海中金		爐中火	
음력	23	24	25	26	27	28	29	10/1	2	3	4	5	6	7	8	9	10	11	12	13	14	15	16	17	18	19	20	21	22	23
구성	8	7	6	5	4	3	2	1	9	8	7	6	5	4	3	2	1	9	8	7	6	5	4	3	2	1	1	2	3	4
대운 남	8	8	9	9	9	10	10	입	1	1	1	1	2	2	2	3	3	3	4	4	4	소	5	5	6	6	6	7	7	7
대운 여	2	2	2	1	1	1	1	동	9	9	9	8	8	8	7	7	7	6	6	6	5	설	5	4	4	4	3	3	3	2

대설 7일 17시 26분 【음11월】➡ 【庚子月(경자월)】 ☯四綠星 동지 22일 11시 19분

양력 12월 / 음력 10/24 ~ 11/24

양력	1	2	3	4	5	6	7	8	9	10	11	12	13	14	15	16	17	18	19	20	21	22	23	24	25	26	27	28	29	30	31
요일	금	토	일	월	화	수	목	금	토	일	월	화	수	목	금	토	일	월	화	수	목	금	토	일	월	화	수	목	금	토	일
일진 日辰	戊辰	己巳	庚午	辛未	壬申	癸酉	甲戌	乙亥	丙子	丁丑	戊寅	己卯	庚辰	辛巳	壬午	癸未	甲申	乙酉	丙戌	丁亥	戊子	己丑	庚寅	辛卯	壬辰	癸巳	甲午	乙未	丙申	丁酉	戊戌
납음	大林木		路傍土		劍鋒金		山頭火		澗下水		城頭土		白臘金		楊柳木		井中水		屋上土		霹靂火		松柏木		長流水		沙中金		山下火		
음력	24	25	26	27	28	29	30	11/1	2	3	4	5	6	7	8	9	10	11	12	13	14	15	16	17	18	19	20	21	22	23	24
구성	5	6	7	8	9	1	2	3	4	5	6	7	8	9	1	2	3	4	5	6	7	8	9	1	2	3	4	5	6	7	8
대운 남	8	8	8	9	9	9	대	1	1	1	1	2	2	2	3	3	3	4	4	4	5	동	5	6	6	6	7	7	7	8	8
대운 여	2	2	1	1	1	1	설	10	9	9	9	8	8	8	7	7	7	6	6	6	5	지	5	4	4	4	3	3	3	2	2

단기 4295 年
불기 2506 年

1962년

중원 **壬寅年** 납음(金箔金),본명성(二黑土)

대장군(子북방). 삼살(북방), 상문(辰동남방),조객(子북방), 납음(금박금),【삼재(신,유,술)년】 臘享(납향):1963년1월16일(음12/21)

호랑이

소한 6일 04시 35분 【음12월】 ➡ 【辛丑月(신축월)】 ☯三碧星 대한 20일 21시 58분

양력 1월 / 음력 11/25 ~ 12/26

양력	1	2	3	4	5	6	7	8	9	10	11	12	13	14	15	16	17	18	19	20	21	22	23	24	25	26	27	28	29	30	31
요일	월	화	수	목	금	토	일	월	화	수	목	금	토	일	월	화	수	목	금	토	일	월	화	수	목	금	토	일	월	화	수
일진 日辰	己亥	庚子	辛丑	壬寅	癸卯	甲辰	乙巳	丙午	丁未	戊申	己酉	庚戌	辛亥	壬子	癸丑	甲寅	乙卯	丙辰	丁巳	戊午	己未	庚申	辛酉	壬戌	癸亥	甲子	乙丑	丙寅	丁卯	戊辰	己巳
납음		壁上土		金箔金		覆燈火		天河水		大驛土		釵釧金		桑柘木		大溪水		沙中土		天上火		石榴木		大海水		海中金		爐中火		大林木	
음력	25	26	27	28	29	12/1	2	3	4	5	6	7	8	9	10	11	12	13	14	15	16	17	18	19	20	21	22	23	24	25	26
구성	9	1	2	3	4	5	6	7	8	9	1	2	3	4	5	6	7	8	9	1	2	3	4	5	6	7	8	9	1	2	3
대운 남	8	9	9	9	10	소	1	1	1	1	2	2	2	3	3	3	4	4	4	대	5	5	6	6	6	7	7	7	8	8	8
대운 여	2	1	1	1	1	한	9	9	9	8	8	8	7	7	7	6	6	6	5	한	5	4	4	4	3	3	3	2	2	2	1

입춘 4일 16시 17분 【음1월】 ➡ 【壬寅月(임인월)】 ☯二黑星 우수 19일 12시 15분

양력 2월 / 음력 12/27 ~ 01/24

양력	1	2	3	4	5	6	7	8	9	10	11	12	13	14	15	16	17	18	19	20	21	22	23	24	25	26	27	28
요일	목	금	토	일	월	화	수	목	금	토	일	월	화	수	목	금	토	일	월	화	수	목	금	토	일	월	화	수
일진 日辰	庚午	辛未	壬申	癸酉	甲戌	乙亥	丙子	丁丑	戊寅	己卯	庚辰	辛巳	壬午	癸未	甲申	乙酉	丙戌	丁亥	戊子	己丑	庚寅	辛卯	壬辰	癸巳	甲午	乙未	丙申	丁酉
납음	路傍土		劍鋒金		山頭火		澗下水		城頭土		白臘金		楊柳木		井中水		屋上土		霹靂火		松柏木		長流水		沙中金		山下火	
음력	27	28	29	30	1/1	2	3	4	5	6	7	8	9	10	11	12	13	14	15	16	17	18	19	20	21	22	23	24
구성	4	5	6	7	8	9	1	2	3	4	5	6	7	8	9	1	2	3	4	5	6	7	8	9	1	2	3	4
대운 남	9	9	9	입	10	9	9	9	8	8	8	7	7	7	6	6	6	5	우	5	4	4	4	3	3	3	2	2
대운 여	1	1	1	춘	1	1	1	1	2	2	2	3	3	3	4	4	4	5	수	5	6	6	6	7	7	7	8	8

壬寅年

경칩 6일 10시 30분 【음2월】 ➡ 【癸卯月(계묘월)】 ☯一白星 춘분 21일 11시 30분

양력 3월 / 음력 01/25 ~ 02/26

양력	1	2	3	4	5	6	7	8	9	10	11	12	13	14	15	16	17	18	19	20	21	22	23	24	25	26	27	28	29	30	31
요일	목	금	토	일	월	화	수	목	금	토	일	월	화	수	목	금	토	일	월	화	수	목	금	토	일	월	화	수	목	금	토
일진 日辰	戊戌	己亥	庚子	辛丑	壬寅	癸卯	甲辰	乙巳	丙午	丁未	戊申	己酉	庚戌	辛亥	壬子	癸丑	甲寅	乙卯	丙辰	丁巳	戊午	己未	庚申	辛酉	壬戌	癸亥	甲子	乙丑	丙寅	丁卯	戊辰
납음	平地木		壁上土		金箔金		覆燈火		天河水		大驛土		釵釧金		桑柘木		大溪水		沙中土		天上火		石榴木		大海水		海中金		爐中火		
음력	25	26	27	28	29	2/1	2	3	4	5	6	7	8	9	10	11	12	13	14	15	16	17	18	19	20	21	22	23	24	25	26
구성	5	6	7	8	9	1	2	3	4	5	6	7	8	9	1	2	3	4	5	6	7	8	9	1	2	3	4	5	6	7	8
대운 남	2	1	1	1	1	경	10	9	9	9	8	8	8	7	7	7	6	6	6	5	춘	5	4	4	4	3	3	3	2	2	2
대운 여	8	9	9	9	10	칩	1	1	1	1	2	2	2	3	3	3	4	4	4	5	분	5	6	6	6	7	7	7	8	8	8

청명 5일 15시 34분 【음3월】 ➡ 【甲辰月(갑진월)】 ☯九紫星 곡우 20일 22시 51분

양력 4월 / 음력 02/27 ~ 03/26

양력	1	2	3	4	5	6	7	8	9	10	11	12	13	14	15	16	17	18	19	20	21	22	23	24	25	26	27	28	29	30
요일	일	월	화	수	목	금	토	일	월	화	수	목	금	토	일	월	화	수	목	금	토	일	월	화	수	목	금	토	일	월
일진 日辰	己巳	庚午	辛未	壬申	癸酉	甲戌	乙亥	丙子	丁丑	戊寅	己卯	庚辰	辛巳	壬午	癸未	甲申	乙酉	丙戌	丁亥	戊子	己丑	庚寅	辛卯	壬辰	癸巳	甲午	乙未	丙申	丁酉	戊戌
납음		路傍土		劍鋒金		山頭火		澗下水		城頭土		白臘金		楊柳木		井中水		屋上土		霹靂火		松柏木		長流水		沙中金		山下火		
음력	27	28	29	30	3/1	2	3	4	5	6	7	8	9	10	11	12	13	14	15	16	17	18	19	20	21	22	23	24	25	26
구성	9	1	2	3	4	5	6	7	8	9	1	2	3	4	5	6	7	8	9	1	2	3	4	5	6	7	8	9	1	2
대운 남	1	1	1	1	청	10	10	9	9	9	8	8	8	7	7	7	6	6	6	곡	5	5	4	4	4	3	3	3	2	2
대운 여	9	9	9	10	명	1	1	1	1	2	2	2	3	3	3	4	4	4	5	우	5	6	6	6	7	7	7	8	8	8

입하 6일 09시 10분 【음4월】 ➡ 【乙巳月(을사월)】 ☯八白星 소만 21일 22시 17분

양력 5월 / 음력 03/27 ~ 04/28

양력	1	2	3	4	5	6	7	8	9	10	11	12	13	14	15	16	17	18	19	20	21	22	23	24	25	26	27	28	29	30	31
요일	화	수	목	금	토	일	월	화	수	목	금	토	일	월	화	수	목	금	토	일	월	화	수	목	금	토	일	월	화	수	목
일진 日辰	己亥	庚子	辛丑	壬寅	癸卯	甲辰	乙巳	丙午	丁未	戊申	己酉	庚戌	辛亥	壬子	癸丑	甲寅	乙卯	丙辰	丁巳	戊午	己未	庚申	辛酉	壬戌	癸亥	甲子	乙丑	丙寅	丁卯	戊辰	己巳
납음		壁上土		金箔金		覆燈火		天河水		大驛土		釵釧金		桑柘木		大溪水		沙中土		天上火		石榴木		大海水		海中金		爐中火		大林木	
음력	27	28	29	4/1	2	3	4	5	6	7	8	9	10	11	12	13	14	15	16	17	18	19	20	21	22	23	24	25	26	27	28
구성	3	4	5	6	7	8	9	1	2	3	4	5	6	7	8	9	1	2	3	4	5	6	7	8	9	9	8	7	6	5	4
대운 남	2	1	1	1	1	입	10	10	9	9	9	8	8	8	7	7	7	6	6	6	소	5	5	4	4	4	3	3	3	2	2
대운 여	9	9	9	10	10	하	1	1	1	1	2	2	2	3	3	3	4	4	4	5	만	5	6	6	6	7	7	7	8	8	8

망종 6일 13시 31분 【음5월】 ➡ 【丙午月(병오월)】 ☯七赤星 하지 22일 06시 24분

양력 6월 / 음력 04/29 ~ 05/29

양력	1	2	3	4	5	6	7	8	9	10	11	12	13	14	15	16	17	18	19	20	21	22	23	24	25	26	27	28	29	30
요일	금	토	일	월	화	수	목	금	토	일	월	화	수	목	금	토	일	월	화	수	목	금	토	일	월	화	수	목	금	토
일진 日辰	庚午	辛未	壬申	癸酉	甲戌	乙亥	丙子	丁丑	戊寅	己卯	庚辰	辛巳	壬午	癸未	甲申	乙酉	丙戌	丁亥	戊子	己丑	庚寅	辛卯	壬辰	癸巳	甲午	乙未	丙申	丁酉	戊戌	己亥
납음	路傍土		劍鋒金		山頭火		澗下水		城頭土		白臘金		楊柳木		井中水		屋上土		霹靂火		松柏木		長流水		沙中金		山下火		平地木	
음력	29	5/1	2	3	4	5	6	7	8	9	10	11	12	13	14	15	16	17	18	19	20	21	22	23	24	25	26	27	28	29
구성	3	2	1	9	8	7	6	5	4	3	2	1	9	8	7	6	5	4	3	2	1	9	8	7	6	5	4	3	2	1
대운 남	2	1	1	1	1	망	10	10	9	9	9	8	8	8	7	7	7	6	6	6	5	하	5	4	4	4	3	3	3	2
대운 여	9	9	9	10	10	종	1	1	1	1	2	2	2	3	3	3	4	4	4	5	5	지	6	6	6	7	7	7	8	8

한식(4월06일), 초복(7월21일), 중복(7월31일), 말복(8월10일) 춘사(春社)3/21 추사(秋社)9/27
토왕지절(土旺之節):4월17일,7월20일,10월21일,신년 1월18일,(양력)

八日得辛, 七龍治水,1962년 임인年(금박금), 이흑토 臘享(납향):1월16일 신년

1白	6白	8白
9紫	2黑	4綠
5黃	7赤	3碧

1962 壬寅年

소서 7일 23시 51분 【음6월】 ➡ 【丁未月(정미월)】 ☯六白星 대서 23일 17시 18분

양력 7월 / 음력 05/30 ~ 07/01

양력	1	2	3	4	5	6	7	8	9	10	11	12	13	14	15	16	17	18	19	20	21	22	23	24	25	26	27	28	29	30	31
요일	일	월	화	수	목	금	토	일	월	화	수	목	금	토	일	월	화	수	목	금	토	일	월	화	수	목	금	토	일	월	화
일진 日辰	庚子	辛丑	壬寅	癸卯	甲辰	乙巳	丙午	丁未	戊申	己酉	庚戌	辛亥	壬子	癸丑	甲寅	乙卯	丙辰	丁巳	戊午	己未	庚申	辛酉	壬戌	癸亥	甲子	乙丑	丙寅	丁卯	戊辰	己巳	庚午
납음	壁上土		金箔金		覆燈火		天河水		大驛土		釵釧金		桑柘木		大溪水		沙中土		天上火		石榴木		大海水		海中金		爐中火		大林木		
음력	29	6/1	2	3	4	5	6	7	8	9	10	11	12	13	14	15	16	17	18	19	20	21	22	23	24	25	26	27	28	29	7/1
구성	9	8	7	6	5	4	3	2	1	9	8	7	6	5	4	3	2	1	9	8	7	6	5	4	3	2	1	9	8	7	6
대운 남	2	2	1	1	1	1	소	10	10	10	9	9	9	8	8	8	7	7	7	6	6	6	대	5	5	4	4	4	3	3	3
대운 여	8	9	9	9	10	10	서	1	1	1	1	2	2	2	3	3	3	4	4	4	5	5	서	6	6	6	7	7	7	8	8

입추 8일 09시 34분 【음7월】 ➡ 【戊申月(무신월)】 ☯五黃星 처서 24일 00시 12분

양력 8월 / 음력 07/02 ~ 08/02

양력	1	2	3	4	5	6	7	8	9	10	11	12	13	14	15	16	17	18	19	20	21	22	23	24	25	26	27	28	29	30	31
요일	수	목	금	토	일	월	화	수	목	금	토	일	월	화	수	목	금	토	일	월	화	수	목	금	토	일	월	화	수	목	금
일진 日辰	辛未	壬申	癸酉	甲戌	乙亥	丙子	丁丑	戊寅	己卯	庚辰	辛巳	壬午	癸未	甲申	乙酉	丙戌	丁亥	戊子	己丑	庚寅	辛卯	壬辰	癸巳	甲午	乙未	丙申	丁酉	戊戌	己亥	庚子	辛丑
납음		劍鋒金		山頭火		澗下水		城頭土		白臘金		楊柳木		井中水		屋上土		霹靂火		松柏木		長流水		沙中金		山下火		平地木		壁上土	
음력	2	3	4	5	6	7	8	9	10	11	12	13	14	15	16	17	18	19	20	21	22	23	24	25	26	27	28	29	30	8/1	2
구성	5	4	3	2	1	9	8	7	6	5	4	3	2	1	9	8	7	6	5	4	3	2	1	9	8	7	6	5	4	3	2
대운 남	2	2	2	1	1	1	1	입	10	10	9	9	9	8	8	8	7	7	7	6	6	6	5	처	5	4	4	4	3	3	3
대운 여	8	9	9	9	10	10	10	추	1	1	1	1	2	2	2	3	3	3	4	4	4	5	5	서	6	6	6	7	7	7	8

백로 8일 12시 15분 【음8월】 ➡ 【己酉月(기유월)】 ☯四綠星 추분 23일 21시 35분

양력 9월 / 음력 08/03 ~ 09/02

양력	1	2	3	4	5	6	7	8	9	10	11	12	13	14	15	16	17	18	19	20	21	22	23	24	25	26	27	28	29	30
요일	토	일	월	화	수	목	금	토	일	월	화	수	목	금	토	일	월	화	수	목	금	토	일	월	화	수	목	금	토	일
일진 日辰	壬寅	癸卯	甲辰	乙巳	丙午	丁未	戊申	己酉	庚戌	辛亥	壬子	癸丑	甲寅	乙卯	丙辰	丁巳	戊午	己未	庚申	辛酉	壬戌	癸亥	甲子	乙丑	丙寅	丁卯	戊辰	己巳	庚午	辛未
납음	金箔金		覆燈火		天河水		大驛土		釵釧金		桑柘木		大溪水		沙中土		天上火		石榴木		大海水		海中金		爐中火		大林木		路傍土	
음력	3	4	5	6	7	8	9	10	11	12	13	14	15	16	17	18	19	20	21	22	23	24	25	26	27	28	29	30	9/1	2
구성	1	9	8	7	6	5	4	3	2	1	9	8	7	6	5	4	3	2	1	9	8	7	6	5	4	3	2	1	9	8
대운 남	2	2	2	1	1	1	1	백	10	10	9	9	9	8	8	8	7	7	7	6	6	6	추	5	5	4	4	4	3	3
대운 여	8	8	9	9	9	10	10	로	1	1	1	1	2	2	2	3	3	3	4	4	4	5	분	5	6	6	6	7	7	7

한로 9일 03시 38분 【음9월】 ➡ 【庚戌月(경술월)】 ☯三碧星 상강 24일 06시 40분

양력 10월 / 음력 09/03 ~ 10/04

양력	1	2	3	4	5	6	7	8	9	10	11	12	13	14	15	16	17	18	19	20	21	22	23	24	25	26	27	28	29	30	31
요일	월	화	수	목	금	토	일	월	화	수	목	금	토	일	월	화	수	목	금	토	일	월	화	수	목	금	토	일	월	화	수
일진 日辰	壬申	癸酉	甲戌	乙亥	丙子	丁丑	戊寅	己卯	庚辰	辛巳	壬午	癸未	甲申	乙酉	丙戌	丁亥	戊子	己丑	庚寅	辛卯	壬辰	癸巳	甲午	乙未	丙申	丁酉	戊戌	己亥	庚子	辛丑	壬寅
납음	劍鋒金		山頭火		澗下水		城頭土		白臘金		楊柳木		井中水		屋上土		霹靂火		松柏木		長流水		沙中金		山下火		平地木		壁上土		
음력	3	4	5	6	7	8	9	10	11	12	13	14	15	16	17	18	19	20	21	22	23	24	25	26	27	28	29	10/1	2	3	4
구성	7	6	5	4	3	2	1	9	8	7	6	5	4	3	2	1	9	8	7	6	5	4	3	2	1	9	8	7	6	5	4
대운 남	3	2	2	2	1	1	1	1	한	10	9	9	9	8	8	8	7	7	7	6	6	6	5	상	5	4	4	4	3	3	3
대운 여	8	8	8	9	9	9	10	10	로	1	1	1	1	2	2	2	3	3	3	4	4	4	5	강	5	6	6	6	7	7	7

입동 8일 06시 35분 【음10월】 ➡ 【辛亥月(신해월)】 ☯二黑星 소설 23일 04시 02분

양력 11월 / 음력 10/05 ~ 11/04

양력	1	2	3	4	5	6	7	8	9	10	11	12	13	14	15	16	17	18	19	20	21	22	23	24	25	26	27	28	29	30
요일	목	금	토	일	월	화	수	목	금	토	일	월	화	수	목	금	토	일	월	화	수	목	금	토	일	월	화	수	목	금
일진 日辰	癸卯	甲辰	乙巳	丙午	丁未	戊申	己酉	庚戌	辛亥	壬子	癸丑	甲寅	乙卯	丙辰	丁巳	戊午	己未	庚申	辛酉	壬戌	癸亥	甲子	乙丑	丙寅	丁卯	戊辰	己巳	庚午	辛未	壬申
납음		覆燈火		天河水		大驛土		釵釧金		桑柘木		大溪水		沙中土		天上火		石榴木		大海水		海中金		爐中火		大林木		路傍土		
음력	5	6	7	8	9	10	11	12	13	14	15	16	17	18	19	20	21	22	23	24	25	26	27	28	29	30	11/1	2	3	4
구성	3	2	1	9	8	7	6	5	4	3	2	1	9	8	7	6	5	4	3	2	1	9	8	7	6	5	4	3	2	1
대운 남	2	2	2	1	1	1	1	입	9	9	9	8	8	8	7	7	7	6	6	6	5	5	소	4	4	4	3	3	3	2
대운 여	8	8	8	9	9	9	10	동	1	1	1	1	2	2	2	3	3	3	4	4	4	5	설	5	6	6	6	7	7	7

대설 7일 23시 17분 【음11월】 ➡ 【壬子月(임자월)】 ☯一白星 동지 22일 17시 15분

양력 12월 / 음력 11/05 ~ 12/05

양력	1	2	3	4	5	6	7	8	9	10	11	12	13	14	15	16	17	18	19	20	21	22	23	24	25	26	27	28	29	30	31
요일	토	일	월	화	수	목	금	토	일	월	화	수	목	금	토	일	월	화	수	목	금	토	일	월	화	수	목	금	토	일	월
일진 日辰	癸酉	甲戌	乙亥	丙子	丁丑	戊寅	己卯	庚辰	辛巳	壬午	癸未	甲申	乙酉	丙戌	丁亥	戊子	己丑	庚寅	辛卯	壬辰	癸巳	甲午	乙未	丙申	丁酉	戊戌	己亥	庚子	辛丑	壬寅	癸卯
납음		山頭火		澗下水		城頭土		白臘金		楊柳木		井中水		屋上土		霹靂火		松柏木		長流水		沙中金		山下火		平地木		壁上土		金箔金	
음력	5	6	7	8	9	10	11	12	13	14	15	16	17	18	19	20	21	22	23	24	25	26	27	28	29	30	12/1	2	3	4	5
구성	9	8	7	6	5	4	3	2	1	9	8	7	6	5	4	3	2	1	9	8	7	7	8	9	1	2	3	4	5	6	7
대운 남	2	2	1	1	1	1	대	10	9	9	9	8	8	8	7	7	7	6	6	6	5	동	5	4	4	4	3	3	3	2	2
대운 여	8	8	8	9	9	9	설	1	1	1	1	2	2	2	3	3	3	4	4	4	5	지	5	6	6	6	7	7	7	8	8

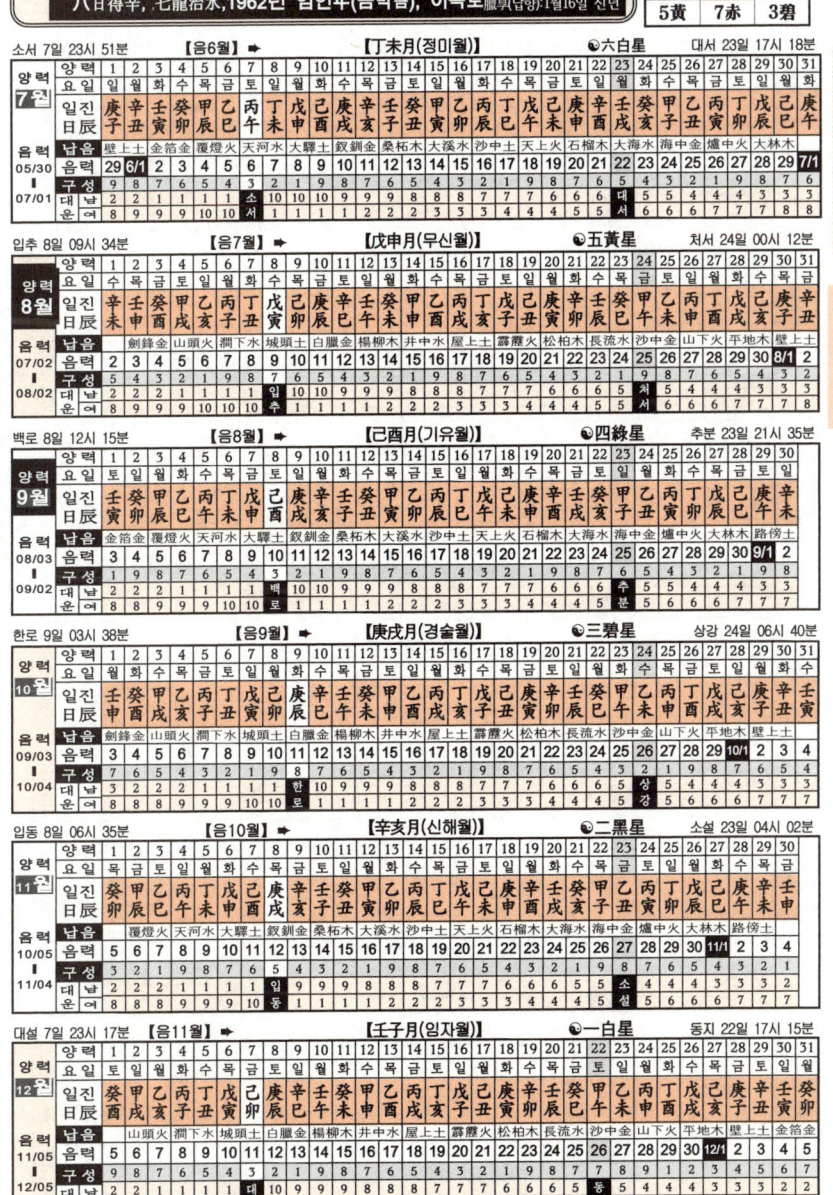

단기 4296 年
불기 2507 年

1963년

중원 **癸卯年** 납음(金箔金),본명성(一白水)

대장군(子북방), 삼살(酉서방), 상문(巳동남방),조객(丑동북방), 납음(금박금),【삼재(사,오,미)년】 臘享(납향):1964년1월23일(음12/09)

토끼

소한 6일 10시 26분 【음12월】➡ 【癸丑月(계축월)】 ☯九紫星 대한 21일 03시 54분

양력 1월 / 음력 12/06 ▮ 01/07

양력	1	2	3	4	5	6	7	8	9	10	11	12	13	14	15	16	17	18	19	20	21	22	23	24	25	26	27	28	29	30	31
요일	화	수	목	금	토	일	월	화	수	목	금	토	일	월	화	수	목	금	토	일	월	화	수	목	금	토	일	월	화	수	목
일진 日辰	甲辰	乙巳	丙午	丁未	戊申	己酉	庚戌	辛亥	壬子	癸丑	甲寅	乙卯	丙辰	丁巳	戊午	己未	庚申	辛酉	壬戌	癸亥	甲子	乙丑	丙寅	丁卯	戊辰	己巳	庚午	辛未	壬申	癸酉	甲戌
납음	覆燈火		天河水		大驛土		釵釧金		桑柘木		大溪水		沙中土		天上火		石榴木		大海水		海中金		爐中火		大林木		路傍土		劍鋒金		
음력	6	7	8	9	10	11	12	13	14	15	16	17	18	19	20	21	22	23	24	25	26	27	28	29	1/1	2	3	4	5	6	7
구성	8	9	1	2	3	4	5	6	7	8	9	1	2	3	4	5	6	7	8	9	1	2	3	4	5	6	7	8	9	1	2
대운 남	2	1	1	1	1	소	9	9	9	8	8	8	7	7	7	6	6	6	5	5	대	4	4	4	3	3	3	2	2	2	1
대운 여	8	9	9	9	10	한	1	1	1	1	2	2	2	3	3	3	4	4	4	5	한	5	6	6	6	7	7	7	8	8	8

입춘 4일 22시 08분 【음1월】➡ 【甲寅月(갑인월)】 ☯八白星 우수 19일 18시 09분

양력 2월 / 음력 01/06 ▮ 02/05

양력	1	2	3	4	5	6	7	8	9	10	11	12	13	14	15	16	17	18	19	20	21	22	23	24	25	26	27	28
요일	금	토	일	월	화	수	목	금	토	일	월	화	수	목	금	토	일	월	화	수	목	금	토	일	월	화	수	목
일진 日辰	乙亥	丙子	丁丑	戊寅	己卯	庚辰	辛巳	壬午	癸未	甲申	乙酉	丙戌	丁亥	戊子	己丑	庚寅	辛卯	壬辰	癸巳	甲午	乙未	丙申	丁酉	戊戌	己亥	庚子	辛丑	壬寅
납음		澗下水		城頭土		白臘金		楊柳木		井中水		屋上土		霹靂火		松柏木		長流水		沙中金		山下火		平地木		壁上土		
음력	8	9	10	11	12	13	14	15	16	17	18	19	20	21	22	23	24	25	26	27	28	29	30	2/1	2	3	4	5
구성	3	4	5	6	7	8	9	1	2	3	4	5	6	7	8	9	1	2	3	4	5	6	7	8	9	1	2	3
대운 남	1	1	1	입	1	1	1	1	2	2	2	3	3	3	4	4	4	5	우	5	6	6	6	7	7	7	8	8
대운 여	9	9	9	춘	10	9	9	9	8	8	8	7	7	7	6	6	6	5	수	5	4	4	4	3	3	3	2	2

癸卯年

경칩 6일 16시 17분 【음2월】➡ 【乙卯月(을묘월)】 ☯七赤星 춘분 21일 17시 20분

양력 3월 / 음력 02/06 ▮ 03/07

양력	1	2	3	4	5	6	7	8	9	10	11	12	13	14	15	16	17	18	19	20	21	22	23	24	25	26	27	28	29	30	31
요일	금	토	일	월	화	수	목	금	토	일	월	화	수	목	금	토	일	월	화	수	목	금	토	일	월	화	수	목	금	토	일
일진 日辰	癸卯	甲辰	乙巳	丙午	丁未	戊申	己酉	庚戌	辛亥	壬子	癸丑	甲寅	乙卯	丙辰	丁巳	戊午	己未	庚申	辛酉	壬戌	癸亥	甲子	乙丑	丙寅	丁卯	戊辰	己巳	庚午	辛未	壬申	癸酉
납음		覆燈火		天河水		大驛土		釵釧金		桑柘木		大溪水		沙中土		天上火		石榴木		大海水		海中金		爐中火		大林木		路傍土		劍鋒金	
음력	6	7	8	9	10	11	12	13	14	15	16	17	18	19	20	21	22	23	24	25	26	27	28	29	3/1	2	3	4	5	6	7
구성	4	5	6	7	8	9	1	2	3	4	5	6	7	8	9	1	2	3	4	5	6	7	8	9	1	2	3	4	5	6	7
대운 남	8	9	9	9	10	경	1	1	1	1	2	2	2	3	3	3	4	4	4	5	춘	5	6	6	6	7	7	7	8	8	8
대운 여	2	1	1	1	1	칩	10	9	9	9	8	8	8	7	7	7	6	6	6	5	분	5	4	4	4	3	3	3	2	2	2

청명 5일 21시 19분 【음3월】➡ 【丙辰月(병진월)】 ☯六白星 곡우 21일 04시 36분

양력 4월 / 음력 03/08 ▮ 04/07

양력	1	2	3	4	5	6	7	8	9	10	11	12	13	14	15	16	17	18	19	20	21	22	23	24	25	26	27	28	29	30
요일	월	화	수	목	금	토	일	월	화	수	목	금	토	일	월	화	수	목	금	토	일	월	화	수	목	금	토	일	월	화
일진 日辰	甲戌	乙亥	丙子	丁丑	戊寅	己卯	庚辰	辛巳	壬午	癸未	甲申	乙酉	丙戌	丁亥	戊子	己丑	庚寅	辛卯	壬辰	癸巳	甲午	乙未	丙申	丁酉	戊戌	己亥	庚子	辛丑	壬寅	癸卯
납음	山頭火		澗下水		城頭土		白臘金		楊柳木		井中水		屋上土		霹靂火		松柏木		長流水		沙中金		山下火		平地木		壁上土		金箔金	
음력	8	9	10	11	12	13	14	15	16	17	18	19	20	21	22	23	24	25	26	27	28	29	30	4/1	2	3	4	5	6	7
구성	8	9	1	2	3	4	5	6	7	8	9	1	2	3	4	5	6	7	8	9	1	2	3	4	5	6	7	8	9	1
대운 남	9	9	9	10	청	1	1	1	1	2	2	2	3	3	3	4	4	4	5	5	곡	6	6	6	7	7	7	8	8	8
대운 여	1	1	1	1	명	10	10	9	9	9	8	8	8	7	7	7	6	6	6	5	우	5	4	4	4	3	3	3	2	2

입하 6일 14시 52분 【음4월】➡ 【丁巳月(정사월)】 ☯五黃星 소만 22일 03시 58분

양력 5월 / 음력 04/08 ▮ 윤409

양력	1	2	3	4	5	6	7	8	9	10	11	12	13	14	15	16	17	18	19	20	21	22	23	24	25	26	27	28	29	30	31
요일	수	목	금	토	일	월	화	수	목	금	토	일	월	화	수	목	금	토	일	월	화	수	목	금	토	일	월	화	수	목	금
일진 日辰	甲辰	乙巳	丙午	丁未	戊申	己酉	庚戌	辛亥	壬子	癸丑	甲寅	乙卯	丙辰	丁巳	戊午	己未	庚申	辛酉	壬戌	癸亥	甲子	乙丑	丙寅	丁卯	戊辰	己巳	庚午	辛未	壬申	癸酉	甲戌
납음	覆燈火		天河水		大驛土		釵釧金		桑柘木		大溪水		沙中土		天上火		石榴木		大海水		海中金		爐中火		大林木		路傍土		劍鋒金		
음력	8	9	10	11	12	13	14	15	16	17	18	19	20	21	22	23	24	25	26	27	28	29	윤4	2	3	4	5	6	7	8	9
구성	2	3	4	5	6	7	8	9	1	2	3	4	5	6	7	8	9	1	2	3	4	5	6	7	8	9	1	2	3	4	5
대운 남	9	9	9	10	10	입	1	1	1	1	2	2	2	3	3	3	4	4	4	5	5	소	6	6	6	7	7	7	8	8	8
대운 여	2	1	1	1	1	하	10	10	9	9	9	8	8	8	7	7	7	6	6	6	5	만	5	4	4	4	3	3	3	2	2

망종 6일 19시 14분 【음5월】➡ 【戊午月(무오월)】 ☯四綠星 하지 22일 12시 04분

양력 6월 / 음력 윤410 ▮ 05/10

양력	1	2	3	4	5	6	7	8	9	10	11	12	13	14	15	16	17	18	19	20	21	22	23	24	25	26	27	28	29	30
요일	토	일	월	화	수	목	금	토	일	월	화	수	목	금	토	일	월	화	수	목	금	토	일	월	화	수	목	금	토	일
일진 日辰	乙亥	丙子	丁丑	戊寅	己卯	庚辰	辛巳	壬午	癸未	甲申	乙酉	丙戌	丁亥	戊子	己丑	庚寅	辛卯	壬辰	癸巳	甲午	乙未	丙申	丁酉	戊戌	己亥	庚子	辛丑	壬寅	癸卯	甲辰
납음		澗下水		城頭土		白臘金		楊柳木		井中水		屋上土		霹靂火		松柏木		長流水		沙中金		山下火		平地木		壁上土		金箔金		
음력	10	11	12	13	14	15	16	17	18	19	20	21	22	23	24	25	26	27	28	29	5/1	2	3	4	5	6	7	8	9	10
구성	6	7	8	9	1	2	3	4	5	6	7	8	9	1	2	3	4	5	6	7	8	9	1	2	3	4	5	6	7	8
대운 남	9	9	9	10	10	망	1	1	1	1	2	2	2	3	3	3	4	4	4	5	5	하	6	6	6	7	7	7	8	8
대운 여	2	1	1	1	1	종	10	10	10	9	9	9	8	8	8	7	7	7	6	6	6	지	5	5	4	4	4	3	3	3

한식(4월06일), 초복(7월16일), 중복(7월26일), 말복(8월15일) 춘사(春社)3/16 추사(秋社)9/22

土王토왕지절(土旺之節):4월18일,7월20일,10월21일,신년 1월18일,(양력)

四日得辛, 一龍治水,1963년 계묘年(금박금), 일백수 신년臘享(납향):1월23일

9紫	5黃	7赤
8白	1白	3碧
4綠	6白	2黑

1963 癸卯年

소서 8일 05시 38분 【음6월】 ➡ 【己未月(기미월)】 ☯三碧星 대서 23일 22시 59분

양력 7월	양력	1	2	3	4	5	6	7	8	9	10	11	12	13	14	15	16	17	18	19	20	21	22	23	24	25	26	27	28	29	30	31
	요일	월	화	수	목	금	토	일	월	화	수	목	금	토	일	월	화	수	목	금	토	일	월	화	수	목	금	토	일	월	화	수
	일진 日辰	乙巳	丙午	丁未	戊申	己酉	庚戌	辛亥	壬子	癸丑	甲寅	乙卯	丙辰	丁巳	戊午	己未	庚申	辛酉	壬戌	癸亥	甲子	乙丑	丙寅	丁卯	戊辰	己巳	庚午	辛未	壬申	癸酉	甲戌	乙亥
음력 05/11 ~ 06/11	납음		天河水		大驛土		釵釧金		桑柘木		大溪水		沙中土		天上火		石榴木		大海水		海中金		爐中火		大林木		路傍土		劍鋒金		山頭火	
	음력	11	12	13	14	15	16	17	18	19	20	21	22	23	24	25	26	27	28	29	30	6/1	2	3	4	5	6	7	8	9	10	11
	구성	9	1	2	3	4	5	6	7	8	9	1	2	3	4	5	6	7	8	9	9	8	7	6	5	4	3	2	1	9	8	7
	대운 남	8	9	9	9	10	10	10	소	1	1	1	1	2	2	2	3	3	3	4	4	4	5	대	5	6	6	6	7	7	7	8
	대운 여	2	2	2	1	1	1	1	서	10	10	9	9	9	8	8	8	7	7	7	6	6	6	서	5	5	4	4	4	3	3	3

입추 8일 15시 25분 【음7월】 ➡ 【庚申月(경신월)】 ☯二黑星 처서 24일 05시 58분

양력 8월	양력	1	2	3	4	5	6	7	8	9	10	11	12	13	14	15	16	17	18	19	20	21	22	23	24	25	26	27	28	29	30	31
	요일	목	금	토	일	월	화	수	목	금	토	일	월	화	수	목	금	토	일	월	화	수	목	금	토	일	월	화	수	목	금	토
	일진 日辰	丙子	丁丑	戊寅	己卯	庚辰	辛巳	壬午	癸未	甲申	乙酉	丙戌	丁亥	戊子	己丑	庚寅	辛卯	壬辰	癸巳	甲午	乙未	丙申	丁酉	戊戌	己亥	庚子	辛丑	壬寅	癸卯	甲辰	乙巳	丙午
음력 06/12 ~ 07/13	납음	澗下水		城頭土		白臘金		楊柳木		井中水		屋上土		霹靂火		松柏木		長流水		沙中金		山下火		平地木		壁上土		金箔金		覆燈火		
	음력	12	13	14	15	16	17	18	19	20	21	22	23	24	25	26	27	28	29	7/1	2	3	4	5	6	7	8	9	10	11	12	13
	구성	6	5	4	3	2	1	9	8	7	6	5	4	3	2	1	9	8	7	6	5	4	3	2	1	9	8	7	6	5	4	3
	대운 남	8	8	9	9	9	10	10	입	1	1	1	1	2	2	2	3	3	3	4	4	4	5	5	처	6	6	6	7	7	7	8
	대운 여	2	2	2	1	1	1	1	추	10	10	9	9	9	8	8	8	7	7	7	6	6	6	5	서	5	4	4	4	3	3	3

백로 8일 18시 12분 【음8월】 ➡ 【辛酉月(신유월)】 ☯一白星 추분 24일 03시 24분

양력 9월	양력	1	2	3	4	5	6	7	8	9	10	11	12	13	14	15	16	17	18	19	20	21	22	23	24	25	26	27	28	29	30
	요일	일	월	화	수	목	금	토	일	월	화	수	목	금	토	일	월	화	수	목	금	토	일	월	화	수	목	금	토	일	월
	일진 日辰	丁未	戊申	己酉	庚戌	辛亥	壬子	癸丑	甲寅	乙卯	丙辰	丁巳	戊午	己未	庚申	辛酉	壬戌	癸亥	甲子	乙丑	丙寅	丁卯	戊辰	己巳	庚午	辛未	壬申	癸酉	甲戌	乙亥	丙子
음력 07/14 ~ 08/13	납음		大驛土		釵釧金		桑柘木		大溪水		沙中土		天上火		石榴木		大海水		海中金		爐中火		大林木		路傍土		劍鋒金		山頭火		
	음력	14	15	16	17	18	19	20	21	22	23	24	25	26	27	28	29	29	8/1	2	3	4	5	6	7	8	9	10	11	12	13
	구성	2	1	9	8	7	6	5	4	3	2	1	9	8	7	6	5	4	3	2	1	9	8	7	6	5	4	3	2	1	9
	대운 남	8	8	9	9	9	10	10	백	1	1	1	1	2	2	2	3	3	3	4	4	4	5	5	추	6	6	6	7	7	7
	대운 여	2	2	2	1	1	1	1	로	10	10	9	9	9	8	8	8	7	7	7	6	6	6	5	분	5	4	4	4	3	3

한로 9일 09시 36분 【음9월】 ➡ 【壬戌月(임술월)】 ☯九紫星 상강 24일 12시 29분

양력 10월	양력	1	2	3	4	5	6	7	8	9	10	11	12	13	14	15	16	17	18	19	20	21	22	23	24	25	26	27	28	29	30	31
	요일	화	수	목	금	토	일	월	화	수	목	금	토	일	월	화	수	목	금	토	일	월	화	수	목	금	토	일	월	화	수	목
	일진 日辰	丁丑	戊寅	己卯	庚辰	辛巳	壬午	癸未	甲申	乙酉	丙戌	丁亥	戊子	己丑	庚寅	辛卯	壬辰	癸巳	甲午	乙未	丙申	丁酉	戊戌	己亥	庚子	辛丑	壬寅	癸卯	甲辰	乙巳	丙午	丁未
음력 08/14 ~ 09/15	납음		城頭土		白臘金		楊柳木		井中水		屋上土		霹靂火		松柏木		長流水		沙中金		山下火		平地木		壁上土		金箔金		覆燈火		天河水	
	음력	14	15	16	17	18	19	20	21	22	23	24	25	26	27	28	29	9/1	2	3	4	5	6	7	8	9	10	11	12	13	14	15
	구성	8	7	6	5	4	3	2	1	9	8	7	6	5	4	3	2	1	9	8	7	6	5	4	3	2	1	9	8	7	6	5
	대운 남	8	8	8	9	9	9	10	10	한	1	1	1	1	2	2	2	3	3	3	4	4	4	5	상	5	6	6	6	7	7	7
	대운 여	3	2	2	2	1	1	1	1	로	10	9	9	9	8	8	8	7	7	7	6	6	6	5	강	5	4	4	4	3	3	3

입동 8일 12시 32분 【음10월】 ➡ 【癸亥月(계해월)】 ☯八白星 소설 23일 09시 49분

양력 11월	양력	1	2	3	4	5	6	7	8	9	10	11	12	13	14	15	16	17	18	19	20	21	22	23	24	25	26	27	28	29	30
	요일	금	토	일	월	화	수	목	금	토	일	월	화	수	목	금	토	일	월	화	수	목	금	토	일	월	화	수	목	금	토
	일진 日辰	戊申	己酉	庚戌	辛亥	壬子	癸丑	甲寅	乙卯	丙辰	丁巳	戊午	己未	庚申	辛酉	壬戌	癸亥	甲子	乙丑	丙寅	丁卯	戊辰	己巳	庚午	辛未	壬申	癸酉	甲戌	乙亥	丙子	丁丑
음력 09/16 ~ 10/15	납음	大驛土		釵釧金		桑柘木		大溪水		沙中土		天上火		石榴木		大海水		海中金		爐中火		大林木		路傍土		劍鋒金		山頭火		澗下水	
	음력	16	17	18	19	20	21	22	23	24	25	26	27	28	29	30	10/1	2	3	4	5	6	7	8	9	10	11	12	13	14	15
	구성	4	3	2	1	9	8	7	6	5	4	3	2	1	9	8	7	6	5	4	3	2	1	9	8	7	6	5	4	3	2
	대운 남	8	8	8	9	9	9	10	입	1	1	1	1	2	2	2	3	3	3	4	4	4	5	소	5	6	6	6	7	7	7
	대운 여	2	2	2	1	1	1	1	동	10	9	9	9	8	8	8	7	7	7	6	6	6	5	설	5	4	4	4	3	3	3

대설 8일 05시 13분 【음11월】 ➡ 【甲子月(갑자월)】 ☯七赤星 동지 22일 23시 02분

양력 12월	양력	1	2	3	4	5	6	7	8	9	10	11	12	13	14	15	16	17	18	19	20	21	22	23	24	25	26	27	28	29	30	31
	요일	일	월	화	수	목	금	토	일	월	화	수	목	금	토	일	월	화	수	목	금	토	일	월	화	수	목	금	토	일	월	화
	일진 日辰	戊寅	己卯	庚辰	辛巳	壬午	癸未	甲申	乙酉	丙戌	丁亥	戊子	己丑	庚寅	辛卯	壬辰	癸巳	甲午	乙未	丙申	丁酉	戊戌	己亥	庚子	辛丑	壬寅	癸卯	甲辰	乙巳	丙午	丁未	戊申
음력 10/16 ~ 11/16	납음	城頭土		白臘金		楊柳木		井中水		屋上土		霹靂火		松柏木		長流水		沙中金		山下火		平地木		壁上土		金箔金		覆燈火		天河水		
	음력	16	17	18	19	20	21	22	23	24	25	26	27	28	29	30	11/1	2	3	4	5	6	7	8	9	10	11	12	13	14	15	16
	구성	1	9	8	7	6	5	4	3	2	1	9	8	7	6	5	4	3	2	1	9	8	7	6	5	4	3	2	1	9	8	7
	대운 남	8	8	8	9	9	9	10	대	1	1	1	1	2	2	2	3	3	3	4	4	4	동	5	5	6	6	6	7	7	7	8
	대운 여	2	2	2	1	1	1	1	설	9	9	9	8	8	8	7	7	7	6	6	6	5	지	5	4	4	4	3	3	3	2	2

단기 4297 年
불기 2508 年

1964년

중원 **甲辰年** 납음(覆燈火),본명성(九紫火)

대장군(子북방), 삼살(남방), 상문(午남방), 조객(寅동북방),납음(복등화), 삼재(인,묘,진) 臘享(납향):1965년1월17일(음12/15)

용

소한 6일 16시 22분 【음12월】 ➡ 【乙丑月(을축월)】 ☯六白星 대한 21일 09시 41분

양력 1월 / 음력 11/17 ~ 12/17

양력	1	2	3	4	5	6	7	8	9	10	11	12	13	14	15	16	17	18	19	20	21	22	23	24	25	26	27	28	29	30	31
요일	수	목	금	토	일	월	화	수	목	금	토	일	월	화	수	목	금	토	일	월	화	수	목	금	토	일	월	화	수	목	금
일진 日辰	己酉	庚戌	辛亥	壬子	癸丑	甲寅	乙卯	丙辰	丁巳	戊午	己未	庚申	辛酉	壬戌	癸亥	甲子	乙丑	丙寅	丁卯	戊辰	己巳	庚午	辛未	壬申	癸酉	甲戌	乙亥	丙子	丁丑	戊寅	己卯
납음		釵釧金		桑柘木		大溪水		沙中土		天上火		石榴木		大海水		海中金		爐中火		大林木		路傍土		劍鋒金		山頭火		澗下水		城頭土	
음력	17	18	19	20	21	22	23	24	25	26	27	28	29	30	12/1	2	3	4	5	6	7	8	9	10	11	12	13	14	15	16	17
구성	6	5	4	3	2	1	9	8	7	6	5	4	3	2	1	1	2	3	4	5	6	7	8	9	1	2	3	4	5	6	7
대운 남	8	8	9	9	9	소	1	1	1	1	2	2	2	3	3	3	4	4	4	5	대	5	6	6	6	7	7	7	8	8	8
대운 여	2	1	1	1	1	한	10	9	9	9	8	8	8	7	7	7	6	6	6	5	한	5	4	4	4	3	3	3	2	2	2

입춘 5일 04시 05분 【음1월】 ➡ 【丙寅月(병인월)】 ☯五黃星 우수 19일 23시 57분

양력 2월 / 음력 12/18 ~ 01/17

양력	1	2	3	4	5	6	7	8	9	10	11	12	13	14	15	16	17	18	19	20	21	22	23	24	25	26	27	28	29
요일	토	일	월	화	수	목	금	토	일	월	화	수	목	금	토	일	월	화	수	목	금	토	일	월	화	수	목	금	토
일진 日辰	庚辰	辛巳	壬午	癸未	甲申	乙酉	丙戌	丁亥	戊子	己丑	庚寅	辛卯	壬辰	癸巳	甲午	乙未	丙申	丁酉	戊戌	己亥	庚子	辛丑	壬寅	癸卯	甲辰	乙巳	丙午	丁未	戊申
납음	白臘金		楊柳木		井中水		屋上土		霹靂火		松柏木		長流水		沙中金		山下火		平地木		壁上土		金箔金		覆燈火		天河水		
음력	18	19	20	21	22	23	24	25	26	27	28	29	1/1	2	3	4	5	6	7	8	9	10	11	12	13	14	15	16	17
구성	8	9	1	2	3	4	5	6	7	8	9	1	2	3	4	5	6	7	8	9	1	2	3	4	5	6	7	8	9
대운 남	9	9	9	10	입	9	9	9	8	8	8	7	7	7	6	6	6	5	우	5	4	4	4	3	3	3	2	2	2
대운 여	1	1	1	1	춘	1	1	1	1	2	2	2	3	3	3	4	4	4	수	5	5	6	6	6	7	7	7	8	8

甲辰年

경칩 5일 22시 16분 【음2월】 ➡ 【丁卯月(정묘월)】 ☯四綠星 춘분 20일 23시 10분

양력 3월 / 음력 01/18 ~ 02/18

양력	1	2	3	4	5	6	7	8	9	10	11	12	13	14	15	16	17	18	19	20	21	22	23	24	25	26	27	28	29	30	31
요일	일	월	화	수	목	금	토	일	월	화	수	목	금	토	일	월	화	수	목	금	토	일	월	화	수	목	금	토	일	월	화
일진 日辰	己酉	庚戌	辛亥	壬子	癸丑	甲寅	乙卯	丙辰	丁巳	戊午	己未	庚申	辛酉	壬戌	癸亥	甲子	乙丑	丙寅	丁卯	戊辰	己巳	庚午	辛未	壬申	癸酉	甲戌	乙亥	丙子	丁丑	戊寅	己卯
납음		釵釧金		桑柘木		大溪水		沙中土		天上火		石榴木		大海水		海中金		爐中火		大林木		路傍土		劍鋒金		山頭火		澗下水		城頭土	
음력	18	19	20	21	22	23	24	25	26	27	28	29	30	2/1	2	3	4	5	6	7	8	9	10	11	12	13	14	15	16	17	18
구성	1	2	3	4	5	6	7	8	9	1	2	3	4	5	6	7	8	9	1	2	3	4	5	6	7	8	9	1	2	3	4
대운 남	1	1	1	1	경	10	10	9	9	9	8	8	8	7	7	7	6	6	6	춘	5	5	4	4	4	3	3	3	2	2	2
대운 여	8	9	9	9	칩	1	1	1	1	2	2	2	3	3	3	4	4	4	5	분	5	6	6	6	7	7	7	8	8	8	9

청명 5일 03시 18분 【음3월】 ➡ 【戊辰月(무진월)】 ☯三碧星 곡우 20일 10시 27분

양력 4월 / 음력 02/19 ~ 03/19

양력	1	2	3	4	5	6	7	8	9	10	11	12	13	14	15	16	17	18	19	20	21	22	23	24	25	26	27	28	29	30
요일	수	목	금	토	일	월	화	수	목	금	토	일	월	화	수	목	금	토	일	월	화	수	목	금	토	일	월	화	수	목
일진 日辰	庚辰	辛巳	壬午	癸未	甲申	乙酉	丙戌	丁亥	戊子	己丑	庚寅	辛卯	壬辰	癸巳	甲午	乙未	丙申	丁酉	戊戌	己亥	庚子	辛丑	壬寅	癸卯	甲辰	乙巳	丙午	丁未	戊申	己酉
납음	白臘金		楊柳木		井中水		屋上土		霹靂火		松柏木		長流水		沙中金		山下火		平地木		壁上土		金箔金		覆燈火		天河水		大驛土	
음력	19	20	21	22	23	24	25	26	27	28	29	3/1	2	3	4	5	6	7	8	9	10	11	12	13	14	15	16	17	18	19
구성	5	6	7	8	9	1	2	3	4	5	6	7	8	9	1	2	3	4	5	6	7	8	9	1	2	3	4	5	6	7
대운 남	1	1	1	1	청	10	9	9	9	8	8	8	7	7	7	6	6	6	5	곡	5	4	4	4	3	3	3	2	2	2
대운 여	9	9	10	10	명	1	1	1	1	2	2	2	3	3	3	4	4	4	5	우	5	6	6	6	7	7	7	8	8	8

입하 5일 20시 51분 【음4월】 ➡ 【己巳月(기사월)】 ☯二黑星 소만 21일 09시 50분

양력 5월 / 음력 03/20 ~ 04/20

양력	1	2	3	4	5	6	7	8	9	10	11	12	13	14	15	16	17	18	19	20	21	22	23	24	25	26	27	28	29	30	31
요일	금	토	일	월	화	수	목	금	토	일	월	화	수	목	금	토	일	월	화	수	목	금	토	일	월	화	수	목	금	토	일
일진 日辰	庚戌	辛亥	壬子	癸丑	甲寅	乙卯	丙辰	丁巳	戊午	己未	庚申	辛酉	壬戌	癸亥	甲子	乙丑	丙寅	丁卯	戊辰	己巳	庚午	辛未	壬申	癸酉	甲戌	乙亥	丙子	丁丑	戊寅	己卯	庚辰
납음	釵釧金		桑柘木		大溪水		沙中土		天上火		石榴木		大海水		海中金		爐中火		大林木		路傍土		劍鋒金		山頭火		澗下水		城頭土		
음력	20	21	22	23	24	25	26	27	28	29	30	4/1	2	3	4	5	6	7	8	9	10	11	12	13	14	15	16	17	18	19	20
구성	8	9	1	2	3	4	5	6	7	8	9	1	2	3	4	5	6	7	8	9	1	2	3	4	5	6	7	8	9	1	2
대운 남	1	1	1	1	입	10	10	10	9	9	9	8	8	8	7	7	7	6	6	6	소	5	5	4	4	4	3	3	3	2	2
대운 여	9	9	9	10	하	1	1	1	1	2	2	2	3	3	3	4	4	4	5	5	만	6	6	6	7	7	7	8	8	8	9

망종 6일 01시 12분 【음5월】 ➡ 【庚午月(경오월)】 ☯一白星 하지 21일 17시 57분

양력 6월 / 음력 04/21 ~ 05/21

양력	1	2	3	4	5	6	7	8	9	10	11	12	13	14	15	16	17	18	19	20	21	22	23	24	25	26	27	28	29	30
요일	월	화	수	목	금	토	일	월	화	수	목	금	토	일	월	화	수	목	금	토	일	월	화	수	목	금	토	일	월	화
일진 日辰	辛巳	壬午	癸未	甲申	乙酉	丙戌	丁亥	戊子	己丑	庚寅	辛卯	壬辰	癸巳	甲午	乙未	丙申	丁酉	戊戌	己亥	庚子	辛丑	壬寅	癸卯	甲辰	乙巳	丙午	丁未	戊申	己酉	庚戌
납음		楊柳木		井中水		屋上土		霹靂火		松柏木		長流水		沙中金		山下火		平地木		壁上土		金箔金		覆燈火		天河水		大驛土		
음력	21	22	23	24	25	26	27	28	29	5/1	2	3	4	5	6	7	8	9	10	11	12	13	14	15	16	17	18	19	20	21
구성	3	4	5	6	7	8	9	1	2	3	4	5	6	7	8	9	1	2	3	4	5	6	7	8	9	1	2	3	4	5
대운 남	2	1	1	1	1	망	10	10	9	9	9	8	8	8	7	7	7	6	6	6	하	5	5	4	4	4	3	3	3	2
대운 여	9	9	10	10	10	종	1	1	1	1	2	2	2	3	3	3	4	4	4	5	지	5	6	6	6	7	7	7	8	8

한식(4월05일), 초복(7월20일), 중복(7월30일), 말복(8월09일) 춘사(春社)3/20 추사(秋社)9/26
土王토왕지절(土旺之節):4월17일,7월20일,10월20일,신년1월18일,(양력)臘享(납향):1월17일신년(양)

十日得辛, 一龍治水,1964년 갑진年(복등화), 구자화

8白	4綠	6白
7赤	9紫	2黑
3碧	5黃	1白

1964 甲辰年

소서 7일 11시 32분 【음6월】 ➡ 【辛未月(신미월)】 ☯九紫星 대서 23일 04시 53분

양력 7월 / 음력 05/22 ~ 06/23

양력	1	2	3	4	5	6	7	8	9	10	11	12	13	14	15	16	17	18	19	20	21	22	23	24	25	26	27	28	29	30	31
요일	수	목	금	토	일	월	화	수	목	금	토	일	월	화	수	목	금	토	일	월	화	수	목	금	토	일	월	화	수	목	금
일진 日辰	辛亥	壬子	癸丑	甲寅	乙卯	丙辰	丁巳	戊午	己未	庚申	辛酉	壬戌	癸亥	甲子	乙丑	丙寅	丁卯	戊辰	己巳	庚午	辛未	壬申	癸酉	甲戌	乙亥	丙子	丁丑	戊寅	己卯	庚辰	辛巳
납음		桑柘木		大溪水		沙中土		天上火		石榴木		大海水		海中金		爐中火		大林木		路傍土		劍鋒金		山頭火		澗下水		城頭土		白臘金	
음력	22	23	24	25	26	27	28	29	6/1	2	3	4	5	6	7	8	9	10	11	12	13	14	15	16	17	18	19	20	21	22	23
구성	6	7	8	9	1	2	3	4	5	6	7	8	9	9	8	7	6	5	4	3	2	1	9	8	7	6	5	4	3	2	1
대운 남	2	2	1	1	1	1	소	10	10	9	9	9	8	8	8	7	7	7	6	6	6	5	대	5	4	4	4	3	3	3	2
대운 여	8	9	9	9	10	10	서	1	1	1	1	2	2	2	3	3	3	4	4	4	5	5	서	6	6	6	7	7	7	8	8

입추 7일 21시 16분 【음7월】 ➡ 【壬申月(임신월)】 ☯八白星 처서 23일 11시 51분

양력 8월 / 음력 06/24 ~ 07/24

양력	1	2	3	4	5	6	7	8	9	10	11	12	13	14	15	16	17	18	19	20	21	22	23	24	25	26	27	28	29	30	31
요일	토	일	월	화	수	목	금	토	일	월	화	수	목	금	토	일	월	화	수	목	금	토	일	월	화	수	목	금	토	일	월
일진 日辰	壬午	癸未	甲申	乙酉	丙戌	丁亥	戊子	己丑	庚寅	辛卯	壬辰	癸巳	甲午	乙未	丙申	丁酉	戊戌	己亥	庚子	辛丑	壬寅	癸卯	甲辰	乙巳	丙午	丁未	戊申	己酉	庚戌	辛亥	壬子
납음	楊柳木		井中水		屋上土		霹靂火		松柏木		長流水		沙中金		山下火		平地木		壁上土		金箔金		覆燈火		天河水		大驛土		釵釧金		
음력	24	25	26	27	28	29	30	7/1	2	3	4	5	6	7	8	9	10	11	12	13	14	15	16	17	18	19	20	21	22	23	24
구성	9	8	7	6	5	4	3	2	1	9	8	7	6	5	4	3	2	1	9	8	7	6	5	4	3	2	1	9	8	7	6
대운 남	2	2	1	1	1	1	입	10	10	9	9	9	8	8	8	7	7	7	6	6	6	5	처	5	4	4	4	3	3	3	2
대운 여	8	9	9	9	10	10	추	1	1	1	1	2	2	2	3	3	3	4	4	4	5	5	서	6	6	6	7	7	7	8	8

백로 7일 23시 59분 【음8월】 ➡ 【癸酉月(계유월)】 ☯七赤星 추분23일 09시 17분

양력 9월 / 음력 07/25 ~ 08/25

양력	1	2	3	4	5	6	7	8	9	10	11	12	13	14	15	16	17	18	19	20	21	22	23	24	25	26	27	28	29	30
요일	화	수	목	금	토	일	월	화	수	목	금	토	일	월	화	수	목	금	토	일	월	화	수	목	금	토	일	월	화	수
일진 日辰	癸丑	甲寅	乙卯	丙辰	丁巳	戊午	己未	庚申	辛酉	壬戌	癸亥	甲子	乙丑	丙寅	丁卯	戊辰	己巳	庚午	辛未	壬申	癸酉	甲戌	乙亥	丙子	丁丑	戊寅	己卯	庚辰	辛巳	壬午
납음		大溪水		沙中土		天上火		石榴木		大海水		海中金		爐中火		大林木		路傍土		劍鋒金		山頭火		澗下水		城頭土		白臘金		
음력	25	26	27	28	29	8/1	2	3	4	5	6	7	8	9	10	11	12	13	14	15	16	17	18	19	20	21	22	23	24	25
구성	5	4	3	2	1	9	8	7	6	5	4	3	2	1	9	8	7	6	5	4	3	2	1	9	8	7	6	5	4	3
대운 남	2	2	1	1	1	1	백	10	10	9	9	9	8	8	8	7	7	7	6	6	6	5	추	5	4	4	4	3	3	3
대운 여	8	9	9	9	10	10	로	1	1	1	1	2	2	2	3	3	3	4	4	4	5	5	분	6	6	6	7	7	7	8

한로 8일 15시 22분 【음9월】 ➡ 【甲戌月(갑술월)】 ☯六白星 상강 23일 18시 21분

양력 10월 / 음력 08/26 ~ 09/26

양력	1	2	3	4	5	6	7	8	9	10	11	12	13	14	15	16	17	18	19	20	21	22	23	24	25	26	27	28	29	30	31
요일	목	금	토	일	월	화	수	목	금	토	일	월	화	수	목	금	토	일	월	화	수	목	금	토	일	월	화	수	목	금	토
일진 日辰	癸未	甲申	乙酉	丙戌	丁亥	戊子	己丑	庚寅	辛卯	壬辰	癸巳	甲午	乙未	丙申	丁酉	戊戌	己亥	庚子	辛丑	壬寅	癸卯	甲辰	乙巳	丙午	丁未	戊申	己酉	庚戌	辛亥	壬子	癸丑
납음		井中水		屋上土		霹靂火		松柏木		長流水		沙中金		山下火		平地木		壁上土		金箔金		覆燈火		天河水		大驛土		釵釧金		桑柘木	
음력	26	27	28	29	30	9/1	2	3	4	5	6	7	8	9	10	11	12	13	14	15	16	17	18	19	20	21	22	23	24	25	26
구성	2	1	9	8	7	6	5	4	3	2	1	9	8	7	6	5	4	3	2	1	9	8	7	6	5	4	3	2	1	9	8
대운 남	2	2	2	1	1	1	1	한	10	9	9	9	8	8	8	7	7	7	6	6	6	5	상	5	4	4	4	3	3	3	2
대운 여	8	8	9	9	9	10	10	로	1	1	1	1	2	2	2	3	3	3	4	4	4	5	강	5	6	6	6	7	7	7	8

입동 7일 18시 15분 【음10월】 ➡ 【乙亥月(을해월)】 ☯五黃星 소설 22일 15시 39분

양력 11월 / 음력 09/27 ~ 10/27

양력	1	2	3	4	5	6	7	8	9	10	11	12	13	14	15	16	17	18	19	20	21	22	23	24	25	26	27	28	29	30
요일	일	월	화	수	목	금	토	일	월	화	수	목	금	토	일	월	화	수	목	금	토	일	월	화	수	목	금	토	일	월
일진 日辰	甲寅	乙卯	丙辰	丁巳	戊午	己未	庚申	辛酉	壬戌	癸亥	甲子	乙丑	丙寅	丁卯	戊辰	己巳	庚午	辛未	壬申	癸酉	甲戌	乙亥	丙子	丁丑	戊寅	己卯	庚辰	辛巳	壬午	癸未
납음	大溪水		沙中土		天上火		石榴木		大海水		海中金		爐中火		大林木		路傍土		劍鋒金		山頭火		澗下水		城頭土		白臘金		楊柳木	
음력	27	28	29	10/1	2	3	4	5	6	7	8	9	10	11	12	13	14	15	16	17	18	19	20	21	22	23	24	25	26	27
구성	7	6	5	4	3	2	1	9	8	7	6	5	4	3	2	1	9	8	7	6	5	4	3	2	1	9	8	7	6	5
대운 남	2	2	1	1	1	1	입	10	9	9	9	8	8	8	7	7	7	6	6	6	5	소	5	4	4	4	3	3	3	2
대운 여	8	8	9	9	9	10	동	1	1	1	1	2	2	2	3	3	3	4	4	4	5	설	5	6	6	6	7	7	7	8

대설 7일 10시 53분 【음11월】 ➡ 【丙子月(병자월)】 ☯四綠星 동지 22일 04시 50분

양력 12월 / 음력 10/28 ~ 11/28

양력	1	2	3	4	5	6	7	8	9	10	11	12	13	14	15	16	17	18	19	20	21	22	23	24	25	26	27	28	29	30	31
요일	화	수	목	금	토	일	월	화	수	목	금	토	일	월	화	수	목	금	토	일	월	화	수	목	금	토	일	월	화	수	목
일진 日辰	甲申	乙酉	丙戌	丁亥	戊子	己丑	庚寅	辛卯	壬辰	癸巳	甲午	乙未	丙申	丁酉	戊戌	己亥	庚子	辛丑	壬寅	癸卯	甲辰	乙巳	丙午	丁未	戊申	己酉	庚戌	辛亥	壬子	癸丑	甲寅
납음	井中水		屋上土		霹靂火		松柏木		長流水		沙中金		山下火		平地木		壁上土		金箔金		覆燈火		天河水		大驛土		釵釧金		桑柘木		
음력	28	29	30	11/1	2	3	4	5	6	7	8	9	10	11	12	13	14	15	16	17	18	19	20	21	22	23	24	25	26	27	28
구성	4	3	2	1	9	8	7	6	5	4	3	2	1	9	8	7	6	5	4	3	2	1	9	8	7	6	5	4	3	2	1
대운 남	2	2	1	1	1	1	대	9	9	9	8	8	8	7	7	7	6	6	6	5	5	동	4	4	4	3	3	3	2	2	2
대운 여	8	8	9	9	9	10	설	1	1	1	1	2	2	2	3	3	3	4	4	4	5	지	5	6	6	6	7	7	7	8	8

단기 4298 年
불기 2509 年

1965년

중원 **乙巳年** 납음(覆燈火),본명성(八白土)

대장군(卯동방), 삼살(동방), 상문(未서남방),조객(卯동방), 납음(복등화), 【삼재(해,자,축)년】 臘享(납향):1966년1월12일(음12/21)

뱀

소한 5일 22시 02분 【음12월】 ➡ 【丁丑月(정축월)】 ☯三碧星 대한 20일 15시 29분

		1	2	3	4	5	6	7	8	9	10	11	12	13	14	15	16	17	18	19	20	21	22	23	24	25	26	27	28	29	30	31
양력 1월	양력	1	2	3	4	5	6	7	8	9	10	11	12	13	14	15	16	17	18	19	20	21	22	23	24	25	26	27	28	29	30	31
	요일	금	토	일	월	화	수	목	금	토	일	월	화	수	목	금	토	일	월	화	수	목	금	토	일	월	화	수	목	금	토	일
	일진 日辰	乙卯	丙辰	丁巳	戊午	己未	庚申	辛酉	壬戌	癸亥	甲子	乙丑	丙寅	丁卯	戊辰	己巳	庚午	辛未	壬申	癸酉	甲戌	乙亥	丙子	丁丑	戊寅	己卯	庚辰	辛巳	壬午	癸未	甲申	乙酉
음력 11/29 ~ 12/29	납음		沙中土		天上火		石榴木		大海水		海中金		爐中火		大林木		路傍土		劍鋒金		山頭火		澗下水		城頭土		白臘金		楊柳木		井中水	
	음력	29	30	12/1	2	3	4	5	6	7	8	9	10	11	12	13	14	15	16	17	18	19	20	21	22	23	24	25	26	27	28	29
	구성	9	8	7	6	5	4	3	2	1	1	2	3	4	5	6	7	8	9	1	2	3	4	5	6	7	8	9	1	2	3	4
	대운 남	1	1	1	1	소	10	9	9	9	8	8	8	7	7	7	6	6	6	5	대	5	4	4	4	3	3	3	2	2	2	1
	대운 여	8	9	9	9	한	1	1	1	1	2	2	2	3	3	3	4	4	4	5	한	5	6	6	6	7	7	7	8	8	8	9

입춘 4일 09시 46분 【음1월】 ➡ 【戊寅月(무인월)】 ☯二黑星 우수 19일 05시 48분

		1	2	3	4	5	6	7	8	9	10	11	12	13	14	15	16	17	18	19	20	21	22	23	24	25	26	27	28
양력 2월	양력	1	2	3	4	5	6	7	8	9	10	11	12	13	14	15	16	17	18	19	20	21	22	23	24	25	26	27	28
	요일	월	화	수	목	금	토	일	월	화	수	목	금	토	일	월	화	수	목	금	토	일	월	화	수	목	금	토	일
	일진 日辰	丙戌	丁亥	戊子	己丑	庚寅	辛卯	壬辰	癸巳	甲午	乙未	丙申	丁酉	戊戌	己亥	庚子	辛丑	壬寅	癸卯	甲辰	乙巳	丙午	丁未	戊申	己酉	庚戌	辛亥	壬子	癸丑
음력 12/30 ~ 01/27	납음	屋上土		霹靂火		松柏木		長流水		沙中金		山下火		平地木		壁上土		金箔金		覆燈火		天河水		大驛土		釵釧金		桑柘木	
	음력	30	1/1	2	3	4	5	6	7	8	9	10	11	12	13	14	15	16	17	18	19	20	21	22	23	24	25	26	27
	구성	5	6	7	8	9	1	2	3	4	5	6	7	8	9	1	2	3	4	5	6	7	8	9	1	2	3	4	5
	대운 남	1	1	1	입	1	1	1	1	2	2	2	3	3	3	4	4	4	5	우	5	6	6	6	7	7	7	8	8
	대운 여	9	9	10	춘	10	9	9	9	8	8	8	7	7	7	6	6	6	5	수	5	4	4	4	3	3	3	2	2

乙巳年

경칩 6일 04시 01분 【음2월】 ➡ 【己卯月(기묘월)】 ☯一白星 춘분 21일 05시 05분

		1	2	3	4	5	6	7	8	9	10	11	12	13	14	15	16	17	18	19	20	21	22	23	24	25	26	27	28	29	30	31
양력 3월	양력	1	2	3	4	5	6	7	8	9	10	11	12	13	14	15	16	17	18	19	20	21	22	23	24	25	26	27	28	29	30	31
	요일	월	화	수	목	금	토	일	월	화	수	목	금	토	일	월	화	수	목	금	토	일	월	화	수	목	금	토	일	월	화	수
	일진 日辰	甲寅	乙卯	丙辰	丁巳	戊午	己未	庚申	辛酉	壬戌	癸亥	甲子	乙丑	丙寅	丁卯	戊辰	己巳	庚午	辛未	壬申	癸酉	甲戌	乙亥	丙子	丁丑	戊寅	己卯	庚辰	辛巳	壬午	癸未	甲申
음력 01/28 ~ 02/29	납음	大溪水		沙中土		天上火		石榴木		大海水		海中金		爐中火		大林木		路傍土		劍鋒金		山頭火		澗下水		城頭土		白臘金		楊柳木		
	음력	28	29	2/1	2	3	4	5	6	7	8	9	10	11	12	13	14	15	16	17	18	19	20	21	22	23	24	25	26	27	28	29
	구성	6	7	8	9	1	2	3	4	5	6	7	8	9	1	2	3	4	5	6	7	8	9	1	2	3	4	5	6	7	8	9
	대운 남	8	9	9	9	10	경	1	1	1	1	2	2	2	3	3	3	4	4	4	5	춘	5	6	6	6	7	7	7	8	8	8
	대운 여	2	1	1	1	1	칩	10	9	9	9	8	8	8	7	7	7	6	6	6	5	분	5	4	4	4	3	3	3	2	2	2

청명 5일 09시 07분 【음3월】 ➡ 【庚辰月(경진월)】 ☯九紫星 곡우 20일 16시 26분

		1	2	3	4	5	6	7	8	9	10	11	12	13	14	15	16	17	18	19	20	21	22	23	24	25	26	27	28	29	30
양력 4월	양력	1	2	3	4	5	6	7	8	9	10	11	12	13	14	15	16	17	18	19	20	21	22	23	24	25	26	27	28	29	30
	요일	목	금	토	일	월	화	수	목	금	토	일	월	화	수	목	금	토	일	월	화	수	목	금	토	일	월	화	수	목	금
	일진 日辰	乙酉	丙戌	丁亥	戊子	己丑	庚寅	辛卯	壬辰	癸巳	甲午	乙未	丙申	丁酉	戊戌	己亥	庚子	辛丑	壬寅	癸卯	甲辰	乙巳	丙午	丁未	戊申	己酉	庚戌	辛亥	壬子	癸丑	甲寅
음력 02/30 ~ 03/29	납음		屋上土		霹靂火		松柏木		長流水		沙中金		山下火		平地木		壁上土		金箔金		覆燈火		天河水		大驛土		釵釧金		桑柘木		
	음력	30	3/1	2	3	4	5	6	7	8	9	10	11	12	13	14	15	16	17	18	19	20	21	22	23	24	25	26	27	28	29
	구성	1	2	3	4	5	6	7	8	9	1	2	3	4	5	6	7	8	9	1	2	3	4	5	6	7	8	9	1	2	3
	대운 남	9	9	9	10	청	1	1	1	1	2	2	2	3	3	3	4	4	4	5	곡	5	6	6	6	7	7	7	8	8	8
	대운 여	1	1	1	1	명	10	10	9	9	9	8	8	8	7	7	7	6	6	6	우	5	5	4	4	4	3	3	3	2	2

입하 6일 02시 42분 【음4월】 ➡ 【辛巳月(신사월)】 ☯八白星 소만 21일 15시 50분

		1	2	3	4	5	6	7	8	9	10	11	12	13	14	15	16	17	18	19	20	21	22	23	24	25	26	27	28	29	30	31
양력 5월	양력	1	2	3	4	5	6	7	8	9	10	11	12	13	14	15	16	17	18	19	20	21	22	23	24	25	26	27	28	29	30	31
	요일	토	일	월	화	수	목	금	토	일	월	화	수	목	금	토	일	월	화	수	목	금	토	일	월	화	수	목	금	토	일	월
	일진 日辰	乙卯	丙辰	丁巳	戊午	己未	庚申	辛酉	壬戌	癸亥	甲子	乙丑	丙寅	丁卯	戊辰	己巳	庚午	辛未	壬申	癸酉	甲戌	乙亥	丙子	丁丑	戊寅	己卯	庚辰	辛巳	壬午	癸未	甲申	乙酉
음력 04/01 ~ 05/01	납음		沙中土		天上火		石榴木		大海水		海中金		爐中火		大林木		路傍土		劍鋒金		山頭火		澗下水		城頭土		白臘金		楊柳木		井中水	
	음력	30	4/1	2	4	5	6	7	8	9	10	11	12	13	14	15	16	17	18	19	20	21	22	23	24	25	26	27	28	29	30	5/1
	구성	4	5	6	7	8	9	1	2	3	4	5	6	7	8	9	1	2	3	4	5	6	7	8	9	1	2	3	4	5	6	7
	대운 남	9	9	9	10	10	입	1	1	1	1	2	2	2	3	3	3	4	4	4	5	소	5	6	6	6	7	7	7	8	8	8
	대운 여	2	1	1	1	1	하	10	10	9	9	9	8	8	8	7	7	7	6	6	6	만	5	5	4	4	4	3	3	3	2	2

망종 6일 07시 02분 【음5월】 ➡ 【壬午月(임오월)】 ☯七赤星 하지 21일 23시 56분

		1	2	3	4	5	6	7	8	9	10	11	12	13	14	15	16	17	18	19	20	21	22	23	24	25	26	27	28	29	30
양력 6월	양력	1	2	3	4	5	6	7	8	9	10	11	12	13	14	15	16	17	18	19	20	21	22	23	24	25	26	27	28	29	30
	요일	화	수	목	금	토	일	월	화	수	목	금	토	일	월	화	수	목	금	토	일	월	화	수	목	금	토	일	월	화	수
	일진 日辰	丙戌	丁亥	戊子	己丑	庚寅	辛卯	壬辰	癸巳	甲午	乙未	丙申	丁酉	戊戌	己亥	庚子	辛丑	壬寅	癸卯	甲辰	乙巳	丙午	丁未	戊申	己酉	庚戌	辛亥	壬子	癸丑	甲寅	乙卯
음력 05/02 ~ 06/02	납음	屋上土		霹靂火		松柏木		長流水		沙中金		山下火		平地木		壁上土		金箔金		覆燈火		天河水		大驛土		釵釧金		桑柘木		大溪水	
	음력	2	3	4	5	6	7	8	9	10	11	12	13	14	15	16	17	18	19	20	21	22	23	24	25	26	27	28	29	6/1	2
	구성	8	9	1	2	3	4	5	6	7	8	9	1	2	3	4	5	6	7	8	9	1	2	3	4	5	6	7	8	9	1
	대운 남	9	9	9	10	10	망	1	1	1	1	2	2	2	3	3	3	4	4	4	5	하	5	6	6	6	7	7	7	8	8
	대운 여	2	1	1	1	1	종	10	10	9	9	9	8	8	8	7	7	7	6	6	6	지	5	5	4	4	4	3	3	3	2

한식(4월06일), 초복(7월15일), 중복(7월25일), 말복(8월14일)☂춘사(春社)3/25 ☀추사(秋社)9/21
토왕지절(土旺之節):4월17일,7월20일,10월20일,신년 1월17일,(신년양력)

五日得辛, 六龍治水,1965년 을사年(복등화), 팔백토 臘享(납향):1월12일 신년

7赤	3碧	5黃
6白	8白	1白
2黑	4綠	9紫

1965 乙巳年

소서 7일 17시 21분 【음6월】 ➡ 【癸未月(계미월)】 ☯六白星 대서 23일 10시 48분

양력 7월	양력	1	2	3	4	5	6	7	8	9	10	11	12	13	14	15	16	17	18	19	20	21	22	23	24	25	26	27	28	29	30	31
	요일	목	금	토	일	월	화	수	목	금	토	일	월	화	수	목	금	토	일	월	화	수	목	금	토	일	월	화	수	목	금	토
	일진 日辰	丙辰	丁巳	戊午	己未	庚申	辛酉	壬戌	癸亥	甲子	乙丑	丙寅	丁卯	戊辰	己巳	庚午	辛未	壬申	癸酉	甲戌	乙亥	丙子	丁丑	戊寅	己卯	庚辰	辛巳	壬午	癸未	甲申	乙酉	丙戌
음력 06/03 ~ 07/04	납음	沙中土		天上火		石榴木		大海水		海中金		爐中火		大林木		路傍土		劍鋒金		山頭火		澗下水		城頭土		白臘金		楊柳木		井中水		
	음력	3	4	5	6	7	8	9	10	11	12	13	14	15	16	17	18	19	20	21	22	23	24	25	26	27	28	29	7/1	2	3	4
	구성	2	3	4	5	6	7	8	9	9	8	7	6	5	4	3	2	1	9	8	7	6	5	4	3	2	1	9	8	7	6	5
	대운 남	8	9	9	9	10	10	소	1	1	1	1	2	2	2	3	3	3	4	4	4	5	5	대	6	6	6	7	7	7	8	8
	대운 여	2	2	1	1	1	1	서	10	10	10	9	9	9	8	8	8	7	7	7	6	6	6	서	5	5	4	4	4	3	3	3

입추 8일 03시 05분 【음7월】 ➡ 【甲申月(갑신월)】 ☯五黃星 처서 23일 17시 43분

양력 8월	양력	1	2	3	4	5	6	7	8	9	10	11	12	13	14	15	16	17	18	19	20	21	22	23	24	25	26	27	28	29	30	31
	요일	일	월	화	수	목	금	토	일	월	화	수	목	금	토	일	월	화	수	목	금	토	일	월	화	수	목	금	토	일	월	화
	일진 日辰	丁亥	戊子	己丑	庚寅	辛卯	壬辰	癸巳	甲午	乙未	丙申	丁酉	戊戌	己亥	庚子	辛丑	壬寅	癸卯	甲辰	乙巳	丙午	丁未	戊申	己酉	庚戌	辛亥	壬子	癸丑	甲寅	乙卯	丙辰	丁巳
음력 07/05 ~ 08/05	납음		霹靂火		松柏木		長流水		沙中金		山下火		平地木		壁上土		金箔金		覆燈火		天河水		大驛土		釵釧金		桑柘木		大溪水		沙中土	
	음력	5	6	7	8	9	10	11	12	13	14	15	16	17	18	19	20	21	22	23	24	25	26	27	28	29	30	8/1	2	3	4	5
	구성	4	3	2	1	9	8	7	6	5	4	3	2	1	9	8	7	6	5	4	3	2	1	9	8	7	6	5	4	3	2	1
	대운 남	8	9	9	9	10	10	10	입	1	1	1	1	2	2	2	3	3	3	4	4	4	5	처	5	6	6	6	7	7	7	8
	대운 여	2	2	2	1	1	1	1	추	10	10	9	9	9	8	8	8	7	7	7	6	6	6	서	5	5	4	4	4	3	3	3

백로 8일 05시 48분 【음8월】 ➡ 【乙酉月(을유월)】 ☯四綠星 추분 23일 15시 06분

양력 9월	양력	1	2	3	4	5	6	7	8	9	10	11	12	13	14	15	16	17	18	19	20	21	22	23	24	25	26	27	28	29	30
	요일	수	목	금	토	일	월	화	수	목	금	토	일	월	화	수	목	금	토	일	월	화	수	목	금	토	일	월	화	수	목
	일진 日辰	戊午	己未	庚申	辛酉	壬戌	癸亥	甲子	乙丑	丙寅	丁卯	戊辰	己巳	庚午	辛未	壬申	癸酉	甲戌	乙亥	丙子	丁丑	戊寅	己卯	庚辰	辛巳	壬午	癸未	甲申	乙酉	丙戌	丁亥
음력 08/06 ~ 09/06	납음	天上火		石榴木		大海水		海中金		爐中火		大林木		路傍土		劍鋒金		山頭火		澗下水		城頭土		白臘金		楊柳木		井中水		屋上土	
	음력	6	7	8	9	10	11	12	13	14	15	16	17	18	19	20	21	22	23	24	25	26	27	28	29	9/1	2	3	4	5	6
	구성	9	8	7	6	5	4	3	2	1	9	8	7	6	5	4	3	2	1	9	8	7	6	5	4	3	2	1	9	8	7
	대운 남	8	8	9	9	9	10	10	백	1	1	1	1	2	2	2	3	3	3	4	4	4	5	추	5	6	6	6	7	7	7
	대운 여	2	2	2	1	1	1	1	로	10	9	9	9	8	8	8	7	7	7	6	6	6	5	분	5	4	4	4	3	3	3

한로 8일 21시 11분 【음9월】 ➡ 【丙戌月(병술월)】 ☯三碧星 상강 24일 00시 10분

양력 10월	양력	1	2	3	4	5	6	7	8	9	10	11	12	13	14	15	16	17	18	19	20	21	22	23	24	25	26	27	28	29	30	31
	요일	금	토	일	월	화	수	목	금	토	일	월	화	수	목	금	토	일	월	화	수	목	금	토	일	월	화	수	목	금	토	일
	일진 日辰	戊子	己丑	庚寅	辛卯	壬辰	癸巳	甲午	乙未	丙申	丁酉	戊戌	己亥	庚子	辛丑	壬寅	癸卯	甲辰	乙巳	丙午	丁未	戊申	己酉	庚戌	辛亥	壬子	癸丑	甲寅	乙卯	丙辰	丁巳	戊午
음력 09/07 ~ 10/08	납음	霹靂火		松柏木		長流水		沙中金		山下火		平地木		壁上土		金箔金		覆燈火		天河水		大驛土		釵釧金		桑柘木		大溪水		沙中土		
	음력	7	8	9	10	11	12	13	14	15	16	17	18	19	20	21	22	23	24	25	26	27	28	29	10/1	2	3	4	5	6	7	8
	구성	6	5	4	3	2	1	9	8	7	6	5	4	3	2	1	9	8	7	6	5	4	3	2	1	9	8	7	6	5	4	3
	대운 남	8	8	8	9	9	9	10	한	1	1	1	1	2	2	2	3	3	3	4	4	4	5	5	상	6	6	6	7	7	7	8
	대운 여	2	2	2	1	1	1	1	로	10	10	9	9	9	8	8	8	7	7	7	6	6	6	5	강	5	4	4	4	3	3	3

입동 8일 00시 07분 【음10월】 ➡ 【丁亥月(정해월)】 ☯二黑星 소설 22일 21시 29분

양력 11월	양력	1	2	3	4	5	6	7	8	9	10	11	12	13	14	15	16	17	18	19	20	21	22	23	24	25	26	27	28	29	30
	요일	월	화	수	목	금	토	일	월	화	수	목	금	토	일	월	화	수	목	금	토	일	월	화	수	목	금	토	일	월	화
	일진 日辰	己未	庚申	辛酉	壬戌	癸亥	甲子	乙丑	丙寅	丁卯	戊辰	己巳	庚午	辛未	壬申	癸酉	甲戌	乙亥	丙子	丁丑	戊寅	己卯	庚辰	辛巳	壬午	癸未	甲申	乙酉	丙戌	丁亥	戊子
음력 10/09 ~ 11/08	납음		石榴木		大海水		海中金		爐中火		大林木		路傍土		劍鋒金		山頭火		澗下水		城頭土		白臘金		楊柳木		井中水		屋上土		
	음력	9	10	11	12	13	14	15	16	17	18	19	20	21	22	23	24	25	26	27	28	29	30	11/1	2	3	4	5	6	7	8
	구성	2	1	9	8	7	6	5	4	3	2	1	9	8	7	6	5	4	3	2	1	9	8	7	6	5	4	3	2	1	9
	대운 남	8	8	9	9	9	10	10	입	1	1	1	1	2	2	2	3	3	3	4	4	4	소	5	5	6	6	6	7	7	7
	대운 여	2	2	2	1	1	1	1	동	9	9	9	8	8	8	7	7	7	6	6	6	5	설	5	4	4	4	3	3	3	2

대설 7일 16시 46분 【음11월】 ➡ 【戊子月(무자월)】 ☯一白星 동지 22일 10시 40분

양력 12월	양력	1	2	3	4	5	6	7	8	9	10	11	12	13	14	15	16	17	18	19	20	21	22	23	24	25	26	27	28	29	30	31
	요일	수	목	금	토	일	월	화	수	목	금	토	일	월	화	수	목	금	토	일	월	화	수	목	금	토	일	월	화	수	목	금
	일진 日辰	己丑	庚寅	辛卯	壬辰	癸巳	甲午	乙未	丙申	丁酉	戊戌	己亥	庚子	辛丑	壬寅	癸卯	甲辰	乙巳	丙午	丁未	戊申	己酉	庚戌	辛亥	壬子	癸丑	甲寅	乙卯	丙辰	丁巳	戊午	己未
음력 11/09 ~ 12/09	납음		松柏木		長流水		沙中金		山下火		平地木		壁上土		金箔金		覆燈火		天河水		大驛土		釵釧金		桑柘木		大溪水		沙中土		天上火	
	음력	9	10	11	12	13	14	15	16	17	18	19	20	21	22	23	24	25	26	27	28	29	30	12/1	2	3	4	5	6	7	8	9
	구성	8	7	6	5	4	3	2	1	9	8	7	6	5	4	3	2	1	9	8	7	6	5	4	3	2	1	9	8	7	6	5
	대운 남	8	8	8	9	9	9	대	1	1	1	1	2	2	2	3	3	3	4	4	4	5	동	5	6	6	6	7	7	7	8	8
	대운 여	2	2	1	1	1	1	설	10	9	9	9	8	8	8	7	7	7	6	6	6	5	지	5	4	4	4	3	3	3	2	2

단기 4299 年

불기 2510 年

1966년

중원 **丙午年** 납음(天河水),본명성(七赤金)

대장군(동방). 삼살(북방). 상문(서남방),조객(동남방). 납음(천하수).
【삼재(신,유,술)년】 臘享(납향):1967년1월19일(음12/09)

말

소한 6일 03시 54분 【음12월】 ➡ 【己丑月(기축월)】 ☯九紫星 대한 20일 21시 20분

양력 1월 / 음력 12/10 ~ 01/10

양력	1	2	3	4	5	6	7	8	9	10	11	12	13	14	15	16	17	18	19	20	21	22	23	24	25	26	27	28	29	30	31
요일	토	일	월	화	수	목	금	토	일	월	화	수	목	금	토	일	월	화	수	목	금	토	일	월	화	수	목	금	토	일	월
일진 日辰	庚申	辛酉	壬戌	癸亥	甲子	乙丑	丙寅	丁卯	戊辰	己巳	庚午	辛未	壬申	癸酉	甲戌	乙亥	丙子	丁丑	戊寅	己卯	庚辰	辛巳	壬午	癸未	甲申	乙酉	丙戌	丁亥	戊子	己丑	庚寅
납음	石榴木		大海水		海中金		爐中火		大林木		路傍土		劍鋒金		山頭火		澗下水		城頭土		白臘金		楊柳木		井中水		屋上土		霹靂火		
음력	10	11	12	13	14	15	16	17	18	19	20	21	22	23	24	25	26	27	28	29	30	1/1	2	3	4	5	6	7	8	9	10
구성	4	3	2	1	1	2	3	4	5	6	7	8	9	1	2	3	4	5	6	7	8	9	1	2	3	4	5	6	7	8	9
대운 남	8	9	9	9	10	소	1	1	1	1	2	2	2	3	3	3	4	4	4	대	5	5	6	6	6	7	7	7	8	8	8
대운 여	2	1	1	1	1	한	9	9	9	8	8	8	7	7	7	6	6	6	5	한	5	4	4	4	3	3	3	2	2	2	1

입춘 4일 15시 38분 【음1월】 ➡ 【庚寅月(경인월)】 ☯八白星 우수 19일 11시 38분

양력 2월 / 음력 01/11 ~ 02/09

양력	1	2	3	4	5	6	7	8	9	10	11	12	13	14	15	16	17	18	19	20	21	22	23	24	25	26	27	28
요일	화	수	목	금	토	일	월	화	수	목	금	토	일	월	화	수	목	금	토	일	월	화	수	목	금	토	일	월
일진 日辰	辛卯	壬辰	癸巳	甲午	乙未	丙申	丁酉	戊戌	己亥	庚子	辛丑	壬寅	癸卯	甲辰	乙巳	丙午	丁未	戊申	己酉	庚戌	辛亥	壬子	癸丑	甲寅	乙卯	丙辰	丁巳	戊午
납음		長流水		沙中金		山下火		平地木		壁上土		金箔金		覆燈火		天河水		大驛土		釵釧金		桑柘木		大溪水		沙中土		
음력	11	12	13	14	15	16	17	18	19	20	21	22	23	24	25	26	27	28	29	2/1	2	3	4	5	6	7	8	9
구성	1	2	3	4	5	6	7	8	9	1	2	3	4	5	6	7	8	9	1	2	3	4	5	6	7	8	9	1
대운 남	9	9	9	입	10	9	9	9	8	8	8	7	7	7	6	6	6	5	우	5	4	4	4	3	3	3	2	2
대운 여	1	1	1	춘	1	1	1	1	2	2	2	3	3	3	4	4	4	5	수	5	6	6	6	7	7	7	8	8

丙午年

경칩 6일 09시 51분 【음2월】 ➡ 【辛卯月(신묘월)】 ☯七赤星 춘분 21일 10시 53분

양력 3월 / 음력 02/10 ~ 03/10

양력	1	2	3	4	5	6	7	8	9	10	11	12	13	14	15	16	17	18	19	20	21	22	23	24	25	26	27	28	29	30	31
요일	화	수	목	금	토	일	월	화	수	목	금	토	일	월	화	수	목	금	토	일	월	화	수	목	금	토	일	월	화	수	목
일진 日辰	己未	庚申	辛酉	壬戌	癸亥	甲子	乙丑	丙寅	丁卯	戊辰	己巳	庚午	辛未	壬申	癸酉	甲戌	乙亥	丙子	丁丑	戊寅	己卯	庚辰	辛巳	壬午	癸未	甲申	乙酉	丙戌	丁亥	戊子	己丑
납음		石榴木		大海水		海中金		爐中火		大林木		路傍土		劍鋒金		山頭火		澗下水		城頭土		白臘金		楊柳木		井中水		屋上土		霹靂火	
음력	10	11	12	13	14	15	16	17	18	19	20	21	22	23	24	25	26	27	28	29	30	3/1	2	3	4	5	6	7	8	9	10
구성	2	3	4	5	6	7	8	9	1	2	3	4	5	6	7	8	9	1	2	3	4	5	6	7	8	9	1	2	3	4	5
대운 남	2	1	1	1	1	경	10	9	9	9	8	8	8	7	7	7	6	6	6	5	춘	5	4	4	4	3	3	3	2	2	2
대운 여	8	9	9	9	10	칩	1	1	1	1	2	2	2	3	3	3	4	4	4	5	분	5	6	6	6	7	7	7	8	8	8

청명 5일 14시 57분 【음3월】 ➡ 【壬辰月(임진월)】 ☯六白星 곡우 20일 22시 12분

양력 4월 / 음력 03/11 ~ 윤310

양력	1	2	3	4	5	6	7	8	9	10	11	12	13	14	15	16	17	18	19	20	21	22	23	24	25	26	27	28	29	30
요일	금	토	일	월	화	수	목	금	토	일	월	화	수	목	금	토	일	월	화	수	목	금	토	일	월	화	수	목	금	토
일진 日辰	庚寅	辛卯	壬辰	癸巳	甲午	乙未	丙申	丁酉	戊戌	己亥	庚子	辛丑	壬寅	癸卯	甲辰	乙巳	丙午	丁未	戊申	己酉	庚戌	辛亥	壬子	癸丑	甲寅	乙卯	丙辰	丁巳	戊午	己未
납음	松柏木		長流水		沙中金		山下火		平地木		壁上土		金箔金		覆燈火		天河水		大驛土		釵釧金		桑柘木		大溪水		沙中土		天上火	
음력	11	12	13	14	15	16	17	18	19	20	21	22	23	24	25	26	27	28	29	30	윤3	2	3	4	5	6	7	8	9	10
구성	6	7	8	9	1	2	3	4	5	6	7	8	9	1	2	3	4	5	6	7	8	9	1	2	3	4	5	6	7	8
대운 남	1	1	1	1	청	10	10	9	9	9	8	8	8	7	7	7	6	6	6	곡	5	5	4	4	4	3	3	3	2	2
대운 여	9	9	9	10	명	1	1	1	1	2	2	2	3	3	3	4	4	4	5	우	5	6	6	6	7	7	7	8	8	8

입하 6일 08시 30분 【음4월】 ➡ 【癸巳月(계사월)】 ☯五黃星 소만 21일 21시 32분

양력 5월 / 음력 윤311 ~ 04/12

양력	1	2	3	4	5	6	7	8	9	10	11	12	13	14	15	16	17	18	19	20	21	22	23	24	25	26	27	28	29	30	31
요일	일	월	화	수	목	금	토	일	월	화	수	목	금	토	일	월	화	수	목	금	토	일	월	화	수	목	금	토	일	월	화
일진 日辰	庚申	辛酉	壬戌	癸亥	甲子	乙丑	丙寅	丁卯	戊辰	己巳	庚午	辛未	壬申	癸酉	甲戌	乙亥	丙子	丁丑	戊寅	己卯	庚辰	辛巳	壬午	癸未	甲申	乙酉	丙戌	丁亥	戊子	己丑	庚寅
납음	石榴木		大海水		海中金		爐中火		大林木		路傍土		劍鋒金		山頭火		澗下水		城頭土		白臘金		楊柳木		井中水		屋上土		霹靂火		
음력	11	12	13	14	15	16	17	18	19	20	21	22	23	24	25	26	27	28	29	4/1	2	3	4	5	6	7	8	9	10	11	12
구성	9	1	2	3	4	5	6	7	8	9	1	2	3	4	5	6	7	8	9	1	2	3	4	5	6	7	8	9	1	2	3
대운 남	2	1	1	1	1	입	10	10	9	9	9	8	8	8	7	7	7	6	6	6	소	5	5	4	4	4	3	3	3	2	2
대운 여	9	9	9	10	10	하	1	1	1	1	2	2	2	3	3	3	4	4	4	5	만	5	6	6	6	7	7	7	8	8	8

망종 6일 12시 50분 【음5월】 ➡ 【甲午月(갑오월)】 ☯四綠星 하지 22일 05시 31분

양력 6월 / 음력 04/13 ~ 05/12

양력	1	2	3	4	5	6	7	8	9	10	11	12	13	14	15	16	17	18	19	20	21	22	23	24	25	26	27	28	29	30
요일	수	목	금	토	일	월	화	수	목	금	토	일	월	화	수	목	금	토	일	월	화	수	목	금	토	일	월	화	수	목
일진 日辰	辛卯	壬辰	癸巳	甲午	乙未	丙申	丁酉	戊戌	己亥	庚子	辛丑	壬寅	癸卯	甲辰	乙巳	丙午	丁未	戊申	己酉	庚戌	辛亥	壬子	癸丑	甲寅	乙卯	丙辰	丁巳	戊午	己未	庚申
납음		長流水		沙中金		山下火		平地木		壁上土		金箔金		覆燈火		天河水		大驛土		釵釧金		桑柘木		大溪水		沙中土		天上火		
음력	13	14	15	16	17	18	19	20	21	22	23	24	25	26	27	28	29	30	5/1	2	3	4	5	6	7	8	9	10	11	12
구성	4	5	6	7	8	9	1	2	3	4	5	6	7	8	9	1	2	3	4	5	6	7	8	9	1	2	3	4	5	6
대운 남	2	1	1	1	1	망	10	10	9	9	9	8	8	8	7	7	7	6	6	6	5	하	5	4	4	4	3	3	3	2
대운 여	9	9	9	10	10	종	1	1	1	1	2	2	2	3	3	3	4	4	4	5	5	지	6	6	6	7	7	7	8	8

한식(4월6일), 초복(7월20일), 중복(7월30일), 말복(8월09일) ☂춘사(春社)3/20 ☀추사(秋社)9/26
토왕지절(土旺之節):4월17일,7월20일,10월21일, 신년 1월18일,(양력)

一日得辛, 十二龍治水,1966년 병오年(천하수), 칠적금 臘享(납향):1월19일 신년

6白	2黑	4綠
5黃	7赤	9紫
1白	3碧	8白

1966 丙午年

소서 7일 23시 07분 【음6월】 ➡ 【乙未月(을미월)】 ☯三碧星 대서 23일 16시 23분

양력 7월 / 음력 05/13 ~ 06/14

양력	1	2	3	4	5	6	7	8	9	10	11	12	13	14	15	16	17	18	19	20	21	22	23	24	25	26	27	28	29	30	31
요일	금	토	일	월	화	수	목	금	토	일	월	화	수	목	금	토	일	월	화	수	목	금	토	일	월	화	수	목	금	토	일
일진 日辰	辛酉	壬戌	癸亥	甲子	乙丑	丙寅	丁卯	戊辰	己巳	庚午	辛未	壬申	癸酉	甲戌	乙亥	丙子	丁丑	戊寅	己卯	庚辰	辛巳	壬午	癸未	甲申	乙酉	丙戌	丁亥	戊子	己丑	庚寅	辛卯
납음		大海水		海中金		爐中火		大林木		路傍土		劍鋒金		山頭火		澗下水		城頭土		白臘金		楊柳木		井中水		屋上土		霹靂火		松柏木	
음력	13	14	15	16	17	18	19	20	21	22	23	24	25	26	27	28	29	6/1	2	3	4	5	6	7	8	9	10	11	12	13	14
구성	7	8	9	9	8	7	6	5	4	3	2	1	9	8	7	6	5	4	3	2	1	9	8	7	6	5	4	3	2	1	9
대운 남	2	2	1	1	1	1	소	10	10	10	9	9	9	8	8	8	7	7	7	6	6	6	대	5	5	4	4	4	3	3	3
대운 여	8	9	9	9	10	10	서	1	1	1	1	2	2	2	3	3	3	4	4	4	5	5	서	6	6	6	7	7	7	8	8

입추 8일 08시 49분 【음7월】 ➡ 【丙申月(병신월)】 ☯二黑星 처서 23일 23시 18분

양력 8월 / 음력 06/15 ~ 07/16

양력	1	2	3	4	5	6	7	8	9	10	11	12	13	14	15	16	17	18	19	20	21	22	23	24	25	26	27	28	29	30	31
요일	월	화	수	목	금	토	일	월	화	수	목	금	토	일	월	화	수	목	금	토	일	월	화	수	목	금	토	일	월	화	수
일진 日辰	壬辰	癸巳	甲午	乙未	丙申	丁酉	戊戌	己亥	庚子	辛丑	壬寅	癸卯	甲辰	乙巳	丙午	丁未	戊申	己酉	庚戌	辛亥	壬子	癸丑	甲寅	乙卯	丙辰	丁巳	戊午	己未	庚申	辛酉	壬戌
납음	長流水		沙中金		山下火		平地木		壁上土		金箔金		覆燈火		天河水		大驛土		釵釧金		桑柘木		大溪水		沙中土		天上火		石榴木		
음력	15	16	17	18	19	20	21	22	23	24	25	26	27	28	29	7/1	2	3	4	5	6	7	8	9	10	11	12	13	14	15	16
구성	8	7	6	5	4	3	2	1	9	8	7	6	5	4	3	2	1	9	8	7	6	5	4	3	2	1	9	8	7	6	5
대운 남	2	2	2	1	1	1	1	입	10	10	9	9	9	8	8	8	7	7	7	6	6	6	처	5	5	4	4	4	3	3	3
대운 여	8	9	9	9	10	10	10	추	1	1	1	1	2	2	2	3	3	3	4	4	4	5	서	5	6	6	6	7	7	7	8

백로 8일 11시 32분 【음8월】 ➡ 【丁酉月(정유월)】 ☯一白星 추분 23일 20시 43분

양력 9월 / 음력 07/17 ~ 08/16

양력	1	2	3	4	5	6	7	8	9	10	11	12	13	14	15	16	17	18	19	20	21	22	23	24	25	26	27	28	29	30
요일	목	금	토	일	월	화	수	목	금	토	일	월	화	수	목	금	토	일	월	화	수	목	금	토	일	월	화	수	목	금
일진 日辰	癸亥	甲子	乙丑	丙寅	丁卯	戊辰	己巳	庚午	辛未	壬申	癸酉	甲戌	乙亥	丙子	丁丑	戊寅	己卯	庚辰	辛巳	壬午	癸未	甲申	乙酉	丙戌	丁亥	戊子	己丑	庚寅	辛卯	壬辰
납음		海中金		爐中火		大林木		路傍土		劍鋒金		山頭火		澗下水		城頭土		白臘金		楊柳木		井中水		屋上土		霹靂火		松柏木		
음력	17	18	19	20	21	22	23	24	25	26	27	28	29	30	8/1	2	3	4	5	6	7	8	9	10	11	12	13	14	15	16
구성	4	3	2	1	9	8	7	6	5	4	3	2	1	9	8	7	6	5	4	3	2	1	9	8	7	6	5	4	3	2
대운 남	2	2	2	1	1	1	1	백	10	10	9	9	9	8	8	8	7	7	7	6	6	6	추	5	5	4	4	4	3	3
대운 여	8	8	9	9	9	10	10	로	1	1	1	1	2	2	2	3	3	3	4	4	4	5	분	5	6	6	6	7	7	7

한로 9일 02시 57분 【음9월】 ➡ 【戊戌月(무술월)】 ☯九紫星 상강 24일 05시 51분

양력 10월 / 음력 08/17 ~ 09/18

양력	1	2	3	4	5	6	7	8	9	10	11	12	13	14	15	16	17	18	19	20	21	22	23	24	25	26	27	28	29	30	31
요일	토	일	월	화	수	목	금	토	일	월	화	수	목	금	토	일	월	화	수	목	금	토	일	월	화	수	목	금	토	일	월
일진 日辰	癸巳	甲午	乙未	丙申	丁酉	戊戌	己亥	庚子	辛丑	壬寅	癸卯	甲辰	乙巳	丙午	丁未	戊申	己酉	庚戌	辛亥	壬子	癸丑	甲寅	乙卯	丙辰	丁巳	戊午	己未	庚申	辛酉	壬戌	癸亥
납음		沙中金		山下火		平地木		壁上土		金箔金		覆燈火		天河水		大驛土		釵釧金		桑柘木		大溪水		沙中土		天上火		石榴木		大海水	
음력	17	18	19	20	21	22	23	24	25	26	27	28	29	9/1	2	3	4	5	6	7	8	9	10	11	12	13	14	15	16	17	18
구성	1	9	8	7	6	5	4	3	2	1	9	8	7	6	5	4	3	2	1	9	8	7	6	5	4	3	2	1	9	8	7
대운 남	3	2	2	2	1	1	1	1	한	10	9	9	9	8	8	8	7	7	7	6	6	6	5	상	5	4	4	4	3	3	3
대운 여	8	8	8	9	9	9	10	10	로	1	1	1	1	2	2	2	3	3	3	4	4	4	5	강	5	6	6	6	7	7	7

입동 8일 05시 55분 【음10월】 ➡ 【己亥月(기해월)】 ☯八白星 소설 23일 03시 14분

양력 11월 / 음력 09/19 ~ 10/19

양력	1	2	3	4	5	6	7	8	9	10	11	12	13	14	15	16	17	18	19	20	21	22	23	24	25	26	27	28	29	30
요일	화	수	목	금	토	일	월	화	수	목	금	토	일	월	화	수	목	금	토	일	월	화	수	목	금	토	일	월	화	수
일진 日辰	甲子	乙丑	丙寅	丁卯	戊辰	己巳	庚午	辛未	壬申	癸酉	甲戌	乙亥	丙子	丁丑	戊寅	己卯	庚辰	辛巳	壬午	癸未	甲申	乙酉	丙戌	丁亥	戊子	己丑	庚寅	辛卯	壬辰	癸巳
납음	海中金		爐中火		大林木		路傍土		劍鋒金		山頭火		澗下水		城頭土		白臘金		楊柳木		井中水		屋上土		霹靂火		松柏木		長流水	
음력	19	20	21	22	23	24	25	26	27	28	29	10/1	2	3	4	5	6	7	8	9	10	11	12	13	14	15	16	17	18	19
구성	6	5	4	3	2	1	9	8	7	6	5	4	3	2	1	9	8	7	6	5	4	3	2	1	9	8	7	6	5	4
대운 남	2	2	2	1	1	1	1	입	9	9	9	8	8	8	7	7	7	6	6	6	5	5	소	4	4	4	3	3	3	2
대운 여	8	8	8	9	9	9	10	동	1	1	1	1	2	2	2	3	3	3	4	4	4	5	설	5	6	6	6	7	7	7

대설 7일 22시 38분 【음11월】 ➡ 【庚子月(경자월)】 ☯七赤星 동지 22일 16시 28분

양력 12월 / 음력 10/20 ~ 11/20

양력	1	2	3	4	5	6	7	8	9	10	11	12	13	14	15	16	17	18	19	20	21	22	23	24	25	26	27	28	29	30	31
요일	목	금	토	일	월	화	수	목	금	토	일	월	화	수	목	금	토	일	월	화	수	목	금	토	일	월	화	수	목	금	토
일진 日辰	甲午	乙未	丙申	丁酉	戊戌	己亥	庚子	辛丑	壬寅	癸卯	甲辰	乙巳	丙午	丁未	戊申	己酉	庚戌	辛亥	壬子	癸丑	甲寅	乙卯	丙辰	丁巳	戊午	己未	庚申	辛酉	壬戌	癸亥	甲子
납음	沙中金		山下火		平地木		壁上土		金箔金		覆燈火		天河水		大驛土		釵釧金		桑柘木		大溪水		沙中土		天上火		石榴木		大海水		
음력	20	21	22	23	24	25	26	27	28	29	30	11/1	2	3	4	5	6	7	8	9	10	11	12	13	14	15	16	17	18	19	20
구성	3	2	1	9	8	7	6	5	4	3	2	1	9	8	7	6	5	4	3	2	1	9	8	7	6	5	4	3	2	1	1
대운 남	2	2	1	1	1	1	대	10	9	9	9	8	8	8	7	7	7	6	6	6	5	동	5	4	4	4	3	3	3	2	2
대운 여	8	8	8	9	9	9	설	1	1	1	1	2	2	2	3	3	3	4	4	4	5	지	5	6	6	6	7	7	7	8	8

단기 4300 年	1967년	중원 丁未年 납음(天河水),본명성(六白金)
불기 2511 年		대장군(卯동방), 삼살(酉서방), 상문(酉서방),조객(巳동남방), 납음(천하수),【삼재(사,오,미년】 臘享(납향):1968년1월26일(음12/27)

소한 6일 09시 48분 【음12월】 ➡ 【辛丑月(신축월)】 ☯六白星 대한 21일 03시 08분

		1	2	3	4	5	6	7	8	9	10	11	12	13	14	15	16	17	18	19	20	21	22	23	24	25	26	27	28	29	30	31
양력 1월	요일	일	월	화	수	목	금	토	일	월	화	수	목	금	토	일	월	화	수	목	금	토	일	월	화	수	목	금	토	일	월	화
	일진 日辰	乙丑	丙寅	丁卯	戊辰	己巳	庚午	辛未	壬申	癸酉	甲戌	乙亥	丙子	丁丑	戊寅	己卯	庚辰	辛巳	壬午	癸未	甲申	乙酉	丙戌	丁亥	戊子	己丑	庚寅	辛卯	壬辰	癸巳	甲午	乙未
음력 11/21 ~ 12/21	납음		爐中火		大林木		路傍土		劍鋒金		山頭火		澗下水		城頭土		白臘金		楊柳木		井中水		屋上土		霹靂火		松柏木		長流水		沙中金	
	음력	21	22	23	24	25	26	27	28	29	30	12/1	2	3	4	5	6	7	8	9	10	11	12	13	14	15	16	17	18	19	20	21
	구성	2	3	4	5	6	7	8	9	1	2	3	4	5	6	7	8	9	1	2	3	4	5	6	7	8	9	1	2	3	4	5
	대운 남	2	1	1	1	1	소	9	9	9	8	8	8	7	7	7	6	6	6	5	5	대	4	4	4	3	3	3	2	2	2	1
	대운 여	8	9	9	9	10	한	1	1	1	1	2	2	2	3	3	3	4	4	4	5	한	5	6	6	6	7	7	7	8	8	8

입춘 4일 21시 31분 【음1월】 ➡ 【壬寅月(임인월)】 ☯五黃星 우수 19일 17시 24분

		1	2	3	4	5	6	7	8	9	10	11	12	13	14	15	16	17	18	19	20	21	22	23	24	25	26	27	28
양력 2월	요일	수	목	금	토	일	월	화	수	목	금	토	일	월	화	수	목	금	토	일	월	화	수	목	금	토	일	월	화
	일진 日辰	丙申	丁酉	戊戌	己亥	庚子	辛丑	壬寅	癸卯	甲辰	乙巳	丙午	丁未	戊申	己酉	庚戌	辛亥	壬子	癸丑	甲寅	乙卯	丙辰	丁巳	戊午	己未	庚申	辛酉	壬戌	癸亥
음력 12/22 ~ 01/20	납음	山下火		平地木		壁上土		金箔金		覆燈火		天河水		大驛土		釵釧金		桑柘木		大溪水		沙中土		天上火		石榴木		大海水	
	음력	22	23	24	25	26	27	28	29	1/1	2	3	4	5	6	7	8	9	10	11	12	13	14	15	16	17	18	19	20
	구성	6	7	8	9	1	2	3	4	5	6	7	8	9	1	2	3	4	5	6	7	8	9	1	2	3	4	5	6
	대운 남	1	1	1	입	1	1	1	1	2	2	2	3	3	3	4	4	4	5	우	5	6	6	6	7	7	7	8	8
	대운 여	9	9	9	춘	10	9	9	9	8	8	8	7	7	7	6	6	6	5	수	5	4	4	4	3	3	3	2	2

丁未年

경칩 6일 15시 42분 【음2월】 ➡ 【癸卯月(계묘월)】 ☯四綠星 춘분 21일 16시 37분

		1	2	3	4	5	6	7	8	9	10	11	12	13	14	15	16	17	18	19	20	21	22	23	24	25	26	27	28	29	30	31
양력 3월	요일	수	목	금	토	일	월	화	수	목	금	토	일	월	화	수	목	금	토	일	월	화	수	목	금	토	일	월	화	수	목	금
	일진 日辰	甲子	乙丑	丙寅	丁卯	戊辰	己巳	庚午	辛未	壬申	癸酉	甲戌	乙亥	丙子	丁丑	戊寅	己卯	庚辰	辛巳	壬午	癸未	甲申	乙酉	丙戌	丁亥	戊子	己丑	庚寅	辛卯	壬辰	癸巳	甲午
음력 01/21 ~ 02/21	납음	海中金		爐中火		大林木		路傍土		劍鋒金		山頭火		澗下水		城頭土		白臘金		楊柳木		井中水		屋上土		霹靂火		松柏木		長流水		
	음력	21	22	23	24	25	26	27	28	29	30	2/1	2	3	4	5	6	7	8	9	10	11	12	13	14	15	16	17	18	19	20	21
	구성	7	8	9	1	2	3	4	5	6	7	8	9	1	2	3	4	5	6	7	8	9	1	2	3	4	5	6	7	8	9	1
	대운 남	8	9	9	9	10	경	1	1	1	1	2	2	2	3	3	3	4	4	4	5	춘	5	6	6	6	7	7	7	8	8	8
	대운 여	2	1	1	1	1	칩	10	9	9	9	8	8	8	7	7	7	6	6	6	5	분	5	4	4	4	3	3	3	2	2	2

청명 5일 20시 45분 【음3월】 ➡ 【甲辰月(갑진월)】 ☯三碧星 곡우 21일 03시 55분

		1	2	3	4	5	6	7	8	9	10	11	12	13	14	15	16	17	18	19	20	21	22	23	24	25	26	27	28	29	30
양력 4월	요일	토	일	월	화	수	목	금	토	일	월	화	수	목	금	토	일	월	화	수	목	금	토	일	월	화	수	목	금	토	일
	일진 日辰	乙未	丙申	丁酉	戊戌	己亥	庚子	辛丑	壬寅	癸卯	甲辰	乙巳	丙午	丁未	戊申	己酉	庚戌	辛亥	壬子	癸丑	甲寅	乙卯	丙辰	丁巳	戊午	己未	庚申	辛酉	壬戌	癸亥	甲子
음력 02/22 ~ 03/21	납음		山下火		平地木		壁上土		金箔金		覆燈火		天河水		大驛土		釵釧金		桑柘木		大溪水		沙中土		天上火		石榴木		大海水		
	음력	22	23	24	25	26	27	28	29	30	3/1	2	3	4	5	6	7	8	9	10	11	12	13	14	15	16	17	18	19	20	21
	구성	2	3	4	5	6	7	8	9	1	2	3	4	5	6	7	8	9	1	2	3	4	5	6	7	8	9	1	2	3	4
	대운 남	9	9	9	10	청	1	1	1	1	2	2	2	3	3	3	4	4	4	5	5	곡	6	6	6	7	7	7	8	8	8
	대운 여	1	1	1	1	명	10	10	9	9	9	8	8	8	7	7	7	6	6	6	5	우	5	4	4	4	3	3	3	2	2

입하 6일 14시 17분 【음4월】 ➡ 【乙巳月(을사월)】 ☯二黑星 소만 22일 03시 18분

		1	2	3	4	5	6	7	8	9	10	11	12	13	14	15	16	17	18	19	20	21	22	23	24	25	26	27	28	29	30	31
양력 5월	요일	월	화	수	목	금	토	일	월	화	수	목	금	토	일	월	화	수	목	금	토	일	월	화	수	목	금	토	일	월	화	수
	일진 日辰	乙丑	丙寅	丁卯	戊辰	己巳	庚午	辛未	壬申	癸酉	甲戌	乙亥	丙子	丁丑	戊寅	己卯	庚辰	辛巳	壬午	癸未	甲申	乙酉	丙戌	丁亥	戊子	己丑	庚寅	辛卯	壬辰	癸巳	甲午	乙未
음력 03/22 ~ 04/23	납음		爐中火		大林木		路傍土		劍鋒金		山頭火		澗下水		城頭土		白臘金		楊柳木		井中水		屋上土		霹靂火		松柏木		長流水		沙中金	
	음력	22	23	24	25	26	27	28	29	4/1	2	3	4	5	6	7	8	9	10	11	12	13	14	15	16	17	18	19	20	21	22	23
	구성	5	6	7	8	9	1	2	3	4	5	6	7	8	9	1	2	3	4	5	6	7	8	9	1	2	3	4	5	6	7	8
	대운 남	9	9	9	10	10	입	1	1	1	1	2	2	2	3	3	3	4	4	4	5	5	소	6	6	6	7	7	7	8	8	8
	대운 여	2	1	1	1	1	하	10	10	9	9	9	8	8	8	7	7	7	6	6	6	5	만	5	4	4	4	3	3	3	2	2

망종 6일 18시 36분 【음5월】 ➡ 【丙午月(병오월)】 ☯一白星 하지 22일 11시 23분

		1	2	3	4	5	6	7	8	9	10	11	12	13	14	15	16	17	18	19	20	21	22	23	24	25	26	27	28	29	30
양력 6월	요일	목	금	토	일	월	화	수	목	금	토	일	월	화	수	목	금	토	일	월	화	수	목	금	토	일	월	화	수	목	금
	일진 日辰	丙申	丁酉	戊戌	己亥	庚子	辛丑	壬寅	癸卯	甲辰	乙巳	丙午	丁未	戊申	己酉	庚戌	辛亥	壬子	癸丑	甲寅	乙卯	丙辰	丁巳	戊午	己未	庚申	辛酉	壬戌	癸亥	甲子	乙丑
음력 04/24 ~ 05/23	납음	山下火		平地木		壁上土		金箔金		覆燈火		天河水		大驛土		釵釧金		桑柘木		大溪水		沙中土		天上火		石榴木		大海水		海中金	
	음력	24	25	26	27	28	29	30	5/1	2	3	4	5	6	7	8	9	10	11	12	13	14	15	16	17	18	19	20	21	22	23
	구성	9	1	2	3	4	5	6	7	8	9	1	2	3	4	5	6	7	8	9	1	2	3	4	5	6	7	8	9	9	8
	대운 남	9	9	9	10	10	망	1	1	1	1	2	2	2	3	3	3	4	4	4	5	5	하	6	6	6	7	7	7	8	8
	대운 여	2	1	1	1	1	종	10	10	10	9	9	9	8	8	8	7	7	7	6	6	6	지	5	5	4	4	4	3	3	3

한식(4월6일), 초복(7월15일), 중복(7월25일), 말복(8월14일)☂춘사(春社)3/25 ☀추사(秋社)9/21
토왕지절(土旺之節):4월18일,7월20일,10월21일, 신년 1월18일,(양력)

八日得辛, 一龍治水, 1967년 정미年(천하수), 육백금 臘享(납향):1월26일 신년

5黃	1白	3碧
4綠	6白	8白
9紫	2黑	7赤

1967 丁未年

소서 8일 04시 53분 **【음6월】** ➡ **【丁未月(정미월)】** ☯九紫星 대서 23일 22시 16분

양력 7월 / 음력 05/24 ~ 06/24	1	2	3	4	5	6	7	8	9	10	11	12	13	14	15	16	17	18	19	20	21	22	23	24	25	26	27	28	29	30	31
요일	토	일	월	화	수	목	금	토	일	월	화	수	목	금	토	일	월	화	수	목	금	토	일	월	화	수	목	금	토	일	월
일진 日辰	丙寅	丁卯	戊辰	己巳	庚午	辛未	壬申	癸酉	甲戌	乙亥	丙子	丁丑	戊寅	己卯	庚辰	辛巳	壬午	癸未	甲申	乙酉	丙戌	丁亥	戊子	己丑	庚寅	辛卯	壬辰	癸巳	甲午	乙未	丙申
납음	爐中火		大林木		路傍土		劍鋒金		山頭火		澗下水		城頭土		白臘金		楊柳木		井中水		屋上土		霹靂火		松柏木		長流水		沙中金		
음력	24	25	26	27	28	29	30	6/1	2	3	4	5	6	7	8	9	10	11	12	13	14	15	16	17	18	19	20	21	22	23	24
구성	7	6	5	4	3	2	1	9	8	7	6	5	4	3	2	1	9	8	7	6	5	4	3	2	1	9	8	7	6	5	4
대운 남	8	9	9	9	10	10	10	소	1	1	1	1	2	2	2	3	3	3	4	4	4	5	대	5	6	6	6	7	7	7	8
대운 여	2	2	2	1	1	1	1	서	10	10	9	9	9	8	8	8	7	7	7	6	6	6	서	5	5	4	4	4	3	3	3

입추 8일 14시 35분 **【음7월】** ➡ **【戊申月(무신월)】** ☯八白星 처서 24일 05시 12분

양력 8월 / 음력 06/25 ~ 07/26	1	2	3	4	5	6	7	8	9	10	11	12	13	14	15	16	17	18	19	20	21	22	23	24	25	26	27	28	29	30	31
요일	화	수	목	금	토	일	월	화	수	목	금	토	일	월	화	수	목	금	토	일	월	화	수	목	금	토	일	월	화	수	목
일진 日辰	丁酉	戊戌	己亥	庚子	辛丑	壬寅	癸卯	甲辰	乙巳	丙午	丁未	戊申	己酉	庚戌	辛亥	壬子	癸丑	甲寅	乙卯	丙辰	丁巳	戊午	己未	庚申	辛酉	壬戌	癸亥	甲子	乙丑	丙寅	丁卯
납음		平地木		壁上土		金箔金		覆燈火		天河水		大驛土		釵釧金		桑柘木		大溪水		沙中土		天上火		石榴木		大海水		海中金		爐中火	
음력	25	26	27	28	29	7/1	2	3	4	5	6	7	8	9	10	11	12	13	14	15	16	17	18	19	20	21	22	23	24	25	26
구성	3	2	1	9	8	7	6	5	4	3	2	1	9	8	7	6	5	4	3	2	1	9	8	7	6	5	4	3	2	1	9
대운 남	8	8	9	9	9	10	10	입	1	1	1	1	2	2	2	3	3	3	4	4	4	5	5	처	6	6	6	7	7	7	8
대운 여	2	2	2	1	1	1	1	추	10	10	9	9	9	8	8	8	7	7	7	6	6	6	5	서	5	4	4	4	3	3	3

백로 8일 17시 18분 **【음8월】** ➡ **【己酉月(기유월)】** ☯七赤星 추분 24일 02시 38분

양력 9월 / 음력 07/27 ~ 08/27	1	2	3	4	5	6	7	8	9	10	11	12	13	14	15	16	17	18	19	20	21	22	23	24	25	26	27	28	29	30
요일	금	토	일	월	화	수	목	금	토	일	월	화	수	목	금	토	일	월	화	수	목	금	토	일	월	화	수	목	금	토
일진 日辰	戊辰	己巳	庚午	辛未	壬申	癸酉	甲戌	乙亥	丙子	丁丑	戊寅	己卯	庚辰	辛巳	壬午	癸未	甲申	乙酉	丙戌	丁亥	戊子	己丑	庚寅	辛卯	壬辰	癸巳	甲午	乙未	丙申	丁酉
납음	大林木		路傍土		劍鋒金		山頭火		澗下水		城頭土		白臘金		楊柳木		井中水		屋上土		霹靂火		松柏木		長流水		沙中金		山下火	
음력	27	28	29	8/1	2	3	4	5	6	7	8	9	10	11	12	13	14	15	16	17	18	19	20	21	22	23	24	25	26	27
구성	8	7	6	5	4	3	2	1	9	8	7	6	5	4	3	2	1	9	8	7	6	5	4	3	2	1	9	8	7	6
대운 남	8	8	9	9	9	10	10	백	1	1	1	1	2	2	2	3	3	3	4	4	4	5	5	추	6	6	6	7	7	7
대운 여	2	2	2	1	1	1	1	로	10	10	9	9	9	8	8	8	7	7	7	6	6	6	5	분	5	4	4	4	3	3

한로 9일 08시 41분 **【음9월】** ➡ **【庚戌月(경술월)】** ☯六白星 상강 24일 11시 44분

양력 10월 / 음력 08/28 ~ 09/28	1	2	3	4	5	6	7	8	9	10	11	12	13	14	15	16	17	18	19	20	21	22	23	24	25	26	27	28	29	30	31
요일	일	월	화	수	목	금	토	일	월	화	수	목	금	토	일	월	화	수	목	금	토	일	월	화	수	목	금	토	일	월	화
일진 日辰	戊戌	己亥	庚子	辛丑	壬寅	癸卯	甲辰	乙巳	丙午	丁未	戊申	己酉	庚戌	辛亥	壬子	癸丑	甲寅	乙卯	丙辰	丁巳	戊午	己未	庚申	辛酉	壬戌	癸亥	甲子	乙丑	丙寅	丁卯	戊辰
납음	平地木		壁上土		金箔金		覆燈火		天河水		大驛土		釵釧金		桑柘木		大溪水		沙中土		天上火		石榴木		大海水		海中金		爐中火		
음력	28	29	30	9/1	2	3	4	5	6	7	8	9	10	11	12	13	14	15	16	17	18	19	20	21	22	23	24	25	26	27	28
구성	5	4	3	2	1	9	8	7	6	5	4	3	2	1	9	8	7	6	5	4	3	2	1	9	8	7	6	5	4	3	2
대운 남	8	8	8	9	9	9	10	10	한	1	1	1	1	2	2	2	3	3	3	4	4	4	5	상	5	6	6	6	7	7	7
대운 여	3	2	2	2	1	1	1	1	로	10	9	9	9	8	8	8	7	7	7	6	6	6	5	강	5	4	4	4	3	3	3

입동 8일 11시 37분 **【음10월】** ➡ **【辛亥月(신해월)】** ☯五黃星 소설 23일 09시 04분

양력 11월 / 음력 09/29 ~ 10/29	1	2	3	4	5	6	7	8	9	10	11	12	13	14	15	16	17	18	19	20	21	22	23	24	25	26	27	28	29	30
요일	수	목	금	토	일	월	화	수	목	금	토	일	월	화	수	목	금	토	일	월	화	수	목	금	토	일	월	화	수	목
일진 日辰	己巳	庚午	辛未	壬申	癸酉	甲戌	乙亥	丙子	丁丑	戊寅	己卯	庚辰	辛巳	壬午	癸未	甲申	乙酉	丙戌	丁亥	戊子	己丑	庚寅	辛卯	壬辰	癸巳	甲午	乙未	丙申	丁酉	戊戌
납음		路傍土		劍鋒金		山頭火		澗下水		城頭土		白臘金		楊柳木		井中水		屋上土		霹靂火		松柏木		長流水		沙中金		山下火		
음력	29	10/1	2	3	4	5	6	7	8	9	10	11	12	13	14	15	16	17	18	19	20	21	22	23	24	25	26	27	28	29
구성	1	9	8	7	6	5	4	3	2	1	9	8	7	6	5	4	3	2	1	9	8	7	6	5	4	3	2	1	9	8
대운 남	8	8	8	9	9	9	10	입	1	1	1	1	2	2	2	3	3	3	4	4	4	5	소	5	6	6	6	7	7	7
대운 여	2	2	2	1	1	1	1	동	10	9	9	9	8	8	8	7	7	7	6	6	6	5	설	5	4	4	4	3	3	3

대설 8일 04시 18분 **【음11월】** ➡ **【壬子月(임자월)】** ☯四綠星 동지 22일 22시 16분

양력 12월 / 음력 10/30 ~ 12/01	1	2	3	4	5	6	7	8	9	10	11	12	13	14	15	16	17	18	19	20	21	22	23	24	25	26	27	28	29	30	31
요일	금	토	일	월	화	수	목	금	토	일	월	화	수	목	금	토	일	월	화	수	목	금	토	일	월	화	수	목	금	토	일
일진 日辰	己亥	庚子	辛丑	壬寅	癸卯	甲辰	乙巳	丙午	丁未	戊申	己酉	庚戌	辛亥	壬子	癸丑	甲寅	乙卯	丙辰	丁巳	戊午	己未	庚申	辛酉	壬戌	癸亥	甲子	乙丑	丙寅	丁卯	戊辰	己巳
납음		壁上土		金箔金		覆燈火		天河水		大驛土		釵釧金		桑柘木		大溪水		沙中土		天上火		石榴木		大海水		海中金		爐中火		大林木	
음력	30	11/1	2	3	4	5	6	7	8	9	10	11	12	13	14	15	16	17	18	19	20	21	22	23	24	25	26	27	28	29	12/1
구성	7	6	5	4	3	2	1	9	8	7	6	5	4	3	2	1	9	8	7	6	5	4	3	2	1	1	2	3	4	5	6
대운 남	8	8	8	9	9	9	10	대	1	1	1	1	2	2	2	3	3	3	4	4	4	동	5	5	6	6	6	7	7	7	8
대운 여	2	2	2	1	1	1	1	설	9	9	9	8	8	8	7	7	7	6	6	6	5	지	5	4	4	4	3	3	3	2	2

원숭이

단기 4301 年
불기 2512 年

1968년

중원 戊申年 납음(大驛土),본명성(五黃土)

대장군(午남방), 삼살(남방), 상문(戌서북방), 조객(午남방),납음(대역토), 삼재(인,묘,진)년 臘享(납향):1969년1월20일(음12/03)

소한 6일 15시 26분 【음12월】 ➡ 【癸丑月(계축월)】 ☯三碧星 대한 21일 08시 54분

양력 1월 / 음력 12/02 ~ 01/02

양력	1	2	3	4	5	6	7	8	9	10	11	12	13	14	15	16	17	18	19	20	21	22	23	24	25	26	27	28	29	30	31
요일	월	화	수	목	금	토	일	월	화	수	목	금	토	일	월	화	수	목	금	토	일	월	화	수	목	금	토	일	월	화	수
일진 日辰	庚午	辛未	壬申	癸酉	甲戌	乙亥	丙子	丁丑	戊寅	己卯	庚辰	辛巳	壬午	癸未	甲申	乙酉	丙戌	丁亥	戊子	己丑	庚寅	辛卯	壬辰	癸巳	甲午	乙未	丙申	丁酉	戊戌	己亥	庚子
납음	路傍土		劍鋒金		山頭火		澗下水		城頭土		白臘金		楊柳木		井中水		屋上土		霹靂火		松柏木		長流水		沙中金		山下火		平地木		
음력	2	3	4	5	6	7	8	9	10	11	12	13	14	15	16	17	18	19	20	21	22	23	24	25	26	27	28	29	29	1/1	2
구성	7	8	9	1	2	3	4	5	6	7	8	9	1	2	3	4	5	6	7	8	9	1	2	3	4	5	6	7	8	9	1
대운 남	8	8	9	9	9	소	1	1	1	1	2	2	2	3	3	3	4	4	4	5	대	5	6	6	6	7	7	7	8	8	8
대운 여	2	1	1	1	1	한	10	9	9	9	8	8	8	7	7	7	6	6	6	5	한	5	4	4	4	3	3	3	2	2	2

입춘 5일 03시 07분 【음1월】 ➡ 【甲寅月(갑인월)】 ☯二黑星 우수 19일 23시 09분

양력 2월 / 음력 01/03 ~ 02/02

양력	1	2	3	4	5	6	7	8	9	10	11	12	13	14	15	16	17	18	19	20	21	22	23	24	25	26	27	28	29
요일	목	금	토	일	월	화	수	목	금	토	일	월	화	수	목	금	토	일	월	화	수	목	금	토	일	월	화	수	목
일진 日辰	辛丑	壬寅	癸卯	甲辰	乙巳	丙午	丁未	戊申	己酉	庚戌	辛亥	壬子	癸丑	甲寅	乙卯	丙辰	丁巳	戊午	己未	庚申	辛酉	壬戌	癸亥	甲子	乙丑	丙寅	丁卯	戊辰	己巳
납음		金箔金		覆燈火		天河水		大驛土		釵釧金		桑柘木		大溪水		沙中土		天上火		石榴木		大海水		海中金		爐中火		大林木	
음력	3	4	5	6	7	8	9	10	11	12	13	14	15	16	17	18	19	20	21	22	23	24	25	26	27	28	29	2/1	2
구성	2	3	4	5	6	7	8	9	1	2	3	4	5	6	7	8	9	1	2	3	4	5	6	7	8	9	1	2	3
대운 남	9	9	9	10	입	9	9	9	8	8	8	7	7	7	6	6	6	5	우	5	4	4	4	3	3	3	2	2	2
대운 여	1	1	1	1	춘	1	1	1	1	2	2	2	3	3	3	4	4	4	수	5	5	6	6	6	7	7	7	8	8

戊申年

경칩 5일 21시 18분 【음2월】 ➡ 【乙卯月(을묘월)】 ☯一白星 춘분 20일 22시 22분

양력 3월 / 음력 02/03 ~ 03/03

양력	1	2	3	4	5	6	7	8	9	10	11	12	13	14	15	16	17	18	19	20	21	22	23	24	25	26	27	28	29	30	31
요일	금	토	일	월	화	수	목	금	토	일	월	화	수	목	금	토	일	월	화	수	목	금	토	일	월	화	수	목	금	토	일
일진 日辰	庚午	辛未	壬申	癸酉	甲戌	乙亥	丙子	丁丑	戊寅	己卯	庚辰	辛巳	壬午	癸未	甲申	乙酉	丙戌	丁亥	戊子	己丑	庚寅	辛卯	壬辰	癸巳	甲午	乙未	丙申	丁酉	戊戌	己亥	庚子
납음	路傍土		劍鋒金		山頭火		澗下水		城頭土		白臘金		楊柳木		井中水		屋上土		霹靂火		松柏木		長流水		沙中金		山下火		平地木		
음력	3	4	5	6	7	8	9	10	11	12	13	14	15	16	17	18	19	20	21	22	23	24	25	26	27	28	29	30	3/1	2	3
구성	4	5	6	7	8	9	1	2	3	4	5	6	7	8	9	1	2	3	4	5	6	7	8	9	1	2	3	4	5	6	7
대운 남	1	1	1	1	소	10	10	9	9	9	8	8	8	7	7	7	6	6	6	춘	5	5	4	4	4	3	3	3	2	2	2
대운 여	8	9	9	9	한	1	1	1	1	2	2	2	3	3	3	4	4	4	5	분	5	6	6	6	7	7	7	8	8	8	9

청명 5일 02시 21분 【음3월】 ➡ 【丙辰月(병진월)】 ☯九紫星 곡우 20일 09시 41분

양력 4월 / 음력 03/04 ~ 04/03

양력	1	2	3	4	5	6	7	8	9	10	11	12	13	14	15	16	17	18	19	20	21	22	23	24	25	26	27	28	29	30
요일	월	화	수	목	금	토	일	월	화	수	목	금	토	일	월	화	수	목	금	토	일	월	화	수	목	금	토	일	월	화
일진 日辰	辛丑	壬寅	癸卯	甲辰	乙巳	丙午	丁未	戊申	己酉	庚戌	辛亥	壬子	癸丑	甲寅	乙卯	丙辰	丁巳	戊午	己未	庚申	辛酉	壬戌	癸亥	甲子	乙丑	丙寅	丁卯	戊辰	己巳	庚午
납음		金箔金		覆燈火		天河水		大驛土		釵釧金		桑柘木		大溪水		沙中土		天上火		石榴木		大海水		海中金		爐中火		大林木		
음력	4	5	6	7	8	9	10	11	12	13	14	15	16	17	18	19	20	21	22	23	24	25	26	27	28	29	30	4/1	2	3
구성	8	9	1	2	3	4	5	6	7	8	9	1	2	3	4	5	6	7	8	9	1	2	3	4	5	6	7	8	9	1
대운 남	1	1	1	1	청	10	9	9	9	8	8	8	7	7	7	6	6	6	5	곡	5	4	4	4	3	3	3	2	2	2
대운 여	9	9	10	10	명	1	1	1	1	2	2	2	3	3	3	4	4	4	5	우	5	6	6	6	7	7	7	8	8	8

입하 5일 19시 56분 【음4월】 ➡ 【丁巳月(정사월)】 ☯八白星 소만 21일 09시 06분

양력 5월 / 음력 04/04 ~ 05/05

양력	1	2	3	4	5	6	7	8	9	10	11	12	13	14	15	16	17	18	19	20	21	22	23	24	25	26	27	28	29	30	31
요일	수	목	금	토	일	월	화	수	목	금	토	일	월	화	수	목	금	토	일	월	화	수	목	금	토	일	월	화	수	목	금
일진 日辰	辛未	壬申	癸酉	甲戌	乙亥	丙子	丁丑	戊寅	己卯	庚辰	辛巳	壬午	癸未	甲申	乙酉	丙戌	丁亥	戊子	己丑	庚寅	辛卯	壬辰	癸巳	甲午	乙未	丙申	丁酉	戊戌	己亥	庚子	辛丑
납음		劍鋒金		山頭火		澗下水		城頭土		白臘金		楊柳木		井中水		屋上土		霹靂火		松柏木		長流水		沙中金		山下火		平地木		壁上土	
음력	4	5	6	7	8	9	10	11	12	13	14	15	16	17	18	19	20	21	22	23	24	25	26	27	28	29	5/1	2	3	4	5
구성	2	3	4	5	6	7	8	9	1	2	3	4	5	6	7	8	9	1	2	3	4	5	6	7	8	9	1	2	3	4	5
대운 남	1	1	1	1	입	10	10	10	9	9	9	8	8	8	7	7	7	6	6	6	소	5	5	4	4	4	3	3	3	2	2
대운 여	9	9	9	10	하	1	1	1	1	2	2	2	3	3	3	4	4	4	5	5	만	6	6	6	7	7	7	8	8	8	9

망종 6일 00시 19분 【음5월】 ➡ 【戊午月(무오월)】 ☯七赤星 하지 21일 17시 13분

양력 6월 / 음력 05/06 ~ 06/05

양력	1	2	3	4	5	6	7	8	9	10	11	12	13	14	15	16	17	18	19	20	21	22	23	24	25	26	27	28	29	30
요일	토	일	월	화	수	목	금	토	일	월	화	수	목	금	토	일	월	화	수	목	금	토	일	월	화	수	목	금	토	일
일진 日辰	壬寅	癸卯	甲辰	乙巳	丙午	丁未	戊申	己酉	庚戌	辛亥	壬子	癸丑	甲寅	乙卯	丙辰	丁巳	戊午	己未	庚申	辛酉	壬戌	癸亥	甲子	乙丑	丙寅	丁卯	戊辰	己巳	庚午	辛未
납음	金箔金		覆燈火		天河水		大驛土		釵釧金		桑柘木		大溪水		沙中土		天上火		石榴木		大海水		海中金		爐中火		大林木		路傍土	
음력	6	7	8	9	10	11	12	13	14	15	16	17	18	19	20	21	22	23	24	25	26	27	28	29	30	6/1	2	3	4	5
구성	6	7	8	9	1	2	3	4	5	6	7	8	9	1	2	3	4	5	6	7	8	9	9	8	7	6	5	4	3	2
대운 남	2	1	1	1	1	망	10	10	9	9	9	8	8	8	7	7	7	6	6	6	하	5	5	4	4	4	3	3	3	2
대운 여	9	9	10	10	10	종	1	1	1	1	2	2	2	3	3	3	4	4	4	5	지	5	6	6	6	7	7	7	8	8

한식(4월06일), 초복(7월19일), 중복(7월29일), 말복(8월08일)☂춘사(春社)3/19 ☀추사(秋社)9/25 토왕지절(土旺之節):4월17일,7월20일,10월20일, 신년 1월17일,(양력)

三日得辛, 六龍治水, 1968년 무신年(대역토), 오황토 臘享(납향):1월20일 신년

4綠	9紫	2黑
3碧	5黃	7赤
8白	1白	6白

1968 戊申年

소서 7일 10시 42분 【음6월】 ➡ 【己未月(기미월)】 ☯六白星 대서 23일 04시 07분

양력 7월 / 음력 06/06 ▮ 07/07

양력	1	2	3	4	5	6	7	8	9	10	11	12	13	14	15	16	17	18	19	20	21	22	23	24	25	26	27	28	29	30	31
요일	월	화	수	목	금	토	일	월	화	수	목	금	토	일	월	화	수	목	금	토	일	월	화	수	목	금	토	일	월	화	수
일진 日辰	壬申	癸酉	甲戌	乙亥	丙子	丁丑	戊寅	己卯	庚辰	辛巳	壬午	癸未	甲申	乙酉	丙戌	丁亥	戊子	己丑	庚寅	辛卯	壬辰	癸巳	甲午	乙未	丙申	丁酉	戊戌	己亥	庚子	辛丑	壬寅
납음	劍鋒金		山頭火		澗下水		城頭土		白臘金		楊柳木		井中水		屋上土		霹靂火		松柏木		長流水		沙中金		山下火		平地木		壁上土		
음력	6	7	8	9	10	11	12	13	14	15	16	17	18	19	20	21	22	23	24	25	26	27	28	29	7/1	2	3	4	5	6	7
구성	1	9	8	7	6	5	4	3	2	1	9	8	7	6	5	4	3	2	1	9	8	7	6	5	4	3	2	1	9	8	7
대운 남	2	2	1	1	1	1	소	10	10	9	9	9	8	8	8	7	7	7	6	6	6	5	대	5	4	4	4	3	3	3	2
대운 여	8	9	9	9	10	10	서	1	1	1	1	2	2	2	3	3	3	4	4	4	5	5	서	6	6	6	7	7	7	8	8

입추 7일 20시 27분 【음7월】 ➡ 【庚申月(경신월)】 ☯五黃星 처서 23일 11시 03분

양력 8월 / 음력 07/08 ▮ 윤708

양력	1	2	3	4	5	6	7	8	9	10	11	12	13	14	15	16	17	18	19	20	21	22	23	24	25	26	27	28	29	30	31
요일	목	금	토	일	월	화	수	목	금	토	일	월	화	수	목	금	토	일	월	화	수	목	금	토	일	월	화	수	목	금	토
일진 日辰	癸卯	甲辰	乙巳	丙午	丁未	戊申	己酉	庚戌	辛亥	壬子	癸丑	甲寅	乙卯	丙辰	丁巳	戊午	己未	庚申	辛酉	壬戌	癸亥	甲子	乙丑	丙寅	丁卯	戊辰	己巳	庚午	辛未	壬申	癸酉
납음		覆燈火		天河水		大驛土		釵釧金		桑柘木		大溪水		沙中土		天上火		石榴木		大海水		海中金		爐中火		大林木		路傍土		劍鋒金	
음력	8	9	10	11	12	13	14	15	16	17	18	19	20	21	22	23	24	25	26	27	28	29	30	윤7	2	3	4	5	6	7	8
구성	6	5	4	3	2	1	9	8	7	6	5	4	3	2	1	9	8	7	6	5	4	3	2	1	9	8	7	6	5	4	3
대운 남	2	2	1	1	1	1	입	10	10	9	9	9	8	8	8	7	7	7	6	6	6	5	처	5	4	4	4	3	3	3	2
대운 여	8	9	9	9	10	10	추	1	1	1	1	2	2	2	3	3	3	4	4	4	5	5	서	6	6	6	7	7	7	8	8

백로 7일 23시 11분 【8월】 ➡ 【辛酉月(신유월)】 ☯四綠星 추분23일 08시 26분

양력 9월 / 음력 윤709 ▮ 08/09

양력	1	2	3	4	5	6	7	8	9	10	11	12	13	14	15	16	17	18	19	20	21	22	23	24	25	26	27	28	29	30
요일	일	월	화	수	목	금	토	일	월	화	수	목	금	토	일	월	화	수	목	금	토	일	월	화	수	목	금	토	일	월
일진 日辰	甲戌	乙亥	丙子	丁丑	戊寅	己卯	庚辰	辛巳	壬午	癸未	甲申	乙酉	丙戌	丁亥	戊子	己丑	庚寅	辛卯	壬辰	癸巳	甲午	乙未	丙申	丁酉	戊戌	己亥	庚子	辛丑	壬寅	癸卯
납음	山頭火		澗下水		城頭土		白臘金		楊柳木		井中水		屋上土		霹靂火		松柏木		長流水		沙中金		山下火		平地木		壁上土		金箔金	
음력	9	10	11	12	13	14	15	16	17	18	19	20	21	22	23	24	25	26	27	28	29	8/1	2	3	4	5	6	7	8	9
구성	2	1	9	8	7	6	5	4	3	2	1	9	8	7	6	5	4	3	2	1	9	8	7	6	5	4	3	2	1	9
대운 남	2	2	1	1	1	1	백	10	10	9	9	9	8	8	8	7	7	7	6	6	6	5	추	5	4	4	4	3	3	3
대운 여	8	9	9	9	10	10	로	1	1	1	1	2	2	2	3	3	3	4	4	4	5	5	분	6	6	6	7	7	7	8

한로 8일 14시 34분 【음9월】 ➡ 【壬戌月(임술월)】 ☯三碧星 상강 23일 17시 30분

양력 10월 / 음력 08/10 ▮ 09/10

양력	1	2	3	4	5	6	7	8	9	10	11	12	13	14	15	16	17	18	19	20	21	22	23	24	25	26	27	28	29	30	31
요일	화	수	목	금	토	일	월	화	수	목	금	토	일	월	화	수	목	금	토	일	월	화	수	목	금	토	일	월	화	수	목
일진 日辰	甲辰	乙巳	丙午	丁未	戊申	己酉	庚戌	辛亥	壬子	癸丑	甲寅	乙卯	丙辰	丁巳	戊午	己未	庚申	辛酉	壬戌	癸亥	甲子	乙丑	丙寅	丁卯	戊辰	己巳	庚午	辛未	壬申	癸酉	甲戌
납음	覆燈火		天河水		大驛土		釵釧金		桑柘木		大溪水		沙中土		天上火		石榴木		大海水		海中金		爐中火		大林木		路傍土		劍鋒金		
음력	10	11	12	13	14	15	16	17	18	19	20	21	22	23	24	25	26	27	28	29	30	9/1	2	3	4	5	6	7	8	9	10
구성	8	7	6	5	4	3	2	1	9	8	7	6	5	4	3	2	1	9	8	7	6	5	4	3	2	1	9	8	7	6	5
대운 남	2	2	2	1	1	1	1	한	10	9	9	9	8	8	8	7	7	7	6	6	6	5	상	5	4	4	4	3	3	3	2
대운 여	8	8	9	9	9	10	10	로	1	1	1	1	2	2	2	3	3	3	4	4	4	5	강	5	6	6	6	7	7	7	8

입동 7일 17시 29분 【음10월】 ➡ 【癸亥月(계해월)】 ☯二黑星 소설 22일 14시 49분

양력 11월 / 음력 09/11 ▮ 10/11

양력	1	2	3	4	5	6	7	8	9	10	11	12	13	14	15	16	17	18	19	20	21	22	23	24	25	26	27	28	29	30
요일	금	토	일	월	화	수	목	금	토	일	월	화	수	목	금	토	일	월	화	수	목	금	토	일	월	화	수	목	금	토
일진 日辰	乙亥	丙子	丁丑	戊寅	己卯	庚辰	辛巳	壬午	癸未	甲申	乙酉	丙戌	丁亥	戊子	己丑	庚寅	辛卯	壬辰	癸巳	甲午	乙未	丙申	丁酉	戊戌	己亥	庚子	辛丑	壬寅	癸卯	甲辰
납음		澗下水		城頭土		白臘金		楊柳木		井中水		屋上土		霹靂火		松柏木		長流水		沙中金		山下火		平地木		壁上土		金箔金		
음력	11	12	13	14	15	16	17	18	19	20	21	22	23	24	25	26	27	28	29	10/1	2	3	4	5	6	7	8	9	10	11
구성	4	3	2	1	9	8	7	6	5	4	3	2	1	9	8	7	6	5	4	3	2	1	9	8	7	6	5	4	3	2
대운 남	2	2	1	1	1	1	입	10	9	9	9	8	8	8	7	7	7	6	6	6	5	소	5	4	4	4	3	3	3	2
대운 여	8	8	9	9	9	10	동	1	1	1	1	2	2	2	3	3	3	4	4	4	5	설	5	6	6	6	7	7	7	8

대설 7일 10시 08분 【음11월】 ➡ 【甲子月(갑자월)】 ☯一白星 동지 22일 04시 00분

양력 12월 / 음력 10/12 ▮ 11/12

양력	1	2	3	4	5	6	7	8	9	10	11	12	13	14	15	16	17	18	19	20	21	22	23	24	25	26	27	28	29	30	31
요일	일	월	화	수	목	금	토	일	월	화	수	목	금	토	일	월	화	수	목	금	토	일	월	화	수	목	금	토	일	월	화
일진 日辰	乙巳	丙午	丁未	戊申	己酉	庚戌	辛亥	壬子	癸丑	甲寅	乙卯	丙辰	丁巳	戊午	己未	庚申	辛酉	壬戌	癸亥	甲子	乙丑	丙寅	丁卯	戊辰	己巳	庚午	辛未	壬申	癸酉	甲戌	乙亥
납음		天河水		大驛土		釵釧金		桑柘木		大溪水		沙中土		天上火		石榴木		大海水		海中金		爐中火		大林木		路傍土		劍鋒金		山頭火	
음력	12	13	14	15	16	17	18	19	20	21	22	23	24	25	26	27	28	29	30	11/1	2	3	4	5	6	7	8	9	10	11	12
구성	1	9	8	7	6	5	4	3	2	1	9	8	7	6	5	4	3	2	1	1	2	3	4	5	6	7	8	9	1	2	3
대운 남	2	2	1	1	1	1	대	9	9	9	8	8	8	7	7	7	6	6	6	5	5	동	4	4	4	3	3	3	2	2	2
대운 여	8	8	9	9	9	10	설	1	1	1	1	2	2	2	3	3	3	4	4	4	5	지	5	6	6	6	7	7	7	8	8

단기 4302 年
불기 2513 年

1969년

중원 **己酉年** 납음(大驛土),본명성(四綠木)

대장군(午남방), 삼살(동방), 상문(亥서북방),조객(未서남방),납음(대역토),【삼재(해,자,축)년】 臘享(납향):1970년1월15일(음12/08)

소한 5일 21시 17분 【음12월】 ➡ 【乙丑月(을축월)】 ☯九紫星 대한 20일 14시 38분

양력 1월 (음력 11/13 ▮ 12/14)

양력	1	2	3	4	5	6	7	8	9	10	11	12	13	14	15	16	17	18	19	20	21	22	23	24	25	26	27	28	29	30	31
요일	수	목	금	토	일	월	화	수	목	금	토	일	월	화	수	목	금	토	일	월	화	수	목	금	토	일	월	화	수	목	금
일진 日辰	丙子	丁丑	戊寅	己卯	庚辰	辛巳	壬午	癸未	甲申	乙酉	丙戌	丁亥	戊子	己丑	庚寅	辛卯	壬辰	癸巳	甲午	乙未	丙申	丁酉	戊戌	己亥	庚子	辛丑	壬寅	癸卯	甲辰	乙巳	丙午
납음	澗下水		城頭土		白臘金		楊柳木		井中水		屋上土		霹靂火		松柏木		長流水		沙中金		山下火		平地木		壁上土		金箔金		覆燈火		
음력	13	14	15	16	17	18	19	20	21	22	23	24	25	26	27	28	29	12/1	2	3	4	5	6	7	8	9	10	11	12	13	14
구성	4	5	6	7	8	9	1	2	3	4	5	6	7	8	9	1	2	3	4	5	6	7	8	9	1	2	3	4	5	6	7
대운 남	1	1	1	1	소	10	9	9	9	8	8	8	7	7	7	6	6	6	5	대	5	4	4	4	3	3	3	2	2	2	1
대운 여	8	9	9	9	한	1	1	1	1	2	2	2	3	3	3	4	4	4	5	한	5	6	6	6	7	7	7	8	8	8	9

입춘 4일 08시 59분 【음1월】 ➡ 【丙寅月(병인월)】 ☯八白星 우수 19일 04시 55분

양력 2월 (음력 12/15 ▮ 01/12)

양력	1	2	3	4	5	6	7	8	9	10	11	12	13	14	15	16	17	18	19	20	21	22	23	24	25	26	27	28
요일	토	일	월	화	수	목	금	토	일	월	화	수	목	금	토	일	월	화	수	목	금	토	일	월	화	수	목	금
일진 日辰	丁未	戊申	己酉	庚戌	辛亥	壬子	癸丑	甲寅	乙卯	丙辰	丁巳	戊午	己未	庚申	辛酉	壬戌	癸亥	甲子	乙丑	丙寅	丁卯	戊辰	己巳	庚午	辛未	壬申	癸酉	甲戌
납음		大驛土		釵釧金		桑柘木		大溪水		沙中土		天上火		石榴木		大海水		海中金		爐中火		大林木		路傍土		劍鋒金		
음력	15	16	17	18	19	20	21	22	23	24	25	26	27	28	29	30	1/1	2	3	4	5	6	7	8	9	10	11	12
구성	8	9	1	2	3	4	5	6	7	8	9	1	2	3	4	5	6	7	8	9	1	2	3	4	5	6	7	8
대운 남	1	1	1	입	1	1	1	1	2	2	2	3	3	3	4	4	4	5	우	5	6	6	6	7	7	7	8	8
대운 여	9	9	10	춘	10	9	9	9	8	8	8	7	7	7	6	6	6	5	수	5	4	4	4	3	3	3	2	2

己酉年

경칩 6일 03시 11분 【음2월】 ➡ 【丁卯月(정묘월)】 ☯七赤星 춘분 21일 04시 08분

양력 3월 (음력 01/13 ▮ 02/14)

양력	1	2	3	4	5	6	7	8	9	10	11	12	13	14	15	16	17	18	19	20	21	22	23	24	25	26	27	28	29	30	31
요일	토	일	월	화	수	목	금	토	일	월	화	수	목	금	토	일	월	화	수	목	금	토	일	월	화	수	목	금	토	일	월
일진 日辰	乙亥	丙子	丁丑	戊寅	己卯	庚辰	辛巳	壬午	癸未	甲申	乙酉	丙戌	丁亥	戊子	己丑	庚寅	辛卯	壬辰	癸巳	甲午	乙未	丙申	丁酉	戊戌	己亥	庚子	辛丑	壬寅	癸卯	甲辰	乙巳
납음		澗下水		城頭土		白臘金		楊柳木		井中水		屋上土		霹靂火		松柏木		長流水		沙中金		山下火		平地木		壁上土		金箔金		覆燈火	
음력	13	14	15	16	17	18	19	20	21	22	23	24	25	26	27	28	29	2/1	2	3	4	5	6	7	8	9	10	11	12	13	14
구성	9	1	2	3	4	5	6	7	8	9	1	2	3	4	5	6	7	8	9	1	2	3	4	5	6	7	8	9	1	2	3
대운 남	8	9	9	9	10	경	1	1	1	1	2	2	2	3	3	3	4	4	4	5	춘	5	6	6	6	7	7	7	8	8	8
대운 여	2	1	1	1	1	칩	10	9	9	9	8	8	8	7	7	7	6	6	6	5	분	5	4	4	4	3	3	3	2	2	2

청명 5일 08시 15분 【음3월】 ➡ 【戊辰月(무진월)】 ☯六白星 곡우 20일 15시 27분

양력 4월 (음력 02/15 ▮ 03/14)

양력	1	2	3	4	5	6	7	8	9	10	11	12	13	14	15	16	17	18	19	20	21	22	23	24	25	26	27	28	29	30
요일	화	수	목	금	토	일	월	화	수	목	금	토	일	월	화	수	목	금	토	일	월	화	수	목	금	토	일	월	화	수
일진 日辰	丙午	丁未	戊申	己酉	庚戌	辛亥	壬子	癸丑	甲寅	乙卯	丙辰	丁巳	戊午	己未	庚申	辛酉	壬戌	癸亥	甲子	乙丑	丙寅	丁卯	戊辰	己巳	庚午	辛未	壬申	癸酉	甲戌	乙亥
납음	天河水		大驛土		釵釧金		桑柘木		大溪水		沙中土		天上火		石榴木		大海水		海中金		爐中火		大林木		路傍土		劍鋒金		山頭火	
음력	15	16	17	18	19	20	21	22	23	24	25	26	27	28	29	30	3/1	2	3	4	5	6	7	8	9	10	11	12	13	14
구성	4	5	6	7	8	9	1	2	3	4	5	6	7	8	9	1	2	3	4	5	6	7	8	9	1	2	3	4	5	6
대운 남	9	9	9	10	청	1	1	1	1	2	2	2	3	3	3	4	4	4	5	곡	5	6	6	6	7	7	7	8	8	8
대운 여	1	1	1	1	명	10	10	9	9	9	8	8	8	7	7	7	6	6	6	우	5	5	4	4	4	3	3	3	2	2

입하 6일 01시 50분 【음4월】 ➡ 【己巳月(기사월)】 ☯五黃星 소만 21일 14시 50분

양력 5월 (음력 03/15 ▮ 04/16)

양력	1	2	3	4	5	6	7	8	9	10	11	12	13	14	15	16	17	18	19	20	21	22	23	24	25	26	27	28	29	30	31
요일	목	금	토	일	월	화	수	목	금	토	일	월	화	수	목	금	토	일	월	화	수	목	금	토	일	월	화	수	목	금	토
일진 日辰	丙子	丁丑	戊寅	己卯	庚辰	辛巳	壬午	癸未	甲申	乙酉	丙戌	丁亥	戊子	己丑	庚寅	辛卯	壬辰	癸巳	甲午	乙未	丙申	丁酉	戊戌	己亥	庚子	辛丑	壬寅	癸卯	甲辰	乙巳	丙午
납음	澗下水		城頭土		白臘金		楊柳木		井中水		屋上土		霹靂火		松柏木		長流水		沙中金		山下火		平地木		壁上土		金箔金		覆燈火		
음력	15	16	17	18	19	20	21	22	23	24	25	26	27	28	29	4/1	2	3	4	5	6	7	8	9	10	11	12	13	14	15	16
구성	7	8	9	1	2	3	4	5	6	7	8	9	1	2	3	4	5	6	7	8	9	1	2	3	4	5	6	7	8	9	1
대운 남	9	9	9	10	10	입	1	1	1	1	2	2	2	3	3	3	4	4	4	5	소	5	6	6	6	7	7	7	8	8	8
대운 여	2	1	1	1	1	하	10	10	9	9	9	8	8	8	7	7	7	6	6	6	만	5	5	4	4	4	3	3	3	2	2

망종 6일 06시 12분 【음5월】 ➡ 【庚午月(경오월)】 ☯四綠星 하지 21일 22시 55분

양력 6월 (음력 04/17 ▮ 05/16)

양력	1	2	3	4	5	6	7	8	9	10	11	12	13	14	15	16	17	18	19	20	21	22	23	24	25	26	27	28	29	30
요일	일	월	화	수	목	금	토	일	월	화	수	목	금	토	일	월	화	수	목	금	토	일	월	화	수	목	금	토	일	월
일진 日辰	丁未	戊申	己酉	庚戌	辛亥	壬子	癸丑	甲寅	乙卯	丙辰	丁巳	戊午	己未	庚申	辛酉	壬戌	癸亥	甲子	乙丑	丙寅	丁卯	戊辰	己巳	庚午	辛未	壬申	癸酉	甲戌	乙亥	丙子
납음		大驛土		釵釧金		桑柘木		大溪水		沙中土		天上火		石榴木		大海水		海中金		爐中火		大林木		路傍土		劍鋒金		山頭火		
음력	17	18	19	20	21	22	23	24	25	26	27	28	29	30	5/1	2	3	4	5	6	7	8	9	10	11	12	13	14	15	16
구성	2	3	4	5	6	7	8	9	1	2	3	4	5	6	7	8	9	9	8	7	6	5	4	3	2	1	9	8	7	6
대운 남	9	9	9	10	10	망	1	1	1	1	2	2	2	3	3	3	4	4	4	5	하	5	6	6	6	7	7	7	8	8
대운 여	2	1	1	1	1	종	10	10	9	9	9	8	8	8	7	7	7	6	6	6	지	5	5	4	4	4	3	3	3	2

한식(4월06일), 초복(7월14일), 중복(7월24일), 말복(8월13일) 춘사(春社)3/24 추사(秋社)9/20
토왕지절(土旺之節):4월17일,7월20일,10월20일, 신년 1월17일,(양력) 臘享(납향):음12/08

九日得辛, 六龍治水, 1969년 기유年(대역토), 사록목 臘享(납향):1월15일 신년(양)

3碧	8白	1白
2黑	4綠	6白
7赤	9紫	5黃

1969 己酉年

소서 7일 16시 32분 【음6월】 ➡ 【辛未月(신미월)】 ☯三碧星 대서 23일 09시 48분

양력 7월 / 음력 05/17 ~ 06/18

양력	1	2	3	4	5	6	7	8	9	10	11	12	13	14	15	16	17	18	19	20	21	22	23	24	25	26	27	28	29	30	31
요일	화	수	목	금	토	일	월	화	수	목	금	토	일	월	화	수	목	금	토	일	월	화	수	목	금	토	일	월	화	수	목
일진 日辰	丁丑	戊寅	己卯	庚辰	辛巳	壬午	癸未	甲申	乙酉	丙戌	丁亥	戊子	己丑	庚寅	辛卯	壬辰	癸巳	甲午	乙未	丙申	丁酉	戊戌	己亥	庚子	辛丑	壬寅	癸卯	甲辰	乙巳	丙午	丁未
납음		城頭土		白臘金		楊柳木		井中水		屋上土		霹靂火		松柏木		長流水		沙中金		山下火		平地木		壁上土		金箔金		覆燈火		天河水	
음력	17	18	19	20	21	22	23	24	25	26	27	28	29	6/1	2	3	4	5	6	7	8	9	10	11	12	13	14	15	16	17	18
구성	5	4	3	2	1	9	8	7	6	5	4	3	2	1	9	8	7	6	5	4	3	2	1	9	8	7	6	5	4	3	2
대운 남	8	9	9	9	10	10	소	1	1	1	1	2	2	2	3	3	3	4	4	4	5	5	대	6	6	6	7	7	7	8	8
대운 여	2	2	1	1	1	1	서	10	10	10	9	9	9	8	8	8	7	7	7	6	6	6	서	5	5	4	4	4	3	3	3

입추 8일 02시 14분 【음7월】 ➡ 【壬申月(임신월)】 ☯二黑星 처서 23일 16시 43분

양력 8월 / 음력 06/19 ~ 07/19

양력	1	2	3	4	5	6	7	8	9	10	11	12	13	14	15	16	17	18	19	20	21	22	23	24	25	26	27	28	29	30	31
요일	금	토	일	월	화	수	목	금	토	일	월	화	수	목	금	토	일	월	화	수	목	금	토	일	월	화	수	목	금	토	일
일진 日辰	戊申	己酉	庚戌	辛亥	壬子	癸丑	甲寅	乙卯	丙辰	丁巳	戊午	己未	庚申	辛酉	壬戌	癸亥	甲子	乙丑	丙寅	丁卯	戊辰	己巳	庚午	辛未	壬申	癸酉	甲戌	乙亥	丙子	丁丑	戊寅
납음	大驛土		釵釧金		桑柘木		大溪水		沙中土		天上火		石榴木		大海水		海中金		爐中火		大林木		路傍土		劍鋒金		山頭火		澗下水		
음력	19	20	21	22	23	24	25	26	27	28	29	30	7/1	2	3	4	5	6	7	8	9	10	11	12	13	14	15	16	17	18	19
구성	1	9	8	7	6	5	4	3	2	1	9	8	7	6	5	4	3	2	1	9	8	7	6	5	4	3	2	1	9	8	7
대운 남	8	9	9	9	10	10	10	입	1	1	1	1	2	2	2	3	3	3	4	4	4	5	처	5	6	6	6	7	7	7	8
대운 여	2	2	2	1	1	1	1	추	10	10	9	9	9	8	8	8	7	7	7	6	6	6	서	5	5	4	4	4	3	3	3

백로 8일 04시 55분 【음8월】 ➡ 【癸酉月(계유월)】 ☯一白星 추분 23일 14시 07분

양력 9월 / 음력 07/20 ~ 08/19

양력	1	2	3	4	5	6	7	8	9	10	11	12	13	14	15	16	17	18	19	20	21	22	23	24	25	26	27	28	29	30
요일	월	화	수	목	금	토	일	월	화	수	목	금	토	일	월	화	수	목	금	토	일	월	화	수	목	금	토	일	월	화
일진 日辰	己卯	庚辰	辛巳	壬午	癸未	甲申	乙酉	丙戌	丁亥	戊子	己丑	庚寅	辛卯	壬辰	癸巳	甲午	乙未	丙申	丁酉	戊戌	己亥	庚子	辛丑	壬寅	癸卯	甲辰	乙巳	丙午	丁未	戊申
납음		白臘金		楊柳木		井中水		屋上土		霹靂火		松柏木		長流水		沙中金		山下火		平地木		壁上土		金箔金		覆燈火		天河水		
음력	20	21	22	23	24	25	26	27	28	29	30	8/1	2	3	4	5	6	7	8	9	10	11	12	13	14	15	16	17	18	19
구성	6	5	4	3	2	1	9	8	7	6	5	4	3	2	1	9	8	7	6	5	4	3	2	1	9	8	7	6	5	4
대운 남	8	8	9	9	9	10	10	백	1	1	1	1	2	2	2	3	3	3	4	4	4	5	추	5	6	6	6	7	7	7
대운 여	2	2	2	1	1	1	1	로	10	9	9	9	8	8	8	7	7	7	6	6	6	5	분	5	4	4	4	3	3	3

한로 8일 20시 17분 【음9월】 ➡ 【甲戌月(갑술월)】 ☯九紫星 상강 23일 23시 11분

양력 10월 / 음력 09/20 ~ 09/21

양력	1	2	3	4	5	6	7	8	9	10	11	12	13	14	15	16	17	18	19	20	21	22	23	24	25	26	27	28	29	30	31
요일	수	목	금	토	일	월	화	수	목	금	토	일	월	화	수	목	금	토	일	월	화	수	목	금	토	일	월	화	수	목	금
일진 日辰	己酉	庚戌	辛亥	壬子	癸丑	甲寅	乙卯	丙辰	丁巳	戊午	己未	庚申	辛酉	壬戌	癸亥	甲子	乙丑	丙寅	丁卯	戊辰	己巳	庚午	辛未	壬申	癸酉	甲戌	乙亥	丙子	丁丑	戊寅	己卯
납음		釵釧金		桑柘木		大溪水		沙中土		天上火		石榴木		大海水		海中金		爐中火		大林木		路傍土		劍鋒金		山頭火		澗下水		城頭土	
음력	20	21	22	23	24	25	26	27	28	29	9/1	2	3	4	5	6	7	8	9	10	11	12	13	14	15	16	17	18	19	20	21
구성	3	2	1	9	8	7	6	5	4	3	2	1	9	8	7	6	5	4	3	2	1	9	8	7	6	5	4	3	2	1	9
대운 남	8	8	8	9	9	9	10	한	1	1	1	1	2	2	2	3	3	3	4	4	4	5	상	5	6	6	6	7	7	7	8
대운 여	2	2	2	1	1	1	1	로	10	9	9	9	8	8	8	7	7	7	6	6	6	5	강	5	4	4	4	3	3	3	2

입동 7일 23시 11분 【음10월】 ➡ 【乙亥月(을해월)】 ☯八白星 소설 22일 20시 31분

양력 11월 / 음력 09/22 ~ 10/21

양력	1	2	3	4	5	6	7	8	9	10	11	12	13	14	15	16	17	18	19	20	21	22	23	24	25	26	27	28	29	30
요일	토	일	월	화	수	목	금	토	일	월	화	수	목	금	토	일	월	화	수	목	금	토	일	월	화	수	목	금	토	일
일진 日辰	庚辰	辛巳	壬午	癸未	甲申	乙酉	丙戌	丁亥	戊子	己丑	庚寅	辛卯	壬辰	癸巳	甲午	乙未	丙申	丁酉	戊戌	己亥	庚子	辛丑	壬寅	癸卯	甲辰	乙巳	丙午	丁未	戊申	己酉
납음	白臘金		楊柳木		井中水		屋上土		霹靂火		松柏木		長流水		沙中金		山下火		平地木		壁上土		金箔金		覆燈火		天河水		大驛土	
음력	22	23	24	25	26	27	28	29	30	10/1	2	3	4	5	6	7	8	9	10	11	12	13	14	15	16	17	18	19	20	21
구성	8	7	6	5	4	3	2	1	9	8	7	6	5	4	3	2	1	9	8	7	6	5	4	3	2	1	9	8	7	6
대운 남	8	8	9	9	9	10	입	1	1	1	1	2	2	2	3	3	3	4	4	4	5	소	5	6	6	6	7	7	7	8
대운 여	2	2	1	1	1	1	동	10	9	9	9	8	8	8	7	7	7	6	6	6	5	설	5	4	4	4	3	3	3	2

대설 7일 15시 51분 【음11월】 ➡ 【丙子月(병자월)】 ☯七赤星 동지 22일 09시 44분

양력 12월 / 음력 10/22 ~ 11/23

양력	1	2	3	4	5	6	7	8	9	10	11	12	13	14	15	16	17	18	19	20	21	22	23	24	25	26	27	28	29	30	31
요일	월	화	수	목	금	토	일	월	화	수	목	금	토	일	월	화	수	목	금	토	일	월	화	수	목	금	토	일	월	화	수
일진 日辰	庚戌	辛亥	壬子	癸丑	甲寅	乙卯	丙辰	丁巳	戊午	己未	庚申	辛酉	壬戌	癸亥	甲子	乙丑	丙寅	丁卯	戊辰	己巳	庚午	辛未	壬申	癸酉	甲戌	乙亥	丙子	丁丑	戊寅	己卯	庚辰
납음	釵釧金		桑柘木		大溪水		沙中土		天上火		石榴木		大海水		海中金		爐中火		大林木		路傍土		劍鋒金		山頭火		澗下水		城頭土		
음력	22	23	24	25	26	27	28	29	11/1	2	3	4	5	6	7	8	9	10	11	12	13	14	15	16	17	18	19	20	21	22	23
구성	5	4	3	2	1	9	8	7	6	5	4	3	2	1	1	2	3	4	5	6	7	8	9	1	2	3	4	5	6	7	8
대운 남	8	8	9	9	9	10	대	1	1	1	1	2	2	2	3	3	3	4	4	4	5	동	5	6	6	6	7	7	7	8	8
대운 여	2	2	1	1	1	1	설	10	9	9	9	8	8	8	7	7	7	6	6	6	5	지	5	4	4	4	3	3	3	2	2

단기 4303 年

불기 2514 年

1970년

중원 庚戌年 납음(釵釧金),본명성(三碧木)

대장군(午남방), 삼살(북방), 상문(子북방),조객(申서남방), 납음(차천금), 【삼재(신,유,술)년】 臘享(납향):1971년1월22일(음12/26)

개

소한 6일 03시 02분 【음12월】 ➡ 【丁丑月(정축월)】 ☯六白星 대한 20일 20시 24분

양력 1월 / 음력 11/24 ~ 12/24

양력	1	2	3	4	5	6	7	8	9	10	11	12	13	14	15	16	17	18	19	20	21	22	23	24	25	26	27	28	29	30	31
요일	목	금	토	일	월	화	수	목	금	토	일	월	화	수	목	금	토	일	월	화	수	목	금	토	일	월	화	수	목	금	토
일진 日辰	辛巳	壬午	癸未	甲申	乙酉	丙戌	丁亥	戊子	己丑	庚寅	辛卯	壬辰	癸巳	甲午	乙未	丙申	丁酉	戊戌	己亥	庚子	辛丑	壬寅	癸卯	甲辰	乙巳	丙午	丁未	戊申	己酉	庚戌	辛亥
납음		楊柳木		井中水		屋上土		霹靂火		松柏木		長流水		沙中金		山下火		平地木		壁上土		金箔金		覆燈火		天河水		大驛土		釵釧金	
음력	24	25	26	27	28	29	30	12/1	2	3	4	5	6	7	8	9	10	11	12	13	14	15	16	17	18	19	20	21	22	23	24
구성	9	1	2	3	4	5	6	7	8	9	1	2	3	4	5	6	7	8	9	1	2	3	4	5	6	7	8	9	1	2	3
대운 남	8	9	9	9	10	소	1	1	1	1	2	2	2	3	3	3	4	4	4	대	5	5	6	6	6	7	7	7	8	8	8
대운 여	2	1	1	1	1	한	9	9	9	8	8	8	7	7	7	6	6	6	5	한	5	4	4	4	3	3	3	2	2	2	1

입춘 4일 14시 46분 【음1월】 ➡ 【戊寅月(무인월)】 ☯五黃星 우수 19일 10시 42분

양력 2월 / 음력 12/25 ~ 01/23

양력	1	2	3	4	5	6	7	8	9	10	11	12	13	14	15	16	17	18	19	20	21	22	23	24	25	26	27	28	庚戌年
요일	일	월	화	수	목	금	토	일	월	화	수	목	금	토	일	월	화	수	목	금	토	일	월	화	수	목	금	토	
일진 日辰	壬子	癸丑	甲寅	乙卯	丙辰	丁巳	戊午	己未	庚申	辛酉	壬戌	癸亥	甲子	乙丑	丙寅	丁卯	戊辰	己巳	庚午	辛未	壬申	癸酉	甲戌	乙亥	丙子	丁丑	戊寅	己卯	
납음	桑柘木		大溪水		沙中土		天上火		石榴木		大海水		海中金		爐中火		大林木		路傍土		劍鋒金		山頭火		澗下水		城頭土		
음력	25	26	27	28	29	1/1	2	3	4	5	6	7	8	9	10	11	12	13	14	15	16	17	18	19	20	21	22	23	
구성	4	5	6	7	8	9	1	2	3	4	5	6	7	8	9	1	2	3	4	5	6	7	8	9	1	2	3	4	
대운 남	9	9	9	입	10	9	9	9	8	8	8	7	7	7	6	6	6	5	우	5	4	4	4	3	3	3	2	2	
대운 여	1	1	1	춘	1	1	1	1	2	2	2	3	3	3	4	4	4	5	수	5	6	6	6	7	7	7	8	8	

경칩 6일 08시 58분 【음2월】 ➡ 【己卯月(기묘월)】 ☯四綠星 춘분 21일 09시 56분

양력 3월 / 음력 01/24 ~ 02/24

양력	1	2	3	4	5	6	7	8	9	10	11	12	13	14	15	16	17	18	19	20	21	22	23	24	25	26	27	28	29	30	31
요일	일	월	화	수	목	금	토	일	월	화	수	목	금	토	일	월	화	수	목	금	토	일	월	화	수	목	금	토	일	월	화
일진 日辰	庚辰	辛巳	壬午	癸未	甲申	乙酉	丙戌	丁亥	戊子	己丑	庚寅	辛卯	壬辰	癸巳	甲午	乙未	丙申	丁酉	戊戌	己亥	庚子	辛丑	壬寅	癸卯	甲辰	乙巳	丙午	丁未	戊申	己酉	庚戌
납음	白臘金		楊柳木		井中水		屋上土		霹靂火		松柏木		長流水		沙中金		山下火		平地木		壁上土		金箔金		覆燈火		天河水		大驛土		
음력	24	25	26	27	28	29	30	2/1	2	3	4	5	6	7	8	9	10	11	12	13	14	15	16	17	18	19	20	21	22	23	24
구성	5	6	7	8	9	1	2	3	4	5	6	7	8	9	1	2	3	4	5	6	7	8	9	1	2	3	4	5	6	7	8
대운 남	2	1	1	1	1	경	10	9	9	9	8	8	8	7	7	7	6	6	6	5	춘	5	4	4	4	3	3	3	2	2	2
대운 여	8	9	9	9	10	칩	1	1	1	1	2	2	2	3	3	3	4	4	4	5	분	5	6	6	6	7	7	7	8	8	8

청명 5일 14시 02분 【음3월】 ➡ 【庚辰月(경진월)】 ☯三碧星 곡우 20일 21시 15분

양력 4월 / 음력 02/25 ~ 03/25

양력	1	2	3	4	5	6	7	8	9	10	11	12	13	14	15	16	17	18	19	20	21	22	23	24	25	26	27	28	29	30
요일	수	목	금	토	일	월	화	수	목	금	토	일	월	화	수	목	금	토	일	월	화	수	목	금	토	일	월	화	수	목
일진 日辰	辛亥	壬子	癸丑	甲寅	乙卯	丙辰	丁巳	戊午	己未	庚申	辛酉	壬戌	癸亥	甲子	乙丑	丙寅	丁卯	戊辰	己巳	庚午	辛未	壬申	癸酉	甲戌	乙亥	丙子	丁丑	戊寅	己卯	庚辰
납음		桑柘木		大溪水		沙中土		天上火		石榴木		大海水		海中金		爐中火		大林木		路傍土		劍鋒金		山頭火		澗下水		城頭土		
음력	25	26	27	28	29	3/1	2	3	4	5	6	7	8	9	10	11	12	13	14	15	16	17	18	19	20	21	22	23	24	25
구성	9	1	2	3	4	5	6	7	8	9	1	2	3	4	5	6	7	8	9	1	2	3	4	5	6	7	8	9	1	2
대운 남	1	1	1	1	청	10	10	9	9	9	8	8	8	7	7	7	6	6	6	곡	5	5	4	4	4	3	3	3	2	2
대운 여	9	9	9	10	명	1	1	1	1	2	2	2	3	3	3	4	4	4	5	우	5	6	6	6	7	7	7	8	8	8

입하 6일 07시 34분 【음4월】 ➡ 【辛巳月(신사월)】 ☯二黑星 소만 21일 20시 37분

양력 5월 / 음력 03/26 ~ 04/27

양력	1	2	3	4	5	6	7	8	9	10	11	12	13	14	15	16	17	18	19	20	21	22	23	24	25	26	27	28	29	30	31
요일	금	토	일	월	화	수	목	금	토	일	월	화	수	목	금	토	일	월	화	수	목	금	토	일	월	화	수	목	금	토	일
일진 日辰	辛巳	壬午	癸未	甲申	乙酉	丙戌	丁亥	戊子	己丑	庚寅	辛卯	壬辰	癸巳	甲午	乙未	丙申	丁酉	戊戌	己亥	庚子	辛丑	壬寅	癸卯	甲辰	乙巳	丙午	丁未	戊申	己酉	庚戌	辛亥
납음		楊柳木		井中水		屋上土		霹靂火		松柏木		長流水		沙中金		山下火		平地木		壁上土		金箔金		覆燈火		天河水		大驛土		釵釧金	
음력	26	27	28	29	4/1	2	3	4	5	6	7	8	9	10	11	12	13	14	15	16	17	18	19	20	21	22	23	24	25	26	27
구성	3	4	5	6	7	8	9	1	2	3	4	5	6	7	8	9	1	2	3	4	5	6	7	8	9	1	2	3	4	5	6
대운 남	2	1	1	1	1	입	10	10	9	9	9	8	8	8	7	7	7	6	6	6	소	5	5	4	4	4	3	3	3	2	2
대운 여	9	9	9	10	10	하	1	1	1	1	2	2	2	3	3	3	4	4	4	5	만	5	6	6	6	7	7	7	8	8	8

망종 6일 11시 52분 【음5월】 ➡ 【壬午月(임오월)】 ☯一白星 하지 22일 04시 43분

양력 6월 / 음력 04/28 ~ 05/27

양력	1	2	3	4	5	6	7	8	9	10	11	12	13	14	15	16	17	18	19	20	21	22	23	24	25	26	27	28	29	30
요일	월	화	수	목	금	토	일	월	화	수	목	금	토	일	월	화	수	목	금	토	일	월	화	수	목	금	토	일	월	화
일진 日辰	壬子	癸丑	甲寅	乙卯	丙辰	丁巳	戊午	己未	庚申	辛酉	壬戌	癸亥	甲子	乙丑	丙寅	丁卯	戊辰	己巳	庚午	辛未	壬申	癸酉	甲戌	乙亥	丙子	丁丑	戊寅	己卯	庚辰	辛巳
납음	桑柘木		大溪水		沙中土		天上火		石榴木		大海水		海中金		爐中火		大林木		路傍土		劍鋒金		山頭火		澗下水		城頭土		白臘金	
음력	28	29	30	5/1	2	3	4	5	6	7	8	9	10	11	12	13	14	15	16	17	18	19	20	21	22	23	24	25	26	27
구성	7	8	9	1	2	3	4	5	6	7	8	9	9	8	7	6	5	4	3	2	1	9	8	7	6	5	4	3	2	1
대운 남	2	1	1	1	1	망	10	10	9	9	9	8	8	8	7	7	7	6	6	6	5	하	5	4	4	4	3	3	3	2
대운 여	9	9	9	10	10	종	1	1	1	1	2	2	2	3	3	3	4	4	4	5	5	지	6	6	6	7	7	7	8	8

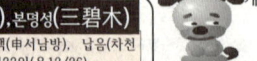

한식(4월06일), 초복(7월19일), 중복(7월29일), 말복(8월08일) ☂춘사(春社)3/19 ☀추사(秋社)9/25
토왕지절(土旺之節):4월17일,7월20일,10월20일, 신년 1월18일,(양력) ☯ 臘享(납향):음12/26

五日得辛, 十二龍治水, 1970년 경술年(차천금), 삼벽목 臘享(납향):1월 22일 신년

2黑	7赤	9紫
1白	3碧	5黃
6白	8白	4綠

1970 庚戌年

소서 7일 22시 11분 【음6월】 ➡ 【癸未月(계미월)】 ☯九紫星 대서 23일 15시 37분

양력 7월 / 음력 05/30 – 06/28

양력	1	2	3	4	5	6	7	8	9	10	11	12	13	14	15	16	17	18	19	20	21	22	23	24	25	26	27	28	29	30	31
요일	수	목	금	토	일	월	화	수	목	금	토	일	월	화	수	목	금	토	일	월	화	수	목	금	토	일	월	화	수	목	금
일진 日辰	壬午	癸未	甲申	乙酉	丙戌	丁亥	戊子	己丑	庚寅	辛卯	壬辰	癸巳	甲午	乙未	丙申	丁酉	戊戌	己亥	庚子	辛丑	壬寅	癸卯	甲辰	乙巳	丙午	丁未	戊申	己酉	庚戌	辛亥	壬子
납음	楊柳木		井中水		屋上土		霹靂火		松柏木		長流水		沙中金		山下火		平地木		壁上土		金箔金		覆燈火		天河水		大驛土		釵釧金		
음력	28	29	30	6/1	2	3	4	5	6	7	8	9	10	11	12	13	14	15	16	17	18	19	20	21	22	23	24	25	26	27	28
구성	9	8	7	6	5	4	3	2	1	9	8	7	6	5	4	3	2	1	9	8	7	6	5	4	3	2	1	9	8	7	6
대운 남	2	2	1	1	1	1	소	10	10	10	9	9	9	8	8	8	7	7	7	6	6	6	대	5	5	4	4	4	3	3	3
대운 여	8	9	9	9	10	10	서	1	1	1	1	2	2	2	3	3	3	4	4	4	5	5	서	6	6	6	7	7	7	8	8

입추 8일 07시 54분 【음7월】 ➡ 【甲申月(갑신월)】 ☯八白星 처서 23일 22시 34분

양력 8월 / 음력 06/29 – 07/30

양력	1	2	3	4	5	6	7	8	9	10	11	12	13	14	15	16	17	18	19	20	21	22	23	24	25	26	27	28	29	30	31
요일	토	일	월	화	수	목	금	토	일	월	화	수	목	금	토	일	월	화	수	목	금	토	일	월	화	수	목	금	토	일	월
일진 日辰	癸丑	甲寅	乙卯	丙辰	丁巳	戊午	己未	庚申	辛酉	壬戌	癸亥	甲子	乙丑	丙寅	丁卯	戊辰	己巳	庚午	辛未	壬申	癸酉	甲戌	乙亥	丙子	丁丑	戊寅	己卯	庚辰	辛巳	壬午	癸未
납음		大溪水		沙中土		天上火		石榴木		大海水		海中金		爐中火		大林木		路傍土		劍鋒金		山頭火		澗下水		城頭土		白臘金		楊柳木	
음력	29	7/1	2	3	4	5	6	7	8	9	10	11	12	13	14	15	16	17	18	19	20	21	22	23	24	25	26	27	28	29	30
구성	5	4	3	2	1	9	8	7	6	5	4	3	2	1	9	8	7	6	5	4	3	2	1	9	8	7	6	5	4	3	2
대운 남	2	2	2	1	1	1	1	입	10	10	9	9	9	8	8	8	7	7	7	6	6	6	처	5	5	4	4	4	3	3	3
대운 여	8	9	9	9	10	10	10	추	1	1	1	1	2	2	2	3	3	3	4	4	4	5	서	5	6	6	6	7	7	7	8

백로 8일 10시 38분 【음8월】 ➡ 【乙酉月(을유월)】 ☯七赤星 추분 23일 19시 59분

양력 9월 / 음력 08/01 – 09/01

양력	1	2	3	4	5	6	7	8	9	10	11	12	13	14	15	16	17	18	19	20	21	22	23	24	25	26	27	28	29	30
요일	화	수	목	금	토	일	월	화	수	목	금	토	일	월	화	수	목	금	토	일	월	화	수	목	금	토	일	월	화	수
일진 日辰	甲申	乙酉	丙戌	丁亥	戊子	己丑	庚寅	辛卯	壬辰	癸巳	甲午	乙未	丙申	丁酉	戊戌	己亥	庚子	辛丑	壬寅	癸卯	甲辰	乙巳	丙午	丁未	戊申	己酉	庚戌	辛亥	壬子	癸丑
납음	井中水		屋上土		霹靂火		松柏木		長流水		沙中金		山下火		平地木		壁上土		金箔金		覆燈火		天河水		大驛土		釵釧金		桑柘木	
음력	8/1	2	3	4	5	6	7	8	9	10	11	12	13	14	15	16	17	18	19	20	21	22	23	24	25	26	27	28	29	9/1
구성	1	9	8	7	6	5	4	3	2	1	9	8	7	6	5	4	3	2	1	9	8	7	6	5	4	3	2	1	9	8
대운 남	2	2	2	1	1	1	1	백	10	10	9	9	9	8	8	8	7	7	7	6	6	6	추	5	5	4	4	4	3	3
대운 여	8	8	9	9	9	10	10	로	1	1	1	1	2	2	2	3	3	3	4	4	4	5	분	5	6	6	6	7	7	7

한로 9일 02시 02분 【음9월】 ➡ 【丙戌月(병술월)】 ☯六白星 상강 24일 05시 04분

양력 10월 / 음력 09/02 – 10/02

양력	1	2	3	4	5	6	7	8	9	10	11	12	13	14	15	16	17	18	19	20	21	22	23	24	25	26	27	28	29	30	31
요일	목	금	토	일	월	화	수	목	금	토	일	월	화	수	목	금	토	일	월	화	수	목	금	토	일	월	화	수	목	금	토
일진 日辰	甲寅	乙卯	丙辰	丁巳	戊午	己未	庚申	辛酉	壬戌	癸亥	甲子	乙丑	丙寅	丁卯	戊辰	己巳	庚午	辛未	壬申	癸酉	甲戌	乙亥	丙子	丁丑	戊寅	己卯	庚辰	辛巳	壬午	癸未	甲申
납음	大溪水		沙中土		天上火		石榴木		大海水		海中金		爐中火		大林木		路傍土		劍鋒金		山頭火		澗下水		城頭土		白臘金		楊柳木		
음력	2	3	4	5	6	7	8	9	10	11	12	13	14	15	16	17	18	19	20	21	22	23	24	25	26	27	28	29	30	10/1	2
구성	7	6	5	4	3	2	1	9	8	7	6	5	4	3	2	1	9	8	7	6	5	4	3	2	1	9	8	7	6	5	4
대운 남	3	2	2	2	1	1	1	1	한	10	9	9	9	8	8	8	7	7	7	6	6	6	5	상	5	4	4	4	3	3	3
대운 여	8	8	8	9	9	9	10	10	로	1	1	1	1	2	2	2	3	3	3	4	4	4	5	강	5	6	6	6	7	7	7

입동 8일 04시 58분 【음10월】 ➡ 【丁亥月(정해월)】 ☯五黃星 소설 23일 02시 25분

양력 11월 / 음력 10/03 – 11/02

양력	1	2	3	4	5	6	7	8	9	10	11	12	13	14	15	16	17	18	19	20	21	22	23	24	25	26	27	28	29	30
요일	일	월	화	수	목	금	토	일	월	화	수	목	금	토	일	월	화	수	목	금	토	일	월	화	수	목	금	토	일	월
일진 日辰	乙酉	丙戌	丁亥	戊子	己丑	庚寅	辛卯	壬辰	癸巳	甲午	乙未	丙申	丁酉	戊戌	己亥	庚子	辛丑	壬寅	癸卯	甲辰	乙巳	丙午	丁未	戊申	己酉	庚戌	辛亥	壬子	癸丑	甲寅
납음		屋上土		霹靂火		松柏木		長流水		沙中金		山下火		平地木		壁上土		金箔金		覆燈火		天河水		大驛土		釵釧金		桑柘木		
음력	3	4	5	6	7	8	9	10	11	12	13	14	15	16	17	18	19	20	21	22	23	24	25	26	27	28	29	30	11/1	2
구성	3	2	1	9	8	7	6	5	4	3	2	1	9	8	7	6	5	4	3	2	1	9	8	7	6	5	4	3	2	1
대운 남	2	2	2	1	1	1	1	입	9	9	9	8	8	8	7	7	7	6	6	6	5	5	소	4	4	4	3	3	3	2
대운 여	8	8	8	9	9	9	10	동	1	1	1	1	2	2	2	3	3	3	4	4	4	5	설	5	6	6	6	7	7	7

대설 7일 21시 37분 【음11월】 ➡ 【戊子月(무자월)】 ☯四綠星 동지 22일 15시 36분

양력 12월 / 음력 11/03 – 12/04

양력	1	2	3	4	5	6	7	8	9	10	11	12	13	14	15	16	17	18	19	20	21	22	23	24	25	26	27	28	29	30	31
요일	화	수	목	금	토	일	월	화	수	목	금	토	일	월	화	수	목	금	토	일	월	화	수	목	금	토	일	월	화	수	목
일진 日辰	乙卯	丙辰	丁巳	戊午	己未	庚申	辛酉	壬戌	癸亥	甲子	乙丑	丙寅	丁卯	戊辰	己巳	庚午	辛未	壬申	癸酉	甲戌	乙亥	丙子	丁丑	戊寅	己卯	庚辰	辛巳	壬午	癸未	甲申	乙酉
납음		沙中土		天上火		石榴木		大海水		海中金		爐中火		大林木		路傍土		劍鋒金		山頭火		澗下水		城頭土		白臘金		楊柳木		井中水	
음력	3	4	5	6	7	8	9	10	11	12	13	14	15	16	17	18	19	20	21	22	23	24	25	26	27	28	29	12/1	2	3	4
구성	9	8	7	6	5	4	3	2	1	1	2	3	4	5	6	7	8	9	1	2	3	4	5	6	7	8	9	1	2	3	4
대운 남	2	2	1	1	1	1	대	10	9	9	9	8	8	8	7	7	7	6	6	6	5	동	5	4	4	4	3	3	3	2	2
대운 여	8	8	8	9	9	9	설	1	1	1	1	2	2	2	3	3	3	4	4	4	5	지	5	6	6	6	7	7	7	8	8

단기 4304 年
불기 2515 年

1971년

중원 **辛亥年** 납음(釵釧金),본명성(二黑土)

대장군(酉서방), 삼살(酉서방), 상문(丑동북방),조객(酉서방), 납음(차천금),【삼재(사,오,미)년】 臘享(납향):1972년1월17일(음12/02)

돼지

소한 6일 08시 45분 【음12월】 ➡ 【己丑月(기축월)】 ☯三碧星 대한 21일 02시 13분

양력 1월	1	2	3	4	5	6	7	8	9	10	11	12	13	14	15	16	17	18	19	20	21	22	23	24	25	26	27	28	29	30	31
요일	금	토	일	월	화	수	목	금	토	일	월	화	수	목	금	토	일	월	화	수	목	금	토	일	월	화	수	목	금	토	일
일진 日辰	丙戌	丁亥	戊子	己丑	庚寅	辛卯	壬辰	癸巳	甲午	乙未	丙申	丁酉	戊戌	己亥	庚子	辛丑	壬寅	癸卯	甲辰	乙巳	丙午	丁未	戊申	己酉	庚戌	辛亥	壬子	癸丑	甲寅	乙卯	丙辰
납음	屋上土		霹靂火		松柏木		長流水		沙中金		山下火		平地木		壁上土		金箔金		覆燈火		天河水		大驛土		釵釧金		桑柘木		大溪水		
음력 (12/05 ~ 01/05)	5	6	7	8	9	10	11	12	13	14	15	16	17	18	19	20	21	22	23	24	25	26	27	28	29	30	1/1	2	3	4	5
구성	5	6	7	8	9	1	2	3	4	5	6	7	8	9	1	2	3	4	5	6	7	8	9	1	2	3	4	5	6	7	8
대운 남	2	1	1	1	1	소	9	9	9	8	8	8	7	7	7	6	6	6	5	5	대	4	4	4	3	3	3	2	2	2	1
대운 여	8	9	9	9	10	한	1	1	1	1	2	2	2	3	3	3	4	4	4	5	한	5	6	6	6	7	7	7	8	8	8

입춘 4일 20시 25분 【음1월】 ➡ 【庚寅月(경인월)】 ☯二黑星 우수 19일 16시 27분

양력 2월	1	2	3	4	5	6	7	8	9	10	11	12	13	14	15	16	17	18	19	20	21	22	23	24	25	26	27	28
요일	월	화	수	목	금	토	일	월	화	수	목	금	토	일	월	화	수	목	금	토	일	월	화	수	목	금	토	일
일진 日辰	丁巳	戊午	己未	庚申	辛酉	壬戌	癸亥	甲子	乙丑	丙寅	丁卯	戊辰	己巳	庚午	辛未	壬申	癸酉	甲戌	乙亥	丙子	丁丑	戊寅	己卯	庚辰	辛巳	壬午	癸未	甲申
납음		天上火		石榴木		大海水		海中金		爐中火		大林木		路傍土		劍鋒金		山頭火		澗下水		城頭土		白臘金		楊柳木		
음력 (01/06 ~ 02/04)	6	7	8	9	10	11	12	13	14	15	16	17	18	19	20	21	22	23	24	25	26	27	28	29	2/1	2	3	4
구성	9	1	2	3	4	5	6	7	8	9	1	2	3	4	5	6	7	8	9	1	2	3	4	5	6	7	8	9
대운 남	1	1	1	입	1	1	1	1	2	2	2	3	3	3	4	4	4	5	우	5	6	6	6	7	7	7	8	8
대운 여	9	9	9	춘	10	9	9	9	8	8	8	7	7	7	6	6	6	5	수	5	4	4	4	3	3	3	2	2

辛亥年

경칩 6일 14시 35분 【음2월】 ➡ 【辛卯月(신묘월)】 ☯一白星 춘분 21일 15시 38분

양력 3월	1	2	3	4	5	6	7	8	9	10	11	12	13	14	15	16	17	18	19	20	21	22	23	24	25	26	27	28	29	30	31
요일	월	화	수	목	금	토	일	월	화	수	목	금	토	일	월	화	수	목	금	토	일	월	화	수	목	금	토	일	월	화	수
일진 日辰	乙酉	丙戌	丁亥	戊子	己丑	庚寅	辛卯	壬辰	癸巳	甲午	乙未	丙申	丁酉	戊戌	己亥	庚子	辛丑	壬寅	癸卯	甲辰	乙巳	丙午	丁未	戊申	己酉	庚戌	辛亥	壬子	癸丑	甲寅	乙卯
납음		屋上土		霹靂火		松柏木		長流水		沙中金		山下火		平地木		壁上土		金箔金		覆燈火		天河水		大驛土		釵釧金		桑柘木		大溪水	
음력 (02/05 ~ 03/05)	5	6	7	8	9	10	11	12	13	14	15	16	17	18	19	20	21	22	23	24	25	26	27	28	29	30	3/1	2	3	4	5
구성	1	2	3	4	5	6	7	8	9	1	2	3	4	5	6	7	8	9	1	2	3	4	5	6	7	8	9	1	2	3	4
대운 남	8	9	9	9	10	경	1	1	1	1	2	2	2	3	3	3	4	4	4	5	춘	5	6	6	6	7	7	7	8	8	8
대운 여	2	1	1	1	1	칩	10	9	9	9	8	8	8	7	7	7	6	6	6	5	분	5	4	4	4	3	3	3	2	2	2

청명 5일 19시 35분 【음3월】 ➡ 【壬辰月(임진월)】 ☯九紫星 곡우 21일 02시 54분

양력 4월	1	2	3	4	5	6	7	8	9	10	11	12	13	14	15	16	17	18	19	20	21	22	23	24	25	26	27	28	29	30
요일	목	금	토	일	월	화	수	목	금	토	일	월	화	수	목	금	토	일	월	화	수	목	금	토	일	월	화	수	목	금
일진 日辰	丙辰	丁巳	戊午	己未	庚申	辛酉	壬戌	癸亥	甲子	乙丑	丙寅	丁卯	戊辰	己巳	庚午	辛未	壬申	癸酉	甲戌	乙亥	丙子	丁丑	戊寅	己卯	庚辰	辛巳	壬午	癸未	甲申	乙酉
납음	沙中土		天上火		石榴木		大海水		海中金		爐中火		大林木		路傍土		劍鋒金		山頭火		澗下水		城頭土		白臘金		楊柳木		井中水	
음력 (03/06 ~ 04/06)	6	7	8	9	10	11	12	13	14	15	16	17	18	19	20	21	22	23	24	25	26	27	28	29	4/1	2	3	4	5	6
구성	5	6	7	8	9	1	2	3	4	5	6	7	8	9	1	2	3	4	5	6	7	8	9	1	2	3	4	5	6	7
대운 남	9	9	9	10	청	1	1	1	1	2	2	2	3	3	3	4	4	4	5	5	곡	6	6	6	7	7	7	8	8	8
대운 여	1	1	1	1	명	10	10	9	9	9	8	8	8	7	7	7	6	6	6	5	우	5	4	4	4	3	3	3	2	2

입하 6일 13시 08분 【음4월】 ➡ 【癸巳月(계사월)】 ☯八白星 소만 22일 02시 15분

양력 5월	1	2	3	4	5	6	7	8	9	10	11	12	13	14	15	16	17	18	19	20	21	22	23	24	25	26	27	28	29	30	31
요일	토	일	월	화	수	목	금	토	일	월	화	수	목	금	토	일	월	화	수	목	금	토	일	월	화	수	목	금	토	일	월
일진 日辰	丙戌	丁亥	戊子	己丑	庚寅	辛卯	壬辰	癸巳	甲午	乙未	丙申	丁酉	戊戌	己亥	庚子	辛丑	壬寅	癸卯	甲辰	乙巳	丙午	丁未	戊申	己酉	庚戌	辛亥	壬子	癸丑	甲寅	乙卯	丙辰
납음	屋上土		霹靂火		松柏木		長流水		沙中金		山下火		平地木		壁上土		金箔金		覆燈火		天河水		大驛土		釵釧金		桑柘木		大溪水		
음력 (04/07 ~ 05/08)	7	8	9	10	11	12	13	14	15	16	17	18	19	20	21	22	23	24	25	26	27	28	29	5/1	2	3	4	5	6	7	8
구성	8	9	1	2	3	4	5	6	7	8	9	1	2	3	4	5	6	7	8	9	1	2	3	4	5	6	7	8	9	1	2
대운 남	9	9	9	10	10	입	1	1	1	1	2	2	2	3	3	3	4	4	4	5	5	소	6	6	6	7	7	7	8	8	8
대운 여	2	1	1	1	1	하	10	10	9	9	9	8	8	8	7	7	7	6	6	6	5	만	5	4	4	4	3	3	3	2	2

망종 6일 17시 29분 【음5월】 ➡ 【甲午月(갑오월)】 ☯七赤星 하지 22일 10시 20분

양력 6월	1	2	3	4	5	6	7	8	9	10	11	12	13	14	15	16	17	18	19	20	21	22	23	24	25	26	27	28	29	30
요일	화	수	목	금	토	일	월	화	수	목	금	토	일	월	화	수	목	금	토	일	월	화	수	목	금	토	일	월	화	수
일진 日辰	丁巳	戊午	己未	庚申	辛酉	壬戌	癸亥	甲子	乙丑	丙寅	丁卯	戊辰	己巳	庚午	辛未	壬申	癸酉	甲戌	乙亥	丙子	丁丑	戊寅	己卯	庚辰	辛巳	壬午	癸未	甲申	乙酉	丙戌
납음		天上火		石榴木		大海水		海中金		爐中火		大林木		路傍土		劍鋒金		山頭火		澗下水		城頭土		白臘金		楊柳木		井中水		
음력 (05/09 ~ 윤508)	9	10	11	12	13	14	15	16	17	18	19	20	21	22	23	24	25	26	27	28	29	30	윤5	2	3	4	5	6	7	8
구성	3	4	5	6	7	8	9	9	8	7	6	5	4	3	2	1	9	8	7	6	5	4	3	2	1	9	8	7	6	5
대운 남	9	9	9	10	10	망	1	1	1	1	2	2	2	3	3	3	4	4	4	5	5	하	6	6	6	7	7	7	8	8
대운 여	2	1	1	1	1	종	10	10	10	9	9	9	8	8	8	7	7	7	6	6	6	지	5	5	4	4	4	3	3	3

한식(4월06일), 초복(7월14일), 중복(7월24일), 말복(8월13일) 춘사(春社)3/24 추사(秋社)9/20
토왕지절(土旺之節):4월18일,7월20일,10월21일,신년1월18일,(양력)臘享(납향):1월17일신년(음12/02)

十日得辛, 五龍治水, 1971년 신해年(차천금), 이흑토臘享(납향):1월 17일 신년

1白	6白	8白
9紫	2黑	4綠
5黃	7赤	3碧

1971 辛亥年

소서 8일 03시 51분 【음6월】 ➡ 【乙未月(을미월)】 ☯六白星 대서 23일 21시 15분

양력 7월 / 음력 윤509 ~ 06/10

양력	1	2	3	4	5	6	7	8	9	10	11	12	13	14	15	16	17	18	19	20	21	22	23	24	25	26	27	28	29	30	31
요일	목	금	토	일	월	화	수	목	금	토	일	월	화	수	목	금	토	일	월	화	수	목	금	토	일	월	화	수	목	금	토
일진 日辰	丁亥	戊子	己丑	庚寅	辛卯	壬辰	癸巳	甲午	乙未	丙申	丁酉	戊戌	己亥	庚子	辛丑	壬寅	癸卯	甲辰	乙巳	丙午	丁未	戊申	己酉	庚戌	辛亥	壬子	癸丑	甲寅	乙卯	丙辰	丁巳
납음		霹靂火		松柏木		長流水		沙中金		山下火		平地木		壁上土		金箔金		覆燈火		天河水		大驛土		釵釧金		桑柘木		大溪水		沙中土	
음력	9	10	11	12	13	14	15	16	17	18	19	20	21	22	23	24	25	26	27	28	29	6/1	2	3	4	5	6	7	8	9	10
구성	4	3	2	1	9	8	7	6	5	4	3	2	1	9	8	7	6	5	4	3	2	1	9	8	7	6	5	4	3	2	1
대운 남	8	9	9	9	10	10	10	소	1	1	1	1	2	2	2	3	3	3	4	4	4	5	대	5	6	6	6	7	7	7	8
대운 여	2	2	2	1	1	1	1	서	10	10	9	9	9	8	8	8	7	7	7	6	6	6	서	5	5	4	4	4	3	3	3

입추 8일 13시 40분 【음7월】 ➡ 【丙申月(병신월)】 ☯五黃星 처서 24일 04시 15분

양력 8월 / 음력 06/11 ~ 07/11

양력	1	2	3	4	5	6	7	8	9	10	11	12	13	14	15	16	17	18	19	20	21	22	23	24	25	26	27	28	29	30	31
요일	일	월	화	수	목	금	토	일	월	화	수	목	금	토	일	월	화	수	목	금	토	일	월	화	수	목	금	토	일	월	화
일진 日辰	戊午	己未	庚申	辛酉	壬戌	癸亥	甲子	乙丑	丙寅	丁卯	戊辰	己巳	庚午	辛未	壬申	癸酉	甲戌	乙亥	丙子	丁丑	戊寅	己卯	庚辰	辛巳	壬午	癸未	甲申	乙酉	丙戌	丁亥	戊子
납음	天上火		石榴木		大海水		海中金		爐中火		大林木		路傍土		劍鋒金		山頭火		澗下水		城頭土		白臘金		楊柳木		井中水		屋上土		
음력	11	12	13	14	15	16	17	18	19	20	21	22	23	24	25	26	27	28	29	30	7/1	2	3	4	5	6	7	8	9	10	11
구성	9	8	7	6	5	4	3	2	1	9	8	7	6	5	4	3	2	1	9	8	7	6	5	4	3	2	1	9	8	7	6
대운 남	8	8	9	9	9	10	10	입	1	1	1	1	2	2	2	3	3	3	4	4	4	5	5	처	6	6	6	7	7	7	8
대운 여	2	2	2	1	1	1	1	추	10	10	9	9	9	8	8	8	7	7	7	6	6	6	5	서	5	4	4	4	3	3	3

백로 8일 16시 30분 【음8월】 ➡ 【丁酉月(정유월)】 ☯四綠星 추분 24일 01시 45분

양력 9월 / 음력 07/12 ~ 08/12

양력	1	2	3	4	5	6	7	8	9	10	11	12	13	14	15	16	17	18	19	20	21	22	23	24	25	26	27	28	29	30
요일	수	목	금	토	일	월	화	수	목	금	토	일	월	화	수	목	금	토	일	월	화	수	목	금	토	일	월	화	수	목
일진 日辰	己丑	庚寅	辛卯	壬辰	癸巳	甲午	乙未	丙申	丁酉	戊戌	己亥	庚子	辛丑	壬寅	癸卯	甲辰	乙巳	丙午	丁未	戊申	己酉	庚戌	辛亥	壬子	癸丑	甲寅	乙卯	丙辰	丁巳	戊午
납음		松柏木		長流水		沙中金		山下火		平地木		壁上土		金箔金		覆燈火		天河水		大驛土		釵釧金		桑柘木		大溪水		沙中土		
음력	12	13	14	15	16	17	18	19	20	21	22	23	24	25	26	27	28	29	8/1	2	3	4	5	6	7	8	9	10	11	12
구성	5	4	3	2	1	9	8	7	6	5	4	3	2	1	9	8	7	6	5	4	3	2	1	9	8	7	6	5	4	3
대운 남	8	8	9	9	9	10	10	백	1	1	1	1	2	2	2	3	3	3	4	4	4	5	5	추	6	6	6	7	7	7
대운 여	2	2	2	1	1	1	1	로	10	10	9	9	9	8	8	8	7	7	7	6	6	6	5	분	5	4	4	4	3	3

한로 9일 07시 59분 【음9월】 ➡ 【戊戌月(무술월)】 ☯三碧星 상강 24일 10시 53분

양력 10월 / 음력 08/13 ~ 09/13

양력	1	2	3	4	5	6	7	8	9	10	11	12	13	14	15	16	17	18	19	20	21	22	23	24	25	26	27	28	29	30	31
요일	금	토	일	월	화	수	목	금	토	일	월	화	수	목	금	토	일	월	화	수	목	금	토	일	월	화	수	목	금	토	일
일진 日辰	己未	庚申	辛酉	壬戌	癸亥	甲子	乙丑	丙寅	丁卯	戊辰	己巳	庚午	辛未	壬申	癸酉	甲戌	乙亥	丙子	丁丑	戊寅	己卯	庚辰	辛巳	壬午	癸未	甲申	乙酉	丙戌	丁亥	戊子	己丑
납음		石榴木		大海水		海中金		爐中火		大林木		路傍土		劍鋒金		山頭火		澗下水		城頭土		白臘金		楊柳木		井中水		屋上土		霹靂火	
음력	13	14	15	16	17	18	19	20	21	22	23	24	25	26	27	28	29	30	9/1	2	3	4	5	6	7	8	9	10	11	12	13
구성	2	1	9	8	7	6	5	4	3	2	1	9	8	7	6	5	4	3	2	1	9	8	7	6	5	4	3	2	1	9	8
대운 남	8	8	8	9	9	9	10	10	한	1	1	1	1	2	2	2	3	3	3	4	4	4	5	상	5	6	6	6	7	7	7
대운 여	3	2	2	2	1	1	1	1	로	10	9	9	9	8	8	8	7	7	7	6	6	6	5	강	5	4	4	4	3	3	3

입동 8일 10시 57분 【음10월】 ➡ 【己亥月(기해월)】 ☯二黑星 소설 23일 08시 14분

양력 11월 / 음력 09/14 ~ 10/13

양력	1	2	3	4	5	6	7	8	9	10	11	12	13	14	15	16	17	18	19	20	21	22	23	24	25	26	27	28	29	30
요일	월	화	수	목	금	토	일	월	화	수	목	금	토	일	월	화	수	목	금	토	일	월	화	수	목	금	토	일	월	화
일진 日辰	庚寅	辛卯	壬辰	癸巳	甲午	乙未	丙申	丁酉	戊戌	己亥	庚子	辛丑	壬寅	癸卯	甲辰	乙巳	丙午	丁未	戊申	己酉	庚戌	辛亥	壬子	癸丑	甲寅	乙卯	丙辰	丁巳	戊午	己未
납음	松柏木		長流水		沙中金		山下火		平地木		壁上土		金箔金		覆燈火		天河水		大驛土		釵釧金		桑柘木		大溪水		沙中土		天上火	
음력	14	15	16	17	18	19	20	21	22	23	24	25	26	27	28	29	30	10/1	2	3	4	5	6	7	8	9	10	11	12	13
구성	7	6	5	4	3	2	1	9	8	7	6	5	4	3	2	1	9	8	7	6	5	4	3	2	1	9	8	7	6	5
대운 남	8	8	8	9	9	9	10	입	1	1	1	1	2	2	2	3	3	3	4	4	4	5	소	5	6	6	6	7	7	7
대운 여	2	2	2	1	1	1	1	동	10	9	9	9	8	8	8	7	7	7	6	6	6	5	설	5	4	4	4	3	3	3

대설 8일 03시 36분 【음11월】 ➡ 【庚子月(경자월)】 ☯一白星 동지 22일 21시 24분

양력 12월 / 음력 10/14 ~ 11/14

양력	1	2	3	4	5	6	7	8	9	10	11	12	13	14	15	16	17	18	19	20	21	22	23	24	25	26	27	28	29	30	31
요일	수	목	금	토	일	월	화	수	목	금	토	일	월	화	수	목	금	토	일	월	화	수	목	금	토	일	월	화	수	목	금
일진 日辰	庚申	辛酉	壬戌	癸亥	甲子	乙丑	丙寅	丁卯	戊辰	己巳	庚午	辛未	壬申	癸酉	甲戌	乙亥	丙子	丁丑	戊寅	己卯	庚辰	辛巳	壬午	癸未	甲申	乙酉	丙戌	丁亥	戊子	己丑	庚寅
납음	石榴木		大海水		海中金		爐中火		大林木		路傍土		劍鋒金		山頭火		澗下水		城頭土		白臘金		楊柳木		井中水		屋上土		霹靂火		
음력	14	15	16	17	18	19	20	21	22	23	24	25	26	27	28	29	30	11/1	2	3	4	5	6	7	8	9	10	11	12	13	14
구성	4	3	2	1	1	2	3	4	5	6	7	8	9	1	2	3	4	5	6	7	8	9	1	2	3	4	5	6	7	8	9
대운 남	8	8	8	9	9	9	10	대	1	1	1	1	2	2	2	3	3	3	4	4	4	동	5	5	6	6	6	7	7	7	8
대운 여	2	2	2	1	1	1	1	설	9	9	9	8	8	8	7	7	7	6	6	6	5	지	5	4	4	4	3	3	3	2	2

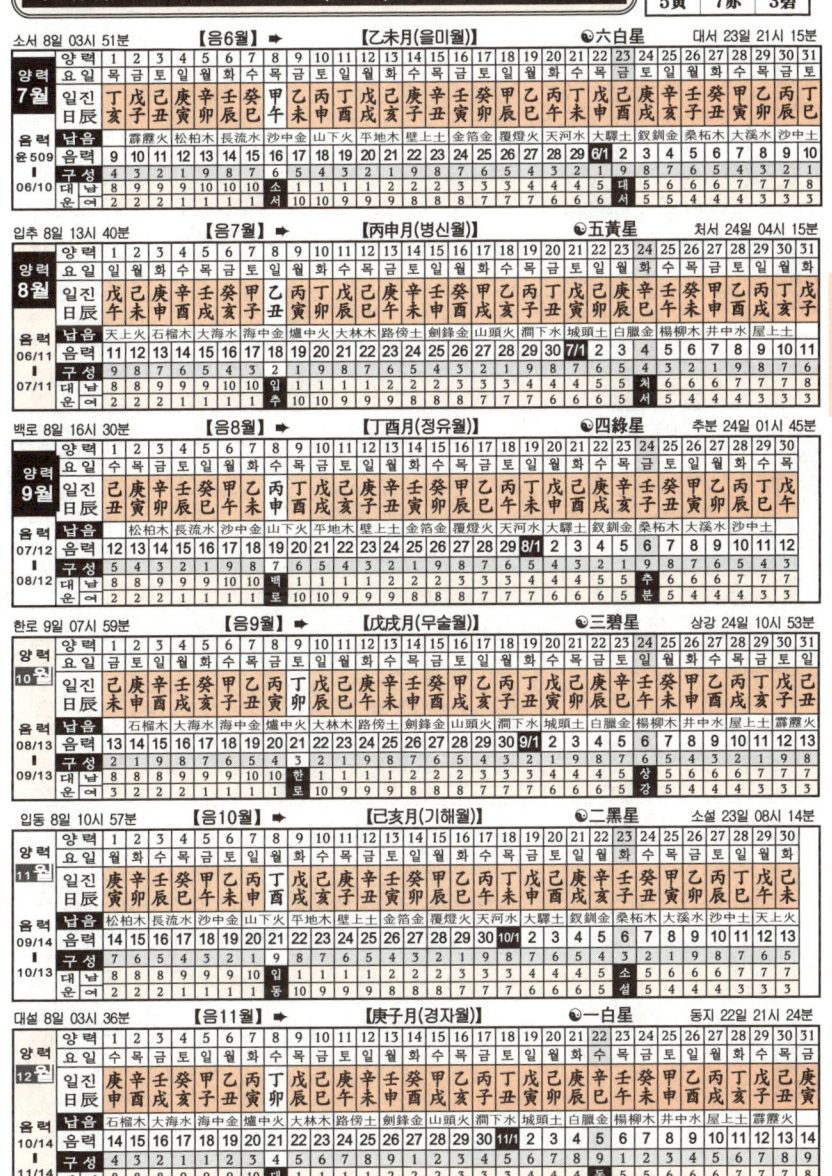

檀紀 4305 年
佛紀 2516 年

1972년

中元 壬子年 납음(桑柘木),본명성(一白水)

대장군(酉서방), 삼살(남방), 상문(寅동북방), 조객(戌서북방),
납음(상자목), 삼재(인,묘,진)년 臘享(납향):1972년1월23일(음12/19)

소한 6일 14시 42분 【음12월】 ➡ 【辛丑月(신축월)】 ☯九紫星 대한 21일 07시 59분

양력 1월 / 음력 11/15 ~ 12/16

양력	1	2	3	4	5	6	7	8	9	10	11	12	13	14	15	16	17	18	19	20	21	22	23	24	25	26	27	28	29	30	31
요일	토	일	월	화	수	목	금	토	일	월	화	수	목	금	토	일	월	화	수	목	금	토	일	월	화	수	목	금	토	일	월
일진 日辰	辛卯	壬辰	癸巳	甲午	乙未	丙申	丁酉	戊戌	己亥	庚子	辛丑	壬寅	癸卯	甲辰	乙巳	丙午	丁未	戊申	己酉	庚戌	辛亥	壬子	癸丑	甲寅	乙卯	丙辰	丁巳	戊午	己未	庚申	辛酉
납음		長流水		沙中金		山下火		平地木		壁上土		金箔金		覆燈火		天河水		大驛土		釵釧金		桑柘木		大溪水		沙中土		天上火		石榴木	
음력	15	16	17	18	19	20	21	22	23	24	25	26	27	28	29	12/1	2	3	4	5	6	7	8	9	10	11	12	13	14	15	16
구성	1	2	3	4	5	6	7	8	9	1	2	3	4	5	6	7	8	9	1	2	3	4	5	6	7	8	9	1	2	3	4
대운 남	8	8	9	9	9	소	1	1	1	1	2	2	2	3	3	3	4	4	4	5	대	5	6	6	6	7	7	7	8	8	8
대운 여	2	1	1	1	1	한	10	9	9	9	8	8	8	7	7	7	6	6	6	5	한	5	4	4	4	3	3	3	2	2	2

입춘 5일 02시 20분 【음1월】 ➡ 【壬寅月(임인월)】 ☯八白星 우수 19일 22시 11분

양력 2월 / 음력 12/17 ~ 01/15

양력	1	2	3	4	5	6	7	8	9	10	11	12	13	14	15	16	17	18	19	20	21	22	23	24	25	26	27	28	29
요일	화	수	목	금	토	일	월	화	수	목	금	토	일	월	화	수	목	금	토	일	월	화	수	목	금	토	일	월	화
일진 日辰	壬戌	癸亥	甲子	乙丑	丙寅	丁卯	戊辰	己巳	庚午	辛未	壬申	癸酉	甲戌	乙亥	丙子	丁丑	戊寅	己卯	庚辰	辛巳	壬午	癸未	甲申	乙酉	丙戌	丁亥	戊子	己丑	庚寅
납음	大海水		海中金		爐中火		大林木		路傍土		劍鋒金		山頭火		澗下水		城頭土		白臘金		楊柳木		井中水		屋上土		霹靂火		
음력	17	18	19	20	21	22	23	24	25	26	27	28	29	30	1/1	2	3	4	5	6	7	8	9	10	11	12	13	14	15
구성	5	6	7	8	9	1	2	3	4	5	6	7	8	9	1	2	3	4	5	6	7	8	9	1	2	3	4	5	6
대운 남	9	9	9	10	입	9	9	9	8	8	8	7	7	7	6	6	6	5	우	5	4	4	4	3	3	3	2	2	2
대운 여	1	1	1	1	춘	1	1	1	1	2	2	2	3	3	3	4	4	4	수	5	5	6	6	6	7	7	7	8	8

壬子年

경칩 5일 20시 28분 【음2월】 ➡ 【癸卯月(계묘월)】 ☯七赤星 춘분 20일 21시 21분

양력 3월 / 음력 01/16 ~ 02/17

양력	1	2	3	4	5	6	7	8	9	10	11	12	13	14	15	16	17	18	19	20	21	22	23	24	25	26	27	28	29	30	31
요일	수	목	금	토	일	월	화	수	목	금	토	일	월	화	수	목	금	토	일	월	화	수	목	금	토	일	월	화	수	목	금
일진 日辰	辛卯	壬辰	癸巳	甲午	乙未	丙申	丁酉	戊戌	己亥	庚子	辛丑	壬寅	癸卯	甲辰	乙巳	丙午	丁未	戊申	己酉	庚戌	辛亥	壬子	癸丑	甲寅	乙卯	丙辰	丁巳	戊午	己未	庚申	辛酉
납음		長流水		沙中金		山下火		平地木		壁上土		金箔金		覆燈火		天河水		大驛土		釵釧金		桑柘木		大溪水		沙中土		天上火		石榴木	
음력	16	17	18	19	20	21	22	23	24	25	26	27	28	29	2/1	2	3	4	5	6	7	8	9	10	11	12	13	14	15	16	17
구성	7	8	9	1	2	3	4	5	6	7	8	9	1	2	3	4	5	6	7	8	9	1	2	3	4	5	6	7	8	9	1
대운 남	1	1	1	1	경	10	10	9	9	9	8	8	8	7	7	7	6	6	6	춘	5	5	4	4	4	3	3	3	2	2	2
대운 여	8	9	9	9	칩	1	1	1	1	2	2	2	3	3	3	4	4	4	5	분	5	6	6	6	7	7	7	8	8	8	9

청명 5일 01시 29분 【음3월】 ➡ 【甲辰月(갑진월)】 ☯六白星 곡우 20일 08시 37분

양력 4월 / 음력 02/18 ~ 03/17

양력	1	2	3	4	5	6	7	8	9	10	11	12	13	14	15	16	17	18	19	20	21	22	23	24	25	26	27	28	29	30
요일	토	일	월	화	수	목	금	토	일	월	화	수	목	금	토	일	월	화	수	목	금	토	일	월	화	수	목	금	토	일
일진 日辰	壬戌	癸亥	甲子	乙丑	丙寅	丁卯	戊辰	己巳	庚午	辛未	壬申	癸酉	甲戌	乙亥	丙子	丁丑	戊寅	己卯	庚辰	辛巳	壬午	癸未	甲申	乙酉	丙戌	丁亥	戊子	己丑	庚寅	辛卯
납음	大海水		海中金		爐中火		大林木		路傍土		劍鋒金		山頭火		澗下水		城頭土		白臘金		楊柳木		井中水		屋上土		霹靂火		松柏木	
음력	18	19	20	21	22	23	24	25	26	27	28	29	30	3/1	2	3	4	5	6	7	8	9	10	11	12	13	14	15	16	17
구성	2	3	4	5	6	7	8	9	1	2	3	4	5	6	7	8	9	1	2	3	4	5	6	7	8	9	1	2	3	4
대운 남	1	1	1	1	청	10	9	9	9	8	8	8	7	7	7	6	6	6	5	곡	5	4	4	4	3	3	3	2	2	2
대운 여	9	9	10	10	명	1	1	1	1	2	2	2	3	3	3	4	4	4	5	우	5	6	6	6	7	7	7	8	8	8

입하 5일 19시 01분 【음4월】 ➡ 【乙巳月(을사월)】 ☯五黃星 소만 21일 08시 00분

양력 5월 / 음력 03/18 ~ 04/19

양력	1	2	3	4	5	6	7	8	9	10	11	12	13	14	15	16	17	18	19	20	21	22	23	24	25	26	27	28	29	30	31
요일	월	화	수	목	금	토	일	월	화	수	목	금	토	일	월	화	수	목	금	토	일	월	화	수	목	금	토	일	월	화	수
일진 日辰	壬辰	癸巳	甲午	乙未	丙申	丁酉	戊戌	己亥	庚子	辛丑	壬寅	癸卯	甲辰	乙巳	丙午	丁未	戊申	己酉	庚戌	辛亥	壬子	癸丑	甲寅	乙卯	丙辰	丁巳	戊午	己未	庚申	辛酉	壬戌
납음	長流水		沙中金		山下火		平地木		壁上土		金箔金		覆燈火		天河水		大驛土		釵釧金		桑柘木		大溪水		沙中土		天上火		石榴木		
음력	18	19	20	21	22	23	24	25	26	27	28	29	4/1	2	3	4	5	6	7	8	9	10	11	12	13	14	15	16	17	18	19
구성	5	6	7	8	9	1	2	3	4	5	6	7	8	9	1	2	3	4	5	6	7	8	9	1	2	3	4	5	6	7	8
대운 남	1	1	1	1	입	10	10	9	9	9	8	8	8	7	7	7	6	6	6	5	소	5	4	4	4	3	3	3	2	2	2
대운 여	9	9	9	10	하	1	1	1	1	2	2	2	3	3	3	4	4	4	5	5	만	6	6	6	7	7	7	8	8	8	9

망종 5일 23시 22분 【음5월】 ➡ 【丙午月(병오월)】 ☯四綠星 하지 21일 16시 06분

양력 6월 / 음력 04/20 ~ 05/20

양력	1	2	3	4	5	6	7	8	9	10	11	12	13	14	15	16	17	18	19	20	21	22	23	24	25	26	27	28	29	30
요일	목	금	토	일	월	화	수	목	금	토	일	월	화	수	목	금	토	일	월	화	수	목	금	토	일	월	화	수	목	금
일진 日辰	癸亥	甲子	乙丑	丙寅	丁卯	戊辰	己巳	庚午	辛未	壬申	癸酉	甲戌	乙亥	丙子	丁丑	戊寅	己卯	庚辰	辛巳	壬午	癸未	甲申	乙酉	丙戌	丁亥	戊子	己丑	庚寅	辛卯	壬辰
납음		海中金		爐中火		大林木		路傍土		劍鋒金		山頭火		澗下水		城頭土		白臘金		楊柳木		井中水		屋上土		霹靂火		松柏木		
음력	20	21	22	23	24	25	26	27	28	29	5/1	2	3	4	5	6	7	8	9	10	11	12	13	14	15	16	17	18	19	20
구성	9	9	8	7	6	5	4	3	2	1	9	8	7	6	5	4	3	2	1	9	8	7	6	5	4	3	2	1	9	8
대운 남	1	1	1	1	망	10	10	10	9	9	9	8	8	8	7	7	7	6	6	6	하	5	5	4	4	4	3	3	3	2
대운 여	9	9	10	10	종	1	1	1	1	2	2	2	3	3	3	4	4	4	5	5	지	6	6	6	7	7	7	8	8	8

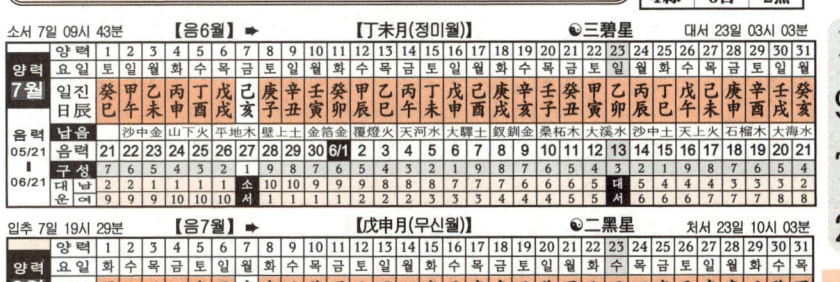

한식(4월05일), 초복(7월18일), 중복(7월28일), 말복(8월07일)☂춘사(春社)3/23 ☀추사(秋社)9/19
토왕지절(土旺之節):4월17일,7월20일,10월20일,신년1월18일(음12/13)臘享(납향):1월23일(음12/19)

六日得辛, 五龍治水, 1972년 임자年(상자목), 일백수

9紫	5黃	7赤
8白	1白	3碧
4綠	6白	2黑

1972 壬子年

소서 7일 09시 43분 【음6월】 ➡ 【丁未月(정미월)】 ☯三碧星 대서 23일 03시 03분

		1	2	3	4	5	6	7	8	9	10	11	12	13	14	15	16	17	18	19	20	21	22	23	24	25	26	27	28	29	30	31
양력 7월	양력	1	2	3	4	5	6	7	8	9	10	11	12	13	14	15	16	17	18	19	20	21	22	23	24	25	26	27	28	29	30	31
	요일	토	일	월	화	수	목	금	토	일	월	화	수	목	금	토	일	월	화	수	목	금	토	일	월	화	수	목	금	토	일	월
	일진 日辰	癸巳	甲午	乙未	丙申	丁酉	戊戌	己亥	庚子	辛丑	壬寅	癸卯	甲辰	乙巳	丙午	丁未	戊申	己酉	庚戌	辛亥	壬子	癸丑	甲寅	乙卯	丙辰	丁巳	戊午	己未	庚申	辛酉	壬戌	癸亥
음력 05/21 ~ 06/21	납음		沙中金		山下火		平地木		壁上土		金箔金		覆燈火		天河水		大驛土		釵釧金		桑柘木		大溪水		沙中土		天上火		石榴木		大海水	
	음력	21	22	23	24	25	26	27	28	29	30	6/1	2	3	4	5	6	7	8	9	10	11	12	13	14	15	16	17	18	19	20	21
	구성	7	6	5	4	3	2	1	9	8	7	6	5	4	3	2	1	9	8	7	6	5	4	3	2	1	9	8	7	6	5	4
대운	남	2	2	1	1	1	1	소	10	10	9	9	9	8	8	8	7	7	7	6	6	6	5	대	5	4	4	4	3	3	3	2
	여	9	9	9	10	10	10	서	1	1	1	1	2	2	2	3	3	3	4	4	4	5	5	서	6	6	6	7	7	7	8	8

입추 7일 19시 29분 【음7월】 ➡ 【戊申月(무신월)】 ☯二黑星 처서 23일 10시 03분

		1	2	3	4	5	6	7	8	9	10	11	12	13	14	15	16	17	18	19	20	21	22	23	24	25	26	27	28	29	30	31
양력 8월	양력	1	2	3	4	5	6	7	8	9	10	11	12	13	14	15	16	17	18	19	20	21	22	23	24	25	26	27	28	29	30	31
	요일	화	수	목	금	토	일	월	화	수	목	금	토	일	월	화	수	목	금	토	일	월	화	수	목	금	토	일	월	화	수	목
	일진 日辰	甲子	乙丑	丙寅	丁卯	戊辰	己巳	庚午	辛未	壬申	癸酉	甲戌	乙亥	丙子	丁丑	戊寅	己卯	庚辰	辛巳	壬午	癸未	甲申	乙酉	丙戌	丁亥	戊子	己丑	庚寅	辛卯	壬辰	癸巳	甲午
음력 06/22 ~ 07/23	납음	海中金		爐中火		大林木		路傍土		劍鋒金		山頭火		澗下水		城頭土		白臘金		楊柳木		井中水		屋上土		霹靂火		松柏木		長流水		
	음력	22	23	24	25	26	27	28	29	7/1	2	3	4	5	6	7	8	9	10	11	12	13	14	15	16	17	18	19	20	21	22	23
	구성	3	2	1	9	8	7	6	5	4	3	2	1	9	8	7	6	5	4	3	2	1	9	8	7	6	5	4	3	2	1	9
대운	남	2	2	1	1	1	1	입	10	10	9	9	9	8	8	8	7	7	7	6	6	6	5	처	5	4	4	4	3	3	3	2
	여	8	9	9	9	10	10	추	1	1	1	1	2	2	2	3	3	3	4	4	4	5	5	서	6	6	6	7	7	7	8	8

백로 7일 22시 15분 【음8월】 ➡ 【己酉月(기유월)】 ☯一白星 추분 23일 07시 33분

		1	2	3	4	5	6	7	8	9	10	11	12	13	14	15	16	17	18	19	20	21	22	23	24	25	26	27	28	29	30
양력 9월	양력	1	2	3	4	5	6	7	8	9	10	11	12	13	14	15	16	17	18	19	20	21	22	23	24	25	26	27	28	29	30
	요일	금	토	일	월	화	수	목	금	토	일	월	화	수	목	금	토	일	월	화	수	목	금	토	일	월	화	수	목	금	토
	일진 日辰	乙未	丙申	丁酉	戊戌	己亥	庚子	辛丑	壬寅	癸卯	甲辰	乙巳	丙午	丁未	戊申	己酉	庚戌	辛亥	壬子	癸丑	甲寅	乙卯	丙辰	丁巳	戊午	己未	庚申	辛酉	壬戌	癸亥	甲子
음력 07/24 ~ 08/23	납음		山下火		平地木		壁上土		金箔金		覆燈火		天河水		大驛土		釵釧金		桑柘木		大溪水		沙中土		天上火		石榴木		大海水		
	음력	24	25	26	27	28	29	30	8/1	2	3	4	5	6	7	8	9	10	11	12	13	14	15	16	17	18	19	20	21	22	23
	구성	8	7	6	5	4	3	2	1	9	8	7	6	5	4	3	2	1	9	8	7	6	5	4	3	2	1	9	8	7	6
대운	남	2	2	1	1	1	1	백	10	10	9	9	9	8	8	8	7	7	7	6	6	6	5	추	5	4	4	4	3	3	3
	여	8	9	9	9	10	10	로	1	1	1	1	2	2	2	3	3	3	4	4	4	5	5	분	6	6	6	7	7	7	8

한로 8일 13시 42분 【음9월】 ➡ 【庚戌月(경술월)】 ☯九紫星 상강 23일 16시 41분

		1	2	3	4	5	6	7	8	9	10	11	12	13	14	15	16	17	18	19	20	21	22	23	24	25	26	27	28	29	30	31
양력 10월	양력	1	2	3	4	5	6	7	8	9	10	11	12	13	14	15	16	17	18	19	20	21	22	23	24	25	26	27	28	29	30	31
	요일	일	월	화	수	목	금	토	일	월	화	수	목	금	토	일	월	화	수	목	금	토	일	월	화	수	목	금	토	일	월	화
	일진 日辰	乙丑	丙寅	丁卯	戊辰	己巳	庚午	辛未	壬申	癸酉	甲戌	乙亥	丙子	丁丑	戊寅	己卯	庚辰	辛巳	壬午	癸未	甲申	乙酉	丙戌	丁亥	戊子	己丑	庚寅	辛卯	壬辰	癸巳	甲午	乙未
음력 08/24 ~ 09/25	납음		爐中火		大林木		路傍土		劍鋒金		山頭火		澗下水		城頭土		白臘金		楊柳木		井中水		屋上土		霹靂火		松柏木		長流水		沙中金	
	음력	24	25	26	27	28	29	9/1	2	3	4	5	6	7	8	9	10	11	12	13	14	15	16	17	18	19	20	21	22	23	24	25
	구성	5	4	3	2	1	9	8	7	6	5	4	3	2	1	9	8	7	6	5	4	3	2	1	9	8	7	6	5	4	3	2
대운	남	2	2	2	1	1	1	1	한	10	9	9	9	8	8	8	7	7	7	6	6	6	5	상	5	4	4	4	3	3	3	2
	여	8	8	9	9	9	10	10	로	1	1	1	1	2	2	2	3	3	3	4	4	4	5	강	5	6	6	6	7	7	7	8

입동 7일 16시 39분 【음10월】 ➡ 【辛亥月(신해월)】 ☯八白星 소설 22일 14시 03분

		1	2	3	4	5	6	7	8	9	10	11	12	13	14	15	16	17	18	19	20	21	22	23	24	25	26	27	28	29	30
양력 11월	양력	1	2	3	4	5	6	7	8	9	10	11	12	13	14	15	16	17	18	19	20	21	22	23	24	25	26	27	28	29	30
	요일	수	목	금	토	일	월	화	수	목	금	토	일	월	화	수	목	금	토	일	월	화	수	목	금	토	일	월	화	수	목
	일진 日辰	丙申	丁酉	戊戌	己亥	庚子	辛丑	壬寅	癸卯	甲辰	乙巳	丙午	丁未	戊申	己酉	庚戌	辛亥	壬子	癸丑	甲寅	乙卯	丙辰	丁巳	戊午	己未	庚申	辛酉	壬戌	癸亥	甲子	乙丑
음력 09/26 ~ 10/25	납음	山下火		平地木		壁上土		金箔金		覆燈火		天河水		大驛土		釵釧金		桑柘木		大溪水		沙中土		天上火		石榴木		大海水		海中金	
	음력	26	27	28	29	30	10/1	2	3	4	5	6	7	8	9	10	11	12	13	14	15	16	17	18	19	20	21	22	23	24	25
	구성	1	9	8	7	6	5	4	3	2	1	9	8	7	6	5	4	3	2	1	9	8	7	6	5	4	3	2	1	1	2
대운	남	2	2	1	1	1	1	입	10	9	9	9	8	8	8	7	7	7	6	6	6	5	소	5	4	4	4	3	3	3	2
	여	8	8	9	9	9	10	동	1	1	1	1	2	2	2	3	3	3	4	4	4	5	설	5	6	6	6	7	7	7	8

대설 7일 09시 19분 【음11월】 ➡ 【壬子月(임자월)】 ☯七赤星 동지 22일 03시 13분

		1	2	3	4	5	6	7	8	9	10	11	12	13	14	15	16	17	18	19	20	21	22	23	24	25	26	27	28	29	30	31
양력 12월	양력	1	2	3	4	5	6	7	8	9	10	11	12	13	14	15	16	17	18	19	20	21	22	23	24	25	26	27	28	29	30	31
	요일	금	토	일	월	화	수	목	금	토	일	월	화	수	목	금	토	일	월	화	수	목	금	토	일	월	화	수	목	금	토	일
	일진 日辰	丙寅	丁卯	戊辰	己巳	庚午	辛未	壬申	癸酉	甲戌	乙亥	丙子	丁丑	戊寅	己卯	庚辰	辛巳	壬午	癸未	甲申	乙酉	丙戌	丁亥	戊子	己丑	庚寅	辛卯	壬辰	癸巳	甲午	乙未	丙申
음력 10/26 ~ 11/26	납음	爐中火		大林木		路傍土		劍鋒金		山頭火		澗下水		城頭土		白臘金		楊柳木		井中水		屋上土		霹靂火		松柏木		長流水		沙中金		
	음력	26	27	28	29	30	11/1	2	3	4	5	6	7	8	9	10	11	12	13	14	15	16	17	18	19	20	21	22	23	24	25	26
	구성	3	4	5	6	7	8	9	1	2	3	4	5	6	7	8	9	1	2	3	4	5	6	7	8	9	1	2	3	4	5	6
대운	남	2	2	1	1	1	1	대	9	9	9	8	8	8	7	7	7	6	6	6	5	5	동	4	4	4	3	3	3	2	2	2
	여	8	8	9	9	9	10	설	1	1	1	1	2	2	2	3	3	3	4	4	4	5	지	5	6	6	6	7	7	7	8	8

檀紀 4306 年

佛紀 2517 年

1973년

中元 癸丑年 납음(桑柘木), 본명성(九紫火)

대장군(酉서방), 삼살(동방), 상문(卯동방), 조객(亥서북방), 납음(상자목), 【삼재(해,자,축)년】 臘享(납향): 1974년 1월 18일(음12/25)

소

소한 5일 20시 25분 【음12월】 ➡ 【癸丑月(계축월)】 ☯六白星 대한 20일 13시 48분

양력 1월 / 음력 11/27 ~ 12/27

양력	1	2	3	4	5	6	7	8	9	10	11	12	13	14	15	16	17	18	19	20	21	22	23	24	25	26	27	28	29	30	31
요일	월	화	수	목	금	토	일	월	화	수	목	금	토	일	월	화	수	목	금	토	일	월	화	수	목	금	토	일	월	화	수
일진 日辰	丁酉	戊戌	己亥	庚子	辛丑	壬寅	癸卯	甲辰	乙巳	丙午	丁未	戊申	己酉	庚戌	辛亥	壬子	癸丑	甲寅	乙卯	丙辰	丁巳	戊午	己未	庚申	辛酉	壬戌	癸亥	甲子	乙丑	丙寅	丁卯
납음		平地木		壁上土		金箔金		覆燈火		天河水		大驛土		釵釧金		桑柘木		大溪水		沙中土		天上火		石榴木		大海水		海中金		爐中火	
음력	27	28	29	30	12/1	2	3	4	5	6	7	8	9	10	11	12	13	14	15	16	17	18	19	20	21	22	23	24	25	26	27
구성	7	8	9	1	2	3	4	5	6	7	8	9	1	2	3	4	5	6	7	8	9	1	2	3	4	5	6	7	8	9	1
대운 남	1	1	1	1	소	10	9	9	9	8	8	8	7	7	7	6	6	6	5	대	5	4	4	4	3	3	3	2	2	2	1
대운 여	8	9	9	9	한	10	1	1	1	1	2	2	2	3	3	3	4	4	4	한	5	5	6	6	6	7	7	7	8	8	8

입춘 4일 08시 04분 【음1월】 ➡ 【甲寅月(갑인월)】 ☯五黃星 우수 19일 04시 01분

양력 2월 / 음력 12/28 ~ 01/26

양력	1	2	3	4	5	6	7	8	9	10	11	12	13	14	15	16	17	18	19	20	21	22	23	24	25	26	27	28
요일	목	금	토	일	월	화	수	목	금	토	일	월	화	수	목	금	토	일	월	화	수	목	금	토	일	월	화	수
일진 日辰	戊辰	己巳	庚午	辛未	壬申	癸酉	甲戌	乙亥	丙子	丁丑	戊寅	己卯	庚辰	辛巳	壬午	癸未	甲申	乙酉	丙戌	丁亥	戊子	己丑	庚寅	辛卯	壬辰	癸巳	甲午	乙未
납음	大林木		路傍土		劍鋒金		山頭火		澗下水		城頭土		白臘金		楊柳木		井中水		屋上土		霹靂火		松柏木		長流水		沙中金	
음력	28	29	1/1	2	3	4	5	6	7	8	9	10	11	12	13	14	15	16	17	18	19	20	21	22	23	24	25	26
구성	2	3	4	5	6	7	8	9	1	2	3	4	5	6	7	8	9	1	2	3	4	5	6	7	8	9	1	2
대운 남	1	1	1	입	1	1	1	1	2	2	2	3	3	3	4	4	4	5	우	5	6	6	6	7	7	7	8	8
대운 여	9	9	9	춘	10	9	9	9	8	8	8	7	7	7	6	6	6	5	수	5	4	4	4	3	3	3	2	2

癸丑年

경칩 6일 02시 13분 【음2월】 ➡ 【乙卯月(을묘월)】 ☯四綠星 춘분 21일 03시 12분

양력 3월 / 음력 01/27 ~ 02/27

양력	1	2	3	4	5	6	7	8	9	10	11	12	13	14	15	16	17	18	19	20	21	22	23	24	25	26	27	28	29	30	31
요일	목	금	토	일	월	화	수	목	금	토	일	월	화	수	목	금	토	일	월	화	수	목	금	토	일	월	화	수	목	금	토
일진 日辰	丙申	丁酉	戊戌	己亥	庚子	辛丑	壬寅	癸卯	甲辰	乙巳	丙午	丁未	戊申	己酉	庚戌	辛亥	壬子	癸丑	甲寅	乙卯	丙辰	丁巳	戊午	己未	庚申	辛酉	壬戌	癸亥	甲子	乙丑	丙寅
납음	山下火		平地木		壁上土		金箔金		覆燈火		天河水		大驛土		釵釧金		桑柘木		大溪水		沙中土		天上火		石榴木		大海水		海中金		
음력	27	28	29	30	2/1	2	3	4	5	6	7	8	9	10	11	12	13	14	15	16	17	18	19	20	21	22	23	24	25	26	27
구성	3	4	5	6	7	8	9	1	2	3	4	5	6	7	8	9	1	2	3	4	5	6	7	8	9	1	2	3	4	5	6
대운 남	8	9	9	9	10	경	1	1	1	1	2	2	2	3	3	3	4	4	4	5	춘	5	6	6	6	7	7	7	8	8	8
대운 여	2	1	1	1	1	칩	10	9	9	9	8	8	8	7	7	7	6	6	6	5	분	5	4	4	4	3	3	3	2	2	2

청명 5일 07시 14분 【음3월】 ➡ 【丙辰月(병진월)】 ☯三碧星 곡우 20일 14시 30분

양력 4월 / 음력 02/28 ~ 03/28

양력	1	2	3	4	5	6	7	8	9	10	11	12	13	14	15	16	17	18	19	20	21	22	23	24	25	26	27	28	29	30
요일	일	월	화	수	목	금	토	일	월	화	수	목	금	토	일	월	화	수	목	금	토	일	월	화	수	목	금	토	일	월
일진 日辰	丁卯	戊辰	己巳	庚午	辛未	壬申	癸酉	甲戌	乙亥	丙子	丁丑	戊寅	己卯	庚辰	辛巳	壬午	癸未	甲申	乙酉	丙戌	丁亥	戊子	己丑	庚寅	辛卯	壬辰	癸巳	甲午	乙未	丙申
납음		大林木		路傍土		劍鋒金		山頭火		澗下水		城頭土		白臘金		楊柳木		井中水		屋上土		霹靂火		松柏木		長流水		沙中金		
음력	28	30	3/1	2	3	4	5	6	7	8	9	10	11	12	13	14	15	16	17	18	19	20	21	22	23	24	25	26	27	28
구성	7	8	9	1	2	3	4	5	6	7	8	9	1	2	3	4	5	6	7	8	9	1	2	3	4	5	6	7	8	9
대운 남	9	9	9	10	청	1	1	1	1	2	2	2	3	3	3	4	4	4	5	곡	5	6	6	6	7	7	7	8	8	8
대운 여	1	1	1	1	명	10	10	9	9	9	8	8	8	7	7	7	6	6	6	우	5	5	4	4	4	3	3	3	2	2

입하 6일 00시 46분 【음4월】 ➡ 【丁巳月(정사월)】 ☯二黑星 소만 21일 13시 54분

양력 5월 / 음력 03/29 ~ 04/29

양력	1	2	3	4	5	6	7	8	9	10	11	12	13	14	15	16	17	18	19	20	21	22	23	24	25	26	27	28	29	30	31
요일	화	수	목	금	토	일	월	화	수	목	금	토	일	월	화	수	목	금	토	일	월	화	수	목	금	토	일	월	화	수	목
일진 日辰	丁酉	戊戌	己亥	庚子	辛丑	壬寅	癸卯	甲辰	乙巳	丙午	丁未	戊申	己酉	庚戌	辛亥	壬子	癸丑	甲寅	乙卯	丙辰	丁巳	戊午	己未	庚申	辛酉	壬戌	癸亥	甲子	乙丑	丙寅	丁卯
납음		平地木		壁上土		金箔金		覆燈火		天河水		大驛土		釵釧金		桑柘木		大溪水		沙中土		天上火		石榴木		大海水		海中金		爐中火	
음력	29	30	4/1	2	3	4	5	6	7	8	9	10	11	12	13	14	15	16	17	18	19	20	21	22	23	24	25	26	27	28	29
구성	1	2	3	4	5	6	7	8	9	1	2	3	4	5	6	7	8	9	1	2	3	4	5	6	7	8	9	9	8	7	6
대운 남	9	9	9	10	10	입	1	1	1	1	2	2	2	3	3	3	4	4	4	5	소	5	6	6	6	7	7	7	8	8	8
대운 여	2	1	1	1	1	하	10	10	9	9	9	8	8	8	7	7	7	6	6	6	만	5	5	4	4	4	3	3	3	2	2

망종 6일 05시 07분 【음5월】 ➡ 【戊午月(무오월)】 ☯一白星 하지 21일 22시 01분

양력 6월 / 음력 05/01 ~ 06/01

양력	1	2	3	4	5	6	7	8	9	10	11	12	13	14	15	16	17	18	19	20	21	22	23	24	25	26	27	28	29	30
요일	금	토	일	월	화	수	목	금	토	일	월	화	수	목	금	토	일	월	화	수	목	금	토	일	월	화	수	목	금	토
일진 日辰	戊辰	己巳	庚午	辛未	壬申	癸酉	甲戌	乙亥	丙子	丁丑	戊寅	己卯	庚辰	辛巳	壬午	癸未	甲申	乙酉	丙戌	丁亥	戊子	己丑	庚寅	辛卯	壬辰	癸巳	甲午	乙未	丙申	丁酉
납음	大林木		路傍土		劍鋒金		山頭火		澗下水		城頭土		白臘金		楊柳木		井中水		屋上土		霹靂火		松柏木		長流水		沙中金		山下火	
음력	5/1	2	3	4	5	6	7	8	9	10	11	12	13	14	15	16	17	18	19	20	21	22	23	24	25	26	27	28	29	6/1
구성	5	4	3	2	1	9	8	7	6	5	4	3	2	1	9	8	7	6	5	4	3	2	1	9	8	7	6	5	4	3
대운 남	9	9	9	10	10	망	1	1	1	1	2	2	2	3	3	3	4	4	4	5	하	5	6	6	6	7	7	7	8	8
대운 여	2	1	1	1	1	종	10	10	9	9	9	8	8	8	7	7	7	6	6	6	지	5	5	4	4	4	3	3	3	2

한식(4월06일), 초복(7월13일), 중복(7월23일), 말복(8월12일) 춘사(春社)3/23 추사(秋社)9/19
토왕지절(土旺之節):4월17일,7월20일,10월20일,신년1월17일(음12/24)臘享(납향):1974년1월18일(음12/25)

二日得辛, 十一龍治水, 1973년 계축年(상자목), 구자화

8白	4綠	6白
7赤	9紫	2黑
3碧	5黃	1白

1973 癸丑年

소서 7일 15시 27분 【음6월】 ➡ 【己未月(기미월)】 ☯九紫星 대서 23일 08시 56분

양력 7월 / 음력 06/02 ~ 07/02	1	2	3	4	5	6	7	8	9	10	11	12	13	14	15	16	17	18	19	20	21	22	23	24	25	26	27	28	29	30	31
요일	일	월	화	수	목	금	토	일	월	화	수	목	금	토	일	월	화	수	목	금	토	일	월	화	수	목	금	토	일	월	화
일진 日辰	戊戌	己亥	庚子	辛丑	壬寅	癸卯	甲辰	乙巳	丙午	丁未	戊申	己酉	庚戌	辛亥	壬子	癸丑	甲寅	乙卯	丙辰	丁巳	戊午	己未	庚申	辛酉	壬戌	癸亥	甲子	乙丑	丙寅	丁卯	戊辰
납음	平地木		壁上土		金箔金		覆燈火		天河水		大驛土		釵釧金		桑柘木		大溪水		沙中土		天上火		石榴木		大海水		海中金		爐中火		
음력	2	3	4	5	6	7	8	9	10	11	12	13	14	15	16	17	18	19	20	21	22	23	24	25	26	27	28	29	30	7/1	2
구성	2	1	9	8	7	6	5	4	3	2	1	9	8	7	6	5	4	3	2	1	9	8	7	6	5	4	3	2	1	9	8
대운 남	8	9	9	9	10	10	소	1	1	1	1	2	2	2	3	3	3	4	4	4	5	5	대	6	6	6	7	7	7	8	8
대운 여	2	2	1	1	1	1	서	10	10	10	9	9	9	8	8	8	7	7	7	6	6	6	서	5	5	4	4	4	3	3	3

입추 8일 01시 13분 【음7월】 ➡ 【庚申月(경신월)】 ☯八白星 처서 23일 15시 53분

양력 8월 / 음력 07/03 ~ 08/04	1	2	3	4	5	6	7	8	9	10	11	12	13	14	15	16	17	18	19	20	21	22	23	24	25	26	27	28	29	30	31
요일	수	목	금	토	일	월	화	수	목	금	토	일	월	화	수	목	금	토	일	월	화	수	목	금	토	일	월	화	수	목	금
일진 日辰	己巳	庚午	辛未	壬申	癸酉	甲戌	乙亥	丙子	丁丑	戊寅	己卯	庚辰	辛巳	壬午	癸未	甲申	乙酉	丙戌	丁亥	戊子	己丑	庚寅	辛卯	壬辰	癸巳	甲午	乙未	丙申	丁酉	戊戌	己亥
납음		路傍土		劍鋒金		山頭火		澗下水		城頭土		白臘金		楊柳木		井中水		屋上土		霹靂火		松柏木		長流水		沙中金		山下火		平地木	
음력	3	4	5	6	7	8	9	10	11	12	13	14	15	16	17	18	19	20	21	22	23	24	25	26	27	28	29	8/1	2	3	4
구성	7	6	5	4	3	2	1	9	8	7	6	5	4	3	2	1	9	8	7	6	5	4	3	2	1	9	8	7	6	5	4
대운 남	8	9	9	9	10	10	10	입	1	1	1	1	2	2	2	3	3	3	4	4	4	5	처	5	6	6	6	7	7	7	8
대운 여	2	2	2	1	1	1	1	추	10	10	9	9	9	8	8	8	7	7	7	6	6	6	서	5	5	4	4	4	3	3	3

백로 8일 03시 59분 【음8월】 ➡ 【辛酉月(신유월)】 ☯七赤星 추분 23일 13시 21분

양력 9월 / 음력 08/05 ~ 09/05	1	2	3	4	5	6	7	8	9	10	11	12	13	14	15	16	17	18	19	20	21	22	23	24	25	26	27	28	29	30
요일	토	일	월	화	수	목	금	토	일	월	화	수	목	금	토	일	월	화	수	목	금	토	일	월	화	수	목	금	토	일
일진 日辰	庚子	辛丑	壬寅	癸卯	甲辰	乙巳	丙午	丁未	戊申	己酉	庚戌	辛亥	壬子	癸丑	甲寅	乙卯	丙辰	丁巳	戊午	己未	庚申	辛酉	壬戌	癸亥	甲子	乙丑	丙寅	丁卯	戊辰	己巳
납음	壁上土		金箔金		覆燈火		天河水		大驛土		釵釧金		桑柘木		大溪水		沙中土		天上火		石榴木		大海水		海中金		爐中火		大林木	
음력	5	6	7	8	9	10	11	12	13	14	15	16	17	18	19	20	21	22	23	24	25	26	27	28	29	9/1	2	3	4	5
구성	3	2	1	9	8	7	6	5	4	3	2	1	9	8	7	6	5	4	3	2	1	9	8	7	6	5	4	3	2	1
대운 남	8	8	9	9	9	10	10	백	1	1	1	1	2	2	2	3	3	3	4	4	4	5	추	5	6	6	6	7	7	7
대운 여	2	2	2	1	1	1	1	로	10	9	9	9	8	8	8	7	7	7	6	6	6	5	분	5	4	4	4	3	3	3

한로 8일 19시 27분 【음9월】 ➡ 【壬戌月(임술월)】 ☯六白星 상강 23일 22시 30분

양력 10월 / 음력 09/06 ~ 10/06	1	2	3	4	5	6	7	8	9	10	11	12	13	14	15	16	17	18	19	20	21	22	23	24	25	26	27	28	29	30	31
요일	월	화	수	목	금	토	일	월	화	수	목	금	토	일	월	화	수	목	금	토	일	월	화	수	목	금	토	일	월	화	수
일진 日辰	庚午	辛未	壬申	癸酉	甲戌	乙亥	丙子	丁丑	戊寅	己卯	庚辰	辛巳	壬午	癸未	甲申	乙酉	丙戌	丁亥	戊子	己丑	庚寅	辛卯	壬辰	癸巳	甲午	乙未	丙申	丁酉	戊戌	己亥	庚子
납음	路傍土		劍鋒金		山頭火		澗下水		城頭土		白臘金		楊柳木		井中水		屋上土		霹靂火		松柏木		長流水		沙中金		山下火		平地木		
음력	6	7	8	9	10	11	12	13	14	15	16	17	18	19	20	21	22	23	24	25	26	27	28	29	30	10/1	2	3	4	5	6
구성	9	8	7	6	5	4	3	2	1	9	8	7	6	5	4	3	2	1	9	8	7	6	5	4	3	2	1	9	8	7	6
대운 남	8	8	8	9	9	9	10	한	1	1	1	1	2	2	2	3	3	3	4	4	4	5	상	5	6	6	6	7	7	7	8
대운 여	2	2	2	1	1	1	1	로	10	9	9	9	8	8	8	7	7	7	6	6	6	5	강	5	4	4	4	3	3	3	2

입동 7일 22시 28분 【음10월】 ➡ 【癸亥月(계해월)】 ☯五黃星 소설 22일 19시 54분

양력 11월 / 음력 10/07 ~ 11/06	1	2	3	4	5	6	7	8	9	10	11	12	13	14	15	16	17	18	19	20	21	22	23	24	25	26	27	28	29	30
요일	목	금	토	일	월	화	수	목	금	토	일	월	화	수	목	금	토	일	월	화	수	목	금	토	일	월	화	수	목	금
일진 日辰	辛丑	壬寅	癸卯	甲辰	乙巳	丙午	丁未	戊申	己酉	庚戌	辛亥	壬子	癸丑	甲寅	乙卯	丙辰	丁巳	戊午	己未	庚申	辛酉	壬戌	癸亥	甲子	乙丑	丙寅	丁卯	戊辰	己巳	庚午
납음		金箔金		覆燈火		天河水		大驛土		釵釧金		桑柘木		大溪水		沙中土		天上火		石榴木		大海水		海中金		爐中火		大林木		
음력	7	8	9	10	11	12	13	14	15	16	17	18	19	20	21	22	23	24	25	26	27	28	29	30	11/1	2	3	4	5	6
구성	5	4	3	2	1	9	8	7	6	5	4	3	2	1	9	8	7	6	5	4	3	2	1	1	2	3	4	5	6	7
대운 남	8	8	9	9	9	10	입	1	1	1	1	2	2	2	3	3	3	4	4	4	5	소	5	6	6	6	7	7	7	8
대운 여	2	2	1	1	1	1	동	10	9	9	9	8	8	8	7	7	7	6	6	6	5	설	5	4	4	4	3	3	3	2

대설 7일 15시 10분 【음11월】 ➡ 【甲子月(갑자월)】 ☯四綠星 동지 22일 09시 08분

양력 12월 / 음력 11/07 ~ 12/07	1	2	3	4	5	6	7	8	9	10	11	12	13	14	15	16	17	18	19	20	21	22	23	24	25	26	27	28	29	30	31
요일	토	일	월	화	수	목	금	토	일	월	화	수	목	금	토	일	월	화	수	목	금	토	일	월	화	수	목	금	토	일	월
일진 日辰	辛未	壬申	癸酉	甲戌	乙亥	丙子	丁丑	戊寅	己卯	庚辰	辛巳	壬午	癸未	甲申	乙酉	丙戌	丁亥	戊子	己丑	庚寅	辛卯	壬辰	癸巳	甲午	乙未	丙申	丁酉	戊戌	己亥	庚子	辛丑
납음		劍鋒金		山頭火		澗下水		城頭土		白臘金		楊柳木		井中水		屋上土		霹靂火		松柏木		長流水		沙中金		山下火		平地木		壁上土	
음력	7	8	9	10	11	12	13	14	15	16	17	18	19	20	21	22	23	24	25	26	27	28	29	30	12/1	2	3	4	5	6	7
구성	8	9	1	2	3	4	5	6	7	8	9	1	2	3	4	5	6	7	8	9	1	2	3	4	5	6	7	8	9	1	2
대운 남	8	8	9	9	9	10	대	1	1	1	1	2	2	2	3	3	3	4	4	4	5	동	5	6	6	6	7	7	7	8	8
대운 여	2	2	1	1	1	1	설	10	9	9	9	8	8	8	7	7	7	6	6	6	5	지	5	4	4	4	3	3	3	2	2

단기 4307 年	불기 2518 年	1974년

中元 甲寅年 납음(大溪水),본명성(八白土)

대장군(子북방). 삼살(북방), 상문(辰동남방),조객(子북방), 납음(대계수), 【삼재(신,유,술)년】 臘享(납향):1975년 1월 25일(음12/14)

호랑이

소한 6일 02시 20분 【음12월】 ➡ 【乙丑月(을축월)】 ☯三碧星 대한 20일 19시 46분

양력 1월	양력	1	2	3	4	5	6	7	8	9	10	11	12	13	14	15	16	17	18	19	20	21	22	23	24	25	26	27	28	29	30	31
	요일	화	수	목	금	토	일	월	화	수	목	금	토	일	월	화	수	목	금	토	일	월	화	수	목	금	토	일	월	화	수	목
	일진 日辰	壬寅	癸卯	甲辰	乙巳	丙午	丁未	戊申	己酉	庚戌	辛亥	壬子	癸丑	甲寅	乙卯	丙辰	丁巳	戊午	己未	庚申	辛酉	壬戌	癸亥	甲子	乙丑	丙寅	丁卯	戊辰	己巳	庚午	辛未	壬申
음력 12/08 ~ 01/09	납음	金箔金		覆燈火		天河水		大驛土		釵釧金		桑柘木		大溪水		沙中土		天上火		石榴木		大海水		海中金		爐中火		大林木		路傍土		
	음력	8	9	10	11	12	13	14	15	16	17	18	19	20	21	22	23	24	25	26	27	28	29	1/1	2	3	4	5	6	7	8	9
	구성	3	4	5	6	7	8	9	1	2	3	4	5	6	7	8	9	1	2	3	4	5	6	7	8	9	1	2	3	4	5	6
	대운 남	8	9	9	9	10	소	1	1	1	1	2	2	2	3	3	3	4	4	4	대	5	5	6	6	6	7	7	7	8	8	8
	대운 여	2	1	1	1	1	한	9	9	9	8	8	8	7	7	7	6	6	6	5	한	5	4	4	4	3	3	3	2	2	2	1

입춘 4일 14시 00분 【음1월】 ➡ 【丙寅月(병인월)】 ☯二黑星 우수 19일 09시 59분

양력 2월	양력	1	2	3	4	5	6	7	8	9	10	11	12	13	14	15	16	17	18	19	20	21	22	23	24	25	26	27	28
	요일	금	토	일	월	화	수	목	금	토	일	월	화	수	목	금	토	일	월	화	수	목	금	토	일	월	화	수	목
	일진 日辰	癸酉	甲戌	乙亥	丙子	丁丑	戊寅	己卯	庚辰	辛巳	壬午	癸未	甲申	乙酉	丙戌	丁亥	戊子	己丑	庚寅	辛卯	壬辰	癸巳	甲午	乙未	丙申	丁酉	戊戌	己亥	庚子
음력 01/10 ~ 02/07	납음		山頭火		澗下水		城頭土		白臘金		楊柳木		井中水		屋上土		霹靂火		松柏木		長流水		沙中金		山下火		平地木		
	음력	10	11	12	13	14	15	16	17	18	19	20	21	22	23	24	25	26	27	28	29	30	2/1	2	3	4	5	6	7
	구성	7	8	9	1	2	3	4	5	6	7	8	9	1	2	3	4	5	6	7	8	9	1	2	3	4	5	6	7
	대운 남	9	9	9	입	10	9	9	9	8	8	8	7	7	7	6	6	6	5	우	5	4	4	4	3	3	3	2	2
	대운 여	1	1	1	춘	1	1	1	1	2	2	2	3	3	3	4	4	4	5	수	5	6	6	6	7	7	7	8	8

甲寅年

경칩 6일 08시 07분 【음2월】 ➡ 【丁卯月(정묘월)】 ☯一白星 춘분 21일 09시 07분

양력 3월	양력	1	2	3	4	5	6	7	8	9	10	11	12	13	14	15	16	17	18	19	20	21	22	23	24	25	26	27	28	29	30	31
	요일	금	토	일	월	화	수	목	금	토	일	월	화	수	목	금	토	일	월	화	수	목	금	토	일	월	화	수	목	금	토	일
	일진 日辰	辛丑	壬寅	癸卯	甲辰	乙巳	丙午	丁未	戊申	己酉	庚戌	辛亥	壬子	癸丑	甲寅	乙卯	丙辰	丁巳	戊午	己未	庚申	辛酉	壬戌	癸亥	甲子	乙丑	丙寅	丁卯	戊辰	己巳	庚午	辛未
음력 02/08 ~ 03/08	납음		金箔金		覆燈火		天河水		大驛土		釵釧金		桑柘木		大溪水		沙中土		天上火		石榴木		大海水		海中金		爐中火		大林木		路傍土	
	음력	8	9	10	11	12	13	14	15	16	17	18	19	20	21	22	23	24	25	26	27	28	29	30	3/1	2	3	4	5	6	7	8
	구성	8	9	1	2	3	4	5	6	7	8	9	1	2	3	4	5	6	7	8	9	1	2	3	4	5	6	7	8	9	1	2
	대운 남	2	1	1	1	1	경	10	9	9	9	8	8	8	7	7	7	6	6	6	5	춘	5	4	4	4	3	3	3	2	2	2
	대운 여	8	9	9	9	10	칩	1	1	1	1	2	2	2	3	3	3	4	4	4	5	분	5	6	6	6	7	7	7	8	8	8

청명 5일 13시 05분 【음3월】 ➡ 【戊辰月(무진월)】 ☯九紫星 곡우 20일 20시 19분

양력 4월	양력	1	2	3	4	5	6	7	8	9	10	11	12	13	14	15	16	17	18	19	20	21	22	23	24	25	26	27	28	29	30
	요일	월	화	수	목	금	토	일	월	화	수	목	금	토	일	월	화	수	목	금	토	일	월	화	수	목	금	토	일	월	화
	일진 日辰	壬申	癸酉	甲戌	乙亥	丙子	丁丑	戊寅	己卯	庚辰	辛巳	壬午	癸未	甲申	乙酉	丙戌	丁亥	戊子	己丑	庚寅	辛卯	壬辰	癸巳	甲午	乙未	丙申	丁酉	戊戌	己亥	庚子	辛丑
음력 03/09 ~ 04/09	납음	劍鋒金		山頭火		澗下水		城頭土		白臘金		楊柳木		井中水		屋上土		霹靂火		松柏木		長流水		沙中金		山下火		平地木		壁上土	
	음력	9	10	11	12	13	14	15	16	17	18	19	20	21	22	23	24	25	26	27	28	29	4/1	2	3	4	5	6	7	8	9
	구성	3	4	5	6	7	8	9	1	2	3	4	5	6	7	8	9	1	2	3	4	5	6	7	8	9	1	2	3	4	5
	대운 남	1	1	1	1	청	10	10	9	9	9	8	8	8	7	7	7	6	6	6	곡	5	5	4	4	4	3	3	3	2	2
	대운 여	9	9	9	10	명	1	1	1	1	2	2	2	3	3	3	4	4	4	5	우	5	6	6	6	7	7	7	8	8	8

입하 6일 06시 34분 【음4월】 ➡ 【己巳月(기사월)】 ☯八白星 소만 21일 19시 36분

양력 5월	양력	1	2	3	4	5	6	7	8	9	10	11	12	13	14	15	16	17	18	19	20	21	22	23	24	25	26	27	28	29	30	31
	요일	수	목	금	토	일	월	화	수	목	금	토	일	월	화	수	목	금	토	일	월	화	수	목	금	토	일	월	화	수	목	금
	일진 日辰	壬寅	癸卯	甲辰	乙巳	丙午	丁未	戊申	己酉	庚戌	辛亥	壬子	癸丑	甲寅	乙卯	丙辰	丁巳	戊午	己未	庚申	辛酉	壬戌	癸亥	甲子	乙丑	丙寅	丁卯	戊辰	己巳	庚午	辛未	壬申
음력 04/10 ~ 윤410	납음	金箔金		覆燈火		天河水		大驛土		釵釧金		桑柘木		大溪水		沙中土		天上火		石榴木		大海水		海中金		爐中火		大林木		路傍土		
	음력	10	11	12	13	14	15	16	17	18	19	20	21	22	23	24	25	26	27	28	29	30	윤4	2	3	4	5	6	7	8	9	10
	구성	6	7	8	9	1	2	3	4	5	6	7	8	9	1	2	3	4	5	6	7	8	9	1	2	3	4	5	6	7	8	9
	대운 남	2	1	1	1	1	입	10	10	9	9	9	8	8	8	7	7	7	6	6	6	소	5	5	4	4	4	3	3	3	2	2
	대운 여	9	9	9	10	10	하	1	1	1	1	2	2	2	3	3	3	4	4	4	5	만	5	6	6	6	7	7	7	8	8	8

망종 6일 10시 52분 【음5월】 ➡ 【庚午月(경오월)】 ☯七赤星 하지 22일 03시 38분

양력 6월	양력	1	2	3	4	5	6	7	8	9	10	11	12	13	14	15	16	17	18	19	20	21	22	23	24	25	26	27	28	29	30
	요일	토	일	월	화	수	목	금	토	일	월	화	수	목	금	토	일	월	화	수	목	금	토	일	월	화	수	목	금	토	일
	일진 日辰	癸酉	甲戌	乙亥	丙子	丁丑	戊寅	己卯	庚辰	辛巳	壬午	癸未	甲申	乙酉	丙戌	丁亥	戊子	己丑	庚寅	辛卯	壬辰	癸巳	甲午	乙未	丙申	丁酉	戊戌	己亥	庚子	辛丑	壬寅
음력 윤411 ~ 05/11	납음		山頭火		澗下水		城頭土		白臘金		楊柳木		井中水		屋上土		霹靂火		松柏木		長流水		沙中金		山下火		平地木		壁上土		
	음력	11	12	13	14	15	16	17	18	19	20	21	22	23	24	25	26	27	28	29	5/1	2	3	4	5	6	7	8	9	10	11
	구성	1	2	3	4	5	6	7	8	9	1	2	3	4	5	6	7	8	9	1	2	3	3	2	1	9	8	7	6	5	4
	대운 남	2	1	1	1	1	망	10	10	9	9	9	8	8	8	7	7	7	6	6	6	5	하	5	4	4	4	3	3	3	2
	대운 여	9	9	9	10	10	종	1	1	1	1	2	2	2	3	3	3	4	4	4	5	5	지	6	6	6	7	7	7	8	8

한식(4월06일), 초복(7월18일), 중복(7월28일), 말복(8월17일) 춘사(春社)3/18 추사(秋社)9/24
토왕지절(土旺之節):4월17일,7월20일,10월21일,1월18일(음12/07)臘享(납향):1975년1월25일(음12/14)

八日得辛, 五龍治水, 1974년 갑인年(대계수), 팔백토

7赤	3碧	5黃
6白	8白	1白
2黑	4綠	9紫

1974 甲寅年

소서 7일 21시 11분 【음6월】 ➡ 【辛未月(신미월)】 ☯六白星 대서 23일 14시 30분

양력 7월	양력	1	2	3	4	5	6	7	8	9	10	11	12	13	14	15	16	17	18	19	20	21	22	23	24	25	26	27	28	29	30	31
	요일	월	화	수	목	금	토	일	월	화	수	목	금	토	일	월	화	수	목	금	토	일	월	화	수	목	금	토	일	월	화	수
	일진 日辰	癸卯	甲辰	乙巳	丙午	丁未	戊申	己酉	庚戌	辛亥	壬子	癸丑	甲寅	乙卯	丙辰	丁巳	戊午	己未	庚申	辛酉	壬戌	癸亥	甲子	乙丑	丙寅	丁卯	戊辰	己巳	庚午	辛未	壬申	癸酉
음력	납음		覆燈火		天河水		大驛土		釵釧金		桑柘木		大溪水		沙中土		天上火		石榴木		大海水		海中金		爐中火		大林木		路傍土		劍鋒金	
05/12	음력	12	13	14	15	16	17	18	19	20	21	22	23	24	25	26	27	28	29	6/1	2	3	4	5	6	7	8	9	10	11	12	13
I	구성	3	2	1	9	8	7	6	5	4	3	2	1	9	8	7	6	5	4	3	2	1	9	8	7	6	5	4	3	2	1	9
06/13	대운 남	2	2	1	1	1	1	소	10	10	10	9	9	9	8	8	8	7	7	7	6	6	6	대	5	5	4	4	4	3	3	3
	대운 여	8	9	9	9	10	10	서	1	1	1	1	2	2	2	3	3	3	4	4	4	5	5	서	6	6	6	7	7	7	8	8

입추 8일 06시 57분 【음7월】 ➡ 【壬申月(임신월)】 ☯五黃星 처서 23일 21시 29분

양력 8월	양력	1	2	3	4	5	6	7	8	9	10	11	12	13	14	15	16	17	18	19	20	21	22	23	24	25	26	27	28	29	30	31
	요일	목	금	토	일	월	화	수	목	금	토	일	월	화	수	목	금	토	일	월	화	수	목	금	토	일	월	화	수	목	금	토
	일진 日辰	甲戌	乙亥	丙子	丁丑	戊寅	己卯	庚辰	辛巳	壬午	癸未	甲申	乙酉	丙戌	丁亥	戊子	己丑	庚寅	辛卯	壬辰	癸巳	甲午	乙未	丙申	丁酉	戊戌	己亥	庚子	辛丑	壬寅	癸卯	甲辰
음력	납음	山頭火		澗下水		城頭土		白臘金		楊柳木		井中水		屋上土		霹靂火		松柏木		長流水		沙中金		山下火		平地木		壁上土		金箔金		
06/14	음력	14	15	16	17	18	19	20	21	22	23	24	25	26	27	28	29	30	7/1	2	3	4	5	6	7	8	9	10	11	12	13	14
I	구성	8	7	6	5	4	3	2	1	9	8	7	6	5	4	3	2	1	9	8	7	6	5	4	3	2	1	9	8	7	6	5
07/14	대운 남	2	2	2	1	1	1	1	입	10	10	9	9	9	8	8	8	7	7	7	6	6	6	처	5	5	4	4	4	3	3	3
	대운 여	8	9	9	9	10	10	10	추	1	1	1	1	2	2	2	3	3	3	4	4	4	5	서	5	6	6	6	7	7	7	8

백로 8일 09시 45분 【음8월】 ➡ 【癸酉月(계유월)】 ☯四綠星 추분 23일 18시 58분

양력 9월	양력	1	2	3	4	5	6	7	8	9	10	11	12	13	14	15	16	17	18	19	20	21	22	23	24	25	26	27	28	29	30
	요일	일	월	화	수	목	금	토	일	월	화	수	목	금	토	일	월	화	수	목	금	토	일	월	화	수	목	금	토	일	월
	일진 日辰	乙巳	丙午	丁未	戊申	己酉	庚戌	辛亥	壬子	癸丑	甲寅	乙卯	丙辰	丁巳	戊午	己未	庚申	辛酉	壬戌	癸亥	甲子	乙丑	丙寅	丁卯	戊辰	己巳	庚午	辛未	壬申	癸酉	甲戌
음력	납음		天河水		大驛土		釵釧金		桑柘木		大溪水		沙中土		天上火		石榴木		大海水		海中金		爐中火		大林木		路傍土		劍鋒金		
07/15	음력	15	16	17	18	19	20	21	22	23	24	25	26	27	28	29	8/1	2	3	4	5	6	7	8	9	10	11	12	13	14	15
I	구성	4	3	2	1	9	8	7	6	5	4	3	2	1	9	8	7	6	5	4	3	2	1	9	8	7	6	5	4	3	2
08/15	대운 남	2	2	2	1	1	1	1	백	10	10	9	9	9	8	8	8	7	7	7	6	6	6	추	5	5	4	4	4	3	3
	대운 여	8	8	9	9	9	10	10	로	1	1	1	1	2	2	2	3	3	3	4	4	4	5	분	5	6	6	6	7	7	7

한로 9일 01시 15분 【음9월】 ➡ 【甲戌月(갑술월)】 ☯三碧星 상강 24일 04시 11분

양력 10월	양력	1	2	3	4	5	6	7	8	9	10	11	12	13	14	15	16	17	18	19	20	21	22	23	24	25	26	27	28	29	30	31
	요일	화	수	목	금	토	일	월	화	수	목	금	토	일	월	화	수	목	금	토	일	월	화	수	목	금	토	일	월	화	수	목
	일진 日辰	乙亥	丙子	丁丑	戊寅	己卯	庚辰	辛巳	壬午	癸未	甲申	乙酉	丙戌	丁亥	戊子	己丑	庚寅	辛卯	壬辰	癸巳	甲午	乙未	丙申	丁酉	戊戌	己亥	庚子	辛丑	壬寅	癸卯	甲辰	乙巳
음력	납음		澗下水		城頭土		白臘金		楊柳木		井中水		屋上土		霹靂火		松柏木		長流水		沙中金		山下火		平地木		壁上土		金箔金		覆燈火	
08/16	음력	16	17	18	19	20	21	22	23	24	25	26	27	28	29	9/1	2	3	4	5	6	7	8	9	10	11	12	13	14	15	16	17
I	구성	1	9	8	7	6	5	4	3	2	1	9	8	7	6	5	4	3	2	1	9	8	7	6	5	4	3	2	1	9	8	7
09/17	대운 남	3	2	2	2	1	1	1	1	한	10	9	9	9	8	8	8	7	7	7	6	6	6	5	상	5	4	4	4	3	3	3
	대운 여	8	8	8	9	9	9	10	10	로	1	1	1	1	2	2	2	3	3	3	4	4	4	5	강	5	6	6	6	7	7	7

입동 8일 04시 18분 【음10월】 ➡ 【乙亥月(을해월)】 ☯二黑星 소설 23일 01시 38분

양력 11월	양력	1	2	3	4	5	6	7	8	9	10	11	12	13	14	15	16	17	18	19	20	21	22	23	24	25	26	27	28	29	30
	요일	금	토	일	월	화	수	목	금	토	일	월	화	수	목	금	토	일	월	화	수	목	금	토	일	월	화	수	목	금	토
	일진 日辰	丙午	丁未	戊申	己酉	庚戌	辛亥	壬子	癸丑	甲寅	乙卯	丙辰	丁巳	戊午	己未	庚申	辛酉	壬戌	癸亥	甲子	乙丑	丙寅	丁卯	戊辰	己巳	庚午	辛未	壬申	癸酉	甲戌	乙亥
음력	납음	天河水		大驛土		釵釧金		桑柘木		大溪水		沙中土		天上火		石榴木		大海水		海中金		爐中火		大林木		路傍土		劍鋒金		山頭火	
09/18	음력	18	19	20	21	22	23	24	25	26	27	28	29	30	10/1	2	3	4	5	6	7	8	9	10	11	12	13	14	15	16	17
I	구성	6	5	4	3	2	1	9	8	7	6	5	4	3	2	1	9	8	7	6	5	4	3	2	1	9	8	7	6	5	4
10/17	대운 남	2	2	2	1	1	1	1	입	9	9	9	8	8	8	7	7	7	6	6	6	5	5	소	4	4	4	3	3	3	2
	대운 여	8	8	8	9	9	9	10	동	1	1	1	1	2	2	2	3	3	3	4	4	4	5	설	5	6	6	6	7	7	7

대설 7일 21시 05분 【음11월】 ➡ 【丙子月(병자월)】 ☯一白星 동지 22일 14시 56분

양력 12월	양력	1	2	3	4	5	6	7	8	9	10	11	12	13	14	15	16	17	18	19	20	21	22	23	24	25	26	27	28	29	30	31
	요일	일	월	화	수	목	금	토	일	월	화	수	목	금	토	일	월	화	수	목	금	토	일	월	화	수	목	금	토	일	월	화
	일진 日辰	丙子	丁丑	戊寅	己卯	庚辰	辛巳	壬午	癸未	甲申	乙酉	丙戌	丁亥	戊子	己丑	庚寅	辛卯	壬辰	癸巳	甲午	乙未	丙申	丁酉	戊戌	己亥	庚子	辛丑	壬寅	癸卯	甲辰	乙巳	丙午
음력	납음	澗下水		城頭土		白臘金		楊柳木		井中水		屋上土		霹靂火		松柏木		長流水		沙中金		山下火		平地木		壁上土		金箔金		覆燈火		
10/18	음력	18	19	20	21	22	23	24	25	26	27	28	29	30	11/1	2	3	4	5	6	7	8	9	10	11	12	13	14	15	16	17	18
I	구성	3	2	1	9	8	7	6	5	4	3	2	1	9	8	7	6	5	4	3	2	1	9	8	7	6	5	4	3	2	1	9
11/18	대운 남	2	2	1	1	1	1	대	10	9	9	9	8	8	8	7	7	7	6	6	6	5	동	5	4	4	4	3	3	3	2	2
	대운 여	8	8	9	9	9	10	설	1	1	1	1	2	2	2	3	3	3	4	4	4	5	지	5	6	6	6	7	7	7	8	8

단기 4308 年	1975년
불기 2519 年	

中元 乙卯年 납음(大溪水),본명성(七赤金)

대장군(子북방). 삼살(酉서방). 상문(巳동남방),조객(丑동북방). 납음(대계수).【삼재(사,오,미)년】 臘享(납향):1976년1월20일(음12/20)

토끼

소한 6일 08시 18분 【음12월】 ➡ 【丁丑月(정축월)】 ☯九紫星 대한 21일 01시 36분

양력 1월 / 음력 11/19 ~ 12/20

양력	1	2	3	4	5	6	7	8	9	10	11	12	13	14	15	16	17	18	19	20	21	22	23	24	25	26	27	28	29	30	31
요일	수	목	금	토	일	월	화	수	목	금	토	일	월	화	수	목	금	토	일	월	화	수	목	금	토	일	월	화	수	목	금
일진 日辰	丁未	戊申	己酉	庚戌	辛亥	壬子	癸丑	甲寅	乙卯	丙辰	丁巳	戊午	己未	庚申	辛酉	壬戌	癸亥	甲子	乙丑	丙寅	丁卯	戊辰	己巳	庚午	辛未	壬申	癸酉	甲戌	乙亥	丙子	丁丑
납음		大驛土		釵釧金		桑柘木		大溪水		沙中土		天上火		石榴木		大海水		海中金		爐中火		大林木		路傍土		劍鋒金		山頭火		澗下水	
음력	19	20	21	22	23	24	25	26	27	28	29	12/1	2	3	4	5	6	7	8	9	10	11	12	13	14	15	16	17	18	19	20
구성	8	7	6	5	4	3	2	1	9	8	7	6	5	4	3	2	1	1	2	3	4	5	6	7	8	9	1	2	3	4	5
대운 남	2	1	1	1	1	소	9	9	9	8	8	8	7	7	7	6	6	6	5	5	대	4	4	4	3	3	3	2	2	2	1
대운 여	8	9	9	9	10	한	1	1	1	1	2	2	2	3	3	3	4	4	4	5	한	5	6	6	6	7	7	7	8	8	8

입춘 4일 19시 59분 【음1월】 ➡ 【戊寅月(무인월)】 ☯八白星 우수 19일 15시 50분

양력 2월 / 음력 12/21 ~ 01/18

양력	1	2	3	4	5	6	7	8	9	10	11	12	13	14	15	16	17	18	19	20	21	22	23	24	25	26	27	28
요일	토	일	월	화	수	목	금	토	일	월	화	수	목	금	토	일	월	화	수	목	금	토	일	월	화	수	목	금
일진 日辰	戊寅	己卯	庚辰	辛巳	壬午	癸未	甲申	乙酉	丙戌	丁亥	戊子	己丑	庚寅	辛卯	壬辰	癸巳	甲午	乙未	丙申	丁酉	戊戌	己亥	庚子	辛丑	壬寅	癸卯	甲辰	乙巳
납음	城頭土		白臘金		楊柳木		井中水		屋上土		霹靂火		松柏木		長流水		沙中金		山下火		平地木		壁上土		金箔金		覆燈火	
음력	21	22	23	24	25	26	27	28	29	30	1/1	2	3	4	5	6	7	8	9	10	11	12	13	14	15	16	17	18
구성	6	7	8	9	1	2	3	4	5	6	7	8	9	1	2	3	4	5	6	7	8	9	1	2	3	4	5	6
대운 남	1	1	1	입	1	1	1	1	2	2	2	3	3	3	4	4	4	5	우	5	6	6	6	7	7	7	8	8
대운 여	9	9	9	춘	10	9	9	9	8	8	8	7	7	7	6	6	6	5	수	5	4	4	4	3	3	3	2	2

乙卯年

경칩 6일 14시 06분 【음2월】 ➡ 【己卯月(기묘월)】 ☯七赤星 춘분 21일 14시 57분

양력 3월 / 음력 01/19 ~ 02/19

양력	1	2	3	4	5	6	7	8	9	10	11	12	13	14	15	16	17	18	19	20	21	22	23	24	25	26	27	28	29	30	31
요일	토	일	월	화	수	목	금	토	일	월	화	수	목	금	토	일	월	화	수	목	금	토	일	월	화	수	목	금	토	일	월
일진 日辰	丙午	丁未	戊申	己酉	庚戌	辛亥	壬子	癸丑	甲寅	乙卯	丙辰	丁巳	戊午	己未	庚申	辛酉	壬戌	癸亥	甲子	乙丑	丙寅	丁卯	戊辰	己巳	庚午	辛未	壬申	癸酉	甲戌	乙亥	丙子
납음	天河水		大驛土		釵釧金		桑柘木		大溪水		沙中土		天上火		石榴木		大海水		海中金		爐中火		大林木		路傍土		劍鋒金		山頭火		
음력	19	20	21	22	23	24	25	26	27	28	29	30	2/1	2	3	4	5	6	7	8	9	10	11	12	13	14	15	16	17	18	19
구성	7	8	9	1	2	3	4	5	6	7	8	9	1	2	3	4	5	6	7	8	9	1	2	3	4	5	6	7	8	9	1
대운 남	8	9	9	9	10	경	1	1	1	1	2	2	2	3	3	3	4	4	4	5	춘	5	6	6	6	7	7	7	8	8	8
대운 여	2	1	1	1	1	칩	10	9	9	9	8	8	8	7	7	7	6	6	6	5	분	5	4	4	4	3	3	3	2	2	2

청명 5일 19시 02분 【음3월】 ➡ 【庚辰月(경진월)】 ☯六白星 곡우 21일 02시 07분

양력 4월 / 음력 02/20 ~ 03/19

양력	1	2	3	4	5	6	7	8	9	10	11	12	13	14	15	16	17	18	19	20	21	22	23	24	25	26	27	28	29	30
요일	화	수	목	금	토	일	월	화	수	목	금	토	일	월	화	수	목	금	토	일	월	화	수	목	금	토	일	월	화	수
일진 日辰	丁丑	戊寅	己卯	庚辰	辛巳	壬午	癸未	甲申	乙酉	丙戌	丁亥	戊子	己丑	庚寅	辛卯	壬辰	癸巳	甲午	乙未	丙申	丁酉	戊戌	己亥	庚子	辛丑	壬寅	癸卯	甲辰	乙巳	丙午
납음		城頭土		白臘金		楊柳木		井中水		屋上土		霹靂火		松柏木		長流水		沙中金		山下火		平地木		壁上土		金箔金		覆燈火		
음력	20	21	22	23	24	25	26	27	28	29	30	3/1	2	3	4	5	6	7	8	9	10	11	12	13	14	15	16	17	18	19
구성	2	3	4	5	6	7	8	9	1	2	3	4	5	6	7	8	9	1	2	3	4	5	6	7	8	9	1	2	3	4
대운 남	9	9	9	10	청	1	1	1	1	2	2	2	3	3	3	4	4	4	5	5	곡	6	6	6	7	7	7	8	8	8
대운 여	1	1	1	1	명	10	10	9	9	9	8	8	8	7	7	7	6	6	6	5	우	5	4	4	4	3	3	3	2	2

입하 6일 12시 27분 【음4월】 ➡ 【辛巳月(신사월)】 ☯五黃星 소만 22일 01시 24분

양력 5월 / 음력 03/20 ~ 04/21

양력	1	2	3	4	5	6	7	8	9	10	11	12	13	14	15	16	17	18	19	20	21	22	23	24	25	26	27	28	29	30	31
요일	목	금	토	일	월	화	수	목	금	토	일	월	화	수	목	금	토	일	월	화	수	목	금	토	일	월	화	수	목	금	토
일진 日辰	丁未	戊申	己酉	庚戌	辛亥	壬子	癸丑	甲寅	乙卯	丙辰	丁巳	戊午	己未	庚申	辛酉	壬戌	癸亥	甲子	乙丑	丙寅	丁卯	戊辰	己巳	庚午	辛未	壬申	癸酉	甲戌	乙亥	丙子	丁丑
납음		大驛土		釵釧金		桑柘木		大溪水		沙中土		天上火		石榴木		大海水		海中金		爐中火		大林木		路傍土		劍鋒金		山頭火		澗下水	
음력	20	21	22	23	24	25	26	27	28	29	4/1	2	3	4	5	6	7	8	9	10	11	12	13	14	15	16	17	18	19	20	21
구성	5	6	7	8	9	1	2	3	4	5	6	7	8	9	1	2	3	4	5	6	7	8	9	1	2	3	4	5	6	7	8
대운 남	9	9	9	10	10	입	1	1	1	1	2	2	2	3	3	3	4	4	4	5	5	소	6	6	6	7	7	7	8	8	8
대운 여	2	1	1	1	1	하	10	10	9	9	9	8	8	8	7	7	7	6	6	6	5	만	5	4	4	4	3	3	3	2	2

망종 6일 16시 42분 【음5월】 ➡ 【壬午月(임오월)】 ☯四綠星 하지 22일 09시 26분

양력 6월 / 음력 04/22 ~ 05/21

양력	1	2	3	4	5	6	7	8	9	10	11	12	13	14	15	16	17	18	19	20	21	22	23	24	25	26	27	28	29	30
요일	일	월	화	수	목	금	토	일	월	화	수	목	금	토	일	월	화	수	목	금	토	일	월	화	수	목	금	토	일	월
일진 日辰	戊寅	己卯	庚辰	辛巳	壬午	癸未	甲申	乙酉	丙戌	丁亥	戊子	己丑	庚寅	辛卯	壬辰	癸巳	甲午	乙未	丙申	丁酉	戊戌	己亥	庚子	辛丑	壬寅	癸卯	甲辰	乙巳	丙午	丁未
납음	城頭土		白臘金		楊柳木		井中水		屋上土		霹靂火		松柏木		長流水		沙中金		山下火		平地木		壁上土		金箔金		覆燈火		天河水	
음력	22	23	24	25	26	27	28	29	30	5/1	2	3	4	5	6	7	8	9	10	11	12	13	14	15	16	17	18	19	20	21
구성	9	1	2	3	4	5	6	7	8	9	1	2	3	4	5	6	7	8	9	1	2	3	4	5	6	7	8	9	1	2
대운 남	9	9	9	10	10	망	1	1	1	1	2	2	2	3	3	3	4	4	4	5	5	하	6	6	6	7	7	7	8	8
대운 여	2	1	1	1	1	종	10	10	10	9	9	9	8	8	8	7	7	7	6	6	6	지	5	5	4	4	4	3	3	3

한식(4월06일), 초복(7월13일), 중복(7월23일), 말복(8월12일) 춘사(春社)3/23 추사(秋社)9/19
토왕지절(土旺之節):4월18일,7월20일,10월21일,1월18일(음12/18)臘享(납향):1976년1월20일(음12/20)

四日得辛, 五龍治水, 1975년 을묘年(대계수), 칠적금

6白	2黑	4綠
5黃	7赤	9紫
1白	3碧	8白

1975 乙卯年

소서 8일 02시 59분 【음6월】➡ 【癸未月(계미월)】 ☯三碧星 대서 23일 20시 22분

양력 7월 / 음력 05/22 ~ 06/23

양력	1	2	3	4	5	6	7	8	9	10	11	12	13	14	15	16	17	18	19	20	21	22	23	24	25	26	27	28	29	30	31
요일	화	수	목	금	토	일	월	화	수	목	금	토	일	월	화	수	목	금	토	일	월	화	수	목	금	토	일	월	화	수	목
일진 日辰	戊申	己酉	庚戌	辛亥	壬子	癸丑	甲寅	乙卯	丙辰	丁巳	戊午	己未	庚申	辛酉	壬戌	癸亥	甲子	乙丑	丙寅	丁卯	戊辰	己巳	庚午	辛未	壬申	癸酉	甲戌	乙亥	丙子	丁丑	戊寅
납음	大驛土		釵釧金		桑柘木		大溪水		沙中土		天上火		石榴木		大海水		海中金		爐中火		大林木		路傍土		劍鋒金		山頭火		澗下水		
음력	22	23	24	25	26	27	28	29	6/1	2	3	4	5	6	7	8	9	10	11	12	13	14	15	16	17	18	19	20	21	22	23
구성	3	4	5	6	7	8	9	1	2	3	4	5	6	7	8	9	9	8	7	6	5	4	3	2	1	9	8	7	6	5	4
대운 남	8	9	9	9	10	10	10	소	1	1	1	1	2	2	2	3	3	3	4	4	4	5	대	5	6	6	6	7	7	7	8
대운 여	2	2	2	1	1	1	1	서	10	10	9	9	9	8	8	8	7	7	7	6	6	6	서	5	5	4	4	4	3	3	3

입추 8일 12시 45분 【음7월】➡ 【甲申月(갑신월)】 ☯二黑星 처서 24일 03시 24분

양력 8월 / 음력 06/24 ~ 07/25

양력	1	2	3	4	5	6	7	8	9	10	11	12	13	14	15	16	17	18	19	20	21	22	23	24	25	26	27	28	29	30	31
요일	금	토	일	월	화	수	목	금	토	일	월	화	수	목	금	토	일	월	화	수	목	금	토	일	월	화	수	목	금	토	일
일진 日辰	己卯	庚辰	辛巳	壬午	癸未	甲申	乙酉	丙戌	丁亥	戊子	己丑	庚寅	辛卯	壬辰	癸巳	甲午	乙未	丙申	丁酉	戊戌	己亥	庚子	辛丑	壬寅	癸卯	甲辰	乙巳	丙午	丁未	戊申	己酉
납음		白臘金		楊柳木		井中水		屋上土		霹靂火		松柏木		長流水		沙中金		山下火		平地木		壁上土		金箔金		覆燈火		天河水		大驛土	
음력	24	25	26	27	28	29	7/1	2	3	4	5	6	7	8	9	10	11	12	13	14	15	16	17	18	19	20	21	22	23	24	25
구성	3	2	1	9	8	7	6	5	4	3	2	1	9	8	7	6	5	4	3	2	1	9	8	7	6	5	4	3	2	1	9
대운 남	8	8	9	9	9	10	10	입	1	1	1	1	2	2	2	3	3	3	4	4	4	5	5	처	6	6	6	7	7	7	8
대운 여	2	2	2	1	1	1	1	추	10	10	9	9	9	8	8	8	7	7	7	6	6	6	5	서	5	4	4	4	3	3	3

백로 8일 15시 33분 【음8월】➡ 【乙酉月(을유월)】 ☯一白星 추분 24일 00시 55분

양력 9월 / 음력 07/26 ~ 08/25

양력	1	2	3	4	5	6	7	8	9	10	11	12	13	14	15	16	17	18	19	20	21	22	23	24	25	26	27	28	29	30
요일	월	화	수	목	금	토	일	월	화	수	목	금	토	일	월	화	수	목	금	토	일	월	화	수	목	금	토	일	월	화
일진 日辰	庚戌	辛亥	壬子	癸丑	甲寅	乙卯	丙辰	丁巳	戊午	己未	庚申	辛酉	壬戌	癸亥	甲子	乙丑	丙寅	丁卯	戊辰	己巳	庚午	辛未	壬申	癸酉	甲戌	乙亥	丙子	丁丑	戊寅	己卯
납음	釵釧金		桑柘木		大溪水		沙中土		天上火		石榴木		大海水		海中金		爐中火		大林木		路傍土		劍鋒金		山頭火		澗下水		城頭土	
음력	26	27	28	29	30	8/1	2	3	4	5	6	7	8	9	10	11	12	13	14	15	16	17	18	19	20	21	22	23	24	25
구성	8	7	6	5	4	3	2	1	9	8	7	6	5	4	3	2	1	9	8	7	6	5	4	3	2	1	9	8	7	6
대운 남	8	8	9	9	9	10	10	백	1	1	1	1	2	2	2	3	3	3	4	4	4	5	5	추	6	6	6	7	7	7
대운 여	2	2	2	1	1	1	1	로	10	10	9	9	9	8	8	8	7	7	7	6	6	6	5	분	5	4	4	4	3	3

한로 9일 07시 02분 【음9월】➡ 【丙戌月(병술월)】 ☯九紫星 상강 24일 10시 06분

양력 10월 / 음력 08/26 ~ 09/27

양력	1	2	3	4	5	6	7	8	9	10	11	12	13	14	15	16	17	18	19	20	21	22	23	24	25	26	27	28	29	30	31
요일	수	목	금	토	일	월	화	수	목	금	토	일	월	화	수	목	금	토	일	월	화	수	목	금	토	일	월	화	수	목	금
일진 日辰	庚辰	辛巳	壬午	癸未	甲申	乙酉	丙戌	丁亥	戊子	己丑	庚寅	辛卯	壬辰	癸巳	甲午	乙未	丙申	丁酉	戊戌	己亥	庚子	辛丑	壬寅	癸卯	甲辰	乙巳	丙午	丁未	戊申	己酉	庚戌
납음	白臘金		楊柳木		井中水		屋上土		霹靂火		松柏木		長流水		沙中金		山下火		平地木		壁上土		金箔金		覆燈火		天河水		大驛土		
음력	26	27	28	29	9/1	2	3	4	5	6	7	8	9	10	11	12	13	14	15	16	17	18	19	20	21	22	23	24	25	26	27
구성	5	4	3	2	1	9	8	7	6	5	4	3	2	1	9	8	7	6	5	4	3	2	1	9	8	7	6	5	4	3	2
대운 남	8	8	8	9	9	9	10	10	한	1	1	1	1	2	2	2	3	3	3	4	4	4	5	상	5	6	6	6	7	7	7
대운 여	3	2	2	2	1	1	1	1	로	10	9	9	9	8	8	8	7	7	7	6	6	6	5	강	5	4	4	4	3	3	3

입동 8일 10시 03분 【음10월】➡ 【丁亥月(정해월)】 ☯八白星 소설 23일 07시 31분

양력 11월 / 음력 09/28 ~ 10/28

양력	1	2	3	4	5	6	7	8	9	10	11	12	13	14	15	16	17	18	19	20	21	22	23	24	25	26	27	28	29	30
요일	토	일	월	화	수	목	금	토	일	월	화	수	목	금	토	일	월	화	수	목	금	토	일	월	화	수	목	금	토	일
일진 日辰	辛亥	壬子	癸丑	甲寅	乙卯	丙辰	丁巳	戊午	己未	庚申	辛酉	壬戌	癸亥	甲子	乙丑	丙寅	丁卯	戊辰	己巳	庚午	辛未	壬申	癸酉	甲戌	乙亥	丙子	丁丑	戊寅	己卯	庚辰
납음		桑柘木		大溪水		沙中土		天上火		石榴木		大海水		海中金		爐中火		大林木		路傍土		劍鋒金		山頭火		澗下水		城頭土		
음력	28	29	10/1	2	3	4	5	6	7	8	9	10	11	12	13	14	15	16	17	18	19	20	21	22	23	24	25	26	27	28
구성	1	9	8	7	6	5	4	3	2	1	9	8	7	6	5	4	3	2	1	9	8	7	6	5	4	3	2	1	9	8
대운 남	8	8	8	9	9	9	10	입	1	1	1	1	2	2	2	3	3	3	4	4	4	5	소	5	6	6	6	7	7	7
대운 여	2	2	2	1	1	1	1	동	10	9	9	9	8	8	8	7	7	7	6	6	6	5	설	5	4	4	4	3	3	3

대설 8일 02시 46분 【음11월】➡ 【戊子月(무자월)】 ☯七赤星 동지 22일 20시 46분

양력 12월 / 음력 10/29 ~ 11/29

양력	1	2	3	4	5	6	7	8	9	10	11	12	13	14	15	16	17	18	19	20	21	22	23	24	25	26	27	28	29	30	31
요일	월	화	수	목	금	토	일	월	화	수	목	금	토	일	월	화	수	목	금	토	일	월	화	수	목	금	토	일	월	화	수
일진 日辰	辛巳	壬午	癸未	甲申	乙酉	丙戌	丁亥	戊子	己丑	庚寅	辛卯	壬辰	癸巳	甲午	乙未	丙申	丁酉	戊戌	己亥	庚子	辛丑	壬寅	癸卯	甲辰	乙巳	丙午	丁未	戊申	己酉	庚戌	辛亥
납음		楊柳木		井中水		屋上土		霹靂火		松柏木		長流水		沙中金		山下火		平地木		壁上土		金箔金		覆燈火		天河水		大驛土		釵釧金	
음력	29	30	11/1	2	3	4	5	6	7	8	9	10	11	12	13	14	15	16	17	18	19	20	21	22	23	24	25	26	27	28	29
구성	7	6	5	4	3	2	1	9	8	7	6	5	4	3	2	1	9	8	7	6	5	4	3	2	1	9	8	7	6	5	4
대운 남	8	8	8	9	9	9	10	대	1	1	1	1	2	2	2	3	3	3	4	4	4	동	5	5	6	6	6	7	7	7	8
대운 여	2	2	2	1	1	1	1	설	9	9	9	8	8	8	7	7	7	6	6	6	5	지	5	4	4	4	3	3	3	2	2

단기 4309 年 불기 2520 年

1976년

中元 丙辰年 납음(沙中土),본명성(六白金)

대장군(子북방), 삼살(남방), 상문(午남방), 조객(寅동북방),납음(사중토), 삼재(인,묘,진)년 臘享(납향):1977년1월26일(음12/08)

용

소한 6일 13시 57분 【음12월】 ➡ 【己丑月(기축월)】 ☯六白星 대한 21일 07시 25분

양력 1월 / 음력 12/01 ~ 01/01

양력	1	2	3	4	5	6	7	8	9	10	11	12	13	14	15	16	17	18	19	20	21	22	23	24	25	26	27	28	29	30	31
요일	목	금	토	일	월	화	수	목	금	토	일	월	화	수	목	금	토	일	월	화	수	목	금	토	일	월	화	수	목	금	토
일진 日辰	壬子	癸丑	甲寅	乙卯	丙辰	丁巳	戊午	己未	庚申	辛酉	壬戌	癸亥	甲子	乙丑	丙寅	丁卯	戊辰	己巳	庚午	辛未	壬申	癸酉	甲戌	乙亥	丙子	丁丑	戊寅	己卯	庚辰	辛巳	壬午
납음	桑柘木		大溪水		沙中土		天上火		石榴木		大海水		海中金		爐中火		大林木		路傍土		劍鋒金		山頭火		澗下水		城頭土		白臘金		
음력	30	12/1	3	4	5	6	7	8	9	10	11	12	13	14	15	16	17	18	19	20	21	22	23	24	25	26	27	28	29	30	1/1
구성	3	2	1	9	8	7	6	5	4	3	2	1	1	2	3	4	5	6	7	8	9	1	2	3	4	5	6	7	8	9	1
대운 남	8	8	9	9	9	소	1	1	1	1	2	2	2	3	3	3	4	4	4	5	대	5	6	6	6	7	7	7	8	8	8
대운 여	2	1	1	1	1	한	10	9	9	9	8	8	8	7	7	7	6	6	6	5	한	5	4	4	4	3	3	3	2	2	2

입춘 5일 01시 39분 【음1월】 ➡ 【庚寅月(경인월)】 ☯五黃星 우수 19일 21시 40분

양력 2월 / 음력 01/02 ~ 01/30

양력	1	2	3	4	5	6	7	8	9	10	11	12	13	14	15	16	17	18	19	20	21	22	23	24	25	26	27	28	29
요일	일	월	화	수	목	금	토	일	월	화	수	목	금	토	일	월	화	수	목	금	토	일	월	화	수	목	금	토	일
일진 日辰	癸未	甲申	乙酉	丙戌	丁亥	戊子	己丑	庚寅	辛卯	壬辰	癸巳	甲午	乙未	丙申	丁酉	戊戌	己亥	庚子	辛丑	壬寅	癸卯	甲辰	乙巳	丙午	丁未	戊申	己酉	庚戌	辛亥
납음		井中水		屋上土		霹靂火		松柏木		長流水		沙中金		山下火		平地木		壁上土		金箔金		覆燈火		天河水		大驛土		釵釧金	
음력	2	3	4	5	6	7	8	9	10	11	12	13	14	15	16	17	18	19	20	21	22	23	24	25	26	27	28	29	30
구성	2	3	4	5	6	7	8	9	1	2	3	4	5	6	7	8	9	1	2	3	4	5	6	7	8	9	1	2	3
대운 남	9	9	9	10	입	9	9	9	8	8	8	7	7	7	6	6	6	5	우	5	4	4	4	3	3	3	2	2	2
대운 여	1	1	1	1	춘	1	1	1	1	2	2	2	3	3	3	4	4	4	수	5	5	6	6	6	7	7	7	8	8

丙辰年

경칩 5일 19시 48분 【음2월】 ➡ 【辛卯月(신묘월)】 ☯四綠星 춘분 20일 20시 50분

양력 3월 / 음력 02/01 ~ 03/01

양력	1	2	3	4	5	6	7	8	9	10	11	12	13	14	15	16	17	18	19	20	21	22	23	24	25	26	27	28	29	30	31
요일	월	화	수	목	금	토	일	월	화	수	목	금	토	일	월	화	수	목	금	토	일	월	화	수	목	금	토	일	월	화	수
일진 日辰	壬子	癸丑	甲寅	乙卯	丙辰	丁巳	戊午	己未	庚申	辛酉	壬戌	癸亥	甲子	乙丑	丙寅	丁卯	戊辰	己巳	庚午	辛未	壬申	癸酉	甲戌	乙亥	丙子	丁丑	戊寅	己卯	庚辰	辛巳	壬午
납음	桑柘木		大溪水		沙中土		天上火		石榴木		大海水		海中金		爐中火		大林木		路傍土		劍鋒金		山頭火		澗下水		城頭土		白臘金		
음력	2/1	2	3	4	5	6	7	8	9	10	11	12	13	14	15	16	17	18	19	20	21	22	23	24	25	26	27	28	29	30	3/1
구성	4	5	6	7	8	9	1	2	3	4	5	6	7	8	9	1	2	3	4	5	6	7	8	9	1	2	3	4	5	6	7
대운 남	1	1	1	1	경	10	10	9	9	9	8	8	8	7	7	7	6	6	6	춘	5	5	4	4	4	3	3	3	2	2	2
대운 여	8	9	9	9	칩	1	1	1	1	2	2	2	3	3	3	4	4	4	5	분	5	6	6	6	7	7	7	8	8	8	9

청명 5일 00시 46분 【음3월】 ➡ 【壬辰月(임진월)】 ☯三碧星 곡우 20일 08시 03분

양력 4월 / 음력 03/02 ~ 04/02

양력	1	2	3	4	5	6	7	8	9	10	11	12	13	14	15	16	17	18	19	20	21	22	23	24	25	26	27	28	29	30
요일	목	금	토	일	월	화	수	목	금	토	일	월	화	수	목	금	토	일	월	화	수	목	금	토	일	월	화	수	목	금
일진 日辰	癸未	甲申	乙酉	丙戌	丁亥	戊子	己丑	庚寅	辛卯	壬辰	癸巳	甲午	乙未	丙申	丁酉	戊戌	己亥	庚子	辛丑	壬寅	癸卯	甲辰	乙巳	丙午	丁未	戊申	己酉	庚戌	辛亥	壬子
납음		井中水		屋上土		霹靂火		松柏木		長流水		沙中金		山下火		平地木		壁上土		金箔金		覆燈火		天河水		大驛土		釵釧金		
음력	2	3	4	5	6	7	8	9	10	11	12	13	14	15	16	17	18	19	20	21	22	23	24	25	26	27	28	29	4/1	2
구성	8	9	1	2	3	4	5	6	7	8	9	1	2	3	4	5	6	7	8	9	1	2	3	4	5	6	7	8	9	1
대운 남	1	1	1	1	청	10	9	9	9	8	8	8	7	7	7	6	6	6	5	곡	5	4	4	4	3	3	3	2	2	2
대운 여	9	9	10	10	명	1	1	1	1	2	2	2	3	3	3	4	4	4	5	우	5	6	6	6	7	7	7	8	8	8

입하 5일 18시 14분 【음4월】 ➡ 【癸巳月(계사월)】 ☯二黑星 소만 21일 07시 21분

양력 5월 / 음력 04/03 ~ 05/03

양력	1	2	3	4	5	6	7	8	9	10	11	12	13	14	15	16	17	18	19	20	21	22	23	24	25	26	27	28	29	30	31
요일	토	일	월	화	수	목	금	토	일	월	화	수	목	금	토	일	월	화	수	목	금	토	일	월	화	수	목	금	토	일	월
일진 日辰	癸丑	甲寅	乙卯	丙辰	丁巳	戊午	己未	庚申	辛酉	壬戌	癸亥	甲子	乙丑	丙寅	丁卯	戊辰	己巳	庚午	辛未	壬申	癸酉	甲戌	乙亥	丙子	丁丑	戊寅	己卯	庚辰	辛巳	壬午	癸未
납음		大溪水		沙中土		天上火		石榴木		大海水		海中金		爐中火		大林木		路傍土		劍鋒金		山頭火		澗下水		城頭土		白臘金		楊柳木	
음력	3	4	5	6	7	8	9	10	11	12	13	14	15	16	17	18	19	20	21	22	23	24	25	26	27	28	29	30	5/1	2	3
구성	2	3	4	5	6	7	8	9	1	2	3	4	5	6	7	8	9	1	2	3	4	5	6	7	8	9	1	2	3	4	5
대운 남	1	1	1	1	입	10	10	9	9	9	8	8	8	7	7	7	6	6	6	5	소	5	4	4	4	3	3	3	2	2	2
대운 여	9	9	9	10	하	1	1	1	1	2	2	2	3	3	3	4	4	4	5	5	만	6	6	6	7	7	7	8	8	8	9

망종 5일 22시 31분 【음5월】 ➡ 【甲午月(갑오월)】 ☯一白星 하지 21일 15시 24분

양력 6월 / 음력 05/04 ~ 06/04

양력	1	2	3	4	5	6	7	8	9	10	11	12	13	14	15	16	17	18	19	20	21	22	23	24	25	26	27	28	29	30
요일	화	수	목	금	토	일	월	화	수	목	금	토	일	월	화	수	목	금	토	일	월	화	수	목	금	토	일	월	화	수
일진 日辰	甲申	乙酉	丙戌	丁亥	戊子	己丑	庚寅	辛卯	壬辰	癸巳	甲午	乙未	丙申	丁酉	戊戌	己亥	庚子	辛丑	壬寅	癸卯	甲辰	乙巳	丙午	丁未	戊申	己酉	庚戌	辛亥	壬子	癸丑
납음	井中水		屋上土		霹靂火		松柏木		長流水		沙中金		山下火		平地木		壁上土		金箔金		覆燈火		天河水		大驛土		釵釧金		桑柘木	
음력	4	5	6	7	8	9	10	11	12	13	14	15	16	17	18	19	20	21	22	23	24	25	26	27	28	29	6/1	2	3	4
구성	6	7	8	9	1	2	3	4	5	6	7	8	9	1	2	3	4	5	6	7	8	9	1	2	3	4	5	6	7	8
대운 남	1	1	1	1	망	10	10	10	9	9	9	8	8	8	7	7	7	6	6	6	하	5	5	4	4	4	3	3	3	2
대운 여	9	9	10	10	종	1	1	1	1	2	2	2	3	3	3	4	4	4	5	5	지	6	6	6	7	7	7	8	8	8

한식(4월06일), 초복(7월17일), 중복(7월27일), 말복(8월16일)☂춘사(春社)3/18 ☀추사(秋社)9/24
토왕지절(土旺之節):4월17일,7월19일,10월20일,1월17일(음11/28)臘享(납향):1977년1월26일(음12/08)

十日得辛, 十一龍治水, 1976년 병진年(사중토), 육백금

5黃	1白	3碧
4綠	6白	8白
9紫	2黑	7赤

1976 丙辰年

소서 7일 08시 51분 【음6월】 ➡ 【乙未月(을미월)】 ☯九紫星 대서 23일 02시 18분

양력 7월 / 음력 06/05 ~ 07/05

양력	1	2	3	4	5	6	7	8	9	10	11	12	13	14	15	16	17	18	19	20	21	22	23	24	25	26	27	28	29	30	31
요일	목	금	토	일	월	화	수	목	금	토	일	월	화	수	목	금	토	일	월	화	수	목	금	토	일	월	화	수	목	금	토
일진 日辰	甲寅	乙卯	丙辰	丁巳	戊午	己未	庚申	辛酉	壬戌	癸亥	甲子	乙丑	丙寅	丁卯	戊辰	己巳	庚午	辛未	壬申	癸酉	甲戌	乙亥	丙子	丁丑	戊寅	己卯	庚辰	辛巳	壬午	癸未	甲申
납음	大溪水		沙中土		天上火		石榴木		大海水		海中金		爐中火		大林木		路傍土		劍鋒金		山頭火		澗下水		城頭土		白臘金		楊柳木		
음력	5	6	7	8	9	10	11	12	13	14	15	16	17	18	19	20	21	22	23	24	25	26	27	28	29	30	7/1	2	3	4	5
구성	9	1	2	3	4	5	6	7	8	9	9	8	7	6	5	4	3	2	1	9	8	7	6	5	4	3	2	1	9	8	7
대운 남	2	2	1	1	1	1	소	10	10	9	9	9	8	8	8	7	7	7	6	6	6	5	대	5	4	4	4	3	3	3	2
대운 여	9	9	9	10	10	10	서	1	1	1	1	2	2	2	3	3	3	4	4	4	5	5	서	6	6	6	7	7	7	8	8

입추 7일 18시 38분 【음7월】 ➡ 【丙申月(병신월)】 ☯八白星 처서 23일 09시 18분

양력 8월 / 음력 07/06 ~ 08/07

양력	1	2	3	4	5	6	7	8	9	10	11	12	13	14	15	16	17	18	19	20	21	22	23	24	25	26	27	28	29	30	31
요일	일	월	화	수	목	금	토	일	월	화	수	목	금	토	일	월	화	수	목	금	토	일	월	화	수	목	금	토	일	월	화
일진 日辰	乙酉	丙戌	丁亥	戊子	己丑	庚寅	辛卯	壬辰	癸巳	甲午	乙未	丙申	丁酉	戊戌	己亥	庚子	辛丑	壬寅	癸卯	甲辰	乙巳	丙午	丁未	戊申	己酉	庚戌	辛亥	壬子	癸丑	甲寅	乙卯
납음		屋上土		霹靂火		松柏木		長流水		沙中金		山下火		平地木		壁上土		金箔金		覆燈火		天河水		大驛土		釵釧金		桑柘木		大溪水	
음력	6	7	8	9	10	11	12	13	14	15	16	17	18	19	20	21	22	23	24	25	26	27	28	29	8/1	2	3	4	5	6	7
구성	6	5	4	3	2	1	9	8	7	6	5	4	3	2	1	9	8	7	6	5	4	3	2	1	9	8	7	6	5	4	3
대운 남	2	2	1	1	1	1	입	10	10	9	9	9	8	8	8	7	7	7	6	6	6	5	처	5	4	4	4	3	3	3	2
대운 여	8	9	9	9	10	10	추	1	1	1	1	2	2	2	3	3	3	4	4	4	5	5	서	6	6	6	7	7	7	8	8

백로 7일 21시 28분 【음8월】 ➡ 【丁酉月(정유월)】 ☯七赤星 추분 23일 06시 48분

양력 9월 / 음력 08/08 ~ 윤807

양력	1	2	3	4	5	6	7	8	9	10	11	12	13	14	15	16	17	18	19	20	21	22	23	24	25	26	27	28	29	30
요일	수	목	금	토	일	월	화	수	목	금	토	일	월	화	수	목	금	토	일	월	화	수	목	금	토	일	월	화	수	목
일진 日辰	丙辰	丁巳	戊午	己未	庚申	辛酉	壬戌	癸亥	甲子	乙丑	丙寅	丁卯	戊辰	己巳	庚午	辛未	壬申	癸酉	甲戌	乙亥	丙子	丁丑	戊寅	己卯	庚辰	辛巳	壬午	癸未	甲申	乙酉
납음	沙中土		天上火		石榴木		大海水		海中金		爐中火		大林木		路傍土		劍鋒金		山頭火		澗下水		城頭土		白臘金		楊柳木		井中水	
음력	8	9	10	11	12	13	14	15	16	17	18	19	20	21	22	23	24	25	26	27	28	29	30	윤8	2	3	4	5	6	7
구성	2	1	9	8	7	6	5	4	3	2	1	9	8	7	6	5	4	3	2	1	9	8	7	6	5	4	3	2	1	9
대운 남	2	2	1	1	1	1	백	10	10	9	9	9	8	8	8	7	7	7	6	6	6	5	추	5	4	4	4	3	3	3
대운 여	8	9	9	9	10	10	로	1	1	1	1	2	2	2	3	3	3	4	4	4	5	5	분	6	6	6	7	7	7	8

한로 8일 12시 58분 【음9월】 ➡ 【戊戌月(무술월)】 ☯六白星 상강 23일 15시 58분

양력 10월 / 음력 윤808 ~ 09/09

양력	1	2	3	4	5	6	7	8	9	10	11	12	13	14	15	16	17	18	19	20	21	22	23	24	25	26	27	28	29	30	31
요일	금	토	일	월	화	수	목	금	토	일	월	화	수	목	금	토	일	월	화	수	목	금	토	일	월	화	수	목	금	토	일
일진 日辰	丙戌	丁亥	戊子	己丑	庚寅	辛卯	壬辰	癸巳	甲午	乙未	丙申	丁酉	戊戌	己亥	庚子	辛丑	壬寅	癸卯	甲辰	乙巳	丙午	丁未	戊申	己酉	庚戌	辛亥	壬子	癸丑	甲寅	乙卯	丙辰
납음	屋上土		霹靂火		松柏木		長流水		沙中金		山下火		平地木		壁上土		金箔金		覆燈火		天河水		大驛土		釵釧金		桑柘木		大溪水		
음력	8	9	10	11	12	13	14	15	16	17	18	19	20	21	22	23	24	25	26	27	28	29	9/1	2	3	4	5	6	7	8	9
구성	8	7	6	5	4	3	2	1	9	8	7	6	5	4	3	2	1	9	8	7	6	5	4	3	2	1	9	8	7	6	5
대운 남	2	2	2	1	1	1	1	한	10	9	9	9	8	8	8	7	7	7	6	6	6	5	상	5	4	4	4	3	3	3	2
대운 여	8	8	9	9	9	10	10	로	1	1	1	1	2	2	2	3	3	3	4	4	4	5	강	5	6	6	6	7	7	7	8

입동 7일 15시 59분 【음10월】 ➡ 【己亥月(기해월)】 ☯五黃星 소설 22일 13시 22분

양력 11월 / 음력 09/10 ~ 10/09

양력	1	2	3	4	5	6	7	8	9	10	11	12	13	14	15	16	17	18	19	20	21	22	23	24	25	26	27	28	29	30
요일	월	화	수	목	금	토	일	월	화	수	목	금	토	일	월	화	수	목	금	토	일	월	화	수	목	금	토	일	월	화
일진 日辰	丁巳	戊午	己未	庚申	辛酉	壬戌	癸亥	甲子	乙丑	丙寅	丁卯	戊辰	己巳	庚午	辛未	壬申	癸酉	甲戌	乙亥	丙子	丁丑	戊寅	己卯	庚辰	辛巳	壬午	癸未	甲申	乙酉	丙戌
납음		天上火		石榴木		大海水		海中金		爐中火		大林木		路傍土		劍鋒金		山頭火		澗下水		城頭土		白臘金		楊柳木		井中水		
음력	10	11	12	13	14	15	16	17	18	19	20	21	22	23	24	25	26	27	28	29	30	10/1	2	3	4	5	6	7	8	9
구성	4	3	2	1	9	8	7	6	5	4	3	2	1	9	8	7	6	5	4	3	2	1	9	8	7	6	5	4	3	2
대운 남	2	2	1	1	1	1	입	10	9	9	9	8	8	8	7	7	7	6	6	6	5	소	5	4	4	4	3	3	3	2
대운 여	8	8	9	9	9	10	동	1	1	1	1	2	2	2	3	3	3	4	4	4	5	설	5	6	6	6	7	7	7	8

대설 7일 08시 41분 【음11월】 ➡ 【庚子月(경자월)】 ☯四綠星 동지 22일 02시 35분

양력 12월 / 음력 10/10 ~ 11/11

양력	1	2	3	4	5	6	7	8	9	10	11	12	13	14	15	16	17	18	19	20	21	22	23	24	25	26	27	28	29	30	31
요일	수	목	금	토	일	월	화	수	목	금	토	일	월	화	수	목	금	토	일	월	화	수	목	금	토	일	월	화	수	목	금
일진 日辰	丁亥	戊子	己丑	庚寅	辛卯	壬辰	癸巳	甲午	乙未	丙申	丁酉	戊戌	己亥	庚子	辛丑	壬寅	癸卯	甲辰	乙巳	丙午	丁未	戊申	己酉	庚戌	辛亥	壬子	癸丑	甲寅	乙卯	丙辰	丁巳
납음		霹靂火		松柏木		長流水		沙中金		山下火		平地木		壁上土		金箔金		覆燈火		天河水		大驛土		釵釧金		桑柘木		大溪水		沙中土	
음력	10	11	12	13	14	15	16	17	18	19	20	21	22	23	24	25	26	27	28	29	11/1	2	3	4	5	6	7	8	9	10	11
구성	1	9	8	7	6	5	4	3	2	1	9	8	7	6	5	4	3	2	1	9	8	7	6	5	4	3	2	1	9	8	7
대운 남	2	2	1	1	1	1	대	9	9	9	8	8	8	7	7	7	6	6	6	5	5	동	4	4	4	3	3	3	2	2	2
대운 여	8	8	9	9	9	10	설	1	1	1	1	2	2	2	3	3	3	4	4	4	5	지	5	6	6	6	7	7	7	8	8

단기 4310 年	불기 2521 年

1977년 中元 丁巳年 납음(沙中土),본명성(五黃土)

대장군(卯동방). 삼살(동방). 상문(未서남방).조객(卯동방). 납음(사중토).【삼재(해,자,축)년】臘享(납향):1978년1월21일(음12/13)

소한 5일 19시 51분 【음12월】➡ 【辛丑月(신축월)】 ☯三碧星 대한 20일 13시 14분

1월 (음력 11/12 ~ 12/13)

양력	1	2	3	4	5	6	7	8	9	10	11	12	13	14	15	16	17	18	19	20	21	22	23	24	25	26	27	28	29	30	31
요일	토	일	월	화	수	목	금	토	일	월	화	수	목	금	토	일	월	화	수	목	금	토	일	월	화	수	목	금	토	일	월
일진 日辰	戊午	己未	庚申	辛酉	壬戌	癸亥	甲子	乙丑	丙寅	丁卯	戊辰	己巳	庚午	辛未	壬申	癸酉	甲戌	乙亥	丙子	丁丑	戊寅	己卯	庚辰	辛巳	壬午	癸未	甲申	乙酉	丙戌	丁亥	戊子
납음	天上火		石榴木		大海水		海中金		爐中火		大林木		路傍土		劍鋒金		山頭火		澗下水		城頭土		白臘金		楊柳木		井中水		屋上土		
음력	12	13	14	15	16	17	18	19	20	21	22	23	24	25	26	27	28	29	12/1	2	3	4	5	6	7	8	9	10	11	12	13
구성	6	5	4	3	2	1	1	2	3	4	5	6	7	8	9	1	2	3	4	5	6	7	8	9	1	2	3	4	5	6	7
대운 남	1	1	1	1	소	10	9	9	9	8	8	8	7	7	7	6	6	6	5	대	5	4	4	4	3	3	3	2	2	2	1
대운 여	8	9	9	9	한	1	1	1	1	2	2	2	3	3	3	4	4	4	5	한	5	6	6	6	7	7	7	8	8	8	9

입춘 4일 07시 33분 【음1월】➡ 【壬寅月(임인월)】 ☯二黑星 우수 19일 03시 30분

2월 (음력 12/14 ~ 01/11)

양력	1	2	3	4	5	6	7	8	9	10	11	12	13	14	15	16	17	18	19	20	21	22	23	24	25	26	27	28
요일	화	수	목	금	토	일	월	화	수	목	금	토	일	월	화	수	목	금	토	일	월	화	수	목	금	토	일	월
일진 日辰	己丑	庚寅	辛卯	壬辰	癸巳	甲午	乙未	丙申	丁酉	戊戌	己亥	庚子	辛丑	壬寅	癸卯	甲辰	乙巳	丙午	丁未	戊申	己酉	庚戌	辛亥	壬子	癸丑	甲寅	乙卯	丙辰
납음		松柏木		長流水		沙中金		山下火		平地木		壁上土		金箔金		覆燈火		天河水		大驛土		釵釧金		桑柘木		大溪水		
음력	14	15	16	17	18	19	20	21	22	23	24	25	26	27	28	29	30	1/1	2	3	4	5	6	7	8	9	10	11
구성	8	9	1	2	3	4	5	6	7	8	9	1	2	3	4	5	6	7	8	9	1	2	3	4	5	6	7	8
대운 남	1	1	1	입	1	1	1	1	2	2	2	3	3	3	4	4	4	5	우	5	6	6	6	7	7	7	8	8
대운 여	9	9	10	춘	10	9	9	9	8	8	8	7	7	7	6	6	6	5	수	5	4	4	4	3	3	3	2	2

丁巳年

경칩 6일 01시 44분 【음2월】➡ 【癸卯月(계묘월)】 ☯一白星 춘분 21일 02시 42분

3월 (음력 01/12 ~ 02/12)

양력	1	2	3	4	5	6	7	8	9	10	11	12	13	14	15	16	17	18	19	20	21	22	23	24	25	26	27	28	29	30	31
요일	화	수	목	금	토	일	월	화	수	목	금	토	일	월	화	수	목	금	토	일	월	화	수	목	금	토	일	월	화	수	목
일진 日辰	丁巳	戊午	己未	庚申	辛酉	壬戌	癸亥	甲子	乙丑	丙寅	丁卯	戊辰	己巳	庚午	辛未	壬申	癸酉	甲戌	乙亥	丙子	丁丑	戊寅	己卯	庚辰	辛巳	壬午	癸未	甲申	乙酉	丙戌	丁亥
납음		天上火		石榴木		大海水		海中金		爐中火		大林木		路傍土		劍鋒金		山頭火		澗下水		城頭土		白臘金		楊柳木		井中水		屋上土	
음력	12	13	14	15	16	17	18	19	20	21	22	23	24	25	26	27	28	29	30	2/1	2	3	4	5	6	7	8	9	10	11	12
구성	9	1	2	3	4	5	6	7	8	9	1	2	3	4	5	6	7	8	9	1	2	3	4	5	6	7	8	9	1	2	3
대운 남	8	9	9	9	10	경	1	1	1	1	2	2	2	3	3	3	4	4	4	5	춘	5	6	6	6	7	7	7	8	8	8
대운 여	2	1	1	1	1	칩	10	9	9	9	8	8	8	7	7	7	6	6	6	5	분	5	4	4	4	3	3	3	2	2	2

청명 5일 06시 46분 【음3월】➡ 【甲辰月(갑진월)】 ☯九紫星 곡우 20일 13시 57분

4월 (음력 02/13 ~ 03/13)

양력	1	2	3	4	5	6	7	8	9	10	11	12	13	14	15	16	17	18	19	20	21	22	23	24	25	26	27	28	29	30
요일	금	토	일	월	화	수	목	금	토	일	월	화	수	목	금	토	일	월	화	수	목	금	토	일	월	화	수	목	금	토
일진 日辰	戊子	己丑	庚寅	辛卯	壬辰	癸巳	甲午	乙未	丙申	丁酉	戊戌	己亥	庚子	辛丑	壬寅	癸卯	甲辰	乙巳	丙午	丁未	戊申	己酉	庚戌	辛亥	壬子	癸丑	甲寅	乙卯	丙辰	丁巳
납음	霹靂火		松柏木		長流水		沙中金		山下火		平地木		壁上土		金箔金		覆燈火		天河水		大驛土		釵釧金		桑柘木		大溪水		沙中土	
음력	13	14	15	16	17	18	19	20	21	22	23	24	25	26	27	28	29	3/1	2	3	4	5	6	7	8	9	10	11	12	13
구성	4	5	6	7	8	9	1	2	3	4	5	6	7	8	9	1	2	3	4	5	6	7	8	9	1	2	3	4	5	6
대운 남	9	9	9	10	청	1	1	1	1	2	2	2	3	3	3	4	4	4	5	곡	5	6	6	6	7	7	7	8	8	8
대운 여	1	1	1	1	명	10	10	9	9	9	8	8	8	7	7	7	6	6	6	우	5	5	4	4	4	3	3	3	2	2

입하 6일 00시 16분 【음4월】➡ 【乙巳月(을사월)】 ☯八白星 소만 21일 13시 14분

5월 (음력 03/14 ~ 04/14)

양력	1	2	3	4	5	6	7	8	9	10	11	12	13	14	15	16	17	18	19	20	21	22	23	24	25	26	27	28	29	30	31
요일	일	월	화	수	목	금	토	일	월	화	수	목	금	토	일	월	화	수	목	금	토	일	월	화	수	목	금	토	일	월	화
일진 日辰	戊午	己未	庚申	辛酉	壬戌	癸亥	甲子	乙丑	丙寅	丁卯	戊辰	己巳	庚午	辛未	壬申	癸酉	甲戌	乙亥	丙子	丁丑	戊寅	己卯	庚辰	辛巳	壬午	癸未	甲申	乙酉	丙戌	丁亥	戊子
납음	天上火		石榴木		大海水		海中金		爐中火		大林木		路傍土		劍鋒金		山頭火		澗下水		城頭土		白臘金		楊柳木		井中水		屋上土		
음력	14	15	16	17	18	19	20	21	22	23	24	25	26	27	28	29	30	4/1	2	3	4	5	6	7	8	9	10	11	12	13	14
구성	7	8	9	1	2	3	4	5	6	7	8	9	1	2	3	4	5	6	7	8	9	1	2	3	4	5	6	7	8	9	1
대운 남	9	9	9	10	10	입	1	1	1	1	2	2	2	3	3	3	4	4	4	5	소	5	6	6	6	7	7	7	8	8	8
대운 여	2	1	1	1	1	하	10	10	9	9	9	8	8	8	7	7	7	6	6	6	만	5	5	4	4	4	3	3	3	2	2

망종 6일 04시 32분 【음5월】➡ 【丙午月(병오월)】 ☯七赤星 하지 21일 21시 14분

6월 (음력 04/15 ~ 05/14)

양력	1	2	3	4	5	6	7	8	9	10	11	12	13	14	15	16	17	18	19	20	21	22	23	24	25	26	27	28	29	30
요일	수	목	금	토	일	월	화	수	목	금	토	일	월	화	수	목	금	토	일	월	화	수	목	금	토	일	월	화	수	목
일진 日辰	己丑	庚寅	辛卯	壬辰	癸巳	甲午	乙未	丙申	丁酉	戊戌	己亥	庚子	辛丑	壬寅	癸卯	甲辰	乙巳	丙午	丁未	戊申	己酉	庚戌	辛亥	壬子	癸丑	甲寅	乙卯	丙辰	丁巳	戊午
납음		松柏木		長流水		沙中金		山下火		平地木		壁上土		金箔金		覆燈火		天河水		大驛土		釵釧金		桑柘木		大溪水		沙中土		
음력	15	16	17	18	19	20	21	22	23	24	25	26	27	28	29	30	5/1	2	3	4	5	6	7	8	9	10	11	12	13	14
구성	2	3	4	5	6	7	8	9	1	2	3	4	5	6	7	8	9	1	2	3	4	5	6	7	8	9	1	2	3	4
대운 남	9	9	9	10	10	망	1	1	1	1	2	2	2	3	3	3	4	4	4	5	하	5	6	6	6	7	7	7	8	8
대운 여	2	1	1	1	1	종	10	10	9	9	9	8	8	8	7	7	7	6	6	6	지	5	5	4	4	4	3	3	3	2

한식(4월06일), 초복(7월12일), 중복(7월22일), 말복(8월11일)☂춘사(春社)3/22 ☀추사(秋社)9/28
토왕지절(土旺之節):4월17일,7월20일,10월20일,1월17일(음12/09)臘享(납향):1978년1월21일(음12/13)

六日得辛, 十一龍治水, 1977년 정사年(사중토), 오황토

4綠	9紫	2黑
3碧	5黃	7赤
8白	1白	6白

1977 丁巳年

소서 7일 14시 48분 【음6월】 ➡ 【丁未月(정미월)】 ☯六白星 대서 23일 08시 04분

양력 7월 / 음력 05/15 ~ 06/16

양력	1	2	3	4	5	6	7	8	9	10	11	12	13	14	15	16	17	18	19	20	21	22	23	24	25	26	27	28	29	30	31
요일	금	토	일	월	화	수	목	금	토	일	월	화	수	목	금	토	일	월	화	수	목	금	토	일	월	화	수	목	금	토	일
일진 日辰	己未	庚申	辛酉	壬戌	癸亥	甲子	乙丑	丙寅	丁卯	戊辰	己巳	庚午	辛未	壬申	癸酉	甲戌	乙亥	丙子	丁丑	戊寅	己卯	庚辰	辛巳	壬午	癸未	甲申	乙酉	丙戌	丁亥	戊子	己丑
납음		石榴木		大海水		海中金		爐中火		大林木		路傍土		劍鋒金		山頭火		澗下水		城頭土		白臘金		楊柳木		井中水		屋上土		霹靂火	
음력	15	16	17	18	19	20	21	22	23	24	25	26	27	28	29	6/1	2	3	4	5	6	7	8	9	10	11	12	13	14	15	16
구성	5	6	7	8	9	9	8	7	6	5	4	3	2	1	9	8	7	6	5	4	3	2	1	9	8	7	6	5	4	3	2
대운 남	8	9	9	9	10	10	소	1	1	1	1	2	2	2	3	3	3	4	4	4	5	5	대	6	6	6	7	7	7	8	8
대운 여	2	2	1	1	1	1	서	10	10	10	9	9	9	8	8	8	7	7	7	6	6	6	서	5	5	4	4	4	3	3	3

입추 8일 00시 30분 【음7월】 ➡ 【戊申月(무신월)】 ☯五黃星 처서 23일 15시 00분

양력 8월 / 음력 06/17 ~ 07/17

양력	1	2	3	4	5	6	7	8	9	10	11	12	13	14	15	16	17	18	19	20	21	22	23	24	25	26	27	28	29	30	31
요일	월	화	수	목	금	토	일	월	화	수	목	금	토	일	월	화	수	목	금	토	일	월	화	수	목	금	토	일	월	화	수
일진 日辰	庚寅	辛卯	壬辰	癸巳	甲午	乙未	丙申	丁酉	戊戌	己亥	庚子	辛丑	壬寅	癸卯	甲辰	乙巳	丙午	丁未	戊申	己酉	庚戌	辛亥	壬子	癸丑	甲寅	乙卯	丙辰	丁巳	戊午	己未	庚申
납음	松柏木		長流水		沙中金		山下火		平地木		壁上土		金箔金		覆燈火		天河水		大驛土		釵釧金		桑柘木		大溪水		沙中土		天上火		
음력	17	18	19	20	21	22	23	24	25	26	27	28	29	30	7/1	2	3	4	5	6	7	8	9	10	11	12	13	14	15	16	17
구성	1	9	8	7	6	5	4	3	2	1	9	8	7	6	5	4	3	2	1	9	8	7	6	5	4	3	2	1	9	8	7
대운 남	8	9	9	9	10	10	10	입	1	1	1	1	2	2	2	3	3	3	4	4	4	5	처	5	6	6	6	7	7	7	8
대운 여	2	2	2	1	1	1	1	추	10	10	9	9	9	8	8	8	7	7	7	6	6	6	서	5	5	4	4	4	3	3	3

백로 8일 03시 16분 【음8월】 ➡ 【己酉月(기유월)】 ☯四綠星 추분 23일 12시 29분

양력 9월 / 음력 07/18 ~ 08/18

양력	1	2	3	4	5	6	7	8	9	10	11	12	13	14	15	16	17	18	19	20	21	22	23	24	25	26	27	28	29	30
요일	목	금	토	일	월	화	수	목	금	토	일	월	화	수	목	금	토	일	월	화	수	목	금	토	일	월	화	수	목	금
일진 日辰	辛酉	壬戌	癸亥	甲子	乙丑	丙寅	丁卯	戊辰	己巳	庚午	辛未	壬申	癸酉	甲戌	乙亥	丙子	丁丑	戊寅	己卯	庚辰	辛巳	壬午	癸未	甲申	乙酉	丙戌	丁亥	戊子	己丑	庚寅
납음		大海水		海中金		爐中火		大林木		路傍土		劍鋒金		山頭火		澗下水		城頭土		白臘金		楊柳木		井中水		屋上土		霹靂火		
음력	18	19	20	21	22	23	24	25	26	27	28	29	8/1	2	3	4	5	6	7	8	9	10	11	12	13	14	15	16	17	18
구성	6	5	4	3	2	1	9	8	7	6	5	4	3	2	1	9	8	7	6	5	4	3	2	1	9	8	7	6	5	4
대운 남	8	8	9	9	9	10	10	백	1	1	1	1	2	2	2	3	3	3	4	4	4	5	추	5	6	6	6	7	7	7
대운 여	2	2	2	1	1	1	1	로	10	9	9	9	8	8	8	7	7	7	6	6	6	5	분	5	4	4	4	3	3	3

한로 8일 18시 44분 【음9월】 ➡ 【庚戌月(경술월)】 ☯三碧星 상강 23일 21시 41분

양력 10월 / 음력 08/19 ~ 09/19

양력	1	2	3	4	5	6	7	8	9	10	11	12	13	14	15	16	17	18	19	20	21	22	23	24	25	26	27	28	29	30	31
요일	토	일	월	화	수	목	금	토	일	월	화	수	목	금	토	일	월	화	수	목	금	토	일	월	화	수	목	금	토	일	월
일진 日辰	辛卯	壬辰	癸巳	甲午	乙未	丙申	丁酉	戊戌	己亥	庚子	辛丑	壬寅	癸卯	甲辰	乙巳	丙午	丁未	戊申	己酉	庚戌	辛亥	壬子	癸丑	甲寅	乙卯	丙辰	丁巳	戊午	己未	庚申	辛酉
납음		長流水		沙中金		山下火		平地木		壁上土		金箔金		覆燈火		天河水		大驛土		釵釧金		桑柘木		大溪水		沙中土		天上火		石榴木	
음력	19	20	21	22	23	24	25	26	27	28	29	30	9/1	2	3	4	5	6	7	8	9	10	11	12	13	14	15	16	17	18	19
구성	3	2	1	9	8	7	6	5	4	3	2	1	9	8	7	6	5	4	3	2	1	9	8	7	6	5	4	3	2	1	9
대운 남	8	8	8	9	9	9	10	한	1	1	1	1	2	2	2	3	3	3	4	4	4	5	상	5	6	6	6	7	7	7	8
대운 여	2	2	2	1	1	1	1	로	10	9	9	9	8	8	8	7	7	7	6	6	6	5	강	5	4	4	4	3	3	3	2

입동 7일 21시 46분 【음10월】 ➡ 【辛亥月(신해월)】 ☯二黑星 소설 22일 19시 07분

양력 11월 / 음력 09/20 ~ 10/20

양력	1	2	3	4	5	6	7	8	9	10	11	12	13	14	15	16	17	18	19	20	21	22	23	24	25	26	27	28	29	30
요일	화	수	목	금	토	일	월	화	수	목	금	토	일	월	화	수	목	금	토	일	월	화	수	목	금	토	일	월	화	수
일진 日辰	壬戌	癸亥	甲子	乙丑	丙寅	丁卯	戊辰	己巳	庚午	辛未	壬申	癸酉	甲戌	乙亥	丙子	丁丑	戊寅	己卯	庚辰	辛巳	壬午	癸未	甲申	乙酉	丙戌	丁亥	戊子	己丑	庚寅	辛卯
납음	大海水		海中金		爐中火		大林木		路傍土		劍鋒金		山頭火		澗下水		城頭土		白臘金		楊柳木		井中水		屋上土		霹靂火		松柏木	
음력	20	21	22	23	24	25	26	27	28	29	10/1	2	3	4	5	6	7	8	9	10	11	12	13	14	15	16	17	18	19	20
구성	8	7	6	5	4	3	2	1	9	8	7	6	5	4	3	2	1	9	8	7	6	5	4	3	2	1	9	8	7	6
대운 남	8	8	9	9	9	10	입	1	1	1	1	2	2	2	3	3	3	4	4	4	5	소	5	6	6	6	7	7	7	8
대운 여	2	2	1	1	1	1	동	10	9	9	9	8	8	8	7	7	7	6	6	6	5	설	5	4	4	4	3	3	3	2

대설 7일 14시 31분 【음11월】 ➡ 【壬子月(임자월)】 ☯一白星 동지 22일 08시 23분

양력 12월 / 음력 10/21 ~ 11/21

양력	1	2	3	4	5	6	7	8	9	10	11	12	13	14	15	16	17	18	19	20	21	22	23	24	25	26	27	28	29	30	31
요일	목	금	토	일	월	화	수	목	금	토	일	월	화	수	목	금	토	일	월	화	수	목	금	토	일	월	화	수	목	금	토
일진 日辰	壬辰	癸巳	甲午	乙未	丙申	丁酉	戊戌	己亥	庚子	辛丑	壬寅	癸卯	甲辰	乙巳	丙午	丁未	戊申	己酉	庚戌	辛亥	壬子	癸丑	甲寅	乙卯	丙辰	丁巳	戊午	己未	庚申	辛酉	壬戌
납음	長流水		沙中金		山下火		平地木		壁上土		金箔金		覆燈火		天河水		大驛土		釵釧金		桑柘木		大溪水		沙中土		天上火		石榴木		
음력	21	22	23	24	25	26	27	28	29	30	11/1	2	3	4	5	6	7	8	9	10	11	12	13	14	15	16	17	18	19	20	21
구성	5	4	3	2	1	9	8	7	6	5	4	3	2	1	9	8	7	6	5	4	3	2	1	9	8	7	6	5	4	3	2
대운 남	8	8	9	9	9	10	대	1	1	1	1	2	2	2	3	3	3	4	4	4	5	동	5	6	6	6	7	7	7	8	8
대운 여	2	2	1	1	1	1	설	10	9	9	9	8	8	8	7	7	7	6	6	6	5	지	5	4	4	4	3	3	3	2	2

단기 4311 年
불기 2522 年

1978년

中元 戊午年 납음(天上火),본명성(四綠목)

대장군(卯동방), 삼살(북방), 상문(申서남방),조객(辰동남방), 납음(천상화), 【삼재(신,유,술)년】 臘享(납향):1979년1월16일(음12/18)

소한 6일 01시 43분 【음12월】 ➡ 【癸丑月(계축월)】 ☯九紫星 대한 20일 19시 04분

양력 1월 / 음력 11/22 ~ 12/23

양력	1	2	3	4	5	6	7	8	9	10	11	12	13	14	15	16	17	18	19	20	21	22	23	24	25	26	27	28	29	30	31
요일	일	월	화	수	목	금	토	일	월	화	수	목	금	토	일	월	화	수	목	금	토	일	월	화	수	목	금	토	일	월	화
일진	癸	甲	乙	丙	丁	戊	己	庚	辛	壬	癸	甲	乙	丙	丁	戊	己	庚	辛	壬	癸	甲	乙	丙	丁	戊	己	庚	辛	壬	癸
日辰	亥	子	丑	寅	卯	辰	巳	午	未	申	酉	戌	亥	子	丑	寅	卯	辰	巳	午	未	申	酉	戌	亥	子	丑	寅	卯	辰	巳
납음		海中金		爐中火		大林木		路傍土		劍鋒金		山頭火		澗下水		城頭土		白臘金		楊柳木		井中水		屋上土		霹靂火		松柏木		長流水	
음력	22	23	24	25	26	27	28	29	12/1	2	3	4	5	6	7	8	9	10	11	12	13	14	15	16	17	18	19	20	21	22	23
구성	1	1	2	3	4	5	6	7	8	9	1	2	3	4	5	6	7	8	9	1	2	3	4	5	6	7	8	9	1	2	3
대운 남	8	9	9	9	10	소	1	1	1	1	2	2	2	3	3	3	4	4	4	대	5	5	6	6	6	7	7	7	8	8	8
대운 여	2	1	1	1	1	한	9	9	9	8	8	8	7	7	7	6	6	6	5	한	5	4	4	4	3	3	3	2	2	2	1

입춘 4일 13시 27분 【음1월】 ➡ 【甲寅月(갑인월)】 ☯八白星 우수 19일 09시 21분

양력 2월 / 음력 12/24 ~ 01/22

양력	1	2	3	4	5	6	7	8	9	10	11	12	13	14	15	16	17	18	19	20	21	22	23	24	25	26	27	28
요일	수	목	금	토	일	월	화	수	목	금	토	일	월	화	수	목	금	토	일	월	화	수	목	금	토	일	월	화
일진	甲	乙	丙	丁	戊	己	庚	辛	壬	癸	甲	乙	丙	丁	戊	己	庚	辛	壬	癸	甲	乙	丙	丁	戊	己	庚	辛
日辰	午	未	申	酉	戌	亥	子	丑	寅	卯	辰	巳	午	未	申	酉	戌	亥	子	丑	寅	卯	辰	巳	午	未	申	酉
납음	沙中金		山下火		平地木		壁上土		金箔金		覆燈火		天河水		大驛土		釵釧金		桑柘木		大溪水		沙中土		天上火		石榴木	
음력	24	25	26	27	28	29	1/1	2	3	4	5	6	7	8	9	10	11	12	13	14	15	16	17	18	19	20	21	22
구성	4	5	6	7	8	9	1	2	3	4	5	6	7	8	9	1	2	3	4	5	6	7	8	9	1	2	3	4
대운 남	9	9	9	입	10	9	9	9	8	8	8	7	7	7	6	6	6	5	우	5	4	4	4	3	3	3	2	2
대운 여	1	1	1	춘	1	1	1	1	2	2	2	3	3	3	4	4	4	5	수	5	6	6	6	7	7	7	8	8

戊午年

경칩 6일 07시 38분 【음2월】 ➡ 【乙卯月(을묘월)】 ☯七赤星 춘분 21일 08시 34분

양력 3월 / 음력 01/23 ~ 02/23

양력	1	2	3	4	5	6	7	8	9	10	11	12	13	14	15	16	17	18	19	20	21	22	23	24	25	26	27	28	29	30	31
요일	수	목	금	토	일	월	화	수	목	금	토	일	월	화	수	목	금	토	일	월	화	수	목	금	토	일	월	화	수	목	금
일진	壬	癸	甲	乙	丙	丁	戊	己	庚	辛	壬	癸	甲	乙	丙	丁	戊	己	庚	辛	壬	癸	甲	乙	丙	丁	戊	己	庚	辛	壬
日辰	戌	亥	子	丑	寅	卯	辰	巳	午	未	申	酉	戌	亥	子	丑	寅	卯	辰	巳	午	未	申	酉	戌	亥	子	丑	寅	卯	辰
납음	大海水		海中金		爐中火		大林木		路傍土		劍鋒金		山頭火		澗下水		城頭土		白臘金		楊柳木		井中水		屋上土		霹靂火		松柏木		
음력	23	24	25	26	27	28	29	30	2/1	2	3	4	5	6	7	8	9	10	11	12	13	14	15	16	17	18	19	20	21	22	23
구성	5	6	7	8	9	1	2	3	4	5	6	7	8	9	1	2	3	4	5	6	7	8	9	1	2	3	4	5	6	7	8
대운 남	2	1	1	1	1	경	10	9	9	9	8	8	8	7	7	7	6	6	6	5	춘	5	4	4	4	3	3	3	2	2	2
대운 여	8	9	9	9	10	칩	1	1	1	1	2	2	2	3	3	3	4	4	4	5	분	5	6	6	6	7	7	7	8	8	8

청명 5일 12시 39분 【음3월】 ➡ 【丙辰月(병진월)】 ☯六白星 곡우 20일 19시 50분

양력 4월 / 음력 02/24 ~ 03/23

양력	1	2	3	4	5	6	7	8	9	10	11	12	13	14	15	16	17	18	19	20	21	22	23	24	25	26	27	28	29	30
요일	토	일	월	화	수	목	금	토	일	월	화	수	목	금	토	일	월	화	수	목	금	토	일	월	화	수	목	금	토	일
일진	癸	甲	乙	丙	丁	戊	己	庚	辛	壬	癸	甲	乙	丙	丁	戊	己	庚	辛	壬	癸	甲	乙	丙	丁	戊	己	庚	辛	壬
日辰	巳	午	未	申	酉	戌	亥	子	丑	寅	卯	辰	巳	午	未	申	酉	戌	亥	子	丑	寅	卯	辰	巳	午	未	申	酉	戌
납음		沙中金		山下火		平地木		壁上土		金箔金		覆燈火		天河水		大驛土		釵釧金		桑柘木		大溪水		沙中土		天上火		石榴木		
음력	24	25	26	27	28	29	30	3/1	2	3	4	5	6	7	8	9	10	11	12	13	14	15	16	17	18	19	20	21	22	23
구성	9	1	2	3	4	5	6	7	8	9	1	2	3	4	5	6	7	8	9	1	2	3	4	5	6	7	8	9	1	2
대운 남	1	1	1	1	청	10	10	9	9	9	8	8	8	7	7	7	6	6	6	곡	5	5	4	4	4	3	3	3	2	2
대운 여	9	9	9	10	명	1	1	1	1	2	2	2	3	3	3	4	4	4	5	우	5	6	6	6	7	7	7	8	8	8

입하 6일 06시 09분 【음4월】 ➡ 【丁巳月(정사월)】 ☯五黃星 소만 21일 19시 08분

양력 5월 / 음력 03/24 ~ 04/25

양력	1	2	3	4	5	6	7	8	9	10	11	12	13	14	15	16	17	18	19	20	21	22	23	24	25	26	27	28	29	30	31
요일	월	화	수	목	금	토	일	월	화	수	목	금	토	일	월	화	수	목	금	토	일	월	화	수	목	금	토	일	월	화	수
일진	癸	甲	乙	丙	丁	戊	己	庚	辛	壬	癸	甲	乙	丙	丁	戊	己	庚	辛	壬	癸	甲	乙	丙	丁	戊	己	庚	辛	壬	癸
日辰	亥	子	丑	寅	卯	辰	巳	午	未	申	酉	戌	亥	子	丑	寅	卯	辰	巳	午	未	申	酉	戌	亥	子	丑	寅	卯	辰	巳
납음		海中金		爐中火		大林木		路傍土		劍鋒金		山頭火		澗下水		城頭土		白臘金		楊柳木		井中水		屋上土		霹靂火		松柏木		長流水	
음력	24	25	26	27	28	29	4/1	2	3	4	5	6	7	8	9	10	11	12	13	14	15	16	17	18	19	20	21	22	23	24	25
구성	3	4	5	6	7	8	9	1	2	3	4	5	6	7	8	9	1	2	3	4	5	6	7	8	9	1	2	3	4	5	6
대운 남	2	1	1	1	1	입	10	10	9	9	9	8	8	8	7	7	7	6	6	6	소	5	5	4	4	4	3	3	3	2	2
대운 여	9	9	9	10	10	하	1	1	1	1	2	2	2	3	3	3	4	4	4	5	만	5	6	6	6	7	7	7	8	8	8

망종 6일 10시 23분 【음5월】 ➡ 【戊午月(무오월)】 ☯四綠星 하지 22일 03시 10분

양력 6월 / 음력 04/26 ~ 05/25

양력	1	2	3	4	5	6	7	8	9	10	11	12	13	14	15	16	17	18	19	20	21	22	23	24	25	26	27	28	29	30
요일	목	금	토	일	월	화	수	목	금	토	일	월	화	수	목	금	토	일	월	화	수	목	금	토	일	월	화	수	목	금
일진	甲	乙	丙	丁	戊	己	庚	辛	壬	癸	甲	乙	丙	丁	戊	己	庚	辛	壬	癸	甲	乙	丙	丁	戊	己	庚	辛	壬	癸
日辰	午	未	申	酉	戌	亥	子	丑	寅	卯	辰	巳	午	未	申	酉	戌	亥	子	丑	寅	卯	辰	巳	午	未	申	酉	戌	亥
납음	沙中金		山下火		平地木		壁上土		金箔金		覆燈火		天河水		大驛土		釵釧金		桑柘木		大溪水		沙中土		天上火		石榴木		大海水	
음력	26	27	28	29	30	5/1	2	3	4	5	6	7	8	9	10	11	12	13	14	15	16	17	18	19	20	21	22	23	24	25
구성	7	8	9	1	2	3	4	5	6	7	8	9	1	2	3	4	5	6	7	8	9	1	2	3	4	5	6	7	8	9
대운 남	2	1	1	1	1	망	10	10	9	9	9	8	8	8	7	7	7	6	6	6	5	하	5	4	4	4	3	3	3	2
대운 여	9	9	9	10	10	종	1	1	1	1	2	2	2	3	3	3	4	4	4	5	5	지	6	6	6	7	7	7	8	8

한식(4월06일), 초복(7월17일), 중복(7월27일), 말복(8월16일)☂춘사(春社)3/17 ☀추사(秋社)9/23
토왕지절(土旺之節):4월17일,7월20일,10월21일, 1월18일(음12/20)臘享(납향):1979년1월16일(음12/18)

二日得辛, 五龍治水, 1978년 무오年(천상화), 사록목

3碧	8白	1白
2黑	4綠	6白
7赤	9紫	5黃

1978 戊午年

소서 7일 20시 37분 【음6월】 ➡ 【己未月(기미월)】 ☯三碧星 대서 23일 14시 00분

	양력	1	2	3	4	5	6	7	8	9	10	11	12	13	14	15	16	17	18	19	20	21	22	23	24	25	26	27	28	29	30	31
양력	요일	토	일	월	화	수	목	금	토	일	월	화	수	목	금	토	일	월	화	수	목	금	토	일	월	화	수	목	금	토	일	월
7월	일진 日辰	甲子	乙丑	丙寅	丁卯	戊辰	己巳	庚午	辛未	壬申	癸酉	甲戌	乙亥	丙子	丁丑	戊寅	己卯	庚辰	辛巳	壬午	癸未	甲申	乙酉	丙戌	丁亥	戊子	己丑	庚寅	辛卯	壬辰	癸巳	甲午
음력	납음	海中金		爐中火		大林木		路傍土		劍鋒金		山頭火		澗下水		城頭土		白臘金		楊柳木		井中水		屋上土		霹靂火		松柏木		長流水		
05/26	음력	26	27	28	29	6/1	2	3	4	5	6	7	8	9	10	11	12	13	14	15	16	17	18	19	20	21	22	23	24	25	26	27
I	구성	9	8	7	6	5	4	3	2	1	9	8	7	6	5	4	3	2	1	9	8	7	6	5	4	3	2	1	9	8	7	6
06/27	대운 남	2	2	1	1	1	1	소	10	10	10	9	9	9	8	8	8	7	7	7	6	6	6	대	5	5	4	4	4	3	3	3
	대운 여	8	9	9	9	10	10	서	1	1	1	1	2	2	2	3	3	3	4	4	4	5	5	서	6	6	6	7	7	7	8	8

입추 8일 06시 18분 【음7월】 ➡ 【庚申月(경신월)】 ☯二黑星 처서 23일 20시 57분

	양력	1	2	3	4	5	6	7	8	9	10	11	12	13	14	15	16	17	18	19	20	21	22	23	24	25	26	27	28	29	30	31
양력	요일	화	수	목	금	토	일	월	화	수	목	금	토	일	월	화	수	목	금	토	일	월	화	수	목	금	토	일	월	화	수	목
8월	일진 日辰	乙未	丙申	丁酉	戊戌	己亥	庚子	辛丑	壬寅	癸卯	甲辰	乙巳	丙午	丁未	戊申	己酉	庚戌	辛亥	壬子	癸丑	甲寅	乙卯	丙辰	丁巳	戊午	己未	庚申	辛酉	壬戌	癸亥	甲子	乙丑
음력	납음		山下火		平地木		壁上土		金箔金		覆燈火		天河水		大驛土		釵釧金		桑柘木		大溪水		沙中土		天上火		石榴木		大海水		海中金	
06/28	음력	28	29	30	7/1	2	3	4	5	6	7	8	9	10	11	12	13	14	15	16	17	18	19	20	21	22	23	24	25	26	27	28
I	구성	5	4	3	2	1	9	8	7	6	5	4	3	2	1	9	8	7	6	5	4	3	2	1	9	8	7	6	5	4	3	2
07/28	대운 남	2	2	2	1	1	1	1	입	10	10	9	9	9	8	8	8	7	7	7	6	6	6	처	5	5	4	4	4	3	3	3
	대운 여	8	9	9	9	10	10	10	추	1	1	1	1	2	2	2	3	3	3	4	4	4	5	서	5	6	6	6	7	7	7	8

백로 8일 09시 02분 【음8월】 ➡ 【辛酉月(신유월)】 ☯一白星 추분 23일 18시 25분

	양력	1	2	3	4	5	6	7	8	9	10	11	12	13	14	15	16	17	18	19	20	21	22	23	24	25	26	27	28	29	30
양력	요일	금	토	일	월	화	수	목	금	토	일	월	화	수	목	금	토	일	월	화	수	목	금	토	일	월	화	수	목	금	토
9월	일진 日辰	丙寅	丁卯	戊辰	己巳	庚午	辛未	壬申	癸酉	甲戌	乙亥	丙子	丁丑	戊寅	己卯	庚辰	辛巳	壬午	癸未	甲申	乙酉	丙戌	丁亥	戊子	己丑	庚寅	辛卯	壬辰	癸巳	甲午	乙未
음력	납음	爐中火		大林木		路傍土		劍鋒金		山頭火		澗下水		城頭土		白臘金		楊柳木		井中水		屋上土		霹靂火		松柏木		長流水		沙中金	
07/29	음력	29	30	8/1	2	3	4	5	6	7	8	9	10	11	12	13	14	15	16	17	18	19	20	21	22	23	24	25	26	27	28
I	구성	1	9	8	7	6	5	4	3	2	1	9	8	7	6	5	4	3	2	1	9	8	7	6	5	4	3	2	1	9	8
08/28	대운 남	2	2	2	1	1	1	1	백	10	10	9	9	9	8	8	8	7	7	7	6	6	6	추	5	5	4	4	4	3	3
	대운 여	8	8	9	9	9	10	10	로	1	1	1	1	2	2	2	3	3	3	4	4	4	5	분	5	6	6	6	7	7	7

한로 9일 00시 31분 【음9월】 ➡ 【壬戌月(임술월)】 ☯九紫星 상강 24일 03시 37분

	양력	1	2	3	4	5	6	7	8	9	10	11	12	13	14	15	16	17	18	19	20	21	22	23	24	25	26	27	28	29	30	31
양력	요일	일	월	화	수	목	금	토	일	월	화	수	목	금	토	일	월	화	수	목	금	토	일	월	화	수	목	금	토	일	월	화
10월	일진 日辰	丙申	丁酉	戊戌	己亥	庚子	辛丑	壬寅	癸卯	甲辰	乙巳	丙午	丁未	戊申	己酉	庚戌	辛亥	壬子	癸丑	甲寅	乙卯	丙辰	丁巳	戊午	己未	庚申	辛酉	壬戌	癸亥	甲子	乙丑	丙寅
음력	납음	山下火		平地木		壁上土		金箔金		覆燈火		天河水		大驛土		釵釧金		桑柘木		大溪水		沙中土		天上火		石榴木		大海水		海中金		
08/29	음력	29	2	2	3	4	5	6	7	8	9	10	11	12	13	14	15	16	17	18	19	20	21	22	23	24	25	26	27	28	29	30
I	구성	7	6	5	4	3	2	1	9	8	7	6	5	4	3	2	1	9	8	7	6	5	4	3	2	1	9	8	7	6	5	4
09/30	대운 남	3	2	2	2	1	1	1	1	한	10	9	9	9	8	8	8	7	7	7	6	6	6	5	상	5	4	4	4	3	3	3
	대운 여	8	8	8	9	9	9	10	10	로	1	1	1	1	2	2	2	3	3	3	4	4	4	5	강	5	6	6	6	7	7	7

입동 8일 03시 34분 【음10월】 ➡ 【癸亥月(계해월)】 ☯八白星 소설 23일 01시 05분

	양력	1	2	3	4	5	6	7	8	9	10	11	12	13	14	15	16	17	18	19	20	21	22	23	24	25	26	27	28	29	30
양력	요일	수	목	금	토	일	월	화	수	목	금	토	일	월	화	수	목	금	토	일	월	화	수	목	금	토	일	월	화	수	목
11월	일진 日辰	丁卯	戊辰	己巳	庚午	辛未	壬申	癸酉	甲戌	乙亥	丙子	丁丑	戊寅	己卯	庚辰	辛巳	壬午	癸未	甲申	乙酉	丙戌	丁亥	戊子	己丑	庚寅	辛卯	壬辰	癸巳	甲午	乙未	丙申
음력	납음		大林木		路傍土		劍鋒金		山頭火		澗下水		城頭土		白臘金		楊柳木		井中水		屋上土		霹靂火		松柏木		長流水		沙中金		
10/01	음력	10/1	2	3	4	5	6	7	8	9	10	11	12	13	14	15	16	17	18	19	20	21	22	23	24	25	26	27	28	29	11/1
I	구성	3	2	1	9	8	7	6	5	4	3	2	1	9	8	7	6	5	4	3	2	1	9	8	7	6	5	4	3	2	1
11/01	대운 남	2	2	2	1	1	1	1	입	9	9	9	8	8	8	7	7	7	6	6	6	5	5	소	4	4	4	3	3	3	2
	대운 여	8	8	8	9	9	9	10	동	1	1	1	1	2	2	2	3	3	3	4	4	4	5	설	5	6	6	6	7	7	7

대설 7일 20시 20분 【음11월】 ➡ 【甲子月(갑자월)】 ☯七赤星 동지 22일 14시 21분

	양력	1	2	3	4	5	6	7	8	9	10	11	12	13	14	15	16	17	18	19	20	21	22	23	24	25	26	27	28	29	30	31
양력	요일	금	토	일	월	화	수	목	금	토	일	월	화	수	목	금	토	일	월	화	수	목	금	토	일	월	화	수	목	금	토	일
12월	일진 日辰	丁酉	戊戌	己亥	庚子	辛丑	壬寅	癸卯	甲辰	乙巳	丙午	丁未	戊申	己酉	庚戌	辛亥	壬子	癸丑	甲寅	乙卯	丙辰	丁巳	戊午	己未	庚申	辛酉	壬戌	癸亥	甲子	乙丑	丙寅	丁卯
음력	납음		平地木		壁上土		金箔金		覆燈火		天河水		大驛土		釵釧金		桑柘木		大溪水		沙中土		天上火		石榴木		大海水		海中金		爐中火	
11/02	음력	2	3	4	5	6	7	8	9	10	11	12	13	14	15	16	17	18	19	20	21	22	23	24	25	26	27	28	29	30	12/1	2
I	구성	9	8	7	6	5	4	3	2	1	9	8	7	6	5	4	3	2	1	9	8	7	6	5	4	3	2	1	1	2	3	4
12/02	대운 남	2	2	1	1	1	1	대	10	9	9	9	8	8	8	7	7	7	6	6	6	5	동	5	4	4	4	3	3	3	2	2
	대운 여	8	8	8	9	9	9	설	1	1	1	1	2	2	2	3	3	3	4	4	4	5	지	5	6	6	6	7	7	7	8	8

단기 4312 年	1979년	中元 己未年 납음(天上火), 본명성(三碧목)
불기 2523 年		대장군(卯동방), 삼살(酉서방), 상문(酉서방),조객(巳동남방), 납음(천상화), 【삼재(사,오,미)년】

소한 6일 07시 32분 【음12월】 ➡ 【乙丑月(을축월)】 ☯六白星 대한 21일 01시 00분

양력 1월 / 음력 12/03 ~ 01/04	1	2	3	4	5	6	7	8	9	10	11	12	13	14	15	16	17	18	19	20	21	22	23	24	25	26	27	28	29	30	31
요일	월	화	수	목	금	토	일	월	화	수	목	금	토	일	월	화	수	목	금	토	일	월	화	수	목	금	토	일	월	화	수
일진 日辰	戊辰	己巳	庚午	辛未	壬申	癸酉	甲戌	乙亥	丙子	丁丑	戊寅	己卯	庚辰	辛巳	壬午	癸未	甲申	乙酉	丙戌	丁亥	戊子	己丑	庚寅	辛卯	壬辰	癸巳	甲午	乙未	丙申	丁酉	戊戌
납음	大林木		路傍土		劍鋒金		山頭火		澗下水		城頭土		白臘金		楊柳木		井中水		屋上土		霹靂火		松柏木		長流水		沙中金		山下火		
음력	3	4	5	6	7	8	9	10	11	12	13	14	15	16	17	18	19	20	21	22	23	24	25	26	27	28	29	1/1	2	3	4
구성	5	6	7	8	9	1	2	3	4	5	6	7	8	9	1	2	3	4	5	6	7	8	9	1	2	3	4	5	6	7	8
대운 남	2	1	1	1	1	소	9	9	9	8	8	8	7	7	7	6	6	6	5	5	대	4	4	4	3	3	3	2	2	2	1
대운 여	8	9	9	9	10	한	1	1	1	1	2	2	2	3	3	3	4	4	4	5	한	5	6	6	6	7	7	7	8	8	8

입춘 4일 19시 12분 【음1월】 ➡ 【丙寅月(병인월)】 ☯五黃星 우수 19일 15시 13분

양력 2월 / 음력 01/05 ~ 02/02	1	2	3	4	5	6	7	8	9	10	11	12	13	14	15	16	17	18	19	20	21	22	23	24	25	26	27	28
요일	목	금	토	일	월	화	수	목	금	토	일	월	화	수	목	금	토	일	월	화	수	목	금	토	일	월	화	수
일진 日辰	己亥	庚子	辛丑	壬寅	癸卯	甲辰	乙巳	丙午	丁未	戊申	己酉	庚戌	辛亥	壬子	癸丑	甲寅	乙卯	丙辰	丁巳	戊午	己未	庚申	辛酉	壬戌	癸亥	甲子	乙丑	丙寅
납음		壁上土		金箔金		覆燈火		天河水		大驛土		釵釧金		桑柘木		大溪水		沙中土		天上火		石榴木		大海水		海中金		
음력	5	6	7	8	9	10	11	12	13	14	15	16	17	18	19	20	21	22	23	24	25	26	27	28	29	30	2/1	2
구성	9	1	2	3	4	5	6	7	8	9	1	2	3	4	5	6	7	8	9	1	2	3	4	5	6	7	8	9
대운 남	1	1	1	입	1	1	1	1	2	2	2	3	3	3	4	4	4	5	우	5	6	6	6	7	7	7	8	8
대운 여	9	9	9	춘	10	9	9	9	8	8	8	7	7	7	6	6	6	5	수	5	4	4	4	3	3	3	2	2

己未年

경칩 6일 13시 20분 【음2월】 ➡ 【丁卯月(정묘월)】 ☯四綠星 춘분 21일 14시 22분

양력 3월 / 음력 02/03 ~ 03/04	1	2	3	4	5	6	7	8	9	10	11	12	13	14	15	16	17	18	19	20	21	22	23	24	25	26	27	28	29	30	31
요일	목	금	토	일	월	화	수	목	금	토	일	월	화	수	목	금	토	일	월	화	수	목	금	토	일	월	화	수	목	금	토
일진 日辰	丁卯	戊辰	己巳	庚午	辛未	壬申	癸酉	甲戌	乙亥	丙子	丁丑	戊寅	己卯	庚辰	辛巳	壬午	癸未	甲申	乙酉	丙戌	丁亥	戊子	己丑	庚寅	辛卯	壬辰	癸巳	甲午	乙未	丙申	丁酉
납음		大林木		路傍土		劍鋒金		山頭火		澗下水		城頭土		白臘金		楊柳木		井中水		屋上土		霹靂火		松柏木		長流水		沙中金		山下火	
음력	3	4	5	6	7	8	9	10	11	12	13	14	15	16	17	18	19	20	21	22	23	24	25	26	27	28	29	3/1	2	3	4
구성	1	2	3	4	5	6	7	8	9	1	2	3	4	5	6	7	8	9	1	2	3	4	5	6	7	8	9	1	2	3	4
대운 남	8	9	9	9	10	경	1	1	1	1	2	2	2	3	3	3	4	4	4	5	춘	5	6	6	6	7	7	7	8	8	8
대운 여	2	1	1	1	1	칩	10	9	9	9	8	8	8	7	7	7	6	6	6	5	분	5	4	4	4	3	3	3	2	2	2

청명 5일 18시 18분 【음3월】 ➡ 【戊辰月(무진월)】 ☯三碧星 곡우 21일 01시 35분

양력 4월 / 음력 03/05 ~ 04/05	1	2	3	4	5	6	7	8	9	10	11	12	13	14	15	16	17	18	19	20	21	22	23	24	25	26	27	28	29	30
요일	일	월	화	수	목	금	토	일	월	화	수	목	금	토	일	월	화	수	목	금	토	일	월	화	수	목	금	토	일	월
일진 日辰	戊戌	己亥	庚子	辛丑	壬寅	癸卯	甲辰	乙巳	丙午	丁未	戊申	己酉	庚戌	辛亥	壬子	癸丑	甲寅	乙卯	丙辰	丁巳	戊午	己未	庚申	辛酉	壬戌	癸亥	甲子	乙丑	丙寅	丁卯
납음	平地木		壁上土		金箔金		覆燈火		天河水		大驛土		釵釧金		桑柘木		大溪水		沙中土		天上火		石榴木		大海水		海中金		爐中火	
음력	5	6	7	8	9	10	11	12	13	14	15	16	17	18	19	20	21	22	23	24	25	26	27	28	29	4/1	2	3	4	5
구성	5	6	7	8	9	1	2	3	4	5	6	7	8	9	1	2	3	4	5	6	7	8	9	1	2	3	4	5	6	7
대운 남	9	9	9	10	청	1	1	1	1	2	2	2	3	3	3	4	4	4	5	5	곡	6	6	6	7	7	7	8	8	8
대운 여	1	1	1	1	명	10	10	9	9	9	8	8	8	7	7	7	6	6	6	5	우	5	4	4	4	3	3	3	2	2

입하 6일 11시 47분 【음4월】 ➡ 【己巳月(기사월)】 ☯二黑星 소만 22일 00시 54분

양력 5월 / 음력 04/06 ~ 05/06	1	2	3	4	5	6	7	8	9	10	11	12	13	14	15	16	17	18	19	20	21	22	23	24	25	26	27	28	29	30	31
요일	화	수	목	금	토	일	월	화	수	목	금	토	일	월	화	수	목	금	토	일	월	화	수	목	금	토	일	월	화	수	목
일진 日辰	戊辰	己巳	庚午	辛未	壬申	癸酉	甲戌	乙亥	丙子	丁丑	戊寅	己卯	庚辰	辛巳	壬午	癸未	甲申	乙酉	丙戌	丁亥	戊子	己丑	庚寅	辛卯	壬辰	癸巳	甲午	乙未	丙申	丁酉	戊戌
납음	大林木		路傍土		劍鋒金		山頭火		澗下水		城頭土		白臘金		楊柳木		井中水		屋上土		霹靂火		松柏木		長流水		沙中金		山下火		
음력	6	7	8	9	10	11	12	13	14	15	16	17	18	19	20	21	22	23	24	25	26	27	28	29	30	5/1	2	3	4	5	6
구성	8	9	1	2	3	4	5	6	7	8	9	1	2	3	4	5	6	7	8	9	1	2	3	4	5	6	7	8	9	1	2
대운 남	9	9	9	10	10	입	1	1	1	1	2	2	2	3	3	3	4	4	4	5	5	소	6	6	6	7	7	7	8	8	8
대운 여	2	1	1	1	1	하	10	10	9	9	9	8	8	8	7	7	7	6	6	6	5	만	5	4	4	4	3	3	3	2	2

망종 6일 16시 05분 【음5월】 ➡ 【庚午月(경오월)】 ☯一白星 하지 22일 08시 56분

양력 6월 / 음력 05/07 ~ 06/07	1	2	3	4	5	6	7	8	9	10	11	12	13	14	15	16	17	18	19	20	21	22	23	24	25	26	27	28	29	30
요일	금	토	일	월	화	수	목	금	토	일	월	화	수	목	금	토	일	월	화	수	목	금	토	일	월	화	수	목	금	토
일진 日辰	己亥	庚子	辛丑	壬寅	癸卯	甲辰	乙巳	丙午	丁未	戊申	己酉	庚戌	辛亥	壬子	癸丑	甲寅	乙卯	丙辰	丁巳	戊午	己未	庚申	辛酉	壬戌	癸亥	甲子	乙丑	丙寅	丁卯	戊辰
납음		壁上土		金箔金		覆燈火		天河水		大驛土		釵釧金		桑柘木		大溪水		沙中土		天上火		石榴木		大海水		海中金		爐中火		
음력	7	8	9	10	11	12	13	14	15	16	17	18	19	20	21	22	23	24	25	26	27	28	29	6/1	2	3	4	5	6	7
구성	3	4	5	6	7	8	9	1	2	3	4	5	6	7	8	9	1	2	3	4	5	6	7	8	9	9	8	7	6	5
대운 남	9	9	9	10	10	망	1	1	1	1	2	2	2	3	3	3	4	4	4	5	5	하	6	6	6	7	7	7	8	8
대운 여	2	1	1	1	1	종	10	10	10	9	9	9	8	8	8	7	7	7	6	6	6	지	5	5	4	4	4	3	3	3

한식(4월06일), 초복(7월12일), 중복(7월22일), 말복(8월11일)↑춘사(春社)3/22 ☀추사(秋社)9/28
토왕지절(土旺之節):4월17일,7월20일,10월21일,1월18일(음12/01)臘享(납향):1980년1월23일(음12/06)

七日得辛, 十龍治水, 1979년 기미年(천상화), 삼벽목

2黑	7赤	9紫
1白	3碧	5黃
6白	8白	4綠

1979 己未年

소서 8일 02시 25분 【음6월】 ➡ 【辛未月(신미월)】 ☯九紫星 대서 23일 19시 49분

양력 7월	1	2	3	4	5	6	7	8	9	10	11	12	13	14	15	16	17	18	19	20	21	22	23	24	25	26	27	28	29	30	31
요일	일	월	화	수	목	금	토	일	월	화	수	목	금	토	일	월	화	수	목	금	토	일	월	화	수	목	금	토	일	월	화
일진 日辰	己巳	庚午	辛未	壬申	癸酉	甲戌	乙亥	丙子	丁丑	戊寅	己卯	庚辰	辛巳	壬午	癸未	甲申	乙酉	丙戌	丁亥	戊子	己丑	庚寅	辛卯	壬辰	癸巳	甲午	乙未	丙申	丁酉	戊戌	己亥
음력 06/08 ❙ 윤608 납음		路傍土		劍鋒金		山頭火		澗下水		城頭土		白臘金		楊柳木		井中水		屋上土		霹靂火		松柏木		長流水		沙中金		山下火		平地木	
음력	8	9	10	11	12	13	14	15	16	17	18	19	20	21	22	23	24	25	26	27	28	29	30	윤6	2	3	4	5	6	7	8
구성	4	3	2	1	9	8	7	6	5	4	3	2	1	9	8	7	6	5	4	3	2	1	9	8	7	6	5	4	3	2	1
대운 남	8	9	9	9	10	10	10	소	1	1	1	1	2	2	2	3	3	3	4	4	4	5	대	5	6	6	6	7	7	7	8
대운 여	2	2	2	1	1	1	1	서	10	10	9	9	9	8	8	8	7	7	7	6	6	6	서	5	5	4	4	4	3	3	3

입추 8일 12시 11분 【음7월】 ➡ 【壬申月(임신월)】 ☯八白星 처서 24일 02시 47분

양력 8월	1	2	3	4	5	6	7	8	9	10	11	12	13	14	15	16	17	18	19	20	21	22	23	24	25	26	27	28	29	30	31
요일	수	목	금	토	일	월	화	수	목	금	토	일	월	화	수	목	금	토	일	월	화	수	목	금	토	일	월	화	수	목	금
일진 日辰	庚子	辛丑	壬寅	癸卯	甲辰	乙巳	丙午	丁未	戊申	己酉	庚戌	辛亥	壬子	癸丑	甲寅	乙卯	丙辰	丁巳	戊午	己未	庚申	辛酉	壬戌	癸亥	甲子	乙丑	丙寅	丁卯	戊辰	己巳	庚午
음력 윤609 ❙ 07/09 납음	壁上土		金箔金		覆燈火		天河水		大驛土		釵釧金		桑柘木		大溪水		沙中土		天上火		石榴木		大海水		海中金		爐中火		大林木		
음력	9	10	11	12	13	14	15	16	17	18	19	20	21	22	23	24	25	26	27	28	29	30	7/1	2	3	4	5	6	7	8	9
구성	9	8	7	6	5	4	3	2	1	9	8	7	6	5	4	3	2	1	9	8	7	6	5	4	3	2	1	9	8	7	6
대운 남	8	8	9	9	9	10	10	입	1	1	1	1	2	2	2	3	3	3	4	4	4	5	5	처	6	6	6	7	7	7	8
대운 여	2	2	2	1	1	1	1	추	10	10	9	9	9	8	8	8	7	7	7	6	6	6	5	서	5	4	4	4	3	3	3

백로 8일 15시 00분 【음8월】 ➡ 【癸酉月(계유월)】 ☯七赤星 추분 24일 00시 16분

양력 9월	1	2	3	4	5	6	7	8	9	10	11	12	13	14	15	16	17	18	19	20	21	22	23	24	25	26	27	28	29	30
요일	토	일	월	화	수	목	금	토	일	월	화	수	목	금	토	일	월	화	수	목	금	토	일	월	화	수	목	금	토	일
일진 日辰	辛未	壬申	癸酉	甲戌	乙亥	丙子	丁丑	戊寅	己卯	庚辰	辛巳	壬午	癸未	甲申	乙酉	丙戌	丁亥	戊子	己丑	庚寅	辛卯	壬辰	癸巳	甲午	乙未	丙申	丁酉	戊戌	己亥	庚子
음력 07/10 ❙ 08/10 납음		劍鋒金		山頭火		澗下水		城頭土		白臘金		楊柳木		井中水		屋上土		霹靂火		松柏木		長流水		沙中金		山下火		平地木		
음력	10	11	12	13	14	15	16	17	18	19	20	21	22	23	24	25	26	27	28	29	8/1	2	3	4	5	6	7	8	9	10
구성	5	4	3	2	1	9	8	7	6	5	4	3	2	1	9	8	7	6	5	4	3	2	1	9	8	7	6	5	4	3
대운 남	8	8	9	9	9	10	10	백	1	1	1	1	2	2	2	3	3	3	4	4	4	5	5	추	6	6	6	7	7	7
대운 여	2	2	2	1	1	1	1	로	10	10	9	9	9	8	8	8	7	7	7	6	6	6	5	분	5	4	4	4	3	3

한로 9일 06시 30분 【음9월】 ➡ 【甲戌月(갑술월)】 ☯六白星 상강 24일 09시 28분

양력 10월	1	2	3	4	5	6	7	8	9	10	11	12	13	14	15	16	17	18	19	20	21	22	23	24	25	26	27	28	29	30	31
요일	월	화	수	목	금	토	일	월	화	수	목	금	토	일	월	화	수	목	금	토	일	월	화	수	목	금	토	일	월	화	수
일진 日辰	辛丑	壬寅	癸卯	甲辰	乙巳	丙午	丁未	戊申	己酉	庚戌	辛亥	壬子	癸丑	甲寅	乙卯	丙辰	丁巳	戊午	己未	庚申	辛酉	壬戌	癸亥	甲子	乙丑	丙寅	丁卯	戊辰	己巳	庚午	辛未
음력 08/11 ❙ 09/11 납음		金箔金		覆燈火		天河水		大驛土		釵釧金		桑柘木		大溪水		沙中土		天上火		石榴木		大海水		海中金		爐中火		大林木		路傍土	
음력	11	12	13	14	15	16	17	18	19	20	21	22	23	24	25	26	27	28	29	30	9/1	2	3	4	5	6	7	8	9	10	11
구성	2	1	9	8	7	6	5	4	3	2	1	9	8	7	6	5	4	3	2	1	9	8	7	6	5	4	3	2	1	9	8
대운 남	8	8	8	9	9	9	10	10	한	1	1	1	1	2	2	2	3	3	3	4	4	4	5	상	5	6	6	6	7	7	7
대운 여	3	2	2	2	1	1	1	1	로	10	9	9	9	8	8	8	7	7	7	6	6	6	5	강	5	4	4	4	3	3	3

입동 8일 09시 33분 【음10월】 ➡ 【乙亥月(을해월)】 ☯五黃星 소설 23일 06시 54분

양력 11월	1	2	3	4	5	6	7	8	9	10	11	12	13	14	15	16	17	18	19	20	21	22	23	24	25	26	27	28	29	30
요일	목	금	토	일	월	화	수	목	금	토	일	월	화	수	목	금	토	일	월	화	수	목	금	토	일	월	화	수	목	금
일진 日辰	壬申	癸酉	甲戌	乙亥	丙子	丁丑	戊寅	己卯	庚辰	辛巳	壬午	癸未	甲申	乙酉	丙戌	丁亥	戊子	己丑	庚寅	辛卯	壬辰	癸巳	甲午	乙未	丙申	丁酉	戊戌	己亥	庚子	辛丑
음력 09/12 ❙ 10/11 납음	劍鋒金		山頭火		澗下水		城頭土		白臘金		楊柳木		井中水		屋上土		霹靂火		松柏木		長流水		沙中金		山下火		平地木		壁上土	
음력	12	13	14	15	16	17	18	19	20	21	22	23	24	25	26	27	28	29	30	10/1	2	3	4	5	6	7	8	9	10	11
구성	7	6	5	4	3	2	1	9	8	7	6	5	4	3	2	1	9	8	7	6	5	4	3	2	1	9	8	7	6	5
대운 남	8	8	8	9	9	9	10	입	1	1	1	1	2	2	2	3	3	3	4	4	4	5	소	5	6	6	6	7	7	7
대운 여	2	2	2	1	1	1	1	동	10	9	9	9	8	8	8	7	7	7	6	6	6	5	설	5	4	4	4	3	3	3

대설 8일 02시 18분 【음11월】 ➡ 【丙子月(병자월)】 ☯四綠星 동지 22일 20시 10분

양력 12월	1	2	3	4	5	6	7	8	9	10	11	12	13	14	15	16	17	18	19	20	21	22	23	24	25	26	27	28	29	30	31
요일	토	일	월	화	수	목	금	토	일	월	화	수	목	금	토	일	월	화	수	목	금	토	일	월	화	수	목	금	토	일	월
일진 日辰	壬寅	癸卯	甲辰	乙巳	丙午	丁未	戊申	己酉	庚戌	辛亥	壬子	癸丑	甲寅	乙卯	丙辰	丁巳	戊午	己未	庚申	辛酉	壬戌	癸亥	甲子	乙丑	丙寅	丁卯	戊辰	己巳	庚午	辛未	壬申
음력 10/12 ❙ 11/13 납음	金箔金		覆燈火		天河水		大驛土		釵釧金		桑柘木		大溪水		沙中土		天上火		石榴木		大海水		海中金		爐中火		大林木		路傍土		
음력	12	13	14	15	16	17	18	19	20	21	22	23	24	25	26	27	28	29	11/1	2	3	4	5	6	7	8	9	10	11	12	13
구성	4	3	2	1	9	8	7	6	5	4	3	2	1	9	8	7	6	5	4	3	2	1	1	2	3	4	5	6	7	8	9
대운 남	8	8	8	9	9	9	10	대	1	1	1	1	2	2	2	3	3	3	4	4	4	동	5	5	6	6	6	7	7	7	8
대운 여	2	2	2	1	1	1	1	설	9	9	9	8	8	8	7	7	7	6	6	6	5	지	5	4	4	4	3	3	3	2	2

단기 4313 年	1980년	中元 庚申年 납음(石榴木),본명성(二黑土)
불기 2524 年		대장군(午남방), 삼살(남방), 상문(戌서북방), 조객(午남방),납음(석류목), 삼재(인,묘,진) 臘享(납향):1981년1월17일(음12/12)

원숭이

소한 6일 13시 29분 【음12월】 ➡ 【丁丑月(정축월)】 ☯三碧星 대한 21일 06시 49분

양력 1월 / 음력 11/14 ~ 12/14

양력	1	2	3	4	5	6	7	8	9	10	11	12	13	14	15	16	17	18	19	20	21	22	23	24	25	26	27	28	29	30	31
요일	화	수	목	금	토	일	월	화	수	목	금	토	일	월	화	수	목	금	토	일	월	화	수	목	금	토	일	월	화	수	목
일진 日辰	癸酉	甲戌	乙亥	丙子	丁丑	戊寅	己卯	庚辰	辛巳	壬午	癸未	甲申	乙酉	丙戌	丁亥	戊子	己丑	庚寅	辛卯	壬辰	癸巳	甲午	乙未	丙申	丁酉	戊戌	己亥	庚子	辛丑	壬寅	癸卯
납음		山頭火		澗下水		城頭土		白臘金		楊柳木		井中水		屋上土		霹靂火		松柏木		長流水		沙中金		山下火		平地木		壁上土		金箔金	
음력	14	15	16	17	18	19	20	21	22	23	24	25	26	27	28	29	30	12/1	2	3	4	5	6	7	8	9	10	11	12	13	14
구성	1	2	3	4	5	6	7	8	9	1	2	3	4	5	6	7	8	9	1	2	3	4	5	6	7	8	9	1	2	3	4
대운 남	8	8	9	9	9	소	1	1	1	1	2	2	2	3	3	3	4	4	4	5	대	5	6	6	6	7	7	7	8	8	8
대운 여	2	1	1	1	1	한	10	9	9	9	8	8	8	7	7	7	6	6	6	5	한	5	4	4	4	3	3	3	2	2	2

입춘 5일 01시 09분 【음1월】 ➡ 【戊寅月(무인월)】 ☯二黑星 우수 19일 21시 02분

양력 2월 / 음력 12/15 ~ 01/14

양력	1	2	3	4	5	6	7	8	9	10	11	12	13	14	15	16	17	18	19	20	21	22	23	24	25	26	27	28	29
요일	금	토	일	월	화	수	목	금	토	일	월	화	수	목	금	토	일	월	화	수	목	금	토	일	월	화	수	목	금
일진 日辰	甲辰	乙巳	丙午	丁未	戊申	己酉	庚戌	辛亥	壬子	癸丑	甲寅	乙卯	丙辰	丁巳	戊午	己未	庚申	辛酉	壬戌	癸亥	甲子	乙丑	丙寅	丁卯	戊辰	己巳	庚午	辛未	壬申
납음	覆燈火		天河水		大驛土		釵釧金		桑柘木		大溪水		沙中土		天上火		石榴木		大海水		海中金		爐中火		大林木		路傍土		
음력	15	16	17	18	19	20	21	22	23	24	25	26	27	28	29	1/1	2	3	4	5	6	7	8	9	10	11	12	13	14
구성	5	6	7	8	9	1	2	3	4	5	6	7	8	9	1	2	3	4	5	6	7	8	9	1	2	3	4	5	6
대운 남	9	9	9	10	입	9	9	9	8	8	8	7	7	7	6	6	6	5	우	5	4	4	4	3	3	3	2	2	2
대운 여	1	1	1	1	춘	1	1	1	1	2	2	2	3	3	3	4	4	4	수	5	5	6	6	6	7	7	7	8	8

庚申年

경칩 5일 19시 17분 【음2월】 ➡ 【己卯月(기묘월)】 ☯一白星 춘분 20일 20시 10분

양력 3월 / 음력 01/15 ~ 02/15

양력	1	2	3	4	5	6	7	8	9	10	11	12	13	14	15	16	17	18	19	20	21	22	23	24	25	26	27	28	29	30	31
요일	토	일	월	화	수	목	금	토	일	월	화	수	목	금	토	일	월	화	수	목	금	토	일	월	화	수	목	금	토	일	월
일진 日辰	癸酉	甲戌	乙亥	丙子	丁丑	戊寅	己卯	庚辰	辛巳	壬午	癸未	甲申	乙酉	丙戌	丁亥	戊子	己丑	庚寅	辛卯	壬辰	癸巳	甲午	乙未	丙申	丁酉	戊戌	己亥	庚子	辛丑	壬寅	癸卯
납음		山頭火		澗下水		城頭土		白臘金		楊柳木		井中水		屋上土		霹靂火		松柏木		長流水		沙中金		山下火		平地木		壁上土		金箔金	
음력	15	16	17	18	19	20	21	22	23	24	25	26	27	28	29	30	2/1	2	3	4	5	6	7	8	9	10	11	12	13	14	15
구성	7	8	9	1	2	3	4	5	6	7	8	9	1	2	3	4	5	6	7	8	9	1	2	3	4	5	6	7	8	9	1
대운 남	1	1	1	1	경	10	10	9	9	9	8	8	8	7	7	7	6	6	6	춘	5	5	4	4	4	3	3	3	2	2	2
대운 여	8	9	9	9	칩	1	1	1	1	2	2	2	3	3	3	4	4	4	5	분	5	6	6	6	7	7	7	8	8	8	9

청명 5일 00시 15분 【음3월】 ➡ 【庚辰月(경진월)】 ☯九紫星 곡우 20일 07시 23분

양력 4월 / 음력 02/16 ~ 03/16

양력	1	2	3	4	5	6	7	8	9	10	11	12	13	14	15	16	17	18	19	20	21	22	23	24	25	26	27	28	29	30
요일	화	수	목	금	토	일	월	화	수	목	금	토	일	월	화	수	목	금	토	일	월	화	수	목	금	토	일	월	화	수
일진 日辰	甲辰	乙巳	丙午	丁未	戊申	己酉	庚戌	辛亥	壬子	癸丑	甲寅	乙卯	丙辰	丁巳	戊午	己未	庚申	辛酉	壬戌	癸亥	甲子	乙丑	丙寅	丁卯	戊辰	己巳	庚午	辛未	壬申	癸酉
납음	覆燈火		天河水		大驛土		釵釧金		桑柘木		大溪水		沙中土		天上火		石榴木		大海水		海中金		爐中火		大林木		路傍土		劍鋒金	
음력	16	17	18	19	20	21	22	23	24	25	26	27	28	29	3/1	2	3	4	5	6	7	8	9	10	11	12	13	14	15	16
구성	2	3	4	5	6	7	8	9	1	2	3	4	5	6	7	8	9	1	2	3	4	5	6	7	8	9	1	2	3	4
대운 남	1	1	1	1	청	10	9	9	9	8	8	8	7	7	7	6	6	6	5	곡	5	4	4	4	3	3	3	2	2	2
대운 여	9	9	10	10	명	1	1	1	1	2	2	2	3	3	3	4	4	4	5	우	5	6	6	6	7	7	7	8	8	8

입하 5일 17시 45분 【음4월】 ➡ 【辛巳月(신사월)】 ☯八白星 소만 21일 06시 42분

양력 5월 / 음력 03/17 ~ 04/18

양력	1	2	3	4	5	6	7	8	9	10	11	12	13	14	15	16	17	18	19	20	21	22	23	24	25	26	27	28	29	30	31
요일	목	금	토	일	월	화	수	목	금	토	일	월	화	수	목	금	토	일	월	화	수	목	금	토	일	월	화	수	목	금	토
일진 日辰	甲戌	乙亥	丙子	丁丑	戊寅	己卯	庚辰	辛巳	壬午	癸未	甲申	乙酉	丙戌	丁亥	戊子	己丑	庚寅	辛卯	壬辰	癸巳	甲午	乙未	丙申	丁酉	戊戌	己亥	庚子	辛丑	壬寅	癸卯	甲辰
납음	山頭火		澗下水		城頭土		白臘金		楊柳木		井中水		屋上土		霹靂火		松柏木		長流水		沙中金		山下火		平地木		壁上土		金箔金		
음력	17	18	19	20	21	22	23	24	25	26	27	28	29	4/1	2	3	4	5	6	7	8	9	10	11	12	13	14	15	16	17	18
구성	5	6	7	8	9	1	2	3	4	5	6	7	8	9	1	2	3	4	5	6	7	8	9	1	2	3	4	5	6	7	8
대운 남	1	1	1	1	입	10	10	9	9	9	8	8	8	7	7	7	6	6	6	5	소	5	4	4	4	3	3	3	2	2	2
대운 여	9	9	9	10	하	1	1	1	1	2	2	2	3	3	3	4	4	4	5	5	만	6	6	6	7	7	7	8	8	8	9

망종 5일 22시 04분 【음5월】 ➡ 【壬午月(임오월)】 ☯七赤星 하지 21일 14시 47분

양력 6월 / 음력 04/19 ~ 05/18

양력	1	2	3	4	5	6	7	8	9	10	11	12	13	14	15	16	17	18	19	20	21	22	23	24	25	26	27	28	29	30
요일	일	월	화	수	목	금	토	일	월	화	수	목	금	토	일	월	화	수	목	금	토	일	월	화	수	목	금	토	일	월
일진 日辰	乙巳	丙午	丁未	戊申	己酉	庚戌	辛亥	壬子	癸丑	甲寅	乙卯	丙辰	丁巳	戊午	己未	庚申	辛酉	壬戌	癸亥	甲子	乙丑	丙寅	丁卯	戊辰	己巳	庚午	辛未	壬申	癸酉	甲戌
납음		天河水		大驛土		釵釧金		桑柘木		大溪水		沙中土		天上火		石榴木		大海水		海中金		爐中火		大林木		路傍土		劍鋒金		
음력	19	20	21	22	23	24	25	26	27	28	29	30	5/1	2	3	4	5	6	7	8	9	10	11	12	13	14	15	16	17	18
구성	9	1	2	3	4	5	6	7	8	9	1	2	3	4	5	6	7	8	9	9	8	7	6	5	4	3	2	1	9	8
대운 남	1	1	1	1	망	10	10	10	9	9	9	8	8	8	7	7	7	6	6	6	하	5	5	4	4	4	3	3	3	2
대운 여	9	9	10	10	종	1	1	1	1	2	2	2	3	3	3	4	4	4	5	5	지	6	6	6	7	7	7	8	8	8

한식(4월06일), 초복(7월16일), 중복(7월26일), 말복(8월15일)☂춘사(春社)3/16 ☀추사(秋社)9/22
토왕지절(土旺之節):4월17일,7월19일,10월20일,1월17일(음12/12)臘享(납향):1981년1월17일(음12/12)

三日得辛, 十龍治水, 1980년 경신年(석류목), 이흑토

1白	6白	8白
9紫	2黑	4綠
5黃	7赤	3碧

1980 庚申年

소서 7일 08시 24분 【음6월】➡ 【癸未月(계미월)】 ☯六白星 대서 23일 01시 42분

양력 7월 / 음력 05/19 I 06/20

양력	1	2	3	4	5	6	7	8	9	10	11	12	13	14	15	16	17	18	19	20	21	22	23	24	25	26	27	28	29	30	31
요일	화	수	목	금	토	일	월	화	수	목	금	토	일	월	화	수	목	금	토	일	월	화	수	목	금	토	일	월	화	수	목
일진 日辰	乙亥	丙子	丁丑	戊寅	己卯	庚辰	辛巳	壬午	癸未	甲申	乙酉	丙戌	丁亥	戊子	己丑	庚寅	辛卯	壬辰	癸巳	甲午	乙未	丙申	丁酉	戊戌	己亥	庚子	辛丑	壬寅	癸卯	甲辰	乙巳
납음		澗下水		城頭土		白臘金		楊柳木		井中水		屋上土		霹靂火		松柏木		長流水		沙中金		山下火		平地木		壁上土		金箔金		覆燈火	
음력	19	20	21	22	23	24	25	26	27	28	29	6/1	2	3	4	5	6	7	8	9	10	11	12	13	14	15	16	17	18	19	20
구성	7	6	5	4	3	2	1	9	8	7	6	5	4	3	2	1	9	8	7	6	5	4	3	2	1	9	8	7	6	5	4
대운 남	2	2	1	1	1	1	소	10	10	9	9	9	8	8	8	7	7	7	6	6	6	5	대	5	4	4	4	3	3	3	2
대운 여	9	9	9	10	10	10	서	1	1	1	1	2	2	2	3	3	3	4	4	4	5	5	서	6	6	6	7	7	7	8	8

입추 7일 18시 09분 【음7월】➡ 【甲申月(갑신월)】 ☯五黃星 처서 23일 08시 41분

양력 8월 / 음력 06/21 I 07/21

양력	1	2	3	4	5	6	7	8	9	10	11	12	13	14	15	16	17	18	19	20	21	22	23	24	25	26	27	28	29	30	31
요일	금	토	일	월	화	수	목	금	토	일	월	화	수	목	금	토	일	월	화	수	목	금	토	일	월	화	수	목	금	토	일
일진 日辰	丙午	丁未	戊申	己酉	庚戌	辛亥	壬子	癸丑	甲寅	乙卯	丙辰	丁巳	戊午	己未	庚申	辛酉	壬戌	癸亥	甲子	乙丑	丙寅	丁卯	戊辰	己巳	庚午	辛未	壬申	癸酉	甲戌	乙亥	丙子
납음	天河水		大驛土		釵釧金		桑柘木		大溪水		沙中土		天上火		石榴木		大海水		海中金		爐中火		大林木		路傍土		劍鋒金		山頭火		
음력	21	22	23	24	25	26	27	28	29	30	7/1	2	3	4	5	6	7	8	9	10	11	12	13	14	15	16	17	18	19	20	21
구성	3	2	1	9	8	7	6	5	4	3	2	1	9	8	7	6	5	4	3	2	1	9	8	7	6	5	4	3	2	1	9
대운 남	2	2	1	1	1	1	입	10	10	9	9	9	8	8	8	7	7	7	6	6	6	5	처	5	4	4	4	3	3	3	2
대운 여	8	9	9	9	10	10	추	1	1	1	1	2	2	2	3	3	3	4	4	4	5	5	서	6	6	6	7	7	7	8	8

백로 7일 20시 53분 【음8월】➡ 【乙酉月(을유월)】 ☯四綠星 추분 23일 06시 09분

양력 9월 / 음력 07/22 I 08/22

양력	1	2	3	4	5	6	7	8	9	10	11	12	13	14	15	16	17	18	19	20	21	22	23	24	25	26	27	28	29	30
요일	월	화	수	목	금	토	일	월	화	수	목	금	토	일	월	화	수	목	금	토	일	월	화	수	목	금	토	일	월	화
일진 日辰	丁丑	戊寅	己卯	庚辰	辛巳	壬午	癸未	甲申	乙酉	丙戌	丁亥	戊子	己丑	庚寅	辛卯	壬辰	癸巳	甲午	乙未	丙申	丁酉	戊戌	己亥	庚子	辛丑	壬寅	癸卯	甲辰	乙巳	丙午
납음		城頭土		白臘金		楊柳木		井中水		屋上土		霹靂火		松柏木		長流水		沙中金		山下火		平地木		壁上土		金箔金		覆燈火		
음력	22	23	24	25	26	27	28	29	8/1	2	3	4	5	6	7	8	9	10	11	12	13	14	15	16	17	18	19	20	21	22
구성	8	7	6	5	4	3	2	1	9	8	7	6	5	4	3	2	1	9	8	7	6	5	4	3	2	1	9	8	7	6
대운 남	2	2	1	1	1	1	백	10	10	9	9	9	8	8	8	7	7	7	6	6	6	5	추	5	4	4	4	3	3	3
대운 여	8	9	9	9	10	10	로	1	1	1	1	2	2	2	3	3	3	4	4	4	5	5	분	6	6	6	7	7	7	8

한로 8일 12시 19분 【음9월】➡ 【丙戌月(병술월)】 ☯三碧星 상강 23일 15시 18분

양력 10월 / 음력 08/23 I 09/23

양력	1	2	3	4	5	6	7	8	9	10	11	12	13	14	15	16	17	18	19	20	21	22	23	24	25	26	27	28	29	30	31
요일	수	목	금	토	일	월	화	수	목	금	토	일	월	화	수	목	금	토	일	월	화	수	목	금	토	일	월	화	수	목	금
일진 日辰	丁未	戊申	己酉	庚戌	辛亥	壬子	癸丑	甲寅	乙卯	丙辰	丁巳	戊午	己未	庚申	辛酉	壬戌	癸亥	甲子	乙丑	丙寅	丁卯	戊辰	己巳	庚午	辛未	壬申	癸酉	甲戌	乙亥	丙子	丁丑
납음		大驛土		釵釧金		桑柘木		大溪水		沙中土		天上火		石榴木		大海水		海中金		爐中火		大林木		路傍土		劍鋒金		山頭火		澗下水	
음력	23	24	25	26	27	28	29	30	9/1	2	3	4	5	6	7	8	9	10	11	12	13	14	15	16	17	18	19	20	21	22	23
구성	5	4	3	2	1	9	8	7	6	5	4	3	2	1	9	8	7	6	5	4	3	2	1	9	8	7	6	5	4	3	2
대운 남	2	2	2	1	1	1	1	한	10	9	9	9	8	8	8	7	7	7	6	6	6	5	상	5	4	4	4	3	3	3	2
대운 여	8	8	9	9	9	10	10	로	1	1	1	1	2	2	2	3	3	3	4	4	4	5	강	5	6	6	6	7	7	7	8

입동 7일 15시 18분 【음10월】➡ 【丁亥月(정해월)】 ☯二黑星 소설 22일 12시 41분

양력 11월 / 음력 09/24 I 10/23

양력	1	2	3	4	5	6	7	8	9	10	11	12	13	14	15	16	17	18	19	20	21	22	23	24	25	26	27	28	29	30
요일	토	일	월	화	수	목	금	토	일	월	화	수	목	금	토	일	월	화	수	목	금	토	일	월	화	수	목	금	토	일
일진 日辰	戊寅	己卯	庚辰	辛巳	壬午	癸未	甲申	乙酉	丙戌	丁亥	戊子	己丑	庚寅	辛卯	壬辰	癸巳	甲午	乙未	丙申	丁酉	戊戌	己亥	庚子	辛丑	壬寅	癸卯	甲辰	乙巳	丙午	丁未
납음	城頭土		白臘金		楊柳木		井中水		屋上土		霹靂火		松柏木		長流水		沙中金		山下火		平地木		壁上土		金箔金		覆燈火		天河水	
음력	24	25	26	27	28	29	30	10/1	2	3	4	5	6	7	8	9	10	11	12	13	14	15	16	17	18	19	20	21	22	23
구성	1	9	8	7	6	5	4	3	2	1	9	8	7	6	5	4	3	2	1	9	8	7	6	5	4	3	2	1	9	8
대운 남	2	2	1	1	1	1	입	10	9	9	9	8	8	8	7	7	7	6	6	6	5	소	5	4	4	4	3	3	3	2
대운 여	8	8	9	9	9	10	동	1	1	1	1	2	2	2	3	3	3	4	4	4	5	설	5	6	6	6	7	7	7	8

대설 7일 08시 01분 【음11월】➡ 【戊子月(무자월)】 ☯一白星 동지 22일 01시 56분

양력 12월 / 음력 10/24 I 11/25

양력	1	2	3	4	5	6	7	8	9	10	11	12	13	14	15	16	17	18	19	20	21	22	23	24	25	26	27	28	29	30	31
요일	월	화	수	목	금	토	일	월	화	수	목	금	토	일	월	화	수	목	금	토	일	월	화	수	목	금	토	일	월	화	수
일진 日辰	戊申	己酉	庚戌	辛亥	壬子	癸丑	甲寅	乙卯	丙辰	丁巳	戊午	己未	庚申	辛酉	壬戌	癸亥	甲子	乙丑	丙寅	丁卯	戊辰	己巳	庚午	辛未	壬申	癸酉	甲戌	乙亥	丙子	丁丑	戊寅
납음	大驛土		釵釧金		桑柘木		大溪水		沙中土		天上火		石榴木		大海水		海中金		爐中火		大林木		路傍土		劍鋒金		山頭火		澗下水		
음력	24	25	26	27	28	29	11/1	2	3	4	5	6	7	8	9	10	11	12	13	14	15	16	17	18	19	20	21	22	23	24	25
구성	7	6	5	4	3	2	1	9	8	7	6	5	4	3	2	1	1	2	3	4	5	6	7	8	9	1	2	3	4	5	6
대운 남	2	2	1	1	1	1	대	9	9	9	8	8	8	7	7	7	6	6	6	5	5	동	4	4	4	3	3	3	2	2	2
대운 여	8	8	9	9	9	10	설	1	1	1	1	2	2	2	3	3	3	4	4	4	5	지	5	6	6	6	7	7	7	8	8

단기 4314 年
불기 2525 年

1981년

中元 **辛酉年** 납음(石榴木),본명성(一白水)

대장군(午남방), 삼살(동방), 상문(亥서북방),조객(未서남방), 납음(석류목), 【삼재(해,자,축)년】 臘享(납향):1982년1월24일(음12/20)

닭

소한 5일 19시 13분 【음12월】 ➡ 【己丑月(기축월)】 ☯九紫星 대한 20일 12시 36분

양력 1월 / 음력 11/26 ~ 12/26

양력	1	2	3	4	5	6	7	8	9	10	11	12	13	14	15	16	17	18	19	20	21	22	23	24	25	26	27	28	29	30	31
요일	목	금	토	일	월	화	수	목	금	토	일	월	화	수	목	금	토	일	월	화	수	목	금	토	일	월	화	수	목	금	토
일진	己	庚	辛	壬	癸	甲	乙	丙	丁	戊	己	庚	辛	壬	癸	甲	乙	丙	丁	戊	己	庚	辛	壬	癸	甲	乙	丙	丁	戊	己
日辰	卯	辰	巳	午	未	申	酉	戌	亥	子	丑	寅	卯	辰	巳	午	未	申	酉	戌	亥	子	丑	寅	卯	辰	巳	午	未	申	酉
납음		白臘金		楊柳木		井中水		屋上土		霹靂火		松柏木		長流水		沙中金		山下火		平地木		壁上土		金箔金		覆燈火		天河水		大驛土	
음력	26	27	28	29	30	12/1	2	3	4	5	6	7	8	9	10	11	12	13	14	15	16	17	18	19	20	21	22	23	24	25	26
구성	7	8	9	1	2	3	4	5	6	7	8	9	1	2	3	4	5	6	7	8	9	1	2	3	4	5	6	7	8	9	1
대운 남	1	1	1	1	소	10	9	9	9	8	8	8	7	7	7	6	6	6	5	대	5	4	4	4	3	3	3	2	2	2	1
대운 여	8	9	9	9	한	1	1	1	1	2	2	2	3	3	3	4	4	4	5	한	5	6	6	6	7	7	7	8	8	8	9

입춘 4일 06시 55분 【음1월】 ➡ 【 庚寅月(경인월)】 ☯八白星 우수 19일 02시 52분

양력 2월 / 음력 12/27 ~ 01/24

양력	1	2	3	4	5	6	7	8	9	10	11	12	13	14	15	16	17	18	19	20	21	22	23	24	25	26	27	28
요일	일	월	화	수	목	금	토	일	월	화	수	목	금	토	일	월	화	수	목	금	토	일	월	화	수	목	금	토
일진	庚	辛	壬	癸	甲	乙	丙	丁	戊	己	庚	辛	壬	癸	甲	乙	丙	丁	戊	己	庚	辛	壬	癸	甲	乙	丙	丁
日辰	戌	亥	子	丑	寅	卯	辰	巳	午	未	申	酉	戌	亥	子	丑	寅	卯	辰	巳	午	未	申	酉	戌	亥	子	丑
납음	釵釧金		桑柘木		大溪水		沙中土		天上火		石榴木		大海水		海中金		爐中火		大林木		路傍土		劍鋒金		山頭火		澗下水	
음력	27	28	29	30	1/1	2	3	4	5	6	7	8	9	10	11	12	13	14	15	16	17	18	19	20	21	22	23	24
구성	2	3	4	5	6	7	8	9	1	2	3	4	5	6	7	8	9	1	2	3	4	5	6	7	8	9	1	2
대운 남	1	1	1	입	1	1	1	1	2	2	2	3	3	3	4	4	4	5	우	5	6	6	6	7	7	7	8	8
대운 여	9	9	10	춘	10	9	9	9	8	8	8	7	7	7	6	6	6	5	수	5	4	4	4	3	3	3	2	2

辛酉年

경칩 6일 01시 05분 【음2월】 ➡ 【辛卯月(신묘월)】 ☯七赤星 춘분 21일 02시 03분

양력 3월 / 음력 01/25 ~ 02/26

양력	1	2	3	4	5	6	7	8	9	10	11	12	13	14	15	16	17	18	19	20	21	22	23	24	25	26	27	28	29	30	31
요일	일	월	화	수	목	금	토	일	월	화	수	목	금	토	일	월	화	수	목	금	토	일	월	화	수	목	금	토	일	월	화
일진	戊	己	庚	辛	壬	癸	甲	乙	丙	丁	戊	己	庚	辛	壬	癸	甲	乙	丙	丁	戊	己	庚	辛	壬	癸	甲	乙	丙	丁	戊
日辰	寅	卯	辰	巳	午	未	申	酉	戌	亥	子	丑	寅	卯	辰	巳	午	未	申	酉	戌	亥	子	丑	寅	卯	辰	巳	午	未	申
납음	城頭土		白臘金		楊柳木		井中水		屋上土		霹靂火		松柏木		長流水		沙中金		山下火		平地木		壁上土		金箔金		覆燈火		天河水		
음력	25	26	27	28	29	2/1	2	3	4	5	6	7	8	9	10	11	12	13	14	15	16	17	18	19	20	21	22	23	24	25	26
구성	3	4	5	6	7	8	9	1	2	3	4	5	6	7	8	9	1	2	3	4	5	6	7	8	9	1	2	3	4	5	6
대운 남	8	9	9	9	10	경	1	1	1	1	2	2	2	3	3	3	4	4	4	5	춘	5	6	6	6	7	7	7	8	8	8
대운 여	2	1	1	1	1	칩	10	9	9	9	8	8	8	7	7	7	6	6	6	5	분	5	4	4	4	3	3	3	2	2	2

청명 5일 06시 05분 【음3월】 ➡ 【壬辰月(임진월)】 ☯六白星 곡우 20일 13시 19분

양력 4월 / 음력 02/27 ~ 03/26

양력	1	2	3	4	5	6	7	8	9	10	11	12	13	14	15	16	17	18	19	20	21	22	23	24	25	26	27	28	29	30
요일	수	목	금	토	일	월	화	수	목	금	토	일	월	화	수	목	금	토	일	월	화	수	목	금	토	일	월	화	수	목
일진	己	庚	辛	壬	癸	甲	乙	丙	丁	戊	己	庚	辛	壬	癸	甲	乙	丙	丁	戊	己	庚	辛	壬	癸	甲	乙	丙	丁	戊
日辰	酉	戌	亥	子	丑	寅	卯	辰	巳	午	未	申	酉	戌	亥	子	丑	寅	卯	辰	巳	午	未	申	酉	戌	亥	子	丑	寅
납음		釵釧金		桑柘木		大溪水		沙中土		天上火		石榴木		大海水		海中金		爐中火		大林木		路傍土		劍鋒金		山頭火		澗下水		
음력	27	28	29	30	3/1	2	3	4	5	6	7	8	9	10	11	12	13	14	15	16	17	18	19	20	21	22	23	24	25	26
구성	7	8	9	1	2	3	4	5	6	7	8	9	1	2	3	4	5	6	7	8	9	1	2	3	4	5	6	7	8	9
대운 남	9	9	9	10	청	1	1	1	1	2	2	2	3	3	3	4	4	4	5	곡	5	6	6	6	7	7	7	8	8	8
대운 여	1	1	1	1	명	10	9	9	9	8	8	8	7	7	7	6	6	6	5	우	5	4	4	4	3	3	3	2	2	2

입하 5일 23시 55분 【음4월】 ➡ 【癸巳月(계사월)】 ☯五黃星 소만 21일 12시 39분

양력 5월 / 음력 04/29 ~ 05/29

양력	1	2	3	4	5	6	7	8	9	10	11	12	13	14	15	16	17	18	19	20	21	22	23	24	25	26	27	28	29	30	31
요일	금	토	일	월	화	수	목	금	토	일	월	화	수	목	금	토	일	월	화	수	목	금	토	일	월	화	수	목	금	토	일
일잔	己	庚	辛	壬	癸	甲	乙	丙	丁	戊	己	庚	辛	壬	癸	甲	乙	丙	丁	戊	己	庚	辛	壬	癸	甲	乙	丙	丁	戊	己
日辰	卯	辰	巳	午	未	申	酉	戌	亥	子	丑	寅	卯	辰	巳	午	未	申	酉	戌	亥	子	丑	寅	卯	辰	巳	午	未	申	酉
납음		白臘金		楊柳木		井中水		屋上土		霹靂火		松柏木		長流水		沙中金		山下火		平地木		壁上土		金箔金		覆燈火		天河水		大驛土	
음력	27	28	29	4/1	2	3	4	5	6	7	8	9	10	11	12	13	14	15	16	17	18	19	20	21	22	23	24	25	26	27	28
구성	1	2	3	4	5	6	7	8	9	1	2	3	4	5	6	7	8	9	1	2	3	4	5	6	7	8	9	1	2	3	4
대운 남	9	9	9	10	입	1	1	1	1	2	2	2	3	3	3	4	4	4	5	5	소	6	6	6	7	7	7	8	8	8	9
대운 여	1	1	1	1	하	10	10	10	9	9	9	8	8	8	7	7	7	6	6	6	만	5	5	4	4	4	3	3	3	2	2

망종 6일 03시 53분 【음5월】 ➡ 【甲午月(갑오월)】 ☯四綠星 하지 21일 20시 45분

양력 6월 / 음력 04/29 ~ 05/29

양력	1	2	3	4	5	6	7	8	9	10	11	12	13	14	15	16	17	18	19	20	21	22	23	24	25	26	27	28	29	30
요일	월	화	수	목	금	토	일	월	화	수	목	금	토	일	월	화	수	목	금	토	일	월	화	수	목	금	토	일	월	화
일진	庚	辛	壬	癸	甲	乙	丙	丁	戊	己	庚	辛	壬	癸	甲	乙	丙	丁	戊	己	庚	辛	壬	癸	甲	乙	丙	丁	戊	己
日辰	戌	亥	子	丑	寅	卯	辰	巳	午	未	申	酉	戌	亥	子	丑	寅	卯	辰	巳	午	未	申	酉	戌	亥	子	丑	寅	卯
납음	釵釧金		桑柘木		大溪水		沙中土		天上火		石榴木		大海水		海中金		爐中火		大林木		路傍土		劍鋒金		山頭火		澗下水		城頭土	
음력	29	5/1	2	3	4	5	6	7	8	9	10	11	12	13	14	15	16	17	18	19	20	21	22	23	24	25	26	27	28	29
구성	5	6	7	8	9	1	2	3	4	5	6	7	8	9	1	2	3	4	5	6	7	8	9	9	8	7	6	5	4	3
대운 남	9	9	10	10	10	망	1	1	1	1	2	2	2	3	3	3	4	4	4	5	하	5	6	6	6	7	7	7	8	8
대운 여	2	1	1	1	1	종	10	10	9	9	9	8	8	8	7	7	7	6	6	6	지	5	5	4	4	4	3	3	3	2

한식(4월06일), 초복(7월11일), 중복(7월21일), 말복(8월10일) 춘사(春社)3/21 추사(秋社)9/27
토왕지절(土旺之節):4월17일,7월20일,10월20일,1월17일(음12/23)臘享(납향):1982년1월24일(음12/20)

八日得辛, 三龍治水, 1981년 신유年(석류목), 일백수

9紫	5黃	7赤
8白	1白	3碧
4綠	6白	2黑

1981 辛酉年

소서 7일 14시 12분 【음6월】➡ 【乙未月(을미월)】 ☯三碧星 대서 23일 07시 40분

양력	양력	1	2	3	4	5	6	7	8	9	10	11	12	13	14	15	16	17	18	19	20	21	22	23	24	25	26	27	28	29	30	31
7월	요일	수	목	금	토	일	월	화	수	목	금	토	일	월	화	수	목	금	토	일	월	화	수	목	금	토	일	월	화	수	목	금
	일진 日辰	庚辰	辛巳	壬午	癸未	甲申	乙酉	丙戌	丁亥	戊子	己丑	庚寅	辛卯	壬辰	癸巳	甲午	乙未	丙申	丁酉	戊戌	己亥	庚子	辛丑	壬寅	癸卯	甲辰	乙巳	丙午	丁未	戊申	己酉	庚戌
음력	납음	白臘金		楊柳木		井中水		屋上土		霹靂火		松柏木		長流水		沙中金		山下火		平地木		壁上土		金箔金		覆燈火		天河水		大驛土		
05/30	음력	30	6/1	2	3	4	5	6	7	8	9	10	11	12	13	14	15	16	17	18	19	20	21	22	23	24	25	26	27	28	29	7/1
~	구성	2	1	9	8	7	6	5	4	3	2	1	9	8	7	6	5	4	3	2	1	9	8	7	6	5	4	3	2	1	9	8
07/01	대운 남	8	9	9	9	10	10	소	1	1	1	1	2	2	2	3	3	3	4	4	4	5	5	대	6	6	6	7	7	7	8	8
	대운 여	2	2	1	1	1	1	서	10	10	9	9	9	8	8	8	7	7	7	6	6	6	5	서	5	4	4	4	3	3	3	2

입추 7일 23시 57분 【음7월】➡ 【丙申月(병신월)】 ☯二黑星 처서 23일 14시 38분

양력	양력	1	2	3	4	5	6	7	8	9	10	11	12	13	14	15	16	17	18	19	20	21	22	23	24	25	26	27	28	29	30	31
8월	요일	토	일	월	화	수	목	금	토	일	월	화	수	목	금	토	일	월	화	수	목	금	토	일	월	화	수	목	금	토	일	월
	일진 日辰	辛亥	壬子	癸丑	甲寅	乙卯	丙辰	丁巳	戊午	己未	庚申	辛酉	壬戌	癸亥	甲子	乙丑	丙寅	丁卯	戊辰	己巳	庚午	辛未	壬申	癸酉	甲戌	乙亥	丙子	丁丑	戊寅	己卯	庚辰	辛巳
음력	납음		桑柘木		大溪水		沙中土		天上火		石榴木		大海水		海中金		爐中火		大林木		路傍土		劍鋒金		山頭火		澗下水		城頭土		白臘金	
07/02	음력	2	3	4	5	6	7	8	9	10	11	12	13	14	15	16	17	18	19	20	21	22	23	24	25	26	27	28	29	8/1	2	3
~	구성	7	6	5	4	3	2	1	9	8	7	6	5	4	3	2	1	9	8	7	6	5	4	3	2	1	9	8	7	6	5	4
08/03	대운 남	8	9	9	9	10	10	입	1	1	1	1	2	2	2	3	3	3	4	4	4	5	5	처	6	6	6	7	7	7	8	8
	대운 여	2	2	1	1	1	1	추	10	10	10	9	9	9	8	8	8	7	7	7	6	6	6	서	5	5	4	4	4	3	3	3

백로 8일 02시 43분 【음8월】➡ 【丁酉月(정유월)】 ☯一白星 추분 23일 12시 06분

양력	양력	1	2	3	4	5	6	7	8	9	10	11	12	13	14	15	16	17	18	19	20	21	22	23	24	25	26	27	28	29	30
9월	요일	화	수	목	금	토	일	월	화	수	목	금	토	일	월	화	수	목	금	토	일	월	화	수	목	금	토	일	월	화	수
	일진 日辰	壬午	癸未	甲申	乙酉	丙戌	丁亥	戊子	己丑	庚寅	辛卯	壬辰	癸巳	甲午	乙未	丙申	丁酉	戊戌	己亥	庚子	辛丑	壬寅	癸卯	甲辰	乙巳	丙午	丁未	戊申	己酉	庚戌	辛亥
음력	납음	楊柳木		井中水		屋上土		霹靂火		松柏木		長流水		沙中金		山下火		平地木		壁上土		金箔金		覆燈火		天河水		大驛土		釵釧金	
08/04	음력	4	5	6	7	8	9	10	11	12	13	14	15	16	17	18	19	20	21	22	23	24	25	26	27	28	29	30	9/1	2	3
~	구성	3	2	1	9	8	7	6	5	4	3	2	1	9	8	7	6	5	4	3	2	1	9	8	7	6	5	4	3	2	1
09/03	대운 남	8	9	9	9	10	10	10	백	1	1	1	1	2	2	2	3	3	3	4	4	4	5	추	5	6	6	6	7	7	7
	대운 여	2	2	2	1	1	1	1	로	10	9	9	9	8	8	8	7	7	7	6	6	6	5	분	5	4	4	4	3	3	3

한로 8일 18시 10분 【음9월】➡ 【戊戌月(무술월)】 ☯九紫星 상강 23일 21시 13분

양력	양력	1	2	3	4	5	6	7	8	9	10	11	12	13	14	15	16	17	18	19	20	21	22	23	24	25	26	27	28	29	30	31
10월	요일	목	금	토	일	월	화	수	목	금	토	일	월	화	수	목	금	토	일	월	화	수	목	금	토	일	월	화	수	목	금	토
	일진 日辰	壬子	癸丑	甲寅	乙卯	丙辰	丁巳	戊午	己未	庚申	辛酉	壬戌	癸亥	甲子	乙丑	丙寅	丁卯	戊辰	己巳	庚午	辛未	壬申	癸酉	甲戌	乙亥	丙子	丁丑	戊寅	己卯	庚辰	辛巳	壬午
음력	납음	桑柘木		大溪水		沙中土		天上火		石榴木		大海水		海中金		爐中火		大林木		路傍土		劍鋒金		山頭火		澗下水		城頭土		白臘金		
09/04	음력	4	5	6	7	8	9	10	11	12	13	14	15	16	17	18	19	20	21	22	23	24	25	26	27	28	29	30	10/1	2	3	4
~	구성	9	8	7	6	5	4	3	2	1	9	8	7	6	5	4	3	2	1	9	8	7	6	5	4	3	2	1	9	8	7	6
10/04	대운 남	8	8	8	9	9	9	10	한	1	1	1	1	2	2	2	3	3	3	4	4	4	5	상	5	6	6	6	7	7	7	8
	대운 여	2	2	2	1	1	1	1	로	10	9	9	9	8	8	8	7	7	7	6	6	6	5	강	5	4	4	4	3	3	3	2

입동 7일 12시 09분 【음10월】➡ 【己亥月(기해월)】 ☯八白星 소설 22일 18시 36분

양력	양력	1	2	3	4	5	6	7	8	9	10	11	12	13	14	15	16	17	18	19	20	21	22	23	24	25	26	27	28	29	30
11월	요일	일	월	화	수	목	금	토	일	월	화	수	목	금	토	일	월	화	수	목	금	토	일	월	화	수	목	금	토	일	월
	일진 日辰	癸未	甲申	乙酉	丙戌	丁亥	戊子	己丑	庚寅	辛卯	壬辰	癸巳	甲午	乙未	丙申	丁酉	戊戌	己亥	庚子	辛丑	壬寅	癸卯	甲辰	乙巳	丙午	丁未	戊申	己酉	庚戌	辛亥	壬子
음력	납음		井中水		屋上土		霹靂火		松柏木		長流水		沙中金		山下火		平地木		壁上土		金箔金		覆燈火		天河水		大驛土		釵釧金		
10/05	음력	5	6	7	8	9	10	11	12	13	14	15	16	17	18	19	20	21	22	23	24	25	26	27	28	29	11/1	2	3	4	5
~	구성	5	4	3	2	1	9	8	7	6	5	4	3	2	1	9	8	7	6	5	4	3	2	1	9	8	7	6	5	4	3
11/05	대운 남	8	8	9	9	9	10	입	1	1	1	1	2	2	2	3	3	3	4	4	4	5	소	5	6	6	6	7	7	7	8
	대운 여	2	2	1	1	1	1	동	10	9	9	9	8	8	8	7	7	7	6	6	6	5	설	5	4	4	4	3	3	3	2

대설 7일 13시 51분 【음11월】➡ 【庚子月(경자월)】 ☯七赤星 동지 22일 07시 51분

양력	양력	1	2	3	4	5	6	7	8	9	10	11	12	13	14	15	16	17	18	19	20	21	22	23	24	25	26	27	28	29	30	31
12월	요일	화	수	목	금	토	일	월	화	수	목	금	토	일	월	화	수	목	금	토	일	월	화	수	목	금	토	일	월	화	수	목
	일진 日辰	癸丑	甲寅	乙卯	丙辰	丁巳	戊午	己未	庚申	辛酉	壬戌	癸亥	甲子	乙丑	丙寅	丁卯	戊辰	己巳	庚午	辛未	壬申	癸酉	甲戌	乙亥	丙子	丁丑	戊寅	己卯	庚辰	辛巳	壬午	癸未
음력	납음		大溪水		沙中土		天上火		石榴木		大海水		海中金		爐中火		大林木		路傍土		劍鋒金		山頭火		澗下水		城頭土		白臘金		楊柳木	
11/06	음력	6	7	8	9	10	11	12	13	14	15	16	17	18	19	20	21	22	23	24	25	26	27	28	29	30	12/1	2	3	4	5	6
~	구성	2	1	9	8	7	6	5	4	3	2	1	1	2	3	4	5	6	7	8	9	1	2	3	4	5	6	7	8	9	1	2
12/06	대운 남	8	8	9	9	9	10	대	1	1	1	1	2	2	2	3	3	3	4	4	4	5	동	5	6	6	6	7	7	7	8	8
	대운 여	2	2	1	1	1	1	설	10	9	9	9	8	8	8	7	7	7	6	6	6	5	지	5	4	4	4	3	3	3	2	2

단기 4315 年
불기 2526 年

1982년

中元 壬戌年 납음(大海水),본명성(九紫火)

대장군(午남방). 삼살(북방). 상문(子북방).조객(申서남방). 납음(대해수). 【삼재(신,유,술)년】 臘享(납향):1983년1월19일(음12/06)

개

소한 6일 01시 03분 【음12월】 ➡ 【辛丑月(신축월)】 ☯六白星 대한 20일 18시 31분

양력 1월 — 음력 12/07 ~ 01/07

양력	1	2	3	4	5	6	7	8	9	10	11	12	13	14	15	16	17	18	19	20	21	22	23	24	25	26	27	28	29	30	31
요일	금	토	일	월	화	수	목	금	토	일	월	화	수	목	금	토	일	월	화	수	목	금	토	일	월	화	수	목	금	토	일
일진 日辰	甲申	乙酉	丙戌	丁亥	戊子	己丑	庚寅	辛卯	壬辰	癸巳	甲午	乙未	丙申	丁酉	戊戌	己亥	庚子	辛丑	壬寅	癸卯	甲辰	乙巳	丙午	丁未	戊申	己酉	庚戌	辛亥	壬子	癸丑	甲寅
납음	井中水		屋上土		霹靂火		松柏木		長流水		沙中金		山下火		平地木		壁上土		金箔金		覆燈火		天河水		大驛土		釵釧金		桑柘木		
음력	7	8	9	10	11	12	13	14	15	16	17	18	19	20	21	22	23	24	25	26	27	28	29	30	1/1	2	3	4	5	6	7
구성	3	4	5	6	7	8	9	1	2	3	4	5	6	7	8	9	1	2	3	4	5	6	7	8	9	1	2	3	4	5	6
대운 남	8	9	9	9	10	소	1	1	1	1	2	2	2	3	3	3	4	4	4	대	5	5	6	6	6	7	7	7	8	8	8
대운 여	2	1	1	1	1	한	9	9	9	8	8	8	7	7	7	6	6	6	5	한	5	4	4	4	3	3	3	2	2	2	1

입춘 4일 12시 45분 【음1월】 ➡ 【壬寅月(임인월)】 ☯五黃星 우수 19일 08시 47분

양력 2월 — 음력 01/08 ~ 02/05

양력	1	2	3	4	5	6	7	8	9	10	11	12	13	14	15	16	17	18	19	20	21	22	23	24	25	26	27	28
요일	월	화	수	목	금	토	일	월	화	수	목	금	토	일	월	화	수	목	금	토	일	월	화	수	목	금	토	일
일진 日辰	乙卯	丙辰	丁巳	戊午	己未	庚申	辛酉	壬戌	癸亥	甲子	乙丑	丙寅	丁卯	戊辰	己巳	庚午	辛未	壬申	癸酉	甲戌	乙亥	丙子	丁丑	戊寅	己卯	庚辰	辛巳	壬午
납음		沙中土		天上火		石榴木		大海水		海中金		爐中火		大林木		路傍土		劍鋒金		山頭火		澗下水		城頭土		白臘金		
음력	8	9	10	11	12	13	14	15	16	17	18	19	20	21	22	23	24	25	26	27	28	29	30	2/1	2	3	4	5
구성	7	8	9	1	2	3	4	5	6	7	8	9	1	2	3	4	5	6	7	8	9	1	2	3	4	5	6	7
대운 남	9	9	9	입	10	9	9	9	8	8	8	7	7	7	6	6	6	5	우	5	4	4	4	3	3	3	2	2
대운 여	1	1	1	춘	1	1	1	1	2	2	2	3	3	3	4	4	4	5	수	5	6	6	6	7	7	7	8	8

壬戌年

경칩 6일 06시 55분 【음2월】 ➡ 【癸卯月(계묘월)】 ☯四綠星 춘분 21일 07시 56분

양력 3월 — 음력 02/06 ~ 03/07

양력	1	2	3	4	5	6	7	8	9	10	11	12	13	14	15	16	17	18	19	20	21	22	23	24	25	26	27	28	29	30	31
요일	월	화	수	목	금	토	일	월	화	수	목	금	토	일	월	화	수	목	금	토	일	월	화	수	목	금	토	일	월	화	수
일진 日辰	癸未	甲申	乙酉	丙戌	丁亥	戊子	己丑	庚寅	辛卯	壬辰	癸巳	甲午	乙未	丙申	丁酉	戊戌	己亥	庚子	辛丑	壬寅	癸卯	甲辰	乙巳	丙午	丁未	戊申	己酉	庚戌	辛亥	壬子	癸丑
납음		井中水		屋上土		霹靂火		松柏木		長流水		沙中金		山下火		平地木		壁上土		金箔金		覆燈火		天河水		大驛土		釵釧金		桑柘木	
음력	6	7	8	9	10	11	12	13	14	15	16	17	18	19	20	21	22	23	24	25	26	27	28	29	3/1	2	3	4	5	6	7
구성	8	9	1	2	3	4	5	6	7	8	9	1	2	3	4	5	6	7	8	9	1	2	3	4	5	6	7	8	9	1	2
대운 남	2	1	1	1	1	경	10	9	9	9	8	8	8	7	7	7	6	6	6	5	춘	5	4	4	4	3	3	3	2	2	2
대운 여	8	9	9	9	10	칩	1	1	1	1	2	2	2	3	3	3	4	4	4	5	분	5	6	6	6	7	7	7	8	8	8

청명 5일 11시 53분 【음3월】 ➡ 【甲辰月(갑진월)】 ☯三碧星 곡우 20일 19시 07분

양력 4월 — 음력 03/08 ~ 04/07

양력	1	2	3	4	5	6	7	8	9	10	11	12	13	14	15	16	17	18	19	20	21	22	23	24	25	26	27	28	29	30
요일	목	금	토	일	월	화	수	목	금	토	일	월	화	수	목	금	토	일	월	화	수	목	금	토	일	월	화	수	목	금
일진 日辰	甲寅	乙卯	丙辰	丁巳	戊午	己未	庚申	辛酉	壬戌	癸亥	甲子	乙丑	丙寅	丁卯	戊辰	己巳	庚午	辛未	壬申	癸酉	甲戌	乙亥	丙子	丁丑	戊寅	己卯	庚辰	辛巳	壬午	癸未
납음	大溪水		沙中土		天上火		石榴木		大海水		海中金		爐中火		大林木		路傍土		劍鋒金		山頭火		澗下水		城頭土		白臘金		楊柳木	
음력	8	9	10	11	12	13	14	15	16	17	18	19	20	21	22	23	24	25	26	27	28	29	30	4/1	2	3	4	5	6	7
구성	3	4	5	6	7	8	9	1	2	3	4	5	6	7	8	9	1	2	3	4	5	6	7	8	9	1	2	3	4	5
대운 남	1	1	1	1	청	10	10	9	9	9	8	8	8	7	7	7	6	6	6	곡	5	5	4	4	4	3	3	3	2	2
대운 여	9	9	9	10	명	1	1	1	1	2	2	2	3	3	3	4	4	4	5	우	5	6	6	6	7	7	7	8	8	8

입하 6일 05시 20분 【음4월】 ➡ 【乙巳月(을사월)】 ☯二黑星 소만 21일 18시 23분

양력 5월 — 음력 04/08 ~ 윤409

양력	1	2	3	4	5	6	7	8	9	10	11	12	13	14	15	16	17	18	19	20	21	22	23	24	25	26	27	28	29	30	31
요일	토	일	월	화	수	목	금	토	일	월	화	수	목	금	토	일	월	화	수	목	금	토	일	월	화	수	목	금	토	일	월
일진 日辰	甲申	乙酉	丙戌	丁亥	戊子	己丑	庚寅	辛卯	壬辰	癸巳	甲午	乙未	丙申	丁酉	戊戌	己亥	庚子	辛丑	壬寅	癸卯	甲辰	乙巳	丙午	丁未	戊申	己酉	庚戌	辛亥	壬子	癸丑	甲寅
납음	井中水		屋上土		霹靂火		松柏木		長流水		沙中金		山下火		平地木		壁上土		金箔金		覆燈火		天河水		大驛土		釵釧金		桑柘木		
음력	8	9	10	11	12	13	14	15	16	17	18	19	20	21	22	23	24	25	26	27	28	29	윤4	2	3	4	5	6	7	8	9
구성	6	7	8	9	1	2	3	4	5	6	7	8	9	1	2	3	4	5	6	7	8	9	1	2	3	4	5	6	7	8	9
대운 남	2	1	1	1	1	입	10	10	9	9	9	8	8	8	7	7	7	6	6	6	소	5	5	4	4	4	3	3	3	2	2
대운 여	9	9	9	10	10	하	1	1	1	1	2	2	2	3	3	3	4	4	4	5	만	5	6	6	6	7	7	7	8	8	8

망종 6일 09시 36분 【음5월】 ➡ 【丙午月(병오월)】 ☯一白星 하지 22일 02시 23분

양력 6월 — 음력 윤410 ~ 05/10

양력	1	2	3	4	5	6	7	8	9	10	11	12	13	14	15	16	17	18	19	20	21	22	23	24	25	26	27	28	29	30
요일	화	수	목	금	토	일	월	화	수	목	금	토	일	월	화	수	목	금	토	일	월	화	수	목	금	토	일	월	화	수
일진 日辰	乙卯	丙辰	丁巳	戊午	己未	庚申	辛酉	壬戌	癸亥	甲子	乙丑	丙寅	丁卯	戊辰	己巳	庚午	辛未	壬申	癸酉	甲戌	乙亥	丙子	丁丑	戊寅	己卯	庚辰	辛巳	壬午	癸未	甲申
납음		沙中土		天上火		石榴木		大海水		海中金		爐中火		大林木		路傍土		劍鋒金		山頭火		澗下水		城頭土		白臘金		楊柳木		
음력	10	11	12	13	14	15	16	17	18	19	20	21	22	23	24	25	26	27	28	29	5/1	2	3	4	5	6	7	8	9	10
구성	1	2	3	4	5	6	7	8	9	9	8	7	6	5	4	3	2	1	9	8	7	6	5	4	3	2	1	9	8	7
대운 남	2	1	1	1	1	망	10	10	9	9	9	8	8	8	7	7	7	6	6	6	5	하	5	4	4	4	3	3	3	2
대운 여	9	9	9	10	10	종	1	1	1	1	2	2	2	3	3	3	4	4	4	5	5	지	6	6	6	7	7	7	8	8

한식(4월06일), 초복(7월16일), 중복(7월26일), 말복(8월15일) ☂춘사(春社)3/16 ☀추사(秋社)9/22
토왕지절(土旺之節):4월17일,7월20일,10월21일,1월18일(음12/05)臘享(납향):1983년1월19일(음12/06)

四日得辛, 九龍治水, 1982년 임술年(대해수), 구자화

8白	4綠	6白
7赤	9紫	2黑
3碧	5黃	1白

1982 壬戌年

소서 7일 19시 55분 【음6월】 ➡ 【丁未月(정미월)】 ☯九紫星 대서 23일 13시 15분

양력 7월 / 음력 05/11 ~ 06/11

양력	1	2	3	4	5	6	7	8	9	10	11	12	13	14	15	16	17	18	19	20	21	22	23	24	25	26	27	28	29	30	31
요일	목	금	토	일	월	화	수	목	금	토	일	월	화	수	목	금	토	일	월	화	수	목	금	토	일	월	화	수	목	금	토
일진 日辰	乙酉	丙戌	丁亥	戊子	己丑	庚寅	辛卯	壬辰	癸巳	甲午	乙未	丙申	丁酉	戊戌	己亥	庚子	辛丑	壬寅	癸卯	甲辰	乙巳	丙午	丁未	戊申	己酉	庚戌	辛亥	壬子	癸丑	甲寅	乙卯
납음		屋上土		霹靂火		松柏木		長流水		沙中金		山下火		平地木		壁上土		金箔金		覆燈火		天河水		大驛土		釵釧金		桑柘木		大溪水	
음력	11	12	13	14	15	16	17	18	19	20	21	22	23	24	25	26	27	28	29	30	6/1	2	3	4	5	6	7	8	9	10	11
구성	6	5	4	3	2	1	9	8	7	6	5	4	3	2	1	9	8	7	6	5	4	3	2	1	9	8	7	6	5	4	3
대운 남	2	2	1	1	1	1	소	10	10	10	9	9	9	8	8	8	7	7	7	6	6	6	대	5	5	4	4	4	3	3	3
대운 여	8	9	9	9	10	10	서	1	1	1	1	2	2	2	3	3	3	4	4	4	5	5	서	6	6	6	7	7	7	8	8

입추 8일 05시 42분 【음7월】 ➡ 【戊申月(무신월)】 ☯八白星 처서 23일 20시 15분

양력 8월 / 음력 06/12 ~ 07/13

양력	1	2	3	4	5	6	7	8	9	10	11	12	13	14	15	16	17	18	19	20	21	22	23	24	25	26	27	28	29	30	31
요일	일	월	화	수	목	금	토	일	월	화	수	목	금	토	일	월	화	수	목	금	토	일	월	화	수	목	금	토	일	월	화
일진 日辰	丙辰	丁巳	戊午	己未	庚申	辛酉	壬戌	癸亥	甲子	乙丑	丙寅	丁卯	戊辰	己巳	庚午	辛未	壬申	癸酉	甲戌	乙亥	丙子	丁丑	戊寅	己卯	庚辰	辛巳	壬午	癸未	甲申	乙酉	丙戌
납음	沙中土		天上火		石榴木		大海水		海中金		爐中火		大林木		路傍土		劍鋒金		山頭火		澗下水		城頭土		白臘金		楊柳木		井中水		
음력	12	13	14	15	16	17	18	19	20	21	22	23	24	25	26	27	28	29	7/1	2	3	4	5	6	7	8	9	10	11	12	13
구성	2	1	9	8	7	6	5	4	3	2	1	9	8	7	6	5	4	3	2	1	9	8	7	6	5	4	3	2	1	9	8
대운 남	2	2	2	1	1	1	1	입	10	10	9	9	9	8	8	8	7	7	7	6	6	6	처	5	5	4	4	4	3	3	3
대운 여	8	9	9	9	10	10	10	추	1	1	1	1	2	2	2	3	3	3	4	4	4	5	서	5	6	6	6	7	7	7	8

백로 8일 08시 32분 【음8월】 ➡ 【己酉月(기유월)】 ☯七赤星 추분 23일 17시 46분

양력 9월 / 음력 07/14 ~ 08/14

양력	1	2	3	4	5	6	7	8	9	10	11	12	13	14	15	16	17	18	19	20	21	22	23	24	25	26	27	28	29	30
요일	수	목	금	토	일	월	화	수	목	금	토	일	월	화	수	목	금	토	일	월	화	수	목	금	토	일	월	화	수	목
일진 日辰	丁亥	戊子	己丑	庚寅	辛卯	壬辰	癸巳	甲午	乙未	丙申	丁酉	戊戌	己亥	庚子	辛丑	壬寅	癸卯	甲辰	乙巳	丙午	丁未	戊申	己酉	庚戌	辛亥	壬子	癸丑	甲寅	乙卯	丙辰
납음		霹靂火		松柏木		長流水		沙中金		山下火		平地木		壁上土		金箔金		覆燈火		天河水		大驛土		釵釧金		桑柘木		大溪水		
음력	14	15	16	17	18	19	20	21	22	23	24	25	26	27	28	29	8/1	2	3	4	5	6	7	8	9	10	11	12	13	14
구성	7	6	5	4	3	2	1	9	8	7	6	5	4	3	2	1	9	8	7	6	5	4	3	2	1	9	8	7	6	5
대운 남	2	2	2	1	1	1	1	백	10	10	9	9	9	8	8	8	7	7	7	6	6	6	추	5	5	4	4	4	3	3
대운 여	8	8	9	9	9	10	10	로	1	1	1	1	2	2	2	3	3	3	4	4	4	5	분	5	6	6	6	7	7	7

한로 9일 00시 02분 【음9월】 ➡ 【庚戌月(경술월)】 ☯六白星 상강 24일 02시 58분

양력 10월 / 음력 08/15 ~ 09/15

양력	1	2	3	4	5	6	7	8	9	10	11	12	13	14	15	16	17	18	19	20	21	22	23	24	25	26	27	28	29	30	31
요일	금	토	일	월	화	수	목	금	토	일	월	화	수	목	금	토	일	월	화	수	목	금	토	일	월	화	수	목	금	토	일
일진 日辰	丁巳	戊午	己未	庚申	辛酉	壬戌	癸亥	甲子	乙丑	丙寅	丁卯	戊辰	己巳	庚午	辛未	壬申	癸酉	甲戌	乙亥	丙子	丁丑	戊寅	己卯	庚辰	辛巳	壬午	癸未	甲申	乙酉	丙戌	丁亥
납음		天上火		石榴木		大海水		海中金		爐中火		大林木		路傍土		劍鋒金		山頭火		澗下水		城頭土		白臘金		楊柳木		井中水		屋上土	
음력	15	16	17	18	19	20	21	22	23	24	25	26	27	28	29	30	9/1	2	3	4	5	6	7	8	9	10	11	12	13	14	15
구성	4	3	2	1	9	8	7	6	5	4	3	2	1	9	8	7	6	5	4	3	2	1	9	8	7	6	5	4	3	2	1
대운 남	3	2	2	2	1	1	1	1	한	10	9	9	9	8	8	8	7	7	7	6	6	6	5	상	5	4	4	4	3	3	3
대운 여	8	8	8	9	9	9	10	10	로	1	1	1	1	2	2	2	3	3	3	4	4	4	5	강	5	6	6	6	7	7	7

입동 8일 03시 04분 【음10월】 ➡ 【辛亥月(신해월)】 ☯五黃星 소설 23일 00시 23분

양력 11월 / 음력 09/16 ~ 10/15

양력	1	2	3	4	5	6	7	8	9	10	11	12	13	14	15	16	17	18	19	20	21	22	23	24	25	26	27	28	29	30
요일	월	화	수	목	금	토	일	월	화	수	목	금	토	일	월	화	수	목	금	토	일	월	화	수	목	금	토	일	월	화
일진 日辰	戊子	己丑	庚寅	辛卯	壬辰	癸巳	甲午	乙未	丙申	丁酉	戊戌	己亥	庚子	辛丑	壬寅	癸卯	甲辰	乙巳	丙午	丁未	戊申	己酉	庚戌	辛亥	壬子	癸丑	甲寅	乙卯	丙辰	丁巳
납음	霹靂火		松柏木		長流水		沙中金		山下火		平地木		壁上土		金箔金		覆燈火		天河水		大驛土		釵釧金		桑柘木		大溪水		沙中土	
음력	16	17	18	19	20	21	22	23	24	25	26	27	28	29	30	10/1	2	3	4	5	6	7	8	9	10	11	12	13	14	15
구성	9	8	7	6	5	4	3	2	1	9	8	7	6	5	4	3	2	1	9	8	7	6	5	4	3	2	1	9	8	7
대운 남	2	2	2	1	1	1	1	입	9	9	9	8	8	8	7	7	7	6	6	6	5	5	소	4	4	4	3	3	3	2
대운 여	8	8	8	9	9	9	10	동	1	1	1	1	2	2	2	3	3	3	4	4	4	5	설	5	6	6	6	7	7	7

대설 7일 19시 48분 【음11월】 ➡ 【壬子月(임자월)】 ☯四綠星 동지 22일 13시 38분

양력 12월 / 음력 10/16 ~ 11/17

양력	1	2	3	4	5	6	7	8	9	10	11	12	13	14	15	16	17	18	19	20	21	22	23	24	25	26	27	28	29	30	31
요일	수	목	금	토	일	월	화	수	목	금	토	일	월	화	수	목	금	토	일	월	화	수	목	금	토	일	월	화	수	목	금
일진 日辰	戊午	己未	庚申	辛酉	壬戌	癸亥	甲子	乙丑	丙寅	丁卯	戊辰	己巳	庚午	辛未	壬申	癸酉	甲戌	乙亥	丙子	丁丑	戊寅	己卯	庚辰	辛巳	壬午	癸未	甲申	乙酉	丙戌	丁亥	戊子
납음	天上火		石榴木		大海水		海中金		爐中火		大林木		路傍土		劍鋒金		山頭火		澗下水		城頭土		白臘金		楊柳木		井中水		屋上土		
음력	16	17	18	19	20	21	22	23	24	25	26	27	28	29	11/1	2	3	4	5	6	7	8	9	10	11	12	13	14	15	16	17
구성	6	5	4	3	2	1	1	2	3	4	5	6	7	8	9	1	2	3	4	5	6	7	8	9	1	2	3	4	5	6	7
대운 남	2	2	1	1	1	1	대	10	9	9	9	8	8	8	7	7	7	6	6	6	5	동	5	4	4	4	3	3	3	2	2
대운 여	8	8	8	9	9	9	설	1	1	1	1	2	2	2	3	3	3	4	4	4	5	지	5	6	6	6	7	7	7	8	8

단기 4316 年
불기 2527 年

1983년 中元 癸亥年 납음(大海水), 본명성(八白土)

대장군(酉서방). 삼살(酉서방), 상문(丑동북방), 조객(酉서방), 납음(대해수), 【삼재(사,오,미)년】 臘享(납향):1984년1월26일(음12/24)

돼지

소한 6일 06시 59분 【음12월】 ➡ 【癸丑月(계축월)】 ☯三碧星 대한 21일 00시 17분

양력 1월 · 음력 11/18 ~ 12/18

양력	1	2	3	4	5	6	7	8	9	10	11	12	13	14	15	16	17	18	19	20	21	22	23	24	25	26	27	28	29	30	31
요일	토	일	월	화	수	목	금	토	일	월	화	수	목	금	토	일	월	화	수	목	금	토	일	월	화	수	목	금	토	일	월
일진 日辰	己丑	庚寅	辛卯	壬辰	癸巳	甲午	乙未	丙申	丁酉	戊戌	己亥	庚子	辛丑	壬寅	癸卯	甲辰	乙巳	丙午	丁未	戊申	己酉	庚戌	辛亥	壬子	癸丑	甲寅	乙卯	丙辰	丁巳	戊午	己未
납음		松柏木		長流水		沙中金		山下火		平地木		壁上土		金箔金		覆燈火		天河水		大驛土		釵釧金		桑柘木		大溪水		沙中土		天上火	
음력	18	19	20	21	22	23	24	25	26	27	28	29	30	12/1	2	3	4	5	6	7	8	9	10	11	12	13	14	15	16	17	18
구성	8	9	1	2	3	4	5	6	7	8	9	1	2	3	4	5	6	7	8	9	1	2	3	4	5	6	7	8	9	1	2
대운 남	2	1	1	1	1	소	9	9	9	8	8	8	7	7	7	6	6	6	5	5	대	4	4	4	3	3	3	2	2	2	1
대운 여	8	9	9	9	10	한	1	1	1	1	2	2	2	3	3	3	4	4	4	5	한	5	6	6	6	7	7	7	8	8	8

입춘 4일 18시 40분 【음1월】 ➡ 【甲寅月(갑인월)】 ☯二黑星 우수 19일 14시 31분

양력 2월 · 음력 12/19 ~ 01/16

양력	1	2	3	4	5	6	7	8	9	10	11	12	13	14	15	16	17	18	19	20	21	22	23	24	25	26	27	28
요일	화	수	목	금	토	일	월	화	수	목	금	토	일	월	화	수	목	금	토	일	월	화	수	목	금	토	일	월
일진 日辰	庚申	辛酉	壬戌	癸亥	甲子	乙丑	丙寅	丁卯	戊辰	己巳	庚午	辛未	壬申	癸酉	甲戌	乙亥	丙子	丁丑	戊寅	己卯	庚辰	辛巳	壬午	癸未	甲申	乙酉	丙戌	丁亥
납음	石榴木		大海水		海中金		爐中火		大林木		路傍土		劍鋒金		山頭火		澗下水		城頭土		白臘金		楊柳木		井中水		屋上土	
음력	19	20	21	22	23	24	25	26	27	28	29	30	1/1	2	3	4	5	6	7	8	9	10	11	12	13	14	15	16
구성	3	4	5	6	7	8	9	1	2	3	4	5	6	7	8	9	1	2	3	4	5	6	7	8	9	1	2	3
대운 남	1	1	1	입	1	1	1	1	2	2	2	3	3	3	4	4	4	5	우	5	6	6	6	7	7	7	8	8
대운 여	9	9	9	춘	10	9	9	9	8	8	8	7	7	7	6	6	6	5	수	5	4	4	4	3	3	3	2	2

癸亥年

경칩 6일 12시 47분 【음2월】 ➡ 【乙卯月(을묘월)】 ☯一白星 춘분 21일 13시 39분

양력 3월 · 음력 01/17 ~ 02/17

양력	1	2	3	4	5	6	7	8	9	10	11	12	13	14	15	16	17	18	19	20	21	22	23	24	25	26	27	28	29	30	31
요일	화	수	목	금	토	일	월	화	수	목	금	토	일	월	화	수	목	금	토	일	월	화	수	목	금	토	일	월	화	수	목
일진 日辰	戊子	己丑	庚寅	辛卯	壬辰	癸巳	甲午	乙未	丙申	丁酉	戊戌	己亥	庚子	辛丑	壬寅	癸卯	甲辰	乙巳	丙午	丁未	戊申	己酉	庚戌	辛亥	壬子	癸丑	甲寅	乙卯	丙辰	丁巳	戊午
납음	霹靂火		松柏木		長流水		沙中金		山下火		平地木		壁上土		金箔金		覆燈火		天河水		大驛土		釵釧金		桑柘木		大溪水		沙中土		
음력	17	18	19	20	21	22	23	24	25	26	27	28	29	30	2/1	2	3	4	5	6	7	8	9	10	11	12	13	14	15	16	17
구성	4	5	6	7	8	9	1	2	3	4	5	6	7	8	9	1	2	3	4	5	6	7	8	9	1	2	3	4	5	6	7
대운 남	8	9	9	9	10	경	1	1	1	1	2	2	2	3	3	3	4	4	4	5	춘	5	6	6	6	7	7	7	8	8	8
대운 여	2	1	1	1	1	칩	10	9	9	9	8	8	8	7	7	7	6	6	6	5	분	5	4	4	4	3	3	3	2	2	2

청명 5일 17시 44분 【음3월】 ➡ 【丙辰月(병진월)】 ☯九紫星 곡우 21일 00시 50분

양력 4월 · 음력 02/18 ~ 03/18

양력	1	2	3	4	5	6	7	8	9	10	11	12	13	14	15	16	17	18	19	20	21	22	23	24	25	26	27	28	29	30
요일	금	토	일	월	화	수	목	금	토	일	월	화	수	목	금	토	일	월	화	수	목	금	토	일	월	화	수	목	금	토
일진 日辰	己未	庚申	辛酉	壬戌	癸亥	甲子	乙丑	丙寅	丁卯	戊辰	己巳	庚午	辛未	壬申	癸酉	甲戌	乙亥	丙子	丁丑	戊寅	己卯	庚辰	辛巳	壬午	癸未	甲申	乙酉	丙戌	丁亥	戊子
납음		石榴木		大海水		海中金		爐中火		大林木		路傍土		劍鋒金		山頭火		澗下水		城頭土		白臘金		楊柳木		井中水		屋上土		
음력	18	19	20	21	22	23	24	25	26	27	28	29	3/1	2	3	4	5	6	7	8	9	10	11	12	13	14	15	16	17	18
구성	8	9	1	2	3	4	5	6	7	8	9	1	2	3	4	5	6	7	8	9	1	2	3	4	5	6	7	8	9	1
대운 남	9	9	9	10	청	1	1	1	1	2	2	2	3	3	3	4	4	4	5	5	곡	6	6	6	7	7	7	8	8	8
대운 여	1	1	1	1	명	10	10	9	9	9	8	8	8	7	7	7	6	6	6	5	우	5	4	4	4	3	3	3	2	2

입하 6일 11시 11분 【음4월】 ➡ 【丁巳月(정사월)】 ☯八白星 소만 22일 00시 06분

양력 5월 · 음력 03/19 ~ 04/19

양력	1	2	3	4	5	6	7	8	9	10	11	12	13	14	15	16	17	18	19	20	21	22	23	24	25	26	27	28	29	30	31
요일	일	월	화	수	목	금	토	일	월	화	수	목	금	토	일	월	화	수	목	금	토	일	월	화	수	목	금	토	일	월	화
일진 日辰	己丑	庚寅	辛卯	壬辰	癸巳	甲午	乙未	丙申	丁酉	戊戌	己亥	庚子	辛丑	壬寅	癸卯	甲辰	乙巳	丙午	丁未	戊申	己酉	庚戌	辛亥	壬子	癸丑	甲寅	乙卯	丙辰	丁巳	戊午	己未
납음		松柏木		長流水		沙中金		山下火		平地木		壁上土		金箔金		覆燈火		天河水		大驛土		釵釧金		桑柘木		大溪水		沙中土		天上火	
음력	19	20	21	22	23	24	25	26	27	28	29	30	4/1	2	3	4	5	6	7	8	9	10	11	12	13	14	15	16	17	18	19
구성	2	3	4	5	6	7	8	9	1	2	3	4	5	6	7	8	9	1	2	3	4	5	6	7	8	9	1	2	3	4	5
대운 남	9	9	9	10	10	입	1	1	1	1	2	2	2	3	3	3	4	4	4	5	5	소	6	6	6	7	7	7	8	8	8
대운 여	2	1	1	1	1	하	10	10	9	9	9	8	8	8	7	7	7	6	6	6	5	만	5	4	4	4	3	3	3	2	2

망종 6일 15시 26분 【음5월】 ➡ 【戊午月(무오월)】 ☯七赤星 하지 22일 08시 09분

양력 6월 · 음력 04/20 ~ 05/20

양력	1	2	3	4	5	6	7	8	9	10	11	12	13	14	15	16	17	18	19	20	21	22	23	24	25	26	27	28	29	30
요일	수	목	금	토	일	월	화	수	목	금	토	일	월	화	수	목	금	토	일	월	화	수	목	금	토	일	월	화	수	목
일진 日辰	庚申	辛酉	壬戌	癸亥	甲子	乙丑	丙寅	丁卯	戊辰	己巳	庚午	辛未	壬申	癸酉	甲戌	乙亥	丙子	丁丑	戊寅	己卯	庚辰	辛巳	壬午	癸未	甲申	乙酉	丙戌	丁亥	戊子	己丑
납음	石榴木		大海水		海中金		爐中火		大林木		路傍土		劍鋒金		山頭火		澗下水		城頭土		白臘金		楊柳木		井中水		屋上土		霹靂火	
음력	20	21	22	23	24	25	26	27	28	29	5/1	2	3	4	5	6	7	8	9	10	11	12	13	14	15	16	17	18	19	20
구성	6	7	8	9	9	8	7	6	5	4	3	2	1	9	8	7	6	5	4	3	2	1	9	8	7	6	5	4	3	2
대운 남	9	9	9	10	10	망	1	1	1	1	2	2	2	3	3	3	4	4	4	5	5	하	6	6	6	7	7	7	8	8
대운 여	2	1	1	1	1	종	10	10	10	9	9	9	8	8	8	7	7	7	6	6	6	지	5	5	4	4	4	3	3	3

한식(4월06일), 초복(7월21일), 중복(7월31일), 말복(8월10일) ☂춘사(春社)3/21 ☀추사(秋社)9/27
토왕지절(土旺之節):4월17일,7월20일,10월21일,1월18일(음12/16)臘享(납향):1984년1월26일(음12/24)

十日得辛, 九龍治水, 1983년 계해年(대해수), 팔백토

7赤	3碧	5黃
6白	8白	1白
2黑	4綠	9紫

1983 癸亥年

소서 8일 01시 43분 【음6월】➡ 【己未月(기미월)】 ☯六白星 대서 23일 19시 04분

양력 7월 / 음력 05/21 ~ 06/22

양력	1	2	3	4	5	6	7	8	9	10	11	12	13	14	15	16	17	18	19	20	21	22	23	24	25	26	27	28	29	30	31
요일	금	토	일	월	화	수	목	금	토	일	월	화	수	목	금	토	일	월	화	수	목	금	토	일	월	화	수	목	금	토	일
일진 日辰	庚寅	辛卯	壬辰	癸巳	甲午	乙未	丙申	丁酉	戊戌	己亥	庚子	辛丑	壬寅	癸卯	甲辰	乙巳	丙午	丁未	戊申	己酉	庚戌	辛亥	壬子	癸丑	甲寅	乙卯	丙辰	丁巳	戊午	己未	庚申
납음	松柏木		長流水		沙中金		山下火		平地木		壁上土		金箔金		覆燈火		天河水		大驛土		釵釧金		桑柘木		大溪水		沙中土		天上火		
음력	21	22	23	24	25	26	27	28	29	6/1	2	3	4	5	6	7	8	9	10	11	12	13	14	15	16	17	18	19	20	21	22
구성	1	9	8	7	6	5	4	3	2	1	9	8	7	6	5	4	3	2	1	9	8	7	6	5	4	3	2	1	9	8	7
대운 남	8	9	9	9	10	10	10	소	1	1	1	1	2	2	2	3	3	3	4	4	4	5	대	5	6	6	6	7	7	7	8
대운 여	2	2	2	1	1	1	1	서	10	10	9	9	9	8	8	8	7	7	7	6	6	6	서	5	5	4	4	4	3	3	3

입추 8일 11시 30분 【음7월】➡ 【庚申月(경신월)】 ☯五黃星 처서 24일 02시 07분

양력 8월 / 음력 06/23 ~ 07/23

양력	1	2	3	4	5	6	7	8	9	10	11	12	13	14	15	16	17	18	19	20	21	22	23	24	25	26	27	28	29	30	31
요일	월	화	수	목	금	토	일	월	화	수	목	금	토	일	월	화	수	목	금	토	일	월	화	수	목	금	토	일	월	화	수
일진 日辰	辛酉	壬戌	癸亥	甲子	乙丑	丙寅	丁卯	戊辰	己巳	庚午	辛未	壬申	癸酉	甲戌	乙亥	丙子	丁丑	戊寅	己卯	庚辰	辛巳	壬午	癸未	甲申	乙酉	丙戌	丁亥	戊子	己丑	庚寅	辛卯
납음		大海水		海中金		爐中火		大林木		路傍土		劍鋒金		山頭火		澗下水		城頭土		白臘金		楊柳木		井中水		屋上土		霹靂火		松柏木	
음력	23	24	25	26	27	28	29	30	7/1	2	3	4	5	6	7	8	9	10	11	12	13	14	15	16	17	18	19	20	21	22	23
구성	6	5	4	3	2	1	9	8	7	6	5	4	3	2	1	9	8	7	6	5	4	3	2	1	9	8	7	6	5	4	3
대운 남	8	8	9	9	9	10	10	입	1	1	1	1	2	2	2	3	3	3	4	4	4	5	5	처	6	6	6	7	7	7	8
대운 여	2	2	2	1	1	1	1	추	10	10	9	9	9	8	8	8	7	7	7	6	6	6	5	서	5	4	4	4	3	3	3

백로 8일 14시 20분 【음8월】➡ 【辛酉月(신유월)】 ☯四綠星 추분 23일 23시 42분

양력 9월 / 음력 07/24 ~ 08/24

양력	1	2	3	4	5	6	7	8	9	10	11	12	13	14	15	16	17	18	19	20	21	22	23	24	25	26	27	28	29	30
요일	목	금	토	일	월	화	수	목	금	토	일	월	화	수	목	금	토	일	월	화	수	목	금	토	일	월	화	수	목	금
일진 日辰	壬辰	癸巳	甲午	乙未	丙申	丁酉	戊戌	己亥	庚子	辛丑	壬寅	癸卯	甲辰	乙巳	丙午	丁未	戊申	己酉	庚戌	辛亥	壬子	癸丑	甲寅	乙卯	丙辰	丁巳	戊午	己未	庚申	辛酉
납음	長流水		沙中金		山下火		平地木		壁上土		金箔金		覆燈火		天河水		大驛土		釵釧金		桑柘木		大溪水		沙中土		天上火		石榴木	
음력	24	25	26	27	28	29	8/1	2	3	4	5	6	7	8	9	10	11	12	13	14	15	16	17	18	19	20	21	22	23	24
구성	2	1	9	8	7	6	5	4	3	2	1	9	8	7	6	5	4	3	2	1	9	8	7	6	5	4	3	2	1	9
대운 남	8	8	9	9	9	10	10	백	1	1	1	1	2	2	2	3	3	3	4	4	4	5	추	5	6	6	6	7	7	7
대운 여	2	2	2	1	1	1	1	로	10	10	9	9	9	8	8	8	7	7	7	6	6	6	분	5	5	4	4	4	3	3

한로 9일 05시 51분 【음9월】➡ 【壬戌月(임술월)】 ☯三碧星 상강 24일 08시 54분

양력 10월 / 음력 08/25 ~ 09/26

양력	1	2	3	4	5	6	7	8	9	10	11	12	13	14	15	16	17	18	19	20	21	22	23	24	25	26	27	28	29	30	31
요일	토	일	월	화	수	목	금	토	일	월	화	수	목	금	토	일	월	화	수	목	금	토	일	월	화	수	목	금	토	일	월
일진 日辰	壬戌	癸亥	甲子	乙丑	丙寅	丁卯	戊辰	己巳	庚午	辛未	壬申	癸酉	甲戌	乙亥	丙子	丁丑	戊寅	己卯	庚辰	辛巳	壬午	癸未	甲申	乙酉	丙戌	丁亥	戊子	己丑	庚寅	辛卯	壬辰
납음	大海水		海中金		爐中火		大林木		路傍土		劍鋒金		山頭火		澗下水		城頭土		白臘金		楊柳木		井中水		屋上土		霹靂火		松柏木		
음력	25	26	27	28	29	9/1	2	3	4	5	6	7	8	9	10	11	12	13	14	15	16	17	18	19	20	21	22	23	24	25	26
구성	8	7	6	5	4	3	2	1	9	8	7	6	5	4	3	2	1	9	8	7	6	5	4	3	2	1	9	8	7	6	5
대운 남	8	8	8	9	9	9	10	10	한	1	1	1	1	2	2	2	3	3	3	4	4	4	5	상	5	6	6	6	7	7	7
대운 여	3	2	2	2	1	1	1	1	로	10	9	9	9	8	8	8	7	7	7	6	6	6	5	강	5	4	4	4	3	3	3

입동 8일 08시 52분 【음10월】➡ 【癸亥月(계해월)】 ☯二黑星 소설 23일 06시 18분

양력 11월 / 음력 09/27 ~ 10/26

양력	1	2	3	4	5	6	7	8	9	10	11	12	13	14	15	16	17	18	19	20	21	22	23	24	25	26	27	28	29	30
요일	화	수	목	금	토	일	월	화	수	목	금	토	일	월	화	수	목	금	토	일	월	화	수	목	금	토	일	월	화	수
일진 日辰	癸巳	甲午	乙未	丙申	丁酉	戊戌	己亥	庚子	辛丑	壬寅	癸卯	甲辰	乙巳	丙午	丁未	戊申	己酉	庚戌	辛亥	壬子	癸丑	甲寅	乙卯	丙辰	丁巳	戊午	己未	庚申	辛酉	壬戌
납음		沙中金		山下火		平地木		壁上土		金箔金		覆燈火		天河水		大驛土		釵釧金		桑柘木		大溪水		沙中土		天上火		石榴木		
음력	27	28	29	30	10/1	2	3	4	5	6	7	8	9	10	11	12	13	14	15	16	17	18	19	20	21	22	23	24	25	26
구성	4	3	2	1	9	8	7	6	5	4	3	2	1	9	8	7	6	5	4	3	2	1	9	8	7	6	5	4	3	2
대운 남	8	8	8	9	9	9	10	입	1	1	1	1	2	2	2	3	3	3	4	4	4	5	소	5	6	6	6	7	7	7
대운 여	2	2	2	1	1	1	1	동	10	9	9	9	8	8	8	7	7	7	6	6	6	5	설	5	4	4	4	3	3	3

대설 8일 01시 34분 【음11월】➡ 【甲子月(갑자월)】 ☯一白星 동지 22일 19시 30분

양력 12월 / 음력 10/27 ~ 11/28

양력	1	2	3	4	5	6	7	8	9	10	11	12	13	14	15	16	17	18	19	20	21	22	23	24	25	26	27	28	29	30	31
요일	목	금	토	일	월	화	수	목	금	토	일	월	화	수	목	금	토	일	월	화	수	목	금	토	일	월	화	수	목	금	토
일진 日辰	癸亥	甲子	乙丑	丙寅	丁卯	戊辰	己巳	庚午	辛未	壬申	癸酉	甲戌	乙亥	丙子	丁丑	戊寅	己卯	庚辰	辛巳	壬午	癸未	甲申	乙酉	丙戌	丁亥	戊子	己丑	庚寅	辛卯	壬辰	癸巳
납음		海中金		爐中火		大林木		路傍土		劍鋒金		山頭火		澗下水		城頭土		白臘金		楊柳木		井中水		屋上土		霹靂火		松柏木		長流水	
음력	27	28	29	11/1	2	3	4	5	6	7	8	9	10	11	12	13	14	15	16	17	18	19	20	21	22	23	24	25	26	27	28
구성	1	1	2	3	4	5	6	7	8	9	1	2	3	4	5	6	7	8	9	1	2	3	4	5	6	7	8	9	1	2	3
대운 남	8	8	8	9	9	9	10	대	1	1	1	1	2	2	2	3	3	3	4	4	4	동	5	5	6	6	6	7	7	7	8
대운 여	2	2	2	1	1	1	1	설	9	9	9	8	8	8	7	7	7	6	6	6	5	지	5	4	4	4	3	3	3	2	2

단기 4317 年 불기 2528 年

1984년 下元 甲子年

납음(海中金),본명성(七赤金)

대장군(酉서방), 삼살(남방), 상문(寅동북방), 조객(戌서북방),납음(해중금), 삼재(인,묘,진) 臘享(납향):1985년2월01일(음12/12)

쥐

소한 6일 12시 41분 【음12월】 ➡ 【乙丑月(을축월)】 ☯九紫星 대한 21일 06시 05분

양력 1월	양력	1	2	3	4	5	6	7	8	9	10	11	12	13	14	15	16	17	18	19	20	21	22	23	24	25	26	27	28	29	30	31
	요일	일	월	화	수	목	금	토	일	월	화	수	목	금	토	일	월	화	수	목	금	토	일	월	화	수	목	금	토	일	월	화
	일진 日辰	甲午	乙未	丙申	丁酉	戊戌	己亥	庚子	辛丑	壬寅	癸卯	甲辰	乙巳	丙午	丁未	戊申	己酉	庚戌	辛亥	壬子	癸丑	甲寅	乙卯	丙辰	丁巳	戊午	己未	庚申	辛酉	壬戌	癸亥	甲子
음력 11/29 ~ 12/29	납음	沙中金		山下火		平地木		壁上土		金箔金		覆燈火		天河水		大驛土		釵釧金		桑柘木		大溪水		沙中土		天上火		石榴木		大海水		
	음력	29	30	12/1	2	3	4	5	6	7	8	9	10	11	12	13	14	15	16	17	18	19	20	21	22	23	24	25	26	27	28	29
	구성	4	5	6	7	8	9	1	2	3	4	5	6	7	8	9	1	2	3	4	5	6	7	8	9	1	2	3	4	5	6	7
대운	남	8	8	9	9	9	소	1	1	1	1	2	2	2	3	3	3	4	4	4	5	대	5	6	6	6	7	7	7	8	8	8
대운	여	2	1	1	1	1	한	10	9	9	9	8	8	8	7	7	7	6	6	6	5	한	5	4	4	4	3	3	3	2	2	2

입춘 5일 00시 19분 【음1월】 ➡ 【丙寅月(병인월)】 ☯八白星 우수 19일 20시 16분

양력 2월	양력	1	2	3	4	5	6	7	8	9	10	11	12	13	14	15	16	17	18	19	20	21	22	23	24	25	26	27	28	29
	요일	수	목	금	토	일	월	화	수	목	금	토	일	월	화	수	목	금	토	일	월	화	수	목	금	토	일	월	화	수
	일진 日辰	乙丑	丙寅	丁卯	戊辰	己巳	庚午	辛未	壬申	癸酉	甲戌	乙亥	丙子	丁丑	戊寅	己卯	庚辰	辛巳	壬午	癸未	甲申	乙酉	丙戌	丁亥	戊子	己丑	庚寅	辛卯	壬辰	癸巳
음력 12/30 ~ 01/28	납음		爐中火		大林木		路傍土		劍鋒金		山頭火		澗下水		城頭土		白臘金		楊柳木		井中水		屋上土		霹靂火		松柏木		長流水	
	음력	30	1/1	2	3	4	5	6	7	8	9	10	11	12	13	14	15	16	17	18	19	20	21	22	23	24	25	26	27	28
	구성	8	9	1	2	3	4	5	6	7	8	9	1	2	3	4	5	6	7	8	9	1	2	3	4	5	6	7	8	9
대운	남	9	9	9	10	입	9	9	9	8	8	8	7	7	7	6	6	6	5	우	5	4	4	4	3	3	3	2	2	2
대운	여	1	1	1	1	춘	1	1	1	1	2	2	2	3	3	3	4	4	4	수	5	5	6	6	6	7	7	7	8	8

甲子年

경칩 5일 18시 25분 【음2월】 ➡ 【丁卯月(정묘월)】 ☯七赤星 춘분 20일 19시 24분

양력 3월	양력	1	2	3	4	5	6	7	8	9	10	11	12	13	14	15	16	17	18	19	20	21	22	23	24	25	26	27	28	29	30	31
	요일	목	금	토	일	월	화	수	목	금	토	일	월	화	수	목	금	토	일	월	화	수	목	금	토	일	월	화	수	목	금	토
	일진 日辰	甲午	乙未	丙申	丁酉	戊戌	己亥	庚子	辛丑	壬寅	癸卯	甲辰	乙巳	丙午	丁未	戊申	己酉	庚戌	辛亥	壬子	癸丑	甲寅	乙卯	丙辰	丁巳	戊午	己未	庚申	辛酉	壬戌	癸亥	甲子
음력 01/29 ~ 02/29	납음	沙中金		山下火		平地木		壁上土		金箔金		覆燈火		天河水		大驛土		釵釧金		桑柘木		大溪水		沙中土		天上火		石榴木		大海水		
	음력	29	30	2/1	2	3	4	5	6	7	8	9	10	11	12	13	14	15	16	17	18	19	20	21	22	23	24	25	26	27	28	29
	구성	1	2	3	4	5	6	7	8	9	1	2	3	4	5	6	7	8	9	1	2	3	4	5	6	7	8	9	1	2	3	4
대운	남	1	1	1	1	경	10	9	9	9	8	8	8	7	7	7	6	6	6	5	춘	5	4	4	4	3	3	3	2	2	2	1
대운	여	8	9	9	9	칩	1	1	1	1	2	2	2	3	3	3	4	4	4	5	분	5	6	6	6	7	7	7	8	8	8	9

청명 4일 23시 22분 【음3월】 ➡ 【戊辰月(무진월)】 ☯六白星 곡우 20일 06시 38분

양력 4월	양력	1	2	3	4	5	6	7	8	9	10	11	12	13	14	15	16	17	18	19	20	21	22	23	24	25	26	27	28	29	30
	요일	일	월	화	수	목	금	토	일	월	화	수	목	금	토	일	월	화	수	목	금	토	일	월	화	수	목	금	토	일	월
	일진 日辰	乙丑	丙寅	丁卯	戊辰	己巳	庚午	辛未	壬申	癸酉	甲戌	乙亥	丙子	丁丑	戊寅	己卯	庚辰	辛巳	壬午	癸未	甲申	乙酉	丙戌	丁亥	戊子	己丑	庚寅	辛卯	壬辰	癸巳	甲午
음력 03/01 ~ 03/30	납음		爐中火		大林木		路傍土		劍鋒金		山頭火		澗下水		城頭土		白臘金		楊柳木		井中水		屋上土		霹靂火		松柏木		長流水		
	음력	3/1	2	3	4	5	6	7	8	9	10	11	12	13	14	15	16	17	18	19	20	21	22	23	24	25	26	27	28	29	30
	구성	5	6	7	8	9	1	2	3	4	5	6	7	8	9	1	2	3	4	5	6	7	8	9	1	2	3	4	5	6	7
대운	남	1	1	1	청	10	10	9	9	9	8	8	8	7	7	7	6	6	6	5	곡	5	4	4	4	3	3	3	2	2	2
대운	여	9	9	10	명	1	1	1	1	2	2	2	3	3	3	4	4	4	5	5	우	6	6	6	7	7	7	8	8	8	9

입하 5일 16시 51분 【음4월】 ➡ 【己巳月(기사월)】 ☯五黃星 소만 21일 05시 58분

양력 5월	양력	1	2	3	4	5	6	7	8	9	10	11	12	13	14	15	16	17	18	19	20	21	22	23	24	25	26	27	28	29	30	31
	요일	화	수	목	금	토	일	월	화	수	목	금	토	일	월	화	수	목	금	토	일	월	화	수	목	금	토	일	월	화	수	목
	일진 日辰	乙未	丙申	丁酉	戊戌	己亥	庚子	辛丑	壬寅	癸卯	甲辰	乙巳	丙午	丁未	戊申	己酉	庚戌	辛亥	壬子	癸丑	甲寅	乙卯	丙辰	丁巳	戊午	己未	庚申	辛酉	壬戌	癸亥	甲子	乙丑
음력 04/01 ~ 05/01	납음		山下火		平地木		壁上土		金箔金		覆燈火		天河水		大驛土		釵釧金		桑柘木		大溪水		沙中土		天上火		石榴木		大海水		海中金	
	음력	4/1	2	3	4	5	6	7	8	9	10	11	12	13	14	15	16	17	18	19	20	21	22	23	24	25	26	27	28	29	30	5/1
	구성	8	9	1	2	3	4	5	6	7	8	9	1	2	3	4	5	6	7	8	9	1	2	3	4	5	6	7	8	9	9	8
대운	남	1	1	1	1	입	10	10	9	9	9	8	8	8	7	7	7	6	6	6	5	소	5	4	4	4	3	3	3	2	2	2
대운	여	9	9	10	10	하	1	1	1	1	2	2	2	3	3	3	4	4	4	5	5	만	6	6	6	7	7	7	8	8	8	9

망종 5일 21시 09분 【음5월】 ➡ 【庚午月(경오월)】 ☯四綠星 하지 21일 14시 02분

양력 6월	양력	1	2	3	4	5	6	7	8	9	10	11	12	13	14	15	16	17	18	19	20	21	22	23	24	25	26	27	28	29	30
	요일	금	토	일	월	화	수	목	금	토	일	월	화	수	목	금	토	일	월	화	수	목	금	토	일	월	화	수	목	금	토
	일진 日辰	丙寅	丁卯	戊辰	己巳	庚午	辛未	壬申	癸酉	甲戌	乙亥	丙子	丁丑	戊寅	己卯	庚辰	辛巳	壬午	癸未	甲申	乙酉	丙戌	丁亥	戊子	己丑	庚寅	辛卯	壬辰	癸巳	甲午	乙未
음력 05/02 ~ 06/02	납음	爐中火		大林木		路傍土		劍鋒金		山頭火		澗下水		城頭土		白臘金		楊柳木		井中水		屋上土		霹靂火		松柏木		長流水		沙中金	
	음력	2	3	4	5	6	7	8	9	10	11	12	13	14	15	16	17	18	19	20	21	22	23	24	25	26	27	28	29	6/1	2
	구성	7	6	5	4	3	2	1	9	8	7	6	5	4	3	2	1	9	8	7	6	5	4	3	2	1	9	8	7	6	5
대운	남	1	1	1	1	망	10	10	10	9	9	9	8	8	8	7	7	7	6	6	6	하	5	5	4	4	4	3	3	3	2
대운	여	9	9	10	10	종	1	1	1	1	2	2	2	3	3	3	4	4	4	5	5	지	6	6	6	7	7	7	8	8	8

한식(4월05일), 초복(7월15일), 중복(7월25일), 말복(8월14일) ☂춘사(春社)3/25 ☀추사(秋社)9/21
토왕지절(土旺之節):4월17일,7월19일,10월20일,1월17일(음11/27)臘享(납향):1985년2월01일(음12/12)

六日得辛, 三龍治水, 1984년 갑자年(해중금), 칠적금

6白	2黑	4綠
5黃	7赤	9紫
1白	3碧	8白

1984 甲子年

소서 7일 07시 29분 【음6월】➡ 【辛未月(신미월)】 ☯三碧星 대서 23일 00시 58분

양력 7월 / 음력 06/03 ~ 07/04

양력	1	2	3	4	5	6	7	8	9	10	11	12	13	14	15	16	17	18	19	20	21	22	23	24	25	26	27	28	29	30	31
요일	일	월	화	수	목	금	토	일	월	화	수	목	금	토	일	월	화	수	목	금	토	일	월	화	수	목	금	토	일	월	화
일진 日辰	丙申	丁酉	戊戌	己亥	庚子	辛丑	壬寅	癸卯	甲辰	乙巳	丙午	丁未	戊申	己酉	庚戌	辛亥	壬子	癸丑	甲寅	乙卯	丙辰	丁巳	戊午	己未	庚申	辛酉	壬戌	癸亥	甲子	乙丑	丙寅
납음	山下火		平地木		壁上土		金箔金		覆燈火		天河水		大驛土		釵釧金		桑柘木		大溪水		沙中土		天上火		石榴木		大海水		海中金		
음력	3	4	5	6	7	8	9	10	11	12	13	14	15	16	17	18	19	20	21	22	23	24	25	26	27	28	29	7/1	2	3	4
구성	4	3	2	1	9	8	7	6	5	4	3	2	1	9	8	7	6	5	4	3	2	1	9	8	7	6	5	4	3	2	1
대운 남	2	2	1	1	1	1	소	10	10	9	9	9	8	8	8	7	7	7	6	6	6	5	대	5	4	4	4	3	3	3	2
대운 여	9	9	9	10	10	10	서	1	1	1	1	2	2	2	3	3	3	4	4	4	5	5	서	6	6	6	7	7	7	8	8

입추 7일 17시 18분 【음7월】➡ 【壬申月(임신월)】 ☯二黑星 처서 23일 08시 00분

양력 8월 / 음력 07/05 ~ 08/05

양력	1	2	3	4	5	6	7	8	9	10	11	12	13	14	15	16	17	18	19	20	21	22	23	24	25	26	27	28	29	30	31
요일	수	목	금	토	일	월	화	수	목	금	토	일	월	화	수	목	금	토	일	월	화	수	목	금	토	일	월	화	수	목	금
일진 日辰	丁卯	戊辰	己巳	庚午	辛未	壬申	癸酉	甲戌	乙亥	丙子	丁丑	戊寅	己卯	庚辰	辛巳	壬午	癸未	甲申	乙酉	丙戌	丁亥	戊子	己丑	庚寅	辛卯	壬辰	癸巳	甲午	乙未	丙申	丁酉
납음		大林木		路傍土		劍鋒金		山頭火		澗下水		城頭土		白臘金		楊柳木		井中水		屋上土		霹靂火		松柏木		長流水		沙中金		山下火	
음력	5	6	7	8	9	10	11	12	13	14	15	16	17	18	19	20	21	22	23	24	25	26	27	28	29	30	8/1	2	3	4	5
구성	9	8	7	6	5	4	3	2	1	9	8	7	6	5	4	3	2	1	9	8	7	6	5	4	3	2	1	9	8	7	6
대운 남	2	2	1	1	1	1	입	10	10	9	9	9	8	8	8	7	7	7	6	6	6	5	처	5	4	4	4	3	3	3	2
대운 여	8	9	9	9	10	10	추	1	1	1	1	2	2	2	3	3	3	4	4	4	5	5	서	6	6	6	7	7	7	8	8

백로 7일 20시 10분 【음8월】➡ 【癸酉月(계유월)】 ☯一白星 추분 23일 05시 33분

양력 9월 / 음력 08/06 ~ 09/06

양력	1	2	3	4	5	6	7	8	9	10	11	12	13	14	15	16	17	18	19	20	21	22	23	24	25	26	27	28	29	30
요일	토	일	월	화	수	목	금	토	일	월	화	수	목	금	토	일	월	화	수	목	금	토	일	월	화	수	목	금	토	일
일진 日辰	戊戌	己亥	庚子	辛丑	壬寅	癸卯	甲辰	乙巳	丙午	丁未	戊申	己酉	庚戌	辛亥	壬子	癸丑	甲寅	乙卯	丙辰	丁巳	戊午	己未	庚申	辛酉	壬戌	癸亥	甲子	乙丑	丙寅	丁卯
납음	平地木		壁上土		金箔金		覆燈火		天河水		大驛土		釵釧金		桑柘木		大溪水		沙中土		天上火		石榴木		大海水		海中金		爐中火	
음력	6	7	8	9	10	11	12	13	14	15	16	17	18	19	20	21	22	23	24	25	26	27	28	29	9/1	2	3	4	5	6
구성	5	4	3	2	1	9	8	7	6	5	4	3	2	1	9	8	7	6	5	4	3	2	1	9	8	7	6	5	4	3
대운 남	2	2	1	1	1	1	백	10	10	9	9	9	8	8	8	7	7	7	6	6	6	5	추	5	4	4	4	3	3	3
대운 여	8	9	9	9	10	10	로	1	1	1	1	2	2	2	3	3	3	4	4	4	5	5	분	6	6	6	7	7	7	8

한로 8일 11시 43분 【음9월】➡ 【甲戌月(갑술월)】 ☯九紫星 상강 23일 14시 46분

양력 10월 / 음력 09/07 ~ 10/08

양력	1	2	3	4	5	6	7	8	9	10	11	12	13	14	15	16	17	18	19	20	21	22	23	24	25	26	27	28	29	30	31
요일	월	화	수	목	금	토	일	월	화	수	목	금	토	일	월	화	수	목	금	토	일	월	화	수	목	금	토	일	월	화	수
일진 日辰	戊辰	己巳	庚午	辛未	壬申	癸酉	甲戌	乙亥	丙子	丁丑	戊寅	己卯	庚辰	辛巳	壬午	癸未	甲申	乙酉	丙戌	丁亥	戊子	己丑	庚寅	辛卯	壬辰	癸巳	甲午	乙未	丙申	丁酉	戊戌
납음	大林木		路傍土		劍鋒金		山頭火		澗下水		城頭土		白臘金		楊柳木		井中水		屋上土		霹靂火		松柏木		長流水		沙中金		山下火		
음력	7	8	9	10	11	12	13	14	15	16	17	18	19	20	21	22	23	24	25	26	27	28	29	10/1	2	3	4	5	6	7	8
구성	2	1	9	8	7	6	5	4	3	2	1	9	8	7	6	5	4	3	2	1	9	8	7	6	5	4	3	2	1	9	8
대운 남	2	2	2	1	1	1	1	한	10	9	9	9	8	8	8	7	7	7	6	6	6	5	상	5	4	4	4	3	3	3	2
대운 여	8	8	9	9	9	10	10	로	1	1	1	1	2	2	2	3	3	3	4	4	4	5	강	5	6	6	6	7	7	7	

입동 7일 14시 46분 【음10월】➡ 【乙亥月(을해월)】 ☯八白星 소설 22일 12시 11분

양력 11월 / 음력 10/09 ~ 윤 108

양력	1	2	3	4	5	6	7	8	9	10	11	12	13	14	15	16	17	18	19	20	21	22	23	24	25	26	27	28	29	30
요일	목	금	토	일	월	화	수	목	금	토	일	월	화	수	목	금	토	일	월	화	수	목	금	토	일	월	화	수	목	금
일진 日辰	己亥	庚子	辛丑	壬寅	癸卯	甲辰	乙巳	丙午	丁未	戊申	己酉	庚戌	辛亥	壬子	癸丑	甲寅	乙卯	丙辰	丁巳	戊午	己未	庚申	辛酉	壬戌	癸亥	甲子	乙丑	丙寅	丁卯	戊辰
납음		壁上土		金箔金		覆燈火		天河水		大驛土		釵釧金		桑柘木		大溪水		沙中土		天上火		石榴木		大海水		海中金		爐中火		
음력	9	10	11	12	13	14	15	16	17	18	19	20	21	22	23	24	25	26	27	28	29	30	윤10	2	3	4	5	6	7	8
구성	7	6	5	4	3	2	1	9	8	7	6	5	4	3	2	1	9	8	7	6	5	4	3	2	1	1	2	3	4	5
대운 남	2	2	1	1	1	1	입	10	9	9	9	8	8	8	7	7	7	6	6	6	5	소	5	4	4	4	3	3	3	2
대운 여	8	8	9	9	9	10	동	1	1	1	1	2	2	2	3	3	3	4	4	4	5	설	5	6	6	6	7	7	7	8

대설 7일 07시 28분 【음11월】➡ 【丙子月(병자월)】 ☯七赤星 동지 22일 01시 23분

양력 12월 / 음력 10/09 ~ 11/10

양력	1	2	3	4	5	6	7	8	9	10	11	12	13	14	15	16	17	18	19	20	21	22	23	24	25	26	27	28	29	30	31
요일	토	일	월	화	수	목	금	토	일	월	화	수	목	금	토	일	월	화	수	목	금	토	일	월	화	수	목	금	토	일	월
일진 日辰	己巳	庚午	辛未	壬申	癸酉	甲戌	乙亥	丙子	丁丑	戊寅	己卯	庚辰	辛巳	壬午	癸未	甲申	乙酉	丙戌	丁亥	戊子	己丑	庚寅	辛卯	壬辰	癸巳	甲午	乙未	丙申	丁酉	戊戌	己亥
납음		路傍土		劍鋒金		山頭火		澗下水		城頭土		白臘金		楊柳木		井中水		屋上土		霹靂火		松柏木		長流水		沙中金		山下火		平地木	
음력	9	10	11	12	13	14	15	16	17	18	19	20	21	22	23	24	25	26	27	28	29	11/1	2	3	4	5	6	7	8	9	10
구성	6	7	8	9	1	2	3	4	5	6	7	8	9	1	2	3	4	5	6	7	8	9	1	2	3	4	5	6	7	8	9
대운 남	2	2	1	1	1	1	입	10	9	9	9	8	8	8	7	7	6	6	6	5	5	동	4	4	4	3	3	3	2	2	2
대운 여	8	8	9	9	9	10	동	1	1	1	1	2	2	2	3	3	3	4	4	4	5	지	5	6	6	6	7	7	7	8	8

단기 4318 年 불기 2529 年

1985년

下元 乙丑年 납음(海中金),본명성(六白金)

대장군(酉서방). 삼살(동방). 상문(卯동방),조객(亥서북방). 납음(해중금).【삼재(해,자,축)년】 臘享(납향):1986년1월15일(음12/06)

소

소한 5일 18시 35분 【음12월】➡ 【丁丑月(정축월)】 ☯六白星 대한 20일 11시 58분

양력 1월 / 음력 11/11 ~ 12/11

양력	1	2	3	4	5	6	7	8	9	10	11	12	13	14	15	16	17	18	19	20	21	22	23	24	25	26	27	28	29	30	31
요일	화	수	목	금	토	일	월	화	수	목	금	토	일	월	화	수	목	금	토	일	월	화	수	목	금	토	일	월	화	수	목
일진 日辰	庚子	辛丑	壬寅	癸卯	甲辰	乙巳	丙午	丁未	戊申	己酉	庚戌	辛亥	壬子	癸丑	甲寅	乙卯	丙辰	丁巳	戊午	己未	庚申	辛酉	壬戌	癸亥	甲子	乙丑	丙寅	丁卯	戊辰	己巳	庚午
납음	壁上土		金箔金		覆燈火		天河水		大驛土		釵釧金		桑柘木		大溪水		沙中土		天上火		石榴木		大海水		海中金		爐中火		大林木		
음력	11	12	13	14	15	16	17	18	19	20	21	22	23	24	25	26	27	28	29	30	12/1	2	3	4	5	6	7	8	9	10	11
구성	1	2	3	4	5	6	7	8	9	1	2	3	4	5	6	7	8	9	1	2	3	4	5	6	7	8	9	1	2	3	4
대운 남	1	1	1	1	소	10	9	9	9	8	8	8	7	7	7	6	6	6	5	대	5	4	4	4	3	3	3	2	2	2	1
대운 여	8	9	9	9	한	1	1	1	1	2	2	2	3	3	3	4	4	4	5	한	5	6	6	6	7	7	7	8	8	8	9

입춘 4일 06시 12분 【음1월】➡ 【戊寅月(무인월)】 ☯五黃星 우수 19일 02시 07분

양력 2월 / 음력 12/12 ~ 01/09

양력	1	2	3	4	5	6	7	8	9	10	11	12	13	14	15	16	17	18	19	20	21	22	23	24	25	26	27	28
요일	금	토	일	월	화	수	목	금	토	일	월	화	수	목	금	토	일	월	화	수	목	금	토	일	월	화	수	목
일진 日辰	辛未	壬申	癸酉	甲戌	乙亥	丙子	丁丑	戊寅	己卯	庚辰	辛巳	壬午	癸未	甲申	乙酉	丙戌	丁亥	戊子	己丑	庚寅	辛卯	壬辰	癸巳	甲午	乙未	丙申	丁酉	戊戌
납음		劍鋒金		山頭火		澗下水		城頭土		白臘金		楊柳木		井中水		屋上土		霹靂火		松柏木		長流水		沙中金		山下火		
음력	12	13	14	15	16	17	18	19	20	21	22	23	24	25	26	27	28	29	30	1/1	2	3	4	5	6	7	8	9
구성	5	6	7	8	9	1	2	3	4	5	6	7	8	9	1	2	3	4	5	6	7	8	9	1	2	3	4	5
대운 남	1	1	1	입	1	1	1	1	2	2	2	3	3	3	4	4	4	5	우	5	6	6	6	7	7	7	8	8
대운 여	9	9	10	춘	10	9	9	9	8	8	8	7	7	7	6	6	6	5	수	5	4	4	4	3	3	3	2	2

乙丑年

경칩 6일 00시 16분 【음2월】➡ 【己卯月(기묘월)】 ☯四綠星 춘분 21일 01시 14분

양력 3월 / 음력 01/10 ~ 02/11

양력	1	2	3	4	5	6	7	8	9	10	11	12	13	14	15	16	17	18	19	20	21	22	23	24	25	26	27	28	29	30	31
요일	금	토	일	월	화	수	목	금	토	일	월	화	수	목	금	토	일	월	화	수	목	금	토	일	월	화	수	목	금	토	일
일진 日辰	己亥	庚子	辛丑	壬寅	癸卯	甲辰	乙巳	丙午	丁未	戊申	己酉	庚戌	辛亥	壬子	癸丑	甲寅	乙卯	丙辰	丁巳	戊午	己未	庚申	辛酉	壬戌	癸亥	甲子	乙丑	丙寅	丁卯	戊辰	己巳
납음		壁上土		金箔金		覆燈火		天河水		大驛土		釵釧金		桑柘木		大溪水		沙中土		天上火		石榴木		大海水		海中金		爐中火		大林木	
음력	10	11	12	13	14	15	16	17	18	19	20	21	22	23	24	25	26	27	28	29	2/1	2	3	4	5	6	7	8	9	10	11
구성	6	7	8	9	1	2	3	4	5	6	7	8	9	1	2	3	4	5	6	7	8	9	1	2	3	4	5	6	7	8	9
대운 남	8	9	9	9	10	경	1	1	1	1	2	2	2	3	3	3	4	4	4	5	춘	5	6	6	6	7	7	7	8	8	8
대운 여	2	1	1	1	1	칩	10	9	9	9	8	8	8	7	7	7	6	6	6	5	분	5	4	4	4	3	3	3	2	2	2

청명 5일 05시 14분 【음3월】➡ 【庚辰月(경진월)】 ☯三碧星 곡우 20일 12시 26분

양력 4월 / 음력 02/12 ~ 03/11

양력	1	2	3	4	5	6	7	8	9	10	11	12	13	14	15	16	17	18	19	20	21	22	23	24	25	26	27	28	29	30
요일	월	화	수	목	금	토	일	월	화	수	목	금	토	일	월	화	수	목	금	토	일	월	화	수	목	금	토	일	월	화
일진 日辰	庚午	辛未	壬申	癸酉	甲戌	乙亥	丙子	丁丑	戊寅	己卯	庚辰	辛巳	壬午	癸未	甲申	乙酉	丙戌	丁亥	戊子	己丑	庚寅	辛卯	壬辰	癸巳	甲午	乙未	丙申	丁酉	戊戌	己亥
납음	路傍土		劍鋒金		山頭火		澗下水		城頭土		白臘金		楊柳木		井中水		屋上土		霹靂火		松柏木		長流水		沙中金		山下火		平地木	
음력	12	13	14	15	16	17	18	19	20	21	22	23	24	25	26	27	28	29	30	3/1	2	3	4	5	6	7	8	9	10	11
구성	1	2	3	4	5	6	7	8	9	1	2	3	4	5	6	7	8	9	1	2	3	4	5	6	7	8	9	1	2	3
대운 남	9	9	9	10	청	1	1	1	1	2	2	2	3	3	3	4	4	4	5	곡	5	6	6	6	7	7	7	8	8	8
대운 여	1	1	1	1	명	10	9	9	9	8	8	8	7	7	7	6	6	6	5	우	5	4	4	4	3	3	3	2	2	2

입하 5일 22시 43분 【음4월】➡ 【辛巳月(신사월)】 ☯二黑星 소만 21일 11시 43분

양력 5월 / 음력 03/12 ~ 04/12

양력	1	2	3	4	5	6	7	8	9	10	11	12	13	14	15	16	17	18	19	20	21	22	23	24	25	26	27	28	29	30	31
요일	수	목	금	토	일	월	화	수	목	금	토	일	월	화	수	목	금	토	일	월	화	수	목	금	토	일	월	화	수	목	금
일진 日辰	庚子	辛丑	壬寅	癸卯	甲辰	乙巳	丙午	丁未	戊申	己酉	庚戌	辛亥	壬子	癸丑	甲寅	乙卯	丙辰	丁巳	戊午	己未	庚申	辛酉	壬戌	癸亥	甲子	乙丑	丙寅	丁卯	戊辰	己巳	庚午
납음	壁上土		金箔金		覆燈火		天河水		大驛土		釵釧金		桑柘木		大溪水		沙中土		天上火		石榴木		大海水		海中金		爐中火		大林木		
음력	12	13	14	15	16	17	18	19	20	21	22	23	24	25	26	27	28	29	30	4/1	2	3	4	5	6	7	8	9	10	11	12
구성	4	5	6	7	8	9	1	2	3	4	5	6	7	8	9	1	2	3	4	5	6	7	8	9	9	8	7	6	5	4	3
대운 남	9	9	9	10	입	1	1	1	1	2	2	2	3	3	3	4	4	4	5	5	소	6	6	6	7	7	7	8	8	8	9
대운 여	1	1	1	1	하	10	10	10	9	9	9	8	8	8	7	7	7	6	6	6	만	5	5	4	4	4	3	3	3	2	2

망종 6일 03시 00분 【음5월】➡ 【壬午月(임오월)】 ☯一白星 하지 21일 19시 44분

양력 6월 / 음력 04/13 ~ 05/13

양력	1	2	3	4	5	6	7	8	9	10	11	12	13	14	15	16	17	18	19	20	21	22	23	24	25	26	27	28	29	30
요일	토	일	월	화	수	목	금	토	일	월	화	수	목	금	토	일	월	화	수	목	금	토	일	월	화	수	목	금	토	일
일진 日辰	辛未	壬申	癸酉	甲戌	乙亥	丙子	丁丑	戊寅	己卯	庚辰	辛巳	壬午	癸未	甲申	乙酉	丙戌	丁亥	戊子	己丑	庚寅	辛卯	壬辰	癸巳	甲午	乙未	丙申	丁酉	戊戌	己亥	庚子
납음		劍鋒金		山頭火		澗下水		城頭土		白臘金		楊柳木		井中水		屋上土		霹靂火		松柏木		長流水		沙中金		山下火		平地木		
음력	13	14	15	16	17	18	19	20	21	22	23	24	25	26	27	28	29	5/1	2	3	4	5	6	7	8	9	10	11	12	13
구성	2	1	9	8	7	6	5	4	3	2	1	9	8	7	6	5	4	3	2	1	9	8	7	6	5	4	3	2	1	9
대운 남	9	9	10	10	10	망	1	1	1	1	2	2	2	3	3	3	4	4	4	5	하	5	6	6	6	7	7	7	8	8
대운 여	2	1	1	1	1	종	10	10	9	9	9	8	8	8	7	7	7	6	6	6	지	5	5	4	4	4	3	3	3	2

한식(4월06일), 초복(7월20일), 중복(7월30일), 말복(8월09일) ☂춘사(春社)3/20 ☀추사(秋社)9/26
토왕지절(土旺之節):4월17일,7월20일,10월20일,1월17일(음12/08)臘享(납향):1986년1월15일(음12/06)

二日得辛, 三龍治水, 1985년 을축年(해중금), 육백금

5黃	1白	3碧
4綠	6白	8白
9紫	2黑	7赤

1985 乙丑年

소서 7일 13시 19분 【음6월】 ➡ 【癸未月(계미월)】 ☯九紫星 대서 23일 06시 36분

		1	2	3	4	5	6	7	8	9	10	11	12	13	14	15	16	17	18	19	20	21	22	23	24	25	26	27	28	29	30	31
양력	양력	1	2	3	4	5	6	7	8	9	10	11	12	13	14	15	16	17	18	19	20	21	22	23	24	25	26	27	28	29	30	31
7월	요일	월	화	수	목	금	토	일	월	화	수	목	금	토	일	월	화	수	목	금	토	일	월	화	수	목	금	토	일	월	화	수
	일진 日辰	辛丑	壬寅	癸卯	甲辰	乙巳	丙午	丁未	戊申	己酉	庚戌	辛亥	壬子	癸丑	甲寅	乙卯	丙辰	丁巳	戊午	己未	庚申	辛酉	壬戌	癸亥	甲子	乙丑	丙寅	丁卯	戊辰	己巳	庚午	辛未
음력	납음		金箔金		覆燈火		天河水		大驛土		釵釧金		桑柘木		大溪水		沙中土		天上火		石榴木		大海水		海中金		爐中火		大林木		路傍土	
05/14	음력	14	15	16	17	18	19	20	21	22	23	24	25	26	27	28	29	30	6/1	2	3	4	5	6	7	8	9	10	11	12	13	14
I	구성	8	7	6	5	4	3	2	1	9	8	7	6	5	4	3	2	1	9	8	7	6	5	4	3	2	1	9	8	7	6	5
06/14	대운 남	8	9	9	9	10	10	소	1	1	1	1	2	2	2	3	3	3	4	4	4	5	5	대	6	6	6	7	7	7	8	8
	대운 여	2	2	1	1	1	1	서	10	10	9	9	9	8	8	8	7	7	7	6	6	6	5	서	5	4	4	4	3	3	3	2

입추 7일 23시 04분 【음7월】 ➡ 【甲申月(갑신월)】 ☯八白星 처서 23일 13시 36분

		1	2	3	4	5	6	7	8	9	10	11	12	13	14	15	16	17	18	19	20	21	22	23	24	25	26	27	28	29	30	31
양력	양력	1	2	3	4	5	6	7	8	9	10	11	12	13	14	15	16	17	18	19	20	21	22	23	24	25	26	27	28	29	30	31
8월	요일	목	금	토	일	월	화	수	목	금	토	일	월	화	수	목	금	토	일	월	화	수	목	금	토	일	월	화	수	목	금	토
	일진 日辰	壬申	癸酉	甲戌	乙亥	丙子	丁丑	戊寅	己卯	庚辰	辛巳	壬午	癸未	甲申	乙酉	丙戌	丁亥	戊子	己丑	庚寅	辛卯	壬辰	癸巳	甲午	乙未	丙申	丁酉	戊戌	己亥	庚子	辛丑	壬寅
음력	납음	劍鋒金		山頭火		澗下水		城頭土		白臘金		楊柳木		井中水		屋上土		霹靂火		松柏木		長流水		沙中金		山下火		平地木		壁上土		
06/15	음력	15	16	17	18	19	20	21	22	23	24	25	26	27	28	29	7/1	2	3	4	5	6	7	8	9	10	11	12	13	14	15	16
I	구성	4	3	2	1	9	8	7	6	5	4	3	2	1	9	8	7	6	5	4	3	2	1	9	8	7	6	5	4	3	2	1
07/16	대운 남	8	9	9	9	10	10	입	1	1	1	1	2	2	2	3	3	3	4	4	4	5	5	처	6	6	6	7	7	7	8	8
	대운 여	2	2	1	1	1	1	추	10	10	10	9	9	9	8	8	8	7	7	7	6	6	6	서	5	5	4	4	4	3	3	3

백로 8일 01시 53분 【음8월】 ➡ 【乙酉月(을유월)】 ☯七赤星 추분 23일 11시 07분

		1	2	3	4	5	6	7	8	9	10	11	12	13	14	15	16	17	18	19	20	21	22	23	24	25	26	27	28	29	30
양력	양력	1	2	3	4	5	6	7	8	9	10	11	12	13	14	15	16	17	18	19	20	21	22	23	24	25	26	27	28	29	30
9월	요일	일	월	화	수	목	금	토	일	월	화	수	목	금	토	일	월	화	수	목	금	토	일	월	화	수	목	금	토	일	월
	일진 日辰	癸卯	甲辰	乙巳	丙午	丁未	戊申	己酉	庚戌	辛亥	壬子	癸丑	甲寅	乙卯	丙辰	丁巳	戊午	己未	庚申	辛酉	壬戌	癸亥	甲子	乙丑	丙寅	丁卯	戊辰	己巳	庚午	辛未	壬申
음력	납음		覆燈火		天河水		大驛土		釵釧金		桑柘木		大溪水		沙中土		天上火		石榴木		大海水		海中金		爐中火		大林木		路傍土		
07/17	음력	17	18	19	20	21	22	23	24	25	26	27	28	29	30	8/1	2	3	4	5	6	7	8	9	10	11	12	13	14	15	16
I	구성	9	8	7	6	5	4	3	2	1	9	8	7	6	5	4	3	2	1	9	8	7	6	5	4	3	2	1	9	8	7
08/16	대운 남	8	9	9	9	10	10	10	백	1	1	1	1	2	2	2	3	3	3	4	4	4	5	추	5	6	6	6	7	7	7
	대운 여	2	2	2	1	1	1	1	로	10	9	9	9	8	8	8	7	7	7	6	6	6	5	분	5	4	4	4	3	3	3

한로 8일 17시 25분 【음9월】 ➡ 【丙戌月(병술월)】 ☯六白星 상강 23일 20시 22분

		1	2	3	4	5	6	7	8	9	10	11	12	13	14	15	16	17	18	19	20	21	22	23	24	25	26	27	28	29	30	31
양력	양력	1	2	3	4	5	6	7	8	9	10	11	12	13	14	15	16	17	18	19	20	21	22	23	24	25	26	27	28	29	30	31
10월	요일	하	수	목	금	토	일	월	화	수	목	금	토	일	월	화	수	목	금	토	일	월	화	수	목	금	토	일	월	화	수	목
	일진 日辰	癸酉	甲戌	乙亥	丙子	丁丑	戊寅	己卯	庚辰	辛巳	壬午	癸未	甲申	乙酉	丙戌	丁亥	戊子	己丑	庚寅	辛卯	壬辰	癸巳	甲午	乙未	丙申	丁酉	戊戌	己亥	庚子	辛丑	壬寅	癸卯
음력	납음		山頭火		澗下水		城頭土		白臘金		楊柳木		井中水		屋上土		霹靂火		松柏木		長流水		沙中金		山下火		平地木		壁上土		金箔金	
08/17	음력	17	18	19	20	21	22	23	24	25	26	27	28	29	9/1	2	3	4	5	6	7	8	9	10	11	12	13	14	15	16	17	18
I	구성	6	5	4	3	2	1	9	8	7	6	5	4	3	2	1	9	8	7	6	5	4	3	2	1	9	8	7	6	5	4	3
09/18	대운 남	8	8	8	9	9	9	10	한	1	1	1	1	2	2	2	3	3	3	4	4	4	5	상	5	6	6	6	7	7	7	8
	대운 여	2	2	2	1	1	1	1	로	10	9	9	9	8	8	8	7	7	7	6	6	6	5	강	5	4	4	4	3	3	3	2

입동 7일 20시 29분 【음10월】 ➡ 【丁亥月(정해월)】 ☯五黃星 소설 22일 17시 51분

		1	2	3	4	5	6	7	8	9	10	11	12	13	14	15	16	17	18	19	20	21	22	23	24	25	26	27	28	29	30
양력	양력	1	2	3	4	5	6	7	8	9	10	11	12	13	14	15	16	17	18	19	20	21	22	23	24	25	26	27	28	29	30
11월	요일	금	토	일	월	화	수	목	금	토	일	월	화	수	목	금	토	일	월	화	수	목	금	토	일	월	화	수	목	금	토
	일진 日辰	甲辰	乙巳	丙午	丁未	戊申	己酉	庚戌	辛亥	壬子	癸丑	甲寅	乙卯	丙辰	丁巳	戊午	己未	庚申	辛酉	壬戌	癸亥	甲子	乙丑	丙寅	丁卯	戊辰	己巳	庚午	辛未	壬申	癸酉
음력	납음	覆燈火		天河水		大驛土		釵釧金		桑柘木		大溪水		沙中土		天上火		石榴木		大海水		海中金		爐中火		大林木		路傍土		劍鋒金	
09/19	음력	19	20	21	22	23	24	25	26	27	28	29	10/1	2	3	4	5	6	7	8	9	10	11	12	13	14	15	16	17	18	19
I	구성	2	1	9	8	7	6	5	4	3	2	1	9	8	7	6	5	4	3	2	1	9	8	7	6	5	4	3	2	1	9
10/19	대운 남	8	8	9	9	9	10	입	1	1	1	1	2	2	2	3	3	3	4	4	4	5	소	5	6	6	6	7	7	7	8
	대운 여	2	2	1	1	1	1	동	10	9	9	9	8	8	8	7	7	7	6	6	6	5	설	5	4	4	4	3	3	3	2

대설 7일 13시 16분 【음11월】 ➡ 【戊子月(무자월)】 ☯四綠星 동지 22일 07시 08분

		1	2	3	4	5	6	7	8	9	10	11	12	13	14	15	16	17	18	19	20	21	22	23	24	25	26	27	28	29	30	31
양력	양력	1	2	3	4	5	6	7	8	9	10	11	12	13	14	15	16	17	18	19	20	21	22	23	24	25	26	27	28	29	30	31
12월	요일	일	월	화	수	목	금	토	일	월	화	수	목	금	토	일	월	화	수	목	금	토	일	월	화	수	목	금	토	일	월	화
	일진 日辰	甲戌	乙亥	丙子	丁丑	戊寅	己卯	庚辰	辛巳	壬午	癸未	甲申	乙酉	丙戌	丁亥	戊子	己丑	庚寅	辛卯	壬辰	癸巳	甲午	乙未	丙申	丁酉	戊戌	己亥	庚子	辛丑	壬寅	癸卯	甲辰
음력	납음	山頭火		澗下水		城頭土		白臘金		楊柳木		井中水		屋上土		霹靂火		松柏木		長流水		沙中金		山下火		平地木		壁上土		金箔金		
10/20	음력	20	21	22	23	24	25	26	27	28	29	30	11/1	2	3	4	5	6	7	8	9	10	11	12	13	14	15	16	17	18	19	20
I	구성	8	7	6	5	4	3	2	1	9	8	7	6	5	4	3	2	1	9	8	7	7	8	9	1	2	3	4	5	6	7	8
11/20	대운 남	8	8	9	9	9	10	대	1	1	1	1	2	2	2	3	3	3	4	4	4	5	동	5	6	6	6	7	7	7	8	8
	대운 여	2	2	1	1	1	1	설	10	9	9	9	8	8	8	7	7	7	6	6	6	5	지	5	4	4	4	3	3	3	2	2

단기 4319 年	**1986**년	下元 **丙寅年** 납음(爐中火),본명성(五黃土)
불기 2530 年		대장군(子북방), 삼살(북방), 상문(辰동남방),조객(子북방), 납음(노중화), 【삼재(신,유,술)년】 臘享(납향):1987년1월22일(음12/23)

소한 6일 00시 28분 【음12월】 ➡ 【己丑月(기축월)】 ☯三碧星 대한 20일 17시 46분

양력 1월 / 음력 11/21 ~ 12/22

양력	1	2	3	4	5	6	7	8	9	10	11	12	13	14	15	16	17	18	19	20	21	22	23	24	25	26	27	28	29	30	31
요일	수	목	금	토	일	월	화	수	목	금	토	일	월	화	수	목	금	토	일	월	화	수	목	금	토	일	월	화	수	목	금
일진 日辰	乙巳	丙午	丁未	戊申	己酉	庚戌	辛亥	壬子	癸丑	甲寅	乙卯	丙辰	丁巳	戊午	己未	庚申	辛酉	壬戌	癸亥	甲子	乙丑	丙寅	丁卯	戊辰	己巳	庚午	辛未	壬申	癸酉	甲戌	乙亥
납음		天河水		大驛土		釵釧金		桑柘木		大溪水		沙中土		天上火		石榴木		大海水		海中金		爐中火		大林木		路傍土		劍鋒金		山頭火	
음력	21	22	23	24	25	26	27	28	29	12/1	2	3	4	5	6	7	8	9	10	11	12	13	14	15	16	17	18	19	20	21	22
구성	9	1	2	3	4	5	6	7	8	9	1	2	3	4	5	6	7	8	9	1	2	3	4	5	6	7	8	9	1	2	3
대운 남	8	9	9	9	10	소	1	1	1	1	2	2	2	3	3	3	4	4	4	대	5	5	6	6	6	7	7	7	8	8	8
대운 여	2	1	1	1	1	한	9	9	9	8	8	8	7	7	7	6	6	6	5	한	5	4	4	4	3	3	3	2	2	2	1

입춘 4일 12시 08분 【음1월】 ➡ 【庚寅月(경인월)】 ☯二黑星 우수 19일 07시 58분

양력 2월 / 음력 12/23 ~ 01/20

양력	1	2	3	4	5	6	7	8	9	10	11	12	13	14	15	16	17	18	19	20	21	22	23	24	25	26	27	28
요일	토	일	월	화	수	목	금	토	일	월	화	수	목	금	토	일	월	화	수	목	금	토	일	월	화	수	목	금
일진 日辰	丙子	丁丑	戊寅	己卯	庚辰	辛巳	壬午	癸未	甲申	乙酉	丙戌	丁亥	戊子	己丑	庚寅	辛卯	壬辰	癸巳	甲午	乙未	丙申	丁酉	戊戌	己亥	庚子	辛丑	壬寅	癸卯
납음	澗下水		城頭土		白臘金		楊柳木		井中水		屋上土		霹靂火		松柏木		長流水		沙中金		山下火		平地木		壁上土		金箔金	
음력	23	24	25	26	27	28	29	30	1/1	2	3	4	5	6	7	8	9	10	11	12	13	14	15	16	17	18	19	20
구성	4	5	6	7	8	9	1	2	3	4	5	6	7	8	9	1	2	3	4	5	6	7	8	9	1	2	3	4
대운 남	9	9	9	입	10	9	9	9	8	8	8	7	7	7	6	6	6	5	우	5	4	4	4	3	3	3	2	2
대운 여	1	1	1	춘	1	1	1	1	2	2	2	3	3	3	4	4	4	5	수	5	6	6	6	7	7	7	8	8

丙寅年

경칩 6일 06시 12분 【음2월】 ➡ 【辛卯月(신묘월)】 ☯一白星 춘분 21일 07시 03분

양력 3월 / 음력 01/21 ~ 02/22

양력	1	2	3	4	5	6	7	8	9	10	11	12	13	14	15	16	17	18	19	20	21	22	23	24	25	26	27	28	29	30	31
요일	토	일	월	화	수	목	금	토	일	월	화	수	목	금	토	일	월	화	수	목	금	토	일	월	화	수	목	금	토	일	월
일진 日辰	甲辰	乙巳	丙午	丁未	戊申	己酉	庚戌	辛亥	壬子	癸丑	甲寅	乙卯	丙辰	丁巳	戊午	己未	庚申	辛酉	壬戌	癸亥	甲子	乙丑	丙寅	丁卯	戊辰	己巳	庚午	辛未	壬申	癸酉	甲戌
납음	覆燈火		天河水		大驛土		釵釧金		桑柘木		大溪水		沙中土		天上火		石榴木		大海水		海中金		爐中火		大林木		路傍土		劍鋒金		
음력	21	22	23	24	25	26	27	28	29	2/1	2	3	4	5	6	7	8	9	10	11	12	13	14	15	16	17	18	19	20	21	22
구성	5	6	7	8	9	1	2	3	4	5	6	7	8	9	1	2	3	4	5	6	7	8	9	1	2	3	4	5	6	7	8
대운 남	2	1	1	1	1	경	10	9	9	9	8	8	8	7	7	7	6	6	6	5	춘	5	4	4	4	3	3	3	2	2	2
대운 여	8	9	9	9	10	칩	1	1	1	1	2	2	2	3	3	3	4	4	4	5	분	5	6	6	6	7	7	7	8	8	8

청명 5일 11시 06분 【음3월】 ➡ 【壬辰月(임진월)】 ☯九紫星 곡우 20일 18시 12분

양력 4월 / 음력 02/23 ~ 03/22

양력	1	2	3	4	5	6	7	8	9	10	11	12	13	14	15	16	17	18	19	20	21	22	23	24	25	26	27	28	29	30
요일	화	수	목	금	토	일	월	화	수	목	금	토	일	월	화	수	목	금	토	일	월	화	수	목	금	토	일	월	화	수
일진 日辰	乙亥	丙子	丁丑	戊寅	己卯	庚辰	辛巳	壬午	癸未	甲申	乙酉	丙戌	丁亥	戊子	己丑	庚寅	辛卯	壬辰	癸巳	甲午	乙未	丙申	丁酉	戊戌	己亥	庚子	辛丑	壬寅	癸卯	甲辰
납음		澗下水		城頭土		白臘金		楊柳木		井中水		屋上土		霹靂火		松柏木		長流水		沙中金		山下火		平地木		壁上土		金箔金		
음력	23	24	25	26	27	28	29	30	3/1	2	3	4	5	6	7	8	9	10	11	12	13	14	15	16	17	18	19	20	21	22
구성	9	1	2	3	4	5	6	7	8	9	1	2	3	4	5	6	7	8	9	1	2	3	4	5	6	7	8	9	1	2
대운 남	1	1	1	1	청	10	10	9	9	9	8	8	8	7	7	7	6	6	6	곡	5	5	4	4	4	3	3	3	2	2
대운 여	9	9	9	10	명	1	1	1	1	2	2	2	3	3	3	4	4	4	5	우	5	6	6	6	7	7	7	8	8	8

입하 6일 04시 31분 【음4월】 ➡ 【癸巳月(계사월)】 ☯八白星 소만 21일 17시 28분

양력 5월 / 음력 03/23 ~ 04/23

양력	1	2	3	4	5	6	7	8	9	10	11	12	13	14	15	16	17	18	19	20	21	22	23	24	25	26	27	28	29	30	31
요일	목	금	토	일	월	화	수	목	금	토	일	월	화	수	목	금	토	일	월	화	수	목	금	토	일	월	화	수	목	금	토
일진 日辰	乙巳	丙午	丁未	戊申	己酉	庚戌	辛亥	壬子	癸丑	甲寅	乙卯	丙辰	丁巳	戊午	己未	庚申	辛酉	壬戌	癸亥	甲子	乙丑	丙寅	丁卯	戊辰	己巳	庚午	辛未	壬申	癸酉	甲戌	乙亥
납음		天河水		大驛土		釵釧金		桑柘木		大溪水		沙中土		天上火		石榴木		大海水		海中金		爐中火		大林木		路傍土		劍鋒金		山頭火	
음력	23	24	25	26	27	28	29	30	4/1	2	3	4	5	6	7	8	9	10	11	12	13	14	15	16	17	18	19	20	21	22	23
구성	3	4	5	6	7	8	9	1	2	3	4	5	6	7	8	9	1	2	3	4	5	6	7	8	9	1	2	3	4	5	6
대운 남	2	1	1	1	1	입	10	10	9	9	9	8	8	8	7	7	7	6	6	6	소	5	5	4	4	4	3	3	3	2	2
대운 여	9	9	9	10	10	하	1	1	1	1	2	2	2	3	3	3	4	4	4	5	만	5	6	6	6	7	7	7	8	8	8

망종 6일 08시 44분 【음5월】 ➡ 【甲午月(갑오월)】 ☯七赤星 하지 22일 01시 30분

양력 6월 / 음력 04/24 ~ 05/24

양력	1	2	3	4	5	6	7	8	9	10	11	12	13	14	15	16	17	18	19	20	21	22	23	24	25	26	27	28	29	30
요일	일	월	화	수	목	금	토	일	월	화	수	목	금	토	일	월	화	수	목	금	토	일	월	화	수	목	금	토	일	월
일진 日辰	丙子	丁丑	戊寅	己卯	庚辰	辛巳	壬午	癸未	甲申	乙酉	丙戌	丁亥	戊子	己丑	庚寅	辛卯	壬辰	癸巳	甲午	乙未	丙申	丁酉	戊戌	己亥	庚子	辛丑	壬寅	癸卯	甲辰	乙巳
납음	澗下水		城頭土		白臘金		楊柳木		井中水		屋上土		霹靂火		松柏木		長流水		沙中金		山下火		平地木		壁上土		金箔金		覆燈火	
음력	24	25	26	27	28	29	5/1	2	3	4	5	6	7	8	9	10	11	12	13	14	15	16	17	18	19	20	21	22	23	24
구성	7	8	9	1	2	3	4	5	6	7	8	9	1	2	3	4	5	6	7	8	9	1	2	3	4	5	6	7	8	9
대운 남	2	1	1	1	1	망	10	10	9	9	9	8	8	8	7	7	7	6	6	6	5	하	5	4	4	4	3	3	3	2
대운 여	9	9	9	10	10	종	1	1	1	1	2	2	2	3	3	3	4	4	4	5	5	지	6	6	6	7	7	7	8	8

한식(4월06일), 초복(7월15일), 중복(7월25일), 말복(8월14일) ☂춘사(春社)3/25 ☀추사(秋社)9/21
토왕지절(土旺之節):4월17일,7월20일,10월21일,1월18일(음12/19)臘享(납향):1987년1월22일(음12/23)

八日得辛, 九龍治水, 1986년 병인年(로중화), 오황토

4綠	9紫	2黑
3碧	5黃	7赤
8白	1白	6白

1986 丙寅年

소서 7일 19시 01분 【음6월】 ➡ 【乙未月(을미월)】 ☯六白星 대서 23일 12시 24분

양력 7월	양력	1	2	3	4	5	6	7	8	9	10	11	12	13	14	15	16	17	18	19	20	21	22	23	24	25	26	27	28	29	30	31
	요일	화	수	목	금	토	일	월	화	수	목	금	토	일	월	화	수	목	금	토	일	월	화	수	목	금	토	일	월	화	수	목
	일진 日辰	丙午	丁未	戊申	己酉	庚戌	辛亥	壬子	癸丑	甲寅	乙卯	丙辰	丁巳	戊午	己未	庚申	辛酉	壬戌	癸亥	甲子	乙丑	丙寅	丁卯	戊辰	己巳	庚午	辛未	壬申	癸酉	甲戌	乙亥	丙子
음력 05/25 ~ 06/25	납음	天河水		大驛土		釵釧金		桑柘木		大溪水		沙中土		天上火		石榴木		大海水		海中金		爐中火		大林木		路傍土		劍鋒金		山頭火		
	음력	25	26	27	28	29	30	6/1	2	3	4	5	6	7	8	9	10	11	12	13	14	15	16	17	18	19	20	21	22	23	24	25
	구성	1	2	3	4	5	6	7	8	9	9	8	7	6	5	4	3	2	1	9	8	7	6	5	4	3	2	1	9	8	7	6
	대운 남	2	2	1	1	1	1	소	10	10	10	9	9	9	8	8	8	7	7	7	6	6	6	대	5	5	4	4	4	3	3	3
	대운 여	8	9	9	9	10	10	서	1	1	1	1	2	2	2	3	3	3	4	4	4	5	5	서	6	6	6	7	7	7	8	8

입추 8일 04시 46분 【음7월】 ➡ 【丙申月(병신월)】 ☯五黃星 처서 23일 19시 26분

양력 8월	양력	1	2	3	4	5	6	7	8	9	10	11	12	13	14	15	16	17	18	19	20	21	22	23	24	25	26	27	28	29	30	31
	요일	금	토	일	월	화	수	목	금	토	일	월	화	수	목	금	토	일	월	화	수	목	금	토	일	월	화	수	목	금	토	일
	일진 日辰	丁丑	戊寅	己卯	庚辰	辛巳	壬午	癸未	甲申	乙酉	丙戌	丁亥	戊子	己丑	庚寅	辛卯	壬辰	癸巳	甲午	乙未	丙申	丁酉	戊戌	己亥	庚子	辛丑	壬寅	癸卯	甲辰	乙巳	丙午	丁未
음력 06/26 ~ 07/26	납음		城頭土		白臘金		楊柳木		井中水		屋上土		霹靂火		松柏木		長流水		沙中金		山下火		平地木		壁上土		金箔金		覆燈火		天河水	
	음력	26	27	28	29	30	7/1	2	3	4	5	6	7	8	9	10	11	12	13	14	15	16	17	18	19	20	21	22	23	24	25	26
	구성	5	4	3	2	1	9	8	7	6	5	4	3	2	1	9	8	7	6	5	4	3	2	1	9	8	7	6	5	4	3	2
	대운 남	2	2	2	1	1	1	1	입	10	10	9	9	9	8	8	8	7	7	7	6	6	6	처	5	5	4	4	4	3	3	3
	대운 여	8	9	9	9	10	10	10	추	1	1	1	1	2	2	2	3	3	3	4	4	4	5	서	5	6	6	6	7	7	7	8

백로 8일 07시 35분 【음8월】 ➡ 【丁酉月(정유월)】 ☯四綠星 추분 23일 16시 59분

양력 9월	양력	1	2	3	4	5	6	7	8	9	10	11	12	13	14	15	16	17	18	19	20	21	22	23	24	25	26	27	28	29	30
	요일	월	화	수	목	금	토	일	월	화	수	목	금	토	일	월	화	수	목	금	토	일	월	화	수	목	금	토	일	월	화
	일진 日辰	戊申	己酉	庚戌	辛亥	壬子	癸丑	甲寅	乙卯	丙辰	丁巳	戊午	己未	庚申	辛酉	壬戌	癸亥	甲子	乙丑	丙寅	丁卯	戊辰	己巳	庚午	辛未	壬申	癸酉	甲戌	乙亥	丙子	丁丑
음력 07/27 ~ 08/27	납음	大驛土		釵釧金		桑柘木		大溪水		沙中土		天上火		石榴木		大海水		海中金		爐中火		大林木		路傍土		劍鋒金		山頭火		澗下水	
	음력	27	28	29	8/1	2	3	4	5	6	7	8	9	10	11	12	13	14	15	16	17	18	19	20	21	22	23	24	25	26	27
	구성	1	9	8	7	6	5	4	3	2	1	9	8	7	6	5	4	3	2	1	9	8	7	6	5	4	3	2	1	9	8
	대운 남	2	2	2	1	1	1	1	백	10	10	9	9	9	8	8	8	7	7	7	6	6	6	추	5	5	4	4	4	3	3
	대운 여	8	8	9	9	9	10	10	로	1	1	1	1	2	2	2	3	3	3	4	4	4	5	분	5	6	6	6	7	7	7

한로 8일 23시 07분 【음9월】 ➡ 【戊戌月(무술월)】 ☯三碧星 상강 24일 02시 14분

양력 10월	양력	1	2	3	4	5	6	7	8	9	10	11	12	13	14	15	16	17	18	19	20	21	22	23	24	25	26	27	28	29	30	31
	요일	수	목	금	토	일	월	화	수	목	금	토	일	월	화	수	목	금	토	일	월	화	수	목	금	토	일	월	화	수	목	금
	일진 日辰	戊寅	己卯	庚辰	辛巳	壬午	癸未	甲申	乙酉	丙戌	丁亥	戊子	己丑	庚寅	辛卯	壬辰	癸巳	甲午	乙未	丙申	丁酉	戊戌	己亥	庚子	辛丑	壬寅	癸卯	甲辰	乙巳	丙午	丁未	戊申
음력 08/28 ~ 09/28	납음	城頭土		白臘金		楊柳木		井中水		屋上土		霹靂火		松柏木		長流水		沙中金		山下火		平地木		壁上土		金箔金		覆燈火		天河水		
	음력	28	29	30	9/1	2	3	4	5	6	7	8	9	10	11	12	13	14	15	16	17	18	19	20	21	22	23	24	25	26	27	28
	구성	7	6	5	4	3	2	1	9	8	7	6	5	4	3	2	1	9	8	7	6	5	4	3	2	1	9	8	7	6	5	4
	대운 남	2	2	2	1	1	1	1	한	10	10	9	9	9	8	8	8	7	7	7	6	6	6	5	상	5	4	4	4	3	3	3
	대운 여	8	8	8	9	9	9	10	로	1	1	1	1	2	2	2	3	3	3	4	4	4	5	5	강	6	6	6	7	7	7	8

입동 8일 02시 13분 【음10월】 ➡ 【己亥月(기해월)】 ☯二黑星 소설 22일 23시 44분

양력 11월	양력	1	2	3	4	5	6	7	8	9	10	11	12	13	14	15	16	17	18	19	20	21	22	23	24	25	26	27	28	29	30
	요일	토	일	월	화	수	목	금	토	일	월	화	수	목	금	토	일	월	화	수	목	금	토	일	월	화	수	목	금	토	일
	일진 日辰	己酉	庚戌	辛亥	壬子	癸丑	甲寅	乙卯	丙辰	丁巳	戊午	己未	庚申	辛酉	壬戌	癸亥	甲子	乙丑	丙寅	丁卯	戊辰	己巳	庚午	辛未	壬申	癸酉	甲戌	乙亥	丙子	丁丑	戊寅
음력 09/29 ~ 10/29	납음		釵釧金		桑柘木		大溪水		沙中土		天上火		石榴木		大海水		海中金		爐中火		大林木		路傍土		劍鋒金		山頭火		澗下水		
	음력	29	10/1	2	3	4	5	6	7	8	9	10	11	12	13	14	15	16	17	18	19	20	21	22	23	24	25	26	27	28	29
	구성	3	2	1	9	8	7	6	5	4	3	2	1	9	8	7	6	5	4	3	2	1	9	8	7	6	5	4	3	2	1
	대운 남	2	2	2	1	1	1	1	입	9	9	9	8	8	8	7	7	7	6	6	6	5	소	5	4	4	4	3	3	3	2
	대운 여	8	8	9	9	9	10	10	동	1	1	1	1	2	2	2	3	3	3	4	4	4	설	5	5	6	6	6	7	7	7

대설 7일 19시 01분 【음11월】 ➡ 【庚子月(경자월)】 ☯一白星 동지 22일 13시 02분

양력 12월	양력	1	2	3	4	5	6	7	8	9	10	11	12	13	14	15	16	17	18	19	20	21	22	23	24	25	26	27	28	29	30	31
	요일	월	화	수	목	금	토	일	월	화	수	목	금	토	일	월	화	수	목	금	토	일	월	화	수	목	금	토	일	월	화	수
	일진 日辰	己卯	庚辰	辛巳	壬午	癸未	甲申	乙酉	丙戌	丁亥	戊子	己丑	庚寅	辛卯	壬辰	癸巳	甲午	乙未	丙申	丁酉	戊戌	己亥	庚子	辛丑	壬寅	癸卯	甲辰	乙巳	丙午	丁未	戊申	己酉
음력 10/30 ~ 12/01	납음		白臘金		楊柳木		井中水		屋上土		霹靂火		松柏木		長流水		沙中金		山下火		平地木		壁上土		金箔金		覆燈火		天河水		大驛土	
	음력	30	11/1	2	3	4	5	6	7	8	9	10	11	12	13	14	15	16	17	18	19	20	21	22	23	24	25	26	27	28	29	12/1
	구성	9	8	7	6	5	4	3	2	1	9	8	7	6	5	4	3	2	1	9	8	7	6	5	4	3	2	1	9	8	7	6
	대운 남	2	2	1	1	1	1	대	10	9	9	9	8	8	8	7	7	7	6	6	6	5	동	5	4	4	4	3	3	3	2	2
	대운 여	8	8	8	9	9	9	설	1	1	1	1	2	2	2	3	3	3	4	4	4	5	지	5	6	6	6	7	7	7	8	8

단기 4320 年
불기 2531 年

1987년

下元 丁卯年 납음(爐中火),본명성(四綠木)

대장군(子북방), 삼살(酉서방), 상문(巳동남방),조객(丑동북방),납음(노중화), 【삼재(사,오,미)년】 臘享(납향):1988년1월29일(음12/11)

토끼

소한 6일 06시 13분 【음12월】 ➡ 【辛丑月(신축월)】 ☯九紫星 대한 20일 23시 40분

양력 1월 / 음력 12/02 ▮ 01/03

양력	1	2	3	4	5	6	7	8	9	10	11	12	13	14	15	16	17	18	19	20	21	22	23	24	25	26	27	28	29	30	31
요일	목	금	토	일	월	화	수	목	금	토	일	월	화	수	목	금	토	일	월	화	수	목	금	토	일	월	화	수	목	금	토
일진 日辰	庚戌	辛亥	壬子	癸丑	甲寅	乙卯	丙辰	丁巳	戊午	己未	庚申	辛酉	壬戌	癸亥	甲子	乙丑	丙寅	丁卯	戊辰	己巳	庚午	辛未	壬申	癸酉	甲戌	乙亥	丙子	丁丑	戊寅	己卯	庚辰
납음	釵釧金		桑柘木		大溪水		沙中土		天上火		石榴木		大海水		海中金		爐中火		大林木		路傍土		劍鋒金		山頭火		澗下水		城頭土		
음력	2	3	4	5	6	7	8	9	10	11	12	13	14	15	16	17	18	19	20	21	22	23	24	25	26	27	28	29	1/1	2	3
구성	5	4	3	2	1	9	8	7	6	5	4	3	2	1	1	2	3	4	5	6	7	8	9	1	2	3	4	5	6	7	8
대운 남	2	1	1	1	1	소	9	9	9	8	8	8	7	7	7	6	6	6	5	대	5	4	4	4	3	3	3	2	2	2	1
대운 여	8	9	9	9	10	한	1	1	1	1	2	2	2	3	3	3	4	4	4	한	5	5	6	6	6	7	7	7	8	8	8

입춘 4일 17시 52분 【음1월】 ➡ 【壬寅月(임인월)】 ☯八白星 우수 19일 13시 50분

양력 2월 / 음력 01/04 ▮ 02/01

양력	1	2	3	4	5	6	7	8	9	10	11	12	13	14	15	16	17	18	19	20	21	22	23	24	25	26	27	28
요일	일	월	화	수	목	금	토	일	월	화	수	목	금	토	일	월	화	수	목	금	토	일	월	화	수	목	금	토
일진 日辰	辛巳	壬午	癸未	甲申	乙酉	丙戌	丁亥	戊子	己丑	庚寅	辛卯	壬辰	癸巳	甲午	乙未	丙申	丁酉	戊戌	己亥	庚子	辛丑	壬寅	癸卯	甲辰	乙巳	丙午	丁未	戊申
납음		楊柳木		井中水		屋上土		霹靂火		松柏木		長流水		沙中金		山下火		平地木		壁上土		金箔金		覆燈火		天河水		
음력	4	5	6	7	8	9	10	11	12	13	14	15	16	17	18	19	20	21	22	23	24	25	26	27	28	29	30	2/1
구성	9	1	2	3	4	5	6	7	8	9	1	2	3	4	5	6	7	8	9	1	2	3	4	5	6	7	8	9
대운 남	1	1	1	입	1	1	1	1	2	2	2	3	3	3	4	4	4	5	우	5	6	6	6	7	7	7	8	8
대운 여	9	9	9	춘	10	9	9	9	8	8	8	7	7	7	6	6	6	5	수	5	4	4	4	3	3	3	2	2

丁卯年

경칩 6일 11시 54분 【음2월】 ➡ 【癸卯月(계묘월)】 ☯七赤星 춘분 21일 12시 52분

양력 3월 / 음력 02/02 ▮ 03/03

양력	1	2	3	4	5	6	7	8	9	10	11	12	13	14	15	16	17	18	19	20	21	22	23	24	25	26	27	28	29	30	31
요일	일	월	화	수	목	금	토	일	월	화	수	목	금	토	일	월	화	수	목	금	토	일	월	화	수	목	금	토	일	월	화
일진 日辰	己酉	庚戌	辛亥	壬子	癸丑	甲寅	乙卯	丙辰	丁巳	戊午	己未	庚申	辛酉	壬戌	癸亥	甲子	乙丑	丙寅	丁卯	戊辰	己巳	庚午	辛未	壬申	癸酉	甲戌	乙亥	丙子	丁丑	戊寅	己卯
납음		釵釧金		桑柘木		大溪水		沙中土		天上火		石榴木		大海水		海中金		爐中火		大林木		路傍土		劍鋒金		山頭火		澗下水		城頭土	
음력	2	3	4	5	6	7	8	9	10	11	12	13	14	15	16	17	18	19	20	21	22	23	24	25	26	27	28	29	3/1	2	3
구성	1	2	3	4	5	6	7	8	9	1	2	3	4	5	6	7	8	9	1	2	3	4	5	6	7	8	9	1	2	3	4
대운 남	8	9	9	9	10	경	1	1	1	1	2	2	2	3	3	3	4	4	4	5	춘	5	6	6	6	7	7	7	8	8	8
대운 여	2	1	1	1	1	칩	10	9	9	9	8	8	8	7	7	7	6	6	6	5	분	5	4	4	4	3	3	3	2	2	2

청명 5일 16시 44분 【음3월】 ➡ 【甲辰月(갑진월)】 ☯六白星 곡우 20일 23시 58분

양력 4월 / 음력 03/04 ▮ 04/03

양력	1	2	3	4	5	6	7	8	9	10	11	12	13	14	15	16	17	18	19	20	21	22	23	24	25	26	27	28	29	30
요일	수	목	금	토	일	월	화	수	목	금	토	일	월	화	수	목	금	토	일	월	화	수	목	금	토	일	월	화	수	목
일진 日辰	庚辰	辛巳	壬午	癸未	甲申	乙酉	丙戌	丁亥	戊子	己丑	庚寅	辛卯	壬辰	癸巳	甲午	乙未	丙申	丁酉	戊戌	己亥	庚子	辛丑	壬寅	癸卯	甲辰	乙巳	丙午	丁未	戊申	己酉
납음	白臘金		楊柳木		井中水		屋上土		霹靂火		松柏木		長流水		沙中金		山下火		平地木		壁上土		金箔金		覆燈火		天河水		大驛土	
음력	4	5	6	7	8	9	10	11	12	13	14	15	16	17	18	19	20	21	22	23	24	25	26	27	28	29	30	4/1	2	3
구성	5	6	7	8	9	1	2	3	4	5	6	7	8	9	1	2	3	4	5	6	7	8	9	1	2	3	4	5	6	7
대운 남	9	9	9	10	청	1	1	1	1	2	2	2	3	3	3	4	4	4	5	곡	5	6	6	6	7	7	7	8	8	8
대운 여	1	1	1	1	명	10	10	9	9	9	8	8	8	7	7	7	6	6	6	우	5	5	4	4	4	3	3	3	2	2

입하 6일 10시 06분 【음4월】 ➡ 【乙巳月(을사월)】 ☯五黃星 소만 22일 00시 10분

양력 5월 / 음력 04/04 ▮ 05/04

양력	1	2	3	4	5	6	7	8	9	10	11	12	13	14	15	16	17	18	19	20	21	22	23	24	25	26	27	28	29	30	31
요일	금	토	일	월	화	수	목	금	토	일	월	화	수	목	금	토	일	월	화	수	목	금	토	일	월	화	수	목	금	토	일
일진 日辰	庚戌	辛亥	壬子	癸丑	甲寅	乙卯	丙辰	丁巳	戊午	己未	庚申	辛酉	壬戌	癸亥	甲子	乙丑	丙寅	丁卯	戊辰	己巳	庚午	辛未	壬申	癸酉	甲戌	乙亥	丙子	丁丑	戊寅	己卯	庚辰
납음	釵釧金		桑柘木		大溪水		沙中土		天上火		石榴木		大海水		海中金		爐中火		大林木		路傍土		劍鋒金		山頭火		澗下水		城頭土		
음력	4	5	6	7	8	9	10	11	12	13	14	15	16	17	18	19	20	21	22	23	24	25	26	27	28	29	30	5/1	2	3	4
구성	8	9	1	2	3	4	5	6	7	8	9	1	2	3	4	5	6	7	8	9	1	2	3	4	5	6	7	8	9	1	2
대운 남	9	9	9	10	10	입	1	1	1	1	2	2	2	3	3	3	4	4	4	5	5	소	6	6	6	7	7	7	8	8	8
대운 여	2	1	1	1	1	하	10	10	9	9	9	8	8	8	7	7	7	6	6	6	5	만	5	4	4	4	3	3	3	2	2

망종 6일 15시 19분 【음5월】 ➡ 【丙午月(병오월)】 ☯四綠星 하지 22일 08시 11분

양력 6월 / 음력 05/05 ▮ 06/05

양력	1	2	3	4	5	6	7	8	9	10	11	12	13	14	15	16	17	18	19	20	21	22	23	24	25	26	27	28	29	30
요일	월	화	수	목	금	토	일	월	화	수	목	금	토	일	월	화	수	목	금	토	일	월	화	수	목	금	토	일	월	화
일진 日辰	辛巳	壬午	癸未	甲申	乙酉	丙戌	丁亥	戊子	己丑	庚寅	辛卯	壬辰	癸巳	甲午	乙未	丙申	丁酉	戊戌	己亥	庚子	辛丑	壬寅	癸卯	甲辰	乙巳	丙午	丁未	戊申	己酉	庚戌
납음		楊柳木		井中水		屋上土		霹靂火		松柏木		長流水		沙中金		山下火		平地木		壁上土		金箔金		覆燈火		天河水		大驛土		
음력	5	6	7	8	9	10	11	12	13	14	15	16	17	18	19	20	21	22	23	24	25	26	27	28	29	6/1	2	3	4	5
구성	3	4	5	6	7	8	9	1	2	3	4	5	6	7	8	9	1	2	3	4	5	6	7	8	9	1	2	3	4	5
대운 남	9	9	9	10	10	망	1	1	1	1	2	2	2	3	3	3	4	4	4	5	5	하	6	6	6	7	7	7	8	8
대운 여	2	1	1	1	1	종	10	10	10	9	9	9	8	8	8	7	7	7	6	6	6	지	5	5	4	4	4	3	3	3

한식(4월06일), 초복(7월20일), 중복(7월30일), 말복(8월09일) 춘사(春社)3/20 추사(秋社)9/26
토왕지절(土旺之節):4월17일,7월20일,10월21일,1월18일(음11/29)

서머타임 시작 5월10일 02시→03시로 조정
종료10월11일 03시→02시로 조정
수정한 시간으로 표기(동경표준시 사용)

四日得辛, 三龍治水, 1987년 정묘年(노중화), 사록목

3碧	8白	1白
2黑	4綠	6白
7赤	9紫	5黃

1987 丁卯年

소서 8일 01시 39분 【음6월】 ➡ 【丁未月(정미월)】 ☯三碧星 대서 23일 19시 06분

양력 7월 / 음력 06/06 ~ 윤606

양력	1	2	3	4	5	6	7	8	9	10	11	12	13	14	15	16	17	18	19	20	21	22	23	24	25	26	27	28	29	30	31
요일	수	목	금	토	일	월	화	수	목	금	토	일	월	화	수	목	금	토	일	월	화	수	목	금	토	일	월	화	수	목	금
일진 日辰	辛亥	壬子	癸丑	甲寅	乙卯	丙辰	丁巳	戊午	己未	庚申	辛酉	壬戌	癸亥	甲子	乙丑	丙寅	丁卯	戊辰	己巳	庚午	辛未	壬申	癸酉	甲戌	乙亥	丙子	丁丑	戊寅	己卯	庚辰	辛巳
납음		桑柘木		大溪水		沙中土		天上火		石榴木		大海水		海中金		爐中火		大林木		路傍土		劍鋒金		山頭火		澗下水		城頭土		白臘金	
음력	6	7	8	9	10	11	12	13	14	15	16	17	18	19	20	21	22	23	24	25	26	27	28	29	30	윤6	2	3	4	5	6
구성	6	7	8	9	1	2	3	4	5	6	7	8	9	9	8	7	6	5	4	3	2	1	9	8	7	6	5	4	3	2	1
대운 남	8	9	9	9	10	10	10	소	1	1	1	1	2	2	2	3	3	3	4	4	4	5	대	5	6	6	6	7	7	7	8
대운 여	2	2	2	1	1	1	1	서	10	10	9	9	9	8	8	8	7	7	7	6	6	6	서	5	5	4	4	4	3	3	3

입추 8일 11시 29분 【음7월】 ➡ 【戊申月(무신월)】 ☯二黑星 처서 24일 02시 10분

양력 8월 / 음력 윤607 ~ 07/08

양력	1	2	3	4	5	6	7	8	9	10	11	12	13	14	15	16	17	18	19	20	21	22	23	24	25	26	27	28	29	30	31
요일	토	일	월	화	수	목	금	토	일	월	화	수	목	금	토	일	월	화	수	목	금	토	일	월	화	수	목	금	토	일	월
일진 日辰	壬午	癸未	甲申	乙酉	丙戌	丁亥	戊子	己丑	庚寅	辛卯	壬辰	癸巳	甲午	乙未	丙申	丁酉	戊戌	己亥	庚子	辛丑	壬寅	癸卯	甲辰	乙巳	丙午	丁未	戊申	己酉	庚戌	辛亥	壬子
납음	楊柳木		井中水		屋上土		霹靂火		松柏木		長流水		沙中金		山下火		平地木		壁上土		金箔金		覆燈火		天河水		大驛土		釵釧金		
음력	7	8	9	10	11	12	13	14	15	16	17	18	19	20	21	22	23	24	25	26	27	28	29	7/1	2	3	4	5	6	7	8
구성	9	8	7	6	5	4	3	2	1	9	8	7	6	5	4	3	2	1	9	8	7	6	5	4	3	2	1	9	8	7	6
대운 남	8	8	9	9	9	10	10	입	1	1	1	1	2	2	2	3	3	3	4	4	4	5	5	처	6	6	6	7	7	7	8
대운 여	2	2	2	1	1	1	1	추	10	10	9	9	9	8	8	8	7	7	7	6	6	6	5	서	5	4	4	4	3	3	3

백로 8일 14시 24분 【음8월】 ➡ 【己酉月(기유월)】 ☯一白星 추분 23일 23시 45분

양력 9월 / 음력 07/09 ~ 08/08

양력	1	2	3	4	5	6	7	8	9	10	11	12	13	14	15	16	17	18	19	20	21	22	23	24	25	26	27	28	29	30
요일	화	수	목	금	토	일	월	화	수	목	금	토	일	월	화	수	목	금	토	일	월	화	수	목	금	토	일	월	화	수
일진 日辰	癸丑	甲寅	乙卯	丙辰	丁巳	戊午	己未	庚申	辛酉	壬戌	癸亥	甲子	乙丑	丙寅	丁卯	戊辰	己巳	庚午	辛未	壬申	癸酉	甲戌	乙亥	丙子	丁丑	戊寅	己卯	庚辰	辛巳	壬午
납음		大溪水		沙中土		天上火		石榴木		大海水		海中金		爐中火		大林木		路傍土		劍鋒金		山頭火		澗下水		城頭土		白臘金		
음력	9	10	11	12	13	14	15	16	17	18	19	20	21	22	23	24	25	26	27	28	29	30	8/1	2	3	4	5	6	7	8
구성	5	4	3	2	1	9	8	7	6	5	4	3	2	1	9	8	7	6	5	4	3	2	1	9	8	7	6	5	4	3
대운 남	8	8	9	9	9	10	10	백	1	1	1	1	2	2	2	3	3	3	4	4	4	5	추	5	6	6	6	7	7	7
대운 여	2	2	2	1	1	1	1	로	10	10	9	9	9	8	8	8	7	7	7	6	6	6	분	5	5	4	4	4	3	3

한로 9일 05시 00분 【음9월】 ➡ 【庚戌月(경술월)】 ☯九紫星 상강 24일 08시 01분

양력 10월 / 음력 08/09 ~ 09/09

양력	1	2	3	4	5	6	7	8	9	10	11	12	13	14	15	16	17	18	19	20	21	22	23	24	25	26	27	28	29	30	31
요일	목	금	토	일	월	화	수	목	금	토	일	월	화	수	목	금	토	일	월	화	수	목	금	토	일	월	화	수	목	금	토
일진 日辰	癸未	甲申	乙酉	丙戌	丁亥	戊子	己丑	庚寅	辛卯	壬辰	癸巳	甲午	乙未	丙申	丁酉	戊戌	己亥	庚子	辛丑	壬寅	癸卯	甲辰	乙巳	丙午	丁未	戊申	己酉	庚戌	辛亥	壬子	癸丑
납음		井中水		屋上土		霹靂火		松柏木		長流水		沙中金		山下火		平地木		壁上土		金箔金		覆燈火		天河水		大驛土		釵釧金		桑柘木	
음력	9	10	11	12	13	14	15	16	17	18	19	20	21	22	23	24	25	26	27	28	29	30	9/1	2	3	4	5	6	7	8	9
구성	2	1	9	8	7	6	5	4	3	2	1	9	8	7	6	5	4	3	2	1	9	8	7	6	5	4	3	2	1	9	8
대운 남	8	8	8	9	9	9	10	10	한	1	1	1	1	2	2	2	3	3	3	4	4	4	5	상	5	6	6	6	7	7	7
대운 여	3	2	2	2	1	1	1	1	로	10	9	9	9	8	8	8	7	7	7	6	6	6	5	강	5	4	4	4	3	3	3

입동 8일 08시 06분 【음10월】 ➡ 【辛亥月(신해월)】 ☯八白星 소설 23일 05시 29분

양력 11월 / 음력 09/10 ~ 10/10

양력	1	2	3	4	5	6	7	8	9	10	11	12	13	14	15	16	17	18	19	20	21	22	23	24	25	26	27	28	29	30
요일	일	월	화	수	목	금	토	일	월	화	수	목	금	토	일	월	화	수	목	금	토	일	월	화	수	목	금	토	일	월
일진 日辰	甲寅	乙卯	丙辰	丁巳	戊午	己未	庚申	辛酉	壬戌	癸亥	甲子	乙丑	丙寅	丁卯	戊辰	己巳	庚午	辛未	壬申	癸酉	甲戌	乙亥	丙子	丁丑	戊寅	己卯	庚辰	辛巳	壬午	癸未
납음	大溪水		沙中土		天上火		石榴木		大海水		海中金		爐中火		大林木		路傍土		劍鋒金		山頭火		澗下水		城頭土		白臘金		楊柳木	
음력	10	11	12	13	14	15	16	17	18	19	20	21	22	23	24	25	26	27	28	29	10/1	2	3	4	5	6	7	8	9	10
구성	7	6	5	4	3	2	1	9	8	7	6	5	4	3	2	1	9	8	7	6	5	4	3	2	1	9	8	7	6	5
대운 남	8	8	8	9	9	9	10	입	1	1	1	1	2	2	2	3	3	3	4	4	4	5	소	5	6	6	6	7	7	7
대운 여	2	2	2	1	1	1	1	동	10	9	9	9	8	8	8	7	7	7	6	6	6	5	설	5	4	4	4	3	3	3

대설 8일 00시 52분 【음11월】 ➡ 【壬子月(임자월)】 ☯七赤星 동지 22일 18시 46분

양력 12월 / 음력 10/11 ~ 11/11

양력	1	2	3	4	5	6	7	8	9	10	11	12	13	14	15	16	17	18	19	20	21	22	23	24	25	26	27	28	29	30	31
요일	화	수	목	금	토	일	월	화	수	목	금	토	일	월	화	수	목	금	토	일	월	화	수	목	금	토	일	월	화	수	목
일진 日辰	甲申	乙酉	丙戌	丁亥	戊子	己丑	庚寅	辛卯	壬辰	癸巳	甲午	乙未	丙申	丁酉	戊戌	己亥	庚子	辛丑	壬寅	癸卯	甲辰	乙巳	丙午	丁未	戊申	己酉	庚戌	辛亥	壬子	癸丑	甲寅
납음	井中水		屋上土		霹靂火		松柏木		長流水		沙中金		山下火		平地木		壁上土		金箔金		覆燈火		天河水		大驛土		釵釧金		桑柘木		
음력	11	12	13	14	15	16	17	18	19	20	21	22	23	24	25	26	27	28	29	30	11/1	2	3	4	5	6	7	8	9	10	11
구성	4	3	2	1	9	8	7	6	5	4	3	2	1	9	8	7	6	5	4	3	2	1	9	8	7	6	5	4	3	2	1
대운 남	8	8	8	9	9	9	10	대	1	1	1	1	2	2	2	3	3	3	4	4	4	동	5	5	6	6	6	7	7	7	8
대운 여	2	2	2	1	1	1	1	설	9	9	9	8	8	8	7	7	7	6	6	6	5	지	5	4	4	4	3	3	3	2	2

단기 4321 年	1988년
불기 2532 年	

下元 戊辰年 납음(大林木),본명성(三碧木)

대장군(子북방), 삼살(남방), 상문(午남방), 조객(寅동북방),납음(대림목), 삼재(인,묘,진) 臘享(납향):1989년1월23일(음12/16)

용

소한 6일 12시 04분 【음12월】 ➡ 【癸丑月(계축월)】 ☯六白星 대한 21일 05시 24분

양력 1월 / 음력 11/12 ~ 12/13

양력	1	2	3	4	5	6	7	8	9	10	11	12	13	14	15	16	17	18	19	20	21	22	23	24	25	26	27	28	29	30	31
요일	금	토	일	월	화	수	목	금	토	일	월	화	수	목	금	토	일	월	화	수	목	금	토	일	월	화	수	목	금	토	일
일진 日辰	乙卯	丙辰	丁巳	戊午	己未	庚申	辛酉	壬戌	癸亥	甲子	乙丑	丙寅	丁卯	戊辰	己巳	庚午	辛未	壬申	癸酉	甲戌	乙亥	丙子	丁丑	戊寅	己卯	庚辰	辛巳	壬午	癸未	甲申	乙酉
납음		沙中土		天上火		石榴木		大海水		海中金		爐中火		大林木		路傍土		劍鋒金		山頭火		澗下水		城頭土		白臘金		楊柳木		井中水	
음력	12	13	14	15	16	17	18	19	20	21	22	23	24	25	26	27	28	29	12/1	2	3	4	5	6	7	8	9	10	11	12	13
구성	9	8	7	6	5	4	3	2	1	1	2	3	4	5	6	7	8	9	1	2	3	4	5	6	7	8	9	1	2	3	4
대운 남	8	8	9	9	9	소	1	1	1	1	2	2	2	3	3	3	4	4	4	5	대	5	6	6	6	7	7	7	8	8	8
대운 여	2	1	1	1	1	한	9	9	9	8	8	8	7	7	7	6	6	6	5	5	한	4	4	4	3	3	3	2	2	2	1

입춘 4일 23시 43분 【음1월】 ➡ 【甲寅月(갑인월)】 ☯五黃星 우수 19일 19시 35분

양력 2월 / 음력 12/14 ~ 01/02

양력	1	2	3	4	5	6	7	8	9	10	11	12	13	14	15	16	17	18	19	20	21	22	23	24	25	26	27	28	29
요일	월	화	수	목	금	토	일	월	화	수	목	금	토	일	월	화	수	목	금	토	일	월	화	수	목	금	토	일	월
일진 日辰	丙戌	丁亥	戊子	己丑	庚寅	辛卯	壬辰	癸巳	甲午	乙未	丙申	丁酉	戊戌	己亥	庚子	辛丑	壬寅	癸卯	甲辰	乙巳	丙午	丁未	戊申	己酉	庚戌	辛亥	壬子	癸丑	甲寅
납음	屋上土		霹靂火		松柏木		長流水		沙中金		山下火		平地木		壁上土		金箔金		覆燈火		天河水		大驛土		釵釧金		桑柘木		
음력	14	15	16	17	18	19	20	21	22	23	24	25	26	27	28	29	30	1/1	2	3	4	5	6	7	8	9	10	11	12
구성	5	6	7	8	9	1	2	3	4	5	6	7	8	9	1	2	3	4	5	6	7	8	9	1	2	3	4	5	6
대운 남	9	9	9	입	10	9	9	9	8	8	8	7	7	7	6	6	6	5	우	5	4	4	4	3	3	3	2	2	2
대운 여	1	1	1	춘	1	1	1	1	2	2	2	3	3	3	4	4	4	5	수	5	6	6	6	7	7	7	8	8	8

戊辰年

경칩 5일 17시 47분 【음2월】 ➡ 【乙卯月(을묘월)】 ☯四綠星 춘분 20일 18시 39분

양력 3월 / 음력 01/13 ~ 02/14

양력	1	2	3	4	5	6	7	8	9	10	11	12	13	14	15	16	17	18	19	20	21	22	23	24	25	26	27	28	29	30	31
요일	화	수	목	금	토	일	월	화	수	목	금	토	일	월	화	수	목	금	토	일	월	화	수	목	금	토	일	월	화	수	목
일진 日辰	乙卯	丙辰	丁巳	戊午	己未	庚申	辛酉	壬戌	癸亥	甲子	乙丑	丙寅	丁卯	戊辰	己巳	庚午	辛未	壬申	癸酉	甲戌	乙亥	丙子	丁丑	戊寅	己卯	庚辰	辛巳	壬午	癸未	甲申	乙酉
납음		沙中土		天上火		石榴木		大海水		海中金		爐中火		大林木		路傍土		劍鋒金		山頭火		澗下水		城頭土		白臘金		楊柳木		井中水	
음력	13	14	15	16	17	18	19	20	21	22	23	24	25	26	27	28	29	2/1	2	3	4	5	6	7	8	9	10	11	12	13	14
구성	7	8	9	1	2	3	4	5	6	7	8	9	1	2	3	4	5	6	7	8	9	1	2	3	4	5	6	7	8	9	1
대운 남	1	1	1	1	경	10	9	9	9	8	8	8	7	7	7	6	6	6	5	춘	5	4	4	4	3	3	3	2	2	2	1
대운 여	9	9	9	10	칩	1	1	1	1	2	2	2	3	3	3	4	4	4	5	분	5	6	6	6	7	7	7	8	8	8	9

청명 4일 22시 39분 【음3월】 ➡ 【丙辰月(병진월)】 ☯三碧星 곡우 20일 05시 45분

양력 4월 / 음력 02/15 ~ 03/15

양력	1	2	3	4	5	6	7	8	9	10	11	12	13	14	15	16	17	18	19	20	21	22	23	24	25	26	27	28	29	30
요일	금	토	일	월	화	수	목	금	토	일	월	화	수	목	금	토	일	월	화	수	목	금	토	일	월	화	수	목	금	토
일진 日辰	丙戌	丁亥	戊子	己丑	庚寅	辛卯	壬辰	癸巳	甲午	乙未	丙申	丁酉	戊戌	己亥	庚子	辛丑	壬寅	癸卯	甲辰	乙巳	丙午	丁未	戊申	己酉	庚戌	辛亥	壬子	癸丑	甲寅	乙卯
납음	屋上土		霹靂火		松柏木		長流水		沙中金		山下火		平地木		壁上土		金箔金		覆燈火		天河水		大驛土		釵釧金		桑柘木		大溪水	
음력	15	16	17	18	19	20	21	22	23	24	25	26	27	28	29	3/1	2	3	4	5	6	7	8	9	10	11	12	13	14	15
구성	2	3	4	5	6	7	8	9	1	2	3	4	5	6	7	8	9	1	2	3	4	5	6	7	8	9	1	2	3	4
대운 남	1	1	1	청	10	10	9	9	9	8	8	8	7	7	7	6	6	6	5	곡	5	4	4	4	3	3	3	2	2	2
대운 여	9	9	10	명	1	1	1	1	2	2	2	3	3	3	4	4	4	5	5	우	6	6	6	7	7	7	8	8	8	9

입하 5일 16시 02분 【음4월】 ➡ 【丁巳月(정사월)】 ☯二黑星 소만 21일 05시 57분

양력 5월 / 음력 03/16 ~ 04/16

양력	1	2	3	4	5	6	7	8	9	10	11	12	13	14	15	16	17	18	19	20	21	22	23	24	25	26	27	28	29	30	31
요일	일	월	화	수	목	금	토	일	월	화	수	목	금	토	일	월	화	수	목	금	토	일	월	화	수	목	금	토	일	월	화
일진 日辰	丙辰	丁巳	戊午	己未	庚申	辛酉	壬戌	癸亥	甲子	乙丑	丙寅	丁卯	戊辰	己巳	庚午	辛未	壬申	癸酉	甲戌	乙亥	丙子	丁丑	戊寅	己卯	庚辰	辛巳	壬午	癸未	甲申	乙酉	丙戌
납음	沙中土		天上火		石榴木		大海水		海中金		爐中火		大林木		路傍土		劍鋒金		山頭火		澗下水		城頭土		白臘金		楊柳木		井中水		
음력	16	17	18	19	20	21	22	23	24	25	26	27	28	29	30	4/1	2	3	4	5	6	7	8	9	10	11	12	13	14	15	16
구성	5	6	7	8	9	1	2	3	4	5	6	7	8	9	1	2	3	4	5	6	7	8	9	1	2	3	4	5	6	7	8
대운 남	1	1	1	1	입	10	10	9	9	9	8	8	8	7	7	7	6	6	6	5	소	5	4	4	4	3	3	3	2	2	2
대운 여	9	9	10	10	하	1	1	1	1	2	2	2	3	3	3	4	4	4	5	5	만	6	6	6	7	7	7	8	8	8	9

망종 5일 21시 15분 【음5월】 ➡ 【戊午月(무오월)】 ☯一白星 하지 21일 13시 57분

양력 6월 / 음력 04/17 ~ 05/17

양력	1	2	3	4	5	6	7	8	9	10	11	12	13	14	15	16	17	18	19	20	21	22	23	24	25	26	27	28	29	30
요일	수	목	금	토	일	월	화	수	목	금	토	일	월	화	수	목	금	토	일	월	화	수	목	금	토	일	월	화	수	목
일진 日辰	丁亥	戊子	己丑	庚寅	辛卯	壬辰	癸巳	甲午	乙未	丙申	丁酉	戊戌	己亥	庚子	辛丑	壬寅	癸卯	甲辰	乙巳	丙午	丁未	戊申	己酉	庚戌	辛亥	壬子	癸丑	甲寅	乙卯	丙辰
납음		霹靂火		松柏木		長流水		沙中金		山下火		平地木		壁上土		金箔金		覆燈火		天河水		大驛土		釵釧金		桑柘木		大溪水		
음력	17	18	19	20	21	22	23	24	25	26	27	28	29	5/1	2	3	4	5	6	7	8	9	10	11	12	13	14	15	16	17
구성	9	1	2	3	4	5	6	7	8	9	1	2	3	4	5	6	7	8	9	1	2	3	4	5	6	7	8	9	1	2
대운 남	1	1	1	1	망	10	10	10	9	9	9	8	8	8	7	7	7	6	6	6	하	5	5	4	4	4	3	3	3	2
대운 여	9	9	10	10	종	1	1	1	1	2	2	2	3	3	3	4	4	4	5	5	지	6	6	6	7	7	7	8	8	8

한식(4월05일), 초복(7월14일), 중복(7월24일), 말복(8월13일) 춘사(春社)3/24 추사(秋社)9/20
토왕지절(土旺之節):4월17일,7월19일,10월20일,1월17일(음12/10)

九日得辛, 二龍治水, 1988년 무진年(대림목), 삼벽목

서머타임 시작 5월08일 02시→03시로 조정
종료10월09일 03시→02시로 조정
수정한 시간으로 표기(동경표준시 사용)

2黑	7赤	9紫
1白	3碧	5黃
6白	8白	4綠

1988 戊辰年

소서 7일 07시 33분 【음6월】 ➡ **【己未月(기미월)】** ☯九紫星 대서 23일 00시 51분

양력 7월 / 음력 05/18 – 06/18

양력	1	2	3	4	5	6	7	8	9	10	11	12	13	14	15	16	17	18	19	20	21	22	23	24	25	26	27	28	29	30	31
요일	금	토	일	월	화	수	목	금	토	일	월	화	수	목	금	토	일	월	화	수	목	금	토	일	월	화	수	목	금	토	일
일진 日辰	丁巳	戊午	己未	庚申	辛酉	壬戌	癸亥	甲子	乙丑	丙寅	丁卯	戊辰	己巳	庚午	辛未	壬申	癸酉	甲戌	乙亥	丙子	丁丑	戊寅	己卯	庚辰	辛巳	壬午	癸未	甲申	乙酉	丙戌	丁亥
납음		天上火		石榴木		大海水		海中金		爐中火		大林木		路傍土		劍鋒金		山頭火		澗下水		城頭土		白臘金		楊柳木		井中水		屋上土	
음력	18	19	20	21	22	23	24	25	26	27	28	29	30	6/1	2	3	4	5	6	7	8	9	10	11	12	13	14	15	16	17	18
구성	3	4	5	6	7	8	9	9	8	7	6	5	4	3	2	1	9	8	7	6	5	4	3	2	1	9	8	7	6	5	4
대운 남	2	2	1	1	1	1	소	10	10	9	9	9	8	8	8	7	7	7	6	6	6	5	대	5	4	4	4	3	3	3	2
대운 여	9	9	9	10	10	10	서	1	1	1	1	2	2	2	3	3	3	4	4	4	5	5	서	6	6	6	7	7	7	8	8

입추 7일 17시 20분 【음7월】 ➡ **【庚申月(경신월)】** ☯八白星 처서 23일 07시 54분

양력 8월 / 음력 06/19 – 07/20

양력	1	2	3	4	5	6	7	8	9	10	11	12	13	14	15	16	17	18	19	20	21	22	23	24	25	26	27	28	29	30	31
요일	월	화	수	목	금	토	일	월	화	수	목	금	토	일	월	화	수	목	금	토	일	월	화	수	목	금	토	일	월	화	수
일진 日辰	戊子	己丑	庚寅	辛卯	壬辰	癸巳	甲午	乙未	丙申	丁酉	戊戌	己亥	庚子	辛丑	壬寅	癸卯	甲辰	乙巳	丙午	丁未	戊申	己酉	庚戌	辛亥	壬子	癸丑	甲寅	乙卯	丙辰	丁巳	戊午
납음	霹靂火		松柏木		長流水		沙中金		山下火		平地木		壁上土		金箔金		覆燈火		天河水		大驛土		釵釧金		桑柘木		大溪水		沙中土		
음력	19	20	21	22	23	24	25	26	27	28	29	7/1	2	3	4	5	6	7	8	9	10	11	12	13	14	15	16	17	18	19	20
구성	3	2	1	9	8	7	6	5	4	3	2	1	9	8	7	6	5	4	3	2	1	9	8	7	6	5	4	3	2	1	9
대운 남	2	2	1	1	1	1	입	10	10	9	9	9	8	8	8	7	7	7	6	6	6	5	처	5	4	4	4	3	3	3	2
대운 여	8	9	9	9	10	10	추	1	1	1	1	2	2	2	3	3	3	4	4	4	5	5	서	6	6	6	7	7	7	8	8

백로 7일 20시 12분 【음8월】 ➡ **【辛酉月(신유월)】** ☯七赤星 추분 23일 05시 29분

양력 9월 / 음력 07/21 – 08/20

양력	1	2	3	4	5	6	7	8	9	10	11	12	13	14	15	16	17	18	19	20	21	22	23	24	25	26	27	28	29	30
요일	목	금	토	일	월	화	수	목	금	토	일	월	화	수	목	금	토	일	월	화	수	목	금	토	일	월	화	수	목	금
일진 日辰	己未	庚申	辛酉	壬戌	癸亥	甲子	乙丑	丙寅	丁卯	戊辰	己巳	庚午	辛未	壬申	癸酉	甲戌	乙亥	丙子	丁丑	戊寅	己卯	庚辰	辛巳	壬午	癸未	甲申	乙酉	丙戌	丁亥	戊子
납음		石榴木		大海水		海中金		爐中火		大林木		路傍土		劍鋒金		山頭火		澗下水		城頭土		白臘金		楊柳木		井中水		屋上土		
음력	21	22	23	24	25	26	27	28	29	30	8/1	2	3	4	5	6	7	8	9	10	11	12	13	14	15	16	17	18	19	20
구성	8	7	6	5	4	3	2	1	9	8	7	6	5	4	3	2	1	9	8	7	6	5	4	3	2	1	9	8	7	6
대운 남	2	2	1	1	1	1	백	10	10	9	9	9	8	8	8	7	7	7	6	6	6	5	추	5	4	4	4	3	3	3
대운 여	8	9	9	9	10	10	로	1	1	1	1	2	2	2	3	3	3	4	4	4	5	5	분	6	6	6	7	7	7	8

한로 8일 11시 45분 【음9월】 ➡ **【壬戌月(임술월)】** ☯六白星 상강 23일 13시 44분

양력 10월 / 음력 08/21 – 09/21

양력	1	2	3	4	5	6	7	8	9	10	11	12	13	14	15	16	17	18	19	20	21	22	23	24	25	26	27	28	29	30	31
요일	토	일	월	화	수	목	금	토	일	월	화	수	목	금	토	일	월	화	수	목	금	토	일	월	화	수	목	금	토	일	월
일진 日辰	己丑	庚寅	辛卯	壬辰	癸巳	甲午	乙未	丙申	丁酉	戊戌	己亥	庚子	辛丑	壬寅	癸卯	甲辰	乙巳	丙午	丁未	戊申	己酉	庚戌	辛亥	壬子	癸丑	甲寅	乙卯	丙辰	丁巳	戊午	己未
납음		松柏木		長流水		沙中金		山下火		平地木		壁上土		金箔金		覆燈火		天河水		大驛土		釵釧金		桑柘木		大溪水		沙中土		天上火	
음력	21	22	23	24	25	26	27	28	29	30	9/1	2	3	4	5	6	7	8	9	10	11	12	13	14	15	16	17	18	19	20	21
구성	5	4	3	2	1	9	8	7	6	5	4	3	2	1	9	8	7	6	5	4	3	2	1	9	8	7	6	5	4	3	2
대운 남	2	2	2	1	1	1	1	한	10	9	9	9	8	8	8	7	7	7	6	6	6	5	상	5	4	4	4	3	3	3	2
대운 여	8	8	9	9	9	10	10	로	1	1	1	1	2	2	2	3	3	3	4	4	4	5	강	5	6	6	6	7	7	7	8

입동 7일 13시 49분 【음10월】 ➡ **【癸亥月(계해월)】** ☯五黃星 소설 22일 11시 12분

양력 11월 / 음력 09/22 – 10/22

양력	1	2	3	4	5	6	7	8	9	10	11	12	13	14	15	16	17	18	19	20	21	22	23	24	25	26	27	28	29	30
요일	화	수	목	금	토	일	월	화	수	목	금	토	일	월	화	수	목	금	토	일	월	화	수	목	금	토	일	월	화	수
일진 日辰	庚申	辛酉	壬戌	癸亥	甲子	乙丑	丙寅	丁卯	戊辰	己巳	庚午	辛未	壬申	癸酉	甲戌	乙亥	丙子	丁丑	戊寅	己卯	庚辰	辛巳	壬午	癸未	甲申	乙酉	丙戌	丁亥	戊子	己丑
납음	石榴木		大海水		海中金		爐中火		大林木		路傍土		劍鋒金		山頭火		澗下水		城頭土		白臘金		楊柳木		井中水		屋上土		霹靂火	
음력	22	23	24	25	26	27	28	29	10/1	2	3	4	5	6	7	8	9	10	11	12	13	14	15	16	17	18	19	20	21	22
구성	1	9	8	7	6	5	4	3	2	1	9	8	7	6	5	4	3	2	1	9	8	7	6	5	4	3	2	1	9	8
대운 남	2	2	1	1	1	1	입	10	9	9	9	8	8	8	7	7	7	6	6	6	5	소	5	4	4	4	3	3	3	2
대운 여	8	8	9	9	9	10	동	1	1	1	1	2	2	2	3	3	3	4	4	4	5	설	5	6	6	6	7	7	7	8

대설 7일 06시 34분 【음11월】 ➡ **【甲子月(갑자월)】** ☯四綠星 동지 22일 00시 28분

양력 12월 / 음력 10/23 – 11/23

양력	1	2	3	4	5	6	7	8	9	10	11	12	13	14	15	16	17	18	19	20	21	22	23	24	25	26	27	28	29	30	31
요일	목	금	토	일	월	화	수	목	금	토	일	월	화	수	목	금	토	일	월	화	수	목	금	토	일	월	화	수	목	금	토
일진 日辰	庚寅	辛卯	壬辰	癸巳	甲午	乙未	丙申	丁酉	戊戌	己亥	庚子	辛丑	壬寅	癸卯	甲辰	乙巳	丙午	丁未	戊申	己酉	庚戌	辛亥	壬子	癸丑	甲寅	乙卯	丙辰	丁巳	戊午	己未	庚申
납음	松柏木		長流水		沙中金		山下火		平地木		壁上土		金箔金		覆燈火		天河水		大驛土		釵釧金		桑柘木		大溪水		沙中土		天上火		
음력	23	24	25	26	27	28	29	30	11/1	2	3	4	5	6	7	8	9	10	11	12	13	14	15	16	17	18	19	20	21	22	23
구성	7	6	5	4	3	2	1	9	8	7	6	5	4	3	2	1	9	8	7	6	5	4	3	2	1	9	8	7	6	5	4
대운 남	2	2	1	1	1	1	대	9	9	9	8	8	8	7	7	7	6	6	6	5	5	동	4	4	4	3	3	3	2	2	2
대운 여	8	8	9	9	9	10	설	1	1	1	1	2	2	2	3	3	3	4	4	4	5	지	5	6	6	6	7	7	7	8	8

뱀

단기 4322 年　불기 2533 年

1989년

下元 己巳年 납음(大林木), 본명성(二黑土)

대장군(卯동방). 삼살(동방). 상문(未서남방),조객(卯동방). 납음(대림목). 【삼재(해,자,축)년】 臘享(납향):1990년1월18일(음12/22)

소한 5일 17시 46분　【음12월】 ➡　【乙丑月(을축월)】　☯三碧星　대한 20일 11시 07분

양력 1월 　음력 11/24 ~ 12/24

양력	1	2	3	4	5	6	7	8	9	10	11	12	13	14	15	16	17	18	19	20	21	22	23	24	25	26	27	28	29	30	31
요일	일	월	화	수	목	금	토	일	월	화	수	목	금	토	일	월	화	수	목	금	토	일	월	화	수	목	금	토	일	월	화
일진 日辰	辛酉	壬戌	癸亥	甲子	乙丑	丙寅	丁卯	戊辰	己巳	庚午	辛未	壬申	癸酉	甲戌	乙亥	丙子	丁丑	戊寅	己卯	庚辰	辛巳	壬午	癸未	甲申	乙酉	丙戌	丁亥	戊子	己丑	庚寅	辛卯
납음		大海水		海中金		爐中火		大林木		路傍土		劍鋒金		山頭火		澗下水		城頭土		白臘金		楊柳木		井中水		屋上土		霹靂火		松柏木	
음력	24	25	26	27	28	29	30	12/1	2	3	4	5	6	7	8	9	10	11	12	13	14	15	16	17	18	19	20	21	22	23	24
구성	3	2	1	1	2	3	4	5	6	7	8	9	1	2	3	4	5	6	7	8	9	1	2	3	4	5	6	7	8	9	1
대운 남	1	1	1	1	소	10	9	9	9	8	8	8	7	7	7	6	6	6	5	대	5	4	4	4	3	3	3	2	2	2	1
대운 여	8	9	9	9	한	1	1	1	1	2	2	2	3	3	3	4	4	4	5	한	5	6	6	6	7	7	7	8	8	8	9

입춘 4일 05시 27분　【음1월】 ➡　【丙寅月(병인월)】　☯二黑星　우수 19일 01시 21분

양력 2월 　음력 12/25 ~ 01/23

양력	1	2	3	4	5	6	7	8	9	10	11	12	13	14	15	16	17	18	19	20	21	22	23	24	25	26	27	28
요일	수	목	금	토	일	월	화	수	목	금	토	일	월	화	수	목	금	토	일	월	화	수	목	금	토	일	월	화
일진 日辰	壬辰	癸巳	甲午	乙未	丙申	丁酉	戊戌	己亥	庚子	辛丑	壬寅	癸卯	甲辰	乙巳	丙午	丁未	戊申	己酉	庚戌	辛亥	壬子	癸丑	甲寅	乙卯	丙辰	丁巳	戊午	己未
납음	長流水		沙中金		山下火		平地木		壁上土		金箔金		覆燈火		天河水		大驛土		釵釧金		桑柘木		大溪水		沙中土		天上火	
음력	25	26	27	28	29	1/1	2	3	4	5	6	7	8	9	10	11	12	13	14	15	16	17	18	19	20	21	22	23
구성	2	3	4	5	6	7	8	9	1	2	3	4	5	6	7	8	9	1	2	3	4	5	6	7	8	9	1	2
대운 남	1	1	1	입	1	1	1	1	2	2	2	3	3	3	4	4	4	5	우	5	6	6	6	7	7	7	8	8
대운 여	9	9	10	춘	9	9	9	8	8	8	7	7	7	6	6	6	5	5	수	4	4	4	3	3	3	2	2	2

己巳年

경칩 5일 23시 34분　【음2월】 ➡　【丁卯月(정묘월)】　☯一白星　춘분 21일 00시 28분

양력 3월 　음력 01/24 ~ 02/24

양력	1	2	3	4	5	6	7	8	9	10	11	12	13	14	15	16	17	18	19	20	21	22	23	24	25	26	27	28	29	30	31
요일	수	목	금	토	일	월	화	수	목	금	토	일	월	화	수	목	금	토	일	월	화	수	목	금	토	일	월	화	수	목	금
일진 日辰	庚申	辛酉	壬戌	癸亥	甲子	乙丑	丙寅	丁卯	戊辰	己巳	庚午	辛未	壬申	癸酉	甲戌	乙亥	丙子	丁丑	戊寅	己卯	庚辰	辛巳	壬午	癸未	甲申	乙酉	丙戌	丁亥	戊子	己丑	庚寅
납음	石榴木		大海水		海中金		爐中火		大林木		路傍土		劍鋒金		山頭火		澗下水		城頭土		白臘金		楊柳木		井中水		屋上土		霹靂火		
음력	24	25	26	27	28	29	30	2/1	2	3	4	5	6	7	8	9	10	11	12	13	14	15	16	17	18	19	20	21	22	23	24
구성	3	4	5	6	7	8	9	1	2	3	4	5	6	7	8	9	1	2	3	4	5	6	7	8	9	1	2	3	4	5	6
대운 남	9	9	9	10	경	1	1	1	1	2	2	2	3	3	3	4	4	4	5	5	춘	6	6	6	7	7	7	8	8	8	9
대운 여	1	1	1	1	칩	10	10	9	9	9	8	8	8	7	7	7	6	6	6	5	분	5	4	4	4	3	3	3	2	2	2

청명 5일 04시 30분　【음3월】 ➡　【戊辰月(무진월)】　☯九紫星　곡우 20일 11시 39분

양력 4월 　음력 02/25 ~ 03/25

양력	1	2	3	4	5	6	7	8	9	10	11	12	13	14	15	16	17	18	19	20	21	22	23	24	25	26	27	28	29	30
요일	토	일	월	화	수	목	금	토	일	월	화	수	목	금	토	일	월	화	수	목	금	토	일	월	화	수	목	금	토	일
일진 日辰	辛卯	壬辰	癸巳	甲午	乙未	丙申	丁酉	戊戌	己亥	庚子	辛丑	壬寅	癸卯	甲辰	乙巳	丙午	丁未	戊申	己酉	庚戌	辛亥	壬子	癸丑	甲寅	乙卯	丙辰	丁巳	戊午	己未	庚申
납음		長流水		沙中金		山下火		平地木		壁上土		金箔金		覆燈火		天河水		大驛土		釵釧金		桑柘木		大溪水		沙中土		天上火		
음력	25	26	27	28	29	3/1	2	3	4	5	6	7	8	9	10	11	12	13	14	15	16	17	18	19	20	21	22	23	24	25
구성	7	8	9	1	2	3	4	5	6	7	8	9	1	2	3	4	5	6	7	8	9	1	2	3	4	5	6	7	8	9
대운 남	9	9	10	10	청	1	1	1	1	2	2	2	3	3	3	4	4	4	5	곡	5	6	6	6	7	7	7	8	8	8
대운 여	1	1	1	1	명	10	9	9	9	8	8	8	7	7	7	6	6	6	5	우	5	4	4	4	3	3	3	2	2	2

입하 2일 21시 54분　【음4월】 ➡　【己巳月(기사월)】　☯八白星　소만 21일 10시 54분

양력 5월 　음력 03/26 ~ 04/27

양력	1	2	3	4	5	6	7	8	9	10	11	12	13	14	15	16	17	18	19	20	21	22	23	24	25	26	27	28	29	30	31
요일	월	화	수	목	금	토	일	월	화	수	목	금	토	일	월	화	수	목	금	토	일	월	화	수	목	금	토	일	월	화	수
일진 日辰	辛酉	壬戌	癸亥	甲子	乙丑	丙寅	丁卯	戊辰	己巳	庚午	辛未	壬申	癸酉	甲戌	乙亥	丙子	丁丑	戊寅	己卯	庚辰	辛巳	壬午	癸未	甲申	乙酉	丙戌	丁亥	戊子	己丑	庚寅	辛卯
납음		大海水		海中金		爐中火		大林木		路傍土		劍鋒金		山頭火		澗下水		城頭土		白臘金		楊柳木		井中水		屋上土		霹靂火		松柏木	
음력	26	27	28	29	4/1	2	3	4	5	6	7	8	9	10	11	12	13	14	15	16	17	18	19	20	21	22	23	24	25	26	27
구성	1	2	3	4	5	6	7	8	9	1	2	3	4	5	6	7	8	9	1	2	3	4	5	6	7	8	9	1	2	3	4
대운 남	9	9	9	10	입	1	1	1	1	2	2	2	3	3	3	4	4	4	5	5	소	6	6	6	7	7	7	8	8	8	9
대운 여	1	1	1	1	하	10	10	10	9	9	9	8	8	8	7	7	7	6	6	6	만	5	5	4	4	4	3	3	3	2	2

망종 6일 02시 05분　【음5월】 ➡　【庚午月(경오월)】　☯七赤星　하지 21일 18시 53분

양력 6월 　음력 04/28 ~ 05/27

양력	1	2	3	4	5	6	7	8	9	10	11	12	13	14	15	16	17	18	19	20	21	22	23	24	25	26	27	28	29	30
요일	목	금	토	일	월	화	수	목	금	토	일	월	화	수	목	금	토	일	월	화	수	목	금	토	일	월	화	수	목	금
일진 日辰	壬辰	癸巳	甲午	乙未	丙申	丁酉	戊戌	己亥	庚子	辛丑	壬寅	癸卯	甲辰	乙巳	丙午	丁未	戊申	己酉	庚戌	辛亥	壬子	癸丑	甲寅	乙卯	丙辰	丁巳	戊午	己未	庚申	辛酉
납음	長流水		沙中金		山下火		平地木		壁上土		金箔金		覆燈火		天河水		大驛土		釵釧金		桑柘木		大溪水		沙中土		天上火		石榴木	
음력	28	29	30	5/1	2	3	4	5	6	7	8	9	10	11	12	13	14	15	16	17	18	19	20	21	22	23	24	25	26	27
구성	5	6	7	8	9	1	2	3	4	5	6	7	8	9	1	2	3	4	5	6	7	8	9	1	2	3	4	5	6	7
대운 남	9	9	10	10	10	망	1	1	1	1	2	2	2	3	3	3	4	4	4	5	하	5	6	6	6	7	7	7	8	8
대운 여	2	1	1	1	1	종	10	10	9	9	9	8	8	8	7	7	7	6	6	6	지	5	5	4	4	4	3	3	3	2

한식(4월06일), 초복(7월19일), 중복(7월29일), 말복(8월08일) 춘사(春社)3/19 추사(秋社)9/25
토왕지절(土旺之節):4월17일,7월20일,10월20일,1월17일(음12/21)臘享(납향):1990년1월18일(음12/22)

五日得辛, 八龍治水, 1989년 기사年(대림목), 이흑토

1白	6白	8白
9紫	2黑	4綠
5黃	7赤	3碧

1989 己巳年

소서 7일 12시 19분 【음6월】 ➡ 【辛未月(신미월)】 ☯六白星 대서 23일 05시 45분

양력 7월 / 음력 05/28 ~ 06/29

양력	1	2	3	4	5	6	7	8	9	10	11	12	13	14	15	16	17	18	19	20	21	22	23	24	25	26	27	28	29	30	31
요일	토	일	월	화	수	목	금	토	일	월	화	수	목	금	토	일	월	화	수	목	금	토	일	월	화	수	목	금	토	일	월
일진 日辰	壬戌	癸亥	甲子	乙丑	丙寅	丁卯	戊辰	己巳	庚午	辛未	壬申	癸酉	甲戌	乙亥	丙子	丁丑	戊寅	己卯	庚辰	辛巳	壬午	癸未	甲申	乙酉	丙戌	丁亥	戊子	己丑	庚寅	辛卯	壬辰
납음	大海水		海中金		爐中火		大林木		路傍土		劍鋒金		山頭火		澗下水		城頭土		白臘金		楊柳木		井中水		屋上土		霹靂火		松柏木		
음력	28	29	6/1	2	3	4	5	6	7	8	9	10	11	12	13	14	15	16	17	18	19	20	21	22	23	24	25	26	27	28	29
구성	8	9	9	8	7	6	5	4	3	2	1	9	8	7	6	5	4	3	2	1	9	8	7	6	5	4	3	2	1	9	8
대운 남	8	9	9	9	10	10	소	1	1	1	1	2	2	2	3	3	3	4	4	4	5	5	대	6	6	6	7	7	7	8	8
대운 여	2	2	1	1	1	1	서	10	10	9	9	9	8	8	8	7	7	7	6	6	6	5	서	5	4	4	4	3	3	3	2

입추 7일 22시 04분 【음7월】 ➡ 【壬申月(임신월)】 ☯五黃星 처서 23일 12시 46분

양력 8월 / 음력 06/30 ~ 08/01

양력	1	2	3	4	5	6	7	8	9	10	11	12	13	14	15	16	17	18	19	20	21	22	23	24	25	26	27	28	29	30	31
요일	화	수	목	금	토	일	월	화	수	목	금	토	일	월	화	수	목	금	토	일	월	화	수	목	금	토	일	월	화	수	목
일진 日辰	癸巳	甲午	乙未	丙申	丁酉	戊戌	己亥	庚子	辛丑	壬寅	癸卯	甲辰	乙巳	丙午	丁未	戊申	己酉	庚戌	辛亥	壬子	癸丑	甲寅	乙卯	丙辰	丁巳	戊午	己未	庚申	辛酉	壬戌	癸亥
납음		沙中金		山下火		平地木		壁上土		金箔金		覆燈火		天河水		大驛土		釵釧金		桑柘木		大溪水		沙中土		天上火		石榴木		大海水	
음력	30	7/1	2	3	4	5	6	7	8	9	10	11	12	13	14	15	16	17	18	19	20	21	22	23	24	25	26	27	28	29	8/1
구성	7	6	5	4	3	2	1	9	8	7	6	5	4	3	2	1	9	8	7	6	5	4	3	2	1	9	8	7	6	5	4
대운 남	8	9	9	9	10	10	입	1	1	1	1	2	2	2	3	3	3	4	4	4	5	5	처	6	6	6	7	7	7	8	8
대운 여	2	2	1	1	1	1	추	10	10	10	9	9	9	8	8	8	7	7	7	6	6	6	서	5	5	4	4	4	3	3	3

백로 8일 00시 54분 【음8월】 ➡ 【癸酉月(계유월)】 ☯四綠星 추분 23일 10시 20분

양력 9월 / 음력 08/02 ~ 09/01

양력	1	2	3	4	5	6	7	8	9	10	11	12	13	14	15	16	17	18	19	20	21	22	23	24	25	26	27	28	29	30
요일	금	토	일	월	화	수	목	금	토	일	월	화	수	목	금	토	일	월	화	수	목	금	토	일	월	화	수	목	금	토
일진 日辰	甲子	乙丑	丙寅	丁卯	戊辰	己巳	庚午	辛未	壬申	癸酉	甲戌	乙亥	丙子	丁丑	戊寅	己卯	庚辰	辛巳	壬午	癸未	甲申	乙酉	丙戌	丁亥	戊子	己丑	庚寅	辛卯	壬辰	癸巳
납음	海中金		爐中火		大林木		路傍土		劍鋒金		山頭火		澗下水		城頭土		白臘金		楊柳木		井中水		屋上土		霹靂火		松柏木		長流水	
음력	2	3	4	5	6	7	8	9	10	11	12	13	14	15	16	17	18	19	20	21	22	23	24	25	26	27	28	29	30	9/1
구성	3	2	1	9	8	7	6	5	4	3	2	1	9	8	7	6	5	4	3	2	1	9	8	7	6	5	4	3	2	1
대운 남	8	9	9	9	10	10	10	백	1	1	1	1	2	2	2	3	3	3	4	4	4	5	추	5	6	6	6	7	7	7
대운 여	2	2	2	1	1	1	1	로	10	9	9	9	8	8	8	7	7	7	6	6	6	5	분	5	4	4	4	3	3	3

한로 8일 16시 27분 【음9월】 ➡ 【甲戌月(갑술월)】 ☯三碧星 상강 23일 19시 35분

양력 10월 / 음력 09/02 ~ 10/02

양력	1	2	3	4	5	6	7	8	9	10	11	12	13	14	15	16	17	18	19	20	21	22	23	24	25	26	27	28	29	30	31
요일	일	월	화	수	목	금	토	일	월	화	수	목	금	토	일	월	화	수	목	금	토	일	월	화	수	목	금	토	일	월	화
일진 日辰	甲午	乙未	丙申	丁酉	戊戌	己亥	庚子	辛丑	壬寅	癸卯	甲辰	乙巳	丙午	丁未	戊申	己酉	庚戌	辛亥	壬子	癸丑	甲寅	乙卯	丙辰	丁巳	戊午	己未	庚申	辛酉	壬戌	癸亥	甲子
납음	沙中金		山下火		平地木		壁上土		金箔金		覆燈火		天河水		大驛土		釵釧金		桑柘木		大溪水		沙中土		天上火		石榴木		大海水		
음력	2	3	4	5	6	7	8	9	10	11	12	13	14	15	16	17	18	19	20	21	22	23	24	25	26	27	28	29	30	10/1	2
구성	9	8	7	6	5	4	3	2	1	9	8	7	6	5	4	3	2	1	9	8	7	6	5	4	3	2	1	9	8	7	6
대운 남	8	8	8	9	9	9	10	한	1	1	1	1	2	2	2	3	3	3	4	4	4	5	상	5	6	6	6	7	7	7	8
대운 여	2	2	2	1	1	1	1	로	10	9	9	9	8	8	8	7	7	7	6	6	6	5	강	5	4	4	4	3	3	3	2

입동 7일 19시 34분 【음10월】 ➡ 【乙亥月(을해월)】 ☯二黑星 소설 22일 17시 05분

양력 11월 / 음력 10/03 ~ 11/03

양력	1	2	3	4	5	6	7	8	9	10	11	12	13	14	15	16	17	18	19	20	21	22	23	24	25	26	27	28	29	30
요일	수	목	금	토	일	월	화	수	목	금	토	일	월	화	수	목	금	토	일	월	화	수	목	금	토	일	월	화	수	목
일진 日辰	乙丑	丙寅	丁卯	戊辰	己巳	庚午	辛未	壬申	癸酉	甲戌	乙亥	丙子	丁丑	戊寅	己卯	庚辰	辛巳	壬午	癸未	甲申	乙酉	丙戌	丁亥	戊子	己丑	庚寅	辛卯	壬辰	癸巳	甲午
납음		爐中火		大林木		路傍土		劍鋒金		山頭火		澗下水		城頭土		白臘金		楊柳木		井中水		屋上土		霹靂火		松柏木		長流水		
음력	3	4	5	6	7	8	9	10	11	12	13	14	15	16	17	18	19	20	21	22	23	24	25	26	27	28	29	11/1	2	3
구성	5	4	3	2	1	9	8	7	6	5	4	3	2	1	9	8	7	6	5	4	3	2	1	9	8	7	6	5	4	3
대운 남	8	8	9	9	9	10	입	1	1	1	1	2	2	2	3	3	3	4	4	4	5	소	5	6	6	6	7	7	7	8
대운 여	2	2	1	1	1	1	동	10	9	9	9	8	8	8	7	7	7	6	6	6	5	설	5	4	4	4	3	3	3	2

대설 7일 12시 21분 【음11월】 ➡ 【丙子月(병자월)】 ☯一白星 동지 22일 06시 22분

양력 12월 / 음력 11/04 ~ 12/04

양력	1	2	3	4	5	6	7	8	9	10	11	12	13	14	15	16	17	18	19	20	21	22	23	24	25	26	27	28	29	30	31
요일	금	토	일	월	화	수	목	금	토	일	월	화	수	목	금	토	일	월	화	수	목	금	토	일	월	화	수	목	금	토	일
일진 日辰	乙未	丙申	丁酉	戊戌	己亥	庚子	辛丑	壬寅	癸卯	甲辰	乙巳	丙午	丁未	戊申	己酉	庚戌	辛亥	壬子	癸丑	甲寅	乙卯	丙辰	丁巳	戊午	己未	庚申	辛酉	壬戌	癸亥	甲子	乙丑
납음		山下火		平地木		壁上土		金箔金		覆燈火		天河水		大驛土		釵釧金		桑柘木		大溪水		沙中土		天上火		石榴木		大海水		海中金	
음력	4	5	6	7	8	9	10	11	12	13	14	15	16	17	18	19	20	21	22	23	24	25	26	27	28	29	30	12/1	2	3	4
구성	2	1	9	8	7	6	5	4	3	2	1	9	8	7	6	5	4	3	2	1	9	8	7	6	5	4	3	2	1	1	2
대운 남	8	8	9	9	9	10	대	1	1	1	1	2	2	2	3	3	3	4	4	4	5	동	5	6	6	6	7	7	7	8	8
대운 여	2	2	1	1	1	1	설	9	9	9	8	8	8	7	7	7	6	6	6	5	5	지	4	4	4	3	3	3	2	2	2

단기 4323 年
불기 2534 年

1990년

下元 庚午年 납음(路傍土), 본명성(一白水)

대장군(卯동방), 삼살(북방), 상문(申서남방), 조객(辰동남방), 납음(노방토), 【삼재(신,유,술)년】 臘享(납향):1991년 1월25일 (음12/10)

말

소한 5일 23시 33분 【음12월】 ➡ 【丁丑月(정축월)】 ☯九紫星 대한 20일 17시 02분

음력 12/05 ~ 01/05

양력 1월	1	2	3	4	5	6	7	8	9	10	11	12	13	14	15	16	17	18	19	20	21	22	23	24	25	26	27	28	29	30	31
요일	월	화	수	목	금	토	일	월	화	수	목	금	토	일	월	화	수	목	금	토	일	월	화	수	목	금	토	일	월	화	수
일진 日辰	丙寅	丁卯	戊辰	己巳	庚午	辛未	壬申	癸酉	甲戌	乙亥	丙子	丁丑	戊寅	己卯	庚辰	辛巳	壬午	癸未	甲申	乙酉	丙戌	丁亥	戊子	己丑	庚寅	辛卯	壬辰	癸巳	甲午	乙未	丙申
납음	爐中火		大林木		路傍土		劍鋒金		山頭火		澗下水		城頭土		白臘金		楊柳木		井中水		屋上土		霹靂火		松柏木		長流水		沙中金		
음력	5	6	7	8	9	10	11	12	13	14	15	16	17	18	19	20	21	22	23	24	25	26	27	28	29	30	1/1	2	3	4	5
구성	3	4	5	6	7	8	9	1	2	3	4	5	6	7	8	9	1	2	3	4	5	6	7	8	9	1	2	3	4	5	6
대운 남	8	9	9	9	소	1	1	1	1	2	2	2	3	3	3	4	4	4	5	대	5	6	6	6	7	7	7	8	8	8	9
대운 여	1	1	1	1	한	10	9	9	9	8	8	8	7	7	7	6	6	6	5	한	5	4	4	4	3	3	3	2	2	2	1

입춘 4일 11시 14분 【음1월】 ➡ 【戊寅月(무인월)】 ☯八白星 우수 19일 07시 14분

음력 01/06 ~ 02/04

양력 2월	1	2	3	4	5	6	7	8	9	10	11	12	13	14	15	16	17	18	19	20	21	22	23	24	25	26	27	28
요일	목	금	토	일	월	화	수	목	금	토	일	월	화	수	목	금	토	일	월	화	수	목	금	토	일	월	화	수
일진 日辰	丁酉	戊戌	己亥	庚子	辛丑	壬寅	癸卯	甲辰	乙巳	丙午	丁未	戊申	己酉	庚戌	辛亥	壬子	癸丑	甲寅	乙卯	丙辰	丁巳	戊午	己未	庚申	辛酉	壬戌	癸亥	甲子
납음		平地木		壁上土		金箔金		覆燈火		天河水		大驛土		釵釧金		桑柘木		大溪水		沙中土		天上火		石榴木		大海水		
음력	6	7	8	9	10	11	12	13	14	15	16	17	18	19	20	21	22	23	24	25	26	27	28	29	2/1	2	3	4
구성	7	8	9	1	2	3	4	5	6	7	8	9	1	2	3	4	5	6	7	8	9	1	2	3	4	5	6	7
대운 남	9	9	10	입	10	9	9	9	8	8	8	7	7	7	6	6	6	5	우	5	4	4	4	3	3	3	2	2
대운 여	1	1	1	춘	1	1	1	1	2	2	2	3	3	3	4	4	4	5	수	5	6	6	6	7	7	7	8	8

庚午年

경칩 6일 05시 19분 【음2월】 ➡ 【己卯月(기묘월)】 ☯七赤星 춘분 21일 06시 19분

음력 02/05 ~ 03/05

양력 3월	1	2	3	4	5	6	7	8	9	10	11	12	13	14	15	16	17	18	19	20	21	22	23	24	25	26	27	28	29	30	31
요일	목	금	토	일	월	화	수	목	금	토	일	월	화	수	목	금	토	일	월	화	수	목	금	토	일	월	화	수	목	금	토
일진 日辰	乙丑	丙寅	丁卯	戊辰	己巳	庚午	辛未	壬申	癸酉	甲戌	乙亥	丙子	丁丑	戊寅	己卯	庚辰	辛巳	壬午	癸未	甲申	乙酉	丙戌	丁亥	戊子	己丑	庚寅	辛卯	壬辰	癸巳	甲午	乙未
납음		爐中火		大林木		路傍土		劍鋒金		山頭火		澗下水		城頭土		白臘金		楊柳木		井中水		屋上土		霹靂火		松柏木		長流水		沙中金	
음력	5	6	7	8	9	10	11	12	13	14	15	16	17	18	19	20	21	22	23	24	25	26	27	28	29	30	3/1	2	3	4	5
구성	8	9	1	2	3	4	5	6	7	8	9	1	2	3	4	5	6	7	8	9	1	2	3	4	5	6	7	8	9	1	2
대운 남	2	1	1	1	1	경	10	9	9	9	8	8	8	7	7	7	6	6	6	5	춘	5	4	4	4	3	3	3	2	2	2
대운 여	8	9	9	9	10	칩	1	1	1	1	2	2	2	3	3	3	4	4	4	5	분	5	6	6	6	7	7	7	8	8	8

청명 5일 10시 13분 【음3월】 ➡ 【庚辰月(경진월)】 ☯六白星 곡우 20일 17시 27분

음력 03/06 ~ 04/06

양력 4월	1	2	3	4	5	6	7	8	9	10	11	12	13	14	15	16	17	18	19	20	21	22	23	24	25	26	27	28	29	30
요일	일	월	화	수	목	금	토	일	월	화	수	목	금	토	일	월	화	수	목	금	토	일	월	화	수	목	금	토	일	월
일진 日辰	丙申	丁酉	戊戌	己亥	庚子	辛丑	壬寅	癸卯	甲辰	乙巳	丙午	丁未	戊申	己酉	庚戌	辛亥	壬子	癸丑	甲寅	乙卯	丙辰	丁巳	戊午	己未	庚申	辛酉	壬戌	癸亥	甲子	乙丑
납음	山下火		平地木		壁上土		金箔金		覆燈火		天河水		大驛土		釵釧金		桑柘木		大溪水		沙中土		天上火		石榴木		大海水		海中金	
음력	6	7	8	9	10	11	12	13	14	15	16	17	18	19	20	21	22	23	24	25	26	27	28	29	4/1	2	3	4	5	6
구성	3	4	5	6	7	8	9	1	2	3	4	5	6	7	8	9	1	2	3	4	5	6	7	8	9	1	2	3	4	5
대운 남	1	1	1	1	청	10	10	9	9	9	8	8	8	7	7	7	6	6	6	곡	5	5	4	4	4	3	3	3	2	2
대운 여	9	9	9	10	명	1	1	1	1	2	2	2	3	3	3	4	4	4	5	우	5	6	6	6	7	7	7	8	8	8

입하 6일 03시 35분 【음4월】 ➡ 【辛巳月(신사월)】 ☯五黃星 소만 21일 16시 37분

음력 04/07 ~ 05/08

양력 5월	1	2	3	4	5	6	7	8	9	10	11	12	13	14	15	16	17	18	19	20	21	22	23	24	25	26	27	28	29	30	31
요일	화	수	목	금	토	일	월	화	수	목	금	토	일	월	화	수	목	금	토	일	월	화	수	목	금	토	일	월	화	수	목
일진 日辰	丙寅	丁卯	戊辰	己巳	庚午	辛未	壬申	癸酉	甲戌	乙亥	丙子	丁丑	戊寅	己卯	庚辰	辛巳	壬午	癸未	甲申	乙酉	丙戌	丁亥	戊子	己丑	庚寅	辛卯	壬辰	癸巳	甲午	乙未	丙申
납음	爐中火		大林木		路傍土		劍鋒金		山頭火		澗下水		城頭土		白臘金		楊柳木		井中水		屋上土		霹靂火		松柏木		長流水		沙中金		
음력	7	8	9	10	11	12	13	14	15	16	17	18	19	20	21	22	23	24	25	26	27	28	29	5/1	2	3	4	5	6	7	8
구성	6	7	8	9	1	2	3	4	5	6	7	8	9	1	2	3	4	5	6	7	8	9	1	2	3	4	5	6	7	8	9
대운 남	2	1	1	1	1	입	10	10	9	9	9	8	8	8	7	7	7	6	6	6	소	5	5	4	4	4	3	3	3	2	2
대운 여	9	9	9	10	10	하	1	1	1	1	2	2	2	3	3	3	4	4	4	5	만	5	6	6	6	7	7	7	8	8	8

망종 6일 07시 46분 【음5월】 ➡ 【壬午月(임오월)】 ☯四綠星 하지 22일 00시 33분

음력 05/09 ~ 윤508

양력 6월	1	2	3	4	5	6	7	8	9	10	11	12	13	14	15	16	17	18	19	20	21	22	23	24	25	26	27	28	29	30
요일	금	토	일	월	화	수	목	금	토	일	월	화	수	목	금	토	일	월	화	수	목	금	토	일	월	화	수	목	금	토
일진 日辰	丁酉	戊戌	己亥	庚子	辛丑	壬寅	癸卯	甲辰	乙巳	丙午	丁未	戊申	己酉	庚戌	辛亥	壬子	癸丑	甲寅	乙卯	丙辰	丁巳	戊午	己未	庚申	辛酉	壬戌	癸亥	甲子	乙丑	丙寅
납음		平地木		壁上土		金箔金		覆燈火		天河水		大驛土		釵釧金		桑柘木		大溪水		沙中土		天上火		石榴木		大海水		海中金		
음력	9	10	11	12	13	14	15	16	17	18	19	20	21	22	23	24	25	26	27	28	29	30	윤5	2	3	4	5	6	7	8
구성	1	2	3	4	5	6	7	8	9	1	2	3	4	5	6	7	8	9	1	2	3	4	5	6	7	8	9	9	8	7
대운 남	2	1	1	1	1	망	10	10	9	9	9	8	8	8	7	7	7	6	6	6	5	하	5	4	4	4	3	3	3	2
대운 여	9	9	9	10	10	종	1	1	1	1	2	2	2	3	3	3	4	4	4	5	5	지	6	6	6	7	7	7	8	8

한식(4월06일), 초복(7월14일), 중복(7월24일), 말복(8월13일) ☂춘사(春社)3/24 ☀추사(秋社)9/20
토왕지절(土旺之節):4월17일,7월20일,10월21일,1월18일(음12/02)臘享(납향):1991년1월25일(음12/10)

十日得辛, 一龍治水, 1990년 경오年(노방토), 일백수

9紫	5黃	7赤
8白	1白	3碧
4綠	6白	2黑

1990 庚午年

소서 7일 18시 00분 【음6월】 ➡ 【癸未月(계미월)】 ☯三碧星 대서 23일 11시 22분

양력 7월 / 음력 윤509 ~ 06/10

양력	1	2	3	4	5	6	7	8	9	10	11	12	13	14	15	16	17	18	19	20	21	22	23	24	25	26	27	28	29	30	31
요일	일	월	화	수	목	금	토	일	월	화	수	목	금	토	일	월	화	수	목	금	토	일	월	화	수	목	금	토	일	월	화
일진 日辰	丁卯	戊辰	己巳	庚午	辛未	壬申	癸酉	甲戌	乙亥	丙子	丁丑	戊寅	己卯	庚辰	辛巳	壬午	癸未	甲申	乙酉	丙戌	丁亥	戊子	己丑	庚寅	辛卯	壬辰	癸巳	甲午	乙未	丙申	丁酉
납음		大林木		路傍土		劍鋒金		山頭火		澗下水		城頭土		白臘金		楊柳木		井中水		屋上土		霹靂火		松柏木		長流水		沙中金		山下火	
음력	9	10	11	12	13	14	15	16	17	18	19	20	21	22	23	24	25	26	27	28	29	6/1	2	3	4	5	6	7	8	9	10
구성	6	5	4	3	2	1	9	8	7	6	5	4	3	2	1	9	8	7	6	5	4	3	2	1	9	8	7	6	5	4	3
대운 남	2	2	1	1	1	1	소	10	10	10	9	9	9	8	8	8	7	7	7	6	6	6	대	5	5	4	4	4	3	3	3
대운 여	8	9	9	9	10	10	서	1	1	1	1	2	2	2	3	3	3	4	4	4	5	5	서	6	6	6	7	7	7	8	8

입추 8일 03시 46분 【음7월】 ➡ 【甲申月(갑신월)】 ☯二黑星 처서 23일 18시 21분

양력 8월 / 음력 06/11 ~ 07/12

양력	1	2	3	4	5	6	7	8	9	10	11	12	13	14	15	16	17	18	19	20	21	22	23	24	25	26	27	28	29	30	31
요일	수	목	금	토	일	월	화	수	목	금	토	일	월	화	수	목	금	토	일	월	화	수	목	금	토	일	월	화	수	목	금
일진 日辰	戊戌	己亥	庚子	辛丑	壬寅	癸卯	甲辰	乙巳	丙午	丁未	戊申	己酉	庚戌	辛亥	壬子	癸丑	甲寅	乙卯	丙辰	丁巳	戊午	己未	庚申	辛酉	壬戌	癸亥	甲子	乙丑	丙寅	丁卯	戊辰
납음	平地木		壁上土		金箔金		覆燈火		天河水		大驛土		釵釧金		桑柘木		大溪水		沙中土		天上火		石榴木		大海水		海中金		爐中火		
음력	11	12	13	14	15	16	17	18	19	20	21	22	23	24	25	26	27	28	29	7/1	2	3	4	5	6	7	8	9	10	11	12
구성	2	1	9	8	7	6	5	4	3	2	1	9	8	7	6	5	4	3	2	1	9	8	7	6	5	4	3	2	1	9	8
대운 남	2	2	2	1	1	1	1	입	10	10	9	9	9	8	8	8	7	7	7	6	6	6	처	5	5	4	4	4	3	3	3
대운 여	8	9	9	9	10	10	10	추	1	1	1	1	2	2	2	3	3	3	4	4	4	5	서	5	6	6	6	7	7	7	8

백로 8일 06시 37분 【음8월】 ➡ 【乙酉月(을유월)】 ☯一白星 추분 23일 15시 56분

양력 9월 / 음력 07/13 ~ 08/12

양력	1	2	3	4	5	6	7	8	9	10	11	12	13	14	15	16	17	18	19	20	21	22	23	24	25	26	27	28	29	30
요일	토	일	월	화	수	목	금	토	일	월	화	수	목	금	토	일	월	화	수	목	금	토	일	월	화	수	목	금	토	일
일진 日辰	己巳	庚午	辛未	壬申	癸酉	甲戌	乙亥	丙子	丁丑	戊寅	己卯	庚辰	辛巳	壬午	癸未	甲申	乙酉	丙戌	丁亥	戊子	己丑	庚寅	辛卯	壬辰	癸巳	甲午	乙未	丙申	丁酉	戊戌
납음		路傍土		劍鋒金		山頭火		澗下水		城頭土		白臘金		楊柳木		井中水		屋上土		霹靂火		松柏木		長流水		沙中金		山下火		
음력	13	14	15	16	17	18	19	20	21	22	23	24	25	26	27	28	29	30	8/1	2	3	4	5	6	7	8	9	10	11	12
구성	7	6	5	4	3	2	1	9	8	7	6	5	4	3	2	1	9	8	7	6	5	4	3	2	1	9	8	7	6	5
대운 남	2	2	2	1	1	1	1	백	10	9	9	9	8	8	8	7	7	7	6	6	6	5	추	5	4	4	4	3	3	3
대운 여	8	8	9	9	9	10	10	로	1	1	1	1	2	2	2	3	3	3	4	4	4	5	분	5	6	6	6	7	7	7

한로 5일 22시 14분 【음9월】 ➡ 【丙戌月(병술월)】 ☯九紫星 상강 24일 01시 14분

양력 10월 / 음력 08/13 ~ 09/13

양력	1	2	3	4	5	6	7	8	9	10	11	12	13	14	15	16	17	18	19	20	21	22	23	24	25	26	27	28	29	30	31
요일	월	화	수	목	금	토	일	월	화	수	목	금	토	일	월	화	수	목	금	토	일	월	화	수	목	금	토	일	월	화	수
일진 日辰	己亥	庚子	辛丑	壬寅	癸卯	甲辰	乙巳	丙午	丁未	戊申	己酉	庚戌	辛亥	壬子	癸丑	甲寅	乙卯	丙辰	丁巳	戊午	己未	庚申	辛酉	壬戌	癸亥	甲子	乙丑	丙寅	丁卯	戊辰	己巳
납음		壁上土		金箔金		覆燈火		天河水		大驛土		釵釧金		桑柘木		大溪水		沙中土		天上火		石榴木		大海水		海中金		爐中火		大林木	
음력	13	14	15	16	17	18	19	20	21	22	23	24	25	26	27	28	29	30	9/1	2	3	4	5	6	7	8	9	10	11	12	13
구성	4	3	2	1	9	8	7	6	5	4	3	2	1	9	8	7	6	5	4	3	2	1	9	8	7	6	5	4	3	2	1
대운 남	2	2	2	1	1	1	1	한	10	10	9	9	9	8	8	8	7	7	7	6	6	6	5	상	5	4	4	4	3	3	3
대운 여	8	8	8	9	9	9	10	로	1	1	1	1	2	2	2	3	3	3	4	4	4	5	5	강	6	6	6	7	7	7	8

입동 8일 01시 23분 【음10월】 ➡ 【丁亥月(정해월)】 ☯八白星 소설 22일 22시 47분

양력 11월 / 음력 09/14 ~ 10/14

양력	1	2	3	4	5	6	7	8	9	10	11	12	13	14	15	16	17	18	19	20	21	22	23	24	25	26	27	28	29	30
요일	목	금	토	일	월	화	수	목	금	토	일	월	화	수	목	금	토	일	월	화	수	목	금	토	일	월	화	수	목	금
일진 日辰	庚午	辛未	壬申	癸酉	甲戌	乙亥	丙子	丁丑	戊寅	己卯	庚辰	辛巳	壬午	癸未	甲申	乙酉	丙戌	丁亥	戊子	己丑	庚寅	辛卯	壬辰	癸巳	甲午	乙未	丙申	丁酉	戊戌	己亥
납음	路傍土		劍鋒金		山頭火		澗下水		城頭土		白臘金		楊柳木		井中水		屋上土		霹靂火		松柏木		長流水		沙中金		山下火		平地木	
음력	14	15	16	17	18	19	20	21	22	23	24	25	26	27	28	29	10/1	2	3	4	5	6	7	8	9	10	11	12	13	14
구성	9	8	7	6	5	4	3	2	1	9	8	7	6	5	4	3	2	1	9	8	7	6	5	4	3	2	1	9	8	7
대운 남	2	2	2	1	1	1	1	입	9	9	9	8	8	8	7	7	7	6	6	6	5	소	5	4	4	4	3	3	3	2
대운 여	8	8	9	9	9	10	10	동	1	1	1	1	2	2	2	3	3	3	4	4	4	설	5	5	6	6	6	7	7	7

대설 7일 18시 14분 【음11월】 ➡ 【戊子月(무자월)】 ☯七赤星 동지 22일 12시 07분

양력 12월 / 음력 10/15 ~ 11/15

양력	1	2	3	4	5	6	7	8	9	10	11	12	13	14	15	16	17	18	19	20	21	22	23	24	25	26	27	28	29	30	31
요일	토	일	월	화	수	목	금	토	일	월	화	수	목	금	토	일	월	화	수	목	금	토	일	월	화	수	목	금	토	일	월
일진 日辰	庚子	辛丑	壬寅	癸卯	甲辰	乙巳	丙午	丁未	戊申	己酉	庚戌	辛亥	壬子	癸丑	甲寅	乙卯	丙辰	丁巳	戊午	己未	庚申	辛酉	壬戌	癸亥	甲子	乙丑	丙寅	丁卯	戊辰	己巳	庚午
납음	壁上土		金箔金		覆燈火		天河水		大驛土		釵釧金		桑柘木		大溪水		沙中土		天上火		石榴木		大海水		海中金		爐中火		大林木		
음력	15	16	17	18	19	20	21	22	23	24	25	26	27	28	29	30	11/1	2	3	4	5	6	7	8	9	10	11	12	13	14	15
구성	6	5	4	3	2	1	9	8	7	6	5	4	3	2	1	9	8	7	6	5	4	3	2	1	1	2	3	4	5	6	7
대운 남	2	2	1	1	1	1	대	10	9	9	9	8	8	8	7	7	7	6	6	6	5	동	5	4	4	4	3	3	3	2	2
대운 여	8	8	8	9	9	9	설	1	1	1	1	2	2	2	3	3	3	4	4	4	5	지	5	6	6	6	7	7	7	8	8

단기 4324 年
불기 2535 年

1991년 下元 辛未年

납음(路傍土),본명성(九紫火)

대장군(卯동방), 삼살(酉서방), 상문(酉서방),조객(巳동남방), 납음(노방토),【삼재(사,오,미)년】 臘享(납향):1992년1월20일(음12/16)

소한 6일 05시 28분 【음12월】 ➡ 【己丑月(기축월)】 ☯六白星 대한 20일 22시 47분

양력 1월 / 음력 11/16 ~ 12/16

양력	1	2	3	4	5	6	7	8	9	10	11	12	13	14	15	16	17	18	19	20	21	22	23	24	25	26	27	28	29	30	31
요일	화	수	목	금	토	일	월	화	수	목	금	토	일	월	화	수	목	금	토	일	월	화	수	목	금	토	일	월	화	수	목
일진 日辰	辛未	壬申	癸酉	甲戌	乙亥	丙子	丁丑	戊寅	己卯	庚辰	辛巳	壬午	癸未	甲申	乙酉	丙戌	丁亥	戊子	己丑	庚寅	辛卯	壬辰	癸巳	甲午	乙未	丙申	丁酉	戊戌	己亥	庚子	辛丑
납음		劍鋒金		山頭火		澗下水		城頭土		白臘金		楊柳木		井中水		屋上土		霹靂火		松柏木		長流水		沙中金		山下火		平地木		平地木	
음력	16	17	18	19	20	21	22	23	24	25	26	27	28	29	30	12/1	2	3	4	5	6	7	8	9	10	11	12	13	14	15	16
구성	8	9	1	2	3	4	5	6	7	8	9	1	2	3	4	5	6	7	8	9	1	2	3	4	5	6	7	8	9	1	2
대운 남	2	1	1	1	1	소	9	9	9	8	8	8	7	7	7	6	6	6	5	대	5	4	4	4	3	3	3	2	2	2	1
대운 여	8	9	9	9	10	한	1	1	1	1	2	2	2	3	3	3	4	4	4	한	5	5	6	6	6	7	7	7	8	8	8

입춘 4일 17시 08분 【음1월】 ➡ 【庚寅月(경인월)】 ☯五黃星 우수 19일 12시 58분

양력 2월 / 음력 12/17 ~ 01/14

양력	1	2	3	4	5	6	7	8	9	10	11	12	13	14	15	16	17	18	19	20	21	22	23	24	25	26	27	28
요일	금	토	일	월	화	수	목	금	토	일	월	화	수	목	금	토	일	월	화	수	목	금	토	일	월	화	수	목
일진 日辰	壬寅	癸卯	甲辰	乙巳	丙午	丁未	戊申	己酉	庚戌	辛亥	壬子	癸丑	甲寅	乙卯	丙辰	丁巳	戊午	己未	庚申	辛酉	壬戌	癸亥	甲子	乙丑	丙寅	丁卯	戊辰	己巳
납음	金箔金		覆燈火		天河水		大驛土		釵釧金		桑柘木		大溪水		沙中土		天上火		石榴木		大海水		海中金		爐中火		大林木	
음력	17	18	19	20	21	22	23	24	25	26	27	28	29	30	1/1	2	3	4	5	6	7	8	9	10	11	12	13	14
구성	3	4	5	6	7	8	9	1	2	3	4	5	6	7	8	9	1	2	3	4	5	6	7	8	9	1	2	3
대운 남	1	1	1	입	1	1	1	1	2	2	2	3	3	3	4	4	4	5	우	5	6	6	6	7	7	7	8	8
대운 여	9	9	9	춘	10	9	9	9	8	8	8	7	7	7	6	6	6	5	수	5	4	4	4	3	3	3	2	2

辛未年

경칩 6일 11시 12분 【음2월】 ➡ 【辛卯月(신묘월)】 ☯四綠星 춘분 21일 12시 02분

양력 3월 / 음력 01/15 ~ 02/16

양력	1	2	3	4	5	6	7	8	9	10	11	12	13	14	15	16	17	18	19	20	21	22	23	24	25	26	27	28	29	30	31
요일	금	토	일	월	화	수	목	금	토	일	월	화	수	목	금	토	일	월	화	수	목	금	토	일	월	화	수	목	금	토	일
일진 日辰	庚午	辛未	壬申	癸酉	甲戌	乙亥	丙子	丁丑	戊寅	己卯	庚辰	辛巳	壬午	癸未	甲申	乙酉	丙戌	丁亥	戊子	己丑	庚寅	辛卯	壬辰	癸巳	甲午	乙未	丙申	丁酉	戊戌	己亥	庚子
납음	路傍土		劍鋒金		山頭火		澗下水		城頭土		白臘金		楊柳木		井中水		屋上土		霹靂火		松柏木		長流水		沙中金		山下火		平地木		
음력	15	16	17	18	19	20	21	22	23	24	25	26	27	28	29	2/1	2	3	4	5	6	7	8	9	10	11	12	13	14	15	16
구성	4	5	6	7	8	9	1	2	3	4	5	6	7	8	9	1	2	3	4	5	6	7	8	9	1	2	3	4	5	6	7
대운 남	8	9	9	9	10	경	1	1	1	1	2	2	2	3	3	3	4	4	4	5	춘	5	6	6	6	7	7	7	8	8	8
대운 여	2	1	1	1	1	칩	10	9	9	9	8	8	8	7	7	7	6	6	6	5	분	5	4	4	4	3	3	3	2	2	2

청명 5일 16시 05분 【음3월】 ➡ 【壬辰月(임진월)】 ☯三碧星 곡우 20일 23시 08분

양력 4월 / 음력 02/17 ~ 03/16

양력	1	2	3	4	5	6	7	8	9	10	11	12	13	14	15	16	17	18	19	20	21	22	23	24	25	26	27	28	29	30
요일	월	화	수	목	금	토	일	월	화	수	목	금	토	일	월	화	수	목	금	토	일	월	화	수	목	금	토	일	월	화
일진 日辰	辛丑	壬寅	癸卯	甲辰	乙巳	丙午	丁未	戊申	己酉	庚戌	辛亥	壬子	癸丑	甲寅	乙卯	丙辰	丁巳	戊午	己未	庚申	辛酉	壬戌	癸亥	甲子	乙丑	丙寅	丁卯	戊辰	己巳	庚午
납음		金箔金		覆燈火		天河水		大驛土		釵釧金		桑柘木		大溪水		沙中土		天上火		石榴木		大海水		海中金		爐中火		大林木		
음력	17	18	19	20	21	22	23	24	25	26	27	28	29	30	3/1	2	3	4	5	6	7	8	9	10	11	12	13	14	15	16
구성	8	9	1	2	3	4	5	6	7	8	9	1	2	3	4	5	6	7	8	9	1	2	3	4	5	6	7	8	9	1
대운 남	9	9	9	10	청	1	1	1	1	2	2	2	3	3	3	4	4	4	5	곡	5	6	6	6	7	7	7	8	8	8
대운 여	1	1	1	1	명	10	10	9	9	9	8	8	8	7	7	7	6	6	6	우	5	5	4	4	4	3	3	3	2	2

입하 6일 09시 27분 【음4월】 ➡ 【癸巳月(계사월)】 ☯二黑星 소만 21일 22시 20분

양력 5월 / 음력 03/17 ~ 04/18

양력	1	2	3	4	5	6	7	8	9	10	11	12	13	14	15	16	17	18	19	20	21	22	23	24	25	26	27	28	29	30	31
요일	수	목	금	토	일	월	화	수	목	금	토	일	월	화	수	목	금	토	일	월	화	수	목	금	토	일	월	화	수	목	금
일진 日辰	辛未	壬申	癸酉	甲戌	乙亥	丙子	丁丑	戊寅	己卯	庚辰	辛巳	壬午	癸未	甲申	乙酉	丙戌	丁亥	戊子	己丑	庚寅	辛卯	壬辰	癸巳	甲午	乙未	丙申	丁酉	戊戌	己亥	庚子	辛丑
납음		劍鋒金		山頭火		澗下水		城頭土		白臘金		楊柳木		井中水		屋上土		霹靂火		松柏木		長流水		沙中金		山下火		平地木		壁上土	
음력	17	18	19	20	21	22	23	24	25	26	27	28	29	4/1	2	3	4	5	6	7	8	9	10	11	12	13	14	15	16	17	18
구성	2	3	4	5	6	7	8	9	1	2	3	4	5	6	7	8	9	1	2	3	4	5	6	7	8	9	1	2	3	4	5
대운 남	9	9	9	10	10	입	1	1	1	1	2	2	2	3	3	3	4	4	4	5	소	5	6	6	6	7	7	7	8	8	8
대운 여	2	1	1	1	1	하	10	10	9	9	9	8	8	8	7	7	7	6	6	6	만	5	5	4	4	4	3	3	3	2	2

망종 6일 13시 38분 【음5월】 ➡ 【甲午月(갑오월)】 ☯一白星 하지 22일 06시 19분

양력 6월 / 음력 04/19 ~ 05/19

양력	1	2	3	4	5	6	7	8	9	10	11	12	13	14	15	16	17	18	19	20	21	22	23	24	25	26	27	28	29	30
요일	토	일	월	화	수	목	금	토	일	월	화	수	목	금	토	일	월	화	수	목	금	토	일	월	화	수	목	금	토	일
일진 日辰	壬寅	癸卯	甲辰	乙巳	丙午	丁未	戊申	己酉	庚戌	辛亥	壬子	癸丑	甲寅	乙卯	丙辰	丁巳	戊午	己未	庚申	辛酉	壬戌	癸亥	甲子	乙丑	丙寅	丁卯	戊辰	己巳	庚午	辛未
납음	金箔金		覆燈火		天河水		大驛土		釵釧金		桑柘木		大溪水		沙中土		天上火		石榴木		大海水		海中金		爐中火		大林木		路傍土	
음력	19	20	21	22	23	24	25	26	27	28	29	5/1	2	3	4	5	6	7	8	9	10	11	12	13	14	15	16	17	18	19
구성	6	7	8	9	1	2	3	4	5	6	7	8	9	1	2	3	4	5	6	7	8	9	9	8	7	6	5	4	3	2
대운 남	9	9	9	10	10	망	1	1	1	1	2	2	2	3	3	3	4	4	4	5	5	하	6	6	6	7	7	7	8	8
대운 여	2	1	1	1	1	종	10	10	9	9	9	8	8	8	7	7	7	6	6	6	5	지	5	4	4	4	3	3	3	2

한식(4월06일), 초복(7월19일), 중복(7월29일), 말복(8월08일) ☂춘사(春社)3/19 ☀추사(秋社)9/25
토왕지절(土旺之節):4월17일,7월20일,10월21일,1월18일(음12/14)臘享(납향):1992년1월20일(음12/16)

六日得辛, 一龍治水, 1991년 신미年(노방토), 구자화

8白	4綠	6白
7赤	9紫	2黑
3碧	5黃	1白

1991 辛未年

소서 7일 23시 53분 【음6월】➡ 【乙未月(을미월)】 ☯九紫星 대서 23일 17시 11분

양력 7월 / 음력 05/20 ~ 06/20

양력	1	2	3	4	5	6	7	8	9	10	11	12	13	14	15	16	17	18	19	20	21	22	23	24	25	26	27	28	29	30	31
요일	월	화	수	목	금	토	일	월	화	수	목	금	토	일	월	화	수	목	금	토	일	월	화	수	목	금	토	일	월	화	수
일진 日辰	壬申	癸酉	甲戌	乙亥	丙子	丁丑	戊寅	己卯	庚辰	辛巳	壬午	癸未	甲申	乙酉	丙戌	丁亥	戊子	己丑	庚寅	辛卯	壬辰	癸巳	甲午	乙未	丙申	丁酉	戊戌	己亥	庚子	辛丑	壬寅
납음	劍鋒金		山頭火		澗下水		城頭土		白臘金		楊柳木		井中水		屋上土		霹靂火		松柏木		長流水		沙中金		山下火		平地木		壁上土		
음력	20	21	22	23	24	25	26	27	28	29	30	6/1	2	3	4	5	6	7	8	9	10	11	12	13	14	15	16	17	18	19	20
구성	1	9	8	7	6	5	4	3	2	1	9	8	7	6	5	4	3	2	1	9	8	7	6	5	4	3	2	1	9	8	7
대운 남	8	9	9	9	10	10	소	1	1	1	1	2	2	2	3	3	3	4	4	4	5	5	대	6	6	6	7	7	7	8	8
대운 여	2	2	1	1	1	1	서	10	10	10	9	9	9	8	8	8	7	7	7	6	6	6	서	5	5	4	4	4	3	3	3

입추 8일 09시 37분 【음7월】➡ 【丙申月(병신월)】 ☯八白星 처서 24일 00시 13분

양력 8월 / 음력 06/21 ~ 07/22

양력	1	2	3	4	5	6	7	8	9	10	11	12	13	14	15	16	17	18	19	20	21	22	23	24	25	26	27	28	29	30	31
요일	목	금	토	일	월	화	수	목	금	토	일	월	화	수	목	금	토	일	월	화	수	목	금	토	일	월	화	수	목	금	토
일진 日辰	癸卯	甲辰	乙巳	丙午	丁未	戊申	己酉	庚戌	辛亥	壬子	癸丑	甲寅	乙卯	丙辰	丁巳	戊午	己未	庚申	辛酉	壬戌	癸亥	甲子	乙丑	丙寅	丁卯	戊辰	己巳	庚午	辛未	壬申	癸酉
납음		覆燈火		天河水		大驛土		釵釧金		桑柘木		大溪水		沙中土		天上火		石榴木		大海水		海中金		爐中火		大林木		路傍土		劍鋒金	
음력	21	22	23	24	25	26	27	28	29	7/1	2	3	4	5	6	7	8	9	10	11	12	13	14	15	16	17	18	19	20	21	22
구성	6	5	4	3	2	1	9	8	7	6	5	4	3	2	1	9	8	7	6	5	4	3	2	1	9	8	7	6	5	4	3
대운 남	8	9	9	9	10	10	10	입	1	1	1	1	2	2	2	3	3	3	4	4	4	5	5	처	6	6	6	7	7	7	8
대운 여	2	2	2	1	1	1	1	추	10	10	9	9	9	8	8	8	7	7	7	6	6	6	5	서	5	4	4	4	3	3	3

백로 8일 12시 27분 【음8월】➡ 【丁酉月(정유월)】 ☯七赤星 추분 23일 21시 48분

양력 9월 / 음력 07/23 ~ 08/23

양력	1	2	3	4	5	6	7	8	9	10	11	12	13	14	15	16	17	18	19	20	21	22	23	24	25	26	27	28	29	30
요일	일	월	화	수	목	금	토	일	월	화	수	목	금	토	일	월	화	수	목	금	토	일	월	화	수	목	금	토	일	월
일진 日辰	甲戌	乙亥	丙子	丁丑	戊寅	己卯	庚辰	辛巳	壬午	癸未	甲申	乙酉	丙戌	丁亥	戊子	己丑	庚寅	辛卯	壬辰	癸巳	甲午	乙未	丙申	丁酉	戊戌	己亥	庚子	辛丑	壬寅	癸卯
납음	山頭火		澗下水		城頭土		白臘金		楊柳木		井中水		屋上土		霹靂火		松柏木		長流水		沙中金		山下火		平地木		壁上土		金箔金	
음력	23	24	25	26	27	28	29	8/1	2	3	4	5	6	7	8	9	10	11	12	13	14	15	16	17	18	19	20	21	22	23
구성	2	1	9	8	7	6	5	4	3	2	1	9	8	7	6	5	4	3	2	1	9	8	7	6	5	4	3	2	1	9
대운 남	8	8	9	9	9	10	10	백	1	1	1	1	2	2	2	3	3	3	4	4	4	5	추	5	6	6	6	7	7	7
대운 여	2	2	2	1	1	1	1	로	10	10	9	9	9	8	8	8	7	7	7	6	6	6	분	5	5	4	4	4	3	3

한로 9일 04시 01분 【음9월】➡ 【戊戌月(무술월)】 ☯六白星 상강 24일 07시 05분

양력 10월 / 음력 08/24 ~ 09/24

양력	1	2	3	4	5	6	7	8	9	10	11	12	13	14	15	16	17	18	19	20	21	22	23	24	25	26	27	28	29	30	31
요일	화	수	목	금	토	일	월	화	수	목	금	토	일	월	화	수	목	금	토	일	월	화	수	목	금	토	일	월	화	수	목
일진 日辰	甲辰	乙巳	丙午	丁未	戊申	己酉	庚戌	辛亥	壬子	癸丑	甲寅	乙卯	丙辰	丁巳	戊午	己未	庚申	辛酉	壬戌	癸亥	甲子	乙丑	丙寅	丁卯	戊辰	己巳	庚午	辛未	壬申	癸酉	甲戌
납음	覆燈火		天河水		大驛土		釵釧金		桑柘木		大溪水		沙中土		天上火		石榴木		大海水		海中金		爐中火		大林木		路傍土		劍鋒金		
음력	24	25	26	27	28	29	30	9/1	2	3	4	5	6	7	8	9	10	11	12	13	14	15	16	17	18	19	20	21	22	23	24
구성	8	7	6	5	4	3	2	1	9	8	7	6	5	4	3	2	1	9	8	7	6	5	4	3	2	1	9	8	7	6	5
대운 남	8	8	8	9	9	9	10	10	한	1	1	1	1	2	2	2	3	3	3	4	4	4	5	상	5	6	6	6	7	7	7
대운 여	3	2	2	2	1	1	1	1	로	10	9	9	9	8	8	8	7	7	7	6	6	6	5	강	5	4	4	4	3	3	3

입동 8일 07시 08분 【음10월】➡ 【己亥月(기해월)】 ☯五黃星 소설 23일 04시 36분

양력 11월 / 음력 09/25 ~ 10/25

양력	1	2	3	4	5	6	7	8	9	10	11	12	13	14	15	16	17	18	19	20	21	22	23	24	25	26	27	28	29	30
요일	금	토	일	월	화	수	목	금	토	일	월	화	수	목	금	토	일	월	화	수	목	금	토	일	월	화	수	목	금	토
일진 日辰	乙亥	丙子	丁丑	戊寅	己卯	庚辰	辛巳	壬午	癸未	甲申	乙酉	丙戌	丁亥	戊子	己丑	庚寅	辛卯	壬辰	癸巳	甲午	乙未	丙申	丁酉	戊戌	己亥	庚子	辛丑	壬寅	癸卯	甲辰
납음		澗下水		城頭土		白臘金		楊柳木		井中水		屋上土		霹靂火		松柏木		長流水		沙中金		山下火		平地木		壁上土		金箔金		
음력	25	26	27	28	29	10/1	2	3	4	5	6	7	8	9	10	11	12	13	14	15	16	17	18	19	20	21	22	23	24	25
구성	4	3	2	1	9	8	7	6	5	4	3	2	1	9	8	7	6	5	4	3	2	1	9	8	7	6	5	4	3	2
대운 남	8	8	8	9	9	9	10	입	1	1	1	1	2	2	2	3	3	3	4	4	4	5	소	5	6	6	6	7	7	7
대운 여	2	2	2	1	1	1	1	동	9	9	9	8	8	8	7	7	7	6	6	6	5	5	설	4	4	4	3	3	3	2

대설 7일 23시 56분 【음11월】➡ 【庚子月(경자월)】 ☯四綠星 동지 22일 17시 54분

양력 12월 / 음력 10/26 ~ 11/26

양력	1	2	3	4	5	6	7	8	9	10	11	12	13	14	15	16	17	18	19	20	21	22	23	24	25	26	27	28	29	30	31
요일	일	월	화	수	목	금	토	일	월	화	수	목	금	토	일	월	화	수	목	금	토	일	월	화	수	목	금	토	일	월	화
일진 日辰	乙巳	丙午	丁未	戊申	己酉	庚戌	辛亥	壬子	癸丑	甲寅	乙卯	丙辰	丁巳	戊午	己未	庚申	辛酉	壬戌	癸亥	甲子	乙丑	丙寅	丁卯	戊辰	己巳	庚午	辛未	壬申	癸酉	甲戌	乙亥
납음		天河水		大驛土		釵釧金		桑柘木		大溪水		沙中土		天上火		石榴木		大海水		海中金		爐中火		大林木		路傍土		劍鋒金		山頭火	
음력	26	27	28	29	30	11/1	2	3	4	5	6	7	8	9	10	11	12	13	14	15	16	17	18	19	20	21	22	23	24	25	26
구성	1	9	8	7	6	5	4	3	2	1	9	8	7	6	5	4	3	2	1	1	2	3	4	5	6	7	8	9	1	2	3
대운 남	8	8	8	9	9	9	대	1	1	1	1	2	2	2	3	3	3	4	4	4	5	동	5	6	6	6	7	7	7	8	8
대운 여	2	2	1	1	1	1	설	10	9	9	9	8	8	8	7	7	7	6	6	6	5	지	5	4	4	4	3	3	3	2	2

단기 4325 年	1992년	下元 壬申年 납음(劍鋒金),본명성(八白土)
불기 2536 年		대장군(午남방), 삼살(남방), 상문(戌서북방),조객(午남방), 납음(검봉금),【삼재(인,묘,진)년】 臘享(납향):1993년1월14일(음12/22)

원숭이

소한 6일 11시 09분 【음12월】 ➡ 【辛丑月(신축월)】 ☯三碧星 대한 21일 04시 32분

양력 1월 / 음력 11/27 ~ 12/27

양력	1	2	3	4	5	6	7	8	9	10	11	12	13	14	15	16	17	18	19	20	21	22	23	24	25	26	27	28	29	30	31
요일	수	목	금	토	일	월	화	수	목	금	토	일	월	화	수	목	금	토	일	월	화	수	목	금	토	일	월	화	수	목	금
일진 日辰	丙子	丁丑	戊寅	己卯	庚辰	辛巳	壬午	癸未	甲申	乙酉	丙戌	丁亥	戊子	己丑	庚寅	辛卯	壬辰	癸巳	甲午	乙未	丙申	丁酉	戊戌	己亥	庚子	辛丑	壬寅	癸卯	甲辰	乙巳	丙午
납음	澗下水		城頭土		白臘金		楊柳木		井中水		屋上土		霹靂火		松柏木		長流水		沙中金		山下火		平地木		壁上土		金箔金		覆燈火		
음력	27	28	29	30	12/1	2	3	4	5	6	7	8	9	10	11	12	13	14	15	16	17	18	19	20	21	22	23	24	25	26	27
구성	4	5	6	7	8	9	1	2	3	4	5	6	7	8	9	1	2	3	4	5	6	7	8	9	1	2	3	4	5	6	7
대운 남	8	9	9	9	10	소	1	1	1	1	2	2	2	3	3	3	4	4	4	5	대	5	6	6	6	7	7	7	8	8	8
대운 여	2	1	1	1	1	한	9	9	9	8	8	8	7	7	7	6	6	6	5	5	한	4	4	4	3	3	3	2	2	2	1

입춘 4일 22시 48분 【음1월】 ➡ 【壬寅月(임인월)】 ☯二黑星 우수 19일 18시 44분

양력 2월 / 음력 11/28 ~ 01/26

양력	1	2	3	4	5	6	7	8	9	10	11	12	13	14	15	16	17	18	19	20	21	22	23	24	25	26	27	28	29
요일	토	일	월	화	수	목	금	토	일	월	화	수	목	금	토	일	월	화	수	목	금	토	일	월	화	수	목	금	토
일진 日辰	丁未	戊申	己酉	庚戌	辛亥	壬子	癸丑	甲寅	乙卯	丙辰	丁巳	戊午	己未	庚申	辛酉	壬戌	癸亥	甲子	乙丑	丙寅	丁卯	戊辰	己巳	庚午	辛未	壬申	癸酉	甲戌	乙亥
납음		大驛土		釵釧金		桑柘木		大溪水		沙中土		天上火		石榴木		大海水		海中金		爐中火		大林木		路傍土		劍鋒金		山頭火	
음력	28	29	30	1/1	2	3	4	5	6	7	8	9	10	11	12	13	14	15	16	17	18	19	20	21	22	23	24	25	26
구성	8	9	1	2	3	4	5	6	7	8	9	1	2	3	4	5	6	7	8	9	1	2	3	4	5	6	7	8	9
대운 남	9	9	9	입	10	9	9	9	8	8	8	7	7	7	6	6	6	5	우	5	4	4	4	3	3	3	2	2	2
대운 여	1	1	1	춘	1	1	1	1	2	2	2	3	3	3	4	4	4	5	수	5	6	6	6	7	7	7	8	8	8

壬申年

경칩 5일 16시 52분 【음2월】 ➡ 【癸卯月(계묘월)】 ☯一白星 춘분 20일 17시 48분

양력 3월 / 음력 01/27 ~ 02/28

양력	1	2	3	4	5	6	7	8	9	10	11	12	13	14	15	16	17	18	19	20	21	22	23	24	25	26	27	28	29	30	31
요일	일	월	화	수	목	금	토	일	월	화	수	목	금	토	일	월	화	수	목	금	토	일	월	화	수	목	금	토	일	월	화
일진 日辰	丙子	丁丑	戊寅	己卯	庚辰	辛巳	壬午	癸未	甲申	乙酉	丙戌	丁亥	戊子	己丑	庚寅	辛卯	壬辰	癸巳	甲午	乙未	丙申	丁酉	戊戌	己亥	庚子	辛丑	壬寅	癸卯	甲辰	乙巳	丙午
납음	澗下水		城頭土		白臘金		楊柳木		井中水		屋上土		霹靂火		松柏木		長流水		沙中金		山下火		平地木		壁上土		金箔金		覆燈火		
음력	27	28	29	2/1	2	3	4	5	6	7	8	9	10	11	12	13	14	15	16	17	18	19	20	21	22	23	24	25	26	27	28
구성	1	2	3	4	5	6	7	8	9	1	2	3	4	5	6	7	8	9	1	2	3	4	5	6	7	8	9	1	2	3	4
대운 남	1	1	1	1	경	10	9	9	9	8	8	8	7	7	7	6	6	6	5	춘	5	4	4	4	3	3	3	2	2	2	1
대운 여	9	9	9	10	칩	1	1	1	1	2	2	2	3	3	3	4	4	4	5	분	5	6	6	6	7	7	7	8	8	8	9

청명 4일 21시 45분 【음3월】 ➡ 【甲辰月(갑진월)】 ☯九紫星 곡우 20일 04시 57분

양력 4월 / 음력 02/29 ~ 03/28

양력	1	2	3	4	5	6	7	8	9	10	11	12	13	14	15	16	17	18	19	20	21	22	23	24	25	26	27	28	29	30
요일	수	목	금	토	일	월	화	수	목	금	토	일	월	화	수	목	금	토	일	월	화	수	목	금	토	일	월	화	수	목
일진 日辰	丁未	戊申	己酉	庚戌	辛亥	壬子	癸丑	甲寅	乙卯	丙辰	丁巳	戊午	己未	庚申	辛酉	壬戌	癸亥	甲子	乙丑	丙寅	丁卯	戊辰	己巳	庚午	辛未	壬申	癸酉	甲戌	乙亥	丙子
납음		大驛土		釵釧金		桑柘木		大溪水		沙中土		天上火		石榴木		大海水		海中金		爐中火		大林木		路傍土		劍鋒金		山頭火		
음력	29	30	3/1	2	3	4	5	6	7	8	9	10	11	12	13	14	15	16	17	18	19	20	21	22	23	24	25	26	27	28
구성	5	6	7	8	9	1	2	3	4	5	6	7	8	9	1	2	3	4	5	6	7	8	9	1	2	3	4	5	6	7
대운 남	1	1	1	청	10	10	9	9	9	8	8	8	7	7	7	6	6	6	5	곡	5	4	4	4	3	3	3	2	2	2
대운 여	9	9	10	명	1	1	1	1	2	2	2	3	3	3	4	4	4	5	5	우	6	6	6	7	7	7	8	8	8	9

입하 5일 15시 09분 【음4월】 ➡ 【乙巳月(을사월)】 ☯八白星 소만 21일 04시 12분

양력 5월 / 음력 03/29 ~ 04/29

양력	1	2	3	4	5	6	7	8	9	10	11	12	13	14	15	16	17	18	19	20	21	22	23	24	25	26	27	28	29	30	31
요일	금	토	일	월	화	수	목	금	토	일	월	화	수	목	금	토	일	월	화	수	목	금	토	일	월	화	수	목	금	토	일
일진 日辰	丁丑	戊寅	己卯	庚辰	辛巳	壬午	癸未	甲申	乙酉	丙戌	丁亥	戊子	己丑	庚寅	辛卯	壬辰	癸巳	甲午	乙未	丙申	丁酉	戊戌	己亥	庚子	辛丑	壬寅	癸卯	甲辰	乙巳	丙午	丁未
납음		城頭土		白臘金		楊柳木		井中水		屋上土		霹靂火		松柏木		長流水		沙中金		山下火		平地木		壁上土		金箔金		覆燈火		天河水	
음력	29	30	4/1	2	3	4	5	6	7	8	9	10	11	12	13	14	15	16	17	18	19	20	21	22	23	24	25	26	27	28	29
구성	8	9	1	2	3	4	5	6	7	8	9	1	2	3	4	5	6	7	8	9	1	2	3	4	5	6	7	8	9	1	2
대운 남	1	1	1	1	입	10	10	9	9	9	8	8	8	7	7	7	6	6	6	5	소	5	4	4	4	3	3	3	2	2	2
대운 여	9	9	10	10	하	1	1	1	1	2	2	2	3	3	3	4	4	4	5	5	만	6	6	6	7	7	7	8	8	8	9

망종 5일 19시 22분 【음5월】 ➡ 【丙午月(병오월)】 ☯七赤星 하지 21일 12시 14분

양력 6월 / 음력 05/01 ~ 06/01

양력	1	2	3	4	5	6	7	8	9	10	11	12	13	14	15	16	17	18	19	20	21	22	23	24	25	26	27	28	29	30
요일	월	화	수	목	금	토	일	월	화	수	목	금	토	일	월	화	수	목	금	토	일	월	화	수	목	금	토	일	월	화
일진 日辰	戊申	己酉	庚戌	辛亥	壬子	癸丑	甲寅	乙卯	丙辰	丁巳	戊午	己未	庚申	辛酉	壬戌	癸亥	甲子	乙丑	丙寅	丁卯	戊辰	己巳	庚午	辛未	壬申	癸酉	甲戌	乙亥	丙子	丁丑
납음	大驛土		釵釧金		桑柘木		大溪水		沙中土		天上火		石榴木		大海水		海中金		爐中火		大林木		路傍土		劍鋒金		山頭火		澗下水	
음력	5/1	2	3	4	5	6	7	8	9	10	11	12	13	14	15	16	17	18	19	20	21	22	23	24	25	26	27	28	29	6/1
구성	3	4	5	6	7	8	9	9	8	7	6	5	4	3	2	1	9	8	7	6	5	4	3	2	1	9	8	7	6	5
대운 남	1	1	1	1	망	10	10	10	9	9	9	8	8	8	7	7	7	6	6	6	하	5	5	4	4	4	3	3	3	2
대운 여	9	9	10	10	종	1	1	1	1	2	2	2	3	3	3	4	4	4	5	5	지	6	6	6	7	7	7	8	8	8

한식(4월05일), 초복(7월13일), 중복(7월23일), 말복(8월12일) ☂춘사(春社)3/23 ☀추사(秋社)9/19
토왕지절(土旺之節):4월17일,7월19일,10월20일,1월17일(음12/25)臘享(납향):1993년1월14일(음12/22)

二日得辛, 七龍治水, 1992년 임신年(검봉금), 팔백토

7赤	3碧	5黃
6白	8白	1白
2黑	4綠	9紫

소서 7일 05시 40분 【음6월】 ➡ 【丁未月(정미월)】 ☯六白星 대서 22일 23시 09분

양력 7월 / 음력 06/02 ~ 07/02

양력	1	2	3	4	5	6	7	8	9	10	11	12	13	14	15	16	17	18	19	20	21	22	23	24	25	26	27	28	29	30	31
요일	수	목	금	토	일	월	화	수	목	금	토	일	월	화	수	목	금	토	일	월	화	수	목	금	토	일	월	화	수	목	금
일진 日辰	戊寅	己卯	庚辰	辛巳	壬午	癸未	甲申	乙酉	丙戌	丁亥	戊子	己丑	庚寅	辛卯	壬辰	癸巳	甲午	乙未	丙申	丁酉	戊戌	己亥	庚子	辛丑	壬寅	癸卯	甲辰	乙巳	丙午	丁未	戊申
납음	城頭土		白臘金		楊柳木		井中水		屋上土		霹靂火		松柏木		長流水		沙中金		山下火		平地木		壁上土		金箔金		覆燈火		天河水		
음력	2	3	4	5	6	7	8	9	10	11	12	13	14	15	16	17	18	19	20	21	22	23	24	25	26	27	28	29	30	7/1	2
구성	4	3	2	1	9	8	7	6	5	4	3	2	1	9	8	7	6	5	4	3	2	1	9	8	7	6	5	4	3	2	1
대운 남	2	2	1	1	1	1	소	10	10	9	9	9	8	8	8	7	7	7	6	6	6	대	5	5	4	4	4	3	3	3	2
대운 여	9	9	9	10	10	10	서	1	1	1	1	2	2	2	3	3	3	4	4	4	5	서	5	6	6	6	7	7	7	8	8

입추 7일 15시 27분 【음7월】 ➡ 【戊申月(무신월)】 ☯五黃星 처서 23일 06시 10분

양력 8월 / 음력 07/03 ~ 08/04

양력	1	2	3	4	5	6	7	8	9	10	11	12	13	14	15	16	17	18	19	20	21	22	23	24	25	26	27	28	29	30	31
요일	토	일	월	화	수	목	금	토	일	월	화	수	목	금	토	일	월	화	수	목	금	토	일	월	화	수	목	금	토	일	월
일진 日辰	己酉	庚戌	辛亥	壬子	癸丑	甲寅	乙卯	丙辰	丁巳	戊午	己未	庚申	辛酉	壬戌	癸亥	甲子	乙丑	丙寅	丁卯	戊辰	己巳	庚午	辛未	壬申	癸酉	甲戌	乙亥	丙子	丁丑	戊寅	己卯
납음		釵釧金		桑柘木		大溪水		沙中土		天上火		石榴木		大海水		海中金		爐中火		大林木		路傍土		劍鋒金		山頭火		澗下水		城頭土	
음력	3	4	5	6	7	8	9	10	11	12	13	14	15	16	17	18	19	20	21	22	23	24	25	26	27	28	29	8/1	2	3	4
구성	9	8	7	6	5	4	3	2	1	9	8	7	6	5	4	3	2	1	9	8	7	6	5	4	3	2	1	9	8	7	6
대운 남	2	2	1	1	1	1	입	10	10	9	9	9	8	8	8	7	7	7	6	6	6	5	처	5	4	4	4	3	3	3	2
대운 여	8	9	9	9	10	10	추	1	1	1	1	2	2	2	3	3	3	4	4	4	5	5	서	6	6	6	7	7	7	8	8

백로 7일 18시 18분 【음8월】 ➡ 【己酉月(기유월)】 ☯四綠星 추분 23일 03시 43분

양력 9월 / 음력 08/05 ~ 09/05

양력	1	2	3	4	5	6	7	8	9	10	11	12	13	14	15	16	17	18	19	20	21	22	23	24	25	26	27	28	29	30
요일	화	수	목	금	토	일	월	화	수	목	금	토	일	월	화	수	목	금	토	일	월	화	수	목	금	토	일	월	화	수
일진 日辰	庚辰	辛巳	壬午	癸未	甲申	乙酉	丙戌	丁亥	戊子	己丑	庚寅	辛卯	壬辰	癸巳	甲午	乙未	丙申	丁酉	戊戌	己亥	庚子	辛丑	壬寅	癸卯	甲辰	乙巳	丙午	丁未	戊申	己酉
납음	白臘金		楊柳木		井中水		屋上土		霹靂火		松柏木		長流水		沙中金		山下火		平地木		壁上土		金箔金		覆燈火		天河水		大驛土	
음력	5	6	7	8	9	10	11	12	13	14	15	16	17	18	19	20	21	22	23	24	25	26	27	28	29	9/1	2	3	4	5
구성	5	4	3	2	1	9	8	7	6	5	4	3	2	1	9	8	7	6	5	4	3	2	1	9	8	7	6	5	4	3
대운 남	2	2	1	1	1	1	백	10	10	9	9	9	8	8	8	7	7	7	6	6	6	5	추	5	4	4	4	3	3	3
대운 여	8	9	9	9	10	10	로	1	1	1	1	2	2	2	3	3	3	4	4	4	5	5	분	6	6	6	7	7	7	8

한로 8일 09시 51분 【음9월】 ➡ 【庚戌月(경술월)】 ☯三碧星 상강 23일 12시 57분

양력 10월 / 음력 09/06 ~ 10/06

양력	1	2	3	4	5	6	7	8	9	10	11	12	13	14	15	16	17	18	19	20	21	22	23	24	25	26	27	28	29	30	31
요일	목	금	토	일	월	화	수	목	금	토	일	월	화	수	목	금	토	일	월	화	수	목	금	토	일	월	화	수	목	금	토
일진 日辰	庚戌	辛亥	壬子	癸丑	甲寅	乙卯	丙辰	丁巳	戊午	己未	庚申	辛酉	壬戌	癸亥	甲子	乙丑	丙寅	丁卯	戊辰	己巳	庚午	辛未	壬申	癸酉	甲戌	乙亥	丙子	丁丑	戊寅	己卯	庚辰
납음	釵釧金		桑柘木		大溪水		沙中土		天上火		石榴木		大海水		海中金		爐中火		大林木		路傍土		劍鋒金		山頭火		澗下水		城頭土		
음력	6	7	8	9	10	11	12	13	14	15	16	17	18	19	20	21	22	23	24	25	26	27	28	29	30	10/1	2	3	4	5	6
구성	2	1	9	8	7	6	5	4	3	2	1	9	8	7	6	5	4	3	2	1	9	8	7	6	5	4	3	2	1	9	8
대운 남	2	2	2	1	1	1	1	한	10	9	9	9	8	8	8	7	7	7	6	6	6	5	상	5	4	4	4	3	3	3	2
대운 여	8	8	9	9	9	10	10	로	1	1	1	1	2	2	2	3	3	3	4	4	4	5	강	5	6	6	6	7	7	7	8

입동 7일 12시 57분 【음10월】 ➡ 【辛亥月(신해월)】 ☯二黑星 소설 22일 10시 26분

양력 11월 / 음력 10/07 ~ 11/07

양력	1	2	3	4	5	6	7	8	9	10	11	12	13	14	15	16	17	18	19	20	21	22	23	24	25	26	27	28	29	30
요일	일	월	화	수	목	금	토	일	월	화	수	목	금	토	일	월	화	수	목	금	토	일	월	화	수	목	금	토	일	월
일진 日辰	辛巳	壬午	癸未	甲申	乙酉	丙戌	丁亥	戊子	己丑	庚寅	辛卯	壬辰	癸巳	甲午	乙未	丙申	丁酉	戊戌	己亥	庚子	辛丑	壬寅	癸卯	甲辰	乙巳	丙午	丁未	戊申	己酉	庚戌
납음		楊柳木		井中水		屋上土		霹靂火		松柏木		長流水		沙中金		山下火		平地木		壁上土		金箔金		覆燈火		天河水		大驛土		
음력	7	8	9	10	11	12	13	14	15	16	17	18	19	20	21	22	23	24	25	26	27	28	29	11/1	2	3	4	5	6	7
구성	7	6	5	4	3	2	1	9	8	7	6	5	4	3	2	1	9	8	7	6	5	4	3	2	1	9	8	7	6	5
대운 남	2	2	1	1	1	1	입	10	9	9	9	8	8	8	7	7	7	6	6	6	5	소	5	4	4	4	3	3	3	2
대운 여	8	8	9	9	9	10	동	1	1	1	1	2	2	2	3	3	3	4	4	4	5	설	5	6	6	6	7	7	7	8

대설 7일 05시 44분 【음11월】 ➡ 【壬子月(임자월)】 ☯一白星 동지 21일 23시 43분

양력 12월 / 음력 11/08 ~ 12/08

양력	1	2	3	4	5	6	7	8	9	10	11	12	13	14	15	16	17	18	19	20	21	22	23	24	25	26	27	28	29	30	31
요일	화	수	목	금	토	일	월	화	수	목	금	토	일	월	화	수	목	금	토	일	월	화	수	목	금	토	일	월	화	수	목
일진 日辰	辛亥	壬子	癸丑	甲寅	乙卯	丙辰	丁巳	戊午	己未	庚申	辛酉	壬戌	癸亥	甲子	乙丑	丙寅	丁卯	戊辰	己巳	庚午	辛未	壬申	癸酉	甲戌	乙亥	丙子	丁丑	戊寅	己卯	庚辰	辛巳
납음		桑柘木		大溪水		沙中土		天上火		石榴木		大海水		海中金		爐中火		大林木		路傍土		劍鋒金		山頭火		澗下水		城頭土		白臘金	
음력	8	9	10	11	12	13	14	15	16	17	18	19	20	21	22	23	24	25	26	27	28	29	30	12/1	2	3	4	5	6	7	8
구성	4	3	2	1	9	8	7	6	5	4	3	2	1	1	2	3	4	5	6	7	8	9	1	2	3	4	5	6	7	8	9
대운 남	2	2	1	1	1	1	대	9	9	9	8	8	8	7	7	7	6	6	6	5	동	5	4	4	4	3	3	3	2	2	2
대운 여	8	8	9	9	9	10	설	1	1	1	1	2	2	2	3	3	3	4	4	4	지	5	5	6	6	6	7	7	7	8	8

단기 4326 年	1993년	下元 **癸酉年** 납음(劍鋒金),본명성(七赤金)
불기 2537 年		대장군(午남방), 삼살(동방), 상문(亥서북방),조객(未서남방), 납음(검봉금), 【삼재(해,자,축)년】 臘享(납향):1994년1월21일(음12/10)

닭

소한 5일 16시 57분 【음12월】 ➡ 【癸丑月(계축월)】 ☯九紫星 대한 20일 10시 23분

양력 1월	양력	1	2	3	4	5	6	7	8	9	10	11	12	13	14	15	16	17	18	19	20	21	22	23	24	25	26	27	28	29	30	31
	요일	금	토	일	월	화	수	목	금	토	일	월	화	수	목	금	토	일	월	화	수	목	금	토	일	월	화	수	목	금	토	일
	일진 日辰	壬午	癸未	甲申	乙酉	丙戌	丁亥	戊子	己丑	庚寅	辛卯	壬辰	癸巳	甲午	乙未	丙申	丁酉	戊戌	己亥	庚子	辛丑	壬寅	癸卯	甲辰	乙巳	丙午	丁未	戊申	己酉	庚戌	辛亥	壬子
음력	납음	楊柳木		井中水		屋上土		霹靂火		松柏木		長流水		沙中金		山下火		平地木		壁上土		金箔金		覆燈火		天河水		大驛土		釵釧金		
12/09	음력	9	10	11	12	13	14	15	16	17	18	19	20	21	22	23	24	25	26	27	28	29	30	1/1	2	3	4	5	6	7	8	9
▮	구성	1	2	3	4	5	6	7	8	9	1	2	3	4	5	6	7	8	9	1	2	3	4	5	6	7	8	9	1	2	3	4
01/09	대운 남	1	1	1	1	소	10	9	9	9	8	8	8	7	7	7	6	6	6	5	대	5	4	4	4	3	3	3	2	2	2	1
	대운 여	8	9	9	9	한	1	1	1	1	2	2	2	3	3	3	4	4	4	5	한	5	6	6	6	7	7	7	8	8	8	9

입춘 4일 04시 37분 【음1월】 ➡ 【甲寅月(갑인월)】 ☯八白星 우수 19일 00시 35분

양력 2월	양력	1	2	3	4	5	6	7	8	9	10	11	12	13	14	15	16	17	18	19	20	21	22	23	24	25	26	27	28	
	요일	월	화	수	목	금	토	일	월	화	수	목	금	토	일	월	화	수	목	금	토	일	월	화	수	목	금	토	일	癸酉年
	일진 日辰	癸丑	甲寅	乙卯	丙辰	丁巳	戊午	己未	庚申	辛酉	壬戌	癸亥	甲子	乙丑	丙寅	丁卯	戊辰	己巳	庚午	辛未	壬申	癸酉	甲戌	乙亥	丙子	丁丑	戊寅	己卯	庚辰	
음력	납음		大溪水		沙中土		天上火		石榴木		大海水		海中金		爐中火		大林木		路傍土		劍鋒金		山頭火		澗下水		城頭土			
01/10	음력	10	11	12	13	14	15	16	17	18	19	20	21	22	23	24	25	26	27	28	29	2/1	2	3	4	5	6	7	8	
▮	구성	5	6	7	8	9	1	2	3	4	5	6	7	8	9	1	2	3	4	5	6	7	8	9	1	2	3	4	5	
02/08	대운 남	1	1	1	입	1	1	1	1	2	2	2	3	3	3	4	4	4	5	우	5	6	6	6	7	7	7	8	8	
	대운 여	9	9	10	춘	9	9	9	8	8	8	7	7	7	6	6	6	5	5	수	4	4	4	3	3	3	2	2	2	

경칩 5일 22시 43분 【음2월】 ➡ 【乙卯月(을묘월)】 ☯七赤星 춘분 20일 23시 41분

양력 3월	양력	1	2	3	4	5	6	7	8	9	10	11	12	13	14	15	16	17	18	19	20	21	22	23	24	25	26	27	28	29	30	31
	요일	월	화	수	목	금	토	일	월	화	수	목	금	토	일	월	화	수	목	금	토	일	월	화	수	목	금	토	일	월	화	수
	일진 日辰	辛巳	壬午	癸未	甲申	乙酉	丙戌	丁亥	戊子	己丑	庚寅	辛卯	壬辰	癸巳	甲午	乙未	丙申	丁酉	戊戌	己亥	庚子	辛丑	壬寅	癸卯	甲辰	乙巳	丙午	丁未	戊申	己酉	庚戌	辛亥
음력	납음		楊柳木		井中水		屋上土		霹靂火		松柏木		長流水		沙中金		山下火		平地木		壁上土		金箔金		覆燈火		天河水		大驛土		釵釧金	
02/09	음력	9	10	11	12	13	14	15	16	17	18	19	20	21	22	23	24	25	26	27	28	29	30	3/1	2	3	4	5	6	7	8	9
▮	구성	6	7	8	9	1	2	3	4	5	6	7	8	9	1	2	3	4	5	6	7	8	9	1	2	3	4	5	6	7	8	9
03/09	대운 남	8	9	9	9	경	1	1	1	1	2	2	2	3	3	3	4	4	4	5	춘	5	6	6	6	7	7	7	8	8	8	9
	대운 여	1	1	1	1	칩	10	10	9	9	9	8	8	8	7	7	7	6	6	6	분	5	5	4	4	4	3	3	3	2	2	2

청명 5일 03시 37분 【음3월】 ➡ 【丙辰月(병진월)】 ☯六白星 곡우 20일 10시 49분

양력 4월	양력	1	2	3	4	5	6	7	8	9	10	11	12	13	14	15	16	17	18	19	20	21	22	23	24	25	26	27	28	29	30
	요일	목	금	토	일	월	화	수	목	금	토	일	월	화	수	목	금	토	일	월	화	수	목	금	토	일	월	화	수	목	금
	일진 日辰	壬子	癸丑	甲寅	乙卯	丙辰	丁巳	戊午	己未	庚申	辛酉	壬戌	癸亥	甲子	乙丑	丙寅	丁卯	戊辰	己巳	庚午	辛未	壬申	癸酉	甲戌	乙亥	丙子	丁丑	戊寅	己卯	庚辰	辛巳
음력	납음	桑柘木		大溪水		沙中土		天上火		石榴木		大海水		海中金		爐中火		大林木		路傍土		劍鋒金		山頭火		澗下水		城頭土		白臘金	
03/10	음력	10	11	12	13	14	15	16	17	18	19	20	21	22	23	24	25	26	27	28	29	30	윤3	2	3	4	5	6	7	8	9
▮	구성	1	2	3	4	5	6	7	8	9	1	2	3	4	5	6	7	8	9	1	2	3	4	5	6	7	8	9	1	2	3
윤309	대운 남	9	9	10	10	청	1	1	1	1	2	2	2	3	3	3	4	4	4	5	곡	5	6	6	6	7	7	7	8	8	8
	대운 여	1	1	1	1	명	10	9	9	9	8	8	8	7	7	7	6	6	6	5	우	5	4	4	4	3	3	3	2	2	2

입하 5일 21시 02분 【음4월】 ➡ 【丁巳月(정사월)】 ☯五黃星 소만 21일 10시 02분

양력 5월	양력	1	2	3	4	5	6	7	8	9	10	11	12	13	14	15	16	17	18	19	20	21	22	23	24	25	26	27	28	29	30	31
	요일	토	일	월	화	수	목	금	토	일	월	화	수	목	금	토	일	월	화	수	목	금	토	일	월	화	수	목	금	토	일	월
	일진 日辰	壬午	癸未	甲申	乙酉	丙戌	丁亥	戊子	己丑	庚寅	辛卯	壬辰	癸巳	甲午	乙未	丙申	丁酉	戊戌	己亥	庚子	辛丑	壬寅	癸卯	甲辰	乙巳	丙午	丁未	戊申	己酉	庚戌	辛亥	壬子
음력	납음	楊柳木		井中水		屋上土		霹靂火		松柏木		長流水		沙中金		山下火		平地木		壁上土		金箔金		覆燈火		天河水		大驛土		釵釧金		
윤310	음력	10	11	12	13	14	15	16	17	18	19	20	21	22	23	24	25	26	27	28	29	4/1	2	3	4	5	6	7	8	9	10	11
▮	구성	4	5	6	7	8	9	1	2	3	4	5	6	7	8	9	1	2	3	4	5	6	7	8	9	1	2	3	4	5	6	7
04/11	대운 남	9	9	9	10	입	1	1	1	1	2	2	2	3	3	3	4	4	4	5	5	소	6	6	6	7	7	7	8	8	8	9
	대운 여	1	1	1	1	하	10	10	10	9	9	9	8	8	8	7	7	7	6	6	6	만	5	5	4	4	4	3	3	3	2	2

망종 6일 01시 15분 【음5월】 ➡ 【戊午月(무오월)】 ☯四綠星 하지 21일 18시 00분

양력 6월	양력	1	2	3	4	5	6	7	8	9	10	11	12	13	14	15	16	17	18	19	20	21	22	23	24	25	26	27	28	29	30
	요일	화	수	목	금	토	일	월	화	수	목	금	토	일	월	화	수	목	금	토	일	월	화	수	목	금	토	일	월	화	수
	일진 日辰	癸丑	甲寅	乙卯	丙辰	丁巳	戊午	己未	庚申	辛酉	壬戌	癸亥	甲子	乙丑	丙寅	丁卯	戊辰	己巳	庚午	辛未	壬申	癸酉	甲戌	乙亥	丙子	丁丑	戊寅	己卯	庚辰	辛巳	壬午
음력	납음		大溪水		沙中土		天上火		石榴木		大海水		海中金		爐中火		大林木		路傍土		劍鋒金		山頭火		澗下水		城頭土		白臘金		
04/12	음력	12	13	14	15	16	17	18	19	20	21	22	23	24	25	26	27	28	29	30	5/1	2	3	4	5	6	7	8	9	10	11
▮	구성	8	9	1	2	3	4	5	6	7	8	9	9	8	7	6	5	4	3	2	1	9	8	7	6	5	4	3	2	1	9
05/11	대운 남	9	9	10	10	10	망	1	1	1	1	2	2	2	3	3	3	4	4	4	5	하	5	6	6	6	7	7	7	8	8
	대운 여	2	1	1	1	1	종	10	10	9	9	9	8	8	8	7	7	7	6	6	6	지	5	5	4	4	4	3	3	3	2

한식(4월06일), 초복(7월18일), 중복(7월28일), 말복(8월07일) ☂춘사(春社)3/18 ☀추사(秋社)9/24
토왕지절(土旺之節):4월17일,7월20일,10월20일,1월17일(음12/06)臘享(납향):1994년1월21일(음12/10)

八日得辛, 一龍治水, 1993년 계유年(검봉금), 칠적금

6白	2黑	4綠
5黃	7赤	9紫
1白	3碧	8白

1993 癸酉年

소서 7일 11시 32분 【음6월】 ➡ 【己未月(기미월)】 ☯三碧星 대서 23일 04시 51분

양력 7월 / 음력 05/12 – 06/13	1	2	3	4	5	6	7	8	9	10	11	12	13	14	15	16	17	18	19	20	21	22	23	24	25	26	27	28	29	30	31
요일	목	금	토	일	월	화	수	목	금	토	일	월	화	수	목	금	토	일	월	화	수	목	금	토	일	월	화	수	목	금	토
일진 日辰	癸未	甲申	乙酉	丙戌	丁亥	戊子	己丑	庚寅	辛卯	壬辰	癸巳	甲午	乙未	丙申	丁酉	戊戌	己亥	庚子	辛丑	壬寅	癸卯	甲辰	乙巳	丙午	丁未	戊申	己酉	庚戌	辛亥	壬子	癸丑
납음		井中水		屋上土		霹靂火		松柏木		長流水		沙中金		山下火		平地木		壁上土		金箔金		覆燈火		天河水		大驛土		釵釧金		桑柘木	
음력	12	13	14	15	16	17	18	19	20	21	22	23	24	25	26	27	28	29	6/1	2	3	4	5	6	7	8	9	10	11	12	13
구성	8	7	6	5	4	3	2	1	9	8	7	6	5	4	3	2	1	9	8	7	6	5	4	3	2	1	9	8	7	6	5
대운 남	8	9	9	9	10	10	소	1	1	1	1	2	2	2	3	3	3	4	4	4	5	5	대	6	6	6	7	7	7	8	8
대운 여	2	2	1	1	1	1	서	10	10	9	9	9	8	8	8	7	7	7	6	6	6	5	서	5	4	4	4	3	3	3	2

입추 7일 21시 18분 【음7월】 ➡ 【庚申月(경신월)】 ☯二黑星 처서 23일 11시 50분

양력 8월 / 음력 06/14 – 07/14	1	2	3	4	5	6	7	8	9	10	11	12	13	14	15	16	17	18	19	20	21	22	23	24	25	26	27	28	29	30	31
요일	일	월	화	수	목	금	토	일	월	화	수	목	금	토	일	월	화	수	목	금	토	일	월	화	수	목	금	토	일	월	화
일진 日辰	甲寅	乙卯	丙辰	丁巳	戊午	己未	庚申	辛酉	壬戌	癸亥	甲子	乙丑	丙寅	丁卯	戊辰	己巳	庚午	辛未	壬申	癸酉	甲戌	乙亥	丙子	丁丑	戊寅	己卯	庚辰	辛巳	壬午	癸未	甲申
납음	大溪水		沙中土		天上火		石榴木		大海水		海中金		爐中火		大林木		路傍土		劍鋒金		山頭火		澗下水		城頭土		白臘金		楊柳木		
음력	14	15	16	17	18	19	20	21	22	23	24	25	26	27	28	29	30	7/1	2	3	4	5	6	7	8	9	10	11	12	13	14
구성	4	3	2	1	9	8	7	6	5	4	3	2	1	9	8	7	6	5	4	3	2	1	9	8	7	6	5	4	3	2	1
대운 남	8	9	9	9	10	10	입	1	1	1	1	2	2	2	3	3	3	4	4	4	5	5	처	6	6	6	7	7	7	8	8
대운 여	2	2	1	1	1	1	추	10	10	10	9	9	9	8	8	8	7	7	7	6	6	6	서	5	5	4	4	4	3	3	3

백로 8일 00시 08분 【음8월】 ➡ 【辛酉月(신유월)】 ☯一白星 추분 23일 09시 22분

양력 9월 / 음력 07/15 – 08/15	1	2	3	4	5	6	7	8	9	10	11	12	13	14	15	16	17	18	19	20	21	22	23	24	25	26	27	28	29	30
요일	수	목	금	토	일	월	화	수	목	금	토	일	월	화	수	목	금	토	일	월	화	수	목	금	토	일	월	화	수	목
일진 日辰	乙酉	丙戌	丁亥	戊子	己丑	庚寅	辛卯	壬辰	癸巳	甲午	乙未	丙申	丁酉	戊戌	己亥	庚子	辛丑	壬寅	癸卯	甲辰	乙巳	丙午	丁未	戊申	己酉	庚戌	辛亥	壬子	癸丑	甲寅
납음		屋上土		霹靂火		松柏木		長流水		沙中金		山下火		平地木		壁上土		金箔金		覆燈火		天河水		大驛土		釵釧金		桑柘木		
음력	15	16	17	18	19	20	21	22	23	24	25	26	27	28	29	8/1	2	3	4	5	6	7	8	9	10	11	12	13	14	15
구성	9	8	7	6	5	4	3	2	1	9	8	7	6	5	4	3	2	1	9	8	7	6	5	4	3	2	1	9	8	7
대운 남	8	9	9	9	10	10	10	백	1	1	1	1	2	2	2	3	3	3	4	4	4	5	추	5	6	6	6	7	7	7
대운 여	2	2	2	1	1	1	1	로	10	9	9	9	8	8	8	7	7	7	6	6	6	5	분	5	4	4	4	3	3	3

한로 8일 15시 40분 【음9월】 ➡ 【壬戌月(임술월)】 ☯九紫星 상강 23일 18시 37분

양력 10월 / 음력 08/16 – 09/17	1	2	3	4	5	6	7	8	9	10	11	12	13	14	15	16	17	18	19	20	21	22	23	24	25	26	27	28	29	30	31
요일	금	토	일	월	화	수	목	금	토	일	월	화	수	목	금	토	일	월	화	수	목	금	토	일	월	화	수	목	금	토	일
일진 日辰	乙卯	丙辰	丁巳	戊午	己未	庚申	辛酉	壬戌	癸亥	甲子	乙丑	丙寅	丁卯	戊辰	己巳	庚午	辛未	壬申	癸酉	甲戌	乙亥	丙子	丁丑	戊寅	己卯	庚辰	辛巳	壬午	癸未	甲申	乙酉
납음		沙中土		天上火		石榴木		大海水		海中金		爐中火		大林木		路傍土		劍鋒金		山頭火		澗下水		城頭土		白臘金		楊柳木		井中水	
음력	16	17	18	19	20	21	22	23	24	25	26	27	28	29	9/1	2	3	4	5	6	7	8	9	10	11	12	13	14	15	16	17
구성	6	5	4	3	2	1	9	8	7	6	5	4	3	2	1	9	8	7	6	5	4	3	2	1	9	8	7	6	5	4	3
대운 남	8	8	8	9	9	9	10	한	1	1	1	1	2	2	2	3	3	3	4	4	4	5	상	5	6	6	6	7	7	7	8
대운 여	2	2	2	1	1	1	1	로	10	9	9	9	8	8	8	7	7	7	6	6	6	5	강	5	4	4	4	3	3	3	2

입동 7일 18시 46분 【음10월】 ➡ 【癸亥月(계해월)】 ☯八白星 소설 22일 16시 07분

양력 11월 / 음력 09/18 – 10/17	1	2	3	4	5	6	7	8	9	10	11	12	13	14	15	16	17	18	19	20	21	22	23	24	25	26	27	28	29	30
요일	월	화	수	목	금	토	일	월	화	수	목	금	토	일	월	화	수	목	금	토	일	월	화	수	목	금	토	일	월	화
일진 日辰	丙戌	丁亥	戊子	己丑	庚寅	辛卯	壬辰	癸巳	甲午	乙未	丙申	丁酉	戊戌	己亥	庚子	辛丑	壬寅	癸卯	甲辰	乙巳	丙午	丁未	戊申	己酉	庚戌	辛亥	壬子	癸丑	甲寅	乙卯
납음	屋上土		霹靂火		松柏木		長流水		沙中金		山下火		平地木		壁上土		金箔金		覆燈火		天河水		大驛土		釵釧金		桑柘木		大溪水	
음력	18	19	20	21	22	23	24	25	26	27	28	29	30	10/1	2	3	4	5	6	7	8	9	10	11	12	13	14	15	16	17
구성	2	1	9	8	7	6	5	4	3	2	1	9	8	7	6	5	4	3	2	1	9	8	7	6	5	4	3	2	1	9
대운 남	8	8	9	9	9	10	입	1	1	1	1	2	2	2	3	3	3	4	4	4	5	소	5	6	6	6	7	7	7	8
대운 여	2	2	1	1	1	1	동	10	9	9	9	8	8	8	7	7	7	6	6	6	5	설	5	4	4	4	3	3	3	2

대설 7일 11시 34분 【음11월】 ➡ 【甲子月(갑자월)】 ☯七赤星 동지 22일 05시 26분

양력 12월 / 음력 10/18 – 11/19	1	2	3	4	5	6	7	8	9	10	11	12	13	14	15	16	17	18	19	20	21	22	23	24	25	26	27	28	29	30	31
요일	수	목	금	토	일	월	화	수	목	금	토	일	월	화	수	목	금	토	일	월	화	수	목	금	토	일	월	화	수	목	금
일진 日辰	丙辰	丁巳	戊午	己未	庚申	辛酉	壬戌	癸亥	甲子	乙丑	丙寅	丁卯	戊辰	己巳	庚午	辛未	壬申	癸酉	甲戌	乙亥	丙子	丁丑	戊寅	己卯	庚辰	辛巳	壬午	癸未	甲申	乙酉	丙戌
납음	沙中土		天上火		石榴木		大海水		海中金		爐中火		大林木		路傍土		劍鋒金		山頭火		澗下水		城頭土		白臘金		楊柳木		井中水		
음력	18	19	20	21	22	23	24	25	26	27	28	29	11/1	2	3	4	5	6	7	8	9	10	11	12	13	14	15	16	17	18	19
구성	8	7	6	5	4	3	2	1	1	2	3	4	5	6	7	8	9	1	2	3	4	5	6	7	8	9	1	2	3	4	5
대운 남	8	8	9	9	9	10	대	1	1	1	1	2	2	2	3	3	3	4	4	4	5	동	5	6	6	6	7	7	7	8	8
대운 여	2	2	1	1	1	1	설	9	9	9	8	8	8	7	7	7	6	6	6	5	5	지	4	4	4	3	3	3	2	2	2

단기 4327 年	1994년
불기 2538 年	

下元 甲戌年 납음(山頭火),본명성(六白金)

대장군(午남방), 삼살(북방), 상문(子북방),조객(申서남방), 납음(산두화), 【삼재(신,유,술)년】 臘享(납향):1995년1월16일(음12/16)

개

소한 5일 22시 48분 【음12월】 ➡ 【乙丑月(을축월)】 ☯六白星 대한 20일 16시 07분

	양력	1	2	3	4	5	6	7	8	9	10	11	12	13	14	15	16	17	18	19	20	21	22	23	24	25	26	27	28	29	30	31
양력	요일	토	일	월	화	수	목	금	토	일	월	화	수	목	금	토	일	월	화	수	목	금	토	일	월	화	수	목	금	토	일	월
1월	일진 日辰	丁亥	戊子	己丑	庚寅	辛卯	壬辰	癸巳	甲午	乙未	丙申	丁酉	戊戌	己亥	庚子	辛丑	壬寅	癸卯	甲辰	乙巳	丙午	丁未	戊申	己酉	庚戌	辛亥	壬子	癸丑	甲寅	乙卯	丙辰	丁巳
음력	납음		霹靂火		松柏木		長流水		沙中金		山下火		平地木		壁上土		金箔金		覆燈火		天河水		大驛土		釵釧金		桑柘木		大溪水		沙中土	
11/20	음력	20	21	22	23	24	25	26	27	28	29	30	12/1	2	3	4	5	6	7	8	9	10	11	12	13	14	15	16	17	18	19	20
	구성	6	7	8	9	1	2	3	4	5	6	7	8	9	1	2	3	4	5	6	7	8	9	1	2	3	4	5	6	7	8	9
12/20	대운 남	8	9	9	9	소	1	1	1	1	2	2	2	3	3	3	4	4	4	5	대	5	6	6	6	7	7	7	8	8	8	9
	대운 여	1	1	1	1	한	10	9	9	9	8	8	8	7	7	7	6	6	6	5	한	5	4	4	4	3	3	3	2	2	2	1

입춘 4일 10시 31분 【음1월】 ➡ 【丙寅月(병인월)】 ☯五黃星 우수 19일 06시 22분

	양력	1	2	3	4	5	6	7	8	9	10	11	12	13	14	15	16	17	18	19	20	21	22	23	24	25	26	27	28
양력	요일	화	수	목	금	토	일	월	화	수	목	금	토	일	월	화	수	목	금	토	일	월	화	수	목	금	토	일	월
2월	일진 日辰	戊午	己未	庚申	辛酉	壬戌	癸亥	甲子	乙丑	丙寅	丁卯	戊辰	己巳	庚午	辛未	壬申	癸酉	甲戌	乙亥	丙子	丁丑	戊寅	己卯	庚辰	辛巳	壬午	癸未	甲申	乙酉
음력	납음	天上火		石榴木		大海水		海中金		爐中火		大林木		路傍土		劍鋒金		山頭火		澗下水		城頭土		白臘金		楊柳木		井中水	
12/21	음력	21	22	23	24	25	26	27	28	29	1/1	2	3	4	5	6	7	8	9	10	11	12	13	14	15	16	17	18	19
	구성	1	2	3	4	5	6	7	8	9	1	2	3	4	5	6	7	8	9	1	2	3	4	5	6	7	8	9	1
01/19	대운 남	9	9	10	입	10	9	9	9	8	8	8	7	7	7	6	6	6	5	우	5	4	4	4	3	3	3	2	2
	대운 여	1	1	1	춘	1	1	1	1	2	2	2	3	3	3	4	4	4	5	수	5	6	6	6	7	7	7	8	8

甲戌年

경칩 6일 04시 38분 【음2월】 ➡ 【丁卯月(정묘월)】 ☯四綠星 춘분 21일 05시 28분

	양력	1	2	3	4	5	6	7	8	9	10	11	12	13	14	15	16	17	18	19	20	21	22	23	24	25	26	27	28	29	30	31
양력	요일	화	수	목	금	토	일	월	화	수	목	금	토	일	월	화	수	목	금	토	일	월	화	수	목	금	토	일	월	화	수	목
3월	일진 日辰	丙戌	丁亥	戊子	己丑	庚寅	辛卯	壬辰	癸巳	甲午	乙未	丙申	丁酉	戊戌	己亥	庚子	辛丑	壬寅	癸卯	甲辰	乙巳	丙午	丁未	戊申	己酉	庚戌	辛亥	壬子	癸丑	甲寅	乙卯	丙辰
음력	납음	屋上土		霹靂火		松柏木		長流水		沙中金		山下火		平地木		壁上土		金箔金		覆燈火		天河水		大驛土		釵釧金		桑柘木		大溪水		
01/20	음력	20	21	22	23	24	25	26	27	28	29	30	2/1	2	3	4	5	6	7	8	9	10	11	12	13	14	15	16	17	18	19	20
	구성	2	3	4	5	6	7	8	9	1	2	3	4	5	6	7	8	9	1	2	3	4	5	6	7	8	9	1	2	3	4	5
02/20	대운 남	2	1	1	1	1	경	10	9	9	9	8	8	8	7	7	7	6	6	6	5	춘	5	4	4	4	3	3	3	2	2	2
	대운 여	8	9	9	9	10	칩	1	1	1	1	2	2	2	3	3	3	4	4	4	5	분	5	6	6	6	7	7	7	8	8	8

청명 5일 09시 32분 【음3월】 ➡ 【戊辰月(무진월)】 ☯三碧星 곡우 20일 16시 36분

	양력	1	2	3	4	5	6	7	8	9	10	11	12	13	14	15	16	17	18	19	20	21	22	23	24	25	26	27	28	29	30
양력	요일	금	토	일	월	화	수	목	금	토	일	월	화	수	목	금	토	일	월	화	수	목	금	토	일	월	화	수	목	금	토
4월	일진 日辰	丁巳	戊午	己未	庚申	辛酉	壬戌	癸亥	甲子	乙丑	丙寅	丁卯	戊辰	己巳	庚午	辛未	壬申	癸酉	甲戌	乙亥	丙子	丁丑	戊寅	己卯	庚辰	辛巳	壬午	癸未	甲申	乙酉	丙戌
음력	납음		天上火		石榴木		大海水		海中金		爐中火		大林木		路傍土		劍鋒金		山頭火		澗下水		城頭土		白臘金		楊柳木		井中水		
02/21	음력	21	22	23	24	25	26	27	28	29	30	3/1	2	3	4	5	6	7	8	9	10	11	12	13	14	15	16	17	18	19	20
	구성	6	7	8	9	1	2	3	4	5	6	7	8	9	1	2	3	4	5	6	7	8	9	1	2	3	4	5	6	7	8
03/20	대운 남	1	1	1	1	청	10	10	9	9	9	8	8	8	7	7	7	6	6	6	곡	5	5	4	4	4	3	3	3	2	2
	대운 여	9	9	9	10	명	1	1	1	1	2	2	2	3	3	3	4	4	4	5	우	5	6	6	6	7	7	7	8	8	8

입하 6일 02시 54분 【음4월】 ➡ 【己巳月(기사월)】 ☯二黑星 소만 21일 15시 48분

	양력	1	2	3	4	5	6	7	8	9	10	11	12	13	14	15	16	17	18	19	20	21	22	23	24	25	26	27	28	29	30	31
양력	요일	일	월	화	수	목	금	토	일	월	화	수	목	금	토	일	월	화	수	목	금	토	일	월	화	수	목	금	토	일	월	화
5월	일진 日辰	丁亥	戊子	己丑	庚寅	辛卯	壬辰	癸巳	甲午	乙未	丙申	丁酉	戊戌	己亥	庚子	辛丑	壬寅	癸卯	甲辰	乙巳	丙午	丁未	戊申	己酉	庚戌	辛亥	壬子	癸丑	甲寅	乙卯	丙辰	丁巳
음력	납음		霹靂火		松柏木		長流水		沙中金		山下火		平地木		壁上土		金箔金		覆燈火		天河水		大驛土		釵釧金		桑柘木		大溪水		沙中土	
03/21	음력	21	22	23	24	25	26	27	28	29	30	4/1	2	3	4	5	6	7	8	9	10	11	12	13	14	15	16	17	18	19	20	21
	구성	9	1	2	3	4	5	6	7	8	9	1	2	3	4	5	6	7	8	9	1	2	3	4	5	6	7	8	9	1	2	3
04/21	대운 남	2	1	1	1	1	입	10	10	9	9	9	8	8	8	7	7	7	6	6	6	소	5	5	4	4	4	3	3	3	2	2
	대운 여	9	9	9	10	10	하	1	1	1	1	2	2	2	3	3	3	4	4	4	5	만	5	6	6	6	7	7	7	8	8	8

망종 6일 07시 05분 【음5월】 ➡ 【庚午月(경오월)】 ☯一白星 하지 21일 23시 48분

	양력	1	2	3	4	5	6	7	8	9	10	11	12	13	14	15	16	17	18	19	20	21	22	23	24	25	26	27	28	29	30
양력	요일	수	목	금	토	일	월	화	수	목	금	토	일	월	화	수	목	금	토	일	월	화	수	목	금	토	일	월	화	수	목
6월	일진 日辰	戊午	己未	庚申	辛酉	壬戌	癸亥	甲子	乙丑	丙寅	丁卯	戊辰	己巳	庚午	辛未	壬申	癸酉	甲戌	乙亥	丙子	丁丑	戊寅	己卯	庚辰	辛巳	壬午	癸未	甲申	乙酉	丙戌	丁亥
음력	납음	天上火		石榴木		大海水		海中金		爐中火		大林木		路傍土		劍鋒金		山頭火		澗下水		城頭土		白臘金		楊柳木		井中水		屋上土	
04/22	음력	22	23	24	25	26	27	28	29	5/1	2	3	4	5	6	7	8	9	10	11	12	13	14	15	16	17	18	19	20	21	22
	구성	4	5	6	7	8	9	9	8	7	6	5	4	3	2	1	9	8	7	6	5	4	3	2	1	9	8	7	6	5	4
05/22	대운 남	2	1	1	1	1	망	10	10	9	9	9	8	8	8	7	7	7	6	6	6	하	5	5	4	4	4	3	3	3	2
	대운 여	9	9	9	10	10	종	1	1	1	1	2	2	2	3	3	3	4	4	4	5	지	5	6	6	6	7	7	7	8	8

한식(4월06일), 초복(7월13일), 중복(7월23일), 말복(8월12일) ☂춘사(春社)3/23 ☀추사(秋社)9/19
토왕지절(土旺之節):4월17일,7월20일,10월21일,1월17일(음12/17)臘享(납향):1995년1월16일(음12/16)

五日得辛, 二龍治水, 1994년 갑술年(산두화), 육백금

5黄	1白	3碧
4綠	6白	8白
9紫	2黑	7赤

1994 甲戌年

소서 7일 17시 19분 【음6월】 ➡ 【辛未月(신미월)】 ☯九紫星 대서 23일 10시 41분

	양력	1	2	3	4	5	6	7	8	9	10	11	12	13	14	15	16	17	18	19	20	21	22	23	24	25	26	27	28	29	30	31
양력 7월	요일	금	토	일	월	화	수	목	금	토	일	월	화	수	목	금	토	일	월	화	수	목	금	토	일	월	화	수	목	금	토	일
	일진 日辰	戊子	己丑	庚寅	辛卯	壬辰	癸巳	甲午	乙未	丙申	丁酉	戊戌	己亥	庚子	辛丑	壬寅	癸卯	甲辰	乙巳	丙午	丁未	戊申	己酉	庚戌	辛亥	壬子	癸丑	甲寅	乙卯	丙辰	丁巳	戊午
음력 05/23 ~ 06/23	납음	霹靂火		松柏木		長流水		沙中金		山下火		平地木		壁上土		金箔金		覆燈火		天河水		大驛土		釵釧金		桑柘木		大溪水		沙中土		
	음력	23	24	25	26	27	28	29	30	6/1	2	3	4	5	6	7	8	9	10	11	12	13	14	15	16	17	18	19	20	21	22	23
	구성	3	2	1	9	8	7	6	5	4	3	2	1	9	8	7	6	5	4	3	2	1	9	8	7	6	5	4	3	2	1	9
대운	남	2	2	1	1	1	1	소	10	10	10	9	9	9	8	8	8	7	7	7	6	6	6	대	5	5	4	4	4	3	3	3
	여	8	9	9	9	10	10	서	1	1	1	1	2	2	2	3	3	3	4	4	4	5	5	서	6	6	6	7	7	7	8	8

입추 8일 03시 04분 【음7월】 ➡ 【壬申月(임신월)】 ☯八白星 처서 23일 17시 44분

	양력	1	2	3	4	5	6	7	8	9	10	11	12	13	14	15	16	17	18	19	20	21	22	23	24	25	26	27	28	29	30	31
양력 8월	요일	월	화	수	목	금	토	일	월	화	수	목	금	토	일	월	화	수	목	금	토	일	월	화	수	목	금	토	일	월	화	수
	일진 日辰	己未	庚申	辛酉	壬戌	癸亥	甲子	乙丑	丙寅	丁卯	戊辰	己巳	庚午	辛未	壬申	癸酉	甲戌	乙亥	丙子	丁丑	戊寅	己卯	庚辰	辛巳	壬午	癸未	甲申	乙酉	丙戌	丁亥	戊子	己丑
음력 06/24 ~ 07/25	납음		石榴木		大海水		海中金		爐中火		大林木		路傍土		劍鋒金		山頭火		澗下水		城頭土		白臘金		楊柳木		井中水		屋上土		霹靂火	
	음력	24	25	26	27	28	29	7/1	2	3	4	5	6	7	8	9	10	11	12	13	14	15	16	17	18	19	20	21	22	23	24	25
	구성	8	7	6	5	4	3	2	1	9	8	7	6	5	4	3	2	1	9	8	7	6	5	4	3	2	1	9	8	7	6	5
대운	남	2	2	2	1	1	1	1	입	10	10	9	9	9	8	8	8	7	7	7	6	6	6	처	5	5	4	4	4	3	3	3
	여	8	9	9	9	10	10	10	추	1	1	1	1	2	2	2	3	3	3	4	4	4	5	서	5	6	6	6	7	7	7	8

백로 8일 05시 55분 【음8월】 ➡ 【癸酉月(계유월)】 ☯七赤星 추분 23일 15시 19분

	양력	1	2	3	4	5	6	7	8	9	10	11	12	13	14	15	16	17	18	19	20	21	22	23	24	25	26	27	28	29	30
양력 9월	요일	목	금	토	일	월	화	수	목	금	토	일	월	화	수	목	금	토	일	월	화	수	목	금	토	일	월	화	수	목	금
	일진 日辰	庚寅	辛卯	壬辰	癸巳	甲午	乙未	丙申	丁酉	戊戌	己亥	庚子	辛丑	壬寅	癸卯	甲辰	乙巳	丙午	丁未	戊申	己酉	庚戌	辛亥	壬子	癸丑	甲寅	乙卯	丙辰	丁巳	戊午	己未
음력 07/26 ~ 08/25	납음	松柏木		長流水		沙中金		山下火		平地木		壁上土		金箔金		覆燈火		天河水		大驛土		釵釧金		桑柘木		大溪水		沙中土		天上火	
	음력	26	27	28	29	30	8/1	2	3	4	5	6	7	8	9	10	11	12	13	14	15	16	17	18	19	20	21	22	23	24	25
	구성	4	3	2	1	9	8	7	6	5	4	3	2	1	9	8	7	6	5	4	3	2	1	9	8	7	6	5	4	3	2
대운	남	2	2	2	1	1	1	1	백	10	9	9	9	8	8	8	7	7	7	6	6	6	5	추	5	4	4	4	3	3	3
	여	8	8	9	9	9	10	10	로	1	1	1	1	2	2	2	3	3	3	4	4	4	5	분	5	6	6	6	7	7	7

한로 8일 21시 29분 【음9월】 ➡ 【甲戌月(갑술월)】 ☯六白星 상강 24일 00시 36분

	양력	1	2	3	4	5	6	7	8	9	10	11	12	13	14	15	16	17	18	19	20	21	22	23	24	25	26	27	28	29	30	31
양력 10월	요일	토	일	월	화	수	목	금	토	일	월	화	수	목	금	토	일	월	화	수	목	금	토	일	월	화	수	목	금	토	일	월
	일진 日辰	庚申	辛酉	壬戌	癸亥	甲子	乙丑	丙寅	丁卯	戊辰	己巳	庚午	辛未	壬申	癸酉	甲戌	乙亥	丙子	丁丑	戊寅	己卯	庚辰	辛巳	壬午	癸未	甲申	乙酉	丙戌	丁亥	戊子	己丑	庚寅
음력 08/26 ~ 09/27	납음	石榴木		大海水		海中金		爐中火		大林木		路傍土		劍鋒金		山頭火		澗下水		城頭土		白臘金		楊柳木		井中水		屋上土		霹靂火		
	음력	26	27	28	29	9/1	2	3	4	5	6	7	8	9	10	11	12	13	14	15	16	17	18	19	20	21	22	23	24	25	26	27
	구성	1	9	8	7	6	5	4	3	2	1	9	8	7	6	5	4	3	2	1	9	8	7	6	5	4	3	2	1	9	8	7
대운	남	2	2	2	1	1	1	1	한	10	10	9	9	9	8	8	8	7	7	7	6	6	6	5	상	5	4	4	4	3	3	3
	여	8	8	8	9	9	9	10	로	1	1	1	1	2	2	2	3	3	3	4	4	4	5	5	강	6	6	6	7	7	7	8

입동 8일 00시 36분 【음10월】 ➡ 【乙亥月(을해월)】 ☯五黃星 소설 22일 22시 06분

	양력	1	2	3	4	5	6	7	8	9	10	11	12	13	14	15	16	17	18	19	20	21	22	23	24	25	26	27	28	29	30
양력 11월	요일	화	수	목	금	토	일	월	화	수	목	금	토	일	월	화	수	목	금	토	일	월	화	수	목	금	토	일	월	화	수
	일진 日辰	辛卯	壬辰	癸巳	甲午	乙未	丙申	丁酉	戊戌	己亥	庚子	辛丑	壬寅	癸卯	甲辰	乙巳	丙午	丁未	戊申	己酉	庚戌	辛亥	壬子	癸丑	甲寅	乙卯	丙辰	丁巳	戊午	己未	庚申
음력 09/28 ~ 10/28	납음		長流水		沙中金		山下火		平地木		壁上土		金箔金		覆燈火		天河水		大驛土		釵釧金		桑柘木		大溪水		沙中土		天上火		
	음력	28	29	10/1	2	3	4	5	6	7	8	9	10	11	12	13	14	15	16	17	18	19	20	21	22	23	24	25	26	27	28
	구성	6	5	4	3	2	1	9	8	7	6	5	4	3	2	1	9	8	7	6	5	4	3	2	1	9	8	7	6	5	4
대운	남	2	2	2	1	1	1	1	입	9	9	9	8	8	8	7	7	7	6	6	6	5	소	5	4	4	4	3	3	3	2
	여	8	8	9	9	9	10	10	동	1	1	1	1	2	2	2	3	3	3	4	4	4	설	5	5	6	6	6	7	7	7

대설 7일 17시 23분 【음11월】 ➡ 【丙子月(병자월)】 ☯四綠星 동지 22일 11시 23분

	양력	1	2	3	4	5	6	7	8	9	10	11	12	13	14	15	16	17	18	19	20	21	22	23	24	25	26	27	28	29	30	31
양력 12월	요일	목	금	토	일	월	화	수	목	금	토	일	월	화	수	목	금	토	일	월	화	수	목	금	토	일	월	화	수	목	금	토
	일진 日辰	辛酉	壬戌	癸亥	甲子	乙丑	丙寅	丁卯	戊辰	己巳	庚午	辛未	壬申	癸酉	甲戌	乙亥	丙子	丁丑	戊寅	己卯	庚辰	辛巳	壬午	癸未	甲申	乙酉	丙戌	丁亥	戊子	己丑	庚寅	辛卯
음력 10/29 ~ 11/29	납음		大海水		海中金		爐中火		大林木		路傍土		劍鋒金		山頭火		澗下水		城頭土		白臘金		楊柳木		井中水		屋上土		霹靂火		松柏木	
	음력	29	30	11/1	2	3	4	5	6	7	8	9	10	11	12	13	14	15	16	17	18	19	20	21	22	23	24	25	26	27	28	29
	구성	3	2	1	1	2	3	4	5	6	7	8	9	1	2	3	4	5	6	7	8	9	1	2	3	4	5	6	7	8	9	1
대운	남	2	2	1	1	1	1	대	10	9	9	9	8	8	8	7	7	7	6	6	6	5	동	5	4	4	4	3	3	3	2	2
	여	8	8	8	9	9	9	설	1	1	1	1	2	2	2	3	3	3	4	4	4	5	지	5	6	6	6	7	7	7	8	8

단기 4328 年	1995년	下元 **乙亥年** 납음(山頭火),본명성(五黃土)
불기 2539 年		대장군(酉서방), 삼살(酉서방), 상문(丑동북방),조객(酉서방), 납음(산두화), 【삼재(사,오,미)년】 臘享(납향):1996년1월23일(음12/04)

소한 6일 04시 34분 【음12월】 ➡ 【丁丑月(정축월)】 ☯三碧星 대한 20일 22시 00분

양력 1월 / 음력 12/01 ~ 01/01

양력	1	2	3	4	5	6	7	8	9	10	11	12	13	14	15	16	17	18	19	20	21	22	23	24	25	26	27	28	29	30	31
요일	일	월	화	수	목	금	토	일	월	화	수	목	금	토	일	월	화	수	목	금	토	일	월	화	수	목	금	토	일	월	화
일진 日辰	壬辰	癸巳	甲午	乙未	丙申	丁酉	戊戌	己亥	庚子	辛丑	壬寅	癸卯	甲辰	乙巳	丙午	丁未	戊申	己酉	庚戌	辛亥	壬子	癸丑	甲寅	乙卯	丙辰	丁巳	戊午	己未	庚申	辛酉	壬戌
납음	長流水		沙中金		山下火		平地木		壁上土		金箔金		覆燈火		天河水		大驛土		釵釧金		桑柘木		大溪水		沙中土		天上火		石榴木		
음력	12/1	2	3	4	5	6	7	8	9	10	11	12	13	14	15	16	17	18	19	20	21	22	23	24	25	26	27	28	29	30	1/1
구성	2	3	4	5	6	7	8	9	1	2	3	4	5	6	7	8	9	1	2	3	4	5	6	7	8	9	1	2	3	4	5
대운 남	2	1	1	1	1	소	9	9	9	8	8	8	7	7	7	6	6	6	5	대	5	4	4	4	3	3	3	2	2	2	1
대운 여	8	9	9	9	10	한	1	1	1	1	2	2	2	3	3	3	4	4	4	한	5	5	6	6	6	7	7	7	8	8	8

입춘 4일 16시 13분 【음1월】 ➡ 【戊寅月(무인월)】 ☯二黑星 우수 19일 12시 11분

양력 2월 / 음력 01/02 ~ 01/29

양력	1	2	3	4	5	6	7	8	9	10	11	12	13	14	15	16	17	18	19	20	21	22	23	24	25	26	27	28
요일	수	목	금	토	일	월	화	수	목	금	토	일	월	화	수	목	금	토	일	월	화	수	목	금	토	일	월	화
일진 日辰	癸亥	甲子	乙丑	丙寅	丁卯	戊辰	己巳	庚午	辛未	壬申	癸酉	甲戌	乙亥	丙子	丁丑	戊寅	己卯	庚辰	辛巳	壬午	癸未	甲申	乙酉	丙戌	丁亥	戊子	己丑	庚寅
납음		海中金		爐中火		大林木		路傍土		劍鋒金		山頭火		澗下水		城頭土		白臘金		楊柳木		井中水		屋上土		霹靂火		
음력	2	3	4	5	6	7	8	9	10	11	12	13	14	15	16	17	18	19	20	21	22	23	24	25	26	27	28	29
구성	6	7	8	9	1	2	3	4	5	6	7	8	9	1	2	3	4	5	6	7	8	9	1	2	3	4	5	6
대운 남	1	1	1	입	1	1	1	1	2	2	2	3	3	3	4	4	4	5	우	5	6	6	6	7	7	7	8	8
대운 여	9	9	9	춘	10	9	9	9	8	8	8	7	7	7	6	6	6	5	수	5	4	4	4	3	3	3	2	2

乙亥年

경칩 6일 10시 16분 【음2월】 ➡ 【己卯月(기묘월)】 ☯一白星 춘분 21일 11시 14분

양력 3월 / 음력 02/01 ~ 03/01

양력	1	2	3	4	5	6	7	8	9	10	11	12	13	14	15	16	17	18	19	20	21	22	23	24	25	26	27	28	29	30	31
요일	수	목	금	토	일	월	화	수	목	금	토	일	월	화	수	목	금	토	일	월	화	수	목	금	토	일	월	화	수	목	금
일진 日辰	辛卯	壬辰	癸巳	甲午	乙未	丙申	丁酉	戊戌	己亥	庚子	辛丑	壬寅	癸卯	甲辰	乙巳	丙午	丁未	戊申	己酉	庚戌	辛亥	壬子	癸丑	甲寅	乙卯	丙辰	丁巳	戊午	己未	庚申	辛酉
납음		長流水		沙中金		山下火		平地木		壁上土		金箔金		覆燈火		天河水		大驛土		釵釧金		桑柘木		大溪水		沙中土		天上火		石榴木	
음력	2/1	2	3	4	5	6	7	8	9	10	11	12	13	14	15	16	17	18	19	20	21	22	23	24	25	26	27	28	29	30	3/1
구성	7	8	9	1	2	3	4	5	6	7	8	9	1	2	3	4	5	6	7	8	9	1	2	3	4	5	6	7	8	9	1
대운 남	8	9	9	9	10	경	1	1	1	1	2	2	2	3	3	3	4	4	4	5	춘	5	6	6	6	7	7	7	8	8	8
대운 여	2	1	1	1	1	칩	10	9	9	9	8	8	8	7	7	7	6	6	6	5	분	5	4	4	4	3	3	3	2	2	2

청명 5일 15시 08분 【음3월】 ➡ 【庚辰月(경진월)】 ☯九紫星 곡우 20일 22시 21분

양력 4월 / 음력 03/02 ~ 04/01

양력	1	2	3	4	5	6	7	8	9	10	11	12	13	14	15	16	17	18	19	20	21	22	23	24	25	26	27	28	29	30
요일	토	일	월	화	수	목	금	토	일	월	화	수	목	금	토	일	월	화	수	목	금	토	일	월	화	수	목	금	토	일
일진 日辰	壬戌	癸亥	甲子	乙丑	丙寅	丁卯	戊辰	己巳	庚午	辛未	壬申	癸酉	甲戌	乙亥	丙子	丁丑	戊寅	己卯	庚辰	辛巳	壬午	癸未	甲申	乙酉	丙戌	丁亥	戊子	己丑	庚寅	辛卯
납음	大海水		海中金		爐中火		大林木		路傍土		劍鋒金		山頭火		澗下水		城頭土		白臘金		楊柳木		井中水		屋上土		霹靂火		松柏木	
음력	2	3	4	5	6	7	8	9	10	11	12	13	14	15	16	17	18	19	20	21	22	23	24	25	26	27	28	29	30	4/1
구성	2	3	4	5	6	7	8	9	1	2	3	4	5	6	7	8	9	1	2	3	4	5	6	7	8	9	1	2	3	4
대운 남	9	9	9	10	청	1	1	1	1	2	2	2	3	3	3	4	4	4	5	곡	5	6	6	6	7	7	7	8	8	8
대운 여	1	1	1	1	명	10	10	9	9	9	8	8	8	7	7	7	6	6	6	우	5	5	4	4	4	3	3	3	2	2

입하 6일 08시 30분 【음4월】 ➡ 【辛巳月(신사월)】 ☯八白星 소만 21일 21시 34분

양력 5월 / 음력 04/02 ~ 05/03

양력	1	2	3	4	5	6	7	8	9	10	11	12	13	14	15	16	17	18	19	20	21	22	23	24	25	26	27	28	29	30	31
요일	월	화	수	목	금	토	일	월	화	수	목	금	토	일	월	화	수	목	금	토	일	월	화	수	목	금	토	일	월	화	수
일진 日辰	壬辰	癸巳	甲午	乙未	丙申	丁酉	戊戌	己亥	庚子	辛丑	壬寅	癸卯	甲辰	乙巳	丙午	丁未	戊申	己酉	庚戌	辛亥	壬子	癸丑	甲寅	乙卯	丙辰	丁巳	戊午	己未	庚申	辛酉	壬戌
납음	長流水		沙中金		山下火		平地木		壁上土		金箔金		覆燈火		天河水		大驛土		釵釧金		桑柘木		大溪水		沙中土		天上火		石榴木		
음력	2	3	4	5	6	7	8	9	10	11	12	13	14	15	16	17	18	19	20	21	22	23	24	25	26	27	28	29	5/1	2	3
구성	5	6	7	8	9	1	2	3	4	5	6	7	8	9	1	2	3	4	5	6	7	8	9	1	2	3	4	5	6	7	8
대운 남	9	9	9	10	10	입	1	1	1	1	2	2	2	3	3	3	4	4	4	5	소	5	6	6	6	7	7	7	8	8	8
대운 여	2	1	1	1	1	하	10	10	9	9	9	8	8	8	7	7	7	6	6	6	만	5	5	4	4	4	3	3	3	2	2

망종 6일 12시 43분 【음5월】 ➡ 【壬午月(임오월)】 ☯七赤星 하지 22일 05시 34분

양력 6월 / 음력 05/04 ~ 06/03

양력	1	2	3	4	5	6	7	8	9	10	11	12	13	14	15	16	17	18	19	20	21	22	23	24	25	26	27	28	29	30
요일	목	금	토	일	월	화	수	목	금	토	일	월	화	수	목	금	토	일	월	화	수	목	금	토	일	월	화	수	목	금
일진 日辰	癸亥	甲子	乙丑	丙寅	丁卯	戊辰	己巳	庚午	辛未	壬申	癸酉	甲戌	乙亥	丙子	丁丑	戊寅	己卯	庚辰	辛巳	壬午	癸未	甲申	乙酉	丙戌	丁亥	戊子	己丑	庚寅	辛卯	壬辰
납음		海中金		爐中火		大林木		路傍土		劍鋒金		山頭火		澗下水		城頭土		白臘金		楊柳木		井中水		屋上土		霹靂火		松柏木		
음력	4	5	6	7	8	9	10	11	12	13	14	15	16	17	18	19	20	21	22	23	24	25	26	27	28	29	30	6/1	2	3
구성	9	9	8	7	6	5	4	3	2	1	9	8	7	6	5	4	3	2	1	9	8	7	6	5	4	3	2	1	9	8
대운 남	9	9	9	10	10	망	1	1	1	1	2	2	2	3	3	3	4	4	4	5	5	하	6	6	6	7	7	7	8	8
대운 여	2	1	1	1	1	종	10	10	9	9	9	8	8	8	7	7	7	6	6	6	5	지	5	4	4	4	3	3	3	2

한식(4월06일), 초복(7월18일), 중복(7월28일), 말복(8월17일) ☂춘사(春社)3/18 ☀추사(秋社)9/24
토왕지절(土旺之節):4월17일,7월20일,10월21일,1월18일(음11/28)臘享(납향):1996년1월23일(음12/04)

十日得辛, 七龍治水, 1995년 을해年(산두화), 오황토

4綠	9紫	2黑
3碧	5黃	7赤
8白	1白	6白

1995 乙亥年

소서 7일 23시 01분 【음6월】 ➡ 【癸未月(계미월)】 ☯六白星 대서 23일 16시 30분

양력 7월 / 음력 06/04 ~ 07/04

양력	1	2	3	4	5	6	7	8	9	10	11	12	13	14	15	16	17	18	19	20	21	22	23	24	25	26	27	28	29	30	31
요일	토	일	월	화	수	목	금	토	일	월	화	수	목	금	토	일	월	화	수	목	금	토	일	월	화	수	목	금	토	일	월
일진 日辰	癸巳	甲午	乙未	丙申	丁酉	戊戌	己亥	庚子	辛丑	壬寅	癸卯	甲辰	乙巳	丙午	丁未	戊申	己酉	庚戌	辛亥	壬子	癸丑	甲寅	乙卯	丙辰	丁巳	戊午	己未	庚申	辛酉	壬戌	癸亥
납음		沙中金		山下火		平地木		壁上土		金箔金		覆燈火		天河水		大驛土		釵釧金		桑柘木		大溪水		沙中土		天上火		石榴木		大海水	
음력	4	5	6	7	8	9	10	11	12	13	14	15	16	17	18	19	20	21	22	23	24	25	26	27	28	29	30	7/1	2	3	4
구성	7	6	5	4	3	2	1	9	8	7	6	5	4	3	2	1	9	8	7	6	5	4	3	2	1	9	8	7	6	5	4
대운 남	8	9	9	9	10	10	소	1	1	1	1	2	2	2	3	3	3	4	4	4	5	5	대	6	6	6	7	7	7	8	8
대운 여	2	2	1	1	1	1	서	10	10	10	9	9	9	8	8	8	7	7	7	6	6	6	서	5	5	4	4	4	3	3	3

입추 8일 08시 52분 【음7월】 ➡ 【甲申月(갑신월)】 ☯五黃星 처서 23일 23시 35분

양력 8월 / 음력 07/05 ~ 08/06

양력	1	2	3	4	5	6	7	8	9	10	11	12	13	14	15	16	17	18	19	20	21	22	23	24	25	26	27	28	29	30	31
요일	화	수	목	금	토	일	월	화	수	목	금	토	일	월	화	수	목	금	토	일	월	화	수	목	금	토	일	월	화	수	목
일진 日辰	甲子	乙丑	丙寅	丁卯	戊辰	己巳	庚午	辛未	壬申	癸酉	甲戌	乙亥	丙子	丁丑	戊寅	己卯	庚辰	辛巳	壬午	癸未	甲申	乙酉	丙戌	丁亥	戊子	己丑	庚寅	辛卯	壬辰	癸巳	甲午
납음	海中金		爐中火		大林木		路傍土		劍鋒金		山頭火		澗下水		城頭土		白臘金		楊柳木		井中水		屋上土		霹靂火		松柏木		長流水		
음력	5	6	7	8	9	10	11	12	13	14	15	16	17	18	19	20	21	22	23	24	25	26	27	28	29	8/1	2	3	4	5	6
구성	3	2	1	9	8	7	6	5	4	3	2	1	9	8	7	6	5	4	3	2	1	9	8	7	6	5	4	3	2	1	9
대운 남	8	9	9	9	10	10	10	입	1	1	1	1	2	2	2	3	3	3	4	4	4	5	처	5	6	6	6	7	7	7	8
대운 여	2	2	2	1	1	1	1	추	10	10	9	9	9	8	8	8	7	7	7	6	6	6	서	5	5	4	4	4	3	3	3

백로 8일 11시 49분 【음8월】 ➡ 【乙酉月(을유월)】 ☯四綠星 추분 23일 21시 13분

양력 9월 / 음력 08/07 ~ 윤806

양력	1	2	3	4	5	6	7	8	9	10	11	12	13	14	15	16	17	18	19	20	21	22	23	24	25	26	27	28	29	30
요일	금	토	일	월	화	수	목	금	토	일	월	화	수	목	금	토	일	월	화	수	목	금	토	일	월	화	수	목	금	토
일진 日辰	乙未	丙申	丁酉	戊戌	己亥	庚子	辛丑	壬寅	癸卯	甲辰	乙巳	丙午	丁未	戊申	己酉	庚戌	辛亥	壬子	癸丑	甲寅	乙卯	丙辰	丁巳	戊午	己未	庚申	辛酉	壬戌	癸亥	甲子
납음		山下火		平地木		壁上土		金箔金		覆燈火		天河水		大驛土		釵釧金		桑柘木		大溪水		沙中土		天上火		石榴木		大海水		
음력	7	8	9	10	11	12	13	14	15	16	17	18	19	20	21	22	23	24	25	26	27	28	29	30	윤8	2	3	4	5	6
구성	8	7	6	5	4	3	2	1	9	8	7	6	5	4	3	2	1	9	8	7	6	5	4	3	2	1	9	8	7	6
대운 남	8	8	9	9	9	10	10	백	1	1	1	1	2	2	2	3	3	3	4	4	4	5	추	5	6	6	6	7	1	7
대운 여	2	2	2	1	1	1	1	로	10	10	9	9	9	8	8	8	7	7	7	6	6	6	분	5	5	4	4	4	3	3

한로 9일 03시 27분 【음9월】 ➡ 【丙戌月(병술월)】 ☯三碧星 상강 24일 06시 32분

양력 10월 / 음력 윤807 ~ 09/08

양력	1	2	3	4	5	6	7	8	9	10	11	12	13	14	15	16	17	18	19	20	21	22	23	24	25	26	27	28	29	30	31
요일	일	월	화	수	목	금	토	일	월	화	수	목	금	토	일	월	화	수	목	금	토	일	월	화	수	목	금	토	일	월	화
일진 日辰	乙丑	丙寅	丁卯	戊辰	己巳	庚午	辛未	壬申	癸酉	甲戌	乙亥	丙子	丁丑	戊寅	己卯	庚辰	辛巳	壬午	癸未	甲申	乙酉	丙戌	丁亥	戊子	己丑	庚寅	辛卯	壬辰	癸巳	甲午	乙未
납음		爐中火		大林木		路傍土		劍鋒金		山頭火		澗下水		城頭土		白臘金		楊柳木		井中水		屋上土		霹靂火		松柏木		長流水		沙中金	
음력	7	8	9	10	11	12	13	14	15	16	17	18	19	20	21	22	23	24	25	26	27	28	29	9/1	2	3	4	5	6	7	8
구성	5	4	3	2	1	9	8	7	6	5	4	3	2	1	9	8	7	6	5	4	3	2	1	9	8	7	6	5	4	3	2
대운 남	8	8	8	9	9	9	10	10	한	1	1	1	1	2	2	2	3	3	3	4	4	4	5	상	5	6	6	6	7	7	7
대운 여	3	2	2	2	1	1	1	1	로	10	9	9	9	8	8	8	7	7	7	6	6	6	5	강	5	4	4	4	3	3	3

입동 8일 06시 36분 【음10월】 ➡ 【丁亥月(정해월)】 ☯二黑星 소설 23일 04시 01분

양력 11월 / 음력 09/09 ~ 10/08

양력	1	2	3	4	5	6	7	8	9	10	11	12	13	14	15	16	17	18	19	20	21	22	23	24	25	26	27	28	29	30
요일	수	목	금	토	일	월	화	수	목	금	토	일	월	화	수	목	금	토	일	월	화	수	목	금	토	일	월	화	수	목
일진 日辰	丙申	丁酉	戊戌	己亥	庚子	辛丑	壬寅	癸卯	甲辰	乙巳	丙午	丁未	戊申	己酉	庚戌	辛亥	壬子	癸丑	甲寅	乙卯	丙辰	丁巳	戊午	己未	庚申	辛酉	壬戌	癸亥	甲子	乙丑
납음	山下火		平地木		壁上土		金箔金		覆燈火		天河水		大驛土		釵釧金		桑柘木		大溪水		沙中土		天上火		石榴木		大海水		海中金	
음력	9	10	11	12	13	14	15	16	17	18	19	20	21	22	23	24	25	26	27	28	29	30	10/1	2	3	4	5	6	7	8
구성	1	9	8	7	6	5	4	3	2	1	9	8	7	6	5	4	3	2	1	9	8	7	6	5	4	3	2	1	1	2
대운 남	8	8	8	9	9	9	10	입	1	1	1	1	2	2	2	3	3	3	4	4	4	5	소	5	6	6	6	7	7	7
대운 여	2	2	2	1	1	1	1	동	9	9	9	8	8	8	7	7	7	6	6	6	5	5	설	4	4	4	3	3	3	2

대설 7일 23시 22분 【음11월】 ➡ 【戊子月(무자월)】 ☯一白星 동지 22일 17시 17분

양력 12월 / 음력 10/09 ~ 11/10

양력	1	2	3	4	5	6	7	8	9	10	11	12	13	14	15	16	17	18	19	20	21	22	23	24	25	26	27	28	29	30	31
요일	금	토	일	월	화	수	목	금	토	일	월	화	수	목	금	토	일	월	화	수	목	금	토	일	월	화	수	목	금	토	일
일진 日辰	丙寅	丁卯	戊辰	己巳	庚午	辛未	壬申	癸酉	甲戌	乙亥	丙子	丁丑	戊寅	己卯	庚辰	辛巳	壬午	癸未	甲申	乙酉	丙戌	丁亥	戊子	己丑	庚寅	辛卯	壬辰	癸巳	甲午	乙未	丙申
납음	爐中火		大林木		路傍土		劍鋒金		山頭火		澗下水		城頭土		白臘金		楊柳木		井中水		屋上土		霹靂火		松柏木		長流水		沙中金		
음력	9	10	11	12	13	14	15	16	17	18	19	20	21	22	23	24	25	26	27	28	29	11/1	2	3	4	5	6	7	8	9	10
구성	3	4	5	6	7	8	9	1	2	3	4	5	6	7	8	9	1	2	3	4	5	6	7	8	9	1	2	3	4	5	6
대운 남	8	8	8	9	9	9	대	1	1	1	1	2	2	2	3	3	3	4	4	4	5	동	5	6	6	6	7	7	7	8	8
대운 여	2	2	1	1	1	1	설	10	9	9	9	8	8	8	7	7	7	6	6	6	5	지	5	4	4	4	3	3	3	2	2

단기 4329 年
불기 2540 年

1996년

下元 丙子年 납음(澗下水),본명성(四綠木)

대장군(酉서방). 삼살(남방). 상문(寅동북방),조객(戌서북방). 납음(간하수).【삼재(인,묘,진)년】臘享(납향):1997년1월17일(음12/09)

쥐

소한 6일 10시 31분 【음12월】 ➡ 【己丑月(기축월)】 ☯九紫星 대한 21일 03시 53분

양력 1월 / 양력	1	2	3	4	5	6	7	8	9	10	11	12	13	14	15	16	17	18	19	20	21	22	23	24	25	26	27	28	29	30	31
요일	월	화	수	목	금	토	일	월	화	수	목	금	토	일	월	화	수	목	금	토	일	월	화	수	목	금	토	일	월	화	수
일진 日辰	丁酉	戊戌	己亥	庚子	辛丑	壬寅	癸卯	甲辰	乙巳	丙午	丁未	戊申	己酉	庚戌	辛亥	壬子	癸丑	甲寅	乙卯	丙辰	丁巳	戊午	己未	庚申	辛酉	壬戌	癸亥	甲子	乙丑	丙寅	丁卯
납음		平地木		壁上土		金箔金		覆燈火		天河水		大驛土		釵釧金		桑柘木		大溪水		沙中土		天上火		石榴木		大海水		海中金		爐中火	
음력 (11/11 ~ 12/12)	11	12	13	14	15	16	17	18	19	20	21	22	23	24	25	26	27	28	29	12/1	2	3	4	5	6	7	8	9	10	11	12
구성	7	8	9	1	2	3	4	5	6	7	8	9	1	2	3	4	5	6	7	8	9	1	2	3	4	5	6	7	8	9	1
대운 남	8	9	9	9	10	소	1	1	1	1	2	2	2	3	3	3	4	4	4	5	대	5	6	6	6	7	7	7	8	8	8
대운 여	2	1	1	1	1	한	9	9	9	8	8	8	7	7	7	6	6	6	5	5	한	4	4	4	3	3	3	2	2	2	1

입춘 4일 22시 08분 【음1월】 ➡ 【庚寅月(경인월)】 ☯八白星 우수 19일 18시 01분

양력 2월 / 양력	1	2	3	4	5	6	7	8	9	10	11	12	13	14	15	16	17	18	19	20	21	22	23	24	25	26	27	28	29
요일	목	금	토	일	월	화	수	목	금	토	일	월	화	수	목	금	토	일	월	화	수	목	금	토	일	월	화	수	목
일진 日辰	戊辰	己巳	庚午	辛未	壬申	癸酉	甲戌	乙亥	丙子	丁丑	戊寅	己卯	庚辰	辛巳	壬午	癸未	甲申	乙酉	丙戌	丁亥	戊子	己丑	庚寅	辛卯	壬辰	癸巳	甲午	乙未	丙申
납음	大林木		路傍土		劍鋒金		山頭火		澗下水		城頭土		白鑞金		楊柳木		井中水		屋上土		霹靂火		松柏木		長流水		沙中金		
음력 (12/13 ~ 01/11)	13	14	15	16	17	18	19	20	21	22	23	24	25	26	27	28	29	30	1/1	2	3	4	5	6	7	8	9	10	11
구성	2	3	4	5	6	7	8	9	1	2	3	4	5	6	7	8	9	1	2	3	4	5	6	7	8	9	1	2	3
대운 남	9	9	9	입	10	9	9	9	8	8	8	7	7	7	6	6	6	5	우	5	4	4	4	3	3	3	2	2	2
대운 여	1	1	1	춘	1	1	1	1	2	2	2	3	3	3	4	4	4	5	수	5	6	6	6	7	7	7	8	8	8

丙子年

경칩 5일 16시 10분 【음2월】 ➡ 【辛卯月(신묘월)】 ☯七赤星 춘분 20일 17시 03분

양력 3월 / 양력	1	2	3	4	5	6	7	8	9	10	11	12	13	14	15	16	17	18	19	20	21	22	23	24	25	26	27	28	29	30	31
요일	금	토	일	월	화	수	목	금	토	일	월	화	수	목	금	토	일	월	화	수	목	금	토	일	월	화	수	목	금	토	일
일진 日辰	丁酉	戊戌	己亥	庚子	辛丑	壬寅	癸卯	甲辰	乙巳	丙午	丁未	戊申	己酉	庚戌	辛亥	壬子	癸丑	甲寅	乙卯	丙辰	丁巳	戊午	己未	庚申	辛酉	壬戌	癸亥	甲子	乙丑	丙寅	丁卯
납음		平地木		壁上土		金箔金		覆燈火		天河水		大驛土		釵釧金		桑柘木		大溪水		沙中土		天上火		石榴木		大海水		海中金		爐中火	
음력 (01/12 ~ 02/13)	12	13	14	15	16	17	18	19	20	21	22	23	24	25	26	27	28	29	2/1	2	3	4	5	6	7	8	9	10	11	12	13
구성	4	5	6	7	8	9	1	2	3	4	5	6	7	8	9	1	2	3	4	5	6	7	8	9	1	2	3	4	5	6	7
대운 남	1	1	1	1	경	10	9	9	9	8	8	8	7	7	7	6	6	6	5	춘	5	4	4	4	3	3	3	2	2	2	1
대운 여	9	9	9	10	칩	1	1	1	1	2	2	2	3	3	3	4	4	4	5	분	5	6	6	6	7	7	7	8	8	8	9

청명 4일 21시 02분 【음3월】 ➡ 【壬辰月(임진월)】 ☯六白星 곡우 20일 04시 10분

양력 4월 / 양력	1	2	3	4	5	6	7	8	9	10	11	12	13	14	15	16	17	18	19	20	21	22	23	24	25	26	27	28	29	30
요일	월	화	수	목	금	토	일	월	화	수	목	금	토	일	월	화	수	목	금	토	일	월	화	수	목	금	토	일	월	화
일진 日辰	戊辰	己巳	庚午	辛未	壬申	癸酉	甲戌	乙亥	丙子	丁丑	戊寅	己卯	庚辰	辛巳	壬午	癸未	甲申	乙酉	丙戌	丁亥	戊子	己丑	庚寅	辛卯	壬辰	癸巳	甲午	乙未	丙申	丁酉
납음	大林木		路傍土		劍鋒金		山頭火		澗下水		城頭土		白鑞金		楊柳木		井中水		屋上土		霹靂火		松柏木		長流水		沙中金		山下火	
음력 (02/14 ~ 03/13)	14	15	16	17	18	19	20	21	22	23	24	25	26	27	28	29	30	3/1	2	3	4	5	6	7	8	9	10	11	12	13
구성	8	9	1	2	3	4	5	6	7	8	9	1	2	3	4	5	6	7	8	9	1	2	3	4	5	6	7	8	9	1
대운 남	1	1	1	청	10	10	9	9	9	8	8	8	7	7	7	6	6	6	5	곡	5	4	4	4	3	3	3	2	2	2
대운 여	9	9	10	명	1	1	1	1	2	2	2	3	3	3	4	4	4	5	5	우	6	6	6	7	7	7	8	8	8	9

입하 5일 14시 26분 【음4월】 ➡ 【癸巳月(계사월)】 ☯五黃星 소만 21일 03시 23분

양력 5월 / 양력	1	2	3	4	5	6	7	8	9	10	11	12	13	14	15	16	17	18	19	20	21	22	23	24	25	26	27	28	29	30	31
요일	수	목	금	토	일	월	화	수	목	금	토	일	월	화	수	목	금	토	일	월	화	수	목	금	토	일	월	화	수	목	금
일진 日辰	戊戌	己亥	庚子	辛丑	壬寅	癸卯	甲辰	乙巳	丙午	丁未	戊申	己酉	庚戌	辛亥	壬子	癸丑	甲寅	乙卯	丙辰	丁巳	戊午	己未	庚申	辛酉	壬戌	癸亥	甲子	乙丑	丙寅	丁卯	戊辰
납음	平地木		壁上土		金箔金		覆燈火		天河水		大驛土		釵釧金		桑柘木		大溪水		沙中土		天上火		石榴木		大海水		海中金		爐中火		
음력 (03/14 ~ 04/15)	14	15	16	17	18	19	20	21	22	23	24	25	26	27	28	29	4/1	2	3	4	5	6	7	8	9	10	11	12	13	14	15
구성	2	3	4	5	6	7	8	9	1	2	3	4	5	6	7	8	9	1	2	3	4	5	6	7	8	9	9	8	7	6	5
대운 남	1	1	1	1	입	10	10	9	9	9	8	8	8	7	7	7	6	6	6	5	소	5	4	4	4	3	3	3	2	2	2
대운 여	9	9	10	10	하	1	1	1	1	2	2	2	3	3	3	4	4	4	5	5	만	6	6	6	7	7	7	8	8	8	9

망종 5일 18시 41분 【음5월】 ➡ 【甲午月(갑오월)】 ☯四綠星 하지 21일 11시 24분

양력 6월 / 양력	1	2	3	4	5	6	7	8	9	10	11	12	13	14	15	16	17	18	19	20	21	22	23	24	25	26	27	28	29	30
요일	토	일	월	화	수	목	금	토	일	월	화	수	목	금	토	일	월	화	수	목	금	토	일	월	화	수	목	금	토	일
일진 日辰	己巳	庚午	辛未	壬申	癸酉	甲戌	乙亥	丙子	丁丑	戊寅	己卯	庚辰	辛巳	壬午	癸未	甲申	乙酉	丙戌	丁亥	戊子	己丑	庚寅	辛卯	壬辰	癸巳	甲午	乙未	丙申	丁酉	戊戌
납음		路傍土		劍鋒金		山頭火		澗下水		城頭土		白鑞金		楊柳木		井中水		屋上土		霹靂火		松柏木		長流水		沙中金		山下火		
음력 (04/16 ~ 05/15)	16	17	18	19	20	21	22	23	24	25	26	27	28	29	30	5/1	2	3	4	5	6	7	8	9	10	11	12	13	14	15
구성	4	3	2	1	9	8	7	6	5	4	3	2	1	9	8	7	6	5	4	3	2	1	9	8	7	6	5	4	3	2
대운 남	1	1	1	1	망	10	10	10	9	9	9	8	8	8	7	7	7	6	6	6	하	5	5	4	4	4	3	3	3	2
대운 여	9	9	10	10	종	1	1	1	1	2	2	2	3	3	3	4	4	4	5	5	지	6	6	6	7	7	7	8	8	8

한식(4월06일), 초복(7월12일), 중복(7월22일), 말복(8월11일) ☂춘사(春社)3/22 ☀추사(秋社)9/18
토왕지절(土旺之節):4월17일,7월19일,10월20일,1월17일(음12/09)臘享(납향):1997년1월17일(음12/09)

六日得辛, 七龍治水, 1996년 병자年(간하수), 사록목

3碧	8白	1白
2黑	4綠	6白
7赤	9紫	5黃

1996 丙子年

소서 7일 05시 00분 【음6월】 ➡ 【乙未月(을미월)】 ☯三碧星 대서 22일 22시 19분

양력 7월 / 음력 05/16 ~ 06/16	양력	1	2	3	4	5	6	7	8	9	10	11	12	13	14	15	16	17	18	19	20	21	22	23	24	25	26	27	28	29	30	31
	요일	월	화	수	목	금	토	일	월	화	수	목	금	토	일	월	화	수	목	금	토	일	월	화	수	목	금	토	일	월	화	수
	일진 日辰	己亥	庚子	辛丑	壬寅	癸卯	甲辰	乙巳	丙午	丁未	戊申	己酉	庚戌	辛亥	壬子	癸丑	甲寅	乙卯	丙辰	丁巳	戊午	己未	庚申	辛酉	壬戌	癸亥	甲子	乙丑	丙寅	丁卯	戊辰	己巳
	납음		壁上土		金箔金		覆燈火		天河水		大驛土		釵釧金		桑柘木		大溪水		沙中土		天上火		石榴木		大海水		海中金		爐中火		大林木	
	음력	16	17	18	19	20	21	22	23	24	25	26	27	28	29	30	6/1	2	3	4	5	6	7	8	9	10	11	12	13	14	15	16
	구성	1	9	8	7	6	5	4	3	2	1	9	8	7	6	5	4	3	2	1	9	8	7	6	5	4	3	2	1	9	8	7
	대운 남	2	2	1	1	1	1	소	10	10	9	9	9	8	8	8	7	7	7	6	6	6	대	5	5	4	4	4	3	3	3	2
	대운 여	9	9	9	10	10	10	서	1	1	1	1	2	2	2	3	3	3	4	4	4	5	서	5	6	6	6	7	7	7	8	8

입추 7일 14시 49분 【음7월】 ➡ 【丙申月(병신월)】 ☯二黑星 처서 23일 05시 23분

양력 8월 / 음력 06/17 ~ 07/18	양력	1	2	3	4	5	6	7	8	9	10	11	12	13	14	15	16	17	18	19	20	21	22	23	24	25	26	27	28	29	30	31
	요일	목	금	토	일	월	화	수	목	금	토	일	월	화	수	목	금	토	일	월	화	수	목	금	토	일	월	화	수	목	금	토
	일진 日辰	庚午	辛未	壬申	癸酉	甲戌	乙亥	丙子	丁丑	戊寅	己卯	庚辰	辛巳	壬午	癸未	甲申	乙酉	丙戌	丁亥	戊子	己丑	庚寅	辛卯	壬辰	癸巳	甲午	乙未	丙申	丁酉	戊戌	己亥	庚子
	납음	路傍土		劍鋒金		山頭火		澗下水		城頭土		白臘金		楊柳木		井中水		屋上土		霹靂火		松柏木		長流水		沙中金		山下火		平地木		
	음력	17	18	19	20	21	22	23	24	25	26	27	28	29	7/1	2	3	4	5	6	7	8	9	10	11	12	13	14	15	16	17	18
	구성	6	5	4	3	2	1	9	8	7	6	5	4	3	2	1	9	8	7	6	5	4	3	2	1	9	8	7	6	5	4	3
	대운 남	2	2	1	1	1	1	입	10	10	9	9	9	8	8	8	7	7	7	6	6	6	5	처	5	4	4	4	3	3	3	2
	대운 여	8	9	9	9	10	10	추	1	1	1	1	2	2	2	3	3	3	4	4	4	5	5	서	6	6	6	7	7	7	8	8

백로 7일 17시 42분 【음8월】 ➡ 【丁酉月(정유월)】 ☯一白星 추분 23일 03시 00분

양력 9월 / 음력 07/19 ~ 08/18	양력	1	2	3	4	5	6	7	8	9	10	11	12	13	14	15	16	17	18	19	20	21	22	23	24	25	26	27	28	29	30
	요일	일	월	화	수	목	금	토	일	월	화	수	목	금	토	일	월	화	수	목	금	토	일	월	화	수	목	금	토	일	월
	일진 日辰	辛丑	壬寅	癸卯	甲辰	乙巳	丙午	丁未	戊申	己酉	庚戌	辛亥	壬子	癸丑	甲寅	乙卯	丙辰	丁巳	戊午	己未	庚申	辛酉	壬戌	癸亥	甲子	乙丑	丙寅	丁卯	戊辰	己巳	庚午
	납음		金箔金		覆燈火		天河水		大驛土		釵釧金		桑柘木		大溪水		沙中土		天上火		石榴木		大海水		海中金		爐中火		大林木		
	음력	19	20	21	22	23	24	25	26	27	28	29	30	8/1	2	3	4	5	6	7	8	9	10	11	12	13	14	15	16	17	18
	구성	2	1	9	8	7	6	5	4	3	2	1	9	8	7	6	5	4	3	2	1	9	8	7	6	5	4	3	2	1	9
	대운 남	2	2	1	1	1	1	백	10	10	9	9	9	8	8	8	7	7	7	6	6	6	5	추	5	4	4	4	3	3	3
	대운 여	8	9	9	9	10	10	로	1	1	1	1	2	2	2	3	3	3	4	4	4	5	5	분	6	6	6	7	7	7	8

한로 8일 09시 19분 【음9월】 ➡ 【戊戌月(무술월)】 ☯九紫星 상강 23일 12시 19분

양력 10월 / 음력 08/19 ~ 09/20	양력	1	2	3	4	5	6	7	8	9	10	11	12	13	14	15	16	17	18	19	20	21	22	23	24	25	26	27	28	29	30	31
	요일	화	수	목	금	토	일	월	화	수	목	금	토	일	월	화	수	목	금	토	일	월	화	수	목	금	토	일	월	화	수	목
	일진 日辰	辛未	壬申	癸酉	甲戌	乙亥	丙子	丁丑	戊寅	己卯	庚辰	辛巳	壬午	癸未	甲申	乙酉	丙戌	丁亥	戊子	己丑	庚寅	辛卯	壬辰	癸巳	甲午	乙未	丙申	丁酉	戊戌	己亥	庚子	辛丑
	납음		劍鋒金		山頭火		澗下水		城頭土		白臘金		楊柳木		井中水		屋上土		霹靂火		松柏木		長流水		沙中金		山下火		平地木		壁上土	
	음력	19	20	21	22	23	24	25	26	27	28	29	9/1	2	3	4	5	6	7	8	9	10	11	12	13	14	15	16	17	18	19	20
	구성	8	7	6	5	4	3	2	1	9	8	7	6	5	4	3	2	1	9	8	7	6	5	4	3	2	1	9	8	7	6	5
	대운 남	2	2	2	1	1	1	1	한	10	9	9	9	8	8	8	7	7	7	6	6	6	5	상	5	4	4	4	3	3	3	2
	대운 여	8	8	9	9	9	10	10	로	1	1	1	1	2	2	2	3	3	3	4	4	4	5	강	5	6	6	6	7	7	7	8

입동 7일 12시 27분 【음10월】 ➡ 【己亥月(기해월)】 ☯八白星 소설 22일 09시 49분

양력 11월 / 음력 09/21 ~ 10/20	양력	1	2	3	4	5	6	7	8	9	10	11	12	13	14	15	16	17	18	19	20	21	22	23	24	25	26	27	28	29	30
	요일	금	토	일	월	화	수	목	금	토	일	월	화	수	목	금	토	일	월	화	수	목	금	토	일	월	화	수	목	금	토
	일진 日辰	壬寅	癸卯	甲辰	乙巳	丙午	丁未	戊申	己酉	庚戌	辛亥	壬子	癸丑	甲寅	乙卯	丙辰	丁巳	戊午	己未	庚申	辛酉	壬戌	癸亥	甲子	乙丑	丙寅	丁卯	戊辰	己巳	庚午	辛未
	납음	金箔金		覆燈火		天河水		大驛土		釵釧金		桑柘木		大溪水		沙中土		天上火		石榴木		大海水		海中金		爐中火		大林木		路傍土	
	음력	21	22	23	24	25	26	27	28	29	30	10/1	2	3	4	5	6	7	8	9	10	11	12	13	14	15	16	17	18	19	20
	구성	4	3	2	1	9	8	7	6	5	4	3	2	1	9	8	7	6	5	4	3	2	1	1	2	3	4	5	6	7	8
	대운 남	2	2	1	1	1	1	입	10	9	9	9	8	8	8	7	7	7	6	6	6	5	소	5	4	4	4	3	3	3	2
	대운 여	8	8	9	9	9	10	동	1	1	1	1	2	2	2	3	3	3	4	4	4	5	설	5	6	6	6	7	7	7	8

대설 7일 05시 14분 【음11월】 ➡ 【庚子月(경자월)】 ☯七赤星 동지 21일 23시 06분

양력 12월 / 음력 10/21 ~ 11/21	양력	1	2	3	4	5	6	7	8	9	10	11	12	13	14	15	16	17	18	19	20	21	22	23	24	25	26	27	28	29	30	31
	요일	일	월	화	수	목	금	토	일	월	화	수	목	금	토	일	월	화	수	목	금	토	일	월	화	수	목	금	토	일	월	화
	일진 日辰	壬申	癸酉	甲戌	乙亥	丙子	丁丑	戊寅	己卯	庚辰	辛巳	壬午	癸未	甲申	乙酉	丙戌	丁亥	戊子	己丑	庚寅	辛卯	壬辰	癸巳	甲午	乙未	丙申	丁酉	戊戌	己亥	庚子	辛丑	壬寅
	납음	劍鋒金		山頭火		澗下水		城頭土		白臘金		楊柳木		井中水		屋上土		霹靂火		松柏木		長流水		沙中金		山下火		平地木		壁上土		
	음력	21	22	23	24	25	26	27	28	29	30	11/1	2	3	4	5	6	7	8	9	10	11	12	13	14	15	16	17	18	19	20	21
	구성	9	1	2	3	4	5	6	7	8	9	1	2	3	4	5	6	7	8	9	1	2	3	4	5	6	7	8	9	1	2	3
	대운 남	2	2	1	1	1	1	대	9	9	9	8	8	8	7	7	7	6	6	6	5	동	5	4	4	4	3	3	3	2	2	2
	대운 여	8	8	9	9	9	10	설	1	1	1	1	2	2	2	3	3	3	4	4	4	지	5	5	6	6	6	7	7	7	8	8

단기 4330 年	**1997년**	下元 **丁丑年** 납음(澗下水),본명성(三碧木)
불기 2541 年		대장군(酉서방), 삼살(동방), 상문(卯동방),조객(亥서북방), 납음(간하수), 【삼재(해,자,축)년】 臘享(납향):1998년1월24일(음12/26)

소

소한 5일 16시 24분 【음12월】 ➡ 【辛丑月(신축월)】 ☯六白星 대한 20일 09시 43분

양력 1월 / 음력 11/22 – 12/23

양력	1	2	3	4	5	6	7	8	9	10	11	12	13	14	15	16	17	18	19	20	21	22	23	24	25	26	27	28	29	30	31
요일	수	목	금	토	일	월	화	수	목	금	토	일	월	화	수	목	금	토	일	월	화	수	목	금	토	일	월	화	수	목	금
일진 日辰	癸卯	甲辰	乙巳	丙午	丁未	戊申	己酉	庚戌	辛亥	壬子	癸丑	甲寅	乙卯	丙辰	丁巳	戊午	己未	庚申	辛酉	壬戌	癸亥	甲子	乙丑	丙寅	丁卯	戊辰	己巳	庚午	辛未	壬申	癸酉
납음		覆燈火		天河水		大驛土		釵釧金		桑柘木		大溪水		沙中土		天上火		石榴木		大海水		海中金		爐中火		大林木		路傍土		劍鋒金	
음력	22	23	24	25	26	27	28	29	12/1	2	3	4	5	6	7	8	9	10	11	12	13	14	15	16	17	18	19	20	21	22	23
구성	4	5	6	7	8	9	1	2	3	4	5	6	7	8	9	1	2	3	4	5	6	7	8	9	1	2	3	4	5	6	7
대운 남	1	1	1	1	소	10	9	9	9	8	8	8	7	7	7	6	6	6	5	대	5	4	4	4	3	3	3	2	2	2	1
대운 여	8	9	9	9	한	1	1	1	1	2	2	2	3	3	3	4	4	4	5	한	5	6	6	6	7	7	7	8	8	8	9

입춘 4일 04시 02분 【음1월】 ➡ 【壬寅月(임인월)】 ☯五黃星 우수 18일 23시 51분

양력 2월 / 음력 12/24 – 01/21

양력	1	2	3	4	5	6	7	8	9	10	11	12	13	14	15	16	17	18	19	20	21	22	23	24	25	26	27	28
요일	토	일	월	화	수	목	금	토	일	월	화	수	목	금	토	일	월	화	수	목	금	토	일	월	화	수	목	금
일진 日辰	甲戌	乙亥	丙子	丁丑	戊寅	己卯	庚辰	辛巳	壬午	癸未	甲申	乙酉	丙戌	丁亥	戊子	己丑	庚寅	辛卯	壬辰	癸巳	甲午	乙未	丙申	丁酉	戊戌	己亥	庚子	辛丑
납음	山頭火		澗下水		城頭土		白臘金		楊柳木		井中水		屋上土		霹靂火		松柏木		長流水		沙中金		山下火		平地木		壁上土	
음력	24	25	26	27	28	29	30	1/1	2	3	4	5	6	7	8	9	10	11	12	13	14	15	16	17	18	19	20	21
구성	8	9	1	2	3	4	5	6	7	8	9	1	2	3	4	5	6	7	8	9	1	2	3	4	5	6	7	8
대운 남	1	1	1	입	1	1	1	1	2	2	2	3	3	3	4	4	4	우	5	5	6	6	6	7	7	7	8	8
대운 여	9	9	10	춘	9	9	9	8	8	8	7	7	7	6	6	6	5	수	5	4	4	4	3	3	3	2	2	2

丁丑年

경칩 5일 22시 04분 【음2월】 ➡ 【癸卯月(계묘월)】 ☯四綠星 춘분 20일 22시 55분

양력 3월 / 음력 01/22 – 02/23

양력	1	2	3	4	5	6	7	8	9	10	11	12	13	14	15	16	17	18	19	20	21	22	23	24	25	26	27	28	29	30	31
요일	토	일	월	화	수	목	금	토	일	월	화	수	목	금	토	일	월	화	수	목	금	토	일	월	화	수	목	금	토	일	월
일진 日辰	壬寅	癸卯	甲辰	乙巳	丙午	丁未	戊申	己酉	庚戌	辛亥	壬子	癸丑	甲寅	乙卯	丙辰	丁巳	戊午	己未	庚申	辛酉	壬戌	癸亥	甲子	乙丑	丙寅	丁卯	戊辰	己巳	庚午	辛未	壬申
납음	金箔金		覆燈火		天河水		大驛土		釵釧金		桑柘木		大溪水		沙中土		天上火		石榴木		大海水		海中金		爐中火		大林木		路傍土		
음력	22	23	24	25	26	27	28	29	2/1	2	3	4	5	6	7	8	9	10	11	12	13	14	15	16	17	18	19	20	21	22	23
구성	9	1	2	3	4	5	6	7	8	9	1	2	3	4	5	6	7	8	9	1	2	3	4	5	6	7	8	9	1	2	3
대운 남	8	9	9	9	경	1	1	1	1	2	2	2	3	3	3	4	4	4	5	춘	5	6	6	6	7	7	7	8	8	8	9
대운 여	1	1	1	1	칩	10	10	9	9	9	8	8	8	7	7	7	6	6	6	분	5	5	4	4	4	3	3	3	2	2	2

청명 5일 02시 56분 【음3월】 ➡ 【甲辰月(갑진월)】 ☯三碧星 곡우 20일 10시 03분

양력 4월 / 음력 02/24 – 03/24

양력	1	2	3	4	5	6	7	8	9	10	11	12	13	14	15	16	17	18	19	20	21	22	23	24	25	26	27	28	29	30
요일	화	수	목	금	토	일	월	화	수	목	금	토	일	월	화	수	목	금	토	일	월	화	수	목	금	토	일	월	화	수
일진 日辰	癸酉	甲戌	乙亥	丙子	丁丑	戊寅	己卯	庚辰	辛巳	壬午	癸未	甲申	乙酉	丙戌	丁亥	戊子	己丑	庚寅	辛卯	壬辰	癸巳	甲午	乙未	丙申	丁酉	戊戌	己亥	庚子	辛丑	壬寅
납음		山頭火		澗下水		城頭土		白臘金		楊柳木		井中水		屋上土		霹靂火		松柏木		長流水		沙中金		山下火		平地木		壁上土		
음력	24	25	26	27	28	29	3/1	2	3	4	5	6	7	8	9	10	11	12	13	14	15	16	17	18	19	20	21	22	23	24
구성	4	5	6	7	8	9	1	2	3	4	5	6	7	8	9	1	2	3	4	5	6	7	8	9	1	2	3	4	5	6
대운 남	9	9	10	10	청	1	1	1	1	2	2	2	3	3	3	4	4	4	5	곡	5	6	6	6	7	7	7	8	8	8
대운 여	1	1	1	1	명	10	9	9	9	8	8	8	7	7	7	6	6	6	5	우	5	4	4	4	3	3	3	2	2	2

입하 5일 20시 19분 【음4월】 ➡ 【乙巳月(을사월)】 ☯二黑星 소만 21일 09시 18분

양력 5월 / 음력 03/25 – 04/25

양력	1	2	3	4	5	6	7	8	9	10	11	12	13	14	15	16	17	18	19	20	21	22	23	24	25	26	27	28	29	30	31
요일	목	금	토	일	월	화	수	목	금	토	일	월	화	수	목	금	토	일	월	화	수	목	금	토	일	월	화	수	목	금	토
일진 日辰	癸卯	甲辰	乙巳	丙午	丁未	戊申	己酉	庚戌	辛亥	壬子	癸丑	甲寅	乙卯	丙辰	丁巳	戊午	己未	庚申	辛酉	壬戌	癸亥	甲子	乙丑	丙寅	丁卯	戊辰	己巳	庚午	辛未	壬申	癸酉
납음		覆燈火		天河水		大驛土		釵釧金		桑柘木		大溪水		沙中土		天上火		石榴木		大海水		海中金		爐中火		大林木		路傍土		劍鋒金	
음력	25	26	27	28	29	30	4/1	2	3	4	5	6	7	8	9	10	11	12	13	14	15	16	17	18	19	20	21	22	23	24	25
구성	7	8	9	1	2	3	4	5	6	7	8	9	1	2	3	4	5	6	7	8	9	1	2	3	4	5	6	7	8	9	1
대운 남	9	9	9	10	입	1	1	1	1	2	2	2	3	3	3	4	4	4	5	5	소	6	6	6	7	7	7	8	8	8	9
대운 여	1	1	1	1	하	10	10	10	9	9	9	8	8	8	7	7	7	6	6	6	만	5	5	4	4	4	3	3	3	2	2

망종 6일 00시 33분 【음5월】 ➡ 【丙午月(병오월)】 ☯一白星 하지 21일 17시 20분

양력 6월 / 음력 04/26 – 05/26

양력	1	2	3	4	5	6	7	8	9	10	11	12	13	14	15	16	17	18	19	20	21	22	23	24	25	26	27	28	29	30
요일	일	월	화	수	목	금	토	일	월	화	수	목	금	토	일	월	화	수	목	금	토	일	월	화	수	목	금	토	일	월
일진 日辰	甲戌	乙亥	丙子	丁丑	戊寅	己卯	庚辰	辛巳	壬午	癸未	甲申	乙酉	丙戌	丁亥	戊子	己丑	庚寅	辛卯	壬辰	癸巳	甲午	乙未	丙申	丁酉	戊戌	己亥	庚子	辛丑	壬寅	癸卯
납음	山頭火		澗下水		城頭土		白臘金		楊柳木		井中水		屋上土		霹靂火		松柏木		長流水		沙中金		山下火		平地木		壁上土		金箔金	
음력	26	27	28	29	5/1	2	3	4	5	6	7	8	9	10	11	12	13	14	15	16	17	18	19	20	21	22	23	24	25	26
구성	2	3	4	5	6	7	8	9	1	2	3	4	5	6	7	8	9	1	2	3	3	2	1	9	8	7	6	5	4	3
대운 남	9	9	10	10	10	망	1	1	1	1	2	2	2	3	3	3	4	4	4	5	하	5	6	6	6	7	7	7	8	8
대운 여	2	1	1	1	1	종	10	10	9	9	9	8	8	8	7	7	7	6	6	6	지	5	5	4	4	4	3	3	3	2

한식(4월05일), 초복(7월17일), 중복(7월27일), 말복(8월16일) 춘사(春社)3/17 추사(秋社)9/23
토왕지절(土旺之節):4월17일,7월20일,10월20일,1월17일(음12/19)臘享(납향):1998년1월24일(음12/26)

一日得辛, 十二龍治水, 1997년 정축年(간하수), 삼벽목

2黑	7赤	9紫
1白	3碧	5黃
6白	8白	4綠

1997 丁丑年

소서 7일 10시 49분 【음6월】➡ 【丁未月(정미월)】 ☯九紫星 대서 23일 04시 15분

양력 7월 / 음력 05/27 – 06/27

양력	1	2	3	4	5	6	7	8	9	10	11	12	13	14	15	16	17	18	19	20	21	22	23	24	25	26	27	28	29	30	31
요일	화	수	목	금	토	일	월	화	수	목	금	토	일	월	화	수	목	금	토	일	월	화	수	목	금	토	일	월	화	수	목
일진 日辰	甲辰	乙巳	丙午	丁未	戊申	己酉	庚戌	辛亥	壬子	癸丑	甲寅	乙卯	丙辰	丁巳	戊午	己未	庚申	辛酉	壬戌	癸亥	甲子	乙丑	丙寅	丁卯	戊辰	己巳	庚午	辛未	壬申	癸酉	甲戌
납음	覆燈火		天河水		大驛土		釵釧金		桑柘木		大溪水		沙中土		天上火		石榴木		大海水		海中金		爐中火		大林木		路傍土		劍鋒金		
음력	27	28	29	30	6/1	2	3	4	5	6	7	8	9	10	11	12	13	14	15	16	17	18	19	20	21	22	23	24	25	26	27
구성	2	1	9	8	7	6	5	4	3	2	1	9	8	7	6	5	4	3	2	1	9	8	7	6	5	4	3	2	1	9	8
대운 남	8	9	9	9	10	10	소	1	1	1	1	2	2	2	3	3	3	4	4	4	5	5	대	6	6	6	7	7	7	8	8
대운 여	2	2	1	1	1	1	서	10	10	9	9	9	8	8	8	7	7	7	6	6	6	5	서	5	4	4	4	3	3	3	2

입추 7일 20시 36분 【음7월】➡ 【戊申月(무신월)】 ☯八白星 처서 23일 11시 19분

양력 8월 / 음력 06/28 – 07/29

양력	1	2	3	4	5	6	7	8	9	10	11	12	13	14	15	16	17	18	19	20	21	22	23	24	25	26	27	28	29	30	31
요일	금	토	일	월	화	수	목	금	토	일	월	화	수	목	금	토	일	월	화	수	목	금	토	일	월	화	수	목	금	토	일
일진 日辰	乙亥	丙子	丁丑	戊寅	己卯	庚辰	辛巳	壬午	癸未	甲申	乙酉	丙戌	丁亥	戊子	己丑	庚寅	辛卯	壬辰	癸巳	甲午	乙未	丙申	丁酉	戊戌	己亥	庚子	辛丑	壬寅	癸卯	甲辰	乙巳
납음		潤下水		城頭土		白臘金		楊柳木		井中水		屋上土		霹靂火		松柏木		長流水		沙中金		山下火		平地木		壁上土		金箔金		覆燈火	
음력	28	29	7/1	2	3	4	5	6	7	8	9	10	11	12	13	14	15	16	17	18	19	20	21	22	23	24	25	26	27	28	29
구성	7	6	5	4	3	2	1	9	8	7	6	5	4	3	2	1	9	8	7	6	5	4	3	2	1	9	8	7	6	5	4
대운 남	8	9	9	9	10	10	입	1	1	1	1	2	2	2	3	3	3	4	4	4	5	5	처	6	6	6	7	7	7	8	8
대운 여	2	2	1	1	1	1	추	10	10	9	9	9	8	8	8	7	7	7	6	6	6	5	서	5	4	4	4	3	3	3	2

백로 7일 23시 29분 【음8월】➡ 【己酉月(기유월)】 ☯七赤星 추분 23일 08시 56분

양력 9월 / 음력 07/30 – 08/29

양력	1	2	3	4	5	6	7	8	9	10	11	12	13	14	15	16	17	18	19	20	21	22	23	24	25	26	27	28	29	30
요일	월	화	수	목	금	토	일	월	화	수	목	금	토	일	월	화	수	목	금	토	일	월	화	수	목	금	토	일	월	화
일진 日辰	丙午	丁未	戊申	己酉	庚戌	辛亥	壬子	癸丑	甲寅	乙卯	丙辰	丁巳	戊午	己未	庚申	辛酉	壬戌	癸亥	甲子	乙丑	丙寅	丁卯	戊辰	己巳	庚午	辛未	壬申	癸酉	甲戌	乙亥
납음	天河水		大驛土		釵釧金		桑柘木		大溪水		沙中土		天上火		石榴木		大海水		海中金		爐中火		大林木		路傍土		劍鋒金		山頭火	
음력	30	8/1	2	3	4	5	6	7	8	9	10	11	12	13	14	15	16	17	18	19	20	21	22	23	24	25	26	27	28	29
구성	3	2	1	9	8	7	6	5	4	3	2	1	9	8	7	6	5	4	3	2	1	9	8	7	6	5	4	3	2	1
대운 남	8	9	9	9	10	10	백	1	1	1	1	2	2	2	3	3	3	4	4	4	5	5	추	6	6	6	7	7	7	8
대운 여	2	2	1	1	1	1	로	10	10	9	9	9	8	8	8	7	7	7	6	6	6	5	분	5	4	4	4	3	3	3

한로 8일 15시 05분 【음9월】➡ 【庚戌月(경술월)】 ☯六白星 상강 23일 18시 15분

양력 10월 / 음력 08/30 – 10/01

양력	1	2	3	4	5	6	7	8	9	10	11	12	13	14	15	16	17	18	19	20	21	22	23	24	25	26	27	28	29	30	31
요일	수	목	금	토	일	월	화	수	목	금	토	일	월	화	수	목	금	토	일	월	화	수	목	금	토	일	월	화	수	목	금
일진 日辰	丙子	丁丑	戊寅	己卯	庚辰	辛巳	壬午	癸未	甲申	乙酉	丙戌	丁亥	戊子	己丑	庚寅	辛卯	壬辰	癸巳	甲午	乙未	丙申	丁酉	戊戌	己亥	庚子	辛丑	壬寅	癸卯	甲辰	乙巳	丙午
납음	潤下水		城頭土		白臘金		楊柳木		井中水		屋上土		霹靂火		松柏木		長流水		沙中金		山下火		平地木		壁上土		金箔金		覆燈火		
음력	30	9/1	2	3	4	5	6	7	8	9	10	11	12	13	14	15	16	17	18	19	20	21	22	23	24	25	26	27	28	29	10/1
구성	9	8	7	6	5	4	3	2	1	9	8	7	6	5	4	3	2	1	9	8	7	6	5	4	3	2	1	9	8	7	6
대운 남	8	8	9	9	9	10	10	한	1	1	1	1	2	2	2	3	3	3	4	4	4	5	상	5	6	6	6	7	7	7	8
대운 여	2	2	2	1	1	1	1	로	10	9	9	9	8	8	8	7	7	7	6	6	6	5	강	5	4	4	4	3	3	3	2

입동 7일 18시 15분 【음10월】➡ 【辛亥月(신해월)】 ☯五黃星 소설 22일 15시 48분

양력 11월 / 음력 10/02 – 11/01

양력	1	2	3	4	5	6	7	8	9	10	11	12	13	14	15	16	17	18	19	20	21	22	23	24	25	26	27	28	29	30
요일	토	일	월	화	수	목	금	토	일	월	화	수	목	금	토	일	월	화	수	목	금	토	일	월	화	수	목	금	토	일
일진 日辰	丁未	戊申	己酉	庚戌	辛亥	壬子	癸丑	甲寅	乙卯	丙辰	丁巳	戊午	己未	庚申	辛酉	壬戌	癸亥	甲子	乙丑	丙寅	丁卯	戊辰	己巳	庚午	辛未	壬申	癸酉	甲戌	乙亥	丙子
납음		大驛土		釵釧金		桑柘木		大溪水		沙中土		天上火		石榴木		大海水		海中金		爐中火		大林木		路傍土		劍鋒金		山頭火		
음력	2	3	4	5	6	7	8	9	10	11	12	13	14	15	16	17	18	19	20	21	22	23	24	25	26	27	28	29	30	11/1
구성	5	4	3	2	1	9	8	7	6	5	4	3	2	1	9	8	7	6	5	4	3	2	1	9	8	7	6	5	4	3
대운 남	8	8	9	9	9	10	입	1	1	1	1	2	2	2	3	3	3	4	4	4	5	소	5	6	6	6	7	7	7	8
대운 여	2	2	1	1	1	1	동	10	9	9	9	8	8	8	7	7	7	6	6	6	5	설	5	4	4	4	3	3	3	2

대설 7일 11시 05분 【음11월】➡ 【壬子月(임자월)】 ☯四綠星 동지 22일 05시 07분

양력 12월 / 음력 11/02 – 12/02

양력	1	2	3	4	5	6	7	8	9	10	11	12	13	14	15	16	17	18	19	20	21	22	23	24	25	26	27	28	29	30	31
요일	월	화	수	목	금	토	일	월	화	수	목	금	토	일	월	화	수	목	금	토	일	월	화	수	목	금	토	일	월	화	수
일진 日辰	丁丑	戊寅	己卯	庚辰	辛巳	壬午	癸未	甲申	乙酉	丙戌	丁亥	戊子	己丑	庚寅	辛卯	壬辰	癸巳	甲午	乙未	丙申	丁酉	戊戌	己亥	庚子	辛丑	壬寅	癸卯	甲辰	乙巳	丙午	丁未
납음		城頭土		白臘金		楊柳木		井中水		屋上土		霹靂火		松柏木		長流水		沙中金		山下火		平地木		壁上土		金箔金		覆燈火		天河水	
음력	2	3	4	5	6	7	8	9	10	11	12	13	14	15	16	17	18	19	20	21	22	23	24	25	26	27	28	29	30	12/1	2
구성	2	1	9	8	7	6	5	4	3	2	1	9	8	7	6	5	4	3	2	1	9	8	7	6	5	4	3	2	1	9	8
대운 남	8	8	9	9	9	10	대	1	1	1	1	2	2	2	3	3	3	4	4	4	5	동	5	6	6	6	7	7	7	8	8
대운 여	2	2	1	1	1	1	설	9	9	9	8	8	8	7	7	7	6	6	6	5	5	지	4	4	4	3	3	3	2	2	2

단기 4331 年

불기 2542 年

1998년

下元 戊寅年 납음(城頭土),본명성(二黑土)

대장군(子북방), 삼살(북방), 상문(辰동남방),조객(子북방), 납음(성두토), 【삼재(신,유,술)년】 臘享(납향):1999년1월19일(음12/02)

소한 5일 22시 18분 【음12월】 ➡ 【癸丑月(계축월)】 ☯三碧星 대한 20일 15시 46분

양력 1월 / 음력 12/03 ~ 01/04

양력	1	2	3	4	5	6	7	8	9	10	11	12	13	14	15	16	17	18	19	20	21	22	23	24	25	26	27	28	29	30	31
요일	목	금	토	일	월	화	수	목	금	토	일	월	화	수	목	금	토	일	월	화	수	목	금	토	일	월	화	수	목	금	토
일진 日辰	戊申	己酉	庚戌	辛亥	壬子	癸丑	甲寅	乙卯	丙辰	丁巳	戊午	己未	庚申	辛酉	壬戌	癸亥	甲子	乙丑	丙寅	丁卯	戊辰	己巳	庚午	辛未	壬申	癸酉	甲戌	乙亥	丙子	丁丑	戊寅
납음	大驛土		釵釧金		桑柘木		大溪水		沙中土		天上火		石榴木		大海水		海中金		爐中火		大林木		路傍土		劍鋒金		山頭火		澗下水		
음력	3	4	5	6	7	8	9	10	11	12	13	14	15	16	17	18	19	20	21	22	23	24	25	26	27	28	29	1/1	2	3	4
구성	7	6	5	4	3	2	1	9	8	7	6	5	4	3	2	1	1	2	3	4	5	6	7	8	9	1	2	3	4	5	6
대운 남	8	9	9	9	소	1	1	1	1	2	2	2	3	3	3	4	4	4	5	대	5	6	6	6	7	7	7	8	8	8	9
대운 여	1	1	1	1	한	10	9	9	9	8	8	8	7	7	7	6	6	6	5	한	5	4	4	4	3	3	3	2	2	2	1

입춘 4일 09시 57분 【음1월】 ➡ 【甲寅月(갑인월)】 ☯二黑星 우수 19일 05시 55분

양력 2월 / 음력 01/05 ~ 02/02

양력	1	2	3	4	5	6	7	8	9	10	11	12	13	14	15	16	17	18	19	20	21	22	23	24	25	26	27	28
요일	일	월	화	수	목	금	토	일	월	화	수	목	금	토	일	월	화	수	목	금	토	일	월	화	수	목	금	토
일진 日辰	己卯	庚辰	辛巳	壬午	癸未	甲申	乙酉	丙戌	丁亥	戊子	己丑	庚寅	辛卯	壬辰	癸巳	甲午	乙未	丙申	丁酉	戊戌	己亥	庚子	辛丑	壬寅	癸卯	甲辰	乙巳	丙午
납음		白臘金		楊柳木		井中水		屋上土		霹靂火		松柏木		長流水		沙中金		山下火		平地木		壁上土		金箔金		覆燈火		
음력	5	6	7	8	9	10	11	12	13	14	15	16	17	18	19	20	21	22	23	24	25	26	27	28	29	30	2/1	2
구성	7	8	9	1	2	3	4	5	6	7	8	9	1	2	3	4	5	6	7	8	9	1	2	3	4	5	6	7
대운 남	9	9	10	입	10	9	9	9	8	8	8	7	7	7	6	6	6	5	우	5	4	4	4	3	3	3	2	2
대운 여	1	1	1	춘	1	1	1	1	2	2	2	3	3	3	4	4	4	5	수	5	6	6	6	7	7	7	8	8

戊寅年

경칩 6일 03시 57분 【음2월】 ➡ 【乙卯月(을묘월)】 ☯一白星 춘분 21일 04시 55분

양력 3월 / 음력 02/03 ~ 03/04

양력	1	2	3	4	5	6	7	8	9	10	11	12	13	14	15	16	17	18	19	20	21	22	23	24	25	26	27	28	29	30	31
요일	일	월	화	수	목	금	토	일	월	화	수	목	금	토	일	월	화	수	목	금	토	일	월	화	수	목	금	토	일	월	화
일진 日辰	丁未	戊申	己酉	庚戌	辛亥	壬子	癸丑	甲寅	乙卯	丙辰	丁巳	戊午	己未	庚申	辛酉	壬戌	癸亥	甲子	乙丑	丙寅	丁卯	戊辰	己巳	庚午	辛未	壬申	癸酉	甲戌	乙亥	丙子	丁丑
납음		大驛土		釵釧金		桑柘木		大溪水		沙中土		天上火		石榴木		大海水		海中金		爐中火		大林木		路傍土		劍鋒金		山頭火		澗下水	
음력	3	4	5	6	7	8	9	10	11	12	13	14	15	16	17	18	19	20	21	22	23	24	25	26	27	28	29	3/1	2	3	4
구성	8	9	1	2	3	4	5	6	7	8	9	1	2	3	4	5	6	7	8	9	1	2	3	4	5	6	7	8	9	1	2
대운 남	2	1	1	1	1	경	10	9	9	9	8	8	8	7	7	7	6	6	6	5	춘	5	4	4	4	3	3	3	2	2	2
대운 여	8	9	9	9	10	칩	1	1	1	1	2	2	2	3	3	3	4	4	4	5	분	5	6	6	6	7	7	7	8	8	8

청명 5일 08시 45분 【음3월】 ➡ 【丙辰月(병진월)】 ☯九紫星 곡우 20일 15시 57분

양력 4월 / 음력 03/05 ~ 04/05

양력	1	2	3	4	5	6	7	8	9	10	11	12	13	14	15	16	17	18	19	20	21	22	23	24	25	26	27	28	29	30
요일	수	목	금	토	일	월	화	수	목	금	토	일	월	화	수	목	금	토	일	월	화	수	목	금	토	일	월	화	수	목
일진 日辰	戊寅	己卯	庚辰	辛巳	壬午	癸未	甲申	乙酉	丙戌	丁亥	戊子	己丑	庚寅	辛卯	壬辰	癸巳	甲午	乙未	丙申	丁酉	戊戌	己亥	庚子	辛丑	壬寅	癸卯	甲辰	乙巳	丙午	丁未
납음	城頭土		白臘金		楊柳木		井中水		屋上土		霹靂火		松柏木		長流水		沙中金		山下火		平地木		壁上土		金箔金		覆燈火		天河水	
음력	5	6	7	8	9	10	11	12	13	14	15	16	17	18	19	20	21	22	23	24	25	26	27	28	29	4/1	2	3	4	5
구성	3	4	5	6	7	8	9	1	2	3	4	5	6	7	8	9	1	2	3	4	5	6	7	8	9	1	2	3	4	5
대운 남	1	1	1	1	청	10	10	9	9	9	8	8	8	7	7	7	6	6	6	곡	5	5	4	4	4	3	3	3	2	2
대운 여	9	9	9	10	명	1	1	1	1	2	2	2	3	3	3	4	4	4	5	우	5	6	6	6	7	7	7	8	8	8

입하 6일 02시 03분 【음4월】 ➡ 【丁巳月(정사월)】 ☯八白星 소만 21일 15시 05분

양력 5월 / 음력 04/06 ~ 05/06

양력	1	2	3	4	5	6	7	8	9	10	11	12	13	14	15	16	17	18	19	20	21	22	23	24	25	26	27	28	29	30	31
요일	금	토	일	월	화	수	목	금	토	일	월	화	수	목	금	토	일	월	화	수	목	금	토	일	월	화	수	목	금	토	일
일진 日辰	戊申	己酉	庚戌	辛亥	壬子	癸丑	甲寅	乙卯	丙辰	丁巳	戊午	己未	庚申	辛酉	壬戌	癸亥	甲子	乙丑	丙寅	丁卯	戊辰	己巳	庚午	辛未	壬申	癸酉	甲戌	乙亥	丙子	丁丑	戊寅
납음	大驛土		釵釧金		桑柘木		大溪水		沙中土		天上火		石榴木		大海水		海中金		爐中火		大林木		路傍土		劍鋒金		山頭火		澗下水		
음력	6	7	8	9	10	11	12	13	14	15	16	17	18	19	20	21	22	23	24	25	26	27	28	29	30	5/1	2	3	4	5	6
구성	6	7	8	9	1	2	3	4	5	6	7	8	9	1	2	3	4	5	6	7	8	9	1	2	3	4	5	6	7	8	9
대운 남	2	1	1	1	1	입	10	10	9	9	9	8	8	8	7	7	7	6	6	6	소	5	5	4	4	4	3	3	3	2	2
대운 여	9	9	9	10	10	하	1	1	1	1	2	2	2	3	3	3	4	4	4	5	만	5	6	6	6	7	7	7	8	8	8

망종 6일 06시 13분 【음5월】 ➡ 【戊午月(무오월)】 ☯七赤星 하지 21일 23시 03분

양력 6월 / 음력 05/07 ~ 윤507

양력	1	2	3	4	5	6	7	8	9	10	11	12	13	14	15	16	17	18	19	20	21	22	23	24	25	26	27	28	29	30
요일	월	화	수	목	금	토	일	월	화	수	목	금	토	일	월	화	수	목	금	토	일	월	화	수	목	금	토	일	월	화
일진 日辰	己卯	庚辰	辛巳	壬午	癸未	甲申	乙酉	丙戌	丁亥	戊子	己丑	庚寅	辛卯	壬辰	癸巳	甲午	乙未	丙申	丁酉	戊戌	己亥	庚子	辛丑	壬寅	癸卯	甲辰	乙巳	丙午	丁未	戊申
납음		白臘金		楊柳木		井中水		屋上土		霹靂火		松柏木		長流水		沙中金		山下火		平地木		壁上土		金箔金		覆燈火		天河水		
음력	7	8	9	10	11	12	13	14	15	16	17	18	19	20	21	22	23	24	25	26	27	28	29	윤5	2	3	4	5	6	7
구성	1	2	3	4	5	6	7	8	9	1	2	3	4	5	6	7	8	9	1	2	3	4	5	6	7	8	9	1	2	3
대운 남	2	1	1	1	1	망	10	10	9	9	9	8	8	8	7	7	7	6	6	6	하	5	5	4	4	4	3	3	3	2
대운 여	9	9	9	10	10	종	1	1	1	1	2	2	2	3	3	3	4	4	4	5	지	5	6	6	6	7	7	7	8	8

한식(4월06일), 초복(7월12일), 중복(7월22일), 말복(8월11일) ☂춘사(春社)3/22 ☀추사(秋社)9/28
토왕지절(土旺之節):4월17일,7월20일,10월20일,1월17일(음11/30)臘享(납향):1999년1월19일(음12/02)

七日得辛, 六龍治水, 1998년 무인年(성두토), 이흑토

1白	6白	8白
9紫	2黑	4綠
5黃	7赤	3碧

소서 7일 16시 30분 【음6월】 ➡ 【己未月(기미월)】 ☯六白星 대서 23일 09시 55분

양력 7월 / 음력 05/08 ~ 06/09	1	2	3	4	5	6	7	8	9	10	11	12	13	14	15	16	17	18	19	20	21	22	23	24	25	26	27	28	29	30	31
요일	수	목	금	토	일	월	화	수	목	금	토	일	월	화	수	목	금	토	일	월	화	수	목	금	토	일	월	화	수	목	금
일진 日辰	己酉	庚戌	辛亥	壬子	癸丑	甲寅	乙卯	丙辰	丁巳	戊午	己未	庚申	辛酉	壬戌	癸亥	甲子	乙丑	丙寅	丁卯	戊辰	己巳	庚午	辛未	壬申	癸酉	甲戌	乙亥	丙子	丁丑	戊寅	己卯
납음		釵釧金		桑柘木		大溪水		沙中土		天上火		石榴木		大海水		海中金		爐中火		大林木		路傍土		劍鋒金		山頭火		澗下水		城頭土	
음력	8	9	10	11	12	13	14	15	16	17	18	19	20	21	22	23	24	25	26	27	28	29	6/1	2	3	4	5	6	7	8	9
구성	4	5	6	7	8	9	1	2	3	4	5	6	7	8	9	9	8	7	6	5	4	3	2	1	9	8	7	6	5	4	3
대운 남	2	2	1	1	1	1	소	10	10	10	9	9	9	8	8	8	7	7	7	6	6	6	대	5	5	4	4	4	3	3	3
대운 여	8	9	9	9	10	10	서	1	1	1	1	2	2	2	3	3	3	4	4	4	5	5	서	6	6	6	7	7	7	8	8

입추 8일 02시 20분 【음7월】 ➡ 【庚申月(경신월)】 ☯五黃星 처서 23일 16시 59분

양력 8월 / 음력 06/10 ~ 07/10	1	2	3	4	5	6	7	8	9	10	11	12	13	14	15	16	17	18	19	20	21	22	23	24	25	26	27	28	29	30	31
요일	토	일	월	화	수	목	금	토	일	월	화	수	목	금	토	일	월	화	수	목	금	토	일	월	화	수	목	금	토	일	월
일진 日辰	庚辰	辛巳	壬午	癸未	甲申	乙酉	丙戌	丁亥	戊子	己丑	庚寅	辛卯	壬辰	癸巳	甲午	乙未	丙申	丁酉	戊戌	己亥	庚子	辛丑	壬寅	癸卯	甲辰	乙巳	丙午	丁未	戊申	己酉	庚戌
납음	白臘金		楊柳木		井中水		屋上土		霹靂火		松柏木		長流水		沙中金		山下火		平地木		壁上土		金箔金		覆燈火		天河水		大驛土		
음력	10	11	12	13	14	15	16	17	18	19	20	21	22	23	24	25	26	27	28	29	30	7/1	2	3	4	5	6	7	8	9	10
구성	2	1	9	8	7	6	5	4	3	2	1	9	8	7	6	5	4	3	2	1	9	8	7	6	5	4	3	2	1	9	8
대운 남	2	2	2	1	1	1	1	입	10	10	9	9	9	8	8	8	7	7	7	6	6	6	처	5	5	4	4	4	3	3	3
대운 여	8	9	9	9	10	10	10	추	1	1	1	1	2	2	2	3	3	3	4	4	4	5	서	5	6	6	6	7	7	7	8

백로 8일 05시 16분 【음8월】 ➡ 【辛酉月(신유월)】 ☯四綠星 추분 24일 14시 37분

양력 9월 / 음력 07/11 ~ 08/10	1	2	3	4	5	6	7	8	9	10	11	12	13	14	15	16	17	18	19	20	21	22	23	24	25	26	27	28	29	30
요일	화	수	목	금	토	일	월	화	수	목	금	토	일	월	화	수	목	금	토	일	월	화	수	목	금	토	일	월	화	수
일진 日辰	辛亥	壬子	癸丑	甲寅	乙卯	丙辰	丁巳	戊午	己未	庚申	辛酉	壬戌	癸亥	甲子	乙丑	丙寅	丁卯	戊辰	己巳	庚午	辛未	壬申	癸酉	甲戌	乙亥	丙子	丁丑	戊寅	己卯	庚辰
납음		桑柘木		大溪水		沙中土		天上火		石榴木		大海水		海中金		爐中火		大林木		路傍土		劍鋒金		山頭火		澗下水		城頭土		
음력	11	12	13	14	15	16	17	18	19	20	21	22	23	24	25	26	27	28	29	30	8/1	2	3	4	5	6	7	8	9	10
구성	7	6	5	4	3	2	1	9	8	7	6	5	4	3	2	1	9	8	7	6	5	4	3	2	1	9	8	7	6	5
대운 남	2	2	2	1	1	1	1	백	10	9	9	9	8	8	8	7	7	7	6	6	6	5	5	추	4	4	4	3	3	3
대운 여	8	8	9	9	9	10	10	로	1	1	1	1	2	2	2	3	3	3	4	4	4	5	5	분	6	6	6	7	7	7

한로 8일 20시 56분 【음9월】 ➡ 【壬戌月(임술월)】 ☯三碧星 상강 23일 23시 59분

양력 10월 / 음력 08/11 ~ 09/12	1	2	3	4	5	6	7	8	9	10	11	12	13	14	15	16	17	18	19	20	21	22	23	24	25	26	27	28	29	30	31
요일	목	금	토	일	월	화	수	목	금	토	일	월	화	수	목	금	토	일	월	화	수	목	금	토	일	월	화	수	목	금	토
일진 日辰	辛巳	壬午	癸未	甲申	乙酉	丙戌	丁亥	戊子	己丑	庚寅	辛卯	壬辰	癸巳	甲午	乙未	丙申	丁酉	戊戌	己亥	庚子	辛丑	壬寅	癸卯	甲辰	乙巳	丙午	丁未	戊申	己酉	庚戌	辛亥
납음		楊柳木		井中水		屋上土		霹靂火		松柏木		長流水		沙中金		山下火		平地木		壁上土		金箔金		覆燈火		天河水		大驛土		釵釧金	
음력	11	12	13	14	15	16	17	18	19	20	21	22	23	24	25	26	27	28	29	9/1	2	3	4	5	6	7	8	9	10	11	12
구성	4	3	2	1	9	8	7	6	5	4	3	2	1	9	8	7	6	5	4	3	2	1	9	8	7	6	5	4	3	2	1
대운 남	2	2	2	1	1	1	1	한	10	10	9	9	9	8	8	8	7	7	7	6	6	6	상	5	5	4	4	4	3	3	3
대운 여	8	8	8	9	9	9	10	로	1	1	1	1	2	2	2	3	3	3	4	4	4	5	강	5	6	6	6	7	7	7	8

입동 8일 00시 08분 【음10월】 ➡ 【癸亥月(계해월)】 ☯二黑星 소설 22일 21시 34분

양력 11월 / 음력 09/13 ~ 10/12	1	2	3	4	5	6	7	8	9	10	11	12	13	14	15	16	17	18	19	20	21	22	23	24	25	26	27	28	29	30
요일	일	월	화	수	목	금	토	일	월	화	수	목	금	토	일	월	화	수	목	금	토	일	월	화	수	목	금	토	일	월
일진 日辰	壬子	癸丑	甲寅	乙卯	丙辰	丁巳	戊午	己未	庚申	辛酉	壬戌	癸亥	甲子	乙丑	丙寅	丁卯	戊辰	己巳	庚午	辛未	壬申	癸酉	甲戌	乙亥	丙子	丁丑	戊寅	己卯	庚辰	辛巳
납음	桑柘木		大溪水		沙中土		天上火		石榴木		大海水		海中金		爐中火		大林木		路傍土		劍鋒金		山頭火		澗下水		城頭土		白臘金	
음력	13	14	15	16	17	18	19	20	21	22	23	24	25	26	27	28	29	30	10/1	2	3	4	5	6	7	8	9	10	11	12
구성	9	8	7	6	5	4	3	2	1	9	8	7	6	5	4	3	2	1	9	8	7	6	5	4	3	2	1	9	8	7
대운 남	2	2	2	1	1	1	1	입	9	9	9	8	8	8	7	7	7	6	6	6	5	소	5	4	4	4	3	3	3	2
대운 여	8	8	9	9	9	10	10	동	1	1	1	1	2	2	2	3	3	3	4	4	4	설	5	5	6	6	6	7	7	7

대설 7일 17시 02분 【음11월】 ➡ 【甲子月(갑자월)】 ☯一白星 동지 22일 10시 56분

양력 12월 / 음력 10/13 ~ 11/13	1	2	3	4	5	6	7	8	9	10	11	12	13	14	15	16	17	18	19	20	21	22	23	24	25	26	27	28	29	30	31
요일	화	수	목	금	토	일	월	화	수	목	금	토	일	월	화	수	목	금	토	일	월	화	수	목	금	토	일	월	화	수	목
일진 日辰	壬午	癸未	甲申	乙酉	丙戌	丁亥	戊子	己丑	庚寅	辛卯	壬辰	癸巳	甲午	乙未	丙申	丁酉	戊戌	己亥	庚子	辛丑	壬寅	癸卯	甲辰	乙巳	丙午	丁未	戊申	己酉	庚戌	辛亥	壬子
납음	楊柳木		井中水		屋上土		霹靂火		松柏木		長流水		沙中金		山下火		平地木		壁上土		金箔金		覆燈火		天河水		大驛土		釵釧金		
음력	13	14	15	16	17	18	19	20	21	22	23	24	25	26	27	28	29	30	11/1	2	3	4	5	6	7	8	9	10	11	12	13
구성	6	5	4	3	2	1	9	8	7	6	5	4	3	2	1	9	8	7	6	5	4	3	2	1	9	8	7	6	5	4	3
대운 남	2	2	1	1	1	1	대	10	9	9	9	8	8	8	7	7	7	6	6	6	5	동	5	4	4	4	3	3	3	2	2
대운 여	8	8	8	9	9	9	설	1	1	1	1	2	2	2	3	3	3	4	4	4	5	지	5	6	6	6	7	7	7	8	8

단기 4332 年
불기 2543 年

1999년

下元 己卯年 납음(城頭土),본명성(一白水)

대장군(북방), 삼살(서방), 상문(동남방),조객(동북방), 납음(성두토),
【삼재(사,오,미)년】 臘享(납향):2000년1월26일(음12/20)

토끼

소한 6일 04시 17분 【음12월】 ➡ 【乙丑月(을축월)】 ☯九紫星 대한 20일 21시 37분

양력 1월	양력	1	2	3	4	5	6	7	8	9	10	11	12	13	14	15	16	17	18	19	20	21	22	23	24	25	26	27	28	29	30	31
	요일	금	토	일	월	화	수	목	금	토	일	월	화	수	목	금	토	일	월	화	수	목	금	토	일	월	화	수	목	금	토	일
	일진 日辰	癸丑	甲寅	乙卯	丙辰	丁巳	戊午	己未	庚申	辛酉	壬戌	癸亥	甲子	乙丑	丙寅	丁卯	戊辰	己巳	庚午	辛未	壬申	癸酉	甲戌	乙亥	丙子	丁丑	戊寅	己卯	庚辰	辛巳	壬午	癸未
음력	납음		大溪水		沙中土		天上火		石榴木		大海水		海中金		爐中火		大林木		路傍土		劍鋒金		山頭火		澗下水		城頭土		白臘金		楊柳木	
11/14	음력	14	15	16	17	18	19	20	21	22	23	24	25	26	27	28	29	30	12/1	2	3	4	5	6	7	8	9	10	11	12	13	14
▮	구성	2	1	9	8	7	6	5	4	3	2	1	1	2	3	4	5	6	7	8	9	1	2	3	4	5	6	7	8	9	1	2
12/14	대운 남	2	1	1	1	1	소	9	9	9	8	8	8	7	7	7	6	6	6	5	대	5	4	4	4	3	3	3	2	2	2	1
	대운 여	8	9	9	9	10	한	1	1	1	1	2	2	2	3	3	3	4	4	4	한	5	5	6	6	6	7	7	7	8	8	8

입춘 4일 15시 57분 【음1월】 ➡ 【丙寅月(병인월)】 ☯八白星 우수 19일 11시 47분

양력 2월	양력	1	2	3	4	5	6	7	8	9	10	11	12	13	14	15	16	17	18	19	20	21	22	23	24	25	26	27	28
	요일	월	화	수	목	금	토	일	월	화	수	목	금	토	일	월	화	수	목	금	토	일	월	화	수	목	금	토	일
	일진 日辰	甲申	乙酉	丙戌	丁亥	戊子	己丑	庚寅	辛卯	壬辰	癸巳	甲午	乙未	丙申	丁酉	戊戌	己亥	庚子	辛丑	壬寅	癸卯	甲辰	乙巳	丙午	丁未	戊申	己酉	庚戌	辛亥
음력	납음	井中水		屋上土		霹靂火		松柏木		長流水		沙中金		山下火		平地木		壁上土		金箔金		覆燈火		天河水		大驛土		釵釧金	
12/15	음력	15	16	17	18	19	20	21	22	23	24	25	26	27	28	29	1/1	2	3	4	5	6	7	8	9	10	11	12	13
▮	구성	3	4	5	6	7	8	9	1	2	3	4	5	6	7	8	9	1	2	3	4	5	6	7	8	9	1	2	3
01/13	대운 남	1	1	1	입	1	1	1	1	2	2	2	3	3	3	4	4	4	5	우	5	6	6	6	7	7	7	8	8
	대운 여	9	9	9	춘	10	9	9	9	8	8	8	7	7	7	6	6	6	5	수	5	4	4	4	3	3	3	2	2

己
卯
年

경칩 6일 09시 58분 【음2월】 ➡ 【丁卯月(정묘월)】 ☯七赤星 춘분 21일 10시 46분

양력 3월	양력	1	2	3	4	5	6	7	8	9	10	11	12	13	14	15	16	17	18	19	20	21	22	23	24	25	26	27	28	29	30	31
	요일	월	화	수	목	금	토	일	월	화	수	목	금	토	일	월	화	수	목	금	토	일	월	화	수	목	금	토	일	월	화	수
	일진 日辰	壬子	癸丑	甲寅	乙卯	丙辰	丁巳	戊午	己未	庚申	辛酉	壬戌	癸亥	甲子	乙丑	丙寅	丁卯	戊辰	己巳	庚午	辛未	壬申	癸酉	甲戌	乙亥	丙子	丁丑	戊寅	己卯	庚辰	辛巳	壬午
음력	납음	桑柘木		大溪水		沙中土		天上火		石榴木		大海水		海中金		爐中火		大林木		路傍土		劍鋒金		山頭火		澗下水		城頭土		白臘金		
01/14	음력	14	15	16	17	18	19	20	21	22	23	24	25	26	27	28	29	30	2/1	2	3	4	5	6	7	8	9	10	11	12	13	14
▮	구성	4	5	6	7	8	9	1	2	3	4	5	6	7	8	9	1	2	3	4	5	6	7	8	9	1	2	3	4	5	6	7
02/14	대운 남	8	9	9	9	10	경	1	1	1	1	2	2	2	3	3	3	4	4	4	5	춘	5	6	6	6	7	7	7	8	8	8
	대운 여	2	1	1	1	1	칩	10	9	9	9	8	8	8	7	7	7	6	6	6	5	분	5	4	4	4	3	3	3	2	2	2

청명 5일 14시 45분 【음3월】 ➡ 【戊辰月(무진월)】 ☯六白星 곡우 20일 21시 46분

양력 4월	양력	1	2	3	4	5	6	7	8	9	10	11	12	13	14	15	16	17	18	19	20	21	22	23	24	25	26	27	28	29	30
	요일	목	금	토	일	월	화	수	목	금	토	일	월	화	수	목	금	토	일	월	화	수	목	금	토	일	월	화	수	목	금
	일진 日辰	癸未	甲申	乙酉	丙戌	丁亥	戊子	己丑	庚寅	辛卯	壬辰	癸巳	甲午	乙未	丙申	丁酉	戊戌	己亥	庚子	辛丑	壬寅	癸卯	甲辰	乙巳	丙午	丁未	戊申	己酉	庚戌	辛亥	壬子
음력	납음		井中水		屋上土		霹靂火		松柏木		長流水		沙中金		山下火		平地木		壁上土		金箔金		覆燈火		天河水		大驛土		釵釧金		
02/15	음력	15	16	17	18	19	20	21	22	23	24	25	26	27	28	29	3/1	2	3	4	5	6	7	8	9	10	11	12	13	14	15
▮	구성	8	9	1	2	3	4	5	6	7	8	9	1	2	3	4	5	6	7	8	9	1	2	3	4	5	6	7	8	9	1
03/15	대운 남	9	9	9	10	청	1	1	1	1	2	2	2	3	3	3	4	4	4	5	곡	5	6	6	6	7	7	7	8	8	8
	대운 여	1	1	1	1	명	10	10	9	9	9	8	8	8	7	7	7	6	6	6	우	5	5	4	4	4	3	3	3	2	2

입하 6일 08시 01분 【음4월】 ➡ 【己巳月(기사월)】 ☯五黃星 소만 21일 20시 52분

양력 5월	양력	1	2	3	4	5	6	7	8	9	10	11	12	13	14	15	16	17	18	19	20	21	22	23	24	25	26	27	28	29	30	31
	요일	토	일	월	화	수	목	금	토	일	월	화	수	목	금	토	일	월	화	수	목	금	토	일	월	화	수	목	금	토	일	월
	일진 日辰	癸丑	甲寅	乙卯	丙辰	丁巳	戊午	己未	庚申	辛酉	壬戌	癸亥	甲子	乙丑	丙寅	丁卯	戊辰	己巳	庚午	辛未	壬申	癸酉	甲戌	乙亥	丙子	丁丑	戊寅	己卯	庚辰	辛巳	壬午	癸未
음력	납음		大溪水		沙中土		天上火		石榴木		大海水		海中金		爐中火		大林木		路傍土		劍鋒金		山頭火		澗下水		城頭土		白臘金		楊柳木	
03/16	음력	16	17	18	19	20	21	22	23	24	25	26	27	28	29	4/1	2	3	4	5	6	7	8	9	10	11	12	13	14	15	16	17
▮	구성	2	3	4	5	6	7	8	9	1	2	3	4	5	6	7	8	9	1	2	3	4	5	6	7	8	9	1	2	3	4	5
04/17	대운 남	9	9	9	10	10	입	1	1	1	1	2	2	2	3	3	3	4	4	4	5	소	5	6	6	6	7	7	7	8	8	8
	대운 여	2	1	1	1	1	하	10	10	9	9	9	8	8	8	7	7	7	6	6	6	만	5	5	4	4	4	3	3	3	2	2

망종 6일 12시 09분 【음5월】 ➡ 【庚午月(경오월)】 ☯四綠星 하지 22일 04시 49분

양력 6월	양력	1	2	3	4	5	6	7	8	9	10	11	12	13	14	15	16	17	18	19	20	21	22	23	24	25	26	27	28	29	30
	요일	화	수	목	금	토	일	월	화	수	목	금	토	일	월	화	수	목	금	토	일	월	화	수	목	금	토	일	월	화	수
	일진 日辰	甲申	乙酉	丙戌	丁亥	戊子	己丑	庚寅	辛卯	壬辰	癸巳	甲午	乙未	丙申	丁酉	戊戌	己亥	庚子	辛丑	壬寅	癸卯	甲辰	乙巳	丙午	丁未	戊申	己酉	庚戌	辛亥	壬子	癸丑
음력	납음	井中水		屋上土		霹靂火		松柏木		長流水		沙中金		山下火		平地木		壁上土		金箔金		覆燈火		天河水		大驛土		釵釧金		桑柘木	
04/18	음력	18	19	20	21	22	23	24	25	26	27	28	29	30	5/1	2	3	4	5	6	7	8	9	10	11	12	13	14	15	16	17
▮	구성	6	7	8	9	1	2	3	4	5	6	7	8	9	1	2	3	4	5	6	7	8	9	1	2	3	4	5	6	7	8
05/17	대운 남	9	9	9	10	10	망	1	1	1	1	2	2	2	3	3	3	4	4	4	5	5	하	6	6	6	7	7	7	8	8
	대운 여	2	1	1	1	1	종	10	10	9	9	9	8	8	8	7	7	7	6	6	6	5	지	5	4	4	4	3	3	3	2

한식(4월06일), 초복(7월17일), 중복(7월27일), 말복(8월16일) ☂춘사(春社)3/17 ☀추사(秋社)9/23
토왕지절(土旺之節):4월17일,7월20일,10월21일,1월18일(음12/12)臘享(납향):2000년1월26일(음12/20)

三日得辛, 六龍治水, 1999년 기묘年(성두토), 일백수

9紫	5黃	7赤
8白	1白	3碧
4綠	6白	2黑

1999 己卯年

소서 7일 22시 25분 【음6월】➡ 【辛未月(신미월)】 ☯三碧星 대서 23일 15시 44분

양력 7월 / 음력 05/18 ~ 06/19

양력	1	2	3	4	5	6	7	8	9	10	11	12	13	14	15	16	17	18	19	20	21	22	23	24	25	26	27	28	29	30	31
요일	목	금	토	일	월	화	수	목	금	토	일	월	화	수	목	금	토	일	월	화	수	목	금	토	일	월	화	수	목	금	토
일진 日辰	甲寅	乙卯	丙辰	丁巳	戊午	己未	庚申	辛酉	壬戌	癸亥	甲子	乙丑	丙寅	丁卯	戊辰	己巳	庚午	辛未	壬申	癸酉	甲戌	乙亥	丙子	丁丑	戊寅	己卯	庚辰	辛巳	壬午	癸未	甲申
납음	大溪水		沙中土		天上火		石榴木		大海水		海中金		爐中火		大林木		路傍土		劍鋒金		山頭火		澗下水		城頭土		白臘金		楊柳木		
음력	18	19	20	21	22	23	24	25	26	27	28	29	6/1	2	3	4	5	6	7	8	9	10	11	12	13	14	15	16	17	18	19
구성	9	1	2	3	4	5	6	7	8	9	9	8	7	6	5	4	3	2	1	9	8	7	6	5	4	3	2	1	9	8	7
대운 남	8	9	9	9	10	10	소	1	1	1	1	2	2	2	3	3	3	4	4	4	5	5	대	6	6	6	7	7	7	8	8
대운 여	2	2	1	1	1	1	서	10	10	10	9	9	9	8	8	8	7	7	7	6	6	6	서	5	5	4	4	4	3	3	3

입추 8일 08시 14분 【음7월】➡ 【壬申月(임신월)】 ☯二黑星 처서 23일 22시 51분

양력 8월 / 음력 06/20 ~ 07/21

양력	1	2	3	4	5	6	7	8	9	10	11	12	13	14	15	16	17	18	19	20	21	22	23	24	25	26	27	28	29	30	31
요일	일	월	화	수	목	금	토	일	월	화	수	목	금	토	일	월	화	수	목	금	토	일	월	화	수	목	금	토	일	월	화
일진 日辰	乙酉	丙戌	丁亥	戊子	己丑	庚寅	辛卯	壬辰	癸巳	甲午	乙未	丙申	丁酉	戊戌	己亥	庚子	辛丑	壬寅	癸卯	甲辰	乙巳	丙午	丁未	戊申	己酉	庚戌	辛亥	壬子	癸丑	甲寅	乙卯
납음		屋上土		霹靂火		松柏木		長流水		沙中金		山下火		平地木		壁上土		金箔金		覆燈火		天河水		大驛土		釵釧金		桑柘木		大溪水	
음력	20	21	22	23	24	25	26	27	28	29	7/1	2	3	4	5	6	7	8	9	10	11	12	13	14	15	16	17	18	19	20	21
구성	6	5	4	3	2	1	9	8	7	6	5	4	3	2	1	9	8	7	6	5	4	3	2	1	9	8	7	6	5	4	3
대운 남	8	9	9	9	10	10	10	입	1	1	1	1	2	2	2	3	3	3	4	4	4	5	처	5	6	6	6	7	7	7	8
대운 여	2	2	2	1	1	1	1	추	10	10	9	9	9	8	8	8	7	7	7	6	6	6	서	5	5	4	4	4	3	3	3

백로 8일 11시 10분 【음8월】➡ 【癸酉月(계유월)】 ☯一白星 추분 23일 20시 32분

양력 9월 / 음력 07/22 ~ 08/21

양력	1	2	3	4	5	6	7	8	9	10	11	12	13	14	15	16	17	18	19	20	21	22	23	24	25	26	27	28	29	30
요일	수	목	금	토	일	월	화	수	목	금	토	일	월	화	수	목	금	토	일	월	화	수	목	금	토	일	월	화	수	목
일진 日辰	丙辰	丁巳	戊午	己未	庚申	辛酉	壬戌	癸亥	甲子	乙丑	丙寅	丁卯	戊辰	己巳	庚午	辛未	壬申	癸酉	甲戌	乙亥	丙子	丁丑	戊寅	己卯	庚辰	辛巳	壬午	癸未	甲申	乙酉
납음	沙中土		天上火		石榴木		大海水		海中金		爐中火		大林木		路傍土		劍鋒金		山頭火		澗下水		城頭土		白臘金		楊柳木		井中水	
음력	22	23	24	25	26	27	28	29	30	8/1	2	3	4	5	6	7	8	9	10	11	12	13	14	15	16	17	18	19	20	21
구성	2	1	9	8	7	6	5	4	3	2	1	9	8	7	6	5	4	3	2	1	9	8	7	6	5	4	3	2	1	9
대운 남	8	8	9	9	9	10	10	백	1	1	1	1	2	2	2	3	3	3	4	4	4	5	추	5	6	6	6	7	7	7
대운 여	2	2	2	1	1	1	1	로	10	10	9	9	9	8	8	8	7	7	7	6	6	6	분	5	5	4	4	4	3	3

한로 9일 02시 48분 【음9월】➡ 【甲戌月(갑술월)】 ☯九紫星 상강 24일 05시 52분

양력 10월 / 음력 08/22 ~ 09/23

양력	1	2	3	4	5	6	7	8	9	10	11	12	13	14	15	16	17	18	19	20	21	22	23	24	25	26	27	28	29	30	31
요일	금	토	일	월	화	수	목	금	토	일	월	화	수	목	금	토	일	월	화	수	목	금	토	일	월	화	수	목	금	토	일
일진 日辰	丙戌	丁亥	戊子	己丑	庚寅	辛卯	壬辰	癸巳	甲午	乙未	丙申	丁酉	戊戌	己亥	庚子	辛丑	壬寅	癸卯	甲辰	乙巳	丙午	丁未	戊申	己酉	庚戌	辛亥	壬子	癸丑	甲寅	乙卯	丙辰
납음	屋上土		霹靂火		松柏木		長流水		沙中金		山下火		平地木		壁上土		金箔金		覆燈火		天河水		大驛土		釵釧金		桑柘木		大溪水		
음력	22	23	24	25	26	27	28	29	9/1	2	3	4	5	6	7	8	9	10	11	12	13	14	15	16	17	18	19	20	21	22	23
구성	8	7	6	5	4	3	2	1	9	8	7	6	5	4	3	2	1	9	8	7	6	5	4	3	2	1	9	8	7	6	5
대운 남	8	8	8	9	9	9	10	10	한	1	1	1	1	2	2	2	3	3	3	4	4	4	5	상	5	6	6	6	7	7	7
대운 여	3	2	2	2	1	1	1	1	로	10	9	9	9	8	8	8	7	7	7	6	6	6	5	강	5	4	4	4	3	3	3

입동 8일 05시 58분 【음10월】➡ 【乙亥月(을해월)】 ☯八白星 소설 23일 03시 25분

양력 11월 / 음력 09/24 ~ 10/23

양력	1	2	3	4	5	6	7	8	9	10	11	12	13	14	15	16	17	18	19	20	21	22	23	24	25	26	27	28	29	30
요일	월	화	수	목	금	토	일	월	화	수	목	금	토	일	월	화	수	목	금	토	일	월	화	수	목	금	토	일	월	화
일진 日辰	丁巳	戊午	己未	庚申	辛酉	壬戌	癸亥	甲子	乙丑	丙寅	丁卯	戊辰	己巳	庚午	辛未	壬申	癸酉	甲戌	乙亥	丙子	丁丑	戊寅	己卯	庚辰	辛巳	壬午	癸未	甲申	乙酉	丙戌
납음		天上火		石榴木		大海水		海中金		爐中火		大林木		路傍土		劍鋒金		山頭火		澗下水		城頭土		白臘金		楊柳木		井中水		
음력	24	25	26	27	28	29	30	10/1	2	3	4	5	6	7	8	9	10	11	12	13	14	15	16	17	18	19	20	21	22	23
구성	4	3	2	1	9	8	7	6	5	4	3	2	1	9	8	7	6	5	4	3	2	1	9	8	7	6	5	4	3	2
대운 남	8	8	8	9	9	9	10	입	1	1	1	1	2	2	2	3	3	3	4	4	4	5	소	5	6	6	6	7	7	7
대운 여	2	2	2	1	1	1	1	동	9	9	9	8	8	8	7	7	7	6	6	6	5	5	설	4	4	4	3	3	3	2

대설 7일 22시 47분 【음11월】➡ 【丙子月(병자월)】 ☯七赤星 동지 22일 16시 44분

양력 12월 / 음력 10/24 ~ 11/24

양력	1	2	3	4	5	6	7	8	9	10	11	12	13	14	15	16	17	18	19	20	21	22	23	24	25	26	27	28	29	30	31
요일	수	목	금	토	일	월	화	수	목	금	토	일	월	화	수	목	금	토	일	월	화	수	목	금	토	일	월	화	수	목	금
일진 日辰	丁亥	戊子	己丑	庚寅	辛卯	壬辰	癸巳	甲午	乙未	丙申	丁酉	戊戌	己亥	庚子	辛丑	壬寅	癸卯	甲辰	乙巳	丙午	丁未	戊申	己酉	庚戌	辛亥	壬子	癸丑	甲寅	乙卯	丙辰	丁巳
납음		霹靂火		松柏木		長流水		沙中金		山下火		平地木		壁上土		金箔金		覆燈火		天河水		大驛土		釵釧金		桑柘木		大溪水		沙中土	
음력	24	25	26	27	28	29	30	11/1	2	3	4	5	6	7	8	9	10	11	12	13	14	15	16	17	18	19	20	21	22	23	24
구성	1	9	8	7	6	5	4	3	2	1	9	8	7	6	5	4	3	2	1	9	8	7	6	5	4	3	2	1	9	8	7
대운 남	8	8	8	9	9	9	대	1	1	1	1	2	2	2	3	3	3	4	4	4	5	동	5	6	6	6	7	7	7	8	8
대운 여	2	2	1	1	1	1	설	10	9	9	9	8	8	8	7	7	7	6	6	6	5	지	5	4	4	4	3	3	3	2	2

단기 4333 年 불기 2544 年 **2000년**

下元 庚辰年 납음(白臘金),본명성(九紫火)

대장군(子북방), 삼살(남방), 상문(午남방), 조객(寅동북방),납음(백납금), 삼재(인,묘,진) 臘享(납향):2001년1월20일(음12/26)

용

소한 6일 10시 00분 【음12월】 ➡ 【丁丑月(정축월)】 ☯六白星 대한 21일 03시 22분

양력 1월 / 음력 11/25 ~ 12/25

양력	1	2	3	4	5	6	7	8	9	10	11	12	13	14	15	16	17	18	19	20	21	22	23	24	25	26	27	28	29	30	31
요일	토	일	월	화	수	목	금	토	일	월	화	수	목	금	토	일	월	화	수	목	금	토	일	월	화	수	목	금	토	일	월
일진 日辰	戊午	己未	庚申	辛酉	壬戌	癸亥	甲子	乙丑	丙寅	丁卯	戊辰	己巳	庚午	辛未	壬申	癸酉	甲戌	乙亥	丙子	丁丑	戊寅	己卯	庚辰	辛巳	壬午	癸未	甲申	乙酉	丙戌	丁亥	戊子
납음	天上火		石榴木		大海水		海中金		爐中火		大林木		路傍土		劍鋒金		山頭火		澗下水		城頭土		白臘金		楊柳木		井中水		屋上土		
음력	25	26	27	28	29	30	12/1	2	3	4	5	6	7	8	9	10	11	12	13	14	15	16	17	18	19	20	21	22	23	24	25
구성	6	5	4	3	2	1	1	2	3	4	5	6	7	8	9	1	2	3	4	5	6	7	8	9	1	2	3	4	5	6	7
대운 남	8	9	9	9	10	소	1	1	1	1	2	2	2	3	3	3	4	4	4	5	대	5	6	6	6	7	7	7	8	8	8
대운 여	2	1	1	1	1	한	9	9	9	8	8	8	7	7	7	6	6	6	5	5	한	4	4	4	3	3	3	2	2	2	1

입춘 4일 21시 40분 【음1월】 ➡ 【戊寅月(무인월)】 ☯五黃星 우수 19일 17시 33분

양력 2월 / 음력 12/26 ~ 01/25

양력	1	2	3	4	5	6	7	8	9	10	11	12	13	14	15	16	17	18	19	20	21	22	23	24	25	26	27	28	29
요일	화	수	목	금	토	일	월	화	수	목	금	토	일	월	화	수	목	금	토	일	월	화	수	목	금	토	일	월	화
일진 日辰	己丑	庚寅	辛卯	壬辰	癸巳	甲午	乙未	丙申	丁酉	戊戌	己亥	庚子	辛丑	壬寅	癸卯	甲辰	乙巳	丙午	丁未	戊申	己酉	庚戌	辛亥	壬子	癸丑	甲寅	乙卯	丙辰	丁巳
납음		松柏木		長流水		沙中金		山下火		平地木		壁上土		金箔金		覆燈火		天河水		大驛土		釵釧金		桑柘木		大溪水		沙中土	
음력	26	27	28	29	1/1	2	3	4	5	6	7	8	9	10	11	12	13	14	15	16	17	18	19	20	21	22	23	24	25
구성	8	9	1	2	3	4	5	6	7	8	9	1	2	3	4	5	6	7	8	9	1	2	3	4	5	6	7	8	9
대운 남	9	9	9	입	10	9	9	9	8	8	8	7	7	7	6	6	6	5	우	5	4	4	4	3	3	3	2	2	2
대운 여	1	1	1	춘	1	1	1	1	2	2	2	3	3	3	4	4	4	5	수	5	6	6	6	7	7	7	8	8	8

庚辰年

경칩 5일 15시 42분 【음2월】 ➡ 【己卯月(기묘월)】 ☯四綠星 춘분 20일 16시 35분

양력 3월 / 음력 01/26 ~ 02/26

양력	1	2	3	4	5	6	7	8	9	10	11	12	13	14	15	16	17	18	19	20	21	22	23	24	25	26	27	28	29	30	31
요일	수	목	금	토	일	월	화	수	목	금	토	일	월	화	수	목	금	토	일	월	화	수	목	금	토	일	월	화	수	목	금
일진 日辰	戊午	己未	庚申	辛酉	壬戌	癸亥	甲子	乙丑	丙寅	丁卯	戊辰	己巳	庚午	辛未	壬申	癸酉	甲戌	乙亥	丙子	丁丑	戊寅	己卯	庚辰	辛巳	壬午	癸未	甲申	乙酉	丙戌	丁亥	戊子
납음	天上火		石榴木		大海水		海中金		爐中火		大林木		路傍土		劍鋒金		山頭火		澗下水		城頭土		白臘金		楊柳木		井中水		屋上土		
음력	26	27	28	29	30	2/1	2	3	4	5	6	7	8	9	10	11	12	13	14	15	16	17	18	19	20	21	22	23	24	25	26
구성	1	2	3	4	5	6	7	8	9	1	2	3	4	5	6	7	8	9	1	2	3	4	5	6	7	8	9	1	2	3	4
대운 남	1	1	1	1	경	10	9	9	9	8	8	8	7	7	7	6	6	6	5	춘	5	4	4	4	3	3	3	2	2	2	1
대운 여	9	9	9	10	칩	1	1	1	1	2	2	2	3	3	3	4	4	4	5	분	5	6	6	6	7	7	7	8	8	8	9

청명 4일 20시 31분 【음3월】 ➡ 【庚辰月(경진월)】 ☯三碧星 곡우 20일 03시 39분

양력 4월 / 음력 02/27 ~ 03/26

양력	1	2	3	4	5	6	7	8	9	10	11	12	13	14	15	16	17	18	19	20	21	22	23	24	25	26	27	28	29	30
요일	토	일	월	화	수	목	금	토	일	월	화	수	목	금	토	일	월	화	수	목	금	토	일	월	화	수	목	금	토	일
일진 日辰	己丑	庚寅	辛卯	壬辰	癸巳	甲午	乙未	丙申	丁酉	戊戌	己亥	庚子	辛丑	壬寅	癸卯	甲辰	乙巳	丙午	丁未	戊申	己酉	庚戌	辛亥	壬子	癸丑	甲寅	乙卯	丙辰	丁巳	戊午
납음		松柏木		長流水		沙中金		山下火		平地木		壁上土		金箔金		覆燈火		天河水		大驛土		釵釧金		桑柘木		大溪水		沙中土		
음력	27	28	29	30	3/1	2	3	4	5	6	7	8	9	10	11	12	13	14	15	16	17	18	19	20	21	22	23	24	25	26
구성	5	6	7	8	9	1	2	3	4	5	6	7	8	9	1	2	3	4	5	6	7	8	9	1	2	3	4	5	6	7
대운 남	1	1	1	청	10	10	9	9	9	8	8	8	7	7	7	6	6	6	5	곡	5	4	4	4	3	3	3	2	2	2
대운 여	9	9	10	명	1	1	1	1	2	2	2	3	3	3	4	4	4	5	5	우	6	6	6	7	7	7	8	8	8	9

입하 5일 13시 50분 【음4월】 ➡ 【辛巳月(신사월)】 ☯二黑星 소만 21일 02시 49분

양력 5월 / 음력 03/27 ~ 04/28

양력	1	2	3	4	5	6	7	8	9	10	11	12	13	14	15	16	17	18	19	20	21	22	23	24	25	26	27	28	29	30	31
요일	월	화	수	목	금	토	일	월	화	수	목	금	토	일	월	화	수	목	금	토	일	월	화	수	목	금	토	일	월	화	수
일진 日辰	己未	庚申	辛酉	壬戌	癸亥	甲子	乙丑	丙寅	丁卯	戊辰	己巳	庚午	辛未	壬申	癸酉	甲戌	乙亥	丙子	丁丑	戊寅	己卯	庚辰	辛巳	壬午	癸未	甲申	乙酉	丙戌	丁亥	戊子	己丑
납음		石榴木		大海水		海中金		爐中火		大林木		路傍土		劍鋒金		山頭火		澗下水		城頭土		白臘金		楊柳木		井中水		屋上土		霹靂火	
음력	27	28	29	4/1	2	3	4	5	6	7	8	9	10	11	12	13	14	15	16	17	18	19	20	21	22	23	24	25	26	27	28
구성	8	9	1	2	3	4	5	6	7	8	9	1	2	3	4	5	6	7	8	9	1	2	3	4	5	6	7	8	9	1	2
대운 남	1	1	1	1	입	10	10	9	9	9	8	8	8	7	7	7	6	6	6	5	소	5	4	4	4	3	3	3	2	2	2
대운 여	9	9	10	10	하	1	1	1	1	2	2	2	3	3	3	4	4	4	5	5	만	6	6	6	7	7	7	8	8	8	9

망종 5일 17시 58분 【음5월】 ➡ 【壬午月(임오월)】 ☯一白星 하지 21일 10시 47분

양력 6월 / 음력 04/29 ~ 05/29

양력	1	2	3	4	5	6	7	8	9	10	11	12	13	14	15	16	17	18	19	20	21	22	23	24	25	26	27	28	29	30
요일	목	금	토	일	월	화	수	목	금	토	일	월	화	수	목	금	토	일	월	화	수	목	금	토	일	월	화	수	목	금
일진 日辰	庚寅	辛卯	壬辰	癸巳	甲午	乙未	丙申	丁酉	戊戌	己亥	庚子	辛丑	壬寅	癸卯	甲辰	乙巳	丙午	丁未	戊申	己酉	庚戌	辛亥	壬子	癸丑	甲寅	乙卯	丙辰	丁巳	戊午	己未
납음	松柏木		長流水		沙中金		山下火		平地木		壁上土		金箔金		覆燈火		天河水		大驛土		釵釧金		桑柘木		大溪水		沙中土		天上火	
음력	29	5/1	2	3	4	5	6	7	8	9	10	11	12	13	14	15	16	17	18	19	20	21	22	23	24	25	26	27	28	29
구성	3	4	5	6	7	8	9	1	2	3	4	5	6	7	8	9	1	2	3	4	5	6	7	8	9	1	2	3	4	5
대운 남	1	1	1	1	망	10	10	10	9	9	9	8	8	8	7	7	7	6	6	6	하	5	5	4	4	4	3	3	3	2
대운 여	9	9	10	10	종	1	1	1	1	2	2	2	3	3	3	4	4	4	5	5	지	6	6	6	7	7	7	8	8	8

한식(4월05일), 초복(7월11일), 중복(7월21일), 말복(8월10일) ☂춘사(春社)3/21 ☀추사(秋社)9/27
토왕지절(土旺之節):4월17일,7월19일,10월20일,1월17일(음12/23)臘享(납향):2001년1월20일(음12/26)

九日得辛, 十二龍治水, 2000년 경진年(백납금), 구자화

8白	4綠	6白
7赤	9紫	2黑
3碧	5黃	1白

2000 庚辰年

소서 7일 04시 13분 【음6월】➡ 【癸未月(계미월)】 ☯九紫星 대서 22일 21시 42분

양력 7월 / 음력 05/30 ~ 07/01

양력	1	2	3	4	5	6	7	8	9	10	11	12	13	14	15	16	17	18	19	20	21	22	23	24	25	26	27	28	29	30	31
요일	토	일	월	화	수	목	금	토	일	월	화	수	목	금	토	일	월	화	수	목	금	토	일	월	화	수	목	금	토	일	월
일진 日辰	庚申	辛酉	壬戌	癸亥	甲子	乙丑	丙寅	丁卯	戊辰	己巳	庚午	辛未	壬申	癸酉	甲戌	乙亥	丙子	丁丑	戊寅	己卯	庚辰	辛巳	壬午	癸未	甲申	乙酉	丙戌	丁亥	戊子	己丑	庚寅
납음	石榴木		大海水		海中金		爐中火		大林木		路傍土		劍鋒金		山頭火		澗下水		城頭土		白臘金		楊柳木		井中水		屋上土		霹靂火		
음력	30	6/1	2	3	4	5	6	7	8	9	10	11	12	13	14	15	16	17	18	19	20	21	22	23	24	25	26	27	28	29	7/1
구성	6	7	8	9	9	8	7	6	5	4	3	2	1	9	8	7	6	5	4	3	2	1	9	8	7	6	5	4	3	2	1
대운 남	2	2	1	1	1	1	소	10	10	9	9	9	8	8	8	7	7	7	6	6	6	대	5	5	4	4	4	3	3	3	2
대운 여	9	9	9	10	10	10	서	1	1	1	1	2	2	2	3	3	3	4	4	4	5	서	5	6	6	6	7	7	7	8	8

입추 7일 14시 02분 【음7월】➡ 【甲申月(갑신월)】 ☯八白星 처서 23일 04시 48분

양력 8월 / 음력 07/02 ~ 05/03

양력	1	2	3	4	5	6	7	8	9	10	11	12	13	14	15	16	17	18	19	20	21	22	23	24	25	26	27	28	29	30	31
요일	화	수	목	금	토	일	월	화	수	목	금	토	일	월	화	수	목	금	토	일	월	화	수	목	금	토	일	월	화	수	목
일진 日辰	辛卯	壬辰	癸巳	甲午	乙未	丙申	丁酉	戊戌	己亥	庚子	辛丑	壬寅	癸卯	甲辰	乙巳	丙午	丁未	戊申	己酉	庚戌	辛亥	壬子	癸丑	甲寅	乙卯	丙辰	丁巳	戊午	己未	庚申	辛酉
납음		長流水		沙中金		山下火		平地木		壁上土		金箔金		覆燈火		天河水		大驛土		釵釧金		桑柘木		大溪水		沙中土		天上火		石榴木	
음력	2	3	4	5	6	7	8	9	10	11	12	13	14	15	16	17	18	19	20	21	22	23	24	25	26	27	28	30	8/1	2	3
구성	9	8	7	6	5	4	3	2	1	9	8	7	6	5	4	3	2	1	9	8	7	6	5	4	3	2	1	9	8	7	6
대운 남	2	2	1	1	1	1	입	10	10	9	9	9	8	8	8	7	7	7	6	6	6	5	처	5	4	4	4	3	3	3	2
대운 여	8	9	9	9	10	10	추	1	1	1	1	2	2	2	3	3	3	4	4	4	5	5	서	6	6	6	7	7	7	8	8

백로 7일 16시 59분 【음8월】➡ 【乙酉月(을유월)】 ☯七赤星 추분 23일 02시 27분

양력 9월 / 음력 08/04 ~ 09/03

양력	1	2	3	4	5	6	7	8	9	10	11	12	13	14	15	16	17	18	19	20	21	22	23	24	25	26	27	28	29	30
요일	금	토	일	월	화	수	목	금	토	일	월	화	수	목	금	토	일	월	화	수	목	금	토	일	월	화	수	목	금	토
일진 日辰	壬戌	癸亥	甲子	乙丑	丙寅	丁卯	戊辰	己巳	庚午	辛未	壬申	癸酉	甲戌	乙亥	丙子	丁丑	戊寅	己卯	庚辰	辛巳	壬午	癸未	甲申	乙酉	丙戌	丁亥	戊子	己丑	庚寅	辛卯
납음	大海水		海中金		爐中火		大林木		路傍土		劍鋒金		山頭火		澗下水		城頭土		白臘金		楊柳木		井中水		屋上土		霹靂火		松柏木	
음력	4	5	6	7	8	9	10	11	12	13	14	15	16	17	18	19	20	21	22	23	24	25	26	27	28	29	30	9/1	2	3
구성	5	4	3	2	1	9	8	7	6	5	4	3	2	1	9	8	7	6	5	4	3	2	1	9	8	7	6	5	4	3
대운 남	2	2	1	1	1	1	백	10	10	9	9	9	8	8	8	7	7	7	6	6	6	5	추	5	4	4	4	3	3	3
대운 여	8	9	9	9	10	10	로	1	1	1	1	2	2	2	3	3	3	4	4	4	5	5	분	6	6	6	7	7	7	8

한로 8일 08시 38분 【음9월】➡ 【丙戌月(병술월)】 ☯六白星 상강 23일 11시 47분

양력 10월 / 음력 09/04 ~ 10/05

양력	1	2	3	4	5	6	7	8	9	10	11	12	13	14	15	16	17	18	19	20	21	22	23	24	25	26	27	28	29	30	31
요일	일	월	화	수	목	금	토	일	월	화	수	목	금	토	일	월	화	수	목	금	토	일	월	화	수	목	금	토	일	월	화
일진 日辰	壬辰	癸巳	甲午	乙未	丙申	丁酉	戊戌	己亥	庚子	辛丑	壬寅	癸卯	甲辰	乙巳	丙午	丁未	戊申	己酉	庚戌	辛亥	壬子	癸丑	甲寅	乙卯	丙辰	丁巳	戊午	己未	庚申	辛酉	壬戌
납음	長流水		沙中金		山下火		平地木		壁上土		金箔金		覆燈火		天河水		大驛土		釵釧金		桑柘木		大溪水		沙中土		天上火		石榴木		
음력	4	5	6	7	8	9	10	11	12	13	14	15	16	17	18	19	20	21	22	23	24	25	26	27	28	29	10/1	2	3	4	5
구성	2	1	9	8	7	6	5	4	3	2	1	9	8	7	6	5	4	3	2	1	9	8	7	6	5	4	3	2	1	9	8
대운 남	2	2	2	1	1	1	1	한	10	9	9	9	8	8	8	7	7	7	6	6	6	5	상	5	4	4	4	3	3	3	2
대운 여	8	8	9	9	9	10	10	로	1	1	1	1	2	2	2	3	3	3	4	4	4	5	강	5	6	6	6	7	7	7	8

입동 7일 11시 47분 【음10월】➡ 【丁亥月(정해월)】 ☯五黃星 소설 22일 09시 19분

양력 11월 / 음력 10/06 ~ 11/05

양력	1	2	3	4	5	6	7	8	9	10	11	12	13	14	15	16	17	18	19	20	21	22	23	24	25	26	27	28	29	30
요일	수	목	금	토	일	월	화	수	목	금	토	일	월	화	수	목	금	토	일	월	화	수	목	금	토	일	월	화	수	목
일진 日辰	癸亥	甲子	乙丑	丙寅	丁卯	戊辰	己巳	庚午	辛未	壬申	癸酉	甲戌	乙亥	丙子	丁丑	戊寅	己卯	庚辰	辛巳	壬午	癸未	甲申	乙酉	丙戌	丁亥	戊子	己丑	庚寅	辛卯	壬辰
납음		海中金		爐中火		大林木		路傍土		劍鋒金		山頭火		澗下水		城頭土		白臘金		楊柳木		井中水		屋上土		霹靂火		松柏木		
음력	6	7	8	9	10	11	12	13	14	15	16	17	18	19	20	21	22	23	24	25	26	27	28	29	30	11/1	2	3	4	5
구성	7	6	5	4	3	2	1	9	8	7	6	5	4	3	2	1	9	8	7	6	5	4	3	2	1	9	8	7	6	5
대운 남	2	2	1	1	1	1	입	10	9	9	9	8	8	8	7	7	7	6	6	6	5	소	5	4	4	4	3	3	3	2
대운 여	8	8	9	9	9	10	동	1	1	1	1	2	2	2	3	3	3	4	4	4	5	설	5	6	6	6	7	7	7	8

대설7일 04시 36분 【음11월】➡ 【戊子月(무자월)】 ☯四綠星 동지 21일 22시 37분

양력 12월 / 음력 11/06 ~ 12/06

양력	1	2	3	4	5	6	7	8	9	10	11	12	13	14	15	16	17	18	19	20	21	22	23	24	25	26	27	28	29	30	31
요일	금	토	일	월	화	수	목	금	토	일	월	화	수	목	금	토	일	월	화	수	목	금	토	일	월	화	수	목	금	토	일
일진 日辰	癸巳	甲午	乙未	丙申	丁酉	戊戌	己亥	庚子	辛丑	壬寅	癸卯	甲辰	乙巳	丙午	丁未	戊申	己酉	庚戌	辛亥	壬子	癸丑	甲寅	乙卯	丙辰	丁巳	戊午	己未	庚申	辛酉	壬戌	癸亥
납음		沙中金		山下火		平地木		壁上土		金箔金		覆燈火		天河水		大驛土		釵釧金		桑柘木		大溪水		沙中土		天上火		石榴木		大海水	
음력	6	7	8	9	10	11	12	13	14	15	16	17	18	19	20	21	22	23	24	25	26	27	28	29	30	12/1	2	3	4	5	6
구성	4	3	2	1	9	8	7	6	5	4	3	2	1	9	8	7	6	5	4	3	2	1	9	8	7	6	5	4	3	2	1
대운 남	2	2	1	1	1	1	대	9	9	9	8	8	8	7	7	7	6	6	6	5	동	5	4	4	4	3	3	3	2	2	2
대운 여	8	8	9	9	9	10	설	1	1	1	1	2	2	2	3	3	3	4	4	4	지	5	5	6	6	6	7	7	7	8	8

뱀

단기 4334 年 불기 2545 年

2001년

下元 辛巳年 납음(白臘金),본명성(八白土)

대장군(卯동방), 삼살(동방), 상문(未서남방),조객(卯동방), 납음(백납금), 【삼재(해,자,축)년】 臘享(납향):2002년1월17일(음12/05)

소한 5일 03시 49분 【음12월】 ➡ 【己丑月(기축월)】 ☯三碧星 대한 20일 09시 16분

양력 1월 / 음력 12/07 ~ 01/08

양력	1	2	3	4	5	6	7	8	9	10	11	12	13	14	15	16	17	18	19	20	21	22	23	24	25	26	27	28	29	30	31
요일	월	화	수	목	금	토	일	월	화	수	목	금	토	일	월	화	수	목	금	토	일	월	화	수	목	금	토	일	월	화	수
일진 日辰	甲子	乙丑	丙寅	丁卯	戊辰	己巳	庚午	辛未	壬申	癸酉	甲戌	乙亥	丙子	丁丑	戊寅	己卯	庚辰	辛巳	壬午	癸未	甲申	乙酉	丙戌	丁亥	戊子	己丑	庚寅	辛卯	壬辰	癸巳	甲午
납음	海中金		爐中火		大林木		路傍土		劍鋒金		山頭火		澗下水		城頭土		白臘金		楊柳木		井中水		屋上土		霹靂火		松柏木		長流水		
음력	7	8	9	10	11	12	13	14	15	16	17	18	19	20	21	22	23	24	25	26	27	28	29	1/1	2	3	4	5	6	7	8
구성	1	2	3	4	5	6	7	8	9	1	2	3	4	5	6	7	8	9	1	2	3	4	5	6	7	8	9	1	2	3	4
대운 남	1	1	1	1	소	10	9	9	9	8	8	8	7	7	7	6	6	6	5	대	5	4	4	4	3	3	3	2	2	2	1
대운 여	8	9	9	9	한	1	1	1	1	2	2	2	3	3	3	4	4	4	5	한	5	6	6	6	7	7	7	8	8	8	9

입춘 4일 03시 28분 【음1월】 ➡ 【庚寅月(경인월)】 ☯二黑星 우수 18일 23시 27분

양력 2월 / 음력 01/09 ~ 02/06

양력	1	2	3	4	5	6	7	8	9	10	11	12	13	14	15	16	17	18	19	20	21	22	23	24	25	26	27	28
요일	목	금	토	일	월	화	수	목	금	토	일	월	화	수	목	금	토	일	월	화	수	목	금	토	일	월	화	수
일진 日辰	乙未	丙申	丁酉	戊戌	己亥	庚子	辛丑	壬寅	癸卯	甲辰	乙巳	丙午	丁未	戊申	己酉	庚戌	辛亥	壬子	癸丑	甲寅	乙卯	丙辰	丁巳	戊午	己未	庚申	辛酉	壬戌
납음		山下火		平地木		壁上土		金箔金		覆燈火		天河水		大驛土		釵釧金		桑柘木		大溪水		沙中土		天上火		石榴木		
음력	9	10	11	12	13	14	15	16	17	18	19	20	21	22	23	24	25	26	27	28	29	30	2/1	2	3	4	5	6
구성	5	6	7	8	9	1	2	3	4	5	6	7	8	9	1	2	3	4	5	6	7	8	9	1	2	3	4	5
대운 남	1	1	1	입	1	1	1	1	2	2	2	3	3	3	4	4	4	우	5	5	6	6	6	7	7	7	8	8
대운 여	9	9	10	춘	9	9	9	8	8	8	7	7	7	6	6	6	5	수	5	4	4	4	3	3	3	2	2	2

辛巳年

경칩 5일 21시 32분 【음2월】 ➡ 【辛卯月(신묘월)】 ☯一白星 춘분 20일 22시 30분

양력 3월 / 음력 02/07 ~ 03/07

양력	1	2	3	4	5	6	7	8	9	10	11	12	13	14	15	16	17	18	19	20	21	22	23	24	25	26	27	28	29	30	31
요일	목	금	토	일	월	화	수	목	금	토	일	월	화	수	목	금	토	일	월	화	수	목	금	토	일	월	화	수	목	금	토
일진 日辰	癸亥	甲子	乙丑	丙寅	丁卯	戊辰	己巳	庚午	辛未	壬申	癸酉	甲戌	乙亥	丙子	丁丑	戊寅	己卯	庚辰	辛巳	壬午	癸未	甲申	乙酉	丙戌	丁亥	戊子	己丑	庚寅	辛卯	壬辰	癸巳
납음		海中金		爐中火		大林木		路傍土		劍鋒金		山頭火		澗下水		城頭土		白臘金		楊柳木		井中水		屋上土		霹靂火		松柏木		長流水	
음력	7	8	9	10	11	12	13	14	15	16	17	18	19	20	21	22	23	24	25	26	27	28	29	30	3/1	2	3	4	5	6	7
구성	6	7	8	9	1	2	3	4	5	6	7	8	9	1	2	3	4	5	6	7	8	9	1	2	3	4	5	6	7	8	9
대운 남	8	9	9	9	경	1	1	1	1	2	2	2	3	3	3	4	4	4	5	춘	5	6	6	6	7	7	7	8	8	8	9
대운 여	1	1	1	1	칩	10	10	9	9	9	8	8	8	7	7	7	6	6	6	분	5	5	4	4	4	3	3	3	2	2	2

청명 5일 02시 24분 【음3월】 ➡ 【壬辰月(임진월)】 ☯九紫星 곡우 20일 09시 35분

양력 4월 / 음력 03/08 ~ 04/07

양력	1	2	3	4	5	6	7	8	9	10	11	12	13	14	15	16	17	18	19	20	21	22	23	24	25	26	27	28	29	30
요일	일	월	화	수	목	금	토	일	월	화	수	목	금	토	일	월	화	수	목	금	토	일	월	화	수	목	금	토	일	월
일진 日辰	甲午	乙未	丙申	丁酉	戊戌	己亥	庚子	辛丑	壬寅	癸卯	甲辰	乙巳	丙午	丁未	戊申	己酉	庚戌	辛亥	壬子	癸丑	甲寅	乙卯	丙辰	丁巳	戊午	己未	庚申	辛酉	壬戌	癸亥
납음	沙中金		山下火		平地木		壁上土		金箔金		覆燈火		天河水		大驛土		釵釧金		桑柘木		大溪水		沙中土		天上火		石榴木		大海水	
음력	8	9	10	11	12	13	14	15	16	17	18	19	20	21	22	23	24	25	26	27	28	29	30	4/1	2	3	4	5	6	7
구성	1	2	3	4	5	6	7	8	9	1	2	3	4	5	6	7	8	9	1	2	3	4	5	6	7	8	9	1	2	3
대운 남	9	9	10	10	청	1	1	1	1	2	2	2	3	3	3	4	4	4	5	곡	5	6	6	6	7	7	7	8	8	8
대운 여	1	1	1	1	명	10	9	9	9	8	8	8	7	7	7	6	6	6	5	우	5	4	4	4	3	3	3	2	2	2

입하 6일 19시 44분 【음4월】 ➡ 【癸巳月(계사월)】 ☯八白星 소만 21일 08시 44분

양력 5월 / 음력 04/08 ~ 윤409

양력	1	2	3	4	5	6	7	8	9	10	11	12	13	14	15	16	17	18	19	20	21	22	23	24	25	26	27	28	29	30	31
요일	화	수	목	금	토	일	월	화	수	목	금	토	일	월	화	수	목	금	토	일	월	화	수	목	금	토	일	월	화	수	목
일진 日辰	甲子	乙丑	丙寅	丁卯	戊辰	己巳	庚午	辛未	壬申	癸酉	甲戌	乙亥	丙子	丁丑	戊寅	己卯	庚辰	辛巳	壬午	癸未	甲申	乙酉	丙戌	丁亥	戊子	己丑	庚寅	辛卯	壬辰	癸巳	甲午
납음	海中金		爐中火		大林木		路傍土		劍鋒金		山頭火		澗下水		城頭土		白臘金		楊柳木		井中水		屋上土		霹靂火		松柏木		長流水		
음력	8	9	10	11	12	13	14	15	16	17	18	19	20	21	22	23	24	25	26	27	28	29	윤4	2	3	4	5	6	7	8	9
구성	4	5	6	7	8	9	1	2	3	4	5	6	7	8	9	1	2	3	4	5	6	7	8	9	1	2	3	4	5	6	7
대운 남	9	9	9	10	입	1	1	1	1	2	2	2	3	3	3	4	4	4	5	5	소	6	6	6	7	7	7	8	8	8	9
대운 여	1	1	1	1	하	10	10	9	9	9	8	8	8	7	7	7	6	6	6	5	만	5	4	4	4	3	3	3	2	2	2

망종 5일 23시 53분 【음5월】 ➡ 【甲午月(갑오월)】 ☯七赤星 하지 21일 16시 37분

양력 6월 / 음력 윤410 ~ 05/10

양력	1	2	3	4	5	6	7	8	9	10	11	12	13	14	15	16	17	18	19	20	21	22	23	24	25	26	27	28	29	30
요일	금	토	일	월	화	수	목	금	토	일	월	화	수	목	금	토	일	월	화	수	목	금	토	일	월	화	수	목	금	토
일진 日辰	乙未	丙申	丁酉	戊戌	己亥	庚子	辛丑	壬寅	癸卯	甲辰	乙巳	丙午	丁未	戊申	己酉	庚戌	辛亥	壬子	癸丑	甲寅	乙卯	丙辰	丁巳	戊午	己未	庚申	辛酉	壬戌	癸亥	甲子
납음		山下火		平地木		壁上土		金箔金		覆燈火		天河水		大驛土		釵釧金		桑柘木		大溪水		沙中土		天上火		石榴木		大海水		
음력	10	11	12	13	14	15	16	17	18	19	20	21	22	23	24	25	26	27	28	29	5/1	2	3	4	5	6	7	8	9	10
구성	8	9	1	2	3	4	5	6	7	8	9	1	2	3	4	5	6	7	8	9	1	2	3	4	5	6	7	8	9	9
대운 남	9	9	10	10	망	1	1	1	1	2	2	2	3	3	3	4	4	4	5	5	하	6	6	6	7	7	7	8	8	8
대운 여	1	1	1	1	종	10	10	10	9	9	9	8	8	8	7	7	7	6	6	6	지	5	5	4	4	4	3	3	3	2

한식(4월05일), 초복(7월16일), 중복(7월26일), 말복(8월15일) ☂춘사(春社)3/16 ☀추사(秋社)9/22
토왕지절(土旺之節):4월17일,7월19일,10월20일,1월15일(음12/03)臘享(납향):2002년1월17일(음12/05)

五日得辛, 六龍治水, 2001년 신사年(백납금), 팔백토

7赤	3碧	5黃
6白	8白	1白
2黑	4綠	9紫

2001 辛巳年

소서 7일 10시 06분 【음6월】 ➡ 【乙未月(을미월)】 ☯六白星 대서 23일 03시 26분

양력 7월 / 음력 05/11 – 06/11

양력	1	2	3	4	5	6	7	8	9	10	11	12	13	14	15	16	17	18	19	20	21	22	23	24	25	26	27	28	29	30	31
요일	일	월	화	수	목	금	토	일	월	화	수	목	금	토	일	월	화	수	목	금	토	일	월	화	수	목	금	토	일	월	화
일진 日辰	乙丑	丙寅	丁卯	戊辰	己巳	庚午	辛未	壬申	癸酉	甲戌	乙亥	丙子	丁丑	戊寅	己卯	庚辰	辛巳	壬午	癸未	甲申	乙酉	丙戌	丁亥	戊子	己丑	庚寅	辛卯	壬辰	癸巳	甲午	乙未
납음		爐中火		大林木		路傍土		劍鋒金		山頭火		澗下水		城頭土		白臘金		楊柳木		井中水		屋上土		霹靂火		松柏木		長流水		沙中金	
음력	11	12	13	14	15	16	17	18	19	20	21	22	23	24	25	26	27	28	29	30	6/1	2	3	4	5	6	7	8	9	10	11
구성	8	7	6	5	4	3	2	1	9	8	7	6	5	4	3	2	1	9	8	7	6	5	4	3	2	1	9	8	7	6	5
대운 남	9	9	9	10	10	10	소	1	1	1	1	2	2	2	3	3	3	4	4	4	5	5	대	6	6	6	7	7	7	8	8
대운 여	2	2	1	1	1	1	서	10	10	9	9	9	8	8	8	7	7	7	6	6	6	5	서	5	4	4	4	3	3	3	2

입추 7일 19시 52분 【음7월】 ➡ 【丙申月(병신월)】 ☯五黃星 처서 23일 10시 26분

양력 8월 / 음력 06/12 – 07/13

양력	1	2	3	4	5	6	7	8	9	10	11	12	13	14	15	16	17	18	19	20	21	22	23	24	25	26	27	28	29	30	31
요일	수	목	금	토	일	월	화	수	목	금	토	일	월	화	수	목	금	토	일	월	화	수	목	금	토	일	월	화	수	목	금
일진 日辰	丙申	丁酉	戊戌	己亥	庚子	辛丑	壬寅	癸卯	甲辰	乙巳	丙午	丁未	戊申	己酉	庚戌	辛亥	壬子	癸丑	甲寅	乙卯	丙辰	丁巳	戊午	己未	庚申	辛酉	壬戌	癸亥	甲子	乙丑	丙寅
납음	山下火		平地木		壁上土		金箔金		覆燈火		天河水		大驛土		釵釧金		桑柘木		大溪水		沙中土		天上火		石榴木		大海水		海中金		
음력	12	13	14	15	16	17	18	19	20	21	22	23	24	25	26	27	28	29	7/1	2	3	4	5	6	7	8	9	10	11	12	13
구성	4	3	2	1	9	8	7	6	5	4	3	2	1	9	8	7	6	5	4	3	2	1	9	8	7	6	5	4	3	2	1
대운 남	8	9	9	9	10	10	입	1	1	1	1	2	2	2	3	3	3	4	4	4	5	5	처	6	6	6	7	7	7	8	8
대운 여	2	2	1	1	1	1	추	10	10	9	9	9	8	8	8	7	7	7	6	6	6	5	서	5	4	4	4	3	3	3	2

백로 7일 22시 46분 【음8월】 ➡ 【丁酉月(정유월)】 ☯四綠星 추분 23일 08시 04분

양력 9월 / 음력 07/14 – 08/14

양력	1	2	3	4	5	6	7	8	9	10	11	12	13	14	15	16	17	18	19	20	21	22	23	24	25	26	27	28	29	30
요일	토	일	월	화	수	목	금	토	일	월	화	수	목	금	토	일	월	화	수	목	금	토	일	월	화	수	목	금	토	일
일진 日辰	丁卯	戊辰	己巳	庚午	辛未	壬申	癸酉	甲戌	乙亥	丙子	丁丑	戊寅	己卯	庚辰	辛巳	壬午	癸未	甲申	乙酉	丙戌	丁亥	戊子	己丑	庚寅	辛卯	壬辰	癸巳	甲午	乙未	丙申
납음		大林木		路傍土		劍鋒金		山頭火		澗下水		城頭土		白臘金		楊柳木		井中水		屋上土		霹靂火		松柏木		長流水		沙中金		
음력	14	15	16	17	18	19	20	21	22	23	24	25	26	27	28	29	8/1	2	3	4	5	6	7	8	9	10	11	12	13	14
구성	9	8	7	6	5	4	3	2	1	9	8	7	6	5	4	3	2	1	9	8	7	6	5	4	3	2	1	9	8	7
대운 남	8	9	9	9	10	10	백	1	1	1	1	2	2	2	3	3	3	4	4	4	5	5	추	6	6	6	7	7	7	8
대운 여	2	2	1	1	1	1	로	10	10	9	9	9	8	8	8	7	7	7	6	6	6	5	분	5	4	4	4	3	3	3

한로 8일 14시 24분 【음9월】 ➡ 【戊戌月(무술월)】 ☯三碧星 상강 23일 17시 25분

양력 10월 / 음력 08/15 – 09/15

양력	1	2	3	4	5	6	7	8	9	10	11	12	13	14	15	16	17	18	19	20	21	22	23	24	25	26	27	28	29	30	31
요일	월	화	수	목	금	토	일	월	화	수	목	금	토	일	월	화	수	목	금	토	일	월	화	수	목	금	토	일	월	화	수
일진 日辰	丁酉	戊戌	己亥	庚子	辛丑	壬寅	癸卯	甲辰	乙巳	丙午	丁未	戊申	己酉	庚戌	辛亥	壬子	癸丑	甲寅	乙卯	丙辰	丁巳	戊午	己未	庚申	辛酉	壬戌	癸亥	甲子	乙丑	丙寅	丁卯
납음		平地木		壁上土		金箔金		覆燈火		天河水		大驛土		釵釧金		桑柘木		大溪水		沙中土		天上火		石榴木		大海水		海中金		爐中火	
음력	15	16	17	18	19	20	21	22	23	24	25	26	27	28	29	30	9/1	2	3	4	5	6	7	8	9	10	11	12	13	14	15
구성	6	5	4	3	2	1	9	8	7	6	5	4	3	2	1	9	8	7	6	5	4	3	2	1	9	8	7	6	5	4	3
대운 남	8	8	9	9	9	10	10	한	1	1	1	1	2	2	2	3	3	3	4	4	4	5	상	5	6	6	6	7	7	7	8
대운 여	2	2	2	1	1	1	1	로	10	9	9	9	8	8	8	7	7	7	6	6	6	5	강	5	4	4	4	3	3	3	2

입동 7일 17시 36분 【음10월】 ➡ 【己亥月(기해월)】 ☯二黑星 소설 22일 15시 00분

양력 11월 / 음력 09/16 – 10/16

양력	1	2	3	4	5	6	7	8	9	10	11	12	13	14	15	16	17	18	19	20	21	22	23	24	25	26	27	28	29	30
요일	목	금	토	일	월	화	수	목	금	토	일	월	화	수	목	금	토	일	월	화	수	목	금	토	일	월	화	수	목	금
일진 日辰	戊辰	己巳	庚午	辛未	壬申	癸酉	甲戌	乙亥	丙子	丁丑	戊寅	己卯	庚辰	辛巳	壬午	癸未	甲申	乙酉	丙戌	丁亥	戊子	己丑	庚寅	辛卯	壬辰	癸巳	甲午	乙未	丙申	丁酉
납음	大林木		路傍土		劍鋒金		山頭火		澗下水		城頭土		白臘金		楊柳木		井中水		屋上土		霹靂火		松柏木		長流水		沙中金		山下火	
음력	16	17	18	19	20	21	22	23	24	25	26	27	28	29	10/1	2	3	4	5	6	7	8	9	10	11	12	13	14	15	16
구성	2	1	9	8	7	6	5	4	3	2	1	9	8	7	6	5	4	3	2	1	9	8	7	6	5	4	3	2	1	9
대운 남	8	8	9	9	9	10	입	1	1	1	1	2	2	2	3	3	3	4	4	4	5	소	5	6	6	6	7	7	7	8
대운 여	2	2	1	1	1	1	동	10	9	9	9	8	8	8	7	7	7	6	6	6	5	설	5	4	4	4	3	3	3	2

대설 7일 10시 28분 【음11월】 ➡ 【庚子月(경자월)】 ☯一白星 동지 22일 04시 21분

양력 12월 / 음력 10/17 – 11/17

양력	1	2	3	4	5	6	7	8	9	10	11	12	13	14	15	16	17	18	19	20	21	22	23	24	25	26	27	28	29	30	31
요일	토	일	월	화	수	목	금	토	일	월	화	수	목	금	토	일	월	화	수	목	금	토	일	월	화	수	목	금	토	일	월
일진 日辰	戊戌	己亥	庚子	辛丑	壬寅	癸卯	甲辰	乙巳	丙午	丁未	戊申	己酉	庚戌	辛亥	壬子	癸丑	甲寅	乙卯	丙辰	丁巳	戊午	己未	庚申	辛酉	壬戌	癸亥	甲子	乙丑	丙寅	丁卯	戊辰
납음	平地木		壁上土		金箔金		覆燈火		天河水		大驛土		釵釧金		桑柘木		大溪水		沙中土		天上火		石榴木		大海水		海中金		爐中火		
음력	17	18	19	20	21	22	23	24	25	26	27	28	29	30	11/1	2	3	4	5	6	7	8	9	10	11	12	13	14	15	16	17
구성	8	7	6	5	4	3	2	1	9	8	7	6	5	4	3	2	1	9	8	7	6	5	4	3	2	1	1	2	3	4	5
대운 남	8	8	9	9	9	10	대	1	1	1	1	2	2	2	3	3	3	4	4	4	5	동	5	6	6	6	7	7	7	8	8
대운 여	2	2	1	1	1	1	설	9	9	9	8	8	8	7	7	7	6	6	6	5	5	지	4	4	4	3	3	3	2	2	2

단기 4335 年	2002년	下元 **壬午年** 납음(楊柳木),본명성(七赤金)
불기 2546 年		대장군(卯동방), 삼살(북방), 상문(申서남방),조객(辰동남방), 납음(양류목), 【삼재(신,유,술)년】 臘享(납향):2003년1월22일(음12/20)

소한 5일 21시 43분 【음12월】 ➡ 【辛丑月(신축월)】 ☯九紫星 대한 20일 15시 01분

	양력	1	2	3	4	5	6	7	8	9	10	11	12	13	14	15	16	17	18	19	20	21	22	23	24	25	26	27	28	29	30	31
양력 1월	요일	화	수	목	금	토	일	월	화	수	목	금	토	일	월	화	수	목	금	토	일	월	화	수	목	금	토	일	월	화	수	목
	일진 日辰	己巳	庚午	辛未	壬申	癸酉	甲戌	乙亥	丙子	丁丑	戊寅	己卯	庚辰	辛巳	壬午	癸未	甲申	乙酉	丙戌	丁亥	戊子	己丑	庚寅	辛卯	壬辰	癸巳	甲午	乙未	丙申	丁酉	戊戌	己亥
음력 11/18 ~ 12/19	납음		路傍土		劍鋒金		山頭火		澗下水		城頭土		白臘金		楊柳木		井中水		屋上土		霹靂火		松柏木		長流水		沙中金		山下火		平地木	
	음력	18	19	20	21	22	23	24	25	26	27	28	29	12/1	2	3	4	5	6	7	8	9	10	11	12	13	14	15	16	17	18	19
	구성	6	7	8	9	1	2	3	4	5	6	7	8	9	1	2	3	4	5	6	7	8	9	1	2	3	4	5	6	7	8	9
대운	남	8	9	9	9	소	1	1	1	1	2	2	2	3	3	3	4	4	4	5	대	5	6	6	6	7	7	7	8	8	8	9
	여	1	1	1	1	한	10	9	9	9	8	8	8	7	7	7	6	6	6	5	한	5	4	4	4	3	3	3	2	2	2	1

입춘 4일 09시 23분 【음1월】 ➡ 【壬寅月(임인월)】 ☯八白星 우수 19일 05시 13분

	양력	1	2	3	4	5	6	7	8	9	10	11	12	13	14	15	16	17	18	19	20	21	22	23	24	25	26	27	28
양력 2월	요일	금	토	일	월	화	수	목	금	토	일	월	화	수	목	금	토	일	월	화	수	목	금	토	일	월	화	수	목
	일진 日辰	庚子	辛丑	壬寅	癸卯	甲辰	乙巳	丙午	丁未	戊申	己酉	庚戌	辛亥	壬子	癸丑	甲寅	乙卯	丙辰	丁巳	戊午	己未	庚申	辛酉	壬戌	癸亥	甲子	乙丑	丙寅	丁卯
음력 12/20 ~ 01/17	납음	壁上土		金箔金		覆燈火		天河水		大驛土		釵釧金		桑柘木		大溪水		沙中土		天上火		石榴木		大海水		海中金		爐中火	
	음력	20	21	22	23	24	25	26	27	28	29	30	1/1	2	3	4	5	6	7	8	9	10	11	12	13	14	15	16	17
	구성	1	2	3	4	5	6	7	8	9	1	2	3	4	5	6	7	8	9	1	2	3	4	5	6	7	8	9	1
대운	남	9	9	10	입	10	9	9	9	8	8	8	7	7	7	6	6	6	5	우	5	4	4	4	3	3	3	2	2
	여	1	1	1	춘	1	1	1	1	2	2	2	3	3	3	4	4	4	5	수	5	6	6	6	7	7	7	8	8

壬午年

경칩 6일 03시 27분 【음2월】 ➡ 【癸卯月(계묘월)】 ☯ 七赤星 춘분 21일 04시 15분

	양력	1	2	3	4	5	6	7	8	9	10	11	12	13	14	15	16	17	18	19	20	21	22	23	24	25	26	27	28	29	30	31
양력 3월	요일	금	토	일	월	화	수	목	금	토	일	월	화	수	목	금	토	일	월	화	수	목	금	토	일	월	화	수	목	금	토	일
	일진 日辰	戊辰	己巳	庚午	辛未	壬申	癸酉	甲戌	乙亥	丙子	丁丑	戊寅	己卯	庚辰	辛巳	壬午	癸未	甲申	乙酉	丙戌	丁亥	戊子	己丑	庚寅	辛卯	壬辰	癸巳	甲午	乙未	丙申	丁酉	戊戌
음력 01/18 ~ 02/18	납음	大林木		路傍土		劍鋒金		山頭火		澗下水		城頭土		白臘金		楊柳木		井中水		屋上土		霹靂火		松柏木		長流水		沙中金		山下火		
	음력	18	19	20	21	22	23	24	25	26	27	28	29	30	2/1	2	3	4	5	6	7	8	9	10	11	12	13	14	15	16	17	18
	구성	2	3	4	5	6	7	8	9	1	2	3	4	5	6	7	8	9	1	2	3	4	5	6	7	8	9	1	2	3	4	5
대운	남	2	1	1	1	1	경	10	9	9	9	8	8	8	7	7	7	6	6	6	5	춘	5	4	4	4	3	3	3	2	2	2
	여	8	9	9	9	10	칩	1	1	1	1	2	2	2	3	3	3	4	4	4	5	분	5	6	6	6	7	7	7	8	8	8

청명 5일 08시 18분 【음3월】 ➡ 【甲辰月(갑진월)】 ☯六白星 곡우 20일 15시 20분

	양력	1	2	3	4	5	6	7	8	9	10	11	12	13	14	15	16	17	18	19	20	21	22	23	24	25	26	27	28	29	30
양력 4월	요일	월	화	수	목	금	토	일	월	화	수	목	금	토	일	월	화	수	목	금	토	일	월	화	수	목	금	토	일	월	화
	일진 日辰	己亥	庚子	辛丑	壬寅	癸卯	甲辰	乙巳	丙午	丁未	戊申	己酉	庚戌	辛亥	壬子	癸丑	甲寅	乙卯	丙辰	丁巳	戊午	己未	庚申	辛酉	壬戌	癸亥	甲子	乙丑	丙寅	丁卯	戊辰
음력 02/19 ~ 03/18	납음		壁上土		金箔金		覆燈火		天河水		大驛土		釵釧金		桑柘木		大溪水		沙中土		天上火		石榴木		大海水		海中金		爐中火		
	음력	19	20	21	22	23	24	25	26	27	28	29	30	3/1	2	3	4	5	6	7	8	9	10	11	12	13	14	15	16	17	18
	구성	6	7	8	9	1	2	3	4	5	6	7	8	9	1	2	3	4	5	6	7	8	9	1	2	3	4	5	6	7	8
대운	남	1	1	1	1	청	10	10	9	9	9	8	8	8	7	7	7	6	6	6	곡	5	5	4	4	4	3	3	3	2	2
	여	9	9	9	10	명	1	1	1	1	2	2	2	3	3	3	4	4	4	5	우	5	6	6	6	7	7	7	8	8	8

입하 6일 01시 37분 【음4월】 ➡ 【乙巳月(을사월)】 ☯五黃星 소만 21일 14시 28분

	양력	1	2	3	4	5	6	7	8	9	10	11	12	13	14	15	16	17	18	19	20	21	22	23	24	25	26	27	28	29	30	31
양력 5월	요일	수	목	금	토	일	월	화	수	목	금	토	일	월	화	수	목	금	토	일	월	화	수	목	금	토	일	월	화	수	목	금
	일진 日辰	己巳	庚午	辛未	壬申	癸酉	甲戌	乙亥	丙子	丁丑	戊寅	己卯	庚辰	辛巳	壬午	癸未	甲申	乙酉	丙戌	丁亥	戊子	己丑	庚寅	辛卯	壬辰	癸巳	甲午	乙未	丙申	丁酉	戊戌	己亥
음력 03/19 ~ 04/20	납음		路傍土		劍鋒金		山頭火		澗下水		城頭土		白臘金		楊柳木		井中水		屋上土		霹靂火		松柏木		長流水		沙中金		山下火		平地木	
	음력	19	20	21	22	23	24	25	26	27	28	29	4/1	2	3	4	5	6	7	8	9	10	11	12	13	14	15	16	17	18	19	20
	구성	9	1	2	3	4	5	6	7	8	9	1	2	3	4	5	6	7	8	9	1	2	3	4	5	6	7	8	9	1	2	3
대운	남	2	1	1	1	1	입	10	10	9	9	9	8	8	8	7	7	7	6	6	6	소	5	5	4	4	4	3	3	3	2	2
	여	9	9	9	10	10	하	1	1	1	1	2	2	2	3	3	3	4	4	4	5	만	5	6	6	6	7	7	7	8	8	8

망종 6일 05시 44분 【음5월】 ➡ 【丙午月(병오월)】 ☯四綠星 하지 21일 22시 24분

	양력	1	2	3	4	5	6	7	8	9	10	11	12	13	14	15	16	17	18	19	20	21	22	23	24	25	26	27	28	29	30
양력 6월	요일	토	일	월	화	수	목	금	토	일	월	화	수	목	금	토	일	월	화	수	목	금	토	일	월	화	수	목	금	토	일
	일진 日辰	庚子	辛丑	壬寅	癸卯	甲辰	乙巳	丙午	丁未	戊申	己酉	庚戌	辛亥	壬子	癸丑	甲寅	乙卯	丙辰	丁巳	戊午	己未	庚申	辛酉	壬戌	癸亥	甲子	乙丑	丙寅	丁卯	戊辰	己巳
음력 04/21 ~ 05/20	납음	壁上土		金箔金		覆燈火		天河水		大驛土		釵釧金		桑柘木		大溪水		沙中土		天上火		石榴木		大海水		海中金		爐中火		大林木	
	음력	21	22	23	24	25	26	27	28	29	30	5/1	2	3	4	5	6	7	8	9	10	11	12	13	14	15	16	17	18	19	20
	구성	4	5	6	7	8	9	1	2	3	4	5	6	7	8	9	1	2	3	4	5	6	7	8	9	9	8	7	6	5	4
대운	남	2	1	1	1	1	망	10	10	9	9	9	8	8	8	7	7	7	6	6	6	하	5	5	4	4	4	3	3	3	2
	여	9	9	9	10	10	종	1	1	1	1	2	2	2	3	3	3	4	4	4	5	지	5	6	6	6	7	7	7	8	8

한식(4월06일), 초복(7월11일), 중복(7월21일), 말복(8월10일) ☂춘사(春社)3/21 ☀추사(秋社)9/27
토왕지절(土旺之節):4월17일,7월20일,10월20일,1월17일(음12/15)臘享(납향):2003년1월22일(음12/20)

一日得辛, 六龍治水, 2002년 임오年(양류목), 칠적금

6白	2黑	4綠
5黃	7赤	9紫
1白	3碧	8白

2002 壬午年

소서 7일 15시 56분 【음6월】➡ 【丁未月(정미월)】 ☯三碧星 대서 23일 09시 14분

양력 7월 / 음력 05/21 ~ 06/22	1	2	3	4	5	6	7	8	9	10	11	12	13	14	15	16	17	18	19	20	21	22	23	24	25	26	27	28	29	30	31
요일	월	화	수	목	금	토	일	월	화	수	목	금	토	일	월	화	수	목	금	토	일	월	화	수	목	금	토	일	월	화	수
일진 日辰	庚午	辛未	壬申	癸酉	甲戌	乙亥	丙子	丁丑	戊寅	己卯	庚辰	辛巳	壬午	癸未	甲申	乙酉	丙戌	丁亥	戊子	己丑	庚寅	辛卯	壬辰	癸巳	甲午	乙未	丙申	丁酉	戊戌	己亥	庚子
납음	路傍土		劍鋒金		山頭火		澗下水		城頭土		白臘金		楊柳木		井中水		屋上土		霹靂火		松柏木		長流水		沙中金		山下火		平地木		
음력	21	22	23	24	25	26	27	28	29	6/1	2	3	4	5	6	7	8	9	10	11	12	13	14	15	16	17	18	19	20	21	22
구성	3	2	1	9	8	7	6	5	4	3	2	1	9	8	7	6	5	4	3	2	1	9	8	7	6	5	4	3	2	1	9
대운 남	2	2	1	1	1	1	소	10	10	10	9	9	9	8	8	8	7	7	7	6	6	6	대	5	5	4	4	4	3	3	3
대운 여	8	9	9	9	10	10	서	1	1	1	1	2	2	2	3	3	3	4	4	4	5	5	서	6	6	6	7	7	7	8	8

입추 8일 01시 39분 【음7월】➡ 【戊申月(무신월)】 ☯二黑星 처서 23일 16시 16분

양력 8월 / 음력 06/23 ~ 07/23	1	2	3	4	5	6	7	8	9	10	11	12	13	14	15	16	17	18	19	20	21	22	23	24	25	26	27	28	29	30	31
요일	목	금	토	일	월	화	수	목	금	토	일	월	화	수	목	금	토	일	월	화	수	목	금	토	일	월	화	수	목	금	토
일진 日辰	辛丑	壬寅	癸卯	甲辰	乙巳	丙午	丁未	戊申	己酉	庚戌	辛亥	壬子	癸丑	甲寅	乙卯	丙辰	丁巳	戊午	己未	庚申	辛酉	壬戌	癸亥	甲子	乙丑	丙寅	丁卯	戊辰	己巳	庚午	辛未
납음		金箔金		覆燈火		天河水		大驛土		釵釧金		桑柘木		大溪水		沙中土		天上火		石榴木		大海水		海中金		爐中火		大林木		路傍土	
음력	23	24	25	26	27	28	29	30	7/1	2	3	4	5	6	7	8	9	10	11	12	13	14	15	16	17	18	19	20	21	22	23
구성	8	7	6	5	4	3	2	1	9	8	7	6	5	4	3	2	1	9	8	7	6	5	4	3	2	1	9	8	7	6	5
대운 남	2	2	2	1	1	1	1	입	10	10	9	9	9	8	8	8	7	7	7	6	6	6	처	5	5	4	4	4	3	3	3
대운 여	8	9	9	9	10	10	10	추	1	1	1	1	2	2	2	3	3	3	4	4	4	5	서	5	6	6	6	7	7	7	8

백로 8일 04시 30분 【음8월】➡ 【己酉月(기유월)】 ☯一白星 추분 23일 13시 55분

양력 9월 / 음력 07/24 ~ 08/24	1	2	3	4	5	6	7	8	9	10	11	12	13	14	15	16	17	18	19	20	21	22	23	24	25	26	27	28	29	30
요일	일	월	화	수	목	금	토	일	월	화	수	목	금	토	일	월	화	수	목	금	토	일	월	화	수	목	금	토	일	월
일진 日辰	壬申	癸酉	甲戌	乙亥	丙子	丁丑	戊寅	己卯	庚辰	辛巳	壬午	癸未	甲申	乙酉	丙戌	丁亥	戊子	己丑	庚寅	辛卯	壬辰	癸巳	甲午	乙未	丙申	丁酉	戊戌	己亥	庚子	辛丑
납음	劍鋒金		山頭火		澗下水		城頭土		白臘金		楊柳木		井中水		屋上土		霹靂火		松柏木		長流水		沙中金		山下火		平地木		壁上土	
음력	24	25	26	27	28	29	8/1	2	3	4	5	6	7	8	9	10	11	12	13	14	15	16	17	18	19	20	21	22	23	24
구성	4	3	2	1	9	8	7	6	5	4	3	2	1	9	8	7	6	5	4	3	2	1	9	8	7	6	5	4	3	2
대운 남	2	2	2	1	1	1	1	백	10	9	9	9	8	8	8	7	7	7	6	6	6	5	추	5	4	4	4	3	3	3
대운 여	8	8	9	9	9	10	10	로	1	1	1	1	2	2	2	3	3	3	4	4	4	5	분	5	6	6	6	7	7	7

한로 8일 20시 09분 【음9월】➡ 【庚戌月(경술월)】 ☯九紫星 상강 23일 23시 17분

양력 10월 / 음력 08/25 ~ 09/26	1	2	3	4	5	6	7	8	9	10	11	12	13	14	15	16	17	18	19	20	21	22	23	24	25	26	27	28	29	30	31
요일	화	수	목	금	토	일	월	화	수	목	금	토	일	월	화	수	목	금	토	일	월	화	수	목	금	토	일	월	화	수	목
일진 日辰	壬寅	癸卯	甲辰	乙巳	丙午	丁未	戊申	己酉	庚戌	辛亥	壬子	癸丑	甲寅	乙卯	丙辰	丁巳	戊午	己未	庚申	辛酉	壬戌	癸亥	甲子	乙丑	丙寅	丁卯	戊辰	己巳	庚午	辛未	壬申
납음	金箔金		覆燈火		天河水		大驛土		釵釧金		桑柘木		大溪水		沙中土		天上火		石榴木		大海水		海中金		爐中火		大林木		路傍土		
음력	25	26	27	28	29	9/1	2	3	4	5	6	7	8	9	10	11	12	13	14	15	16	17	18	19	20	21	22	23	24	25	26
구성	1	9	8	7	6	5	4	3	2	1	9	8	7	6	5	4	3	2	1	9	8	7	6	5	4	3	2	1	9	8	7
대운 남	2	2	2	1	1	1	1	한	10	9	9	9	8	8	8	7	7	7	6	6	6	5	상	5	4	4	4	3	3	3	2
대운 여	8	8	8	9	9	9	10	로	1	1	1	1	2	2	2	3	3	3	4	4	4	5	강	5	6	6	6	7	7	7	8

입동 7일 23시 21분 【음10월】➡ 【辛亥月(신해월)】 ☯八白星 소설 22일 20시 53분

양력 11월 / 음력 09/27 ~ 10/26	1	2	3	4	5	6	7	8	9	10	11	12	13	14	15	16	17	18	19	20	21	22	23	24	25	26	27	28	29	30
요일	금	토	일	월	화	수	목	금	토	일	월	화	수	목	금	토	일	월	화	수	목	금	토	일	월	화	수	목	금	토
일진 日辰	癸酉	甲戌	乙亥	丙子	丁丑	戊寅	己卯	庚辰	辛巳	壬午	癸未	甲申	乙酉	丙戌	丁亥	戊子	己丑	庚寅	辛卯	壬辰	癸巳	甲午	乙未	丙申	丁酉	戊戌	己亥	庚子	辛丑	壬寅
납음		山頭火		澗下水		城頭土		白臘金		楊柳木		井中水		屋上土		霹靂火		松柏木		長流水		沙中金		山下火		平地木		壁上土		
음력	27	28	29	30	10/1	2	3	4	5	6	7	8	9	10	11	12	13	14	15	16	17	18	19	20	21	22	23	24	25	26
구성	6	5	4	3	2	1	9	8	7	6	5	4	3	2	1	9	8	7	6	5	4	3	2	1	9	8	7	6	5	4
대운 남	2	2	1	1	1	1	입	10	9	9	9	8	8	8	7	7	7	6	6	6	5	소	5	4	4	4	3	3	3	2
대운 여	8	8	9	9	9	10	동	1	1	1	1	2	2	2	3	3	3	4	4	4	5	설	5	6	6	6	7	7	7	8

대설 7일 16시 14분 【음11월】➡ 【壬子月(임자월)】 ☯七赤星 동지 22일 10시 14분

양력 12월 / 음력 10/27 ~ 11/28	1	2	3	4	5	6	7	8	9	10	11	12	13	14	15	16	17	18	19	20	21	22	23	24	25	26	27	28	29	30	31
요일	일	월	화	수	목	금	토	일	월	화	수	목	금	토	일	월	화	수	목	금	토	일	월	화	수	목	금	토	일	월	화
일진 日辰	癸卯	甲辰	乙巳	丙午	丁未	戊申	己酉	庚戌	辛亥	壬子	癸丑	甲寅	乙卯	丙辰	丁巳	戊午	己未	庚申	辛酉	壬戌	癸亥	甲子	乙丑	丙寅	丁卯	戊辰	己巳	庚午	辛未	壬申	癸酉
납음		覆燈火		天河水		大驛土		釵釧金		桑柘木		大溪水		沙中土		天上火		石榴木		大海水		海中金		爐中火		大林木		路傍土		劍鋒金	
음력	27	28	29	11/1	2	3	4	5	6	7	8	9	10	11	12	13	14	15	16	17	18	19	20	21	22	23	24	25	26	27	28
구성	3	2	1	9	8	7	6	5	4	3	2	1	9	8	7	6	5	4	3	2	1	1	2	3	4	5	6	7	8	9	1
대운 남	2	2	1	1	1	1	대	10	9	9	9	8	8	8	7	7	7	6	6	6	5	동	5	4	4	4	3	3	3	2	2
대운 여	8	8	9	9	9	10	설	1	1	1	1	2	2	2	3	3	3	4	4	4	5	지	5	6	6	6	7	7	7	8	8

단기 4336 年
불기 2547 年

2003년

下元 癸未年 납음(楊柳木),본명성(六白金)

대장군(卯동방), 삼살(酉서방), 상문(酉서방),조객(巳동남방), 납음(양류목),【삼재(사,오,미)년】 臘享(납향):2004년1월18일(음12/07)

양

소한 6일 03시 27분 【음12월】 ➡ 【癸丑月(계축월)】 ☯六白星 대한 20일 20시 52분

양력 1월 / 음력 11/29 ~ 12/29

양력	1	2	3	4	5	6	7	8	9	10	11	12	13	14	15	16	17	18	19	20	21	22	23	24	25	26	27	28	29	30	31
요일	수	목	금	토	일	월	화	수	목	금	토	일	월	화	수	목	금	토	일	월	화	수	목	금	토	일	월	화	수	목	금
일진 日辰	甲戌	乙亥	丙子	丁丑	戊寅	己卯	庚辰	辛巳	壬午	癸未	甲申	乙酉	丙戌	丁亥	戊子	己丑	庚寅	辛卯	壬辰	癸巳	甲午	乙未	丙申	丁酉	戊戌	己亥	庚子	辛丑	壬寅	癸卯	甲辰
납음	山頭火		澗下水		城頭土		白臘金		楊柳木		井中水		屋上土		霹靂火		松柏木		長流水		沙中金		山下火		平地木		壁上土		金箔金		
음력	29	30	12/1	2	3	4	5	6	7	8	9	10	11	12	13	14	15	16	17	18	19	20	21	22	23	24	25	26	27	28	29
구성	2	3	4	5	6	7	8	9	1	2	3	4	5	6	7	8	9	1	2	3	4	5	6	7	8	9	1	2	3	4	5
대운 남	2	1	1	1	1	소	9	9	9	8	8	8	7	7	7	6	6	6	5	대	5	4	4	4	3	3	3	2	2	2	1
대운 여	8	9	9	9	10	한	1	1	1	1	2	2	2	3	3	3	4	4	4	한	5	5	6	6	6	7	7	7	8	8	8

입춘 4일 15시 05분 【음1월】 ➡ 【甲寅月(갑인월)】 ☯五黃星 우수 19일 11시 00분

양력 2월 / 음력 01/01 ~ 01/28

양력	1	2	3	4	5	6	7	8	9	10	11	12	13	14	15	16	17	18	19	20	21	22	23	24	25	26	27	28
요일	토	일	월	화	수	목	금	토	일	월	화	수	목	금	토	일	월	화	수	목	금	토	일	월	화	수	목	금
일진 日辰	乙巳	丙午	丁未	戊申	己酉	庚戌	辛亥	壬子	癸丑	甲寅	乙卯	丙辰	丁巳	戊午	己未	庚申	辛酉	壬戌	癸亥	甲子	乙丑	丙寅	丁卯	戊辰	己巳	庚午	辛未	壬申
납음		天河水		大驛土		釵釧金		桑柘木		大溪水		沙中土		天上火		石榴木		大海水		海中金		爐中火		大林木		路傍土		
음력	1/1	2	3	4	5	6	7	8	9	10	11	12	13	14	15	16	17	18	19	20	21	22	23	24	25	26	27	28
구성	6	7	8	9	1	2	3	4	5	6	7	8	9	1	2	3	4	5	6	7	8	9	1	2	3	4	5	6
대운 남	1	1	1	입	1	1	1	1	2	2	2	3	3	3	4	4	4	5	우	5	6	6	6	7	7	7	8	8
대운 여	9	9	9	춘	10	9	9	9	8	8	8	7	7	7	6	6	6	5	수	5	4	4	4	3	3	3	2	2

癸未年

경칩 6일 09시 04분 【음2월】 ➡ 【乙卯月(을묘월)】 ☯四綠星 춘분 21일 09시 59분

양력 3월 / 음력 01/29 ~ 02/29

양력	1	2	3	4	5	6	7	8	9	10	11	12	13	14	15	16	17	18	19	20	21	22	23	24	25	26	27	28	29	30	31
요일	토	일	월	화	수	목	금	토	일	월	화	수	목	금	토	일	월	화	수	목	금	토	일	월	화	수	목	금	토	일	월
일진 日辰	癸酉	甲戌	乙亥	丙子	丁丑	戊寅	己卯	庚辰	辛巳	壬午	癸未	甲申	乙酉	丙戌	丁亥	戊子	己丑	庚寅	辛卯	壬辰	癸巳	甲午	乙未	丙申	丁酉	戊戌	己亥	庚子	辛丑	壬寅	癸卯
납음		山頭火		澗下水		城頭土		白臘金		楊柳木		井中水		屋上土		霹靂火		松柏木		長流水		沙中金		山下火		平地木		壁上土		金箔金	
음력	29	30	2/1	2	3	4	5	6	7	8	9	10	11	12	13	14	15	16	17	18	19	20	21	22	23	24	25	26	27	28	29
구성	7	8	9	1	2	3	4	5	6	7	8	9	1	2	3	4	5	6	7	8	9	1	2	3	4	5	6	7	8	9	1
대운 남	8	9	9	9	10	경	1	1	1	1	2	2	2	3	3	3	4	4	4	5	춘	5	6	6	6	7	7	7	8	8	8
대운 여	2	1	1	1	1	칩	10	9	9	9	8	8	8	7	7	7	6	6	6	5	분	5	4	4	4	3	3	3	2	2	2

청명 5일 13시 52분 【음3월】 ➡ 【丙辰月(병진월)】 ☯三碧星 곡우 20일 21시 02분

양력 4월 / 음력 02/30 ~ 03/29

양력	1	2	3	4	5	6	7	8	9	10	11	12	13	14	15	16	17	18	19	20	21	22	23	24	25	26	27	28	29	30
요일	화	수	목	금	토	일	월	화	수	목	금	토	일	월	화	수	목	금	토	일	월	화	수	목	금	토	일	월	화	수
일진 日辰	甲辰	乙巳	丙午	丁未	戊申	己酉	庚戌	辛亥	壬子	癸丑	甲寅	乙卯	丙辰	丁巳	戊午	己未	庚申	辛酉	壬戌	癸亥	甲子	乙丑	丙寅	丁卯	戊辰	己巳	庚午	辛未	壬申	癸酉
납음	覆燈火		天河水		大驛土		釵釧金		桑柘木		大溪水		沙中土		天上火		石榴木		大海水		海中金		爐中火		大林木		路傍土		劍鋒金	
음력	30	3/1	2	3	4	5	6	7	8	9	10	11	12	13	14	15	16	17	18	19	20	21	22	23	24	25	26	27	28	29
구성	2	3	4	5	6	7	8	9	1	2	3	4	5	6	7	8	9	1	2	3	4	5	6	7	8	9	1	2	3	4
대운 남	9	9	9	10	청	1	1	1	1	2	2	2	3	3	3	4	4	4	5	곡	5	6	6	6	7	7	7	8	8	8
대운 여	1	1	1	1	명	10	10	9	9	9	8	8	8	7	7	7	6	6	6	우	5	5	4	4	4	3	3	3	2	2

입하 6일 07시 10분 【음4월】 ➡ 【丁巳月(정사월)】 ☯二黑星 소만 21일 20시 12분

양력 5월 / 음력 04/01 ~ 05/01

양력	1	2	3	4	5	6	7	8	9	10	11	12	13	14	15	16	17	18	19	20	21	22	23	24	25	26	27	28	29	30	31
요일	목	금	토	일	월	화	수	목	금	토	일	월	화	수	목	금	토	일	월	화	수	목	금	토	일	월	화	수	목	금	토
일진 日辰	甲戌	乙亥	丙子	丁丑	戊寅	己卯	庚辰	辛巳	壬午	癸未	甲申	乙酉	丙戌	丁亥	戊子	己丑	庚寅	辛卯	壬辰	癸巳	甲午	乙未	丙申	丁酉	戊戌	己亥	庚子	辛丑	壬寅	癸卯	甲辰
납음	山頭火		澗下水		城頭土		白臘金		楊柳木		井中水		屋上土		霹靂火		松柏木		長流水		沙中金		山下火		平地木		壁上土		金箔金		
음력	4/1	2	3	4	5	6	7	8	9	10	11	12	13	14	15	16	17	18	19	20	21	22	23	24	25	26	27	28	29	30	5/1
구성	5	6	7	8	9	1	2	3	4	5	6	7	8	9	1	2	3	4	5	6	7	8	9	1	2	3	4	5	6	7	8
대운 남	9	9	9	10	10	입	1	1	1	1	2	2	2	3	3	3	4	4	4	5	소	5	6	6	6	7	7	7	8	8	8
대운 여	2	1	1	1	1	하	10	10	9	9	9	8	8	8	7	7	7	6	6	6	만	5	5	4	4	4	3	3	3	2	2

망종 6일 11시 19분 【음5월】 ➡ 【戊午月(무오월)】 ☯一白星 하지 22일 04시 10분

양력 6월 / 음력 05/02 ~ 06/01

양력	1	2	3	4	5	6	7	8	9	10	11	12	13	14	15	16	17	18	19	20	21	22	23	24	25	26	27	28	29	30
요일	일	월	화	수	목	금	토	일	월	화	수	목	금	토	일	월	화	수	목	금	토	일	월	화	수	목	금	토	일	월
일진 日辰	乙巳	丙午	丁未	戊申	己酉	庚戌	辛亥	壬子	癸丑	甲寅	乙卯	丙辰	丁巳	戊午	己未	庚申	辛酉	壬戌	癸亥	甲子	乙丑	丙寅	丁卯	戊辰	己巳	庚午	辛未	壬申	癸酉	甲戌
납음		天河水		大驛土		釵釧金		桑柘木		大溪水		沙中土		天上火		石榴木		大海水		海中金		爐中火		大林木		路傍土		劍鋒金		
음력	2	3	4	5	6	7	8	9	10	11	12	13	14	15	16	17	18	19	20	21	22	23	24	25	26	27	28	29	30	6/1
구성	9	1	2	3	4	5	6	7	8	9	1	2	3	4	5	6	7	8	9	9	8	7	6	5	4	3	2	1	9	8
대운 남	9	9	9	10	10	망	1	1	1	1	2	2	2	3	3	3	4	4	4	5	5	하	6	6	6	7	7	7	8	8
대운 여	2	1	1	1	1	종	10	10	9	9	9	8	8	8	7	7	7	6	6	6	5	지	5	4	4	4	3	3	3	2

한식(4월06일), 초복(7월16일), 중복(7월26일), 말복(8월15일) ☂춘사(春社)3/16 ☀추사(秋社)9/22
토왕지절(土旺之節):4월17일,7월20일,10월21일,1월17일(음12/06)臘享(납향):2004년1월18일(음12/07)

七日得辛, 十二龍治水, 2003년 계미年(양류목), 육백금

5黃	1白	3碧
4綠	6白	8白
9紫	2黑	7赤

2003 癸未年

소서 7일 21시 35분 【음6월】 ➡ 【己未月(기미월)】 ☯九紫星 대서 23일 15시 03분

양력 7월 / 음력 06/02 ~ 07/03	1	2	3	4	5	6	7	8	9	10	11	12	13	14	15	16	17	18	19	20	21	22	23	24	25	26	27	28	29	30	31
요일	화	수	목	금	토	일	월	화	수	목	금	토	일	월	화	수	목	금	토	일	월	화	수	목	금	토	일	월	화	수	목
일진 日辰	乙亥	丙子	丁丑	戊寅	己卯	庚辰	辛巳	壬午	癸未	甲申	乙酉	丙戌	丁亥	戊子	己丑	庚寅	辛卯	壬辰	癸巳	甲午	乙未	丙申	丁酉	戊戌	己亥	庚子	辛丑	壬寅	癸卯	甲辰	乙巳
납음		澗下水		城頭土		白臘金		楊柳木		井中水		屋上土		霹靂火		松柏木		長流水		沙中金		山下火		平地木		壁上土		金箔金		覆燈火	
음력	2	3	4	5	6	7	8	9	10	11	12	13	14	15	16	17	18	19	20	21	22	23	24	25	26	27	28	29	7/1	2	3
구성	7	6	5	4	3	2	1	9	8	7	6	5	4	3	2	1	9	8	7	6	5	4	3	2	1	9	8	7	6	5	4
대운 남	8	9	9	9	10	10	소	1	1	1	1	2	2	2	3	3	3	4	4	4	5	5	대	6	6	6	7	7	7	8	8
대운 여	2	2	1	1	1	1	서	10	10	10	9	9	9	8	8	8	7	7	7	6	6	6	서	5	5	4	4	4	3	3	3

입추 8일 07시 24분 【음7월】 ➡ 【庚申月(경신월)】 ☯八白星 처서 23일 22시 07분

양력 8월 / 음력 07/04 ~ 08/04	1	2	3	4	5	6	7	8	9	10	11	12	13	14	15	16	17	18	19	20	21	22	23	24	25	26	27	28	29	30	31
요일	금	토	일	월	화	수	목	금	토	일	월	화	수	목	금	토	일	월	화	수	목	금	토	일	월	화	수	목	금	토	일
일진 日辰	丙午	丁未	戊申	己酉	庚戌	辛亥	壬子	癸丑	甲寅	乙卯	丙辰	丁巳	戊午	己未	庚申	辛酉	壬戌	癸亥	甲子	乙丑	丙寅	丁卯	戊辰	己巳	庚午	辛未	壬申	癸酉	甲戌	乙亥	丙子
납음	天河水		大驛土		釵釧金		桑柘木		大溪水		沙中土		天上火		石榴木		大海水		海中金		爐中火		大林木		路傍土		劍鋒金		山頭火		
음력	4	5	6	7	8	9	10	11	12	13	14	15	16	17	18	19	20	21	22	23	24	25	26	27	28	29	30	8/1	2	3	4
구성	3	2	1	9	8	7	6	5	4	3	2	1	9	8	7	6	5	4	3	2	1	9	8	7	6	5	4	3	2	1	9
대운 남	8	9	9	9	10	10	10	입	1	1	1	1	2	2	2	3	3	3	4	4	4	5	처	5	6	6	6	7	7	7	8
대운 여	2	2	2	1	1	1	1	추	10	10	9	9	9	8	8	8	7	7	7	6	6	6	서	5	5	4	4	4	3	3	3

백로 8일 10시 20분 【음8월】 ➡ 【辛酉月(신유월)】 ☯七赤星 추분 23일 19시 46분

양력 9월 / 음력 08/05 ~ 09/05	1	2	3	4	5	6	7	8	9	10	11	12	13	14	15	16	17	18	19	20	21	22	23	24	25	26	27	28	29	30
요일	월	화	수	목	금	토	일	월	화	수	목	금	토	일	월	화	수	목	금	토	일	월	화	수	목	금	토	일	월	화
일진 日辰	丁丑	戊寅	己卯	庚辰	辛巳	壬午	癸未	甲申	乙酉	丙戌	丁亥	戊子	己丑	庚寅	辛卯	壬辰	癸巳	甲午	乙未	丙申	丁酉	戊戌	己亥	庚子	辛丑	壬寅	癸卯	甲辰	乙巳	丙午
납음		城頭土		白臘金		楊柳木		井中水		屋上土		霹靂火		松柏木		長流水		沙中金		山下火		平地木		壁上土		金箔金		覆燈火		
음력	5	6	7	8	9	10	11	12	13	14	15	16	17	18	19	20	21	22	23	24	25	26	27	28	29	9/1	2	3	4	5
구성	8	7	6	5	4	3	2	1	9	8	7	6	5	4	3	2	1	9	8	7	6	5	4	3	2	1	9	8	7	6
대운 남	8	8	9	9	9	10	10	백	1	1	1	1	2	2	2	3	3	3	4	4	4	5	추	5	6	6	6	7	7	7
대운 여	2	2	2	1	1	1	1	로	10	10	9	9	9	8	8	8	7	7	7	6	6	6	분	5	5	4	4	4	3	3

한로 9일 02시 00분 【음9월】 ➡ 【壬戌月(임술월)】 ☯六白星 상강 24일 05시 08분

양력 10월 / 음력 09/06 ~ 10/07	1	2	3	4	5	6	7	8	9	10	11	12	13	14	15	16	17	18	19	20	21	22	23	24	25	26	27	28	29	30	31
요일	수	목	금	토	일	월	화	수	목	금	토	일	월	화	수	목	금	토	일	월	화	수	목	금	토	일	월	화	수	목	금
일진 日辰	丁未	戊申	己酉	庚戌	辛亥	壬子	癸丑	甲寅	乙卯	丙辰	丁巳	戊午	己未	庚申	辛酉	壬戌	癸亥	甲子	乙丑	丙寅	丁卯	戊辰	己巳	庚午	辛未	壬申	癸酉	甲戌	乙亥	丙子	丁丑
납음		大驛土		釵釧金		桑柘木		大溪水		沙中土		天上火		石榴木		大海水		海中金		爐中火		大林木		路傍土		劍鋒金		山頭火		澗下水	
음력	6	7	8	9	10	11	12	13	14	15	16	17	18	19	20	21	22	23	24	25	26	27	28	29	10/1	2	3	4	5	6	7
구성	5	4	3	2	1	9	8	7	6	5	4	3	2	1	9	8	7	6	5	4	3	2	1	9	8	7	6	5	4	3	2
대운 남	8	8	8	9	9	9	10	10	한	1	1	1	1	2	2	2	3	3	3	4	4	4	5	상	5	6	6	6	7	7	7
대운 여	3	2	2	2	1	1	1	1	로	10	9	9	9	8	8	8	7	7	7	6	6	6	5	강	5	4	4	4	3	3	3

입동 8일 05시 12분 【음10월】 ➡ 【癸亥月(계해월)】 ☯五黃星 소설 23일 02시 43분

양력 11월 / 음력 10/08 ~ 11/07	1	2	3	4	5	6	7	8	9	10	11	12	13	14	15	16	17	18	19	20	21	22	23	24	25	26	27	28	29	30
요일	토	일	월	화	수	목	금	토	일	월	화	수	목	금	토	일	월	화	수	목	금	토	일	월	화	수	목	금	토	일
일진 日辰	戊寅	己卯	庚辰	辛巳	壬午	癸未	甲申	乙酉	丙戌	丁亥	戊子	己丑	庚寅	辛卯	壬辰	癸巳	甲午	乙未	丙申	丁酉	戊戌	己亥	庚子	辛丑	壬寅	癸卯	甲辰	乙巳	丙午	丁未
납음	城頭土		白臘金		楊柳木		井中水		屋上土		霹靂火		松柏木		長流水		沙中金		山下火		平地木		壁上土		金箔金		覆燈火		天河水	
음력	8	9	10	11	12	13	14	15	16	17	18	19	20	21	22	23	24	25	26	27	28	29	30	11/1	2	3	4	5	6	7
구성	1	9	8	7	6	5	4	3	2	1	9	8	7	6	5	4	3	2	1	9	8	7	6	5	4	3	2	1	9	8
대운 남	8	8	8	9	9	9	10	대	1	1	1	1	2	2	2	3	3	3	4	4	4	5	소	5	6	6	6	7	7	7
대운 여	2	2	2	1	1	1	1	설	9	9	9	8	8	8	7	7	7	6	6	6	5	5	설	4	4	4	3	3	3	2

대설 7일 22시 04분 【음11월】 ➡ 【甲子月(갑자월)】 ☯四綠星 동지 22일 16시 03분

양력 12월 / 음력 11/08 ~ 12/09	1	2	3	4	5	6	7	8	9	10	11	12	13	14	15	16	17	18	19	20	21	22	23	24	25	26	27	28	29	30	31
요일	월	화	수	목	금	토	일	월	화	수	목	금	토	일	월	화	수	목	금	토	일	월	화	수	목	금	토	일	월	화	수
일진 日辰	戊申	己酉	庚戌	辛亥	壬子	癸丑	甲寅	乙卯	丙辰	丁巳	戊午	己未	庚申	辛酉	壬戌	癸亥	甲子	乙丑	丙寅	丁卯	戊辰	己巳	庚午	辛未	壬申	癸酉	甲戌	乙亥	丙子	丁丑	戊寅
납음	大驛土		釵釧金		桑柘木		大溪水		沙中土		天上火		石榴木		大海水		海中金		爐中火		大林木		路傍土		劍鋒金		山頭火		澗下水		
음력	8	9	10	11	12	13	14	15	16	17	18	19	20	21	22	23	24	25	26	27	28	29	12/1	2	3	4	5	6	7	8	9
구성	7	6	5	4	3	2	1	9	8	7	6	5	4	3	2	1	1	2	3	4	5	6	7	8	9	1	2	3	4	5	6
대운 남	8	8	8	9	9	9	입	1	1	1	1	2	2	2	3	3	3	4	4	4	5	동	5	6	6	6	7	7	7	8	8
대운 여	2	2	1	1	1	1	동	10	9	9	9	8	8	8	7	7	7	6	6	6	5	지	5	4	4	4	3	3	3	2	2

단기 4337 年
불기 2548 年

2004년

下元 甲申年 납음(泉中水),본명성(五黃土)

대장군(午남방), 삼살(남방), 상문(戌서북방), 조객(午남방),납음(천중수), 삼재(인,묘,진) 臘享(납향):2005년1월23일(음12/07)

원숭이

소한 06일 09시 18분 【음12월】 ➡ 【乙丑月(을축월)】 ☯三碧星 대한 21일 02시 42분

양력 1월 / 음력 12/10 ~ 01/10

양력	1	2	3	4	5	6	7	8	9	10	11	12	13	14	15	16	17	18	19	20	21	22	23	24	25	26	27	28	29	30	31
요일	목	금	토	일	월	화	수	목	금	토	일	월	화	수	목	금	토	일	월	화	수	목	금	토	일	월	화	수	목	금	토
일진 日辰	己卯	庚辰	辛巳	壬午	癸未	甲申	乙酉	丙戌	丁亥	戊子	己丑	庚寅	辛卯	壬辰	癸巳	甲午	乙未	丙申	丁酉	戊戌	己亥	庚子	辛丑	壬寅	癸卯	甲辰	乙巳	丙午	丁未	戊申	己酉
납음		白臘金		楊柳木		井中水		屋上土		霹靂火		松柏木		長流水		沙中金		山下火		平地木		壁上土		金箔金		覆燈火		天河水		大驛土	
음력	10	11	12	13	14	15	16	17	18	19	20	21	22	23	24	25	26	27	28	29	30	1/1	2	3	4	5	6	7	8	9	10
구성	7	8	9	1	2	3	4	5	6	7	8	9	1	2	3	4	5	6	7	8	9	1	2	3	4	5	6	7	8	9	1
대운 남	8	9	9	9	10	소	1	1	1	1	2	2	2	3	3	3	4	4	4	5	대	5	6	6	6	7	7	7	8	8	8
대운 여	2	1	1	1	1	한	9	9	9	8	8	8	7	7	7	6	6	6	5	5	한	4	4	4	3	3	3	2	2	2	1

입춘 4일 20시 55분 【음1월】 ➡ 【丙寅月(병인월)】 ☯二黑星 우수 19일 16시 49분

양력 2월 / 음력 01/11 ~ 02/10

양력	1	2	3	4	5	6	7	8	9	10	11	12	13	14	15	16	17	18	19	20	21	22	23	24	25	26	27	28	29
요일	일	월	화	수	목	금	토	일	월	화	수	목	금	토	일	월	화	수	목	금	토	일	월	화	수	목	금	토	일
일진 日辰	庚戌	辛亥	壬子	癸丑	甲寅	乙卯	丙辰	丁巳	戊午	己未	庚申	辛酉	壬戌	癸亥	甲子	乙丑	丙寅	丁卯	戊辰	己巳	庚午	辛未	壬申	癸酉	甲戌	乙亥	丙子	丁丑	戊寅
납음	釵釧金		桑柘木		大溪水		沙中土		天上火		石榴木		大海水		海中金		爐中火		大林木		路傍土		劍鋒金		山頭火		澗下水		
음력	11	12	13	14	15	16	17	18	19	20	21	22	23	24	25	26	27	28	29	2/1	2	3	4	5	6	7	8	9	10
구성	2	3	4	5	6	7	8	9	1	2	3	4	5	6	7	8	9	1	2	3	4	5	6	7	8	9	1	2	3
대운 남	9	9	9	입	10	9	9	9	8	8	8	7	7	7	6	6	6	5	우	5	4	4	4	3	3	3	2	2	2
대운 여	1	1	1	춘	1	1	1	1	2	2	2	3	3	3	4	4	4	5	수	5	6	6	6	7	7	7	8	8	8

甲申年

경칩 5일 14시 55분 【음2월】 ➡ 【丁卯月(정묘월)】 ☯一白星 춘분 20일 15시 48분

양력 3월 / 음력 02/11 ~ 윤211

양력	1	2	3	4	5	6	7	8	9	10	11	12	13	14	15	16	17	18	19	20	21	22	23	24	25	26	27	28	29	30	31
요일	월	화	수	목	금	토	일	월	화	수	목	금	토	일	월	화	수	목	금	토	일	월	화	수	목	금	토	일	월	화	수
일진 日辰	己卯	庚辰	辛巳	壬午	癸未	甲申	乙酉	丙戌	丁亥	戊子	己丑	庚寅	辛卯	壬辰	癸巳	甲午	乙未	丙申	丁酉	戊戌	己亥	庚子	辛丑	壬寅	癸卯	甲辰	乙巳	丙午	丁未	戊申	己酉
납음		白臘金		楊柳木		井中水		屋上土		霹靂火		松柏木		長流水		沙中金		山下火		平地木		壁上土		金箔金		覆燈火		天河水		大驛土	
음력	11	12	13	14	15	16	17	18	19	20	21	22	23	24	25	26	27	28	29	30	윤2	2	3	4	5	6	7	8	9	10	11
구성	4	5	6	7	8	9	1	2	3	4	5	6	7	8	9	1	2	3	4	5	6	7	8	9	1	2	3	4	5	6	7
대운 남	1	1	1	1	경	10	9	9	9	8	8	8	7	7	7	6	6	6	5	춘	5	4	4	4	3	3	3	2	2	2	1
대운 여	9	9	9	10	칩	1	1	1	1	2	2	2	3	3	3	4	4	4	5	분	5	6	6	6	7	7	7	8	8	8	9

청명 4일 19시 43분 【음3월】 ➡ 【戊辰月(무진월)】 ☯九紫星 곡우 20일 02시 50분

양력 4월 / 음력 윤2/12 ~ 03/12

양력	1	2	3	4	5	6	7	8	9	10	11	12	13	14	15	16	17	18	19	20	21	22	23	24	25	26	27	28	29	30
요일	목	금	토	일	월	화	수	목	금	토	일	월	화	수	목	금	토	일	월	화	수	목	금	토	일	월	화	수	목	금
일진 日辰	庚戌	辛亥	壬子	癸丑	甲寅	乙卯	丙辰	丁巳	戊午	己未	庚申	辛酉	壬戌	癸亥	甲子	乙丑	丙寅	丁卯	戊辰	己巳	庚午	辛未	壬申	癸酉	甲戌	乙亥	丙子	丁丑	戊寅	己卯
납음	釵釧金		桑柘木		大溪水		沙中土		天上火		石榴木		大海水		海中金		爐中火		大林木		路傍土		劍鋒金		山頭火		澗下水		城頭土	
음력	12	13	14	15	16	17	18	19	20	21	22	23	24	25	26	27	28	29	3/1	2	3	4	5	6	7	8	9	10	11	12
구성	8	9	1	2	3	4	5	6	7	8	9	1	2	3	4	5	6	7	8	9	1	2	3	4	5	6	7	8	9	1
대운 남	1	1	1	청	10	10	9	9	9	8	8	8	7	7	7	6	6	6	5	곡	5	4	4	4	3	3	3	2	2	2
대운 여	9	9	10	명	1	1	1	1	2	2	2	3	3	3	4	4	4	5	5	우	6	6	6	7	7	7	8	8	8	9

입하 5일 13시 02분 【음4월】 ➡ 【己巳月(기사월)】 ☯八白星 소만 21일 01시 58분

양력 5월 / 음력 03/13 ~ 04/13

양력	1	2	3	4	5	6	7	8	9	10	11	12	13	14	15	16	17	18	19	20	21	22	23	24	25	26	27	28	29	30	31
요일	토	일	월	화	수	목	금	토	일	월	화	수	목	금	토	일	월	화	수	목	금	토	일	월	화	수	목	금	토	일	월
일진 日辰	庚辰	辛巳	壬午	癸未	甲申	乙酉	丙戌	丁亥	戊子	己丑	庚寅	辛卯	壬辰	癸巳	甲午	乙未	丙申	丁酉	戊戌	己亥	庚子	辛丑	壬寅	癸卯	甲辰	乙巳	丙午	丁未	戊申	己酉	庚戌
납음	白臘金		楊柳木		井中水		屋上土		霹靂火		松柏木		長流水		沙中金		山下火		平地木		壁上土		金箔金		覆燈火		天河水		大驛土		
음력	13	14	15	16	17	18	19	20	21	22	23	24	25	26	27	28	29	30	4/1	2	3	4	5	6	7	8	9	10	11	12	13
구성	2	3	4	5	6	7	8	9	1	2	3	4	5	6	7	8	9	1	2	3	4	5	6	7	8	9	1	2	3	4	5
대운 남	1	1	1	1	입	10	10	9	9	9	8	8	8	7	7	7	6	6	6	5	소	5	4	4	4	3	3	3	2	2	2
대운 여	9	9	10	10	하	1	1	1	1	2	2	2	3	3	3	4	4	4	5	5	만	6	6	6	7	7	7	8	8	8	9

망종 5일 17시 13분 【음5월】 ➡ 【庚午月(경오월)】 ☯七赤星 하지 21일 09시 56분

양력 6월 / 음력 04/14 ~ 05/13

양력	1	2	3	4	5	6	7	8	9	10	11	12	13	14	15	16	17	18	19	20	21	22	23	24	25	26	27	28	29	30
요일	화	수	목	금	토	일	월	화	수	목	금	토	일	월	화	수	목	금	토	일	월	화	수	목	금	토	일	월	화	수
일진 日辰	辛亥	壬子	癸丑	甲寅	乙卯	丙辰	丁巳	戊午	己未	庚申	辛酉	壬戌	癸亥	甲子	乙丑	丙寅	丁卯	戊辰	己巳	庚午	辛未	壬申	癸酉	甲戌	乙亥	丙子	丁丑	戊寅	己卯	庚辰
납음		桑柘木		大溪水		沙中土		天上火		石榴木		大海水		海中金		爐中火		大林木		路傍土		劍鋒金		山頭火		澗下水		城頭土		
음력	14	15	16	17	18	19	20	21	22	23	24	25	26	27	28	29	30	5/1	2	3	4	5	6	7	8	9	10	11	12	13
구성	6	7	8	9	1	2	3	4	5	6	7	8	9	9	8	7	6	5	4	3	2	1	9	8	7	6	5	4	3	2
대운 남	1	1	1	1	망	10	10	10	9	9	9	8	8	8	7	7	7	6	6	6	하	5	5	4	4	4	3	3	3	2
대운 여	9	9	10	10	종	1	1	1	1	2	2	2	3	3	3	4	4	4	5	5	지	6	6	6	7	7	7	8	8	8

한식(4월05일), 초복(7월20일), 중복(7월30일), 말복(8월09일) 춘사(春社)3/20 추사(秋社)9/26
토왕지절(土旺之節):4월17일,7월19일,10월20일,1월17일(음12/06)臘享(납향):2005년1월23일(음12/07)

二日得辛, 五龍治水, 2004년 갑신年(천중수), 오황토

4綠	9紫	2黑
3碧	5黃	7赤
8白	1白	6白

2004 甲申年

소서 7일 03시 31분 【음6월】 ➡ 【辛未月(신미월)】 ☯六白星 대서 22일 20시 49분

양력 7월 / 음력 05/14 ~ 06/15

양력	1	2	3	4	5	6	7	8	9	10	11	12	13	14	15	16	17	18	19	20	21	22	23	24	25	26	27	28	29	30	31
요일	목	금	토	일	월	화	수	목	금	토	일	월	화	수	목	금	토	일	월	화	수	목	금	토	일	월	화	수	목	금	토
일진 日辰	辛巳	壬午	癸未	甲申	乙酉	丙戌	丁亥	戊子	己丑	庚寅	辛卯	壬辰	癸巳	甲午	乙未	丙申	丁酉	戊戌	己亥	庚子	辛丑	壬寅	癸卯	甲辰	乙巳	丙午	丁未	戊申	己酉	庚戌	辛亥
납음		楊柳木		井中水		屋上土		霹靂火		松柏木		長流水		沙中金		山下火		平地木		壁上土		金箔金		覆燈火		天河水		大驛土		釵釧金	
음력	14	15	16	17	18	19	20	21	22	23	24	25	26	27	28	29	6/1	2	3	4	5	6	7	8	9	10	11	12	13	14	15
구성	1	9	8	7	6	5	4	3	2	1	9	8	7	6	5	4	3	2	1	9	8	7	6	5	4	3	2	1	9	8	7
대운 남	2	2	1	1	1	1	소	10	10	9	9	9	8	8	8	7	7	7	6	6	6	대	5	5	4	4	4	3	3	3	2
대운 여	9	9	9	10	10	10	서	1	1	1	1	2	2	2	3	3	3	4	4	4	5	서	5	6	6	6	7	7	7	8	8

입추 7일 13시 19분 【음7월】 ➡ 【壬申月(임신월)】 ☯五黃星 처서 23일 03시 53분

양력 8월 / 음력 06/16 ~ 07/16

양력	1	2	3	4	5	6	7	8	9	10	11	12	13	14	15	16	17	18	19	20	21	22	23	24	25	26	27	28	29	30	31
요일	일	월	화	수	목	금	토	일	월	화	수	목	금	토	일	월	화	수	목	금	토	일	월	화	수	목	금	토	일	월	화
일진 日辰	壬子	癸丑	甲寅	乙卯	丙辰	丁巳	戊午	己未	庚申	辛酉	壬戌	癸亥	甲子	乙丑	丙寅	丁卯	戊辰	己巳	庚午	辛未	壬申	癸酉	甲戌	乙亥	丙子	丁丑	戊寅	己卯	庚辰	辛巳	壬午
납음	桑柘木		大溪水		沙中土		天上火		石榴木		大海水		海中金		爐中火		大林木		路傍土		劍鋒金		山頭火		澗下水		城頭土		白臘金		
음력	16	17	18	19	20	21	22	23	24	25	26	27	28	29	30	7/1	2	3	4	5	6	7	8	9	10	11	12	13	14	15	16
구성	6	5	4	3	2	1	9	8	7	6	5	4	3	2	1	9	8	7	6	5	4	3	2	1	9	8	7	6	5	4	3
대운 남	2	2	1	1	1	1	입	10	10	9	9	9	8	8	8	7	7	7	6	6	6	5	처	5	4	4	4	3	3	3	2
대운 여	8	9	9	9	10	10	추	1	1	1	1	2	2	2	3	3	3	4	4	4	5	5	서	6	6	6	7	7	7	8	8

백로 7일 16시 12분 【음8월】 ➡ 【癸酉月(계유월)】 ☯四綠星 추분 23일 01시 29분

양력 9월 / 음력 07/17 ~ 08/17

양력	1	2	3	4	5	6	7	8	9	10	11	12	13	14	15	16	17	18	19	20	21	22	23	24	25	26	27	28	29	30
요일	수	목	금	토	일	월	화	수	목	금	토	일	월	화	수	목	금	토	일	월	화	수	목	금	토	일	월	화	수	목
일진 日辰	癸未	甲申	乙酉	丙戌	丁亥	戊子	己丑	庚寅	辛卯	壬辰	癸巳	甲午	乙未	丙申	丁酉	戊戌	己亥	庚子	辛丑	壬寅	癸卯	甲辰	乙巳	丙午	丁未	戊申	己酉	庚戌	辛亥	壬子
납음		井中水		屋上土		霹靂火		松柏木		長流水		沙中金		山下火		平地木		壁上土		金箔金		覆燈火		天河水		大驛土		釵釧金		
음력	17	18	19	20	21	22	23	24	25	26	27	28	29	8/1	2	3	4	5	6	7	8	9	10	11	12	13	14	15	16	17
구성	2	1	9	8	7	6	5	4	3	2	1	9	8	7	6	5	4	3	2	1	9	8	7	6	5	4	3	2	1	9
대운 남	2	2	1	1	1	1	백	10	10	9	9	9	8	8	8	7	7	7	6	6	6	5	추	5	4	4	4	3	3	3
대운 여	8	9	9	9	10	10	로	1	1	1	1	2	2	2	3	3	3	4	4	4	5	5	분	6	6	6	7	7	7	8

한로 8일 07시 49분 【음9월】 ➡ 【甲戌月(갑술월)】 ☯三碧星 상강 23일 10시 48분

양력 10월 / 음력 08/18 ~ 09/18

양력	1	2	3	4	5	6	7	8	9	10	11	12	13	14	15	16	17	18	19	20	21	22	23	24	25	26	27	28	29	30	31
요일	금	토	일	월	화	수	목	금	토	일	월	화	수	목	금	토	일	월	화	수	목	금	토	일	월	화	수	목	금	토	일
일진 日辰	癸丑	甲寅	乙卯	丙辰	丁巳	戊午	己未	庚申	辛酉	壬戌	癸亥	甲子	乙丑	丙寅	丁卯	戊辰	己巳	庚午	辛未	壬申	癸酉	甲戌	乙亥	丙子	丁丑	戊寅	己卯	庚辰	辛巳	壬午	癸未
납음		大溪水		沙中土		天上火		石榴木		大海水		海中金		爐中火		大林木		路傍土		劍鋒金		山頭火		澗下水		城頭土		白臘金		楊柳木	
음력	18	19	20	21	22	23	24	25	26	27	28	29	30	9/1	2	3	4	5	6	7	8	9	10	11	12	13	14	15	16	17	18
구성	8	7	6	5	4	3	2	1	9	8	7	6	5	4	3	2	1	9	8	7	6	5	4	3	2	1	9	8	7	6	5
대운 남	2	2	2	1	1	1	1	한	10	9	9	9	8	8	8	7	7	7	6	6	6	5	상	5	4	4	4	3	3	3	2
대운 여	8	8	9	9	9	10	10	로	1	1	1	1	2	2	2	3	3	3	4	4	4	5	강	5	6	6	6	7	7	7	8

입동 7일 10시 58분 【음10월】 ➡ 【乙亥月(을해월)】 ☯二黑星 소설 22일 08시 21분

양력 11월 / 음력 09/19 ~ 10/19

양력	1	2	3	4	5	6	7	8	9	10	11	12	13	14	15	16	17	18	19	20	21	22	23	24	25	26	27	28	29	30
요일	월	화	수	목	금	토	일	월	화	수	목	금	토	일	월	화	수	목	금	토	일	월	화	수	목	금	토	일	월	화
일진 日辰	甲申	乙酉	丙戌	丁亥	戊子	己丑	庚寅	辛卯	壬辰	癸巳	甲午	乙未	丙申	丁酉	戊戌	己亥	庚子	辛丑	壬寅	癸卯	甲辰	乙巳	丙午	丁未	戊申	己酉	庚戌	辛亥	壬子	癸丑
납음	井中水		屋上土		霹靂火		松柏木		長流水		沙中金		山下火		平地木		壁上土		金箔金		覆燈火		天河水		大驛土		釵釧金		桑柘木	
음력	19	20	21	22	23	24	25	26	27	28	29	10/1	2	3	4	5	6	7	8	9	10	11	12	13	14	15	16	17	18	19
구성	4	3	2	1	9	8	7	6	5	4	3	2	1	9	8	7	6	5	4	3	2	1	9	8	7	6	5	4	3	2
대운 남	2	2	1	1	1	1	입	10	9	9	9	8	8	8	7	7	7	6	6	6	5	소	5	4	4	4	3	3	3	2
대운 여	8	8	9	9	9	10	동	1	1	1	1	2	2	2	3	3	3	4	4	4	5	설	5	6	6	6	7	7	7	8

대설 7일 03시 48분 【음11월】 ➡ 【丙子月(병자월)】 ☯一白星 동지 21일 21시 41분

양력 12월 / 음력 10/20 ~ 11/20

양력	1	2	3	4	5	6	7	8	9	10	11	12	13	14	15	16	17	18	19	20	21	22	23	24	25	26	27	28	29	30	31
요일	수	목	금	토	일	월	화	수	목	금	토	일	월	화	수	목	금	토	일	월	화	수	목	금	토	일	월	화	수	목	금
일진 日辰	甲寅	乙卯	丙辰	丁巳	戊午	己未	庚申	辛酉	壬戌	癸亥	甲子	乙丑	丙寅	丁卯	戊辰	己巳	庚午	辛未	壬申	癸酉	甲戌	乙亥	丙子	丁丑	戊寅	己卯	庚辰	辛巳	壬午	癸未	甲申
납음	大溪水		沙中土		天上火		石榴木		大海水		海中金		爐中火		大林木		路傍土		劍鋒金		山頭火		澗下水		城頭土		白臘金		楊柳木		
음력	20	21	22	23	24	25	26	27	28	29	30	11/1	2	3	4	5	6	7	8	9	10	11	12	13	14	15	16	17	18	19	20
구성	1	9	8	7	6	5	4	3	2	1	1	2	3	4	5	6	7	8	9	1	2	3	4	5	6	7	8	9	1	2	3
대운 남	2	2	1	1	1	1	대	9	9	9	8	8	8	7	7	7	6	6	6	5	동	5	4	4	4	3	3	3	2	2	2
대운 여	8	8	9	9	9	10	설	1	1	1	1	2	2	2	3	3	3	4	4	4	지	5	5	6	6	6	7	7	7	8	8

단기 4338 年	2005년	下元 乙酉年 납음(泉中水),본명성(四綠木)
불기 2549 年		대장군(午남방). 삼살(동방), 상문(亥서북방),조객(未서남방), 납음(천중수), 【삼재(해,자,축)년】 臘享(납향):2006년1월18일(음12/19)

닭

소한 5일 15시 02분 【음12월】 ➡ 【丁丑月(정축월)】 ☯九紫星 대한 20일 08시 21분

양력 1월 / 음력 11/21 ~ 12/22

양력	1	2	3	4	5	6	7	8	9	10	11	12	13	14	15	16	17	18	19	20	21	22	23	24	25	26	27	28	29	30	31
요일	토	일	월	화	수	목	금	토	일	월	화	수	목	금	토	일	월	화	수	목	금	토	일	월	화	수	목	금	토	일	월
일진 日辰	乙酉	丙戌	丁亥	戊子	己丑	庚寅	辛卯	壬辰	癸巳	甲午	乙未	丙申	丁酉	戊戌	己亥	庚子	辛丑	壬寅	癸卯	甲辰	乙巳	丙午	丁未	戊申	己酉	庚戌	辛亥	壬子	癸丑	甲寅	乙卯
납음		屋上土		霹靂火		松柏木		長流水		沙中金		山下火		平地木		壁上土		金箔金		覆燈火		天河水		大驛土		釵釧金		桑柘木		大溪水	
음력	21	22	23	24	25	26	27	28	29	12/1	2	3	4	5	6	7	8	9	10	11	12	13	14	15	16	17	18	19	20	21	22
구성	4	5	6	7	8	9	1	2	3	4	5	6	7	8	9	1	2	3	4	5	6	7	8	9	1	2	3	4	5	6	7
대운 남	1	1	1	1	소	10	9	9	9	8	8	8	7	7	7	6	6	6	5	대	5	4	4	4	3	3	3	2	2	2	1
대운 여	8	9	9	9	한	1	1	1	1	2	2	2	3	3	3	4	4	4	5	한	5	6	6	6	7	7	7	8	8	8	9

입춘 4일 02시 42분 【음1월】 ➡ 【戊寅月(무인월)】 ☯八白星 우수 18일 22시 31분

양력 2월 / 음력 12/23 ~ 01/20

양력	1	2	3	4	5	6	7	8	9	10	11	12	13	14	15	16	17	18	19	20	21	22	23	24	25	26	27	28
요일	화	수	목	금	토	일	월	화	수	목	금	토	일	월	화	수	목	금	토	일	월	화	수	목	금	토	일	월
일진 日辰	丙辰	丁巳	戊午	己未	庚申	辛酉	壬戌	癸亥	甲子	乙丑	丙寅	丁卯	戊辰	己巳	庚午	辛未	壬申	癸酉	甲戌	乙亥	丙子	丁丑	戊寅	己卯	庚辰	辛巳	壬午	癸未
납음	沙中土		天上火		石榴木		大海水		海中金		爐中火		大林木		路傍土		劍鋒金		山頭火		澗下水		城頭土		白臘金		楊柳木	
음력	23	24	25	26	27	28	29	30	1/1	2	3	4	5	6	7	8	9	10	11	12	13	14	15	16	17	18	19	20
구성	8	9	1	2	3	4	5	6	7	8	9	1	2	3	4	5	6	7	8	9	1	2	3	4	5	6	7	8
대운 남	1	1	1	입	1	1	1	1	2	2	2	3	3	3	4	4	4	우	5	5	6	6	6	7	7	7	8	8
대운 여	9	9	10	춘	9	9	9	8	8	8	7	7	7	6	6	6	5	수	5	4	4	4	3	3	3	2	2	2

乙
酉
年

경칩 5일 20시 44분 【음2월】 ➡ 【己卯月(기묘월)】 ☯七赤星 춘분 20일 21시 33분

양력 3월 / 음력 01/21 ~ 02/22

양력	1	2	3	4	5	6	7	8	9	10	11	12	13	14	15	16	17	18	19	20	21	22	23	24	25	26	27	28	29	30	31
요일	화	수	목	금	토	일	월	화	수	목	금	토	일	월	화	수	목	금	토	일	월	화	수	목	금	토	일	월	화	수	목
일진 日辰	甲申	乙酉	丙戌	丁亥	戊子	己丑	庚寅	辛卯	壬辰	癸巳	甲午	乙未	丙申	丁酉	戊戌	己亥	庚子	辛丑	壬寅	癸卯	甲辰	乙巳	丙午	丁未	戊申	己酉	庚戌	辛亥	壬子	癸丑	甲寅
납음	井中水	屋上土		霹靂火		松柏木		長流水		沙中金		山下火		平地木		壁上土		金箔金		覆燈火		天河水		大驛土		釵釧金		桑柘木			
음력	21	22	23	24	25	26	27	28	29	2/1	2	3	4	5	6	7	8	9	10	11	12	13	14	15	16	17	18	19	20	21	22
구성	9	1	2	3	4	5	6	7	8	9	1	2	3	4	5	6	7	8	9	1	2	3	4	5	6	7	8	9	1	2	3
대운 남	8	9	9	9	경	1	1	1	1	2	2	2	3	3	3	4	4	4	5	춘	5	6	6	6	7	7	7	8	8	8	9
대운 여	1	1	1	1	칩	10	10	9	9	9	8	8	8	7	7	7	6	6	6	분	5	5	4	4	4	3	3	3	2	2	2

청명 5일 01시 34분 【음3월】 ➡ 【庚辰月(경진월)】 ☯六白星 곡우 20일 08시 36분

양력 4월 / 음력 02/23 ~ 03/22

양력	1	2	3	4	5	6	7	8	9	10	11	12	13	14	15	16	17	18	19	20	21	22	23	24	25	26	27	28	29	30
요일	금	토	일	월	화	수	목	금	토	일	월	화	수	목	금	토	일	월	화	수	목	금	토	일	월	화	수	목	금	토
일진 日辰	乙卯	丙辰	丁巳	戊午	己未	庚申	辛酉	壬戌	癸亥	甲子	乙丑	丙寅	丁卯	戊辰	己巳	庚午	辛未	壬申	癸酉	甲戌	乙亥	丙子	丁丑	戊寅	己卯	庚辰	辛巳	壬午	癸未	甲申
납음		沙中土		天上火		石榴木		大海水		海中金		爐中火		大林木		路傍土		劍鋒金		山頭火		澗下水		城頭土		白臘金		楊柳木		
음력	23	24	25	26	27	28	29	30	3/1	2	3	4	5	6	7	8	9	10	11	12	13	14	15	16	17	18	19	20	21	22
구성	4	5	6	7	8	9	1	2	3	4	5	6	7	8	9	1	2	3	4	5	6	7	8	9	1	2	3	4	5	6
대운 남	9	9	10	10	청	1	1	1	1	2	2	2	3	3	3	4	4	4	5	곡	5	6	6	6	7	7	7	8	8	8
대운 여	1	1	1	1	명	10	9	9	9	8	8	8	7	7	7	6	6	6	5	우	5	4	4	4	3	3	3	2	2	2

입하 5일 18시 52분 【음4월】 ➡ 【辛巳月(신사월)】 ☯五黃星 소만 21일 07시 47분

양력 5월 / 음력 03/23 ~ 04/24

양력	1	2	3	4	5	6	7	8	9	10	11	12	13	14	15	16	17	18	19	20	21	22	23	24	25	26	27	28	29	30	31
요일	일	월	화	수	목	금	토	일	월	화	수	목	금	토	일	월	화	수	목	금	토	일	월	화	수	목	금	토	일	월	화
일진 日辰	乙酉	丙戌	丁亥	戊子	己丑	庚寅	辛卯	壬辰	癸巳	甲午	乙未	丙申	丁酉	戊戌	己亥	庚子	辛丑	壬寅	癸卯	甲辰	乙巳	丙午	丁未	戊申	己酉	庚戌	辛亥	壬子	癸丑	甲寅	乙卯
납음		屋上土		霹靂火		松柏木		長流水		沙中金		山下火		平地木		壁上土		金箔金		覆燈火		天河水		大驛土		釵釧金		桑柘木		大溪水	
음력	23	24	25	26	27	28	29	4/1	2	3	4	5	6	7	8	9	10	11	12	13	14	15	16	17	18	19	20	21	22	23	24
구성	7	8	9	1	2	3	4	5	6	7	8	9	1	2	3	4	5	6	7	8	9	1	2	3	4	5	6	7	8	9	1
대운 남	9	9	9	10	입	1	1	1	1	2	2	2	3	3	3	4	4	4	5	5	소	6	6	6	7	7	7	8	8	8	9
대운 여	1	1	1	1	하	10	10	9	9	9	8	8	8	7	7	7	6	6	6	5	만	5	4	4	4	3	3	3	2	2	2

망종 5일 23시 01분 【음5월】 ➡ 【壬午月(임오월)】 ☯四綠星 하지 21일 15시 45분

양력 6월 / 음력 04/25 ~ 05/24

양력	1	2	3	4	5	6	7	8	9	10	11	12	13	14	15	16	17	18	19	20	21	22	23	24	25	26	27	28	29	30
요일	수	목	금	토	일	월	화	수	목	금	토	일	월	화	수	목	금	토	일	월	화	수	목	금	토	일	월	화	수	목
일진 日辰	丙辰	丁巳	戊午	己未	庚申	辛酉	壬戌	癸亥	甲子	乙丑	丙寅	丁卯	戊辰	己巳	庚午	辛未	壬申	癸酉	甲戌	乙亥	丙子	丁丑	戊寅	己卯	庚辰	辛巳	壬午	癸未	甲申	乙酉
납음	沙中土		天上火		石榴木		大海水		海中金		爐中火		大林木		路傍土		劍鋒金		山頭火		澗下水		城頭土		白臘金		楊柳木		井中水	
음력	25	26	27	28	29	30	5/1	2	3	4	5	6	7	8	9	10	11	12	13	14	15	16	17	18	19	20	21	22	23	24
구성	2	3	4	5	6	7	8	9	9	8	7	6	5	4	3	2	1	9	8	7	6	5	4	3	2	1	9	8	7	6
대운 남	9	9	10	10	망	1	1	1	1	2	2	2	3	3	3	4	4	4	5	5	하	6	6	6	7	7	7	8	8	8
대운 여	1	1	1	1	종	10	10	10	9	9	9	8	8	8	7	7	7	6	6	6	지	5	5	4	4	4	3	3	3	2

한식(4월05일), 초복(7월15일), 중복(7월25일), 말복(8월14일) ☂춘사(春社)3/25 ☀추사(秋社)9/21
토왕지절(土旺之節):4월17일,7월19일,10월20일,1월17일(음12/18)臘享(납향):2006년1월18일(음12/19)

八日得辛, 五龍治水, 2005년 을유年(천중수), 사록목

3碧	8白	1白
2黑	4綠	6白
7赤	9紫	5黃

2005 乙酉年

소서 7일 09시 16분 【음6월】 ➡ 【癸未月(계미월)】 ☯三碧星 대서 23일 02시 40분

양력 7월 / 음력 05/25 ~ 06/26

	1	2	3	4	5	6	7	8	9	10	11	12	13	14	15	16	17	18	19	20	21	22	23	24	25	26	27	28	29	30	31
요일	금	토	일	월	화	수	목	금	토	일	월	화	수	목	금	토	일	월	화	수	목	금	토	일	월	화	수	목	금	토	일
일진 日辰	丙戌	丁亥	戊子	己丑	庚寅	辛卯	壬辰	癸巳	甲午	乙未	丙申	丁酉	戊戌	己亥	庚子	辛丑	壬寅	癸卯	甲辰	乙巳	丙午	丁未	戊申	己酉	庚戌	辛亥	壬子	癸丑	甲寅	乙卯	丙辰
납음	屋上土		霹靂火		松柏木		長流水		沙中金		山下火		平地木		壁上土		金箔金		覆燈火		天河水		大驛土		釵釧金		桑柘木		大溪水		
음력	25	26	27	28	29	6/1	2	3	4	5	6	7	8	9	10	11	12	13	14	15	16	17	18	19	20	21	22	23	24	25	26
구성	5	4	3	2	1	9	8	7	6	5	4	3	2	1	9	8	7	6	5	4	3	2	1	9	8	7	6	5	4	3	2
대운 남	9	9	9	10	10	10	소	1	1	1	1	2	2	2	3	3	3	4	4	4	5	5	대	6	6	6	7	7	7	8	8
대운 여	2	2	1	1	1	1	서	10	10	9	9	9	8	8	8	7	7	7	6	6	6	5	서	5	4	4	4	3	3	3	2

입추 7일 19시 03분 【음7월】 ➡ 【甲申月(갑신월)】 ☯二黑星 처서 23일 09시 45분

양력 8월 / 음력 06/27 ~ 07/27

	1	2	3	4	5	6	7	8	9	10	11	12	13	14	15	16	17	18	19	20	21	22	23	24	25	26	27	28	29	30	31
요일	월	화	수	목	금	토	일	월	화	수	목	금	토	일	월	화	수	목	금	토	일	월	화	수	목	금	토	일	월	화	수
일진 日辰	丁巳	戊午	己未	庚申	辛酉	壬戌	癸亥	甲子	乙丑	丙寅	丁卯	戊辰	己巳	庚午	辛未	壬申	癸酉	甲戌	乙亥	丙子	丁丑	戊寅	己卯	庚辰	辛巳	壬午	癸未	甲申	乙酉	丙戌	丁亥
납음		天上火		石榴木		大海水		海中金		爐中火		大林木		路傍土		劍鋒金		山頭火		澗下水		城頭土		白臘金		楊柳木		井中水		屋上土	
음력	27	28	29	30	7/1	2	3	4	5	6	7	8	9	10	11	12	13	14	15	16	17	18	19	20	21	22	23	24	25	26	27
구성	1	9	8	7	6	5	4	3	2	1	9	8	7	6	5	4	3	2	1	9	8	7	6	5	4	3	2	1	9	8	7
대운 남	8	9	9	9	10	10	입	1	1	1	1	2	2	2	3	3	3	4	4	4	5	5	처	6	6	6	7	7	7	8	8
대운 여	2	2	1	1	1	1	추	10	10	9	9	9	8	8	8	7	7	7	6	6	6	5	서	5	4	4	4	3	3	3	2

백로 7일 21시 56분 【음8월】 ➡ 【乙酉月(을유월)】 ☯一白星 추분 23일 07시 22분

양력 9월 / 음력 07/28 ~ 08/27

	1	2	3	4	5	6	7	8	9	10	11	12	13	14	15	16	17	18	19	20	21	22	23	24	25	26	27	28	29	30
요일	목	금	토	일	월	화	수	목	금	토	일	월	화	수	목	금	토	일	월	화	수	목	금	토	일	월	화	수	목	금
일진 日辰	戊子	己丑	庚寅	辛卯	壬辰	癸巳	甲午	乙未	丙申	丁酉	戊戌	己亥	庚子	辛丑	壬寅	癸卯	甲辰	乙巳	丙午	丁未	戊申	己酉	庚戌	辛亥	壬子	癸丑	甲寅	乙卯	丙辰	丁巳
납음	霹靂火		松柏木		長流水		沙中金		山下火		平地木		壁上土		金箔金		覆燈火		天河水		大驛土		釵釧金		桑柘木		大溪水		沙中土	
음력	28	29	30	8/1	2	3	4	5	6	7	8	9	10	11	12	13	14	15	16	17	18	19	20	21	22	23	24	25	26	27
구성	6	5	4	3	2	1	9	8	7	6	5	4	3	2	1	9	8	7	6	5	4	3	2	1	9	8	7	6	5	4
대운 남	8	9	9	9	10	10	백	1	1	1	1	2	2	2	3	3	3	4	4	4	5	5	추	6	6	6	7	7	7	8
대운 여	2	2	1	1	1	1	로	10	10	9	9	9	8	8	8	7	7	7	6	6	6	5	분	5	4	4	4	3	3	3

한로 8일 13시 33분 【음9월】 ➡ 【丙戌月(병술월)】 ☯九紫星 상강 23일 16시 42분

양력 10월 / 음력 08/28 ~ 09/29

	1	2	3	4	5	6	7	8	9	10	11	12	13	14	15	16	17	18	19	20	21	22	23	24	25	26	27	28	29	30	31
요일	토	일	월	화	수	목	금	토	일	월	화	수	목	금	토	일	월	화	수	목	금	토	일	월	화	수	목	금	토	일	월
일진 日辰	戊午	己未	庚申	辛酉	壬戌	癸亥	甲子	乙丑	丙寅	丁卯	戊辰	己巳	庚午	辛未	壬申	癸酉	甲戌	乙亥	丙子	丁丑	戊寅	己卯	庚辰	辛巳	壬午	癸未	甲申	乙酉	丙戌	丁亥	戊子
납음	天上火		石榴木		大海水		海中金		爐中火		大林木		路傍土		劍鋒金		山頭火		澗下水		城頭土		白臘金		楊柳木		井中水		屋上土		
음력	28	29	9/1	2	3	4	5	6	7	8	9	10	11	12	13	14	15	16	17	18	19	20	21	22	23	24	25	26	27	28	29
구성	3	2	1	9	8	7	6	5	4	3	2	1	9	8	7	6	5	4	3	2	1	9	8	7	6	5	4	3	2	1	9
대운 남	8	8	9	9	9	10	10	한	1	1	1	1	2	2	2	3	3	3	4	4	4	5	상	5	6	6	6	7	7	7	8
대운 여	2	2	2	1	1	1	1	로	10	9	9	9	8	8	8	7	7	7	6	6	6	5	강	5	4	4	4	3	3	3	2

입동 7일 16시 42분 【음10월】 ➡ 【丁亥月(정해월)】 ☯八白星 소설 22일 14시 14분

양력 11월 / 음력 09/30 ~ 10/29

	1	2	3	4	5	6	7	8	9	10	11	12	13	14	15	16	17	18	19	20	21	22	23	24	25	26	27	28	29	30
요일	화	수	목	금	토	일	월	화	수	목	금	토	일	월	화	수	목	금	토	일	월	화	수	목	금	토	일	월	화	수
일진 日辰	己丑	庚寅	辛卯	壬辰	癸巳	甲午	乙未	丙申	丁酉	戊戌	己亥	庚子	辛丑	壬寅	癸卯	甲辰	乙巳	丙午	丁未	戊申	己酉	庚戌	辛亥	壬子	癸丑	甲寅	乙卯	丙辰	丁巳	戊午
납음		松柏木		長流水		沙中金		山下火		平地木		壁上土		金箔金		覆燈火		天河水		大驛土		釵釧金		桑柘木		大溪水		沙中土		
음력	30	10/1	2	3	4	5	6	7	8	9	10	11	12	13	14	15	16	17	18	19	20	21	22	23	24	25	26	27	28	29
구성	8	7	6	5	4	3	2	1	9	8	7	6	5	4	3	2	1	9	8	7	6	5	4	3	2	1	9	8	7	6
대운 남	8	8	9	9	9	10	입	1	1	1	1	2	2	2	3	3	3	4	4	4	5	소	5	6	6	6	7	7	7	8
대운 여	2	2	1	1	1	1	동	10	9	9	9	8	8	8	7	7	7	6	6	6	5	설	5	4	4	4	3	3	3	2

대설 7일 09시 32분 【음11월】 ➡ 【戊子月(무자월)】 ☯七赤星 동지 22일 03시 34분

양력 12월 / 음력 10/30 ~ 12/01

	1	2	3	4	5	6	7	8	9	10	11	12	13	14	15	16	17	18	19	20	21	22	23	24	25	26	27	28	29	30	31
요일	목	금	토	일	월	화	수	목	금	토	일	월	화	수	목	금	토	일	월	화	수	목	금	토	일	월	화	수	목	금	토
일진 日辰	己未	庚申	辛酉	壬戌	癸亥	甲子	乙丑	丙寅	丁卯	戊辰	己巳	庚午	辛未	壬申	癸酉	甲戌	乙亥	丙子	丁丑	戊寅	己卯	庚辰	辛巳	壬午	癸未	甲申	乙酉	丙戌	丁亥	戊子	己丑
납음		石榴木		大海水		海中金		爐中火		大林木		路傍土		劍鋒金		山頭火		澗下水		城頭土		白臘金		楊柳木		井中水		屋上土		霹靂火	
음력	30	11/1	2	3	4	5	6	7	8	9	10	11	12	13	14	15	16	17	18	19	20	21	22	23	24	25	26	27	28	29	12/1
구성	5	4	3	2	1	1	2	3	4	5	6	7	8	9	1	2	3	4	5	6	7	8	9	1	2	3	4	5	6	7	8
대운 남	8	8	9	9	9	10	대	1	1	1	1	2	2	2	3	3	3	4	4	4	5	동	5	6	6	6	7	7	7	8	8
대운 여	2	2	1	1	1	1	설	9	9	9	8	8	8	7	7	7	6	6	6	5	5	지	4	4	4	3	3	3	2	2	2

단기 4339 年	2006년	下元 丙戌年 납음(屋上土),본명성(三碧木)
불기 2550 年		대장군(午남방), 삼살(북방), 상문(子북방),조객(申서남방), 납음(옥상토),【삼재(신,유,술)년】 臘享(납향):2007년1월25일(음12/07)

개

소한 5일 20시 46분 【음12월】 ➡ 【己丑月(기축월)】 ☯六白星 대한 20일 14시 15분

	양력	1	2	3	4	5	6	7	8	9	10	11	12	13	14	15	16	17	18	19	20	21	22	23	24	25	26	27	28	29	30	31
양력 1월	요일	일	월	화	수	목	금	토	일	월	화	수	목	금	토	일	월	화	수	목	금	토	일	월	화	수	목	금	토	일	월	화
	일진 日辰	庚寅	辛卯	壬辰	癸巳	甲午	乙未	丙申	丁酉	戊戌	己亥	庚子	辛丑	壬寅	癸卯	甲辰	乙巳	丙午	丁未	戊申	己酉	庚戌	辛亥	壬子	癸丑	甲寅	乙卯	丙辰	丁巳	戊午	己未	庚申
음력	납음	松柏木		長流水		沙中金		山下火		平地木		壁上土		金箔金		覆燈火		天河水		大驛土		釵釧金		桑柘木		大溪水		沙中土		天上火		
12/02	음력	2	3	4	5	6	7	8	9	10	11	12	13	14	15	16	17	18	19	20	21	22	23	24	25	26	27	28	29	1/1	2	3
~	구성	9	1	2	3	4	5	6	7	8	9	1	2	3	4	5	6	7	8	9	1	2	3	4	5	6	7	8	9	1	2	3
01/03	대운 남	8	9	9	9	소	1	1	1	1	2	2	2	3	3	3	4	4	4	5	대	5	6	6	6	7	7	7	8	8	8	9
	대운 여	1	1	1	1	한	10	9	9	9	8	8	8	7	7	7	6	6	6	5	한	5	4	4	4	3	3	3	2	2	2	1

입춘 4일 08시 27분 【음1월】 ➡ 【庚寅月(경인월)】 ☯五黃星 우수 19일 04시 25분

	양력	1	2	3	4	5	6	7	8	9	10	11	12	13	14	15	16	17	18	19	20	21	22	23	24	25	26	27	28
양력 2월	요일	수	목	금	토	일	월	화	수	목	금	토	일	월	화	수	목	금	토	일	월	화	수	목	금	토	일	월	화
	일진 日辰	辛酉	壬戌	癸亥	甲子	乙丑	丙寅	丁卯	戊辰	己巳	庚午	辛未	壬申	癸酉	甲戌	乙亥	丙子	丁丑	戊寅	己卯	庚辰	辛巳	壬午	癸未	甲申	乙酉	丙戌	丁亥	戊子
음력	납음		大海水		海中金		爐中火		大林木		路傍土		劍鋒金		山頭火		澗下水		城頭土		白臘金		楊柳木		井中水		屋上土		
01/04	음력	4	5	6	7	8	9	10	11	12	13	14	15	16	17	18	19	20	21	22	23	24	25	26	27	28	29	30	
~	구성	4	5	6	7	8	9	1	2	3	4	5	6	7	8	9	1	2	3	4	5	6	7	8	9	1	2	3	4
02/01	대운 남	9	9	10	입	10	9	9	9	8	8	8	7	7	7	6	6	6	5	우	5	4	4	4	3	3	3	2	2
	대운 여	1	1	1	춘	1	1	1	1	2	2	2	3	3	3	4	4	4	5	수	5	6	6	6	7	7	7	8	8

丙戌年

경칩 6일 02시 28분 【음2월】 ➡ 【辛卯月(신묘월)】 ☯四綠星 춘분 21일 03시 25분

	양력	1	2	3	4	5	6	7	8	9	10	11	12	13	14	15	16	17	18	19	20	21	22	23	24	25	26	27	28	29	30	31
양력 3월	요일	수	목	금	토	일	월	화	수	목	금	토	일	월	화	수	목	금	토	일	월	화	수	목	금	토	일	월	화	수	목	금
	일진 日辰	己丑	庚寅	辛卯	壬辰	癸巳	甲午	乙未	丙申	丁酉	戊戌	己亥	庚子	辛丑	壬寅	癸卯	甲辰	乙巳	丙午	丁未	戊申	己酉	庚戌	辛亥	壬子	癸丑	甲寅	乙卯	丙辰	丁巳	戊午	己未
음력	납음		松柏木		長流水		沙中金		山下火		平地木		壁上土		金箔金		覆燈火		天河水		大驛土		釵釧金		桑柘木		大溪水		沙中土		天上火	
02/02	음력	2	3	4	5	6	7	8	9	10	11	12	13	14	15	16	17	18	19	20	21	22	23	24	25	26	27	28	29	3/1	2	3
~	구성	5	6	7	8	9	1	2	3	4	5	6	7	8	9	1	2	3	4	5	6	7	8	9	1	2	3	4	5	6	7	8
03/03	대운 남	2	1	1	1	1	경	10	9	9	9	8	8	8	7	7	7	6	6	6	5	춘	5	4	4	4	3	3	3	2	2	2
	대운 여	8	9	9	9	10	칩	1	1	1	1	2	2	2	3	3	3	4	4	4	5	분	5	6	6	6	7	7	7	8	8	8

청명 5일 07시 15분 【음3월】 ➡ 【壬辰月(임진월)】 ☯三碧星 곡우 20일 14시 25분

	양력	1	2	3	4	5	6	7	8	9	10	11	12	13	14	15	16	17	18	19	20	21	22	23	24	25	26	27	28	29	30
양력 4월	요일	토	일	월	화	수	목	금	토	일	월	화	수	목	금	토	일	월	화	수	목	금	토	일	월	화	수	목	금	토	일
	일진 日辰	庚申	辛酉	壬戌	癸亥	甲子	乙丑	丙寅	丁卯	戊辰	己巳	庚午	辛未	壬申	癸酉	甲戌	乙亥	丙子	丁丑	戊寅	己卯	庚辰	辛巳	壬午	癸未	甲申	乙酉	丙戌	丁亥	戊子	己丑
음력	납음	石榴木		大海水		海中金		爐中火		大林木		路傍土		劍鋒金		山頭火		澗下水		城頭土		白臘金		楊柳木		井中水		屋上土		霹靂火	
03/04	음력	4	5	6	7	8	9	10	11	12	13	14	15	16	17	18	19	20	21	22	23	24	25	26	27	28	29	30	4/1	2	3
~	구성	9	1	2	3	4	5	6	7	8	9	1	2	3	4	5	6	7	8	9	1	2	3	4	5	6	7	8	9	1	2
04/03	대운 남	1	1	1	1	청	10	10	9	9	9	8	8	8	7	7	7	6	6	6	곡	5	5	4	4	4	3	3	3	2	2
	대운 여	9	9	9	10	명	1	1	1	1	2	2	2	3	3	3	4	4	4	5	우	5	6	6	6	7	7	7	8	8	8

입하 6일 00시 30분 【음4월】 ➡ 【癸巳月(계사월)】 ☯二黑星 소만 21일 13시 31분

	양력	1	2	3	4	5	6	7	8	9	10	11	12	13	14	15	16	17	18	19	20	21	22	23	24	25	26	27	28	29	30	31
양력 5월	요일	월	화	수	목	금	토	일	월	화	수	목	금	토	일	월	화	수	목	금	토	일	월	화	수	목	금	토	일	월	화	수
	일진 日辰	庚寅	辛卯	壬辰	癸巳	甲午	乙未	丙申	丁酉	戊戌	己亥	庚子	辛丑	壬寅	癸卯	甲辰	乙巳	丙午	丁未	戊申	己酉	庚戌	辛亥	壬子	癸丑	甲寅	乙卯	丙辰	丁巳	戊午	己未	庚申
음력	납음	松柏木		長流水		沙中金		山下火		平地木		壁上土		金箔金		覆燈火		天河水		大驛土		釵釧金		桑柘木		大溪水		沙中土		天上火		
04/04	음력	4	5	6	7	8	9	10	11	12	13	14	15	16	17	18	19	20	21	22	23	24	25	26	27	28	29	30	5/1	2	3	4
~	구성	3	4	5	6	7	8	9	1	2	3	4	5	6	7	8	9	1	2	3	4	5	6	7	8	9	1	2	3	4	5	6
05/04	대운 남	2	1	1	1	1	입	10	10	9	9	9	8	8	8	7	7	7	6	6	6	소	5	5	4	4	4	3	3	3	2	2
	대운 여	9	9	9	10	10	하	1	1	1	1	2	2	2	3	3	3	4	4	4	5	만	5	6	6	6	7	7	7	8	8	8

망종 6일 04시 36분 【 음5월】 ➡ 【甲午月(갑오월)】 ☯一白星 하지 21일 21시 25분

	양력	1	2	3	4	5	6	7	8	9	10	11	12	13	14	15	16	17	18	19	20	21	22	23	24	25	26	27	28	29	30
양력 6월	요일	목	금	토	일	월	화	수	목	금	토	일	월	화	수	목	금	토	일	월	화	수	목	금	토	일	월	화	수	목	금
	일진 日辰	辛酉	壬戌	癸亥	甲子	乙丑	丙寅	丁卯	戊辰	己巳	庚午	辛未	壬申	癸酉	甲戌	乙亥	丙子	丁丑	戊寅	己卯	庚辰	辛巳	壬午	癸未	甲申	乙酉	丙戌	丁亥	戊子	己丑	庚寅
음력	납음		大海水		海中金		爐中火		大林木		路傍土		劍鋒金		山頭火		澗下水		城頭土		白臘金		楊柳木		井中水		屋上土		霹靂火		
05/06	음력	6	7	8	9	10	11	12	13	14	15	16	17	18	19	20	21	22	23	24	25	26	27	28	29	30	6/1	2	3	4	5
~	구성	7	8	9	9	8	7	6	5	4	3	2	1	9	8	7	6	5	4	3	2	1	9	8	7	6	5	4	3	2	1
06/05	대운 남	2	1	1	1	1	망	10	10	9	9	9	8	8	8	7	7	7	6	6	6	하	5	5	4	4	4	3	3	3	2
	대운 여	9	9	9	10	10	종	1	1	1	1	2	2	2	3	3	3	4	4	4	5	지	5	6	6	6	7	7	7	8	8

한식(4월6일), 초복(7월20일), 중복(7월30일), 말복(8월09일) ☂춘사(春社)3/20 ☀추사(秋社)9/26
토왕지절(土旺之節):4월17일,7월20일,10월20일,1월17일(음11/29)臘享(납향):2007년1월25일(음12/07)

四日得辛, 十一龍治水, 2006년 병술年(옥상토), 삼벽목

2黑	7赤	9紫
1白	3碧	5黃
6白	8白	4綠

2006 丙戌年

소서 7일 14시 51분 【음6월】 ➡ 【乙未月(을미월)】 ☯九紫星 대서 23일 08시 17분

양력 7월 / 음력 06/06 ~ 07/07

양력	1	2	3	4	5	6	7	8	9	10	11	12	13	14	15	16	17	18	19	20	21	22	23	24	25	26	27	28	29	30	31
요일	토	일	월	화	수	목	금	토	일	월	화	수	목	금	토	일	월	화	수	목	금	토	일	월	화	수	목	금	토	일	월
일진 日辰	辛卯	壬辰	癸巳	甲午	乙未	丙申	丁酉	戊戌	己亥	庚子	辛丑	壬寅	癸卯	甲辰	乙巳	丙午	丁未	戊申	己酉	庚戌	辛亥	壬子	癸丑	甲寅	乙卯	丙辰	丁巳	戊午	己未	庚申	辛酉
납음		長流水		沙中金		山下火		平地木		壁上土		金箔金		覆燈火		天河水		大驛土		釵釧金		桑柘木		大溪水		沙中土		天上火		石榴木	
음력	6	7	8	9	10	11	12	13	14	15	16	17	18	19	20	21	22	23	24	25	26	27	28	29	7/1	2	3	4	5	6	7
구성	9	8	7	6	5	4	3	2	1	9	8	7	6	5	4	3	2	1	9	8	7	6	5	4	3	2	1	9	8	7	6
대운 남	2	2	1	1	1	1	소	10	10	10	9	9	9	8	8	8	7	7	7	6	6	6	대	5	5	4	4	4	3	3	3
대운 여	8	9	9	9	10	10	서	1	1	1	1	2	2	2	3	3	3	4	4	4	5	5	서	6	6	6	7	7	7	8	8

입추 8일 00시 40분 【음7월】 ➡ 【丙申月(병신월)】 ☯八白星 처서 23일 15시 22분

양력 8월 / 음력 07/08 ~ 윤708

양력	1	2	3	4	5	6	7	8	9	10	11	12	13	14	15	16	17	18	19	20	21	22	23	24	25	26	27	28	29	30	31
요일	화	수	목	금	토	일	월	화	수	목	금	토	일	월	화	수	목	금	토	일	월	화	수	목	금	토	일	월	화	수	목
일진 日辰	壬戌	癸亥	甲子	乙丑	丙寅	丁卯	戊辰	己巳	庚午	辛未	壬申	癸酉	甲戌	乙亥	丙子	丁丑	戊寅	己卯	庚辰	辛巳	壬午	癸未	甲申	乙酉	丙戌	丁亥	戊子	己丑	庚寅	辛卯	壬辰
납음	大海水		海中金		爐中火		大林木		路傍土		劍鋒金		山頭火		澗下水		城頭土		白臘金		楊柳木		井中水		屋上土		霹靂火		松柏木		
음력	8	9	10	11	12	13	14	15	16	17	18	19	20	21	22	23	24	25	26	27	28	29	30	윤7	2	3	4	5	6	7	8
구성	5	4	3	2	1	9	8	7	6	5	4	3	2	1	9	8	7	6	5	4	3	2	1	9	8	7	6	5	4	3	2
대운 남	2	2	2	1	1	1	1	입	10	10	9	9	9	8	8	8	7	7	7	6	6	6	처	5	5	4	4	4	3	3	3
대운 여	8	9	9	9	10	10	10	추	1	1	1	1	2	2	2	3	3	3	4	4	4	5	서	5	6	6	6	7	7	7	8

백로 8일 03시 38분 【음8월】 ➡ 【丁酉月(정유월)】 ☯七赤星 추분 23일 13시 03분

양력 9월 / 음력 윤709 ~ 08/09

양력	1	2	3	4	5	6	7	8	9	10	11	12	13	14	15	16	17	18	19	20	21	22	23	24	25	26	27	28	29	30
요일	금	토	일	월	화	수	목	금	토	일	월	화	수	목	금	토	일	월	화	수	목	금	토	일	월	화	수	목	금	토
일진 日辰	癸巳	甲午	乙未	丙申	丁酉	戊戌	己亥	庚子	辛丑	壬寅	癸卯	甲辰	乙巳	丙午	丁未	戊申	己酉	庚戌	辛亥	壬子	癸丑	甲寅	乙卯	丙辰	丁巳	戊午	己未	庚申	辛酉	壬戌
납음		沙中金		山下火		平地木		壁上土		金箔金		覆燈火		天河水		大驛土		釵釧金		桑柘木		大溪水		沙中土		天上火		石榴木		
음력	9	10	11	12	13	14	15	16	17	18	19	20	21	22	23	24	25	26	27	28	29	8/1	2	3	4	5	6	7	8	9
구성	1	9	8	7	6	5	4	3	2	1	9	8	7	6	5	4	3	2	1	9	8	7	6	5	4	3	2	1	9	8
대운 남	2	2	2	1	1	1	1	백	10	9	9	9	8	8	8	7	7	7	6	6	6	5	추	5	4	4	4	3	3	3
대운 여	8	8	9	9	9	10	10	로	1	1	1	1	2	2	2	3	3	3	4	4	4	5	분	5	6	6	6	7	7	7

한로 8일 19시 21분 【음9월】 ➡ 【戊戌月(무술월)】 ☯六白星 상강 23일 22시 26분

양력 10월 / 음력 08/10 ~ 09/10

양력	1	2	3	4	5	6	7	8	9	10	11	12	13	14	15	16	17	18	19	20	21	22	23	24	25	26	27	28	29	30	31
요일	일	월	화	수	목	금	토	일	월	화	수	목	금	토	일	월	화	수	목	금	토	일	월	화	수	목	금	토	일	월	화
일진 日辰	癸亥	甲子	乙丑	丙寅	丁卯	戊辰	己巳	庚午	辛未	壬申	癸酉	甲戌	乙亥	丙子	丁丑	戊寅	己卯	庚辰	辛巳	壬午	癸未	甲申	乙酉	丙戌	丁亥	戊子	己丑	庚寅	辛卯	壬辰	癸巳
납음		海中金		爐中火		大林木		路傍土		劍鋒金		山頭火		澗下水		城頭土		白臘金		楊柳木		井中水		屋上土		霹靂火		松柏木		長流水	
음력	10	11	12	13	14	15	16	17	18	19	20	21	22	23	24	25	26	27	28	29	30	9/1	2	3	4	5	6	7	8	9	10
구성	7	6	5	4	3	2	1	9	8	7	6	5	4	3	2	1	9	8	7	6	5	4	3	2	1	9	8	7	6	5	4
대운 남	2	2	2	1	1	1	1	한	10	9	9	9	8	8	8	7	7	7	6	6	6	5	상	5	4	4	4	3	3	3	2
대운 여	8	8	8	9	9	9	10	로	1	1	1	1	2	2	2	3	3	3	4	4	4	5	강	5	6	6	6	7	7	7	8

입동 7일 22시 34분 【음10월】 ➡ 【己亥月(기해월)】 ☯五黃星 소설 22일 20시 01분

양력 11월 / 음력 09/11 ~ 10/10

양력	1	2	3	4	5	6	7	8	9	10	11	12	13	14	15	16	17	18	19	20	21	22	23	24	25	26	27	28	29	30
요일	수	목	금	토	일	월	화	수	목	금	토	일	월	화	수	목	금	토	일	월	화	수	목	금	토	일	월	화	수	목
일진 日辰	甲午	乙未	丙申	丁酉	戊戌	己亥	庚子	辛丑	壬寅	癸卯	甲辰	乙巳	丙午	丁未	戊申	己酉	庚戌	辛亥	壬子	癸丑	甲寅	乙卯	丙辰	丁巳	戊午	己未	庚申	辛酉	壬戌	癸亥
납음	沙中金		山下火		平地木		壁上土		金箔金		覆燈火		天河水		大驛土		釵釧金		桑柘木		大溪水		沙中土		天上火		石榴木		大海水	
음력	11	12	13	14	15	16	17	18	19	20	21	22	23	24	25	26	27	28	29	30	10/1	2	3	4	5	6	7	8	9	10
구성	3	2	1	9	8	7	6	5	4	3	2	1	9	8	7	6	5	4	3	2	1	9	8	7	6	5	4	3	2	1
대운 남	2	2	1	1	1	1	입	10	9	9	9	8	8	8	7	7	7	6	6	6	5	소	5	4	4	4	3	3	3	2
대운 여	8	8	9	9	9	10	동	1	1	1	1	2	2	2	3	3	3	4	4	4	5	설	5	6	6	6	7	7	7	8

대설 7일 15시 26분 【음11월】 ➡ 【庚子月(경자월)】 ☯四綠星 동지 22일 09시 21분

양력 12월 / 음력 10/11 ~ 11/12

양력	1	2	3	4	5	6	7	8	9	10	11	12	13	14	15	16	17	18	19	20	21	22	23	24	25	26	27	28	29	30	31
요일	금	토	일	월	화	수	목	금	토	일	월	화	수	목	금	토	일	월	화	수	목	금	토	일	월	화	수	목	금	토	일
일진 日辰	甲子	乙丑	丙寅	丁卯	戊辰	己巳	庚午	辛未	壬申	癸酉	甲戌	乙亥	丙子	丁丑	戊寅	己卯	庚辰	辛巳	壬午	癸未	甲申	乙酉	丙戌	丁亥	戊子	己丑	庚寅	辛卯	壬辰	癸巳	甲午
납음	海中金		爐中火		大林木		路傍土		劍鋒金		山頭火		澗下水		城頭土		白臘金		楊柳木		井中水		屋上土		霹靂火		松柏木		長流水		
음력	11	12	13	14	15	16	17	18	19	20	21	22	23	24	25	26	27	28	29	11/1	2	3	4	5	6	7	8	9	10	11	12
구성	1	2	3	4	5	6	7	8	9	1	2	3	4	5	6	7	8	9	1	2	3	4	5	6	7	8	9	1	2	3	4
대운 남	2	2	1	1	1	1	대	10	9	9	9	8	8	8	7	7	7	6	6	6	5	동	5	4	4	4	3	3	3	2	2
대운 여	8	8	9	9	9	10	설	1	1	1	1	2	2	2	3	3	3	4	4	4	5	지	5	6	6	6	7	7	7	8	8

단기 4340 年
불기 2551 年

2007년 下元 丁亥年 납음(屋上土),본명성(二黑土)

대장군(酉서방), 삼살(酉서방), 상문(丑동북방),조객(酉서방), 납음(옥상토), 【삼재(사,오,미)년】 臘享(납향):2008년1월20일(음12/13)

돼지

소한 6일 02시 39분 【음12월】 ➡ 【辛丑月(신축월)】 ☯三碧星 대한 20일 20시 00분

	양력	1	2	3	4	5	6	7	8	9	10	11	12	13	14	15	16	17	18	19	20	21	22	23	24	25	26	27	28	29	30	31
양력 1월	요일	월	화	수	목	금	토	일	월	화	수	목	금	토	일	월	화	수	목	금	토	일	월	화	수	목	금	토	일	월	화	수
	일진 日辰	乙未	丙申	丁酉	戊戌	己亥	庚子	辛丑	壬寅	癸卯	甲辰	乙巳	丙午	丁未	戊申	己酉	庚戌	辛亥	壬子	癸丑	甲寅	乙卯	丙辰	丁巳	戊午	己未	庚申	辛酉	壬戌	癸亥	甲子	乙丑
음력 11/13 ~ 12/13	납음		山下火		平地木		壁上土		金箔金		覆燈火		天河水		大驛土		釵釧金		桑柘木		大溪水		沙中土		天上火		石榴木		大海水		海中金	
	음력	13	14	15	16	17	18	19	20	21	22	23	24	25	26	27	28	29	30	12/1	2	3	4	5	6	7	8	9	10	11	12	13
	구성	5	6	7	8	9	1	2	3	4	5	6	7	8	9	1	2	3	4	5	6	7	8	9	1	2	3	4	5	6	7	8
	대운 남	2	1	1	1	1	소	9	9	9	8	8	8	7	7	7	6	6	6	5	대	5	4	4	4	3	3	3	2	2	2	1
	대운 여	8	9	9	9	10	한	1	1	1	1	2	2	2	3	3	3	4	4	4	한	5	5	6	6	6	7	7	7	8	8	8

입춘 4일 14시 17분 【음1월】 ➡ 【壬寅月(임인월)】 ☯二黑星 우수 19일 10시 08분

	양력	1	2	3	4	5	6	7	8	9	10	11	12	13	14	15	16	17	18	19	20	21	22	23	24	25	26	27	28
양력 2월	요일	목	금	토	일	월	화	수	목	금	토	일	월	화	수	목	금	토	일	월	화	수	목	금	토	일	월	화	수
	일진 日辰	丙寅	丁卯	戊辰	己巳	庚午	辛未	壬申	癸酉	甲戌	乙亥	丙子	丁丑	戊寅	己卯	庚辰	辛巳	壬午	癸未	甲申	乙酉	丙戌	丁亥	戊子	己丑	庚寅	辛卯	壬辰	癸巳
음력 12/14 ~ 01/11	납음	爐中火		大林木		路傍土		劍鋒金		山頭火		澗下水		城頭土		白臘金		楊柳木		井中水		屋上土		霹靂火		松柏木		長流水	
	음력	14	15	16	17	18	19	20	21	22	23	24	25	26	27	28	29	30	1/1	2	3	4	5	6	7	8	9	10	11
	구성	9	1	2	3	4	5	6	7	8	9	1	2	3	4	5	6	7	8	9	1	2	3	4	5	6	7	8	9
	대운 남	1	1	1	입	1	1	1	1	2	2	2	3	3	3	4	4	4	5	우	5	6	6	6	7	7	7	8	8
	대운 여	9	9	9	춘	10	9	9	9	8	8	8	7	7	7	6	6	6	5	수	5	4	4	4	3	3	3	2	2

丁亥年

경칩 6일 08시 17분 【음2월】 ➡ 【癸卯月(계묘월)】 ☯一白星 춘분 21일 09시 07분

	양력	1	2	3	4	5	6	7	8	9	10	11	12	13	14	15	16	17	18	19	20	21	22	23	24	25	26	27	28	29	30	31
양력 3월	요일	목	금	토	일	월	화	수	목	금	토	일	월	화	수	목	금	토	일	월	화	수	목	금	토	일	월	화	수	목	금	토
	일진 日辰	甲午	乙未	丙申	丁酉	戊戌	己亥	庚子	辛丑	壬寅	癸卯	甲辰	乙巳	丙午	丁未	戊申	己酉	庚戌	辛亥	壬子	癸丑	甲寅	乙卯	丙辰	丁巳	戊午	己未	庚申	辛酉	壬戌	癸亥	甲子
음력 01/12 ~ 02/13	납음	沙中金		山下火		平地木		壁上土		金箔金		覆燈火		天河水		大驛土		釵釧金		桑柘木		大溪水		沙中土		天上火		石榴木		大海水		
	음력	12	13	14	15	16	17	18	19	20	21	22	23	24	25	26	27	28	29	2/1	2	3	4	5	6	7	8	9	10	11	12	13
	구성	1	2	3	4	5	6	7	8	9	1	2	3	4	5	6	7	8	9	1	2	3	4	5	6	7	8	9	1	2	3	4
	대운 남	8	9	9	9	10	경	1	1	1	1	2	2	2	3	3	3	4	4	4	5	춘	5	6	6	6	7	7	7	8	8	8
	대운 여	2	1	1	1	1	칩	10	9	9	9	8	8	8	7	7	7	6	6	6	5	분	5	4	4	4	3	3	3	2	2	2

청명 5일 13시 04분 【음3월】 ➡ 【甲辰月(갑진월)】 ☯九紫星 곡우 20일 20시 06분

	양력	1	2	3	4	5	6	7	8	9	10	11	12	13	14	15	16	17	18	19	20	21	22	23	24	25	26	27	28	29	30
양력 4월	요일	일	월	화	수	목	금	토	일	월	화	수	목	금	토	일	월	화	수	목	금	토	일	월	화	수	목	금	토	일	월
	일진 日辰	乙丑	丙寅	丁卯	戊辰	己巳	庚午	辛未	壬申	癸酉	甲戌	乙亥	丙子	丁丑	戊寅	己卯	庚辰	辛巳	壬午	癸未	甲申	乙酉	丙戌	丁亥	戊子	己丑	庚寅	辛卯	壬辰	癸巳	甲午
음력 02/14 ~ 03/14	납음		爐中火		大林木		路傍土		劍鋒金		山頭火		澗下水		城頭土		白臘金		楊柳木		井中水		屋上土		霹靂火		松柏木		長流水		
	음력	14	15	16	17	18	19	20	21	22	23	24	25	26	27	28	29	3/1	2	3	4	5	6	7	8	9	10	11	12	13	14
	구성	5	6	7	8	9	1	2	3	4	5	6	7	8	9	1	2	3	4	5	6	7	8	9	1	2	3	4	5	6	7
	대운 남	9	9	9	10	청	1	1	1	1	2	2	2	3	3	3	4	4	4	5	곡	5	6	6	6	7	7	7	8	8	8
	대운 여	1	1	1	1	명	10	10	9	9	9	8	8	8	7	7	7	6	6	6	우	5	5	4	4	4	3	3	3	2	2

입하 6일 06시 20분 【음4월】 ➡ 【乙巳月(을사월)】 ☯八白星 소만 21일 19시 11분

	양력	1	2	3	4	5	6	7	8	9	10	11	12	13	14	15	16	17	18	19	20	21	22	23	24	25	26	27	28	29	30	31
양력 5월	요일	화	수	목	금	토	일	월	화	수	목	금	토	일	월	화	수	목	금	토	일	월	화	수	목	금	토	일	월	화	수	목
	일진 日辰	乙未	丙申	丁酉	戊戌	己亥	庚子	辛丑	壬寅	癸卯	甲辰	乙巳	丙午	丁未	戊申	己酉	庚戌	辛亥	壬子	癸丑	甲寅	乙卯	丙辰	丁巳	戊午	己未	庚申	辛酉	壬戌	癸亥	甲子	乙丑
음력 03/15 ~ 04/15	납음		山下火		平地木		壁上土		金箔金		覆燈火		天河水		大驛土		釵釧金		桑柘木		大溪水		沙中土		天上火		石榴木		大海水		海中金	
	음력	15	16	17	18	19	20	21	22	23	24	25	26	27	28	29	30	4/1	2	3	4	5	6	7	8	9	10	11	12	13	14	15
	구성	8	9	1	2	3	4	5	6	7	8	9	1	2	3	4	5	6	7	8	9	1	2	3	4	5	6	7	8	9	9	8
	대운 남	9	9	9	10	10	입	1	1	1	1	2	2	2	3	3	3	4	4	4	5	소	5	6	6	6	7	7	7	8	8	8
	대운 여	2	1	1	1	1	하	10	10	9	9	9	8	8	8	7	7	7	6	6	6	만	5	5	4	4	4	3	3	3	2	2

망종 6일 10시 26분 【음5월】 ➡ 【丙午月(병오월)】 ☯七赤星 하지 22일 03시 06분

	양력	1	2	3	4	5	6	7	8	9	10	11	12	13	14	15	16	17	18	19	20	21	22	23	24	25	26	27	28	29	30
양력 6월	요일	금	토	일	월	화	수	목	금	토	일	월	화	수	목	금	토	일	월	화	수	목	금	토	일	월	화	수	목	금	토
	일진 日辰	丙寅	丁卯	戊辰	己巳	庚午	辛未	壬申	癸酉	甲戌	乙亥	丙子	丁丑	戊寅	己卯	庚辰	辛巳	壬午	癸未	甲申	乙酉	丙戌	丁亥	戊子	己丑	庚寅	辛卯	壬辰	癸巳	甲午	乙未
음력 04/16 ~ 05/16	납음	爐中火		大林木		路傍土		劍鋒金		山頭火		澗下水		城頭土		白臘金		楊柳木		井中水		屋上土		霹靂火		松柏木		長流水		沙中金	
	음력	16	17	18	19	20	21	22	23	24	25	26	27	28	29	5/1	2	3	4	5	6	7	8	9	10	11	12	13	14	15	16
	구성	7	6	5	4	3	2	1	9	8	7	6	5	4	3	2	1	9	8	7	6	5	4	3	2	1	9	8	7	6	5
	대운 남	9	9	9	10	10	망	1	1	1	1	2	2	2	3	3	3	4	4	4	5	5	하	6	6	6	7	7	7	8	8
	대운 여	2	1	1	1	1	종	10	10	9	9	9	8	8	8	7	7	7	6	6	6	5	지	5	4	4	4	3	3	3	2

한식(4월06일), 초복(7월15일), 중복(7월25일), 말복(8월14일) ☂춘사(春社)3/25 ☀추사(秋社)9/21
토왕지절(土旺之節):4월17일,7월20일,10월21일,1월18일(음12/11)臘享(납향):2008년1월20일(음12/13)

九日得辛, 十龍治水, 2007년 정해年(옥상토), 이흑토

1白	6白	8白
9紫	2黑	4綠
5黃	7赤	3碧

2007 丁亥年

소서 7일 20시 41분 【음6월】➡ 【丁未月(정미월)】 ☯六白星 대서 23일 13시 59분

양력 7월 / 음력 05/17 ~ 06/18

양력	1	2	3	4	5	6	7	8	9	10	11	12	13	14	15	16	17	18	19	20	21	22	23	24	25	26	27	28	29	30	31
요일	일	월	화	수	목	금	토	일	월	화	수	목	금	토	일	월	화	수	목	금	토	일	월	화	수	목	금	토	일	월	화
일진 日辰	丙申	丁酉	戊戌	己亥	庚子	辛丑	壬寅	癸卯	甲辰	乙巳	丙午	丁未	戊申	己酉	庚戌	辛亥	壬子	癸丑	甲寅	乙卯	丙辰	丁巳	戊午	己未	庚申	辛酉	壬戌	癸亥	甲子	乙丑	丙寅
납음	山下火		平地木		壁上土		金箔金		覆燈火		天河水		大驛土		釵釧金		桑柘木		大溪水		沙中土		天上火		石榴木		大海水		海中金		
음력	17	18	19	20	21	22	23	24	25	26	27	28	29	6/1	2	3	4	5	6	7	8	9	10	11	12	13	14	15	16	17	18
구성	4	3	2	1	9	8	7	6	5	4	3	2	1	9	8	7	6	5	4	3	2	1	9	8	7	6	5	4	3	2	1
대운 남	8	9	9	9	10	10	소	1	1	1	1	2	2	2	3	3	3	4	4	4	5	5	대	6	6	6	7	7	7	8	8
대운 여	2	2	1	1	1	1	서	10	10	10	9	9	9	8	8	8	7	7	7	6	6	6	서	5	5	4	4	4	3	3	3

입추 8일 06시 30분 【음7월】➡ 【戊申月(무신월)】 ☯五黃星 처서 23일 21시 07분

양력 8월 / 음력 06/19 ~ 07/19

양력	1	2	3	4	5	6	7	8	9	10	11	12	13	14	15	16	17	18	19	20	21	22	23	24	25	26	27	28	29	30	31
요일	수	목	금	토	일	월	화	수	목	금	토	일	월	화	수	목	금	토	일	월	화	수	목	금	토	일	월	화	수	목	금
일진 日辰	丁卯	戊辰	己巳	庚午	辛未	壬申	癸酉	甲戌	乙亥	丙子	丁丑	戊寅	己卯	庚辰	辛巳	壬午	癸未	甲申	乙酉	丙戌	丁亥	戊子	己丑	庚寅	辛卯	壬辰	癸巳	甲午	乙未	丙申	丁酉
납음		大林木		路傍土		劍鋒金		山頭火		澗下水		城頭土		白臘金		楊柳木		井中水		屋上土		霹靂火		松柏木		長流水		沙中金		山下火	
음력	19	20	21	22	23	24	25	26	27	28	29	30	7/1	2	3	4	5	6	7	8	9	10	11	12	13	14	15	16	17	18	19
구성	9	8	7	6	5	4	3	2	1	9	8	7	6	5	4	3	2	1	9	8	7	6	5	4	3	2	1	9	8	7	6
대운 남	8	9	9	9	10	10	10	입	1	1	1	1	2	2	2	3	3	3	4	4	4	5	처	5	6	6	6	7	7	7	8
대운 여	2	2	2	1	1	1	1	추	10	10	9	9	9	8	8	8	7	7	7	6	6	6	서	5	5	4	4	4	3	3	3

백로 8일 09시 29분 【음8월】➡ 【己酉月(기유월)】 ☯四綠星 추분 23일 18시 50분

양력 9월 / 음력 07/20 ~ 08/20

양력	1	2	3	4	5	6	7	8	9	10	11	12	13	14	15	16	17	18	19	20	21	22	23	24	25	26	27	28	29	30
요일	토	일	월	화	수	목	금	토	일	월	화	수	목	금	토	일	월	화	수	목	금	토	일	월	화	수	목	금	토	일
일진 日辰	戊戌	己亥	庚子	辛丑	壬寅	癸卯	甲辰	乙巳	丙午	丁未	戊申	己酉	庚戌	辛亥	壬子	癸丑	甲寅	乙卯	丙辰	丁巳	戊午	己未	庚申	辛酉	壬戌	癸亥	甲子	乙丑	丙寅	丁卯
납음	平地木		壁上土		金箔金		覆燈火		天河水		大驛土		釵釧金		桑柘木		大溪水		沙中土		天上火		石榴木		大海水		海中金		爐中火	
음력	20	21	22	23	24	25	26	27	28	29	8/1	2	3	4	5	6	7	8	9	10	11	12	13	14	15	16	17	18	19	20
구성	5	4	3	2	1	9	8	7	6	5	4	3	2	1	9	8	7	6	5	4	3	2	1	9	8	7	6	5	4	3
대운 남	8	8	9	9	9	10	10	백	1	1	1	1	2	2	2	3	3	3	4	4	4	5	추	5	6	6	6	7	7	7
대운 여	2	2	2	1	1	1	1	로	10	10	9	9	9	8	8	8	7	7	7	6	6	6	분	5	5	4	4	4	3	3

한로 9일 01시 11분 【음9월】➡ 【庚戌月(경술월)】 ☯三碧星 상강 24일 04시 15분

양력 10월 / 음력 08/21 ~ 09/21

양력	1	2	3	4	5	6	7	8	9	10	11	12	13	14	15	16	17	18	19	20	21	22	23	24	25	26	27	28	29	30	31
요일	월	화	수	목	금	토	일	월	화	수	목	금	토	일	월	화	수	목	금	토	일	월	화	수	목	금	토	일	월	화	수
일진 日辰	戊辰	己巳	庚午	辛未	壬申	癸酉	甲戌	乙亥	丙子	丁丑	戊寅	己卯	庚辰	辛巳	壬午	癸未	甲申	乙酉	丙戌	丁亥	戊子	己丑	庚寅	辛卯	壬辰	癸巳	甲午	乙未	丙申	丁酉	戊戌
납음	大林木		路傍土		劍鋒金		山頭火		澗下水		城頭土		白臘金		楊柳木		井中水		屋上土		霹靂火		松柏木		長流水		沙中金		山下火		
음력	21	22	23	24	25	26	27	28	29	30	9/1	2	3	4	5	6	7	8	9	10	11	12	13	14	15	16	17	18	19	20	21
구성	2	1	9	8	7	6	5	4	3	2	1	9	8	7	6	5	4	3	2	1	9	8	7	6	5	4	3	2	1	9	8
대운 남	8	8	8	9	9	9	10	10	한	1	1	1	1	2	2	2	3	3	3	4	4	4	5	상	5	6	6	6	7	7	7
대운 여	3	2	2	2	1	1	1	1	로	10	9	9	9	8	8	8	7	7	7	6	6	6	5	강	5	4	4	4	3	3	3

입동 8일 04시 23분 【음10월】➡ 【辛亥月(신해월)】 ☯二黑星 소설 23일 01시 49분

양력 11월 / 음력 09/22 ~ 10/21

양력	1	2	3	4	5	6	7	8	9	10	11	12	13	14	15	16	17	18	19	20	21	22	23	24	25	26	27	28	29	30
요일	목	금	토	일	월	화	수	목	금	토	일	월	화	수	목	금	토	일	월	화	수	목	금	토	일	월	화	수	목	금
일진 日辰	己亥	庚子	辛丑	壬寅	癸卯	甲辰	乙巳	丙午	丁未	戊申	己酉	庚戌	辛亥	壬子	癸丑	甲寅	乙卯	丙辰	丁巳	戊午	己未	庚申	辛酉	壬戌	癸亥	甲子	乙丑	丙寅	丁卯	戊辰
납음		壁上土		金箔金		覆燈火		天河水		大驛土		釵釧金		桑柘木		大溪水		沙中土		天上火		石榴木		大海水		海中金		爐中火		
음력	22	23	24	25	26	27	28	29	30	10/1	2	3	4	5	6	7	8	9	10	11	12	13	14	15	16	17	18	19	20	21
구성	7	6	5	4	3	2	1	9	8	7	6	5	4	3	2	1	9	8	7	6	5	4	3	2	1	1	2	3	4	5
대운 남	8	8	8	9	9	9	10	입	1	1	1	1	2	2	2	3	3	3	4	4	4	5	소	5	6	6	6	7	7	7
대운 여	2	2	2	1	1	1	1	동	9	9	9	8	8	8	7	7	7	6	6	6	5	5	설	4	4	4	3	3	3	2

대설 7일 21시 13분 【음11월】➡ 【壬子月(임자월)】 ☯一白星 동지 22일 15시 07분

양력 12월 / 음력 10/22 ~ 11/22

양력	1	2	3	4	5	6	7	8	9	10	11	12	13	14	15	16	17	18	19	20	21	22	23	24	25	26	27	28	29	30	31
요일	토	일	월	화	수	목	금	토	일	월	화	수	목	금	토	일	월	화	수	목	금	토	일	월	화	수	목	금	토	일	월
일진 日辰	己巳	庚午	辛未	壬申	癸酉	甲戌	乙亥	丙子	丁丑	戊寅	己卯	庚辰	辛巳	壬午	癸未	甲申	乙酉	丙戌	丁亥	戊子	己丑	庚寅	辛卯	壬辰	癸巳	甲午	乙未	丙申	丁酉	戊戌	己亥
납음		路傍土		劍鋒金		山頭火		澗下水		城頭土		白臘金		楊柳木		井中水		屋上土		霹靂火		松柏木		長流水		沙中金		山下火		平地木	
음력	22	23	24	25	26	27	28	29	30	11/1	2	3	4	5	6	7	8	9	10	11	12	13	14	15	16	17	18	19	20	21	22
구성	6	7	8	9	1	2	3	4	5	6	7	8	9	1	2	3	4	5	6	7	8	9	1	2	3	4	5	6	7	8	9
대운 남	8	8	8	9	9	9	대	1	1	1	1	2	2	2	3	3	3	4	4	4	5	동	5	6	6	6	7	7	7	8	8
대운 여	2	2	1	1	1	1	설	10	9	9	9	8	8	8	7	7	7	6	6	6	5	지	5	4	4	4	3	3	3	2	2

단기 **4341** 年
불기 **2552** 年

2008년

下元 戊子年 납음(霹靂火), 본명성(一白水)

대장군(酉서방), 삼살(남방), 상문(寅동북방), 조객(戌서북방), 납음(벽력화), 삼재(인,묘,진) 臘享(납향):2009년1월17일(음12/22)

소한 6일 08시 24분 【음12월】 ➡ 【癸丑月(계축월)】 ☯九紫星 대한 21일 01시 43분

양력 1월 / 음력 11/23 ~ 12/24

양력	1	2	3	4	5	6	7	8	9	10	11	12	13	14	15	16	17	18	19	20	21	22	23	24	25	26	27	28	29	30	31
요일	화	수	목	금	토	일	월	화	수	목	금	토	일	월	화	수	목	금	토	일	월	화	수	목	금	토	일	월	화	수	목
일진 日辰	庚子	辛丑	壬寅	癸卯	甲辰	乙巳	丙午	丁未	戊申	己酉	庚戌	辛亥	壬子	癸丑	甲寅	乙卯	丙辰	丁巳	戊午	己未	庚申	辛酉	壬戌	癸亥	甲子	乙丑	丙寅	丁卯	戊辰	己巳	庚午
납음	壁上土		金箔金		覆燈火		天河水		大驛土		釵釧金		桑柘木		大溪水		沙中土		天上火		石榴木		大海水		海中金		爐中火		大林木		
음력	23	24	25	26	27	28	29	12/1	2	3	4	5	6	7	8	9	10	11	12	13	14	15	16	17	18	19	20	21	22	23	24
구성	1	2	3	4	5	6	7	8	9	1	2	3	4	5	6	7	8	9	1	2	3	4	5	6	7	8	9	1	2	3	4
대운 남	8	9	9	9	10	소	1	1	1	1	2	2	2	3	3	3	4	4	4	5	대	5	6	6	6	7	7	7	8	8	8
대운 여	2	1	1	1	1	한	9	9	9	8	8	8	7	7	7	6	6	6	5	5	한	4	4	4	3	3	3	2	2	2	1

입춘 4일 20시 00분 【음1월】 ➡ 【甲寅月(갑인월)】 ☯八白星 우수 19일 15시 49분

양력 2월 / 음력 12/25 ~ 01/23

양력	1	2	3	4	5	6	7	8	9	10	11	12	13	14	15	16	17	18	19	20	21	22	23	24	25	26	27	28	29
요일	금	토	일	월	화	수	목	금	토	일	월	화	수	목	금	토	일	월	화	수	목	금	토	일	월	화	수	목	금
일진 日辰	辛未	壬申	癸酉	甲戌	乙亥	丙子	丁丑	戊寅	己卯	庚辰	辛巳	壬午	癸未	甲申	乙酉	丙戌	丁亥	戊子	己丑	庚寅	辛卯	壬辰	癸巳	甲午	乙未	丙申	丁酉	戊戌	己亥
납음		劍鋒金		山頭火		澗下水		城頭土		白臘金		楊柳木		井中水		屋上土		霹靂火		松柏木		長流水		沙中金		山下火		平地木	
음력	25	26	27	28	29	30	1/1	2	3	4	5	6	7	8	9	10	11	12	13	14	15	16	17	18	19	20	21	22	23
구성	5	6	7	8	9	1	2	3	4	5	6	7	8	9	1	2	3	4	5	6	7	8	9	1	2	3	4	5	6
대운 남	9	9	9	입	10	9	9	9	8	8	8	7	7	7	6	6	6	5	우	5	4	4	4	3	3	3	2	2	2
대운 여	1	1	1	춘	1	1	1	1	2	2	2	3	3	3	4	4	4	5	수	5	6	6	6	7	7	7	8	8	8

戊子年

경칩 5일 13시 58분 【음2월】 ➡ 【乙卯月(을묘월)】 ☯七赤星 춘분 20일 14시 47분

양력 3월 / 음력 01/24 ~ 02/24

양력	1	2	3	4	5	6	7	8	9	10	11	12	13	14	15	16	17	18	19	20	21	22	23	24	25	26	27	28	29	30	31
요일	토	일	월	화	수	목	금	토	일	월	화	수	목	금	토	일	월	화	수	목	금	토	일	월	화	수	목	금	토	일	월
일진 日辰	庚子	辛丑	壬寅	癸卯	甲辰	乙巳	丙午	丁未	戊申	己酉	庚戌	辛亥	壬子	癸丑	甲寅	乙卯	丙辰	丁巳	戊午	己未	庚申	辛酉	壬戌	癸亥	甲子	乙丑	丙寅	丁卯	戊辰	己巳	庚午
납음	壁上土		金箔金		覆燈火		天河水		大驛土		釵釧金		桑柘木		大溪水		沙中土		天上火		石榴木		大海水		海中金		爐中火		大林木		
음력	24	25	26	27	28	29	30	2/1	2	3	4	5	6	7	8	9	10	11	12	13	14	15	16	17	18	19	20	21	22	23	24
구성	7	8	9	1	2	3	4	5	6	7	8	9	1	2	3	4	5	6	7	8	9	1	2	3	4	5	6	7	8	9	1
대운 남	1	1	1	1	경	10	9	9	9	8	8	8	7	7	7	6	6	6	5	춘	5	4	4	4	3	3	3	2	2	2	1
대운 여	9	9	9	10	칩	1	1	1	1	2	2	2	3	3	3	4	4	4	5	분	5	6	6	6	7	7	7	8	8	8	9

청명 4일 18시 45분 【음3월】 ➡ 【丙辰月(병진월)】 ☯六白星 곡우 20일 01시 50분

양력 4월 / 음력 02/25 ~ 03/25

양력	1	2	3	4	5	6	7	8	9	10	11	12	13	14	15	16	17	18	19	20	21	22	23	24	25	26	27	28	29	30
요일	화	수	목	금	토	일	월	화	수	목	금	토	일	월	화	수	목	금	토	일	월	화	수	목	금	토	일	월	화	수
일진 日辰	辛未	壬申	癸酉	甲戌	乙亥	丙子	丁丑	戊寅	己卯	庚辰	辛巳	壬午	癸未	甲申	乙酉	丙戌	丁亥	戊子	己丑	庚寅	辛卯	壬辰	癸巳	甲午	乙未	丙申	丁酉	戊戌	己亥	庚子
납음		劍鋒金		山頭火		澗下水		城頭土		白臘金		楊柳木		井中水		屋上土		霹靂火		松柏木		長流水		沙中金		山下火		平地木		
음력	25	26	27	28	29	3/1	2	3	4	5	6	7	8	9	10	11	12	13	14	15	16	17	18	19	20	21	22	23	24	25
구성	2	3	4	5	6	7	8	9	1	2	3	4	5	6	7	8	9	1	2	3	4	5	6	7	8	9	1	2	3	4
대운 남	1	1	1	청	10	10	9	9	9	8	8	8	7	7	7	6	6	6	5	곡	5	4	4	4	3	3	3	2	2	2
대운 여	9	9	10	명	1	1	1	1	2	2	2	3	3	3	4	4	4	5	5	우	6	6	6	7	7	7	8	8	8	9

입하 5일 12시 03분 【음4월】 ➡ 【丁巳月(정사월)】 ☯五黃星 소만 21일 01시 00분

양력 5월 / 음력 03/26 ~ 04/27

양력	1	2	3	4	5	6	7	8	9	10	11	12	13	14	15	16	17	18	19	20	21	22	23	24	25	26	27	28	29	30	31
요일	목	금	토	일	월	화	수	목	금	토	일	월	화	수	목	금	토	일	월	화	수	목	금	토	일	월	화	수	목	금	토
일진 日辰	辛丑	壬寅	癸卯	甲辰	乙巳	丙午	丁未	戊申	己酉	庚戌	辛亥	壬子	癸丑	甲寅	乙卯	丙辰	丁巳	戊午	己未	庚申	辛酉	壬戌	癸亥	甲子	乙丑	丙寅	丁卯	戊辰	己巳	庚午	辛未
납음		金箔金		覆燈火		天河水		大驛土		釵釧金		桑柘木		大溪水		沙中土		天上火		石榴木		大海水		海中金		爐中火		大林木		路傍土	
음력	26	27	28	29	4/1	2	3	4	5	6	7	8	9	10	11	12	13	14	15	16	17	18	19	20	21	22	23	24	25	26	27
구성	5	6	7	8	9	1	2	3	4	5	6	7	8	9	1	2	3	4	5	6	7	8	9	9	8	7	6	5	4	3	2
대운 남	1	1	1	1	입	10	10	9	9	9	8	8	8	7	7	7	6	6	6	5	소	5	4	4	4	3	3	3	2	2	2
대운 여	9	9	10	10	하	1	1	1	1	2	2	2	3	3	3	4	4	4	5	5	만	6	6	6	7	7	7	8	8	8	9

망종 5일 16시 11분 【음5월】 ➡ 【戊午月(무오월)】 ☯四綠星 하지 21일 08시 59분

양력 6월 / 음력 04/28 ~ 05/27

양력	1	2	3	4	5	6	7	8	9	10	11	12	13	14	15	16	17	18	19	20	21	22	23	24	25	26	27	28	29	30
요일	일	월	화	수	목	금	토	일	월	화	수	목	금	토	일	월	화	수	목	금	토	일	월	화	수	목	금	토	일	월
일진 日辰	壬申	癸酉	甲戌	乙亥	丙子	丁丑	戊寅	己卯	庚辰	辛巳	壬午	癸未	甲申	乙酉	丙戌	丁亥	戊子	己丑	庚寅	辛卯	壬辰	癸巳	甲午	乙未	丙申	丁酉	戊戌	己亥	庚子	辛丑
납음	劍鋒金		山頭火		澗下水		城頭土		白臘金		楊柳木		井中水		屋上土		霹靂火		松柏木		長流水		沙中金		山下火		平地木		壁上土	
음력	28	29	30	5/1	2	3	4	5	6	7	8	9	10	11	12	13	14	15	16	17	18	19	20	21	22	23	24	25	26	27
구성	1	9	8	7	6	5	4	3	2	1	9	8	7	6	5	4	3	2	1	9	8	7	6	5	4	3	2	1	9	8
대운 남	1	1	1	1	망	10	10	10	9	9	9	8	8	8	7	7	7	6	6	6	하	5	5	4	4	4	3	3	3	2
대운 여	9	9	10	10	종	1	1	1	1	2	2	2	3	3	3	4	4	4	5	5	지	6	6	6	7	7	7	8	8	8

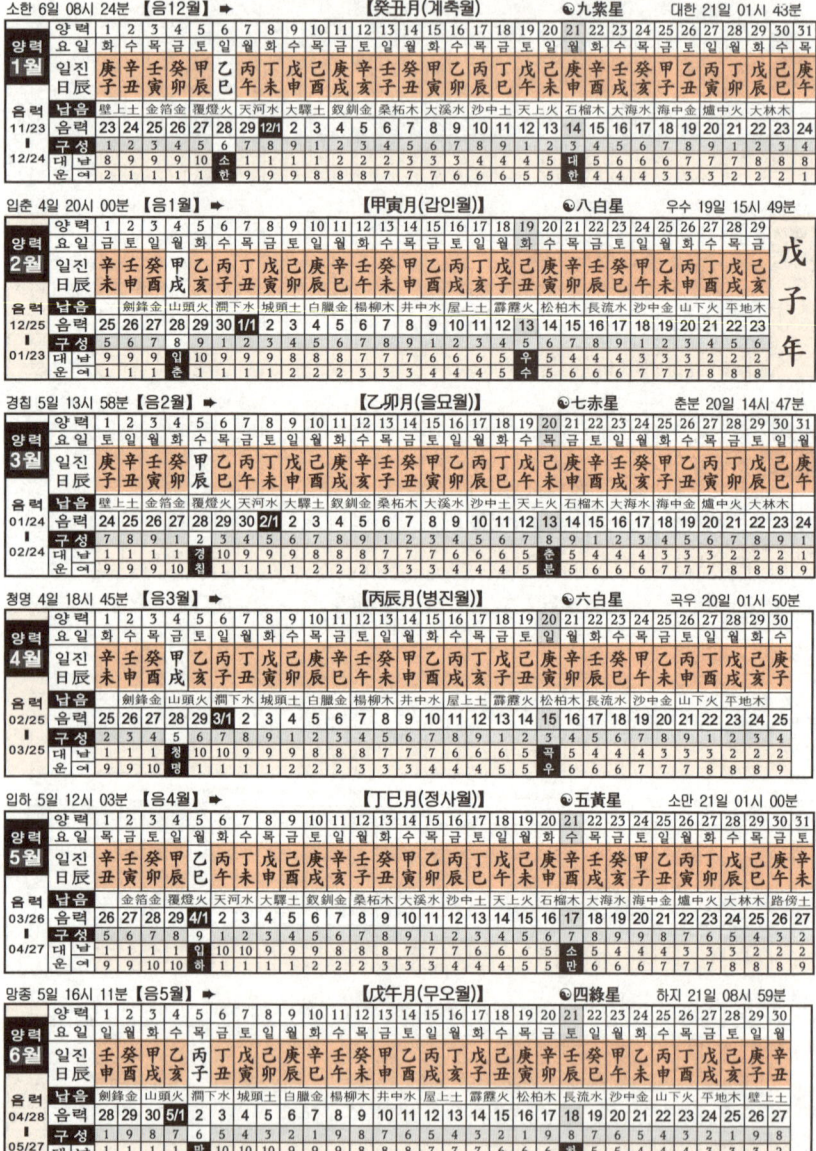

한식(4월05일), 초복(7월19일), 중복(7월29일), 말복(8월08일) ☂춘사(春社)3/19 ☀추사(秋社)9/26
토왕지절(土旺之節):4월17일,7월19일,10월20일,1월14일(음12/19)臘享(납향):2009년1월17일(음12/22)

五日得辛, 四龍治水, 2008년 무자年(벽력화), 일백수

9紫	5黃	7赤
8白	1白	3碧
4綠	6白	2黑

2008 戊子年

소서 7일 02시 26분 【음6월】 ➡ 【己未月(기미월)】 ☯三碧星 대서 22일 19시 54분

양력 7월 / 음력 05/28 ~ 06/29

양력	1	2	3	4	5	6	7	8	9	10	11	12	13	14	15	16	17	18	19	20	21	22	23	24	25	26	27	28	29	30	31
요일	화	수	목	금	토	일	월	화	수	목	금	토	일	월	화	수	목	금	토	일	월	화	수	목	금	토	일	월	화	수	목
일진 日辰	壬寅	癸卯	甲辰	乙巳	丙午	丁未	戊申	己酉	庚戌	辛亥	壬子	癸丑	甲寅	乙卯	丙辰	丁巳	戊午	己未	庚申	辛酉	壬戌	癸亥	甲子	乙丑	丙寅	丁卯	戊辰	己巳	庚午	辛未	壬申
납음	金箔金		覆燈火		天河水		大驛土		釵釧金		桑柘木		大溪水		沙中土		天上火		石榴木		大海水		海中金		爐中火		大林木		路傍土		
음력	28	29	6/1	2	3	4	5	6	7	8	9	10	11	12	13	14	15	16	17	18	19	20	21	22	23	24	25	26	27	28	29
구성	7	6	5	4	3	2	1	9	8	7	6	5	4	3	2	1	9	8	7	6	5	4	3	2	1	9	8	7	6	5	4
대운 남	2	2	1	1	1	1	소	10	10	9	9	9	8	8	8	7	7	7	6	6	6	대	5	5	4	4	4	3	3	3	2
대운 여	9	9	9	10	10	10	서	1	1	1	1	2	2	2	3	3	3	4	4	4	5	서	5	6	6	6	7	7	7	8	8

입추 7일 12시 15분 【음7월】 ➡ 【庚申月(경신월)】 ☯二黑星 처서 23일 03시 01분

양력 8월 / 음력 07/01 ~ 08/01

양력	1	2	3	4	5	6	7	8	9	10	11	12	13	14	15	16	17	18	19	20	21	22	23	24	25	26	27	28	29	30	31
요일	금	토	일	월	화	수	목	금	토	일	월	화	수	목	금	토	일	월	화	수	목	금	토	일	월	화	수	목	금	토	일
일진 日辰	癸酉	甲戌	乙亥	丙子	丁丑	戊寅	己卯	庚辰	辛巳	壬午	癸未	甲申	乙酉	丙戌	丁亥	戊子	己丑	庚寅	辛卯	壬辰	癸巳	甲午	乙未	丙申	丁酉	戊戌	己亥	庚子	辛丑	壬寅	癸卯
납음		山頭火		澗下水		城頭土		白臘金		楊柳木		井中水		屋上土		霹靂火		松柏木		長流水		沙中金		山下火		平地木		壁上土		金箔金	
음력	7/1	2	3	4	5	6	7	8	9	10	11	12	13	14	15	16	17	18	19	20	21	22	23	24	25	26	27	28	29	30	8/1
구성	3	2	1	9	8	7	6	5	4	3	2	1	9	8	7	6	5	4	3	2	1	9	8	7	6	5	4	3	2	1	9
대운 남	2	2	1	1	1	1	입	10	10	9	9	9	8	8	8	7	7	7	6	6	6	5	처	5	4	4	4	3	3	3	2
대운 여	8	9	9	9	10	10	추	1	1	1	1	2	2	2	3	3	3	4	4	4	5	5	서	6	6	6	7	7	7	8	8

백로 7일 15시 13분 【음8월】 ➡ 【辛酉月(신유월)】 ☯一白星 추분 23일 00시 44분

양력 9월 / 음력 08/02 ~ 09/02

양력	1	2	3	4	5	6	7	8	9	10	11	12	13	14	15	16	17	18	19	20	21	22	23	24	25	26	27	28	29	30
요일	월	화	수	목	금	토	일	월	화	수	목	금	토	일	월	화	수	목	금	토	일	월	화	수	목	금	토	일	월	화
일진 日辰	甲辰	乙巳	丙午	丁未	戊申	己酉	庚戌	辛亥	壬子	癸丑	甲寅	乙卯	丙辰	丁巳	戊午	己未	庚申	辛酉	壬戌	癸亥	甲子	乙丑	丙寅	丁卯	戊辰	己巳	庚午	辛未	壬申	癸酉
납음	覆燈火		天河水		大驛土		釵釧金		桑柘木		大溪水		沙中土		天上火		石榴木		大海水		海中金		爐中火		大林木		路傍土		劍鋒金	
음력	2	3	4	5	6	7	8	9	10	11	12	13	14	15	16	17	18	19	20	21	22	23	24	25	26	27	28	29	9/1	2
구성	8	7	6	5	4	3	2	1	9	8	7	6	5	4	3	2	1	9	8	7	6	5	4	3	2	1	9	8	7	6
대운 남	2	2	1	1	1	1	백	10	10	9	9	9	8	8	8	7	7	7	6	6	6	5	추	5	4	4	4	3	3	3
대운 여	8	9	9	9	10	10	로	1	1	1	1	2	2	2	3	3	3	4	4	4	5	5	분	6	6	6	7	7	7	8

한로 8일 06시 56분 【음9월】 ➡ 【壬戌月(임술월)】 ☯九紫星 상강 23일 10시 08분

양력 10월 / 음력 09/03 ~ 10/03

양력	1	2	3	4	5	6	7	8	9	10	11	12	13	14	15	16	17	18	19	20	21	22	23	24	25	26	27	28	29	30	31
요일	수	목	금	토	일	월	화	수	목	금	토	일	월	화	수	목	금	토	일	월	화	수	목	금	토	일	월	화	수	목	금
일진 日辰	甲戌	乙亥	丙子	丁丑	戊寅	己卯	庚辰	辛巳	壬午	癸未	甲申	乙酉	丙戌	丁亥	戊子	己丑	庚寅	辛卯	壬辰	癸巳	甲午	乙未	丙申	丁酉	戊戌	己亥	庚子	辛丑	壬寅	癸卯	甲辰
납음	山頭火		澗下水		城頭土		白臘金		楊柳木		井中水		屋上土		霹靂火		松柏木		長流水		沙中金		山下火		平地木		壁上土		金箔金		
음력	3	4	5	6	7	8	9	10	11	12	13	14	15	16	17	18	19	20	21	22	23	24	25	26	27	28	29	30	10/1	2	3
구성	5	4	3	2	1	9	8	7	6	5	4	3	2	1	9	8	7	6	5	4	3	2	1	9	8	7	6	5	4	3	2
대운 남	2	2	2	1	1	1	1	한	10	9	9	9	8	8	8	7	7	7	6	6	6	5	상	5	4	4	4	3	3	3	2
대운 여	8	8	9	9	9	10	10	로	1	1	1	1	2	2	2	3	3	3	4	4	4	5	강	5	6	6	6	7	7	7	8

입동 7일 10시 10분 【음10월】 ➡ 【癸亥月(계해월)】 ☯八白星 소설 22일 07시 44분

양력 11월 / 음력 10/04 ~ 11/03

양력	1	2	3	4	5	6	7	8	9	10	11	12	13	14	15	16	17	18	19	20	21	22	23	24	25	26	27	28	29	30
요일	토	일	월	화	수	목	금	토	일	월	화	수	목	금	토	일	월	화	수	목	금	토	일	월	화	수	목	금	토	일
일진 日辰	乙巳	丙午	丁未	戊申	己酉	庚戌	辛亥	壬子	癸丑	甲寅	乙卯	丙辰	丁巳	戊午	己未	庚申	辛酉	壬戌	癸亥	甲子	乙丑	丙寅	丁卯	戊辰	己巳	庚午	辛未	壬申	癸酉	甲戌
납음		天河水		大驛土		釵釧金		桑柘木		大溪水		沙中土		天上火		石榴木		大海水		海中金		爐中火		大林木		路傍土		劍鋒金		
음력	4	5	6	7	8	9	10	11	12	13	14	15	16	17	18	19	20	21	22	23	24	25	26	27	28	29	30	11/1	2	3
구성	1	9	8	7	6	5	4	3	2	1	9	8	7	6	5	4	3	2	1	9	8	7	6	5	4	3	2	1	9	8
대운 남	2	2	1	1	1	1	입	10	9	9	9	8	8	8	7	7	7	6	6	6	5	소	5	4	4	4	3	3	3	2
대운 여	8	8	9	9	9	10	동	1	1	1	1	2	2	2	3	3	3	4	4	4	5	설	5	6	6	6	7	7	7	8

대설 7일 03시 02분 【음11월】 ➡ 【甲子月(갑자월)】 ☯七赤星 동지 21일 21시 03분

양력 12월 / 음력 11/04 ~ 12/05

양력	1	2	3	4	5	6	7	8	9	10	11	12	13	14	15	16	17	18	19	20	21	22	23	24	25	26	27	28	29	30	31
요일	월	화	수	목	금	토	일	월	화	수	목	금	토	일	월	화	수	목	금	토	일	월	화	수	목	금	토	일	월	화	수
일진 日辰	乙亥	丙子	丁丑	戊寅	己卯	庚辰	辛巳	壬午	癸未	甲申	乙酉	丙戌	丁亥	戊子	己丑	庚寅	辛卯	壬辰	癸巳	甲午	乙未	丙申	丁酉	戊戌	己亥	庚子	辛丑	壬寅	癸卯	甲辰	乙巳
납음		澗下水		城頭土		白臘金		楊柳木		井中水		屋上土		霹靂火		松柏木		長流水		沙中金		山下火		平地木		壁上土		金箔金		覆燈火	
음력	4	5	6	7	8	9	10	11	12	13	14	15	16	17	18	19	20	21	22	23	24	25	26	27	28	29	12/1	2	3	4	5
구성	7	6	5	4	3	2	1	9	8	7	6	5	4	3	2	1	9	8	7	7	8	9	1	2	3	4	5	6	7	8	9
대운 남	2	2	1	1	1	1	대	9	9	9	8	8	8	7	7	7	6	6	6	5	동	5	4	4	4	3	3	3	2	2	2
대운 여	8	8	9	9	9	10	설	1	1	1	1	2	2	2	3	3	3	4	4	4	지	5	5	6	6	6	7	7	7	8	8

단기 4342 年 불기 2553 年	**2009년**

下元 己丑年 납음(霹靂火),본명성(九紫火)

대장군(酉서방), 삼살(동방), 상문(卯동방),조객(亥서북방), 납음(벽력화), 【삼재(해,자,축)년】 臘享(납향):2010년1월21일(음12/07)

소한 5일 14시 13분 【음12월】 ➡ 【乙丑月(을축월)】 ☯六白星 대한 20일 07시 40분

	양력	1	2	3	4	5	6	7	8	9	10	11	12	13	14	15	16	17	18	19	20	21	22	23	24	25	26	27	28	29	30	31
양력 1월	요일	목	금	토	일	월	화	수	목	금	토	일	월	화	수	목	금	토	일	월	화	수	목	금	토	일	월	화	수	목	금	토
	일진 日辰	丙午	丁未	戊申	己酉	庚戌	辛亥	壬子	癸丑	甲寅	乙卯	丙辰	丁巳	戊午	己未	庚申	辛酉	壬戌	癸亥	甲子	乙丑	丙寅	丁卯	戊辰	己巳	庚午	辛未	壬申	癸酉	甲戌	乙亥	丙子
음력 12/06 ~ 01/06	납음	天河水		大驛土		釵釧金		桑柘木		大溪水		沙中土		天上火		石榴木		大海水		海中金		爐中火		大林木		路傍土		劍鋒金		山頭火		
	음력	6	7	8	9	10	11	12	13	14	15	16	17	18	19	20	21	22	23	24	25	26	27	28	29	30	1/1	2	3	4	5	6
	구성	1	2	3	4	5	6	7	8	9	1	2	3	4	5	6	7	8	9	1	2	3	4	5	6	7	8	9	1	2	3	4
대운	남	1	1	1	1	소	10	9	9	9	8	8	8	7	7	7	6	6	6	5	대	5	4	4	4	3	3	3	2	2	2	1
	여	8	9	9	9	한	1	1	1	1	2	2	2	3	3	3	4	4	4	5	한	5	6	6	6	7	7	7	8	8	8	9

입춘 4일 01시 49분 【음1월】 ➡ 【丙寅月(병인월)】 ☯五黃星 우수 18일 21시 45분

	양력	1	2	3	4	5	6	7	8	9	10	11	12	13	14	15	16	17	18	19	20	21	22	23	24	25	26	27	28
양력 2월	요일	일	월	화	수	목	금	토	일	월	화	수	목	금	토	일	월	화	수	목	금	토	일	월	화	수	목	금	토
	일진 日辰	丁丑	戊寅	己卯	庚辰	辛巳	壬午	癸未	甲申	乙酉	丙戌	丁亥	戊子	己丑	庚寅	辛卯	壬辰	癸巳	甲午	乙未	丙申	丁酉	戊戌	己亥	庚子	辛丑	壬寅	癸卯	甲辰
음력 01/07 ~ 02/04	납음		城頭土		白臘金		楊柳木		井中水		屋上土		霹靂火		松柏木		長流水		沙中金		山下火		平地木		壁上土		金箔金		
	음력	7	8	9	10	11	12	13	14	15	16	17	18	19	20	21	22	23	24	25	26	27	28	29	30	2/1	2	3	4
	구성	5	6	7	8	9	1	2	3	4	5	6	7	8	9	1	2	3	4	5	6	7	8	9	1	2	3	4	5
대운	남	1	1	1	입	1	1	1	1	2	2	2	3	3	3	4	4	4	우	5	5	6	6	6	7	7	7	8	8
	여	9	9	10	춘	9	9	9	8	8	8	7	7	7	6	6	6	5	수	5	4	4	4	3	3	3	2	2	2

己丑年

경칩 5일 19시 47분 【음2월】 ➡ 【丁卯月(정묘월)】 ☯四綠星 춘분 20일 20시 43분

	양력	1	2	3	4	5	6	7	8	9	10	11	12	13	14	15	16	17	18	19	20	21	22	23	24	25	26	27	28	29	30	31
양력 3월	요일	일	월	화	수	목	금	토	일	월	화	수	목	금	토	일	월	화	수	목	금	토	일	월	화	수	목	금	토	일	월	화
	일진 日辰	乙巳	丙午	丁未	戊申	己酉	庚戌	辛亥	壬子	癸丑	甲寅	乙卯	丙辰	丁巳	戊午	己未	庚申	辛酉	壬戌	癸亥	甲子	乙丑	丙寅	丁卯	戊辰	己巳	庚午	辛未	壬申	癸酉	甲戌	乙亥
음력 02/05 ~ 03/05	납음		天河水		大驛土		釵釧金		桑柘木		大溪水		沙中土		天上火		石榴木		大海水		海中金		爐中火		大林木		路傍土		劍鋒金		山頭火	
	음력	5	6	7	8	9	10	11	12	13	14	15	16	17	18	19	20	21	22	23	24	25	26	27	28	29	30	3/1	2	3	4	5
	구성	6	7	8	9	1	2	3	4	5	6	7	8	9	1	2	3	4	5	6	7	8	9	1	2	3	4	5	6	7	8	9
대운	남	8	9	9	9	경	1	1	1	1	2	2	2	3	3	3	4	4	4	5	춘	5	6	6	6	7	7	7	8	8	8	9
	여	1	1	1	1	칩	10	10	9	9	9	8	8	8	7	7	7	6	6	6	분	5	5	4	4	4	3	3	3	2	2	2

청명 5일 00시 33분 【음3월】 ➡ 【戊辰月(무진월)】 ☯三碧星 곡우 20일 07시 44분

	양력	1	2	3	4	5	6	7	8	9	10	11	12	13	14	15	16	17	18	19	20	21	22	23	24	25	26	27	28	29	30
양력 4월	요일	수	목	금	토	일	월	화	수	목	금	토	일	월	화	수	목	금	토	일	월	화	수	목	금	토	일	월	화	수	목
	일진 日辰	丙子	丁丑	戊寅	己卯	庚辰	辛巳	壬午	癸未	甲申	乙酉	丙戌	丁亥	戊子	己丑	庚寅	辛卯	壬辰	癸巳	甲午	乙未	丙申	丁酉	戊戌	己亥	庚子	辛丑	壬寅	癸卯	甲辰	乙巳
음력 03/06 ~ 04/06	납음	澗下水		城頭土		白臘金		楊柳木		井中水		屋上土		霹靂火		松柏木		長流水		沙中金		山下火		平地木		壁上土		金箔金		覆燈火	
	음력	6	7	8	9	10	11	12	13	14	15	16	17	18	19	20	21	22	23	24	25	26	27	28	29	4/1	2	3	4	5	6
	구성	1	2	3	4	5	6	7	8	9	1	2	3	4	5	6	7	8	9	1	2	3	4	5	6	7	8	9	1	2	3
대운	남	9	9	10	10	청	1	1	1	1	2	2	2	3	3	3	4	4	4	5	곡	5	6	6	6	7	7	7	8	8	8
	여	1	1	1	1	명	10	9	9	9	8	8	8	7	7	7	6	6	6	5	우	5	4	4	4	3	3	3	2	2	2

입하 5일 17시 50분 【음4월】 ➡ 【己巳月(기사월)】 ☯二黑星 소만 21일 06시 50분

	양력	1	2	3	4	5	6	7	8	9	10	11	12	13	14	15	16	17	18	19	20	21	22	23	24	25	26	27	28	29	30	31
양력 5월	요일	금	토	일	월	화	수	목	금	토	일	월	화	수	목	금	토	일	월	화	수	목	금	토	일	월	화	수	목	금	토	일
	일진 日辰	丙午	丁未	戊申	己酉	庚戌	辛亥	壬子	癸丑	甲寅	乙卯	丙辰	丁巳	戊午	己未	庚申	辛酉	壬戌	癸亥	甲子	乙丑	丙寅	丁卯	戊辰	己巳	庚午	辛未	壬申	癸酉	甲戌	乙亥	丙子
음력 04/07 ~ 05/08	납음	天河水		大驛土		釵釧金		桑柘木		大溪水		沙中土		天上火		石榴木		大海水		海中金		爐中火		大林木		路傍土		劍鋒金		山頭火		
	음력	7	8	9	10	11	12	13	14	15	16	17	18	19	20	21	22	23	24	25	26	27	28	29	5/1	2	3	4	5	6	7	8
	구성	4	5	6	7	8	9	1	2	3	4	5	6	7	8	9	1	2	3	4	5	6	7	8	9	1	2	3	4	5	6	7
대운	남	9	9	9	10	입	1	1	1	1	2	2	2	3	3	3	4	4	4	5	5	소	6	6	6	7	7	7	8	8	8	9
	여	1	1	1	1	하	10	10	9	9	9	8	8	8	7	7	7	6	6	6	5	만	5	4	4	4	3	3	3	2	2	2

망종 5일 21시 58분 【음5월】 ➡ 【庚午月(경오월)】 ☯一白星 하지 21일 14시 45분

	양력	1	2	3	4	5	6	7	8	9	10	11	12	13	14	15	16	17	18	19	20	21	22	23	24	25	26	27	28	29	30
양력 6월	요일	월	화	수	목	금	토	일	월	화	수	목	금	토	일	월	화	수	목	금	토	일	월	화	수	목	금	토	일	월	화
	일진 日辰	丁丑	戊寅	己卯	庚辰	辛巳	壬午	癸未	甲申	乙酉	丙戌	丁亥	戊子	己丑	庚寅	辛卯	壬辰	癸巳	甲午	乙未	丙申	丁酉	戊戌	己亥	庚子	辛丑	壬寅	癸卯	甲辰	乙巳	丙午
음력 05/09 ~ 윤508	납음		城頭土		白臘金		楊柳木		井中水		屋上土		霹靂火		松柏木		長流水		沙中金		山下火		平地木		壁上土		金箔金		覆燈火		
	음력	9	10	11	12	13	14	15	16	17	18	19	20	21	22	23	24	25	26	27	28	29	30	윤5	2	3	4	5	6	7	8
	구성	8	9	1	2	3	4	5	6	7	8	9	1	2	3	4	5	6	7	8	9	1	2	3	4	5	6	7	8	9	1
대운	남	9	9	10	10	망	1	1	1	1	2	2	2	3	3	3	4	4	4	5	5	하	6	6	6	7	7	7	8	8	8
	여	1	1	1	1	종	10	10	10	9	9	9	8	8	8	7	7	7	6	6	6	지	5	5	4	4	4	3	3	3	2

한식(4월05일), 초복(7월14일), 중복(7월24일), 말복(8월13일) ☂춘사(春社)3/24 ☀추사(秋社)9/20
토왕지절(土旺之節):4월17일,7월19일,10월20일,1월17일(음12/03)臘享(납향):2010년1월21일(음12/07)

一日得辛, 十龍治水, 2009년 기축年(벽력화), 구자화

8白	4綠	6白
7赤	9紫	2黑
3碧	5黃	1白

2009 己丑年

소서 7일 08시 13분 【음6월】 ➡ 【辛未月(신미월)】 ☯九紫星 대서 23일 01시 35분

양력 7월 / 음력 윤509 – 06/10

양력	1	2	3	4	5	6	7	8	9	10	11	12	13	14	15	16	17	18	19	20	21	22	23	24	25	26	27	28	29	30	31
요일	수	목	금	토	일	월	화	수	목	금	토	일	월	화	수	목	금	토	일	월	화	수	목	금	토	일	월	화	수	목	금
일진 日辰	丁未	戊申	己酉	庚戌	辛亥	壬子	癸丑	甲寅	乙卯	丙辰	丁巳	戊午	己未	庚申	辛酉	壬戌	癸亥	甲子	乙丑	丙寅	丁卯	戊辰	己巳	庚午	辛未	壬申	癸酉	甲戌	乙亥	丙子	丁丑
납음		大驛土		釵釧金		桑柘木		大溪水		沙中土		天上火		石榴木		大海水		海中金		爐中火		大林木		路傍土		劍鋒金		山頭火		澗下水	
음력	9	10	11	12	13	14	15	16	17	18	19	20	21	22	23	24	25	26	27	28	29	6/1	2	3	4	5	6	7	8	9	10
구성	2	3	4	5	6	7	8	9	1	2	3	4	5	6	7	8	9	9	8	7	6	5	4	3	2	1	9	8	7	6	5
대운 남	9	9	9	10	10	10	소	1	1	1	1	2	2	2	3	3	3	4	4	4	5	5	대	6	6	6	7	7	7	8	8
대운 여	2	2	1	1	1	1	서	10	10	9	9	9	8	8	8	7	7	7	6	6	6	5	서	5	4	4	4	3	3	3	2

입추 7일 18시 00분 【음7월】 ➡ 【壬申月(임신월)】 ☯八白星 처서 23일 08시 38분

양력 8월 / 음력 06/11 – 07/12

양력	1	2	3	4	5	6	7	8	9	10	11	12	13	14	15	16	17	18	19	20	21	22	23	24	25	26	27	28	29	30	31
요일	토	일	월	화	수	목	금	토	일	월	화	수	목	금	토	일	월	화	수	목	금	토	일	월	화	수	목	금	토	일	월
일진 日辰	戊寅	己卯	庚辰	辛巳	壬午	癸未	甲申	乙酉	丙戌	丁亥	戊子	己丑	庚寅	辛卯	壬辰	癸巳	甲午	乙未	丙申	丁酉	戊戌	己亥	庚子	辛丑	壬寅	癸卯	甲辰	乙巳	丙午	丁未	戊申
납음	城頭土		白臘金		楊柳木		井中水		屋上土		霹靂火		松柏木		長流水		沙中金		山下火		平地木		壁上土		金箔金		覆燈火		天河水		
음력	11	12	13	14	15	16	17	18	19	20	21	22	23	24	25	26	27	28	29	7/1	2	3	4	5	6	7	8	9	10	11	12
구성	4	3	2	1	9	8	7	6	5	4	3	2	1	9	8	7	6	5	4	3	2	1	9	8	7	6	5	4	3	2	1
대운 남	8	9	9	9	10	10	입	1	1	1	1	2	2	2	3	3	3	4	4	4	5	5	처	6	6	6	7	7	7	8	8
대운 여	2	2	1	1	1	1	추	10	10	9	9	9	8	8	8	7	7	7	6	6	6	5	서	5	4	4	4	3	3	3	2

백로 7일 20시 57분 【음8월】 ➡ 【癸酉月(계유월)】 ☯七赤星 추분 23일 06시 18분

양력 9월 / 음력 07/13 – 08/12

양력	1	2	3	4	5	6	7	8	9	10	11	12	13	14	15	16	17	18	19	20	21	22	23	24	25	26	27	28	29	30
요일	화	수	목	금	토	일	월	화	수	목	금	토	일	월	화	수	목	금	토	일	월	화	수	목	금	토	일	월	화	수
일진 日辰	己酉	庚戌	辛亥	壬子	癸丑	甲寅	乙卯	丙辰	丁巳	戊午	己未	庚申	辛酉	壬戌	癸亥	甲子	乙丑	丙寅	丁卯	戊辰	己巳	庚午	辛未	壬申	癸酉	甲戌	乙亥	丙子	丁丑	戊寅
납음		釵釧金		桑柘木		大溪水		沙中土		天上火		石榴木		大海水		海中金		爐中火		大林木		路傍土		劍鋒金		山頭火		澗下水		
음력	13	14	15	16	17	18	19	20	21	22	23	24	25	26	27	28	29	30	8/1	2	3	4	5	6	7	8	9	10	11	12
구성	9	8	7	6	5	4	3	2	1	9	8	7	6	5	4	3	2	1	9	8	7	6	5	4	3	2	1	9	8	7
대운 남	8	9	9	9	10	10	백	1	1	1	1	2	2	2	3	3	3	4	4	4	5	5	추	6	6	6	7	7	7	8
대운 여	2	2	1	1	1	1	로	10	10	9	9	9	8	8	8	7	7	7	6	6	6	5	분	5	4	4	4	3	3	3

한로 8일 12시 39분 【음9월】 ➡ 【甲戌月(갑술월)】 ☯六白星 상강 23일 15시 43분

양력 10월 / 음력 08/13 – 09/14

양력	1	2	3	4	5	6	7	8	9	10	11	12	13	14	15	16	17	18	19	20	21	22	23	24	25	26	27	28	29	30	31
요일	목	금	토	일	월	화	수	목	금	토	일	월	화	수	목	금	토	일	월	화	수	목	금	토	일	월	화	수	목	금	토
일진 日辰	己卯	庚辰	辛巳	壬午	癸未	甲申	乙酉	丙戌	丁亥	戊子	己丑	庚寅	辛卯	壬辰	癸巳	甲午	乙未	丙申	丁酉	戊戌	己亥	庚子	辛丑	壬寅	癸卯	甲辰	乙巳	丙午	丁未	戊申	己酉
납음		白臘金		楊柳木		井中水		屋上土		霹靂火		松柏木		長流水		沙中金		山下火		平地木		壁上土		金箔金		覆燈火		天河水		大驛土	
음력	13	14	15	16	17	18	19	20	21	22	23	24	25	26	27	28	29	9/1	2	3	4	5	6	7	8	9	10	11	12	13	14
구성	6	5	4	3	2	1	9	8	7	6	5	4	3	2	1	9	8	7	6	5	4	3	2	1	9	8	7	6	5	4	3
대운 남	8	8	9	9	9	10	10	한	1	1	1	1	2	2	2	3	3	3	4	4	4	5	상	5	6	6	6	7	7	7	8
대운 여	2	2	2	1	1	1	1	로	10	9	9	9	8	8	8	7	7	7	6	6	6	5	강	5	4	4	4	3	3	3	2

입동 7일 15시 55분 【음10월】 ➡ 【乙亥月(을해월)】 ☯五黃星 소설 22일 13시 22분

양력 11월 / 음력 09/15 – 10/14

양력	1	2	3	4	5	6	7	8	9	10	11	12	13	14	15	16	17	18	19	20	21	22	23	24	25	26	27	28	29	30
요일	일	월	화	수	목	금	토	일	월	화	수	목	금	토	일	월	화	수	목	금	토	일	월	화	수	목	금	토	일	월
일진 日辰	庚戌	辛亥	壬子	癸丑	甲寅	乙卯	丙辰	丁巳	戊午	己未	庚申	辛酉	壬戌	癸亥	甲子	乙丑	丙寅	丁卯	戊辰	己巳	庚午	辛未	壬申	癸酉	甲戌	乙亥	丙子	丁丑	戊寅	己卯
납음	釵釧金		桑柘木		大溪水		沙中土		天上火		石榴木		大海水		海中金		爐中火		大林木		路傍土		劍鋒金		山頭火		澗下水		城頭土	
음력	15	16	17	18	19	20	21	22	23	24	25	26	27	28	29	30	10/1	2	3	4	5	6	7	8	9	10	11	12	13	14
구성	2	1	9	8	7	6	5	4	3	2	1	9	8	7	6	5	4	3	2	1	9	8	7	6	5	4	3	2	1	9
대운 남	8	8	9	9	9	10	입	1	1	1	1	2	2	2	3	3	3	4	4	4	5	소	5	6	6	6	7	7	7	8
대운 여	2	2	1	1	1	1	동	10	9	9	9	8	8	8	7	7	7	6	6	6	5	설	5	4	4	4	3	3	3	2

대설 7일 08시 51분 【음11월】 ➡ 【丙子月(병자월)】 ☯四綠星 동지 22일 02시 46분

양력 12월 / 음력 10/15 – 11/16

양력	1	2	3	4	5	6	7	8	9	10	11	12	13	14	15	16	17	18	19	20	21	22	23	24	25	26	27	28	29	30	31
요일	화	수	목	금	토	일	월	화	수	목	금	토	일	월	화	수	목	금	토	일	월	화	수	목	금	토	일	월	화	수	목
일진 日辰	庚辰	辛巳	壬午	癸未	甲申	乙酉	丙戌	丁亥	戊子	己丑	庚寅	辛卯	壬辰	癸巳	甲午	乙未	丙申	丁酉	戊戌	己亥	庚子	辛丑	壬寅	癸卯	甲辰	乙巳	丙午	丁未	戊申	己酉	庚戌
납음	白臘金		楊柳木		井中水		屋上土		霹靂火		松柏木		長流水		沙中金		山下火		平地木		壁上土		金箔金		覆燈火		天河水		大驛土		
음력	15	16	17	18	19	20	21	22	23	24	25	26	27	28	29	11/1	2	3	4	5	6	7	8	9	10	11	12	13	14	15	16
구성	8	7	6	5	4	3	2	1	9	8	7	6	5	4	3	2	1	9	8	7	6	5	4	3	2	1	9	8	7	6	5
대운 남	8	8	9	9	9	10	대	1	1	1	1	2	2	2	3	3	3	4	4	4	5	동	5	6	6	6	7	7	7	8	8
대운 여	2	2	1	1	1	1	설	9	9	9	8	8	8	7	7	7	6	6	6	5	5	지	4	4	4	3	3	3	2	2	2

단기 4343 年	2010년	下元 **庚寅年** 납음(松柏木),본명성(八白土)
불기 2554 年		대장군(子북방), 삼살(북방), 상문(辰동남방),조객(子북방), 납음(송백목), 【삼재(신,유,술)년】 臘享(납향):2011년1월17일(음12/14)

호랑이

소한 5일 20시 08분 【음12월】 ➡ 【丁丑月(정축월)】 ☯三碧星 대한 20일 13시 27분

양력 1월	양력	1	2	3	4	5	6	7	8	9	10	11	12	13	14	15	16	17	18	19	20	21	22	23	24	25	26	27	28	29	30	31
	요일	금	토	일	월	화	수	목	금	토	일	월	화	수	목	금	토	일	월	화	수	목	금	토	일	월	화	수	목	금	토	일
	일진 日辰	辛亥	壬子	癸丑	甲寅	乙卯	丙辰	丁巳	戊午	己未	庚申	辛酉	壬戌	癸亥	甲子	乙丑	丙寅	丁卯	戊辰	己巳	庚午	辛未	壬申	癸酉	甲戌	乙亥	丙子	丁丑	戊寅	己卯	庚辰	辛巳
음력 11/17 ~ 12/17	납음		桑柘木		大溪水		沙中土		天上火		石榴木		大海水		海中金		爐中火		大林木		路傍土		劍鋒金		山頭火		澗下水		城頭土		白臘金	
	음력	17	18	19	20	21	22	23	24	25	26	27	28	29	30	12/1	2	3	4	5	6	7	8	9	10	11	12	13	14	15	16	17
	구성	4	3	2	1	9	8	7	6	5	4	3	2	1	1	2	3	4	5	6	7	8	9	1	2	3	4	5	6	7	8	9
	대운 남	8	9	9	9	소	1	1	1	1	2	2	2	3	3	3	4	4	4	5	대	5	6	6	6	7	7	7	8	8	8	9
	대운 여	1	1	1	1	한	10	9	9	9	8	8	8	7	7	7	6	6	6	5	한	5	4	4	4	3	3	3	2	2	2	1

입춘 4일 07시 47분 【음1월】 ➡ 【戊寅月(무인월)】 ☯二黑星 우수 19일 03시 35분

양력 2월	양력	1	2	3	4	5	6	7	8	9	10	11	12	13	14	15	16	17	18	19	20	21	22	23	24	25	26	27	28
	요일	월	화	수	목	금	토	일	월	화	수	목	금	토	일	월	화	수	목	금	토	일	월	화	수	목	금	토	일
	일진 日辰	壬午	癸未	甲申	乙酉	丙戌	丁亥	戊子	己丑	庚寅	辛卯	壬辰	癸巳	甲午	乙未	丙申	丁酉	戊戌	己亥	庚子	辛丑	壬寅	癸卯	甲辰	乙巳	丙午	丁未	戊申	己酉
음력 12/18 ~ 01/15	납음	楊柳木		井中水		屋上土		霹靂火		松柏木		長流水		沙中金		山下火		平地木		壁上土		金箔金		覆燈火		天河水		大驛土	
	음력	18	19	20	21	22	23	24	25	26	27	28	29	30	1/1	2	3	4	5	6	7	8	9	10	11	12	13	14	15
	구성	1	2	3	4	5	6	7	8	9	1	2	3	4	5	6	7	8	9	1	2	3	4	5	6	7	8	9	1
	대운 남	9	9	10	입	10	9	9	9	8	8	8	7	7	7	6	6	6	5	우	5	4	4	4	3	3	3	2	2
	대운 여	1	1	1	춘	1	1	1	1	2	2	2	3	3	3	4	4	4	5	수	5	6	6	6	7	7	7	8	8

庚寅年

경칩 6일 01시 46분 【음2월】 ➡ 【己卯月(기묘월)】 ☯一白星 춘분 21일 02시 31분

양력 3월	양력	1	2	3	4	5	6	7	8	9	10	11	12	13	14	15	16	17	18	19	20	21	22	23	24	25	26	27	28	29	30	31
	요일	월	화	수	목	금	토	일	월	화	수	목	금	토	일	월	화	수	목	금	토	일	월	화	수	목	금	토	일	월	화	수
	일진 日辰	庚戌	辛亥	壬子	癸丑	甲寅	乙卯	丙辰	丁巳	戊午	己未	庚申	辛酉	壬戌	癸亥	甲子	乙丑	丙寅	丁卯	戊辰	己巳	庚午	辛未	壬申	癸酉	甲戌	乙亥	丙子	丁丑	戊寅	己卯	庚辰
음력 01/16 ~ 02/16	납음	釵釧金		桑柘木		大溪水		沙中土		天上火		石榴木		大海水		海中金		爐中火		大林木		路傍土		劍鋒金		山頭火		澗下水		城頭土		
	음력	16	17	18	19	20	21	22	23	24	25	26	27	28	29	30	2/1	2	3	4	5	6	7	8	9	10	11	12	13	14	15	16
	구성	2	3	4	5	6	7	8	9	1	2	3	4	5	6	7	8	9	1	2	3	4	5	6	7	8	9	1	2	3	4	5
	대운 남	2	1	1	1	1	경	10	9	9	9	8	8	8	7	7	7	6	6	6	5	춘	5	4	4	4	3	3	3	2	2	2
	대운 여	8	9	9	9	10	칩	1	1	1	1	2	2	2	3	3	3	4	4	4	5	분	5	6	6	6	7	7	7	8	8	8

청명 5일 06시 30분 【음3월】 ➡ 【庚辰月(경진월)】 ☯九紫星 곡우 20일 13시 29분

양력 4월	양력	1	2	3	4	5	6	7	8	9	10	11	12	13	14	15	16	17	18	19	20	21	22	23	24	25	26	27	28	29	30
	요일	목	금	토	일	월	화	수	목	금	토	일	월	화	수	목	금	토	일	월	화	수	목	금	토	일	월	화	수	목	금
	일진 日辰	辛巳	壬午	癸未	甲申	乙酉	丙戌	丁亥	戊子	己丑	庚寅	辛卯	壬辰	癸巳	甲午	乙未	丙申	丁酉	戊戌	己亥	庚子	辛丑	壬寅	癸卯	甲辰	乙巳	丙午	丁未	戊申	己酉	庚戌
음력 02/17 ~ 03/17	납음		楊柳木		井中水		屋上土		霹靂火		松柏木		長流水		沙中金		山下火		平地木		壁上土		金箔金		覆燈火		天河水		大驛土		
	음력	17	18	19	20	21	22	23	24	25	26	27	28	29	3/1	2	3	4	5	6	7	8	9	10	11	12	13	14	15	16	17
	구성	6	7	8	9	1	2	3	4	5	6	7	8	9	1	2	3	4	5	6	7	8	9	1	2	3	4	5	6	7	8
	대운 남	1	1	1	1	청	10	9	9	9	8	8	8	7	7	7	6	6	6	5	곡	5	4	4	4	3	3	3	2	2	2
	대운 여	9	9	9	10	명	1	1	1	1	2	2	2	3	3	3	4	4	4	5	우	5	6	6	6	7	7	7	8	8	8

입하 5일 23시 43분 【음4월】 ➡ 【辛巳月(신사월)】 ☯八白星 소만 21일 12시 33분

양력 5월	양력	1	2	3	4	5	6	7	8	9	10	11	12	13	14	15	16	17	18	19	20	21	22	23	24	25	26	27	28	29	30	31
	요일	토	일	월	화	수	목	금	토	일	월	화	수	목	금	토	일	월	화	수	목	금	토	일	월	화	수	목	금	토	일	월
	일진 日辰	辛亥	壬子	癸丑	甲寅	乙卯	丙辰	丁巳	戊午	己未	庚申	辛酉	壬戌	癸亥	甲子	乙丑	丙寅	丁卯	戊辰	己巳	庚午	辛未	壬申	癸酉	甲戌	乙亥	丙子	丁丑	戊寅	己卯	庚辰	辛巳
음력 03/18 ~ 04/18	납음		桑柘木		大溪水		沙中土		天上火		石榴木		大海水		海中金		爐中火		大林木		路傍土		劍鋒金		山頭火		澗下水		城頭土		白臘金	
	음력	18	19	20	21	22	23	24	25	26	27	28	29	30	4/1	2	3	4	5	6	7	8	9	10	11	12	13	14	15	16	17	18
	구성	9	1	2	3	4	5	6	7	8	9	1	2	3	4	5	6	7	8	9	1	2	3	4	5	6	7	8	9	1	2	3
	대운 남	1	1	1	1	입	10	10	10	9	9	9	8	8	8	7	7	7	6	6	6	소	5	5	4	4	4	3	3	3	2	2
	대운 여	9	9	9	10	하	1	1	1	1	2	2	2	3	3	3	4	4	4	5	5	만	6	6	6	7	7	7	8	8	8	9

망종 6일 03시 49분 【 음5월】 ➡ 【壬午月(임오월)】 ☯七赤星 하지 21일 20시 28분

양력 6월	양력	1	2	3	4	5	6	7	8	9	10	11	12	13	14	15	16	17	18	19	20	21	22	23	24	25	26	27	28	29	30
	요일	화	수	목	금	토	일	월	화	수	목	금	토	일	월	화	수	목	금	토	일	월	화	수	목	금	토	일	월	화	수
	일진 日辰	壬午	癸未	甲申	乙酉	丙戌	丁亥	戊子	己丑	庚寅	辛卯	壬辰	癸巳	甲午	乙未	丙申	丁酉	戊戌	己亥	庚子	辛丑	壬寅	癸卯	甲辰	乙巳	丙午	丁未	戊申	己酉	庚戌	辛亥
음력 04/19 ~ 05/19	납음	楊柳木		井中水		屋上土		霹靂火		松柏木		長流水		沙中金		山下火		平地木		壁上土		金箔金		覆燈火		天河水		大驛土		釵釧金	
	음력	19	20	21	22	23	24	25	26	27	28	29	5/1	2	3	4	5	6	7	8	9	10	11	12	13	14	15	16	17	18	19
	구성	4	5	6	7	8	9	1	2	3	4	5	6	7	8	9	1	2	3	4	5	6	7	8	9	1	2	3	4	5	6
	대운 남	2	1	1	1	1	망	10	10	9	9	9	8	8	8	7	7	7	6	6	6	하	5	5	4	4	4	3	3	3	2
	대운 여	9	9	10	10	10	종	1	1	1	1	2	2	2	3	3	3	4	4	4	5	지	5	6	6	6	7	7	7	8	8

(한식(4월06일), 초복(7월19일), 중복(7월29일), 말복(8월08일)☂춘사(春社)3/19 ☀추사(秋社)9/25
토왕지절(土旺之節):4월17일,7월20일,10월20일,1월16일(음12/13)臘享(납향):2011년1월17일(음12/14)

七日得辛, 十龍治水, 2010년 경인年(송백목), 팔백토

7赤	3碧	5黃
6白	8白	1白
2黑	4綠	9紫

2010 庚寅年

소서 7일 14시 02분 【음6월】 ➡ 【癸未月(계미월)】 ☯六白星 대서 23일 07시 20분

양력 7월 / 음력 05/20 ~ 06/20

양력	1	2	3	4	5	6	7	8	9	10	11	12	13	14	15	16	17	18	19	20	21	22	23	24	25	26	27	28	29	30	31
요일	목	금	토	일	월	화	수	목	금	토	일	월	화	수	목	금	토	일	월	화	수	목	금	토	일	월	화	수	목	금	토
일진 日辰	壬子	癸丑	甲寅	乙卯	丙辰	丁巳	戊午	己未	庚申	辛酉	壬戌	癸亥	甲子	乙丑	丙寅	丁卯	戊辰	己巳	庚午	辛未	壬申	癸酉	甲戌	乙亥	丙子	丁丑	戊寅	己卯	庚辰	辛巳	壬午
납음	桑柘木		大溪水		沙中土		天上火		石榴木		大海水		海中金		爐中火		大林木		路傍土		劍鋒金		山頭火		澗下水		城頭土		白臘金		
음력	20	21	22	23	24	25	26	27	28	29	30	6/1	2	3	4	5	6	7	8	9	10	11	12	13	14	15	16	17	18	19	20
구성	7	8	9	1	2	3	4	5	6	7	8	9	9	8	7	6	5	4	3	2	1	9	8	7	6	5	4	3	2	1	9
대운 남	2	2	1	1	1	1	소	10	10	9	9	9	8	8	8	7	7	7	6	6	6	5	대	5	4	4	4	3	3	3	2
대운 여	8	9	9	9	10	10	서	1	1	1	1	2	2	2	3	3	3	4	4	4	5	5	서	6	6	6	7	7	7	8	8

입추 7일 23시 48분 【음7월】 ➡ 【甲申月(갑신월)】 ☯五黃星 처서 23일 14시 26분

양력 8월 / 음력 06/21 ~ 07/22

양력	1	2	3	4	5	6	7	8	9	10	11	12	13	14	15	16	17	18	19	20	21	22	23	24	25	26	27	28	29	30	31
요일	일	월	화	수	목	금	토	일	월	화	수	목	금	토	일	월	화	수	목	금	토	일	월	화	수	목	금	토	일	월	화
일진 日辰	癸未	甲申	乙酉	丙戌	丁亥	戊子	己丑	庚寅	辛卯	壬辰	癸巳	甲午	乙未	丙申	丁酉	戊戌	己亥	庚子	辛丑	壬寅	癸卯	甲辰	乙巳	丙午	丁未	戊申	己酉	庚戌	辛亥	壬子	癸丑
납음		井中水		屋上土		霹靂火		松柏木		長流水		沙中金		山下火		平地木		壁上土		金箔金		覆燈火		天河水		大驛土		釵釧金		桑柘木	
음력	21	22	23	24	25	26	27	28	29	7/1	2	3	4	5	6	7	8	9	10	11	12	13	14	15	16	17	18	19	20	21	22
구성	8	7	6	5	4	3	2	1	9	8	7	6	5	4	3	2	1	9	8	7	6	5	4	3	2	1	9	8	7	6	5
대운 남	2	2	1	1	1	1	입	10	10	10	9	9	9	8	8	8	7	7	7	6	6	6	처	5	5	4	4	4	3	3	3
대운 여	8	9	9	9	10	10	추	1	1	1	1	2	2	2	3	3	3	4	4	4	5	5	서	6	6	6	7	7	7	8	8

백로 8일 02시 44분 【음8월】 ➡ 【乙酉月(을유월)】 ☯四綠星 추분 23일 12시 08분

양력 9월 / 음력 07/23 ~ 08/23

양력	1	2	3	4	5	6	7	8	9	10	11	12	13	14	15	16	17	18	19	20	21	22	23	24	25	26	27	28	29	30
요일	수	목	금	토	일	월	화	수	목	금	토	일	월	화	수	목	금	토	일	월	화	수	목	금	토	일	월	화	수	목
일진 日辰	甲寅	乙卯	丙辰	丁巳	戊午	己未	庚申	辛酉	壬戌	癸亥	甲子	乙丑	丙寅	丁卯	戊辰	己巳	庚午	辛未	壬申	癸酉	甲戌	乙亥	丙子	丁丑	戊寅	己卯	庚辰	辛巳	壬午	癸未
납음	大溪水		沙中土		天上火		石榴木		大海水		海中金		爐中火		大林木		路傍土		劍鋒金		山頭火		澗下水		城頭土		白臘金		楊柳木	
음력	23	24	25	26	27	28	29	8/1	2	3	4	5	6	7	8	9	10	11	12	13	14	15	16	17	18	19	20	21	22	23
구성	4	3	2	1	9	8	7	6	5	4	3	2	1	9	8	7	6	5	4	3	2	1	9	8	7	6	5	4	3	2
대운 남	2	2	2	1	1	1	1	백	10	9	9	9	8	8	8	7	7	7	6	6	6	5	추	5	4	4	4	3	3	3
대운 여	8	9	9	9	10	10	10	로	1	1	1	1	2	2	2	3	3	3	4	4	4	5	분	5	6	6	6	7	7	7

한로 8일 18시 26분 【음9월】 ➡ 【丙戌月(병술월)】 ☯三碧星 상강 23일 21시 34분

양력 10월 / 음력 08/24 ~ 09/24

양력	1	2	3	4	5	6	7	8	9	10	11	12	13	14	15	16	17	18	19	20	21	22	23	24	25	26	27	28	29	30	31
요일	금	토	일	월	화	수	목	금	토	일	월	화	수	목	금	토	일	월	화	수	목	금	토	일	월	화	수	목	금	토	일
일진 日辰	甲申	乙酉	丙戌	丁亥	戊子	己丑	庚寅	辛卯	壬辰	癸巳	甲午	乙未	丙申	丁酉	戊戌	己亥	庚子	辛丑	壬寅	癸卯	甲辰	乙巳	丙午	丁未	戊申	己酉	庚戌	辛亥	壬子	癸丑	甲寅
납음	井中水		屋上土		霹靂火		松柏木		長流水		沙中金		山下火		平地木		壁上土		金箔金		覆燈火		天河水		大驛土		釵釧金		桑柘木		
음력	24	25	26	27	28	29	30	9/1	2	3	4	5	6	7	8	9	10	11	12	13	14	15	16	17	18	19	20	21	22	23	24
구성	1	9	8	7	6	5	4	3	2	1	9	8	7	6	5	4	3	2	1	9	8	7	6	5	4	3	2	1	9	8	7
대운 남	2	2	2	1	1	1	1	한	10	9	9	9	8	8	8	7	7	7	6	6	6	5	상	5	4	4	4	3	3	3	2
대운 여	8	8	8	9	9	9	10	로	1	1	1	1	2	2	2	3	3	3	4	4	4	5	강	5	6	6	6	7	7	7	8

입동 7일 21시 42분 【음10월】 ➡ 【丁亥月(정해월)】 ☯二黑星 소설 22일 19시 14분

양력 11월 / 음력 09/25 ~ 10/25

양력	1	2	3	4	5	6	7	8	9	10	11	12	13	14	15	16	17	18	19	20	21	22	23	24	25	26	27	28	29	30
요일	월	화	수	목	금	토	일	월	화	수	목	금	토	일	월	화	수	목	금	토	일	월	화	수	목	금	토	일	월	화
일진 日辰	乙卯	丙辰	丁巳	戊午	己未	庚申	辛酉	壬戌	癸亥	甲子	乙丑	丙寅	丁卯	戊辰	己巳	庚午	辛未	壬申	癸酉	甲戌	乙亥	丙子	丁丑	戊寅	己卯	庚辰	辛巳	壬午	癸未	甲申
납음		沙中土		天上火		石榴木		大海水		海中金		爐中火		大林木		路傍土		劍鋒金		山頭火		澗下水		城頭土		白臘金		楊柳木		
음력	25	26	27	28	29	10/1	2	3	4	5	6	7	8	9	10	11	12	13	14	15	16	17	18	19	20	21	22	23	24	25
구성	6	5	4	3	2	1	9	8	7	6	5	4	3	2	1	9	8	7	6	5	4	3	2	1	9	8	7	6	5	4
대운 남	2	2	1	1	1	1	입	10	9	9	9	8	8	8	7	7	7	6	6	6	5	소	5	4	4	4	3	3	3	2
대운 여	8	8	9	9	9	10	동	1	1	1	1	2	2	2	3	3	3	4	4	4	5	설	5	6	6	6	7	7	7	8

대설 7일 14시 38분 【음11월】 ➡ 【戊子月(무자월)】 ☯一白星 동지 22일 08시 38분

양력 12월 / 음력 10/26 ~ 11/26

양력	1	2	3	4	5	6	7	8	9	10	11	12	13	14	15	16	17	18	19	20	21	22	23	24	25	26	27	28	29	30	31
요일	수	목	금	토	일	월	화	수	목	금	토	일	월	화	수	목	금	토	일	월	화	수	목	금	토	일	월	화	수	목	금
일진 日辰	乙酉	丙戌	丁亥	戊子	己丑	庚寅	辛卯	壬辰	癸巳	甲午	乙未	丙申	丁酉	戊戌	己亥	庚子	辛丑	壬寅	癸卯	甲辰	乙巳	丙午	丁未	戊申	己酉	庚戌	辛亥	壬子	癸丑	甲寅	乙卯
납음		屋上土		霹靂火		松柏木		長流水		沙中金		山下火		平地木		壁上土		金箔金		覆燈火		天河水		大驛土		釵釧金		桑柘木		大溪水	
음력	26	27	28	29	30	11/1	2	3	4	5	6	7	8	9	10	11	12	13	14	15	16	17	18	19	20	21	22	23	24	25	26
구성	3	2	1	9	8	7	6	5	4	3	2	1	9	8	7	6	5	4	3	2	1	9	8	7	6	5	4	3	2	1	9
대운 남	2	2	1	1	1	1	대	10	9	9	9	8	8	8	7	7	7	6	6	6	5	동	5	4	4	4	3	3	3	2	2
대운 여	8	8	9	9	9	10	설	1	1	1	1	2	2	2	3	3	3	4	4	4	5	지	5	6	6	6	7	7	7	8	8

단기 4344 年
불기 2555 年

2011년

下元 **辛卯年** 납음(松柏木),본명성(七赤金)

대장군(子북방), 삼살(酉서방), 상문(巳동남방),조객(丑동북방), 납음(송백목),【삼재(사,오,미)년】 臘享(납향):2012년1월18일(음12/25)

토끼

소한 6일 01시 54분 【음12월】 ➡ 【己丑月(기축월)】 ☯九紫星 대한 20일 19시 18분

양력 1월 / 음력 11/27 ~ 12/28

양력	1	2	3	4	5	6	7	8	9	10	11	12	13	14	15	16	17	18	19	20	21	22	23	24	25	26	27	28	29	30	31
요일	토	일	월	화	수	목	금	토	일	월	화	수	목	금	토	일	월	화	수	목	금	토	일	월	화	수	목	금	토	일	월
일진 日辰	丙辰	丁巳	戊午	己未	庚申	辛酉	壬戌	癸亥	甲子	乙丑	丙寅	丁卯	戊辰	己巳	庚午	辛未	壬申	癸酉	甲戌	乙亥	丙子	丁丑	戊寅	己卯	庚辰	辛巳	壬午	癸未	甲申	乙酉	丙戌
납음	沙中土		天上火		石榴木		大海水		海中金		爐中火		大林木		路傍土		劍鋒金		山頭火		澗下水		城頭土		白臘金		楊柳木		井中水		
음력	27	28	29	12/1	2	3	4	5	6	7	8	9	10	11	12	13	14	15	16	17	18	19	20	21	22	23	24	25	26	27	28
구성	8	7	6	5	4	3	2	1	1	2	3	4	5	6	7	8	9	1	2	3	4	5	6	7	8	9	1	2	3	4	5
대운 남	2	1	1	1	1	소	9	9	9	8	8	8	7	7	7	6	6	6	5	대	5	4	4	4	3	3	3	2	2	2	1
대운 여	8	9	9	9	10	한	1	1	1	1	2	2	2	3	3	3	4	4	4	한	5	5	6	6	6	7	7	7	8	8	8

입춘 4일 13시 32분 【음1월】 ➡ 【庚寅月(경인월)】 ☯八白星 우수 19일 09시 24분

양력 2월 / 음력 12/29 ~ 01/26

양력	1	2	3	4	5	6	7	8	9	10	11	12	13	14	15	16	17	18	19	20	21	22	23	24	25	26	27	28
요일	화	수	목	금	토	일	월	화	수	목	금	토	일	월	화	수	목	금	토	일	월	화	수	목	금	토	일	월
일진 日辰	丁亥	戊子	己丑	庚寅	辛卯	壬辰	癸巳	甲午	乙未	丙申	丁酉	戊戌	己亥	庚子	辛丑	壬寅	癸卯	甲辰	乙巳	丙午	丁未	戊申	己酉	庚戌	辛亥	壬子	癸丑	甲寅
납음		霹靂火		松柏木		長流水		沙中金		山下火		平地木		壁上土		金箔金		覆燈火		天河水		大驛土		釵釧金		桑柘木		
음력	29	30	1/1	2	3	4	5	6	7	8	9	10	11	12	13	14	15	16	17	18	19	20	21	22	23	24	25	26
구성	6	7	8	9	1	2	3	4	5	6	7	8	9	1	2	3	4	5	6	7	8	9	1	2	3	4	5	6
대운 남	1	1	1	입	1	1	1	1	2	2	2	3	3	3	4	4	4	5	우	5	6	6	6	7	7	7	8	8
대운 여	9	9	9	춘	10	9	9	9	8	8	8	7	7	7	6	6	6	5	수	5	4	4	4	3	3	3	2	2

辛卯年

경칩 6일 07시 29분 【음2월】 ➡ 【辛卯月(신묘월)】 ☯七赤星 춘분 21일 08시 20분

양력 3월 / 음력 01/27 ~ 02/27

양력	1	2	3	4	5	6	7	8	9	10	11	12	13	14	15	16	17	18	19	20	21	22	23	24	25	26	27	28	29	30	31
요일	화	수	목	금	토	일	월	화	수	목	금	토	일	월	화	수	목	금	토	일	월	화	수	목	금	토	일	월	화	수	목
일진 日辰	乙卯	丙辰	丁巳	戊午	己未	庚申	辛酉	壬戌	癸亥	甲子	乙丑	丙寅	丁卯	戊辰	己巳	庚午	辛未	壬申	癸酉	甲戌	乙亥	丙子	丁丑	戊寅	己卯	庚辰	辛巳	壬午	癸未	甲申	乙酉
납음		沙中土		天上火		石榴木		大海水		海中金		爐中火		大林木		路傍土		劍鋒金		山頭火		澗下水		城頭土		白臘金		楊柳木		井中水	
음력	27	28	29	30	2/1	2	3	4	5	6	7	8	9	10	11	12	13	14	15	16	17	18	19	20	21	22	23	24	25	26	27
구성	7	8	9	1	2	3	4	5	6	7	8	9	1	2	3	4	5	6	7	8	9	1	2	3	4	5	6	7	8	9	1
대운 남	8	9	9	9	10	경	1	1	1	1	2	2	2	3	3	3	4	4	4	5	춘	5	6	6	6	7	7	7	8	8	8
대운 여	2	1	1	1	1	칩	10	9	9	9	8	8	8	7	7	7	6	6	6	5	분	5	4	4	4	3	3	3	2	2	2

청명 5일 12시 11분 【음3월】 ➡ 【壬辰月(임진월)】 ☯六白星 곡우 20일 19시 17분

양력 4월 / 음력 02/28 ~ 03/28

양력	1	2	3	4	5	6	7	8	9	10	11	12	13	14	15	16	17	18	19	20	21	22	23	24	25	26	27	28	29	30
요일	금	토	일	월	화	수	목	금	토	일	월	화	수	목	금	토	일	월	화	수	목	금	토	일	월	화	수	목	금	토
일진 日辰	丙戌	丁亥	戊子	己丑	庚寅	辛卯	壬辰	癸巳	甲午	乙未	丙申	丁酉	戊戌	己亥	庚子	辛丑	壬寅	癸卯	甲辰	乙巳	丙午	丁未	戊申	己酉	庚戌	辛亥	壬子	癸丑	甲寅	乙卯
납음	屋上土		霹靂火		松柏木		長流水		沙中金		山下火		平地木		壁上土		金箔金		覆燈火		天河水		大驛土		釵釧金		桑柘木		大溪水	
음력	28	29	3/1	2	3	4	5	6	7	8	9	10	11	12	13	14	15	16	17	18	19	20	21	22	23	24	25	26	27	28
구성	2	3	4	5	6	7	8	9	1	2	3	4	5	6	7	8	9	1	2	3	4	5	6	7	8	9	1	2	3	4
대운 남	9	9	9	10	청	1	1	1	1	2	2	2	3	3	3	4	4	4	5	곡	5	6	6	6	7	7	7	8	8	8
대운 여	1	1	1	1	명	10	10	9	9	9	8	8	8	7	7	7	6	6	6	우	5	5	4	4	4	3	3	3	2	2

입하 6일 05시 22분 【음4월】 ➡ 【癸巳月(계사월)】 ☯五黃星 소만 21일 18시 20분

양력 5월 / 음력 03/29 ~ 04/29

양력	1	2	3	4	5	6	7	8	9	10	11	12	13	14	15	16	17	18	19	20	21	22	23	24	25	26	27	28	29	30	31
요일	일	월	화	수	목	금	토	일	월	화	수	목	금	토	일	월	화	수	목	금	토	일	월	화	수	목	금	토	일	월	화
일진 日辰	丙辰	丁巳	戊午	己未	庚申	辛酉	壬戌	癸亥	甲子	乙丑	丙寅	丁卯	戊辰	己巳	庚午	辛未	壬申	癸酉	甲戌	乙亥	丙子	丁丑	戊寅	己卯	庚辰	辛巳	壬午	癸未	甲申	乙酉	丙戌
납음	沙中土		天上火		石榴木		大海水		海中金		爐中火		大林木		路傍土		劍鋒金		山頭火		澗下水		城頭土		白臘金		楊柳木		井中水		
음력	29	30	4/1	2	3	4	5	6	7	8	9	10	11	12	13	14	15	16	17	18	19	20	21	22	23	24	25	26	27	28	29
구성	5	6	7	8	9	1	2	3	4	5	6	7	8	9	1	2	3	4	5	6	7	8	9	1	2	3	4	5	6	7	8
대운 남	9	9	9	10	10	입	1	1	1	1	2	2	2	3	3	3	4	4	4	5	소	5	6	6	6	7	7	7	8	8	8
대운 여	2	1	1	1	1	하	10	10	9	9	9	8	8	8	7	7	7	6	6	6	만	5	5	4	4	4	3	3	3	2	2

망종 6일 09시 26분 【음5월】 ➡ 【甲午月(갑오월)】 ☯四綠星 하지 22일 02시 16분

양력 6월 / 음력 04/30 ~ 05/29

양력	1	2	3	4	5	6	7	8	9	10	11	12	13	14	15	16	17	18	19	20	21	22	23	24	25	26	27	28	29	30
요일	수	목	금	토	일	월	화	수	목	금	토	일	월	화	수	목	금	토	일	월	화	수	목	금	토	일	월	화	수	목
일진 日辰	丁亥	戊子	己丑	庚寅	辛卯	壬辰	癸巳	甲午	乙未	丙申	丁酉	戊戌	己亥	庚子	辛丑	壬寅	癸卯	甲辰	乙巳	丙午	丁未	戊申	己酉	庚戌	辛亥	壬子	癸丑	甲寅	乙卯	丙辰
납음		霹靂火		松柏木		長流水		沙中金		山下火		平地木		壁上土		金箔金		覆燈火		天河水		大驛土		釵釧金		桑柘木		大溪水		
음력	30	5/1	2	3	4	5	6	7	8	9	10	11	12	13	14	15	16	17	18	19	20	21	22	23	24	25	26	27	28	29
구성	9	1	2	3	4	5	6	7	8	9	1	2	3	4	5	6	7	8	9	1	2	3	4	5	6	7	8	9	1	2
대운 남	9	9	9	10	10	망	1	1	1	1	2	2	2	3	3	3	4	4	4	5	5	하	6	6	6	7	7	7	8	8
대운 여	2	1	1	1	1	종	10	10	9	9	9	8	8	8	7	7	7	6	6	6	5	지	5	4	4	4	3	3	3	2

한식(4월06일), 초복(7월14일), 중복(7월24일), 말복(8월13일) ☂춘사(春社)3/24 ☀추사(秋社)9/20
토왕지절(土旺之節):4월17일,7월20일,10월21일,1월11일(음12/18)臘享(납향):2012년1월18일(음12/25)

三日得辛, 四龍治水, 2011년 신묘年(송백목), 칠적금

6白	2黑	4綠
5黃	7赤	9紫
1白	3碧	8白

2011 辛卯年

소서 7일 19시 41분 【음6월】 ➡ 【乙未月(을미월)】 ☯三碧星 대서 23일 13시 11분

	양력	1	2	3	4	5	6	7	8	9	10	11	12	13	14	15	16	17	18	19	20	21	22	23	24	25	26	27	28	29	30	31
양력 7월	요일	금	토	일	월	화	수	목	금	토	일	월	화	수	목	금	토	일	월	화	수	목	금	토	일	월	화	수	목	금	토	일
	일진 日辰	丁巳	戊午	己未	庚申	辛酉	壬戌	癸亥	甲子	乙丑	丙寅	丁卯	戊辰	己巳	庚午	辛未	壬申	癸酉	甲戌	乙亥	丙子	丁丑	戊寅	己卯	庚辰	辛巳	壬午	癸未	甲申	乙酉	丙戌	丁亥
음력	납음		天上火		石榴木		大海水		海中金		爐中火		大林木		路傍土		劍鋒金		山頭火		澗下水		城頭土		白臘金		楊柳木		井中水		屋上土	
06/01	음력	6/1	2	3	4	5	6	7	8	9	10	11	12	13	14	15	16	17	18	19	20	21	22	23	24	25	26	27	28	29	30	7/1
ǀ	구성	3	4	5	6	7	8	9	9	8	7	6	5	4	3	2	1	9	8	7	6	5	4	3	2	1	9	8	7	6	5	4
07/01	대운 남	8	9	9	9	10	10	소	1	1	1	1	2	2	2	3	3	3	4	4	4	5	5	대	6	6	6	7	7	7	8	8
	대운 여	2	2	1	1	1	1	서	10	10	10	9	9	9	8	8	8	7	7	7	6	6	6	서	5	5	4	4	4	3	3	3

입추 8일 05시 33분 【음7월】 ➡ 【丙申月(병신월)】 ☯二黑星 처서 23일 20시 20분

	양력	1	2	3	4	5	6	7	8	9	10	11	12	13	14	15	16	17	18	19	20	21	22	23	24	25	26	27	28	29	30	31
양력 8월	요일	월	화	수	목	금	토	일	월	화	수	목	금	토	일	월	화	수	목	금	토	일	월	화	수	목	금	토	일	월	화	수
	일진 日辰	戊子	己丑	庚寅	辛卯	壬辰	癸巳	甲午	乙未	丙申	丁酉	戊戌	己亥	庚子	辛丑	壬寅	癸卯	甲辰	乙巳	丙午	丁未	戊申	己酉	庚戌	辛亥	壬子	癸丑	甲寅	乙卯	丙辰	丁巳	戊午
음력	납음	霹靂火		松柏木		長流水		沙中金		山下火		平地木		壁上土		金箔金		覆燈火		天河水		大驛土		釵釧金		桑柘木		大溪水		沙中土		
07/02	음력	2	3	4	5	6	7	8	9	10	11	12	13	14	15	16	17	18	19	20	21	22	23	24	25	26	27	28	29	8/1	2	3
ǀ	구성	3	2	1	9	8	7	6	5	4	3	2	1	9	8	7	6	5	4	3	2	1	9	8	7	6	5	4	3	2	1	9
08/03	대운 남	8	9	9	9	10	10	10	입	1	1	1	1	2	2	2	3	3	3	4	4	4	5	처	5	6	6	6	7	7	7	8
	대운 여	2	2	2	1	1	1	1	추	10	10	9	9	9	8	8	8	7	7	7	6	6	6	서	5	5	4	4	4	3	3	3

백로 8일 08시 33분 【음8월】 ➡ 【丁酉月(정유월)】 ☯一白星 추분 23일 18시 04분

	양력	1	2	3	4	5	6	7	8	9	10	11	12	13	14	15	16	17	18	19	20	21	22	23	24	25	26	27	28	29	30
양력 9월	요일	목	금	토	일	월	화	수	목	금	토	일	월	화	수	목	금	토	일	월	화	수	목	금	토	일	월	화	수	목	금
	일진 日辰	己未	庚申	辛酉	壬戌	癸亥	甲子	乙丑	丙寅	丁卯	戊辰	己巳	庚午	辛未	壬申	癸酉	甲戌	乙亥	丙子	丁丑	戊寅	己卯	庚辰	辛巳	壬午	癸未	甲申	乙酉	丙戌	丁亥	戊子
음력	납음		石榴木		大海水		海中金		爐中火		大林木		路傍土		劍鋒金		山頭火		澗下水		城頭土		白臘金		楊柳木		井中水		屋上土		
08/04	음력	4	5	6	7	8	9	10	11	12	13	14	15	16	17	18	19	20	21	22	23	24	25	26	27	28	29	9/1	2	3	4
ǀ	구성	8	7	6	5	4	3	2	1	9	8	7	6	5	4	3	2	1	9	8	7	6	5	4	3	2	1	9	8	7	6
09/04	대운 남	8	8	9	9	9	10	10	백	1	1	1	1	2	2	2	3	3	3	4	4	4	5	추	5	6	6	6	7	7	7
	대운 여	2	2	2	1	1	1	1	로	10	10	9	9	9	8	8	8	7	7	7	6	6	6	분	5	5	4	4	4	3	3

한로 9일 00시 18분 【음9월】 ➡ 【戊戌月(무술월)】 ☯九紫星 상강 24일 03시 29분

	양력	1	2	3	4	5	6	7	8	9	10	11	12	13	14	15	16	17	18	19	20	21	22	23	24	25	26	27	28	29	30	31
양력 10월	요일	토	일	월	화	수	목	금	토	일	월	화	수	목	금	토	일	월	화	수	목	금	토	일	월	화	수	목	금	토	일	월
	일진 日辰	己丑	庚寅	辛卯	壬辰	癸巳	甲午	乙未	丙申	丁酉	戊戌	己亥	庚子	辛丑	壬寅	癸卯	甲辰	乙巳	丙午	丁未	戊申	己酉	庚戌	辛亥	壬子	癸丑	甲寅	乙卯	丙辰	丁巳	戊午	己未
음력	납음		松柏木		長流水		沙中金		山下火		平地木		壁上土		金箔金		覆燈火		天河水		大驛土		釵釧金		桑柘木		大溪水		沙中土		天上火	
09/05	음력	5	6	7	8	9	10	11	12	13	14	15	16	17	18	19	20	21	22	23	24	25	26	27	28	29	10/1	2	3	4	5	6
ǀ	구성	5	4	3	2	1	9	8	7	6	5	4	3	2	1	9	8	7	6	5	4	3	2	1	9	8	7	6	5	4	3	2
10/06	대운 남	8	8	8	9	9	9	10	10	한	1	1	1	1	2	2	2	3	3	3	4	4	4	5	상	5	6	6	6	7	7	7
	대운 여	3	2	2	2	1	1	1	1	로	10	9	9	9	8	8	8	7	7	7	6	6	6	5	강	5	4	4	4	3	3	3

입동 8일 03시 34분 【음10월】 ➡ 【己亥月(기해월)】 ☯八白星 소설 23일 01시 07분

	양력	1	2	3	4	5	6	7	8	9	10	11	12	13	14	15	16	17	18	19	20	21	22	23	24	25	26	27	28	29	30
양력 11월	요일	화	수	목	금	토	일	월	화	수	목	금	토	일	월	화	수	목	금	토	일	월	화	수	목	금	토	일	월	화	수
	일진 日辰	庚申	辛酉	壬戌	癸亥	甲子	乙丑	丙寅	丁卯	戊辰	己巳	庚午	辛未	壬申	癸酉	甲戌	乙亥	丙子	丁丑	戊寅	己卯	庚辰	辛巳	壬午	癸未	甲申	乙酉	丙戌	丁亥	戊子	己丑
음력	납음	石榴木		大海水		海中金		爐中火		大林木		路傍土		劍鋒金		山頭火		澗下水		城頭土		白臘金		楊柳木		井中水		屋上土		霹靂火	
10/07	음력	7	8	9	10	11	12	13	14	15	16	17	18	19	20	21	22	23	24	25	26	27	28	29	30	11/1	2	3	4	5	6
ǀ	구성	1	9	8	7	6	5	4	3	2	1	9	8	7	6	5	4	3	2	1	9	8	7	6	5	4	3	2	1	9	8
11/06	대운 남	8	8	8	9	9	9	10	입	1	1	1	1	2	2	2	3	3	3	4	4	4	5	소	5	6	6	6	7	7	7
	대운 여	2	2	2	1	1	1	1	동	9	9	9	8	8	8	7	7	7	6	6	6	5	5	설	4	4	4	3	3	3	2

대설 7일 20시 28분 【음11월】 ➡ 【庚子月(경자월)】 ☯七赤星 동지 22일 14시 29분

	양력	1	2	3	4	5	6	7	8	9	10	11	12	13	14	15	16	17	18	19	20	21	22	23	24	25	26	27	28	29	30	31
양력 12월	요일	목	금	토	일	월	화	수	목	금	토	일	월	화	수	목	금	토	일	월	화	수	목	금	토	일	월	화	수	목	금	토
	일진 日辰	庚寅	辛卯	壬辰	癸巳	甲午	乙未	丙申	丁酉	戊戌	己亥	庚子	辛丑	壬寅	癸卯	甲辰	乙巳	丙午	丁未	戊申	己酉	庚戌	辛亥	壬子	癸丑	甲寅	乙卯	丙辰	丁巳	戊午	己未	庚申
음력	납음	松柏木		長流水		沙中金		山下火		平地木		壁上土		金箔金		覆燈火		天河水		大驛土		釵釧金		桑柘木		大溪水		沙中土		天上火		
11/07	음력	7	8	9	10	11	12	13	14	15	16	17	18	19	20	21	22	23	24	25	26	27	28	29	30	12/1	2	3	4	5	6	7
ǀ	구성	7	6	5	4	3	2	1	9	8	7	6	5	4	3	2	1	9	8	7	6	5	4	3	2	1	9	8	7	6	5	4
12/07	대운 남	8	8	8	9	9	9	대	1	1	1	1	2	2	2	3	3	3	4	4	4	5	동	5	6	6	6	7	7	7	8	8
	대운 여	2	2	1	1	1	1	설	10	9	9	9	8	8	8	7	7	7	6	6	6	5	지	5	4	4	4	3	3	3	2	2

용

단기 4345 年
불기 2556 年

2012년

下元 壬辰年 납음(長流水),본명성(六白金)

대장군(子북방), 삼살(남방), 상문(午남방), 조객(寅동북방),납음(장류수), 삼재(인,묘,진) 臘享(납향):2013년1월17일(음12/06)

소한 6일 07시 43분 【음12월】 ➡ 【辛丑月(신축월)】 ☯六白星 대한 21일 01시 09분

양력 1월 / 음력 12/08 ~ 01/09

양력	1	2	3	4	5	6	7	8	9	10	11	12	13	14	15	16	17	18	19	20	21	22	23	24	25	26	27	28	29	30	31
요일	일	월	화	수	목	금	토	일	월	화	수	목	금	토	일	월	화	수	목	금	토	일	월	화	수	목	금	토	일	월	화
일진 日辰	辛酉	壬戌	癸亥	甲子	乙丑	丙寅	丁卯	戊辰	己巳	庚午	辛未	壬申	癸酉	甲戌	乙亥	丙子	丁丑	戊寅	己卯	庚辰	辛巳	壬午	癸未	甲申	乙酉	丙戌	丁亥	戊子	己丑	庚寅	辛卯
납음		大海水		海中金		爐中火		大林木		路傍土		劍鋒金		山頭火		澗下水		城頭土		白臘金		楊柳木		井中水		屋上土		霹靂火		松柏木	
음력	8	9	10	11	12	13	14	15	16	17	18	19	20	21	22	23	24	25	26	27	28	29	1/1	2	3	4	5	6	7	8	9
구성	3	2	1	1	2	3	4	5	6	7	8	9	1	2	3	4	5	6	7	8	9	1	2	3	4	5	6	7	8	9	1
대운 남	8	9	9	9	10	소	1	1	1	1	2	2	2	3	3	3	4	4	4	5	대	5	6	6	6	7	7	7	8	8	8
대운 여	2	1	1	1	1	한	9	9	9	8	8	8	7	7	7	6	6	6	5	5	한	4	4	4	3	3	3	2	2	2	1

입춘 4일 19시 22분 【음1월】 ➡ 【壬寅月(임인월)】 ☯五黃星 우수 19일 15시 17분

양력 2월 / 음력 01/10 ~ 02/08

양력	1	2	3	4	5	6	7	8	9	10	11	12	13	14	15	16	17	18	19	20	21	22	23	24	25	26	27	28	29
요일	수	목	금	토	일	월	화	수	목	금	토	일	월	화	수	목	금	토	일	월	화	수	목	금	토	일	월	화	수
일진 日辰	壬辰	癸巳	甲午	乙未	丙申	丁酉	戊戌	己亥	庚子	辛丑	壬寅	癸卯	甲辰	乙巳	丙午	丁未	戊申	己酉	庚戌	辛亥	壬子	癸丑	甲寅	乙卯	丙辰	丁巳	戊午	己未	庚申
납음	長流水		沙中金		山下火		平地木		壁上土		金箔金		覆燈火		天河水		大驛土		釵釧金		桑柘木		大溪水		沙中土		天上火		
음력	10	11	12	13	14	15	16	17	18	19	20	21	22	23	24	25	26	27	28	29	30	2/1	2	3	4	5	6	7	8
구성	2	3	4	5	6	7	8	9	1	2	3	4	5	6	7	8	9	1	2	3	4	5	6	7	8	9	1	2	3
대운 남	9	9	9	입	10	9	9	9	8	8	8	7	7	7	6	6	6	5	우	5	4	4	4	3	3	3	2	2	2
대운 여	1	1	1	춘	1	1	1	1	2	2	2	3	3	3	4	4	4	5	수	5	6	6	6	7	7	7	8	8	8

壬辰年

경칩 5일 13시 20분 【음2월】 ➡ 【癸卯月(계묘월)】 ☯四綠星 춘분 20일 14시 14분

양력 3월 / 음력 02/09 ~ 03/10

양력	1	2	3	4	5	6	7	8	9	10	11	12	13	14	15	16	17	18	19	20	21	22	23	24	25	26	27	28	29	30	31
요일	목	금	토	일	월	화	수	목	금	토	일	월	화	수	목	금	토	일	월	화	수	목	금	토	일	월	화	수	목	금	토
일진 日辰	辛酉	壬戌	癸亥	甲子	乙丑	丙寅	丁卯	戊辰	己巳	庚午	辛未	壬申	癸酉	甲戌	乙亥	丙子	丁丑	戊寅	己卯	庚辰	辛巳	壬午	癸未	甲申	乙酉	丙戌	丁亥	戊子	己丑	庚寅	辛卯
납음		大海水		海中金		爐中火		大林木		路傍土		劍鋒金		山頭火		澗下水		城頭土		白臘金		楊柳木		井中水		屋上土		霹靂火		松柏木	
음력	9	10	11	12	13	14	15	16	17	18	19	20	21	22	23	24	25	26	27	28	29	3/1	2	3	4	5	6	7	8	9	10
구성	4	5	6	7	8	9	1	2	3	4	5	6	7	8	9	1	2	3	4	5	6	7	8	9	1	2	3	4	5	6	7
대운 남	1	1	1	1	경	10	9	9	9	8	8	8	7	7	7	6	6	6	5	춘	5	4	4	4	3	3	3	2	2	2	1
대운 여	9	9	9	10	칩	1	1	1	1	2	2	2	3	3	3	4	4	4	5	분	5	6	6	6	7	7	7	8	8	8	9

청명 4일 18시 05분 【음3월】 ➡ 【甲辰月(갑진월)】 ☯三碧星 곡우 20일 01시 11분

양력 4월 / 음력 03/11 ~ 윤310

양력	1	2	3	4	5	6	7	8	9	10	11	12	13	14	15	16	17	18	19	20	21	22	23	24	25	26	27	28	29	30
요일	일	월	화	수	목	금	토	일	월	화	수	목	금	토	일	월	화	수	목	금	토	일	월	화	수	목	금	토	일	월
일진 日辰	壬辰	癸巳	甲午	乙未	丙申	丁酉	戊戌	己亥	庚子	辛丑	壬寅	癸卯	甲辰	乙巳	丙午	丁未	戊申	己酉	庚戌	辛亥	壬子	癸丑	甲寅	乙卯	丙辰	丁巳	戊午	己未	庚申	辛酉
납음	長流水		沙中金		山下火		平地木		壁上土		金箔金		覆燈火		天河水		大驛土		釵釧金		桑柘木		大溪水		沙中土		天上火		石榴木	
음력	11	12	13	14	15	16	17	18	19	20	21	22	23	24	25	26	27	28	29	30	윤3	2	3	4	5	6	7	8	9	10
구성	8	9	1	2	3	4	5	6	7	8	9	1	2	3	4	5	6	7	8	9	1	2	3	4	5	6	7	8	9	1
대운 남	1	1	1	청	10	10	9	9	9	8	8	8	7	7	7	6	6	6	5	곡	5	4	4	4	3	3	3	2	2	2
대운 여	9	9	10	명	1	1	1	1	2	2	2	3	3	3	4	4	4	5	5	우	6	6	6	7	7	7	8	8	8	9

입하 5일 11시 19분 【음4월】 ➡ 【乙巳月(을사월)】 ☯二黑星 소만 21일 00시 15분

양력 5월 / 음력 윤311 ~ 04/11

양력	1	2	3	4	5	6	7	8	9	10	11	12	13	14	15	16	17	18	19	20	21	22	23	24	25	26	27	28	29	30	31
요일	화	수	목	금	토	일	월	화	수	목	금	토	일	월	화	수	목	금	토	일	월	화	수	목	금	토	일	월	화	수	목
일진 日辰	壬戌	癸亥	甲子	乙丑	丙寅	丁卯	戊辰	己巳	庚午	辛未	壬申	癸酉	甲戌	乙亥	丙子	丁丑	戊寅	己卯	庚辰	辛巳	壬午	癸未	甲申	乙酉	丙戌	丁亥	戊子	己丑	庚寅	辛卯	壬辰
납음	大海水		海中金		爐中火		大林木		路傍土		劍鋒金		山頭火		澗下水		城頭土		白臘金		楊柳木		井中水		屋上土		霹靂火		松柏木		
음력	11	12	13	14	15	16	17	18	19	20	21	22	23	24	25	26	27	28	29	30	4/1	2	3	4	5	6	7	8	9	10	11
구성	2	3	4	5	6	7	8	9	1	2	3	4	5	6	7	8	9	1	2	3	4	5	6	7	8	9	1	2	3	4	5
대운 남	1	1	1	1	입	10	10	9	9	9	8	8	8	7	7	7	6	6	6	5	소	5	4	4	4	3	3	3	2	2	2
대운 여	9	9	10	10	하	1	1	1	1	2	2	2	3	3	3	4	4	4	5	5	만	6	6	6	7	7	7	8	8	8	9

망종 5일 15시 25분 【음5월】 ➡ 【丙午月(병오월)】 ☯一白星 하지 21일 08시 08분

양력 6월 / 음력 04/12 ~ 05/11

양력	1	2	3	4	5	6	7	8	9	10	11	12	13	14	15	16	17	18	19	20	21	22	23	24	25	26	27	28	29	30
요일	금	토	일	월	화	수	목	금	토	일	월	화	수	목	금	토	일	월	화	수	목	금	토	일	월	화	수	목	금	토
일진 日辰	癸巳	甲午	乙未	丙申	丁酉	戊戌	己亥	庚子	辛丑	壬寅	癸卯	甲辰	乙巳	丙午	丁未	戊申	己酉	庚戌	辛亥	壬子	癸丑	甲寅	乙卯	丙辰	丁巳	戊午	己未	庚申	辛酉	壬戌
납음		沙中金		山下火		平地木		壁上土		金箔金		覆燈火		天河水		大驛土		釵釧金		桑柘木		大溪水		沙中土		天上火		石榴木		
음력	12	13	14	15	16	17	18	19	20	21	22	23	24	25	26	27	28	29	30	5/1	2	3	4	5	6	7	8	9	10	11
구성	6	7	8	9	1	2	3	4	5	6	7	8	9	1	2	3	4	5	6	7	8	9	1	2	3	4	5	6	7	8
대운 남	1	1	1	1	망	10	10	10	9	9	9	8	8	8	7	7	7	6	6	6	하	5	5	4	4	4	3	3	3	2
대운 여	9	9	10	10	종	1	1	1	1	2	2	2	3	3	3	4	4	4	5	5	지	6	6	6	7	7	7	8	8	8

한식(4월05일), 초복(7월18일), 중복(7월28일), 말복(8월07일) ☂춘사(春社)3/18 ☀추사(秋社)9/24
토왕지절(土旺之節):4월16일,7월19일,10월20일,1월17일(음12/06)臘享(납향):2013년1월17일(음12/06)

九日得辛, 十龍治水, 2012년 임진年(장류수), 육백금

5黃	1白	3碧
4綠	6白	8白
9紫	2黑	7赤

2012 壬辰年

소서 7일 01시 40분 【음6월】➡ 【丁未月(정미월)】 ☯九紫星 대서 22일 19시 00분

양력 7월 / 음력 05/12 ~ 06/13

양력	1	2	3	4	5	6	7	8	9	10	11	12	13	14	15	16	17	18	19	20	21	22	23	24	25	26	27	28	29	30	31
요일	일	월	화	수	목	금	토	일	월	화	수	목	금	토	일	월	화	수	목	금	토	일	월	화	수	목	금	토	일	월	화
일진 日辰	癸亥	甲子	乙丑	丙寅	丁卯	戊辰	己巳	庚午	辛未	壬申	癸酉	甲戌	乙亥	丙子	丁丑	戊寅	己卯	庚辰	辛巳	壬午	癸未	甲申	乙酉	丙戌	丁亥	戊子	己丑	庚寅	辛卯	壬辰	癸巳
납음		海中金		爐中火		大林木		路傍土		劍鋒金		山頭火		澗下水		城頭土		白臘金		楊柳木		井中水		屋上土		霹靂火		松柏木		長流水	
음력	12	13	14	15	16	17	18	19	20	21	22	23	24	25	26	27	28	29	6/1	2	3	4	5	6	7	8	9	10	11	12	13
구성	9	9	8	7	6	5	4	3	2	1	9	8	7	6	5	4	3	2	1	9	8	7	6	5	4	3	2	1	9	8	7
대운 남	2	2	1	1	1	1	소	10	10	9	9	9	8	8	8	7	7	7	6	6	6	대	5	5	4	4	4	3	3	3	2
대운 여	9	9	9	10	10	10	서	1	1	1	1	2	2	2	3	3	3	4	4	4	5	서	5	6	6	6	7	7	7	8	8

입추 7일 11시 30분 【음7월】➡ 【戊申月(무신월)】 ☯八白星 처서 23일 02시 06분

양력 8월 / 음력 06/14 ~ 07/14

양력	1	2	3	4	5	6	7	8	9	10	11	12	13	14	15	16	17	18	19	20	21	22	23	24	25	26	27	28	29	30	31
요일	수	목	금	토	일	월	화	수	목	금	토	일	월	화	수	목	금	토	일	월	화	수	목	금	토	일	월	화	수	목	금
일진 日辰	甲午	乙未	丙申	丁酉	戊戌	己亥	庚子	辛丑	壬寅	癸卯	甲辰	乙巳	丙午	丁未	戊申	己酉	庚戌	辛亥	壬子	癸丑	甲寅	乙卯	丙辰	丁巳	戊午	己未	庚申	辛酉	壬戌	癸亥	甲子
납음	沙中金		山下火		平地木		壁上土		金箔金		覆燈火		天河水		大驛土		釵釧金		桑柘木		大溪水		沙中土		天上火		石榴木		大海水		
음력	14	15	16	17	18	19	20	21	22	23	24	25	26	27	28	29	30	7/1	2	3	4	5	6	7	8	9	10	11	12	13	14
구성	6	5	4	3	2	1	9	8	7	6	5	4	3	2	1	9	8	7	6	5	4	3	2	1	9	8	7	6	5	4	3
대운 남	2	2	1	1	1	1	입	10	10	9	9	9	8	8	8	7	7	7	6	6	6	5	처	5	4	4	4	3	3	3	2
대운 여	8	9	9	9	10	10	추	1	1	1	1	2	2	2	3	3	3	4	4	4	4	5	서	5	6	6	6	7	7	7	8

백로 7일 14시 28분 【음8월】➡ 【己酉月(기유월)】 ☯七赤星 추분 22일 23시 48분

양력 9월 / 음력 07/15 ~ 08/15

양력	1	2	3	4	5	6	7	8	9	10	11	12	13	14	15	16	17	18	19	20	21	22	23	24	25	26	27	28	29	30
요일	토	일	월	화	수	목	금	토	일	월	화	수	목	금	토	일	월	화	수	목	금	토	일	월	화	수	목	금	토	일
일진 日辰	乙丑	丙寅	丁卯	戊辰	己巳	庚午	辛未	壬申	癸酉	甲戌	乙亥	丙子	丁丑	戊寅	己卯	庚辰	辛巳	壬午	癸未	甲申	乙酉	丙戌	丁亥	戊子	己丑	庚寅	辛卯	壬辰	癸巳	甲午
납음		爐中火		大林木		路傍土		劍鋒金		山頭火		澗下水		城頭土		白臘金		楊柳木		井中水		屋上土		霹靂火		松柏木		長流水		
음력	15	16	17	18	19	20	21	22	23	24	25	26	27	28	29	8/1	2	3	4	5	6	7	8	9	10	11	12	13	14	15
구성	2	1	9	8	7	6	5	4	3	2	1	9	8	7	6	5	4	3	2	1	9	8	7	6	5	4	3	2	1	9
대운 남	2	2	1	1	1	1	백	10	10	9	9	9	8	8	8	7	7	7	6	6	6	추	5	5	4	4	4	3	3	3
대운 여	8	8	9	9	9	10	로	1	1	1	1	2	2	2	3	3	3	4	4	4	5	분	5	6	6	6	7	7	7	8

한로 8일 06시 11분 【음9월】➡ 【庚戌月(경술월)】 ☯六白星 상강 23일 09시 13분

양력 10월 / 음력 08/16 ~ 09/17

양력	1	2	3	4	5	6	7	8	9	10	11	12	13	14	15	16	17	18	19	20	21	22	23	24	25	26	27	28	29	30	31
요일	월	화	수	목	금	토	일	월	화	수	목	금	토	일	월	화	수	목	금	토	일	월	화	수	목	금	토	일	월	화	수
일진 日辰	乙未	丙申	丁酉	戊戌	己亥	庚子	辛丑	壬寅	癸卯	甲辰	乙巳	丙午	丁未	戊申	己酉	庚戌	辛亥	壬子	癸丑	甲寅	乙卯	丙辰	丁巳	戊午	己未	庚申	辛酉	壬戌	癸亥	甲子	乙丑
납음		山下火		平地木		壁上土		金箔金		覆燈火		天河水		大驛土		釵釧金		桑柘木		大溪水		沙中土		天上火		石榴木		大海水		海中金	
음력	16	17	18	19	20	21	22	23	24	25	26	27	28	29	9/1	2	3	4	5	6	7	8	9	10	11	12	13	14	15	16	17
구성	8	7	6	5	4	3	2	1	9	8	7	6	5	4	3	2	1	9	8	7	6	5	4	3	2	1	9	8	7	6	5
대운 남	2	2	2	1	1	1	1	한	10	9	9	9	8	8	8	7	7	7	6	6	6	5	상	5	4	4	4	3	3	3	2
대운 여	8	8	9	9	9	10	10	로	1	1	1	1	2	2	2	3	3	3	4	4	4	5	강	5	6	6	6	7	7	7	8

입동 7일 09시 25분 【음10월】➡ 【辛亥月(신해월)】 ☯五黃星 소설 22일 06시 49분

양력 11월 / 음력 09/18 ~ 10/17

양력	1	2	3	4	5	6	7	8	9	10	11	12	13	14	15	16	17	18	19	20	21	22	23	24	25	26	27	28	29	30
요일	목	금	토	일	월	화	수	목	금	토	일	월	화	수	목	금	토	일	월	화	수	목	금	토	일	월	화	수	목	금
일진 日辰	丙寅	丁卯	戊辰	己巳	庚午	辛未	壬申	癸酉	甲戌	乙亥	丙子	丁丑	戊寅	己卯	庚辰	辛巳	壬午	癸未	甲申	乙酉	丙戌	丁亥	戊子	己丑	庚寅	辛卯	壬辰	癸巳	甲午	乙未
납음	爐中火		大林木		路傍土		劍鋒金		山頭火		澗下水		城頭土		白臘金		楊柳木		井中水		屋上土		霹靂火		松柏木		長流水		沙中金	
음력	18	19	20	21	22	23	24	25	26	27	28	29	30	10/1	2	3	4	5	6	7	8	9	10	11	12	13	14	15	16	17
구성	4	3	2	1	9	8	7	6	5	4	3	2	1	9	8	7	6	5	4	3	2	1	9	8	7	6	5	4	3	2
대운 남	2	2	1	1	1	1	입	10	9	9	9	8	8	8	7	7	7	6	6	6	5	소	5	4	4	4	3	3	3	2
대운 여	8	8	9	9	9	10	동	1	1	1	1	2	2	2	3	3	3	4	4	4	5	설	5	6	6	6	7	7	7	8

대설 7일 02시 18분 【음11월】➡ 【壬子月(임자월)】 ☯四綠星 동지 21일 20시 11분

양력 12월 / 음력 10/18 ~ 11/19

양력	1	2	3	4	5	6	7	8	9	10	11	12	13	14	15	16	17	18	19	20	21	22	23	24	25	26	27	28	29	30	31
요일	토	일	월	화	수	목	금	토	일	월	화	수	목	금	토	일	월	화	수	목	금	토	일	월	화	수	목	금	토	일	월
일진 日辰	丙申	丁酉	戊戌	己亥	庚子	辛丑	壬寅	癸卯	甲辰	乙巳	丙午	丁未	戊申	己酉	庚戌	辛亥	壬子	癸丑	甲寅	乙卯	丙辰	丁巳	戊午	己未	庚申	辛酉	壬戌	癸亥	甲子	乙丑	丙寅
납음	山下火		平地木		壁上土		金箔金		覆燈火		天河水		大驛土		釵釧金		桑柘木		大溪水		沙中土		天上火		石榴木		大海水		海中金		
음력	18	19	20	21	22	23	24	25	26	27	28	29	11/1	2	3	4	5	6	7	8	9	10	11	12	13	14	15	16	17	18	19
구성	1	9	8	7	6	5	4	3	2	1	9	8	7	6	5	4	3	2	1	9	8	7	6	5	4	3	2	1	1	2	3
대운 남	2	2	1	1	1	1	대	9	9	9	8	8	8	7	7	7	6	6	6	5	동	5	4	4	4	3	3	3	2	2	2
대운 여	8	8	9	9	9	10	설	1	1	1	1	2	2	2	3	3	3	4	4	4	지	5	5	6	6	6	7	7	7	8	8

단기 4346 年
불기 2557 年

2013년

下元 癸巳年 납음(長流水),본명성(五黃土)

뱀

대장군(卯동방), 삼살(동방), 상문(未서남방),조객(卯동방), 납음(장류수),【삼재(해,자,축)년】 臘享(납향):2014년1월24일(음12/24)

소한 5일 13시 33분 【음12월】 ➡ 【癸丑月(계축월)】 ☯三碧星 대한 20일 06시 51분

양력 1월 / 음력 11/20 ~ 12/20

양력	1	2	3	4	5	6	7	8	9	10	11	12	13	14	15	16	17	18	19	20	21	22	23	24	25	26	27	28	29	30	31
요일	화	수	목	금	토	일	월	화	수	목	금	토	일	월	화	수	목	금	토	일	월	화	수	목	금	토	일	월	화	수	목
일진 日辰	丁卯	戊辰	己巳	庚午	辛未	壬申	癸酉	甲戌	乙亥	丙子	丁丑	戊寅	己卯	庚辰	辛巳	壬午	癸未	甲申	乙酉	丙戌	丁亥	戊子	己丑	庚寅	辛卯	壬辰	癸巳	甲午	乙未	丙申	丁酉
납음		大林木		路傍土		劍鋒金		山頭火		澗下水		城頭土		白臘金		楊柳木		井中水		屋上土		霹靂火		松柏木		長流水		沙中金		山下火	
음력	20	21	22	23	24	25	26	27	28	29	30	12/1	2	3	4	5	6	7	8	9	10	11	12	13	14	15	16	17	18	19	20
구성	4	5	6	7	8	9	1	2	3	4	5	6	7	8	9	1	2	3	4	5	6	7	8	9	1	2	3	4	5	6	7
대운 남	1	1	1	1	소	10	9	9	9	8	8	8	7	7	7	6	6	6	5	대	5	4	4	4	3	3	3	2	2	2	1
대운 여	8	9	9	9	한	1	1	1	1	2	2	2	3	3	3	4	4	4	5	한	5	6	6	6	7	7	7	8	8	8	9

입춘 4일 01시 13분 【음1월】 ➡ 【甲寅月(갑인월)】 ☯二黑星 우수 18일 21시 01분

양력 2월 / 음력 12/21 ~ 01/19

양력	1	2	3	4	5	6	7	8	9	10	11	12	13	14	15	16	17	18	19	20	21	22	23	24	25	26	27	28
요일	금	토	일	월	화	수	목	금	토	일	월	화	수	목	금	토	일	월	화	수	목	금	토	일	월	화	수	목
일진 日辰	戊戌	己亥	庚子	辛丑	壬寅	癸卯	甲辰	乙巳	丙午	丁未	戊申	己酉	庚戌	辛亥	壬子	癸丑	甲寅	乙卯	丙辰	丁巳	戊午	己未	庚申	辛酉	壬戌	癸亥	甲子	乙丑
납음	平地木		壁上土		金箔金		覆燈火		天河水		大驛土		釵釧金		桑柘木		大溪水		沙中土		天上火		石榴木		大海水		海中金	
음력	21	22	23	24	25	26	27	28	29	1/1	2	3	4	5	6	7	8	9	10	11	12	13	14	15	16	17	18	19
구성	8	9	1	2	3	4	5	6	7	8	9	1	2	3	4	5	6	7	8	9	1	2	3	4	5	6	7	8
대운 남	1	1	1	입	1	1	1	1	2	2	2	3	3	3	4	4	4	우	5	5	6	6	6	7	7	7	8	8
대운 여	9	9	10	춘	9	9	9	8	8	8	7	7	7	6	6	6	5	수	5	4	4	4	3	3	3	2	2	2

癸巳年

경칩 5일 19시 14분 【음2월】 ➡ 【乙卯月(을묘월)】 ☯一白星 춘분 20일 20시 01분

양력 3월 / 음력 01/20 ~ 02/20

양력	1	2	3	4	5	6	7	8	9	10	11	12	13	14	15	16	17	18	19	20	21	22	23	24	25	26	27	28	29	30	31
요일	금	토	일	월	화	수	목	금	토	일	월	화	수	목	금	토	일	월	화	수	목	금	토	일	월	화	수	목	금	토	일
일진 日辰	丙寅	丁卯	戊辰	己巳	庚午	辛未	壬申	癸酉	甲戌	乙亥	丙子	丁丑	戊寅	己卯	庚辰	辛巳	壬午	癸未	甲申	乙酉	丙戌	丁亥	戊子	己丑	庚寅	辛卯	壬辰	癸巳	甲午	乙未	丙申
납음	爐中火		大林木		路傍土		劍鋒金		山頭火		澗下水		城頭土		白臘金		楊柳木		井中水		屋上土		霹靂火		松柏木		長流水		沙中金		
음력	20	21	22	23	24	25	26	27	28	29	30	2/1	2	3	4	5	6	7	8	9	10	11	12	13	14	15	16	17	18	19	20
구성	9	1	2	3	4	5	6	7	8	9	1	2	3	4	5	6	7	8	9	1	2	3	4	5	6	7	8	9	1	2	3
대운 남	9	9	9	10	경	1	1	1	1	2	2	2	3	3	3	4	4	4	5	춘	5	6	6	6	7	7	7	8	8	8	9
대운 여	1	1	1	1	칩	10	10	9	9	9	8	8	8	7	7	7	6	6	6	분	5	5	4	4	4	3	3	3	2	2	2

청명 5일 00시 02분 【음3월】 ➡ 【丙辰月(병진월)】 ☯九紫星 곡우 20일 07시 02분

양력 4월 / 음력 02/21 ~ 03/21

양력	1	2	3	4	5	6	7	8	9	10	11	12	13	14	15	16	17	18	19	20	21	22	23	24	25	26	27	28	29	30
요일	월	화	수	목	금	토	일	월	화	수	목	금	토	일	월	화	수	목	금	토	일	월	화	수	목	금	토	일	월	화
일진 日辰	丁酉	戊戌	己亥	庚子	辛丑	壬寅	癸卯	甲辰	乙巳	丙午	丁未	戊申	己酉	庚戌	辛亥	壬子	癸丑	甲寅	乙卯	丙辰	丁巳	戊午	己未	庚申	辛酉	壬戌	癸亥	甲子	乙丑	丙寅
납음		平地木		壁上土		金箔金		覆燈火		天河水		大驛土		釵釧金		桑柘木		大溪水		沙中土		天上火		石榴木		大海水		海中金		
음력	21	22	23	24	25	26	27	28	29	3/1	2	3	4	5	6	7	8	9	10	11	12	13	14	15	16	17	18	19	20	21
구성	4	5	6	7	8	9	1	2	3	4	5	6	7	8	9	1	2	3	4	5	6	7	8	9	1	2	3	4	5	6
대운 남	9	9	10	10	청	1	1	1	1	2	2	2	3	3	3	4	4	4	5	곡	5	6	6	6	7	7	7	8	8	8
대운 여	1	1	1	1	명	10	9	9	9	8	8	8	7	7	7	6	6	6	5	우	5	4	4	4	3	3	3	2	2	2

입하 5일 17시 17분 【음4월】 ➡ 【丁巳月(정사월)】 ☯八白星 소만 21일 06시 09분

양력 5월 / 음력 03/22 ~ 04/22

양력	1	2	3	4	5	6	7	8	9	10	11	12	13	14	15	16	17	18	19	20	21	22	23	24	25	26	27	28	29	30	31
요일	수	목	금	토	일	월	화	수	목	금	토	일	월	화	수	목	금	토	일	월	화	수	목	금	토	일	월	화	수	목	금
일진 日辰	丁卯	戊辰	己巳	庚午	辛未	壬申	癸酉	甲戌	乙亥	丙子	丁丑	戊寅	己卯	庚辰	辛巳	壬午	癸未	甲申	乙酉	丙戌	丁亥	戊子	己丑	庚寅	辛卯	壬辰	癸巳	甲午	乙未	丙申	丁酉
납음		大林木		路傍土		劍鋒金		山頭火		澗下水		城頭土		白臘金		楊柳木		井中水		屋上土		霹靂火		松柏木		長流水		沙中金		山下火	
음력	22	23	24	25	26	27	28	29	30	4/1	2	3	4	5	6	7	8	9	10	11	12	13	14	15	16	17	18	19	20	21	22
구성	7	8	9	1	2	3	4	5	6	7	8	9	1	2	3	4	5	6	7	8	9	1	2	3	4	5	6	7	8	9	1
대운 남	9	9	9	10	입	1	1	1	1	2	2	2	3	3	3	4	4	4	5	5	소	6	6	6	7	7	7	8	8	8	9
대운 여	1	1	1	1	하	10	10	9	9	9	8	8	8	7	7	7	6	6	6	5	만	5	4	4	4	3	3	3	2	2	2

망종 5일 21시 22분 【음5월】 ➡ 【戊午月(무오월)】 ☯七赤星 하지 21일 14시 03분

양력 6월 / 음력 04/23 ~ 05/22

양력	1	2	3	4	5	6	7	8	9	10	11	12	13	14	15	16	17	18	19	20	21	22	23	24	25	26	27	28	29	30
요일	토	일	월	화	수	목	금	토	일	월	화	수	목	금	토	일	월	화	수	목	금	토	일	월	화	수	목	금	토	일
일진 日辰	戊戌	己亥	庚子	辛丑	壬寅	癸卯	甲辰	乙巳	丙午	丁未	戊申	己酉	庚戌	辛亥	壬子	癸丑	甲寅	乙卯	丙辰	丁巳	戊午	己未	庚申	辛酉	壬戌	癸亥	甲子	乙丑	丙寅	丁卯
납음	平地木		壁上土		金箔金		覆燈火		天河水		大驛土		釵釧金		桑柘木		大溪水		沙中土		天上火		石榴木		大海水		海中金		爐中火	
음력	23	24	25	26	27	28	29	30	5/1	2	3	4	5	6	7	8	9	10	11	12	13	14	15	16	17	18	19	20	21	22
구성	2	3	4	5	6	7	8	9	1	2	3	4	5	6	7	8	9	1	2	3	4	5	6	7	8	9	9	8	7	6
대운 남	9	9	10	10	망	1	1	1	1	2	2	2	3	3	3	4	4	4	5	5	하	6	6	6	7	7	7	8	8	8
대운 여	1	1	1	1	종	10	10	10	9	9	9	8	8	8	7	7	7	6	6	6	지	5	5	4	4	4	3	3	3	2

한식(4월06일), 초복(7월13일), 중복(7월23일), 말복(8월12일) ☂춘사(春社)3/23 ☀추사(秋社)9/19
토왕지절(土旺之節):4월17일,7월19일,10월20일,1월17일(음12/17)臘享(납향):2014년1월24일(음12/24)

五日得辛, 十龍治水, 2013년 계사年(장류수), 오황토

4綠	9紫	2黑
3碧	5黄	7赤
8白	1白	6白

2013 癸巳年

소서 7일 07시 34분 【음6월】 ➡ 【己未月(기미월)】 ☯六白星 대서 23일 00시 55분

음력 05/23 – 06/24

양력 7월	1	2	3	4	5	6	7	8	9	10	11	12	13	14	15	16	17	18	19	20	21	22	23	24	25	26	27	28	29	30	31
요일	월	화	수	목	금	토	일	월	화	수	목	금	토	일	월	화	수	목	금	토	일	월	화	수	목	금	토	일	월	화	수
일진 日辰	戊辰	己巳	庚午	辛未	壬申	癸酉	甲戌	乙亥	丙子	丁丑	戊寅	己卯	庚辰	辛巳	壬午	癸未	甲申	乙酉	丙戌	丁亥	戊子	己丑	庚寅	辛卯	壬辰	癸巳	甲午	乙未	丙申	丁酉	戊戌
납음	大林木		路傍土		劍鋒金		山頭火		澗下水		城頭土		白臘金		楊柳木		井中水		屋上土		霹靂火		松柏木		長流水		沙中金		山下火		
음력	23	24	25	26	27	28	29	6/1	2	3	4	5	6	7	8	9	10	11	12	13	14	15	16	17	18	19	20	21	22	23	24
구성	5	4	3	2	1	9	8	7	6	5	4	3	2	1	9	8	7	6	5	4	3	2	1	9	8	7	6	5	4	3	2
대운 남	9	9	9	10	10	10	소	1	1	1	1	2	2	2	3	3	3	4	4	4	5	5	대	6	6	6	7	7	7	8	8
대운 여	2	2	1	1	1	1	서	10	10	9	9	9	8	8	8	7	7	7	6	6	6	5	서	5	4	4	4	3	3	3	2

입추 7일 17시 19분 【음7월】 ➡ 【庚申月(경신월)】 ☯五黃星 처서 23일 08시 01분

음력 06/25 – 07/25

양력 8월	1	2	3	4	5	6	7	8	9	10	11	12	13	14	15	16	17	18	19	20	21	22	23	24	25	26	27	28	29	30	31
요일	목	금	토	일	월	화	수	목	금	토	일	월	화	수	목	금	토	일	월	화	수	목	금	토	일	월	화	수	목	금	토
일진 日辰	己亥	庚子	辛丑	壬寅	癸卯	甲辰	乙巳	丙午	丁未	戊申	己酉	庚戌	辛亥	壬子	癸丑	甲寅	乙卯	丙辰	丁巳	戊午	己未	庚申	辛酉	壬戌	癸亥	甲子	乙丑	丙寅	丁卯	戊辰	己巳
납음		壁上土		金箔金		覆燈火		天河水		大驛土		釵釧金		桑柘木		大溪水		沙中土		天上火		石榴木		大海水		海中金		爐中火		大林木	
음력	25	26	27	28	29	30	7/1	2	3	4	5	6	7	8	9	10	11	12	13	14	15	16	17	18	19	20	21	22	23	24	25
구성	1	9	8	7	6	5	4	3	2	1	9	8	7	6	5	4	3	2	1	9	8	7	6	5	4	3	2	1	9	8	7
대운 남	8	9	9	9	10	10	입	1	1	1	1	2	2	2	3	3	3	4	4	4	5	5	처	6	6	6	7	7	7	8	8
대운 여	2	2	1	1	1	1	추	10	10	9	9	9	8	8	8	7	7	7	6	6	6	5	서	5	4	4	4	3	3	3	2

백로 7일 20시 15분 【음8월】 ➡ 【辛酉月(신유월)】 ☯四綠星 추분 23일 05시 43분

음력 07/26 – 08/26

양력 9월	1	2	3	4	5	6	7	8	9	10	11	12	13	14	15	16	17	18	19	20	21	22	23	24	25	26	27	28	29	30
요일	일	월	화	수	목	금	토	일	월	화	수	목	금	토	일	월	화	수	목	금	토	일	월	화	수	목	금	토	일	월
일진 日辰	庚午	辛未	壬申	癸酉	甲戌	乙亥	丙子	丁丑	戊寅	己卯	庚辰	辛巳	壬午	癸未	甲申	乙酉	丙戌	丁亥	戊子	己丑	庚寅	辛卯	壬辰	癸巳	甲午	乙未	丙申	丁酉	戊戌	己亥
납음	路傍土		劍鋒金		山頭火		澗下水		城頭土		白臘金		楊柳木		井中水		屋上土		霹靂火		松柏木		長流水		沙中金		山下火		平地木	
음력	26	27	28	29	8/1	2	3	4	5	6	7	8	9	10	11	12	13	14	15	16	17	18	19	20	21	22	23	24	25	26
구성	6	5	4	3	2	1	9	8	7	6	5	4	3	2	1	9	8	7	6	5	4	3	2	1	9	8	7	6	5	4
대운 남	8	9	9	9	10	10	백	1	1	1	1	2	2	2	3	3	3	4	4	4	5	5	추	6	6	6	7	7	7	8
대운 여	2	2	1	1	1	1	로	10	10	9	9	9	8	8	8	7	7	7	6	6	6	5	분	5	4	4	4	3	3	3

한로 8일 11시 58분 【음9월】 ➡ 【壬戌月(임술월)】 ☯三碧星 상강 23일 15시 09분

음력 08/27 – 09/27

양력 10월	1	2	3	4	5	6	7	8	9	10	11	12	13	14	15	16	17	18	19	20	21	22	23	24	25	26	27	28	29	30	31
요일	화	수	목	금	토	일	월	화	수	목	금	토	일	월	화	수	목	금	토	일	월	화	수	목	금	토	일	월	화	수	목
일진 日辰	庚子	辛丑	壬寅	癸卯	甲辰	乙巳	丙午	丁未	戊申	己酉	庚戌	辛亥	壬子	癸丑	甲寅	乙卯	丙辰	丁巳	戊午	己未	庚申	辛酉	壬戌	癸亥	甲子	乙丑	丙寅	丁卯	戊辰	己巳	庚午
납음	壁上土		金箔金		覆燈火		天河水		大驛土		釵釧金		桑柘木		大溪水		沙中土		天上火		石榴木		大海水		海中金		爐中火		大林木		
음력	27	28	29	30	9/1	2	3	4	5	6	7	8	9	10	11	12	13	14	15	16	17	18	19	20	21	22	23	24	25	26	27
구성	3	2	1	9	8	7	6	5	4	3	2	1	9	8	7	6	5	4	3	2	1	9	8	7	6	5	4	3	2	1	9
대운 남	8	8	9	9	9	10	10	한	1	1	1	1	2	2	2	3	3	3	4	4	4	5	상	5	6	6	6	7	7	7	8
대운 여	2	2	2	1	1	1	1	로	10	9	9	9	8	8	8	7	7	7	6	6	6	5	강	5	4	4	4	3	3	3	2

입동 7일 15시 13분 【음10월】 ➡ 【癸亥月(계해월)】 ☯二黑星 소설 22일 12시 47분

음력 09/28 – 10/28

양력 11월	1	2	3	4	5	6	7	8	9	10	11	12	13	14	15	16	17	18	19	20	21	22	23	24	25	26	27	28	29	30
요일	금	토	일	월	화	수	목	금	토	일	월	화	수	목	금	토	일	월	화	수	목	금	토	일	월	화	수	목	금	토
일진 日辰	辛未	壬申	癸酉	甲戌	乙亥	丙子	丁丑	戊寅	己卯	庚辰	辛巳	壬午	癸未	甲申	乙酉	丙戌	丁亥	戊子	己丑	庚寅	辛卯	壬辰	癸巳	甲午	乙未	丙申	丁酉	戊戌	己亥	庚子
납음		劍鋒金		山頭火		澗下水		城頭土		白臘金		楊柳木		井中水		屋上土		霹靂火		松柏木		長流水		沙中金		山下火		平地木		
음력	28	29	10/1	2	3	4	5	6	7	8	9	10	11	12	13	14	15	16	17	18	19	20	21	22	23	24	25	26	27	28
구성	8	7	6	5	4	3	2	1	9	8	7	6	5	4	3	2	1	9	8	7	6	5	4	3	2	1	9	8	7	6
대운 남	8	8	9	9	9	10	입	1	1	1	1	2	2	2	3	3	3	4	4	4	5	소	5	6	6	6	7	7	7	8
대운 여	2	2	1	1	1	1	동	10	9	9	9	8	8	8	7	7	7	6	6	6	5	설	5	4	4	4	3	3	3	2

대설 7일 08시 08분 【음11월】 ➡ 【甲子月(갑자월)】 ☯一白星 동지 22일 02시 10분

음력 10/29 – 11/29

양력 12월	1	2	3	4	5	6	7	8	9	10	11	12	13	14	15	16	17	18	19	20	21	22	23	24	25	26	27	28	29	30	31
요일	일	월	화	수	목	금	토	일	월	화	수	목	금	토	일	월	화	수	목	금	토	일	월	화	수	목	금	토	일	월	화
일진 日辰	辛丑	壬寅	癸卯	甲辰	乙巳	丙午	丁未	戊申	己酉	庚戌	辛亥	壬子	癸丑	甲寅	乙卯	丙辰	丁巳	戊午	己未	庚申	辛酉	壬戌	癸亥	甲子	乙丑	丙寅	丁卯	戊辰	己巳	庚午	辛未
납음		金箔金		覆燈火		天河水		大驛土		釵釧金		桑柘木		大溪水		沙中土		天上火		石榴木		大海水		海中金		爐中火		大林木		路傍土	
음력	29	30	11/1	2	3	4	5	6	7	8	9	10	11	12	13	14	15	16	17	18	19	20	21	22	23	24	25	26	27	28	29
구성	5	4	3	2	1	9	8	7	6	5	4	3	2	1	9	8	7	6	5	4	3	2	1	1	2	3	4	5	6	7	8
대운 남	8	8	9	9	9	10	대	1	1	1	1	2	2	2	3	3	3	4	4	4	5	동	5	6	6	6	7	7	7	8	8
대운 여	2	2	1	1	1	1	설	9	9	9	8	8	8	7	7	7	6	6	6	5	5	지	4	4	4	3	3	3	2	2	2

단기 4347 年
불기 2558 年

2014년 下元 甲午年 납음(砂中金),본명성(四綠木)

대장군(卯동방), 삼살(북방), 상문(申서남방),조객(辰동남방), 납음(사중금), 【삼재(신,유,술)년】 臘享(납향):2015년1월31일(음12/12)

말

소한 5일 19시 23분 【음12월】 ➡ 【乙丑月(을축월)】 ☯九紫星 대한 20일 12시 50분

양력 1월 / 음력 12/01 ~ 01/01

양력	1	2	3	4	5	6	7	8	9	10	11	12	13	14	15	16	17	18	19	20	21	22	23	24	25	26	27	28	29	30	31
요일	수	목	금	토	일	월	화	수	목	금	토	일	월	화	수	목	금	토	일	월	화	수	목	금	토	일	월	화	수	목	금
일진 日辰	壬申	癸酉	甲戌	乙亥	丙子	丁丑	戊寅	己卯	庚辰	辛巳	壬午	癸未	甲申	乙酉	丙戌	丁亥	戊子	己丑	庚寅	辛卯	壬辰	癸巳	甲午	乙未	丙申	丁酉	戊戌	己亥	庚子	辛丑	壬寅
납음	劍鋒金		山頭火		澗下水		城頭土		白臘金		楊柳木		井中水		屋上土		霹靂火		松柏木		長流水		沙中金		山下火		平地木		壁上土		
음력	12/1	2	3	4	5	6	7	8	9	10	11	12	13	14	15	16	17	18	19	20	21	22	23	24	25	26	27	28	29	30	1/1
구성	9	1	2	3	4	5	6	7	8	9	1	2	3	4	5	6	7	8	9	1	2	3	4	5	6	7	8	9	1	2	3
대운 남	8	9	9	9	소	1	1	1	1	2	2	2	3	3	3	4	4	4	5	대	5	6	6	6	7	7	7	8	8	8	9
대운 여	1	1	1	1	한	10	9	9	9	8	8	8	7	7	7	6	6	6	5	한	5	4	4	4	3	3	3	2	2	2	1

입춘 4일 07시 02분 【음1월】 ➡ 【丙寅月(병인월)】 ☯八白星 우수 19일 02시 59분

양력 2월 / 음력 01/02 ~ 01/29

양력	1	2	3	4	5	6	7	8	9	10	11	12	13	14	15	16	17	18	19	20	21	22	23	24	25	26	27	28
요일	토	일	월	화	수	목	금	토	일	월	화	수	목	금	토	일	월	화	수	목	금	토	일	월	화	수	목	금
일진 日辰	癸卯	甲辰	乙巳	丙午	丁未	戊申	己酉	庚戌	辛亥	壬子	癸丑	甲寅	乙卯	丙辰	丁巳	戊午	己未	庚申	辛酉	壬戌	癸亥	甲子	乙丑	丙寅	丁卯	戊辰	己巳	庚午
납음		覆燈火		天河水		大驛土		釵釧金		桑柘木		大溪水		沙中土		天上火		石榴木		大海水		海中金		爐中火		大林木		
음력	2	3	4	5	6	7	8	9	10	11	12	13	14	15	16	17	18	19	20	21	22	23	24	25	26	27	28	29
구성	4	5	6	7	8	9	1	2	3	4	5	6	7	8	9	1	2	3	4	5	6	7	8	9	1	2	3	4
대운 남	9	9	10	입	10	9	9	9	8	8	8	7	7	7	6	6	6	5	우	5	4	4	4	3	3	3	2	2
대운 여	1	1	1	춘	1	1	1	1	2	2	2	3	3	3	4	4	4	5	수	5	6	6	6	7	7	7	8	8

甲午年

경칩 6일 01시 01분 【음2월】 ➡ 【丁卯月(정묘월)】 ☯七赤星 춘분 21일 01시 56분

양력 3월 / 음력 02/01 ~ 03/01

양력	1	2	3	4	5	6	7	8	9	10	11	12	13	14	15	16	17	18	19	20	21	22	23	24	25	26	27	28	29	30	31
요일	토	일	월	화	수	목	금	토	일	월	화	수	목	금	토	일	월	화	수	목	금	토	일	월	화	수	목	금	토	일	월
일진 日辰	辛未	壬申	癸酉	甲戌	乙亥	丙子	丁丑	戊寅	己卯	庚辰	辛巳	壬午	癸未	甲申	乙酉	丙戌	丁亥	戊子	己丑	庚寅	辛卯	壬辰	癸巳	甲午	乙未	丙申	丁酉	戊戌	己亥	庚子	辛丑
납음		劍鋒金		山頭火		澗下水		城頭土		白臘金		楊柳木		井中水		屋上土		霹靂火		松柏木		長流水		沙中金		山下火		平地木		壁上土	
음력	2/1	2	3	4	5	6	7	8	9	10	11	12	13	14	15	16	17	18	19	20	21	22	23	24	25	26	27	28	29	30	3/1
구성	5	6	7	8	9	1	2	3	4	5	6	7	8	9	1	2	3	4	5	6	7	8	9	1	2	3	4	5	6	7	8
대운 남	2	1	1	1	1	경	10	9	9	9	8	8	8	7	7	7	6	6	6	5	춘	5	4	4	4	3	3	3	2	2	2
대운 여	8	9	9	9	10	칩	1	1	1	1	2	2	2	3	3	3	4	4	4	5	분	5	6	6	6	7	7	7	8	8	8

청명 5일 05시 46분 【음3월】 ➡ 【戊辰月(무진월)】 ☯六白星 곡우 20일 12시 55분

양력 4월 / 음력 03/02 ~ 04/02

양력	1	2	3	4	5	6	7	8	9	10	11	12	13	14	15	16	17	18	19	20	21	22	23	24	25	26	27	28	29	30
요일	화	수	목	금	토	일	월	화	수	목	금	토	일	월	화	수	목	금	토	일	월	화	수	목	금	토	일	월	화	수
일진 日辰	壬寅	癸卯	甲辰	乙巳	丙午	丁未	戊申	己酉	庚戌	辛亥	壬子	癸丑	甲寅	乙卯	丙辰	丁巳	戊午	己未	庚申	辛酉	壬戌	癸亥	甲子	乙丑	丙寅	丁卯	戊辰	己巳	庚午	辛未
납음	金箔金		覆燈火		天河水		大驛土		釵釧金		桑柘木		大溪水		沙中土		天上火		石榴木		大海水		海中金		爐中火		大林木		路傍土	
음력	2	3	4	5	6	7	8	9	10	11	12	13	14	15	16	17	18	19	20	21	22	23	24	25	26	27	28	29	4/1	2
구성	9	1	2	3	4	5	6	7	8	9	1	2	3	4	5	6	7	8	9	1	2	3	4	5	6	7	8	9	1	2
대운 남	1	1	1	1	청	10	9	9	9	8	8	8	7	7	7	6	6	6	5	곡	5	4	4	4	3	3	3	2	2	2
대운 여	9	9	9	10	명	1	1	1	1	2	2	2	3	3	3	4	4	4	5	우	5	6	6	6	7	7	7	8	8	8

입하 5일 22시 59분 【음4월】 ➡ 【己巳月(기사월)】 ☯五黃星 소만 21일 11시 58분

양력 5월 / 음력 04/03 ~ 05/03

양력	1	2	3	4	5	6	7	8	9	10	11	12	13	14	15	16	17	18	19	20	21	22	23	24	25	26	27	28	29	30	31
요일	목	금	토	일	월	화	수	목	금	토	일	월	화	수	목	금	토	일	월	화	수	목	금	토	일	월	화	수	목	금	토
일진 日辰	壬申	癸酉	甲戌	乙亥	丙子	丁丑	戊寅	己卯	庚辰	辛巳	壬午	癸未	甲申	乙酉	丙戌	丁亥	戊子	己丑	庚寅	辛卯	壬辰	癸巳	甲午	乙未	丙申	丁酉	戊戌	己亥	庚子	辛丑	壬寅
납음	劍鋒金		山頭火		澗下水		城頭土		白臘金		楊柳木		井中水		屋上土		霹靂火		松柏木		長流水		沙中金		山下火		平地木		壁上土		
음력	3	4	5	6	7	8	9	10	11	12	13	14	15	16	17	18	19	20	21	22	23	24	25	26	27	28	29	30	5/1	2	3
구성	3	4	5	6	7	8	9	1	2	3	4	5	6	7	8	9	1	2	3	4	5	6	7	8	9	1	2	3	4	5	6
대운 남	1	1	1	1	입	10	10	10	9	9	9	8	8	8	7	7	7	6	6	6	소	5	5	4	4	4	3	3	3	2	2
대운 여	9	9	9	10	하	1	1	1	1	2	2	2	3	3	3	4	4	4	5	5	만	6	6	6	7	7	7	8	8	8	9

망종 6일 03시 02분 【음5월】 ➡ 【庚午月(경오월)】 ☯四綠星 하지 21일 19시 50분

양력 6월 / 음력 05/04 ~ 06/04

양력	1	2	3	4	5	6	7	8	9	10	11	12	13	14	15	16	17	18	19	20	21	22	23	24	25	26	27	28	29	30
요일	일	월	화	수	목	금	토	일	월	화	수	목	금	토	일	월	화	수	목	금	토	일	월	화	수	목	금	토	일	월
일진 日辰	癸卯	甲辰	乙巳	丙午	丁未	戊申	己酉	庚戌	辛亥	壬子	癸丑	甲寅	乙卯	丙辰	丁巳	戊午	己未	庚申	辛酉	壬戌	癸亥	甲子	乙丑	丙寅	丁卯	戊辰	己巳	庚午	辛未	壬申
납음		覆燈火		天河水		大驛土		釵釧金		桑柘木		大溪水		沙中土		天上火		石榴木		大海水		海中金		爐中火		大林木		路傍土		
음력	4	5	6	7	8	9	10	11	12	13	14	15	16	17	18	19	20	21	22	23	24	25	26	27	28	29	6/1	2	3	4
구성	7	8	9	1	2	3	4	5	6	7	8	9	1	2	3	4	5	6	7	8	9	9	8	7	6	5	4	3	2	1
대운 남	2	1	1	1	1	망	10	10	9	9	9	8	8	8	7	7	7	6	6	6	하	5	5	4	4	4	3	3	3	2
대운 여	9	9	10	10	10	종	1	1	1	1	2	2	2	3	3	3	4	4	4	5	지	5	6	6	6	7	7	7	8	8

한식(4월06일), 초복(7월18일), 중복(7월28일), 말복(8월07일) ☂춘사(春社)3/18 ☀추사(秋社)9/24
토왕지절(土旺之節):4월17일,7월20일,10월20일,1월17일(음11/27)臘享(납향):2015년1월31일(음12/12)

十日得辛, 三龍治水, 2014년 갑오年(사중금), 사록목

3碧	8白	1白
2黑	4綠	6白
7赤	9紫	5黃

2014 甲午年

소서 7일 13시 14분 【음6월】 ➡ 【辛未月(신미월)】 ☯三碧星 대서 23일 06시 40분

양력 7월 / 음력 06/05 ~ 07/05	1	2	3	4	5	6	7	8	9	10	11	12	13	14	15	16	17	18	19	20	21	22	23	24	25	26	27	28	29	30	31
요일	화	수	목	금	토	일	월	화	수	목	금	토	일	월	화	수	목	금	토	일	월	화	수	목	금	토	일	월	화	수	목
일진 日辰	癸酉	甲戌	乙亥	丙子	丁丑	戊寅	己卯	庚辰	辛巳	壬午	癸未	甲申	乙酉	丙戌	丁亥	戊子	己丑	庚寅	辛卯	壬辰	癸巳	甲午	乙未	丙申	丁酉	戊戌	己亥	庚子	辛丑	壬寅	癸卯
납음		山頭火		澗下水		城頭土		白臘金		楊柳木		井中水		屋上土		霹靂火		松柏木		長流水		沙中金		山下火		平地木		壁上土		金箔金	
음력	5	6	7	8	9	10	11	12	13	14	15	16	17	18	19	20	21	22	23	24	25	26	27	28	29	30	7/1	2	3	4	5
구성	9	8	7	6	5	4	3	2	1	9	8	7	6	5	4	3	2	1	9	8	7	6	5	4	3	2	1	9	8	7	6
대운 남	2	2	1	1	1	1	소	10	10	9	9	9	8	8	8	7	7	7	6	6	6	5	대	5	4	4	4	3	3	3	2
대운 여	8	9	9	9	10	10	서	1	1	1	1	2	2	2	3	3	3	4	4	4	5	5	서	6	6	6	7	7	7	8	8

입추 7일 23시 02분 【음7월】 ➡ 【壬申月(임신월)】 ☯二黑星 처서 23일 13시 45분

양력 8월 / 음력 07/06 ~ 08/07	1	2	3	4	5	6	7	8	9	10	11	12	13	14	15	16	17	18	19	20	21	22	23	24	25	26	27	28	29	30	31
요일	금	토	일	월	화	수	목	금	토	일	월	화	수	목	금	토	일	월	화	수	목	금	토	일	월	화	수	목	금	토	일
일진 日辰	甲辰	乙巳	丙午	丁未	戊申	己酉	庚戌	辛亥	壬子	癸丑	甲寅	乙卯	丙辰	丁巳	戊午	己未	庚申	辛酉	壬戌	癸亥	甲子	乙丑	丙寅	丁卯	戊辰	己巳	庚午	辛未	壬申	癸酉	甲戌
납음	覆燈火		天河水		大驛土		釵釧金		桑柘木		大溪水		沙中土		天上火		石榴木		大海水		海中金		爐中火		大林木		路傍土		劍鋒金		
음력	6	7	8	9	10	11	12	13	14	15	16	17	18	19	20	21	22	23	24	25	26	27	28	29	8/1	2	3	4	5	6	7
구성	5	4	3	2	1	9	8	7	6	5	4	3	2	1	9	8	7	6	5	4	3	2	1	9	8	7	6	5	4	3	2
대운 남	2	2	1	1	1	1	입	10	10	10	9	9	9	8	8	8	7	7	7	6	6	6	처	5	5	4	4	4	3	3	3
대운 여	8	9	9	9	10	10	추	1	1	1	1	2	2	2	3	3	3	4	4	4	5	5	서	6	6	6	7	7	7	8	8

백로 8일 02시 01분 【음8월】 ➡ 【癸酉月(계유월)】 ☯一白星 추분 23일 11시 28분

양력 9월 / 음력 08/08 ~ 09/07	1	2	3	4	5	6	7	8	9	10	11	12	13	14	15	16	17	18	19	20	21	22	23	24	25	26	27	28	29	30
요일	월	화	수	목	금	토	일	월	화	수	목	금	토	일	월	화	수	목	금	토	일	월	화	수	목	금	토	일	월	화
일진 日辰	乙亥	丙子	丁丑	戊寅	己卯	庚辰	辛巳	壬午	癸未	甲申	乙酉	丙戌	丁亥	戊子	己丑	庚寅	辛卯	壬辰	癸巳	甲午	乙未	丙申	丁酉	戊戌	己亥	庚子	辛丑	壬寅	癸卯	甲辰
납음		澗下水		城頭土		白臘金		楊柳木		井中水		屋上土		霹靂火		松柏木		長流水		沙中金		山下火		平地木		壁上土		金箔金		
음력	8	9	10	11	12	13	14	15	16	17	18	19	20	21	22	23	24	25	26	27	28	29	30	9/1	2	3	4	5	6	7
구성	1	9	8	7	6	5	4	3	2	1	9	8	7	6	5	4	3	2	1	9	8	7	6	5	4	3	2	1	9	8
대운 남	2	2	2	1	1	1	1	백	10	9	9	9	8	8	8	7	7	7	6	6	6	5	추	5	4	4	4	3	3	3
대운 여	8	9	9	9	10	10	10	로	1	1	1	1	2	2	2	3	3	3	4	4	4	5	분	5	6	6	6	7	7	7

한로 8일 17시 47분 【음9월】 ➡ 【甲戌月(갑술월)】 ☯九紫星 상강 23일 20시 56분

양력 10월 / 음력 09/08 ~ 윤908	1	2	3	4	5	6	7	8	9	10	11	12	13	14	15	16	17	18	19	20	21	22	23	24	25	26	27	28	29	30	31
요일	수	목	금	토	일	월	화	수	목	금	토	일	월	화	수	목	금	토	일	월	화	수	목	금	토	일	월	화	수	목	금
일진 日辰	乙巳	丙午	丁未	戊申	己酉	庚戌	辛亥	壬子	癸丑	甲寅	乙卯	丙辰	丁巳	戊午	己未	庚申	辛酉	壬戌	癸亥	甲子	乙丑	丙寅	丁卯	戊辰	己巳	庚午	辛未	壬申	癸酉	甲戌	乙亥
납음		天河水		大驛土		釵釧金		桑柘木		大溪水		沙中土		天上火		石榴木		大海水		海中金		爐中火		大林木		路傍土		劍鋒金		山頭火	
음력	8	9	10	11	12	13	14	15	16	17	18	19	20	21	22	23	24	25	26	27	28	29	30	윤9	2	3	4	5	6	7	8
구성	7	6	5	4	3	2	1	9	8	7	6	5	4	3	2	1	9	8	7	6	5	4	3	2	1	9	8	7	6	5	4
대운 남	2	2	2	1	1	1	1	한	10	9	9	9	8	8	8	7	7	7	6	6	6	5	상	5	4	4	4	3	3	3	2
대운 여	8	8	8	9	9	9	10	로	1	1	1	1	2	2	2	3	3	3	4	4	4	5	강	5	6	6	6	7	7	7	8

입동 7일 21시 06분 【음10월】 ➡ 【乙亥月(을해월)】 ☯八白星 소설 22일 18시 37분

양력 11월 / 음력 윤909 ~ 10/09	1	2	3	4	5	6	7	8	9	10	11	12	13	14	15	16	17	18	19	20	21	22	23	24	25	26	27	28	29	30
요일	토	일	월	화	수	목	금	토	일	월	화	수	목	금	토	일	월	화	수	목	금	토	일	월	화	수	목	금	토	일
일진 日辰	丙子	丁丑	戊寅	己卯	庚辰	辛巳	壬午	癸未	甲申	乙酉	丙戌	丁亥	戊子	己丑	庚寅	辛卯	壬辰	癸巳	甲午	乙未	丙申	丁酉	戊戌	己亥	庚子	辛丑	壬寅	癸卯	甲辰	乙巳
납음	澗下水		城頭土		白臘金		楊柳木		井中水		屋上土		霹靂火		松柏木		長流水		沙中金		山下火		平地木		壁上土		金箔金		覆燈火	
음력	9	10	11	12	13	14	15	16	17	18	19	20	21	22	23	24	25	26	27	28	29	10/1	2	3	4	5	6	7	8	9
구성	3	2	1	9	8	7	6	5	4	3	2	1	9	8	7	6	5	4	3	2	1	9	8	7	6	5	4	3	2	1
대운 남	2	2	1	1	1	1	입	10	9	9	9	8	8	8	7	7	7	6	6	6	5	소	5	4	4	4	3	3	3	2
대운 여	8	8	9	9	9	10	동	1	1	1	1	2	2	2	3	3	3	4	4	4	5	설	5	6	6	6	7	7	7	8

대설 7일 14시 03분 【음11월】 ➡ 【丙子月(병자월)】 ☯七赤星 동지 22일 08시 02분

양력 12월 / 음력 10/10 ~ 11/10	1	2	3	4	5	6	7	8	9	10	11	12	13	14	15	16	17	18	19	20	21	22	23	24	25	26	27	28	29	30	31
요일	월	화	수	목	금	토	일	월	화	수	목	금	토	일	월	화	수	목	금	토	일	월	화	수	목	금	토	일	월	화	수
일진 日辰	丙午	丁未	戊申	己酉	庚戌	辛亥	壬子	癸丑	甲寅	乙卯	丙辰	丁巳	戊午	己未	庚申	辛酉	壬戌	癸亥	甲子	乙丑	丙寅	丁卯	戊辰	己巳	庚午	辛未	壬申	癸酉	甲戌	乙亥	丙子
납음	天河水		大驛土		釵釧金		桑柘木		大溪水		沙中土		天上火		石榴木		大海水		海中金		爐中火		大林木		路傍土		劍鋒金		山頭火		
음력	10	11	12	13	14	15	16	17	18	19	20	21	22	23	24	25	26	27	28	29	30	11/1	2	3	4	5	6	7	8	9	10
구성	9	8	7	6	5	4	3	2	1	9	8	7	6	5	4	3	2	1	1	2	3	4	5	6	7	8	9	1	2	3	4
대운 남	2	2	1	1	1	1	대	10	9	9	9	8	8	8	7	7	7	6	6	6	5	동	5	4	4	4	3	3	3	2	2
대운 여	8	8	9	9	9	10	설	1	1	1	1	2	2	2	3	3	3	4	4	4	5	지	5	6	6	6	7	7	7	8	8

단기 4348 年
불기 2559 年

2015년

下元 乙未年 납음(砂中金),본명성(三碧木)

대장군(卯동방), 삼살(酉서방), 상문(酉서방),조객(巳서남방), 납음(사중금), 【삼재(사,오,미)년】 臘享(납향):2016년1월26일(음12/17)

양

소한 6일 01시 20분 【음12월】 ➡ 【丁丑月(정축월)】 ☯六白星 대한 20일 18시 42분

양력 1월 / 음력 11/11 ~ 12/12

양력	1	2	3	4	5	6	7	8	9	10	11	12	13	14	15	16	17	18	19	20	21	22	23	24	25	26	27	28	29	30	31
요일	목	금	토	일	월	화	수	목	금	토	일	월	화	수	목	금	토	일	월	화	수	목	금	토	일	월	화	수	목	금	토
일진 日辰	丁丑	戊寅	己卯	庚辰	辛巳	壬午	癸未	甲申	乙酉	丙戌	丁亥	戊子	己丑	庚寅	辛卯	壬辰	癸巳	甲午	乙未	丙申	丁酉	戊戌	己亥	庚子	辛丑	壬寅	癸卯	甲辰	乙巳	丙午	丁未
납음		城頭土		白臘金		楊柳木		井中水		屋上土		霹靂火		松柏木		長流水		沙中金		山下火		平地木		壁上土		金箔金		覆燈火		天河水	
음력	11	12	13	14	15	16	17	18	19	20	21	22	23	24	25	26	27	28	29	12/1	2	3	4	5	6	7	8	9	10	11	12
구성	5	6	7	8	9	1	2	3	4	5	6	7	8	9	1	2	3	4	5	6	7	8	9	1	2	3	4	5	6	7	8
대운 남	2	1	1	1	1	소	9	9	9	8	8	8	7	7	7	6	6	6	5	대	5	4	4	4	3	3	3	2	2	2	1
대운 여	8	9	9	9	10	한	1	1	1	1	2	2	2	3	3	3	4	4	4	한	5	5	6	6	6	7	7	7	8	8	8

입춘 4일 12시 58분 【음1월】 ➡ 【戊寅月(무인월)】 ☯五黃星 우수 19일 08시 49분

양력 2월 / 음력 12/13 ~ 01/10

양력	1	2	3	4	5	6	7	8	9	10	11	12	13	14	15	16	17	18	19	20	21	22	23	24	25	26	27	28
요일	일	월	화	수	목	금	토	일	월	화	수	목	금	토	일	월	화	수	목	금	토	일	월	화	수	목	금	토
일진 日辰	戊申	己酉	庚戌	辛亥	壬子	癸丑	甲寅	乙卯	丙辰	丁巳	戊午	己未	庚申	辛酉	壬戌	癸亥	甲子	乙丑	丙寅	丁卯	戊辰	己巳	庚午	辛未	壬申	癸酉	甲戌	乙亥
납음	大驛土		釵釧金		桑柘木		大溪水		沙中土		天上火		石榴木		大海水		海中金		爐中火		大林木		路傍土		劍鋒金		山頭火	
음력	13	14	15	16	17	18	19	20	21	22	23	24	25	26	27	28	29	30	1/1	2	3	4	5	6	7	8	9	10
구성	9	1	2	3	4	5	6	7	8	9	1	2	3	4	5	6	7	8	9	1	2	3	4	5	6	7	8	9
대운 남	1	1	1	입	1	1	1	1	2	2	2	3	3	3	4	4	4	5	우	5	6	6	6	7	7	7	8	8
대운 여	9	9	9	춘	10	9	9	9	8	8	8	7	7	7	6	6	6	5	수	5	4	4	4	3	3	3	2	2

乙未年

경칩 6일 06시 55분 【음2월】 ➡ 【己卯月(기묘월)】 ☯四綠星 춘분 21일 07시 44분

양력 3월 / 음력 01/11 ~ 02/12

양력	1	2	3	4	5	6	7	8	9	10	11	12	13	14	15	16	17	18	19	20	21	22	23	24	25	26	27	28	29	30	31
요일	일	월	화	수	목	금	토	일	월	화	수	목	금	토	일	월	화	수	목	금	토	일	월	화	수	목	금	토	일	월	화
일진 日辰	丙子	丁丑	戊寅	己卯	庚辰	辛巳	壬午	癸未	甲申	乙酉	丙戌	丁亥	戊子	己丑	庚寅	辛卯	壬辰	癸巳	甲午	乙未	丙申	丁酉	戊戌	己亥	庚子	辛丑	壬寅	癸卯	甲辰	乙巳	丙午
납음	澗下水		城頭土		白臘金		楊柳木		井中水		屋上土		霹靂火		松柏木		長流水		沙中金		山下火		平地木		壁上土		金箔金		覆燈火		
음력	11	12	13	14	15	16	17	18	19	20	21	22	23	24	25	26	27	28	29	2/1	2	3	4	5	6	7	8	9	10	11	12
구성	1	2	3	4	5	6	7	8	9	1	2	3	4	5	6	7	8	9	1	2	3	4	5	6	7	8	9	1	2	3	4
대운 남	8	9	9	9	10	경	1	1	1	1	2	2	2	3	3	3	4	4	4	5	춘	5	6	6	6	7	7	7	8	8	8
대운 여	2	1	1	1	1	칩	10	9	9	9	8	8	8	7	7	7	6	6	6	5	분	5	4	4	4	3	3	3	2	2	2

청명 5일 11시 38분 【음3월】 ➡ 【庚辰月(경진월)】 ☯三碧星 곡우 20일 18시 41분

양력 4월 / 음력 02/13 ~ 03/12

양력	1	2	3	4	5	6	7	8	9	10	11	12	13	14	15	16	17	18	19	20	21	22	23	24	25	26	27	28	29	30
요일	수	목	금	토	일	월	화	수	목	금	토	일	월	화	수	목	금	토	일	월	화	수	목	금	토	일	월	화	수	목
일진 日辰	丁未	戊申	己酉	庚戌	辛亥	壬子	癸丑	甲寅	乙卯	丙辰	丁巳	戊午	己未	庚申	辛酉	壬戌	癸亥	甲子	乙丑	丙寅	丁卯	戊辰	己巳	庚午	辛未	壬申	癸酉	甲戌	乙亥	丙子
납음		大驛土		釵釧金		桑柘木		大溪水		沙中土		天上火		石榴木		大海水		海中金		爐中火		大林木		路傍土		劍鋒金		山頭火		
음력	13	14	15	16	17	18	19	20	21	22	23	24	25	26	27	28	29	30	3/1	2	3	4	5	6	7	8	9	10	11	12
구성	5	6	7	8	9	1	2	3	4	5	6	7	8	9	1	2	3	4	5	6	7	8	9	1	2	3	4	5	6	7
대운 남	9	9	9	10	청	1	1	1	1	2	2	2	3	3	3	4	4	4	5	곡	5	6	6	6	7	7	7	8	8	8
대운 여	1	1	1	1	명	10	10	9	9	9	8	8	8	7	7	7	6	6	6	우	5	5	4	4	4	3	3	3	2	2

입하 6일 04시 52분 【음4월】 ➡ 【辛巳月(신사월)】 ☯二黑星 소만 21일 17시 44분

양력 5월 / 음력 03/13 ~ 04/14

양력	1	2	3	4	5	6	7	8	9	10	11	12	13	14	15	16	17	18	19	20	21	22	23	24	25	26	27	28	29	30	31
요일	금	토	일	월	화	수	목	금	토	일	월	화	수	목	금	토	일	월	화	수	목	금	토	일	월	화	수	목	금	토	일
일진 日辰	丁丑	戊寅	己卯	庚辰	辛巳	壬午	癸未	甲申	乙酉	丙戌	丁亥	戊子	己丑	庚寅	辛卯	壬辰	癸巳	甲午	乙未	丙申	丁酉	戊戌	己亥	庚子	辛丑	壬寅	癸卯	甲辰	乙巳	丙午	丁未
납음		城頭土		白臘金		楊柳木		井中水		屋上土		霹靂火		松柏木		長流水		沙中金		山下火		平地木		壁上土		金箔金		覆燈火		天河水	
음력	13	14	15	16	17	18	19	20	21	22	23	24	25	26	27	28	29	4/1	2	3	4	5	6	7	8	9	10	11	12	13	14
구성	8	9	1	2	3	4	5	6	7	8	9	1	2	3	4	5	6	7	8	9	1	2	3	4	5	6	7	8	9	1	2
대운 남	9	9	9	10	10	입	1	1	1	1	2	2	2	3	3	3	4	4	4	5	소	5	6	6	6	7	7	7	8	8	8
대운 여	2	1	1	1	1	하	10	10	9	9	9	8	8	8	7	7	7	6	6	6	만	5	5	4	4	4	3	3	3	2	2

망종 6일 08시 57분 【음5월】 ➡ 【壬午月(임오월)】 ☯一白星 하지 22일 01시 37분

양력 6월 / 음력 04/15 ~ 05/15

양력	1	2	3	4	5	6	7	8	9	10	11	12	13	14	15	16	17	18	19	20	21	22	23	24	25	26	27	28	29	30
요일	월	화	수	목	금	토	일	월	화	수	목	금	토	일	월	화	수	목	금	토	일	월	화	수	목	금	토	일	월	화
일진 日辰	戊申	己酉	庚戌	辛亥	壬子	癸丑	甲寅	乙卯	丙辰	丁巳	戊午	己未	庚申	辛酉	壬戌	癸亥	甲子	乙丑	丙寅	丁卯	戊辰	己巳	庚午	辛未	壬申	癸酉	甲戌	乙亥	丙子	丁丑
납음	大驛土		釵釧金		桑柘木		大溪水		沙中土		天上火		石榴木		大海水		海中金		爐中火		大林木		路傍土		劍鋒金		山頭火		澗下水	
음력	15	16	17	18	19	20	21	22	23	24	25	26	27	28	29	5/1	2	3	4	5	6	7	8	9	10	11	12	13	14	15
구성	3	4	5	6	7	8	9	1	2	3	4	5	6	7	8	9	9	8	7	6	5	4	3	2	1	9	8	7	6	5
대운 남	9	9	9	10	10	망	1	1	1	1	2	2	2	3	3	3	4	4	4	5	5	하	6	6	6	7	7	7	8	8
대운 여	2	1	1	1	1	종	10	10	9	9	9	8	8	8	7	7	7	6	6	6	5	지	5	4	4	4	3	3	3	2

한식(4월06일), 초복(7월13일), 중복(7월23일), 말복(8월12일) ☂춘사(春社)3/23 ☀추사(秋社)9/19
토왕지절(土旺之節):4월17일,7월20일,10월21일,1월18일(음12/09)臘享(납향):2016년1월26일(음12/17)

六日得辛, 三龍治水, 2015년 을미年(사중금), 삼벽목

2015년 7월1일부터 윤초시행.
시간을 1초씩 늦추면 된다.

2黑	7赤	9紫
1白	3碧	5黃
6白	8白	4綠

2015 乙未年

소서 7일 19시 11분 【음6월】 ➡ 【癸未月(계미월)】 ☯九紫星 대서 23일 12시 30분

양력 7월 / 음력 05/16 ~ 06/16	1	2	3	4	5	6	7	8	9	10	11	12	13	14	15	16	17	18	19	20	21	22	23	24	25	26	27	28	29	30	31
요일	수	목	금	토	일	월	화	수	목	금	토	일	월	화	수	목	금	토	일	월	화	수	목	금	토	일	월	화	수	목	금
일진 日辰	戊寅	己卯	庚辰	辛巳	壬午	癸未	甲申	乙酉	丙戌	丁亥	戊子	己丑	庚寅	辛卯	壬辰	癸巳	甲午	乙未	丙申	丁酉	戊戌	己亥	庚子	辛丑	壬寅	癸卯	甲辰	乙巳	丙午	丁未	戊申
납음	城頭土		白臘金		楊柳木		井中水		屋上土		霹靂火		松柏木		長流水		沙中金		山下火		平地木		壁上土		金箔金		覆燈火		天河水		
음력	16	17	18	19	20	21	22	23	24	25	26	27	28	29	30	6/1	2	3	4	5	6	7	8	9	10	11	12	13	14	15	16
구성	4	3	2	1	9	8	7	6	5	4	3	2	1	9	8	7	6	5	4	3	2	1	9	8	7	6	5	4	3	2	1
대운 남	8	9	9	9	10	10	소	1	1	1	1	2	2	2	3	3	3	4	4	4	5	5	대	6	6	6	7	7	7	8	8
대운 여	2	2	1	1	1	1	서	10	10	10	9	9	9	8	8	8	7	7	7	6	6	6	서	5	5	4	4	4	3	3	3

입추 8일 05시 00분 【음7월】 ➡ 【甲申月(갑신월)】 ☯八白星 처서 23일 19시 36분

양력 8월 / 음력 06/17 ~ 07/18	1	2	3	4	5	6	7	8	9	10	11	12	13	14	15	16	17	18	19	20	21	22	23	24	25	26	27	28	29	30	31
요일	토	일	월	화	수	목	금	토	일	월	화	수	목	금	토	일	월	화	수	목	금	토	일	월	화	수	목	금	토	일	월
일진 日辰	己酉	庚戌	辛亥	壬子	癸丑	甲寅	乙卯	丙辰	丁巳	戊午	己未	庚申	辛酉	壬戌	癸亥	甲子	乙丑	丙寅	丁卯	戊辰	己巳	庚午	辛未	壬申	癸酉	甲戌	乙亥	丙子	丁丑	戊寅	己卯
납음		釵釧金		桑柘木		大溪水		沙中土		天上火		石榴木		大海水		海中金		爐中火		大林木		路傍土		劍鋒金		山頭火		澗下水		城頭土	
음력	17	18	19	20	21	22	23	24	25	26	27	28	29	7/1	2	3	4	5	6	7	8	9	10	11	12	13	14	15	16	17	18
구성	9	8	7	6	5	4	3	2	1	9	8	7	6	5	4	3	2	1	9	8	7	6	5	4	3	2	1	9	8	7	6
대운 남	8	9	9	9	10	10	10	입	1	1	1	1	2	2	2	3	3	3	4	4	4	5	처	5	6	6	6	7	7	7	8
대운 여	2	2	2	1	1	1	1	추	10	10	9	9	9	8	8	8	7	7	7	6	6	6	서	5	5	4	4	4	3	3	3

백로 8일 07시 59분 【음8월】 ➡ 【乙酉月(을유월)】 ☯七赤星 추분 23일 17시 20분

양력 9월 / 음력 07/19 ~ 08/18	1	2	3	4	5	6	7	8	9	10	11	12	13	14	15	16	17	18	19	20	21	22	23	24	25	26	27	28	29	30
요일	화	수	목	금	토	일	월	화	수	목	금	토	일	월	화	수	목	금	토	일	월	화	수	목	금	토	일	월	화	수
일진 日辰	庚辰	辛巳	壬午	癸未	甲申	乙酉	丙戌	丁亥	戊子	己丑	庚寅	辛卯	壬辰	癸巳	甲午	乙未	丙申	丁酉	戊戌	己亥	庚子	辛丑	壬寅	癸卯	甲辰	乙巳	丙午	丁未	戊申	己酉
납음	白臘金		楊柳木		井中水		屋上土		霹靂火		松柏木		長流水		沙中金		山下火		平地木		壁上土		金箔金		覆燈火		天河水		大驛土	
음력	19	20	21	22	23	24	25	26	27	28	29	30	8/1	2	3	4	5	6	7	8	9	10	11	12	13	14	15	16	17	18
구성	5	4	3	2	1	9	8	7	6	5	4	3	2	1	9	8	7	6	5	4	3	2	1	9	8	7	6	5	4	3
대운 남	8	8	9	9	9	10	10	백	1	1	1	1	2	2	2	3	3	3	4	4	4	5	추	5	6	6	6	7	7	7
대운 여	2	2	2	1	1	1	1	로	10	9	9	9	8	8	8	7	7	7	6	6	6	5	분	5	4	4	4	3	3	3

한로 8일 23시 42분 【음9월】 ➡ 【丙戌月(병술월)】 ☯六白星 상강 24일 02시 46분

양력 10월 / 음력 08/19 ~ 09/19	1	2	3	4	5	6	7	8	9	10	11	12	13	14	15	16	17	18	19	20	21	22	23	24	25	26	27	28	29	30	31
요일	목	금	토	일	월	화	수	목	금	토	일	월	화	수	목	금	토	일	월	화	수	목	금	토	일	월	화	수	목	금	토
일진 日辰	庚戌	辛亥	壬子	癸丑	甲寅	乙卯	丙辰	丁巳	戊午	己未	庚申	辛酉	壬戌	癸亥	甲子	乙丑	丙寅	丁卯	戊辰	己巳	庚午	辛未	壬申	癸酉	甲戌	乙亥	丙子	丁丑	戊寅	己卯	庚辰
납음	釵釧金		桑柘木		大溪水		沙中土		天上火		石榴木		大海水		海中金		爐中火		大林木		路傍土		劍鋒金		山頭火		澗下水		城頭土		
음력	19	20	21	22	23	24	25	26	27	28	29	30	9/1	2	3	4	5	6	7	8	9	10	11	12	13	14	15	16	17	18	19
구성	2	1	9	8	7	6	5	4	3	2	1	9	8	7	6	5	4	3	2	1	9	8	7	6	5	4	3	2	1	9	8
대운 남	8	8	8	9	9	9	10	한	1	1	1	1	2	2	2	3	3	3	4	4	4	5	5	상	6	6	6	7	7	7	8
대운 여	2	2	2	1	1	1	1	로	10	10	9	9	9	8	8	8	7	7	7	6	6	6	5	강	5	4	4	4	3	3	3

입동 8일 02시 58분 【음10월】 ➡ 【丁亥月(정해월)】 ☯五黃星 소설 23일 00시 24분

양력 11월 / 음력 09/20 ~ 10/19	1	2	3	4	5	6	7	8	9	10	11	12	13	14	15	16	17	18	19	20	21	22	23	24	25	26	27	28	29	30
요일	일	월	화	수	목	금	토	일	월	화	수	목	금	토	일	월	화	수	목	금	토	일	월	화	수	목	금	토	일	월
일진 日辰	辛巳	壬午	癸未	甲申	乙酉	丙戌	丁亥	戊子	己丑	庚寅	辛卯	壬辰	癸巳	甲午	乙未	丙申	丁酉	戊戌	己亥	庚子	辛丑	壬寅	癸卯	甲辰	乙巳	丙午	丁未	戊申	己酉	庚戌
납음		楊柳木		井中水		屋上土		霹靂火		松柏木		長流水		沙中金		山下火		平地木		壁上土		金箔金		覆燈火		天河水		大驛土		
음력	20	21	22	23	24	25	26	27	28	29	30	10/1	2	3	4	5	6	7	8	9	10	11	12	13	14	15	16	17	18	19
구성	7	6	5	4	3	2	1	9	8	7	6	5	4	3	2	1	9	8	7	6	5	4	3	2	1	9	8	7	6	5
대운 남	8	8	9	9	9	10	10	입	1	1	1	1	2	2	2	3	3	3	4	4	4	5	소	5	6	6	6	7	7	7
대운 여	2	2	2	1	1	1	1	동	9	9	9	8	8	8	7	7	7	6	6	6	5	5	설	4	4	4	3	3	3	2

대설 7일 19시 52분 【음11월】 ➡ 【戊子月(무자월)】 ☯四綠星 동지 22일 13시 47분

양력 12월 / 음력 10/20 ~ 11/21	1	2	3	4	5	6	7	8	9	10	11	12	13	14	15	16	17	18	19	20	21	22	23	24	25	26	27	28	29	30	31
요일	화	수	목	금	토	일	월	화	수	목	금	토	일	월	화	수	목	금	토	일	월	화	수	목	금	토	일	월	화	수	목
일진 日辰	辛亥	壬子	癸丑	甲寅	乙卯	丙辰	丁巳	戊午	己未	庚申	辛酉	壬戌	癸亥	甲子	乙丑	丙寅	丁卯	戊辰	己巳	庚午	辛未	壬申	癸酉	甲戌	乙亥	丙子	丁丑	戊寅	己卯	庚辰	辛巳
납음		桑柘木		大溪水		沙中土		天上火		石榴木		大海水		海中金		爐中火		大林木		路傍土		劍鋒金		山頭火		澗下水		城頭土		白臘金	
음력	20	21	22	23	24	25	26	27	28	29	11/1	2	3	4	5	6	7	8	9	10	11	12	13	14	15	16	17	18	19	20	21
구성	4	3	2	1	9	8	7	6	5	4	3	2	1	1	2	3	4	5	6	7	8	9	1	2	3	4	5	6	7	8	9
대운 남	8	8	8	9	9	9	대	1	1	1	1	2	2	2	3	3	3	4	4	4	5	동	5	6	6	6	7	7	7	8	8
대운 여	2	2	1	1	1	1	설	10	9	9	9	8	8	8	7	7	7	6	6	6	5	지	5	4	4	4	3	3	3	2	2

단기 4349 年 불기 2560 年	2016년	下元 丙申年 납음(山下火),본명성(二黑土)
		대장군(午남방), 삼살(남방), 상문(戌서북방),조객(午남방), 납음(산하화),【삼재(인,묘,진)년】 臘享(납향):2017년1월20일(음12/23)

원숭이

소한 6일 07시 07분 【음12월】 ➡ 【己丑月(기축월)】 ☯三碧星 대한 21일 00시 26분

	양력	1	2	3	4	5	6	7	8	9	10	11	12	13	14	15	16	17	18	19	20	21	22	23	24	25	26	27	28	29	30	31
양력	요일	금	토	일	월	화	수	목	금	토	일	월	화	수	목	금	토	일	월	화	수	목	금	토	일	월	화	수	목	금	토	일
1월	일진 日辰	壬午	癸未	甲申	乙酉	丙戌	丁亥	戊子	己丑	庚寅	辛卯	壬辰	癸巳	甲午	乙未	丙申	丁酉	戊戌	己亥	庚子	辛丑	壬寅	癸卯	甲辰	乙巳	丙午	丁未	戊申	己酉	庚戌	辛亥	壬子
음력	납음	楊柳木		井中水		屋上土		霹靂火		松柏木		長流水		沙中金		山下火		平地木		壁上土		金箔金		覆燈火		天河水		大驛土		釵釧金		
11/22	음력	22	23	24	25	26	27	28	29	30	12/1	2	3	4	5	6	7	8	9	10	11	12	13	14	15	16	17	18	19	20	21	22
~	구성	1	2	3	4	5	6	7	8	9	1	2	3	4	5	6	7	8	9	1	2	3	4	5	6	7	8	9	1	2	3	4
12/22	대운 남	8	9	9	9	10	소	1	1	1	1	2	2	2	3	3	3	4	4	4	5	대	5	6	6	6	7	7	7	8	8	8
	대운 여	2	1	1	1	1	한	9	9	9	8	8	8	7	7	7	6	6	6	5	5	한	4	4	4	3	3	3	2	2	2	1

입춘 4일 18시 45분 【음1월】 ➡ 【庚寅月(경인월)】 ☯二黑星 우수 19일 14시 33분

	양력	1	2	3	4	5	6	7	8	9	10	11	12	13	14	15	16	17	18	19	20	21	22	23	24	25	26	27	28	29
양력	요일	월	화	수	목	금	토	일	월	화	수	목	금	토	일	월	화	수	목	금	토	일	월	화	수	목	금	토	일	월
2월	일진 日辰	癸丑	甲寅	乙卯	丙辰	丁巳	戊午	己未	庚申	辛酉	壬戌	癸亥	甲子	乙丑	丙寅	丁卯	戊辰	己巳	庚午	辛未	壬申	癸酉	甲戌	乙亥	丙子	丁丑	戊寅	己卯	庚辰	辛巳
음력	납음		大溪水		沙中土		天上火		石榴木		大海水		海中金		爐中火		大林木		路傍土		劍鋒金		山頭火		澗下水		城頭土		白臘金	
12/23	음력	23	24	25	26	27	28	29	1/1	2	3	4	5	6	7	8	9	10	11	12	13	14	15	16	17	18	19	20	21	22
~	구성	5	6	7	8	9	1	2	3	4	5	6	7	8	9	1	2	3	4	5	6	7	8	9	1	2	3	4	5	6
01/22	대운 남	9	9	9	입	10	9	9	9	8	8	8	7	7	7	6	6	6	5	우	5	4	4	4	3	3	3	2	2	2
	대운 여	1	1	1	춘	1	1	1	1	2	2	2	3	3	3	4	4	4	5	수	5	6	6	6	7	7	7	8	8	8

丙申年

경칩 5일 12시 43분 【음2월】 ➡ 【辛卯月(신묘월)】 ☯一白星 춘분 20일 13시 29분

	양력	1	2	3	4	5	6	7	8	9	10	11	12	13	14	15	16	17	18	19	20	21	22	23	24	25	26	27	28	29	30	31
양력	요일	화	수	목	금	토	일	월	화	수	목	금	토	일	월	화	수	목	금	토	일	월	화	수	목	금	토	일	월	화	수	목
3월	일진 日辰	壬午	癸未	甲申	乙酉	丙戌	丁亥	戊子	己丑	庚寅	辛卯	壬辰	癸巳	甲午	乙未	丙申	丁酉	戊戌	己亥	庚子	辛丑	壬寅	癸卯	甲辰	乙巳	丙午	丁未	戊申	己酉	庚戌	辛亥	壬子
음력	납음	楊柳木		井中水		屋上土		霹靂火		松柏木		長流水		沙中金		山下火		平地木		壁上土		金箔金		覆燈火		天河水		大驛土		釵釧金		
01/23	음력	23	24	25	26	27	28	29	30	2/1	2	3	4	5	6	7	8	9	10	11	12	13	14	15	16	17	18	19	20	21	22	23
~	구성	7	8	9	1	2	3	4	5	6	7	8	9	1	2	3	4	5	6	7	8	9	1	2	3	4	5	6	7	8	9	1
02/23	대운 남	1	1	1	1	경	10	9	9	9	8	8	8	7	7	7	6	6	6	5	춘	5	4	4	4	3	3	3	2	2	2	1
	대운 여	9	9	9	10	칩	1	1	1	1	2	2	2	3	3	3	4	4	4	5	분	5	6	6	6	7	7	7	8	8	8	9

청명 4일 17시 27분 【음3월】 ➡ 【壬辰月(임진월)】 ☯九紫星 곡우 20일 00시 29분

	양력	1	2	3	4	5	6	7	8	9	10	11	12	13	14	15	16	17	18	19	20	21	22	23	24	25	26	27	28	29	30
양력	요일	금	토	일	월	화	수	목	금	토	일	월	화	수	목	금	토	일	월	화	수	목	금	토	일	월	화	수	목	금	토
4월	일진 日辰	癸丑	甲寅	乙卯	丙辰	丁巳	戊午	己未	庚申	辛酉	壬戌	癸亥	甲子	乙丑	丙寅	丁卯	戊辰	己巳	庚午	辛未	壬申	癸酉	甲戌	乙亥	丙子	丁丑	戊寅	己卯	庚辰	辛巳	壬午
음력	납음		大溪水		沙中土		天上火		石榴木		大海水		海中金		爐中火		大林木		路傍土		劍鋒金		山頭火		澗下水		城頭土		白臘金		
02/24	음력	24	25	26	27	28	29	3/1	2	3	4	5	6	7	8	9	10	11	12	13	14	15	16	17	18	19	20	21	22	23	24
~	구성	2	3	4	5	6	7	8	9	1	2	3	4	5	6	7	8	9	1	2	3	4	5	6	7	8	9	1	2	3	4
03/24	대운 남	1	1	1	청	10	10	9	9	9	8	8	8	7	7	7	6	6	6	5	곡	5	4	4	4	3	3	3	2	2	2
	대운 여	9	9	10	명	1	1	1	1	2	2	2	3	3	3	4	4	4	5	5	우	6	6	6	7	7	7	8	8	8	9

입하 5일 10시 41분 【음4월】 ➡ 【癸巳月(계사월)】 ☯八白星 소만 20일 23시 36분

	양력	1	2	3	4	5	6	7	8	9	10	11	12	13	14	15	16	17	18	19	20	21	22	23	24	25	26	27	28	29	30	31
양력	요일	일	월	화	수	목	금	토	일	월	화	수	목	금	토	일	월	화	수	목	금	토	일	월	화	수	목	금	토	일	월	화
5월	일진 日辰	癸未	甲申	乙酉	丙戌	丁亥	戊子	己丑	庚寅	辛卯	壬辰	癸巳	甲午	乙未	丙申	丁酉	戊戌	己亥	庚子	辛丑	壬寅	癸卯	甲辰	乙巳	丙午	丁未	戊申	己酉	庚戌	辛亥	壬子	癸丑
음력	납음		井中水		屋上土		霹靂火		松柏木		長流水		沙中金		山下火		平地木		壁上土		金箔金		覆燈火		天河水		大驛土		釵釧金		桑柘木	
03/25	음력	25	26	27	28	29	30	4/1	2	3	4	5	6	7	8	9	10	11	12	13	14	15	16	17	18	19	20	21	22	23	24	25
~	구성	5	6	7	8	9	1	2	3	4	5	6	7	8	9	1	2	3	4	5	6	7	8	9	1	2	3	4	5	6	7	8
04/25	대운 남	1	1	1	1	입	10	10	9	9	9	8	8	8	7	7	7	6	6	6	소	5	5	4	4	4	3	3	3	2	2	2
	대운 여	9	9	10	10	하	1	1	1	1	2	2	2	3	3	3	4	4	4	5	만	5	6	6	6	7	7	7	8	8	8	9

망종 6일 14시 48분 【음5월】 ➡ 【甲午月(갑오월)】 ☯七赤星 하지 21일 07시 33분

	양력	1	2	3	4	5	6	7	8	9	10	11	12	13	14	15	16	17	18	19	20	21	22	23	24	25	26	27	28	29	30
양력	요일	수	목	금	토	일	월	화	수	목	금	토	일	월	화	수	목	금	토	일	월	화	수	목	금	토	일	월	화	수	목
6월	일진 日辰	甲寅	乙卯	丙辰	丁巳	戊午	己未	庚申	辛酉	壬戌	癸亥	甲子	乙丑	丙寅	丁卯	戊辰	己巳	庚午	辛未	壬申	癸酉	甲戌	乙亥	丙子	丁丑	戊寅	己卯	庚辰	辛巳	壬午	癸未
음력	납음	大溪水		沙中土		天上火		石榴木		大海水		海中金		爐中火		大林木		路傍土		劍鋒金		山頭火		澗下水		城頭土		白臘金		楊柳木	
04/26	음력	26	27	28	29	5/1	2	3	4	5	6	7	8	9	10	11	12	13	14	15	16	17	18	19	20	21	22	23	24	25	26
~	구성	9	1	2	3	4	5	6	7	8	9	9	8	7	6	5	4	3	2	1	9	8	7	6	5	4	3	2	1	9	8
05/26	대운 남	1	1	1	1	망	10	10	10	9	9	9	8	8	8	7	7	7	6	6	6	하	5	5	4	4	4	3	3	3	2
	대운 여	9	9	10	10	종	1	1	1	1	2	2	2	3	3	3	4	4	4	5	5	지	6	6	6	7	7	7	8	8	8

한식(4월05일), 초복(7월17일), 중복(7월27일), 말복(8월16일) ☂춘사(春社)3/17 ☀추사(秋社)9/23
토왕지절(土旺之節):4월16일,7월19일,10월20일,1월17일(음12/20)臘享(납향):2017년1월20일(음12/23)

°二日得辛, 九龍治水, 2016년 병신年(산하화), 이흑토

1白	6白	8白
9紫	2黑	4綠
5黃	7赤	3碧

2016 丙申年 ·

소서 7일 01시 02분 【음6월】 ➡ 【乙未月(을미월)】 ☯六白星 대서 22일 18시 29분

양력 7월 / 음력 05/27 ~ 06/28

양력	1	2	3	4	5	6	7	8	9	10	11	12	13	14	15	16	17	18	19	20	21	22	23	24	25	26	27	28	29	30	31
요일	금	토	일	월	화	수	목	금	토	일	월	화	수	목	금	토	일	월	화	수	목	금	토	일	월	화	수	목	금	토	일
일진 日辰	甲申	乙酉	丙戌	丁亥	戊子	己丑	庚寅	辛卯	壬辰	癸巳	甲午	乙未	丙申	丁酉	戊戌	己亥	庚子	辛丑	壬寅	癸卯	甲辰	乙巳	丙午	丁未	戊申	己酉	庚戌	辛亥	壬子	癸丑	甲寅
납음	井中水		屋上土		霹靂火		松柏木		長流水		沙中金		山下火		平地木		壁上土		金箔金		覆燈火		天河水		大驛土		釵釧金		桑柘木		
음력	27	28	29	6/1	2	3	4	5	6	7	8	9	10	11	12	13	14	15	16	17	18	19	20	21	22	23	24	25	26	27	28
구성	7	6	5	4	3	2	1	9	8	7	6	5	4	3	2	1	9	8	7	6	5	4	3	2	1	9	8	7	6	5	4
대운 남	2	2	1	1	1	1	소	10	10	9	9	9	8	8	8	7	7	7	6	6	6	대	5	5	4	4	4	3	3	3	2
대운 여	9	9	9	10	10	10	서	1	1	1	1	2	2	2	3	3	3	4	4	4	5	서	5	6	6	6	7	7	7	8	8

입추 7일 10시 52분 【음7월】 ➡ 【丙申月(병신월)】 ☯五黃星 처서 23일 01시 38분

양력 8월 / 음력 06/29 ~ 07/29

양력	1	2	3	4	5	6	7	8	9	10	11	12	13	14	15	16	17	18	19	20	21	22	23	24	25	26	27	28	29	30	31
요일	월	화	수	목	금	토	일	월	화	수	목	금	토	일	월	화	수	목	금	토	일	월	화	수	목	금	토	일	월	화	수
일진 日辰	乙卯	丙辰	丁巳	戊午	己未	庚申	辛酉	壬戌	癸亥	甲子	乙丑	丙寅	丁卯	戊辰	己巳	庚午	辛未	壬申	癸酉	甲戌	乙亥	丙子	丁丑	戊寅	己卯	庚辰	辛巳	壬午	癸未	甲申	乙酉
납음		沙中土		天上火		石榴木		大海水		海中金		爐中火		大林木		路傍土		劍鋒金		山頭火		澗下水		城頭土		白臘金		楊柳木		井中水	
음력	29	30	7/1	2	3	4	5	6	7	8	9	10	11	12	13	14	15	16	17	18	19	20	21	22	23	24	25	26	27	28	29
구성	3	2	1	9	8	7	6	5	4	3	2	1	9	8	7	6	5	4	3	2	1	9	8	7	6	5	4	3	2	1	9
대운 남	2	2	1	1	1	1	입	10	10	9	9	9	8	8	8	7	7	7	6	6	6	5	처	5	4	4	4	3	3	3	2
대운 여	9	9	9	10	10	10	추	1	1	1	1	2	2	2	3	3	3	4	4	4	5	5	서	6	6	6	7	7	7	8	8

백로 7일 13시 50분 【음8월】 ➡ 【丁酉月(정유월)】 ☯四綠星 추분 22일 23시 20분

양력 9월 / 음력 08/01 ~ 08/30

양력	1	2	3	4	5	6	7	8	9	10	11	12	13	14	15	16	17	18	19	20	21	22	23	24	25	26	27	28	29	30
요일	목	금	토	일	월	화	수	목	금	토	일	월	화	수	목	금	토	일	월	화	수	목	금	토	일	월	화	수	목	금
일진 日辰	丙戌	丁亥	戊子	己丑	庚寅	辛卯	壬辰	癸巳	甲午	乙未	丙申	丁酉	戊戌	己亥	庚子	辛丑	壬寅	癸卯	甲辰	乙巳	丙午	丁未	戊申	己酉	庚戌	辛亥	壬子	癸丑	甲寅	乙卯
납음	屋上土		霹靂火		松柏木		長流水		沙中金		山下火		平地木		壁上土		金箔金		覆燈火		天河水		大驛土		釵釧金		桑柘木		大溪水	
음력	8/1	2	3	4	5	6	7	8	9	10	11	12	13	14	15	16	17	18	19	20	21	22	23	24	25	26	27	28	29	30
구성	8	7	6	5	4	3	2	1	9	8	7	6	5	4	3	2	1	9	8	7	6	5	4	3	2	1	9	8	7	6
대운 남	2	2	1	1	1	1	백	10	10	9	9	9	8	8	8	7	7	7	6	6	6	추	5	5	4	4	4	3	3	3
대운 여	8	9	9	9	10	10	로	1	1	1	1	2	2	2	3	3	3	4	4	4	5	분	5	6	6	6	7	7	7	8

한로 8일 05시 32분 【음9월】 ➡ 【戊戌月(무술월)】 ☯三碧星 상강 23일 08시 45분

양력 10월 / 음력 09/01 ~ 10/01

양력	1	2	3	4	5	6	7	8	9	10	11	12	13	14	15	16	17	18	19	20	21	22	23	24	25	26	27	28	29	30	31
요일	토	일	월	화	수	목	금	토	일	월	화	수	목	금	토	일	월	화	수	목	금	토	일	월	화	수	목	금	토	일	월
일진 日辰	丙辰	丁巳	戊午	己未	庚申	辛酉	壬戌	癸亥	甲子	乙丑	丙寅	丁卯	戊辰	己巳	庚午	辛未	壬申	癸酉	甲戌	乙亥	丙子	丁丑	戊寅	己卯	庚辰	辛巳	壬午	癸未	甲申	乙酉	丙戌
납음	沙中土		天上火		石榴木		大海水		海中金		爐中火		大林木		路傍土		劍鋒金		山頭火		澗下水		城頭土		白臘金		楊柳木		井中水		
음력	9/1	2	3	4	5	6	7	8	9	10	11	12	13	14	15	16	17	18	19	20	21	22	23	24	25	26	27	28	29	30	10/1
구성	2	1	9	8	7	6	5	4	3	2	1	9	8	7	6	5	4	3	2	1	9	8	7	6	5	4	3	2	1	9	2
대운 남	2	1	1	1	1	입	10	10	9	9	9	8	8	8	7	7	7	6	6	6	5	처	5	4	4	4	3	3	3	2	2
대운 여	9	9	10	10	10	추	1	1	1	1	2	2	2	3	3	3	4	4	4	5	5	서	6	6	6	7	7	7	8	8	8

입동 6일 08시 47분 【음10월】 ➡ 【己亥月(기해월)】 ☯二黑星 소설 22일 06시 21분

양력 11월 / 음력 10/02 ~ 11/02

양력	1	2	3	4	5	6	7	8	9	10	11	12	13	14	15	16	17	18	19	20	21	22	23	24	25	26	27	28	29	30
요일	화	수	목	금	토	일	월	화	수	목	금	토	일	월	화	수	목	금	토	일	월	화	수	목	금	토	일	월	화	수
일진 日辰	丁亥	戊子	己丑	庚寅	辛卯	壬辰	癸巳	甲午	乙未	丙申	丁酉	戊戌	己亥	庚子	辛丑	壬寅	癸卯	甲辰	乙巳	丙午	丁未	戊申	己酉	庚戌	辛亥	壬子	癸丑	甲寅	乙卯	丙辰
납음		霹靂火		松柏木		長流水		沙中金		山下火		平地木		壁上土		金箔金		覆燈火		天河水		大驛土		釵釧金		桑柘木		大溪水		
음력	2	3	4	5	6	7	8	9	10	11	12	13	14	15	16	17	18	19	20	21	22	23	24	25	26	27	28	29	11/1	2
구성	1	9	8	7	6	5	4	3	2	1	9	8	7	6	5	4	3	2	1	9	8	7	6	5	4	3	2	1	9	8
대운 남	2	1	1	1	1	입	10	10	9	9	9	8	8	8	7	7	7	6	6	6	5	소	5	4	4	4	3	3	3	2
대운 여	8	8	9	9	9	동	1	1	1	1	2	2	2	3	3	3	4	4	4	5	5	설	6	6	6	7	7	7	8	8

대설 7일 01시 40분 【음11월】 ➡ 【庚子月(경자월)】 ☯一白星 동지 21일 19시 43분

양력 12월 / 음력 11/03 ~ 12/03

양력	1	2	3	4	5	6	7	8	9	10	11	12	13	14	15	16	17	18	19	20	21	22	23	24	25	26	27	28	29	30	31
요일	목	금	토	일	월	화	수	목	금	토	일	월	화	수	목	금	토	일	월	화	수	목	금	토	일	월	화	수	목	금	토
일진 日辰	丁巳	戊午	己未	庚申	辛酉	壬戌	癸亥	甲子	乙丑	丙寅	丁卯	戊辰	己巳	庚午	辛未	壬申	癸酉	甲戌	乙亥	丙子	丁丑	戊寅	己卯	庚辰	辛巳	壬午	癸未	甲申	乙酉	丙戌	丁亥
납음		天上火		石榴木		大海水		海中金		爐中火		大林木		路傍土		劍鋒金		山頭火		澗下水		城頭土		白臘金		楊柳木		井中水		屋上土	
음력	3	4	5	6	7	8	9	10	11	12	13	14	15	16	17	18	19	20	21	22	23	24	25	26	27	28	29	30	12/1	2	3
구성	7	6	5	4	3	2	1	1	2	3	4	5	6	7	8	9	1	2	3	4	5	6	7	8	9	1	2	3	4	5	6
대운 남	2	2	1	1	1	1	대	9	9	9	8	8	8	7	7	7	6	6	6	5	동	5	4	4	4	3	3	3	2	2	2
대운 여	8	9	9	9	10	10	설	1	1	1	1	2	2	2	3	3	3	4	4	4	지	5	5	6	6	6	7	7	7	8	8

단기 4350 年 불기 2561 年	2017년

下元 丁酉年 납음(山下火),본명성(一白水)

닭

대장군(午남방), 삼살(동방), 상문(亥서북방), 조객(未서남방),납음(산하화), 삼재(해자축) 臘享(납향):2018년1월27일(음12/11)

소한 5일 12시 55분 【음12월】 ➡ 【辛丑月(신축월)】 ☯九紫星 대한 20일 06시 23분

양력 1월	1	2	3	4	5	6	7	8	9	10	11	12	13	14	15	16	17	18	19	20	21	22	23	24	25	26	27	28	29	30	31
요일	일	월	화	수	목	금	토	일	월	화	수	목	금	토	일	월	화	수	목	금	토	일	월	화	수	목	금	토	일	월	화
일진 日辰	戊子	己丑	庚寅	辛卯	壬辰	癸巳	甲午	乙未	丙申	丁酉	戊戌	己亥	庚子	辛丑	壬寅	癸卯	甲辰	乙巳	丙午	丁未	戊申	己酉	庚戌	辛亥	壬子	癸丑	甲寅	乙卯	丙辰	丁巳	戊午
납음	霹靂火		松柏木		長流水		沙中金		山下火		平地木		壁上土		金箔金		覆燈火		天河水		大驛土		釵釧金		桑柘木		大溪水		沙中土		
음력 (12/04 ~ 01/04)	4	5	6	7	8	9	10	11	12	13	14	15	16	17	18	19	20	21	22	23	24	25	26	27	28	29	30	1/1	2	3	4
구성	7	8	9	1	2	3	4	5	6	7	8	9	1	2	3	4	5	6	7	8	9	1	2	3	4	5	6	7	8	9	1
대운 남	1	1	1	1	소	10	9	9	9	8	8	8	7	7	7	6	6	6	5	대	5	4	4	4	3	3	3	2	2	2	1
대운 여	8	9	9	9	한	1	1	1	1	2	2	2	3	3	3	4	4	4	5	한	5	6	6	6	7	7	7	8	8	8	9

입춘 4일 00시 33분 【음1월】 ➡ 【壬寅月(임인월)】 ☯八白星 우수 18일 20시 30분

양력 2월	1	2	3	4	5	6	7	8	9	10	11	12	13	14	15	16	17	18	19	20	21	22	23	24	25	26	27	28
요일	수	목	금	토	일	월	화	수	목	금	토	일	월	화	수	목	금	토	일	월	화	수	목	금	토	일	월	화
일진 日辰	己未	庚申	辛酉	壬戌	癸亥	甲子	乙丑	丙寅	丁卯	戊辰	己巳	庚午	辛未	壬申	癸酉	甲戌	乙亥	丙子	丁丑	戊寅	己卯	庚辰	辛巳	壬午	癸未	甲申	乙酉	丙戌
납음		石榴木		大海水		海中金		爐中火		大林木		路傍土		劍鋒金		山頭火		澗下水		城頭土		白臘金		楊柳木		井中水		
음력 (01/05 ~ 02/03)	5	6	7	8	9	10	11	12	13	14	15	16	17	18	19	20	21	22	23	24	25	26	27	28	29	2/1	2	3
구성	2	3	4	5	6	7	8	9	1	2	3	4	5	6	7	8	9	1	2	3	4	5	6	7	8	9	1	2
대운 남	1	1	1	입	1	1	1	1	2	2	2	3	3	3	4	4	4	우	5	5	6	6	6	7	7	7	8	8
대운 여	9	9	10	춘	9	9	9	8	8	8	7	7	7	6	6	6	5	수	5	4	4	4	3	3	3	2	2	2

丁酉年

경칩 5일 18시 32분 【음2월】 ➡ 【癸卯月(계묘월)】 ☯七赤星 춘분 20일 19시 28분

양력 3월	1	2	3	4	5	6	7	8	9	10	11	12	13	14	15	16	17	18	19	20	21	22	23	24	25	26	27	28	29	30	31
요일	수	목	금	토	일	월	화	수	목	금	토	일	월	화	수	목	금	토	일	월	화	수	목	금	토	일	월	화	수	목	금
일진 日辰	丁亥	戊子	己丑	庚寅	辛卯	壬辰	癸巳	甲午	乙未	丙申	丁酉	戊戌	己亥	庚子	辛丑	壬寅	癸卯	甲辰	乙巳	丙午	丁未	戊申	己酉	庚戌	辛亥	壬子	癸丑	甲寅	乙卯	丙辰	丁巳
납음		霹靂火		松柏木		長流水		沙中金		山下火		平地木		壁上土		金箔金		覆燈火		天河水		大驛土		釵釧金		桑柘木		大溪水		沙中土	
음력 (02/04 ~ 03/04)	4	5	6	7	8	9	10	11	12	13	14	15	16	17	18	19	20	21	22	23	24	25	26	27	28	29	30	3/1	2	3	4
구성	3	4	5	6	7	8	9	1	2	3	4	5	6	7	8	9	1	2	3	4	5	6	7	8	9	1	2	3	4	5	6
대운 남	8	9	9	9	경	1	1	1	1	2	2	2	3	3	3	4	4	4	5	춘	5	6	6	6	7	7	7	8	8	8	9
대운 여	1	1	1	1	칩	10	9	9	9	8	8	8	7	7	7	6	6	6	5	분	5	4	4	4	3	3	3	2	2	2	1

청명 4일 23시 16분 【음3월】 ➡ 【甲辰月(갑진월)】 ☯六白星 곡우 20일 06시 26분

양력 4월	1	2	3	4	5	6	7	8	9	10	11	12	13	14	15	16	17	18	19	20	21	22	23	24	25	26	27	28	29	30
요일	토	일	월	화	수	목	금	토	일	월	화	수	목	금	토	일	월	화	수	목	금	토	일	월	화	수	목	금	토	일
일진 日辰	戊午	己未	庚申	辛酉	壬戌	癸亥	甲子	乙丑	丙寅	丁卯	戊辰	己巳	庚午	辛未	壬申	癸酉	甲戌	乙亥	丙子	丁丑	戊寅	己卯	庚辰	辛巳	壬午	癸未	甲申	乙酉	丙戌	丁亥
납음	天上火		石榴木		大海水		海中金		爐中火		大林木		路傍土		劍鋒金		山頭火		澗下水		城頭土		白臘金		楊柳木		井中水		屋上土	
음력 (03/05 ~ 04/05)	5	6	7	8	9	10	11	12	13	14	15	16	17	18	19	20	21	22	23	24	25	26	27	28	29	4/1	2	3	4	5
구성	7	8	9	1	2	3	4	5	6	7	8	9	1	2	3	4	5	6	7	8	9	1	2	3	4	5	6	7	8	9
대운 남	9	9	10	청	1	1	1	1	2	2	2	3	3	3	4	4	4	5	5	곡	6	6	6	7	7	7	8	8	8	9
대운 여	1	1	1	명	10	10	9	9	9	8	8	8	7	7	7	6	6	6	5	우	5	4	4	4	3	3	3	2	2	2

입하 5일 16시 30분 【음4월】 ➡ 【乙巳月(을사월)】 ☯五黃星 소만 21일 05시 30분

양력 5월	1	2	3	4	5	6	7	8	9	10	11	12	13	14	15	16	17	18	19	20	21	22	23	24	25	26	27	28	29	30	31
요일	월	화	수	목	금	토	일	월	화	수	목	금	토	일	월	화	수	목	금	토	일	월	화	수	목	금	토	일	월	화	수
일진 日辰	戊子	己丑	庚寅	辛卯	壬辰	癸巳	甲午	乙未	丙申	丁酉	戊戌	己亥	庚子	辛丑	壬寅	癸卯	甲辰	乙巳	丙午	丁未	戊申	己酉	庚戌	辛亥	壬子	癸丑	甲寅	乙卯	丙辰	丁巳	戊午
납음	霹靂火		松柏木		長流水		沙中金		山下火		平地木		壁上土		金箔金		覆燈火		天河水		大驛土		釵釧金		桑柘木		大溪水		沙中土		
음력 (04/06 ~ 05/06)	6	7	8	9	10	11	12	13	14	15	16	17	18	19	20	21	22	23	24	25	26	27	28	29	30	5/1	2	3	4	5	6
구성	1	2	3	4	5	6	7	8	9	1	2	3	4	5	6	7	8	9	1	2	3	4	5	6	7	8	9	1	2	3	4
대운 남	9	9	10	10	입	1	1	1	1	2	2	2	3	3	3	4	4	4	5	5	소	6	6	6	7	7	7	8	8	8	9
대운 여	1	1	1	1	하	10	10	9	9	9	8	8	8	7	7	7	6	6	6	5	만	5	4	4	4	3	3	3	2	2	2

망종 5일 20시 36분 【음5월】 ➡ 【丙午月(병오월)】 ☯四綠星 하지 21일 13시 23분

양력 6월	1	2	3	4	5	6	7	8	9	10	11	12	13	14	15	16	17	18	19	20	21	22	23	24	25	26	27	28	29	30
요일	목	금	토	일	월	화	수	목	금	토	일	월	화	수	목	금	토	일	월	화	수	목	금	토	일	월	화	수	목	금
일진 日辰	己未	庚申	辛酉	壬戌	癸亥	甲子	乙丑	丙寅	丁卯	戊辰	己巳	庚午	辛未	壬申	癸酉	甲戌	乙亥	丙子	丁丑	戊寅	己卯	庚辰	辛巳	壬午	癸未	甲申	乙酉	丙戌	丁亥	戊子
납음		石榴木		大海水		海中金		爐中火		大林木		路傍土		劍鋒金		山頭火		澗下水		城頭土		白臘金		楊柳木		井中水		屋上土		
음력 (05/07 ~ 윤507)	7	8	9	10	11	12	13	14	15	16	17	18	19	20	21	22	23	24	25	26	27	28	29	윤5	2	3	4	5	6	7
구성	5	6	7	8	9	9	8	7	6	5	4	3	2	1	9	8	7	6	5	4	3	2	1	9	8	7	6	5	4	3
대운 남	9	9	10	10	망	1	1	1	1	2	2	2	3	3	3	4	4	4	5	5	하	6	6	6	7	7	7	8	8	8
대운 여	1	1	1	1	종	10	10	10	9	9	9	8	8	8	7	7	7	6	6	6	지	5	5	4	4	4	3	3	3	2

한식(4월05일), 초복(7월12일), 중복(7월22일), 말복(8월11일) ☂춘사(春社)3/22 ☀추사(秋社)9/18
토왕지절(土旺之節):4월17일,7월19일,10월20일,1월17일(음12/01)臘享(납향):2018년1월27일(음12/11)

七日得辛, 二龍治水, 2017년 정유年(산하화), 일백수

9紫	5黃	7赤
8白	1白	3碧
4綠	6白	2黑

2017 丁酉年

소서 7일 06시 50분 【음6월】 ➡ 【丁未月(정미월)】 ☯三碧星 대서 23일 00시 14분

양력	양력	1	2	3	4	5	6	7	8	9	10	11	12	13	14	15	16	17	18	19	20	21	22	23	24	25	26	27	28	29	30	31
7월	요일	토	일	월	화	수	목	금	토	일	월	화	수	목	금	토	일	월	화	수	목	금	토	일	월	화	수	목	금	토	일	월
	일진 日辰	己丑	庚寅	辛卯	壬辰	癸巳	甲午	乙未	丙申	丁酉	戊戌	己亥	庚子	辛丑	壬寅	癸卯	甲辰	乙巳	丙午	丁未	戊申	己酉	庚戌	辛亥	壬子	癸丑	甲寅	乙卯	丙辰	丁巳	戊午	己未
음력	납음		松柏木		長流水		沙中金		山下火		平地木		壁上土		金箔金		覆燈火		天河水		大驛土		釵釧金		桑柘木		大溪水		沙中土		天上火	
윤508	음력	8	9	10	11	12	13	14	15	16	17	18	19	20	21	22	23	24	25	26	27	28	29	6/1	2	3	4	5	6	7	8	9
▮	구성	2	1	9	8	7	6	5	4	3	2	1	9	8	7	6	5	4	3	2	1	9	8	7	6	5	4	3	2	1	9	8
06/09	대운 남	9	9	9	10	10	10	소	1	1	1	1	2	2	2	3	3	3	4	4	4	5	5	대	6	6	6	7	7	7	8	8
	대운 여	2	2	1	1	1	1	서	10	10	9	9	9	8	8	8	7	7	7	6	6	6	5	서	5	4	4	4	3	3	3	2

입추 7일 16시 39분 【음7월】 ➡ 【戊申月(무신월)】 ☯二黑星 처서 23일 07시 19분

양력	양력	1	2	3	4	5	6	7	8	9	10	11	12	13	14	15	16	17	18	19	20	21	22	23	24	25	26	27	28	29	30	31
8월	요일	화	수	목	금	토	일	월	화	수	목	금	토	일	월	화	수	목	금	토	일	월	화	수	목	금	토	일	월	화	수	목
	일진 日辰	庚申	辛酉	壬戌	癸亥	甲子	乙丑	丙寅	丁卯	戊辰	己巳	庚午	辛未	壬申	癸酉	甲戌	乙亥	丙子	丁丑	戊寅	己卯	庚辰	辛巳	壬午	癸未	甲申	乙酉	丙戌	丁亥	戊子	己丑	庚寅
음력	납음	石榴木		大海水		海中金		爐中火		大林木		路傍土		劍鋒金		山頭火		澗下水		城頭土		白臘金		楊柳木		井中水		屋上土		霹靂火		
06/10	음력	10	11	12	13	14	15	16	17	18	19	20	21	22	23	24	25	26	27	28	29	30	7/1	2	3	4	5	6	7	8	9	10
▮	구성	7	6	5	4	3	2	1	9	8	7	6	5	4	3	2	1	9	8	7	6	5	4	3	2	1	9	8	7	6	5	4
07/10	대운 남	8	9	9	9	10	10	입	1	1	1	1	2	2	2	3	3	3	4	4	4	5	5	처	6	6	6	7	7	7	8	8
	대운 여	2	2	1	1	1	1	추	10	10	9	9	9	8	8	8	7	7	7	6	6	6	5	서	5	4	4	4	3	3	3	2

백로 7일 19시 38분 【음8월】 ➡ 【己酉月(기유월)】 ☯一白星 추분 23일 05시 01분

양력	양력	1	2	3	4	5	6	7	8	9	10	11	12	13	14	15	16	17	18	19	20	21	22	23	24	25	26	27	28	29	30
9월	요일	금	토	일	월	화	수	목	금	토	일	월	화	수	목	금	토	일	월	화	수	목	금	토	일	월	화	수	목	금	토
	일진 日辰	辛卯	壬辰	癸巳	甲午	乙未	丙申	丁酉	戊戌	己亥	庚子	辛丑	壬寅	癸卯	甲辰	乙巳	丙午	丁未	戊申	己酉	庚戌	辛亥	壬子	癸丑	甲寅	乙卯	丙辰	丁巳	戊午	己未	庚申
음력	납음		長流水		沙中金		山下火		平地木		壁上土		金箔金		覆燈火		天河水		大驛土		釵釧金		桑柘木		大溪水		沙中土		天上火		
07/11	음력	11	12	13	14	15	16	17	18	19	20	21	22	23	24	25	26	27	28	29	8/1	2	3	4	5	6	7	8	9	10	11
▮	구성	3	2	1	9	8	7	6	5	4	3	2	1	9	8	7	6	5	4	3	2	1	9	8	7	6	5	4	3	2	1
08/11	대운 남	8	9	9	9	10	10	백	1	1	1	1	2	2	2	3	3	3	4	4	4	5	5	추	6	6	6	7	7	7	8
	대운 여	2	2	1	1	1	1	로	10	10	9	9	9	8	8	8	7	7	7	6	6	6	5	분	5	4	4	4	3	3	3

한로 8일 11시 21분 【음9월】 ➡ 【庚戌月(경술월)】 ☯九紫星 상강 23일 14시 26분

양력	양력	1	2	3	4	5	6	7	8	9	10	11	12	13	14	15	16	17	18	19	20	21	22	23	24	25	26	27	28	29	30	31
10월	요일	일	월	화	수	목	금	토	일	월	화	수	목	금	토	일	월	화	수	목	금	토	일	월	화	수	목	금	토	일	월	화
	일진 日辰	辛酉	壬戌	癸亥	甲子	乙丑	丙寅	丁卯	戊辰	己巳	庚午	辛未	壬申	癸酉	甲戌	乙亥	丙子	丁丑	戊寅	己卯	庚辰	辛巳	壬午	癸未	甲申	乙酉	丙戌	丁亥	戊子	己丑	庚寅	辛卯
음력	납음		大海水		海中金		爐中火		大林木		路傍土		劍鋒金		山頭火		澗下水		城頭土		白臘金		楊柳木		井中水		屋上土		霹靂火		松柏木	
08/12	음력	12	13	14	15	16	17	18	19	20	21	22	23	24	25	26	27	28	29	30	9/1	2	3	4	5	6	7	8	9	10	11	12
▮	구성	9	8	7	6	5	4	3	2	1	9	8	7	6	5	4	3	2	1	9	8	7	6	5	4	3	2	1	9	8	7	6
09/12	대운 남	8	8	9	9	9	10	10	한	1	1	1	1	2	2	2	3	3	3	4	4	4	5	상	5	6	6	6	7	7	7	8
	대운 여	2	2	2	1	1	1	1	로	10	9	9	9	8	8	8	7	7	7	6	6	6	5	강	5	4	4	4	3	3	3	2

입동 7일 14시 37분 【음10월】 ➡ 【辛亥月(신해월)】 ☯八白星 소설 22일 12시 04분

양력	양력	1	2	3	4	5	6	7	8	9	10	11	12	13	14	15	16	17	18	19	20	21	22	23	24	25	26	27	28	29	30
11월	요일	수	목	금	토	일	월	화	수	목	금	토	일	월	화	수	목	금	토	일	월	화	수	목	금	토	일	월	화	수	목
	일진 日辰	壬辰	癸巳	甲午	乙未	丙申	丁酉	戊戌	己亥	庚子	辛丑	壬寅	癸卯	甲辰	乙巳	丙午	丁未	戊申	己酉	庚戌	辛亥	壬子	癸丑	甲寅	乙卯	丙辰	丁巳	戊午	己未	庚申	辛酉
음력	납음	長流水		沙中金		山下火		平地木		壁上土		金箔金		覆燈火		天河水		大驛土		釵釧金		桑柘木		大溪水		沙中土		天上火		石榴木	
09/13	음력	13	14	15	16	17	18	19	20	21	22	23	24	25	26	27	28	29	10/1	2	3	4	5	6	7	8	9	10	11	12	13
▮	구성	5	4	3	2	1	9	8	7	6	5	4	3	2	1	9	8	7	6	5	4	3	2	1	9	8	7	6	5	4	3
10/13	대운 남	8	8	9	9	9	10	입	1	1	1	1	2	2	2	3	3	3	4	4	4	5	소	5	6	6	6	7	7	7	8
	대운 여	2	2	1	1	1	1	동	10	9	9	9	8	8	8	7	7	7	6	6	6	5	설	5	4	4	4	3	3	3	2

대설 7일 07시 32분 【음11월】 ➡ 【壬子月(임자월)】 ☯七赤星 동지 22일 01시 27분

양력	양력	1	2	3	4	5	6	7	8	9	10	11	12	13	14	15	16	17	18	19	20	21	22	23	24	25	26	27	28	29	30	31
12월	요일	금	토	일	월	화	수	목	금	토	일	월	화	수	목	금	토	일	월	화	수	목	금	토	일	월	화	수	목	금	토	일
	일진 日辰	壬戌	癸亥	甲子	乙丑	丙寅	丁卯	戊辰	己巳	庚午	辛未	壬申	癸酉	甲戌	乙亥	丙子	丁丑	戊寅	己卯	庚辰	辛巳	壬午	癸未	甲申	乙酉	丙戌	丁亥	戊子	己丑	庚寅	辛卯	壬辰
음력	납음	大海水		海中金		爐中火		大林木		路傍土		劍鋒金		山頭火		澗下水		城頭土		白臘金		楊柳木		井中水		屋上土		霹靂火		松柏木		
10/14	음력	14	15	16	17	18	19	20	21	22	23	24	25	26	27	28	29	30	11/1	2	3	4	5	6	7	8	9	10	11	12	13	14
▮	구성	2	1	1	2	3	4	5	6	7	8	9	1	2	3	4	5	6	7	8	9	1	2	3	4	5	6	7	8	9	1	2
11/14	대운 남	8	8	9	9	9	10	대	1	1	1	1	2	2	2	3	3	3	4	4	4	5	동	5	6	6	6	7	7	7	8	8
	대운 여	2	2	1	1	1	1	설	9	9	9	8	8	8	7	7	7	6	6	6	5	5	지	4	4	4	3	3	3	2	2	2

단기 4351 年

불기 2562 年

2018년

下元 戊戌年 납음(平地木),본명성(九紫火)

대장군(午남방), 삼살(북방), 상문(子북방),조객(申서남방), 납음(평지목),【삼재(신,유,술)년】 臘享(납향):2019년1월22일(음12/17)

개

소한 5일 18시 48분 【음12월】 ➡ 【癸丑月(계축월)】 ☯六白星 대한 20일 12시 08분

양력 1월 / 음력 11/15 ~ 12/15

	1	2	3	4	5	6	7	8	9	10	11	12	13	14	15	16	17	18	19	20	21	22	23	24	25	26	27	28	29	30	31
요일	월	화	수	목	금	토	일	월	화	수	목	금	토	일	월	화	수	목	금	토	일	월	화	수	목	금	토	일	월	화	수
일진	癸	甲	乙	丙	丁	戊	己	庚	辛	壬	癸	甲	乙	丙	丁	戊	己	庚	辛	壬	癸	甲	乙	丙	丁	戊	己	庚	辛	壬	癸
日辰	巳	午	未	申	酉	戌	亥	子	丑	寅	卯	辰	巳	午	未	申	酉	戌	亥	子	丑	寅	卯	辰	巳	午	未	申	酉	戌	亥
납음		沙中金		山下火		平地木		壁上土		金箔金		覆燈火		天河水		大驛土		釵釧金		桑柘木		大溪水		沙中土		天上火		石榴木		大海水	
음력	15	16	17	18	19	20	21	22	23	24	25	26	27	28	29	30	12/1	2	3	4	5	6	7	8	9	10	11	12	13	14	15
구성	3	4	5	6	7	8	9	1	2	3	4	5	6	7	8	9	1	2	3	4	5	6	7	8	9	1	2	3	4	5	6
대운 남	8	9	9	9	소	1	1	1	1	2	2	2	3	3	3	4	4	4	5	대	5	6	6	6	7	7	7	8	8	8	9
대운 여	1	1	1	1	한	10	9	9	9	8	8	8	7	7	7	6	6	6	5	한	5	4	4	4	3	3	3	2	2	2	1

입춘 4일 06시 28분 【음1월】 ➡ 【甲寅月(갑인월)】 ☯五黃星 우수 19일 02시 17분

양력 2월 / 음력 12/16 ~ 01/13

	1	2	3	4	5	6	7	8	9	10	11	12	13	14	15	16	17	18	19	20	21	22	23	24	25	26	27	28
요일	목	금	토	일	월	화	수	목	금	토	일	월	화	수	목	금	토	일	월	화	수	목	금	토	일	월	화	수
일진	甲	乙	丙	丁	戊	己	庚	辛	壬	癸	甲	乙	丙	丁	戊	己	庚	辛	壬	癸	甲	乙	丙	丁	戊	己	庚	辛
日辰	子	丑	寅	卯	辰	巳	午	未	申	酉	戌	亥	子	丑	寅	卯	辰	巳	午	未	申	酉	戌	亥	子	丑	寅	卯
납음	海中金		爐中火		大林木		路傍土		劍鋒金		山頭火		澗下水		城頭土		白臘金		楊柳木		井中水		屋上土		霹靂火		松柏木	
음력	16	17	18	19	20	21	22	23	24	25	26	27	28	29	30	1/1	2	3	4	5	6	7	8	9	10	11	12	13
구성	7	8	9	1	2	3	4	5	6	7	8	9	1	2	3	4	5	6	7	8	9	1	2	3	4	5	6	7
대운 남	9	9	10	입	10	9	9	9	8	8	8	7	7	7	6	6	6	5	우	5	4	4	4	3	3	3	2	2
대운 여	1	1	1	춘	1	1	1	1	2	2	2	3	3	3	4	4	4	5	수	5	6	6	6	7	7	7	8	8

戊戌年

경칩 6일 00시 27분 【음2월】 ➡ 【乙卯月(을묘월)】 ☯四綠星 춘분 21일 01시 14분

양력 3월 / 음력 01/14 ~ 02/15

	1	2	3	4	5	6	7	8	9	10	11	12	13	14	15	16	17	18	19	20	21	22	23	24	25	26	27	28	29	30	31
요일	목	금	토	일	월	화	수	목	금	토	일	월	화	수	목	금	토	일	월	화	수	목	금	토	일	월	화	수	목	금	토
일진	壬	癸	甲	乙	丙	丁	戊	己	庚	辛	壬	癸	甲	乙	丙	丁	戊	己	庚	辛	壬	癸	甲	乙	丙	丁	戊	己	庚	辛	壬
日辰	辰	巳	午	未	申	酉	戌	亥	子	丑	寅	卯	辰	巳	午	未	申	酉	戌	亥	子	丑	寅	卯	辰	巳	午	未	申	酉	戌
납음	長流水		沙中金		山下火		平地木		壁上土		金箔金		覆燈火		天河水		大驛土		釵釧金		桑柘木		大溪水		沙中土		天上火		石榴木		
음력	14	15	16	17	18	19	20	21	22	23	24	25	26	27	28	29	2/1	2	3	4	5	6	7	8	9	10	11	12	13	14	15
구성	8	9	1	2	3	4	5	6	7	8	9	1	2	3	4	5	6	7	8	9	1	2	3	4	5	6	7	8	9	1	2
대운 남	2	1	1	1	1	경	10	9	9	9	8	8	8	7	7	7	6	6	6	5	춘	5	4	4	4	3	3	3	2	2	2
대운 여	8	9	9	9	10	칩	1	1	1	1	2	2	2	3	3	3	4	4	4	5	분	5	6	6	6	7	7	7	8	8	8

청명 5일 05시 12분 【음3월】 ➡ 【丙辰月(병진월)】 ☯三碧星 곡우 20일 12시 12분

양력 4월 / 음력 02/16 ~ 03/15

	1	2	3	4	5	6	7	8	9	10	11	12	13	14	15	16	17	18	19	20	21	22	23	24	25	26	27	28	29	30
요일	일	월	화	수	목	금	토	일	월	화	수	목	금	토	일	월	화	수	목	금	토	일	월	화	수	목	금	토	일	월
일진	癸	甲	乙	丙	丁	戊	己	庚	辛	壬	癸	甲	乙	丙	丁	戊	己	庚	辛	壬	癸	甲	乙	丙	丁	戊	己	庚	辛	壬
日辰	亥	子	丑	寅	卯	辰	巳	午	未	申	酉	戌	亥	子	丑	寅	卯	辰	巳	午	未	申	酉	戌	亥	子	丑	寅	卯	辰
납음		海中金		爐中火		大林木		路傍土		劍鋒金		山頭火		澗下水		城頭土		白臘金		楊柳木		井中水		屋上土		霹靂火		松柏木		
음력	16	17	18	19	20	21	22	23	24	25	26	27	28	29	30	3/1	2	3	4	5	6	7	8	9	10	11	12	13	14	15
구성	3	4	5	6	7	8	9	1	2	3	4	5	6	7	8	9	1	2	3	4	5	6	7	8	9	1	2	3	4	5
대운 남	1	1	1	1	청	10	9	9	9	8	8	8	7	7	7	6	6	6	5	곡	5	4	4	4	3	3	3	2	2	2
대운 여	9	9	9	10	명	1	1	1	1	2	2	2	3	3	3	4	4	4	5	우	5	6	6	6	7	7	7	8	8	8

입하 5일 22시 24분 【음4월】 ➡ 【丁巳月(정사월)】 ☯二黑星 소만 21일 11시 14분

양력 5월 / 음력 03/16 ~ 04/17

	1	2	3	4	5	6	7	8	9	10	11	12	13	14	15	16	17	18	19	20	21	22	23	24	25	26	27	28	29	30	31
요일	화	수	목	금	토	일	월	화	수	목	금	토	일	월	화	수	목	금	토	일	월	화	수	목	금	토	일	월	화	수	목
일진	癸	甲	乙	丙	丁	戊	己	庚	辛	壬	癸	甲	乙	丙	丁	戊	己	庚	辛	壬	癸	甲	乙	丙	丁	戊	己	庚	辛	壬	癸
日辰	巳	午	未	申	酉	戌	亥	子	丑	寅	卯	辰	巳	午	未	申	酉	戌	亥	子	丑	寅	卯	辰	巳	午	未	申	酉	戌	亥
납음		沙中金		山下火		平地木		壁上土		金箔金		覆燈火		天河水		大驛土		釵釧金		桑柘木		大溪水		沙中土		天上火		石榴木		大海水	
음력	16	17	18	19	20	21	22	23	24	25	26	27	28	29	4/1	2	3	4	5	6	7	8	9	10	11	12	13	14	15	16	17
구성	6	7	8	9	1	2	3	4	5	6	7	8	9	1	2	3	4	5	6	7	8	9	1	2	3	4	5	6	7	8	9
대운 남	1	1	1	1	입	10	10	10	9	9	9	8	8	8	7	7	7	6	6	6	소	5	5	4	4	4	3	3	3	2	2
대운 여	9	9	9	10	하	1	1	1	1	2	2	2	3	3	3	4	4	4	5	5	만	6	6	6	7	7	7	8	8	8	9

망종 6일 02시 28분 【음5월】 ➡ 【戊午月(무오월)】 ☯一白星 하지 21일 19시 06분

양력 6월 / 음력 04/18 ~ 05/17

	1	2	3	4	5	6	7	8	9	10	11	12	13	14	15	16	17	18	19	20	21	22	23	24	25	26	27	28	29	30
요일	금	토	일	월	화	수	목	금	토	일	월	화	수	목	금	토	일	월	화	수	목	금	토	일	월	화	수	목	금	토
일진	甲	乙	丙	丁	戊	己	庚	辛	壬	癸	甲	乙	丙	丁	戊	己	庚	辛	壬	癸	甲	乙	丙	丁	戊	己	庚	辛	壬	癸
日辰	子	丑	寅	卯	辰	巳	午	未	申	酉	戌	亥	子	丑	寅	卯	辰	巳	午	未	申	酉	戌	亥	子	丑	寅	卯	辰	巳
납음	海中金		爐中火		大林木		路傍土		劍鋒金		山頭火		澗下水		城頭土		白臘金		楊柳木		井中水		屋上土		霹靂火		松柏木		長流水	
음력	18	19	20	21	22	23	24	25	26	27	28	29	30	5/1	2	3	4	5	6	7	8	9	10	11	12	13	14	15	16	17
구성	9	8	7	6	5	4	3	2	1	9	8	7	6	5	4	3	2	1	9	8	7	6	5	4	3	2	1	9	8	7
대운 남	2	1	1	1	1	망	10	10	9	9	9	8	8	8	7	7	7	6	6	6	하	5	5	4	4	4	3	3	3	2
대운 여	9	9	10	10	10	종	1	1	1	1	2	2	2	3	3	3	4	4	4	5	지	5	6	6	6	7	7	7	8	8

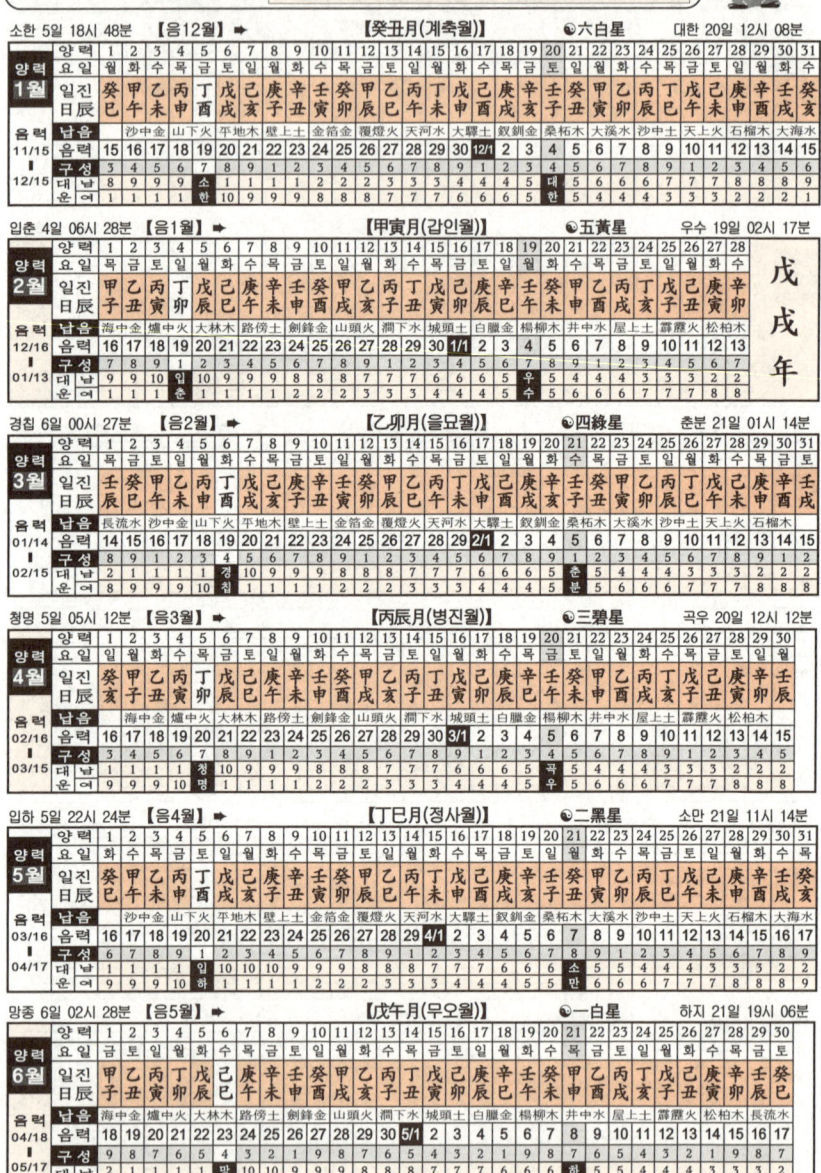

한식(4월06일), 초복(7월17일), 중복(7월27일), 말복(8월16일) ☂춘사(春社)3/17 ☀추사(秋社)9/23
토왕지절(土旺之節):4월17일,7월20일,10월20일,1월17일(음12/12)臘享(납향):2019년1월22일(음12/17)

三日得辛, 二龍治水, 2018년 무술年(평지목), 구자화

8白	4綠	6白
7赤	9紫	2黑
3碧	5黃	1白

2018 戊戌年

소서 7일 12시 41분 【음6월】 ➡ 【己未月(기미월)】 ☯九紫星 대서 23일 05시 59분

양력 7월 / 음력 05/18 – 06/19

양력	1	2	3	4	5	6	7	8	9	10	11	12	13	14	15	16	17	18	19	20	21	22	23	24	25	26	27	28	29	30	31
요일	일	월	화	수	목	금	토	일	월	화	수	목	금	토	일	월	화	수	목	금	토	일	월	화	수	목	금	토	일	월	화
일진 日辰	甲午	乙未	丙申	丁酉	戊戌	己亥	庚子	辛丑	壬寅	癸卯	甲辰	乙巳	丙午	丁未	戊申	己酉	庚戌	辛亥	壬子	癸丑	甲寅	乙卯	丙辰	丁巳	戊午	己未	庚申	辛酉	壬戌	癸亥	甲子
납음	沙中金		山下火		平地木		壁上土		金箔金		覆燈火		天河水		大驛土		釵釧金		桑柘木		大溪水		沙中土		天上火		石榴木		大海水		
음력	18	19	20	21	22	23	24	25	26	27	28	29	6/1	2	3	4	5	6	7	8	9	10	11	12	13	14	15	16	17	18	19
구성	6	5	4	3	2	1	9	8	7	6	5	4	3	2	1	9	8	7	6	5	4	3	2	1	9	8	7	6	5	4	3
대운 남	2	2	1	1	1	1	소	10	10	9	9	9	8	8	8	7	7	7	6	6	6	5	대	5	4	4	4	3	3	3	2
대운 여	8	9	9	9	10	10	서	1	1	1	1	2	2	2	3	3	3	4	4	4	5	5	서	6	6	6	7	7	7	8	8

입추 7일 22시 30분 【음7월】 ➡ 【庚申月(경신월)】 ☯八白星 처서 23일 13시 08분

양력 8월 / 음력 06/20 – 07/21

양력	1	2	3	4	5	6	7	8	9	10	11	12	13	14	15	16	17	18	19	20	21	22	23	24	25	26	27	28	29	30	31
요일	수	목	금	토	일	월	화	수	목	금	토	일	월	화	수	목	금	토	일	월	화	수	목	금	토	일	월	화	수	목	금
일진 日辰	乙丑	丙寅	丁卯	戊辰	己巳	庚午	辛未	壬申	癸酉	甲戌	乙亥	丙子	丁丑	戊寅	己卯	庚辰	辛巳	壬午	癸未	甲申	乙酉	丙戌	丁亥	戊子	己丑	庚寅	辛卯	壬辰	癸巳	甲午	乙未
납음		爐中火		大林木		路傍土		劍鋒金		山頭火		澗下水		城頭土		白臘金		楊柳木		井中水		屋上土		霹靂火		松柏木		長流水		沙中金	
음력	20	21	22	23	24	25	26	27	28	29	7/1	2	3	4	5	6	7	8	9	10	11	12	13	14	15	16	17	18	19	20	21
구성	2	1	9	8	7	6	5	4	3	2	1	9	8	7	6	5	4	3	2	1	9	8	7	6	5	4	3	2	1	9	8
대운 남	2	2	1	1	1	1	입	10	10	10	9	9	9	8	8	8	7	7	7	6	6	6	처	5	5	4	4	4	3	3	3
대운 여	8	9	9	9	10	10	추	1	1	1	1	2	2	2	3	3	3	4	4	4	5	5	서	6	6	6	7	7	7	8	8

백로 8일 01시 29분 【음8월】 ➡ 【辛酉月(신유월)】 ☯七赤星 추분 23일 10시 53분

양력 9월 / 음력 07/22 – 08/21

양력	1	2	3	4	5	6	7	8	9	10	11	12	13	14	15	16	17	18	19	20	21	22	23	24	25	26	27	28	29	30
요일	토	일	월	화	수	목	금	토	일	월	화	수	목	금	토	일	월	화	수	목	금	토	일	월	화	수	목	금	토	일
일진 日辰	丙申	丁酉	戊戌	己亥	庚子	辛丑	壬寅	癸卯	甲辰	乙巳	丙午	丁未	戊申	己酉	庚戌	辛亥	壬子	癸丑	甲寅	乙卯	丙辰	丁巳	戊午	己未	庚申	辛酉	壬戌	癸亥	甲子	乙丑
납음	山下火		平地木		壁上土		金箔金		覆燈火		天河水		大驛土		釵釧金		桑柘木		大溪水		沙中土		天上火		石榴木		大海水		海中金	
음력	22	23	24	25	26	27	28	29	30	8/1	2	3	4	5	6	7	8	9	10	11	12	13	14	15	16	17	18	19	20	21
구성	7	6	5	4	3	2	1	9	8	7	6	5	4	3	2	1	9	8	7	6	5	4	3	2	1	9	8	7	6	5
대운 남	2	2	2	1	1	1	1	백	10	9	9	9	8	8	8	7	7	7	6	6	6	5	추	5	4	4	4	3	3	3
대운 여	8	9	9	9	10	10	10	로	1	1	1	1	2	2	2	3	3	3	4	4	4	5	분	5	6	6	6	7	7	7

한로 8일 17시 14분 【음9월】 ➡ 【壬戌月(임술월)】 ☯六白星 상강 23일 20시 21분

양력 10월 / 음력 08/22 – 09/23

양력	1	2	3	4	5	6	7	8	9	10	11	12	13	14	15	16	17	18	19	20	21	22	23	24	25	26	27	28	29	30	31
요일	월	화	수	목	금	토	일	월	화	수	목	금	토	일	월	화	수	목	금	토	일	월	화	수	목	금	토	일	월	화	수
일진 日辰	丙寅	丁卯	戊辰	己巳	庚午	辛未	壬申	癸酉	甲戌	乙亥	丙子	丁丑	戊寅	己卯	庚辰	辛巳	壬午	癸未	甲申	乙酉	丙戌	丁亥	戊子	己丑	庚寅	辛卯	壬辰	癸巳	甲午	乙未	丙申
납음	爐中火		大林木		路傍土		劍鋒金		山頭火		澗下水		城頭土		白臘金		楊柳木		井中水		屋上土		霹靂火		松柏木		長流水		沙中金		
음력	22	23	24	25	26	27	28	29	9/1	2	3	4	5	6	7	8	9	10	11	12	13	14	15	16	17	18	19	20	21	22	23
구성	4	3	2	1	9	8	7	6	5	4	3	2	1	9	8	7	6	5	4	3	2	1	9	8	7	6	5	4	3	2	1
대운 남	2	2	2	1	1	1	1	한	10	9	9	9	8	8	8	7	7	7	6	6	6	5	상	5	4	4	4	3	3	3	2
대운 여	8	8	8	9	9	9	10	로	1	1	1	1	2	2	2	3	3	3	4	4	4	5	강	5	6	6	6	7	7	7	8

입동 7일 20시 31분 【음10월】 ➡ 【癸亥月(계해월)】 ☯五黃星 소설 22일 18시 01분

양력 11월 / 음력 09/24 – 10/23

양력	1	2	3	4	5	6	7	8	9	10	11	12	13	14	15	16	17	18	19	20	21	22	23	24	25	26	27	28	29	30
요일	목	금	토	일	월	화	수	목	금	토	일	월	화	수	목	금	토	일	월	화	수	목	금	토	일	월	화	수	목	금
일진 日辰	丁酉	戊戌	己亥	庚子	辛丑	壬寅	癸卯	甲辰	乙巳	丙午	丁未	戊申	己酉	庚戌	辛亥	壬子	癸丑	甲寅	乙卯	丙辰	丁巳	戊午	己未	庚申	辛酉	壬戌	癸亥	甲子	乙丑	丙寅
납음		平地木		壁上土		金箔金		覆燈火		天河水		大驛土		釵釧金		桑柘木		大溪水		沙中土		天上火		石榴木		大海水		海中金		
음력	24	25	26	27	28	29	30	10/1	2	3	4	5	6	7	8	9	10	11	12	13	14	15	16	17	18	19	20	21	22	23
구성	9	8	7	6	5	4	3	2	1	9	8	7	6	5	4	3	2	1	9	8	7	6	5	4	3	2	1	1	2	3
대운 남	2	2	1	1	1	1	입	10	9	9	9	8	8	8	7	7	7	6	6	6	5	소	5	4	4	4	3	3	3	2
대운 여	8	8	9	9	9	10	동	1	1	1	1	2	2	2	3	3	3	4	4	4	5	설	5	6	6	6	7	7	7	8

대설 7일 13시 25분 【음11월】 ➡ 【甲子月(갑자월)】 ☯四綠星 동지 22일 07시 22분

양력 12월 / 음력 10/24 – 11/25

양력	1	2	3	4	5	6	7	8	9	10	11	12	13	14	15	16	17	18	19	20	21	22	23	24	25	26	27	28	29	30	31
요일	토	일	월	화	수	목	금	토	일	월	화	수	목	금	토	일	월	화	수	목	금	토	일	월	화	수	목	금	토	일	월
일진 日辰	丁卯	戊辰	己巳	庚午	辛未	壬申	癸酉	甲戌	乙亥	丙子	丁丑	戊寅	己卯	庚辰	辛巳	壬午	癸未	甲申	乙酉	丙戌	丁亥	戊子	己丑	庚寅	辛卯	壬辰	癸巳	甲午	乙未	丙申	丁酉
납음		大林木		路傍土		劍鋒金		山頭火		澗下水		城頭土		白臘金		楊柳木		井中水		屋上土		霹靂火		松柏木		長流水		沙中金		山下火	
음력	24	25	26	27	28	29		2	3	4	5	6	7	8	9	10	11	12	13	14	15	16	17	18	19	20	21	22	23	24	25
구성	4	5	6	7	8	9	1	2	3	4	5	6	7	8	9	1	2	3	4	5	6	7	8	9	1	2	3	4	5	6	7
대운 남	2	2	1	1	1	1	대	10	9	9	9	8	8	8	7	7	7	6	6	6	5	동	5	4	4	4	3	3	3	2	2
대운 여	8	8	9	9	9	10	설	1	1	1	1	2	2	2	3	3	3	4	4	4	5	지	5	6	6	6	7	7	7	8	8

단기 4352 年	2019년	下元 己亥年 납음(平地木)본명성,(八白土)
불기 2563 年		대장군(酉서방), 삼살(酉서방), 상문(丑동북방),조객(酉서방), 납음(평지목), 【삼재(사,오,미)년】 臘享(납향):2020년1월18일(음12/23)

돼지

소한 6일 00시 38분 【음12월】 ➡ 【乙丑月(을축월)】 ☯三碧星 대한 20일 17시 59분

양력 1월	양력	1	2	3	4	5	6	7	8	9	10	11	12	13	14	15	16	17	18	19	20	21	22	23	24	25	26	27	28	29	30	31
	요일	화	수	목	금	토	일	월	화	수	목	금	토	일	월	화	수	목	금	토	일	월	화	수	목	금	토	일	월	화	수	목
	일진 日辰	戊戌	己亥	庚子	辛丑	壬寅	癸卯	甲辰	乙巳	丙午	丁未	戊申	己酉	庚戌	辛亥	壬子	癸丑	甲寅	乙卯	丙辰	丁巳	戊午	己未	庚申	辛酉	壬戌	癸亥	甲子	乙丑	丙寅	丁卯	戊辰
음력	납음	平地木		壁上土		金箔金		覆燈火		天河水		大驛土		釵釧金		桑柘木		大溪水		沙中土		天上火		石榴木		大海水		海中金		爐中火		
11/26	음력	26	27	28	29	30	12/1	2	3	4	5	6	7	8	9	10	11	12	13	14	15	16	17	18	19	20	21	22	23	24	25	26
~	구성	8	9	1	2	3	4	5	6	7	8	9	1	2	3	4	5	6	7	8	9	1	2	3	4	5	6	7	8	9	1	2
12/26	대운 남	2	1	1	1	1	소	9	9	9	8	8	8	7	7	7	6	6	6	5	대	5	4	4	4	3	3	3	2	2	2	1
	대운 여	8	9	9	9	10	한	1	1	1	1	2	2	2	3	3	3	4	4	4	한	5	5	6	6	6	7	7	7	8	8	8

입춘 4일 12시 13분 【음1월】 ➡ 【丙寅月(병인월)】 ☯二黑星 우수 19일 08시 03분

양력 2월	양력	1	2	3	4	5	6	7	8	9	10	11	12	13	14	15	16	17	18	19	20	21	22	23	24	25	26	27	28
	요일	금	토	일	월	화	수	목	금	토	일	월	화	수	목	금	토	일	월	화	수	목	금	토	일	월	화	수	목
	일진 日辰	己巳	庚午	辛未	壬申	癸酉	甲戌	乙亥	丙子	丁丑	戊寅	己卯	庚辰	辛巳	壬午	癸未	甲申	乙酉	丙戌	丁亥	戊子	己丑	庚寅	辛卯	壬辰	癸巳	甲午	乙未	丙申
음력	납음		路傍土		劍鋒金		山頭火		澗下水		城頭土		白臘金		楊柳木		井中水		屋上土		霹靂火		松柏木		長流水		沙中金		
12/27	음력	27	28	29	30	1/1	2	3	4	5	6	7	8	9	10	11	12	13	14	15	16	17	18	19	20	21	22	23	24
~	구성	3	4	5	6	7	8	9	1	2	3	4	5	6	7	8	9	1	2	3	4	5	6	7	8	9	1	2	3
01/24	대운 남	1	1	1	입	1	1	1	1	2	2	2	3	3	3	4	4	4	5	우	5	6	6	6	7	7	7	8	8
	대운 여	9	9	9	춘	10	9	9	9	8	8	8	7	7	7	6	6	6	5	수	5	4	4	4	3	3	3	2	2

己亥年

경칩 6일 06시 09분 【음2월】 ➡ 【丁卯月(정묘월)】 ☯一白星 춘분 21일 06시 57분

양력 3월	양력	1	2	3	4	5	6	7	8	9	10	11	12	13	14	15	16	17	18	19	20	21	22	23	24	25	26	27	28	29	30	31
	요일	금	토	일	월	화	수	목	금	토	일	월	화	수	목	금	토	일	월	화	수	목	금	토	일	월	화	수	목	금	토	일
	일진 日辰	丁酉	戊戌	己亥	庚子	辛丑	壬寅	癸卯	甲辰	乙巳	丙午	丁未	戊申	己酉	庚戌	辛亥	壬子	癸丑	甲寅	乙卯	丙辰	丁巳	戊午	己未	庚申	辛酉	壬戌	癸亥	甲子	乙丑	丙寅	丁卯
음력	납음		平地木		壁上土		金箔金		覆燈火		天河水		大驛土		釵釧金		桑柘木		大溪水		沙中土		天上火		石榴木		大海水		海中金		爐中火	
01/25	음력	25	26	27	28	29	30	2/1	2	3	4	5	6	7	8	9	10	11	12	13	14	15	16	17	18	19	20	21	22	23	24	25
~	구성	4	5	6	7	8	9	1	2	3	4	5	6	7	8	9	1	2	3	4	5	6	7	8	9	1	2	3	4	5	6	7
02/25	대운 남	8	9	9	9	10	경	1	1	1	1	2	2	2	3	3	3	4	4	4	5	춘	5	6	6	6	7	7	7	8	8	8
	대운 여	2	1	1	1	1	칩	10	9	9	9	8	8	8	7	7	7	6	6	6	5	분	5	4	4	4	3	3	3	2	2	2

청명 5일 10시 50분 【음3월】 ➡ 【戊辰月(무진월)】 ☯九紫星 곡우 20일 17시 54분

양력 4월	양력	1	2	3	4	5	6	7	8	9	10	11	12	13	14	15	16	17	18	19	20	21	22	23	24	25	26	27	28	29	30
	요일	월	화	수	목	금	토	일	월	화	수	목	금	토	일	월	화	수	목	금	토	일	월	화	수	목	금	토	일	월	화
	일진 日辰	戊辰	己巳	庚午	辛未	壬申	癸酉	甲戌	乙亥	丙子	丁丑	戊寅	己卯	庚辰	辛巳	壬午	癸未	甲申	乙酉	丙戌	丁亥	戊子	己丑	庚寅	辛卯	壬辰	癸巳	甲午	乙未	丙申	丁酉
음력	납음	大林木		路傍土		劍鋒金		山頭火		澗下水		城頭土		白臘金		楊柳木		井中水		屋上土		霹靂火		松柏木		長流水		沙中金		山下火	
02/26	음력	26	27	28	29	3/1	2	3	4	5	6	7	8	9	10	11	12	13	14	15	16	17	18	19	20	21	22	23	24	25	26
~	구성	8	9	1	2	3	4	5	6	7	8	9	1	2	3	4	5	6	7	8	9	1	2	3	4	5	6	7	8	9	1
03/26	대운 남	9	9	9	10	청	1	1	1	1	2	2	2	3	3	3	4	4	4	5	곡	5	6	6	6	7	7	7	8	8	8
	대운 여	1	1	1	1	명	10	10	9	9	9	8	8	8	7	7	7	6	6	6	우	5	5	4	4	4	3	3	3	2	2

입하 6일 04시 02분 【음4월】 ➡ 【己巳月(기사월)】 ☯八白星 소만 21일 16시 58분

양력 5월	양력	1	2	3	4	5	6	7	8	9	10	11	12	13	14	15	16	17	18	19	20	21	22	23	24	25	26	27	28	29	30	31
	요일	수	목	금	토	일	월	화	수	목	금	토	일	월	화	수	목	금	토	일	월	화	수	목	금	토	일	월	화	수	목	금
	일진 日辰	戊戌	己亥	庚子	辛丑	壬寅	癸卯	甲辰	乙巳	丙午	丁未	戊申	己酉	庚戌	辛亥	壬子	癸丑	甲寅	乙卯	丙辰	丁巳	戊午	己未	庚申	辛酉	壬戌	癸亥	甲子	乙丑	丙寅	丁卯	戊辰
음력	납음	平地木		壁上土		金箔金		覆燈火		天河水		大驛土		釵釧金		桑柘木		大溪水		沙中土		天上火		石榴木		大海水		海中金		爐中火		
03/27	음력	27	28	29	30	4/1	2	3	4	5	6	7	8	9	10	11	12	13	14	15	16	17	18	19	20	21	22	23	24	25	26	27
~	구성	2	3	4	5	6	7	8	9	1	2	3	4	5	6	7	8	9	1	2	3	4	5	6	7	8	9	9	8	7	6	5
04/27	대운 남	9	9	9	10	10	입	1	1	1	1	2	2	2	3	3	3	4	4	4	5	소	5	6	6	6	7	7	7	8	8	8
	대운 여	2	1	1	1	1	하	10	10	9	9	9	8	8	8	7	7	7	6	6	6	만	5	5	4	4	4	3	3	3	2	2

망종 6일 08시 05분 【음5월】 ➡ 【庚午月(경오월)】 ☯七赤星 하지 22일 00시 53분

양력 6월	양력	1	2	3	4	5	6	7	8	9	10	11	12	13	14	15	16	17	18	19	20	21	22	23	24	25	26	27	28	29	30
	요일	토	일	월	화	수	목	금	토	일	월	화	수	목	금	토	일	월	화	수	목	금	토	일	월	화	수	목	금	토	일
	일진 日辰	己巳	庚午	辛未	壬申	癸酉	甲戌	乙亥	丙子	丁丑	戊寅	己卯	庚辰	辛巳	壬午	癸未	甲申	乙酉	丙戌	丁亥	戊子	己丑	庚寅	辛卯	壬辰	癸巳	甲午	乙未	丙申	丁酉	戊戌
음력	납음		路傍土		劍鋒金		山頭火		澗下水		城頭土		白臘金		楊柳木		井中水		屋上土		霹靂火		松柏木		長流水		沙中金		山下火		
04/28	음력	28	29	5/1	2	3	4	5	6	7	8	9	10	11	12	13	14	15	16	17	18	19	20	21	22	23	24	25	26	27	28
~	구성	4	3	2	1	9	8	7	6	5	4	3	2	1	9	8	7	6	5	4	3	2	1	9	8	7	6	5	4	3	2
05/28	대운 남	9	9	9	10	10	망	1	1	1	1	2	2	2	3	3	3	4	4	4	5	5	하	6	6	6	7	7	7	8	8
	대운 여	2	1	1	1	1	종	10	10	9	9	9	8	8	8	7	7	7	6	6	6	5	지	5	4	4	4	3	3	3	2

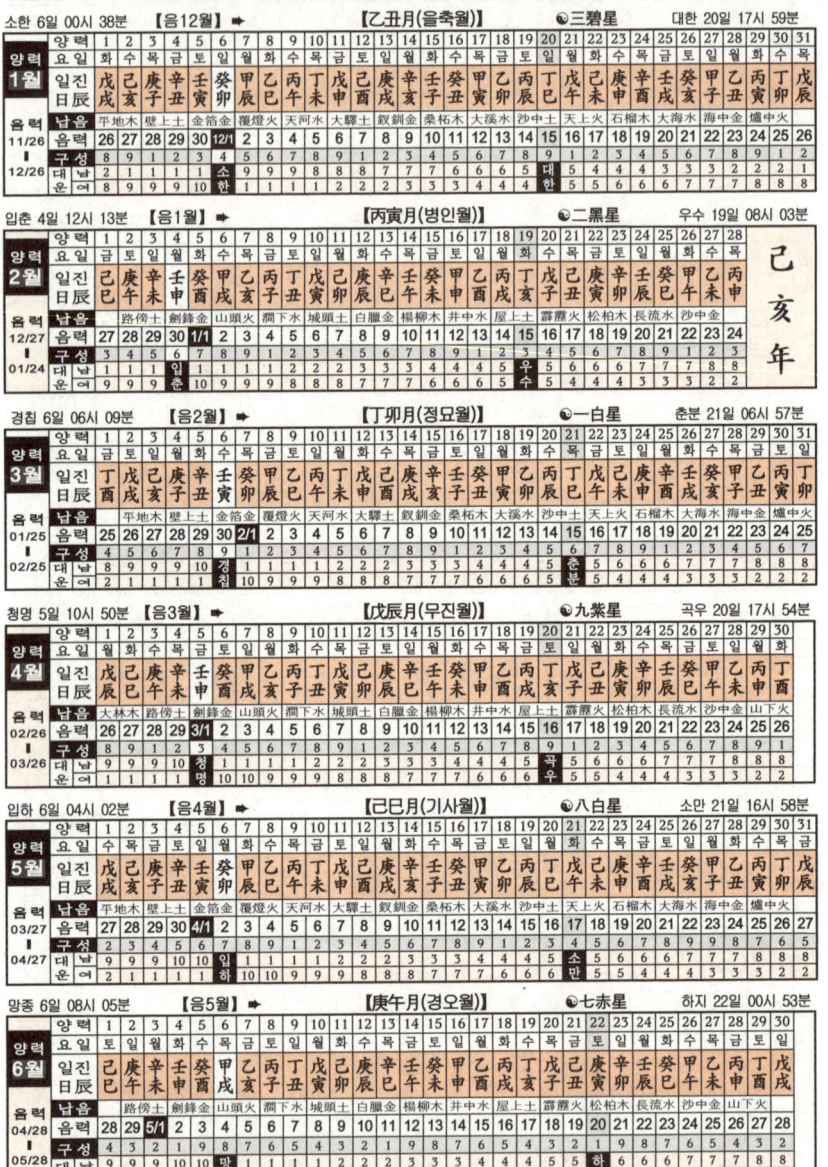

한식(4월06일), 초복(7월12일), 중복(7월22일), 말복(8월11일) ☂춘사(春社)3/22 ☀추사(秋社)9/28
토왕지절(土旺之節):4월17일,7월20일,10월21일,1월17일(음12/22)臘享(납향):2020년1월18일(음12/23)

九日得辛, 八龍治水, 2019년 기해年(평지목), 팔백토

7赤	3碧	5黃
6白	8白	1白
2黑	4綠	9紫

2019 己亥年

소서 7일 18시 20분 【음6월】➡ 【辛未月(신미월)】 ☯六白星 대서 23일 11시 49분

양력 7월 / 음력 05/29 ~ 06/29

양력	1	2	3	4	5	6	7	8	9	10	11	12	13	14	15	16	17	18	19	20	21	22	23	24	25	26	27	28	29	30	31
요일	월	화	수	목	금	토	일	월	화	수	목	금	토	일	월	화	수	목	금	토	일	월	화	수	목	금	토	일	월	화	수
일진 日辰	己亥	庚子	辛丑	壬寅	癸卯	甲辰	乙巳	丙午	丁未	戊申	己酉	庚戌	辛亥	壬子	癸丑	甲寅	乙卯	丙辰	丁巳	戊午	己未	庚申	辛酉	壬戌	癸亥	甲子	乙丑	丙寅	丁卯	戊辰	己巳
납음		壁上土		金箔金		覆燈火		天河水		大驛土		釵釧金		桑柘木		大溪水		沙中土		天上火		石榴木		大海水		海中金		爐中火		大林木	
음력	29	30	6/1	2	3	4	5	6	7	8	9	10	11	12	13	14	15	16	17	18	19	20	21	22	23	24	25	26	27	28	29
구성	1	9	8	7	6	5	4	3	2	1	9	8	7	6	5	4	3	2	1	9	8	7	6	5	4	3	2	1	9	8	7
대운 남	8	9	9	9	10	10	소	1	1	1	1	2	2	2	3	3	3	4	4	4	5	5	대	6	6	6	7	7	7	8	8
대운 여	2	2	1	1	1	1	서	10	10	10	9	9	9	8	8	8	7	7	7	6	6	6	서	5	5	4	4	4	3	3	3

입추 8일 04시 12분 【음7월】➡ 【壬申月(임신월)】 ☯五黃星 처서 23일 19시 01분

양력 8월 / 음력 07/01 ~ 08/02

양력	1	2	3	4	5	6	7	8	9	10	11	12	13	14	15	16	17	18	19	20	21	22	23	24	25	26	27	28	29	30	31
요일	목	금	토	일	월	화	수	목	금	토	일	월	화	수	목	금	토	일	월	화	수	목	금	토	일	월	화	수	목	금	토
일진 日辰	庚午	辛未	壬申	癸酉	甲戌	乙亥	丙子	丁丑	戊寅	己卯	庚辰	辛巳	壬午	癸未	甲申	乙酉	丙戌	丁亥	戊子	己丑	庚寅	辛卯	壬辰	癸巳	甲午	乙未	丙申	丁酉	戊戌	己亥	庚子
납음	路傍土		劍鋒金		山頭火		澗下水		城頭土		白臘金		楊柳木		井中水		屋上土		霹靂火		松柏木		長流水		沙中金		山下火		平地木		
음력	7/1	2	3	4	5	6	7	8	9	10	11	12	13	14	15	16	17	18	19	20	21	22	23	24	25	26	27	28	29	8/1	2
구성	6	5	4	3	2	1	9	8	7	6	5	4	3	2	1	9	8	7	6	5	4	3	2	1	9	8	7	6	5	4	3
대운 남	8	9	9	9	10	10	10	입	1	1	1	1	2	2	2	3	3	3	4	4	4	5	처	5	6	6	6	7	7	7	8
대운 여	2	2	2	1	1	1	1	추	10	10	9	9	9	8	8	8	7	7	7	6	6	6	서	5	5	4	4	4	3	3	3

백로 8일 07시 16분 【음8월】➡ 【癸酉月(계유월)】 ☯四綠星 추분 23일 16시 49분

양력 9월 / 음력 08/03 ~ 09/02

양력	1	2	3	4	5	6	7	8	9	10	11	12	13	14	15	16	17	18	19	20	21	22	23	24	25	26	27	28	29	30
요일	일	월	화	수	목	금	토	일	월	화	수	목	금	토	일	월	화	수	목	금	토	일	월	화	수	목	금	토	일	월
일진 日辰	辛丑	壬寅	癸卯	甲辰	乙巳	丙午	丁未	戊申	己酉	庚戌	辛亥	壬子	癸丑	甲寅	乙卯	丙辰	丁巳	戊午	己未	庚申	辛酉	壬戌	癸亥	甲子	乙丑	丙寅	丁卯	戊辰	己巳	庚午
납음		金箔金		覆燈火		天河水		大驛土		釵釧金		桑柘木		大溪水		沙中土		天上火		石榴木		大海水		海中金		爐中火		大林木		
음력	3	4	5	6	7	8	9	10	11	12	13	14	15	16	17	18	19	20	21	22	23	24	25	26	27	28	29	30	9/1	2
구성	2	1	9	8	7	6	5	4	3	2	1	9	8	7	6	5	4	3	2	1	9	8	7	6	5	4	3	2	1	9
대운 남	8	8	9	9	9	10	10	백	1	1	1	1	2	2	2	3	3	3	4	4	4	5	추	5	6	6	6	7	7	7
대운 여	2	2	2	1	1	1	1	로	10	9	9	9	8	8	8	7	7	7	6	6	6	5	분	5	4	4	4	3	3	3

한로 8일 23시 05분 【음9월】➡ 【甲戌月(갑술월)】 ☯三碧星 상강 24일 02시 19분

양력 10월 / 음력 09/03 ~ 10/04

양력	1	2	3	4	5	6	7	8	9	10	11	12	13	14	15	16	17	18	19	20	21	22	23	24	25	26	27	28	29	30	31
요일	화	수	목	금	토	일	월	화	수	목	금	토	일	월	화	수	목	금	토	일	월	화	수	목	금	토	일	월	화	수	목
일진 日辰	辛未	壬申	癸酉	甲戌	乙亥	丙子	丁丑	戊寅	己卯	庚辰	辛巳	壬午	癸未	甲申	乙酉	丙戌	丁亥	戊子	己丑	庚寅	辛卯	壬辰	癸巳	甲午	乙未	丙申	丁酉	戊戌	己亥	庚子	辛丑
납음		劍鋒金		山頭火		澗下水		城頭土		白臘金		楊柳木		井中水		屋上土		霹靂火		松柏木		長流水		沙中金		山下火		平地木		壁上土	
음력	3	4	5	6	7	8	9	10	11	12	13	14	15	16	17	18	19	20	21	22	23	24	25	26	27	28	29	10/1	2	3	4
구성	8	7	6	5	4	3	2	1	9	8	7	6	5	4	3	2	1	9	8	7	6	5	4	3	2	1	9	8	7	6	5
대운 남	8	8	8	9	9	9	10	한	1	1	1	1	2	2	2	3	3	3	4	4	4	5	5	상	6	6	6	7	7	7	8
대운 여	2	2	2	1	1	1	1	로	10	10	9	9	9	8	8	8	7	7	7	6	6	6	5	강	5	4	4	4	3	3	3

입동 8일 02시 23분 【음10월】➡ 【乙亥月(을해월)】 ☯二黑星 소설 22일 23시 58분

양력 11월 / 음력 10/05 ~ 11/04

양력	1	2	3	4	5	6	7	8	9	10	11	12	13	14	15	16	17	18	19	20	21	22	23	24	25	26	27	28	29	30
요일	금	토	일	월	화	수	목	금	토	일	월	화	수	목	금	토	일	월	화	수	목	금	토	일	월	화	수	목	금	토
일진 日辰	壬寅	癸卯	甲辰	乙巳	丙午	丁未	戊申	己酉	庚戌	辛亥	壬子	癸丑	甲寅	乙卯	丙辰	丁巳	戊午	己未	庚申	辛酉	壬戌	癸亥	甲子	乙丑	丙寅	丁卯	戊辰	己巳	庚午	辛未
납음	金箔金		覆燈火		天河水		大驛土		釵釧金		桑柘木		大溪水		沙中土		天上火		石榴木		大海水		海中金		爐中火		大林木		路傍土	
음력	5	6	7	8	9	10	11	12	13	14	15	16	17	18	19	20	21	22	23	24	25	26	27	28	29	30	11/1	2	3	4
구성	4	3	2	1	9	8	7	6	5	4	3	2	1	9	8	7	6	5	4	3	2	1	1	2	3	4	5	6	7	8
대운 남	8	8	9	9	9	10	10	입	1	1	1	1	2	2	2	3	3	3	4	4	4	소	5	5	6	6	6	7	7	7
대운 여	2	2	2	1	1	1	1	동	9	9	9	8	8	8	7	7	7	6	6	6	5	설	5	4	4	4	3	3	3	2

대설 7일 19시 17분 【음11월】➡ 【丙子月(병자월)】 ☯一白星 동지 22일 13시 18분

양력 12월 / 음력 11/05 ~ 12/06

양력	1	2	3	4	5	6	7	8	9	10	11	12	13	14	15	16	17	18	19	20	21	22	23	24	25	26	27	28	29	30	31
요일	일	월	화	수	목	금	토	일	월	화	수	목	금	토	일	월	화	수	목	금	토	일	월	화	수	목	금	토	일	월	화
일진 日辰	壬申	癸酉	甲戌	乙亥	丙子	丁丑	戊寅	己卯	庚辰	辛巳	壬午	癸未	甲申	乙酉	丙戌	丁亥	戊子	己丑	庚寅	辛卯	壬辰	癸巳	甲午	乙未	丙申	丁酉	戊戌	己亥	庚子	辛丑	壬寅
납음	劍鋒金		山頭火		澗下水		城頭土		白臘金		楊柳木		井中水		屋上土		霹靂火		松柏木		長流水		沙中金		山下火		平地木		壁上土		
음력	5	6	7	8	9	10	11	12	13	14	15	16	17	18	19	20	21	22	23	24	25	26	27	28	29	12/1	2	3	4	5	6
구성	9	1	2	3	4	5	6	7	8	9	1	2	3	4	5	6	7	8	9	1	2	3	4	5	6	7	8	9	1	2	3
대운 남	8	8	8	9	9	9	대	1	1	1	1	2	2	2	3	3	3	4	4	4	5	동	5	6	6	6	7	7	7	8	8
대운 여	2	2	1	1	1	1	설	10	9	9	9	8	8	8	7	7	7	6	6	6	5	지	5	4	4	4	3	3	3	2	2

단기 4353 年
불기 2564 年

2020년

下元 庚子年 납음(壁上土)본명성(七赤金)

대장군(酉서방), 삼살(남방), 상문(寅동북방),조객(戌서북방), 납음(벽상토), 【삼재(인,묘,진년】 臘享(납향):2021년1월23일(음12/11)

쥐

소한 6일 06시 29분 【음12월】 ➡ 【丁丑月(정축월)】 ☯九紫星 대한 20일 23시 54분

양력 1월 / 음력 12/07 – 01/07

양력	1	2	3	4	5	6	7	8	9	10	11	12	13	14	15	16	17	18	19	20	21	22	23	24	25	26	27	28	29	30	31
요일	수	목	금	토	일	월	화	수	목	금	토	일	월	화	수	목	금	토	일	월	화	수	목	금	토	일	월	화	수	목	금
일진 日辰	癸卯	甲辰	乙巳	丙午	丁未	戊申	己酉	庚戌	辛亥	壬子	癸丑	甲寅	乙卯	丙辰	丁巳	戊午	己未	庚申	辛酉	壬戌	癸亥	甲子	乙丑	丙寅	丁卯	戊辰	己巳	庚午	辛未	壬申	癸酉
납음		覆燈火		天河水		大驛土		釵釧金		桑柘木		大溪水		沙中土		天上火		石榴木		大海水		海中金		爐中火		大林木		路傍土		劍鋒金	
음력	7	8	9	10	11	12	13	14	15	16	17	18	19	20	21	22	23	24	25	26	27	28	29	30	1/1	2	3	4	5	6	7
구성	4	5	6	7	8	9	1	2	3	4	5	6	7	8	9	1	2	3	4	5	6	7	8	9	1	2	3	4	5	6	7
대운 남	8	9	9	9	10	소	1	1	1	1	2	2	2	3	3	3	4	4	4	대	5	5	6	6	6	7	7	7	8	8	8
대운 여	2	1	1	1	1	한	9	9	9	8	8	8	7	7	7	6	6	6	5	한	5	4	4	4	3	3	3	2	2	2	1

입춘 4일 18시 02분 【음1월】 ➡ 【戊寅月(무인월)】 ☯八白星 우수 19일 13시 56분

양력 2월 / 음력 01/08 – 02/06

양력	1	2	3	4	5	6	7	8	9	10	11	12	13	14	15	16	17	18	19	20	21	22	23	24	25	26	27	28	29
요일	토	일	월	화	수	목	금	토	일	월	화	수	목	금	토	일	월	화	수	목	금	토	일	월	화	수	목	금	토
일진 日辰	甲戌	乙亥	丙子	丁丑	戊寅	己卯	庚辰	辛巳	壬午	癸未	甲申	乙酉	丙戌	丁亥	戊子	己丑	庚寅	辛卯	壬辰	癸巳	甲午	乙未	丙申	丁酉	戊戌	己亥	庚子	辛丑	壬寅
납음	山頭火		澗下水		城頭土		白臘金		楊柳木		井中水		屋上土		霹靂火		松柏木		長流水		沙中金		山下火		平地木		壁上土		
음력	8	9	10	11	12	13	14	15	16	17	18	19	20	21	22	23	24	25	26	27	28	29	30	2/1	2	3	4	5	6
구성	8	9	1	2	3	4	5	6	7	8	9	1	2	3	4	5	6	7	8	9	1	2	3	4	5	6	7	8	9
대운 남	9	9	9	입	10	9	9	9	8	8	8	7	7	7	6	6	6	5	우	5	4	4	4	3	3	3	2	2	2
대운 여	1	1	1	춘	1	1	1	1	2	2	2	3	3	3	4	4	4	5	수	5	6	6	6	7	7	7	8	8	8

庚子年

경칩 5일 11시 56분 【음2월】 ➡ 【己卯月(기묘월)】 ☯七赤星 춘분 20일 12시 49분

양력 3월 / 음력 02/07 – 03/08

양력	1	2	3	4	5	6	7	8	9	10	11	12	13	14	15	16	17	18	19	20	21	22	23	24	25	26	27	28	29	30	31
요일	일	월	화	수	목	금	토	일	월	화	수	목	금	토	일	월	화	수	목	금	토	일	월	화	수	목	금	토	일	월	화
일진 日辰	癸卯	甲辰	乙巳	丙午	丁未	戊申	己酉	庚戌	辛亥	壬子	癸丑	甲寅	乙卯	丙辰	丁巳	戊午	己未	庚申	辛酉	壬戌	癸亥	甲子	乙丑	丙寅	丁卯	戊辰	己巳	庚午	辛未	壬申	癸酉
납음		覆燈火		天河水		大驛土		釵釧金		桑柘木		大溪水		沙中土		天上火		石榴木		大海水		海中金		爐中火		大林木		路傍土		劍鋒金	
음력	7	8	9	10	11	12	13	14	15	16	17	18	19	20	21	22	23	24	25	26	27	28	29	3/1	2	3	4	5	6	7	8
구성	1	2	3	4	5	6	7	8	9	1	2	3	4	5	6	7	8	9	1	2	3	4	5	6	7	8	9	1	2	3	4
대운 남	1	1	1	1	경	10	9	9	9	8	8	8	7	7	7	6	6	6	5	춘	5	4	4	4	3	3	3	2	2	2	1
대운 여	9	9	9	10	칩	1	1	1	1	2	2	2	3	3	3	4	4	4	5	분	5	6	6	6	7	7	7	8	8	8	9

청명 4일 16시 37분 【음3월】 ➡ 【庚辰月(경진월)】 ☯六白星 곡우 19일 23시 44분

양력 4월 / 음력 03/09 – 04/08

양력	1	2	3	4	5	6	7	8	9	10	11	12	13	14	15	16	17	18	19	20	21	22	23	24	25	26	27	28	29	30
요일	수	목	금	토	일	월	화	수	목	금	토	일	월	화	수	목	금	토	일	월	화	수	목	금	토	일	월	화	수	목
일진 日辰	甲戌	乙亥	丙子	丁丑	戊寅	己卯	庚辰	辛巳	壬午	癸未	甲申	乙酉	丙戌	丁亥	戊子	己丑	庚寅	辛卯	壬辰	癸巳	甲午	乙未	丙申	丁酉	戊戌	己亥	庚子	辛丑	壬寅	癸卯
납음	山頭火		澗下水		城頭土		白臘金		楊柳木		井中水		屋上土		霹靂火		松柏木		長流水		沙中金		山下火		平地木		壁上土		金箔金	
음력	9	10	11	12	13	14	15	16	17	18	19	20	21	22	23	24	25	26	27	28	29	30	4/1	2	3	4	5	6	7	8
구성	5	6	7	8	9	1	2	3	4	5	6	7	8	9	1	2	3	4	5	6	7	8	9	1	2	3	4	5	6	7
대운 남	1	1	1	청	10	10	9	9	9	8	8	8	7	7	7	6	6	6	곡	5	5	4	4	4	3	3	3	2	2	2
대운 여	9	9	10	명	1	1	1	1	2	2	2	3	3	3	4	4	4	5	우	5	6	6	6	7	7	7	8	8	8	9

입하 5일 09시 50분 【음4월】 ➡ 【辛巳月(신사월)】 ☯五黃星 소만 20일 22시 48분

양력 5월 / 음력 04/09 – 윤409

양력	1	2	3	4	5	6	7	8	9	10	11	12	13	14	15	16	17	18	19	20	21	22	23	24	25	26	27	28	29	30	31
요일	금	토	일	월	화	수	목	금	토	일	월	화	수	목	금	토	일	월	화	수	목	금	토	일	월	화	수	목	금	토	일
일진 日辰	甲辰	乙巳	丙午	丁未	戊申	己酉	庚戌	辛亥	壬子	癸丑	甲寅	乙卯	丙辰	丁巳	戊午	己未	庚申	辛酉	壬戌	癸亥	甲子	乙丑	丙寅	丁卯	戊辰	己巳	庚午	辛未	壬申	癸酉	甲戌
납음	覆燈火		天河水		大驛土		釵釧金		桑柘木		大溪水		沙中土		天上火		石榴木		大海水		海中金		爐中火		大林木		路傍土		劍鋒金		
음력	9	10	11	12	13	14	15	16	17	18	19	20	21	22	23	24	25	26	27	28	29	30	윤4	2	3	4	5	6	7	8	9
구성	8	9	1	2	3	4	5	6	7	8	9	1	2	3	4	5	6	7	8	9	1	2	3	4	5	6	7	8	9	1	2
대운 남	1	1	1	1	입	10	10	9	9	9	8	8	8	7	7	7	6	6	6	소	5	5	4	4	4	3	3	3	2	2	2
대운 여	9	9	10	10	하	1	1	1	1	2	2	2	3	3	3	4	4	4	5	만	5	6	6	6	7	7	7	8	8	8	9

망종 5일 13시 57분 【음5월】 ➡ 【壬午月(임오월)】 ☯四綠星 하지 21일 06시 43분

양력 6월 / 음력 윤410 – 05/10

양력	1	2	3	4	5	6	7	8	9	10	11	12	13	14	15	16	17	18	19	20	21	22	23	24	25	26	27	28	29	30
요일	월	화	수	목	금	토	일	월	화	수	목	금	토	일	월	화	수	목	금	토	일	월	화	수	목	금	토	일	월	화
일진 日辰	乙亥	丙子	丁丑	戊寅	己卯	庚辰	辛巳	壬午	癸未	甲申	乙酉	丙戌	丁亥	戊子	己丑	庚寅	辛卯	壬辰	癸巳	甲午	乙未	丙申	丁酉	戊戌	己亥	庚子	辛丑	壬寅	癸卯	甲辰
납음		澗下水		城頭土		白臘金		楊柳木		井中水		屋上土		霹靂火		松柏木		長流水		沙中金		山下火		平地木		壁上土		金箔金		
음력	10	11	12	13	14	15	16	17	18	19	20	21	22	23	24	25	26	27	28	29	5/1	2	3	4	5	6	7	8	9	10
구성	3	4	5	6	7	8	9	1	2	3	4	5	6	7	8	9	1	2	3	3	2	1	9	8	7	6	5	4	3	2
대운 남	1	1	1	1	망	10	10	10	9	9	9	8	8	8	7	7	7	6	6	6	하	5	5	4	4	4	3	3	3	2
대운 여	9	9	10	10	종	1	1	1	1	2	2	2	3	3	3	4	4	4	5	5	지	6	6	6	7	7	7	8	8	8

한식(4월5일), 초복(7월16일), 중복(7월26일), 말복(8월15일) ☂춘사(春社)3/16 ☀추사(秋社)9/22
토왕지절(土旺之節):4월16일,7월19일,10월20일,1월17일(음12/05)臘享(납향):2021년1월23일(음12/11)

五日得辛, 二龍治水, 2020년 경자年(벽상토), 칠적금

6白	2黑	4綠
5黃	7赤	9紫
1白	3碧	8白

2020 庚子年

소서 7일 00시 13분 【음6월】 ➡ 【癸未月(계미월)】 ☯三碧星 대서 22일 17시 36분

양력 7월 / 음력 05/11 ~ 06/11

양력	1	2	3	4	5	6	7	8	9	10	11	12	13	14	15	16	17	18	19	20	21	22	23	24	25	26	27	28	29	30	31
요일	수	목	금	토	일	월	화	수	목	금	토	일	월	화	수	목	금	토	일	월	화	수	목	금	토	일	월	화	수	목	금
일진 日辰	乙巳	丙午	丁未	戊申	己酉	庚戌	辛亥	壬子	癸丑	甲寅	乙卯	丙辰	丁巳	戊午	己未	庚申	辛酉	壬戌	癸亥	甲子	乙丑	丙寅	丁卯	戊辰	己巳	庚午	辛未	壬申	癸酉	甲戌	乙亥
납음		天河水		大驛土		釵釧金		桑柘木		大溪水		沙中土		天上火		石榴木		大海水		海中金		爐中火		大林木		路傍土		劍鋒金		山頭火	
음력	11	12	13	14	15	16	17	18	19	20	21	22	23	24	25	26	27	28	29	30	6/1	2	3	4	5	6	7	8	9	10	11
구성	1	9	8	7	6	5	4	3	2	1	9	8	7	6	5	4	3	2	1	9	8	7	6	5	4	3	2	1	9	8	7
대운 남	2	2	1	1	1	1	소	10	10	9	9	9	8	8	8	7	7	7	6	6	6	대	5	5	4	4	4	3	3	3	2
대운 여	9	9	9	10	10	10	서	1	1	1	1	2	2	2	3	3	3	4	4	4	5	서	5	6	6	6	7	7	7	8	8

입추 7일 10시 05분 【음7월】 ➡ 【甲申月(갑신월)】 ☯二黑星 처서 23일 00시 44분

양력 8월 / 음력 06/12 ~ 07/13

양력	1	2	3	4	5	6	7	8	9	10	11	12	13	14	15	16	17	18	19	20	21	22	23	24	25	26	27	28	29	30	31
요일	토	일	월	화	수	목	금	토	일	월	화	수	목	금	토	일	월	화	수	목	금	토	일	월	화	수	목	금	토	일	월
일진 日辰	丙子	丁丑	戊寅	己卯	庚辰	辛巳	壬午	癸未	甲申	乙酉	丙戌	丁亥	戊子	己丑	庚寅	辛卯	壬辰	癸巳	甲午	乙未	丙申	丁酉	戊戌	己亥	庚子	辛丑	壬寅	癸卯	甲辰	乙巳	丙午
납음	澗下水		城頭土		白臘金		楊柳木		井中水		屋上土		霹靂火		松柏木		長流水		沙中金		山下火		平地木		壁上土		金箔金		覆燈火		
음력	12	13	14	15	16	17	18	19	20	21	22	23	24	25	26	27	28	29	7/1	2	3	4	5	6	7	8	9	10	11	12	13
구성	6	5	4	3	2	1	9	8	7	6	5	4	3	2	1	9	8	7	6	5	4	3	2	1	9	8	7	6	5	4	3
대운 남	2	2	1	1	1	1	입	10	10	9	9	9	8	8	8	7	7	7	6	6	6	5	처	5	4	4	4	3	3	3	2
대운 여	8	9	9	9	10	10	추	1	1	1	1	2	2	2	3	3	3	4	4	4	5	5	서	6	6	6	7	7	7	8	8

백로 7일 13시 07분 【음8월】 ➡ 【乙酉月(을유월)】 ☯一白星 추분 22일 22시 30분

양력 9월 / 음력 07/14 ~ 08/14

양력	1	2	3	4	5	6	7	8	9	10	11	12	13	14	15	16	17	18	19	20	21	22	23	24	25	26	27	28	29	30
요일	화	수	목	금	토	일	월	화	수	목	금	토	일	월	화	수	목	금	토	일	월	화	수	목	금	토	일	월	화	수
일진 日辰	丁未	戊申	己酉	庚戌	辛亥	壬子	癸丑	甲寅	乙卯	丙辰	丁巳	戊午	己未	庚申	辛酉	壬戌	癸亥	甲子	乙丑	丙寅	丁卯	戊辰	己巳	庚午	辛未	壬申	癸酉	甲戌	乙亥	丙子
납음		大驛土		釵釧金		桑柘木		大溪水		沙中土		天上火		石榴木		大海水		海中金		爐中火		大林木		路傍土		劍鋒金		山頭火		
음력	14	15	16	17	18	19	20	21	22	23	24	25	26	27	28	29	8/1	2	3	4	5	6	7	8	9	10	11	12	13	14
구성	2	1	9	8	7	6	5	4	3	2	1	9	8	7	6	5	4	3	2	1	9	8	7	6	5	4	3	2	1	9
대운 남	2	2	1	1	1	1	백	10	10	9	9	9	8	8	8	7	7	7	6	6	6	추	5	5	4	4	4	3	3	3
대운 여	8	9	9	9	10	10	로	1	1	1	1	2	2	2	3	3	3	4	4	4	5	분	5	6	6	6	7	7	7	8

한로 8일 04시 54분 【음9월】 ➡ 【丙戌月(병술월)】 ☯九紫星 상강 23일 07시 59분

양력 10월 / 음력 08/15 ~ 09/15

양력	1	2	3	4	5	6	7	8	9	10	11	12	13	14	15	16	17	18	19	20	21	22	23	24	25	26	27	28	29	30	31
요일	목	금	토	일	월	화	수	목	금	토	일	월	화	수	목	금	토	일	월	화	수	목	금	토	일	월	화	수	목	금	토
일진 日辰	丁丑	戊寅	己卯	庚辰	辛巳	壬午	癸未	甲申	乙酉	丙戌	丁亥	戊子	己丑	庚寅	辛卯	壬辰	癸巳	甲午	乙未	丙申	丁酉	戊戌	己亥	庚子	辛丑	壬寅	癸卯	甲辰	乙巳	丙午	丁未
납음		城頭土		白臘金		楊柳木		井中水		屋上土		霹靂火		松柏木		長流水		沙中金		山下火		平地木		壁上土		金箔金		覆燈火		天河水	
음력	15	16	17	18	19	20	21	22	23	24	25	26	27	28	29	30	9/1	2	3	4	5	6	7	8	9	10	11	12	13	14	15
구성	8	7	6	5	4	3	2	1	9	8	7	6	5	4	3	2	1	9	8	7	6	5	4	3	2	1	9	8	7	6	5
대운 남	2	2	2	1	1	1	1	한	10	9	9	9	8	8	8	7	7	7	6	6	6	5	상	5	4	4	4	3	3	3	2
대운 여	8	8	9	9	9	10	10	로	1	1	1	1	2	2	2	3	3	3	4	4	4	5	강	5	6	6	6	7	7	7	8

입동 7일 08시 13분 【음10월】 ➡ 【丁亥月(정해월)】 ☯八白星 소설 22일 05시 39분

양력 11월 / 음력 09/16 ~ 10/16

양력	1	2	3	4	5	6	7	8	9	10	11	12	13	14	15	16	17	18	19	20	21	22	23	24	25	26	27	28	29	30
요일	일	월	화	수	목	금	토	일	월	화	수	목	금	토	일	월	화	수	목	금	토	일	월	화	수	목	금	토	일	월
일진 日辰	戊申	己酉	庚戌	辛亥	壬子	癸丑	甲寅	乙卯	丙辰	丁巳	戊午	己未	庚申	辛酉	壬戌	癸亥	甲子	乙丑	丙寅	丁卯	戊辰	己巳	庚午	辛未	壬申	癸酉	甲戌	乙亥	丙子	丁丑
납음	大驛土		釵釧金		桑柘木		大溪水		沙中土		天上火		石榴木		大海水		海中金		爐中火		大林木		路傍土		劍鋒金		山頭火		澗下水	
음력	16	17	18	19	20	21	22	23	24	25	26	27	28	29	10/1	2	3	4	5	6	7	8	9	10	11	12	13	14	15	16
구성	4	3	2	1	9	8	7	6	5	4	3	2	1	9	8	7	6	5	4	3	2	1	9	8	7	6	5	4	3	2
대운 남	2	2	1	1	1	1	입	10	9	9	9	8	8	8	7	7	7	6	6	6	5	소	5	4	4	4	3	3	3	2
대운 여	8	8	9	9	9	10	동	1	1	1	1	2	2	2	3	3	3	4	4	4	5	설	5	6	6	6	7	7	7	8

대설 7일 01시 08분 【음11월】 ➡ 【戊子月(무자월)】 ☯七赤星 동지 21일 19시 01분

양력 12월 / 음력 10/17 ~ 11/17

양력	1	2	3	4	5	6	7	8	9	10	11	12	13	14	15	16	17	18	19	20	21	22	23	24	25	26	27	28	29	30	31
요일	화	수	목	금	토	일	월	화	수	목	금	토	일	월	화	수	목	금	토	일	월	화	수	목	금	토	일	월	화	수	목
일진 日辰	戊寅	己卯	庚辰	辛巳	壬午	癸未	甲申	乙酉	丙戌	丁亥	戊子	己丑	庚寅	辛卯	壬辰	癸巳	甲午	乙未	丙申	丁酉	戊戌	己亥	庚子	辛丑	壬寅	癸卯	甲辰	乙巳	丙午	丁未	戊申
납음	城頭土		白臘金		楊柳木		井中水		屋上土		霹靂火		松柏木		長流水		沙中金		山下火		平地木		壁上土		金箔金		覆燈火		天河水		
음력	17	18	19	20	21	22	23	24	25	26	27	28	29	30	11/1	2	3	4	5	6	7	8	9	10	11	12	13	14	15	16	17
구성	1	9	8	7	6	5	4	3	2	1	9	8	7	6	5	4	3	2	1	9	8	7	6	5	4	3	2	1	9	8	7
대운 남	2	2	1	1	1	1	대	9	9	9	8	8	8	7	7	7	6	6	6	5	동	5	4	4	4	3	3	3	2	2	2
대운 여	8	8	9	9	9	10	설	1	1	1	1	2	2	2	3	3	3	4	4	4	지	5	5	6	6	6	7	7	7	8	8

단기 4354 年 불기 2565 年

2021년 下元 辛丑年 납음(壁上土),본명성(六白金)

대장군(酉서방), 삼살(동방), 상문(卯동방), 조객(亥서북방),납음(벽상토),【삼재(해,자,축)년】 臘享(납향):2022년1월18일(음12/16)

소한 5일 12시 22분 【음12월】 ➡ 【己丑月(기축월)】 ☯六白星 대한 20일 05시 39분

	양력	1	2	3	4	5	6	7	8	9	10	11	12	13	14	15	16	17	18	19	20	21	22	23	24	25	26	27	28	29	30	31
양력	요일	금	토	일	월	화	수	목	금	토	일	월	화	수	목	금	토	일	월	화	수	목	금	토	일	월	화	수	목	금	토	일
1월	일진 日辰	己酉	庚戌	辛亥	壬子	癸丑	甲寅	乙卯	丙辰	丁巳	戊午	己未	庚申	辛酉	壬戌	癸亥	甲子	乙丑	丙寅	丁卯	戊辰	己巳	庚午	辛未	壬申	癸酉	甲戌	乙亥	丙子	丁丑	戊寅	己卯
음력	납음		釵釧金		桑柘木		大溪水		沙中土		天上火		石榴木		大海水		海中金		爐中火		大林木		路傍土		劍鋒金		山頭火		澗下水		城頭土	
11/18	음력	18	19	20	21	22	23	24	25	26	27	28	29	12/1	2	3	4	5	6	7	8	9	10	11	12	13	14	15	16	17	18	19
I	구성	6	5	4	3	2	1	9	8	7	6	5	4	3	2	1	1	2	3	4	5	6	7	8	9	1	2	3	4	5	6	7
12/19	대운 남	1	1	1	1	소	9	9	9	8	8	8	7	7	7	6	6	6	5	5	대	4	4	4	3	3	3	2	2	2	1	1
	대운 여	8	9	9	9	한	1	1	1	1	2	2	2	3	3	3	4	4	4	5	한	5	6	6	6	7	7	7	8	8	8	9

입춘 3일 23시 58분 【음1월】 ➡ 【庚寅月(경인월)】 ☯五黃星 우수 18일 19시 43분

	양력	1	2	3	4	5	6	7	8	9	10	11	12	13	14	15	16	17	18	19	20	21	22	23	24	25	26	27	28
양력	요일	월	화	수	목	금	토	일	월	화	수	목	금	토	일	월	화	수	목	금	토	일	월	화	수	목	금	토	일
2월	일진 日辰	庚辰	辛巳	壬午	癸未	甲申	乙酉	丙戌	丁亥	戊子	己丑	庚寅	辛卯	壬辰	癸巳	甲午	乙未	丙申	丁酉	戊戌	己亥	庚子	辛丑	壬寅	癸卯	甲辰	乙巳	丙午	丁未
음력	납음	白臘金		楊柳木		井中水		屋上土		霹靂火		松柏木		長流水		沙中金		山下火		平地木		壁上土		金箔金		覆燈火		天河水	
12/20	음력	20	21	22	23	24	25	26	27	28	29	30	1/1	2	3	4	5	6	7	8	9	10	11	12	13	14	15	16	17
I	구성	8	9	1	2	3	4	5	6	7	8	9	1	2	3	4	5	6	7	8	9	1	2	3	4	5	6	7	8
01/17	대운 남	1	1	입	1	1	1	1	2	2	2	3	3	3	4	4	4	5	우	5	6	6	6	7	7	7	8	8	8
	대운 여	9	9	춘	10	9	9	9	8	8	8	7	7	7	6	6	6	5	수	5	4	4	4	3	3	3	2	2	2

辛丑年

경칩 5일 17시 53분 【음2월】 ➡ 【辛卯月(신묘월)】 ☯四綠星 춘분 20일 18시 36분

	양력	1	2	3	4	5	6	7	8	9	10	11	12	13	14	15	16	17	18	19	20	21	22	23	24	25	26	27	28	29	30	31
양력	요일	월	화	수	목	금	토	일	월	화	수	목	금	토	일	월	화	수	목	금	토	일	월	화	수	목	금	토	일	월	화	수
3월	일진 日辰	戊申	己酉	庚戌	辛亥	壬子	癸丑	甲寅	乙卯	丙辰	丁巳	戊午	己未	庚申	辛酉	壬戌	癸亥	甲子	乙丑	丙寅	丁卯	戊辰	己巳	庚午	辛未	壬申	癸酉	甲戌	乙亥	丙子	丁丑	戊寅
음력	납음	大驛土		釵釧金		桑柘木		大溪水		沙中土		天上火		石榴木		大海水		海中金		爐中火		大林木		路傍土		劍鋒金		山頭火		澗下水		
01/18	음력	18	19	20	21	22	23	24	25	26	27	28	29	2/1	2	3	4	5	6	7	8	9	10	11	12	13	14	15	16	17	18	19
I	구성	9	1	2	3	4	5	6	7	8	9	1	2	3	4	5	6	7	8	9	1	2	3	4	5	6	7	8	9	1	2	3
02/19	대운 남	9	9	9	10	경	1	1	1	1	2	2	2	3	3	3	4	4	4	5	춘	5	6	6	6	7	7	7	8	8	8	9
	대운 여	1	1	1	1	칩	10	9	9	9	8	8	8	7	7	7	6	6	6	5	분	5	4	4	4	3	3	3	2	2	2	1

청명 5일 17시 53분 【음3월】 ➡ 【壬辰月(임진월)】 ☯三碧星 곡우 20일 05시 32분

	양력	1	2	3	4	5	6	7	8	9	10	11	12	13	14	15	16	17	18	19	20	21	22	23	24	25	26	27	28	29	30
양력	요일	목	금	토	일	월	화	수	목	금	토	일	월	화	수	목	금	토	일	월	화	수	목	금	토	일	월	화	수	목	금
4월	일진 日辰	己卯	庚辰	辛巳	壬午	癸未	甲申	乙酉	丙戌	丁亥	戊子	己丑	庚寅	辛卯	壬辰	癸巳	甲午	乙未	丙申	丁酉	戊戌	己亥	庚子	辛丑	壬寅	癸卯	甲辰	乙巳	丙午	丁未	戊申
음력	납음		白臘金		楊柳木		井中水		屋上土		霹靂火		松柏木		長流水		沙中金		山下火		平地木		壁上土		金箔金		覆燈火		天河水		
02/20	음력	20	21	22	23	24	25	26	27	28	29	30	3/1	2	3	4	5	6	7	8	9	10	11	12	13	14	15	16	17	18	19
I	구성	4	5	6	7	8	9	1	2	3	4	5	6	7	8	9	1	2	3	4	5	6	7	8	9	1	2	3	4	5	6
03/19	대운 남	9	9	10	청	1	1	1	1	2	2	2	3	3	3	4	4	4	5	5	곡	6	6	6	7	7	7	8	8	8	9
	대운 여	1	1	1	명	10	10	9	9	9	8	8	8	7	7	7	6	6	6	5	우	5	4	4	4	3	3	3	2	2	2

입하 5일 15시 46분 【음4월】 ➡ 【癸巳月(계사월)】 ☯二黑星 소만 21일 04시 36분

	양력	1	2	3	4	5	6	7	8	9	10	11	12	13	14	15	16	17	18	19	20	21	22	23	24	25	26	27	28	29	30	31
양력	요일	토	일	월	화	수	목	금	토	일	월	화	수	목	금	토	일	월	화	수	목	금	토	일	월	화	수	목	금	토	일	월
5월	일진 日辰	己酉	庚戌	辛亥	壬子	癸丑	甲寅	乙卯	丙辰	丁巳	戊午	己未	庚申	辛酉	壬戌	癸亥	甲子	乙丑	丙寅	丁卯	戊辰	己巳	庚午	辛未	壬申	癸酉	甲戌	乙亥	丙子	丁丑	戊寅	己卯
음력	납음		釵釧金		桑柘木		大溪水		沙中土		天上火		石榴木		大海水		海中金		爐中火		大林木		路傍土		劍鋒金		山頭火		澗下水		城頭土	
03/20	음력	20	21	22	23	24	25	26	27	28	29	30	4/1	2	3	4	5	6	7	8	9	10	11	12	13	14	15	16	17	18	19	20
I	구성	7	8	9	1	2	3	4	5	6	7	8	9	1	2	3	4	5	6	7	8	9	1	2	3	4	5	6	7	8	9	1
04/20	대운 남	9	9	10	10	입	1	1	1	1	2	2	2	3	3	3	4	4	4	5	5	소	6	6	6	7	7	7	8	8	8	9
	대운 여	1	1	1	1	하	10	10	9	9	9	8	8	8	7	7	7	6	6	6	5	만	5	4	4	4	3	3	3	2	2	2

망종 5일 19시 51분 【음5월】 ➡ 【甲午月(갑오월)】 ☯一白星 하지 21일 12시 31분

	양력	1	2	3	4	5	6	7	8	9	10	11	12	13	14	15	16	17	18	19	20	21	22	23	24	25	26	27	28	29	30
양력	요일	화	수	목	금	토	일	월	화	수	목	금	토	일	월	화	수	목	금	토	일	월	화	수	목	금	토	일	월	화	수
6월	일진 日辰	庚辰	辛巳	壬午	癸未	甲申	乙酉	丙戌	丁亥	戊子	己丑	庚寅	辛卯	壬辰	癸巳	甲午	乙未	丙申	丁酉	戊戌	己亥	庚子	辛丑	壬寅	癸卯	甲辰	乙巳	丙午	丁未	戊申	己酉
음력	납음	白臘金		楊柳木		井中水		屋上土		霹靂火		松柏木		長流水		沙中金		山下火		平地木		壁上土		金箔金		覆燈火		天河水		大驛土	
04/21	음력	21	22	23	24	25	26	27	28	29	5/1	2	3	4	5	6	7	8	9	10	11	12	13	14	15	16	17	18	19	20	21
I	구성	2	3	4	5	6	7	8	9	1	2	3	4	5	6	7	8	9	1	2	3	4	5	6	7	8	9	1	2	3	4
05/21	대운 남	9	9	10	10	망	1	1	1	1	2	2	2	3	3	3	4	4	4	5	5	하	6	6	6	7	7	7	8	8	8
	대운 여	1	1	1	1	종	10	10	10	9	9	9	8	8	8	7	7	7	6	6	6	지	5	5	4	4	4	3	3	3	2

한식(4월05일), 초복(7월11일), 중복(7월21일), 말복(8월10일)☂춘사(春社)3/21 ☀추사(秋社)9/27
토왕지절(土旺之節):4월17일,7월19일,10월20일,1월17일(음12/15)臘享(납향):2022년1월18일(음12/16)

一日得辛, 二龍治水, 2021년 신축年(벽상토), 육백금

5黃	1白	3碧
4綠	6白	8白
9紫	2黑	7赤

2021 辛丑年

소서 7일 06시 04분 【음6월】➡ 【乙未月(을미월)】 ☯九紫星 대서 22일 23시 25분

	양력	1	2	3	4	5	6	7	8	9	10	11	12	13	14	15	16	17	18	19	20	21	22	23	24	25	26	27	28	29	30	31
양력 7월	요일	목	금	토	일	월	화	수	목	금	토	일	월	화	수	목	금	토	일	월	화	수	목	금	토	일	월	화	수	목	금	토
	일진 日辰	庚戌	辛亥	壬子	癸丑	甲寅	乙卯	丙辰	丁巳	戊午	己未	庚申	辛酉	壬戌	癸亥	甲子	乙丑	丙寅	丁卯	戊辰	己巳	庚午	辛未	壬申	癸酉	甲戌	乙亥	丙子	丁丑	戊寅	己卯	庚辰
음력	납음	釵釧金		桑柘木		大溪水		沙中土		天上火		石榴木		大海水		海中金		爐中火		大林木		路傍土		劍鋒金		山頭火		澗下水		城頭土		
05/22	음력	22	23	24	25	26	27	28	29	30	6/1	2	3	4	5	6	7	8	9	10	11	12	13	14	15	16	17	18	19	20	21	22
I	구성	5	6	7	8	9	1	2	3	4	5	6	7	8	9	9	8	7	6	5	4	3	2	1	9	8	7	6	5	4	3	2
06/22	대운 남	9	9	9	10	10	10	소	1	1	1	1	2	2	2	3	3	3	4	4	4	5	대	5	6	6	6	7	7	7	8	8
	대운 여	2	2	1	1	1	1	서	10	10	9	9	9	8	8	8	7	7	7	6	6	6	서	5	5	4	4	4	3	3	3	2

입추 7일 15시 53분 【음7월】➡ 【丙申月(병신월)】 ☯八白星 처서 23일 06시 34분

	양력	1	2	3	4	5	6	7	8	9	10	11	12	13	14	15	16	17	18	19	20	21	22	23	24	25	26	27	28	29	30	31
양력 8월	요일	일	월	화	수	목	금	토	일	월	화	수	목	금	토	일	월	화	수	목	금	토	일	월	화	수	목	금	토	일	월	화
	일진 日辰	辛巳	壬午	癸未	甲申	乙酉	丙戌	丁亥	戊子	己丑	庚寅	辛卯	壬辰	癸巳	甲午	乙未	丙申	丁酉	戊戌	己亥	庚子	辛丑	壬寅	癸卯	甲辰	乙巳	丙午	丁未	戊申	己酉	庚戌	辛亥
음력	납음		楊柳木		井中水		屋上土		霹靂火		松柏木		長流水		沙中金		山下火		平地木		壁上土		金箔金		覆燈火		天河水		大驛土		釵釧金	
06/23	음력	23	24	25	26	27	28	29	7/1	2	3	4	5	6	7	8	9	10	11	12	13	14	15	16	17	18	19	20	21	22	23	24
I	구성	1	9	8	7	6	5	4	3	2	1	9	8	7	6	5	4	3	2	1	9	8	7	6	5	4	3	2	1	9	8	7
07/24	대운 남	8	9	9	9	10	10	입	1	1	1	1	2	2	2	3	3	3	4	4	4	5	5	처	6	6	6	7	7	7	8	8
	대운 여	2	2	1	1	1	1	추	10	10	9	9	9	8	8	8	7	7	7	6	6	6	5	서	5	4	4	4	3	3	3	2

백로 7일 18시 52분 【음8월】➡ 【丁酉月(정유월)】 ☯七赤星 추분 23일 04시 20분

	양력	1	2	3	4	5	6	7	8	9	10	11	12	13	14	15	16	17	18	19	20	21	22	23	24	25	26	27	28	29	30
양력 9월	요일	수	목	금	토	일	월	화	수	목	금	토	일	월	화	수	목	금	토	일	월	화	수	목	금	토	일	월	화	수	목
	일진 日辰	壬子	癸丑	甲寅	乙卯	丙辰	丁巳	戊午	己未	庚申	辛酉	壬戌	癸亥	甲子	乙丑	丙寅	丁卯	戊辰	己巳	庚午	辛未	壬申	癸酉	甲戌	乙亥	丙子	丁丑	戊寅	己卯	庚辰	辛巳
음력	납음	桑柘木		大溪水		沙中土		天上火		石榴木		大海水		海中金		爐中火		大林木		路傍土		劍鋒金		山頭火		澗下水		城頭土		白臘金	
07/25	음력	25	26	27	28	29	30	8/1	2	3	4	5	6	7	8	9	10	11	12	13	14	15	16	17	18	19	20	21	22	23	24
I	구성	6	5	4	3	2	1	9	8	7	6	5	4	3	2	1	9	8	7	6	5	4	3	2	1	9	8	7	6	5	4
08/24	대운 남	8	9	9	9	10	10	백	1	1	1	1	2	2	2	3	3	3	4	4	4	5	5	추	6	6	6	7	7	7	8
	대운 여	2	2	1	1	1	1	로	10	10	9	9	9	8	8	8	7	7	7	6	6	6	5	분	5	4	4	4	3	3	3

한로 8일 10시 38분 【음9월】➡ 【戊戌月(무술월)】 ☯六白星 상강 23일 13시 50분

	양력	1	2	3	4	5	6	7	8	9	10	11	12	13	14	15	16	17	18	19	20	21	22	23	24	25	26	27	28	29	30	31
양력 10월	요일	금	토	일	월	화	수	목	금	토	일	월	화	수	목	금	토	일	월	화	수	목	금	토	일	월	화	수	목	금	토	일
	일진 日辰	壬午	癸未	甲申	乙酉	丙戌	丁亥	戊子	己丑	庚寅	辛卯	壬辰	癸巳	甲午	乙未	丙申	丁酉	戊戌	己亥	庚子	辛丑	壬寅	癸卯	甲辰	乙巳	丙午	丁未	戊申	己酉	庚戌	辛亥	壬子
음력	납음	楊柳木		井中水		屋上土		霹靂火		松柏木		長流水		沙中金		山下火		平地木		壁上土		金箔金		覆燈火		天河水		大驛土		釵釧金		
08/25	음력	25	26	27	28	29	9/1	2	3	4	5	6	7	8	9	10	11	12	13	14	15	16	17	18	19	20	21	22	23	24	25	26
I	구성	3	2	1	9	8	7	6	5	4	3	2	1	9	8	7	6	5	4	3	2	1	9	8	7	6	5	4	3	2	1	9
09/26	대운 남	8	8	9	9	9	10	10	한	1	1	1	1	2	2	2	3	3	3	4	4	4	5	상	5	6	6	6	7	7	7	8
	대운 여	2	2	2	1	1	1	1	로	10	9	9	9	8	8	8	7	7	7	6	6	6	5	강	5	4	4	4	3	3	3	2

입동 7일 13시 58분 【음10월】➡ 【己亥月(기해월)】 ☯五黃星 소설 22일 11시 33분

	양력	1	2	3	4	5	6	7	8	9	10	11	12	13	14	15	16	17	18	19	20	21	22	23	24	25	26	27	28	29	30
양력 11월	요일	월	화	수	목	금	토	일	월	화	수	목	금	토	일	월	화	수	목	금	토	일	월	화	수	목	금	토	일	월	화
	일진 日辰	癸丑	甲寅	乙卯	丙辰	丁巳	戊午	己未	庚申	辛酉	壬戌	癸亥	甲子	乙丑	丙寅	丁卯	戊辰	己巳	庚午	辛未	壬申	癸酉	甲戌	乙亥	丙子	丁丑	戊寅	己卯	庚辰	辛巳	壬午
음력	납음		大溪水		沙中土		天上火		石榴木		大海水		海中金		爐中火		大林木		路傍土		劍鋒金		山頭火		澗下水		城頭土		白臘金		
09/27	음력	27	28	29	30	10/1	2	3	4	5	6	7	8	9	10	11	12	13	14	15	16	17	18	19	20	21	22	23	24	25	26
I	구성	8	7	6	5	4	3	2	1	9	8	7	6	5	4	3	2	1	9	8	7	6	5	4	3	2	1	9	8	7	6
10/26	대운 남	8	8	9	9	9	10	입	1	1	1	1	2	2	2	3	3	3	4	4	4	5	소	5	6	6	6	7	7	7	8
	대운 여	2	2	1	1	1	1	동	10	9	9	9	8	8	8	7	7	7	6	6	6	5	설	5	4	4	4	3	3	3	2

대설 7일 06시 56분 【음11월】➡ 【庚子月(경자월)】 ☯四綠星 동지 22일 00시 58분

	양력	1	2	3	4	5	6	7	8	9	10	11	12	13	14	15	16	17	18	19	20	21	22	23	24	25	26	27	28	29	30	31
양력 12월	요일	수	목	금	토	일	월	화	수	목	금	토	일	월	화	수	목	금	토	일	월	화	수	목	금	토	일	월	화	수	목	금
	일진 日辰	癸未	甲申	乙酉	丙戌	丁亥	戊子	己丑	庚寅	辛卯	壬辰	癸巳	甲午	乙未	丙申	丁酉	戊戌	己亥	庚子	辛丑	壬寅	癸卯	甲辰	乙巳	丙午	丁未	戊申	己酉	庚戌	辛亥	壬子	癸丑
음력	납음		井中水		屋上土		霹靂火		松柏木		長流水		沙中金		山下火		平地木		壁上土		金箔金		覆燈火		天河水		大驛土		釵釧金		桑柘木	
10/27	음력	27	28	29	11/1	2	3	4	5	6	7	8	9	10	11	12	13	14	15	16	17	18	19	20	21	22	23	24	25	26	27	28
I	구성	5	4	3	2	1	9	8	7	6	5	4	3	2	1	9	8	7	6	5	4	3	2	1	9	8	7	6	5	4	3	2
11/28	대운 남	8	8	9	9	9	10	대	1	1	1	1	2	2	2	3	3	3	4	4	4	5	동	5	6	6	6	7	7	7	8	8
	대운 여	2	2	1	1	1	1	설	9	9	9	8	8	8	7	7	7	6	6	6	5	5	지	4	4	4	3	3	3	2	2	2

단기 4355 年	2022년	下元·壬寅年 납음(金箔金),본명성(五黃土)
불기 2566 年		대장군(子북방), 삼살(북방), 상문(辰동남방),조객(子북방), 납음(금박금),【삼재(신,유,술)년】 臘享(납향):2023년1월17일(음12/26)

호
랑
이

소한 5일 18시 13분 【음12월】 ➡ 【辛丑月(신축월)】 ☯三碧星 대한 20일 11시 38분

양력 1월	양력	1	2	3	4	5	6	7	8	9	10	11	12	13	14	15	16	17	18	19	20	21	22	23	24	25	26	27	28	29	30	31
	요일	토	일	월	화	수	목	금	토	일	월	화	수	목	금	토	일	월	화	수	목	금	토	일	월	화	수	목	금	토	일	월
	일진 日辰	甲寅	乙卯	丙辰	丁巳	戊午	己未	庚申	辛酉	壬戌	癸亥	甲子	乙丑	丙寅	丁卯	戊辰	己巳	庚午	辛未	壬申	癸酉	甲戌	乙亥	丙子	丁丑	戊寅	己卯	庚辰	辛巳	壬午	癸未	甲申
음력 11/29 ~ 12/29	납음	大溪水		沙中土		天上火		石榴木		大海水		海中金		爐中火		大林木		路傍土		劍鋒金		山頭火		澗下水		城頭土		白臘金		楊柳木		
	음력	29	30	12/1	2	3	4	5	6	7	8	9	10	11	12	13	14	15	16	17	18	19	20	21	22	23	24	25	26	27	28	29
	구성	1	9	8	7	6	5	4	3	2	1	1	2	3	4	5	6	7	8	9	1	2	3	4	5	6	7	8	9	1	2	3
대운	남	8	9	9	9	소	1	1	1	1	2	2	2	3	3	3	4	4	4	5	대	5	6	6	6	7	7	7	8	8	8	9
	여	1	1	1	1	한	10	9	9	9	8	8	8	7	7	7	6	6	6	5	한	5	4	4	4	3	3	3	2	2	2	1

입춘 4일 05시 50분 【음1월】 ➡ 【壬寅月(임인월)】 ☯二黑星 우수 19일 01시 42분

양력 2월	양력	1	2	3	4	5	6	7	8	9	10	11	12	13	14	15	16	17	18	19	20	21	22	23	24	25	26	27	28
	요일	화	수	목	금	토	일	월	화	수	목	금	토	일	월	화	수	목	금	토	일	월	화	수	목	금	토	일	월
	일진 日辰	乙酉	丙戌	丁亥	戊子	己丑	庚寅	辛卯	壬辰	癸巳	甲午	乙未	丙申	丁酉	戊戌	己亥	庚子	辛丑	壬寅	癸卯	甲辰	乙巳	丙午	丁未	戊申	己酉	庚戌	辛亥	壬子
음력 01/01 ~ 01/28	납음		屋上土		霹靂火		松柏木		長流水		沙中金		山下火		平地木		壁上土		金箔金		覆燈火		天河水		大驛土		釵釧金		
	음력	1/1	2	3	4	5	6	7	8	9	10	11	12	13	14	15	16	17	18	19	20	21	22	23	24	25	26	27	28
	구성	4	5	6	7	8	9	1	2	3	4	5	6	7	8	9	1	2	3	4	5	6	7	8	9	1	2	3	4
대운	남	9	9	10	입	9	9	9	8	8	8	7	7	7	6	6	6	5	5	우	4	4	4	3	3	3	2	2	2
	여	1	1	1	춘	1	1	1	1	2	2	2	3	3	3	4	4	4	5	수	5	6	6	6	7	7	7	8	8

壬
寅
年

경칩 5일 23시 43분 【음2월】 ➡ 【癸卯月(계묘월)】 ☯一白星 춘분 21일 00시 32분

양력 3월	양력	1	2	3	4	5	6	7	8	9	10	11	12	13	14	15	16	17	18	19	20	21	22	23	24	25	26	27	28	29	30	31
	요일	화	수	목	금	토	일	월	화	수	목	금	토	일	월	화	수	목	금	토	일	월	화	수	목	금	토	일	월	화	수	목
	일진 日辰	癸丑	甲寅	乙卯	丙辰	丁巳	戊午	己未	庚申	辛酉	壬戌	癸亥	甲子	乙丑	丙寅	丁卯	戊辰	己巳	庚午	辛未	壬申	癸酉	甲戌	乙亥	丙子	丁丑	戊寅	己卯	庚辰	辛巳	壬午	癸未
음력 01/29 ~ 02/29	납음		大溪水		沙中土		天上火		石榴木		大海水		海中金		爐中火		大林木		路傍土		劍鋒金		山頭火		澗下水		城頭土		白臘金		楊柳木	
	음력	29	30	2/1	2	3	4	5	6	7	8	9	10	11	12	13	14	15	16	17	18	19	20	21	22	23	24	25	26	27	28	29
	구성	5	6	7	8	9	1	2	3	4	5	6	7	8	9	1	2	3	4	5	6	7	8	9	1	2	3	4	5	6	7	8
대운	남	1	1	1	1	경	10	10	9	9	9	8	8	8	7	7	7	6	6	6	5	춘	5	4	4	4	3	3	3	2	2	2
	여	8	9	9	9	칩	1	1	1	1	2	2	2	3	3	3	4	4	4	5	5	분	6	6	6	7	7	7	8	8	8	9

청명 5일 04시 19분 【음3월】 ➡ 【甲辰月(갑진월)】 ☯九紫星 곡우 20일 11시 23분

양력 4월	양력	1	2	3	4	5	6	7	8	9	10	11	12	13	14	15	16	17	18	19	20	21	22	23	24	25	26	27	28	29	30
	요일	금	토	일	월	화	수	목	금	토	일	월	화	수	목	금	토	일	월	화	수	목	금	토	일	월	화	수	목	금	토
	일진 日辰	甲申	乙酉	丙戌	丁亥	戊子	己丑	庚寅	辛卯	壬辰	癸巳	甲午	乙未	丙申	丁酉	戊戌	己亥	庚子	辛丑	壬寅	癸卯	甲辰	乙巳	丙午	丁未	戊申	己酉	庚戌	辛亥	壬子	癸丑
음력 03/01 ~ 03/30	납음	井中水		屋上土		霹靂火		松柏木		長流水		沙中金		山下火		平地木		壁上土		金箔金		覆燈火		天河水		大驛土		釵釧金		桑柘木	
	음력	3/1	2	3	4	5	6	7	8	9	10	11	12	13	14	15	16	17	18	19	20	21	22	23	24	25	26	27	28	29	30
	구성	9	1	2	3	4	5	6	7	8	9	1	2	3	4	5	6	7	8	9	1	2	3	4	5	6	7	8	9	1	2
대운	남	1	1	1	1	청	10	9	9	9	8	8	8	7	7	7	6	6	6	5	곡	5	4	4	4	3	3	3	2	2	2
	여	9	9	10	10	명	1	1	1	1	2	2	2	3	3	3	4	4	4	5	우	5	6	6	6	7	7	7	8	8	8

입하 5일 21시 25분 【음4월】 ➡ 【乙巳月(을사월)】 ☯八白星 소만 21일 10시 22분

양력 5월	양력	1	2	3	4	5	6	7	8	9	10	11	12	13	14	15	16	17	18	19	20	21	22	23	24	25	26	27	28	29	30	31
	요일	일	월	화	수	목	금	토	일	월	화	수	목	금	토	일	월	화	수	목	금	토	일	월	화	수	목	금	토	일	월	화
	일진 日辰	甲寅	乙卯	丙辰	丁巳	戊午	己未	庚申	辛酉	壬戌	癸亥	甲子	乙丑	丙寅	丁卯	戊辰	己巳	庚午	辛未	壬申	癸酉	甲戌	乙亥	丙子	丁丑	戊寅	己卯	庚辰	辛巳	壬午	癸未	甲申
음력 04/01 ~ 05/02	납음	大溪水		沙中土		天上火		石榴木		大海水		海中金		爐中火		大林木		路傍土		劍鋒金		山頭火		澗下水		城頭土		白臘金		楊柳木		
	음력	4/1	2	3	4	5	6	7	8	9	10	11	12	13	14	15	16	17	18	19	20	21	22	23	24	25	26	27	28	29	5/1	2
	구성	3	4	5	6	7	8	9	1	2	3	4	5	6	7	8	9	1	2	3	4	5	6	7	8	9	1	2	3	4	5	6
대운	남	1	1	1	1	입	10	10	10	9	9	9	8	8	8	7	7	7	6	6	6	소	5	5	4	4	4	3	3	3	2	2
	여	9	9	9	10	하	1	1	1	1	2	2	2	3	3	3	4	4	4	5	5	만	6	6	6	7	7	7	8	8	8	9

망종 6일 01시 25분 【음5월】 ➡ 【丙午月(병오월)】 ☯七赤星 하지 21일 18시 13분

양력 6월	양력	1	2	3	4	5	6	7	8	9	10	11	12	13	14	15	16	17	18	19	20	21	22	23	24	25	26	27	28	29	30
	요일	수	목	금	토	일	월	화	수	목	금	토	일	월	화	수	목	금	토	일	월	화	수	목	금	토	일	월	화	수	목
	일진 日辰	乙酉	丙戌	丁亥	戊子	己丑	庚寅	辛卯	壬辰	癸巳	甲午	乙未	丙申	丁酉	戊戌	己亥	庚子	辛丑	壬寅	癸卯	甲辰	乙巳	丙午	丁未	戊申	己酉	庚戌	辛亥	壬子	癸丑	甲寅
음력 05/03 ~ 06/02	납음		屋上土		霹靂火		松柏木		長流水		沙中金		山下火		平地木		壁上土		金箔金		覆燈火		天河水		大驛土		釵釧金		桑柘木		
	음력	3	4	5	6	7	8	9	10	11	12	13	14	15	16	17	18	19	20	21	22	23	24	25	26	27	28	29	30	6/1	2
	구성	7	8	9	1	2	3	4	5	6	7	8	9	1	2	3	4	5	6	7	8	9	1	2	3	4	5	6	7	8	9
대운	남	2	1	1	1	1	망	10	10	9	9	9	8	8	8	7	7	7	6	6	6	하	5	5	4	4	4	3	3	3	2
	여	9	9	10	10	10	종	1	1	1	1	2	2	2	3	3	3	4	4	4	5	지	5	6	6	6	7	7	7	8	8

한식(4월06일), 초복(7월16일), 중복(7월26일), 말복(8월15일) ☂춘사(春社)3/16 ☀추사(秋社)9/22
토왕지절(土旺之節):4월17일,7월20일,10월20일,1월13일(음12/22)臘享(납향):2023년1월17일(음12/26)

七日得辛, 八龍治水, 2022년 임인年(금박금), 오황토

4綠	9紫	2黑
3碧	5黃	7赤
8白	1白	6白

2022 壬寅年

소서 7일 11시 37분 【음6월】 ➡ 【丁未月(정미월)】 ☯六白星 대서 23일 05시 06분

양력 7월 / 음력 06/03 – 07/03

양력	1	2	3	4	5	6	7	8	9	10	11	12	13	14	15	16	17	18	19	20	21	22	23	24	25	26	27	28	29	30	31
요일	금	토	일	월	화	수	목	금	토	일	월	화	수	목	금	토	일	월	화	수	목	금	토	일	월	화	수	목	금	토	일
일진 日辰	乙卯	丙辰	丁巳	戊午	己未	庚申	辛酉	壬戌	癸亥	甲子	乙丑	丙寅	丁卯	戊辰	己巳	庚午	辛未	壬申	癸酉	甲戌	乙亥	丙子	丁丑	戊寅	己卯	庚辰	辛巳	壬午	癸未	甲申	乙酉
납음		沙中土		天上火		石榴木		大海水		海中金		爐中火		大林木		路傍土		劍鋒金		山頭火		澗下水		城頭土		白臘金		楊柳木		井中水	
음력	3	4	5	6	7	8	9	10	11	12	13	14	15	16	17	18	19	20	21	22	23	24	25	26	27	28	29	30	7/1	2	3
구성	1	2	3	4	5	6	7	8	9	9	8	7	6	5	4	3	2	1	9	8	7	6	5	4	3	2	1	9	8	7	6
대운 남	2	2	1	1	1	1	소	10	10	9	9	9	8	8	8	7	7	7	6	6	6	5	대	5	4	4	4	3	3	3	2
대운 여	8	9	9	9	10	10	서	1	1	1	1	2	2	2	3	3	3	4	4	4	5	5	서	6	6	6	7	7	7	8	8

입추 7일 21시 28분 【음7월】 ➡ 【戊申月(무신월)】 ☯五黃星 처서 23일 12시 15분

양력 8월 / 음력 07/04 – 08/05

양력	1	2	3	4	5	6	7	8	9	10	11	12	13	14	15	16	17	18	19	20	21	22	23	24	25	26	27	28	29	30	31
요일	월	화	수	목	금	토	일	월	화	수	목	금	토	일	월	화	수	목	금	토	일	월	화	수	목	금	토	일	월	화	수
일진 日辰	丙戌	丁亥	戊子	己丑	庚寅	辛卯	壬辰	癸巳	甲午	乙未	丙申	丁酉	戊戌	己亥	庚子	辛丑	壬寅	癸卯	甲辰	乙巳	丙午	丁未	戊申	己酉	庚戌	辛亥	壬子	癸丑	甲寅	乙卯	丙辰
납음	屋上土		霹靂火		松柏木		長流水		沙中金		山下火		平地木		壁上土		金箔金		覆燈火		天河水		大驛土		釵釧金		桑柘木		大溪水		
음력	4	5	6	7	8	9	10	11	12	13	14	15	16	17	18	19	20	21	22	23	24	25	26	27	28	29	8/1	2	3	4	5
구성	5	4	3	2	1	9	8	7	6	5	4	3	2	1	9	8	7	6	5	4	3	2	1	9	8	7	6	5	4	3	2
대운 남	2	2	1	1	1	1	입	10	10	10	9	9	9	8	8	8	7	7	7	6	6	6	처	5	5	4	4	4	3	3	3
대운 여	8	9	9	9	10	10	추	1	1	1	1	2	2	2	3	3	3	4	4	4	5	5	서	6	6	6	7	7	7	8	8

백로 8일 00시 31분 【음8월】 ➡ 【己酉月(기유월)】 ☯四綠星 추분 23일 10시 03분

양력 9월 / 음력 08/06 – 09/05

양력	1	2	3	4	5	6	7	8	9	10	11	12	13	14	15	16	17	18	19	20	21	22	23	24	25	26	27	28	29	30
요일	목	금	토	일	월	화	수	목	금	토	일	월	화	수	목	금	토	일	월	화	수	목	금	토	일	월	화	수	목	금
일진 日辰	丁巳	戊午	己未	庚申	辛酉	壬戌	癸亥	甲子	乙丑	丙寅	丁卯	戊辰	己巳	庚午	辛未	壬申	癸酉	甲戌	乙亥	丙子	丁丑	戊寅	己卯	庚辰	辛巳	壬午	癸未	甲申	乙酉	丙戌
납음		天上火		石榴木		大海水		海中金		爐中火		大林木		路傍土		劍鋒金		山頭火		澗下水		城頭土		白臘金		楊柳木		井中水		
음력	6	7	8	9	10	11	12	13	14	15	16	17	18	19	20	21	22	23	24	25	26	27	28	29	30	9/1	2	3	4	5
구성	1	9	8	7	6	5	4	3	2	1	9	8	7	6	5	4	3	2	1	9	8	7	6	5	4	3	2	1	9	8
대운 남	2	2	2	1	1	1	1	백	10	9	9	9	8	8	8	7	7	7	6	6	6	5	추	5	4	4	4	3	3	3
대운 여	8	9	9	9	10	10	10	로	1	1	1	1	2	2	2	3	3	3	4	4	4	5	분	5	6	6	6	7	7	7

한로 8일 16시 21분 【음9월】 ➡ 【庚戌月(경술월)】 ☯三碧星 상강 23일 19시 35분

양력 10월 / 음력 09/06 – 10/07

양력	1	2	3	4	5	6	7	8	9	10	11	12	13	14	15	16	17	18	19	20	21	22	23	24	25	26	27	28	29	30	31
요일	토	일	월	화	수	목	금	토	일	월	화	수	목	금	토	일	월	화	수	목	금	토	일	월	화	수	목	금	토	일	월
일진 日辰	丁亥	戊子	己丑	庚寅	辛卯	壬辰	癸巳	甲午	乙未	丙申	丁酉	戊戌	己亥	庚子	辛丑	壬寅	癸卯	甲辰	乙巳	丙午	丁未	戊申	己酉	庚戌	辛亥	壬子	癸丑	甲寅	乙卯	丙辰	丁巳
납음		霹靂火		松柏木		長流水		沙中金		山下火		平地木		壁上土		金箔金		覆燈火		天河水		大驛土		釵釧金		桑柘木		大溪水		沙中土	
음력	6	7	8	9	10	11	12	13	14	15	16	17	18	19	20	21	22	23	24	25	26	27	28	29	10/1	2	3	4	5	6	7
구성	7	6	5	4	3	2	1	9	8	7	6	5	4	3	2	1	9	8	7	6	5	4	3	2	1	9	8	7	6	5	4
대운 남	2	2	2	1	1	1	1	한	10	9	9	9	8	8	8	7	7	7	6	6	6	5	상	5	4	4	4	3	3	3	2
대운 여	8	8	8	9	9	9	10	로	1	1	1	1	2	2	2	3	3	3	4	4	4	5	강	5	6	6	6	7	7	7	8

입동 7일 19시 44분 【음10월】 ➡ 【辛亥月(신해월)】 ☯二黑星 소설 22일 17시 19분

양력 11월 / 음력 10/08 – 11/07

양력	1	2	3	4	5	6	7	8	9	10	11	12	13	14	15	16	17	18	19	20	21	22	23	24	25	26	27	28	29	30
요일	화	수	목	금	토	일	월	화	수	목	금	토	일	월	화	수	목	금	토	일	월	화	수	목	금	토	일	월	화	수
일진 日辰	戊午	己未	庚申	辛酉	壬戌	癸亥	甲子	乙丑	丙寅	丁卯	戊辰	己巳	庚午	辛未	壬申	癸酉	甲戌	乙亥	丙子	丁丑	戊寅	己卯	庚辰	辛巳	壬午	癸未	甲申	乙酉	丙戌	丁亥
납음	天上火		石榴木		大海水		海中金		爐中火		大林木		路傍土		劍鋒金		山頭火		澗下水		城頭土		白臘金		楊柳木		井中水		屋上土	
음력	8	9	10	11	12	13	14	15	16	17	18	19	20	21	22	23	24	25	26	27	28	29	30	11/1	2	3	4	5	6	7
구성	3	2	1	9	8	7	6	5	4	3	2	1	9	8	7	6	5	4	3	2	1	9	8	7	6	5	4	3	2	1
대운 남	2	2	1	1	1	1	입	10	9	9	9	8	8	8	7	7	7	6	6	6	5	소	5	4	4	4	3	3	3	2
대운 여	8	8	9	9	9	10	동	1	1	1	1	2	2	2	3	3	3	4	4	4	5	설	5	6	6	6	7	7	7	8

대설 7일 12시 45분 【음11월】 ➡ 【壬子月(임자월)】 ☯一白星 동지 22일 06시 47분

양력 12월 / 음력 11/08 – 12/09

양력	1	2	3	4	5	6	7	8	9	10	11	12	13	14	15	16	17	18	19	20	21	22	23	24	25	26	27	28	29	30	31
요일	목	금	토	일	월	화	수	목	금	토	일	월	화	수	목	금	토	일	월	화	수	목	금	토	일	월	화	수	목	금	토
일진 日辰	戊子	己丑	庚寅	辛卯	壬辰	癸巳	甲午	乙未	丙申	丁酉	戊戌	己亥	庚子	辛丑	壬寅	癸卯	甲辰	乙巳	丙午	丁未	戊申	己酉	庚戌	辛亥	壬子	癸丑	甲寅	乙卯	丙辰	丁巳	戊午
납음	霹靂火		松柏木		長流水		沙中金		山下火		平地木		壁上土		金箔金		覆燈火		天河水		大驛土		釵釧金		桑柘木		大溪水		沙中土		
음력	8	9	10	11	12	13	14	15	16	17	18	19	20	21	22	23	24	25	26	27	28	29	12/1	2	3	4	5	6	7	8	9
구성	9	8	7	6	5	4	3	2	1	9	8	7	6	5	4	3	2	1	9	8	7	6	5	4	3	2	1	9	8	7	6
대운 남	2	2	1	1	1	1	대	10	9	9	9	8	8	8	7	7	7	6	6	6	5	동	5	4	4	4	3	3	3	2	2
대운 여	8	8	9	9	9	10	설	1	1	1	1	2	2	2	3	3	3	4	4	4	5	지	5	6	6	6	7	7	7	8	8

단기 4356 年
불기 2567 年

2023년

下元 癸卯年 납음(金箔金),본명성(四綠목)

대장군(子북방), 삼살(酉서방), 상문(巳동남방),조객(丑동북방), 납음(금박금),【삼재(사,오,미)년】 臘享(납향):2024년1월20일(음12/10)

토끼

소한 6일 00시 04분 【음12월】 ➡ 【癸丑月(계축월)】 ☯九紫星 대한 20일 17시 28분

	양력	1	2	3	4	5	6	7	8	9	10	11	12	13	14	15	16	17	18	19	20	21	22	23	24	25	26	27	28	29	30	31
양력 1월	요일	일	월	화	수	목	금	토	일	월	화	수	목	금	토	일	월	화	수	목	금	토	일	월	화	수	목	금	토	일	월	화
	일진 日辰	己未	庚申	辛酉	壬戌	癸亥	甲子	乙丑	丙寅	丁卯	戊辰	己巳	庚午	辛未	壬申	癸酉	甲戌	乙亥	丙子	丁丑	戊寅	己卯	庚辰	辛巳	壬午	癸未	甲申	乙酉	丙戌	丁亥	戊子	己丑
음력	납음		石榴木		大海水		海中金		爐中火		大林木		路傍土		劍鋒金		山頭火		澗下水		城頭土		白臘金		楊柳木		井中水		屋上土			
12/10	음력	10	11	12	13	14	15	16	17	18	19	20	21	22	23	24	25	26	27	28	29	30	1/1	2	3	4	5	6	7	8	9	10
~	구성	5	4	3	2	1	1	2	3	4	5	6	7	8	9	1	2	3	4	5	6	7	8	9	1	2	3	4	5	6	7	8
01/10	대운 남	2	1	1	1	1	소	9	9	9	8	8	8	7	7	7	6	6	6	5	대	5	4	4	4	3	3	3	2	2	2	1
	대운 여	8	9	9	9	10	한	1	1	1	1	2	2	2	3	3	3	4	4	4	한	5	5	6	6	6	7	7	7	8	8	8

입춘 4일 11시 41분 【음1월】 ➡ 【甲寅月(갑인월)】 ☯八白星 우수 19일 07시 33분

	양력	1	2	3	4	5	6	7	8	9	10	11	12	13	14	15	16	17	18	19	20	21	22	23	24	25	26	27	28
양력 2월	요일	수	목	금	토	일	월	화	수	목	금	토	일	월	화	수	목	금	토	일	월	화	수	목	금	토	일	월	화
	일진 日辰	庚寅	辛卯	壬辰	癸巳	甲午	乙未	丙申	丁酉	戊戌	己亥	庚子	辛丑	壬寅	癸卯	甲辰	乙巳	丙午	丁未	戊申	己酉	庚戌	辛亥	壬子	癸丑	甲寅	乙卯	丙辰	丁巳
음력	납음	松柏木		長流水		沙中金		山下火		平地木		壁上土		金箔金		覆燈火		天河水		大驛土		釵釧金		桑柘木		大溪水		沙中土	
01/11	음력	11	12	13	14	15	16	17	18	19	20	21	22	23	24	25	26	27	28	29	2/1	2	3	4	5	6	7	8	9
~	구성	9	1	2	3	4	5	6	7	8	9	1	2	3	4	5	6	7	8	9	1	2	3	4	5	6	7	8	9
02/09	대운 남	1	1	1	입	1	1	1	1	2	2	2	3	3	3	4	4	4	5	우	5	6	6	6	7	7	7	8	8
	대운 여	9	9	9	춘	10	9	9	9	8	8	8	7	7	7	6	6	6	5	수	5	4	4	4	3	3	3	2	2

癸卯年

경칩 6일 05시 35분 【음2월】 ➡ 【乙卯月(을묘월)】 ☯七赤星 춘분 21일 06시 23분

	양력	1	2	3	4	5	6	7	8	9	10	11	12	13	14	15	16	17	18	19	20	21	22	23	24	25	26	27	28	29	30	31
양력 3월	요일	수	목	금	토	일	월	화	수	목	금	토	일	월	화	수	목	금	토	일	월	화	수	목	금	토	일	월	화	수	목	금
	일진 日辰	戊午	己未	庚申	辛酉	壬戌	癸亥	甲子	乙丑	丙寅	丁卯	戊辰	己巳	庚午	辛未	壬申	癸酉	甲戌	乙亥	丙子	丁丑	戊寅	己卯	庚辰	辛巳	壬午	癸未	甲申	乙酉	丙戌	丁亥	戊子
음력	납음	天上火		石榴木		大海水		海中金		爐中火		大林木		路傍土		劍鋒金		山頭火		澗下水		城頭土		白臘金		楊柳木		井中水		屋上土		
02/10	음력	10	11	12	13	14	15	16	17	18	19	20	21	22	23	24	25	26	27	28	29	30	윤2	2	3	4	5	6	7	8	9	10
~	구성	1	2	3	4	5	6	7	8	9	1	2	3	4	5	6	7	8	9	1	2	3	4	5	6	7	8	9	1	2	3	4
윤210	대운 남	8	9	9	9	10	경	1	1	1	1	2	2	2	3	3	3	4	4	4	5	춘	5	6	6	6	7	7	7	8	8	8
	대운 여	2	1	1	1	1	칩	10	9	9	9	8	8	8	7	7	7	6	6	6	5	분	5	4	4	4	3	3	3	2	2	2

청명 5일 10시 12분 【음3월】 ➡ 【丙辰月(병진월)】 ☯六白星 곡우 20일 17시 13분

	양력	1	2	3	4	5	6	7	8	9	10	11	12	13	14	15	16	17	18	19	20	21	22	23	24	25	26	27	28	29	30
양력 4월	요일	토	일	월	화	수	목	금	토	일	월	화	수	목	금	토	일	월	화	수	목	금	토	일	월	화	수	목	금	토	일
	일진 日辰	己丑	庚寅	辛卯	壬辰	癸巳	甲午	乙未	丙申	丁酉	戊戌	己亥	庚子	辛丑	壬寅	癸卯	甲辰	乙巳	丙午	丁未	戊申	己酉	庚戌	辛亥	壬子	癸丑	甲寅	乙卯	丙辰	丁巳	戊午
음력	납음		松柏木		長流水		沙中金		山下火		平地木		壁上土		金箔金		覆燈火		天河水		大驛土		釵釧金		桑柘木		大溪水		沙中土		
윤211	음력	11	12	13	14	15	16	17	18	19	20	21	22	23	24	25	26	27	28	29	3/1	2	3	4	5	6	7	8	9	10	11
~	구성	5	6	7	8	9	1	2	3	4	5	6	7	8	9	1	2	3	4	5	6	7	8	9	1	2	3	4	5	6	7
03/11	대운 남	9	9	9	10	청	1	1	1	1	2	2	2	3	3	3	4	4	4	5	곡	5	6	6	6	7	7	7	8	8	8
	대운 여	1	1	1	1	명	10	10	9	9	9	8	8	8	7	7	7	6	6	6	우	5	5	4	4	4	3	3	3	2	2

입하 6일 03시 18분 【음4월】 ➡ 【丁巳月(정사월)】 ☯五黃星 소만 21일 16시 08분

	양력	1	2	3	4	5	6	7	8	9	10	11	12	13	14	15	16	17	18	19	20	21	22	23	24	25	26	27	28	29	30	31
양력 5월	요일	월	화	수	목	금	토	일	월	화	수	목	금	토	일	월	화	수	목	금	토	일	월	화	수	목	금	토	일	월	화	수
	일진 日辰	己未	庚申	辛酉	壬戌	癸亥	甲子	乙丑	丙寅	丁卯	戊辰	己巳	庚午	辛未	壬申	癸酉	甲戌	乙亥	丙子	丁丑	戊寅	己卯	庚辰	辛巳	壬午	癸未	甲申	乙酉	丙戌	丁亥	戊子	己丑
음력	납음		石榴木		大海水		海中金		爐中火		大林木		路傍土		劍鋒金		山頭火		澗下水		城頭土		白臘金		楊柳木		井中水		屋上土		霹靂火	
03/12	음력	12	13	14	15	16	17	18	19	20	21	22	23	24	25	26	27	28	29	30	4/1	2	3	4	5	6	7	8	9	10	11	12
~	구성	8	9	1	2	3	4	5	6	7	8	9	1	2	3	4	5	6	7	8	9	1	2	3	4	5	6	7	8	9	1	2
04/12	대운 남	9	9	9	10	10	입	1	1	1	1	2	2	2	3	3	3	4	4	4	5	소	5	6	6	6	7	7	7	8	8	8
	대운 여	2	1	1	1	1	하	10	10	9	9	9	8	8	8	7	7	7	6	6	6	만	5	5	4	4	4	3	3	3	2	2

망종 6일 07시 17분 【음5월】 ➡ 【戊午月(무오월)】 ☯四綠星 하지 21일 23시 57분

	양력	1	2	3	4	5	6	7	8	9	10	11	12	13	14	15	16	17	18	19	20	21	22	23	24	25	26	27	28	29	30
양력 6월	요일	목	금	토	일	월	화	수	목	금	토	일	월	화	수	목	금	토	일	월	화	수	목	금	토	일	월	화	수	목	금
	일진 日辰	庚寅	辛卯	壬辰	癸巳	甲午	乙未	丙申	丁酉	戊戌	己亥	庚子	辛丑	壬寅	癸卯	甲辰	乙巳	丙午	丁未	戊申	己酉	庚戌	辛亥	壬子	癸丑	甲寅	乙卯	丙辰	丁巳	戊午	己未
음력	납음	松柏木		長流水		沙中金		山下火		平地木		壁上土		金箔金		覆燈火		天河水		大驛土		釵釧金		桑柘木		大溪水		沙中土		天上火	
04/13	음력	13	14	15	16	17	18	19	20	21	22	23	24	25	26	27	28	29	5/1	2	3	4	5	6	7	8	9	10	11	12	13
~	구성	3	4	5	6	7	8	9	1	2	3	4	5	6	7	8	9	1	2	3	4	5	6	7	8	9	1	2	3	4	5
05/13	대운 남	9	9	9	10	10	망	1	1	1	1	2	2	2	3	3	3	4	4	4	5	하	5	6	6	6	7	7	7	8	8
	대운 여	2	1	1	1	1	종	10	10	9	9	9	8	8	8	7	7	7	6	6	6	지	5	5	4	4	4	3	3	3	2

한식(4월06일), 초복(7월11일), 중복(7월21일), 말복(8월10일) ☂춘사(春社)3/21 ☀추사(秋社)9/27
토왕지절(土旺之節):4월17일,7월20일,10월21일,1월18일(음12/08)臘享(납향):2024년1월20일(음12/10)

二日得辛, 一龍治水, 2023년 계묘年(금박금), 사록목

3碧	8白	1白
2黑	4綠	6白
7赤	9紫	5黃

2023 癸卯年

소서 7일 17시 30분 【음6월】 ➡ 【己未月(기미월)】 ☯三碧星 대서 23일 10시 49분

양력 7월 / 음력 05/14 - 06/14

양력	1	2	3	4	5	6	7	8	9	10	11	12	13	14	15	16	17	18	19	20	21	22	23	24	25	26	27	28	29	30	31
요일	토	일	월	화	수	목	금	토	일	월	화	수	목	금	토	일	월	화	수	목	금	토	일	월	화	수	목	금	토	일	월
일진 日辰	庚申	辛酉	壬戌	癸亥	甲子	乙丑	丙寅	丁卯	戊辰	己巳	庚午	辛未	壬申	癸酉	甲戌	乙亥	丙子	丁丑	戊寅	己卯	庚辰	辛巳	壬午	癸未	甲申	乙酉	丙戌	丁亥	戊子	己丑	庚寅
납음	石榴木		大海水		海中金		爐中火		大林木		路傍土		劍鋒金		山頭火		澗下水		城頭土		白臘金		楊柳木		井中水		屋上土		霹靂火		
음력	14	15	16	17	18	19	20	21	22	23	24	25	26	27	28	29	30	6/1	2	3	4	5	6	7	8	9	10	11	12	13	14
구성	6	7	8	9	9	8	7	6	5	4	3	2	1	9	8	7	6	5	4	3	2	1	9	8	7	6	5	4	3	2	1
대운 남	8	9	9	9	10	10	소	1	1	1	1	2	2	2	3	3	3	4	4	4	5	5	대	6	6	6	7	7	7	8	8
대운 여	2	2	1	1	1	1	서	10	10	10	9	9	9	8	8	8	7	7	7	6	6	6	서	5	5	4	4	4	3	3	3

입추 8일 03시 22분 【음7월】 ➡ 【庚申月(경신월)】 ☯二黑星 처서 23일 18시 00분

양력 8월 / 음력 06/15 - 07/16

양력	1	2	3	4	5	6	7	8	9	10	11	12	13	14	15	16	17	18	19	20	21	22	23	24	25	26	27	28	29	30	31
요일	화	수	목	금	토	일	월	화	수	목	금	토	일	월	화	수	목	금	토	일	월	화	수	목	금	토	일	월	화	수	목
일진 日辰	辛卯	壬辰	癸巳	甲午	乙未	丙申	丁酉	戊戌	己亥	庚子	辛丑	壬寅	癸卯	甲辰	乙巳	丙午	丁未	戊申	己酉	庚戌	辛亥	壬子	癸丑	甲寅	乙卯	丙辰	丁巳	戊午	己未	庚申	辛酉
납음		長流水		沙中金		山下火		平地木		壁上土		金箔金		覆燈火		天河水		大驛土		釵釧金		桑柘木		大溪水		沙中土		天上火		石榴木	
음력	15	16	17	18	19	20	21	22	23	24	25	26	27	28	29	7/1	2	3	4	5	6	7	8	9	10	11	12	13	14	15	16
구성	9	8	7	6	5	4	3	2	1	9	8	7	6	5	4	3	2	1	9	8	7	6	5	4	3	2	1	9	8	7	6
대운 남	8	9	9	9	10	10	10	입	1	1	1	1	2	2	2	3	3	3	4	4	4	5	처	5	6	6	6	7	7	7	8
대운 여	2	2	2	1	1	1	1	추	10	10	9	9	9	8	8	8	7	7	7	6	6	6	서	5	5	4	4	4	3	3	3

백로 8일 06시 26분 【음8월】 ➡ 【辛酉月(신유월)】 ☯一白星 추분 23일 15시 49분

양력 9월 / 음력 07/17 - 08/16

양력	1	2	3	4	5	6	7	8	9	10	11	12	13	14	15	16	17	18	19	20	21	22	23	24	25	26	27	28	29	30
요일	금	토	일	월	화	수	목	금	토	일	월	화	수	목	금	토	일	월	화	수	목	금	토	일	월	화	수	목	금	토
일진 日辰	壬戌	癸亥	甲子	乙丑	丙寅	丁卯	戊辰	己巳	庚午	辛未	壬申	癸酉	甲戌	乙亥	丙子	丁丑	戊寅	己卯	庚辰	辛巳	壬午	癸未	甲申	乙酉	丙戌	丁亥	戊子	己丑	庚寅	辛卯
납음	大海水		海中金		爐中火		大林木		路傍土		劍鋒金		山頭火		澗下水		城頭土		白臘金		楊柳木		井中水		屋上土		霹靂火		松柏木	
음력	17	18	19	20	21	22	23	24	25	26	27	28	29	30	8/1	2	3	4	5	6	7	8	9	10	11	12	13	14	15	16
구성	5	4	3	2	1	9	8	7	6	5	4	3	2	1	9	8	7	6	5	4	3	2	1	9	8	7	6	5	4	3
대운 남	8	8	9	9	9	10	10	백	1	1	1	1	2	2	2	3	3	3	4	4	4	5	추	5	6	6	6	7	7	7
대운 여	2	2	2	1	1	1	1	로	10	9	9	9	8	8	8	7	7	7	6	6	6	5	분	5	4	4	4	3	3	3

한로 8일 22시 14분 【음9월】 ➡ 【壬戌月(임술월)】 ☯九紫星 상강 24일 01시 20분

양력 10월 / 음력 08/17 - 09/17

양력	1	2	3	4	5	6	7	8	9	10	11	12	13	14	15	16	17	18	19	20	21	22	23	24	25	26	27	28	29	30	31
요일	일	월	화	수	목	금	토	일	월	화	수	목	금	토	일	월	화	수	목	금	토	일	월	화	수	목	금	토	일	월	화
일진 日辰	壬辰	癸巳	甲午	乙未	丙申	丁酉	戊戌	己亥	庚子	辛丑	壬寅	癸卯	甲辰	乙巳	丙午	丁未	戊申	己酉	庚戌	辛亥	壬子	癸丑	甲寅	乙卯	丙辰	丁巳	戊午	己未	庚申	辛酉	壬戌
납음	長流水		沙中金		山下火		平地木		壁上土		金箔金		覆燈火		天河水		大驛土		釵釧金		桑柘木		大溪水		沙中土		天上火		石榴木		
음력	17	18	19	20	21	22	23	24	25	26	27	28	29	30	9/1	2	3	4	5	6	7	8	9	10	11	12	13	14	15	16	17
구성	2	1	9	8	7	6	5	4	3	2	1	9	8	7	6	5	4	3	2	1	9	8	7	6	5	4	3	2	1	9	8
대운 남	8	8	8	9	9	9	10	한	1	1	1	1	2	2	2	3	3	3	4	4	4	5	5	상	6	6	6	7	7	7	8
대운 여	2	2	2	1	1	1	1	로	10	10	9	9	9	8	8	8	7	7	7	6	6	6	5	강	5	4	4	4	3	3	3

입동 8일 01시 35분 【음10월】 ➡ 【癸亥月(계해월)】 ☯八白星 소설 22일 23시 02분

양력 11월 / 음력 09/18 - 10/18

양력	1	2	3	4	5	6	7	8	9	10	11	12	13	14	15	16	17	18	19	20	21	22	23	24	25	26	27	28	29	30
요일	수	목	금	토	일	월	화	수	목	금	토	일	월	화	수	목	금	토	일	월	화	수	목	금	토	일	월	화	수	목
일진 日辰	癸亥	甲子	乙丑	丙寅	丁卯	戊辰	己巳	庚午	辛未	壬申	癸酉	甲戌	乙亥	丙子	丁丑	戊寅	己卯	庚辰	辛巳	壬午	癸未	甲申	乙酉	丙戌	丁亥	戊子	己丑	庚寅	辛卯	壬辰
납음		海中金		爐中火		大林木		路傍土		劍鋒金		山頭火		澗下水		城頭土		白臘金		楊柳木		井中水		屋上土		霹靂火		松柏木		
음력	18	19	20	21	22	23	24	25	26	27	28	29	10/1	2	3	4	5	6	7	8	9	10	11	12	13	14	15	16	17	18
구성	7	6	5	4	3	2	1	9	8	7	6	5	4	3	2	1	9	8	7	6	5	4	3	2	1	9	8	7	6	5
대운 남	8	8	9	9	9	10	10	입	1	1	1	1	2	2	2	3	3	3	4	4	4	소	5	5	6	6	6	7	7	7
대운 여	2	2	2	1	1	1	1	동	9	9	9	8	8	8	7	7	7	6	6	6	5	설	5	4	4	4	3	3	3	2

대설 7일 18시 32분 【음11월】 ➡ 【甲子月(갑자월)】 ☯七赤星 동지 22일 12시 26분

양력 12월 / 음력 10/19 - 11/19

양력	1	2	3	4	5	6	7	8	9	10	11	12	13	14	15	16	17	18	19	20	21	22	23	24	25	26	27	28	29	30	31
요일	금	토	일	월	화	수	목	금	토	일	월	화	수	목	금	토	일	월	화	수	목	금	토	일	월	화	수	목	금	토	일
일진 日辰	癸巳	甲午	乙未	丙申	丁酉	戊戌	己亥	庚子	辛丑	壬寅	癸卯	甲辰	乙巳	丙午	丁未	戊申	己酉	庚戌	辛亥	壬子	癸丑	甲寅	乙卯	丙辰	丁巳	戊午	己未	庚申	辛酉	壬戌	癸亥
납음		沙中金		山下火		平地木		壁上土		金箔金		覆燈火		天河水		大驛土		釵釧金		桑柘木		大溪水		沙中土		天上火		石榴木		大海水	
음력	19	20	21	22	23	24	25	26	27	28	29	30	11/1	2	3	4	5	6	7	8	9	10	11	12	13	14	15	16	17	18	19
구성	4	3	2	1	9	8	7	6	5	4	3	2	1	9	8	7	6	5	4	3	2	1	9	8	7	6	5	4	3	2	1
대운 남	8	8	8	9	9	9	대	1	1	1	1	2	2	2	3	3	3	4	4	4	5	동	5	6	6	6	7	7	7	8	8
대운 여	2	2	1	1	1	1	설	10	9	9	9	8	8	8	7	7	7	6	6	6	5	지	5	4	4	4	3	3	3	2	2

단기 4357 年	**2024**년	下元 **甲辰年** 납음(覆燈火),본명성(三碧木)
불기 2568 年		대장군(子북방), 삼살(남방), 상문(午남방),조객(寅동북방), 납음(복등화),【삼재(인,묘,진)년】 臘享(납향):2025년1월14일(음12/15)

용

소한 06일 05시 48분 【음12월】 ➡ 【乙丑月(을축월)】 ☯六白星 대한 20일 23시 06분

양력 1월 / 음력 11/20 – 12/21

양력	1	2	3	4	5	6	7	8	9	10	11	12	13	14	15	16	17	18	19	20	21	22	23	24	25	26	27	28	29	30	31
요일	월	화	수	목	금	토	일	월	화	수	목	금	토	일	월	화	수	목	금	토	일	월	화	수	목	금	토	일	월	화	수
일진 日辰	甲子	乙丑	丙寅	丁卯	戊辰	己巳	庚午	辛未	壬申	癸酉	甲戌	乙亥	丙子	丁丑	戊寅	己卯	庚辰	辛巳	壬午	癸未	甲申	乙酉	丙戌	丁亥	戊子	己丑	庚寅	辛卯	壬辰	癸巳	甲午
납음	海中金		爐中火		大林木		路傍土		劍鋒金		山頭火		澗下水		城頭土		白臘金		楊柳木		井中水		屋上土		霹靂火		松柏木		長流水		
음력	20	21	22	23	24	25	26	27	28	29	12/1	2	3	4	5	6	7	8	9	10	11	12	13	14	15	16	17	18	19	20	21
구성	1	2	3	4	5	6	7	8	9	1	2	3	4	5	6	7	8	9	1	2	3	4	5	6	7	8	9	1	2	3	4
대운 남	8	9	9	9	10	소	1	1	1	1	2	2	2	3	3	3	4	4	4	대	5	5	6	6	6	7	7	7	8	8	8
대운 여	2	1	1	1	1	한	9	9	9	8	8	8	7	7	7	6	6	6	5	한	5	4	4	4	3	3	3	2	2	2	1

입춘 4일 17시 26분 【음1월】 ➡ 【丙寅月(병인월)】 ☯五黃星 우수 19일 13시 12분

양력 2월 / 음력 12/22 – 01/20

양력	1	2	3	4	5	6	7	8	9	10	11	12	13	14	15	16	17	18	19	20	21	22	23	24	25	26	27	28	29
요일	목	금	토	일	월	화	수	목	금	토	일	월	화	수	목	금	토	일	월	화	수	목	금	토	일	월	화	수	목
일진 日辰	乙未	丙申	丁酉	戊戌	己亥	庚子	辛丑	壬寅	癸卯	甲辰	乙巳	丙午	丁未	戊申	己酉	庚戌	辛亥	壬子	癸丑	甲寅	乙卯	丙辰	丁巳	戊午	己未	庚申	辛酉	壬戌	癸亥
납음		山下火		平地木		壁上土		金箔金		覆燈火		天河水		大驛土		釵釧金		桑柘木		大溪水		沙中土		天上火		石榴木		大海水	
음력	22	23	24	25	26	27	28	29	30	1/1	2	3	4	5	6	7	8	9	10	11	12	13	14	15	16	17	18	19	20
구성	5	6	7	8	9	1	2	3	4	5	6	7	8	9	1	2	3	4	5	6	7	8	9	1	2	3	4	5	6
대운 남	9	9	9	입	10	9	9	9	8	8	8	7	7	7	6	6	6	5	우	5	4	4	4	3	3	3	2	2	2
대운 여	1	1	1	춘	1	1	1	1	2	2	2	3	3	3	4	4	4	5	수	5	6	6	6	7	7	7	8	8	8

甲辰年

경칩 5일 11시 22분 【음2월】 ➡ 【丁卯月(정묘월)】 ☯四綠星 춘분 20일 12시 05분

양력 3월 / 음력 01/21 – 02/22

양력	1	2	3	4	5	6	7	8	9	10	11	12	13	14	15	16	17	18	19	20	21	22	23	24	25	26	27	28	29	30	31
요일	금	토	일	월	화	수	목	금	토	일	월	화	수	목	금	토	일	월	화	수	목	금	토	일	월	화	수	목	금	토	일
일진 日辰	甲子	乙丑	丙寅	丁卯	戊辰	己巳	庚午	辛未	壬申	癸酉	甲戌	乙亥	丙子	丁丑	戊寅	己卯	庚辰	辛巳	壬午	癸未	甲申	乙酉	丙戌	丁亥	戊子	己丑	庚寅	辛卯	壬辰	癸巳	甲午
납음	海中金		爐中火		大林木		路傍土		劍鋒金		山頭火		澗下水		城頭土		白臘金		楊柳木		井中水		屋上土		霹靂火		松柏木		長流水		
음력	21	22	23	24	25	26	27	28	29	2/1	2	3	4	5	6	7	8	9	10	11	12	13	14	15	16	17	18	19	20	21	22
구성	7	8	9	1	2	3	4	5	6	7	8	9	1	2	3	4	5	6	7	8	9	1	2	3	4	5	6	7	8	9	1
대운 남	1	1	1	1	경	10	9	9	9	8	8	8	7	7	7	6	6	6	5	춘	5	4	4	4	3	3	3	2	2	2	1
대운 여	9	9	9	10	칩	1	1	1	1	2	2	2	3	3	3	4	4	4	5	분	5	6	6	6	7	7	7	8	8	8	9

청명 4일 16시 01분 【음3월】 ➡ 【戊辰月(무진월)】 ☯三碧星 곡우 19일 20시 59분

양력 4월 / 음력 02/23 – 03/22

양력	1	2	3	4	5	6	7	8	9	10	11	12	13	14	15	16	17	18	19	20	21	22	23	24	25	26	27	28	29	30
요일	월	화	수	목	금	토	일	월	화	수	목	금	토	일	월	화	수	목	금	토	일	월	화	수	목	금	토	일	월	화
일진 日辰	乙未	丙申	丁酉	戊戌	己亥	庚子	辛丑	壬寅	癸卯	甲辰	乙巳	丙午	丁未	戊申	己酉	庚戌	辛亥	壬子	癸丑	甲寅	乙卯	丙辰	丁巳	戊午	己未	庚申	辛酉	壬戌	癸亥	甲子
납음		山下火		平地木		壁上土		金箔金		覆燈火		天河水		大驛土		釵釧金		桑柘木		大溪水		沙中土		天上火		石榴木		大海水		
음력	23	24	25	26	27	28	29	30	3/1	2	3	4	5	6	7	8	9	10	11	12	13	14	15	16	17	18	19	20	21	22
구성	2	3	4	5	6	7	8	9	1	2	3	4	5	6	7	8	9	1	2	3	4	5	6	7	8	9	1	2	3	4
대운 남	1	1	1	청	10	10	9	9	9	8	8	8	7	7	7	6	6	6	곡	5	5	4	4	4	3	3	3	2	2	2
대운 여	9	9	10	명	1	1	1	1	2	2	2	3	3	3	4	4	4	5	우	5	6	6	6	7	7	7	8	8	8	9

입하 5일 09시 09분 【음4월】 ➡ 【己巳月(기사월)】 ☯二黑星 소만 20일 21시 58분

양력 5월 / 음력 03/23 – 04/24

양력	1	2	3	4	5	6	7	8	9	10	11	12	13	14	15	16	17	18	19	20	21	22	23	24	25	26	27	28	29	30	31
요일	수	목	금	토	일	월	화	수	목	금	토	일	월	화	수	목	금	토	일	월	화	수	목	금	토	일	월	화	수	목	금
일진 日辰	乙丑	丙寅	丁卯	戊辰	己巳	庚午	辛未	壬申	癸酉	甲戌	乙亥	丙子	丁丑	戊寅	己卯	庚辰	辛巳	壬午	癸未	甲申	乙酉	丙戌	丁亥	戊子	己丑	庚寅	辛卯	壬辰	癸巳	甲午	乙未
납음		爐中火		大林木		路傍土		劍鋒金		山頭火		澗下水		城頭土		白臘金		楊柳木		井中水		屋上土		霹靂火		松柏木		長流水		沙中金	
음력	23	24	25	26	27	28	29	4/1	2	3	4	5	6	7	8	9	10	11	12	13	14	15	16	17	18	19	20	21	22	23	24
구성	5	6	7	8	9	1	2	3	4	5	6	7	8	9	1	2	3	4	5	6	7	8	9	1	2	3	4	5	6	7	8
대운 남	1	1	1	1	입	10	10	9	9	9	8	8	8	7	7	7	6	6	6	소	5	5	4	4	4	3	3	3	2	2	2
대운 여	9	9	10	10	하	1	1	1	1	2	2	2	3	3	3	4	4	4	5	만	5	6	6	6	7	7	7	8	8	8	9

망종 5일 13시 09분 【음5월】 ➡ 【庚午月(경오월)】 ☯一白星 하지 21일 05시 50분

양력 6월 / 음력 04/25 – 05/25

양력	1	2	3	4	5	6	7	8	9	10	11	12	13	14	15	16	17	18	19	20	21	22	23	24	25	26	27	28	29	30
요일	토	일	월	화	수	목	금	토	일	월	화	수	목	금	토	일	월	화	수	목	금	토	일	월	화	수	목	금	토	일
일진 日辰	丙申	丁酉	戊戌	己亥	庚子	辛丑	壬寅	癸卯	甲辰	乙巳	丙午	丁未	戊申	己酉	庚戌	辛亥	壬子	癸丑	甲寅	乙卯	丙辰	丁巳	戊午	己未	庚申	辛酉	壬戌	癸亥	甲子	乙丑
납음	山下火		平地木		壁上土		金箔金		覆燈火		天河水		大驛土		釵釧金		桑柘木		大溪水		沙中土		天上火		石榴木		大海水		海中金	
음력	25	26	27	28	29	5/1	2	3	4	5	6	7	8	9	10	11	12	13	14	15	16	17	18	19	20	21	22	23	24	25
구성	9	1	2	3	4	5	6	7	8	9	1	2	3	4	5	6	7	8	9	1	2	3	4	5	6	7	8	9	9	8
대운 남	1	1	1	1	망	10	10	9	9	9	8	8	8	7	7	7	6	6	6	5	하	5	4	4	4	3	3	3	2	2
대운 여	9	9	10	10	종	1	1	1	1	2	2	2	3	3	3	4	4	4	5	5	지	6	6	6	7	7	7	8	8	8

한식(4월05일), 초복(7월15일), 중복(7월25일), 말복(8월14일) ☂춘사(春社)3/15 ☀추사(秋社)9/21
토왕지절(土旺之節):4월16일,7월19일,10월20일,1월17일(음12/18)臘享(납향):2025년1월14일(음12/15)

八日得辛, 一龍治水, 2024년 갑진年(복등화), 삼벽목

2黑	7赤	9紫
1白	3碧	5黃
6白	8白	4綠

2024 甲辰年

소서 6일 23시 19분 【음6월】➡ 【辛未月(신미월)】 ☯九紫星 대서 22일 16시 43분

양력 7월 / 음력 05/26 ~ 06/26

양력	1	2	3	4	5	6	7	8	9	10	11	12	13	14	15	16	17	18	19	20	21	22	23	24	25	26	27	28	29	30	31
요일	월	화	수	목	금	토	일	월	화	수	목	금	토	일	월	화	수	목	금	토	일	월	화	수	목	금	토	일	월	화	수
일진 日辰	丙寅	丁卯	戊辰	己巳	庚午	辛未	壬申	癸酉	甲戌	乙亥	丙子	丁丑	戊寅	己卯	庚辰	辛巳	壬午	癸未	甲申	乙酉	丙戌	丁亥	戊子	己丑	庚寅	辛卯	壬辰	癸巳	甲午	乙未	丙申
납음	爐中火		大林木		路傍土		劍鋒金		山頭火		澗下水		城頭土		白臘金		楊柳木		井中水		屋上土		霹靂火		松柏木		長流水		沙中金		
음력	26	27	28	29	30	6/1	2	3	4	5	6	7	8	9	10	11	12	13	14	15	16	17	18	19	20	21	22	23	24	25	26
구성	7	6	5	4	3	2	1	9	8	7	6	5	4	3	2	1	9	8	7	6	5	4	3	2	1	9	8	7	6	5	4
대운 남	2	1	1	1	1	소	10	10	10	9	9	9	8	8	8	7	7	7	6	6	6	대	5	5	4	4	4	3	3	3	2
대운 여	9	9	9	10	10	서	1	1	1	1	2	2	2	3	3	3	4	4	4	5	5	서	6	6	6	7	7	7	8	8	8

입추 7일 09시 08분 【음7월】➡ 【壬申月(임신월)】 ☯八白星 처서 22일 23시 54분

양력 8월 / 음력 06/27 ~ 07/28

양력	1	2	3	4	5	6	7	8	9	10	11	12	13	14	15	16	17	18	19	20	21	22	23	24	25	26	27	28	29	30	31
요일	목	금	토	일	월	화	수	목	금	토	일	월	화	수	목	금	토	일	월	화	수	목	금	토	일	월	화	수	목	금	토
일진 日辰	丁酉	戊戌	己亥	庚子	辛丑	壬寅	癸卯	甲辰	乙巳	丙午	丁未	戊申	己酉	庚戌	辛亥	壬子	癸丑	甲寅	乙卯	丙辰	丁巳	戊午	己未	庚申	辛酉	壬戌	癸亥	甲子	乙丑	丙寅	丁卯
납음		平地木		壁上土		金箔金		覆燈火		天河水		大驛土		釵釧金		桑柘木		大溪水		沙中土		天上火		石榴木		大海水		海中金		爐中火	
음력	27	28	29	7/1	2	3	4	5	6	7	8	9	10	11	12	13	14	15	16	17	18	19	20	21	22	23	24	25	26	27	28
구성	3	2	1	9	8	7	6	5	4	3	2	1	9	8	7	6	5	4	3	2	1	9	8	7	6	5	4	3	2	1	9
대운 남	2	2	1	1	1	1	입	10	10	9	9	9	8	8	8	7	7	7	6	6	6	처	5	5	4	4	4	3	3	3	2
대운 여	9	9	9	10	10	10	추	1	1	1	1	2	2	2	3	3	3	4	4	4	5	서	5	6	6	6	7	7	7	8	8

백로 7일 12시 10분 【음8월】➡ 【癸酉月(계유월)】 ☯七赤星 추분 22일 21시 43분

양력 9월 / 음력 07/29 ~ 08/28

양력	1	2	3	4	5	6	7	8	9	10	11	12	13	14	15	16	17	18	19	20	21	22	23	24	25	26	27	28	29	30
요일	일	월	화	수	목	금	토	일	월	화	수	목	금	토	일	월	화	수	목	금	토	일	월	화	수	목	금	토	일	월
일진 日辰	戊辰	己巳	庚午	辛未	壬申	癸酉	甲戌	乙亥	丙子	丁丑	戊寅	己卯	庚辰	辛巳	壬午	癸未	甲申	乙酉	丙戌	丁亥	戊子	己丑	庚寅	辛卯	壬辰	癸巳	甲午	乙未	丙申	丁酉
납음	大林木		路傍土		劍鋒金		山頭火		澗下水		城頭土		白臘金		楊柳木		井中水		屋上土		霹靂火		松柏木		長流水		沙中金		山下火	
음력	29	30	8/1	2	3	4	5	6	7	8	9	10	11	12	13	14	15	16	17	18	19	20	21	22	23	24	25	26	27	28
구성	8	7	6	5	4	3	2	1	9	8	7	6	5	4	3	2	1	9	8	7	6	5	4	3	2	1	9	8	7	6
대운 남	2	2	1	1	1	1	백	10	10	9	9	9	8	8	8	7	7	7	6	6	6	추	5	5	4	4	4	3	3	3
대운 여	8	9	9	9	10	10	로	1	1	1	1	2	2	2	3	3	3	4	4	4	5	분	5	6	6	6	7	7	7	8

한로 8일 03시 59분 【음9월】➡ 【甲戌月(갑술월)】 ☯六白星 상강 23일 07시 14분

양력 10월 / 음력 08/29 ~ 09/29

양력	1	2	3	4	5	6	7	8	9	10	11	12	13	14	15	16	17	18	19	20	21	22	23	24	25	26	27	28	29	30	31
요일	화	수	목	금	토	일	월	화	수	목	금	토	일	월	화	수	목	금	토	일	월	화	수	목	금	토	일	월	화	수	목
일진 日辰	戊戌	己亥	庚子	辛丑	壬寅	癸卯	甲辰	乙巳	丙午	丁未	戊申	己酉	庚戌	辛亥	壬子	癸丑	甲寅	乙卯	丙辰	丁巳	戊午	己未	庚申	辛酉	壬戌	癸亥	甲子	乙丑	丙寅	丁卯	戊辰
납음	平地木		壁上土		金箔金		覆燈火		天河水		大驛土		釵釧金		桑柘木		大溪水		沙中土		天上火		石榴木		大海水		海中金		爐中火		
음력	29	30	9/1	2	3	4	5	6	7	8	9	10	11	12	13	14	15	16	17	18	19	20	21	22	23	24	25	26	27	28	29
구성	5	4	3	2	1	9	8	7	6	5	4	3	2	1	9	8	7	6	5	4	3	2	1	9	8	7	6	5	4	3	2
대운 남	2	2	2	1	1	1	1	한	10	9	9	9	8	8	8	7	7	7	6	6	6	5	상	5	4	4	4	3	3	3	2
대운 여	8	8	9	9	9	10	10	로	1	1	1	1	2	2	2	3	3	3	4	4	4	5	강	5	6	6	6	7	7	7	8

입동 7일 07시 19분 【음10월】➡ 【乙亥月(을해월)】 ☯五黃星 소설 22일 04시 55분

양력 11월 / 음력 10/01 ~ 10/30

양력	1	2	3	4	5	6	7	8	9	10	11	12	13	14	15	16	17	18	19	20	21	22	23	24	25	26	27	28	29	30
요일	금	토	일	월	화	수	목	금	토	일	월	화	수	목	금	토	일	월	화	수	목	금	토	일	월	화	수	목	금	토
일진 日辰	己巳	庚午	辛未	壬申	癸酉	甲戌	乙亥	丙子	丁丑	戊寅	己卯	庚辰	辛巳	壬午	癸未	甲申	乙酉	丙戌	丁亥	戊子	己丑	庚寅	辛卯	壬辰	癸巳	甲午	乙未	丙申	丁酉	戊戌
납음		路傍土		劍鋒金		山頭火		澗下水		城頭土		白臘金		楊柳木		井中水		屋上土		霹靂火		松柏木		長流水		沙中金		山下火		
음력	10/1	2	3	4	5	6	7	8	9	10	11	12	13	14	15	16	17	18	19	20	21	22	23	24	25	26	27	28	29	30
구성	1	9	8	7	6	5	4	3	2	1	9	8	7	6	5	4	3	2	1	9	8	7	6	5	4	3	2	1	9	8
대운 남	2	2	1	1	1	1	입	10	9	9	9	8	8	8	7	7	7	6	6	6	5	소	5	4	4	4	3	3	3	2
대운 여	8	8	9	9	9	10	동	1	1	1	1	2	2	2	3	3	3	4	4	4	5	설	5	6	6	6	7	7	7	8

대설 7일 00시 16분 【음11월】➡ 【丙子月(병자월)】 ☯四綠星 동지 21일 18시 19분

양력 12월 / 음력 11/01 ~ 12/01

양력	1	2	3	4	5	6	7	8	9	10	11	12	13	14	15	16	17	18	19	20	21	22	23	24	25	26	27	28	29	30	31
요일	일	월	화	수	목	금	토	일	월	화	수	목	금	토	일	월	화	수	목	금	토	일	월	화	수	목	금	토	일	월	화
일진 日辰	己亥	庚子	辛丑	壬寅	癸卯	甲辰	乙巳	丙午	丁未	戊申	己酉	庚戌	辛亥	壬子	癸丑	甲寅	乙卯	丙辰	丁巳	戊午	己未	庚申	辛酉	壬戌	癸亥	甲子	乙丑	丙寅	丁卯	戊辰	己巳
납음		壁上土		金箔金		覆燈火		天河水		大驛土		釵釧金		桑柘木		大溪水		沙中土		天上火		石榴木		大海水		海中金		爐中火		大林木	
음력	11/1	2	3	4	5	6	7	8	9	10	11	12	13	14	15	16	17	18	19	20	21	22	23	24	25	26	27	28	29	30	12/1
구성	7	6	5	4	3	2	1	9	8	7	6	5	4	3	2	1	9	8	7	6	5	4	3	2	1	1	2	3	4	5	6
대운 남	2	2	1	1	1	1	대	9	9	9	8	8	8	7	7	7	6	6	6	5	동	5	4	4	4	3	3	3	2	2	2
대운 여	8	8	9	9	9	10	설	1	1	1	1	2	2	2	3	3	3	4	4	4	지	5	5	6	6	6	7	7	7	8	8

단기 4358 年
불기 2569 年

2025년

下元 乙巳年 납음(覆燈火), 본명성(二黑토)

대장군(卯동방), 삼살(동방), 상문(未서남방), 조객(卯동방), 납음(복등화), 【삼재(해,자,축)년】 臘享(납향):2026년1월21일(음12/03)

뱀

소한 5일 11시 32분 【음12월】 ➡ 【丁丑月(정축월)】 ☯三碧星 대한 20일 04시 59분

양력 1월 / 음력 12/02 ~ 01/03																															
양력	1	2	3	4	5	6	7	8	9	10	11	12	13	14	15	16	17	18	19	20	21	22	23	24	25	26	27	28	29	30	31
요일	수	목	금	토	일	월	화	수	목	금	토	일	월	화	수	목	금	토	일	월	화	수	목	금	토	일	월	화	수	목	금
일진 日辰	庚午	辛未	壬申	癸酉	甲戌	乙亥	丙子	丁丑	戊寅	己卯	庚辰	辛巳	壬午	癸未	甲申	乙酉	丙戌	丁亥	戊子	己丑	庚寅	辛卯	壬辰	癸巳	甲午	乙未	丙申	丁酉	戊戌	己亥	庚子
납음	路傍土		劍鋒金		山頭火		澗下水		城頭土		白臘金		楊柳木		井中水		屋上土		霹靂火		松柏木		長流水		沙中金		山下火		平地木		
음력	2	3	4	5	6	7	8	9	10	11	12	13	14	15	16	17	18	19	20	21	22	23	24	25	26	27	28	29	1/1	2	3
구성	7	8	9	1	2	3	4	5	6	7	8	9	1	2	3	4	5	6	7	8	9	1	2	3	4	5	6	7	8	9	1
대운 남	1	1	1	1	소	9	9	9	8	8	8	7	7	7	6	6	6	5	5	대	4	4	4	3	3	3	2	2	2	1	1
대운 여	8	9	9	9	한	1	1	1	1	2	2	2	3	3	3	4	4	4	5	한	5	6	6	6	7	7	7	8	8	8	9

입춘 3일 22시 09분 【음1월】 ➡ 【戊寅月(무인월)】 ☯二黑星 우수 18일 19시 05분

양력 2월 / 음력 01/04 ~ 02/01																												
양력	1	2	3	4	5	6	7	8	9	10	11	12	13	14	15	16	17	18	19	20	21	22	23	24	25	26	27	28
요일	토	일	월	화	수	목	금	토	일	월	화	수	목	금	토	일	월	화	수	목	금	토	일	월	화	수	목	금
일진 日辰	辛丑	壬寅	癸卯	甲辰	乙巳	丙午	丁未	戊申	己酉	庚戌	辛亥	壬子	癸丑	甲寅	乙卯	丙辰	丁巳	戊午	己未	庚申	辛酉	壬戌	癸亥	甲子	乙丑	丙寅	丁卯	戊辰
납음		金箔金		覆燈火		天河水		大驛土		釵釧金		桑柘木		大溪水		沙中土		天上火		石榴木		大海水		海中金		爐中火		
음력	4	5	6	7	8	9	10	11	12	13	14	15	16	17	18	19	20	21	22	23	24	25	26	27	28	29	30	2/1
구성	2	3	4	5	6	7	8	9	1	2	3	4	5	6	7	8	9	1	2	3	4	5	6	7	8	9	1	2
대운 남	1	1	입	1	1	1	1	2	2	2	3	3	3	4	4	4	5	우	5	6	6	6	7	7	7	8	8	8
대운 여	9	9	춘	10	9	9	9	8	8	8	7	7	7	6	6	6	5	수	5	4	4	4	3	3	3	2	2	2

乙巳年

경칩 5일 17시 06분 【음2월】 ➡ 【己卯月(기묘월)】 ☯一白星 춘분 20일 18시 00분

양력 3월 / 음력 02/02 ~ 03/03																															
양력	1	2	3	4	5	6	7	8	9	10	11	12	13	14	15	16	17	18	19	20	21	22	23	24	25	26	27	28	29	30	31
요일	토	일	월	화	수	목	금	토	일	월	화	수	목	금	토	일	월	화	수	목	금	토	일	월	화	수	목	금	토	일	월
일진 日辰	己巳	庚午	辛未	壬申	癸酉	甲戌	乙亥	丙子	丁丑	戊寅	己卯	庚辰	辛巳	壬午	癸未	甲申	乙酉	丙戌	丁亥	戊子	己丑	庚寅	辛卯	壬辰	癸巳	甲午	乙未	丙申	丁酉	戊戌	己亥
납음		路傍土		劍鋒金		山頭火		澗下水		城頭土		白臘金		楊柳木		井中水		屋上土		霹靂火		松柏木		長流水		沙中金		山下火		平地木	
음력	2	3	4	5	6	7	8	9	10	11	12	13	14	15	16	17	18	19	20	21	22	23	24	25	26	27	28	29	3/1	2	3
구성	3	4	5	6	7	8	9	1	2	3	4	5	6	7	8	9	1	2	3	4	5	6	7	8	9	1	2	3	4	5	6
대운 남	9	9	9	10	경	1	1	1	1	2	2	2	3	3	3	4	4	4	5	춘	5	6	6	6	7	7	7	8	8	8	9
대운 여	1	1	1	1	칩	10	9	9	9	8	8	8	7	7	7	6	6	6	5	분	5	4	4	4	3	3	3	2	2	2	1

청명 4일 21시 47분 【음3월】 ➡ 【庚辰月(경진월)】 ☯九紫星 곡우 20일 04시 55분

양력 4월 / 음력 03/04 ~ 04/03																														
양력	1	2	3	4	5	6	7	8	9	10	11	12	13	14	15	16	17	18	19	20	21	22	23	24	25	26	27	28	29	30
요일	화	수	목	금	토	일	월	화	수	목	금	토	일	월	화	수	목	금	토	일	월	화	수	목	금	토	일	월	화	수
일진 日辰	庚子	辛丑	壬寅	癸卯	甲辰	乙巳	丙午	丁未	戊申	己酉	庚戌	辛亥	壬子	癸丑	甲寅	乙卯	丙辰	丁巳	戊午	己未	庚申	辛酉	壬戌	癸亥	甲子	乙丑	丙寅	丁卯	戊辰	己巳
납음	壁上土		金箔金		覆燈火		天河水		大驛土		釵釧金		桑柘木		大溪水		沙中土		天上火		石榴木		大海水		海中金		爐中火		大林木	
음력	4	5	6	7	8	9	10	11	12	13	14	15	16	17	18	19	20	21	22	23	24	25	26	27	28	29	30	4/1	2	3
구성	7	8	9	1	2	3	4	5	6	7	8	9	1	2	3	4	5	6	7	8	9	1	2	3	4	5	6	7	8	9
대운 남	9	9	10	청	1	1	1	1	2	2	2	3	3	3	4	4	4	5	5	곡	6	6	6	7	7	7	8	8	8	9
대운 여	1	1	1	명	10	10	9	9	9	8	8	8	7	7	7	6	6	6	5	우	5	4	4	4	3	3	3	2	2	2

입하 5일 14시 56분 【음4월】 ➡ 【辛巳月(신사월)】 ☯八白星 소만 21일 03시 54분

양력 5월 / 음력 04/04 ~ 05/05																															
양력	1	2	3	4	5	6	7	8	9	10	11	12	13	14	15	16	17	18	19	20	21	22	23	24	25	26	27	28	29	30	31
요일	목	금	토	일	월	화	수	목	금	토	일	월	화	수	목	금	토	일	월	화	수	목	금	토	일	월	화	수	목	금	토
일진 日辰	庚午	辛未	壬申	癸酉	甲戌	乙亥	丙子	丁丑	戊寅	己卯	庚辰	辛巳	壬午	癸未	甲申	乙酉	丙戌	丁亥	戊子	己丑	庚寅	辛卯	壬辰	癸巳	甲午	乙未	丙申	丁酉	戊戌	己亥	庚子
납음	路傍土		劍鋒金		山頭火		澗下水		城頭土		白臘金		楊柳木		井中水		屋上土		霹靂火		松柏木		長流水		沙中金		山下火		平地木		
음력	4	5	6	7	8	9	10	11	12	13	14	15	16	17	18	19	20	21	22	23	24	25	26	27	28	29	5/1	2	3	4	5
구성	1	2	3	4	5	6	7	8	9	1	2	3	4	5	6	7	8	9	1	2	3	4	5	6	7	8	9	1	2	3	4
대운 남	9	9	10	10	입	1	1	1	1	2	2	2	3	3	3	4	4	4	5	5	소	6	6	6	7	7	7	8	8	8	9
대운 여	1	1	1	1	하	10	10	9	9	9	8	8	8	7	7	7	6	6	6	5	만	5	4	4	4	3	3	3	2	2	2

망종 5일 18시 55분 【음5월】 ➡ 【壬午月(임오월)】 ☯七赤星 하지 21일 11시 41분

양력 6월 / 음력 05/06 ~ 06/06																														
양력	1	2	3	4	5	6	7	8	9	10	11	12	13	14	15	16	17	18	19	20	21	22	23	24	25	26	27	28	29	30
요일	일	월	화	수	목	금	토	일	월	화	수	목	금	토	일	월	화	수	목	금	토	일	월	화	수	목	금	토	일	월
일진 日辰	辛丑	壬寅	癸卯	甲辰	乙巳	丙午	丁未	戊申	己酉	庚戌	辛亥	壬子	癸丑	甲寅	乙卯	丙辰	丁巳	戊午	己未	庚申	辛酉	壬戌	癸亥	甲子	乙丑	丙寅	丁卯	戊辰	己巳	庚午
납음		金箔金		覆燈火		天河水		大驛土		釵釧金		桑柘木		大溪水		沙中土		天上火		石榴木		大海水		海中金		爐中火		大林木		
음력	6	7	8	9	10	11	12	13	14	15	16	17	18	19	20	21	22	23	24	25	26	27	28	29	6/1	2	3	4	5	6
구성	5	6	7	8	9	1	2	3	4	5	6	7	8	9	1	2	3	4	5	6	7	8	9	9	8	7	6	5	4	3
대운 남	9	9	10	10	망	1	1	1	1	2	2	2	3	3	3	4	4	4	5	5	하	6	6	6	7	7	7	8	8	8
대운 여	1	1	1	1	종	10	10	10	9	9	9	8	8	8	7	7	7	6	6	6	지	5	5	4	4	4	3	3	3	2

한식(4월05일), 초복(7월20일), 중복(7월30일), 말복(8월09일) ☂춘사(春社)3/20 ☀추사(秋社)9/26
토왕지절(土旺之節):4월17일,7월20일,10월20일,1월17일(음11/29)臘享(납향):2026년1월21일(음12/03)

四日得辛, 七龍治水, 2025년 을사年(복등화), 이흑토

1白	6白	8白
9紫	2黑	4綠
5黃	7赤	3碧

2025 乙巳年

소서 7일 05시 04분 【음6월】➡ 【癸未月(계미월)】 ☯六白星 대서 22일 22시 28분

양력 7월 / 음력 06/07 ~ 윤607

양력	1	2	3	4	5	6	7	8	9	10	11	12	13	14	15	16	17	18	19	20	21	22	23	24	25	26	27	28	29	30	31
요일	화	수	목	금	토	일	월	화	수	목	금	토	일	월	화	수	목	금	토	일	월	화	수	목	금	토	일	월	화	수	목
일진 日辰	辛未	壬申	癸酉	甲戌	乙亥	丙子	丁丑	戊寅	己卯	庚辰	辛巳	壬午	癸未	甲申	乙酉	丙戌	丁亥	戊子	己丑	庚寅	辛卯	壬辰	癸巳	甲午	乙未	丙申	丁酉	戊戌	己亥	庚子	辛丑
납음		劍鋒金		山頭火		澗下水		城頭土		白臘金		楊柳木		井中水		屋上土		霹靂火		松柏木		長流水		沙中金		山下火		平地木		壁上土	
음력	7	8	9	10	11	12	13	14	15	16	17	18	19	20	21	22	23	24	25	26	27	28	29	30	윤6	2	3	4	5	6	7
구성	2	1	9	8	7	6	5	4	3	2	1	9	8	7	6	5	4	3	2	1	9	8	7	6	5	4	3	2	1	9	8
대운 남	9	9	9	10	10	10	소	1	1	1	2	2	2	3	3	3	4	4	4	5	5	대	6	6	6	7	7	7	8	8	8
대운 여	2	2	1	1	1	1	서	10	10	9	9	9	8	8	8	7	7	7	6	6	6	서	5	5	4	4	4	3	3	3	2

입추 7일 14시 50분 【음7월】➡ 【甲申月(갑신월)】 ☯五黃星 처서 23일 05시 33분

양력 8월 / 음력 윤608 ~ 07/09

양력	1	2	3	4	5	6	7	8	9	10	11	12	13	14	15	16	17	18	19	20	21	22	23	24	25	26	27	28	29	30	31
요일	금	토	일	월	화	수	목	금	토	일	월	화	수	목	금	토	일	월	화	수	목	금	토	일	월	화	수	목	금	토	일
일진 日辰	壬寅	癸卯	甲辰	乙巳	丙午	丁未	戊申	己酉	庚戌	辛亥	壬子	癸丑	甲寅	乙卯	丙辰	丁巳	戊午	己未	庚申	辛酉	壬戌	癸亥	甲子	乙丑	丙寅	丁卯	戊辰	己巳	庚午	辛未	壬申
납음	金箔金		覆燈火		天河水		大驛土		釵釧金		桑柘木		大溪水		沙中土		天上火		石榴木		大海水		海中金		爐中火		大林木		路傍土		
음력	8	9	10	11	12	13	14	15	16	17	18	19	20	21	22	23	24	25	26	27	28	29	7/1	2	3	4	5	6	7	8	9
구성	7	6	5	4	3	2	1	9	8	7	6	5	4	3	2	1	9	8	7	6	5	4	3	2	1	9	8	7	6	5	4
대운 남	9	9	9	10	10	10	입	1	1	1	1	2	2	2	3	3	3	4	4	4	5	5	처	6	6	6	7	7	7	8	8
대운 여	2	2	1	1	1	1	추	10	10	9	9	9	8	8	8	7	7	7	6	6	6	5	서	5	4	4	4	3	3	3	2

백로 7일 17시 51분 【음8월】➡ 【乙酉月(을유월)】 ☯四綠星 추분 23일 03시 18분

양력 9월 / 음력 07/10 ~ 08/09

양력	1	2	3	4	5	6	7	8	9	10	11	12	13	14	15	16	17	18	19	20	21	22	23	24	25	26	27	28	29	30
요일	월	화	수	목	금	토	일	월	화	수	목	금	토	일	월	화	수	목	금	토	일	월	화	수	목	금	토	일	월	화
일진 日辰	癸酉	甲戌	乙亥	丙子	丁丑	戊寅	己卯	庚辰	辛巳	壬午	癸未	甲申	乙酉	丙戌	丁亥	戊子	己丑	庚寅	辛卯	壬辰	癸巳	甲午	乙未	丙申	丁酉	戊戌	己亥	庚子	辛丑	壬寅
납음		山頭火		澗下水		城頭土		白臘金		楊柳木		井中水		屋上土		霹靂火		松柏木		長流水		沙中金		山下火		平地木		壁上土		
음력	10	11	12	13	14	15	16	17	18	19	20	21	22	23	24	25	26	27	28	29	30	8/1	2	3	4	5	6	7	8	9
구성	3	2	1	9	8	7	6	5	4	3	2	1	9	8	7	6	5	4	3	2	1	9	8	7	6	5	4	3	2	1
대운 남	8	9	9	9	10	10	백	1	1	1	1	2	2	2	3	3	3	4	4	4	5	5	추	6	6	6	7	7	7	8
대운 여	2	2	1	1	1	1	로	10	10	9	9	9	8	8	8	7	7	7	6	6	6	5	분	5	4	4	4	3	3	3

한로 8일 09시 40분 【음9월】➡ 【丙戌月(병술월)】 ☯三碧星 상강 23일 12시 50분

양력 10월 / 음력 08/10 ~ 09/11

양력	1	2	3	4	5	6	7	8	9	10	11	12	13	14	15	16	17	18	19	20	21	22	23	24	25	26	27	28	29	30	31
요일	수	목	금	토	일	월	화	수	목	금	토	일	월	화	수	목	금	토	일	월	화	수	목	금	토	일	월	화	수	목	금
일진 日辰	癸卯	甲辰	乙巳	丙午	丁未	戊申	己酉	庚戌	辛亥	壬子	癸丑	甲寅	乙卯	丙辰	丁巳	戊午	己未	庚申	辛酉	壬戌	癸亥	甲子	乙丑	丙寅	丁卯	戊辰	己巳	庚午	辛未	壬申	癸酉
납음		覆燈火		天河水		大驛土		釵釧金		桑柘木		大溪水		沙中土		天上火		石榴木		大海水		海中金		爐中火		大林木		路傍土		劍鋒金	
음력	10	11	12	13	14	15	16	17	18	19	20	21	22	23	24	25	26	27	28	29	9/1	2	3	4	5	6	7	8	9	10	11
구성	9	8	7	6	5	4	3	2	1	9	8	7	6	5	4	3	2	1	9	8	7	6	5	4	3	2	1	9	8	7	6
대운 남	8	8	9	9	9	10	10	한	1	1	1	1	2	2	2	3	3	3	4	4	4	5	상	5	6	6	6	7	7	7	8
대운 여	2	2	2	1	1	1	1	로	10	9	9	9	8	8	8	7	7	7	6	6	6	5	강	5	4	4	4	3	3	3	2

입동 7일 13시 03분 【음10월】➡ 【丁亥月(정해월)】 ☯二黑星 소설 22일 10시 34분

양력 11월 / 음력 09/12 ~ 10/11

양력	1	2	3	4	5	6	7	8	9	10	11	12	13	14	15	16	17	18	19	20	21	22	23	24	25	26	27	28	29	30
요일	토	일	월	화	수	목	금	토	일	월	화	수	목	금	토	일	월	화	수	목	금	토	일	월	화	수	목	금	토	일
일진 日辰	甲戌	乙亥	丙子	丁丑	戊寅	己卯	庚辰	辛巳	壬午	癸未	甲申	乙酉	丙戌	丁亥	戊子	己丑	庚寅	辛卯	壬辰	癸巳	甲午	乙未	丙申	丁酉	戊戌	己亥	庚子	辛丑	壬寅	癸卯
납음	山頭火		澗下水		城頭土		白臘金		楊柳木		井中水		屋上土		霹靂火		松柏木		長流水		沙中金		山下火		平地木		壁上土		金箔金	
음력	12	13	14	15	16	17	18	19	20	21	22	23	24	25	26	27	28	29	30	10/1	2	3	4	5	6	7	8	9	10	11
구성	5	4	3	2	1	9	8	7	6	5	4	3	2	1	9	8	7	6	5	4	3	2	1	9	8	7	6	5	4	3
대운 남	8	8	9	9	9	10	입	1	1	1	1	2	2	2	3	3	3	4	4	4	5	소	5	6	6	6	7	7	7	8
대운 여	2	2	1	1	1	1	동	10	9	9	9	8	8	8	7	7	7	6	6	6	5	설	5	4	4	4	3	3	3	2

대설 7일 06시 03분 【음11월】➡ 【戊子月(무자월)】 ☯一白星 동지 21일 00시 02분

양력 12월 / 음력 10/12 ~ 11/12

양력	1	2	3	4	5	6	7	8	9	10	11	12	13	14	15	16	17	18	19	20	21	22	23	24	25	26	27	28	29	30	31
요일	월	화	수	목	금	토	일	월	화	수	목	금	토	일	월	화	수	목	금	토	일	월	화	수	목	금	토	일	월	화	수
일진 日辰	甲辰	乙巳	丙午	丁未	戊申	己酉	庚戌	辛亥	壬子	癸丑	甲寅	乙卯	丙辰	丁巳	戊午	己未	庚申	辛酉	壬戌	癸亥	甲子	乙丑	丙寅	丁卯	戊辰	己巳	庚午	辛未	壬申	癸酉	甲戌
납음	覆燈火		天河水		大驛土		釵釧金		桑柘木		大溪水		沙中土		天上火		石榴木		大海水		海中金		爐中火		大林木		路傍土		劍鋒金		
음력	12	13	14	15	16	17	18	19	20	21	22	23	24	25	26	27	28	29	30	11/1	2	3	4	5	6	7	8	9	10	11	12
구성	2	1	9	8	7	6	5	4	3	2	1	9	8	7	6	5	4	3	2	1	1	2	3	4	5	6	7	8	9	1	2
대운 남	8	8	9	9	9	10	대	1	1	1	1	2	2	2	3	3	3	4	4	4	동	5	5	6	6	6	7	7	7	8	8
대운 여	2	2	1	1	1	1	설	9	9	9	8	8	8	7	7	7	6	6	6	5	지	5	4	4	4	3	3	3	2	2	2

말

단기 4359 年
불기 2570 年

2026년

下元 丙午年 납음(天河水),본명성(一白水)

대장군(卯동방), 삼살(북방), 상문(申서남방),조객(辰동남방), 납음(천하수),【삼재(신유술년】 臘享(납향):2027년1월16일(음12/08)

소한 5일 17시 22분 【음12월】 ➡ 【己丑月(기축월)】 ☯九紫星 대한 20일 10시 44분

양력 1월	양력	1	2	3	4	5	6	7	8	9	10	11	12	13	14	15	16	17	18	19	20	21	22	23	24	25	26	27	28	29	30	31
	요일	목	금	토	일	월	화	수	목	금	토	일	월	화	수	목	금	토	일	월	화	수	목	금	토	일	월	화	수	목	금	토
	일진 日辰	乙亥	丙子	丁丑	戊寅	己卯	庚辰	辛巳	壬午	癸未	甲申	乙酉	丙戌	丁亥	戊子	己丑	庚寅	辛卯	壬辰	癸巳	甲午	乙未	丙申	丁酉	戊戌	己亥	庚子	辛丑	壬寅	癸卯	甲辰	乙巳
음력 11/13 ~ 12/13	납음		潤下水		城頭土		白臘金		楊柳木		井中水		屋上土		霹靂火		松柏木		長流水		沙中金		山下火		平地木		壁上土		金箔金		覆燈火	
	음력	13	14	15	16	17	18	19	20	21	22	23	24	25	26	27	28	29	30	12/1	2	3	4	5	6	7	8	9	10	11	12	13
	구성	3	4	5	6	7	8	9	1	2	3	4	5	6	7	8	9	1	2	3	4	5	6	7	8	9	1	2	3	4	5	6
대운	남	8	9	9	9	소	1	1	1	1	2	2	2	3	3	3	4	4	4	5	대	5	6	6	6	7	7	7	8	8	8	9
	여	1	1	1	1	한	10	9	9	9	8	8	8	7	7	7	6	6	6	5	한	5	4	4	4	3	3	3	2	2	2	1

입춘 4일 05시 01분 【음1월】 ➡ 【庚寅月(경인월)】 ☯八白星 우수 19일 00시 51분

양력 2월	양력	1	2	3	4	5	6	7	8	9	10	11	12	13	14	15	16	17	18	19	20	21	22	23	24	25	26	27	28
	요일	일	월	화	수	목	금	토	일	월	화	수	목	금	토	일	월	화	수	목	금	토	일	월	화	수	목	금	토
	일진 日辰	丙午	丁未	戊申	己酉	庚戌	辛亥	壬子	癸丑	甲寅	乙卯	丙辰	丁巳	戊午	己未	庚申	辛酉	壬戌	癸亥	甲子	乙丑	丙寅	丁卯	戊辰	己巳	庚午	辛未	壬申	癸酉
음력 12/14 ~ 01/12	납음	天河水		大驛土		釵釧金		桑柘木		大溪水		沙中土		天上火		石榴木		大海水		海中金		爐中火		大林木		路傍土		劍鋒金	
	음력	14	15	16	17	18	19	20	21	22	23	24	25	26	27	28	29	1/1	2	3	4	5	6	7	8	9	10	11	12
	구성	7	8	9	1	2	3	4	5	6	7	8	9	1	2	3	4	5	6	7	8	9	1	2	3	4	5	6	7
대운	남	9	9	10	입	9	9	9	8	8	8	7	7	7	6	6	6	5	5	우	4	4	4	3	3	3	2	2	2
	여	1	1	1	춘	1	1	1	1	2	2	2	3	3	3	4	4	4	5	수	5	6	6	6	7	7	7	8	8

丙午年

경칩 5일 22시 58분 【음2월】 ➡ 【辛卯月(신묘월)】 ☯七赤星 춘분 20일 23시 45분

양력 3월	양력	1	2	3	4	5	6	7	8	9	10	11	12	13	14	15	16	17	18	19	20	21	22	23	24	25	26	27	28	29	30	31
	요일	일	월	화	수	목	금	토	일	월	화	수	목	금	토	일	월	화	수	목	금	토	일	월	화	수	목	금	토	일	월	화
	일진 日辰	甲戌	乙亥	丙子	丁丑	戊寅	己卯	庚辰	辛巳	壬午	癸未	甲申	乙酉	丙戌	丁亥	戊子	己丑	庚寅	辛卯	壬辰	癸巳	甲午	乙未	丙申	丁酉	戊戌	己亥	庚子	辛丑	壬寅	癸卯	甲辰
음력 01/13 ~ 02/13	납음	山頭火		潤下水		城頭土		白臘金		楊柳木		井中水		屋上土		霹靂火		松柏木		長流水		沙中金		山下火		平地木		壁上土		金箔金		
	음력	13	14	15	16	17	18	19	20	21	22	23	24	25	26	27	28	29	30	2/1	2	3	4	5	6	7	8	9	10	11	12	13
	구성	8	9	1	2	3	4	5	6	7	8	9	1	2	3	4	5	6	7	8	9	1	2	3	4	5	6	7	8	9	1	2
대운	남	1	1	1	1	경	10	10	9	9	9	8	8	8	7	7	7	6	6	6	춘	5	5	4	4	4	3	3	3	2	2	2
	여	8	9	9	9	칩	1	1	1	1	2	2	2	3	3	3	4	4	4	5	분	5	6	6	6	7	7	7	8	8	8	9

청명 5일 03시 39분 【음3월】 ➡ 【壬辰月(임진월)】 ☯六白星 곡우 20일 10시 38분

양력 4월	양력	1	2	3	4	5	6	7	8	9	10	11	12	13	14	15	16	17	18	19	20	21	22	23	24	25	26	27	28	29	30
	요일	수	목	금	토	일	월	화	수	목	금	토	일	월	화	수	목	금	토	일	월	화	수	목	금	토	일	월	화	수	목
	일진 日辰	乙巳	丙午	丁未	戊申	己酉	庚戌	辛亥	壬子	癸丑	甲寅	乙卯	丙辰	丁巳	戊午	己未	庚申	辛酉	壬戌	癸亥	甲子	乙丑	丙寅	丁卯	戊辰	己巳	庚午	辛未	壬申	癸酉	甲戌
음력 02/14 ~ 03/14	납음		天河水		大驛土		釵釧金		桑柘木		大溪水		沙中土		天上火		石榴木		大海水		海中金		爐中火		大林木		路傍土		劍鋒金		
	음력	14	15	16	17	18	19	20	21	22	23	24	25	26	27	28	29	3/1	2	3	4	5	6	7	8	9	10	11	12	13	14
	구성	3	4	5	6	7	8	9	1	2	3	4	5	6	7	8	9	1	2	3	4	5	6	7	8	9	1	2	3	4	5
대운	남	1	1	1	1	청	10	9	9	9	8	8	8	7	7	7	6	6	6	5	곡	5	4	4	4	3	3	3	2	2	2
	여	9	9	10	10	명	1	1	1	1	2	2	2	3	3	3	4	4	4	5	우	5	6	6	6	7	7	7	8	8	8

입하 5일 20시 48분 【음4월】 ➡ 【癸巳月(계사월)】 ☯五黃星 소만 21일 09시 36분

양력 5월	양력	1	2	3	4	5	6	7	8	9	10	11	12	13	14	15	16	17	18	19	20	21	22	23	24	25	26	27	28	29	30	31
	요일	금	토	일	월	화	수	목	금	토	일	월	화	수	목	금	토	일	월	화	수	목	금	토	일	월	화	수	목	금	토	일
	일진 日辰	乙亥	丙子	丁丑	戊寅	己卯	庚辰	辛巳	壬午	癸未	甲申	乙酉	丙戌	丁亥	戊子	己丑	庚寅	辛卯	壬辰	癸巳	甲午	乙未	丙申	丁酉	戊戌	己亥	庚子	辛丑	壬寅	癸卯	甲辰	乙巳
음력 03/15 ~ 04/15	납음		潤下水		城頭土		白臘金		楊柳木		井中水		屋上土		霹靂火		松柏木		長流水		沙中金		山下火		平地木		壁上土		金箔金		覆燈火	
	음력	15	16	17	18	19	20	21	22	23	24	25	26	27	28	29	30	4/1	2	3	4	5	6	7	8	9	10	11	12	13	14	15
	구성	6	7	8	9	1	2	3	4	5	6	7	8	9	1	2	3	4	5	6	7	8	9	1	2	3	4	5	6	7	8	9
대운	남	1	1	1	1	입	10	10	10	9	9	9	8	8	8	7	7	7	6	6	6	소	5	5	4	4	4	3	3	3	2	2
	여	9	9	9	10	하	1	1	1	1	2	2	2	3	3	3	4	4	4	5	5	만	6	6	6	7	7	7	8	8	8	9

망종 6일 00시 47분 【음5월】 ➡ 【甲午月(갑오월)】 ☯四綠星 하지 21일 17시 23분

양력 6월	양력	1	2	3	4	5	6	7	8	9	10	11	12	13	14	15	16	17	18	19	20	21	22	23	24	25	26	27	28	29	30
	요일	월	화	수	목	금	토	일	월	화	수	목	금	토	일	월	화	수	목	금	토	일	월	화	수	목	금	토	일	월	화
	일진 日辰	丙午	丁未	戊申	己酉	庚戌	辛亥	壬子	癸丑	甲寅	乙卯	丙辰	丁巳	戊午	己未	庚申	辛酉	壬戌	癸亥	甲子	乙丑	丙寅	丁卯	戊辰	己巳	庚午	辛未	壬申	癸酉	甲戌	乙亥
음력 04/16 ~ 05/16	납음	天河水		大驛土		釵釧金		桑柘木		大溪水		沙中土		天上火		石榴木		大海水		海中金		爐中火		大林木		路傍土		劍鋒金		山頭火	
	음력	16	17	18	19	20	21	22	23	24	25	26	27	28	29	5/1	2	3	4	5	6	7	8	9	10	11	12	13	14	15	16
	구성	1	2	3	4	5	6	7	8	9	1	2	3	4	5	6	7	8	9	9	8	7	6	5	4	3	2	1	9	8	7
대운	남	2	1	1	1	1	망	10	10	9	9	9	8	8	8	7	7	7	6	6	6	하	5	5	4	4	4	3	3	3	2
	여	9	9	10	10	10	종	1	1	1	1	2	2	2	3	3	3	4	4	4	5	지	5	6	6	6	7	7	7	8	8

한식(4월05일), 초복(7월15일), 중복(7월25일), 말복(8월14일) ☂춘사(春社)3/15 ☀추사(秋社)9/21
토왕지절(土旺之節):4월17일,7월20일,10월21일,1월17일(음12/09)臘享(납향):2027년1월16일(음12/08)

十日得辛, 七龍治水, 2026년 병오年(천하수), 일백수

9紫	5黃	7赤
8白	1白	3碧
4綠	6白	2黑

2026 丙午年

소서 7일 10시 56분 【음6월】➡ 【乙未月(을미월)】 ☯三碧星 대서 23일 04시 12분

양력 7월 / 음력 05/17 ~ 06/18	1	2	3	4	5	6	7	8	9	10	11	12	13	14	15	16	17	18	19	20	21	22	23	24	25	26	27	28	29	30	31
요일	수	목	금	토	일	월	화	수	목	금	토	일	월	화	수	목	금	토	일	월	화	수	목	금	토	일	월	화	수	목	금
일진 日辰	丙子	丁丑	戊寅	己卯	庚辰	辛巳	壬午	癸未	甲申	乙酉	丙戌	丁亥	戊子	己丑	庚寅	辛卯	壬辰	癸巳	甲午	乙未	丙申	丁酉	戊戌	己亥	庚子	辛丑	壬寅	癸卯	甲辰	乙巳	丙午
납음	澗下水		城頭土		白臘金		楊柳木		井中水		屋上土		霹靂火		松柏木		長流水		沙中金		山下火		平地木		壁上土		金箔金		覆燈火		
음력	17	18	19	20	21	22	23	24	25	26	27	28	29	6/1	2	3	4	5	6	7	8	9	10	11	12	13	14	15	16	17	18
구성	6	5	4	3	2	1	9	8	7	6	5	4	3	2	1	9	8	7	6	5	4	3	2	1	9	8	7	6	5	4	3
대운 남	2	2	1	1	1	1	소	10	10	9	9	9	8	8	8	7	7	7	6	6	6	5	대	5	4	4	4	3	3	3	2
대운 여	8	9	9	9	10	10	서	1	1	1	1	2	2	2	3	3	3	4	4	4	5	5	서	6	6	6	7	7	7	8	8

입추 7일 20시 42분 【음7월】➡ 【丙申月(병신월)】 ☯二黑星 처서 23일 11시 18분

양력 8월 / 음력 06/19 ~ 07/19	1	2	3	4	5	6	7	8	9	10	11	12	13	14	15	16	17	18	19	20	21	22	23	24	25	26	27	28	29	30	31
요일	토	일	월	화	수	목	금	토	일	월	화	수	목	금	토	일	월	화	수	목	금	토	일	월	화	수	목	금	토	일	월
일진 日辰	丁未	戊申	己酉	庚戌	辛亥	壬子	癸丑	甲寅	乙卯	丙辰	丁巳	戊午	己未	庚申	辛酉	壬戌	癸亥	甲子	乙丑	丙寅	丁卯	戊辰	己巳	庚午	辛未	壬申	癸酉	甲戌	乙亥	丙子	丁丑
납음		大驛土		釵釧金		桑柘木		大溪水		沙中土		天上火		石榴木		大海水		海中金		爐中火		大林木		路傍土		劍鋒金		山頭火		澗下水	
음력	19	20	21	22	23	24	25	26	27	28	29	30	7/1	2	3	4	5	6	7	8	9	10	11	12	13	14	15	16	17	18	19
구성	2	1	9	8	7	6	5	4	3	2	1	9	8	7	6	5	4	3	2	1	9	8	7	6	5	4	3	2	1	9	8
대운 남	2	2	1	1	1	1	입	10	10	9	9	9	8	8	8	7	7	7	6	6	6	5	처	5	4	4	4	3	3	3	2
대운 여	8	9	9	9	10	10	추	1	1	1	1	2	2	2	3	3	3	4	4	4	5	5	서	6	6	6	7	7	7	8	8

백로 7일 23시 40분 【음8월】➡ 【丁酉月(정유월)】 ☯一白星 추분 23일 09시 04분

양력 9월 / 음력 07/20 ~ 08/20	1	2	3	4	5	6	7	8	9	10	11	12	13	14	15	16	17	18	19	20	21	22	23	24	25	26	27	28	29	30
요일	화	수	목	금	토	일	월	화	수	목	금	토	일	월	화	수	목	금	토	일	월	화	수	목	금	토	일	월	화	수
일진 日辰	戊寅	己卯	庚辰	辛巳	壬午	癸未	甲申	乙酉	丙戌	丁亥	戊子	己丑	庚寅	辛卯	壬辰	癸巳	甲午	乙未	丙申	丁酉	戊戌	己亥	庚子	辛丑	壬寅	癸卯	甲辰	乙巳	丙午	丁未
납음	城頭土		白臘金		楊柳木		井中水		屋上土		霹靂火		松柏木		長流水		沙中金		山下火		平地木		壁上土		金箔金		覆燈火		天河水	
음력	20	21	22	23	24	25	26	27	28	29	8/1	2	3	4	5	6	7	8	9	10	11	12	13	14	15	16	17	18	19	20
구성	7	6	5	4	3	2	1	9	8	7	6	5	4	3	2	1	9	8	7	6	5	4	3	2	1	9	8	7	6	5
대운 남	2	2	1	1	1	1	백	10	10	9	9	9	8	8	8	7	7	7	6	6	6	5	추	5	4	4	4	3	3	3
대운 여	8	9	9	9	10	10	로	1	1	1	1	2	2	2	3	3	3	4	4	4	5	5	분	6	6	6	7	7	7	8

한로 8일 15시 28분 【음9월】➡ 【戊戌月(무술월)】 ☯九紫星 상강 23일 18시 37분

양력 10월 / 음력 08/21 ~ 09/21	1	2	3	4	5	6	7	8	9	10	11	12	13	14	15	16	17	18	19	20	21	22	23	24	25	26	27	28	29	30	31
요일	목	금	토	일	월	화	수	목	금	토	일	월	화	수	목	금	토	일	월	화	수	목	금	토	일	월	화	수	목	금	토
일진 日辰	戊申	己酉	庚戌	辛亥	壬子	癸丑	甲寅	乙卯	丙辰	丁巳	戊午	己未	庚申	辛酉	壬戌	癸亥	甲子	乙丑	丙寅	丁卯	戊辰	己巳	庚午	辛未	壬申	癸酉	甲戌	乙亥	丙子	丁丑	戊寅
납음	大驛土		釵釧金		桑柘木		大溪水		沙中土		天上火		石榴木		大海水		海中金		爐中火		大林木		路傍土		劍鋒金		山頭火		澗下水		
음력	21	22	23	24	25	26	27	28	29	30	9/1	2	3	4	5	6	7	8	9	10	11	12	13	14	15	16	17	18	19	20	21
구성	4	3	2	1	9	8	7	6	5	4	3	2	1	9	8	7	6	5	4	3	2	1	9	8	7	6	5	4	3	2	1
대운 남	2	2	2	1	1	1	1	한	10	9	9	9	8	8	8	7	7	7	6	6	6	5	상	5	4	4	4	3	3	3	2
대운 여	8	8	9	9	9	10	10	로	1	1	1	1	2	2	2	3	3	3	4	4	4	5	강	5	6	6	6	7	7	7	8

입동 7일 18시 51분 【음10월】➡ 【己亥月(기해월)】 ☯八白星 소설 22일 16시 22분

양력 11월 / 음력 09/22 ~ 10/22	1	2	3	4	5	6	7	8	9	10	11	12	13	14	15	16	17	18	19	20	21	22	23	24	25	26	27	28	29	30
요일	일	월	화	수	목	금	토	일	월	화	수	목	금	토	일	월	화	수	목	금	토	일	월	화	수	목	금	토	일	월
일진 日辰	己卯	庚辰	辛巳	壬午	癸未	甲申	乙酉	丙戌	丁亥	戊子	己丑	庚寅	辛卯	壬辰	癸巳	甲午	乙未	丙申	丁酉	戊戌	己亥	庚子	辛丑	壬寅	癸卯	甲辰	乙巳	丙午	丁未	戊申
납음		白臘金		楊柳木		井中水		屋上土		霹靂火		松柏木		長流水		沙中金		山下火		平地木		壁上土		金箔金		覆燈火		天河水		
음력	22	23	24	25	26	27	28	29	10/1	2	3	4	5	6	7	8	9	10	11	12	13	14	15	16	17	18	19	20	21	22
구성	9	8	7	6	5	4	3	2	1	9	8	7	6	5	4	3	2	1	9	8	7	6	5	4	3	2	1	9	8	7
대운 남	2	2	1	1	1	1	입	10	9	9	9	8	8	8	7	7	7	6	6	6	5	소	5	4	4	4	3	3	3	2
대운 여	8	8	9	9	9	10	동	1	1	1	1	2	2	2	3	3	3	4	4	4	5	설	5	6	6	6	7	7	7	8

대설 7일 11시 51분 【음11월】➡ 【庚子月(경자월)】 ☯七赤星 동지 22일 05시 49분

양력 12월 / 음력 10/23 ~ 11/23	1	2	3	4	5	6	7	8	9	10	11	12	13	14	15	16	17	18	19	20	21	22	23	24	25	26	27	28	29	30	31
요일	화	수	목	금	토	일	월	화	수	목	금	토	일	월	화	수	목	금	토	일	월	화	수	목	금	토	일	월	화	수	목
일진 日辰	己酉	庚戌	辛亥	壬子	癸丑	甲寅	乙卯	丙辰	丁巳	戊午	己未	庚申	辛酉	壬戌	癸亥	甲子	乙丑	丙寅	丁卯	戊辰	己巳	庚午	辛未	壬申	癸酉	甲戌	乙亥	丙子	丁丑	戊寅	己卯
납음		釵釧金		桑柘木		大溪水		沙中土		天上火		石榴木		大海水		海中金		爐中火		大林木		路傍土		劍鋒金		山頭火		澗下水		城頭土	
음력	23	24	25	26	27	28	29	30	11/1	2	3	4	5	6	7	8	9	10	11	12	13	14	15	16	17	18	19	20	21	22	23
구성	6	5	4	3	2	1	9	8	7	6	5	4	3	2	1	1	2	3	4	5	6	7	8	9	1	2	3	4	5	6	7
대운 남	2	2	1	1	1	1	대	9	9	9	8	8	8	7	7	7	6	6	6	5	5	동	4	4	4	3	3	3	2	2	2
대운 여	8	8	9	9	9	10	설	1	1	1	1	2	2	2	3	3	3	4	4	4	5	지	5	6	6	6	7	7	7	8	8

단기 4360 年
불기 2571 年

2027년

下元 丁未年 납음(天河水), 본명성(九紫火)

대장군(卯동방), 삼살(酉서방), 상문(酉서방)조객(巳동남방), 납음(천하수), 【삼재(사,오,미)년】 臘享(납향):2028년1월23일(음12/27)

소한 5일 23시 09분 【음12월】 ➡ 【辛丑月(신축월)】 ☯六白星 대한 20일 16시 29분

양력 1월 / 음력 11/24 - 12/24

양력	1	2	3	4	5	6	7	8	9	10	11	12	13	14	15	16	17	18	19	20	21	22	23	24	25	26	27	28	29	30	31
요일	금	토	일	월	화	수	목	금	토	일	월	화	수	목	금	토	일	월	화	수	목	금	토	일	월	화	수	목	금	토	일
일진 日辰	庚辰	辛巳	壬午	癸未	甲申	乙酉	丙戌	丁亥	戊子	己丑	庚寅	辛卯	壬辰	癸巳	甲午	乙未	丙申	丁酉	戊戌	己亥	庚子	辛丑	壬寅	癸卯	甲辰	乙巳	丙午	丁未	戊申	己酉	庚戌
납음	白臘金		楊柳木		井中水		屋上土		霹靂火		松柏木		長流水		沙中金		山下火		平地木		壁上土		金箔金		覆燈火		天河水		大驛土		
음력	24	25	26	27	28	29	30	12/1	2	3	4	5	6	7	8	9	10	11	12	13	14	15	16	17	18	19	20	21	22	23	24
구성	8	9	1	2	3	4	5	6	7	8	9	1	2	3	4	5	6	7	8	9	1	2	3	4	5	6	7	8	9	1	2
대운 남	1	1	1	1	소	10	9	9	9	8	8	8	7	7	7	6	6	6	5	대	5	4	4	4	3	3	3	2	2	2	1
대운 여	8	9	9	9	한	1	1	1	1	2	2	2	3	3	3	4	4	4	5	한	5	6	6	6	7	7	7	8	8	8	9

입춘 4일 10시 45분 【음1월】 ➡ 【壬寅月(임인월)】 ☯五黃星 우수 19일 06시 32분

양력 2월 / 음력 12/25 - 01/22

양력	1	2	3	4	5	6	7	8	9	10	11	12	13	14	15	16	17	18	19	20	21	22	23	24	25	26	27	28
요일	월	화	수	목	금	토	일	월	화	수	목	금	토	일	월	화	수	목	금	토	일	월	화	수	목	금	토	일
일진 日辰	辛亥	壬子	癸丑	甲寅	乙卯	丙辰	丁巳	戊午	己未	庚申	辛酉	壬戌	癸亥	甲子	乙丑	丙寅	丁卯	戊辰	己巳	庚午	辛未	壬申	癸酉	甲戌	乙亥	丙子	丁丑	戊寅
납음		桑柘木		大溪水		沙中土		天上火		石榴木		大海水		海中金		爐中火		大林木		路傍土		劍鋒金		山頭火		澗下水		
음력	25	26	27	28	29	30	1/1	2	3	4	5	6	7	8	9	10	11	12	13	14	15	16	17	18	19	20	21	22
구성	3	4	5	6	7	8	9	1	2	3	4	5	6	7	8	9	1	2	3	4	5	6	7	8	9	1	2	3
대운 남	1	1	1	입	1	1	1	1	2	2	2	3	3	3	4	4	4	5	우	5	6	6	6	7	7	7	8	8
대운 여	9	9	10	춘	10	9	9	9	8	8	8	7	7	7	6	6	6	5	수	5	4	4	4	3	3	3	2	2

丁未年

경칩 6일 04시 38분 【음2월】 ➡ 【癸卯月(계묘월)】 ☯四綠星 춘분 21일 05시 24분

양력 3월 / 음력 01/23 - 02/24

양력	1	2	3	4	5	6	7	8	9	10	11	12	13	14	15	16	17	18	19	20	21	22	23	24	25	26	27	28	29	30	31
요일	월	화	수	목	금	토	일	월	화	수	목	금	토	일	월	화	수	목	금	토	일	월	화	수	목	금	토	일	월	화	수
일진 日辰	己卯	庚辰	辛巳	壬午	癸未	甲申	乙酉	丙戌	丁亥	戊子	己丑	庚寅	辛卯	壬辰	癸巳	甲午	乙未	丙申	丁酉	戊戌	己亥	庚子	辛丑	壬寅	癸卯	甲辰	乙巳	丙午	丁未	戊申	己酉
납음		白臘金		楊柳木		井中水		屋上土		霹靂火		松柏木		長流水		沙中金		山下火		平地木		壁上土		金箔金		覆燈火		天河水		大驛土	
음력	23	24	25	26	27	28	29	2/1	2	3	4	5	6	7	8	9	10	11	12	13	14	15	16	17	18	19	20	21	22	23	24
구성	4	5	6	7	8	9	1	2	3	4	5	6	7	8	9	1	2	3	4	5	6	7	8	9	1	2	3	4	5	6	7
대운 남	8	9	9	9	10	경	1	1	1	1	2	2	2	3	3	3	4	4	4	5	춘	5	6	6	6	7	7	7	8	8	8
대운 여	2	1	1	1	1	칩	10	9	9	9	8	8	8	7	7	7	6	6	6	5	분	5	4	4	4	3	3	3	2	2	2

청명 5일 09시 16분 【음3월】 ➡ 【甲辰月(갑진월)】 ☯三碧星 곡우 20일 16시 16분

양력 4월 / 음력 02/25 - 03/24

양력	1	2	3	4	5	6	7	8	9	10	11	12	13	14	15	16	17	18	19	20	21	22	23	24	25	26	27	28	29	30
요일	목	금	토	일	월	화	수	목	금	토	일	월	화	수	목	금	토	일	월	화	수	목	금	토	일	월	화	수	목	금
일진 日辰	庚戌	辛亥	壬子	癸丑	甲寅	乙卯	丙辰	丁巳	戊午	己未	庚申	辛酉	壬戌	癸亥	甲子	乙丑	丙寅	丁卯	戊辰	己巳	庚午	辛未	壬申	癸酉	甲戌	乙亥	丙子	丁丑	戊寅	己卯
납음	釵釧金		桑柘木		大溪水		沙中土		天上火		石榴木		大海水		海中金		爐中火		大林木		路傍土		劍鋒金		山頭火		澗下水		城頭土	
음력	25	26	27	28	29	30	3/1	2	3	4	5	6	7	8	9	10	11	12	13	14	15	16	17	18	19	20	21	22	23	24
구성	8	9	1	2	3	4	5	6	7	8	9	1	2	3	4	5	6	7	8	9	1	2	3	4	5	6	7	8	9	1
대운 남	9	9	9	10	청	1	1	1	1	2	2	2	3	3	3	4	4	4	5	곡	5	6	6	6	7	7	7	8	8	8
대운 여	1	1	1	1	명	10	10	9	9	9	8	8	8	7	7	7	6	6	6	우	5	5	4	4	4	3	3	3	2	2

입하 6일 02시 24분 【음4월】 ➡ 【乙巳月(을사월)】 ☯二黑星 소만 21일 15시 17분

양력 5월 / 음력 03/25 - 04/26

양력	1	2	3	4	5	6	7	8	9	10	11	12	13	14	15	16	17	18	19	20	21	22	23	24	25	26	27	28	29	30	31
요일	토	일	월	화	수	목	금	토	일	월	화	수	목	금	토	일	월	화	수	목	금	토	일	월	화	수	목	금	토	일	월
일진 日辰	庚辰	辛巳	壬午	癸未	甲申	乙酉	丙戌	丁亥	戊子	己丑	庚寅	辛卯	壬辰	癸巳	甲午	乙未	丙申	丁酉	戊戌	己亥	庚子	辛丑	壬寅	癸卯	甲辰	乙巳	丙午	丁未	戊申	己酉	庚戌
납음	白臘金		楊柳木		井中水		屋上土		霹靂火		松柏木		長流水		沙中金		山下火		平地木		壁上土		金箔金		覆燈火		天河水		大驛土		
음력	25	26	27	28	29	4/1	2	3	4	5	6	7	8	9	10	11	12	13	14	15	16	17	18	19	20	21	22	23	24	25	26
구성	2	3	4	5	6	7	8	9	1	2	3	4	5	6	7	8	9	1	2	3	4	5	6	7	8	9	1	2	3	4	5
대운 남	9	9	9	10	10	입	1	1	1	1	2	2	2	3	3	3	4	4	4	5	소	5	6	6	6	7	7	7	8	8	8
대운 여	2	1	1	1	1	하	10	10	9	9	9	8	8	8	7	7	7	6	6	6	만	5	5	4	4	4	3	3	3	2	2

망종 6일 06시 25분 【음5월】 ➡ 【丙午月(병오월)】 ☯一白星 하지 21일 23시 10분

양력 6월 / 음력 04/27 - 05/26

양력	1	2	3	4	5	6	7	8	9	10	11	12	13	14	15	16	17	18	19	20	21	22	23	24	25	26	27	28	29	30
요일	화	수	목	금	토	일	월	화	수	목	금	토	일	월	화	수	목	금	토	일	월	화	수	목	금	토	일	월	화	수
일진 日辰	辛亥	壬子	癸丑	甲寅	乙卯	丙辰	丁巳	戊午	己未	庚申	辛酉	壬戌	癸亥	甲子	乙丑	丙寅	丁卯	戊辰	己巳	庚午	辛未	壬申	癸酉	甲戌	乙亥	丙子	丁丑	戊寅	己卯	庚辰
납음		桑柘木		大溪水		沙中土		天上火		石榴木		大海水		海中金		爐中火		大林木		路傍土		劍鋒金		山頭火		澗下水		城頭土		
음력	27	28	29	30	5/1	2	3	4	5	6	7	8	9	10	11	12	13	14	15	16	17	18	19	20	21	22	23	24	25	26
구성	6	7	8	9	1	2	3	4	5	6	7	8	9	9	8	7	6	5	4	3	2	1	9	8	7	6	5	4	3	2
대운 남	9	9	9	10	10	망	1	1	1	1	2	2	2	3	3	3	4	4	4	5	하	5	6	6	6	7	7	7	8	8
대운 여	2	1	1	1	1	종	10	10	9	9	9	8	8	8	7	7	7	6	6	6	지	5	5	4	4	4	3	3	3	2

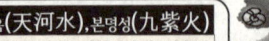

한식(4월06일), 초복(7월20일), 중복(7월30일), 말복(8월09일) ☂춘사(春社)3/20 ☀추사(秋社)9/26
토왕지절(土旺之節):4월17일,7월20일,10월21일,1월17일(음12/21)臘享(납향):2028년1월23일(음12/27)

五日得辛, 十二龍治水, 2027년 정미年 (천하수), 구자화

8白	4綠	6白
7赤	9紫	2黑
3碧	5黃	1白

2027 丁未年

소서 7일 16시 36분 【음6월】 ➡ 【丁未月(정미월)】 ☯九紫星 대서 23일 10시 03분

양력 7월 / 양력	1	2	3	4	5	6	7	8	9	10	11	12	13	14	15	16	17	18	19	20	21	22	23	24	25	26	27	28	29	30	31
요일	목	금	토	일	월	화	수	목	금	토	일	월	화	수	목	금	토	일	월	화	수	목	금	토	일	월	화	수	목	금	토
일진 日辰	辛巳	壬午	癸未	甲申	乙酉	丙戌	丁亥	戊子	己丑	庚寅	辛卯	壬辰	癸巳	甲午	乙未	丙申	丁酉	戊戌	己亥	庚子	辛丑	壬寅	癸卯	甲辰	乙巳	丙午	丁未	戊申	己酉	庚戌	辛亥
음력 05/27 ~ 06/28 / 납음		楊柳木		井中水		屋上土		霹靂火		松柏木		長流水		沙中金		山下火		平地木		壁上土		金箔金		覆燈火		天河水		大驛土		釵釧金	
음력	27	28	29	6/1	2	3	4	5	6	7	8	9	10	11	12	13	14	15	16	17	18	19	20	21	22	23	24	25	26	27	28
구성	1	9	8	7	6	5	4	3	2	1	9	8	7	6	5	4	3	2	1	9	8	7	6	5	4	3	2	1	9	8	7
대운 남	8	9	9	9	10	10	소	1	1	1	1	2	2	2	3	3	3	4	4	4	5	5	대	6	6	6	7	7	7	8	8
대운 여	2	2	1	1	1	1	서	10	10	10	9	9	9	8	8	8	7	7	7	6	6	6	서	5	5	4	4	4	3	3	3

입추 8일 02시 26분 【음7월】 ➡ 【戊申月(무신월)】 ☯八白星 처서 23일 17시 13분

양력 8월 / 양력	1	2	3	4	5	6	7	8	9	10	11	12	13	14	15	16	17	18	19	20	21	22	23	24	25	26	27	28	29	30	31
요일	일	월	화	수	목	금	토	일	월	화	수	목	금	토	일	월	화	수	목	금	토	일	월	화	수	목	금	토	일	월	화
일진 日辰	壬子	癸丑	甲寅	乙卯	丙辰	丁巳	戊午	己未	庚申	辛酉	壬戌	癸亥	甲子	乙丑	丙寅	丁卯	戊辰	己巳	庚午	辛未	壬申	癸酉	甲戌	乙亥	丙子	丁丑	戊寅	己卯	庚辰	辛巳	壬午
음력 06/29 ~ 07/30 / 납음	桑柘木		大溪水		沙中土		天上火		石榴木		大海水		海中金		爐中火		大林木		路傍土		劍鋒金		山頭火		澗下水		城頭土		白臘金		
음력	29	7/1	2	3	4	5	6	7	8	9	10	11	12	13	14	15	16	17	18	19	20	21	22	23	24	25	26	27	28	29	30
구성	6	5	4	3	2	1	9	8	7	6	5	4	3	2	1	9	8	7	6	5	4	3	2	1	9	8	7	6	5	4	3
대운 남	8	9	9	9	10	10	10	입	1	1	1	1	2	2	2	3	3	3	4	4	4	5	처	5	6	6	6	7	7	7	8
대운 여	2	2	2	1	1	1	1	추	10	10	9	9	9	8	8	8	7	7	7	6	6	6	서	5	5	4	4	4	3	3	3

백로 8일 05시 27분 【음8월】 ➡ 【己酉月(기유월)】 ☯七赤星 추분 23일 15시 01분

양력 9월 / 양력	1	2	3	4	5	6	7	8	9	10	11	12	13	14	15	16	17	18	19	20	21	22	23	24	25	26	27	28	29	30	
요일	수	목	금	토	일	월	화	수	목	금	토	일	월	화	수	목	금	토	일	월	화	수	목	금	토	일	월	화	수	목	
일진 日辰	癸未	甲申	乙酉	丙戌	丁亥	戊子	己丑	庚寅	辛卯	壬辰	癸巳	甲午	乙未	丙申	丁酉	戊戌	己亥	庚子	辛丑	壬寅	癸卯	甲辰	乙巳	丙午	丁未	戊申	己酉	庚戌	辛亥	壬子	
음력 08/01 ~ 09/01 / 납음		井中水		屋上土		霹靂火		松柏木		長流水		沙中金		山下火		平地木		壁上土		金箔金		覆燈火		天河水		大驛土		釵釧金			
음력	8/1	2	3	4	5	6	7	8	9	10	11	12	13	14	15	16	17	18	19	20	21	22	23	24	25	26	27	28	29	9/1	
구성	2	1	9	8	7	6	5	4	3	2	1	9	8	7	6	5	4	3	2	1	9	8	7	6	5	4	3	2	1	9	
대운 남	8	8	9	9	9	10	10	백	1	1	1	1	2	2	2	3	3	3	4	4	4	5	추	5	6	6	6	7	7	7	
대운 여	2	2	2	1	1	1	1	로	10	9	9	9	8	8	8	7	7	7	6	6	6	5	분	5	4	4	4	3	3	3	

한로 8일 21시 16분 【음9월】 ➡ 【庚戌月(경술월)】 ☯六白星 상강 24일 00시 32분

양력 10월 / 양력	1	2	3	4	5	6	7	8	9	10	11	12	13	14	15	16	17	18	19	20	21	22	23	24	25	26	27	28	29	30	31
요일	금	토	일	월	화	수	목	금	토	일	월	화	수	목	금	토	일	월	화	수	목	금	토	일	월	화	수	목	금	토	일
일진 日辰	癸丑	甲寅	乙卯	丙辰	丁巳	戊午	己未	庚申	辛酉	壬戌	癸亥	甲子	乙丑	丙寅	丁卯	戊辰	己巳	庚午	辛未	壬申	癸酉	甲戌	乙亥	丙子	丁丑	戊寅	己卯	庚辰	辛巳	壬午	癸未
음력 09/02 ~ 10/03 / 납음		大溪水		沙中土		天上火		石榴木		大海水		海中金		爐中火		大林木		路傍土		劍鋒金		山頭火		澗下水		城頭土		白臘金		楊柳木	
음력	2	3	4	5	6	7	8	9	10	11	12	13	14	15	16	17	18	19	20	21	22	23	24	25	26	27	28	29	10/1	2	3
구성	8	7	6	5	4	3	2	1	9	8	7	6	5	4	3	2	1	9	8	7	6	5	4	3	2	1	9	8	7	6	5
대운 남	8	8	8	9	9	9	10	한	1	1	1	1	2	2	2	3	3	3	4	4	4	5	5	상	6	6	6	7	7	7	8
대운 여	2	2	2	1	1	1	1	로	10	10	9	9	9	8	8	8	7	7	7	6	6	6	5	강	5	4	4	4	3	3	3

입동 8일 00시 37분 【음10월】 ➡ 【辛亥月(신해월)】 ☯五黃星 소설 22일 22시 15분

양력 11월 / 양력	1	2	3	4	5	6	7	8	9	10	11	12	13	14	15	16	17	18	19	20	21	22	23	24	25	26	27	28	29	30	
요일	월	화	수	목	금	토	일	월	화	수	목	금	토	일	월	화	수	목	금	토	일	월	화	수	목	금	토	일	월	화	
일진 日辰	甲申	乙酉	丙戌	丁亥	戊子	己丑	庚寅	辛卯	壬辰	癸巳	甲午	乙未	丙申	丁酉	戊戌	己亥	庚子	辛丑	壬寅	癸卯	甲辰	乙巳	丙午	丁未	戊申	己酉	庚戌	辛亥	壬子	癸丑	
음력 10/04 ~ 11/03 / 납음	井中水		屋上土		霹靂火		松柏木		長流水		沙中金		山下火		平地木		壁上土		金箔金		覆燈火		天河水		大驛土		釵釧金		桑柘木		
음력	4	5	6	7	8	9	10	11	12	13	14	15	16	17	18	19	20	21	22	23	24	25	26	27	28	29	30	11/1	2	3	
구성	4	3	2	1	9	8	7	6	5	4	3	2	1	9	8	7	6	5	4	3	2	1	9	8	7	6	5	4	3	2	
대운 남	8	8	9	9	9	10	10	입	1	1	1	1	2	2	2	3	3	3	4	4	4	소	5	5	6	6	6	7	7	7	
대운 여	2	2	2	1	1	1	1	동	9	9	9	8	8	8	7	7	7	6	6	6	5	설	5	4	4	4	3	3	3	2	

대설 7일 17시 36분 【음11월】 ➡ 【壬子月(임자월)】 ☯四綠星 동지 22일 11시 41분

양력 12월 / 양력	1	2	3	4	5	6	7	8	9	10	11	12	13	14	15	16	17	18	19	20	21	22	23	24	25	26	27	28	29	30	31
요일	수	목	금	토	일	월	화	수	목	금	토	일	월	화	수	목	금	토	일	월	화	수	목	금	토	일	월	화	수	목	금
일진 日辰	甲寅	乙卯	丙辰	丁巳	戊午	己未	庚申	辛酉	壬戌	癸亥	甲子	乙丑	丙寅	丁卯	戊辰	己巳	庚午	辛未	壬申	癸酉	甲戌	乙亥	丙子	丁丑	戊寅	己卯	庚辰	辛巳	壬午	癸未	甲申
음력 11/04 ~ 12/04 / 납음	大溪水		沙中土		天上火		石榴木		大海水		海中金		爐中火		大林木		路傍土		劍鋒金		山頭火		澗下水		城頭土		白臘金		楊柳木		
음력	4	5	6	7	8	9	10	11	12	13	14	15	16	17	18	19	20	21	22	23	24	25	26	27	28	29	30	12/1	2	3	4
구성	1	9	8	7	6	5	4	3	2	1	1	2	3	4	5	6	7	8	9	1	2	3	4	5	6	7	8	9	1	2	3
대운 남	8	8	8	9	9	9	대	1	1	1	1	2	2	2	3	3	3	4	4	4	5	동	5	6	6	6	7	7	7	8	8
대운 여	2	2	1	1	1	1	설	10	9	9	9	8	8	8	7	7	7	6	6	6	5	지	5	4	4	4	3	3	3	2	2

단기 4361 年
불기 2572 年

2028년

下元 戊申年 납음(大驛土), 본명성(八白土)

대장군(午남방), 삼살(남방), 상문(戌서북방),조객(午남방), 납음(대역토), 【삼재(인,묘,진)년】 臘享(납향):2029년1월17일(음12/03)

소한 6일 04시 53분 【음12월】 ➡ 【癸丑月(계축월)】 ☯三碧星 대한 20일 22시 21분

양력 1월 / 음력 12/05 ~ 01/05

양력	1	2	3	4	5	6	7	8	9	10	11	12	13	14	15	16	17	18	19	20	21	22	23	24	25	26	27	28	29	30	31
요일	토	일	월	화	수	목	금	토	일	월	화	수	목	금	토	일	월	화	수	목	금	토	일	월	화	수	목	금	토	일	월
일진 日辰	乙酉	丙戌	丁亥	戊子	己丑	庚寅	辛卯	壬辰	癸巳	甲午	乙未	丙申	丁酉	戊戌	己亥	庚子	辛丑	壬寅	癸卯	甲辰	乙巳	丙午	丁未	戊申	己酉	庚戌	辛亥	壬子	癸丑	甲寅	乙卯
납음		屋上土		霹靂火		松柏木		長流水		沙中金		山下火		平地木		壁上土		金箔金		覆燈火		天河水		大驛土		釵釧金		桑柘木		大溪水	
음력	5	6	7	8	9	10	11	12	13	14	15	16	17	18	19	20	21	22	23	24	25	26	27	28	29	30	1/1	2	3	4	5
구성	4	5	6	7	8	9	1	2	3	4	5	6	7	8	9	1	2	3	4	5	6	7	8	9	1	2	3	4	5	6	7
대운 남	8	9	9	9	10	소	1	1	1	1	2	2	2	3	3	3	4	4	4	대	5	5	6	6	6	7	7	7	8	8	8
대운 여	2	1	1	1	1	한	9	9	9	8	8	8	7	7	7	6	6	6	5	한	5	4	4	4	3	3	3	2	2	2	1

입춘 4일 16시 30분 【음1월】 ➡ 【甲寅月(갑인월)】 ☯二黑星 우수 19일 12시 25분

양력 2월 / 음력 01/06 ~ 02/05

양력	1	2	3	4	5	6	7	8	9	10	11	12	13	14	15	16	17	18	19	20	21	22	23	24	25	26	27	28	29
요일	화	수	목	금	토	일	월	화	수	목	금	토	일	월	화	수	목	금	토	일	월	화	수	목	금	토	일	월	화
일진 日辰	丙辰	丁巳	戊午	己未	庚申	辛酉	壬戌	癸亥	甲子	乙丑	丙寅	丁卯	戊辰	己巳	庚午	辛未	壬申	癸酉	甲戌	乙亥	丙子	丁丑	戊寅	己卯	庚辰	辛巳	壬午	癸未	甲申
납음	沙中土		天上火		石榴木		大海水		海中金		爐中火		大林木		路傍土		劍鋒金		山頭火		澗下水		城頭土		白臘金		楊柳木		
음력	6	7	8	9	10	11	12	13	14	15	16	17	18	19	20	21	22	23	24	25	26	27	28	29	2/1	2	3	4	5
구성	8	9	1	2	3	4	5	6	7	8	9	1	2	3	4	5	6	7	8	9	1	2	3	4	5	6	7	8	9
대운 남	9	9	9	입	10	9	9	9	8	8	8	7	7	7	6	6	6	5	우	5	4	4	4	3	3	3	2	2	2
대운 여	1	1	1	춘	1	1	1	1	2	2	2	3	3	3	4	4	4	5	수	5	6	6	6	7	7	7	8	8	8

戊申年

경칩 5일 10시 24분 【음2월】 ➡ 【乙卯月(을묘월)】 ☯一白星 춘분 20일 11시 16분

양력 3월 / 음력 02/06 ~ 03/06

양력	1	2	3	4	5	6	7	8	9	10	11	12	13	14	15	16	17	18	19	20	21	22	23	24	25	26	27	28	29	30	31
요일	수	목	금	토	일	월	화	수	목	금	토	일	월	화	수	목	금	토	일	월	화	수	목	금	토	일	월	화	수	목	금
일진 日辰	乙酉	丙戌	丁亥	戊子	己丑	庚寅	辛卯	壬辰	癸巳	甲午	乙未	丙申	丁酉	戊戌	己亥	庚子	辛丑	壬寅	癸卯	甲辰	乙巳	丙午	丁未	戊申	己酉	庚戌	辛亥	壬子	癸丑	甲寅	乙卯
납음		屋上土		霹靂火		松柏木		長流水		沙中金		山下火		平地木		壁上土		金箔金		覆燈火		天河水		大驛土		釵釧金		桑柘木		大溪水	
음력	6	7	8	9	10	11	12	13	14	15	16	17	18	19	20	21	22	23	24	25	26	27	28	29	30	3/1	2	3	4	5	6
구성	1	2	3	4	5	6	7	8	9	1	2	3	4	5	6	7	8	9	1	2	3	4	5	6	7	8	9	1	2	3	4
대운 남	1	1	1	1	경	10	9	9	9	8	8	8	7	7	7	6	6	6	5	춘	5	4	4	4	3	3	3	2	2	2	1
대운 여	9	9	9	10	칩	1	1	1	1	2	2	2	3	3	3	4	4	4	5	분	5	6	6	6	7	7	7	8	8	8	9

청명 4일 15시 02분 【음3월】 ➡ 【丙辰月(병진월)】 ☯九紫星 곡우 19일 22시 08분

양력 4월 / 음력 03/07 ~ 04/06

양력	1	2	3	4	5	6	7	8	9	10	11	12	13	14	15	16	17	18	19	20	21	22	23	24	25	26	27	28	29	30
요일	토	일	월	화	수	목	금	토	일	월	화	수	목	금	토	일	월	화	수	목	금	토	일	월	화	수	목	금	토	일
일진 日辰	丙辰	丁巳	戊午	己未	庚申	辛酉	壬戌	癸亥	甲子	乙丑	丙寅	丁卯	戊辰	己巳	庚午	辛未	壬申	癸酉	甲戌	乙亥	丙子	丁丑	戊寅	己卯	庚辰	辛巳	壬午	癸未	甲申	乙酉
납음	沙中土		天上火		石榴木		大海水		海中金		爐中火		大林木		路傍土		劍鋒金		山頭火		澗下水		城頭土		白臘金		楊柳木		井中水	
음력	7	8	9	10	11	12	13	14	15	16	17	18	19	20	21	22	23	24	25	26	27	28	29	30	4/1	2	3	4	5	6
구성	5	6	7	8	9	1	2	3	4	5	6	7	8	9	1	2	3	4	5	6	7	8	9	1	2	3	4	5	6	7
대운 남	1	1	1	청	10	10	9	9	9	8	8	8	7	7	7	6	6	6	곡	5	5	4	4	4	3	3	3	2	2	2
대운 여	9	9	10	명	1	1	1	1	2	2	2	3	3	3	4	4	4	5	우	5	6	6	6	7	7	7	8	8	8	9

입하 8일 08시 11분 【음4월】 ➡ 【丁巳月(정사월)】 ☯八白星 소만 20일 21시 09분

양력 5월 / 음력 04/07 ~ 05/08

양력	1	2	3	4	5	6	7	8	9	10	11	12	13	14	15	16	17	18	19	20	21	22	23	24	25	26	27	28	29	30	31
요일	월	화	수	목	금	토	일	월	화	수	목	금	토	일	월	화	수	목	금	토	일	월	화	수	목	금	토	일	월	화	수
일진 日辰	丙戌	丁亥	戊子	己丑	庚寅	辛卯	壬辰	癸巳	甲午	乙未	丙申	丁酉	戊戌	己亥	庚子	辛丑	壬寅	癸卯	甲辰	乙巳	丙午	丁未	戊申	己酉	庚戌	辛亥	壬子	癸丑	甲寅	乙卯	丙辰
납음	屋上土		霹靂火		松柏木		長流水		沙中金		山下火		平地木		壁上土		金箔金		覆燈火		天河水		大驛土		釵釧金		桑柘木		大溪水		
음력	7	8	9	10	11	12	13	14	15	16	17	18	19	20	21	22	23	24	25	26	27	28	29	5/1	2	3	4	5	6	7	8
구성	8	9	1	2	3	4	5	6	7	8	9	1	2	3	4	5	6	7	8	9	1	2	3	4	5	6	7	8	9	1	2
대운 남	1	1	1	1	입	10	10	9	9	9	8	8	8	7	7	7	6	6	6	소	5	5	4	4	4	3	3	3	2	2	2
대운 여	9	9	10	10	하	1	1	1	1	2	2	2	3	3	3	4	4	4	5	만	5	6	6	6	7	7	7	8	8	8	9

망종 5일 12시 15분 【음5월】 ➡ 【戊午月(무오월)】 ☯七赤星 하지 21일 05시 01분

양력 6월 / 음력 05/09 ~ 윤508

양력	1	2	3	4	5	6	7	8	9	10	11	12	13	14	15	16	17	18	19	20	21	22	23	24	25	26	27	28	29	30
요일	목	금	토	일	월	화	수	목	금	토	일	월	화	수	목	금	토	일	월	화	수	목	금	토	일	월	화	수	목	금
일진 日辰	丁巳	戊午	己未	庚申	辛酉	壬戌	癸亥	甲子	乙丑	丙寅	丁卯	戊辰	己巳	庚午	辛未	壬申	癸酉	甲戌	乙亥	丙子	丁丑	戊寅	己卯	庚辰	辛巳	壬午	癸未	甲申	乙酉	丙戌
납음		天上火		石榴木		大海水		海中金		爐中火		大林木		路傍土		劍鋒金		山頭火		澗下水		城頭土		白臘金		楊柳木		井中水		
음력	9	10	11	12	13	14	15	16	17	18	19	20	21	22	23	24	25	26	27	28	29	30	윤5	2	3	4	5	6	7	8
구성	3	4	5	6	7	8	9	9	8	7	6	5	4	3	2	1	9	8	7	6	5	4	3	2	1	9	8	7	6	5
대운 남	1	1	1	1	망	10	10	9	9	9	8	8	8	7	7	7	6	6	6	5	하	5	4	4	4	3	3	3	2	2
대운 여	9	9	10	10	종	1	1	1	1	2	2	2	3	3	3	4	4	4	5	5	지	6	6	6	7	7	7	8	8	8

한식(4월05일), 초복(7월14일), 중복(7월24일), 말복(8월13일) ↑춘사(春社)3/24 ☀추사(秋社)9/20
토왕지절(土旺之節):4월16일,7월19일,10월20일,1월17일(음12/03)臘享(납향):2029년1월17일(음12/03)

◦一日得辛, 六龍治水, 2028년 무신年 (대역토), 팔백토

7赤	3碧	5黃
6白	8白	1白
2黑	4綠	9紫

소서 6일 22시 29분 【음6월】 ➡ 【己未月(기미월)】 ☯六白星 대서 22일 15시 53분

양력	양력	1	2	3	4	5	6	7	8	9	10	11	12	13	14	15	16	17	18	19	20	21	22	23	24	25	26	27	28	29	30	31
7월	요일	토	일	월	화	수	목	금	토	일	월	화	수	목	금	토	일	월	화	수	목	금	토	일	월	화	수	목	금	토	일	월
	일진 日辰	丁亥	戊子	己丑	庚寅	辛卯	壬辰	癸巳	甲午	乙未	丙申	丁酉	戊戌	己亥	庚子	辛丑	壬寅	癸卯	甲辰	乙巳	丙午	丁未	戊申	己酉	庚戌	辛亥	壬子	癸丑	甲寅	乙卯	丙辰	丁巳
음력	납음		霹靂火		松柏木		長流水		沙中金		山下火		平地木		壁上土		金箔金		覆燈火		天河水		大驛土		釵釧金		桑柘木		大溪水		沙中土	
윤509	음력	9	10	11	12	13	14	15	16	17	18	19	20	21	22	23	24	25	26	27	28	29	6/1	2	3	4	5	6	7	8	9	10
~	구성	4	3	2	1	9	8	7	6	5	4	3	2	1	9	8	7	6	5	4	3	2	1	9	8	7	6	5	4	3	2	1
06/10	대운 남	2	1	1	1	1	소	10	10	10	9	9	9	8	8	8	7	7	7	6	6	6	대	5	5	4	4	4	3	3	3	2
	대운 여	9	9	9	10	10	서	1	1	1	1	2	2	2	3	3	3	4	4	4	5	5	서	6	6	6	7	7	7	8	8	8

입추 7일 08시 20분 【음7월】 ➡ 【庚申月(경신월)】 ☯五黃星 처서 22일 23시 00분

양력	양력	1	2	3	4	5	6	7	8	9	10	11	12	13	14	15	16	17	18	19	20	21	22	23	24	25	26	27	28	29	30	31
8월	요일	화	수	목	금	토	일	월	화	수	목	금	토	일	월	화	수	목	금	토	일	월	화	수	목	금	토	일	월	화	수	목
	일진 日辰	戊午	己未	庚申	辛酉	壬戌	癸亥	甲子	乙丑	丙寅	丁卯	戊辰	己巳	庚午	辛未	壬申	癸酉	甲戌	乙亥	丙子	丁丑	戊寅	己卯	庚辰	辛巳	壬午	癸未	甲申	乙酉	丙戌	丁亥	戊子
음력	납음	天上火		石榴木		大海水		海中金		爐中火		大林木		路傍土		劍鋒金		山頭火		澗下水		城頭土		白臘金		楊柳木		井中水		屋上土		
06/11	음력	11	12	13	14	15	16	17	18	19	20	21	22	23	24	25	26	27	28	29	7/1	2	3	4	5	6	7	8	9	10	11	12
~	구성	9	8	7	6	5	4	3	2	1	9	8	7	6	5	4	3	2	1	9	8	7	6	5	4	3	2	1	9	8	7	6
07/12	대운 남	2	2	1	1	1	1	입	10	10	9	9	9	8	8	8	7	7	7	6	6	6	처	5	5	4	4	4	3	3	3	2
	대운 여	9	9	9	10	10	10	추	1	1	1	1	2	2	2	3	3	3	4	4	4	5	서	5	6	6	6	7	7	7	8	8

백로 7일 11시 21분 【음8월】 ➡ 【辛酉月(신유월)】 ☯四綠星 추분 22일 20시 44분

양력	양력	1	2	3	4	5	6	7	8	9	10	11	12	13	14	15	16	17	18	19	20	21	22	23	24	25	26	27	28	29	30
9월	요일	금	토	일	월	화	수	목	금	토	일	월	화	수	목	금	토	일	월	화	수	목	금	토	일	월	화	수	목	금	토
	일진 日辰	己丑	庚寅	辛卯	壬辰	癸巳	甲午	乙未	丙申	丁酉	戊戌	己亥	庚子	辛丑	壬寅	癸卯	甲辰	乙巳	丙午	丁未	戊申	己酉	庚戌	辛亥	壬子	癸丑	甲寅	乙卯	丙辰	丁巳	戊午
음력	납음		松柏木		長流水		沙中金		山下火		平地木		壁上土		金箔金		覆燈火		天河水		大驛土		釵釧金		桑柘木		大溪水		沙中土		
07/13	음력	13	14	15	16	17	18	19	20	21	22	23	24	25	26	27	28	29	30	8/1	2	3	4	5	6	7	8	9	10	11	12
~	구성	5	4	3	2	1	9	8	7	6	5	4	3	2	1	9	8	7	6	5	4	3	2	1	9	8	7	6	5	4	3
08/12	대운 남	2	2	1	1	1	1	백	10	10	9	9	9	8	8	8	7	7	7	6	6	6	추	5	5	4	4	4	3	3	3
	대운 여	8	9	9	9	10	10	로	1	1	1	1	2	2	2	3	3	3	4	4	4	5	분	5	6	6	6	7	7	7	8

한로 8일 03시 07분 【음9월】 ➡ 【壬戌月(임술월)】 ☯三碧星 상강 23일 06시 12분

양력	양력	1	2	3	4	5	6	7	8	9	10	11	12	13	14	15	16	17	18	19	20	21	22	23	24	25	26	27	28	29	30	31
10월	요일	일	월	화	수	목	금	토	일	월	화	수	목	금	토	일	월	화	수	목	금	토	일	월	화	수	목	금	토	일	월	화
	일진 日辰	己未	庚申	辛酉	壬戌	癸亥	甲子	乙丑	丙寅	丁卯	戊辰	己巳	庚午	辛未	壬申	癸酉	甲戌	乙亥	丙子	丁丑	戊寅	己卯	庚辰	辛巳	壬午	癸未	甲申	乙酉	丙戌	丁亥	戊子	己丑
음력	납음		石榴木		大海水		海中金		爐中火		大林木		路傍土		劍鋒金		山頭火		澗下水		城頭土		白臘金		楊柳木		井中水		屋上土		霹靂火	
08/13	음력	13	14	15	16	17	18	19	20	21	22	23	24	25	26	27	28	29	9/1	2	3	4	5	6	7	8	9	10	11	12	13	14
~	구성	2	1	9	8	7	6	5	4	3	2	1	9	8	7	6	5	4	3	2	1	9	8	7	6	5	4	3	2	1	9	8
09/14	대운 남	2	2	2	1	1	1	1	한	10	9	9	9	8	8	8	7	7	7	6	6	6	5	상	5	4	4	4	3	3	3	2
	대운 여	8	8	9	9	9	10	10	로	1	1	1	1	2	2	2	3	3	3	4	4	4	5	강	5	6	6	6	7	7	7	8

입동 7일 06시 26분 【음10월】 ➡ 【癸亥月(계해월) 】 ☯二黑星 소설 22일 03시 53분

양력	양력	1	2	3	4	5	6	7	8	9	10	11	12	13	14	15	16	17	18	19	20	21	22	23	24	25	26	27	28	29	30
11월	요일	수	목	금	토	일	월	화	수	목	금	토	일	월	화	수	목	금	토	일	월	화	수	목	금	토	일	월	화	수	목
	일진 日辰	庚寅	辛卯	壬辰	癸巳	甲午	乙未	丙申	丁酉	戊戌	己亥	庚子	辛丑	壬寅	癸卯	甲辰	乙巳	丙午	丁未	戊申	己酉	庚戌	辛亥	壬子	癸丑	甲寅	乙卯	丙辰	丁巳	戊午	己未
음력	납음	松柏木		長流水		沙中金		山下火		平地木		壁上土		金箔金		覆燈火		天河水		大驛土		釵釧金		桑柘木		大溪水		沙中土		天上火	
09/15	음력	15	16	17	18	19	20	21	22	23	24	25	26	27	28	29	10/1	2	3	4	5	6	7	8	9	10	11	12	13	14	15
~	구성	7	6	5	4	3	2	1	9	8	7	6	5	4	3	2	1	9	8	7	6	5	4	3	2	1	9	8	7	6	5
10/15	대운 남	2	2	1	1	1	1	입	9	9	9	8	8	8	7	7	7	6	6	6	5	5	소	4	4	4	3	3	3	2	2
	대운 여	8	8	9	9	9	10	동	1	1	1	1	2	2	2	3	3	3	4	4	4	5	설	5	6	6	6	7	7	7	8

대설 6일 23시 23분 【음11월】 ➡ 【甲子月(갑자월)】 ☯一白星 동지 21일 17시 18분

양력	양력	1	2	3	4	5	6	7	8	9	10	11	12	13	14	15	16	17	18	19	20	21	22	23	24	25	26	27	28	29	30	31
12월	요일	금	토	일	월	화	수	목	금	토	일	월	화	수	목	금	토	일	월	화	수	목	금	토	일	월	화	수	목	금	토	일
	일진 日辰	庚申	辛酉	壬戌	癸亥	甲子	乙丑	丙寅	丁卯	戊辰	己巳	庚午	辛未	壬申	癸酉	甲戌	乙亥	丙子	丁丑	戊寅	己卯	庚辰	辛巳	壬午	癸未	甲申	乙酉	丙戌	丁亥	戊子	己丑	庚寅
음력	납음	石榴木		大海水		海中金		爐中火		大林木		路傍土		劍鋒金		山頭火		澗下水		城頭土		白臘金		楊柳木		井中水		屋上土		霹靂火		
10/16	음력	16	17	18	19	20	21	22	23	24	25	26	27	28	29	30	11/1	2	3	4	5	6	7	8	9	10	11	12	13	14	15	16
~	구성	4	3	2	1	1	2	3	4	5	6	7	8	9	1	2	3	4	5	6	7	8	9	1	2	3	4	5	6	7	8	9
11/16	대운 남	2	1	1	1	1	대	10	9	9	9	8	8	8	7	7	7	6	6	6	5	동	5	4	4	4	3	3	3	2	2	2
	대운 여	8	8	9	9	9	설	1	1	1	1	2	2	2	3	3	3	4	4	4	5	지	5	6	6	6	7	7	7	8	8	8

단기 4362 年
불기 2573 年

2029년

下元 己酉年 납음(大驛土), 본명성(七赤金)

대장군(午남방), 삼살(동방), 상문(亥서북방), 조객(未서남방), 납음(대역토), 삼재(해,자,축)년 臘享(납향):2030년1월24일(음12/21)

닭

소한 5일 10시 41분 【음12월】 ➡ 【乙丑月(을축월)】 ☯九紫星 대한 20일 04시 00분

양력 1월 / 음력 11/17 ~ 12/17

양력	1	2	3	4	5	6	7	8	9	10	11	12	13	14	15	16	17	18	19	20	21	22	23	24	25	26	27	28	29	30	31
요일	월	화	수	목	금	토	일	월	화	수	목	금	토	일	월	화	수	목	금	토	일	월	화	수	목	금	토	일	월	화	수
일진 日辰	辛卯	壬辰	癸巳	甲午	乙未	丙申	丁酉	戊戌	己亥	庚子	辛丑	壬寅	癸卯	甲辰	乙巳	丙午	丁未	戊申	己酉	庚戌	辛亥	壬子	癸丑	甲寅	乙卯	丙辰	丁巳	戊午	己未	庚申	辛酉
납음		長流水		沙中金		山下火		平地木		壁上土		金箔金		覆燈火		天河水		大驛土		釵釧金		桑柘木		大溪水		沙中土		天上火		石榴木	
음력	17	18	19	20	21	22	23	24	25	26	27	28	29	30	12/1	2	3	4	5	6	7	8	9	10	11	12	13	14	15	16	17
구성	1	2	3	4	5	6	7	8	9	1	2	3	4	5	6	7	8	9	1	2	3	4	5	6	7	8	9	1	2	3	4
대운 남	1	1	1	1	소	9	9	9	8	8	8	7	7	7	6	6	6	5	5	대	4	4	4	3	3	3	2	2	2	1	1
대운 여	9	9	9	10	한	1	1	1	1	2	2	2	3	3	3	4	4	4	5	한	5	6	6	6	7	7	7	8	8	8	9

입춘 3일 22시 20분 【음1월】 ➡ 【丙寅月(병인월)】 ☯八白星 우수 18일 18시 07분

양력 2월 / 음력 12/18 ~ 01/16

양력	1	2	3	4	5	6	7	8	9	10	11	12	13	14	15	16	17	18	19	20	21	22	23	24	25	26	27	28
요일	목	금	토	일	월	화	수	목	금	토	일	월	화	수	목	금	토	일	월	화	수	목	금	토	일	월	화	수
일진 日辰	壬戌	癸亥	甲子	乙丑	丙寅	丁卯	戊辰	己巳	庚午	辛未	壬申	癸酉	甲戌	乙亥	丙子	丁丑	戊寅	己卯	庚辰	辛巳	壬午	癸未	甲申	乙酉	丙戌	丁亥	戊子	己丑
납음	大海水		海中金		爐中火		大林木		路傍土		劍鋒金		山頭火		澗下水		城頭土		白臘金		楊柳木		井中水		屋上土		霹靂火	
음력	18	19	20	21	22	23	24	25	26	27	28	29	1/1	2	3	4	5	6	7	8	9	10	11	12	13	14	15	16
구성	5	6	7	8	9	1	2	3	4	5	6	7	8	9	1	2	3	4	5	6	7	8	9	1	2	3	4	5
대운 남	1	1	입	1	1	1	1	2	2	2	3	3	3	4	4	4	5	우	5	6	6	6	7	7	7	8	8	8
대운 여	9	9	춘	10	9	9	9	8	8	8	7	7	7	6	6	6	5	수	5	4	4	4	3	3	3	2	2	2

己酉年

경칩 5일 16시 16분 【음2월】 ➡ 【丁卯月(정묘월)】 ☯七赤星 춘분 20일 17시 01분

양력 3월 / 음력 01/17 ~ 02/17

양력	1	2	3	4	5	6	7	8	9	10	11	12	13	14	15	16	17	18	19	20	21	22	23	24	25	26	27	28	29	30	31
요일	목	금	토	일	월	화	수	목	금	토	일	월	화	수	목	금	토	일	월	화	수	목	금	토	일	월	화	수	목	금	토
일진 日辰	庚寅	辛卯	壬辰	癸巳	甲午	乙未	丙申	丁酉	戊戌	己亥	庚子	辛丑	壬寅	癸卯	甲辰	乙巳	丙午	丁未	戊申	己酉	庚戌	辛亥	壬子	癸丑	甲寅	乙卯	丙辰	丁巳	戊午	己未	庚申
납음	松柏木		長流水		沙中金		山下火		平地木		壁上土		金箔金		覆燈火		天河水		大驛土		釵釧金		桑柘木		大溪水		沙中土		天上火		
음력	17	18	19	20	21	22	23	24	25	26	27	28	29	30	2/1	2	3	4	5	6	7	8	9	10	11	12	13	14	15	16	17
구성	6	7	8	9	1	2	3	4	5	6	7	8	9	1	2	3	4	5	6	7	8	9	1	2	3	4	5	6	7	8	9
대운 남	9	9	9	10	경	1	1	1	1	2	2	2	3	3	3	4	4	4	5	춘	5	6	6	6	7	7	7	8	8	8	9
대운 여	1	1	1	1	칩	10	9	9	9	8	8	8	7	7	7	6	6	6	5	분	5	4	4	4	3	3	3	2	2	2	1

청명 4일 20시 57분 【음3월】 ➡ 【戊辰月(무진월)】 ☯六白星 곡우 20일 03시 54분

양력 4월 / 음력 02/18 ~ 03/17

양력	1	2	3	4	5	6	7	8	9	10	11	12	13	14	15	16	17	18	19	20	21	22	23	24	25	26	27	28	29	30
요일	일	월	화	수	목	금	토	일	월	화	수	목	금	토	일	월	화	수	목	금	토	일	월	화	수	목	금	토	일	월
일진 日辰	辛酉	壬戌	癸亥	甲子	乙丑	丙寅	丁卯	戊辰	己巳	庚午	辛未	壬申	癸酉	甲戌	乙亥	丙子	丁丑	戊寅	己卯	庚辰	辛巳	壬午	癸未	甲申	乙酉	丙戌	丁亥	戊子	己丑	庚寅
납음		大海水		海中金		爐中火		大林木		路傍土		劍鋒金		山頭火		澗下水		城頭土		白臘金		楊柳木		井中水		屋上土		霹靂火		
음력	18	19	20	21	22	23	24	25	26	27	28	29	30	3/1	2	3	4	5	6	7	8	9	10	11	12	13	14	15	16	17
구성	1	2	3	4	5	6	7	8	9	1	2	3	4	5	6	7	8	9	1	2	3	4	5	6	7	8	9	1	2	3
대운 남	9	9	10	청	1	1	1	1	2	2	2	3	3	3	4	4	4	5	5	곡	6	6	6	7	7	7	8	8	8	9
대운 여	1	1	1	명	10	10	9	9	9	8	8	8	7	7	7	6	6	6	5	우	5	4	4	4	3	3	3	2	2	2

입하 5일 14시 07분 【음4월】 ➡ 【己巳月(기사월)】 ☯五黃星 소만 21일 02시 55분

양력 5월 / 음력 03/18 ~ 04/19

양력	1	2	3	4	5	6	7	8	9	10	11	12	13	14	15	16	17	18	19	20	21	22	23	24	25	26	27	28	29	30	31
요일	화	수	목	금	토	일	월	화	수	목	금	토	일	월	화	수	목	금	토	일	월	화	수	목	금	토	일	월	화	수	목
일진 日辰	辛卯	壬辰	癸巳	甲午	乙未	丙申	丁酉	戊戌	己亥	庚子	辛丑	壬寅	癸卯	甲辰	乙巳	丙午	丁未	戊申	己酉	庚戌	辛亥	壬子	癸丑	甲寅	乙卯	丙辰	丁巳	戊午	己未	庚申	辛酉
납음		長流水		沙中金		山下火		平地木		壁上土		金箔金		覆燈火		天河水		大驛土		釵釧金		桑柘木		大溪水		沙中土		天上火		石榴木	
음력	18	19	20	21	22	23	24	25	26	27	28	29	4/1	2	3	4	5	6	7	8	9	10	11	12	13	14	15	16	17	18	19
구성	4	5	6	7	8	9	1	2	3	4	5	6	7	8	9	1	2	3	4	5	6	7	8	9	1	2	3	4	5	6	7
대운 남	9	9	10	10	입	1	1	1	1	2	2	2	3	3	3	4	4	4	5	5	소	6	6	6	7	7	7	8	8	8	9
대운 여	1	1	1	1	하	10	10	9	9	9	8	8	8	7	7	7	6	6	6	5	만	5	4	4	4	3	3	3	2	2	2

망종 5일 18시 09분 【음5월】 ➡ 【庚午月(경오월)】 ☯四綠星 하지 21일 10시 47분

양력 6월 / 음력 04/20 ~ 05/19

양력	1	2	3	4	5	6	7	8	9	10	11	12	13	14	15	16	17	18	19	20	21	22	23	24	25	26	27	28	29	30
요일	금	토	일	월	화	수	목	금	토	일	월	화	수	목	금	토	일	월	화	수	목	금	토	일	월	화	수	목	금	토
일진 日辰	壬戌	癸亥	甲子	乙丑	丙寅	丁卯	戊辰	己巳	庚午	辛未	壬申	癸酉	甲戌	乙亥	丙子	丁丑	戊寅	己卯	庚辰	辛巳	壬午	癸未	甲申	乙酉	丙戌	丁亥	戊子	己丑	庚寅	辛卯
납음	大海水		海中金		爐中火		大林木		路傍土		劍鋒金		山頭火		澗下水		城頭土		白臘金		楊柳木		井中水		屋上土		霹靂火		松柏木	
음력	20	21	22	23	24	25	26	27	28	29	30	5/1	2	3	4	5	6	7	8	9	10	11	12	13	14	15	16	17	18	19
구성	8	9	9	8	7	6	5	4	3	2	1	9	8	7	6	5	4	3	2	1	9	8	7	6	5	4	3	2	1	9
대운 남	9	9	10	10	망	1	1	1	1	2	2	2	3	3	3	4	4	4	5	5	하	6	6	6	7	7	7	8	8	8
대운 여	1	1	1	1	종	10	10	10	9	9	9	8	8	8	7	7	7	6	6	6	지	5	5	4	4	4	3	3	3	2

한식(4월05일), 초복(7월19일), 중복(7월29일), 말복(8월08일) 춘사(春社)3/19 추사(秋社)9/25
토왕지절(土旺之節):4월17일,7월19일,10월20일,1월17일(음12/14)臘享(납향):2030년1월24일(음12/21)

八日得辛, 七龍治水, 2029년 기유年 (대역토), 칠적금

6白	2黑	4綠
5黃	7赤	9紫
1白	3碧	8白

2029 己酉年

소서 7일 04시 21분 【음6월】 ➡ 【辛未月(신미월)】 ☯三碧星 대서 22일 21시 41분

양력 7월	1	2	3	4	5	6	7	8	9	10	11	12	13	14	15	16	17	18	19	20	21	22	23	24	25	26	27	28	29	30	31
요일	일	월	화	수	목	금	토	일	월	화	수	목	금	토	일	월	화	수	목	금	토	일	월	화	수	목	금	토	일	월	화
일진 日辰	壬辰	癸巳	甲午	乙未	丙申	丁酉	戊戌	己亥	庚子	辛丑	壬寅	癸卯	甲辰	乙巳	丙午	丁未	戊申	己酉	庚戌	辛亥	壬子	癸丑	甲寅	乙卯	丙辰	丁巳	戊午	己未	庚申	辛酉	壬戌
납음	長流水		沙中金		山下火		平地木		壁上土		金箔金		覆燈火		天河水		大驛土		釵釧金		桑柘木		大溪水		沙中土		天上火		石榴木		
음력 (05/20 ~ 06/20)	20	21	22	23	24	25	26	27	28	29	30	6/1	2	3	4	5	6	7	8	9	10	11	12	13	14	15	16	17	18	19	20
구성	8	7	6	5	4	3	2	1	9	8	7	6	5	4	3	2	1	9	8	7	6	5	4	3	2	1	9	8	7	6	5
대운 남	9	9	9	10	10	10	소	1	1	1	1	2	2	2	3	3	3	4	4	4	5	대	5	6	6	6	7	7	7	8	8
대운 여	2	2	1	1	1	1	서	10	10	9	9	9	8	8	8	7	7	7	6	6	6	서	5	5	4	4	4	3	3	3	2

입추 7일 14시 11분 【음7월】 ➡ 【壬申月(임신월)】 ☯二黑星 처서 23일 04시 50분

양력 8월	1	2	3	4	5	6	7	8	9	10	11	12	13	14	15	16	17	18	19	20	21	22	23	24	25	26	27	28	29	30	31
요일	수	목	금	토	일	월	화	수	목	금	토	일	월	화	수	목	금	토	일	월	화	수	목	금	토	일	월	화	수	목	금
일진 日辰	癸亥	甲子	乙丑	丙寅	丁卯	戊辰	己巳	庚午	辛未	壬申	癸酉	甲戌	乙亥	丙子	丁丑	戊寅	己卯	庚辰	辛巳	壬午	癸未	甲申	乙酉	丙戌	丁亥	戊子	己丑	庚寅	辛卯	壬辰	癸巳
납음		海中金		爐中火		大林木		路傍土		劍鋒金		山頭火		澗下水		城頭土		白臘金		楊柳木		井中水		屋上土		霹靂火		松柏木		長流水	
음력 (06/21 ~ 07/22)	21	22	23	24	25	26	27	28	29	7/1	2	3	4	5	6	7	8	9	10	11	12	13	14	15	16	17	18	19	20	21	22
구성	4	3	2	1	9	8	7	6	5	4	3	2	1	9	8	7	6	5	4	3	2	1	9	8	7	6	5	4	3	2	1
대운 남	8	9	9	9	10	10	입	1	1	1	1	2	2	2	3	3	3	4	4	4	5	5	처	6	6	6	7	7	7	8	8
대운 여	2	2	1	1	1	1	추	10	10	9	9	9	8	8	8	7	7	7	6	6	6	5	서	5	4	4	4	3	3	3	2

백로 7일 17시 11분 【음8월】 ➡ 【癸酉月(계유월)】 ☯一白星 추분 23일 02시 37분

양력 9월	1	2	3	4	5	6	7	8	9	10	11	12	13	14	15	16	17	18	19	20	21	22	23	24	25	26	27	28	29	30
요일	토	일	월	화	수	목	금	토	일	월	화	수	목	금	토	일	월	화	수	목	금	토	일	월	화	수	목	금	토	일
일진 日辰	甲午	乙未	丙申	丁酉	戊戌	己亥	庚子	辛丑	壬寅	癸卯	甲辰	乙巳	丙午	丁未	戊申	己酉	庚戌	辛亥	壬子	癸丑	甲寅	乙卯	丙辰	丁巳	戊午	己未	庚申	辛酉	壬戌	癸亥
납음	沙中金		山下火		平地木		壁上土		金箔金		覆燈火		天河水		大驛土		釵釧金		桑柘木		大溪水		沙中土		天上火		石榴木		大海水	
음력 (07/23 ~ 08/23)	23	24	25	26	27	28	29	8/1	2	3	4	5	6	7	8	9	10	11	12	13	14	15	16	17	18	19	20	21	22	23
구성	9	8	7	6	5	4	3	2	1	9	8	7	6	5	4	3	2	1	9	8	7	6	5	4	3	2	1	9	8	7
대운 남	8	9	9	9	10	10	백	1	1	1	1	2	2	2	3	3	3	4	4	4	5	5	추	6	6	6	7	7	7	8
대운 여	2	2	1	1	1	1	로	10	10	9	9	9	8	8	8	7	7	7	6	6	6	5	분	5	4	4	4	3	3	3

한로 8일 08시 57분 【음9월】 ➡ 【甲戌月(갑술월)】 ☯九紫星 상강 23일 12시 07분

양력 10월	1	2	3	4	5	6	7	8	9	10	11	12	13	14	15	16	17	18	19	20	21	22	23	24	25	26	27	28	29	30	31
요일	월	화	수	목	금	토	일	월	화	수	목	금	토	일	월	화	수	목	금	토	일	월	화	수	목	금	토	일	월	화	수
일진 日辰	甲子	乙丑	丙寅	丁卯	戊辰	己巳	庚午	辛未	壬申	癸酉	甲戌	乙亥	丙子	丁丑	戊寅	己卯	庚辰	辛巳	壬午	癸未	甲申	乙酉	丙戌	丁亥	戊子	己丑	庚寅	辛卯	壬辰	癸巳	甲午
납음	海中金		爐中火		大林木		路傍土		劍鋒金		山頭火		澗下水		城頭土		白臘金		楊柳木		井中水		屋上土		霹靂火		松柏木		長流水		
음력 (08/24 ~ 09/24)	24	25	26	27	28	29	30	9/1	2	3	4	5	6	7	8	9	10	11	12	13	14	15	16	17	18	19	20	21	22	23	24
구성	6	5	4	3	2	1	9	8	7	6	5	4	3	2	1	9	8	7	6	5	4	3	2	1	9	8	7	6	5	4	3
대운 남	8	8	9	9	9	10	10	한	1	1	1	1	2	2	2	3	3	3	4	4	4	5	상	5	6	6	6	7	7	7	8
대운 여	2	2	2	1	1	1	1	로	10	9	9	9	8	8	8	7	7	7	6	6	6	5	강	5	4	4	4	3	3	3	2

입동 7일 12시 16분 【음10월】 ➡ 【乙亥月(을해월)】 ☯八白星 소설 22일 09시 48분

양력 11월	1	2	3	4	5	6	7	8	9	10	11	12	13	14	15	16	17	18	19	20	21	22	23	24	25	26	27	28	29	30
요일	목	금	토	일	월	화	수	목	금	토	일	월	화	수	목	금	토	일	월	화	수	목	금	토	일	월	화	수	목	금
일진 日辰	乙未	丙申	丁酉	戊戌	己亥	庚子	辛丑	壬寅	癸卯	甲辰	乙巳	丙午	丁未	戊申	己酉	庚戌	辛亥	壬子	癸丑	甲寅	乙卯	丙辰	丁巳	戊午	己未	庚申	辛酉	壬戌	癸亥	甲子
납음		山下火		平地木		壁上土		金箔金		覆燈火		天河水		大驛土		釵釧金		桑柘木		大溪水		沙中土		天上火		石榴木		大海水		
음력 (09/25 ~ 10/25)	25	26	27	28	29	10/1	2	3	4	5	6	7	8	9	10	11	12	13	14	15	16	17	18	19	20	21	22	23	24	25
구성	2	1	9	8	7	6	5	4	3	2	1	9	8	7	6	5	4	3	2	1	9	8	7	6	5	4	3	2	1	1
대운 남	8	8	9	9	9	10	입	1	1	1	1	2	2	2	3	3	3	4	4	4	5	소	5	6	6	6	7	7	7	8
대운 여	2	2	1	1	1	1	동	10	9	9	9	8	8	8	7	7	7	6	6	6	5	설	5	4	4	4	3	3	3	2

대설 7일 05시 13분 【음11월】 ➡ 【丙子月(병자월)】 ☯七赤星 동지 21일 23시 13분

양력 12월	1	2	3	4	5	6	7	8	9	10	11	12	13	14	15	16	17	18	19	20	21	22	23	24	25	26	27	28	29	30	31
요일	토	일	월	화	수	목	금	토	일	월	화	수	목	금	토	일	월	화	수	목	금	토	일	월	화	수	목	금	토	일	월
일진 日辰	乙丑	丙寅	丁卯	戊辰	己巳	庚午	辛未	壬申	癸酉	甲戌	乙亥	丙子	丁丑	戊寅	己卯	庚辰	辛巳	壬午	癸未	甲申	乙酉	丙戌	丁亥	戊子	己丑	庚寅	辛卯	壬辰	癸巳	甲午	乙未
납음		爐中火		大林木		路傍土		劍鋒金		山頭火		澗下水		城頭土		白臘金		楊柳木		井中水		屋上土		霹靂火		松柏木		長流水		沙中金	
음력 (10/26 ~ 11/27)	26	27	28	29	11/1	2	3	4	5	6	7	8	9	10	11	12	13	14	15	16	17	18	19	20	21	22	23	24	25	26	27
구성	2	3	4	5	6	7	8	9	1	2	3	4	5	6	7	8	9	1	2	3	4	5	6	7	8	9	1	2	3	4	5
대운 남	8	8	9	9	9	10	대	1	1	1	1	2	2	2	3	3	3	4	4	4	동	5	5	6	6	6	7	7	7	8	8
대운 여	2	2	1	1	1	1	설	9	9	9	8	8	8	7	7	7	6	6	6	5	지	5	4	4	4	3	3	3	2	2	2

단기 4363 年	**2030년**	下元·**庚戌年** 납음(釵釧金),본명성(六白金)
불기 2574 年		대장군(午남방), 삼살(북방), 상문(子북방),조객(申서남방), 납음(차천금),【삼재(신,유,술)년】 臘享(납향):2031년1월19일(음12/06)

소한 5일 16시 29분 【음12월】 ➡ 【丁丑月(정축월)】 ☯六白星 대한 20일 09시 53분

	양력	1	2	3	4	5	6	7	8	9	10	11	12	13	14	15	16	17	18	19	20	21	22	23	24	25	26	27	28	29	30	31
양력	요일	화	수	목	금	토	일	월	화	수	목	금	토	일	월	화	수	목	금	토	일	월	화	수	목	금	토	일	월	화	수	목
1월	일진 日辰	丙申	丁酉	戊戌	己亥	庚子	辛丑	壬寅	癸卯	甲辰	乙巳	丙午	丁未	戊申	己酉	庚戌	辛亥	壬子	癸丑	甲寅	乙卯	丙辰	丁巳	戊午	己未	庚申	辛酉	壬戌	癸亥	甲子	乙丑	丙寅
음력	납음	山下火		平地木		壁上土		金箔金		覆燈火		天河水		大驛土		釵釧金		桑柘木		大溪水		沙中土		天上火		石榴木		大海水		海中金		
11/28	음력	28	29	30	12/1	2	3	4	5	6	7	8	9	10	11	12	13	14	15	16	17	18	19	20	21	22	23	24	25	26	27	28
I	구성	6	7	8	9	1	2	3	4	5	6	7	8	9	1	2	3	4	5	6	7	8	9	1	2	3	4	5	6	7	8	9
12/28	대운 남	8	9	9	9	소	1	1	1	1	2	2	2	3	3	3	4	4	4	5	대	5	6	6	6	7	7	7	8	8	8	9
	대운 여	1	1	1	1	한	10	9	9	9	8	8	8	7	7	7	6	6	6	5	한	5	4	4	4	3	3	3	2	2	2	1

입춘 4일 04시 07분 【음1월】 ➡ 【戊寅月(무인월)】 ☯五黃星 우수 18일 23시 59분

	양력	1	2	3	4	5	6	7	8	9	10	11	12	13	14	15	16	17	18	19	20	21	22	23	24	25	26	27	28
양력	요일	금	토	일	월	화	수	목	금	토	일	월	화	수	목	금	토	일	월	화	수	목	금	토	일	월	화	수	목
2월	일진 日辰	丁卯	戊辰	己巳	庚午	辛未	壬申	癸酉	甲戌	乙亥	丙子	丁丑	戊寅	己卯	庚辰	辛巳	壬午	癸未	甲申	乙酉	丙戌	丁亥	戊子	己丑	庚寅	辛卯	壬辰	癸巳	甲午
음력	납음		大林木		路傍土		劍鋒金		山頭火		澗下水		城頭土		白臘金		楊柳木		井中水		屋上土		霹靂火		松柏木		長流水		
12/29	음력	29	30	1/1	2	3	4	5	6	7	8	9	10	11	12	13	14	15	16	17	18	19	20	21	22	23	24	25	26
I	구성	1	2	3	4	5	6	7	8	9	1	2	3	4	5	6	7	8	9	1	2	3	4	5	6	7	8	9	1
01/26	대운 남	9	9	10	입	9	9	9	8	8	8	7	7	7	6	6	6	5	우	5	4	4	4	3	3	3	2	2	2
	대운 여	1	1	1	춘	1	1	1	1	2	2	2	3	3	3	4	4	4	수	5	5	6	6	6	7	7	7	8	8

庚戌年

경칩 5일 22시 02분 【음2월】 ➡ 【己卯月(기묘월)】 ☯四綠星 춘분 20일 22시 51분

	양력	1	2	3	4	5	6	7	8	9	10	11	12	13	14	15	16	17	18	19	20	21	22	23	24	25	26	27	28	29	30	31
양력	요일	금	토	일	월	화	수	목	금	토	일	월	화	수	목	금	토	일	월	화	수	목	금	토	일	월	화	수	목	금	토	일
3월	일진 日辰	乙未	丙申	丁酉	戊戌	己亥	庚子	辛丑	壬寅	癸卯	甲辰	乙巳	丙午	丁未	戊申	己酉	庚戌	辛亥	壬子	癸丑	甲寅	乙卯	丙辰	丁巳	戊午	己未	庚申	辛酉	壬戌	癸亥	甲子	乙丑
음력	납음		山下火		平地木		壁上土		金箔金		覆燈火		天河水		大驛土		釵釧金		桑柘木		大溪水		沙中土		天上火		石榴木		大海水		海中金	
01/27	음력	27	28	29	2/1	2	3	4	5	6	7	8	9	10	11	12	13	14	15	16	17	18	19	20	21	22	23	24	25	26	27	28
I	구성	2	3	4	5	6	7	8	9	1	2	3	4	5	6	7	8	9	1	2	3	4	5	6	7	8	9	1	2	3	4	5
02/28	대운 남	1	1	1	1	경	10	10	9	9	9	8	8	8	7	7	7	6	6	6	춘	5	5	4	4	4	3	3	3	2	2	2
	대운 여	8	9	9	9	칩	1	1	1	1	2	2	2	3	3	3	4	4	4	5	분	5	6	6	6	7	7	7	8	8	8	9

청명 5일 02시 40분 【음3월】 ➡ 【庚辰月(경진월)】 ☯三碧星 곡우 20일 09시 42분

	양력	1	2	3	4	5	6	7	8	9	10	11	12	13	14	15	16	17	18	19	20	21	22	23	24	25	26	27	28	29	30
양력	요일	월	화	수	목	금	토	일	월	화	수	목	금	토	일	월	화	수	목	금	토	일	월	화	수	목	금	토	일	월	화
4월	일진 日辰	丙寅	丁卯	戊辰	己巳	庚午	辛未	壬申	癸酉	甲戌	乙亥	丙子	丁丑	戊寅	己卯	庚辰	辛巳	壬午	癸未	甲申	乙酉	丙戌	丁亥	戊子	己丑	庚寅	辛卯	壬辰	癸巳	甲午	乙未
음력	납음	爐中火		大林木		路傍土		劍鋒金		山頭火		澗下水		城頭土		白臘金		楊柳木		井中水		屋上土		霹靂火		松柏木		長流水		沙中金	
02/29	음력	29	30	3/1	2	3	4	5	6	7	8	9	10	11	12	13	14	15	16	17	18	19	20	21	22	23	24	25	26	27	28
I	구성	6	7	8	9	1	2	3	4	5	6	7	8	9	1	2	3	4	5	6	7	8	9	1	2	3	4	5	6	7	8
03/28	대운 남	1	1	1	1	청	10	9	9	9	8	8	8	7	7	7	6	6	6	5	곡	5	4	4	4	3	3	3	2	2	2
	대운 여	9	9	10	10	명	1	1	1	1	2	2	2	3	3	3	4	4	4	5	우	5	6	6	6	7	7	7	8	8	8

입하 5일 19시 45분 【음4월】 ➡ 【辛巳月(신사월)】 ☯二黑星 소만 21일 08시 40분

	양력	1	2	3	4	5	6	7	8	9	10	11	12	13	14	15	16	17	18	19	20	21	22	23	24	25	26	27	28	29	30	31
양력	요일	수	목	금	토	일	월	화	수	목	금	토	일	월	화	수	목	금	토	일	월	화	수	목	금	토	일	월	화	수	목	금
5월	일진 日辰	丙申	丁酉	戊戌	己亥	庚子	辛丑	壬寅	癸卯	甲辰	乙巳	丙午	丁未	戊申	己酉	庚戌	辛亥	壬子	癸丑	甲寅	乙卯	丙辰	丁巳	戊午	己未	庚申	辛酉	壬戌	癸亥	甲子	乙丑	丙寅
음력	납음	山下火		平地木		壁上土		金箔金		覆燈火		天河水		大驛土		釵釧金		桑柘木		大溪水		沙中土		天上火		石榴木		大海水		海中金		
03/29	음력	29	4/1	2	3	4	5	6	7	8	9	10	11	12	13	14	15	16	17	18	19	20	21	22	23	24	25	26	27	28	29	30
I	구성	9	1	2	3	4	5	6	7	8	9	1	2	3	4	5	6	7	8	9	1	2	3	4	5	6	7	8	9	9	8	7
04/30	대운 남	1	1	1	1	입	10	10	9	9	9	8	8	8	7	7	7	6	6	6	5	소	5	4	4	4	3	3	3	2	2	2
	대운 여	9	9	9	10	하	1	1	1	1	2	2	2	3	3	3	4	4	4	5	5	만	6	6	6	7	7	7	8	8	8	9

망종 5일 23시 43분 【음5월】 ➡ 【壬午月(임오월)】 ☯一白星 하지 21일 16시 30분

	양력	1	2	3	4	5	6	7	8	9	10	11	12	13	14	15	16	17	18	19	20	21	22	23	24	25	26	27	28	29	30
양력	요일	토	일	월	화	수	목	금	토	일	월	화	수	목	금	토	일	월	화	수	목	금	토	일	월	화	수	목	금	토	일
6월	일진 日辰	丁卯	戊辰	己巳	庚午	辛未	壬申	癸酉	甲戌	乙亥	丙子	丁丑	戊寅	己卯	庚辰	辛巳	壬午	癸未	甲申	乙酉	丙戌	丁亥	戊子	己丑	庚寅	辛卯	壬辰	癸巳	甲午	乙未	丙申
음력	납음		大林木		路傍土		劍鋒金		山頭火		澗下水		城頭土		白臘金		楊柳木		井中水		屋上土		霹靂火		松柏木		長流水		沙中金		
05/01	음력	5/1	2	3	4	5	6	7	8	9	10	11	12	13	14	15	16	17	18	19	20	21	22	23	24	25	26	27	28	29	30
I	구성	6	5	4	3	2	1	9	8	7	6	5	4	3	2	1	9	8	7	6	5	4	3	2	1	9	8	7	6	5	4
05/30	대운 남	1	1	1	1	망	10	10	10	9	9	9	8	8	8	7	7	7	6	6	6	하	5	5	4	4	4	3	3	3	2
	대운 여	9	9	10	10	종	1	1	1	1	2	2	2	3	3	3	4	4	4	5	5	지	6	6	6	7	7	7	8	8	8

한식(4월05일), 초복(7월14일), 중복(7월24일), 말복(8월13일) ☂춘사(春社)3/24 ☀추사(秋社)9/20
토왕지절(土旺之節):4월17일,7월19일,10월20일,1월17일(음12/04)臘享(납향):2031년1월19일(음12/06)

三日得辛, 十二龍治水, 2030년 경술年 (차천금), 육백금

5黃	1白	3碧
4綠	6白	8白
9紫	2黑	7赤

2030 庚戌年

소서 7일 09시 54분 【음6월】➡ 【癸未月(계미월)】 ☯九紫星 대서 23일 03시 24분

양력 7월 / 음력 06/01~07/02	1	2	3	4	5	6	7	8	9	10	11	12	13	14	15	16	17	18	19	20	21	22	23	24	25	26	27	28	29	30	31
요일	월	화	수	목	금	토	일	월	화	수	목	금	토	일	월	화	수	목	금	토	일	월	화	수	목	금	토	일	월	화	수
일진 日辰	丁酉	戊戌	己亥	庚子	辛丑	壬寅	癸卯	甲辰	乙巳	丙午	丁未	戊申	己酉	庚戌	辛亥	壬子	癸丑	甲寅	乙卯	丙辰	丁巳	戊午	己未	庚申	辛酉	壬戌	癸亥	甲子	乙丑	丙寅	丁卯
납음		平地木		壁上土		金箔金		覆燈火		天河水		大驛土		釵釧金		桑柘木		大溪水		沙中土		天上火		石榴木		大海水		海中金		爐中火	
음력	6/1	2	3	4	5	6	7	8	9	10	11	12	13	14	15	16	17	18	19	20	21	22	23	24	25	26	27	28	29	7/1	2
구성	3	2	1	9	8	7	6	5	4	3	2	1	9	8	7	6	5	4	3	2	1	9	8	7	6	5	4	3	2	1	9
대운 남	2	2	1	1	1	1	소	10	10	9	9	9	8	8	8	7	7	7	6	6	6	5	대	5	4	4	4	3	3	3	2
대운 여	9	9	9	10	10	10	서	1	1	1	1	2	2	2	3	3	3	4	4	4	5	5	서	6	6	6	7	7	7	8	8

입추 7일 19시 46분 【음7월】➡ 【甲申月(갑신월)】 ☯八白星 처서 23일 10시 35분

양력 8월 / 음력 07/03~08/03	1	2	3	4	5	6	7	8	9	10	11	12	13	14	15	16	17	18	19	20	21	22	23	24	25	26	27	28	29	30	31
요일	목	금	토	일	월	화	수	목	금	토	일	월	화	수	목	금	토	일	월	화	수	목	금	토	일	월	화	수	목	금	토
일진 日辰	戊辰	己巳	庚午	辛未	壬申	癸酉	甲戌	乙亥	丙子	丁丑	戊寅	己卯	庚辰	辛巳	壬午	癸未	甲申	乙酉	丙戌	丁亥	戊子	己丑	庚寅	辛卯	壬辰	癸巳	甲午	乙未	丙申	丁酉	戊戌
납음	大林木		路傍土		劍鋒金		山頭火		澗下水		城頭土		白臘金		楊柳木		井中水		屋上土		霹靂火		松柏木		長流水		沙中金		山下火		
음력	3	4	5	6	7	8	9	10	11	12	13	14	15	16	17	18	19	20	21	22	23	24	25	26	27	28	29	30	8/1	2	3
구성	8	7	6	5	4	3	2	1	9	8	7	6	5	4	3	2	1	9	8	7	6	5	4	3	2	1	9	8	7	6	5
대운 남	2	2	1	1	1	1	입	10	10	9	9	9	8	8	8	7	7	7	6	6	6	5	처	5	4	4	4	3	3	3	2
대운 여	8	9	9	9	10	10	추	1	1	1	1	2	2	2	3	3	3	4	4	4	5	5	서	6	6	6	7	7	7	8	8

백로 7일 22시 52분 【음8월】➡ 【乙酉月(을유월)】 ☯七赤星 추분 23일 08시 26분

양력 9월 / 음력 08/04~09/04	1	2	3	4	5	6	7	8	9	10	11	12	13	14	15	16	17	18	19	20	21	22	23	24	25	26	27	28	29	30
요일	일	월	화	수	목	금	토	일	월	화	수	목	금	토	일	월	화	수	목	금	토	일	월	화	수	목	금	토	일	월
일진 日辰	己亥	庚子	辛丑	壬寅	癸卯	甲辰	乙巳	丙午	丁未	戊申	己酉	庚戌	辛亥	壬子	癸丑	甲寅	乙卯	丙辰	丁巳	戊午	己未	庚申	辛酉	壬戌	癸亥	甲子	乙丑	丙寅	丁卯	戊辰
납음		壁上土		金箔金		覆燈火		天河水		大驛土		釵釧金		桑柘木		大溪水		沙中土		天上火		石榴木		大海水		海中金		爐中火		
음력	4	5	6	7	8	9	10	11	12	13	14	15	16	17	18	19	20	21	22	23	24	25	26	27	28	29	9/1	2	3	4
구성	4	3	2	1	9	8	7	6	5	4	3	2	1	9	8	7	6	5	4	3	2	1	9	8	7	6	5	4	3	2
대운 남	2	2	1	1	1	1	백	10	10	9	9	9	8	8	8	7	7	7	6	6	6	5	추	5	4	4	4	3	3	3
대운 여	8	9	9	9	10	10	로	1	1	1	1	2	2	2	3	3	3	4	4	4	5	5	분	6	6	6	7	7	7	8

한로 8일 14시 44분 【음9월】➡ 【丙戌月(병술월)】 ☯六白星 상강 23일 17시 59분

양력 10월 / 음력 09/05~10/05	1	2	3	4	5	6	7	8	9	10	11	12	13	14	15	16	17	18	19	20	21	22	23	24	25	26	27	28	29	30	31
요일	화	수	목	금	토	일	월	화	수	목	금	토	일	월	화	수	목	금	토	일	월	화	수	목	금	토	일	월	화	수	목
일진 日辰	己巳	庚午	辛未	壬申	癸酉	甲戌	乙亥	丙子	丁丑	戊寅	己卯	庚辰	辛巳	壬午	癸未	甲申	乙酉	丙戌	丁亥	戊子	己丑	庚寅	辛卯	壬辰	癸巳	甲午	乙未	丙申	丁酉	戊戌	己亥
납음		路傍土		劍鋒金		山頭火		澗下水		城頭土		白臘金		楊柳木		井中水		屋上土		霹靂火		松柏木		長流水		沙中金		山下火		平地木	
음력	5	6	7	8	9	10	11	12	13	14	15	16	17	18	19	20	21	22	23	24	25	26	27	28	29	30	10/1	2	3	4	5
구성	1	9	8	7	6	5	4	3	2	1	9	8	7	6	5	4	3	2	1	9	8	7	6	5	4	3	2	1	9	8	7
대운 남	2	2	2	1	1	1	1	한	10	9	9	9	8	8	8	7	7	7	6	6	6	5	상	5	4	4	4	3	3	3	2
대운 여	8	8	9	9	9	10	10	로	1	1	1	1	2	2	2	3	3	3	4	4	4	5	강	5	6	6	6	7	7	7	8

입동 7일 18시 07분 【음10월】➡ 【丁亥月(정해월)】 ☯五黃星 소설 22일 15시 43분

양력 11월 / 음력 10/06~11/06	1	2	3	4	5	6	7	8	9	10	11	12	13	14	15	16	17	18	19	20	21	22	23	24	25	26	27	28	29	30
요일	금	토	일	월	화	수	목	금	토	일	월	화	수	목	금	토	일	월	화	수	목	금	토	일	월	화	수	목	금	토
일진 日辰	庚子	辛丑	壬寅	癸卯	甲辰	乙巳	丙午	丁未	戊申	己酉	庚戌	辛亥	壬子	癸丑	甲寅	乙卯	丙辰	丁巳	戊午	己未	庚申	辛酉	壬戌	癸亥	甲子	乙丑	丙寅	丁卯	戊辰	己巳
납음	壁上土		金箔金		覆燈火		天河水		大驛土		釵釧金		桑柘木		大溪水		沙中土		天上火		石榴木		大海水		海中金		爐中火		大林木	
음력	6	7	8	9	10	11	12	13	14	15	16	17	18	19	20	21	22	23	24	25	26	27	28	29	11/1	2	3	4	5	6
구성	6	5	4	3	2	1	9	8	7	6	5	4	3	2	1	9	8	7	6	5	4	3	2	1	1	2	3	4	5	6
대운 남	2	2	1	1	1	1	입	10	9	9	9	8	8	8	7	7	7	6	6	6	5	소	5	4	4	4	3	3	3	2
대운 여	8	8	9	9	9	10	동	1	1	1	1	2	2	2	3	3	3	4	4	4	5	설	5	6	6	6	7	7	7	8

대설 7일 11시 06분 【음11월】➡ 【戊子月(무자월)】 ☯四綠星 동지 22일 05시 08분

양력 12월 / 음력 11/07~12/07	1	2	3	4	5	6	7	8	9	10	11	12	13	14	15	16	17	18	19	20	21	22	23	24	25	26	27	28	29	30	31
요일	일	월	화	수	목	금	토	일	월	화	수	목	금	토	일	월	화	수	목	금	토	일	월	화	수	목	금	토	일	월	화
일진 日辰	庚午	辛未	壬申	癸酉	甲戌	乙亥	丙子	丁丑	戊寅	己卯	庚辰	辛巳	壬午	癸未	甲申	乙酉	丙戌	丁亥	戊子	己丑	庚寅	辛卯	壬辰	癸巳	甲午	乙未	丙申	丁酉	戊戌	己亥	庚子
납음	路傍土		劍鋒金		山頭火		澗下水		城頭土		白臘金		楊柳木		井中水		屋上土		霹靂火		松柏木		長流水		沙中金		山下火		平地木		
음력	7	8	9	10	11	12	13	14	15	16	17	18	19	20	21	22	23	24	25	26	27	28	29	30	12/1	2	3	4	5	6	7
구성	7	8	9	1	2	3	4	5	6	7	8	9	1	2	3	4	5	6	7	8	9	1	2	3	4	5	6	7	8	9	1
대운 남	2	2	1	1	1	1	대	9	9	9	8	8	8	7	7	7	6	6	6	5	5	동	4	4	4	3	3	3	2	2	2
대운 여	8	8	9	9	9	10	설	1	1	1	1	2	2	2	3	3	3	4	4	4	5	지	5	6	6	6	7	7	7	8	8

단기 4364 年	2031년
불기 2575 年	

下元 辛亥年 납음(釵釧金),본명성(五黃土)

대장군(酉서방). 삼살(酉서방), 상문(丑동북방),조객(酉서방), 납음(차천금), 【삼재(사,오,미)년】 臘享(납향):2031년1월26일(음12/014)

돼지

소한 5일 22시 22분 【음12월】 ➡ 【己丑月(기축월)】 ☯三碧星 대한 20일 15시 47분

양력 1월	양력	1	2	3	4	5	6	7	8	9	10	11	12	13	14	15	16	17	18	19	20	21	22	23	24	25	26	27	28	29	30	31
	요일	수	목	금	토	일	월	화	수	목	금	토	일	월	화	수	목	금	토	일	월	화	수	목	금	토	일	월	화	수	목	금
	일진 日辰	辛丑	壬寅	癸卯	甲辰	乙巳	丙午	丁未	戊申	己酉	庚戌	辛亥	壬子	癸丑	甲寅	乙卯	丙辰	丁巳	戊午	己未	庚申	辛酉	壬戌	癸亥	甲子	乙丑	丙寅	丁卯	戊辰	己巳	庚午	辛未
음력 12/08 ▮ 01/09	납음		金箔金		覆燈火		天河水		大驛土		釵釧金		桑柘木		大溪水		沙中土		天上火		石榴木		大海水		海中金		爐中火		大林木		路傍土	
	음력	13	14	15	16	17	18	19	20	21	22	23	24	25	26	27	28	29	30	12/1	2	3	4	5	6	7	8	9	10	11	12	13
	구성	8	7	6	5	4	3	2	1	1	2	3	4	5	6	7	8	9	1	2	3	4	5	6	7	8	9	1	2	3	4	5
대운	남	2	1	1	1	1	소	10	9	9	9	8	8	8	7	7	7	6	6	6	5	대	5	4	4	4	3	3	3	2	2	2
	여	8	8	9	9	9	한	1	1	1	1	2	2	2	3	3	3	4	4	4	5	한	5	6	6	6	7	7	7	8	8	8

입춘 4일 09시 57분 【음1월】 ➡ 【庚寅月(경인월)】 ☯二黑星 우수 19일 05시 50분

양력 2월	양력	1	2	3	4	5	6	7	8	9	10	11	12	13	14	15	16	17	18	19	20	21	22	23	24	25	26	27	28
	요일	토	일	월	화	수	목	금	토	일	월	화	수	목	금	토	일	월	화	수	목	금	토	일	월	화	수	목	금
	일진 日辰	壬申	癸酉	甲戌	乙亥	丙子	丁丑	戊寅	己卯	庚辰	辛巳	壬午	癸未	甲申	乙酉	丙戌	丁亥	戊子	己丑	庚寅	辛卯	壬辰	癸巳	甲午	乙未	丙申	丁酉	戊戌	己亥
음력 01/10 ▮ 02/07	납음	劍鋒金		山頭火		澗下水		城頭土		白臘金		楊柳木		井中水		屋上土		霹靂火		松柏木		長流水		沙中金		山下火		平地木	
	음력	10	11	12	13	14	15	16	17	18	19	20	21	22	23	24	25	26	27	28	29	30	2/1	2	3	4	5	6	7
	구성	6	7	8	9	1	2	3	4	5	6	7	8	9	1	2	3	4	5	6	7	8	9	1	2	3	4	5	6
대운	남	1	1	1	입	1	1	1	1	2	2	2	3	3	3	4	4	4	5	우	5	6	6	6	7	7	7	8	8
	여	9	9	10	춘	10	9	9	9	8	8	8	7	7	7	6	6	6	5	수	5	4	4	4	3	3	3	2	2

辛亥年

경칩 6일 03시 50분 【음2월】 ➡ 【辛卯月(신묘월)】 ☯一白星 춘분 21일 04시 40분

양력 3월	양력	1	2	3	4	5	6	7	8	9	10	11	12	13	14	15	16	17	18	19	20	21	22	23	24	25	26	27	28	29	30	31
	요일	토	일	월	화	수	목	금	토	일	월	화	수	목	금	토	일	월	화	수	목	금	토	일	월	화	수	목	금	토	일	월
	일진 日辰	庚子	辛丑	壬寅	癸卯	甲辰	乙巳	丙午	丁未	戊申	己酉	庚戌	辛亥	壬子	癸丑	甲寅	乙卯	丙辰	丁巳	戊午	己未	庚申	辛酉	壬戌	癸亥	甲子	乙丑	丙寅	丁卯	戊辰	己巳	庚午
음력 02/08 ▮ 03/09	납음	壁上土		金箔金		覆燈火		天河水		大驛土		釵釧金		桑柘木		大溪水		沙中土		天上火		石榴木		大海水		海中金		爐中火		大林木		
	음력	8	9	10	11	12	13	14	15	16	17	18	19	20	21	22	23	24	25	26	27	28	29	3/1	2	3	4	5	6	7	8	9
	구성	7	8	9	1	2	3	4	5	6	7	8	9	1	2	3	4	5	6	7	8	9	1	2	3	4	5	6	7	8	9	1
대운	남	8	9	9	9	10	경	1	1	1	1	2	2	2	3	3	3	4	4	4	5	춘	5	6	6	6	7	7	7	8	8	8
	여	2	1	1	1	1	칩	10	9	9	9	8	8	8	7	7	7	6	6	6	5	분	5	4	4	4	3	3	3	2	2	2

청명 5일 08시 27분 【음3월】 ➡ 【壬辰月(임진월)】 ☯九紫星 곡우 20일 15시 30분

양력 4월	양력	1	2	3	4	5	6	7	8	9	10	11	12	13	14	15	16	17	18	19	20	21	22	23	24	25	26	27	28	29	30
	요일	화	수	목	금	토	일	월	화	수	목	금	토	일	월	화	수	목	금	토	일	월	화	수	목	금	토	일	월	화	수
	일진 日辰	辛未	壬申	癸酉	甲戌	乙亥	丙子	丁丑	戊寅	己卯	庚辰	辛巳	壬午	癸未	甲申	乙酉	丙戌	丁亥	戊子	己丑	庚寅	辛卯	壬辰	癸巳	甲午	乙未	丙申	丁酉	戊戌	己亥	庚子
음력 03/10 ▮ 윤309	납음		劍鋒金		山頭火		澗下水		城頭土		白臘金		楊柳木		井中水		屋上土		霹靂火		松柏木		長流水		沙中金		山下火		平地木		
	음력	10	11	12	13	14	15	16	17	18	19	20	21	22	23	24	25	26	27	28	29	30	윤3	2	3	4	5	6	7	8	9
	구성	2	3	4	5	6	7	8	9	1	2	3	4	5	6	7	8	9	1	2	3	4	5	6	7	8	9	1	2	3	4
대운	남	9	9	9	10	청	1	1	1	1	2	2	2	3	3	3	4	4	4	5	곡	5	6	6	6	7	7	7	8	8	8
	여	1	1	1	1	명	10	10	9	9	9	8	8	8	7	7	7	6	6	6	우	5	5	4	4	4	3	3	3	2	2

입하 6일 01시 34분 【음4월】 ➡ 【癸巳月(계사월)】 ☯八白星 소만 21일 14시 27분

양력 5월	양력	1	2	3	4	5	6	7	8	9	10	11	12	13	14	15	16	17	18	19	20	21	22	23	24	25	26	27	28	29	30	31
	요일	목	금	토	일	월	화	수	목	금	토	일	월	화	수	목	금	토	일	월	화	수	목	금	토	일	월	화	수	목	금	토
	일진 日辰	辛丑	壬寅	癸卯	甲辰	乙巳	丙午	丁未	戊申	己酉	庚戌	辛亥	壬子	癸丑	甲寅	乙卯	丙辰	丁巳	戊午	己未	庚申	辛酉	壬戌	癸亥	甲子	乙丑	丙寅	丁卯	戊辰	己巳	庚午	辛未
음력 윤310 ▮ 04/11	납음		金箔金		覆燈火		天河水		大驛土		釵釧金		桑柘木		大溪水		沙中土		天上火		石榴木		大海水		海中金		爐中火		大林木		路傍土	
	음력	10	11	12	13	14	15	16	17	18	19	20	21	22	23	24	25	26	27	28	29	4/1	2	3	4	5	6	7	8	9	10	11
	구성	5	6	7	8	9	1	2	3	4	5	6	7	8	9	1	2	3	4	5	6	7	8	9	9	8	7	6	5	4	3	2
대운	남	9	9	9	10	10	입	1	1	1	1	2	2	2	3	3	3	4	4	4	5	소	5	6	6	6	7	7	7	8	8	8
	여	2	1	1	1	1	하	10	10	9	9	9	8	8	8	7	7	7	6	6	6	만	5	5	4	4	4	3	3	3	2	2

망종 6일 05시 34분 【음5월】 ➡ 【甲午月(갑오월)】 ☯七赤星 하지 21일 22시 16분

양력 6월	양력	1	2	3	4	5	6	7	8	9	10	11	12	13	14	15	16	17	18	19	20	21	22	23	24	25	26	27	28	29	30
	요일	일	월	화	수	목	금	토	일	월	화	수	목	금	토	일	월	화	수	목	금	토	일	월	화	수	목	금	토	일	월
	일진 日辰	壬申	癸酉	甲戌	乙亥	丙子	丁丑	戊寅	己卯	庚辰	辛巳	壬午	癸未	甲申	乙酉	丙戌	丁亥	戊子	己丑	庚寅	辛卯	壬辰	癸巳	甲午	乙未	丙申	丁酉	戊戌	己亥	庚子	辛丑
음력 04/12 ▮ 05/11	납음	劍鋒金		山頭火		澗下水		城頭土		白臘金		楊柳木		井中水		屋上土		霹靂火		松柏木		長流水		沙中金		山下火		平地木		壁上土	
	음력	12	13	14	15	16	17	18	19	20	21	22	23	24	25	26	27	28	29	30	5/1	2	3	4	5	6	7	8	9	10	11
	구성	1	9	8	7	6	5	4	3	2	1	9	8	7	6	5	4	3	2	1	9	8	7	6	5	4	3	2	1	9	8
대운	남	9	9	9	10	10	망	1	1	1	1	2	2	2	3	3	3	4	4	4	5	하	5	6	6	6	7	7	7	8	8
	여	2	1	1	1	1	종	10	10	9	9	9	8	8	8	7	7	7	6	6	6	지	5	5	4	4	4	3	3	3	2

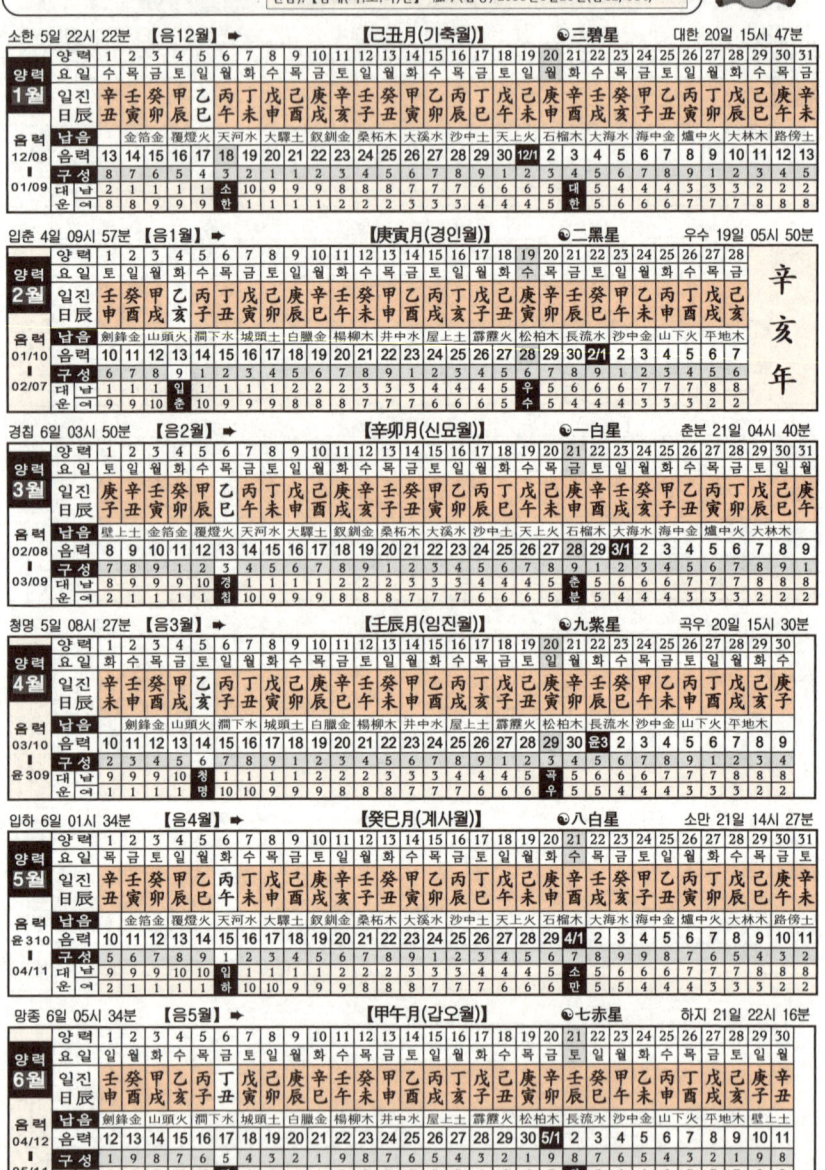

한식(4월06일), 초복(7월19일), 중복(7월29일), 말복(8월08일) ☂춘사(春社)3/19 ☀추사(秋社)9/25
토왕지절(土旺之節):4월17일,7월20일,10월20일,1월17일(음12/05)臘享(납향):2032년1월26일(음12/014)

九日得辛, 六龍治水, 2031년 신해年 (차천금), 오황토

4綠	9紫	2黑
3碧	5黃	7赤
8白	1白	6白

2031 辛亥年

소서 7일 15시 48분 【음6월】➡ 【乙未月(을미월)】 ☯六白星 대서 23일 09시 09분

양력 7월 / 음력 05/12 ~ 06/13

양력	1	2	3	4	5	6	7	8	9	10	11	12	13	14	15	16	17	18	19	20	21	22	23	24	25	26	27	28	29	30	31
요일	화	수	목	금	토	일	월	화	수	목	금	토	일	월	화	수	목	금	토	일	월	화	수	목	금	토	일	월	화	수	목
일진 日辰	壬寅	癸卯	甲辰	乙巳	丙午	丁未	戊申	己酉	庚戌	辛亥	壬子	癸丑	甲寅	乙卯	丙辰	丁巳	戊午	己未	庚申	辛酉	壬戌	癸亥	甲子	乙丑	丙寅	丁卯	戊辰	己巳	庚午	辛未	壬申
납음	金箔金		覆燈火		天河水		大驛土		釵釧金		桑柘木		大溪水		沙中土		天上火		石榴木		大海水		海中金		爐中火		大林木		路傍土		
음력	12	13	14	15	16	17	18	19	20	21	22	23	24	25	26	27	28	29	6/1	2	3	4	5	6	7	8	9	10	11	12	13
구성	7	6	5	4	3	2	1	9	8	7	6	5	4	3	2	1	9	8	7	6	5	4	3	2	1	9	8	7	6	5	4
대운 남	8	9	9	9	10	10	소	1	1	1	1	2	2	2	3	3	3	4	4	4	5	5	대	6	6	6	7	7	7	8	8
대운 여	2	2	1	1	1	1	서	10	10	10	9	9	9	8	8	8	7	7	7	6	6	6	서	5	5	4	4	4	3	3	3

입추 8일 01시 42분 【음7월】➡ 【丙申月(병신월)】 ☯五黃星 처서 23일 16시 22분

양력 8월 / 음력 06/14 ~ 07/14

양력	1	2	3	4	5	6	7	8	9	10	11	12	13	14	15	16	17	18	19	20	21	22	23	24	25	26	27	28	29	30	31
요일	금	토	일	월	화	수	목	금	토	일	월	화	수	목	금	토	일	월	화	수	목	금	토	일	월	화	수	목	금	토	일
일진 日辰	癸酉	甲戌	乙亥	丙子	丁丑	戊寅	己卯	庚辰	辛巳	壬午	癸未	甲申	乙酉	丙戌	丁亥	戊子	己丑	庚寅	辛卯	壬辰	癸巳	甲午	乙未	丙申	丁酉	戊戌	己亥	庚子	辛丑	壬寅	癸卯
납음		山頭火		澗下水		城頭土		白臘金		楊柳木		井中水		屋上土		霹靂火		松柏木		長流水		沙中金		山下火		平地木		壁上土		金箔金	
음력	14	15	16	17	18	19	20	21	22	23	24	25	26	27	28	29	30	7/1	2	3	4	5	6	7	8	9	10	11	12	13	14
구성	3	2	1	9	8	7	6	5	4	3	2	1	9	8	7	6	5	4	3	2	1	9	8	7	6	5	4	3	2	1	9
대운 남	8	9	9	9	10	10	10	입	1	1	1	1	2	2	2	3	3	3	4	4	4	5	처	5	6	6	6	7	7	7	8
대운 여	2	2	2	1	1	1	1	추	10	10	9	9	9	8	8	8	7	7	7	6	6	6	서	5	5	4	4	4	3	3	3

백로 8일 04시 49분 【음8월】➡ 【丁酉月(정유월)】 ☯四綠星 추분 23일 14시 14분

양력 9월 / 음력 07/15 ~ 08/14

양력	1	2	3	4	5	6	7	8	9	10	11	12	13	14	15	16	17	18	19	20	21	22	23	24	25	26	27	28	29	30
요일	월	화	수	목	금	토	일	월	화	수	목	금	토	일	월	화	수	목	금	토	일	월	화	수	목	금	토	일	월	화
일진 日辰	甲辰	乙巳	丙午	丁未	戊申	己酉	庚戌	辛亥	壬子	癸丑	甲寅	乙卯	丙辰	丁巳	戊午	己未	庚申	辛酉	壬戌	癸亥	甲子	乙丑	丙寅	丁卯	戊辰	己巳	庚午	辛未	壬申	癸酉
납음	覆燈火		天河水		大驛土		釵釧金		桑柘木		大溪水		沙中土		天上火		石榴木		大海水		海中金		爐中火		大林木		路傍土		劍鋒金	
음력	15	16	17	18	19	20	21	22	23	24	25	26	27	28	29	30	8/1	2	3	4	5	6	7	8	9	10	11	12	13	14
구성	8	7	6	5	4	3	2	1	9	8	7	6	5	4	3	2	1	9	8	7	6	5	4	3	2	1	9	8	7	6
대운 남	8	8	9	9	9	10	10	백	1	1	1	1	2	2	2	3	3	3	4	4	4	5	추	5	6	6	6	7	7	7
대운 여	2	2	2	1	1	1	1	로	10	9	9	9	8	8	8	7	7	7	6	6	6	5	분	5	4	4	4	3	3	3

한로 8일 20시 42분 【음9월】➡ 【戊戌月(무술월)】 ☯三碧星 상강 23일 23시 48분

양력 10월 / 음력 08/15 ~ 09/16

양력	1	2	3	4	5	6	7	8	9	10	11	12	13	14	15	16	17	18	19	20	21	22	23	24	25	26	27	28	29	30	31
요일	수	목	금	토	일	월	화	수	목	금	토	일	월	화	수	목	금	토	일	월	화	수	목	금	토	일	월	화	수	목	금
일진 日辰	甲戌	乙亥	丙子	丁丑	戊寅	己卯	庚辰	辛巳	壬午	癸未	甲申	乙酉	丙戌	丁亥	戊子	己丑	庚寅	辛卯	壬辰	癸巳	甲午	乙未	丙申	丁酉	戊戌	己亥	庚子	辛丑	壬寅	癸卯	甲辰
납음	山頭火		澗下水		城頭土		白臘金		楊柳木		井中水		屋上土		霹靂火		松柏木		長流水		沙中金		山下火		平地木		壁上土		金箔金		
음력	15	16	17	18	19	20	21	22	23	24	25	26	27	28	29	9/1	2	3	4	5	6	7	8	9	10	11	12	13	14	15	16
구성	5	4	3	2	1	9	8	7	6	5	4	3	2	1	9	8	7	6	5	4	3	2	1	9	8	7	6	5	4	3	2
대운 남	8	8	8	9	9	9	10	한	1	1	1	1	2	2	2	3	3	3	4	4	4	5	상	5	6	6	6	7	7	7	8
대운 여	2	2	2	1	1	1	1	로	10	10	9	9	9	8	8	8	7	7	7	6	6	6	강	5	5	4	4	4	3	3	3

입동 8일 00시 04분 【음10월】➡ 【己亥月(기해월)】 ☯二黑星 소설 22일 21시 31분

양력 11월 / 음력 09/17 ~ 10/16

양력	1	2	3	4	5	6	7	8	9	10	11	12	13	14	15	16	17	18	19	20	21	22	23	24	25	26	27	28	29	30
요일	토	일	월	화	수	목	금	토	일	월	화	수	목	금	토	일	월	화	수	목	금	토	일	월	화	수	목	금	토	일
일진 日辰	乙巳	丙午	丁未	戊申	己酉	庚戌	辛亥	壬子	癸丑	甲寅	乙卯	丙辰	丁巳	戊午	己未	庚申	辛酉	壬戌	癸亥	甲子	乙丑	丙寅	丁卯	戊辰	己巳	庚午	辛未	壬申	癸酉	甲戌
납음		天河水		大驛土		釵釧金		桑柘木		大溪水		沙中土		天上火		石榴木		大海水		海中金		爐中火		大林木		路傍土		劍鋒金		
음력	17	18	19	20	21	22	23	24	25	26	27	28	29	30	10/1	2	3	4	5	6	7	8	9	10	11	12	13	14	15	16
구성	1	9	8	7	6	5	4	3	2	1	9	8	7	6	5	4	3	2	1	9	8	7	6	5	4	3	2	1	9	8
대운 남	8	8	9	9	9	10	10	입	1	1	1	1	2	2	2	3	3	3	4	4	4	소	5	5	6	6	6	7	7	7
대운 여	2	2	2	1	1	1	1	동	9	9	9	8	8	8	7	7	7	6	6	6	5	설	5	4	4	4	3	3	3	2

대설 7일 17시 02분 【음11월】➡ 【庚子月(경자월)】 ☯一白星 동지 22일 10시 54분

양력 12월 / 음력 10/17 ~ 11/18

양력	1	2	3	4	5	6	7	8	9	10	11	12	13	14	15	16	17	18	19	20	21	22	23	24	25	26	27	28	29	30	31
요일	월	화	수	목	금	토	일	월	화	수	목	금	토	일	월	화	수	목	금	토	일	월	화	수	목	금	토	일	월	화	수
일진 日辰	乙亥	丙子	丁丑	戊寅	己卯	庚辰	辛巳	壬午	癸未	甲申	乙酉	丙戌	丁亥	戊子	己丑	庚寅	辛卯	壬辰	癸巳	甲午	乙未	丙申	丁酉	戊戌	己亥	庚子	辛丑	壬寅	癸卯	甲辰	乙巳
납음		澗下水		城頭土		白臘金		楊柳木		井中水		屋上土		霹靂火		松柏木		長流水		沙中金		山下火		平地木		壁上土		金箔金		覆燈火	
음력	17	18	19	20	21	22	23	24	25	26	27	28	29	11/1	2	3	4	5	6	7	8	9	10	11	12	13	14	15	16	17	18
구성	7	6	5	4	3	2	1	9	8	7	6	5	4	3	2	1	9	8	7	7	8	9	1	2	3	4	5	6	7	8	9
대운 남	8	8	8	9	9	9	대	1	1	1	1	2	2	2	3	3	3	4	4	4	5	동	5	6	6	6	7	7	7	8	8
대운 여	2	2	1	1	1	1	설	10	9	9	9	8	8	8	7	7	7	6	6	6	5	지	5	4	4	4	3	3	3	2	2

단기 4365 年 불기 2576 年

2032년 下元 壬子年

납음(桑柘木), 본명성(四綠木)

대장군(酉서방), 삼살(남방), 상문(寅동북방),조객(戌서북방), 납음(상자목), 【삼재(인,묘,진)년】 臘享(납향):2033년1월20일(음12/020)

쥐

소한 6일 04시 15분 【음12월】 ➡ 【辛丑月(신축월)】 ☯九紫星 대한 20일 21시 30분

양력 1월																															
양력	1	2	3	4	5	6	7	8	9	10	11	12	13	14	15	16	17	18	19	20	21	22	23	24	25	26	27	28	29	30	31
요일	목	금	토	일	월	화	수	목	금	토	일	월	화	수	목	금	토	일	월	화	수	목	금	토	일	월	화	수	목	금	토
일진 日辰	丙午	丁未	戊申	己酉	庚戌	辛亥	壬子	癸丑	甲寅	乙卯	丙辰	丁巳	戊午	己未	庚申	辛酉	壬戌	癸亥	甲子	乙丑	丙寅	丁卯	戊辰	己巳	庚午	辛未	壬申	癸酉	甲戌	乙亥	丙子
납음	天河水		大驛土		釵釧金		桑柘木		大溪水		沙中土		天上火		石榴木		大海水		海中金		爐中火		大林木		路傍土		劍鋒金		山頭火		
음력 (11/19 ~ 12/19)	19	20	21	22	23	24	25	26	27	28	29	30	12/1	2	3	4	5	6	7	8	9	10	11	12	13	14	15	16	17	18	19
구성	1	2	3	4	5	6	7	8	9	1	2	3	4	5	6	7	8	9	1	2	3	4	5	6	7	8	9	1	2	3	4
대운 남	8	9	9	9	10	소	1	1	1	1	2	2	2	3	3	3	4	4	4	대	5	5	6	6	6	7	7	7	8	8	8
대운 여	2	1	1	1	1	한	9	9	9	8	8	8	7	7	7	6	6	6	5	한	5	4	4	4	3	3	3	2	2	2	1

입춘 4일 15시 48분 【음1월】 ➡ 【壬寅月(임인월)】 ☯八白星 우수 19일 11시 31분

양력 2월																													
양력	1	2	3	4	5	6	7	8	9	10	11	12	13	14	15	16	17	18	19	20	21	22	23	24	25	26	27	28	29
요일	일	월	화	수	목	금	토	일	월	화	수	목	금	토	일	월	화	수	목	금	토	일	월	화	수	목	금	토	일
일진 日辰	丁丑	戊寅	己卯	庚辰	辛巳	壬午	癸未	甲申	乙酉	丙戌	丁亥	戊子	己丑	庚寅	辛卯	壬辰	癸巳	甲午	乙未	丙申	丁酉	戊戌	己亥	庚子	辛丑	壬寅	癸卯	甲辰	乙巳
납음		城頭土		白臘金		楊柳木		井中水		屋上土		霹靂火		松柏木		長流水		沙中金		山下火		平地木		壁上土		金箔金		覆燈火	
음력 (12/20 ~ 01/19)	20	21	22	23	24	25	26	27	28	29	1/1	2	3	4	5	6	7	8	9	10	11	12	13	14	15	16	17	18	19
구성	5	6	7	8	9	1	2	3	4	5	6	7	8	9	1	2	3	4	5	6	7	8	9	1	2	3	4	5	6
대운 남	9	9	9	입	10	9	9	9	8	8	8	7	7	7	6	6	6	5	우	5	4	4	4	3	3	3	2	2	2
대운 여	1	1	1	춘	1	1	1	1	2	2	2	3	3	3	4	4	4	5	수	5	6	6	6	7	7	7	8	8	8

壬子年

경칩 5일 09시 39분 【음2월】 ➡ 【癸卯月(계묘월)】 ☯七赤星 춘분 20일 10시 21분

양력 3월																															
양력	1	2	3	4	5	6	7	8	9	10	11	12	13	14	15	16	17	18	19	20	21	22	23	24	25	26	27	28	29	30	31
요일	월	화	수	목	금	토	일	월	화	수	목	금	토	일	월	화	수	목	금	토	일	월	화	수	목	금	토	일	월	화	수
일진 日辰	丙午	丁未	戊申	己酉	庚戌	辛亥	壬子	癸丑	甲寅	乙卯	丙辰	丁巳	戊午	己未	庚申	辛酉	壬戌	癸亥	甲子	乙丑	丙寅	丁卯	戊辰	己巳	庚午	辛未	壬申	癸酉	甲戌	乙亥	丙子
납음	天河水		大驛土		釵釧金		桑柘木		大溪水		沙中土		天上火		石榴木		大海水		海中金		爐中火		大林木		路傍土		劍鋒金		山頭火		
음력 (01/20 ~ 02/20)	20	21	22	23	24	25	26	27	28	29	30	2/1	2	3	4	5	6	7	8	9	10	11	12	13	14	15	16	17	18	19	20
구성	7	8	9	1	2	3	4	5	6	7	8	9	1	2	3	4	5	6	7	8	9	1	2	3	4	5	6	7	8	9	1
대운 남	1	1	1	1	경	10	9	9	9	8	8	8	7	7	7	6	6	6	5	춘	5	4	4	4	3	3	3	2	2	2	1
대운 여	9	9	9	10	칩	1	1	1	1	2	2	2	3	3	3	4	4	4	5	분	5	6	6	6	7	7	7	8	8	8	9

청명 4일 14시 16분 【음3월】 ➡ 【甲辰月(갑진월)】 ☯六白星 곡우 19일 21시 13분

양력 4월																														
양력	1	2	3	4	5	6	7	8	9	10	11	12	13	14	15	16	17	18	19	20	21	22	23	24	25	26	27	28	29	30
요일	목	금	토	일	월	화	수	목	금	토	일	월	화	수	목	금	토	일	월	화	수	목	금	토	일	월	화	수	목	금
일진 日辰	丁丑	戊寅	己卯	庚辰	辛巳	壬午	癸未	甲申	乙酉	丙戌	丁亥	戊子	己丑	庚寅	辛卯	壬辰	癸巳	甲午	乙未	丙申	丁酉	戊戌	己亥	庚子	辛丑	壬寅	癸卯	甲辰	乙巳	丙午
납음		城頭土		白臘金		楊柳木		井中水		屋上土		霹靂火		松柏木		長流水		沙中金		山下火		平地木		壁上土		金箔金		覆燈火		
음력 (02/21 ~ 03/21)	21	22	23	24	25	26	27	28	29	3/1	2	3	4	5	6	7	8	9	10	11	12	13	14	15	16	17	18	19	20	21
구성	2	3	4	5	6	7	8	9	1	2	3	4	5	6	7	8	9	1	2	3	4	5	6	7	8	9	1	2	3	4
대운 남	1	1	1	청	10	10	9	9	9	8	8	8	7	7	7	6	6	6	곡	5	5	4	4	4	3	3	3	2	2	2
대운 여	9	9	10	명	1	1	1	1	2	2	2	3	3	3	4	4	4	5	우	5	6	6	6	7	7	7	8	8	8	9

입하 5일 07시 25분 【음4월】 ➡ 【乙巳月(을사월)】 ☯五黃星 소만 20일 20시 14분

양력 5월																															
양력	1	2	3	4	5	6	7	8	9	10	11	12	13	14	15	16	17	18	19	20	21	22	23	24	25	26	27	28	29	30	31
요일	토	일	월	화	수	목	금	토	일	월	화	수	목	금	토	일	월	화	수	목	금	토	일	월	화	수	목	금	토	일	월
일진 日辰	丁未	戊申	己酉	庚戌	辛亥	壬子	癸丑	甲寅	乙卯	丙辰	丁巳	戊午	己未	庚申	辛酉	壬戌	癸亥	甲子	乙丑	丙寅	丁卯	戊辰	己巳	庚午	辛未	壬申	癸酉	甲戌	乙亥	丙子	丁丑
납음		大驛土		釵釧金		桑柘木		大溪水		沙中土		天上火		石榴木		大海水		海中金		爐中火		大林木		路傍土		劍鋒金		山頭火		澗下水	
음력 (03/22 ~ 04/23)	22	23	24	25	26	27	28	29	4/1	2	3	4	5	6	7	8	9	10	11	12	13	14	15	16	17	18	19	20	21	22	23
구성	5	6	7	8	9	1	2	3	4	5	6	7	8	9	1	2	3	4	5	6	7	8	9	1	2	3	4	5	6	7	8
대운 남	1	1	1	1	입	10	10	9	9	9	8	8	8	7	7	7	6	6	6	소	5	5	4	4	4	3	3	3	2	2	2
대운 여	9	9	10	10	하	1	1	1	1	2	2	2	3	3	3	4	4	4	5	만	5	6	6	6	7	7	7	8	8	8	9

망종 5일 11시 27분 【음5월】 ➡ 【丙午月(병오월)】 ☯四綠星 하지 21일 04시 07분

양력 6월																														
양력	1	2	3	4	5	6	7	8	9	10	11	12	13	14	15	16	17	18	19	20	21	22	23	24	25	26	27	28	29	30
요일	화	수	목	금	토	일	월	화	수	목	금	토	일	월	화	수	목	금	토	일	월	화	수	목	금	토	일	월	화	수
일진 日辰	戊寅	己卯	庚辰	辛巳	壬午	癸未	甲申	乙酉	丙戌	丁亥	戊子	己丑	庚寅	辛卯	壬辰	癸巳	甲午	乙未	丙申	丁酉	戊戌	己亥	庚子	辛丑	壬寅	癸卯	甲辰	乙巳	丙午	丁未
납음	城頭土		白臘金		楊柳木		井中水		屋上土		霹靂火		松柏木		長流水		沙中金		山下火		平地木		壁上土		金箔金		覆燈火		天河水	
음력 (04/24 ~ 05/23)	24	25	26	27	28	29	30	5/1	2	3	4	5	6	7	8	9	10	11	12	13	14	15	16	17	18	19	20	21	22	23
구성	9	1	2	3	4	5	6	7	8	9	1	2	3	4	5	6	7	8	9	1	2	3	4	5	6	7	8	9	1	2
대운 남	1	1	1	1	망	10	10	9	9	9	8	8	8	7	7	7	6	6	6	5	하	5	4	4	4	3	3	3	2	2
대운 여	9	9	10	10	종	1	1	1	1	2	2	2	3	3	3	4	4	4	5	5	지	6	6	6	7	7	7	8	8	8

한식(4월05일), 초복(7월13일), 중복(7월23일), 말복(8월12일) ☂춘사(春社)3/23 ☀추사(秋社)9/19
토왕지절(土旺之節):4월16일,7월19일,10월20일,1월17일(음12/17)臘享(납향):2033년1월20일(음12/20)

五日得辛, 六龍治水, 2032년 임자年 (상자목), 사록목

3碧	8白	1白
2黑	4綠	6白
7赤	9紫	5黃

2032 壬子年

소서 6일 21시 40분 【음6월】 ➡ 【丁未月(정미월)】 ☯三碧星 대서 22일 15시 03분

양력 7월 / 음력 05/24 ~ 06/25

양력	1	2	3	4	5	6	7	8	9	10	11	12	13	14	15	16	17	18	19	20	21	22	23	24	25	26	27	28	29	30	31
요일	목	금	토	일	월	화	수	목	금	토	일	월	화	수	목	금	토	일	월	화	수	목	금	토	일	월	화	수	목	금	토
일진 日辰	戊申	己酉	庚戌	辛亥	壬子	癸丑	甲寅	乙卯	丙辰	丁巳	戊午	己未	庚申	辛酉	壬戌	癸亥	甲子	乙丑	丙寅	丁卯	戊辰	己巳	庚午	辛未	壬申	癸酉	甲戌	乙亥	丙子	丁丑	戊寅
납음	大驛土		釵釧金		桑柘木		大溪水		沙中土		天上火		石榴木		大海水		海中金		爐中火		大林木		路傍土		劍鋒金		山頭火		澗下水		
음력	24	25	26	27	28	29	6/1	2	3	4	5	6	7	8	9	10	11	12	13	14	15	16	17	18	19	20	21	22	23	24	25
구성	3	4	5	6	7	8	9	1	2	3	4	5	6	7	8	9	9	8	7	6	5	4	3	2	1	9	8	7	6	5	4
대운 남	2	1	1	1	1	소	10	10	10	9	9	9	8	8	8	7	7	7	6	6	6	대	5	5	4	4	4	3	3	3	2
대운 여	9	9	9	10	10	서	1	1	1	1	2	2	2	3	3	3	4	4	4	5	5	서	6	6	6	7	7	7	8	8	8

입추 7일 07시 31분 【음7월】 ➡ 【戊申月(무신월)】 ☯二黑星 처서 22일 22시 17분

양력 8월 / 음력 06/26 ~ 07/26

양력	1	2	3	4	5	6	7	8	9	10	11	12	13	14	15	16	17	18	19	20	21	22	23	24	25	26	27	28	29	30	31
요일	일	월	화	수	목	금	토	일	월	화	수	목	금	토	일	월	화	수	목	금	토	일	월	화	수	목	금	토	일	월	화
일진 日辰	己卯	庚辰	辛巳	壬午	癸未	甲申	乙酉	丙戌	丁亥	戊子	己丑	庚寅	辛卯	壬辰	癸巳	甲午	乙未	丙申	丁酉	戊戌	己亥	庚子	辛丑	壬寅	癸卯	甲辰	乙巳	丙午	丁未	戊申	己酉
납음		白臘金		楊柳木		井中水		屋上土		霹靂火		松柏木		長流水		沙中金		山下火		平地木		壁上土		金箔金		覆燈火		天河水		大驛土	
음력	26	27	28	29	30	7/1	2	3	4	5	6	7	8	9	10	11	12	13	14	15	16	17	18	19	20	21	22	23	24	25	26
구성	3	2	1	9	8	7	6	5	4	3	2	1	9	8	7	6	5	4	3	2	1	9	8	7	6	5	4	3	2	1	9
대운 남	2	2	1	1	1	1	입	10	10	9	9	9	8	8	8	7	7	7	6	6	6	처	5	5	4	4	4	3	3	3	2
대운 여	9	9	9	10	10	10	추	1	1	1	1	2	2	2	3	3	3	4	4	4	5	서	5	6	6	6	7	7	7	8	8

백로 7일 10시 37분 【음8월】 ➡ 【己酉月(기유월)】 ☯一白星 추분 22일 20시 10분

양력 9월 / 음력 07/27 ~ 08/26

양력	1	2	3	4	5	6	7	8	9	10	11	12	13	14	15	16	17	18	19	20	21	22	23	24	25	26	27	28	29	30
요일	수	목	금	토	일	월	화	수	목	금	토	일	월	화	수	목	금	토	일	월	화	수	목	금	토	일	월	화	수	목
일진 日辰	庚戌	辛亥	壬子	癸丑	甲寅	乙卯	丙辰	丁巳	戊午	己未	庚申	辛酉	壬戌	癸亥	甲子	乙丑	丙寅	丁卯	戊辰	己巳	庚午	辛未	壬申	癸酉	甲戌	乙亥	丙子	丁丑	戊寅	己卯
납음	釵釧金		桑柘木		大溪水		沙中土		天上火		石榴木		大海水		海中金		爐中火		大林木		路傍土		劍鋒金		山頭火		澗下水		城頭土	
음력	27	28	29	30	8/1	2	3	4	5	6	7	8	9	10	11	12	13	14	15	16	17	18	19	20	21	22	23	24	25	26
구성	8	7	6	5	4	3	2	1	9	8	7	6	5	4	3	2	1	9	8	7	6	5	4	3	2	1	9	8	7	6
대운 남	2	2	1	1	1	1	백	10	10	9	9	9	8	8	8	7	7	7	6	6	6	추	5	5	4	4	4	3	3	3
대운 여	8	9	9	9	10	10	로	1	1	1	1	2	2	2	3	3	3	4	4	4	5	분	5	6	6	6	7	7	7	8

한로 8일 02시 29분 【음9월】 ➡ 【庚戌月(경술월)】 ☯九紫星 상강 23일 05시 45분

양력 10월 / 음력 08/27 ~ 09/28

양력	1	2	3	4	5	6	7	8	9	10	11	12	13	14	15	16	17	18	19	20	21	22	23	24	25	26	27	28	29	30	31
요일	금	토	일	월	화	수	목	금	토	일	월	화	수	목	금	토	일	월	화	수	목	금	토	일	월	화	수	목	금	토	일
일진 日辰	庚辰	辛巳	壬午	癸未	甲申	乙酉	丙戌	丁亥	戊子	己丑	庚寅	辛卯	壬辰	癸巳	甲午	乙未	丙申	丁酉	戊戌	己亥	庚子	辛丑	壬寅	癸卯	甲辰	乙巳	丙午	丁未	戊申	己酉	庚戌
납음	白臘金		楊柳木		井中水		屋上土		霹靂火		松柏木		長流水		沙中金		山下火		平地木		壁上土		金箔金		覆燈火		天河水		大驛土		
음력	27	28	29	9/1	2	3	4	5	6	7	8	9	10	11	12	13	14	15	16	17	18	19	20	21	22	23	24	25	26	27	28
구성	5	4	3	2	1	9	8	7	6	5	4	3	2	1	9	8	7	6	5	4	3	2	1	9	8	7	6	5	4	3	2
대운 남	2	2	2	1	1	1	1	한	10	9	9	9	8	8	8	7	7	7	6	6	6	5	상	5	4	4	4	3	3	3	2
대운 여	8	8	9	9	9	10	10	로	1	1	1	1	2	2	2	3	3	3	4	4	4	5	강	5	6	6	6	7	7	7	8

입동 7일 05시 53분 【음10월】 ➡ 【辛亥月(신해월)】 ☯八白星 소설 22일 03시 30분

양력 11월 / 음력 09/29 ~ 10/28

양력	1	2	3	4	5	6	7	8	9	10	11	12	13	14	15	16	17	18	19	20	21	22	23	24	25	26	27	28	29	30
요일	월	화	수	목	금	토	일	월	화	수	목	금	토	일	월	화	수	목	금	토	일	월	화	수	목	금	토	일	월	화
일진 日辰	辛亥	壬子	癸丑	甲寅	乙卯	丙辰	丁巳	戊午	己未	庚申	辛酉	壬戌	癸亥	甲子	乙丑	丙寅	丁卯	戊辰	己巳	庚午	辛未	壬申	癸酉	甲戌	乙亥	丙子	丁丑	戊寅	己卯	庚辰
납음		桑柘木		大溪水		沙中土		天上火		石榴木		大海水		海中金		爐中火		大林木		路傍土		劍鋒金		山頭火		澗下水		城頭土		
음력	29	30	10/1	2	3	4	5	6	7	8	9	10	11	12	13	14	15	16	17	18	19	20	21	22	23	24	25	26	27	28
구성	1	9	8	7	6	5	4	3	2	1	9	8	7	6	5	4	3	2	1	9	8	7	6	5	4	3	2	1	9	8
대운 남	2	2	1	1	1	1	입	9	9	9	8	8	8	7	7	7	6	6	6	5	5	소	4	4	4	3	3	3	2	2
대운 여	8	8	9	9	9	10	동	1	1	1	1	2	2	2	3	3	3	4	4	4	5	설	5	6	6	6	7	7	7	8

대설 6일 22시 52분 【음11월】 ➡ 【壬子月(임자월)】 ☯七赤星 동지 21일 16시 55분

양력 12월 / 음력 10/29 ~ 11/29

양력	1	2	3	4	5	6	7	8	9	10	11	12	13	14	15	16	17	18	19	20	21	22	23	24	25	26	27	28	29	30	31
요일	수	목	금	토	일	월	화	수	목	금	토	일	월	화	수	목	금	토	일	월	화	수	목	금	토	일	월	화	수	목	금
일진 日辰	辛巳	壬午	癸未	甲申	乙酉	丙戌	丁亥	戊子	己丑	庚寅	辛卯	壬辰	癸巳	甲午	乙未	丙申	丁酉	戊戌	己亥	庚子	辛丑	壬寅	癸卯	甲辰	乙巳	丙午	丁未	戊申	己酉	庚戌	辛亥
납음		楊柳木		井中水		屋上土		霹靂火		松柏木		長流水		沙中金		山下火		平地木		壁上土		金箔金		覆燈火		天河水		大驛土		釵釧金	
음력	29	30	11/1	2	3	4	5	6	7	8	9	10	11	12	13	14	15	16	17	18	19	20	21	22	23	24	25	26	27	28	29
구성	7	6	5	4	3	2	1	9	8	7	6	5	4	3	2	1	9	8	7	6	5	4	3	2	1	9	8	7	6	5	4
대운 남	2	1	1	1	1	대	10	9	9	9	8	8	8	7	7	7	6	6	6	5	동	5	4	4	4	3	3	3	2	2	2
대운 여	8	8	9	9	9	설	1	1	1	1	2	2	2	3	3	3	4	4	4	5	지	5	6	6	6	7	7	7	8	8	8

단기 4366 年
불기 2577 年

2033년

下元 **癸丑年** 납음(桑柘木),본명성(三碧木)

대장군(酉서방), 삼살(동방), 상문(卯동방), 조객(亥서북방),납음(상자목),【삼재(해,자축)년】 臘享(납향):2034년1월27일(음12/08)

소한 5일 10시 07분 【음12월】 ➡ 【癸丑月(계축월)】 ☯六白星 대한 20일 03시 31분

양력 1월 / 음력 12/01 – 01/01

양력	1	2	3	4	5	6	7	8	9	10	11	12	13	14	15	16	17	18	19	20	21	22	23	24	25	26	27	28	29	30	31
요일	토	일	월	화	수	목	금	토	일	월	화	수	목	금	토	일	월	화	수	목	금	토	일	월	화	수	목	금	토	일	월
일진 日辰	壬子	癸丑	甲寅	乙卯	丙辰	丁巳	戊午	己未	庚申	辛酉	壬戌	癸亥	甲子	乙丑	丙寅	丁卯	戊辰	己巳	庚午	辛未	壬申	癸酉	甲戌	乙亥	丙子	丁丑	戊寅	己卯	庚辰	辛巳	壬午
납음	桑柘木		大溪水		沙中土		天上火		石榴木		大海水		海中金		爐中火		大林木		路傍土		劍鋒金		山頭火		澗下水		城頭土		白臘金		
음력	12/1	2	3	4	5	6	7	8	9	10	11	12	13	14	15	16	17	18	19	20	21	22	23	24	25	26	27	28	29	30	1/1
구성	3	2	1	9	8	7	6	5	4	3	2	1	1	2	3	4	5	6	7	8	9	1	2	3	4	5	6	7	8	9	1
대운 남	1	1	1	1	소	9	9	9	8	8	8	7	7	7	6	6	6	5	5	대	4	4	4	3	3	3	2	2	2	1	1
대운 여	9	9	9	10	한	1	1	1	1	2	2	2	3	3	3	4	4	4	5	한	5	6	6	6	7	7	7	8	8	8	9

입춘 3일 21시 40분 【음1월】 ➡ 【甲寅月(갑인월)】 ☯五黃星 우수 18일 17시 32분

양력 2월 / 음력 01/02 – 01/29

양력	1	2	3	4	5	6	7	8	9	10	11	12	13	14	15	16	17	18	19	20	21	22	23	24	25	26	27	28
요일	화	수	목	금	토	일	월	화	수	목	금	토	일	월	화	수	목	금	토	일	월	화	수	목	금	토	일	월
일진 日辰	癸未	甲申	乙酉	丙戌	丁亥	戊子	己丑	庚寅	辛卯	壬辰	癸巳	甲午	乙未	丙申	丁酉	戊戌	己亥	庚子	辛丑	壬寅	癸卯	甲辰	乙巳	丙午	丁未	戊申	己酉	庚戌
납음		井中水		屋上土		霹靂火		松柏木		長流水		沙中金		山下火		平地木		壁上土		金箔金		覆燈火		天河水		大驛土		
음력	2	3	4	5	6	7	8	9	10	11	12	13	14	15	16	17	18	19	20	21	22	23	24	25	26	27	28	29
구성	2	3	4	5	6	7	8	9	1	2	3	4	5	6	7	8	9	1	2	3	4	5	6	7	8	9	1	2
대운 남	1	1	입	1	1	1	1	2	2	2	3	3	3	4	4	4	5	우	5	6	6	6	7	7	7	8	8	8
대운 여	9	9	춘	10	9	9	9	8	8	8	7	7	7	6	6	6	5	수	5	4	4	4	3	3	3	2	2	2

癸丑年

경칩 5일 15시 31분 【음2월】 ➡ 【乙卯月(을묘월)】 ☯四綠星 춘분 20일 16시 21분

양력 3월 / 음력 02/01 – 03/01

양력	1	2	3	4	5	6	7	8	9	10	11	12	13	14	15	16	17	18	19	20	21	22	23	24	25	26	27	28	29	30	31
요일	화	수	목	금	토	일	월	화	수	목	금	토	일	월	화	수	목	금	토	일	월	화	수	목	금	토	일	월	화	수	목
일진 日辰	辛亥	壬子	癸丑	甲寅	乙卯	丙辰	丁巳	戊午	己未	庚申	辛酉	壬戌	癸亥	甲子	乙丑	丙寅	丁卯	戊辰	己巳	庚午	辛未	壬申	癸酉	甲戌	乙亥	丙子	丁丑	戊寅	己卯	庚辰	辛巳
납음		桑柘木		大溪水		沙中土		天上火		石榴木		大海水		海中金		爐中火		大林木		路傍土		劍鋒金		山頭火		澗下水		城頭土		白臘金	
음력	2/1	2	3	4	5	6	7	8	9	10	11	12	13	14	15	16	17	18	19	20	21	22	23	24	25	26	27	28	29	30	3/1
구성	3	4	5	6	7	8	9	1	2	3	4	5	6	7	8	9	1	2	3	4	5	6	7	8	9	1	2	3	4	5	6
대운 남	9	9	9	10	경	1	1	1	1	2	2	2	3	3	3	4	4	4	5	춘	5	6	6	6	7	7	7	8	8	8	9
대운 여	1	1	1	1	칩	10	9	9	9	8	8	8	7	7	7	6	6	6	5	분	5	4	4	4	3	3	3	2	2	2	1

청명 4일 20시 07분 【음3월】 ➡ 【丙辰月(병진월)】 ☯三碧星 곡우 20일 03시 12분

양력 4월 / 음력 03/02 – 04/02

양력	1	2	3	4	5	6	7	8	9	10	11	12	13	14	15	16	17	18	19	20	21	22	23	24	25	26	27	28	29	30
요일	금	토	일	월	화	수	목	금	토	일	월	화	수	목	금	토	일	월	화	수	목	금	토	일	월	화	수	목	금	토
일진 日辰	壬午	癸未	甲申	乙酉	丙戌	丁亥	戊子	己丑	庚寅	辛卯	壬辰	癸巳	甲午	乙未	丙申	丁酉	戊戌	己亥	庚子	辛丑	壬寅	癸卯	甲辰	乙巳	丙午	丁未	戊申	己酉	庚戌	辛亥
납음	楊柳木		井中水		屋上土		霹靂火		松柏木		長流水		沙中金		山下火		平地木		壁上土		金箔金		覆燈火		天河水		大驛土		釵釧金	
음력	2	3	4	5	6	7	8	9	10	11	12	13	14	15	16	17	18	19	20	21	22	23	24	25	26	27	28	29	4/1	2
구성	7	8	9	1	2	3	4	5	6	7	8	9	1	2	3	4	5	6	7	8	9	1	2	3	4	5	6	7	8	9
대운 남	9	9	10	청	1	1	1	1	2	2	2	3	3	3	4	4	4	5	5	곡	6	6	6	7	7	7	8	8	8	9
대운 여	1	1	1	명	10	10	9	9	9	8	8	8	7	7	7	6	6	6	5	우	5	4	4	4	3	3	3	2	2	2

입하 5일 13시 12분 【음4월】 ➡ 【丁巳月(정사월)】 ☯二黑星 소만 21일 02시 10분

양력 5월 / 음력 04/03 – 05/04

양력	1	2	3	4	5	6	7	8	9	10	11	12	13	14	15	16	17	18	19	20	21	22	23	24	25	26	27	28	29	30	31
요일	일	월	화	수	목	금	토	일	월	화	수	목	금	토	일	월	화	수	목	금	토	일	월	화	수	목	금	토	일	월	화
일진 日辰	壬子	癸丑	甲寅	乙卯	丙辰	丁巳	戊午	己未	庚申	辛酉	壬戌	癸亥	甲子	乙丑	丙寅	丁卯	戊辰	己巳	庚午	辛未	壬申	癸酉	甲戌	乙亥	丙子	丁丑	戊寅	己卯	庚辰	辛巳	壬午
납음	桑柘木		大溪水		沙中土		天上火		石榴木		大海水		海中金		爐中火		大林木		路傍土		劍鋒金		山頭火		澗下水		城頭土		白臘金		
음력	3	4	5	6	7	8	9	10	11	12	13	14	15	16	17	18	19	20	21	22	23	24	25	26	27	28	29	5/1	2	3	4
구성	1	2	3	4	5	6	7	8	9	1	2	3	4	5	6	7	8	9	1	2	3	4	5	6	7	8	9	1	2	3	4
대운 남	9	9	10	10	입	1	1	1	1	2	2	2	3	3	3	4	4	4	5	5	소	6	6	6	7	7	7	8	8	8	9
대운 여	1	1	1	1	하	10	10	9	9	9	8	8	8	7	7	7	6	6	6	5	만	5	4	4	4	3	3	3	2	2	2

망종 5일 17시 12분 【음5월】 ➡ 【戊午月(무오월)】 ☯一白星 하지 21일 10시 00분

양력 6월 / 음력 05/05 – 06/04

양력	1	2	3	4	5	6	7	8	9	10	11	12	13	14	15	16	17	18	19	20	21	22	23	24	25	26	27	28	29	30
요일	수	목	금	토	일	월	화	수	목	금	토	일	월	화	수	목	금	토	일	월	화	수	목	금	토	일	월	화	수	목
일진 日辰	癸未	甲申	乙酉	丙戌	丁亥	戊子	己丑	庚寅	辛卯	壬辰	癸巳	甲午	乙未	丙申	丁酉	戊戌	己亥	庚子	辛丑	壬寅	癸卯	甲辰	乙巳	丙午	丁未	戊申	己酉	庚戌	辛亥	壬子
납음		井中水		屋上土		霹靂火		松柏木		長流水		沙中金		山下火		平地木		壁上土		金箔金		覆燈火		天河水		大驛土		釵釧金		
음력	5	6	7	8	9	10	11	12	13	14	15	16	17	18	19	20	21	22	23	24	25	26	27	28	29	30	6/1	2	3	4
구성	5	6	7	8	9	1	2	3	4	5	6	7	8	9	1	2	3	4	5	6	7	8	9	1	2	3	4	5	6	7
대운 남	9	9	10	10	망	1	1	1	1	2	2	2	3	3	3	4	4	4	5	5	하	6	6	6	7	7	7	8	8	8
대운 여	1	1	1	1	종	10	10	10	9	9	9	8	8	8	7	7	7	6	6	6	지	5	5	4	4	4	3	3	3	2

한식(4월05일), 초복(7월18일), 중복(7월28일), 말복(8월07일) ☂춘사(春社)3/18 ☼추사(秋社)9/24
토왕지절(土旺之節):4월17일,7월19일,10월20일,1월17일(음11/27)臘享(납향):2034년1월27일(음12/08)

十日得辛, 十一龍治水, 2033년 계축年 (상자목), 삼벽목

2黑	7赤	9紫
1白	3碧	5黃
6白	8白	4綠

2033 癸丑年

소서 7일 03시 24분 【음6월】 ➡ 【己未月(기미월)】 ☯九紫星 대서 22일 20시 51분

양력 7월	양력	1	2	3	4	5	6	7	8	9	10	11	12	13	14	15	16	17	18	19	20	21	22	23	24	25	26	27	28	29	30	31
	요일	금	토	일	월	화	수	목	금	토	일	월	화	수	목	금	토	일	월	화	수	목	금	토	일	월	화	수	목	금	토	일
	일진 日辰	癸丑	甲寅	乙卯	丙辰	丁巳	戊午	己未	庚申	辛酉	壬戌	癸亥	甲子	乙丑	丙寅	丁卯	戊辰	己巳	庚午	辛未	壬申	癸酉	甲戌	乙亥	丙子	丁丑	戊寅	己卯	庚辰	辛巳	壬午	癸未
음력 06/05 ~ 07/06	납음		大溪水		沙中土		天上火		石榴木		大海水		海中金		爐中火		大林木		路傍土		劍鋒金		山頭火		澗下水		城頭土		白臘金		楊柳木	
	음력	5	6	7	8	9	10	11	12	13	14	15	16	17	18	19	20	21	22	23	24	25	26	27	28	29	7/1	2	3	4	5	6
	구성	8	9	1	2	3	4	5	6	7	8	9	9	8	7	6	5	4	3	2	1	9	8	7	6	5	4	3	2	1	9	8
	대운 남	9	9	9	10	10	10	소	1	1	1	1	2	2	2	3	3	3	4	4	4	5	대	5	6	6	6	7	7	7	8	8
	대운 여	2	2	1	1	1	1	서	10	10	9	9	9	8	8	8	7	7	7	6	6	6	서	5	5	4	4	4	3	3	3	2

입추 7일 13시 14분 【음7월】 ➡ 【庚申月(경신월)】 ☯八白星 처서 23일 04시 01분

양력 8월	양력	1	2	3	4	5	6	7	8	9	10	11	12	13	14	15	16	17	18	19	20	21	22	23	24	25	26	27	28	29	30	31
	요일	월	화	수	목	금	토	일	월	화	수	목	금	토	일	월	화	수	목	금	토	일	월	화	수	목	금	토	일	월	화	수
	일진 日辰	甲申	乙酉	丙戌	丁亥	戊子	己丑	庚寅	辛卯	壬辰	癸巳	甲午	乙未	丙申	丁酉	戊戌	己亥	庚子	辛丑	壬寅	癸卯	甲辰	乙巳	丙午	丁未	戊申	己酉	庚戌	辛亥	壬子	癸丑	甲寅
음력 07/07 ~ 윤707	납음	井中水		屋上土		霹靂火		松柏木		長流水		沙中金		山下火		平地木		壁上土		金箔金		覆燈火		天河水		大驛土		釵釧金		桑柘木		
	음력	7	8	9	10	11	12	13	14	15	16	17	18	19	20	21	22	23	24	25	26	27	28	29	30	윤7	2	3	4	5	6	7
	구성	7	6	5	4	3	2	1	9	8	7	6	5	4	3	2	1	9	8	7	6	5	4	3	2	1	9	8	7	6	5	4
	대운 남	8	9	9	9	10	10	입	1	1	1	1	2	2	2	3	3	3	4	4	4	5	5	처	6	6	6	7	7	7	8	8
	대운 여	2	2	1	1	1	1	추	10	10	9	9	9	8	8	8	7	7	7	6	6	6	5	서	5	4	4	4	3	3	3	2

백로7일 16시 19분 【음8월】 ➡ 【辛酉月(신유월)】 ☯七赤星 추분 23일 01시 50분

양력 9월	양력	1	2	3	4	5	6	7	8	9	10	11	12	13	14	15	16	17	18	19	20	21	22	23	24	25	26	27	28	29	30
	요일	목	금	토	일	월	화	수	목	금	토	일	월	화	수	목	금	토	일	월	화	수	목	금	토	일	월	화	수	목	금
	일진 日辰	乙卯	丙辰	丁巳	戊午	己未	庚申	辛酉	壬戌	癸亥	甲子	乙丑	丙寅	丁卯	戊辰	己巳	庚午	辛未	壬申	癸酉	甲戌	乙亥	丙子	丁丑	戊寅	己卯	庚辰	辛巳	壬午	癸未	甲申
음력 윤708 ~ 08/08	납음		沙中土		天上火		石榴木		大海水		海中金		爐中火		大林木		路傍土		劍鋒金		山頭火		澗下水		城頭土		白臘金		楊柳木		
	음력	8	9	10	11	12	13	14	15	16	17	18	19	20	21	22	23	24	25	26	27	28	29	8/1	2	3	4	5	6	7	8
	구성	3	2	1	9	8	7	6	5	4	3	2	1	9	8	7	6	5	4	3	2	1	9	8	7	6	5	4	3	2	1
	대운 남	8	9	9	9	10	10	백	1	1	1	1	2	2	2	3	3	3	4	4	4	5	5	추	6	6	6	7	7	7	8
	대운 여	2	2	1	1	1	1	로	10	10	9	9	9	8	8	8	7	7	7	6	6	6	5	분	5	4	4	4	3	3	3

한로 8일 08시 13분 【음9월】 ➡ 【壬戌月(임술월)】 ☯六白星 상강 23일 11시 26분

양력 10월	양력	1	2	3	4	5	6	7	8	9	10	11	12	13	14	15	16	17	18	19	20	21	22	23	24	25	26	27	28	29	30	31
	요일	토	일	월	화	수	목	금	토	일	월	화	수	목	금	토	일	월	화	수	목	금	토	일	월	화	수	목	금	토	일	월
	일진 日辰	乙酉	丙戌	丁亥	戊子	己丑	庚寅	辛卯	壬辰	癸巳	甲午	乙未	丙申	丁酉	戊戌	己亥	庚子	辛丑	壬寅	癸卯	甲辰	乙巳	丙午	丁未	戊申	己酉	庚戌	辛亥	壬子	癸丑	甲寅	乙卯
음력 08/09 ~ 09/09	납음		屋上土		霹靂火		松柏木		長流水		沙中金		山下火		平地木		壁上土		金箔金		覆燈火		天河水		大驛土		釵釧金		桑柘木		大溪水	
	음력	9	10	11	12	13	14	15	16	17	18	19	20	21	22	23	24	25	26	27	28	29	30	9/1	2	3	4	5	6	7	8	9
	구성	9	8	7	6	5	4	3	2	1	9	8	7	6	5	4	3	2	1	9	8	7	6	5	4	3	2	1	9	8	7	6
	대운 남	8	8	9	9	9	10	10	한	1	1	1	1	2	2	2	3	3	3	4	4	4	5	상	5	6	6	6	7	7	7	8
	대운 여	2	2	2	1	1	1	1	로	10	9	9	9	8	8	8	7	7	7	6	6	6	5	강	5	4	4	4	3	3	3	2

입동 7일 11시 40분 【음10월】 ➡ 【癸亥月(계해월)】 ☯五黃星 소설 22일 09시 15분

양력 11월	양력	1	2	3	4	5	6	7	8	9	10	11	12	13	14	15	16	17	18	19	20	21	22	23	24	25	26	27	28	29	30
	요일	화	수	목	금	토	일	월	화	수	목	금	토	일	월	화	수	목	금	토	일	월	화	수	목	금	토	일	월	화	수
	일진 日辰	丙辰	丁巳	戊午	己未	庚申	辛酉	壬戌	癸亥	甲子	乙丑	丙寅	丁卯	戊辰	己巳	庚午	辛未	壬申	癸酉	甲戌	乙亥	丙子	丁丑	戊寅	己卯	庚辰	辛巳	壬午	癸未	甲申	乙酉
음력 09/10 ~ 10/09	납음	沙中土		天上火		石榴木		大海水		海中金		爐中火		大林木		路傍土		劍鋒金		山頭火		澗下水		城頭土		白臘金		楊柳木		井中水	
	음력	10	11	12	13	14	15	16	17	18	19	20	21	22	23	24	25	26	27	28	29	30	10/1	2	3	4	5	6	7	8	9
	구성	5	4	3	2	1	9	8	7	6	5	4	3	2	1	9	8	7	6	5	4	3	2	1	9	8	7	6	5	4	3
	대운 남	8	8	9	9	9	10	입	1	1	1	1	2	2	2	3	3	3	4	4	4	5	소	5	6	6	6	7	7	7	8
	대운 여	2	2	1	1	1	1	동	10	9	9	9	8	8	8	7	7	7	6	6	6	5	설	5	4	4	4	3	3	3	2

대설 7일 04시 44분 【음11월】 ➡ 【甲子月(갑자월)】 ☯四綠星 동지 21일 22시 45분

양력 12월	양력	1	2	3	4	5	6	7	8	9	10	11	12	13	14	15	16	17	18	19	20	21	22	23	24	25	26	27	28	29	30	31
	요일	목	금	토	일	월	화	수	목	금	토	일	월	화	수	목	금	토	일	월	화	수	목	금	토	일	월	화	수	목	금	토
	일진 日辰	丙戌	丁亥	戊子	己丑	庚寅	辛卯	壬辰	癸巳	甲午	乙未	丙申	丁酉	戊戌	己亥	庚子	辛丑	壬寅	癸卯	甲辰	乙巳	丙午	丁未	戊申	己酉	庚戌	辛亥	壬子	癸丑	甲寅	乙卯	丙辰
음력 10/10 ~ 11/10	납음	屋上土		霹靂火		松柏木		長流水		沙中金		山下火		平地木		壁上土		金箔金		覆燈火		天河水		大驛土		釵釧金		桑柘木		大溪水		
	음력	10	11	12	13	14	15	16	17	18	19	20	21	22	23	24	25	26	27	28	29	30	11/1	2	3	4	5	6	7	8	9	10
	구성	2	1	9	8	7	6	5	4	3	2	1	9	8	7	6	5	4	3	2	1	9	8	7	6	5	4	3	2	1	9	8
	대운 남	8	8	9	9	9	10	대	1	1	1	1	2	2	2	3	3	3	4	4	4	동	5	5	6	6	6	7	7	7	8	8
	대운 여	2	2	1	1	1	1	설	9	9	9	8	8	8	7	7	7	6	6	6	5	지	5	4	4	4	3	3	3	2	2	2

단기 4367 年

불기 2578 年

2034년

下元 甲寅年 납음(大溪水),본명성(二黑土)

대장군(子북방), 삼살(북방), 상문(辰동남방),조객(子북방), 납음(대계수),【삼재(신,유,술)년】 臘享(납향):2035년1월22일(음12/13)

호랑이

소한 5일 16시 03분 【음12월】 ➡ 【乙丑月(을축월)】 ☯三碧星 대한 20일 09시 26분

양력 1월 / 음력 11/11 ~ 12/12

양력	1	2	3	4	5	6	7	8	9	10	11	12	13	14	15	16	17	18	19	20	21	22	23	24	25	26	27	28	29	30	31
요일	일	월	화	수	목	금	토	일	월	화	수	목	금	토	일	월	화	수	목	금	토	일	월	화	수	목	금	토	일	월	화
일진 日辰	丁巳	戊午	己未	庚申	辛酉	壬戌	癸亥	甲子	乙丑	丙寅	丁卯	戊辰	己巳	庚午	辛未	壬申	癸酉	甲戌	乙亥	丙子	丁丑	戊寅	己卯	庚辰	辛巳	壬午	癸未	甲申	乙酉	丙戌	丁亥
납음		天上火		石榴木		大海水		海中金		爐中火		大林木		路傍土		劍鋒金		山頭火		澗下水		城頭土		白臘金		楊柳木		井中水		屋上土	
음력	11	12	13	14	15	16	17	18	19	20	21	22	23	24	25	26	27	28	29	12/1	2	3	4	5	6	7	8	9	10	11	12
구성	7	6	5	4	3	2	1	1	2	3	4	5	6	7	8	9	1	2	3	4	5	6	7	8	9	1	2	3	4	5	6
대운 남	8	9	9	9	소	1	1	1	1	2	2	2	3	3	3	4	4	4	5	대	5	6	6	6	7	7	7	8	8	8	9
대운 여	1	1	1	1	한	10	9	9	9	8	8	8	7	7	7	6	6	6	5	한	5	4	4	4	3	3	3	2	2	2	1

입춘 4일 03시 40분 【음1월】 ➡ 【丙寅月(병인월)】 ☯二黑星 우수 18일 23시 29분

양력 2월 / 음력 12/13 ~ 01/10

양력	1	2	3	4	5	6	7	8	9	10	11	12	13	14	15	16	17	18	19	20	21	22	23	24	25	26	27	28
요일	수	목	금	토	일	월	화	수	목	금	토	일	월	화	수	목	금	토	일	월	화	수	목	금	토	일	월	화
일진 日辰	戊子	己丑	庚寅	辛卯	壬辰	癸巳	甲午	乙未	丙申	丁酉	戊戌	己亥	庚子	辛丑	壬寅	癸卯	甲辰	乙巳	丙午	丁未	戊申	己酉	庚戌	辛亥	壬子	癸丑	甲寅	乙卯
납음	霹靂火		松柏木		長流水		沙中金		山下火		平地木		壁上土		金箔金		覆燈火		天河水		大驛土		釵釧金		桑柘木		大溪水	
음력	13	14	15	16	17	18	19	20	21	22	23	24	25	26	27	28	29	30	1/1	2	3	4	5	6	7	8	9	10
구성	7	8	9	1	2	3	4	5	6	7	8	9	1	2	3	4	5	6	7	8	9	1	2	3	4	5	6	7
대운 남	9	9	10	입	9	9	9	8	8	8	7	7	7	6	6	6	5	우	5	4	4	4	3	3	3	2	2	2
대운 여	1	1	1	춘	1	1	1	1	2	2	2	3	3	3	4	4	4	수	5	5	6	6	6	7	7	7	8	8

甲寅年

경칩 5일 21시 31분 【음2월】 ➡ 【丁卯月(정묘월)】 ☯一白星 춘분 20일 22시 16분

양력 3월 / 음력 01/11 ~ 02/12

양력	1	2	3	4	5	6	7	8	9	10	11	12	13	14	15	16	17	18	19	20	21	22	23	24	25	26	27	28	29	30	31
요일	수	목	금	토	일	월	화	수	목	금	토	일	월	화	수	목	금	토	일	월	화	수	목	금	토	일	월	화	수	목	금
일진 日辰	丙辰	丁巳	戊午	己未	庚申	辛酉	壬戌	癸亥	甲子	乙丑	丙寅	丁卯	戊辰	己巳	庚午	辛未	壬申	癸酉	甲戌	乙亥	丙子	丁丑	戊寅	己卯	庚辰	辛巳	壬午	癸未	甲申	乙酉	丙戌
납음	沙中土		天上火		石榴木		大海水		海中金		爐中火		大林木		路傍土		劍鋒金		山頭火		澗下水		城頭土		白臘金		楊柳木		井中水		
음력	11	12	13	14	15	16	17	18	19	20	21	22	23	24	25	26	27	28	29	2/1	2	3	4	5	6	7	8	9	10	11	12
구성	8	9	1	2	3	4	5	6	7	8	9	1	2	3	4	5	6	7	8	9	1	2	3	4	5	6	7	8	9	1	2
대운 남	1	1	1	1	경	10	10	9	9	9	8	8	8	7	7	7	6	6	6	춘	5	5	4	4	4	3	3	3	2	2	2
대운 여	8	9	9	9	칩	1	1	1	1	2	2	2	3	3	3	4	4	4	5	분	5	6	6	6	7	7	7	8	8	8	9

청명 5일 02시 05분 【음3월】 ➡ 【戊辰月(무진월)】 ☯九紫星 곡우 20일 09시 02분

양력 4월 / 음력 02/13 ~ 03/12

양력	1	2	3	4	5	6	7	8	9	10	11	12	13	14	15	16	17	18	19	20	21	22	23	24	25	26	27	28	29	30
요일	토	일	월	화	수	목	금	토	일	월	화	수	목	금	토	일	월	화	수	목	금	토	일	월	화	수	목	금	토	일
일진 日辰	丁亥	戊子	己丑	庚寅	辛卯	壬辰	癸巳	甲午	乙未	丙申	丁酉	戊戌	己亥	庚子	辛丑	壬寅	癸卯	甲辰	乙巳	丙午	丁未	戊申	己酉	庚戌	辛亥	壬子	癸丑	甲寅	乙卯	丙辰
납음		霹靂火		松柏木		長流水		沙中金		山下火		平地木		壁上土		金箔金		覆燈火		天河水		大驛土		釵釧金		桑柘木		大溪水		
음력	13	14	15	16	17	18	19	20	21	22	23	24	25	26	27	28	29	30	3/1	2	3	4	5	6	7	8	9	10	11	12
구성	3	4	5	6	7	8	9	1	2	3	4	5	6	7	8	9	1	2	3	4	5	6	7	8	9	1	2	3	4	5
대운 남	1	1	1	1	청	10	9	9	9	8	8	8	7	7	7	6	6	6	5	곡	5	4	4	4	3	3	3	2	2	2
대운 여	9	9	10	10	명	1	1	1	1	2	2	2	3	3	3	4	4	4	5	우	5	6	6	6	7	7	7	8	8	8

입하 5일 19시 08분 【음4월】 ➡ 【己巳月(기사월)】 ☯八白星 소만 21일 07시 56분

양력 5월 / 음력 03/13 ~ 04/14

양력	1	2	3	4	5	6	7	8	9	10	11	12	13	14	15	16	17	18	19	20	21	22	23	24	25	26	27	28	29	30	31
요일	월	화	수	목	금	토	일	월	화	수	목	금	토	일	월	화	수	목	금	토	일	월	화	수	목	금	토	일	월	화	수
일진 日辰	丁巳	戊午	己未	庚申	辛酉	壬戌	癸亥	甲子	乙丑	丙寅	丁卯	戊辰	己巳	庚午	辛未	壬申	癸酉	甲戌	乙亥	丙子	丁丑	戊寅	己卯	庚辰	辛巳	壬午	癸未	甲申	乙酉	丙戌	丁亥
납음		天上火		石榴木		大海水		海中金		爐中火		大林木		路傍土		劍鋒金		山頭火		澗下水		城頭土		白臘金		楊柳木		井中水		屋上土	
음력	13	14	15	16	17	18	19	20	21	22	23	24	25	26	27	28	29	4/1	2	3	4	5	6	7	8	9	10	11	12	13	14
구성	6	7	8	9	1	2	3	4	5	6	7	8	9	1	2	3	4	5	6	7	8	9	1	2	3	4	5	6	7	8	9
대운 남	1	1	1	1	입	10	10	9	9	9	8	8	8	7	7	7	6	6	6	5	소	5	4	4	4	3	3	3	2	2	2
대운 여	9	9	9	10	하	1	1	1	1	2	2	2	3	3	3	4	4	4	5	5	만	6	6	6	7	7	7	8	8	8	9

망종 5일 23시 05분 【음5월】 ➡ 【庚午月(경오월)】 ☯七赤星 하지 21일 15시 43분

양력 6월 / 음력 04/15 ~ 05/15

양력	1	2	3	4	5	6	7	8	9	10	11	12	13	14	15	16	17	18	19	20	21	22	23	24	25	26	27	28	29	30
요일	목	금	토	일	월	화	수	목	금	토	일	월	화	수	목	금	토	일	월	화	수	목	금	토	일	월	화	수	목	금
일진 日辰	戊子	己丑	庚寅	辛卯	壬辰	癸巳	甲午	乙未	丙申	丁酉	戊戌	己亥	庚子	辛丑	壬寅	癸卯	甲辰	乙巳	丙午	丁未	戊申	己酉	庚戌	辛亥	壬子	癸丑	甲寅	乙卯	丙辰	丁巳
납음	霹靂火		松柏木		長流水		沙中金		山下火		平地木		壁上土		金箔金		覆燈火		天河水		大驛土		釵釧金		桑柘木		大溪水		沙中土	
음력	15	16	17	18	19	20	21	22	23	24	25	26	27	28	29	5/1	2	3	4	5	6	7	8	9	10	11	12	13	14	15
구성	1	2	3	4	5	6	7	8	9	1	2	3	4	5	6	7	8	9	1	2	3	4	5	6	7	8	9	1	2	3
대운 남	1	1	1	1	망	10	10	10	9	9	9	8	8	8	7	7	7	6	6	6	하	5	5	4	4	4	3	3	3	2
대운 여	9	9	10	10	종	1	1	1	1	2	2	2	3	3	3	4	4	4	5	5	지	6	6	6	7	7	7	8	8	8

한식(4월05일), 초복(7월13일), 중복(7월23일), 말복(8월12일) ☂춘사(春社)3/22 ☀추사(秋社)9/19
토왕지절(土旺之節):4월17일,7월19일,10월20일,1월17일(음12/08)臘享(납향):2035년1월22일(음12/13)

六日得辛, 十一龍治水, 2034년 갑인年 (대계수), 이흑토

1白	6白	8白
9紫	2黑	4綠
5黃	7赤	3碧

2034 甲寅年

소서 7일 09시 16분 【음6월】 ➡ 【辛未月(신미월)】 ☯六白星 대서 23일 02시 35분

양력 7월 / 음력 05/16 ~ 06/16

양력	1	2	3	4	5	6	7	8	9	10	11	12	13	14	15	16	17	18	19	20	21	22	23	24	25	26	27	28	29	30	31
요일	토	일	월	화	수	목	금	토	일	월	화	수	목	금	토	일	월	화	수	목	금	토	일	월	화	수	목	금	토	일	월
일진 日辰	戊午	己未	庚申	辛酉	壬戌	癸亥	甲子	乙丑	丙寅	丁卯	戊辰	己巳	庚午	辛未	壬申	癸酉	甲戌	乙亥	丙子	丁丑	戊寅	己卯	庚辰	辛巳	壬午	癸未	甲申	乙酉	丙戌	丁亥	戊子
납음	天上火		石榴木		大海水		海中金		爐中火		大林木		路傍土		劍鋒金		山頭火		澗下水		城頭土		白臘金		楊柳木		井中水		屋上土		
음력	16	17	18	19	20	21	22	23	24	25	26	27	28	29	30	6/1	2	3	4	5	6	7	8	9	10	11	12	13	14	15	16
구성	4	5	6	7	8	9	9	8	7	6	5	4	3	2	1	9	8	7	6	5	4	3	2	1	9	8	7	6	5	4	3
대운 남	2	2	1	1	1	1	소	10	10	9	9	9	8	8	8	7	7	7	6	6	6	5	대	5	4	4	4	3	3	3	2
대운 여	9	9	9	10	10	10	서	1	1	1	1	2	2	2	3	3	3	4	4	4	5	5	서	6	6	6	7	7	7	8	8

입추 7일 19시 08분 【음7월】 ➡ 【壬申月(임신월)】 ☯五黃星 처서 23일 09시 46분

양력 8월 / 음력 06/17 ~ 07/18

양력	1	2	3	4	5	6	7	8	9	10	11	12	13	14	15	16	17	18	19	20	21	22	23	24	25	26	27	28	29	30	31
요일	화	수	목	금	토	일	월	화	수	목	금	토	일	월	화	수	목	금	토	일	월	화	수	목	금	토	일	월	화	수	목
일진 日辰	己丑	庚寅	辛卯	壬辰	癸巳	甲午	乙未	丙申	丁酉	戊戌	己亥	庚子	辛丑	壬寅	癸卯	甲辰	乙巳	丙午	丁未	戊申	己酉	庚戌	辛亥	壬子	癸丑	甲寅	乙卯	丙辰	丁巳	戊午	己未
납음		松柏木		長流水		沙中金		山下火		平地木		壁上土		金箔金		覆燈火		天河水		大驛土		釵釧金		桑柘木		大溪水		沙中土		天上火	
음력	17	18	19	20	21	22	23	24	25	26	27	28	29	7/1	2	3	4	5	6	7	8	9	10	11	12	13	14	15	16	17	18
구성	2	1	9	8	7	6	5	4	3	2	1	9	8	7	6	5	4	3	2	1	9	8	7	6	5	4	3	2	1	9	8
대운 남	2	2	1	1	1	1	입	10	10	9	9	9	8	8	8	7	7	7	6	6	6	5	처	5	4	4	4	3	3	3	2
대운 여	8	9	9	9	10	10	추	1	1	1	1	2	2	2	3	3	3	4	4	4	5	5	서	6	6	6	7	7	7	8	8

백로 7일 22시 13분 【음8월】 ➡ 【癸酉月(계유월)】 ☯四綠星 추분 23일 07시 38분

양력 9월 / 음력 07/19 ~ 08/18

양력	1	2	3	4	5	6	7	8	9	10	11	12	13	14	15	16	17	18	19	20	21	22	23	24	25	26	27	28	29	30
요일	금	토	일	월	화	수	목	금	토	일	월	화	수	목	금	토	일	월	화	수	목	금	토	일	월	화	수	목	금	토
일진 日辰	庚申	辛酉	壬戌	癸亥	甲子	乙丑	丙寅	丁卯	戊辰	己巳	庚午	辛未	壬申	癸酉	甲戌	乙亥	丙子	丁丑	戊寅	己卯	庚辰	辛巳	壬午	癸未	甲申	乙酉	丙戌	丁亥	戊子	己丑
납음	石榴木		大海水		海中金		爐中火		大林木		路傍土		劍鋒金		山頭火		澗下水		城頭土		白臘金		楊柳木		井中水		屋上土		霹靂火	
음력	19	20	21	22	23	24	25	26	27	28	29	30	8/1	2	3	4	5	6	7	8	9	10	11	12	13	14	15	16	17	18
구성	7	6	5	4	3	2	1	9	8	7	6	5	4	3	2	1	9	8	7	6	5	4	3	2	1	9	8	7	6	5
대운 남	2	2	1	1	1	1	백	10	10	9	9	9	8	8	8	7	7	7	6	6	6	5	추	5	4	4	4	3	3	3
대운 여	8	9	9	9	10	10	로	1	1	1	1	2	2	2	3	3	3	4	4	4	5	5	분	6	6	6	7	7	7	8

한로 8일 14시 06분 【음9월】 ➡ 【甲戌月(갑술월)】 ☯三碧星 상강 23일 17시 15분

양력 10월 / 음력 08/19 ~ 09/20

양력	1	2	3	4	5	6	7	8	9	10	11	12	13	14	15	16	17	18	19	20	21	22	23	24	25	26	27	28	29	30	31
요일	일	월	화	수	목	금	토	일	월	화	수	목	금	토	일	월	화	수	목	금	토	일	월	화	수	목	금	토	일	월	화
일진 日辰	庚寅	辛卯	壬辰	癸巳	甲午	乙未	丙申	丁酉	戊戌	己亥	庚子	辛丑	壬寅	癸卯	甲辰	乙巳	丙午	丁未	戊申	己酉	庚戌	辛亥	壬子	癸丑	甲寅	乙卯	丙辰	丁巳	戊午	己未	庚申
납음	松柏木		長流水		沙中金		山下火		平地木		壁上土		金箔金		覆燈火		天河水		大驛土		釵釧金		桑柘木		大溪水		沙中土		天上火		
음력	19	20	21	22	23	24	25	26	27	28	29	9/1	2	3	4	5	6	7	8	9	10	11	12	13	14	15	16	17	18	19	20
구성	4	3	2	1	9	8	7	6	5	4	3	2	1	9	8	7	6	5	4	3	2	1	9	8	7	6	5	4	3	2	1
대운 남	2	2	2	1	1	1	1	한	10	9	9	9	8	8	8	7	7	7	6	6	6	5	상	5	4	4	4	3	3	3	2
대운 여	8	8	9	9	9	10	10	로	1	1	1	1	2	2	2	3	3	3	4	4	4	5	강	5	6	6	6	7	7	7	8

입동 7일 17시 32분 【음10월】 ➡ 【乙亥月(을해월)】 ☯二黑星 소설 22일 15시 04분

양력 11월 / 음력 09/21 ~ 10/20

양력	1	2	3	4	5	6	7	8	9	10	11	12	13	14	15	16	17	18	19	20	21	22	23	24	25	26	27	28	29	30
요일	수	목	금	토	일	월	화	수	목	금	토	일	월	화	수	목	금	토	일	월	화	수	목	금	토	일	월	화	수	목
일진 日辰	辛酉	壬戌	癸亥	甲子	乙丑	丙寅	丁卯	戊辰	己巳	庚午	辛未	壬申	癸酉	甲戌	乙亥	丙子	丁丑	戊寅	己卯	庚辰	辛巳	壬午	癸未	甲申	乙酉	丙戌	丁亥	戊子	己丑	庚寅
납음		大海水		海中金		爐中火		大林木		路傍土		劍鋒金		山頭火		澗下水		城頭土		白臘金		楊柳木		井中水		屋上土		霹靂火		
음력	21	22	23	24	25	26	27	28	29	30	10/1	2	3	4	5	6	7	8	9	10	11	12	13	14	15	16	17	18	19	20
구성	9	8	7	6	5	4	3	2	1	9	8	7	6	5	4	3	2	1	9	8	7	6	5	4	3	2	1	9	8	7
대운 남	2	2	1	1	1	1	입	10	9	9	9	8	8	8	7	7	7	6	6	6	5	소	5	4	4	4	3	3	3	2
대운 여	8	8	9	9	9	10	동	1	1	1	1	2	2	2	3	3	3	4	4	4	5	설	5	6	6	6	7	7	7	8

대설 7일 10시 35분 【음11월】 ➡ 【丙子月(병자월)】 ☯一白星 동지 22일 04시 33분

양력 12월 / 음력 10/21 ~ 11/21

양력	1	2	3	4	5	6	7	8	9	10	11	12	13	14	15	16	17	18	19	20	21	22	23	24	25	26	27	28	29	30	31
요일	금	토	일	월	화	수	목	금	토	일	월	화	수	목	금	토	일	월	화	수	목	금	토	일	월	화	수	목	금	토	일
일진 日辰	辛卯	壬辰	癸巳	甲午	乙未	丙申	丁酉	戊戌	己亥	庚子	辛丑	壬寅	癸卯	甲辰	乙巳	丙午	丁未	戊申	己酉	庚戌	辛亥	壬子	癸丑	甲寅	乙卯	丙辰	丁巳	戊午	己未	庚申	辛酉
납음		長流水		沙中金		山下火		平地木		壁上土		金箔金		覆燈火		天河水		大驛土		釵釧金		桑柘木		大溪水		沙中土		天上火		石榴木	
음력	21	22	23	24	25	26	27	28	29	30	11/1	2	3	4	5	6	7	8	9	10	11	12	13	14	15	16	17	18	19	20	21
구성	6	5	4	3	2	1	9	8	7	6	5	4	3	2	1	9	8	7	6	5	4	3	2	1	9	8	7	6	5	4	3
대운 남	2	2	1	1	1	1	대	9	9	9	8	8	8	7	7	7	6	6	6	5	5	동	4	4	4	3	3	3	2	2	2
대운 여	8	8	9	9	9	10	설	1	1	1	1	2	2	2	3	3	3	4	4	4	5	지	5	6	6	6	7	7	7	8	8

단기 4368 年	2035년	下元 乙卯年 납음(大溪水),본명성(一白水)
불기 2579 年		대장군(子북방), 삼살(酉서방), 상문(巳동남방),조객(丑동북방), 납음(대계수), 【삼재(사,오,미)년】 臘享(납향):2036년1월17일(음12/20)

토끼

소한 5일 21시 54분 【음12월】 ➡ 【丁丑月(정축월)】 ☯九紫星 대한 20일 15시 13분

양력 1월 / 음력 11/22 – 12/22

양력	1	2	3	4	5	6	7	8	9	10	11	12	13	14	15	16	17	18	19	20	21	22	23	24	25	26	27	28	29	30	31
요일	월	화	수	목	금	토	일	월	화	수	목	금	토	일	월	화	수	목	금	토	일	월	화	수	목	금	토	일	월	화	수
일진 日辰	壬戌	癸亥	甲子	乙丑	丙寅	丁卯	戊辰	己巳	庚午	辛未	壬申	癸酉	甲戌	乙亥	丙子	丁丑	戊寅	己卯	庚辰	辛巳	壬午	癸未	甲申	乙酉	丙戌	丁亥	戊子	己丑	庚寅	辛卯	壬辰
납음	大海水		海中金		爐中火		大林木		路傍土		劍鋒金		山頭火		澗下水		城頭土		白臘金		楊柳木		井中水		屋上土		霹靂火		松柏木		
음력	22	23	24	25	26	27	28	29	30	12/1	2	3	4	5	6	7	8	9	10	11	12	13	14	15	16	17	18	19	20	21	22
구성	2	1	1	2	3	4	5	6	7	8	9	1	2	3	4	5	6	7	8	9	1	2	3	4	5	6	7	8	9	1	2
대운 남	1	1	1	1	소	10	9	9	9	8	8	8	7	7	7	6	6	6	5	대	5	4	4	4	3	3	3	2	2	2	1
대운 여	8	9	9	9	한	1	1	1	1	2	2	2	3	3	3	4	4	4	5	한	5	6	6	6	7	7	7	8	8	8	9

입춘 4일 09시 30분 【음1월】 ➡ 【戊寅月(무인월)】 ☯八白星 우수 19일 05시 15분

양력 2월 / 음력 12/23 – 01/21

양력	1	2	3	4	5	6	7	8	9	10	11	12	13	14	15	16	17	18	19	20	21	22	23	24	25	26	27	28
요일	목	금	토	일	월	화	수	목	금	토	일	월	화	수	목	금	토	일	월	화	수	목	금	토	일	월	화	수
일진 日辰	癸巳	甲午	乙未	丙申	丁酉	戊戌	己亥	庚子	辛丑	壬寅	癸卯	甲辰	乙巳	丙午	丁未	戊申	己酉	庚戌	辛亥	壬子	癸丑	甲寅	乙卯	丙辰	丁巳	戊午	己未	庚申
납음		沙中金		山下火		平地木		壁上土		金箔金		覆燈火		天河水		大驛土		釵釧金		桑柘木		大溪水		沙中土		天上火		
음력	23	24	25	26	27	28	29	1/1	2	3	4	5	6	7	8	9	10	11	12	13	14	15	16	17	18	19	20	21
구성	3	4	5	6	7	8	9	1	2	3	4	5	6	7	8	9	1	2	3	4	5	6	7	8	9	1	2	3
대운 남	1	1	1	입	1	1	1	1	2	2	2	3	3	3	4	4	4	5	우	5	6	6	6	7	7	7	8	8
대운 여	9	9	10	춘	10	9	9	9	8	8	8	7	7	7	6	6	6	5	수	5	4	4	4	3	3	3	2	2

乙卯年

경칩 6일 03시 20분 【음2월】 ➡ 【己卯月(기묘월)】 ☯七赤星 춘분 21일 04시 01분

양력 3월 / 음력 01/22 – 02/22

양력	1	2	3	4	5	6	7	8	9	10	11	12	13	14	15	16	17	18	19	20	21	22	23	24	25	26	27	28	29	30	31
요일	목	금	토	일	월	화	수	목	금	토	일	월	화	수	목	금	토	일	월	화	수	목	금	토	일	월	화	수	목	금	토
일진 日辰	辛酉	壬戌	癸亥	甲子	乙丑	丙寅	丁卯	戊辰	己巳	庚午	辛未	壬申	癸酉	甲戌	乙亥	丙子	丁丑	戊寅	己卯	庚辰	辛巳	壬午	癸未	甲申	乙酉	丙戌	丁亥	戊子	己丑	庚寅	辛卯
납음		大海水		海中金		爐中火		大林木		路傍土		劍鋒金		山頭火		澗下水		城頭土		白臘金		楊柳木		井中水		屋上土		霹靂火		松柏木	
음력	22	23	24	25	26	27	28	29	30	2/1	2	3	4	5	6	7	8	9	10	11	12	13	14	15	16	17	18	19	20	21	22
구성	4	5	6	7	8	9	1	2	3	4	5	6	7	8	9	1	2	3	4	5	6	7	8	9	1	2	3	4	5	6	7
대운 남	8	9	9	9	10	경	1	1	1	1	2	2	2	3	3	3	4	4	4	5	춘	5	6	6	6	7	7	7	8	8	8
대운 여	2	1	1	1	1	칩	10	9	9	9	8	8	8	7	7	7	6	6	6	5	분	5	4	4	4	3	3	3	2	2	2

청명 5일 07시 52분 【음3월】 ➡ 【庚辰月(경진월)】 ☯六白星 곡우 20일 14시 18분

양력 4월 / 음력 02/23 – 03/23

양력	1	2	3	4	5	6	7	8	9	10	11	12	13	14	15	16	17	18	19	20	21	22	23	24	25	26	27	28	29	30
요일	일	월	화	수	목	금	토	일	월	화	수	목	금	토	일	월	화	수	목	금	토	일	월	화	수	목	금	토	일	월
일진 日辰	壬辰	癸巳	甲午	乙未	丙申	丁酉	戊戌	己亥	庚子	辛丑	壬寅	癸卯	甲辰	乙巳	丙午	丁未	戊申	己酉	庚戌	辛亥	壬子	癸丑	甲寅	乙卯	丙辰	丁巳	戊午	己未	庚申	辛酉
납음	長流水		沙中金		山下火		平地木		壁上土		金箔金		覆燈火		天河水		大驛土		釵釧金		桑柘木		大溪水		沙中土		天上火		石榴木	
음력	23	24	25	26	27	28	29	3/1	2	3	4	5	6	7	8	9	10	11	12	13	14	15	16	17	18	19	20	21	22	23
구성	8	9	1	2	3	4	5	6	7	8	9	1	2	3	4	5	6	7	8	9	1	2	3	4	5	6	7	8	9	1
대운 남	9	9	9	10	청	1	1	1	1	2	2	2	3	3	3	4	4	4	5	곡	5	6	6	6	7	7	7	8	8	8
대운 여	1	1	1	1	명	10	10	9	9	9	8	8	8	7	7	7	6	6	6	우	5	5	4	4	4	3	3	3	2	2

입하 6일 00시 54분 【음4월】 ➡ 【辛巳月(신사월)】 ☯五黃星 소만 21일 13시 42분

양력 5월 / 음력 03/24 – 04/24

양력	1	2	3	4	5	6	7	8	9	10	11	12	13	14	15	16	17	18	19	20	21	22	23	24	25	26	27	28	29	30	31
요일	화	수	목	금	토	일	월	화	수	목	금	토	일	월	화	수	목	금	토	일	월	화	수	목	금	토	일	월	화	수	목
일진 日辰	壬戌	癸亥	甲子	乙丑	丙寅	丁卯	戊辰	己巳	庚午	辛未	壬申	癸酉	甲戌	乙亥	丙子	丁丑	戊寅	己卯	庚辰	辛巳	壬午	癸未	甲申	乙酉	丙戌	丁亥	戊子	己丑	庚寅	辛卯	壬辰
납음	大海水		海中金		爐中火		大林木		路傍土		劍鋒金		山頭火		澗下水		城頭土		白臘金		楊柳木		井中水		屋上土		霹靂火		松柏木		
음력	24	25	26	27	28	29	30	4/1	2	3	4	5	6	7	8	9	10	11	12	13	14	15	16	17	18	19	20	21	22	23	24
구성	2	3	4	5	6	7	8	9	1	2	3	4	5	6	7	8	9	1	2	3	4	5	6	7	8	9	1	2	3	4	5
대운 남	9	9	9	10	10	입	1	1	1	1	2	2	2	3	3	3	4	4	4	5	소	5	6	6	6	7	7	7	8	8	8
대운 여	2	1	1	1	1	하	10	10	9	9	9	8	8	8	7	7	7	6	6	6	만	5	5	4	4	4	3	3	3	2	2

망종 6일 04시 49분 【음5월】 ➡ 【壬午月(임오월)】 ☯四綠星 하지 21일 21시 32분

양력 6월 / 음력 04/25 – 05/25

양력	1	2	3	4	5	6	7	8	9	10	11	12	13	14	15	16	17	18	19	20	21	22	23	24	25	26	27	28	29	30
요일	금	토	일	월	화	수	목	금	토	일	월	화	수	목	금	토	일	월	화	수	목	금	토	일	월	화	수	목	금	토
일진 日辰	癸巳	甲午	乙未	丙申	丁酉	戊戌	己亥	庚子	辛丑	壬寅	癸卯	甲辰	乙巳	丙午	丁未	戊申	己酉	庚戌	辛亥	壬子	癸丑	甲寅	乙卯	丙辰	丁巳	戊午	己未	庚申	辛酉	壬戌
납음		沙中金		山下火		平地木		壁上土		金箔金		覆燈火		天河水		大驛土		釵釧金		桑柘木		大溪水		沙中土		天上火		石榴木		
음력	25	26	27	28	29	5/1	2	3	4	5	6	7	8	9	10	11	12	13	14	15	16	17	18	19	20	21	22	23	24	25
구성	6	7	8	9	1	2	3	4	5	6	7	8	9	1	2	3	4	5	6	7	8	9	1	2	3	4	5	6	7	8
대운 남	9	9	9	10	10	망	1	1	1	1	2	2	2	3	3	3	4	4	4	5	하	5	6	6	6	7	7	7	8	8
대운 여	2	1	1	1	1	종	10	10	9	9	9	8	8	8	7	7	7	6	6	6	지	5	5	4	4	4	3	3	3	2

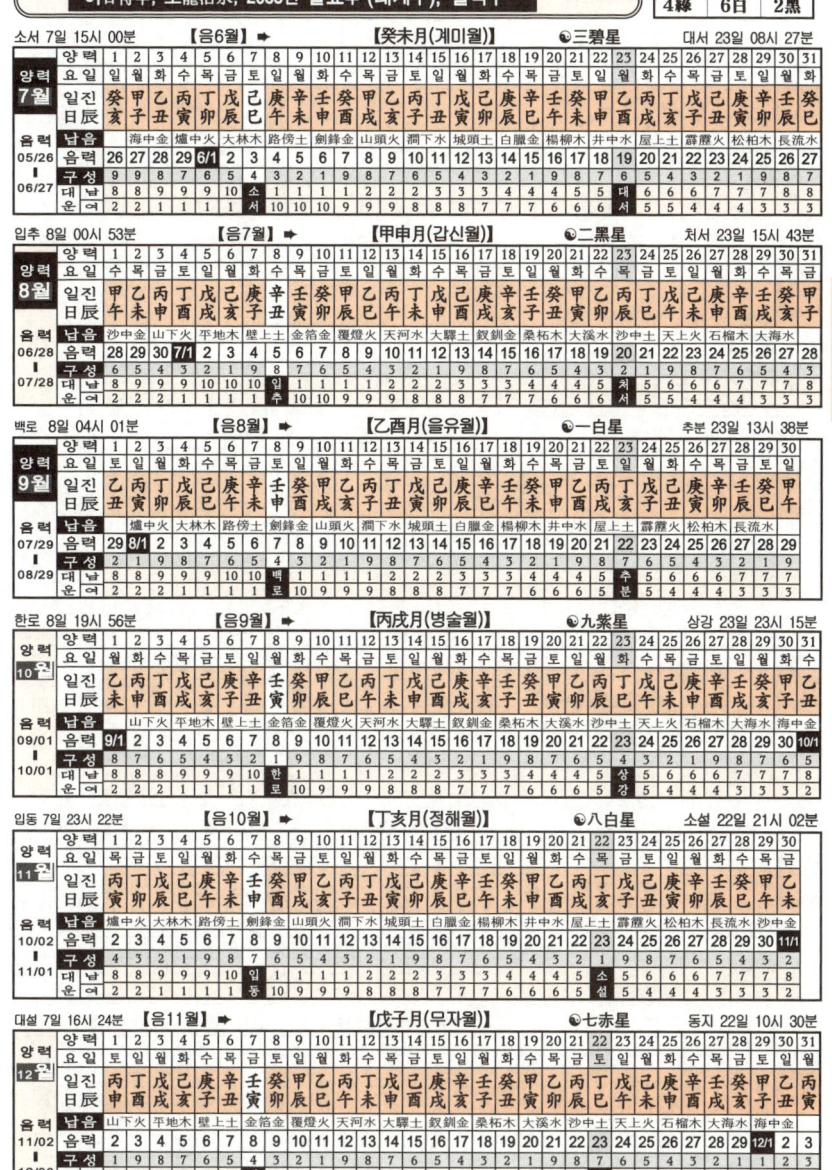

한식(4월06일), 초복(7월18일), 중복(7월28일), 말복(8월17일) ☂춘사(春社)3/18 ☀추사(秋社)9/24
토왕지절(土旺之節):4월17일,7월20일,10월20일,1월17일(음12/20)臘享(납향):2036년1월17일(음12/20)

이日得辛, 오龍治水, 2035년 을묘年 (대계수), 일백수

9紫	5黃	7赤
8白	1白	3碧
4綠	6白	2黑

2035 乙卯年

소서 7일 15시 00분 【음6월】 ➡ 【癸未月(계미월)】 ☯三碧星 대서 23일 08시 27분

양력 7월 / 음력 05/26 ~ 06/27

양력	1	2	3	4	5	6	7	8	9	10	11	12	13	14	15	16	17	18	19	20	21	22	23	24	25	26	27	28	29	30	31
요일	일	월	화	수	목	금	토	일	월	화	수	목	금	토	일	월	화	수	목	금	토	일	월	화	수	목	금	토	일	월	화
일진 日辰	癸亥	甲子	乙丑	丙寅	丁卯	戊辰	己巳	庚午	辛未	壬申	癸酉	甲戌	乙亥	丙子	丁丑	戊寅	己卯	庚辰	辛巳	壬午	癸未	甲申	乙酉	丙戌	丁亥	戊子	己丑	庚寅	辛卯	壬辰	癸巳
납음		海中金		爐中火		大林木		路傍土		劍鋒金		山頭火		澗下水		城頭土		白臘金		楊柳木		井中水		屋上土		霹靂火		松柏木		長流水	
음력	26	27	28	29	6/1	2	3	4	5	6	7	8	9	10	11	12	13	14	15	16	17	18	19	20	21	22	23	24	25	26	27
구성	9	9	8	7	6	5	4	3	2	1	9	8	7	6	5	4	3	2	1	9	8	7	6	5	4	3	2	1	9	8	7
대운 남	8	8	9	9	9	10	소	1	1	1	1	2	2	2	3	3	3	4	4	4	5	5	대	6	6	6	7	7	7	8	8
대운 여	2	2	1	1	1	1	서	10	10	10	9	9	9	8	8	8	7	7	7	6	6	6	서	5	5	4	4	4	3	3	3

입추 8일 00시 53분 【음7월】 ➡ 【甲申月(갑신월)】 ☯二黑星 처서 23일 15시 43분

양력 8월 / 음력 06/28 ~ 07/28

양력	1	2	3	4	5	6	7	8	9	10	11	12	13	14	15	16	17	18	19	20	21	22	23	24	25	26	27	28	29	30	31
요일	수	목	금	토	일	월	화	수	목	금	토	일	월	화	수	목	금	토	일	월	화	수	목	금	토	일	월	화	수	목	금
일진 日辰	甲午	乙未	丙申	丁酉	戊戌	己亥	庚子	辛丑	壬寅	癸卯	甲辰	乙巳	丙午	丁未	戊申	己酉	庚戌	辛亥	壬子	癸丑	甲寅	乙卯	丙辰	丁巳	戊午	己未	庚申	辛酉	壬戌	癸亥	甲子
납음	沙中金		山下火		平地木		壁上土		金箔金		覆燈火		天河水		大驛土		釵釧金		桑柘木		大溪水		沙中土		天上火		石榴木		大海水		
음력	28	29	30	7/1	2	3	4	5	6	7	8	9	10	11	12	13	14	15	16	17	18	19	20	21	22	23	24	25	26	27	28
구성	6	5	4	3	2	1	9	8	7	6	5	4	3	2	1	9	8	7	6	5	4	3	2	1	9	8	7	6	5	4	3
대운 남	8	9	9	9	10	10	10	입	1	1	1	1	2	2	2	3	3	3	4	4	4	5	처	5	6	6	6	7	7	7	8
대운 여	2	2	2	1	1	1	1	추	10	10	9	9	9	8	8	8	7	7	7	6	6	6	서	5	5	4	4	4	3	3	3

백로 8일 04시 01분 【음8월】 ➡ 【乙酉月(을유월)】 ☯一白星 추분 23일 13시 38분

양력 9월 / 음력 07/29 ~ 08/29

양력	1	2	3	4	5	6	7	8	9	10	11	12	13	14	15	16	17	18	19	20	21	22	23	24	25	26	27	28	29	30
요일	토	일	월	화	수	목	금	토	일	월	화	수	목	금	토	일	월	화	수	목	금	토	일	월	화	수	목	금	토	일
일진 日辰	乙丑	丙寅	丁卯	戊辰	己巳	庚午	辛未	壬申	癸酉	甲戌	乙亥	丙子	丁丑	戊寅	己卯	庚辰	辛巳	壬午	癸未	甲申	乙酉	丙戌	丁亥	戊子	己丑	庚寅	辛卯	壬辰	癸巳	甲午
납음		爐中火		大林木		路傍土		劍鋒金		山頭火		澗下水		城頭土		白臘金		楊柳木		井中水		屋上土		霹靂火		松柏木		長流水		
음력	29	8/1	2	3	4	5	6	7	8	9	10	11	12	13	14	15	16	17	18	19	20	21	22	23	24	25	26	27	28	29
구성	2	1	9	8	7	6	5	4	3	2	1	9	8	7	6	5	4	3	2	1	9	8	7	6	5	4	3	2	1	9
대운 남	8	8	9	9	9	10	10	백	1	1	1	1	2	2	2	3	3	3	4	4	4	5	추	5	6	6	6	7	7	7
대운 여	2	2	2	1	1	1	1	로	10	9	9	9	8	8	8	7	7	7	6	6	6	5	분	5	4	4	4	3	3	3

한로 8일 19시 56분 【음9월】 ➡ 【丙戌月(병술월)】 ☯九紫星 상강 23일 23시 15분

양력 10월 / 음력 09/01 ~ 10/01

양력	1	2	3	4	5	6	7	8	9	10	11	12	13	14	15	16	17	18	19	20	21	22	23	24	25	26	27	28	29	30	31
요일	월	화	수	목	금	토	일	월	화	수	목	금	토	일	월	화	수	목	금	토	일	월	화	수	목	금	토	일	월	화	수
일진 日辰	乙未	丙申	丁酉	戊戌	己亥	庚子	辛丑	壬寅	癸卯	甲辰	乙巳	丙午	丁未	戊申	己酉	庚戌	辛亥	壬子	癸丑	甲寅	乙卯	丙辰	丁巳	戊午	己未	庚申	辛酉	壬戌	癸亥	甲子	乙丑
납음		山下火		平地木		壁上土		金箔金		覆燈火		天河水		大驛土		釵釧金		桑柘木		大溪水		沙中土		天上火		石榴木		大海水		海中金	
음력	9/1	2	3	4	5	6	7	8	9	10	11	12	13	14	15	16	17	18	19	20	21	22	23	24	25	26	27	28	29	30	10/1
구성	8	7	6	5	4	3	2	1	9	8	7	6	5	4	3	2	1	9	8	7	6	5	4	3	2	1	9	8	7	6	5
대운 남	8	8	8	9	9	9	10	한	1	1	1	1	2	2	2	3	3	3	4	4	4	5	상	5	6	6	6	7	7	7	8
대운 여	2	2	2	1	1	1	1	로	10	9	9	9	8	8	8	7	7	7	6	6	6	5	강	5	4	4	4	3	3	3	2

입동 7일 23시 22분 【음10월】 ➡ 【丁亥月(정해월)】 ☯八白星 소설 22일 21시 02분

양력 11월 / 음력 10/02 ~ 11/01

양력	1	2	3	4	5	6	7	8	9	10	11	12	13	14	15	16	17	18	19	20	21	22	23	24	25	26	27	28	29	30
요일	목	금	토	일	월	화	수	목	금	토	일	월	화	수	목	금	토	일	월	화	수	목	금	토	일	월	화	수	목	금
일진 日辰	丙寅	丁卯	戊辰	己巳	庚午	辛未	壬申	癸酉	甲戌	乙亥	丙子	丁丑	戊寅	己卯	庚辰	辛巳	壬午	癸未	甲申	乙酉	丙戌	丁亥	戊子	己丑	庚寅	辛卯	壬辰	癸巳	甲午	乙未
납음	爐中火		大林木		路傍土		劍鋒金		山頭火		澗下水		城頭土		白臘金		楊柳木		井中水		屋上土		霹靂火		松柏木		長流水		沙中金	
음력	2	3	4	5	6	7	8	9	10	11	12	13	14	15	16	17	18	19	20	21	22	23	24	25	26	27	28	29	30	11/1
구성	4	3	2	1	9	8	7	6	5	4	3	2	1	9	8	7	6	5	4	3	2	1	9	8	7	6	5	4	3	2
대운 남	8	8	9	9	9	10	입	1	1	1	1	2	2	2	3	3	3	4	4	4	5	소	5	6	6	6	7	7	7	8
대운 여	2	2	1	1	1	1	동	10	9	9	9	8	8	8	7	7	7	6	6	6	5	설	5	4	4	4	3	3	3	2

대설 7일 16시 24분 【음11월】 ➡ 【戊子月(무자월)】 ☯七赤星 동지 22일 10시 30분

양력 12월 / 음력 11/02 ~ 12/03

양력	1	2	3	4	5	6	7	8	9	10	11	12	13	14	15	16	17	18	19	20	21	22	23	24	25	26	27	28	29	30	31
요일	토	일	월	화	수	목	금	토	일	월	화	수	목	금	토	일	월	화	수	목	금	토	일	월	화	수	목	금	토	일	월
일진 日辰	丙申	丁酉	戊戌	己亥	庚子	辛丑	壬寅	癸卯	甲辰	乙巳	丙午	丁未	戊申	己酉	庚戌	辛亥	壬子	癸丑	甲寅	乙卯	丙辰	丁巳	戊午	己未	庚申	辛酉	壬戌	癸亥	甲子	乙丑	丙寅
납음	山下火		平地木		壁上土		金箔金		覆燈火		天河水		大驛土		釵釧金		桑柘木		大溪水		沙中土		天上火		石榴木		大海水		海中金		
음력	2	3	4	5	6	7	8	9	10	11	12	13	14	15	16	17	18	19	20	21	22	23	24	25	26	27	28	29	12/1	2	3
구성	1	9	8	7	6	5	4	3	2	1	9	8	7	6	5	4	3	2	1	9	8	7	6	5	4	3	2	1	1	2	3
대운 남	8	8	9	9	9	10	대	1	1	1	1	2	2	2	3	3	3	4	4	4	5	동	5	6	6	6	7	7	7	8	8
대운 여	2	2	1	1	1	1	설	10	9	9	9	8	8	8	7	7	7	6	6	6	5	지	5	4	4	4	3	3	3	2	2

단기 4369 年
불기 2580 年

2036년 下元 丙辰年 납음(沙中土),본명성(九紫火)

대장군(子북방), 삼살(남방), 상문(午남방),조객(寅동북방), 납음(사중토), 【삼재(인,묘,진)년】 臘享(납향):2037년1월23일(음12/08)

용

소한 6일 03시 42분 【음12월】 ➡ 【己丑月(기축월)】 ◐六白星 대한 20일 21시 10분

양력 1월 (음력 12/04 ~ 01/04)

양력	1	2	3	4	5	6	7	8	9	10	11	12	13	14	15	16	17	18	19	20	21	22	23	24	25	26	27	28	29	30	31
요일	화	수	목	금	토	일	월	화	수	목	금	토	일	월	화	수	목	금	토	일	월	화	수	목	금	토	일	월	화	수	목
일진 日辰	丁卯	戊辰	己巳	庚午	辛未	壬申	癸酉	甲戌	乙亥	丙子	丁丑	戊寅	己卯	庚辰	辛巳	壬午	癸未	甲申	乙酉	丙戌	丁亥	戊子	己丑	庚寅	辛卯	壬辰	癸巳	甲午	乙未	丙申	丁酉
납음		大林木		路傍土		劍鋒金		山頭火		澗下水		城頭土		白臘金		楊柳木		井中水		屋上土		霹靂火		松柏木		長流水		沙中金		山下火	
음력	4	5	6	7	8	9	10	11	12	13	14	15	16	17	18	19	20	21	22	23	24	25	26	27	28	29	30	1/1	2	3	4
구성	4	5	6	7	8	9	1	2	3	4	5	6	7	8	9	1	2	3	4	5	6	7	8	9	1	2	3	4	5	6	7
대운 남	8	9	9	9	10	소	1	1	1	1	2	2	2	3	3	3	4	4	4	대	5	5	6	6	6	7	7	7	8	8	8
대운 여	2	1	1	1	1	한	9	9	9	8	8	8	7	7	7	6	6	6	5	한	5	4	4	4	3	3	3	2	2	2	1

입춘 4일 15시 19분 【음1월】 ➡ 【庚寅月(경인월)】 ◐五黃星 우수 19일 11시 13분

양력 2월 (음력 01/05 ~ 02/03)

양력	1	2	3	4	5	6	7	8	9	10	11	12	13	14	15	16	17	18	19	20	21	22	23	24	25	26	27	28	29
요일	금	토	일	월	화	수	목	금	토	일	월	화	수	목	금	토	일	월	화	수	목	금	토	일	월	화	수	목	금
일진 日辰	戊戌	己亥	庚子	辛丑	壬寅	癸卯	甲辰	乙巳	丙午	丁未	戊申	己酉	庚戌	辛亥	壬子	癸丑	甲寅	乙卯	丙辰	丁巳	戊午	己未	庚申	辛酉	壬戌	癸亥	甲子	乙丑	丙寅
납음	平地木		壁上土		金箔金		覆燈火		天河水		大驛土		釵釧金		桑柘木		大溪水		沙中土		天上火		石榴木		大海水		海中金		
음력	5	6	7	8	9	10	11	12	13	14	15	16	17	18	19	20	21	22	23	24	25	26	27	28	29	30	2/1	2	3
구성	8	9	1	2	3	4	5	6	7	8	9	1	2	3	4	5	6	7	8	9	1	2	3	4	5	6	7	8	9
대운 남	9	9	9	입	10	9	9	9	8	8	8	7	7	7	6	6	6	5	우	5	4	4	4	3	3	3	2	2	2
대운 여	1	1	1	춘	1	1	1	1	2	2	2	3	3	3	4	4	4	5	수	5	6	6	6	7	7	7	8	8	8

丙辰年

경칩 5일 09시 10분 【음2월】 ➡ 【辛卯月(신묘월)】 ◐四綠星 춘분 20일 10시 01분

양력 3월 (음력 02/04 ~ 03/04)

양력	1	2	3	4	5	6	7	8	9	10	11	12	13	14	15	16	17	18	19	20	21	22	23	24	25	26	27	28	29	30	31
요일	토	일	월	화	수	목	금	토	일	월	화	수	목	금	토	일	월	화	수	목	금	토	일	월	화	수	목	금	토	일	월
일진 日辰	丁卯	戊辰	己巳	庚午	辛未	壬申	癸酉	甲戌	乙亥	丙子	丁丑	戊寅	己卯	庚辰	辛巳	壬午	癸未	甲申	乙酉	丙戌	丁亥	戊子	己丑	庚寅	辛卯	壬辰	癸巳	甲午	乙未	丙申	丁酉
납음		大林木		路傍土		劍鋒金		山頭火		澗下水		城頭土		白臘金		楊柳木		井中水		屋上土		霹靂火		松柏木		長流水		沙中金		山下火	
음력	4	5	6	7	8	9	10	11	12	13	14	15	16	17	18	19	20	21	22	23	24	25	26	27	28	29	30	3/1	2	3	4
구성	1	2	3	4	5	6	7	8	9	1	2	3	4	5	6	7	8	9	1	2	3	4	5	6	7	8	9	1	2	3	4
대운 남	1	1	1	1	경	10	9	9	9	8	8	8	7	7	7	6	6	6	5	춘	5	4	4	4	3	3	3	2	2	2	1
대운 여	9	9	9	10	칩	1	1	1	1	2	2	2	3	3	3	4	4	4	5	분	5	6	6	6	7	7	7	8	8	8	9

청명 4일 13시 45분 【음3월】 ➡ 【壬辰月(임진월)】 ◐三碧星 곡우 19일 20시 49분

양력 4월 (음력 03/05 ~ 04/05)

양력	1	2	3	4	5	6	7	8	9	10	11	12	13	14	15	16	17	18	19	20	21	22	23	24	25	26	27	28	29	30
요일	화	수	목	금	토	일	월	화	수	목	금	토	일	월	화	수	목	금	토	일	월	화	수	목	금	토	일	월	화	수
일진 日辰	戊戌	己亥	庚子	辛丑	壬寅	癸卯	甲辰	乙巳	丙午	丁未	戊申	己酉	庚戌	辛亥	壬子	癸丑	甲寅	乙卯	丙辰	丁巳	戊午	己未	庚申	辛酉	壬戌	癸亥	甲子	乙丑	丙寅	丁卯
납음	平地木		壁上土		金箔金		覆燈火		天河水		大驛土		釵釧金		桑柘木		大溪水		沙中土		天上火		石榴木		大海水		海中金		爐中火	
음력	5	6	7	8	9	10	11	12	13	14	15	16	17	18	19	20	21	22	23	24	25	26	27	28	29	4/1	2	3	4	5
구성	5	6	7	8	9	1	2	3	4	5	6	7	8	9	1	2	3	4	5	6	7	8	9	1	2	3	4	5	6	7
대운 남	1	1	1	청	10	10	9	9	9	8	8	8	7	7	7	6	6	6	곡	5	5	4	4	4	3	3	3	2	2	2
대운 여	9	9	10	명	1	1	1	1	2	2	2	3	3	3	4	4	4	5	우	5	6	6	6	7	7	7	8	8	8	9

입하 5일 06시 48분 【음4월】 ➡ 【癸巳月(계사월)】 ◐二黑星 소만 20일 19시 43분

양력 5월 (음력 04/06 ~ 05/06)

양력	1	2	3	4	5	6	7	8	9	10	11	12	13	14	15	16	17	18	19	20	21	22	23	24	25	26	27	28	29	30	31
요일	목	금	토	일	월	화	수	목	금	토	일	월	화	수	목	금	토	일	월	화	수	목	금	토	일	월	화	수	목	금	토
일진 日辰	戊辰	己巳	庚午	辛未	壬申	癸酉	甲戌	乙亥	丙子	丁丑	戊寅	己卯	庚辰	辛巳	壬午	癸未	甲申	乙酉	丙戌	丁亥	戊子	己丑	庚寅	辛卯	壬辰	癸巳	甲午	乙未	丙申	丁酉	戊戌
납음	大林木		路傍土		劍鋒金		山頭火		澗下水		城頭土		白臘金		楊柳木		井中水		屋上土		霹靂火		松柏木		長流水		沙中金		山下火		
음력	6	7	8	9	10	11	12	13	14	15	16	17	18	19	20	21	22	23	24	25	26	27	28	29	30	5/1	2	3	4	5	6
구성	8	9	1	2	3	4	5	6	7	8	9	1	2	3	4	5	6	7	8	9	1	2	3	4	5	6	7	8	9	1	2
대운 남	1	1	1	1	입	10	10	10	9	9	9	8	8	8	7	7	7	6	6	소	5	5	5	4	4	4	3	3	3	2	2
대운 여	9	9	10	10	하	1	1	1	1	2	2	2	3	3	3	4	4	4	5	만	5	6	6	6	7	7	7	8	8	8	9

망종 6일 10시 46분 【음5월】 ➡ 【甲午月(갑오월)】 ◐一白星 하지 21일 03시 31분

양력 6월 (음력 05/07 ~ 06/07)

양력	1	2	3	4	5	6	7	8	9	10	11	12	13	14	15	16	17	18	19	20	21	22	23	24	25	26	27	28	29	30
요일	일	월	화	수	목	금	토	일	월	화	수	목	금	토	일	월	화	수	목	금	토	일	월	화	수	목	금	토	일	월
일진 日辰	己亥	庚子	辛丑	壬寅	癸卯	甲辰	乙巳	丙午	丁未	戊申	己酉	庚戌	辛亥	壬子	癸丑	甲寅	乙卯	丙辰	丁巳	戊午	己未	庚申	辛酉	壬戌	癸亥	甲子	乙丑	丙寅	丁卯	戊辰
납음		壁上土		金箔金		覆燈火		天河水		大驛土		釵釧金		桑柘木		大溪水		沙中土		天上火		石榴木		大海水		海中金		爐中火		
음력	7	8	9	10	11	12	13	14	15	16	17	18	19	20	21	22	23	24	25	26	27	28	29	6/1	2	3	4	5	6	7
구성	3	4	5	6	7	8	9	1	2	3	4	5	6	7	8	9	1	2	3	4	5	6	7	8	9	9	8	7	6	5
대운 남	2	1	1	1	1	망	10	9	9	9	8	8	8	7	7	7	6	6	6	5	하	5	4	4	4	3	3	3	2	2
대운 여	9	9	10	10	10	종	1	1	1	1	2	2	2	3	3	3	4	4	4	5	지	5	6	6	6	7	7	7	8	8

한식(4월05일), 초복(7월12일), 중복(7월22일), 말복(8월11일) ☂춘사(春社)3/22 ☀추사(秋社)9/18
토왕지절(土旺之節):4월16일,7월19일,10월20일,1월17일(음12/02)臘享(납향):2037년1월23일(음12/08)

八日得辛, 十一龍治水, 2036년 병진年 (사중토), 구자화

8白	4綠	6白
7赤	9紫	2黑
3碧	5黃	1白

2036 丙辰年

소서 6일 20시 56분 【음6월】 ➡ 【乙未月(을미월)】 ☯九紫星 대서 22일 14시 21분

양력 7월 / 음력 06/08 ~ 윤609

양력	1	2	3	4	5	6	7	8	9	10	11	12	13	14	15	16	17	18	19	20	21	22	23	24	25	26	27	28	29	30	31
요일	화	수	목	금	토	일	월	화	수	목	금	토	일	월	화	수	목	금	토	일	월	화	수	목	금	토	일	월	화	수	목
일진 日辰	己巳	庚午	辛未	壬申	癸酉	甲戌	乙亥	丙子	丁丑	戊寅	己卯	庚辰	辛巳	壬午	癸未	甲申	乙酉	丙戌	丁亥	戊子	己丑	庚寅	辛卯	壬辰	癸巳	甲午	乙未	丙申	丁酉	戊戌	己亥
납음		路傍土		劍鋒金		山頭火		澗下水		城頭土		白臘金		楊柳木		井中水		屋上土		霹靂火		松柏木		長流水		沙中金		山下火		平地木	
음력	8	9	10	11	12	13	14	15	16	17	18	19	20	21	22	23	24	25	26	27	28	29	윤6	2	3	4	5	6	7	8	9
구성	4	3	2	1	9	8	7	6	5	4	3	2	1	9	8	7	6	5	4	3	2	1	9	8	7	6	5	4	3	2	1
대운 남	2	1	1	1	1	소	10	10	10	9	9	9	8	8	8	7	7	7	6	6	6	대	5	5	4	4	4	3	3	3	2
대운 여	8	9	9	9	10	서	1	1	1	1	2	2	2	3	3	3	4	4	4	5	5	서	6	6	6	7	7	7	8	8	8

입추 7일 06시 48분 【음7월】 ➡ 【丙申月(병신월)】 ☯八白星 처서 22일 21시 31분

양력 8월 / 음력 윤610 ~ 07/10

양력	1	2	3	4	5	6	7	8	9	10	11	12	13	14	15	16	17	18	19	20	21	22	23	24	25	26	27	28	29	30	31
요일	금	토	일	월	화	수	목	금	토	일	월	화	수	목	금	토	일	월	화	수	목	금	토	일	월	화	수	목	금	토	일
일진 日辰	庚子	辛丑	壬寅	癸卯	甲辰	乙巳	丙午	丁未	戊申	己酉	庚戌	辛亥	壬子	癸丑	甲寅	乙卯	丙辰	丁巳	戊午	己未	庚申	辛酉	壬戌	癸亥	甲子	乙丑	丙寅	丁卯	戊辰	己巳	庚午
납음	壁上土		金箔金		覆燈火		天河水		大驛土		釵釧金		桑柘木		大溪水		沙中土		天上火		石榴木		大海水		海中金		爐中火		大林木		
음력	10	11	12	13	14	15	16	17	18	19	20	21	22	23	24	25	26	27	28	29	30	7/1	2	3	4	5	6	7	8	9	10
구성	9	8	7	6	5	4	3	2	1	9	8	7	6	5	4	3	2	1	9	8	7	6	5	4	3	2	1	9	8	7	6
대운 남	2	2	1	1	1	1	입	10	10	9	9	9	8	8	8	7	7	7	6	6	6	처	5	5	4	4	4	3	3	3	2
대운 여	9	9	9	10	10	10	추	1	1	1	1	2	2	2	3	3	3	4	4	4	5	서	5	6	6	6	7	7	7	8	8

백로 7일 09시 54분 【음8월】 ➡ 【丁酉月(정유월)】 ☯七赤星 추분 22일 19시 22분

양력 9월 / 음력 07/11 ~ 08/11

양력	1	2	3	4	5	6	7	8	9	10	11	12	13	14	15	16	17	18	19	20	21	22	23	24	25	26	27	28	29	30
요일	월	화	수	목	금	토	일	월	화	수	목	금	토	일	월	화	수	목	금	토	일	월	화	수	목	금	토	일	월	화
일진 日辰	辛未	壬申	癸酉	甲戌	乙亥	丙子	丁丑	戊寅	己卯	庚辰	辛巳	壬午	癸未	甲申	乙酉	丙戌	丁亥	戊子	己丑	庚寅	辛卯	壬辰	癸巳	甲午	乙未	丙申	丁酉	戊戌	己亥	庚子
납음		劍鋒金		山頭火		澗下水		城頭土		白臘金		楊柳木		井中水		屋上土		霹靂火		松柏木		長流水		沙中金		山下火		平地木		
음력	11	12	13	14	15	16	17	18	19	20	21	22	23	24	25	26	27	28	29	8/1	2	3	4	5	6	7	8	9	10	11
구성	5	4	3	2	1	9	8	7	6	5	4	3	2	1	9	8	7	6	5	4	3	2	1	9	8	7	6	5	4	3
대운 남	2	2	1	1	1	1	백	10	10	9	9	9	8	8	8	7	7	7	6	6	6	추	5	5	4	4	4	3	3	3
대운 여	9	9	9	10	10	10	로	1	1	1	1	2	2	2	3	3	3	4	4	4	5	분	5	6	6	6	7	7	7	8

한로 8일 01시 48분 【음9월】 ➡ 【戊戌月(무술월)】 ☯六白星 상강 23일 04시 57분

양력 10월 / 음력 08/12 ~ 09/13

양력	1	2	3	4	5	6	7	8	9	10	11	12	13	14	15	16	17	18	19	20	21	22	23	24	25	26	27	28	29	30	31
요일	수	목	금	토	일	월	화	수	목	금	토	일	월	화	수	목	금	토	일	월	화	수	목	금	토	일	월	화	수	목	금
일진 日辰	辛丑	壬寅	癸卯	甲辰	乙巳	丙午	丁未	戊申	己酉	庚戌	辛亥	壬子	癸丑	甲寅	乙卯	丙辰	丁巳	戊午	己未	庚申	辛酉	壬戌	癸亥	甲子	乙丑	丙寅	丁卯	戊辰	己巳	庚午	辛未
납음		金箔金		覆燈火		天河水		大驛土		釵釧金		桑柘木		大溪水		沙中土		天上火		石榴木		大海水		海中金		爐中火		大林木		路傍土	
음력	12	13	14	15	16	17	18	19	20	21	22	23	24	25	26	27	28	29	9/1	2	3	4	5	6	7	8	9	10	11	12	13
구성	2	1	9	8	7	6	5	4	3	2	1	9	8	7	6	5	4	3	2	1	9	8	7	6	5	4	3	2	1	9	8
대운 남	2	2	2	1	1	1	1	한	10	9	9	9	8	8	8	7	7	7	6	6	6	5	상	5	4	4	4	3	3	3	2
대운 여	8	8	9	9	9	10	10	로	1	1	1	1	2	2	2	3	3	3	4	4	4	5	강	5	6	6	6	7	7	7	8

입동 7일 05시 13분 【음10월】 ➡ 【己亥月(기해월)】 ☯五黃星 소설 22일 02시 44분

양력 11월 / 음력 09/14 ~ 10/13

양력	1	2	3	4	5	6	7	8	9	10	11	12	13	14	15	16	17	18	19	20	21	22	23	24	25	26	27	28	29	30
요일	토	일	월	화	수	목	금	토	일	월	화	수	목	금	토	일	월	화	수	목	금	토	일	월	화	수	목	금	토	일
일진 日辰	壬申	癸酉	甲戌	乙亥	丙子	丁丑	戊寅	己卯	庚辰	辛巳	壬午	癸未	甲申	乙酉	丙戌	丁亥	戊子	己丑	庚寅	辛卯	壬辰	癸巳	甲午	乙未	丙申	丁酉	戊戌	己亥	庚子	辛丑
납음	劍鋒金		山頭火		澗下水		城頭土		白臘金		楊柳木		井中水		屋上土		霹靂火		松柏木		長流水		沙中金		山下火		平地木		壁上土	
음력	14	15	16	17	18	19	20	21	22	23	24	25	26	27	28	29	30	10/1	2	3	4	5	6	7	8	9	10	11	12	13
구성	7	6	5	4	3	2	1	9	8	7	6	5	4	3	2	1	9	8	7	6	5	4	3	2	1	9	8	7	6	5
대운 남	2	2	1	1	1	1	입	9	9	9	8	8	8	7	7	7	6	6	6	5	5	소	4	4	4	3	3	3	2	2
대운 여	8	8	9	9	9	10	동	1	1	1	1	2	2	2	3	3	3	4	4	4	5	설	5	6	6	6	7	7	7	8

대설 6일 22시 15분 【음11월】 ➡ 【庚子月(경자월)】 ☯四綠星 동지 21일 16시 11분

양력 12월 / 음력 10/14 ~ 11/15

양력	1	2	3	4	5	6	7	8	9	10	11	12	13	14	15	16	17	18	19	20	21	22	23	24	25	26	27	28	29	30	31
요일	월	화	수	목	금	토	일	월	화	수	목	금	토	일	월	화	수	목	금	토	일	월	화	수	목	금	토	일	월	화	수
일진 日辰	壬寅	癸卯	甲辰	乙巳	丙午	丁未	戊申	己酉	庚戌	辛亥	壬子	癸丑	甲寅	乙卯	丙辰	丁巳	戊午	己未	庚申	辛酉	壬戌	癸亥	甲子	乙丑	丙寅	丁卯	戊辰	己巳	庚午	辛未	壬申
납음	金箔金		覆燈火		天河水		大驛土		釵釧金		桑柘木		大溪水		沙中土		天上火		石榴木		大海水		海中金		爐中火		大林木		路傍土		
음력	14	15	16	17	18	19	20	21	22	23	24	25	26	27	28	29	11/1	2	3	4	5	6	7	8	9	10	11	12	13	14	15
구성	4	3	2	1	9	8	7	6	5	4	3	2	1	9	8	7	6	5	4	3	2	1	1	2	3	4	5	6	7	8	9
대운 남	2	1	1	1	1	대	10	9	9	9	8	8	8	7	7	7	6	6	6	5	동	5	4	4	4	3	3	3	2	2	2
대운 여	8	8	9	9	9	설	1	1	1	1	2	2	2	3	3	3	4	4	4	5	지	5	6	6	6	7	7	7	8	8	8

단기 4370 年	2037년	下元 丁巳年 납음(沙中土),본명성(八白土)	뱀
불기 2581 年		대장군(卯동방), 삼살(동방), 상문(未서남방), 조객(卯동방),납음(사중토),【삼재(해,자,축)년】臘享(납향):2038년1월18일(음12/14)	

소한 5일 09시 33분 【음12월】 ➡ 【辛丑月(신축월)】 ☯三碧星 대한 20일 02시 52분

양력 1월 / 음력 11/16 ~ 12/16

양력	1	2	3	4	5	6	7	8	9	10	11	12	13	14	15	16	17	18	19	20	21	22	23	24	25	26	27	28	29	30	31
요일	목	금	토	일	월	화	수	목	금	토	일	월	화	수	목	금	토	일	월	화	수	목	금	토	일	월	화	수	목	금	토
일진 日辰	癸酉	甲戌	乙亥	丙子	丁丑	戊寅	己卯	庚辰	辛巳	壬午	癸未	甲申	乙酉	丙戌	丁亥	戊子	己丑	庚寅	辛卯	壬辰	癸巳	甲午	乙未	丙申	丁酉	戊戌	己亥	庚子	辛丑	壬寅	癸卯
납음		山頭火		澗下水		城頭土		白臘金		楊柳木		井中水		屋上土		霹靂火		松柏木		長流水		沙中金		山下火		平地木		壁上土		金箔金	
음력	16	17	18	19	20	21	22	23	24	25	26	27	28	29	30	12/1	2	3	4	5	6	7	8	9	10	11	12	13	14	15	16
구성	1	2	3	4	5	6	7	8	9	1	2	3	4	5	6	7	8	9	1	2	3	4	5	6	7	8	9	1	2	3	4
대운 남	1	1	1	1	소	9	9	9	8	8	8	7	7	7	6	6	6	5	5	대	4	4	4	3	3	3	2	2	2	1	1
대운 여	9	9	9	10	한	1	1	1	1	2	2	2	3	3	3	4	4	4	5	한	5	6	6	6	7	7	7	8	8	8	9

입춘 3일 21시 10분 【음1월】 ➡ 【壬寅月(임인월)】 ☯二黑星 우수 18일 16시 57분

양력 2월 / 음력 12/17 ~ 01/14

양력	1	2	3	4	5	6	7	8	9	10	11	12	13	14	15	16	17	18	19	20	21	22	23	24	25	26	27	28
요일	일	월	화	수	목	금	토	일	월	화	수	목	금	토	일	월	화	수	목	금	토	일	월	화	수	목	금	토
일진 日辰	甲辰	乙巳	丙午	丁未	戊申	己酉	庚戌	辛亥	壬子	癸丑	甲寅	乙卯	丙辰	丁巳	戊午	己未	庚申	辛酉	壬戌	癸亥	甲子	乙丑	丙寅	丁卯	戊辰	己巳	庚午	辛未
납음	覆燈火		天河水		大驛土		釵釧金		桑柘木		大溪水		沙中土		天上火		石榴木		大海水		海中金		爐中火		大林木		路傍土	
음력	17	18	19	20	21	22	23	24	25	26	27	28	29	30	1/1	2	3	4	5	6	7	8	9	10	11	12	13	14
구성	5	6	7	8	9	1	2	3	4	5	6	7	8	9	1	2	3	4	5	6	7	8	9	1	2	3	4	5
대운 남	1	1	입	1	1	1	1	2	2	2	3	3	3	4	4	4	5	우	5	6	6	6	7	7	7	8	8	8
대운 여	9	9	춘	10	9	9	9	8	8	8	7	7	7	6	6	6	5	수	5	4	4	4	3	3	3	2	2	2

丁巳年

경칩 5일 15시 05분 【음2월】 ➡ 【癸卯月(계묘월)】 ☯一白星 춘분 20일 15시 49분

양력 3월 / 음력 01/15 ~ 02/15

양력	1	2	3	4	5	6	7	8	9	10	11	12	13	14	15	16	17	18	19	20	21	22	23	24	25	26	27	28	29	30	31
요일	일	월	화	수	목	금	토	일	월	화	수	목	금	토	일	월	화	수	목	금	토	일	월	화	수	목	금	토	일	월	화
일진 日辰	壬申	癸酉	甲戌	乙亥	丙子	丁丑	戊寅	己卯	庚辰	辛巳	壬午	癸未	甲申	乙酉	丙戌	丁亥	戊子	己丑	庚寅	辛卯	壬辰	癸巳	甲午	乙未	丙申	丁酉	戊戌	己亥	庚子	辛丑	壬寅
납음	劍鋒金		山頭火		澗下水		城頭土		白臘金		楊柳木		井中水		屋上土		霹靂火		松柏木		長流水		沙中金		山下火		平地木		壁上土		
음력	15	16	17	18	19	20	21	22	23	24	25	26	27	28	29	30	2/1	2	3	4	5	6	7	8	9	10	11	12	13	14	15
구성	6	7	8	9	1	2	3	4	5	6	7	8	9	1	2	3	4	5	6	7	8	9	1	2	3	4	5	6	7	8	9
대운 남	9	9	9	10	경	1	1	1	1	2	2	2	3	3	3	4	4	4	5	춘	5	6	6	6	7	7	7	8	8	8	9
대운 여	1	1	1	1	칩	10	9	9	9	8	8	8	7	7	7	6	6	6	5	분	5	4	4	4	3	3	3	2	2	2	1

청명 4일 19시 43분 【음3월】 ➡ 【甲辰月(갑진월)】 ☯九紫星 곡우 20일 02시 39분

양력 4월 / 음력 02/16 ~ 03/15

양력	1	2	3	4	5	6	7	8	9	10	11	12	13	14	15	16	17	18	19	20	21	22	23	24	25	26	27	28	29	30
요일	수	목	금	토	일	월	화	수	목	금	토	일	월	화	수	목	금	토	일	월	화	수	목	금	토	일	월	화	수	목
일진 日辰	癸卯	甲辰	乙巳	丙午	丁未	戊申	己酉	庚戌	辛亥	壬子	癸丑	甲寅	乙卯	丙辰	丁巳	戊午	己未	庚申	辛酉	壬戌	癸亥	甲子	乙丑	丙寅	丁卯	戊辰	己巳	庚午	辛未	壬申
납음		覆燈火		天河水		大驛土		釵釧金		桑柘木		大溪水		沙中土		天上火		石榴木		大海水		海中金		爐中火		大林木		路傍土		
음력	16	17	18	19	20	21	22	23	24	25	26	27	28	29	30	3/1	2	3	4	5	6	7	8	9	10	11	12	13	14	15
구성	1	2	3	4	5	6	7	8	9	1	2	3	4	5	6	7	8	9	1	2	3	4	5	6	7	8	9	1	2	3
대운 남	9	9	10	청	1	1	1	1	2	2	2	3	3	3	4	4	4	5	5	곡	6	6	6	7	7	7	8	8	8	9
대운 여	1	1	1	명	10	10	9	9	9	8	8	8	7	7	7	6	6	6	5	우	5	4	4	4	3	3	3	2	2	2

입하 5일 12시 48분 【음4월】 ➡ 【乙巳月(을사월)】 ☯八白星 소만 21일 01시 34분

양력 5월 / 음력 03/16 ~ 04/17

양력	1	2	3	4	5	6	7	8	9	10	11	12	13	14	15	16	17	18	19	20	21	22	23	24	25	26	27	28	29	30	31
요일	금	토	일	월	화	수	목	금	토	일	월	화	수	목	금	토	일	월	화	수	목	금	토	일	월	화	수	목	금	토	일
일진 日辰	癸酉	甲戌	乙亥	丙子	丁丑	戊寅	己卯	庚辰	辛巳	壬午	癸未	甲申	乙酉	丙戌	丁亥	戊子	己丑	庚寅	辛卯	壬辰	癸巳	甲午	乙未	丙申	丁酉	戊戌	己亥	庚子	辛丑	壬寅	癸卯
납음		山頭火		澗下水		城頭土		白臘金		楊柳木		井中水		屋上土		霹靂火		松柏木		長流水		沙中金		山下火		平地木		壁上土		金箔金	
음력	16	17	18	19	20	21	22	23	24	25	26	27	28	29	4/1	2	3	4	5	6	7	8	9	10	11	12	13	14	15	16	17
구성	4	5	6	7	8	9	1	2	3	4	5	6	7	8	9	1	2	3	4	5	6	7	8	9	1	2	3	4	5	6	7
대운 남	9	9	10	10	입	1	1	1	1	2	2	2	3	3	3	4	4	4	5	5	소	6	6	6	7	7	7	8	8	8	9
대운 여	1	1	1	1	하	10	10	9	9	9	8	8	8	7	7	7	6	6	6	5	만	5	4	4	4	3	3	3	2	2	2

망종 5일 16시 45분 【음5월】 ➡ 【丙午月(병오월)】 ☯七赤星 하지 21일 09시 21분

양력 6월 / 음력 04/18 ~ 05/17

양력	1	2	3	4	5	6	7	8	9	10	11	12	13	14	15	16	17	18	19	20	21	22	23	24	25	26	27	28	29	30
요일	월	화	수	목	금	토	일	월	화	수	목	금	토	일	월	화	수	목	금	토	일	월	화	수	목	금	토	일	월	화
일진 日辰	甲辰	乙巳	丙午	丁未	戊申	己酉	庚戌	辛亥	壬子	癸丑	甲寅	乙卯	丙辰	丁巳	戊午	己未	庚申	辛酉	壬戌	癸亥	甲子	乙丑	丙寅	丁卯	戊辰	己巳	庚午	辛未	壬申	癸酉
납음	覆燈火		天河水		大驛土		釵釧金		桑柘木		大溪水		沙中土		天上火		石榴木		大海水		海中金		爐中火		大林木		路傍土		劍鋒金	
음력	18	19	20	21	22	23	24	25	26	27	28	29	30	5/1	2	3	4	5	6	7	8	9	10	11	12	13	14	15	16	17
구성	8	9	1	2	3	4	5	6	7	8	9	1	2	3	4	5	6	7	8	9	9	8	7	6	5	4	3	2	1	9
대운 남	9	9	10	10	망	1	1	1	1	2	2	2	3	3	3	4	4	4	5	5	하	6	6	6	7	7	7	8	8	8
대운 여	1	1	1	1	종	10	10	10	9	9	9	8	8	8	7	7	7	6	6	6	지	5	5	4	4	4	3	3	3	2

한식(4월05일), 초복(7월17일), 중복(7월27일), 말복(8월06일) ☂춘사(春社)3/17 ☀추사(秋社)9/23
토왕지절(土旺之節):4월17일,7월19일,10월20일,1월17일(음12/13)臘享(납향):2038년1월18일(음12/14)

四日得辛, 十一龍治水, 2037년 정사年 (사중토), 팔백토

7赤	3碧	5黃
6白	8白	1白
2黑	4綠	9紫

2037 丁巳年

소서 7일 02시 54분 【음6월】 ➡ 【丁未月(정미월)】 ☯六白星 대서 22일 20시 11분

양력 7월 / 음력 05/18 ~ 06/19

양력	1	2	3	4	5	6	7	8	9	10	11	12	13	14	15	16	17	18	19	20	21	22	23	24	25	26	27	28	29	30	31
요일	수	목	금	토	일	월	화	수	목	금	토	일	월	화	수	목	금	토	일	월	화	수	목	금	토	일	월	화	수	목	금
일진 日辰	甲戌	乙亥	丙子	丁丑	戊寅	己卯	庚辰	辛巳	壬午	癸未	甲申	乙酉	丙戌	丁亥	戊子	己丑	庚寅	辛卯	壬辰	癸巳	甲午	乙未	丙申	丁酉	戊戌	己亥	庚子	辛丑	壬寅	癸卯	甲辰
납음	山頭火		澗下水		城頭土		白臘金		楊柳木		井中水		屋上土		霹靂火		松柏木		長流水		沙中金		山下火		平地木		壁上土		金箔金		
음력	18	19	20	21	22	23	24	25	26	27	28	29	6/1	2	3	4	5	6	7	8	9	10	11	12	13	14	15	16	17	18	19
구성	8	7	6	5	4	3	2	1	9	8	7	6	5	4	3	2	1	9	8	7	6	5	4	3	2	1	9	8	7	6	5
대운 남	9	9	9	10	10	10	소	1	1	1	1	2	2	2	3	3	3	4	4	4	5	대	5	6	6	6	7	7	7	8	8
대운 여	2	2	1	1	1	1	서	10	10	9	9	9	8	8	8	7	7	7	6	6	6	서	5	5	4	4	4	3	3	3	2

입추 7일 12시 42분 【음7월】 ➡ 【戊申月(무신월)】 ☯五黃星 처서 23일 03시 21분

양력 8월 / 음력 06/20 ~ 07/21

양력	1	2	3	4	5	6	7	8	9	10	11	12	13	14	15	16	17	18	19	20	21	22	23	24	25	26	27	28	29	30	31
요일	토	일	월	화	수	목	금	토	일	월	화	수	목	금	토	일	월	화	수	목	금	토	일	월	화	수	목	금	토	일	월
일진 日辰	乙巳	丙午	丁未	戊申	己酉	庚戌	辛亥	壬子	癸丑	甲寅	乙卯	丙辰	丁巳	戊午	己未	庚申	辛酉	壬戌	癸亥	甲子	乙丑	丙寅	丁卯	戊辰	己巳	庚午	辛未	壬申	癸酉	甲戌	乙亥
납음		天河水		大驛土		釵釧金		桑柘木		大溪水		沙中土		天上火		石榴木		大海水		海中金		爐中火		大林木		路傍土		劍鋒金		山頭火	
음력	20	21	22	23	24	25	26	27	28	29	7/1	2	3	4	5	6	7	8	9	10	11	12	13	14	15	16	17	18	19	20	21
구성	4	3	2	1	9	8	7	6	5	4	3	2	1	9	8	7	6	5	4	3	2	1	9	8	7	6	5	4	3	2	1
대운 남	8	9	9	9	10	10	입	1	1	1	1	2	2	2	3	3	3	4	4	4	5	5	처	6	6	6	7	7	7	8	8
대운 여	2	2	1	1	1	1	추	10	10	9	9	9	8	8	8	7	7	7	6	6	6	5	서	5	4	4	4	3	3	3	

백로 7일 15시 44분 【음8월】 ➡ 【己酉月(기유월)】 ☯四綠星 추분 23일 01시 12분

양력 9월 / 음력 07/22 ~ 08/21

양력	1	2	3	4	5	6	7	8	9	10	11	12	13	14	15	16	17	18	19	20	21	22	23	24	25	26	27	28	29	30
요일	화	수	목	금	토	일	월	화	수	목	금	토	일	월	화	수	목	금	토	일	월	화	수	목	금	토	일	월	화	수
일진 日辰	丙子	丁丑	戊寅	己卯	庚辰	辛巳	壬午	癸未	甲申	乙酉	丙戌	丁亥	戊子	己丑	庚寅	辛卯	壬辰	癸巳	甲午	乙未	丙申	丁酉	戊戌	己亥	庚子	辛丑	壬寅	癸卯	甲辰	乙巳
납음	澗下水		城頭土		白臘金		楊柳木		井中水		屋上土		霹靂火		松柏木		長流水		沙中金		山下火		平地木		壁上土		金箔金		覆燈火	
음력	22	23	24	25	26	27	28	29	30	8/1	2	3	4	5	6	7	8	9	10	11	12	13	14	15	16	17	18	19	20	21
구성	9	8	7	6	5	4	3	2	1	9	8	7	6	5	4	3	2	1	9	8	7	6	5	4	3	2	1	9	8	7
대운 남	8	9	9	9	10	10	백	1	1	1	1	2	2	2	3	3	3	4	4	4	5	5	추	6	6	6	7	7	7	8
대운 여	2	2	1	1	1	1	로	10	10	9	9	9	8	8	8	7	7	7	6	6	6	5	분	5	4	4	4	3	3	3

한로 8일 07시 36분 【음9월】 ➡ 【庚戌月(경술월)】 ☯三碧星 상강 23일 10시 48분

양력 10월 / 음력 08/22 ~ 09/23

양력	1	2	3	4	5	6	7	8	9	10	11	12	13	14	15	16	17	18	19	20	21	22	23	24	25	26	27	28	29	30	31
요일	목	금	토	일	월	화	수	목	금	토	일	월	화	수	목	금	토	일	월	화	수	목	금	토	일	월	화	수	목	금	토
일진 日辰	丙午	丁未	戊申	己酉	庚戌	辛亥	壬子	癸丑	甲寅	乙卯	丙辰	丁巳	戊午	己未	庚申	辛酉	壬戌	癸亥	甲子	乙丑	丙寅	丁卯	戊辰	己巳	庚午	辛未	壬申	癸酉	甲戌	乙亥	丙子
납음	天河水		大驛土		釵釧金		桑柘木		大溪水		沙中土		天上火		石榴木		大海水		海中金		爐中火		大林木		路傍土		劍鋒金		山頭火		
음력	22	23	24	25	26	27	28	29	9/1	2	3	4	5	6	7	8	9	10	11	12	13	14	15	16	17	18	19	20	21	22	23
구성	6	5	4	3	2	1	9	8	7	6	5	4	3	2	1	9	8	7	6	5	4	3	2	1	9	8	7	6	5	4	3
대운 남	8	8	9	9	9	10	10	한	1	1	1	1	2	2	2	3	3	3	4	4	4	5	상	5	6	6	6	7	7	7	8
대운 여	2	2	2	1	1	1	1	로	10	9	9	9	8	8	8	7	7	7	6	6	6	5	강	5	4	4	4	3	3	3	2

입동 7일 11시 03분 【음10월】 ➡ 【辛亥月(신해월)】 ☯二黑星 소설 22일 08시 37분

양력 11월 / 음력 09/24 ~ 10/24

양력	1	2	3	4	5	6	7	8	9	10	11	12	13	14	15	16	17	18	19	20	21	22	23	24	25	26	27	28	29	30
요일	일	월	화	수	목	금	토	일	월	화	수	목	금	토	일	월	화	수	목	금	토	일	월	화	수	목	금	토	일	월
일진 日辰	丁丑	戊寅	己卯	庚辰	辛巳	壬午	癸未	甲申	乙酉	丙戌	丁亥	戊子	己丑	庚寅	辛卯	壬辰	癸巳	甲午	乙未	丙申	丁酉	戊戌	己亥	庚子	辛丑	壬寅	癸卯	甲辰	乙巳	丙午
납음		城頭土		白臘金		楊柳木		井中水		屋上土		霹靂火		松柏木		長流水		沙中金		山下火		平地木		壁上土		金箔金		覆燈火		
음력	24	25	26	27	28	29	10/1	2	3	4	5	6	7	8	9	10	11	12	13	14	15	16	17	18	19	20	21	22	23	24
구성	2	1	9	8	7	6	5	4	3	2	1	9	8	7	6	5	4	3	2	1	9	8	7	6	5	4	3	2	1	9
대운 남	8	8	9	9	9	10	입	1	1	1	1	2	2	2	3	3	3	4	4	4	5	소	5	6	6	6	7	7	7	8
대운 여	2	2	1	1	1	1	동	10	9	9	9	8	8	8	7	7	7	6	6	6	5	설	5	4	4	4	3	3	3	2

대설 7일 04시 06분 【음11월】 ➡ 【壬子月(임자월)】 ☯一白星 동지 21일 22시 06분

양력 12월 / 음력 10/25 ~ 11/25

양력	1	2	3	4	5	6	7	8	9	10	11	12	13	14	15	16	17	18	19	20	21	22	23	24	25	26	27	28	29	30	31
요일	화	수	목	금	토	일	월	화	수	목	금	토	일	월	화	수	목	금	토	일	월	화	수	목	금	토	일	월	화	수	목
일진 日辰	丁未	戊申	己酉	庚戌	辛亥	壬子	癸丑	甲寅	乙卯	丙辰	丁巳	戊午	己未	庚申	辛酉	壬戌	癸亥	甲子	乙丑	丙寅	丁卯	戊辰	己巳	庚午	辛未	壬申	癸酉	甲戌	乙亥	丙子	丁丑
납음		大驛土		釵釧金		桑柘木		大溪水		沙中土		天上火		石榴木		大海水		海中金		爐中火		大林木		路傍土		劍鋒金		山頭火		澗下水	
음력	25	26	27	28	29	30	11/1	2	3	4	5	6	7	8	9	10	11	12	13	14	15	16	17	18	19	20	21	22	23	24	25
구성	8	7	6	5	4	3	2	1	9	8	7	6	5	4	3	2	1	1	2	3	4	5	6	7	8	9	1	2	3	4	5
대운 남	8	8	9	9	9	10	대	1	1	1	1	2	2	2	3	3	3	4	4	4	동	5	5	6	6	6	7	7	7	8	8
대운 여	2	2	1	1	1	1	설	9	9	9	8	8	8	7	7	7	6	6	6	5	지	5	4	4	4	3	3	3	2	2	2

단기 4371 年	2038년	下元 **戊午年** 납음(天上火), 본명성(七赤金)
불기 2582 年		대장군(卯동방), 삼살(북방), 상문(申서남방), 조객(辰동남방), 납음(천상화), 【삼재(신,유,술)년】 臘享(납향):2039년1월13일(음12/19)

소한 5일 15시 25분 【음12월】 ➡ 【癸丑月(계축월)】 ☯九紫星 대한 20일 08시 47분

양력 1월	양력	1	2	3	4	5	6	7	8	9	10	11	12	13	14	15	16	17	18	19	20	21	22	23	24	25	26	27	28	29	30	31
	요일	금	토	일	월	화	수	목	금	토	일	월	화	수	목	금	토	일	월	화	수	목	금	토	일	월	화	수	목	금	토	일
	일진 日辰	戊寅	己卯	庚辰	辛巳	壬午	癸未	甲申	乙酉	丙戌	丁亥	戊子	己丑	庚寅	辛卯	壬辰	癸巳	甲午	乙未	丙申	丁酉	戊戌	己亥	庚子	辛丑	壬寅	癸卯	甲辰	乙巳	丙午	丁未	戊申
음력 11/26 ~ 12/27	납음	城頭土		白臘金		楊柳木		井中水		屋上土		霹靂火		松柏木		長流水		沙中金		山下火		平地木		壁上土		金箔金		覆燈火		天河水		
	음력	26	27	28	29	12/1	2	3	4	5	6	7	8	9	10	11	12	13	14	15	16	17	18	19	20	21	22	23	24	25	26	27
	구성	6	7	8	9	1	2	3	4	5	6	7	8	9	1	2	3	4	5	6	7	8	9	1	2	3	4	5	6	7	8	9
	대운 남	8	9	9	9	소	1	1	1	1	2	2	2	3	3	3	4	4	4	5	대	5	6	6	6	7	7	7	8	8	8	9
	대운 여	1	1	1	1	한	10	9	9	9	8	8	8	7	7	7	6	6	6	5	한	5	4	4	4	3	3	3	2	2	2	1

입춘 4일 03시 02분 【음1월】 ➡ 【甲寅月(갑인월)】 ☯八白星 우수 18일 22시 51분

양력 2월	양력	1	2	3	4	5	6	7	8	9	10	11	12	13	14	15	16	17	18	19	20	21	22	23	24	25	26	27	28
	요일	월	화	수	목	금	토	일	월	화	수	목	금	토	일	월	화	수	목	금	토	일	월	화	수	목	금	토	일
	일진 日辰	己酉	庚戌	辛亥	壬子	癸丑	甲寅	乙卯	丙辰	丁巳	戊午	己未	庚申	辛酉	壬戌	癸亥	甲子	乙丑	丙寅	丁卯	戊辰	己巳	庚午	辛未	壬申	癸酉	甲戌	乙亥	丙子
음력 12/28 ~ 01/25	납음		釵釧金		桑柘木		大溪水		沙中土		天上火		石榴木		大海水		海中金		爐中火		大林木		路傍土		劍鋒金		山頭火		
	음력	28	29	30	1/1	2	3	4	5	6	7	8	9	10	11	12	13	14	15	16	17	18	19	20	21	22	23	24	25
	구성	1	2	3	4	5	6	7	8	9	1	2	3	4	5	6	7	8	9	1	2	3	4	5	6	7	8	9	1
	대운 남	9	9	10	입	9	9	9	8	8	8	7	7	7	6	6	6	5	우	5	4	4	4	3	3	3	2	2	2
	대운 여	1	1	1	춘	1	1	1	1	2	2	2	3	3	3	4	4	4	수	5	5	6	6	6	7	7	7	8	8

戊午年

경칩 5일 20시 54분 【음2월】 ➡ 【乙卯月(을묘월)】 ☯七赤星 춘분 20일 21시 39분

양력 3월	양력	1	2	3	4	5	6	7	8	9	10	11	12	13	14	15	16	17	18	19	20	21	22	23	24	25	26	27	28	29	30	31
	요일	월	화	수	목	금	토	일	월	화	수	목	금	토	일	월	화	수	목	금	토	일	월	화	수	목	금	토	일	월	화	수
	일진 日辰	丁丑	戊寅	己卯	庚辰	辛巳	壬午	癸未	甲申	乙酉	丙戌	丁亥	戊子	己丑	庚寅	辛卯	壬辰	癸巳	甲午	乙未	丙申	丁酉	戊戌	己亥	庚子	辛丑	壬寅	癸卯	甲辰	乙巳	丙午	丁未
음력 01/26 ~ 02/26	납음		城頭土		白臘金		楊柳木		井中水		屋上土		霹靂火		松柏木		長流水		沙中金		山下火		平地木		壁上土		金箔金		覆燈火		天河水	
	음력	26	27	28	29	30	2/1	2	3	4	5	6	7	8	9	10	11	12	13	14	15	16	17	18	19	20	21	22	23	24	25	26
	구성	2	3	4	5	6	7	8	9	1	2	3	4	5	6	7	8	9	1	2	3	4	5	6	7	8	9	1	2	3	4	5
	대운 남	1	1	1	1	경	10	10	9	9	9	8	8	8	7	7	7	6	6	6	춘	5	5	4	4	4	3	3	3	2	2	2
	대운 여	8	9	9	9	칩	1	1	1	1	2	2	2	3	3	3	4	4	4	5	분	5	6	6	6	7	7	7	8	8	8	9

청명 5일 01시 28분 【음3월】 ➡ 【丙辰月(병진월)】 ☯六白星 곡우 20일 08시 27분

양력 4월	양력	1	2	3	4	5	6	7	8	9	10	11	12	13	14	15	16	17	18	19	20	21	22	23	24	25	26	27	28	29	30
	요일	목	금	토	일	월	화	수	목	금	토	일	월	화	수	목	금	토	일	월	화	수	목	금	토	일	월	화	수	목	금
	일진 日辰	戊申	己酉	庚戌	辛亥	壬子	癸丑	甲寅	乙卯	丙辰	丁巳	戊午	己未	庚申	辛酉	壬戌	癸亥	甲子	乙丑	丙寅	丁卯	戊辰	己巳	庚午	辛未	壬申	癸酉	甲戌	乙亥	丙子	丁丑
음력 02/27 ~ 03/26	납음	大驛土		釵釧金		桑柘木		大溪水		沙中土		天上火		石榴木		大海水		海中金		爐中火		大林木		路傍土		劍鋒金		山頭火		澗下水	
	음력	27	28	29	30	3/1	2	3	4	5	6	7	8	9	10	11	12	13	14	15	16	17	18	19	20	21	22	23	24	25	26
	구성	6	7	8	9	1	2	3	4	5	6	7	8	9	1	2	3	4	5	6	7	8	9	1	2	3	4	5	6	7	8
	대운 남	1	1	1	1	청	10	9	9	9	8	8	8	7	7	7	6	6	6	5	곡	5	4	4	4	3	3	3	2	2	2
	대운 여	9	9	10	10	명	1	1	1	1	2	2	2	3	3	3	4	4	4	5	우	5	6	6	6	7	7	7	8	8	8

입하 5일 18시 30분 【음4월】 ➡ 【丁巳月(정사월)】 ☯五黃星 소만 21일 07시 21분

양력 5월	양력	1	2	3	4	5	6	7	8	9	10	11	12	13	14	15	16	17	18	19	20	21	22	23	24	25	26	27	28	29	30	31
	요일	토	일	월	화	수	목	금	토	일	월	화	수	목	금	토	일	월	화	수	목	금	토	일	월	화	수	목	금	토	일	월
	일진 日辰	戊寅	己卯	庚辰	辛巳	壬午	癸未	甲申	乙酉	丙戌	丁亥	戊子	己丑	庚寅	辛卯	壬辰	癸巳	甲午	乙未	丙申	丁酉	戊戌	己亥	庚子	辛丑	壬寅	癸卯	甲辰	乙巳	丙午	丁未	戊申
음력 03/27 ~ 04/28	납음	城頭土		白臘金		楊柳木		井中水		屋上土		霹靂火		松柏木		長流水		沙中金		山下火		平地木		壁上土		金箔金		覆燈火		天河水		
	음력	27	28	29	4/1	2	3	4	5	6	7	8	9	10	11	12	13	14	15	16	17	18	19	20	21	22	23	24	25	26	27	28
	구성	9	1	2	3	4	5	6	7	8	9	1	2	3	4	5	6	7	8	9	1	2	3	4	5	6	7	8	9	1	2	3
	대운 남	1	1	1	1	입	10	10	9	9	9	8	8	8	7	7	7	6	6	6	5	소	5	4	4	4	3	3	3	2	2	2
	대운 여	9	9	9	10	하	1	1	1	1	2	2	2	3	3	3	4	4	4	5	5	만	6	6	6	7	7	7	8	8	8	9

망종 5일 22시 24분 【음5월】 ➡ 【戊午月(무오월)】 ☯四綠星 하지 21일 15시 08분

양력 6월	양력	1	2	3	4	5	6	7	8	9	10	11	12	13	14	15	16	17	18	19	20	21	22	23	24	25	26	27	28	29	30
	요일	화	수	목	금	토	일	월	화	수	목	금	토	일	월	화	수	목	금	토	일	월	화	수	목	금	토	일	월	화	수
	일진 日辰	己酉	庚戌	辛亥	壬子	癸丑	甲寅	乙卯	丙辰	丁巳	戊午	己未	庚申	辛酉	壬戌	癸亥	甲子	乙丑	丙寅	丁卯	戊辰	己巳	庚午	辛未	壬申	癸酉	甲戌	乙亥	丙子	丁丑	戊寅
음력 04/29 ~ 05/28	납음		釵釧金		桑柘木		大溪水		沙中土		天上火		石榴木		大海水		海中金		爐中火		大林木		路傍土		劍鋒金		山頭火		澗下水		
	음력	29	30	5/1	2	3	4	5	6	7	8	9	10	11	12	13	14	15	16	17	18	19	20	21	22	23	24	25	26	27	28
	구성	4	5	6	7	8	9	1	2	3	4	5	6	7	8	9	9	8	7	6	5	4	3	2	1	9	8	7	6	5	4
	대운 남	1	1	1	1	망	10	10	10	9	9	9	8	8	8	7	7	7	6	6	6	하	5	5	4	4	4	3	3	3	2
	대운 여	9	9	10	10	종	1	1	1	1	2	2	2	3	3	3	4	4	4	5	5	지	6	6	6	7	7	7	8	8	8

한식(4월05일), 초복(7월12일), 중복(7월22일), 말복(8월11일) ☂춘사(春社)3/22 ☀추사(秋社)9/18
토왕지절(土旺之節):4월17일,7월19일,10월20일,1월17일(음12/23)臘享(납향):2039년1월13일(음12/19)

十日得辛, 五龍治水, 2038년 무오年 (천상화), 칠적금

6白	2黑	4綠
5黃	7赤	9紫
1白	3碧	8白

2038 戊午年

소서 7일 08시 31분 【음6월】 ➡ 【己未月(기미월)】 ☯三碧星 대서 23일 01시 58분

양력 7월	양력	1	2	3	4	5	6	7	8	9	10	11	12	13	14	15	16	17	18	19	20	21	22	23	24	25	26	27	28	29	30	31
	요일	목	금	토	일	월	화	수	목	금	토	일	월	화	수	목	금	토	일	월	화	수	목	금	토	일	월	화	수	목	금	토
	일진 日辰	己卯	庚辰	辛巳	壬午	癸未	甲申	乙酉	丙戌	丁亥	戊子	己丑	庚寅	辛卯	壬辰	癸巳	甲午	乙未	丙申	丁酉	戊戌	己亥	庚子	辛丑	壬寅	癸卯	甲辰	乙巳	丙午	丁未	戊申	己酉
음력 05/29 ~ 06/30	납음		白臘金		楊柳木		井中水		屋上土		霹靂火		松柏木		長流水		沙中金		山下火		平地木		壁上土		金箔金		覆燈火		天河水		大驛土	
	음력	29	6/1	2	3	4	5	6	7	8	9	10	11	12	13	14	15	16	17	18	19	20	21	22	23	24	25	26	27	28	29	30
	구성	3	2	1	9	8	7	6	5	4	3	2	1	9	8	7	6	5	4	3	2	1	9	8	7	6	5	4	3	2	1	9
대운	남	2	2	1	1	1	1	소	10	10	9	9	9	8	8	8	7	7	7	6	6	6	5	대	5	4	4	4	3	3	3	2
	여	9	9	9	10	10	10	서	1	1	1	1	2	2	2	3	3	3	4	4	4	5	5	서	6	6	6	7	7	7	8	8

입추 7일 18시 20분 【음7월】 ➡ 【庚申月(경신월)】 ☯二黑星 처서 23일 09시 09분

양력 8월	양력	1	2	3	4	5	6	7	8	9	10	11	12	13	14	15	16	17	18	19	20	21	22	23	24	25	26	27	28	29	30	31
	요일	일	월	화	수	목	금	토	일	월	화	수	목	금	토	일	월	화	수	목	금	토	일	월	화	수	목	금	토	일	월	화
	일진 日辰	庚戌	辛亥	壬子	癸丑	甲寅	乙卯	丙辰	丁巳	戊午	己未	庚申	辛酉	壬戌	癸亥	甲子	乙丑	丙寅	丁卯	戊辰	己巳	庚午	辛未	壬申	癸酉	甲戌	乙亥	丙子	丁丑	戊寅	己卯	庚辰
음력 07/01 ~ 08/02	납음	釵釧金		桑柘木		大溪水		沙中土		天上火		石榴木		大海水		海中金		爐中火		大林木		路傍土		劍鋒金		山頭火		澗下水		城頭土		
	음력	7/1	2	3	4	5	6	7	8	9	10	11	12	13	14	15	16	17	18	19	20	21	22	23	24	25	26	27	28	29	8/1	2
	구성	8	7	6	5	4	3	2	1	9	8	7	6	5	4	3	2	1	9	8	7	6	5	4	3	2	1	9	8	7	6	5
대운	남	2	2	1	1	1	1	입	10	10	9	9	9	8	8	8	7	7	7	6	6	6	5	처	5	4	4	4	3	3	3	2
	여	8	9	9	9	10	10	추	1	1	1	1	2	2	2	3	3	3	4	4	4	5	5	서	6	6	6	7	7	7	8	8

백로 7일 21시 25분 【음8월】 ➡ 【辛酉月(신유월)】 ☯一白星 추분 23일 07시 01분

양력 9월	양력	1	2	3	4	5	6	7	8	9	10	11	12	13	14	15	16	17	18	19	20	21	22	23	24	25	26	27	28	29	30
	요일	수	목	금	토	일	월	화	수	목	금	토	일	월	화	수	목	금	토	일	월	화	수	목	금	토	일	월	화	수	목
	일진 日辰	辛巳	壬午	癸未	甲申	乙酉	丙戌	丁亥	戊子	己丑	庚寅	辛卯	壬辰	癸巳	甲午	乙未	丙申	丁酉	戊戌	己亥	庚子	辛丑	壬寅	癸卯	甲辰	乙巳	丙午	丁未	戊申	己酉	庚戌
음력 08/03 ~ 09/02	납음		楊柳木		井中水		屋上土		霹靂火		松柏木		長流水		沙中金		山下火		平地木		壁上土		金箔金		覆燈火		天河水		大驛土		
	음력	3	4	5	6	7	8	9	10	11	12	13	14	15	16	17	18	19	20	21	22	23	24	25	26	27	28	29	30	9/1	2
	구성	4	3	2	1	9	8	7	6	5	4	3	2	1	9	8	7	6	5	4	3	2	1	9	8	7	6	5	4	3	2
대운	남	2	2	1	1	1	1	백	10	10	9	9	9	8	8	8	7	7	7	6	6	6	5	추	5	4	4	4	3	3	3
	여	8	9	9	9	10	10	로	1	1	1	1	2	2	2	3	3	3	4	4	4	5	5	분	6	6	6	7	7	7	8

한로 8일 13시 20분 【음9월】 ➡ 【壬戌月(임술월)】 ☯九紫星 상강 23일 16시 39분

양력 10월	양력	1	2	3	4	5	6	7	8	9	10	11	12	13	14	15	16	17	18	19	20	21	22	23	24	25	26	27	28	29	30	31
	요일	금	토	일	월	화	수	목	금	토	일	월	화	수	목	금	토	일	월	화	수	목	금	토	일	월	화	수	목	금	토	일
	일진 日辰	辛亥	壬子	癸丑	甲寅	乙卯	丙辰	丁巳	戊午	己未	庚申	辛酉	壬戌	癸亥	甲子	乙丑	丙寅	丁卯	戊辰	己巳	庚午	辛未	壬申	癸酉	甲戌	乙亥	丙子	丁丑	戊寅	己卯	庚辰	辛巳
음력 09/03 ~ 10/04	납음		桑柘木		大溪水		沙中土		天上火		石榴木		大海水		海中金		爐中火		大林木		路傍土		劍鋒金		山頭火		澗下水		城頭土		白臘金	
	음력	3	4	5	6	7	8	9	10	11	12	13	14	15	16	17	18	19	20	21	22	23	24	25	26	27	28	29	10/1	2	3	4
	구성	1	9	8	7	6	5	4	3	2	1	9	8	7	6	5	4	3	2	1	9	8	7	6	5	4	3	2	1	9	8	7
대운	남	2	2	2	1	1	1	1	한	10	9	9	9	8	8	8	7	7	7	6	6	6	5	상	5	4	4	4	3	3	3	2
	여	8	8	9	9	9	10	10	로	1	1	1	1	2	2	2	3	3	3	4	4	4	5	강	5	6	6	6	7	7	7	8

입동 7일 16시 49분 【음10월】 ➡ 【癸亥月(계해월)】 ☯八白星 소설 22일 14시 30분

양력 11월	양력	1	2	3	4	5	6	7	8	9	10	11	12	13	14	15	16	17	18	19	20	21	22	23	24	25	26	27	28	29	30
	요일	월	화	수	목	금	토	일	월	화	수	목	금	토	일	월	화	수	목	금	토	일	월	화	수	목	금	토	일	월	화
	일진 日辰	壬午	癸未	甲申	乙酉	丙戌	丁亥	戊子	己丑	庚寅	辛卯	壬辰	癸巳	甲午	乙未	丙申	丁酉	戊戌	己亥	庚子	辛丑	壬寅	癸卯	甲辰	乙巳	丙午	丁未	戊申	己酉	庚戌	辛亥
음력 10/05 ~ 11/05	납음	楊柳木		井中水		屋上土		霹靂火		松柏木		長流水		沙中金		山下火		平地木		壁上土		金箔金		覆燈火		天河水		大驛土		釵釧金	
	음력	5	6	7	8	9	10	11	12	13	14	15	16	17	18	19	20	21	22	23	24	25	26	27	28	29	11/1	2	3	4	5
	구성	6	5	4	3	2	1	9	8	7	6	5	4	3	2	1	9	8	7	6	5	4	3	2	1	9	8	7	6	5	4
대운	남	2	2	1	1	1	1	입	10	9	9	9	8	8	8	7	7	7	6	6	6	5	소	5	4	4	4	3	3	3	2
	여	8	8	9	9	9	10	동	1	1	1	1	2	2	2	3	3	3	4	4	4	5	설	5	6	6	6	7	7	7	8

대설 7일 09시 55분 【음11월】 ➡ 【甲子月(갑자월)】 ☯七赤星 동지 22일 04시 01분

양력 12월	양력	1	2	3	4	5	6	7	8	9	10	11	12	13	14	15	16	17	18	19	20	21	22	23	24	25	26	27	28	29	30	31
	요일	수	목	금	토	일	월	화	수	목	금	토	일	월	화	수	목	금	토	일	월	화	수	목	금	토	일	월	화	수	목	금
	일진 日辰	壬子	癸丑	甲寅	乙卯	丙辰	丁巳	戊午	己未	庚申	辛酉	壬戌	癸亥	甲子	乙丑	丙寅	丁卯	戊辰	己巳	庚午	辛未	壬申	癸酉	甲戌	乙亥	丙子	丁丑	戊寅	己卯	庚辰	辛巳	壬午
음력 11/06 ~ 12/06	납음	桑柘木		大溪水		沙中土		天上火		石榴木		大海水		海中金		爐中火		大林木		路傍土		劍鋒金		山頭火		澗下水		城頭土		白臘金		
	음력	6	7	8	9	10	11	12	13	14	15	16	17	18	19	20	21	22	23	24	25	26	27	28	29	30	12/1	2	3	4	5	6
	구성	3	2	1	9	8	7	6	5	4	3	2	1	1	2	3	4	5	6	7	8	9	1	2	3	4	5	6	7	8	9	1
대운	남	2	2	1	1	1	1	대	9	9	9	8	8	8	7	7	7	6	6	6	5	5	동	4	4	4	3	3	3	2	2	2
	여	8	8	9	9	9	10	설	1	1	1	1	2	2	2	3	3	3	4	4	4	5	지	5	6	6	6	7	7	7	8	8

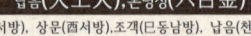

단기 4372 年 불기 2583 年

2039년

下元 己未年 납음(天上火),본명성(六白金)

대장군(卯동방). 삼살(酉서방), 상문(酉서방),조객(巳동남방), 납음(천상화), 【삼재(사,오,미)년】 臘享(납향):2040년1월20일(음12/07)

양

소한 5일 21시 15분 【음12월】 ➡ 【乙丑月(을축월)】 ☯六白星 대한 20일 14시 42분

양력 1월 / 음력 12/07 – 01/08

양력	1	2	3	4	5	6	7	8	9	10	11	12	13	14	15	16	17	18	19	20	21	22	23	24	25	26	27	28	29	30	31
요일	토	일	월	화	수	목	금	토	일	월	화	수	목	금	토	일	월	화	수	목	금	토	일	월	화	수	목	금	토	일	월
일진 日辰	癸未	甲申	乙酉	丙戌	丁亥	戊子	己丑	庚寅	辛卯	壬辰	癸巳	甲午	乙未	丙申	丁酉	戊戌	己亥	庚子	辛丑	壬寅	癸卯	甲辰	乙巳	丙午	丁未	戊申	己酉	庚戌	辛亥	壬子	癸丑
납음		井中水		屋上土		霹靂火		松柏木		長流水		沙中金		山下火		平地木		壁上土		金箔金		覆燈火		天河水		大驛土		釵釧金		桑柘木	
음력	7	8	9	10	11	12	13	14	15	16	17	18	19	20	21	22	23	24	25	26	27	28	29	1/1	2	3	4	5	6	7	8
구성	2	3	4	5	6	7	8	9	1	2	3	4	5	6	7	8	9	1	2	3	4	5	6	7	8	9	1	2	3	4	5
대운 남	1	1	1	1	소	10	9	9	9	8	8	8	7	7	7	6	6	6	5	대	5	4	4	4	3	3	3	2	2	2	1
대운 여	8	9	9	9	한	1	1	1	1	2	2	2	3	3	3	4	4	4	5	한	5	6	6	6	7	7	7	8	8	8	9

입춘 4일 08시 51분 【음1월】 ➡ 【丙寅月(병인월)】 ☯五黃星 우수 19일 04시 44분

양력 2월 / 음력 01/09 – 02/06

양력	1	2	3	4	5	6	7	8	9	10	11	12	13	14	15	16	17	18	19	20	21	22	23	24	25	26	27	28
요일	화	수	목	금	토	일	월	화	수	목	금	토	일	월	화	수	목	금	토	일	월	화	수	목	금	토	일	월
일진 日辰	甲寅	乙卯	丙辰	丁巳	戊午	己未	庚申	辛酉	壬戌	癸亥	甲子	乙丑	丙寅	丁卯	戊辰	己巳	庚午	辛未	壬申	癸酉	甲戌	乙亥	丙子	丁丑	戊寅	己卯	庚辰	辛巳
납음	大溪水		沙中土		天上火		石榴木		大海水		海中金		爐中火		大林木		路傍土		劍鋒金		山頭火		澗下水		城頭土		白臘金	
음력	9	10	11	12	13	14	15	16	17	18	19	20	21	22	23	24	25	26	27	28	29	30	2/1	2	3	4	5	6
구성	6	7	8	9	1	2	3	4	5	6	7	8	9	1	2	3	4	5	6	7	8	9	1	2	3	4	5	6
대운 남	1	1	1	입	1	1	1	1	2	2	2	3	3	3	4	4	4	5	우	5	6	6	6	7	7	7	8	8
대운 여	9	9	10	춘	10	9	9	9	8	8	8	7	7	7	6	6	6	5	수	5	4	4	4	3	3	3	2	2

己未年

경칩 6일 02시 42분 【음2월】 ➡ 【丁卯月(정묘월)】 ☯四綠星 춘분 21일 03시 31분

양력 3월 / 음력 02/07 – 03/07

양력	1	2	3	4	5	6	7	8	9	10	11	12	13	14	15	16	17	18	19	20	21	22	23	24	25	26	27	28	29	30	31
요일	화	수	목	금	토	일	월	화	수	목	금	토	일	월	화	수	목	금	토	일	월	화	수	목	금	토	일	월	화	수	목
일진 日辰	壬午	癸未	甲申	乙酉	丙戌	丁亥	戊子	己丑	庚寅	辛卯	壬辰	癸巳	甲午	乙未	丙申	丁酉	戊戌	己亥	庚子	辛丑	壬寅	癸卯	甲辰	乙巳	丙午	丁未	戊申	己酉	庚戌	辛亥	壬子
납음	楊柳木		井中水		屋上土		霹靂火		松柏木		長流水		沙中金		山下火		平地木		壁上土		金箔金		覆燈火		天河水		大驛土		釵釧金		
음력	7	8	9	10	11	12	13	14	15	16	17	18	19	20	21	22	23	24	25	26	27	28	29	30	3/1	2	3	4	5	6	7
구성	7	8	9	1	2	3	4	5	6	7	8	9	1	2	3	4	5	6	7	8	9	1	2	3	4	5	6	7	8	9	1
대운 남	8	9	9	9	10	경	1	1	1	1	2	2	2	3	3	3	4	4	4	5	춘	5	6	6	6	7	7	7	8	8	8
대운 여	2	1	1	1	1	칩	10	9	9	9	8	8	8	7	7	7	6	6	6	5	분	5	4	4	4	3	3	3	2	2	2

청명 5일 07시 14분 【음3월】 ➡ 【戊辰月(무진월)】 ☯三碧星 곡우 20일 14시 16분

양력 4월 / 음력 03/08 – 04/08

양력	1	2	3	4	5	6	7	8	9	10	11	12	13	14	15	16	17	18	19	20	21	22	23	24	25	26	27	28	29	30
요일	금	토	일	월	화	수	목	금	토	일	월	화	수	목	금	토	일	월	화	수	목	금	토	일	월	화	수	목	금	토
일진 日辰	癸丑	甲寅	乙卯	丙辰	丁巳	戊午	己未	庚申	辛酉	壬戌	癸亥	甲子	乙丑	丙寅	丁卯	戊辰	己巳	庚午	辛未	壬申	癸酉	甲戌	乙亥	丙子	丁丑	戊寅	己卯	庚辰	辛巳	壬午
납음		大溪水		沙中土		天上火		石榴木		大海水		海中金		爐中火		大林木		路傍土		劍鋒金		山頭火		澗下水		城頭土		白臘金		
음력	8	9	10	11	12	13	14	15	16	17	18	19	20	21	22	23	24	25	26	27	28	29	4/1	2	3	4	5	6	7	8
구성	2	3	4	5	6	7	8	9	1	2	3	4	5	6	7	8	9	1	2	3	4	5	6	7	8	9	1	2	3	4
대운 남	9	9	9	10	청	1	1	1	1	2	2	2	3	3	3	4	4	4	5	곡	5	6	6	6	7	7	7	8	8	8
대운 여	1	1	1	1	명	10	9	9	9	8	8	8	7	7	7	6	6	6	5	우	5	4	4	4	3	3	3	2	2	2

입하 5일 00시 17분 【음4월】 ➡ 【己巳月(기사월)】 ☯二黑星 소만 21일 13시 09분

양력 5월 / 음력 04/09 – 05/09

양력	1	2	3	4	5	6	7	8	9	10	11	12	13	14	15	16	17	18	19	20	21	22	23	24	25	26	27	28	29	30	31
요일	일	월	화	수	목	금	토	일	월	화	수	목	금	토	일	월	화	수	목	금	토	일	월	화	수	목	금	토	일	월	화
일진 日辰	癸未	甲申	乙酉	丙戌	丁亥	戊子	己丑	庚寅	辛卯	壬辰	癸巳	甲午	乙未	丙申	丁酉	戊戌	己亥	庚子	辛丑	壬寅	癸卯	甲辰	乙巳	丙午	丁未	戊申	己酉	庚戌	辛亥	壬子	癸丑
납음		井中水		屋上土		霹靂火		松柏木		長流水		沙中金		山下火		平地木		壁上土		金箔金		覆燈火		天河水		大驛土		釵釧金		桑柘木	
음력	9	10	11	12	13	14	15	16	17	18	19	20	21	22	23	24	25	26	27	28	29	30	5/1	2	3	4	5	6	7	8	9
구성	5	6	7	8	9	1	2	3	4	5	6	7	8	9	1	2	3	4	5	6	7	8	9	1	2	3	4	5	6	7	8
대운 남	9	9	9	10	입	1	1	1	1	2	2	2	3	3	3	4	4	4	5	5	소	6	6	6	7	7	7	8	8	8	9
대운 여	1	1	1	1	하	10	10	10	9	9	9	8	8	8	7	7	7	6	6	6	만	5	5	4	4	4	3	3	3	2	2

망종 6일 04시 14분 【음5월】 ➡ 【庚午月(경오월)】 ☯一白星 하지 21일 20시 56분

양력 6월 / 음력 05/10 – 윤509

양력	1	2	3	4	5	6	7	8	9	10	11	12	13	14	15	16	17	18	19	20	21	22	23	24	25	26	27	28	29	30
요일	수	목	금	토	일	월	화	수	목	금	토	일	월	화	수	목	금	토	일	월	화	수	목	금	토	일	월	화	수	목
일진 日辰	甲寅	乙卯	丙辰	丁巳	戊午	己未	庚申	辛酉	壬戌	癸亥	甲子	乙丑	丙寅	丁卯	戊辰	己巳	庚午	辛未	壬申	癸酉	甲戌	乙亥	丙子	丁丑	戊寅	己卯	庚辰	辛巳	壬午	癸未
납음	大溪水		沙中土		天上火		石榴木		大海水		海中金		爐中火		大林木		路傍土		劍鋒金		山頭火		澗下水		城頭土		白臘金		楊柳木	
음력	10	11	12	13	14	15	16	17	18	19	20	21	22	23	24	25	26	27	28	29	30	윤5	2	3	4	5	6	7	8	9
구성	9	1	2	3	4	5	6	7	8	9	9	8	7	6	5	4	3	2	1	9	8	7	6	5	4	3	2	1	9	8
대운 남	9	9	10	10	10	망	1	1	1	1	2	2	2	3	3	3	4	4	4	5	하	5	6	6	6	7	7	7	8	8
대운 여	2	1	1	1	1	종	10	10	9	9	9	8	8	8	7	7	7	6	6	6	지	5	5	4	4	4	3	3	3	2

한식(4월06일), 초복(7월17일), 중복(7월27일), 말복(8월16일) ☂춘사(春社)3/17 ☀추사(秋社)9/23
토왕지절(土旺之節):4월17일,7월20일,10월20일,1월17일(음12/04)臘享(납향):2040년1월20일(음12/07)

六日得辛, 十一龍治水, 2039년 기미年 (천상화), 육백금

5黃	1白	3碧
4綠	6白	8白
9紫	2黑	7赤

2039 己未年

소서 7일 14시 25분 **【음6월】➡ 【辛未月(신미월)】** ☯九紫星 대서 23일 07시 47분

양력 7월 / 음력 윤510 – 06/11

양력	1	2	3	4	5	6	7	8	9	10	11	12	13	14	15	16	17	18	19	20	21	22	23	24	25	26	27	28	29	30	31
요일	금	토	일	월	화	수	목	금	토	일	월	화	수	목	금	토	일	월	화	수	목	금	토	일	월	화	수	목	금	토	일
일진 日辰	甲申	乙酉	丙戌	丁亥	戊子	己丑	庚寅	辛卯	壬辰	癸巳	甲午	乙未	丙申	丁酉	戊戌	己亥	庚子	辛丑	壬寅	癸卯	甲辰	乙巳	丙午	丁未	戊申	己酉	庚戌	辛亥	壬子	癸丑	甲寅
납음	井中水		屋上土		霹靂火		松柏木		長流水		沙中金		山下火		平地木		壁上土		金箔金		覆燈火		天河水		大驛土		釵釧金		桑柘木		
음력	10	11	12	13	14	15	16	17	18	19	20	21	22	23	24	25	26	27	28	29	6/1	2	3	4	5	6	7	8	9	10	11
구성	7	6	5	4	3	2	1	9	8	7	6	5	4	3	2	1	9	8	7	6	5	4	3	2	1	9	8	7	6	5	4
대운 남	8	9	9	9	10	10	소	1	1	1	1	2	2	2	3	3	3	4	4	4	5	5	대	6	6	6	7	7	7	8	8
대운 여	2	2	1	1	1	1	서	10	10	10	9	9	9	8	8	8	7	7	7	6	6	6	서	5	5	4	4	4	3	3	3

입추 8일 00시 17분 **【음7월】➡ 【壬申月(임신월)】** ☯八白星 처서 23일 14시 57분

양력 8월 / 음력 06/12 – 07/12

양력	1	2	3	4	5	6	7	8	9	10	11	12	13	14	15	16	17	18	19	20	21	22	23	24	25	26	27	28	29	30	31
요일	월	화	수	목	금	토	일	월	화	수	목	금	토	일	월	화	수	목	금	토	일	월	화	수	목	금	토	일	월	화	수
일진 日辰	乙卯	丙辰	丁巳	戊午	己未	庚申	辛酉	壬戌	癸亥	甲子	乙丑	丙寅	丁卯	戊辰	己巳	庚午	辛未	壬申	癸酉	甲戌	乙亥	丙子	丁丑	戊寅	己卯	庚辰	辛巳	壬午	癸未	甲申	乙酉
납음		沙中土		天上火		石榴木		大海水		海中金		爐中火		大林木		路傍土		劍鋒金		山頭火		澗下水		城頭土		白臘金		楊柳木		井中水	
음력	12	13	14	15	16	17	18	19	20	21	22	23	24	25	26	27	28	29	30	7/1	2	3	4	5	6	7	8	9	10	11	12
구성	3	2	1	9	8	7	6	5	4	3	2	1	9	8	7	6	5	4	3	2	1	9	8	7	6	5	4	3	2	1	9
대운 남	8	9	9	9	10	10	10	입	1	1	1	1	2	2	2	3	3	3	4	4	4	5	처	5	6	6	6	7	7	7	8
대운 여	2	2	2	1	1	1	1	추	10	10	9	9	9	8	8	8	7	7	7	6	6	6	서	5	5	4	4	4	3	3	3

백로 8일 03시 23분 **【음8월】➡ 【癸酉月(계유월)】** ☯七赤星 추분 23일 12시 48분

양력 9월 / 음력 07/13 – 08/13

양력	1	2	3	4	5	6	7	8	9	10	11	12	13	14	15	16	17	18	19	20	21	22	23	24	25	26	27	28	29	30
요일	목	금	토	일	월	화	수	목	금	토	일	월	화	수	목	금	토	일	월	화	수	목	금	토	일	월	화	수	목	금
일진 日辰	丙戌	丁亥	戊子	己丑	庚寅	辛卯	壬辰	癸巳	甲午	乙未	丙申	丁酉	戊戌	己亥	庚子	辛丑	壬寅	癸卯	甲辰	乙巳	丙午	丁未	戊申	己酉	庚戌	辛亥	壬子	癸丑	甲寅	乙卯
납음	屋上土		霹靂火		松柏木		長流水		沙中金		山下火		平地木		壁上土		金箔金		覆燈火		天河水		大驛土		釵釧金		桑柘木		大溪水	
음력	13	14	15	16	17	18	19	20	21	22	23	24	25	26	27	28	29	8/1	2	3	4	5	6	7	8	9	10	11	12	13
구성	8	7	6	5	4	3	2	1	9	8	7	6	5	4	3	2	1	9	8	7	6	5	4	3	2	1	9	8	7	6
대운 남	8	8	9	9	9	10	10	백	1	1	1	1	2	2	2	3	3	3	4	4	4	5	추	5	6	6	6	7	7	7
대운 여	2	2	2	1	1	1	1	로	10	9	9	9	8	8	8	7	7	7	6	6	6	5	분	5	4	4	4	3	3	3

한로 8일 19시 16분 **【음9월】➡ 【甲戌月(갑술월)】** ☯六白星 상강 23일 22시 24분

양력 10월 / 음력 08/14 – 09/14

양력	1	2	3	4	5	6	7	8	9	10	11	12	13	14	15	16	17	18	19	20	21	22	23	24	25	26	27	28	29	30	31
요일	토	일	월	화	수	목	금	토	일	월	화	수	목	금	토	일	월	화	수	목	금	토	일	월	화	수	목	금	토	일	월
일진 日辰	丙辰	丁巳	戊午	己未	庚申	辛酉	壬戌	癸亥	甲子	乙丑	丙寅	丁卯	戊辰	己巳	庚午	辛未	壬申	癸酉	甲戌	乙亥	丙子	丁丑	戊寅	己卯	庚辰	辛巳	壬午	癸未	甲申	乙酉	丙戌
납음	沙中土		天上火		石榴木		大海水		海中金		爐中火		大林木		路傍土		劍鋒金		山頭火		澗下水		城頭土		白臘金		楊柳木		井中水		
음력	14	15	16	17	18	19	20	21	22	23	24	25	26	27	28	29	30	9/1	2	3	4	5	6	7	8	9	10	11	12	13	14
구성	5	4	3	2	1	9	8	7	6	5	4	3	2	1	9	8	7	6	5	4	3	2	1	9	8	7	6	5	4	3	2
대운 남	8	8	8	9	9	9	10	한	1	1	1	1	2	2	2	3	3	3	4	4	4	5	상	5	6	6	6	7	7	7	8
대운 여	2	2	2	1	1	1	1	로	10	9	9	9	8	8	8	7	7	7	6	6	6	5	강	5	4	4	4	3	3	3	2

입동 7일 22시 41분 **【음10월】➡ 【乙亥月(을해월)】** ☯五黃星 소설 22일 20시 11분

양력 11월 / 음력 09/15 – 10/15

양력	1	2	3	4	5	6	7	8	9	10	11	12	13	14	15	16	17	18	19	20	21	22	23	24	25	26	27	28	29	30
요일	화	수	목	금	토	일	월	화	수	목	금	토	일	월	화	수	목	금	토	일	월	화	수	목	금	토	일	월	화	수
일진 日辰	丁亥	戊子	己丑	庚寅	辛卯	壬辰	癸巳	甲午	乙未	丙申	丁酉	戊戌	己亥	庚子	辛丑	壬寅	癸卯	甲辰	乙巳	丙午	丁未	戊申	己酉	庚戌	辛亥	壬子	癸丑	甲寅	乙卯	丙辰
납음		霹靂火		松柏木		長流水		沙中金		山下火		平地木		壁上土		金箔金		覆燈火		天河水		大驛土		釵釧金		桑柘木		大溪水		
음력	15	16	17	18	19	20	21	22	23	24	25	26	27	28	29	10/1	2	3	4	5	6	7	8	9	10	11	12	13	14	15
구성	1	9	8	7	6	5	4	3	2	1	9	8	7	6	5	4	3	2	1	9	8	7	6	5	4	3	2	1	9	8
대운 남	8	8	9	9	9	10	입	1	1	1	1	2	2	2	3	3	3	4	4	4	5	소	5	6	6	6	7	7	7	8
대운 여	2	2	1	1	1	1	동	10	9	9	9	8	8	8	7	7	7	6	6	6	5	설	5	4	4	4	3	3	3	2

대설 7일 15시 44분 **【음11월】➡ 【丙子月(병자월)】** ☯四綠星 동지 22일 09시 39분

양력 12월 / 음력 10/16 – 11/16

양력	1	2	3	4	5	6	7	8	9	10	11	12	13	14	15	16	17	18	19	20	21	22	23	24	25	26	27	28	29	30	31
요일	목	금	토	일	월	화	수	목	금	토	일	월	화	수	목	금	토	일	월	화	수	목	금	토	일	월	화	수	목	금	토
일진 日辰	丁巳	戊午	己未	庚申	辛酉	壬戌	癸亥	甲子	乙丑	丙寅	丁卯	戊辰	己巳	庚午	辛未	壬申	癸酉	甲戌	乙亥	丙子	丁丑	戊寅	己卯	庚辰	辛巳	壬午	癸未	甲申	乙酉	丙戌	丁亥
납음		天上火		石榴木		大海水		海中金		爐中火		大林木		路傍土		劍鋒金		山頭火		澗下水		城頭土		白臘金		楊柳木		井中水		屋上土	
음력	16	17	18	19	20	21	22	23	24	25	26	27	28	29	30	11/1	2	3	4	5	6	7	8	9	10	11	12	13	14	15	16
구성	7	6	5	4	3	2	1	1	2	3	4	5	6	7	8	9	1	2	3	4	5	6	7	8	9	1	2	3	4	5	6
대운 남	8	8	9	9	9	10	대	1	1	1	1	2	2	2	3	3	3	4	4	4	5	동	5	6	6	6	7	7	7	8	8
대운 여	2	2	1	1	1	1	설	10	9	9	9	8	8	8	7	7	7	6	6	6	5	지	5	4	4	4	3	3	3	2	2

단기 4373 年 불기 2584 年	**2040년**	下元·**庚申年** 납음(石榴木),본명성(五黃土) 대장군(午남방), 삼살(남방), 상문(戌서북방),조객(午남방), 납음(석류목),【삼재(인,묘,진)년】 臘享(납향):2041년1월14일(음12/12)

소한 6일 03시 02분 【음12월】 ➡ 【丁丑月(정축월)】 ☯三碧星 대한 20일 20시 20분

	양력	1	2	3	4	5	6	7	8	9	10	11	12	13	14	15	16	17	18	19	20	21	22	23	24	25	26	27	28	29	30	31
양력 1월	요일	일	월	화	수	목	금	토	일	월	화	수	목	금	토	일	월	화	수	목	금	토	일	월	화	수	목	금	토	일	월	화
	일진 日辰	戊子	己丑	庚寅	辛卯	壬辰	癸巳	甲午	乙未	丙申	丁酉	戊戌	己亥	庚子	辛丑	壬寅	癸卯	甲辰	乙巳	丙午	丁未	戊申	己酉	庚戌	辛亥	壬子	癸丑	甲寅	乙卯	丙辰	丁巳	戊午
음력	납음	霹靂火		松柏木		長流水		沙中金		山下火		平地木		壁上土		金箔金		覆燈火		天河水		大驛土		釵釧金		桑柘木		大溪水		沙中土		
11/17	음력	17	18	19	20	21	22	23	24	25	26	27	28	29	12/1	2	3	4	5	6	7	8	9	10	11	12	13	14	15	16	17	18
ㅣ	구성	7	8	9	1	2	3	4	5	6	7	8	9	1	2	3	4	5	6	7	8	9	1	2	3	4	5	6	7	8	9	1
12/18	대운 남	8	9	9	9	10	소	1	1	1	1	2	2	2	3	3	3	4	4	4	대	5	5	6	6	6	7	7	7	8	8	8
	대운 여	2	1	1	1	1	한	9	9	9	8	8	8	7	7	7	6	6	6	5	한	5	4	4	4	3	3	3	2	2	2	1

입춘 4일 14시 38분 【음1월】 ➡ 【戊寅月(무인월)】 ☯二黑星 우수 19일 10시 22분

	양력	1	2	3	4	5	6	7	8	9	10	11	12	13	14	15	16	17	18	19	20	21	22	23	24	25	26	27	28	29
양력 2월	요일	수	목	금	토	일	월	화	수	목	금	토	일	월	화	수	목	금	토	일	월	화	수	목	금	토	일	월	화	수
	일진 日辰	己未	庚申	辛酉	壬戌	癸亥	甲子	乙丑	丙寅	丁卯	戊辰	己巳	庚午	辛未	壬申	癸酉	甲戌	乙亥	丙子	丁丑	戊寅	己卯	庚辰	辛巳	壬午	癸未	甲申	乙酉	丙戌	丁亥
음력	납음		石榴木		大海水		海中金		爐中火		大林木		路傍土		劍鋒金		山頭火		澗下水		城頭土		白臘金		楊柳木		井中水		屋上土	
12/19	음력	19	20	21	22	23	24	25	26	27	28	29	1/1	2	3	4	5	6	7	8	9	10	11	12	13	14	15	16	17	18
ㅣ	구성	2	3	4	5	6	7	8	9	1	2	3	4	5	6	7	8	9	1	2	3	4	5	6	7	8	9	1	2	3
01/18	대운 남	9	9	9	입	10	9	9	9	8	8	8	7	7	7	6	6	6	5	우	5	4	4	4	3	3	3	2	2	2
	대운 여	1	1	1	춘	1	1	1	1	2	2	2	3	3	3	4	4	4	5	수	5	6	6	6	7	7	7	8	8	8

庚申年

경칩 5일 08시 30분 【음2월】 ➡ 【己卯月(기묘월)】 ☯一白星 춘분 20일 09시 10분

	양력	1	2	3	4	5	6	7	8	9	10	11	12	13	14	15	16	17	18	19	20	21	22	23	24	25	26	27	28	29	30	31
양력 3월	요일	목	금	토	일	월	화	수	목	금	토	일	월	화	수	목	금	토	일	월	화	수	목	금	토	일	월	화	수	목	금	토
	일진 日辰	戊子	己丑	庚寅	辛卯	壬辰	癸巳	甲午	乙未	丙申	丁酉	戊戌	己亥	庚子	辛丑	壬寅	癸卯	甲辰	乙巳	丙午	丁未	戊申	己酉	庚戌	辛亥	壬子	癸丑	甲寅	乙卯	丙辰	丁巳	戊午
음력	납음	霹靂火		松柏木		長流水		沙中金		山下火		平地木		壁上土		金箔金		覆燈火		天河水		大驛土		釵釧金		桑柘木		大溪水		沙中土		
01/19	음력	19	20	21	22	23	24	25	26	27	28	29	30	2/1	2	3	4	5	6	7	8	9	10	11	12	13	14	15	16	17	18	19
ㅣ	구성	4	5	6	7	8	9	1	2	3	4	5	6	7	8	9	1	2	3	4	5	6	7	8	9	1	2	3	4	5	6	7
02/19	대운 남	1	1	1	1	경	10	9	9	9	8	8	8	7	7	7	6	6	6	5	춘	5	4	4	4	3	3	3	2	2	2	1
	대운 여	9	9	9	10	칩	1	1	1	1	2	2	2	3	3	3	4	4	4	5	분	5	6	6	6	7	7	7	8	8	8	9

청명 4일 13시 04분 【음3월】 ➡ 【庚辰月(경진월)】 ☯九紫星 곡우 19일 19시 58분

	양력	1	2	3	4	5	6	7	8	9	10	11	12	13	14	15	16	17	18	19	20	21	22	23	24	25	26	27	28	29	30
양력 4월	요일	일	월	화	수	목	금	토	일	월	화	수	목	금	토	일	월	화	수	목	금	토	일	월	화	수	목	금	토	일	월
	일진 日辰	己未	庚申	辛酉	壬戌	癸亥	甲子	乙丑	丙寅	丁卯	戊辰	己巳	庚午	辛未	壬申	癸酉	甲戌	乙亥	丙子	丁丑	戊寅	己卯	庚辰	辛巳	壬午	癸未	甲申	乙酉	丙戌	丁亥	戊子
음력	납음		石榴木		大海水		海中金		爐中火		大林木		路傍土		劍鋒金		山頭火		澗下水		城頭土		白臘金		楊柳木		井中水		屋上土		
02/20	음력	20	21	22	23	24	25	26	27	28	29	3/1	2	3	4	5	6	7	8	9	10	11	12	13	14	15	16	17	18	19	20
ㅣ	구성	8	9	1	2	3	4	5	6	7	8	9	1	2	3	4	5	6	7	8	9	1	2	3	4	5	6	7	8	9	1
03/20	대운 남	1	1	1	청	10	10	9	9	9	8	8	8	7	7	7	6	6	6	곡	5	5	4	4	4	3	3	3	2	2	2
	대운 여	9	9	10	명	1	1	1	1	2	2	2	3	3	3	4	4	4	5	우	5	6	6	6	7	7	7	8	8	8	9

입하 5일 06시 08분 【음4월】 ➡ 【辛巳月(신사월)】 ☯八白星 소만 20일 18시 54분

	양력	1	2	3	4	5	6	7	8	9	10	11	12	13	14	15	16	17	18	19	20	21	22	23	24	25	26	27	28	29	30	31
양력 5월	요일	화	수	목	금	토	일	월	화	수	목	금	토	일	월	화	수	목	금	토	일	월	화	수	목	금	토	일	월	화	수	목
	일진 日辰	己丑	庚寅	辛卯	壬辰	癸巳	甲午	乙未	丙申	丁酉	戊戌	己亥	庚子	辛丑	壬寅	癸卯	甲辰	乙巳	丙午	丁未	戊申	己酉	庚戌	辛亥	壬子	癸丑	甲寅	乙卯	丙辰	丁巳	戊午	己未
음력	납음		松柏木		長流水		沙中金		山下火		平地木		壁上土		金箔金		覆燈火		天河水		大驛土		釵釧金		桑柘木		大溪水		沙中土		天上火	
03/21	음력	21	22	23	24	25	26	27	28	29	30	4/1	2	3	4	5	6	7	8	9	10	11	12	13	14	15	16	17	18	19	20	21
ㅣ	구성	2	3	4	5	6	7	8	9	1	2	3	4	5	6	7	8	9	1	2	3	4	5	6	7	8	9	1	2	3	4	5
04/21	대운 남	1	1	1	1	입	10	10	9	9	9	8	8	8	7	7	7	6	6	6	소	5	5	4	4	4	3	3	3	2	2	2
	대운 여	9	9	10	10	하	1	1	1	1	2	2	2	3	3	3	4	4	4	5	만	5	6	6	6	7	7	7	8	8	8	9

망종 5일 10시 07분 【음5월】 ➡ 【壬午月(임오월)】 ☯七赤星 하지 21일 02시 45분

	양력	1	2	3	4	5	6	7	8	9	10	11	12	13	14	15	16	17	18	19	20	21	22	23	24	25	26	27	28	29	30
양력 6월	요일	금	토	일	월	화	수	목	금	토	일	월	화	수	목	금	토	일	월	화	수	목	금	토	일	월	화	수	목	금	토
	일진 日辰	庚申	辛酉	壬戌	癸亥	甲子	乙丑	丙寅	丁卯	戊辰	己巳	庚午	辛未	壬申	癸酉	甲戌	乙亥	丙子	丁丑	戊寅	己卯	庚辰	辛巳	壬午	癸未	甲申	乙酉	丙戌	丁亥	戊子	己丑
음력	납음	石榴木		大海水		海中金		爐中火		大林木		路傍土		劍鋒金		山頭火		澗下水		城頭土		白臘金		楊柳木		井中水		屋上土		霹靂火	
04/22	음력	22	23	24	25	26	27	28	29	30	5/1	2	3	4	5	6	7	8	9	10	11	12	13	14	15	16	17	18	19	20	21
ㅣ	구성	6	7	8	9	9	8	7	6	5	4	3	2	1	9	8	7	6	5	4	3	2	1	9	8	7	6	5	4	3	2
05/21	대운 남	1	1	1	1	망	10	10	9	9	9	8	8	8	7	7	7	6	6	6	5	하	5	4	4	4	3	3	3	2	2
	대운 여	9	9	10	10	종	1	1	1	1	2	2	2	3	3	3	4	4	4	5	5	지	6	6	6	7	7	7	8	8	8

한식(4월05일), 초복(7월11일), 중복(7월21일), 말복(8월10일) ☂춘사(春社)3/21 ☀추사(秋社)9/27
토왕지절(土旺之節):4월16일,7월19일,10월20일,1월17일(음12/15)臘享(납향):2041년1월14일(음12/12)

二日得辛, 十一龍治水, 2040년 경신年 (석류목), 오황토

4綠	9紫	2黑
3碧	5黃	7赤
8白	1白	6白

2040 庚申年

소서 6일 20시 18분 【음6월】 ➡ 【癸未月(계미월)】 ☯六白星 대서22일 13시 39분

양력 7월 / 음력 05/22 ~ 06/23

양력	1	2	3	4	5	6	7	8	9	10	11	12	13	14	15	16	17	18	19	20	21	22	23	24	25	26	27	28	29	30	31
요일	일	월	화	수	목	금	토	일	월	화	수	목	금	토	일	월	화	수	목	금	토	일	월	화	수	목	금	토	일	월	화
일진 日辰	庚寅	辛卯	壬辰	癸巳	甲午	乙未	丙申	丁酉	戊戌	己亥	庚子	辛丑	壬寅	癸卯	甲辰	乙巳	丙午	丁未	戊申	己酉	庚戌	辛亥	壬子	癸丑	甲寅	乙卯	丙辰	丁巳	戊午	己未	庚申
납음	松柏木		長流水		沙中金		山下火		平地木		壁上土		金箔金		覆燈火		天河水		大驛土		釵釧金		桑柘木		大溪水		沙中土		天上火		
음력	22	23	24	25	26	27	28	29	6/1	2	3	4	5	6	7	8	9	10	11	12	13	14	15	16	17	18	19	20	21	22	23
구성	1	9	8	7	6	5	4	3	2	1	9	8	7	6	5	4	3	2	1	9	8	7	6	5	4	3	2	1	9	8	7
대운 남	2	1	1	1	1	소	10	10	10	9	9	9	8	8	8	7	7	7	6	6	6	대	5	5	4	4	4	3	3	3	2
대운 여	9	9	9	10	10	서	1	1	1	1	2	2	2	3	3	3	4	4	4	5	5	서	6	6	6	7	7	7	8	8	8

입추 7일 06시 09분 【음7월】 ➡ 【甲申月(갑신월)】 ☯五黃星 처서 22일 20시 52분

양력 8월 / 음력 06/24 ~ 07/24

양력	1	2	3	4	5	6	7	8	9	10	11	12	13	14	15	16	17	18	19	20	21	22	23	24	25	26	27	28	29	30	31
요일	수	목	금	토	일	월	화	수	목	금	토	일	월	화	수	목	금	토	일	월	화	수	목	금	토	일	월	화	수	목	금
일진 日辰	辛酉	壬戌	癸亥	甲子	乙丑	丙寅	丁卯	戊辰	己巳	庚午	辛未	壬申	癸酉	甲戌	乙亥	丙子	丁丑	戊寅	己卯	庚辰	辛巳	壬午	癸未	甲申	乙酉	丙戌	丁亥	戊子	己丑	庚寅	辛卯
납음		大海水		海中金		爐中火		大林木		路傍土		劍鋒金		山頭火		澗下水		城頭土		白臘金		楊柳木		井中水		屋上土		霹靂火		松柏木	
음력	24	25	26	27	28	29	30	7/1	2	3	4	5	6	7	8	9	10	11	12	13	14	15	16	17	18	19	20	21	22	23	24
구성	6	5	4	3	2	1	9	8	7	6	5	4	3	2	1	9	8	7	6	5	4	3	2	1	9	8	7	6	5	4	3
대운 남	2	2	1	1	1	1	입	10	10	9	9	9	8	8	8	7	7	7	6	6	6	처	5	5	4	4	4	3	3	3	2
대운 여	9	9	9	10	10	10	추	1	1	1	1	2	2	2	3	3	3	4	4	4	5	서	5	6	6	6	7	7	7	8	8

백로 7일 09시 13분 【음8월】 ➡ 【乙酉月(을유월)】 ☯四綠星 추분 22일 18시 43분

양력 9월 / 음력 07/25 ~ 08/24

양력	1	2	3	4	5	6	7	8	9	10	11	12	13	14	15	16	17	18	19	20	21	22	23	24	25	26	27	28	29	30
요일	토	일	월	화	수	목	금	토	일	월	화	수	목	금	토	일	월	화	수	목	금	토	일	월	화	수	목	금	토	일
일진 日辰	壬辰	癸巳	甲午	乙未	丙申	丁酉	戊戌	己亥	庚子	辛丑	壬寅	癸卯	甲辰	乙巳	丙午	丁未	戊申	己酉	庚戌	辛亥	壬子	癸丑	甲寅	乙卯	丙辰	丁巳	戊午	己未	庚申	辛酉
납음	長流水		沙中金		山下火		平地木		壁上土		金箔金		覆燈火		天河水		大驛土		釵釧金		桑柘木		大溪水		沙中土		天上火		石榴木	
음력	25	26	27	28	29	30	8/1	2	3	4	5	6	7	8	9	10	11	12	13	14	15	16	17	18	19	20	21	22	23	24
구성	2	1	9	8	7	6	5	4	3	2	1	9	8	7	6	5	4	3	2	1	9	8	7	6	5	4	3	2	1	9
대운 남	2	2	1	1	1	1	백	10	10	9	9	9	8	8	8	7	7	7	6	6	6	추	5	5	4	4	4	3	3	3
대운 여	8	9	9	9	10	10	로	1	1	1	1	2	2	2	3	3	3	4	4	4	5	분	5	6	6	6	7	7	7	8

한로 8일 01시 04분 【음9월】 ➡ 【丙戌月(병술월)】 ☯三碧星 상강 23일 04시 18분

양력 10월 / 음력 08/25 ~ 09/26

양력	1	2	3	4	5	6	7	8	9	10	11	12	13	14	15	16	17	18	19	20	21	22	23	24	25	26	27	28	29	30	31
요일	월	화	수	목	금	토	일	월	화	수	목	금	토	일	월	화	수	목	금	토	일	월	화	수	목	금	토	일	월	화	수
일진 日辰	壬戌	癸亥	甲子	乙丑	丙寅	丁卯	戊辰	己巳	庚午	辛未	壬申	癸酉	甲戌	乙亥	丙子	丁丑	戊寅	己卯	庚辰	辛巳	壬午	癸未	甲申	乙酉	丙戌	丁亥	戊子	己丑	庚寅	辛卯	壬辰
납음	大海水		海中金		爐中火		大林木		路傍土		劍鋒金		山頭火		澗下水		城頭土		白臘金		楊柳木		井中水		屋上土		霹靂火		松柏木		
음력	25	26	27	28	29	9/1	2	3	4	5	6	7	8	9	10	11	12	13	14	15	16	17	18	19	20	21	22	23	24	25	26
구성	8	7	6	5	4	3	2	1	9	8	7	6	5	4	3	2	1	9	8	7	6	5	4	3	2	1	9	8	7	6	5
대운 남	2	2	2	1	1	1	1	한	10	9	9	9	8	8	8	7	7	7	6	6	6	5	상	5	4	4	4	3	3	3	2
대운 여	8	8	9	9	9	10	10	로	1	1	1	1	2	2	2	3	3	3	4	4	4	5	강	5	6	6	6	7	7	7	8

입동 7일 04시 28분 【음10월】 ➡ 【丁亥月(정해월)】 ☯二黑星 소설 22일 02시 04분

양력 11월 / 음력 09/27 ~ 10/26

양력	1	2	3	4	5	6	7	8	9	10	11	12	13	14	15	16	17	18	19	20	21	22	23	24	25	26	27	28	29	30
요일	목	금	토	일	월	화	수	목	금	토	일	월	화	수	목	금	토	일	월	화	수	목	금	토	일	월	화	수	목	금
일진 日辰	癸巳	甲午	乙未	丙申	丁酉	戊戌	己亥	庚子	辛丑	壬寅	癸卯	甲辰	乙巳	丙午	丁未	戊申	己酉	庚戌	辛亥	壬子	癸丑	甲寅	乙卯	丙辰	丁巳	戊午	己未	庚申	辛酉	壬戌
납음		沙中金		山下火		平地木		壁上土		金箔金		覆燈火		天河水		大驛土		釵釧金		桑柘木		大溪水		沙中土		天上火		石榴木		
음력	27	28	29	30	10/1	2	3	4	5	6	7	8	9	10	11	12	13	14	15	16	17	18	19	20	21	22	23	24	25	26
구성	4	3	2	1	9	8	7	6	5	4	3	2	1	9	8	7	6	5	4	3	2	1	9	8	7	6	5	4	3	2
대운 남	2	2	1	1	1	1	입	9	9	9	8	8	8	7	7	7	6	6	6	5	5	소	4	4	4	3	3	3	2	2
대운 여	8	8	9	9	9	10	동	1	1	1	1	2	2	2	3	3	3	4	4	4	5	설	5	6	6	6	7	7	7	8

대설 6일 21시 29분 【음11월】 ➡ 【戊子月(무자월)】 ☯一白星 동지 21일 15시 31분

양력 12월 / 음력 10/27 ~ 11/28

양력	1	2	3	4	5	6	7	8	9	10	11	12	13	14	15	16	17	18	19	20	21	22	23	24	25	26	27	28	29	30	31
요일	토	일	월	화	수	목	금	토	일	월	화	수	목	금	토	일	월	화	수	목	금	토	일	월	화	수	목	금	토	일	월
일진 日辰	癸亥	甲子	乙丑	丙寅	丁卯	戊辰	己巳	庚午	辛未	壬申	癸酉	甲戌	乙亥	丙子	丁丑	戊寅	己卯	庚辰	辛巳	壬午	癸未	甲申	乙酉	丙戌	丁亥	戊子	己丑	庚寅	辛卯	壬辰	癸巳
납음		海中金		爐中火		大林木		路傍土		劍鋒金		山頭火		澗下水		城頭土		白臘金		楊柳木		井中水		屋上土		霹靂火		松柏木		長流水	
음력	27	28	29	11/1	2	3	4	5	6	7	8	9	10	11	12	13	14	15	16	17	18	19	20	21	22	23	24	25	26	27	28
구성	1	1	2	3	4	5	6	7	8	9	1	2	3	4	5	6	7	8	9	1	2	3	4	5	6	7	8	9	1	2	3
대운 남	2	1	1	1	1	대	10	9	9	9	8	8	8	7	7	7	6	6	6	5	동	5	4	4	4	3	3	3	2	2	2
대운 여	8	8	9	9	9	설	1	1	1	1	2	2	2	3	3	3	4	4	4	5	지	5	6	6	6	7	7	7	8	8	8

단기 4374 年 불기 2585 年	2041년	下元·辛酉年 납음(石榴木),본명성(四綠木)

대장군(午남방), 삼살(동방), 상문(亥서북방),조객(未서남방), 납음(석류목),【삼재(해,자,축)년】 臘享(납향):2042년1월21일(음12/30)

닭

소한 5일 08시 47분 【음12월】 ➡ 【己丑月(기축월)】 ☯九紫星 대한 20일 02시 12분

양력 1월 / 음력 11/29 ▮ 12/29

양력	1	2	3	4	5	6	7	8	9	10	11	12	13	14	15	16	17	18	19	20	21	22	23	24	25	26	27	28	29	30	31
요일	화	수	목	금	토	일	월	화	수	목	금	토	일	월	화	수	목	금	토	일	월	화	수	목	금	토	일	월	화	수	목
일진 日辰	甲午	乙未	丙申	丁酉	戊戌	己亥	庚子	辛丑	壬寅	癸卯	甲辰	乙巳	丙午	丁未	戊申	己酉	庚戌	辛亥	壬子	癸丑	甲寅	乙卯	丙辰	丁巳	戊午	己未	庚申	辛酉	壬戌	癸亥	甲子
납음	沙中金		山下火		平地木		壁上土		金箔金		覆燈火		天河水		大驛土		釵釧金		桑柘木		大溪水		沙中土		天上火		石榴木		大海水		
음력	29	30	12/1	2	3	4	5	6	7	8	9	10	11	12	13	14	15	16	17	18	19	20	21	22	23	24	25	26	27	28	29
구성	4	5	6	7	8	9	1	2	3	4	5	6	7	8	9	1	2	3	4	5	6	7	8	9	1	2	3	4	5	6	7
대운 남	1	1	1	1	소	9	9	9	8	8	8	7	7	7	6	6	6	5	5	대	4	4	4	3	3	3	2	2	2	1	1
대운 여	9	9	9	10	한	1	1	1	1	2	2	2	3	3	3	4	4	4	5	한	5	6	6	6	7	7	7	8	8	8	9

입춘 3일 20시 24분 【음1월】 ➡ 【庚寅月(경인월)】 ☯八白星 우수 18일 16시 16분

양력 2월 / 음력 01/01 ▮ 01/28

양력	1	2	3	4	5	6	7	8	9	10	11	12	13	14	15	16	17	18	19	20	21	22	23	24	25	26	27	28
요일	금	토	일	월	화	수	목	금	토	일	월	화	수	목	금	토	일	월	화	수	목	금	토	일	월	화	수	목
일진 日辰	乙丑	丙寅	丁卯	戊辰	己巳	庚午	辛未	壬申	癸酉	甲戌	乙亥	丙子	丁丑	戊寅	己卯	庚辰	辛巳	壬午	癸未	甲申	乙酉	丙戌	丁亥	戊子	己丑	庚寅	辛卯	壬辰
납음		爐中火		大林木		路傍土		劍鋒金		山頭火		澗下水		城頭土		白臘金		楊柳木		井中水		屋上土		霹靂火		松柏木		
음력	1/1	2	3	4	5	6	7	8	9	10	11	12	13	14	15	16	17	18	19	20	21	22	23	24	25	26	27	28
구성	8	9	1	2	3	4	5	6	7	8	9	1	2	3	4	5	6	7	8	9	1	2	3	4	5	6	7	8
대운 남	1	1	입	1	1	1	1	2	2	2	3	3	3	4	4	4	5	우	5	6	6	6	7	7	7	8	8	8
대운 여	9	9	춘	10	9	9	9	8	8	8	7	7	7	6	6	6	5	수	5	4	4	4	3	3	3	2	2	2

辛酉年

경칩 5일 14시 16분 【음2월】 ➡ 【辛卯月(신묘월)】 ☯七赤星 춘분 20일 15시 05분

양력 3월 / 음력 01/29 ▮ 02/29

양력	1	2	3	4	5	6	7	8	9	10	11	12	13	14	15	16	17	18	19	20	21	22	23	24	25	26	27	28	29	30	31
요일	금	토	일	월	화	수	목	금	토	일	월	화	수	목	금	토	일	월	화	수	목	금	토	일	월	화	수	목	금	토	일
일진 日辰	癸巳	甲午	乙未	丙申	丁酉	戊戌	己亥	庚子	辛丑	壬寅	癸卯	甲辰	乙巳	丙午	丁未	戊申	己酉	庚戌	辛亥	壬子	癸丑	甲寅	乙卯	丙辰	丁巳	戊午	己未	庚申	辛酉	壬戌	癸亥
납음		沙中金		山下火		平地木		壁上土		金箔金		覆燈火		天河水		大驛土		釵釧金		桑柘木		大溪水		沙中土		天上火		石榴木		大海水	
음력	29	30	2/1	2	3	4	5	6	7	8	9	10	11	12	13	14	15	16	17	18	19	20	21	22	23	24	25	26	27	28	29
구성	9	1	2	3	4	5	6	7	8	9	1	2	3	4	5	6	7	8	9	1	2	3	4	5	6	7	8	9	1	2	3
대운 남	9	9	9	10	경	1	1	1	1	2	2	2	3	3	3	4	4	4	5	춘	5	6	6	6	7	7	7	8	8	8	9
대운 여	1	1	1	1	칩	10	9	9	9	8	8	8	7	7	7	6	6	6	5	분	5	4	4	4	3	3	3	2	2	2	1

청명 4일 18시 51분 【음3월】 ➡ 【壬辰月(임진월)】 ☯六白星 곡우 20일 01시 53분

양력 4월 / 음력 03/01 ▮ 04/01

양력	1	2	3	4	5	6	7	8	9	10	11	12	13	14	15	16	17	18	19	20	21	22	23	24	25	26	27	28	29	30
요일	월	화	수	목	금	토	일	월	화	수	목	금	토	일	월	화	수	목	금	토	일	월	화	수	목	금	토	일	월	화
일진 日辰	甲子	乙丑	丙寅	丁卯	戊辰	己巳	庚午	辛未	壬申	癸酉	甲戌	乙亥	丙子	丁丑	戊寅	己卯	庚辰	辛巳	壬午	癸未	甲申	乙酉	丙戌	丁亥	戊子	己丑	庚寅	辛卯	壬辰	癸巳
납음	海中金		爐中火		大林木		路傍土		劍鋒金		山頭火		澗下水		城頭土		白臘金		楊柳木		井中水		屋上土		霹靂火		松柏木		長流水	
음력	3/1	2	3	4	5	6	7	8	9	10	11	12	13	14	15	16	17	18	19	20	21	22	23	24	25	26	27	28	29	4/1
구성	4	5	6	7	8	9	1	2	3	4	5	6	7	8	9	1	2	3	4	5	6	7	8	9	1	2	3	4	5	6
대운 남	9	9	10	청	1	1	1	1	2	2	2	3	3	3	4	4	4	5	5	곡	6	6	6	7	7	7	8	8	8	9
대운 여	1	1	1	명	10	10	9	9	9	8	8	8	7	7	7	6	6	6	5	우	5	4	4	4	3	3	3	2	2	2

입하 5일 11시 53분 【음4월】 ➡ 【癸巳月(계사월)】 ☯五黃星 소만 21일 00시 47분

양력 5월 / 음력 04/02 ▮ 05/02

양력	1	2	3	4	5	6	7	8	9	10	11	12	13	14	15	16	17	18	19	20	21	22	23	24	25	26	27	28	29	30	31
요일	수	목	금	토	일	월	화	수	목	금	토	일	월	화	수	목	금	토	일	월	화	수	목	금	토	일	월	화	수	목	금
일진 日辰	甲午	乙未	丙申	丁酉	戊戌	己亥	庚子	辛丑	壬寅	癸卯	甲辰	乙巳	丙午	丁未	戊申	己酉	庚戌	辛亥	壬子	癸丑	甲寅	乙卯	丙辰	丁巳	戊午	己未	庚申	辛酉	壬戌	癸亥	甲子
납음	沙中金		山下火		平地木		壁上土		金箔金		覆燈火		天河水		大驛土		釵釧金		桑柘木		大溪水		沙中土		天上火		石榴木		大海水		
음력	2	3	4	5	6	7	8	9	10	11	12	13	14	15	16	17	18	19	20	21	22	23	24	25	26	27	28	29	30	5/1	2
구성	7	8	9	1	2	3	4	5	6	7	8	9	1	2	3	4	5	6	7	8	9	1	2	3	4	5	6	7	8	9	9
대운 남	9	9	10	10	입	1	1	1	1	2	2	2	3	3	3	4	4	4	5	5	소	6	6	6	7	7	7	8	8	8	9
대운 여	1	1	1	1	하	10	10	9	9	9	8	8	8	7	7	7	6	6	6	5	만	5	4	4	4	3	3	3	2	2	2

망종 5일 15시 48분 【음5월】 ➡ 【甲午月(갑오월)】 ☯四綠星 하지 21일 08시 34분

양력 6월 / 음력 05/03 ▮ 06/03

양력	1	2	3	4	5	6	7	8	9	10	11	12	13	14	15	16	17	18	19	20	21	22	23	24	25	26	27	28	29	30
요일	토	일	월	화	수	목	금	토	일	월	화	수	목	금	토	일	월	화	수	목	금	토	일	월	화	수	목	금	토	일
일진 日辰	乙丑	丙寅	丁卯	戊辰	己巳	庚午	辛未	壬申	癸酉	甲戌	乙亥	丙子	丁丑	戊寅	己卯	庚辰	辛巳	壬午	癸未	甲申	乙酉	丙戌	丁亥	戊子	己丑	庚寅	辛卯	壬辰	癸巳	甲午
납음		爐中火		大林木		路傍土		劍鋒金		山頭火		澗下水		城頭土		白臘金		楊柳木		井中水		屋上土		霹靂火		松柏木		長流水		
음력	3	4	5	6	7	8	9	10	11	12	13	14	15	16	17	18	19	20	21	22	23	24	25	26	27	28	29	6/1	2	3
구성	8	7	6	5	4	3	2	1	9	8	7	6	5	4	3	2	1	9	8	7	6	5	4	3	2	1	9	8	7	6
대운 남	9	9	10	10	망	1	1	1	1	2	2	2	3	3	3	4	4	4	5	5	하	6	6	6	7	7	7	8	8	8
대운 여	1	1	1	1	종	10	10	10	9	9	9	8	8	8	7	7	7	6	6	6	지	5	5	4	4	4	3	3	3	2

한식(4월05일), 초복(7월16일), 중복(7월26일), 말복(8월15일) ☂춘사(春社)3/16 ☀추사(秋社)9/22
토왕지절(土旺之節):4월16일,7월19일,10월20일,1월17일(음12/26)臘享(납향):2042년1월21일(음12/30)

七日得辛, 四龍治水, 2041년 신유年 (석류목), 사록목

3碧	8白	1白
2黑	4綠	6白
7赤	9紫	5黃

2041 辛酉年

소서 7일 01시 57분 【음6월】 ➡ 【乙未月(을미월)】 ☯三碧星 대서 22일 19시 25분

	양력	1	2	3	4	5	6	7	8	9	10	11	12	13	14	15	16	17	18	19	20	21	22	23	24	25	26	27	28	29	30	31
양력 7월	요일	월	화	수	목	금	토	일	월	화	수	목	금	토	일	월	화	수	목	금	토	일	월	화	수	목	금	토	일	월	화	수
	일진 日辰	乙未	丙申	丁酉	戊戌	己亥	庚子	辛丑	壬寅	癸卯	甲辰	乙巳	丙午	丁未	戊申	己酉	庚戌	辛亥	壬子	癸丑	甲寅	乙卯	丙辰	丁巳	戊午	己未	庚申	辛酉	壬戌	癸亥	甲子	乙丑
음력 06/04 ~ 07/04	납음		山下火		平地木		壁上土		金箔金		覆燈火		天河水		大驛土		釵釧金		桑柘木		大溪水		沙中土		天上火		石榴木		大海水		海中金	
	음력	4	5	6	7	8	9	10	11	12	13	14	15	16	17	18	19	20	21	22	23	24	25	26	27	28	29	30	7/1	2	3	4
	구성	5	4	3	2	1	9	8	7	6	5	4	3	2	1	9	8	7	6	5	4	3	2	1	9	8	7	6	5	4	3	2
대운	남	9	9	9	10	10	10	소	1	1	1	1	2	2	2	3	3	3	4	4	4	5	대	5	6	6	6	7	7	7	8	8
	여	2	2	1	1	1	1	서	10	10	9	9	9	8	8	8	7	7	7	6	6	6	서	5	5	4	4	4	3	3	3	2

입추 7일 11시 47분 【음7월】 ➡ 【丙申月(병신월)】 ☯二黑星 처서 23일 02시 35분

	양력	1	2	3	4	5	6	7	8	9	10	11	12	13	14	15	16	17	18	19	20	21	22	23	24	25	26	27	28	29	30	31
양력 8월	요일	목	금	토	일	월	화	수	목	금	토	일	월	화	수	목	금	토	일	월	화	수	목	금	토	일	월	화	수	목	금	토
	일진 日辰	丙寅	丁卯	戊辰	己巳	庚午	辛未	壬申	癸酉	甲戌	乙亥	丙子	丁丑	戊寅	己卯	庚辰	辛巳	壬午	癸未	甲申	乙酉	丙戌	丁亥	戊子	己丑	庚寅	辛卯	壬辰	癸巳	甲午	乙未	丙申
음력 07/05 ~ 08/05	납음	爐中火		大林木		路傍土		劍鋒金		山頭火		澗下水		城頭土		白臘金		楊柳木		井中水		屋上土		霹靂火		松柏木		長流水		沙中金		
	음력	5	6	7	8	9	10	11	12	13	14	15	16	17	18	19	20	21	22	23	24	25	26	27	28	29	30	8/1	2	3	4	5
	구성	1	9	8	7	6	5	4	3	2	1	9	8	7	6	5	4	3	2	1	9	8	7	6	5	4	3	2	1	9	8	7
대운	남	8	9	9	9	10	10	입	1	1	1	1	2	2	2	3	3	3	4	4	4	5	5	처	6	6	6	7	7	7	8	8
	여	2	2	1	1	1	1	추	10	10	9	9	9	8	8	8	7	7	7	6	6	6	5	서	5	4	4	4	3	3	3	2

백로 7일 14시 52분 【음8월】 ➡ 【丁酉月(정유월)】 ☯一白星 추분 23일 00시 25분

	양력	1	2	3	4	5	6	7	8	9	10	11	12	13	14	15	16	17	18	19	20	21	22	23	24	25	26	27	28	29	30
양력 9월	요일	일	월	화	수	목	금	토	일	월	화	수	목	금	토	일	월	화	수	목	금	토	일	월	화	수	목	금	토	일	월
	일진 日辰	丁酉	戊戌	己亥	庚子	辛丑	壬寅	癸卯	甲辰	乙巳	丙午	丁未	戊申	己酉	庚戌	辛亥	壬子	癸丑	甲寅	乙卯	丙辰	丁巳	戊午	己未	庚申	辛酉	壬戌	癸亥	甲子	乙丑	丙寅
음력 08/06 ~ 09/06	납음		平地木		壁上土		金箔金		覆燈火		天河水		大驛土		釵釧金		桑柘木		大溪水		沙中土		天上火		石榴木		大海水		海中金		
	음력	6	7	8	9	10	11	12	13	14	15	16	17	18	19	20	21	22	23	24	25	26	27	28	29	9/1	2	3	4	5	6
	구성	6	5	4	3	2	1	9	8	7	6	5	4	3	2	1	9	8	7	6	5	4	3	2	1	9	8	7	6	5	4
대운	남	8	9	9	9	10	10	백	1	1	1	1	2	2	2	3	3	3	4	4	4	5	5	추	6	6	6	7	7	7	8
	여	2	2	1	1	1	1	로	10	10	9	9	9	8	8	8	7	7	7	6	6	6	5	분	5	4	4	4	3	3	3

한로 8일 06시 45분 【음9월】 ➡ 【戊戌月(무술월)】 ☯九紫星 상강 23일 10시 00분

	양력	1	2	3	4	5	6	7	8	9	10	11	12	13	14	15	16	17	18	19	20	21	22	23	24	25	26	27	28	29	30	31
양력 10월	요일	화	수	목	금	토	일	월	화	수	목	금	토	일	월	화	수	목	금	토	일	월	화	수	목	금	토	일	월	화	수	목
	일진 日辰	丁卯	戊辰	己巳	庚午	辛未	壬申	癸酉	甲戌	乙亥	丙子	丁丑	戊寅	己卯	庚辰	辛巳	壬午	癸未	甲申	乙酉	丙戌	丁亥	戊子	己丑	庚寅	辛卯	壬辰	癸巳	甲午	乙未	丙申	丁酉
음력 09/07 ~ 10/07	납음		大林木		路傍土		劍鋒金		山頭火		澗下水		城頭土		白臘金		楊柳木		井中水		屋上土		霹靂火		松柏木		長流水		沙中金		山下火	
	음력	7	8	9	10	11	12	13	14	15	16	17	18	19	20	21	22	23	24	25	26	27	28	29	30	10/1	2	3	4	5	6	7
	구성	3	2	1	9	8	7	6	5	4	3	2	1	9	8	7	6	5	4	3	2	1	9	8	7	6	5	4	3	2	1	9
대운	남	8	8	9	9	9	10	10	한	1	1	1	1	2	2	2	3	3	3	4	4	4	5	상	5	6	6	6	7	7	7	8
	여	2	2	2	1	1	1	1	로	10	9	9	9	8	8	8	7	7	7	6	6	6	5	강	5	4	4	4	3	3	3	2

입동 7일 10시 12분 【음10월】 ➡ 【己亥月(기해월)】 ☯八白星 소설 22일 07시 48분

	양력	1	2	3	4	5	6	7	8	9	10	11	12	13	14	15	16	17	18	19	20	21	22	23	24	25	26	27	28	29	30
양력 11월	요일	금	토	일	월	화	수	목	금	토	일	월	화	수	목	금	토	일	월	화	수	목	금	토	일	월	화	수	목	금	토
	일진 日辰	戊戌	己亥	庚子	辛丑	壬寅	癸卯	甲辰	乙巳	丙午	丁未	戊申	己酉	庚戌	辛亥	壬子	癸丑	甲寅	乙卯	丙辰	丁巳	戊午	己未	庚申	辛酉	壬戌	癸亥	甲子	乙丑	丙寅	丁卯
음력 10/08 ~ 11/07	납음	平地木		壁上土		金箔金		覆燈火		天河水		大驛土		釵釧金		桑柘木		大溪水		沙中土		天上火		石榴木		大海水		海中金		爐中火	
	음력	8	9	10	11	12	13	14	15	16	17	18	19	20	21	22	23	24	25	26	27	28	29	30	11/1	2	3	4	5	6	7
	구성	8	7	6	5	4	3	2	1	9	8	7	6	5	4	3	2	1	9	8	7	6	5	4	3	2	1	1	2	3	4
대운	남	8	8	9	9	9	10	입	1	1	1	1	2	2	2	3	3	3	4	4	4	5	소	5	6	6	6	7	7	7	8
	여	2	2	1	1	1	1	동	10	9	9	9	8	8	8	7	7	7	6	6	6	5	설	5	4	4	4	3	3	3	2

대설 7일 03시 14분 【음11월】 ➡ 【庚子月(경자월)】 ☯七赤星 동지 21일 21시 17분

	양력	1	2	3	4	5	6	7	8	9	10	11	12	13	14	15	16	17	18	19	20	21	22	23	24	25	26	27	28	29	30	31
양력 12월	요일	일	월	화	수	목	금	토	일	월	화	수	목	금	토	일	월	화	수	목	금	토	일	월	화	수	목	금	토	일	월	화
	일진 日辰	戊辰	己巳	庚午	辛未	壬申	癸酉	甲戌	乙亥	丙子	丁丑	戊寅	己卯	庚辰	辛巳	壬午	癸未	甲申	乙酉	丙戌	丁亥	戊子	己丑	庚寅	辛卯	壬辰	癸巳	甲午	乙未	丙申	丁酉	戊戌
음력 11/08 ~ 12/09	납음	大林木		路傍土		劍鋒金		山頭火		澗下水		城頭土		白臘金		楊柳木		井中水		屋上土		霹靂火		松柏木		長流水		沙中金		山下火		
	음력	8	9	10	11	12	13	14	15	16	17	18	19	20	21	22	23	24	25	26	27	28	29	12/1	2	3	4	5	6	7	8	9
	구성	5	6	7	8	9	1	2	3	4	5	6	7	8	9	1	2	3	4	5	6	7	8	9	1	2	3	4	5	6	7	8
대운	남	8	8	9	9	9	10	대	1	1	1	1	2	2	2	3	3	3	4	4	4	동	5	5	6	6	6	7	7	7	8	8
	여	2	2	1	1	1	1	설	9	9	9	8	8	8	7	7	7	6	6	6	5	지	5	4	4	4	3	3	3	2	2	2

단기 4375 年 불기 2586 年	2042년	下元 壬戌年 납음(大海水),본명성(三碧木) 대장군(午남방), 삼살(북방), 상문(子북방),조객(申서남방), 납음(대해수), 【삼재(신,유,술)년】 臘享(납향):2043년1월16일(음12/06)

소한 5일 14시 34분 【음12월】 ➡ 【辛丑月(신축월)】 ☯六白星 대한 20일 07시 59분

양력 1월	양력	1	2	3	4	5	6	7	8	9	10	11	12	13	14	15	16	17	18	19	20	21	22	23	24	25	26	27	28	29	30	31
	요일	수	목	금	토	일	월	화	수	목	금	토	일	월	화	수	목	금	토	일	월	화	수	목	금	토	일	월	화	수	목	금
	일진 日辰	己亥	庚子	辛丑	壬寅	癸卯	甲辰	乙巳	丙午	丁未	戊申	己酉	庚戌	辛亥	壬子	癸丑	甲寅	乙卯	丙辰	丁巳	戊午	己未	庚申	辛酉	壬戌	癸亥	甲子	乙丑	丙寅	丁卯	戊辰	己巳
음력 12/10 – 01/10	납음		壁上土		金箔金		覆燈火		天河水		大驛土		釵釧金		桑柘木		大溪水		沙中土		天上火		石榴木		大海水		海中金		爐中火		大林木	
	음력	10	11	12	13	14	15	16	17	18	19	20	21	22	23	24	25	26	27	28	29	30	1/1	2	3	4	5	6	7	8	9	10
	구성	9	1	2	3	4	5	6	7	8	9	1	2	3	4	5	6	7	8	9	1	2	3	4	5	6	7	8	9	1	2	3
	대운 남	8	9	9	9	소	1	1	1	1	2	2	2	3	3	3	4	4	4	5	대	5	6	6	6	7	7	7	8	8	8	9
	대운 여	1	1	1	1	한	10	9	9	9	8	8	8	7	7	7	6	6	6	5	한	5	4	4	4	3	3	3	2	2	2	1

입춘 4일 02시 11분 【음1월】 ➡ 【壬寅月(임인월)】 ☯五黃星 우수 18일 22시 03분

양력 2월	양력	1	2	3	4	5	6	7	8	9	10	11	12	13	14	15	16	17	18	19	20	21	22	23	24	25	26	27	28
	요일	토	일	월	화	수	목	금	토	일	월	화	수	목	금	토	일	월	화	수	목	금	토	일	월	화	수	목	금
	일진 日辰	庚午	辛未	壬申	癸酉	甲戌	乙亥	丙子	丁丑	戊寅	己卯	庚辰	辛巳	壬午	癸未	甲申	乙酉	丙戌	丁亥	戊子	己丑	庚寅	辛卯	壬辰	癸巳	甲午	乙未	丙申	丁酉
음력 01/11 – 02/09	납음	路傍土		劍鋒金		山頭火		澗下水		城頭土		白臘金		楊柳木		井中水		屋上土		霹靂火		松柏木		長流水		沙中金		山下火	
	음력	11	12	13	14	15	16	17	18	19	20	21	22	23	24	25	26	27	28	29	2/1	2	3	4	5	6	7	8	9
	구성	4	5	6	7	8	9	1	2	3	4	5	6	7	8	9	1	2	3	4	5	6	7	8	9	1	2	3	4
	대운 남	9	9	10	입	9	9	9	8	8	8	7	7	7	6	6	6	5	우	5	4	4	4	3	3	3	2	2	2
	대운 여	1	1	1	춘	1	1	1	1	2	2	2	3	3	3	4	4	4	수	5	5	6	6	6	7	7	7	8	8

壬戌年

경칩 5일 20시 04분 【음2월】 ➡ 【癸卯月(계묘월)】 ☯四綠星 춘분 20일 20시 52분

양력 3월	양력	1	2	3	4	5	6	7	8	9	10	11	12	13	14	15	16	17	18	19	20	21	22	23	24	25	26	27	28	29	30	31
	요일	토	일	월	화	수	목	금	토	일	월	화	수	목	금	토	일	월	화	수	목	금	토	일	월	화	수	목	금	토	일	월
	일진 日辰	戊戌	己亥	庚子	辛丑	壬寅	癸卯	甲辰	乙巳	丙午	丁未	戊申	己酉	庚戌	辛亥	壬子	癸丑	甲寅	乙卯	丙辰	丁巳	戊午	己未	庚申	辛酉	壬戌	癸亥	甲子	乙丑	丙寅	丁卯	戊辰
음력 02/10 – 윤210	납음	平地木		壁上土		金箔金		覆燈火		天河水		大驛土		釵釧金		桑柘木		大溪水		沙中土		天上火		石榴木		大海水		海中金		爐中火		
	음력	10	11	12	13	14	15	16	17	18	19	20	21	22	23	24	25	26	27	28	29	30	윤2	2	3	4	5	6	7	8	9	10
	구성	5	6	7	8	9	1	2	3	4	5	6	7	8	9	1	2	3	4	5	6	7	8	9	1	2	3	4	5	6	7	8
	대운 남	1	1	1	1	경	10	10	9	9	9	8	8	8	7	7	7	6	6	6	춘	5	5	4	4	4	3	3	3	2	2	2
	대운 여	8	9	9	9	칩	1	1	1	1	2	2	2	3	3	3	4	4	4	5	분	5	6	6	6	7	7	7	8	8	8	9

청명 5일 00시 39분 【음3월】 ➡ 【甲辰月(갑진월)】 ☯三碧星 곡우 20일 07시 38분

양력 4월	양력	1	2	3	4	5	6	7	8	9	10	11	12	13	14	15	16	17	18	19	20	21	22	23	24	25	26	27	28	29	30
	요일	화	수	목	금	토	일	월	화	수	목	금	토	일	월	화	수	목	금	토	일	월	화	수	목	금	토	일	월	화	수
	일진 日辰	己巳	庚午	辛未	壬申	癸酉	甲戌	乙亥	丙子	丁丑	戊寅	己卯	庚辰	辛巳	壬午	癸未	甲申	乙酉	丙戌	丁亥	戊子	己丑	庚寅	辛卯	壬辰	癸巳	甲午	乙未	丙申	丁酉	戊戌
음력 윤211 – 03/11	납음		路傍土		劍鋒金		山頭火		澗下水		城頭土		白臘金		楊柳木		井中水		屋上土		霹靂火		松柏木		長流水		沙中金		山下火		
	음력	11	12	13	14	15	16	17	18	19	20	21	22	23	24	25	26	27	28	29	3/1	2	3	4	5	6	7	8	9	10	11
	구성	9	1	2	3	4	5	6	7	8	9	1	2	3	4	5	6	7	8	9	1	2	3	4	5	6	7	8	9	1	2
	대운 남	1	1	1	1	청	10	9	9	9	8	8	8	7	7	7	6	6	6	5	곡	5	4	4	4	3	3	3	2	2	2
	대운 여	9	9	10	10	명	1	1	1	1	2	2	2	3	3	3	4	4	4	5	우	5	6	6	6	7	7	7	8	8	8

입하 5일 17시 41분 【음4월】 ➡ 【乙巳月(을사월)】 ☯二黑星 소만 21일 06시 30분

양력 5월	양력	1	2	3	4	5	6	7	8	9	10	11	12	13	14	15	16	17	18	19	20	21	22	23	24	25	26	27	28	29	30	31
	요일	목	금	토	일	월	화	수	목	금	토	일	월	화	수	목	금	토	일	월	화	수	목	금	토	일	월	화	수	목	금	토
	일진 日辰	己亥	庚子	辛丑	壬寅	癸卯	甲辰	乙巳	丙午	丁未	戊申	己酉	庚戌	辛亥	壬子	癸丑	甲寅	乙卯	丙辰	丁巳	戊午	己未	庚申	辛酉	壬戌	癸亥	甲子	乙丑	丙寅	丁卯	戊辰	己巳
음력 03/12 – 04/13	납음		壁上土		金箔金		覆燈火		天河水		大驛土		釵釧金		桑柘木		大溪水		沙中土		天上火		石榴木		大海水		海中金		爐中火		大林木	
	음력	12	13	14	15	16	17	18	19	20	21	22	23	24	25	26	27	28	29	4/1	2	3	4	5	6	7	8	9	10	11	12	13
	구성	3	4	5	6	7	8	9	1	2	3	4	5	6	7	8	9	1	2	3	4	5	6	7	8	9	9	8	7	6	5	4
	대운 남	1	1	1	1	입	10	10	9	9	9	8	8	8	7	7	7	6	6	6	5	소	5	4	4	4	3	3	3	2	2	2
	대운 여	9	9	9	10	하	1	1	1	1	2	2	2	3	3	3	4	4	4	5	5	만	6	6	6	7	7	7	8	8	8	9

망종 5일 21시 37분 【음5월】 ➡ 【丙午月(병오월)】 ☯一白星 하지 21일 14시 14분

양력 6월	양력	1	2	3	4	5	6	7	8	9	10	11	12	13	14	15	16	17	18	19	20	21	22	23	24	25	26	27	28	29	30
	요일	일	월	화	수	목	금	토	일	월	화	수	목	금	토	일	월	화	수	목	금	토	일	월	화	수	목	금	토	일	월
	일진 日辰	庚午	辛未	壬申	癸酉	甲戌	乙亥	丙子	丁丑	戊寅	己卯	庚辰	辛巳	壬午	癸未	甲申	乙酉	丙戌	丁亥	戊子	己丑	庚寅	辛卯	壬辰	癸巳	甲午	乙未	丙申	丁酉	戊戌	己亥
음력 04/14 – 05/13	납음	路傍土		劍鋒金		山頭火		澗下水		城頭土		白臘金		楊柳木		井中水		屋上土		霹靂火		松柏木		長流水		沙中金		山下火		平地木	
	음력	14	15	16	17	18	19	20	21	22	23	24	25	26	27	28	29	30	5/1	2	3	4	5	6	7	8	9	10	11	12	13
	구성	3	2	1	9	8	7	6	5	4	3	2	1	9	8	7	6	5	4	3	2	1	9	8	7	6	5	4	3	2	1
	대운 남	1	1	1	1	망	10	10	10	9	9	9	8	8	8	7	7	7	6	6	6	하	5	5	4	4	4	3	3	3	2
	대운 여	9	9	10	10	종	1	1	1	1	2	2	2	3	3	3	4	4	4	5	5	지	6	6	6	7	7	7	8	8	8

한식(4월05일), 초복(7월11일), 중복(7월21일), 말복(8월10일) 춘사(春社)3/21 추사(秋社)9/27
토왕지절(土旺之節):4월17일,7월19일,10월20일,1월17일(음12/07)臘享(납향):2043년1월16일(음12/06)

二日得辛, 九龍治水, 2042년 임술年 (대해수), 삼벽목

2黑	7赤	9紫
1白	3碧	5黃
6白	8白	4綠

2042 壬戌年

소서 7일 07시 46분 【음6월】 ➡ 【丁未月(정미월)】 ☯九紫星 대서 23일 01시 05분

양력 7월 / 음력 05/26 ~ 06/15

양력	1	2	3	4	5	6	7	8	9	10	11	12	13	14	15	16	17	18	19	20	21	22	23	24	25	26	27	28	29	30	31
요일	화	수	목	금	토	일	월	화	수	목	금	토	일	월	화	수	목	금	토	일	월	화	수	목	금	토	일	월	화	수	목
일진 日辰	庚子	辛丑	壬寅	癸卯	甲辰	乙巳	丙午	丁未	戊申	己酉	庚戌	辛亥	壬子	癸丑	甲寅	乙卯	丙辰	丁巳	戊午	己未	庚申	辛酉	壬戌	癸亥	甲子	乙丑	丙寅	丁卯	戊辰	己巳	庚午
납음	壁上土		金箔金		覆燈火		天河水		大驛土		釵釧金		桑柘木		大溪水		沙中土		天上火		石榴木		大海水		海中金		爐中火		大林木		
음력	14	15	16	17	18	19	20	21	22	23	24	25	26	27	28	29	6/1	2	3	4	5	6	7	8	9	10	11	12	13	14	15
구성	9	8	7	6	5	4	3	2	1	9	8	7	6	5	4	3	2	1	9	8	7	6	5	4	3	2	1	9	8	7	6
대운 남	2	2	1	1	1	1	소	10	10	9	9	9	8	8	8	7	7	7	6	6	6	5	대	5	4	4	4	3	3	3	2
대운 여	9	9	9	10	10	10	서	1	1	1	1	2	2	2	3	3	3	4	4	4	5	5	서	6	6	6	7	7	7	8	8

입추 7일 17시 37분 【음7월】 ➡ 【戊申月(무신월)】 ☯八白星 처서 23일 08시 17분

양력 8월 / 음력 06/16 ~ 07/16

양력	1	2	3	4	5	6	7	8	9	10	11	12	13	14	15	16	17	18	19	20	21	22	23	24	25	26	27	28	29	30	31
요일	금	토	일	월	화	수	목	금	토	일	월	화	수	목	금	토	일	월	화	수	목	금	토	일	월	화	수	목	금	토	일
일진 日辰	辛未	壬申	癸酉	甲戌	乙亥	丙子	丁丑	戊寅	己卯	庚辰	辛巳	壬午	癸未	甲申	乙酉	丙戌	丁亥	戊子	己丑	庚寅	辛卯	壬辰	癸巳	甲午	乙未	丙申	丁酉	戊戌	己亥	庚子	辛丑
납음		劍鋒金		山頭火		澗下水		城頭土		白臘金		楊柳木		井中水		屋上土		霹靂火		松柏木		長流水		沙中金		山下火		平地木		壁上土	
음력	16	17	18	19	20	21	22	23	24	25	26	27	28	29	30	7/1	2	3	4	5	6	7	8	9	10	11	12	13	14	15	16
구성	5	4	3	2	1	9	8	7	6	5	4	3	2	1	9	8	7	6	5	4	3	2	1	9	8	7	6	5	4	3	2
대운 남	2	2	1	1	1	1	입	10	10	9	9	9	8	8	8	7	7	7	6	6	6	5	처	5	4	4	4	3	3	3	2
대운 여	8	9	9	9	10	10	추	1	1	1	1	2	2	2	3	3	3	4	4	4	5	5	서	6	6	6	7	7	7	8	8

백로 7일 20시 44분 【음8월】 ➡ 【己酉月(기유월)】 ☯七赤星 추분 23일 06시 10분

양력 9월 / 음력 07/17 ~ 08/17

양력	1	2	3	4	5	6	7	8	9	10	11	12	13	14	15	16	17	18	19	20	21	22	23	24	25	26	27	28	29	30
요일	월	화	수	목	금	토	일	월	화	수	목	금	토	일	월	화	수	목	금	토	일	월	화	수	목	금	토	일	월	화
일진 日辰	壬寅	癸卯	甲辰	乙巳	丙午	丁未	戊申	己酉	庚戌	辛亥	壬子	癸丑	甲寅	乙卯	丙辰	丁巳	戊午	己未	庚申	辛酉	壬戌	癸亥	甲子	乙丑	丙寅	丁卯	戊辰	己巳	庚午	辛未
납음	金箔金		覆燈火		天河水		大驛土		釵釧金		桑柘木		大溪水		沙中土		天上火		石榴木		大海水		海中金		爐中火		大林木		路傍土	
음력	17	18	19	20	21	22	23	24	25	26	27	28	29	8/1	2	3	4	5	6	7	8	9	10	11	12	13	14	15	16	17
구성	1	9	8	7	6	5	4	3	2	1	9	8	7	6	5	4	3	2	1	9	8	7	6	5	4	3	2	1	9	8
대운 남	2	2	1	1	1	1	백	10	10	9	9	9	8	8	8	7	7	7	6	6	6	5	추	5	4	4	4	3	3	3
대운 여	8	9	9	9	10	10	로	1	1	1	1	2	2	2	3	3	3	4	4	4	5	5	분	6	6	6	7	7	7	8

한로 8일 12시 39분 【음9월】 ➡ 【庚戌月(경술월)】 ☯六白星 상강 23일 15시 46분

양력 10월 / 음력 08/18 ~ 09/18

양력	1	2	3	4	5	6	7	8	9	10	11	12	13	14	15	16	17	18	19	20	21	22	23	24	25	26	27	28	29	30	31
요일	수	목	금	토	일	월	화	수	목	금	토	일	월	화	수	목	금	토	일	월	화	수	목	금	토	일	월	화	수	목	금
일진 日辰	壬申	癸酉	甲戌	乙亥	丙子	丁丑	戊寅	己卯	庚辰	辛巳	壬午	癸未	甲申	乙酉	丙戌	丁亥	戊子	己丑	庚寅	辛卯	壬辰	癸巳	甲午	乙未	丙申	丁酉	戊戌	己亥	庚子	辛丑	壬寅
납음	劍鋒金		山頭火		澗下水		城頭土		白臘金		楊柳木		井中水		屋上土		霹靂火		松柏木		長流水		沙中金		山下火		平地木		壁上土		
음력	18	19	20	21	22	23	24	25	26	27	28	29	30	9/1	2	3	4	5	6	7	8	9	10	11	12	13	14	15	16	17	18
구성	7	6	5	4	3	2	1	9	8	7	6	5	4	3	2	1	9	8	7	6	5	4	3	2	1	9	8	7	6	5	4
대운 남	2	2	2	1	1	1	1	한	10	9	9	9	8	8	8	7	7	7	6	6	6	5	상	5	4	4	4	3	3	3	2
대운 여	8	8	9	9	9	10	10	로	1	1	1	1	2	2	2	3	3	3	4	4	4	5	강	5	6	6	6	7	7	7	8

입동 7일 16시 06분 【음10월】 ➡ 【辛亥月(신해월)】 ☯五黃星 소설 22일 13시 36분

양력 11월 / 음력 09/19 ~ 10/18

양력	1	2	3	4	5	6	7	8	9	10	11	12	13	14	15	16	17	18	19	20	21	22	23	24	25	26	27	28	29	30
요일	토	일	월	화	수	목	금	토	일	월	화	수	목	금	토	일	월	화	수	목	금	토	일	월	화	수	목	금	토	일
일진 日辰	癸卯	甲辰	乙巳	丙午	丁未	戊申	己酉	庚戌	辛亥	壬子	癸丑	甲寅	乙卯	丙辰	丁巳	戊午	己未	庚申	辛酉	壬戌	癸亥	甲子	乙丑	丙寅	丁卯	戊辰	己巳	庚午	辛未	壬申
납음		覆燈火		天河水		大驛土		釵釧金		桑柘木		大溪水		沙中土		天上火		石榴木		大海水		海中金		爐中火		大林木		路傍土		
음력	19	20	21	22	23	24	25	26	27	28	29	30	10/1	2	3	4	5	6	7	8	9	10	11	12	13	14	15	16	17	18
구성	3	2	1	9	8	7	6	5	4	3	2	1	9	8	7	6	5	4	3	2	1	1	2	3	4	5	6	7	8	9
대운 남	2	2	1	1	1	1	입	10	9	9	9	8	8	8	7	7	7	6	6	6	5	소	5	4	4	4	3	3	3	2
대운 여	8	8	9	9	9	10	동	1	1	1	1	2	2	2	3	3	3	4	4	4	5	설	5	6	6	6	7	7	7	8

대설 7일 09시 08분 【음11월】 ➡ 【壬子月(임자월)】 ☯四綠星 동지 22일 03시 03분

양력 12월 / 음력 10/19 ~ 11/19

양력	1	2	3	4	5	6	7	8	9	10	11	12	13	14	15	16	17	18	19	20	21	22	23	24	25	26	27	28	29	30	31
요일	월	화	수	목	금	토	일	월	화	수	목	금	토	일	월	화	수	목	금	토	일	월	화	수	목	금	토	일	월	화	수
일진 日辰	癸酉	甲戌	乙亥	丙子	丁丑	戊寅	己卯	庚辰	辛巳	壬午	癸未	甲申	乙酉	丙戌	丁亥	戊子	己丑	庚寅	辛卯	壬辰	癸巳	甲午	乙未	丙申	丁酉	戊戌	己亥	庚子	辛丑	壬寅	癸卯
납음		山頭火		澗下水		城頭土		白臘金		楊柳木		井中水		屋上土		霹靂火		松柏木		長流水		沙中金		山下火		平地木		壁上土		金箔金	
음력	19	20	21	22	23	24	25	26	27	28	29	30	11/1	2	3	4	5	6	7	8	9	10	11	12	13	14	15	16	17	18	19
구성	1	2	3	4	5	6	7	8	9	1	2	3	4	5	6	7	8	9	1	2	3	4	5	6	7	8	9	1	2	3	4
대운 남	2	2	1	1	1	1	대	9	9	9	8	8	8	7	7	7	6	6	6	5	5	동	4	4	4	3	3	3	2	2	2
대운 여	8	8	9	9	9	10	설	1	1	1	1	2	2	2	3	3	3	4	4	4	5	지	5	6	6	6	7	7	7	8	8

단기 4376 年

불기 2587 年

2043년

下元· 癸亥年 납음(大海水), 본명성(二黑土)

대장군(酉서방), 삼살(酉서방), 상문(丑동북방), 조객(酉서방), 납음(대해수), 【삼재(사,오,미)년】 臘享(납향):2044년1월23일(음12/24

돼지

소한 5일 20시 24분 【음12월】 ➡ 【癸丑月(계축월)】 ☯三碧星 대한 20일 13시 40분

양력 1월 / 음력 11/20 ~ 12/21

양력	1	2	3	4	5	6	7	8	9	10	11	12	13	14	15	16	17	18	19	20	21	22	23	24	25	26	27	28	29	30	31
요일	목	금	토	일	월	화	수	목	금	토	일	월	화	수	목	금	토	일	월	화	수	목	금	토	일	월	화	수	목	금	토
일진 日辰	甲辰	乙巳	丙午	丁未	戊申	己酉	庚戌	辛亥	壬子	癸丑	甲寅	乙卯	丙辰	丁巳	戊午	己未	庚申	辛酉	壬戌	癸亥	甲子	乙丑	丙寅	丁卯	戊辰	己巳	庚午	辛未	壬申	癸酉	甲戌
납음	覆燈火		天河水		大驛土		釵釧金		桑柘木		大溪水		沙中土		天上火		石榴木		大海水		海中金		爐中火		大林木		路傍土		劍鋒金		
음력	20	21	22	23	24	25	26	27	28	29	12/1	2	3	4	5	6	7	8	9	10	11	12	13	14	15	16	17	18	19	20	21
구성	5	6	7	8	9	1	2	3	4	5	6	7	8	9	1	2	3	4	5	6	7	8	9	1	2	3	4	5	6	7	8
대운 남	1	1	1	1	소	10	9	9	9	8	8	8	7	7	7	6	6	6	5	대	5	4	4	4	3	3	3	2	2	2	1
대운 여	8	9	9	9	한	1	1	1	1	2	2	2	3	3	3	4	4	4	5	한	5	6	6	6	7	7	7	8	8	8	9

입춘 4일 07시 57분 【음1월】 ➡ 【甲寅月(갑인월)】 ☯二黑星 우수 19일 03시 40분

양력 2월 / 음력 12/22 ~ 01/19

양력	1	2	3	4	5	6	7	8	9	10	11	12	13	14	15	16	17	18	19	20	21	22	23	24	25	26	27	28
요일	일	월	화	수	목	금	토	일	월	화	수	목	금	토	일	월	화	수	목	금	토	일	월	화	수	목	금	토
일진 日辰	乙亥	丙子	丁丑	戊寅	己卯	庚辰	辛巳	壬午	癸未	甲申	乙酉	丙戌	丁亥	戊子	己丑	庚寅	辛卯	壬辰	癸巳	甲午	乙未	丙申	丁酉	戊戌	己亥	庚子	辛丑	壬寅
납음		澗下水		城頭土		白臘金		楊柳木		井中水		屋上土		霹靂火		松柏木		長流水		沙中金		山下火		平地木		壁上土		
음력	22	23	24	25	26	27	28	29	30	1/1	2	3	4	5	6	7	8	9	10	11	12	13	14	15	16	17	18	19
구성	9	1	2	3	4	5	6	7	8	9	1	2	3	4	5	6	7	8	9	1	2	3	4	5	6	7	8	9
대운 남	1	1	1	입	1	1	1	1	2	2	2	3	3	3	4	4	4	5	우	5	6	6	6	7	7	7	8	8
대운 여	9	9	10	춘	10	9	9	9	8	8	8	7	7	7	6	6	6	5	수	5	4	4	4	3	3	3	2	2

癸亥年

경칩 6일 01시 46분 【음2월】 ➡ 【乙卯月(을묘월)】 ☯一白星 춘분 21일 02시 26분

양력 3월 / 음력 01/20 ~ 02/21

양력	1	2	3	4	5	6	7	8	9	10	11	12	13	14	15	16	17	18	19	20	21	22	23	24	25	26	27	28	29	30	31
요일	일	월	화	수	목	금	토	일	월	화	수	목	금	토	일	월	화	수	목	금	토	일	월	화	수	목	금	토	일	월	화
일진 日辰	癸卯	甲辰	乙巳	丙午	丁未	戊申	己酉	庚戌	辛亥	壬子	癸丑	甲寅	乙卯	丙辰	丁巳	戊午	己未	庚申	辛酉	壬戌	癸亥	甲子	乙丑	丙寅	丁卯	戊辰	己巳	庚午	辛未	壬申	癸酉
납음		覆燈火		天河水		大驛土		釵釧金		桑柘木		大溪水		沙中土		天上火		石榴木		大海水		海中金		爐中火		大林木		路傍土		劍鋒金	
음력	20	21	22	23	24	25	26	27	28	29	2/1	2	3	4	5	6	7	8	9	10	11	12	13	14	15	16	17	18	19	20	21
구성	1	2	3	4	5	6	7	8	9	1	2	3	4	5	6	7	8	9	1	2	3	4	5	6	7	8	9	1	2	3	4
대운 남	8	9	9	9	10	경	1	1	1	1	2	2	2	3	3	3	4	4	4	5	춘	5	6	6	6	7	7	7	8	8	8
대운 여	2	1	1	1	1	칩	10	9	9	9	8	8	8	7	7	7	6	6	6	5	분	5	4	4	4	3	3	3	2	2	2

청명 5일 06시 19분 【음3월】 ➡ 【丙辰月(병진월)】 ☯九紫星 곡우 20일 13시 13분

양력 4월 / 음력 02/22 ~ 03/21

양력	1	2	3	4	5	6	7	8	9	10	11	12	13	14	15	16	17	18	19	20	21	22	23	24	25	26	27	28	29	30
요일	수	목	금	토	일	월	화	수	목	금	토	일	월	화	수	목	금	토	일	월	화	수	목	금	토	일	월	화	수	목
일진 日辰	甲戌	乙亥	丙子	丁丑	戊寅	己卯	庚辰	辛巳	壬午	癸未	甲申	乙酉	丙戌	丁亥	戊子	己丑	庚寅	辛卯	壬辰	癸巳	甲午	乙未	丙申	丁酉	戊戌	己亥	庚子	辛丑	壬寅	癸卯
납음	山頭火		澗下水		城頭土		白臘金		楊柳木		井中水		屋上土		霹靂火		松柏木		長流水		沙中金		山下火		平地木		壁上土		金箔金	
음력	22	23	24	25	26	27	28	29	30	3/1	2	3	4	5	6	7	8	9	10	11	12	13	14	15	16	17	18	19	20	21
구성	5	6	7	8	9	1	2	3	4	5	6	7	8	9	1	2	3	4	5	6	7	8	9	1	2	3	4	5	6	7
대운 남	9	9	9	10	청	1	1	1	1	2	2	2	3	3	3	4	4	4	5	곡	5	6	6	6	7	7	7	8	8	8
대운 여	1	1	1	1	명	10	9	9	9	8	8	8	7	7	7	6	6	6	5	우	5	4	4	4	3	3	3	2	2	2

입하 5일 23시 21분 【음4월】 ➡ 【丁巳月(정사월)】 ☯八白星 소만 21일 12시 08분

양력 5월 / 음력 03/22 ~ 04/23

양력	1	2	3	4	5	6	7	8	9	10	11	12	13	14	15	16	17	18	19	20	21	22	23	24	25	26	27	28	29	30	31
요일	금	토	일	월	화	수	목	금	토	일	월	화	수	목	금	토	일	월	화	수	목	금	토	일	월	화	수	목	금	토	일
일진 日辰	甲辰	乙巳	丙午	丁未	戊申	己酉	庚戌	辛亥	壬子	癸丑	甲寅	乙卯	丙辰	丁巳	戊午	己未	庚申	辛酉	壬戌	癸亥	甲子	乙丑	丙寅	丁卯	戊辰	己巳	庚午	辛未	壬申	癸酉	甲戌
납음	覆燈火		天河水		大驛土		釵釧金		桑柘木		大溪水		沙中土		天上火		石榴木		大海水		海中金		爐中火		大林木		路傍土		劍鋒金		
음력	22	23	24	25	26	27	28	29	4/1	2	3	4	5	6	7	8	9	10	11	12	13	14	15	16	17	18	19	20	21	22	23
구성	8	9	1	2	3	4	5	6	7	8	9	1	2	3	4	5	6	7	8	9	1	2	3	4	5	6	7	8	9	1	2
대운 남	9	9	9	10	입	1	1	1	1	2	2	2	3	3	3	4	4	4	5	5	소	6	6	6	7	7	7	8	8	8	9
대운 여	1	1	1	1	하	10	10	10	9	9	9	8	8	8	7	7	7	6	6	6	만	5	5	4	4	4	3	3	3	2	2

망종 6일 03시 17분 【음5월】 ➡ 【戊午月(무오월)】 ☯七赤星 하지 21일 19시 57분

양력 6월 / 음력 04/24 ~ 05/24

양력	1	2	3	4	5	6	7	8	9	10	11	12	13	14	15	16	17	18	19	20	21	22	23	24	25	26	27	28	29	30
요일	월	화	수	목	금	토	일	월	화	수	목	금	토	일	월	화	수	목	금	토	일	월	화	수	목	금	토	일	월	화
일진 日辰	乙亥	丙子	丁丑	戊寅	己卯	庚辰	辛巳	壬午	癸未	甲申	乙酉	丙戌	丁亥	戊子	己丑	庚寅	辛卯	壬辰	癸巳	甲午	乙未	丙申	丁酉	戊戌	己亥	庚子	辛丑	壬寅	癸卯	甲辰
납음		澗下水		城頭土		白臘金		楊柳木		井中水		屋上土		霹靂火		松柏木		長流水		沙中金		山下火		平地木		壁上土		金箔金		
음력	24	25	26	27	28	29	5/1	2	3	4	5	6	7	8	9	10	11	12	13	14	15	16	17	18	19	20	21	22	23	24
구성	3	4	5	6	7	8	9	1	2	3	4	5	6	7	8	9	1	2	3	3	2	1	9	8	7	6	5	4	3	2
대운 남	9	9	10	10	10	망	1	1	1	1	2	2	2	3	3	3	4	4	4	5	하	5	6	6	6	7	7	7	8	8
대운 여	2	1	1	1	1	종	10	10	9	9	9	8	8	8	7	7	7	6	6	6	지	5	5	4	4	4	3	3	3	2

한식(4월06일), 초복(7월16일), 중복(7월26일), 말복(8월15일) ☂춘사(春社)3/16 ☀추사(秋社)9/22
토왕지절(土旺之節):4월17일,7월20일,10월20일,1월17일(음12/18)臘享(납향):2044년1월23일(음12/24)

八日得辛, 九龍治水, 2043년 계해年 (대해수), 이흑토

1白	6白	8白
9紫	2黑	4綠
5黃	7赤	3碧

2043 癸亥年

소서 7일 13시 26분 【음6월】➡ 【己未月(기미월)】 ☯六白星 대서 23일 06시 52분

양력 7월	1	2	3	4	5	6	7	8	9	10	11	12	13	14	15	16	17	18	19	20	21	22	23	24	25	26	27	28	29	30	31
요일	수	목	금	토	일	월	화	수	목	금	토	일	월	화	수	목	금	토	일	월	화	수	목	금	토	일	월	화	수	목	금
일진 日辰	乙巳	丙午	丁未	戊申	己酉	庚戌	辛亥	壬子	癸丑	甲寅	乙卯	丙辰	丁巳	戊午	己未	庚申	辛酉	壬戌	癸亥	甲子	乙丑	丙寅	丁卯	戊辰	己巳	庚午	辛未	壬申	癸酉	甲戌	乙亥
납음		天河水		大驛土		釵釧金		桑柘木		大溪水		沙中土		天上火		石榴木		大海水		海中金		爐中火		大林木		路傍土		劍鋒金		山頭火	
음력 (05/25 ~ 06/25)	25	26	27	28	29	30	6/1	2	3	4	5	6	7	8	9	10	11	12	13	14	15	16	17	18	19	20	21	22	23	24	25
구성	1	9	8	7	6	5	4	3	2	1	9	8	7	6	5	4	3	2	1	9	8	7	6	5	4	3	2	1	9	8	7
대운 남	8	9	9	9	10	10	소	1	1	1	1	2	2	2	3	3	3	4	4	4	5	5	대	6	6	6	7	7	7	8	8
대운 여	2	2	1	1	1	1	서	10	10	9	9	9	8	8	8	7	7	7	6	6	6	5	서	5	4	4	4	3	3	3	2

입추 7일 23시 19분 【음7월】➡ 【庚申月(경신월)】 ☯五黃星 처서 23일 14시 08분

양력 8월	1	2	3	4	5	6	7	8	9	10	11	12	13	14	15	16	17	18	19	20	21	22	23	24	25	26	27	28	29	30	31
요일	토	일	월	화	수	목	금	토	일	월	화	수	목	금	토	일	월	화	수	목	금	토	일	월	화	수	목	금	토	일	월
일진 日辰	丙子	丁丑	戊寅	己卯	庚辰	辛巳	壬午	癸未	甲申	乙酉	丙戌	丁亥	戊子	己丑	庚寅	辛卯	壬辰	癸巳	甲午	乙未	丙申	丁酉	戊戌	己亥	庚子	辛丑	壬寅	癸卯	甲辰	乙巳	丙午
납음	澗下水		城頭土		白臘金		楊柳木		井中水		屋上土		霹靂火		松柏木		長流水		沙中金		山下火		平地木		壁上土		金箔金		覆燈火		
음력 (06/26 ~ 07/27)	26	27	28	29	7/1	2	3	4	5	6	7	8	9	10	11	12	13	14	15	16	17	18	19	20	21	22	23	24	25	26	27
구성	6	5	4	3	2	1	9	8	7	6	5	4	3	2	1	9	8	7	6	5	4	3	2	1	9	8	7	6	5	4	3
대운 남	8	9	9	9	10	10	입	1	1	1	1	2	2	2	3	3	3	4	4	4	5	5	처	6	6	6	7	7	7	8	8
대운 여	2	2	1	1	1	1	추	10	10	10	9	9	9	8	8	8	7	7	7	6	6	6	서	5	5	4	4	4	3	3	3

백로 8일 02시 29분 【음8월】➡ 【辛酉月(신유월)】 ☯四綠星 추분 23일 12시 05분

양력 9월	1	2	3	4	5	6	7	8	9	10	11	12	13	14	15	16	17	18	19	20	21	22	23	24	25	26	27	28	29	30
요일	화	수	목	금	토	일	월	화	수	목	금	토	일	월	화	수	목	금	토	일	월	화	수	목	금	토	일	월	화	수
일진 日辰	丁未	戊申	己酉	庚戌	辛亥	壬子	癸丑	甲寅	乙卯	丙辰	丁巳	戊午	己未	庚申	辛酉	壬戌	癸亥	甲子	乙丑	丙寅	丁卯	戊辰	己巳	庚午	辛未	壬申	癸酉	甲戌	乙亥	丙子
납음		大驛土		釵釧金		桑柘木		大溪水		沙中土		天上火		石榴木		大海水		海中金		爐中火		大林木		路傍土		劍鋒金		山頭火		
음력 (07/28 ~ 08/28)	28	29	8/1	2	3	4	5	6	7	8	9	10	11	12	13	14	15	16	17	18	19	20	21	22	23	24	25	26	27	28
구성	2	1	9	8	7	6	5	4	3	2	1	9	8	7	6	5	4	3	2	1	9	8	7	6	5	4	3	2	1	9
대운 남	8	9	9	9	10	10	10	백	1	1	1	1	2	2	2	3	3	3	4	4	4	5	추	5	6	6	6	7	7	7
대운 여	2	2	2	1	1	1	1	로	10	9	9	9	8	8	8	7	7	7	6	6	6	5	분	5	4	4	4	3	3	3

한로 8일 18시 26분 【음9월】➡ 【壬戌月(임술월)】 ☯三碧星 상강 23일 21시 45분

양력 10월	1	2	3	4	5	6	7	8	9	10	11	12	13	14	15	16	17	18	19	20	21	22	23	24	25	26	27	28	29	30	31
요일	목	금	토	일	월	화	수	목	금	토	일	월	화	수	목	금	토	일	월	화	수	목	금	토	일	월	화	수	목	금	토
일진 日辰	丁丑	戊寅	己卯	庚辰	辛巳	壬午	癸未	甲申	乙酉	丙戌	丁亥	戊子	己丑	庚寅	辛卯	壬辰	癸巳	甲午	乙未	丙申	丁酉	戊戌	己亥	庚子	辛丑	壬寅	癸卯	甲辰	乙巳	丙午	丁未
납음		城頭土		白臘金		楊柳木		井中水		屋上土		霹靂火		松柏木		長流水		沙中金		山下火		平地木		壁上土		金箔金		覆燈火		天河水	
음력 (08/29 ~ 09/29)	29	30	9/1	2	3	4	5	6	7	8	9	10	11	12	13	14	15	16	17	18	19	20	21	22	23	24	25	26	27	28	29
구성	8	7	6	5	4	3	2	1	9	8	7	6	5	4	3	2	1	9	8	7	6	5	4	3	2	1	9	8	7	6	5
대운 남	8	8	8	9	9	9	10	한	1	1	1	1	2	2	2	3	3	3	4	4	4	5	상	5	6	6	6	7	7	7	8
대운 여	2	2	2	1	1	1	1	로	10	9	9	9	8	8	8	7	7	7	6	6	6	5	강	5	4	4	4	3	3	3	2

입동 7일 21시 54분 【음10월】➡ 【癸亥月(계해월)】 ☯二黑星 소설 22일 19시 34분

양력 11월	1	2	3	4	5	6	7	8	9	10	11	12	13	14	15	16	17	18	19	20	21	22	23	24	25	26	27	28	29	30
요일	일	월	화	수	목	금	토	일	월	화	수	목	금	토	일	월	화	수	목	금	토	일	월	화	수	목	금	토	일	월
일진 日辰	戊申	己酉	庚戌	辛亥	壬子	癸丑	甲寅	乙卯	丙辰	丁巳	戊午	己未	庚申	辛酉	壬戌	癸亥	甲子	乙丑	丙寅	丁卯	戊辰	己巳	庚午	辛未	壬申	癸酉	甲戌	乙亥	丙子	丁丑
납음	大驛土		釵釧金		桑柘木		大溪水		沙中土		天上火		石榴木		大海水		海中金		爐中火		大林木		路傍土		劍鋒金		山頭火		澗下水	
음력 (09/30 ~ 10/29)	30	10/1	2	3	4	5	6	7	8	9	10	11	12	13	14	15	16	17	18	19	20	21	22	23	24	25	26	27	28	29
구성	4	3	2	1	9	8	7	6	5	4	3	2	1	9	8	7	6	5	4	3	2	1	9	8	7	6	5	4	3	2
대운 남	8	8	9	9	9	10	입	1	1	1	1	2	2	2	3	3	3	4	4	4	5	소	5	6	6	6	7	7	7	8
대운 여	2	2	1	1	1	1	동	10	9	9	9	8	8	8	7	7	7	6	6	6	5	설	5	4	4	4	3	3	3	2

대설 7일 14시 56분 【음11월】➡ 【甲子月(갑자월)】 ☯一白星 동지 22일 09시 00분

양력 12월	1	2	3	4	5	6	7	8	9	10	11	12	13	14	15	16	17	18	19	20	21	22	23	24	25	26	27	28	29	30	31
요일	화	수	목	금	토	일	월	화	수	목	금	토	일	월	화	수	목	금	토	일	월	화	수	목	금	토	일	월	화	수	목
일진 日辰	戊寅	己卯	庚辰	辛巳	壬午	癸未	甲申	乙酉	丙戌	丁亥	戊子	己丑	庚寅	辛卯	壬辰	癸巳	甲午	乙未	丙申	丁酉	戊戌	己亥	庚子	辛丑	壬寅	癸卯	甲辰	乙巳	丙午	丁未	戊申
납음	城頭土		白臘金		楊柳木		井中水		屋上土		霹靂火		松柏木		長流水		沙中金		山下火		平地木		壁上土		金箔金		覆燈火		天河水		
음력 (11/01 ~ 12/01)	11/1	2	3	4	5	6	7	8	9	10	11	12	13	14	15	16	17	18	19	20	21	22	23	24	25	26	27	28	29	30	12/1
구성	1	9	8	7	6	5	4	3	2	1	9	8	7	6	5	4	3	2	1	9	8	7	6	5	4	3	2	1	9	8	7
대운 남	8	8	9	9	9	10	대	1	1	1	1	2	2	2	3	3	3	4	4	4	5	동	5	6	6	6	7	7	7	8	8
대운 여	2	2	1	1	1	1	설	10	9	9	9	8	8	8	7	7	7	6	6	6	5	지	5	4	4	4	3	3	3	2	2

단기 4377 年
불기 2588 年

2044년

上元 甲子年 납음(海中金), 본명성(一白水)

대장군(酉서방), 삼살(남방), 상문(寅동북방), 조객(戌서북방), 납음(해중금), 【삼재(인,묘,진)년】 臘享(납향):2045년1월29일(음12/12)

쥐

소한 06일 02시 11분 【음12월】 ➡ 【乙丑月(을축월)】 ☯九紫星 대한 20일 19시 36분

양력 1월 / 음력 12/02 ~ 01/02

양력	1	2	3	4	5	6	7	8	9	10	11	12	13	14	15	16	17	18	19	20	21	22	23	24	25	26	27	28	29	30	31
요일	금	토	일	월	화	수	목	금	토	일	월	화	수	목	금	토	일	월	화	수	목	금	토	일	월	화	수	목	금	토	일
일진 日辰	己酉	庚戌	辛亥	壬子	癸丑	甲寅	乙卯	丙辰	丁巳	戊午	己未	庚申	辛酉	壬戌	癸亥	甲子	乙丑	丙寅	丁卯	戊辰	己巳	庚午	辛未	壬申	癸酉	甲戌	乙亥	丙子	丁丑	戊寅	己卯
납음		鈫釧金		桑柘木		大溪水		沙中土		天上火		石榴木		大海水		海中金		爐中火		大林木		路傍土		劍鋒金		山頭火		澗下水		城頭土	
음력	2	3	4	5	6	7	8	9	10	11	12	13	14	15	16	17	18	19	20	21	22	23	24	25	26	27	28	29	30	1/1	2
구성	6	5	4	3	2	1	9	8	7	6	5	4	3	2	1	1	2	3	4	5	6	7	8	9	1	2	3	4	5	6	7
대운 남	8	9	9	9	10	소	1	1	1	1	2	2	2	3	3	3	4	4	4	대	5	5	6	6	6	7	7	7	8	8	8
대운 여	2	1	1	1	1	한	9	9	9	8	8	8	7	7	7	6	6	6	5	한	5	4	4	4	3	3	3	2	2	2	1

입춘 4일 13시 43분 【음1월】 ➡ 【丙寅月(병인월)】 ☯八白星 우수 19일 09시 34분

양력 2월 / 음력 01/03 ~ 02/01

양력	1	2	3	4	5	6	7	8	9	10	11	12	13	14	15	16	17	18	19	20	21	22	23	24	25	26	27	28	29
요일	월	화	수	목	금	토	일	월	화	수	목	금	토	일	월	화	수	목	금	토	일	월	화	수	목	금	토	일	월
일진 日辰	庚辰	辛巳	壬午	癸未	甲申	乙酉	丙戌	丁亥	戊子	己丑	庚寅	辛卯	壬辰	癸巳	甲午	乙未	丙申	丁酉	戊戌	己亥	庚子	辛丑	壬寅	癸卯	甲辰	乙巳	丙午	丁未	戊申
납음	白臘金		楊柳木		井中水		屋上土		霹靂火		松柏木		長流水		沙中金		山下火		平地木		壁上土		金箔金		覆燈火		天河水		
음력	3	4	5	6	7	8	9	10	11	12	13	14	15	16	17	18	19	20	21	22	23	24	25	26	27	28	29	30	2/1
구성	8	9	1	2	3	4	5	6	7	8	9	1	2	3	4	5	6	7	8	9	1	2	3	4	5	6	7	8	9
대운 남	9	9	9	입	10	9	9	9	8	8	8	7	7	7	6	6	6	5	우	5	4	4	4	3	3	3	2	2	2
대운 여	1	1	1	춘	1	1	1	1	2	2	2	3	3	3	4	4	4	5	수	5	6	6	6	7	7	7	8	8	8

甲子年

경칩 5일 07시 30분 【음2월】 ➡ 【丁卯月(정묘월)】 ☯七赤星 춘분 20일 08시 19분

양력 3월 / 음력 02/02 ~ 03/03

양력	1	2	3	4	5	6	7	8	9	10	11	12	13	14	15	16	17	18	19	20	21	22	23	24	25	26	27	28	29	30	31
요일	화	수	목	금	토	일	월	화	수	목	금	토	일	월	화	수	목	금	토	일	월	화	수	목	금	토	일	월	화	수	목
일진 日辰	己酉	庚戌	辛亥	壬子	癸丑	甲寅	乙卯	丙辰	丁巳	戊午	己未	庚申	辛酉	壬戌	癸亥	甲子	乙丑	丙寅	丁卯	戊辰	己巳	庚午	辛未	壬申	癸酉	甲戌	乙亥	丙子	丁丑	戊寅	己卯
납음		鈫釧金		桑柘木		大溪水		沙中土		天上火		石榴木		大海水		海中金		爐中火		大林木		路傍土		劍鋒金		山頭火		澗下水		城頭土	
음력	2	3	4	5	6	7	8	9	10	11	12	13	14	15	16	17	18	19	20	21	22	23	24	25	26	27	28	29	3/1	2	3
구성	1	2	3	4	5	6	7	8	9	1	2	3	4	5	6	7	8	9	1	2	3	4	5	6	7	8	9	1	2	3	4
대운 남	1	1	1	1	경	10	9	9	9	8	8	8	7	7	7	6	6	6	5	춘	5	4	4	4	3	3	3	2	2	2	1
대운 여	9	9	9	10	칩	1	1	1	1	2	2	2	3	3	3	4	4	4	5	분	5	6	6	6	7	7	7	8	8	8	9

청명 4일 12시 02분 【음3월】 ➡ 【戊辰月(무진월)】 ☯六白星 곡우 19일 19시 05분

양력 4월 / 음력 03/04 ~ 04/03

양력	1	2	3	4	5	6	7	8	9	10	11	12	13	14	15	16	17	18	19	20	21	22	23	24	25	26	27	28	29	30
요일	금	토	일	월	화	수	목	금	토	일	월	화	수	목	금	토	일	월	화	수	목	금	토	일	월	화	수	목	금	토
일진 日辰	庚辰	辛巳	壬午	癸未	甲申	乙酉	丙戌	丁亥	戊子	己丑	庚寅	辛卯	壬辰	癸巳	甲午	乙未	丙申	丁酉	戊戌	己亥	庚子	辛丑	壬寅	癸卯	甲辰	乙巳	丙午	丁未	戊申	己酉
납음	白臘金		楊柳木		井中水		屋上土		霹靂火		松柏木		長流水		沙中金		山下火		平地木		壁上土		金箔金		覆燈火		天河水		大驛土	
음력	4	5	6	7	8	9	10	11	12	13	14	15	16	17	18	19	20	21	22	23	24	25	26	27	28	29	30	4/1	2	3
구성	5	6	7	8	9	1	2	3	4	5	6	7	8	9	1	2	3	4	5	6	7	8	9	1	2	3	4	5	6	7
대운 남	1	1	1	청	10	10	9	9	9	8	8	8	7	7	7	6	6	6	곡	5	5	4	4	4	3	3	3	2	2	2
대운 여	9	9	10	명	1	1	1	1	2	2	2	3	3	3	4	4	4	5	우	5	6	6	6	7	7	7	8	8	8	9

입하 5일 05시 04분 【음4월】 ➡ 【己巳月(기사월)】 ☯五黃星 소만 20일 18시 00분

양력 5월 / 음력 04/04 ~ 05/05

양력	1	2	3	4	5	6	7	8	9	10	11	12	13	14	15	16	17	18	19	20	21	22	23	24	25	26	27	28	29	30	31
요일	일	월	화	수	목	금	토	일	월	화	수	목	금	토	일	월	화	수	목	금	토	일	월	화	수	목	금	토	일	월	화
일진 日辰	庚戌	辛亥	壬子	癸丑	甲寅	乙卯	丙辰	丁巳	戊午	己未	庚申	辛酉	壬戌	癸亥	甲子	乙丑	丙寅	丁卯	戊辰	己巳	庚午	辛未	壬申	癸酉	甲戌	乙亥	丙子	丁丑	戊寅	己卯	庚辰
납음	鈫釧金		桑柘木		大溪水		沙中土		天上火		石榴木		大海水		海中金		爐中火		大林木		路傍土		劍鋒金		山頭火		澗下水		城頭土		
음력	4	5	6	7	8	9	10	11	12	13	14	15	16	17	18	19	20	21	22	23	24	25	26	27	28	29	5/1	2	3	4	5
구성	8	9	1	2	3	4	5	6	7	8	9	1	2	3	4	5	6	7	8	9	1	2	3	4	5	6	7	8	9	1	2
대운 남	1	1	1	1	입	10	10	9	9	9	8	8	8	7	7	7	6	6	6	소	5	5	4	4	4	3	3	3	2	2	2
대운 여	9	9	10	10	하	1	1	1	1	2	2	2	3	3	3	4	4	4	5	만	5	6	6	6	7	7	7	8	8	8	9

망종 5일 09시 02분 【음5월】 ➡ 【庚午月(경오월)】 ☯四綠星 하지 21일 01시 50분

양력 6월 / 음력 05/06 ~ 06/06

양력	1	2	3	4	5	6	7	8	9	10	11	12	13	14	15	16	17	18	19	20	21	22	23	24	25	26	27	28	29	30
요일	수	목	금	토	일	월	화	수	목	금	토	일	월	화	수	목	금	토	일	월	화	수	목	금	토	일	월	화	수	목
일진 日辰	辛巳	壬午	癸未	甲申	乙酉	丙戌	丁亥	戊子	己丑	庚寅	辛卯	壬辰	癸巳	甲午	乙未	丙申	丁酉	戊戌	己亥	庚子	辛丑	壬寅	癸卯	甲辰	乙巳	丙午	丁未	戊申	己酉	庚戌
납음		楊柳木		井中水		屋上土		霹靂火		松柏木		長流水		沙中金		山下火		平地木		壁上土		金箔金		覆燈火		天河水		大驛土		
음력	6	7	8	9	10	11	12	13	14	15	16	17	18	19	20	21	22	23	24	25	26	27	28	29	6/1	2	3	4	5	6
구성	3	4	5	6	7	8	9	1	2	3	4	5	6	7	8	9	1	2	3	4	5	6	7	8	9	1	2	3	4	5
대운 남	1	1	1	1	망	10	10	9	9	9	8	8	8	7	7	7	6	6	6	5	하	5	4	4	4	3	3	3	2	2
대운 여	9	9	10	10	종	1	1	1	1	2	2	2	3	3	3	4	4	4	5	5	지	6	6	6	7	7	7	8	8	8

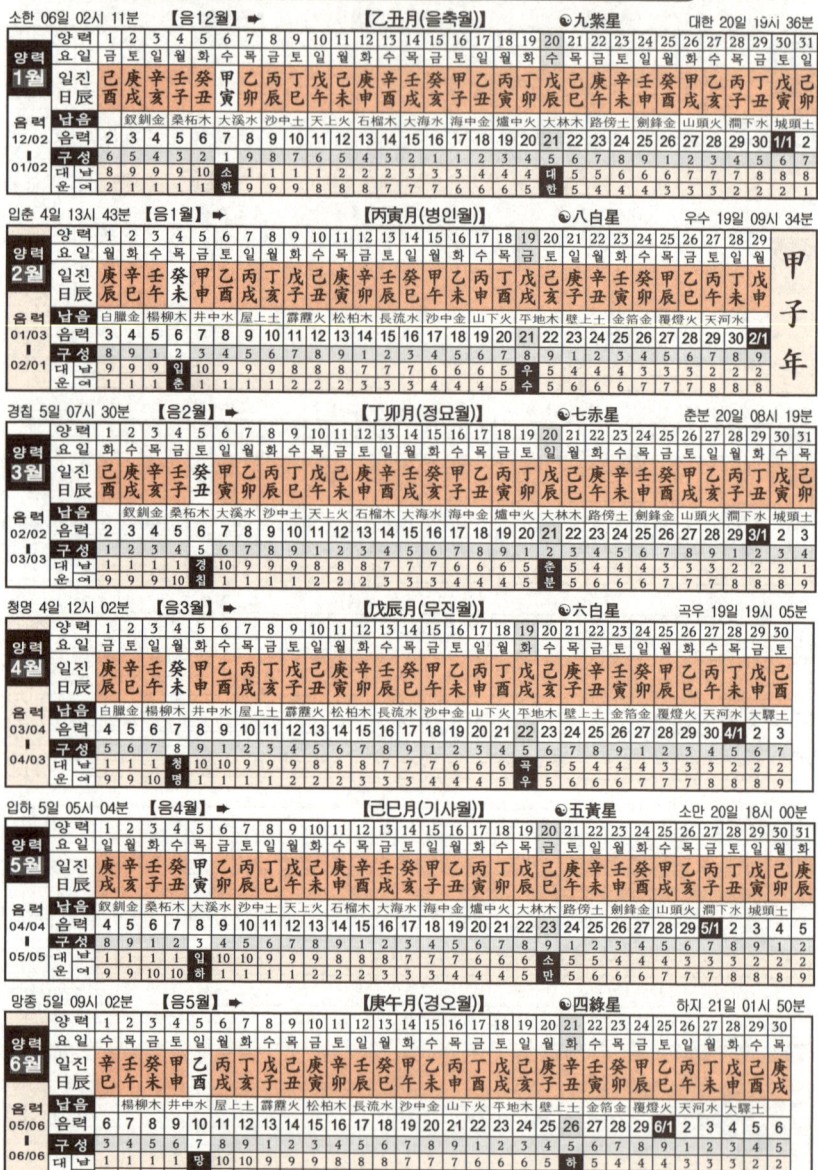

한식(4월05일), 초복(7월20일), 중복(7월30일), 말복(8월09일) ☂춘사(春社)3/20 ☀추사(秋社)9/26
토왕지절(土旺之節):4월16일,7월19일,10월20일,1월17일(음11/30)臘享(납향):2045년1월29일(음12/12)

四日得辛, 三龍治水, 2044년 갑자年 (해중금), 일백수

9紫	5黃	7赤
8白	1白	3碧
4綠	6白	2黑

2044 甲子年

소서 6일 19시 14분 【음6월】 ➡ 【辛未月(신미월)】 ☯三碧星 대서 22일 12시 42분

양력 7월 / 음력 06/07 ~ 07/07

양력	1	2	3	4	5	6	7	8	9	10	11	12	13	14	15	16	17	18	19	20	21	22	23	24	25	26	27	28	29	30	31
요일	금	토	일	월	화	수	목	금	토	일	월	화	수	목	금	토	일	월	화	수	목	금	토	일	월	화	수	목	금	토	일
일진 日辰	辛亥	壬子	癸丑	甲寅	乙卯	丙辰	丁巳	戊午	己未	庚申	辛酉	壬戌	癸亥	甲子	乙丑	丙寅	丁卯	戊辰	己巳	庚午	辛未	壬申	癸酉	甲戌	乙亥	丙子	丁丑	戊寅	己卯	庚辰	辛巳
납음		桑柘木		大溪水		沙中土		天上火		石榴木		大海水		海中金		爐中火		大林木		路傍土		劍鋒金		山頭火		澗下水		城頭土		白臘金	
음력	7	8	9	10	11	12	13	14	15	16	17	18	19	20	21	22	23	24	25	26	27	28	29	30	7/1	2	3	4	5	6	7
구성	6	7	8	9	1	2	3	4	5	6	7	8	9	9	8	7	6	5	4	3	2	1	9	8	7	6	5	4	3	2	1
대운 남	2	1	1	1	1	소	10	10	10	9	9	9	8	8	8	7	7	7	6	6	6	대	5	5	4	4	4	3	3	3	2
대운 여	9	9	9	10	10	서	1	1	1	1	2	2	2	3	3	3	4	4	4	5	5	서	6	6	6	7	7	7	8	8	8

입추 7일 05시 07분 【음7월】 ➡ 【壬申月(임신월)】 ☯二黑星 처서 22일 19시 53분

양력 8월 / 음력 07/08 ~ 윤709

양력	1	2	3	4	5	6	7	8	9	10	11	12	13	14	15	16	17	18	19	20	21	22	23	24	25	26	27	28	29	30	31
요일	월	화	수	목	금	토	일	월	화	수	목	금	토	일	월	화	수	목	금	토	일	월	화	수	목	금	토	일	월	화	수
일진 日辰	壬午	癸未	甲申	乙酉	丙戌	丁亥	戊子	己丑	庚寅	辛卯	壬辰	癸巳	甲午	乙未	丙申	丁酉	戊戌	己亥	庚子	辛丑	壬寅	癸卯	甲辰	乙巳	丙午	丁未	戊申	己酉	庚戌	辛亥	壬子
납음	楊柳木		井中水		屋上土		霹靂火		松柏木		長流水		沙中金		山下火		平地木		壁上土		金箔金		覆燈火		天河水		大驛土		釵釧金		
음력	8	9	10	11	12	13	14	15	16	17	18	19	20	21	22	23	24	25	26	27	28	29	윤7	2	3	4	5	6	7	8	9
구성	9	8	7	6	5	4	3	2	1	9	8	7	6	5	4	3	2	1	9	8	7	6	5	4	3	2	1	9	8	7	6
대운 남	2	2	1	1	1	1	입	10	10	9	9	9	8	8	8	7	7	7	6	6	6	처	5	5	4	4	4	3	3	3	2
대운 여	9	9	9	10	10	10	추	1	1	1	1	2	2	2	3	3	3	4	4	4	5	서	5	6	6	6	7	7	7	8	8

백로 7일 08시 15분 【음8월】 ➡ 【癸酉月(계유월)】 ☯一白星 추분 22일 17시 46분

양력 9월 / 음력 윤710 ~ 08/10

양력	1	2	3	4	5	6	7	8	9	10	11	12	13	14	15	16	17	18	19	20	21	22	23	24	25	26	27	28	29	30
요일	목	금	토	일	월	화	수	목	금	토	일	월	화	수	목	금	토	일	월	화	수	목	금	토	일	월	화	수	목	금
일진 日辰	癸丑	甲寅	乙卯	丙辰	丁巳	戊午	己未	庚申	辛酉	壬戌	癸亥	甲子	乙丑	丙寅	丁卯	戊辰	己巳	庚午	辛未	壬申	癸酉	甲戌	乙亥	丙子	丁丑	戊寅	己卯	庚辰	辛巳	壬午
납음		大溪水		沙中土		天上火		石榴木		大海水		海中金		爐中火		大林木		路傍土		劍鋒金		山頭火		澗下水		城頭土		白臘金		
음력	10	11	12	13	14	15	16	17	18	19	20	21	22	23	24	25	26	27	28	29	8/1	2	3	4	5	6	7	8	9	10
구성	5	4	3	2	1	9	8	7	6	5	4	3	2	1	9	8	7	6	5	4	3	2	1	9	8	7	6	5	4	3
대운 남	2	2	1	1	1	1	백	10	10	9	9	9	8	8	8	7	7	7	6	6	6	추	5	5	4	4	4	3	3	3
대운 여	8	9	9	9	10	10	로	1	1	1	1	2	2	2	3	3	3	4	4	4	5	분	5	6	6	6	7	7	7	8

한로 8일 00시 12분 【음9월】 ➡ 【甲戌月(갑술월)】 ☯九紫星 상강 23일 03시 25분

양력 10월 / 음력 08/11 ~ 09/11

양력	1	2	3	4	5	6	7	8	9	10	11	12	13	14	15	16	17	18	19	20	21	22	23	24	25	26	27	28	29	30	31
요일	토	일	월	화	수	목	금	토	일	월	화	수	목	금	토	일	월	화	수	목	금	토	일	월	화	수	목	금	토	일	월
일진 日辰	癸未	甲申	乙酉	丙戌	丁亥	戊子	己丑	庚寅	辛卯	壬辰	癸巳	甲午	乙未	丙申	丁酉	戊戌	己亥	庚子	辛丑	壬寅	癸卯	甲辰	乙巳	丙午	丁未	戊申	己酉	庚戌	辛亥	壬子	癸丑
납음		井中水		屋上土		霹靂火		松柏木		長流水		沙中金		山下火		平地木		壁上土		金箔金		覆燈火		天河水		大驛土		釵釧金		桑柘木	
음력	11	12	13	14	15	16	17	18	19	20	21	22	23	24	25	26	27	28	29	30	9/1	2	3	4	5	6	7	8	9	10	11
구성	2	1	9	8	7	6	5	4	3	2	1	9	8	7	6	5	4	3	2	1	9	8	7	6	5	4	3	2	1	9	8
대운 남	2	2	2	1	1	1	1	한	10	9	9	9	8	8	8	7	7	7	6	6	6	5	상	5	4	4	4	3	3	3	2
대운 여	8	8	9	9	9	10	10	로	1	1	1	1	2	2	2	3	3	3	4	4	4	5	강	5	6	6	6	7	7	7	8

입동 7일 03시 40분 【음10월】 ➡ 【乙亥月(을해월)】 ☯八白星 소설 22일 01시 14분

양력 11월 / 음력 09/12 ~ 10/12

양력	1	2	3	4	5	6	7	8	9	10	11	12	13	14	15	16	17	18	19	20	21	22	23	24	25	26	27	28	29	30
요일	화	수	목	금	토	일	월	화	수	목	금	토	일	월	화	수	목	금	토	일	월	화	수	목	금	토	일	월	화	수
일진 日辰	甲寅	乙卯	丙辰	丁巳	戊午	己未	庚申	辛酉	壬戌	癸亥	甲子	乙丑	丙寅	丁卯	戊辰	己巳	庚午	辛未	壬申	癸酉	甲戌	乙亥	丙子	丁丑	戊寅	己卯	庚辰	辛巳	壬午	癸未
납음	大溪水		沙中土		天上火		石榴木		大海水		海中金		爐中火		大林木		路傍土		劍鋒金		山頭火		澗下水		城頭土		白臘金		楊柳木	
음력	12	13	14	15	16	17	18	19	20	21	22	23	24	25	26	27	28	29	10/1	2	3	4	5	6	7	8	9	10	11	12
구성	7	6	5	4	3	2	1	9	8	7	6	5	4	3	2	1	9	8	7	6	5	4	3	2	1	9	8	7	6	5
대운 남	2	2	1	1	1	1	입	9	9	9	8	8	8	7	7	7	6	6	6	5	5	소	4	4	4	3	3	3	2	2
대운 여	8	8	9	9	9	10	동	1	1	1	1	2	2	2	3	3	3	4	4	4	5	설	5	6	6	6	7	7	7	8

대설 6일 20시 44분 【음11월】 ➡ 【丙子月(병자월)】 ☯七赤星 동지 21일 14시 42분

양력 12월 / 음력 10/13 ~ 11/13

양력	1	2	3	4	5	6	7	8	9	10	11	12	13	14	15	16	17	18	19	20	21	22	23	24	25	26	27	28	29	30	31
요일	목	금	토	일	월	화	수	목	금	토	일	월	화	수	목	금	토	일	월	화	수	목	금	토	일	월	화	수	목	금	토
일진 日辰	甲申	乙酉	丙戌	丁亥	戊子	己丑	庚寅	辛卯	壬辰	癸巳	甲午	乙未	丙申	丁酉	戊戌	己亥	庚子	辛丑	壬寅	癸卯	甲辰	乙巳	丙午	丁未	戊申	己酉	庚戌	辛亥	壬子	癸丑	甲寅
납음	井中水		屋上土		霹靂火		松柏木		長流水		沙中金		山下火		平地木		壁上土		金箔金		覆燈火		天河水		大驛土		釵釧金		桑柘木		
음력	13	14	15	16	17	18	19	20	21	22	23	24	25	26	27	28	29	30	11/1	2	3	4	5	6	7	8	9	10	11	12	13
구성	4	3	2	1	9	8	7	6	5	4	3	2	1	9	8	7	6	5	4	3	2	1	9	8	7	6	5	4	3	2	1
대운 남	2	1	1	1	1	대	10	9	9	9	8	8	8	7	7	7	6	6	6	5	동	5	4	4	4	3	3	3	2	2	2
대운 여	8	8	9	9	9	설	1	1	1	1	2	2	2	3	3	3	4	4	4	5	지	5	6	6	6	7	7	7	8	8	8

단기 4378 年
불기 2589 年

2045년

上元 乙丑年 납음(海中金),본명성(九紫火)

대장군(酉서방), 삼살(동방), 상문(卯동방), 조객(亥서북방),납음(해중금),【삼재(해,자,축)년】 臘享(납향):2046년1월24일(음12/18)

소

소한 5일 08시 01분 【음12월】 ➡ 【丁丑月(정축월)】 ☯六白星 대한 20일 01시 21분

양력 1월 / 음력 11/14 ~ 12/14

양력	1	2	3	4	5	6	7	8	9	10	11	12	13	14	15	16	17	18	19	20	21	22	23	24	25	26	27	28	29	30	31
요일	일	월	화	수	목	금	토	일	월	화	수	목	금	토	일	월	화	수	목	금	토	일	월	화	수	목	금	토	일	월	화
일진 日辰	乙卯	丙辰	丁巳	戊午	己未	庚申	辛酉	壬戌	癸亥	甲子	乙丑	丙寅	丁卯	戊辰	己巳	庚午	辛未	壬申	癸酉	甲戌	乙亥	丙子	丁丑	戊寅	己卯	庚辰	辛巳	壬午	癸未	甲申	乙酉
납음		沙中土		天上火		石榴木		大海水		海中金		爐中火		大林木		路傍土		劍鋒金		山頭火		澗下水		城頭土		白臘金		楊柳木		井中水	
음력	14	15	16	17	18	19	20	21	22	23	24	25	26	27	28	29	30	12/1	2	3	4	5	6	7	8	9	10	11	12	13	14
구성	9	8	7	6	5	4	3	2	1	1	2	3	4	5	6	7	8	9	1	2	3	4	5	6	7	8	9	1	2	3	4
대운 남	1	1	1	1	소	9	9	9	8	8	8	7	7	7	6	6	6	5	5	대	4	4	4	3	3	3	2	2	2	1	1
대운 여	9	9	9	10	한	1	1	1	1	2	2	2	3	3	3	4	4	4	5	한	5	6	6	6	7	7	7	8	8	8	9

입춘 3일 19시 35분 【음1월】 ➡ 【戊寅月(무인월)】 ☯五黃星 우수 18일 15시 21분

양력 2월 / 음력 12/15 ~ 01/12

양력	1	2	3	4	5	6	7	8	9	10	11	12	13	14	15	16	17	18	19	20	21	22	23	24	25	26	27	28
요일	수	목	금	토	일	월	화	수	목	금	토	일	월	화	수	목	금	토	일	월	화	수	목	금	토	일	월	화
일진 日辰	丙戌	丁亥	戊子	己丑	庚寅	辛卯	壬辰	癸巳	甲午	乙未	丙申	丁酉	戊戌	己亥	庚子	辛丑	壬寅	癸卯	甲辰	乙巳	丙午	丁未	戊申	己酉	庚戌	辛亥	壬子	癸丑
납음	屋上土		霹靂火		松柏木		長流水		沙中金		山下火		平地木		壁上土		金箔金		覆燈火		天河水		大驛土		釵釧金		桑柘木	
음력	15	16	17	18	19	20	21	22	23	24	25	26	27	28	29	30	1/1	2	3	4	5	6	7	8	9	10	11	12
구성	5	6	7	8	9	1	2	3	4	5	6	7	8	9	1	2	3	4	5	6	7	8	9	1	2	3	4	5
대운 남	1	1	입	1	1	1	1	2	2	2	3	3	3	4	4	4	5	우	5	6	6	6	7	7	7	8	8	8
대운 여	9	9	춘	10	9	9	9	8	8	8	7	7	7	6	6	6	5	수	5	4	4	4	3	3	3	2	2	2

乙丑年

경칩 5일 13시 23분 【음2월】 ➡ 【己卯月(기묘월)】 ☯四綠星 춘분 20일 14시 06분

양력 3월 / 음력 01/13 ~ 02/13

양력	1	2	3	4	5	6	7	8	9	10	11	12	13	14	15	16	17	18	19	20	21	22	23	24	25	26	27	28	29	30	31
요일	수	목	금	토	일	월	화	수	목	금	토	일	월	화	수	목	금	토	일	월	화	수	목	금	토	일	월	화	수	목	금
일진 日辰	甲寅	乙卯	丙辰	丁巳	戊午	己未	庚申	辛酉	壬戌	癸亥	甲子	乙丑	丙寅	丁卯	戊辰	己巳	庚午	辛未	壬申	癸酉	甲戌	乙亥	丙子	丁丑	戊寅	己卯	庚辰	辛巳	壬午	癸未	甲申
납음	大溪水		沙中土		天上火		石榴木		大海水		海中金		爐中火		大林木		路傍土		劍鋒金		山頭火		澗下水		城頭土		白臘金		楊柳木		
음력	13	14	15	16	17	18	19	20	21	22	23	24	25	26	27	28	29	30	2/1	2	3	4	5	6	7	8	9	10	11	12	13
구성	6	7	8	9	1	2	3	4	5	6	7	8	9	1	2	3	4	5	6	7	8	9	1	2	3	4	5	6	7	8	9
대운 남	9	9	9	10	경	1	1	1	1	2	2	2	3	3	3	4	4	4	5	춘	5	6	6	6	7	7	7	8	8	8	9
대운 여	1	1	1	1	칩	10	9	9	9	8	8	8	7	7	7	6	6	6	5	분	5	4	4	4	3	3	3	2	2	2	1

청명 4일 17시 56분 【음3월】 ➡ 【庚辰月(경진월)】 ☯三碧星 곡우 20일 00시 51분

양력 4월 / 음력 02/14 ~ 03/14

양력	1	2	3	4	5	6	7	8	9	10	11	12	13	14	15	16	17	18	19	20	21	22	23	24	25	26	27	28	29	30
요일	토	일	월	화	수	목	금	토	일	월	화	수	목	금	토	일	월	화	수	목	금	토	일	월	화	수	목	금	토	일
일진 日辰	乙酉	丙戌	丁亥	戊子	己丑	庚寅	辛卯	壬辰	癸巳	甲午	乙未	丙申	丁酉	戊戌	己亥	庚子	辛丑	壬寅	癸卯	甲辰	乙巳	丙午	丁未	戊申	己酉	庚戌	辛亥	壬子	癸丑	甲寅
납음		屋上土		霹靂火		松柏木		長流水		沙中金		山下火		平地木		壁上土		金箔金		覆燈火		天河水		大驛土		釵釧金		桑柘木		
음력	14	15	16	17	18	19	20	21	22	23	24	25	26	27	28	29	3/1	2	3	4	5	6	7	8	9	10	11	12	13	14
구성	1	2	3	4	5	6	7	8	9	1	2	3	4	5	6	7	8	9	1	2	3	4	5	6	7	8	9	1	2	3
대운 남	9	9	10	청	1	1	1	1	2	2	2	3	3	3	4	4	4	5	5	곡	6	6	6	7	7	7	8	8	8	9
대운 여	1	1	1	명	10	10	9	9	9	8	8	8	7	7	7	6	6	6	5	우	5	4	4	4	3	3	3	2	2	2

입하 5일 10시 58분 【음4월】 ➡ 【辛巳月(신사월)】 ☯二黑星 소만 20일 23시 44분

양력 5월 / 음력 03/15 ~ 04/15

양력	1	2	3	4	5	6	7	8	9	10	11	12	13	14	15	16	17	18	19	20	21	22	23	24	25	26	27	28	29	30	31
요일	월	화	수	목	금	토	일	월	화	수	목	금	토	일	월	화	수	목	금	토	일	월	화	수	목	금	토	일	월	화	수
일진 日辰	乙卯	丙辰	丁巳	戊午	己未	庚申	辛酉	壬戌	癸亥	甲子	乙丑	丙寅	丁卯	戊辰	己巳	庚午	辛未	壬申	癸酉	甲戌	乙亥	丙子	丁丑	戊寅	己卯	庚辰	辛巳	壬午	癸未	甲申	乙酉
납음		沙中土		天上火		石榴木		大海水		海中金		爐中火		大林木		路傍土		劍鋒金		山頭火		澗下水		城頭土		白臘金		楊柳木		井中水	
음력	15	16	17	18	19	20	21	22	23	24	25	26	27	28	29	30	4/1	2	3	4	5	6	7	8	9	10	11	12	13	14	15
구성	4	5	6	7	8	9	1	2	3	4	5	6	7	8	9	1	2	3	4	5	6	7	8	9	1	2	3	4	5	6	7
대운 남	9	9	10	10	입	1	1	1	1	2	2	2	3	3	3	4	4	4	5	소	5	6	6	6	7	7	7	8	8	8	9
대운 여	1	1	1	1	하	10	10	9	9	9	8	8	8	7	7	7	6	6	6	만	5	5	4	4	4	3	3	3	2	2	2

망종 5일 14시 55분 【음5월】 ➡ 【壬午月(임오월)】 ☯一白星 하지 21일 07시 32분

양력 6월 / 음력 04/16 ~ 05/16

양력	1	2	3	4	5	6	7	8	9	10	11	12	13	14	15	16	17	18	19	20	21	22	23	24	25	26	27	28	29	30
요일	목	금	토	일	월	화	수	목	금	토	일	월	화	수	목	금	토	일	월	화	수	목	금	토	일	월	화	수	목	금
일진 日辰	丙戌	丁亥	戊子	己丑	庚寅	辛卯	壬辰	癸巳	甲午	乙未	丙申	丁酉	戊戌	己亥	庚子	辛丑	壬寅	癸卯	甲辰	乙巳	丙午	丁未	戊申	己酉	庚戌	辛亥	壬子	癸丑	甲寅	乙卯
납음	屋上土		霹靂火		松柏木		長流水		沙中金		山下火		平地木		壁上土		金箔金		覆燈火		天河水		大驛土		釵釧金		桑柘木		大溪水	
음력	16	17	18	19	20	21	22	23	24	25	26	27	28	29	5/1	2	3	4	5	6	7	8	9	10	11	12	13	14	15	16
구성	8	9	1	2	3	4	5	6	7	8	9	1	2	3	4	5	6	7	8	9	1	2	3	4	5	6	7	8	9	1
대운 남	9	9	10	10	망	1	1	1	1	2	2	2	3	3	3	4	4	4	5	5	하	6	6	6	7	7	7	8	8	8
대운 여	1	1	1	1	종	10	10	10	9	9	9	8	8	8	7	7	7	6	6	6	지	5	5	4	4	4	3	3	3	2

한식(4월05일), 초복(7월15일), 중복(7월25일), 말복(8월14일) 춘사(春社)3/25 추사(秋社)9/21
토왕지절(土旺之節):4월16일,7월19일,10월20일,1월17일(음12/11)臘享(납향):2046년1월24일(음12/18)

十日得辛, 三龍治水, 2045년 을축年 (해중금), 구자화

8白	4綠	6白
7赤	9紫	2黑
3碧	5黃	1白

소서 7일 01시 07분 【음6월】 ➡ 【癸未月(계미월)】 ☯九紫星 대서 22일 18시 25분

양력 7월 / 음력 05/17 ~ 06/18

양력	1	2	3	4	5	6	7	8	9	10	11	12	13	14	15	16	17	18	19	20	21	22	23	24	25	26	27	28	29	30	31
요일	토	일	월	화	수	목	금	토	일	월	화	수	목	금	토	일	월	화	수	목	금	토	일	월	화	수	목	금	토	일	월
일진 日辰	丙辰	丁巳	戊午	己未	庚申	辛酉	壬戌	癸亥	甲子	乙丑	丙寅	丁卯	戊辰	己巳	庚午	辛未	壬申	癸酉	甲戌	乙亥	丙子	丁丑	戊寅	己卯	庚辰	辛巳	壬午	癸未	甲申	乙酉	丙戌
납음	沙中土		天上火		石榴木		大海水		海中金		爐中火		大林木		路傍土		劍鋒金		山頭火		澗下水		城頭土		白臘金		楊柳木		井中水		
음력	17	18	19	20	21	22	23	24	25	26	27	28	29	6/1	2	3	4	5	6	7	8	9	10	11	12	13	14	15	16	17	18
구성	2	3	4	5	6	7	8	9	9	8	7	6	5	4	3	2	1	9	8	7	6	5	4	3	2	1	9	8	7	6	5
대운 남	9	9	9	10	10	10	소	1	1	1	1	2	2	2	3	3	3	4	4	4	5	대	5	6	6	6	7	7	7	8	8
대운 여	2	2	1	1	1	1	서	10	10	9	9	9	8	8	8	7	7	7	6	6	6	서	5	5	4	4	4	3	3	3	2

입추 7일 10시 58분 【음7월】 ➡ 【甲申月(갑신월)】 ☯八白星 처서 23일 01시 38분

양력 8월 / 음력 06/19 ~ 07/19

양력	1	2	3	4	5	6	7	8	9	10	11	12	13	14	15	16	17	18	19	20	21	22	23	24	25	26	27	28	29	30	31
요일	화	수	목	금	토	일	월	화	수	목	금	토	일	월	화	수	목	금	토	일	월	화	수	목	금	토	일	월	화	수	목
일진 日辰	丁亥	戊子	己丑	庚寅	辛卯	壬辰	癸巳	甲午	乙未	丙申	丁酉	戊戌	己亥	庚子	辛丑	壬寅	癸卯	甲辰	乙巳	丙午	丁未	戊申	己酉	庚戌	辛亥	壬子	癸丑	甲寅	乙卯	丙辰	丁巳
납음		霹靂火		松柏木		長流水		沙中金		山下火		平地木		壁上土		金箔金		覆燈火		天河水		大驛土		釵釧金		桑柘木		大溪水		沙中土	
음력	19	20	21	22	23	24	25	26	27	28	29	30	7/1	2	3	4	5	6	7	8	9	10	11	12	13	14	15	16	17	18	19
구성	4	3	2	1	9	8	7	6	5	4	3	2	1	9	8	7	6	5	4	3	2	1	9	8	7	6	5	4	3	2	1
대운 남	8	9	9	9	10	10	입	1	1	1	1	2	2	2	3	3	3	4	4	4	5	5	처	6	6	6	7	7	7	8	8
대운 여	2	2	1	1	1	1	추	10	10	9	9	9	8	8	8	7	7	7	6	6	6	5	서	5	4	4	4	3	3	3	2

백로 7일 14시 04분 【음8월】 ➡ 【乙酉月(을유월)】 ☯七赤星 추분 22일 23시 31분

양력 9월 / 음력 07/20 ~ 08/20

양력	1	2	3	4	5	6	7	8	9	10	11	12	13	14	15	16	17	18	19	20	21	22	23	24	25	26	27	28	29	30
요일	금	토	일	월	화	수	목	금	토	일	월	화	수	목	금	토	일	월	화	수	목	금	토	일	월	화	수	목	금	토
일진 日辰	戊午	己未	庚申	辛酉	壬戌	癸亥	甲子	乙丑	丙寅	丁卯	戊辰	己巳	庚午	辛未	壬申	癸酉	甲戌	乙亥	丙子	丁丑	戊寅	己卯	庚辰	辛巳	壬午	癸未	甲申	乙酉	丙戌	丁亥
납음	天上火		石榴木		大海水		海中金		爐中火		大林木		路傍土		劍鋒金		山頭火		澗下水		城頭土		白臘金		楊柳木		井中水		屋上土	
음력	20	21	22	23	24	25	26	27	28	29	8/1	2	3	4	5	6	7	8	9	10	11	12	13	14	15	16	17	18	19	20
구성	9	8	7	6	5	4	3	2	1	9	8	7	6	5	4	3	2	1	9	8	7	6	5	4	3	2	1	9	8	7
대운 남	8	9	9	9	10	10	백	1	1	1	1	2	2	2	3	3	3	4	4	4	5	추	5	6	6	6	7	7	7	8
대운 여	2	2	1	1	1	1	로	10	10	9	9	9	8	8	8	7	7	7	6	6	6	분	5	5	4	4	4	3	3	3

한로 8일 05시 59분 【음9월】 ➡ 【丙戌月(병술월)】 ☯六白星 상강 23일 09시 11분

양력 10월 / 음력 08/21 ~ 09/22

양력	1	2	3	4	5	6	7	8	9	10	11	12	13	14	15	16	17	18	19	20	21	22	23	24	25	26	27	28	29	30	31
요일	일	월	화	수	목	금	토	일	월	화	수	목	금	토	일	월	화	수	목	금	토	일	월	화	수	목	금	토	일	월	화
일진 日辰	戊子	己丑	庚寅	辛卯	壬辰	癸巳	甲午	乙未	丙申	丁酉	戊戌	己亥	庚子	辛丑	壬寅	癸卯	甲辰	乙巳	丙午	丁未	戊申	己酉	庚戌	辛亥	壬子	癸丑	甲寅	乙卯	丙辰	丁巳	戊午
납음	霹靂火		松柏木		長流水		沙中金		山下火		平地木		壁上土		金箔金		覆燈火		天河水		大驛土		釵釧金		桑柘木		大溪水		沙中土		
음력	21	22	23	24	25	26	27	28	29	9/1	2	3	4	5	6	7	8	9	10	11	12	13	14	15	16	17	18	19	20	21	22
구성	6	5	4	3	2	1	9	8	7	6	5	4	3	2	1	9	8	7	6	5	4	3	2	1	9	8	7	6	5	4	3
대운 남	8	8	9	9	9	10	10	한	1	1	1	1	2	2	2	3	3	3	4	4	4	5	상	5	6	6	6	7	7	7	8
대운 여	2	2	2	1	1	1	1	로	10	9	9	9	8	8	8	7	7	7	6	6	6	5	강	5	4	4	4	3	3	3	2

입동 7일 09시 28분 【음10월】 ➡ 【丁亥月(정해월)】 ☯五黃星 소설 22일 07시 02분

양력 11월 / 음력 09/23 ~ 10/22

양력	1	2	3	4	5	6	7	8	9	10	11	12	13	14	15	16	17	18	19	20	21	22	23	24	25	26	27	28	29	30
요일	수	목	금	토	일	월	화	수	목	금	토	일	월	화	수	목	금	토	일	월	화	수	목	금	토	일	월	화	수	목
일진 日辰	己未	庚申	辛酉	壬戌	癸亥	甲子	乙丑	丙寅	丁卯	戊辰	己巳	庚午	辛未	壬申	癸酉	甲戌	乙亥	丙子	丁丑	戊寅	己卯	庚辰	辛巳	壬午	癸未	甲申	乙酉	丙戌	丁亥	戊子
납음		石榴木		大海水		海中金		爐中火		大林木		路傍土		劍鋒金		山頭火		澗下水		城頭土		白臘金		楊柳木		井中水		屋上土		
음력	23	24	25	26	27	28	29	30	10/1	2	3	4	5	6	7	8	9	10	11	12	13	14	15	16	17	18	19	20	21	22
구성	2	1	9	8	7	6	5	4	3	2	1	9	8	7	6	5	4	3	2	1	9	8	7	6	5	4	3	2	1	9
대운 남	8	8	9	9	9	10	입	1	1	1	1	2	2	2	3	3	3	4	4	4	5	소	5	6	6	6	7	7	7	8
대운 여	2	2	1	1	1	1	동	10	9	9	9	8	8	8	7	7	7	6	6	6	5	설	5	4	4	4	3	3	3	2

대설 7일 02시 34분 【음11월】 ➡ 【戊子月(무자월)】 ☯四綠星 동지 21일 20시 34분

양력 12월 / 음력 10/23 ~ 11/24

양력	1	2	3	4	5	6	7	8	9	10	11	12	13	14	15	16	17	18	19	20	21	22	23	24	25	26	27	28	29	30	31
요일	금	토	일	월	화	수	목	금	토	일	월	화	수	목	금	토	일	월	화	수	목	금	토	일	월	화	수	목	금	토	일
일진 日辰	己丑	庚寅	辛卯	壬辰	癸巳	甲午	乙未	丙申	丁酉	戊戌	己亥	庚子	辛丑	壬寅	癸卯	甲辰	乙巳	丙午	丁未	戊申	己酉	庚戌	辛亥	壬子	癸丑	甲寅	乙卯	丙辰	丁巳	戊午	己未
납음		松柏木		長流水		沙中金		山下火		平地木		壁上土		金箔金		覆燈火		天河水		大驛土		釵釧金		桑柘木		大溪水		沙中土		天上火	
음력	23	24	25	26	27	28	29	11/1	2	3	4	5	6	7	8	9	10	11	12	13	14	15	16	17	18	19	20	21	22	23	24
구성	8	7	6	5	4	3	2	1	9	8	7	6	5	4	3	2	1	9	8	7	6	5	4	3	2	1	9	8	7	6	5
대운 남	8	8	9	9	9	10	대	1	1	1	1	2	2	2	3	3	3	4	4	4	동	5	5	6	6	6	7	7	7	8	8
대운 여	2	2	1	1	1	1	설	9	9	9	8	8	8	7	7	7	6	6	6	5	지	5	4	4	4	3	3	3	2	2	2

단기 4379 年	2046년
불기 2590 年	

上元 丙寅年 납음(爐中火), 본명성(八白土)

대장군(子북방), 삼살(북방), 상문(辰동남방), 조객(子북방), 납음(노중화), 【삼재(신,유,술)년】 臘享(남향):2047년1월19일(음12/24)

호랑이

소한 5일 13시 54분 【음12월】 ➡ 【己丑月(기축월)】 ☯三碧星 대한 20일 07시 14분

양력 1월 / 음력 11/25 ~ 12/25

양력	1	2	3	4	5	6	7	8	9	10	11	12	13	14	15	16	17	18	19	20	21	22	23	24	25	26	27	28	29	30	31
요일	월	화	수	목	금	토	일	월	화	수	목	금	토	일	월	화	수	목	금	토	일	월	화	수	목	금	토	일	월	화	수
일진 日辰	庚申	辛酉	壬戌	癸亥	甲子	乙丑	丙寅	丁卯	戊辰	己巳	庚午	辛未	壬申	癸酉	甲戌	乙亥	丙子	丁丑	戊寅	己卯	庚辰	辛巳	壬午	癸未	甲申	乙酉	丙戌	丁亥	戊子	己丑	庚寅
납음	石榴木		大海水		海中金		爐中火		大林木		路傍土		劍鋒金		山頭火		澗下水		城頭土		白臘金		楊柳木		井中水		屋上土		霹靂火		
음력	25	26	27	28	29	30	12/1	2	3	4	5	6	7	8	9	10	11	12	13	14	15	16	17	18	19	20	21	22	23	24	25
구성	4	3	2	1	1	2	3	4	5	6	7	8	9	1	2	3	4	5	6	7	8	9	1	2	3	4	5	6	7	8	9
대운 남	8	9	9	9	소	1	1	1	1	2	2	2	3	3	3	4	4	4	5	대	5	6	6	6	7	7	7	8	8	8	9
대운 여	1	1	1	1	한	10	9	9	9	8	8	8	7	7	7	6	6	6	5	한	5	4	4	4	3	3	3	2	2	2	1

입춘 4일 01시 30분 【음1월】 ➡ 【庚寅月(경인월)】 ☯二黑星 우수 18일 21시 14분

양력 2월 / 음력 12/26 ~ 01/23

양력	1	2	3	4	5	6	7	8	9	10	11	12	13	14	15	16	17	18	19	20	21	22	23	24	25	26	27	28
요일	목	금	토	일	월	화	수	목	금	토	일	월	화	수	목	금	토	일	월	화	수	목	금	토	일	월	화	수
일진 日辰	辛卯	壬辰	癸巳	甲午	乙未	丙申	丁酉	戊戌	己亥	庚子	辛丑	壬寅	癸卯	甲辰	乙巳	丙午	丁未	戊申	己酉	庚戌	辛亥	壬子	癸丑	甲寅	乙卯	丙辰	丁巳	戊午
납음		長流水		沙中金		山下火		平地木		壁上土		金箔金		覆燈火		天河水		大驛土		釵釧金		桑柘木		大溪水		沙中土		
음력	26	27	28	29	30	1/1	2	3	4	5	6	7	8	9	10	11	12	13	14	15	16	17	18	19	20	21	22	23
구성	1	2	3	4	5	6	7	8	9	1	2	3	4	5	6	7	8	9	1	2	3	4	5	6	7	8	9	1
대운 남	9	9	10	입	9	9	9	8	8	8	7	7	7	6	6	6	5	우	5	4	4	4	3	3	3	2	2	2
대운 여	1	1	1	춘	1	1	1	1	2	2	2	3	3	3	4	4	4	수	5	5	6	6	6	7	7	7	8	8

丙寅年

경칩 5일 19시 16분 【음2월】 ➡ 【辛卯月(신묘월)】 ☯一白星 춘분 20일 19시 56분

양력 3월 / 음력 01/24 ~ 02/24

양력	1	2	3	4	5	6	7	8	9	10	11	12	13	14	15	16	17	18	19	20	21	22	23	24	25	26	27	28	29	30	31
요일	목	금	토	일	월	화	수	목	금	토	일	월	화	수	목	금	토	일	월	화	수	목	금	토	일	월	화	수	목	금	토
일진 日辰	己未	庚申	辛酉	壬戌	癸亥	甲子	乙丑	丙寅	丁卯	戊辰	己巳	庚午	辛未	壬申	癸酉	甲戌	乙亥	丙子	丁丑	戊寅	己卯	庚辰	辛巳	壬午	癸未	甲申	乙酉	丙戌	丁亥	戊子	己丑
납음		石榴木		大海水		海中金		爐中火		大林木		路傍土		劍鋒金		山頭火		澗下水		城頭土		白臘金		楊柳木		井中水		屋上土		霹靂火	
음력	24	25	26	27	28	29	30	2/1	2	3	4	5	6	7	8	9	10	11	12	13	14	15	16	17	18	19	20	21	22	23	24
구성	2	3	4	5	6	7	8	9	1	2	3	4	5	6	7	8	9	1	2	3	4	5	6	7	8	9	1	2	3	4	5
대운 남	1	1	1	1	경	10	9	9	9	8	8	8	7	7	7	6	6	6	5	춘	5	4	4	4	3	3	3	2	2	2	1
대운 여	8	9	9	9	칩	1	1	1	1	2	2	2	3	3	3	4	4	4	5	분	5	6	6	6	7	7	7	8	8	8	9

청명 4일 23시 43분 【음3월】 ➡ 【壬辰月(임진월)】 ☯九紫星 곡우 20일 06시 37분

양력 4월 / 음력 02/25 ~ 03/25

양력	1	2	3	4	5	6	7	8	9	10	11	12	13	14	15	16	17	18	19	20	21	22	23	24	25	26	27	28	29	30
요일	일	월	화	수	목	금	토	일	월	화	수	목	금	토	일	월	화	수	목	금	토	일	월	화	수	목	금	토	일	월
일진 日辰	庚寅	辛卯	壬辰	癸巳	甲午	乙未	丙申	丁酉	戊戌	己亥	庚子	辛丑	壬寅	癸卯	甲辰	乙巳	丙午	丁未	戊申	己酉	庚戌	辛亥	壬子	癸丑	甲寅	乙卯	丙辰	丁巳	戊午	己未
납음	松柏木		長流水		沙中金		山下火		平地木		壁上土		金箔金		覆燈火		天河水		大驛土		釵釧金		桑柘木		大溪水		沙中土		天上火	
음력	25	26	27	28	29	3/1	2	3	4	5	6	7	8	9	10	11	12	13	14	15	16	17	18	19	20	21	22	23	24	25
구성	6	7	8	9	1	2	3	4	5	6	7	8	9	1	2	3	4	5	6	7	8	9	1	2	3	4	5	6	7	8
대운 남	1	1	1	청	10	10	9	9	9	8	8	8	7	7	7	6	6	6	5	곡	5	4	4	4	3	3	3	2	2	2
대운 여	9	9	10	명	1	1	1	1	2	2	2	3	3	3	4	4	4	5	5	우	6	6	6	7	7	7	8	8	8	9

입하 5일 16시 39분 【음4월】 ➡ 【癸巳月(계사월)】 ☯八白星 소만 21일 05시 27분

양력 5월 / 음력 03/26 ~ 04/26

양력	1	2	3	4	5	6	7	8	9	10	11	12	13	14	15	16	17	18	19	20	21	22	23	24	25	26	27	28	29	30	31
요일	화	수	목	금	토	일	월	화	수	목	금	토	일	월	화	수	목	금	토	일	월	화	수	목	금	토	일	월	화	수	목
일진 日辰	庚申	辛酉	壬戌	癸亥	甲子	乙丑	丙寅	丁卯	戊辰	己巳	庚午	辛未	壬申	癸酉	甲戌	乙亥	丙子	丁丑	戊寅	己卯	庚辰	辛巳	壬午	癸未	甲申	乙酉	丙戌	丁亥	戊子	己丑	庚寅
납음	石榴木		大海水		海中金		爐中火		大林木		路傍土		劍鋒金		山頭火		澗下水		城頭土		白臘金		楊柳木		井中水		屋上土		霹靂火		
음력	26	27	28	29	30	4/1	2	3	4	5	6	7	8	9	10	11	12	13	14	15	16	17	18	19	20	21	22	23	24	25	26
구성	9	1	2	3	4	5	6	7	8	9	1	2	3	4	5	6	7	8	9	1	2	3	4	5	6	7	8	9	1	2	3
대운 남	1	1	1	1	입	10	10	9	9	9	8	8	8	7	7	7	6	6	6	5	소	5	4	4	4	3	3	3	2	2	2
대운 여	9	9	10	10	하	1	1	1	1	2	2	2	3	3	3	4	4	4	5	5	만	6	6	6	7	7	7	8	8	8	9

망종 5일 20시 31분 【음5월】 ➡ 【甲午月(갑오월)】 ☯七赤星 하지 21일 13시 13분

양력 6월 / 음력 04/27 ~ 05/26

양력	1	2	3	4	5	6	7	8	9	10	11	12	13	14	15	16	17	18	19	20	21	22	23	24	25	26	27	28	29	30
요일	금	토	일	월	화	수	목	금	토	일	월	화	수	목	금	토	일	월	화	수	목	금	토	일	월	화	수	목	금	토
일진 日辰	辛卯	壬辰	癸巳	甲午	乙未	丙申	丁酉	戊戌	己亥	庚子	辛丑	壬寅	癸卯	甲辰	乙巳	丙午	丁未	戊申	己酉	庚戌	辛亥	壬子	癸丑	甲寅	乙卯	丙辰	丁巳	戊午	己未	庚申
납음		長流水		沙中金		山下火		平地木		壁上土		金箔金		覆燈火		天河水		大驛土		釵釧金		桑柘木		大溪水		沙中土		天上火		
음력	27	28	29	30	5/1	2	3	4	5	6	7	8	9	10	11	12	13	14	15	16	17	18	19	20	21	22	23	24	25	26
구성	4	5	6	7	8	9	1	2	3	4	5	6	7	8	9	1	2	3	4	5	6	7	8	9	1	2	3	4	5	6
대운 남	1	1	1	1	망	10	10	10	9	9	9	8	8	8	7	7	7	6	6	6	하	5	5	4	4	4	3	3	3	2
대운 여	9	9	10	10	종	1	1	1	1	2	2	2	3	3	3	4	4	4	5	5	지	6	6	6	7	7	7	8	8	8

한식(4월05일), 초복(7월20일), 중복(7월30일), 말복(8월09일) ☂춘사(春社)3/20 ☀추사(秋社)9/26
토왕지절(土旺之節):4월17일,7월19일,10월20일,1월17일(음12/22)臘享(납향):2047년1월19일(음12/24)

六日得辛, 九龍治水, 2046년 병인年 (노중화), 팔백토

7赤	3碧	5黃
6白	8白	1白
2黑	4綠	9紫

2046 丙寅年

소서 7일 06시 39분 【음6월】 ➡ 【乙未月(을미월)】 ☯六白星 대서 23일 00시 07분

양력 7월 / 음력 05/27 ~ 06/28

양력	1	2	3	4	5	6	7	8	9	10	11	12	13	14	15	16	17	18	19	20	21	22	23	24	25	26	27	28	29	30	31
요일	일	월	화	수	목	금	토	일	월	화	수	목	금	토	일	월	화	수	목	금	토	일	월	화	수	목	금	토	일	월	화
일진 日辰	辛酉	壬戌	癸亥	甲子	乙丑	丙寅	丁卯	戊辰	己巳	庚午	辛未	壬申	癸酉	甲戌	乙亥	丙子	丁丑	戊寅	己卯	庚辰	辛巳	壬午	癸未	甲申	乙酉	丙戌	丁亥	戊子	己丑	庚寅	辛卯
납음		大海水		海中金		爐中火		大林木		路傍土		劍鋒金		山頭火		澗下水		城頭土		白臘金		楊柳木		井中水		屋上土		霹靂火		松柏木	
음력	27	28	29	6/1	2	3	4	5	6	7	8	9	10	11	12	13	14	15	16	17	18	19	20	21	22	23	24	25	26	27	28
구성	7	8	9	9	8	7	6	5	4	3	2	1	9	8	7	6	5	4	3	2	1	9	8	7	6	5	4	3	2	1	9
대운 남	2	2	1	1	1	1	소	10	10	9	9	9	8	8	8	7	7	7	6	6	6	5	대	5	4	4	4	3	3	3	2
대운 여	9	9	9	10	10	10	서	1	1	1	1	2	2	2	3	3	3	4	4	4	5	5	서	6	6	6	7	7	7	8	8

입추 7일 16시 32분 【음7월】 ➡ 【丙申月(병신월)】 ☯五黃星 처서 23일 07시 23분

양력 8월 / 음력 06/29 ~ 07/30

양력	1	2	3	4	5	6	7	8	9	10	11	12	13	14	15	16	17	18	19	20	21	22	23	24	25	26	27	28	29	30	31
요일	수	목	금	토	일	월	화	수	목	금	토	일	월	화	수	목	금	토	일	월	화	수	목	금	토	일	월	화	수	목	금
일진 日辰	壬辰	癸巳	甲午	乙未	丙申	丁酉	戊戌	己亥	庚子	辛丑	壬寅	癸卯	甲辰	乙巳	丙午	丁未	戊申	己酉	庚戌	辛亥	壬子	癸丑	甲寅	乙卯	丙辰	丁巳	戊午	己未	庚申	辛酉	壬戌
납음	長流水		沙中金		山下火		平地木		壁上土		金箔金		覆燈火		天河水		大驛土		釵釧金		桑柘木		大溪水		沙中土		天上火		石榴木		
음력	29	7/1	2	3	4	5	6	7	8	9	10	11	12	13	14	15	16	17	18	19	20	21	22	23	24	25	26	27	28	29	30
구성	8	7	6	5	4	3	2	1	9	8	7	6	5	4	3	2	1	9	8	7	6	5	4	3	2	1	9	8	7	6	5
대운 남	2	2	1	1	1	1	입	10	10	9	9	9	8	8	8	7	7	7	6	6	6	5	처	5	4	4	4	3	3	3	2
대운 여	8	9	9	9	10	10	추	1	1	1	1	2	2	2	3	3	3	4	4	4	5	5	서	6	6	6	7	7	7	8	8

백로 7일 19시 42분 【음8월】 ➡ 【丁酉月(정유월)】 ☯四綠星 추분 23일 05시 20분

양력 9월 / 음력 08/01 ~ 09/01

양력	1	2	3	4	5	6	7	8	9	10	11	12	13	14	15	16	17	18	19	20	21	22	23	24	25	26	27	28	29	30
요일	토	일	월	화	수	목	금	토	일	월	화	수	목	금	토	일	월	화	수	목	금	토	일	월	화	수	목	금	토	일
일진 日辰	癸亥	甲子	乙丑	丙寅	丁卯	戊辰	己巳	庚午	辛未	壬申	癸酉	甲戌	乙亥	丙子	丁丑	戊寅	己卯	庚辰	辛巳	壬午	癸未	甲申	乙酉	丙戌	丁亥	戊子	己丑	庚寅	辛卯	壬辰
납음		海中金		爐中火		大林木		路傍土		劍鋒金		山頭火		澗下水		城頭土		白臘金		楊柳木		井中水		屋上土		霹靂火		松柏木		
음력	8/1	2	3	4	5	6	7	8	9	10	11	12	13	14	15	16	17	18	19	20	21	22	23	24	25	26	27	28	29	9/1
구성	4	3	2	1	9	8	7	6	5	4	3	2	1	9	8	7	6	5	4	3	2	1	9	8	7	6	5	4	3	2
대운 남	2	2	1	1	1	1	백	10	10	9	9	9	8	8	8	7	7	7	6	6	6	5	추	5	4	4	4	3	3	3
대운 여	8	9	9	9	10	10	로	1	1	1	1	2	2	2	3	3	3	4	4	4	5	5	분	6	6	6	7	7	7	8

한로 8일 11시 41분 【음9월】 ➡ 【戊戌月(무술월)】 ☯三碧星 상강 23일 15시 02분

양력 10월 / 음력 09/02 ~ 10/03

양력	1	2	3	4	5	6	7	8	9	10	11	12	13	14	15	16	17	18	19	20	21	22	23	24	25	26	27	28	29	30	31
요일	월	화	수	목	금	토	일	월	화	수	목	금	토	일	월	화	수	목	금	토	일	월	화	수	목	금	토	일	월	화	수
일진 日辰	癸巳	甲午	乙未	丙申	丁酉	戊戌	己亥	庚子	辛丑	壬寅	癸卯	甲辰	乙巳	丙午	丁未	戊申	己酉	庚戌	辛亥	壬子	癸丑	甲寅	乙卯	丙辰	丁巳	戊午	己未	庚申	辛酉	壬戌	癸亥
납음		沙中金		山下火		平地木		壁上土		金箔金		覆燈火		天河水		大驛土		釵釧金		桑柘木		大溪水		沙中土		天上火		石榴木		大海水	
음력	2	3	4	5	6	7	8	9	10	11	12	13	14	15	16	17	18	19	20	21	22	23	24	25	26	27	28	29	10/1	2	3
구성	1	9	8	7	6	5	4	3	2	1	9	8	7	6	5	4	3	2	1	9	8	7	6	5	4	3	2	1	9	8	7
대운 남	2	2	2	1	1	1	1	한	10	9	9	9	8	8	8	7	7	7	6	6	6	5	상	5	4	4	4	3	3	3	2
대운 여	8	8	9	9	9	10	10	로	1	1	1	1	2	2	2	3	3	3	4	4	4	5	강	5	6	6	6	7	7	7	8

입동 7일 15시 13분 【음10월】 ➡ 【己亥月(기해월)】 ☯二黑星 소설 22일 12시 55분

양력 11월 / 음력 10/04 ~ 11/03

양력	1	2	3	4	5	6	7	8	9	10	11	12	13	14	15	16	17	18	19	20	21	22	23	24	25	26	27	28	29	30
요일	목	금	토	일	월	화	수	목	금	토	일	월	화	수	목	금	토	일	월	화	수	목	금	토	일	월	화	수	목	금
일진 日辰	甲子	乙丑	丙寅	丁卯	戊辰	己巳	庚午	辛未	壬申	癸酉	甲戌	乙亥	丙子	丁丑	戊寅	己卯	庚辰	辛巳	壬午	癸未	甲申	乙酉	丙戌	丁亥	戊子	己丑	庚寅	辛卯	壬辰	癸巳
납음	海中金		爐中火		大林木		路傍土		劍鋒金		山頭火		澗下水		城頭土		白臘金		楊柳木		井中水		屋上土		霹靂火		松柏木		長流水	
음력	4	5	6	7	8	9	10	11	12	13	14	15	16	17	18	19	20	21	22	23	24	25	26	27	28	29	30	11/1	2	3
구성	6	5	4	3	2	1	9	8	7	6	5	4	3	2	1	9	8	7	6	5	4	3	2	1	9	8	7	6	5	4
대운 남	2	2	1	1	1	1	입	10	9	9	9	8	8	8	7	7	7	6	6	6	5	소	5	4	4	4	3	3	3	2
대운 여	8	8	9	9	9	10	동	1	1	1	1	2	2	2	3	3	3	4	4	4	5	설	5	6	6	6	7	7	7	8

대설 7일 08시 20분 【음11월】 ➡ 【庚子月(경자월)】 ☯一白星 동지 22일 02시 27분

양력 12월 / 음력 11/04 ~ 12/05

양력	1	2	3	4	5	6	7	8	9	10	11	12	13	14	15	16	17	18	19	20	21	22	23	24	25	26	27	28	29	30	31
요일	토	일	월	화	수	목	금	토	일	월	화	수	목	금	토	일	월	화	수	목	금	토	일	월	화	수	목	금	토	일	월
일진 日辰	甲午	乙未	丙申	丁酉	戊戌	己亥	庚子	辛丑	壬寅	癸卯	甲辰	乙巳	丙午	丁未	戊申	己酉	庚戌	辛亥	壬子	癸丑	甲寅	乙卯	丙辰	丁巳	戊午	己未	庚申	辛酉	壬戌	癸亥	甲子
납음	沙中金		山下火		平地木		壁上土		金箔金		覆燈火		天河水		大驛土		釵釧金		桑柘木		大溪水		沙中土		天上火		石榴木		大海水		
음력	4	5	6	7	8	9	10	11	12	13	14	15	16	17	18	19	20	21	22	23	24	25	26	27	28	29	12/1	2	3	4	5
구성	3	2	1	9	8	7	6	5	4	3	2	1	9	8	7	6	5	4	3	2	1	9	8	7	6	5	4	3	2	1	1
대운 남	2	2	1	1	1	1	대	9	9	9	8	8	8	7	7	7	6	6	6	5	5	동	4	4	4	3	3	3	2	2	2
대운 여	8	8	9	9	9	10	설	1	1	1	1	2	2	2	3	3	3	4	4	4	5	지	5	6	6	6	7	7	7	8	8

단기 4380 年	불기 2591 年

2047년

上元 丁卯年 납음(爐中火),본명성(七赤金)

대장군(子북방), 삼살(酉서방), 상문(巳동남방),조객(丑동북방), 납음(노중화),【삼재(사,오,미)년】 臘享(납향):2048년1월26일(음12/12)

토끼

소한 5일 19시 41분 【음12월】 ➡ 【辛丑月(신축월)】 ☯九紫星 대한 20일 13시 08분

양력 1월 · 음력 12/06 ▮ 01/06

양력	1	2	3	4	5	6	7	8	9	10	11	12	13	14	15	16	17	18	19	20	21	22	23	24	25	26	27	28	29	30	31
요일	화	수	목	금	토	일	월	화	수	목	금	토	일	월	화	수	목	금	토	일	월	화	수	목	금	토	일	월	화	수	목
일진 日辰	乙丑	丙寅	丁卯	戊辰	己巳	庚午	辛未	壬申	癸酉	甲戌	乙亥	丙子	丁丑	戊寅	己卯	庚辰	辛巳	壬午	癸未	甲申	乙酉	丙戌	丁亥	戊子	己丑	庚寅	辛卯	壬辰	癸巳	甲午	乙未
납음		爐中火		大林木		路傍土		劍鋒金		山頭火		澗下水		城頭土		白臘金		楊柳木		井中水		屋上土		霹靂火		松柏木		長流水		沙中金	
음력	6	7	8	9	10	11	12	13	14	15	16	17	18	19	20	21	22	23	24	25	26	27	28	29	30	1/1	2	3	4	5	6
구성	2	3	4	5	6	7	8	9	1	2	3	4	5	6	7	8	9	1	2	3	4	5	6	7	8	9	1	2	3	4	5
대운 남	1	1	1	1	소	10	9	9	9	8	8	8	7	7	7	6	6	6	5	대	5	4	4	4	3	3	3	2	2	2	1
대운 여	8	9	9	9	한	1	1	1	1	2	2	2	3	3	3	4	4	4	5	한	5	6	6	6	7	7	7	8	8	8	9

입춘 4일 07시 16분 【음1월】 ➡ 【壬寅月(임인월)】 ☯八白星 우수 19일 03시 09분

양력 2월 · 음력 01/07 ▮ 02/04

양력	1	2	3	4	5	6	7	8	9	10	11	12	13	14	15	16	17	18	19	20	21	22	23	24	25	26	27	28
요일	금	토	일	월	화	수	목	금	토	일	월	화	수	목	금	토	일	월	화	수	목	금	토	일	월	화	수	목
일진 日辰	丙申	丁酉	戊戌	己亥	庚子	辛丑	壬寅	癸卯	甲辰	乙巳	丙午	丁未	戊申	己酉	庚戌	辛亥	壬子	癸丑	甲寅	乙卯	丙辰	丁巳	戊午	己未	庚申	辛酉	壬戌	癸亥
납음	山下火		平地木		壁上土		金箔金		覆燈火		天河水		大驛土		釵釧金		桑柘木		大溪水		沙中土		天上火		石榴木		大海水	
음력	7	8	9	10	11	12	13	14	15	16	17	18	19	20	21	22	23	24	25	26	27	28	29	30	2/1	2	3	4
구성	6	7	8	9	1	2	3	4	5	6	7	8	9	1	2	3	4	5	6	7	8	9	1	2	3	4	5	6
대운 남	1	1	1	입	1	1	1	1	2	2	2	3	3	3	4	4	4	5	우	5	6	6	6	7	7	7	8	8
대운 여	9	9	10	춘	10	9	9	9	8	8	8	7	7	7	6	6	6	5	수	5	4	4	4	3	3	3	2	2

丁卯年

경칩 6일 01시 04분 【음2월】 ➡ 【癸卯月(계묘월)】 ☯七赤星 춘분 21일 01시 51분

양력 3월 · 음력 02/05 ▮ 03/06

양력	1	2	3	4	5	6	7	8	9	10	11	12	13	14	15	16	17	18	19	20	21	22	23	24	25	26	27	28	29	30	31
요일	금	토	일	월	화	수	목	금	토	일	월	화	수	목	금	토	일	월	화	수	목	금	토	일	월	화	수	목	금	토	일
일진 日辰	甲子	乙丑	丙寅	丁卯	戊辰	己巳	庚午	辛未	壬申	癸酉	甲戌	乙亥	丙子	丁丑	戊寅	己卯	庚辰	辛巳	壬午	癸未	甲申	乙酉	丙戌	丁亥	戊子	己丑	庚寅	辛卯	壬辰	癸巳	甲午
납음	海中金		爐中火		大林木		路傍土		劍鋒金		山頭火		澗下水		城頭土		白臘金		楊柳木		井中水		屋上土		霹靂火		松柏木		長流水		
음력	5	6	7	8	9	10	11	12	13	14	15	16	17	18	19	20	21	22	23	24	25	26	27	28	29	3/1	2	3	4	5	6
구성	7	8	9	1	2	3	4	5	6	7	8	9	1	2	3	4	5	6	7	8	9	1	2	3	4	5	6	7	8	9	1
대운 남	8	9	9	9	10	경	1	1	1	1	2	2	2	3	3	3	4	4	4	5	춘	5	6	6	6	7	7	7	8	8	8
대운 여	2	1	1	1	1	칩	10	9	9	9	8	8	8	7	7	7	6	6	6	5	분	5	4	4	4	3	3	3	2	2	2

청명 5일 05시 31분 【음3월】 ➡ 【甲辰月(갑진월)】 ☯六白星 곡우 20일 12시 31분

양력 4월 · 음력 03/07 ▮ 04/06

양력	1	2	3	4	5	6	7	8	9	10	11	12	13	14	15	16	17	18	19	20	21	22	23	24	25	26	27	28	29	30
요일	월	화	수	목	금	토	일	월	화	수	목	금	토	일	월	화	수	목	금	토	일	월	화	수	목	금	토	일	월	화
일진 日辰	乙未	丙申	丁酉	戊戌	己亥	庚子	辛丑	壬寅	癸卯	甲辰	乙巳	丙午	丁未	戊申	己酉	庚戌	辛亥	壬子	癸丑	甲寅	乙卯	丙辰	丁巳	戊午	己未	庚申	辛酉	壬戌	癸亥	甲子
납음		山下火		平地木		壁上土		金箔金		覆燈火		天河水		大驛土		釵釧金		桑柘木		大溪水		沙中土		天上火		石榴木		大海水		
음력	7	8	9	10	11	12	13	14	15	16	17	18	19	20	21	22	23	24	25	26	27	28	29	30	4/1	2	3	4	5	6
구성	2	3	4	5	6	7	8	9	1	2	3	4	5	6	7	8	9	1	2	3	4	5	6	7	8	9	1	2	3	4
대운 남	9	9	9	10	청	1	1	1	1	2	2	2	3	3	3	4	4	4	5	곡	5	6	6	6	7	7	7	8	8	8
대운 여	1	1	1	1	명	10	9	9	9	8	8	8	7	7	7	6	6	6	5	우	5	4	4	4	3	3	3	2	2	2

입하 5일 22시 27분 【음4월】 ➡ 【乙巳月(을사월)】 ☯五黃星 소만 21일 11시 18분

양력 5월 · 음력 04/07 ▮ 05/07

양력	1	2	3	4	5	6	7	8	9	10	11	12	13	14	15	16	17	18	19	20	21	22	23	24	25	26	27	28	29	30	31
요일	수	목	금	토	일	월	화	수	목	금	토	일	월	화	수	목	금	토	일	월	화	수	목	금	토	일	월	화	수	목	금
일진 日辰	乙丑	丙寅	丁卯	戊辰	己巳	庚午	辛未	壬申	癸酉	甲戌	乙亥	丙子	丁丑	戊寅	己卯	庚辰	辛巳	壬午	癸未	甲申	乙酉	丙戌	丁亥	戊子	己丑	庚寅	辛卯	壬辰	癸巳	甲午	乙未
납음		爐中火		大林木		路傍土		劍鋒金		山頭火		澗下水		城頭土		白臘金		楊柳木		井中水		屋上土		霹靂火		松柏木		長流水		沙中金	
음력	7	8	9	10	11	12	13	14	15	16	17	18	19	20	21	22	23	24	25	26	27	28	29	30	5/1	2	3	4	5	6	7
구성	5	6	7	8	9	1	2	3	4	5	6	7	8	9	1	2	3	4	5	6	7	8	9	1	2	3	4	5	6	7	8
대운 남	9	9	9	10	입	1	1	1	1	2	2	2	3	3	3	4	4	4	5	5	소	6	6	6	7	7	7	8	8	8	9
대운 여	1	1	1	1	하	10	10	10	9	9	9	8	8	8	7	7	7	6	6	6	만	5	5	4	4	4	3	3	3	2	2

망종 6일 02시 19분 【음5월】 ➡ 【丙午月(병오월)】 ☯四綠星 하지 21일 19시 02분

양력 6월 · 음력 05/08 ▮ 윤508

양력	1	2	3	4	5	6	7	8	9	10	11	12	13	14	15	16	17	18	19	20	21	22	23	24	25	26	27	28	29	30
요일	토	일	월	화	수	목	금	토	일	월	화	수	목	금	토	일	월	화	수	목	금	토	일	월	화	수	목	금	토	일
일진 日辰	丙申	丁酉	戊戌	己亥	庚子	辛丑	壬寅	癸卯	甲辰	乙巳	丙午	丁未	戊申	己酉	庚戌	辛亥	壬子	癸丑	甲寅	乙卯	丙辰	丁巳	戊午	己未	庚申	辛酉	壬戌	癸亥	甲子	乙丑
납음	山下火		平地木		壁上土		金箔金		覆燈火		天河水		大驛土		釵釧金		桑柘木		大溪水		沙中土		天上火		石榴木		大海水		海中金	
음력	8	9	10	11	12	13	14	15	16	17	18	19	20	21	22	23	24	25	26	27	28	29	윤5	2	3	4	5	6	7	8
구성	9	1	2	3	4	5	6	7	8	9	1	2	3	4	5	6	7	8	9	1	2	3	4	5	6	7	8	9	9	8
대운 남	9	9	10	10	10	망	1	1	1	1	2	2	2	3	3	3	4	4	4	5	하	5	6	6	6	7	7	7	8	8
대운 여	2	1	1	1	1	종	10	10	9	9	9	8	8	8	7	7	7	6	6	6	지	5	5	4	4	4	3	3	3	2

한식(4월06일), 초복(7월15일), 중복(7월25일), 말복(8월14일) ☂춘사(春社)3/25 ☀추사(秋社)9/21
토왕지절(土旺之節):4월17일,7월20일,10월20일,1월17일(음12/03)臘享(납향):2048년1월26일(음12/12)

二日得辛, 三龍治水, 2047년 정묘年 (노중화), 칠적금

6白	2黑	4綠
5黃	7赤	9紫
1白	3碧	8白

2047 丁卯年

소서 7일 12시 29분 【음6월】 ➡ 【丁未月(정미월)】 ☯三碧星 대서 23일 05시 54분

양력 7월 / 음력 윤509 ~ 06/09

양력	1	2	3	4	5	6	7	8	9	10	11	12	13	14	15	16	17	18	19	20	21	22	23	24	25	26	27	28	29	30	31
요일	월	화	수	목	금	토	일	월	화	수	목	금	토	일	월	화	수	목	금	토	일	월	화	수	목	금	토	일	월	화	수
일진 日辰	丙寅	丁卯	戊辰	己巳	庚午	辛未	壬申	癸酉	甲戌	乙亥	丙子	丁丑	戊寅	己卯	庚辰	辛巳	壬午	癸未	甲申	乙酉	丙戌	丁亥	戊子	己丑	庚寅	辛卯	壬辰	癸巳	甲午	乙未	丙申
납음	爐中火		大林木		路傍土		劍鋒金		山頭火		澗下水		城頭土		白臘金		楊柳木		井中水		屋上土		霹靂火		松柏木		長流水		沙中金		
음력	9	10	11	12	13	14	15	16	17	18	19	20	21	22	23	24	25	26	27	28	29	30	6/1	2	3	4	5	6	7	8	9
구성	7	6	5	4	3	2	1	9	8	7	6	5	4	3	2	1	9	8	7	6	5	4	3	2	1	9	8	7	6	5	4
대운 남	8	9	9	9	10	10	소	1	1	1	1	2	2	2	3	3	3	4	4	4	5	5	대	6	6	6	7	7	7	8	8
대운 여	2	2	1	1	1	1	서	10	10	9	9	9	8	8	8	7	7	7	6	6	6	5	서	5	4	4	4	3	3	3	2

입추 7일 22시 24분 【음7월】 ➡ 【戊申月(무신월)】 ☯二黑星 처서 23일 13시 09분

양력 8월 / 음력 06/10 ~ 07/11

양력	1	2	3	4	5	6	7	8	9	10	11	12	13	14	15	16	17	18	19	20	21	22	23	24	25	26	27	28	29	30	31
요일	목	금	토	일	월	화	수	목	금	토	일	월	화	수	목	금	토	일	월	화	수	목	금	토	일	월	화	수	목	금	토
일진 日辰	丁酉	戊戌	己亥	庚子	辛丑	壬寅	癸卯	甲辰	乙巳	丙午	丁未	戊申	己酉	庚戌	辛亥	壬子	癸丑	甲寅	乙卯	丙辰	丁巳	戊午	己未	庚申	辛酉	壬戌	癸亥	甲子	乙丑	丙寅	丁卯
납음		平地木		壁上土		金箔金		覆燈火		天河水		大驛土		釵釧金		桑柘木		大溪水		沙中土		天上火		石榴木		大海水		海中金		爐中火	
음력	10	11	12	13	14	15	16	17	18	19	20	21	22	23	24	25	26	27	28	29	7/1	2	3	4	5	6	7	8	9	10	11
구성	3	2	1	9	8	7	6	5	4	3	2	1	9	8	7	6	5	4	3	2	1	9	8	7	6	5	4	3	2	1	9
대운 남	8	9	9	9	10	10	입	1	1	1	1	2	2	2	3	3	3	4	4	4	5	5	처	6	6	6	7	7	7	8	8
대운 여	2	2	1	1	1	1	추	10	10	10	9	9	9	8	8	8	7	7	7	6	6	6	서	5	5	4	4	4	3	3	3

백로 8일 01시 37분 【음8월】 ➡ 【己酉月(기유월)】 ☯一白星 추분 23일 11시 07분

양력 9월 / 음력 07/12 ~ 08/11

양력	1	2	3	4	5	6	7	8	9	10	11	12	13	14	15	16	17	18	19	20	21	22	23	24	25	26	27	28	29	30
요일	일	월	화	수	목	금	토	일	월	화	수	목	금	토	일	월	화	수	목	금	토	일	월	화	수	목	금	토	일	월
일진 日辰	戊辰	己巳	庚午	辛未	壬申	癸酉	甲戌	乙亥	丙子	丁丑	戊寅	己卯	庚辰	辛巳	壬午	癸未	甲申	乙酉	丙戌	丁亥	戊子	己丑	庚寅	辛卯	壬辰	癸巳	甲午	乙未	丙申	丁酉
납음	大林木		路傍土		劍鋒金		山頭火		澗下水		城頭土		白臘金		楊柳木		井中水		屋上土		霹靂火		松柏木		長流水		沙中金		山下火	
음력	12	13	14	15	16	17	18	19	20	21	22	23	24	25	26	27	28	29	30	8/1	2	3	4	5	6	7	8	9	10	11
구성	8	7	6	5	4	3	2	1	9	8	7	6	5	4	3	2	1	9	8	7	6	5	4	3	2	1	9	8	7	6
대운 남	8	9	9	9	10	10	10	백	1	1	1	1	2	2	2	3	3	3	4	4	4	5	추	5	6	6	6	7	7	7
대운 여	2	2	2	1	1	1	1	로	10	9	9	9	8	8	8	7	7	7	6	6	6	5	분	5	4	4	4	3	3	3

한로 8일 17시 36분 【음9월】 ➡ 【庚戌月(경술월)】 ☯九紫星 상강 23일 20시 47분

양력 10월 / 음력 08/12 ~ 09/13

양력	1	2	3	4	5	6	7	8	9	10	11	12	13	14	15	16	17	18	19	20	21	22	23	24	25	26	27	28	29	30	31
요일	화	수	목	금	토	일	월	화	수	목	금	토	일	월	화	수	목	금	토	일	월	화	수	목	금	토	일	월	화	수	목
일진 日辰	戊戌	己亥	庚子	辛丑	壬寅	癸卯	甲辰	乙巳	丙午	丁未	戊申	己酉	庚戌	辛亥	壬子	癸丑	甲寅	乙卯	丙辰	丁巳	戊午	己未	庚申	辛酉	壬戌	癸亥	甲子	乙丑	丙寅	丁卯	戊辰
납음	平地木		壁上土		金箔金		覆燈火		天河水		大驛土		釵釧金		桑柘木		大溪水		沙中土		天上火		石榴木		大海水		海中金		爐中火		
음력	12	13	14	15	16	17	18	19	20	21	22	23	24	25	26	27	28	29	9/1	2	3	4	5	6	7	8	9	10	11	12	13
구성	5	4	3	2	1	9	8	7	6	5	4	3	2	1	9	8	7	6	5	4	3	2	1	9	8	7	6	5	4	3	2
대운 남	8	8	8	9	9	9	10	한	1	1	1	1	2	2	2	3	3	3	4	4	4	5	상	5	6	6	6	7	7	7	8
대운 여	2	2	2	1	1	1	1	로	10	9	9	9	8	8	8	7	7	7	6	6	6	5	강	5	4	4	4	3	3	3	2

입동 7일 21시 06분 【음10월】 ➡ 【辛亥月(신해월)】 ☯八白星 소설 22일 18시 37분

양력 11월 / 음력 09/14 ~ 10/14

양력	1	2	3	4	5	6	7	8	9	10	11	12	13	14	15	16	17	18	19	20	21	22	23	24	25	26	27	28	29	30
요일	금	토	일	월	화	수	목	금	토	일	월	화	수	목	금	토	일	월	화	수	목	금	토	일	월	화	수	목	금	토
일진 日辰	己巳	庚午	辛未	壬申	癸酉	甲戌	乙亥	丙子	丁丑	戊寅	己卯	庚辰	辛巳	壬午	癸未	甲申	乙酉	丙戌	丁亥	戊子	己丑	庚寅	辛卯	壬辰	癸巳	甲午	乙未	丙申	丁酉	戊戌
납음		路傍土		劍鋒金		山頭火		澗下水		城頭土		白臘金		楊柳木		井中水		屋上土		霹靂火		松柏木		長流水		沙中金		山下火		
음력	14	15	16	17	18	19	20	21	22	23	24	25	26	27	28	29	10/1	2	3	4	5	6	7	8	9	10	11	12	13	14
구성	1	9	8	7	6	5	4	3	2	1	9	8	7	6	5	4	3	2	1	9	8	7	6	5	4	3	2	1	9	8
대운 남	8	8	9	9	9	10	입	1	1	1	1	2	2	2	3	3	3	4	4	4	5	소	5	6	6	6	7	7	7	8
대운 여	2	2	1	1	1	1	동	10	9	9	9	8	8	8	7	7	7	6	6	6	5	설	5	4	4	4	3	3	3	2

대설 7일 14시 09분 【음11월】 ➡ 【壬子月(임자월)】 ☯七赤星 동지 22일 08시 06분

양력 12월 / 음력 10/15 ~ 11/15

양력	1	2	3	4	5	6	7	8	9	10	11	12	13	14	15	16	17	18	19	20	21	22	23	24	25	26	27	28	29	30	31
요일	일	월	화	수	목	금	토	일	월	화	수	목	금	토	일	월	화	수	목	금	토	일	월	화	수	목	금	토	일	월	화
일진 日辰	己亥	庚子	辛丑	壬寅	癸卯	甲辰	乙巳	丙午	丁未	戊申	己酉	庚戌	辛亥	壬子	癸丑	甲寅	乙卯	丙辰	丁巳	戊午	己未	庚申	辛酉	壬戌	癸亥	甲子	乙丑	丙寅	丁卯	戊辰	己巳
납음		壁上土		金箔金		覆燈火		天河水		大驛土		釵釧金		桑柘木		大溪水		沙中土		天上火		石榴木		大海水		海中金		爐中火		大林木	
음력	15	16	17	18	19	20	21	22	23	24	25	26	27	28	29	30	11/1	2	3	4	5	6	7	8	9	10	11	12	13	14	15
구성	7	6	5	4	3	2	1	9	8	7	6	5	4	3	2	1	9	8	7	6	5	4	3	2	1	1	2	3	4	5	6
대운 남	8	8	9	9	9	10	대	1	1	1	1	2	2	2	3	3	3	4	4	4	5	동	5	6	6	6	7	7	7	8	8
대운 여	2	2	1	1	1	1	설	10	9	9	9	8	8	8	7	7	7	6	6	6	5	지	5	4	4	4	3	3	3	2	2

단기 4381 年	2048년	上元 戊辰年 납음(大林木),본명성(六白金)
불기 2592 年		대장군(子북방), 삼살(남방), 상문(午남방),조객(寅동북방), 납음(대림목), 【삼재(인,묘,진)년】 臘享(납향):2049년1월20일(음12/17)

소한 6일 01시 28분 【음12월】 ➡ 【癸丑月(계축월)】 ☯六白星 대한 20일 18시 46분

양력 1월 (음력 11/16 ~ 12/17)	1	2	3	4	5	6	7	8	9	10	11	12	13	14	15	16	17	18	19	20	21	22	23	24	25	26	27	28	29	30	31
요일	수	목	금	토	일	월	화	수	목	금	토	일	월	화	수	목	금	토	일	월	화	수	목	금	토	일	월	화	수	목	금
일진 日辰	庚午	辛未	壬申	癸酉	甲戌	乙亥	丙子	丁丑	戊寅	己卯	庚辰	辛巳	壬午	癸未	甲申	乙酉	丙戌	丁亥	戊子	己丑	庚寅	辛卯	壬辰	癸巳	甲午	乙未	丙申	丁酉	戊戌	己亥	庚子
납음	路傍土		劍鋒金		山頭火		澗下水		城頭土		白臘金		楊柳木		井中水		屋上土		霹靂火		松柏木		長流水		沙中金		山下火		平地木		
음력	16	17	18	19	20	21	22	23	24	25	26	27	28	29	12/1	2	3	4	5	6	7	8	9	10	11	12	13	14	15	16	17
구성	7	8	9	1	2	3	4	5	6	7	8	9	1	2	3	4	5	6	7	8	9	1	2	3	4	5	6	7	8	9	1
대운 남	8	9	9	9	10	소	1	1	1	1	2	2	2	3	3	3	4	4	4	대	5	5	6	6	6	7	7	7	8	8	8
대운 여	2	1	1	1	1	한	9	9	9	8	8	8	7	7	7	6	6	6	5	한	5	4	4	4	3	3	3	2	2	2	1

입춘 4일 13시 03분 【음1월】 ➡ 【甲寅月(갑인월)】 ☯五黃星 우수 19일 08시 47분

양력 2월 (음력 12/18 ~ 01/16)	1	2	3	4	5	6	7	8	9	10	11	12	13	14	15	16	17	18	19	20	21	22	23	24	25	26	27	28	29
요일	토	일	월	화	수	목	금	토	일	월	화	수	목	금	토	일	월	화	수	목	금	토	일	월	화	수	목	금	토
일진 日辰	辛丑	壬寅	癸卯	甲辰	乙巳	丙午	丁未	戊申	己酉	庚戌	辛亥	壬子	癸丑	甲寅	乙卯	丙辰	丁巳	戊午	己未	庚申	辛酉	壬戌	癸亥	甲子	乙丑	丙寅	丁卯	戊辰	己巳
납음		金箔金		覆燈火		天河水		大驛土		釵釧金		桑柘木		大溪水		沙中土		天上火		石榴木		大海水		海中金		爐中火		大林木	
음력	18	19	20	21	22	23	24	25	26	27	28	29	30	1/1	2	3	4	5	6	7	8	9	10	11	12	13	14	15	16
구성	2	3	4	5	6	7	8	9	1	2	3	4	5	6	7	8	9	1	2	3	4	5	6	7	8	9	1	2	3
대운 남	9	9	9	입	10	9	9	9	8	8	8	7	7	7	6	6	6	5	우	5	4	4	4	3	3	3	2	2	2
대운 여	1	1	1	춘	1	1	1	1	2	2	2	3	3	3	4	4	4	5	수	5	6	6	6	7	7	7	8	8	8

戊辰年

경칩 5일 06시 53분 【음2월】 ➡ 【乙卯月(을묘월)】 ☯四綠星 춘분 20일 07시 32분

양력 3월 (음력 01/17 ~ 02/18)	1	2	3	4	5	6	7	8	9	10	11	12	13	14	15	16	17	18	19	20	21	22	23	24	25	26	27	28	29	30	31
요일	일	월	화	수	목	금	토	일	월	화	수	목	금	토	일	월	화	수	목	금	토	일	월	화	수	목	금	토	일	월	화
일진 日辰	庚午	辛未	壬申	癸酉	甲戌	乙亥	丙子	丁丑	戊寅	己卯	庚辰	辛巳	壬午	癸未	甲申	乙酉	丙戌	丁亥	戊子	己丑	庚寅	辛卯	壬辰	癸巳	甲午	乙未	丙申	丁酉	戊戌	己亥	庚子
납음	路傍土		劍鋒金		山頭火		澗下水		城頭土		白臘金		楊柳木		井中水		屋上土		霹靂火		松柏木		長流水		沙中金		山下火		平地木		
음력	17	18	19	20	21	22	23	24	25	26	27	28	29	2/1	2	3	4	5	6	7	8	9	10	11	12	13	14	15	16	17	18
구성	4	5	6	7	8	9	1	2	3	4	5	6	7	8	9	1	2	3	4	5	6	7	8	9	1	2	3	4	5	6	7
대운 남	1	1	1	1	경	10	9	9	9	8	8	8	7	7	7	6	6	6	5	춘	5	4	4	4	3	3	3	2	2	2	1
대운 여	9	9	9	10	칩	1	1	1	1	2	2	2	3	3	3	4	4	4	5	분	5	6	6	6	7	7	7	8	8	8	9

청명 4일 11시 24분 【음3월】 ➡ 【丙辰月(병진월)】 ☯三碧星 곡우 19일 18시 16분

양력 4월 (음력 02/19 ~ 03/18)	1	2	3	4	5	6	7	8	9	10	11	12	13	14	15	16	17	18	19	20	21	22	23	24	25	26	27	28	29	30
요일	수	목	금	토	일	월	화	수	목	금	토	일	월	화	수	목	금	토	일	월	화	수	목	금	토	일	월	화	수	목
일진 日辰	辛丑	壬寅	癸卯	甲辰	乙巳	丙午	丁未	戊申	己酉	庚戌	辛亥	壬子	癸丑	甲寅	乙卯	丙辰	丁巳	戊午	己未	庚申	辛酉	壬戌	癸亥	甲子	乙丑	丙寅	丁卯	戊辰	己巳	庚午
납음		金箔金		覆燈火		天河水		大驛土		釵釧金		桑柘木		大溪水		沙中土		天上火		石榴木		大海水		海中金		爐中火		大林木		
음력	19	20	21	22	23	24	25	26	27	28	29	30	3/1	2	3	4	5	6	7	8	9	10	11	12	13	14	15	16	17	18
구성	8	9	1	2	3	4	5	6	7	8	9	1	2	3	4	5	6	7	8	9	1	2	3	4	5	6	7	8	9	1
대운 남	1	1	1	청	10	10	9	9	9	8	8	8	7	7	7	6	6	6	곡	5	5	4	4	4	3	3	3	2	2	2
대운 여	9	9	10	명	1	1	1	1	2	2	2	3	3	3	4	4	4	5	우	5	6	6	6	7	7	7	8	8	8	9

입하 5일 04시 23분 【음4월】 ➡ 【丁巳月(정사월)】 ☯二黑星 소만 20일 17시 06분

양력 5월 (음력 03/19 ~ 04/19)	1	2	3	4	5	6	7	8	9	10	11	12	13	14	15	16	17	18	19	20	21	22	23	24	25	26	27	28	29	30	31
요일	금	토	일	월	화	수	목	금	토	일	월	화	수	목	금	토	일	월	화	수	목	금	토	일	월	화	수	목	금	토	일
일진 日辰	辛未	壬申	癸酉	甲戌	乙亥	丙子	丁丑	戊寅	己卯	庚辰	辛巳	壬午	癸未	甲申	乙酉	丙戌	丁亥	戊子	己丑	庚寅	辛卯	壬辰	癸巳	甲午	乙未	丙申	丁酉	戊戌	己亥	庚子	辛丑
납음		劍鋒金		山頭火		澗下水		城頭土		白臘金		楊柳木		井中水		屋上土		霹靂火		松柏木		長流水		沙中金		山下火		平地木		壁上土	
음력	19	20	21	22	23	24	25	26	27	28	29	30	4/1	2	3	4	5	6	7	8	9	10	11	12	13	14	15	16	17	18	19
구성	2	3	4	5	6	7	8	9	1	2	3	4	5	6	7	8	9	1	2	3	4	5	6	7	8	9	1	2	3	4	5
대운 남	1	1	1	1	입	10	10	9	9	9	8	8	8	7	7	7	6	6	6	소	5	5	4	4	4	3	3	3	2	2	2
대운 여	9	9	10	10	하	1	1	1	1	2	2	2	3	3	3	4	4	4	5	만	5	6	6	6	7	7	7	8	8	8	9

망종 5일 08시 17분 【음5월】 ➡ 【戊午月(무오월)】 ☯一白星 하지 21일 00시 52분

양력 6월 (음력 04/20 ~ 05/20)	1	2	3	4	5	6	7	8	9	10	11	12	13	14	15	16	17	18	19	20	21	22	23	24	25	26	27	28	29	30
요일	월	화	수	목	금	토	일	월	화	수	목	금	토	일	월	화	수	목	금	토	일	월	화	수	목	금	토	일	월	화
일진 日辰	壬寅	癸卯	甲辰	乙巳	丙午	丁未	戊申	己酉	庚戌	辛亥	壬子	癸丑	甲寅	乙卯	丙辰	丁巳	戊午	己未	庚申	辛酉	壬戌	癸亥	甲子	乙丑	丙寅	丁卯	戊辰	己巳	庚午	辛未
납음	金箔金		覆燈火		天河水		大驛土		釵釧金		桑柘木		大溪水		沙中土		天上火		石榴木		大海水		海中金		爐中火		大林木		路傍土	
음력	20	21	22	23	24	25	26	27	28	29	5/1	2	3	4	5	6	7	8	9	10	11	12	13	14	15	16	17	18	19	20
구성	6	7	8	9	1	2	3	4	5	6	7	8	9	1	2	3	4	5	6	7	8	9	9	8	7	6	5	4	3	2
대운 남	1	1	1	1	망	10	10	9	9	9	8	8	8	7	7	7	6	6	6	5	하	5	4	4	4	3	3	3	2	2
대운 여	9	9	10	10	종	1	1	1	1	2	2	2	3	3	3	4	4	4	5	5	지	6	6	6	7	7	7	8	8	8

한식(4월05일), 초복(7월19일), 중복(7월29일), 말복(8월08일) ☂춘사(春社)3/19 ☀추사(秋社)9/25
토왕지절(土旺之節):4월16일,7월19일,10월20일,1월17일(음12/14)臘享(납향):2049년1월20일(음12/17)

八日得辛, 三龍治水, 2048년 무진年 (대림목), 육백금

5黃	1白	3碧
4綠	6白	8白
9紫	2黑	7赤

2048 戊辰年

소서 6일 18시 25분 【음6월】➡ 【己未月(기미월)】 ☯九紫星 대서 22일 11시 45분

양력 7월 / 음력 05/21 ~ 06/21

양력	1	2	3	4	5	6	7	8	9	10	11	12	13	14	15	16	17	18	19	20	21	22	23	24	25	26	27	28	29	30	31
요일	수	목	금	토	일	월	화	수	목	금	토	일	월	화	수	목	금	토	일	월	화	수	목	금	토	일	월	화	수	목	금
일진 日辰	壬申	癸酉	甲戌	乙亥	丙子	丁丑	戊寅	己卯	庚辰	辛巳	壬午	癸未	甲申	乙酉	丙戌	丁亥	戊子	己丑	庚寅	辛卯	壬辰	癸巳	甲午	乙未	丙申	丁酉	戊戌	己亥	庚子	辛丑	壬寅
납음	劍鋒金		山頭火		澗下水		城頭土		白臘金		楊柳木		井中水		屋上土		霹靂火		松柏木		長流水		沙中金		山下火		平地木		壁上土		
음력	21	22	23	24	25	26	27	28	29	30	6/1	2	3	4	5	6	7	8	9	10	11	12	13	14	15	16	17	18	19	20	21
구성	1	9	8	7	6	5	4	3	2	1	9	8	7	6	5	4	3	2	1	9	8	7	6	5	4	3	2	1	9	8	7
대운 남	2	1	1	1	1	소	10	10	10	9	9	9	8	8	8	7	7	7	6	6	6	대	5	5	4	4	4	3	3	3	2
대운 여	9	9	9	10	10	서	1	1	1	1	2	2	2	3	3	3	4	4	4	5	5	서	6	6	6	7	7	7	8	8	8

입추 7일 04시 17분 【음7월】➡ 【庚申月(경신월)】 ☯八白星 처서 22일 19시 01분

양력 8월 / 음력 06/22 ~ 07/22

양력	1	2	3	4	5	6	7	8	9	10	11	12	13	14	15	16	17	18	19	20	21	22	23	24	25	26	27	28	29	30	31
요일	토	일	월	화	수	목	금	토	일	월	화	수	목	금	토	일	월	화	수	목	금	토	일	월	화	수	목	금	토	일	월
일진 日辰	癸卯	甲辰	乙巳	丙午	丁未	戊申	己酉	庚戌	辛亥	壬子	癸丑	甲寅	乙卯	丙辰	丁巳	戊午	己未	庚申	辛酉	壬戌	癸亥	甲子	乙丑	丙寅	丁卯	戊辰	己巳	庚午	辛未	壬申	癸酉
납음		覆燈火		天河水		大驛土		釵釧金		桑柘木		大溪水		沙中土		天上火		石榴木		大海水		海中金		爐中火		大林木		路傍土		劍鋒金	
음력	22	23	24	25	26	27	28	29	30	7/1	2	3	4	5	6	7	8	9	10	11	12	13	14	15	16	17	18	19	20	21	22
구성	6	5	4	3	2	1	9	8	7	6	5	4	3	2	1	9	8	7	6	5	4	3	2	1	9	8	7	6	5	4	3
대운 남	2	2	1	1	1	1	입	10	10	9	9	9	8	8	8	7	7	7	6	6	6	처	5	5	4	4	4	3	3	3	2
대운 여	9	9	9	10	10	10	추	1	1	1	1	2	2	2	3	3	3	4	4	4	5	서	5	6	6	6	7	7	7	8	8

백로 7일 07시 26분 【음8월】➡ 【辛酉月(신유월)】 ☯七赤星 추분 22일 16시 59분

양력 9월 / 음력 07/23 ~ 08/23

양력	1	2	3	4	5	6	7	8	9	10	11	12	13	14	15	16	17	18	19	20	21	22	23	24	25	26	27	28	29	30
요일	화	수	목	금	토	일	월	화	수	목	금	토	일	월	화	수	목	금	토	일	월	화	수	목	금	토	일	월	화	수
일진 日辰	甲戌	乙亥	丙子	丁丑	戊寅	己卯	庚辰	辛巳	壬午	癸未	甲申	乙酉	丙戌	丁亥	戊子	己丑	庚寅	辛卯	壬辰	癸巳	甲午	乙未	丙申	丁酉	戊戌	己亥	庚子	辛丑	壬寅	癸卯
납음	山頭火		澗下水		城頭土		白臘金		楊柳木		井中水		屋上土		霹靂火		松柏木		長流水		沙中金		山下火		平地木		壁上土		金箔金	
음력	23	24	25	26	27	28	29	8/1	2	3	4	5	6	7	8	9	10	11	12	13	14	15	16	17	18	19	20	21	22	23
구성	2	1	9	8	7	6	5	4	3	2	1	9	8	7	6	5	4	3	2	1	9	8	7	6	5	4	3	2	1	9
대운 남	2	2	1	1	1	1	백	10	9	9	9	8	8	8	7	7	7	6	6	6	5	추	5	4	4	4	3	3	3	2
대운 여	8	9	9	9	10	10	로	1	1	1	1	2	2	2	3	3	3	4	4	4	5	분	5	6	6	6	7	7	7	8

한로 7일 23시 25분 【음9월】➡ 【壬戌月(임술월)】 ☯六白星 상강 23일 02시 41분

양력 10월 / 음력 08/24 ~ 09/24

양력	1	2	3	4	5	6	7	8	9	10	11	12	13	14	15	16	17	18	19	20	21	22	23	24	25	26	27	28	29	30	31
요일	목	금	토	일	월	화	수	목	금	토	일	월	화	수	목	금	토	일	월	화	수	목	금	토	일	월	화	수	목	금	토
일진 日辰	甲辰	乙巳	丙午	丁未	戊申	己酉	庚戌	辛亥	壬子	癸丑	甲寅	乙卯	丙辰	丁巳	戊午	己未	庚申	辛酉	壬戌	癸亥	甲子	乙丑	丙寅	丁卯	戊辰	己巳	庚午	辛未	壬申	癸酉	甲戌
납음	覆燈火		天河水		大驛土		釵釧金		桑柘木		大溪水		沙中土		天上火		石榴木		大海水		海中金		爐中火		大林木		路傍土		劍鋒金		
음력	24	25	26	27	28	29	30	9/1	2	3	4	5	6	7	8	9	10	11	12	13	14	15	16	17	18	19	20	21	22	23	24
구성	8	7	6	5	4	3	2	1	9	8	7	6	5	4	3	2	1	9	8	7	6	5	4	3	2	1	9	8	7	6	5
대운 남	2	2	1	1	1	1	한	10	10	9	9	9	8	8	8	7	7	7	6	6	6	5	상	5	4	4	4	3	3	3	2
대운 여	8	8	9	9	9	10	로	1	1	1	1	2	2	2	3	3	3	4	4	4	5	5	강	6	6	6	7	7	7	8	8

입동 7일 02시 55분 【음10월】➡ 【癸亥月(계해월)】 ☯五黃星 소설 22일 00시 32분

양력 11월 / 음력 09/25 ~ 10/25

양력	1	2	3	4	5	6	7	8	9	10	11	12	13	14	15	16	17	18	19	20	21	22	23	24	25	26	27	28	29	30
요일	일	월	화	수	목	금	토	일	월	화	수	목	금	토	일	월	화	수	목	금	토	일	월	화	수	목	금	토	일	월
일진 日辰	乙亥	丙子	丁丑	戊寅	己卯	庚辰	辛巳	壬午	癸未	甲申	乙酉	丙戌	丁亥	戊子	己丑	庚寅	辛卯	壬辰	癸巳	甲午	乙未	丙申	丁酉	戊戌	己亥	庚子	辛丑	壬寅	癸卯	甲辰
납음		澗下水		城頭土		白臘金		楊柳木		井中水		屋上土		霹靂火		松柏木		長流水		沙中金		山下火		平地木		壁上土		金箔金		
음력	25	26	27	28	29	10/1	2	3	4	5	6	7	8	9	10	11	12	13	14	15	16	17	18	19	20	21	22	23	24	25
구성	4	3	2	1	9	8	7	6	5	4	3	2	1	9	8	7	6	5	4	3	2	1	9	8	7	6	5	4	3	2
대운 남	2	2	1	1	1	1	입	9	9	9	8	8	8	7	7	7	6	6	6	5	5	소	4	4	4	3	3	3	2	2
대운 여	8	9	9	9	10	10	동	1	1	1	1	2	2	2	3	3	3	4	4	4	5	설	5	6	6	6	7	7	7	8

대설 6일 19시 59분 【음11월】➡ 【甲子月(갑자월)】 ☯四綠星 동지 21일 14시 01분

양력 12월 / 음력 10/26 ~ 11/26

양력	1	2	3	4	5	6	7	8	9	10	11	12	13	14	15	16	17	18	19	20	21	22	23	24	25	26	27	28	29	30	31
요일	화	수	목	금	토	일	월	화	수	목	금	토	일	월	화	수	목	금	토	일	월	화	수	목	금	토	일	월	화	수	목
일진 日辰	乙巳	丙午	丁未	戊申	己酉	庚戌	辛亥	壬子	癸丑	甲寅	乙卯	丙辰	丁巳	戊午	己未	庚申	辛酉	壬戌	癸亥	甲子	乙丑	丙寅	丁卯	戊辰	己巳	庚午	辛未	壬申	癸酉	甲戌	乙亥
납음		天河水		大驛土		釵釧金		桑柘木		大溪水		沙中土		天上火		石榴木		大海水		海中金		爐中火		大林木		路傍土		劍鋒金		山頭火	
음력	26	27	28	29	30	11/1	2	3	4	5	6	7	8	9	10	11	12	13	14	15	16	17	18	19	20	21	22	23	24	25	26
구성	1	9	8	7	6	5	4	3	2	1	9	8	7	6	5	4	3	2	1	1	2	3	4	5	6	7	8	9	1	2	3
대운 남	2	1	1	1	1	대	10	9	9	9	8	8	8	7	7	7	6	6	6	5	동	5	4	4	4	3	3	3	2	2	2
대운 여	8	8	9	9	9	설	1	1	1	1	2	2	2	3	3	3	4	4	4	5	지	5	6	6	6	7	7	7	8	8	8

뱀

단기 4382 年 불기 2593 年

2049년 上元 己巳年

납음(大林木), 본명성(五黃土)

대장군(卯동방), 삼살(동방), 상문(未서남방),조객(卯동방), 납음(대림목), 【삼재(해,자,축)년】 臘享(납향):2050년1월15일(음12/20

소한 5일 07시 17분 【음12월】 ➡ 【乙丑月(을축월)】 ☯三碧星 대한 20일 00시 40분

양력 1월 / 음력 11/27 ~ 12/28

양력	1	2	3	4	5	6	7	8	9	10	11	12	13	14	15	16	17	18	19	20	21	22	23	24	25	26	27	28	29	30	31
요일	금	토	일	월	화	수	목	금	토	일	월	화	수	목	금	토	일	월	화	수	목	금	토	일	월	화	수	목	금	토	일
일진 日辰	丙子	丁丑	戊寅	己卯	庚辰	辛巳	壬午	癸未	甲申	乙酉	丙戌	丁亥	戊子	己丑	庚寅	辛卯	壬辰	癸巳	甲午	乙未	丙申	丁酉	戊戌	己亥	庚子	辛丑	壬寅	癸卯	甲辰	乙巳	丙午
납음	澗下水		城頭土		白臘金		楊柳木		井中水		屋上土		霹靂火		松柏木		長流水		沙中金		山下火		平地木		壁上土		金箔金		覆燈火		
음력	27	28	29	12/1	2	3	4	5	6	7	8	9	10	11	12	13	14	15	16	17	18	19	20	21	22	23	24	25	26	27	28
구성	4	5	6	7	8	9	1	2	3	4	5	6	7	8	9	1	2	3	4	5	6	7	8	9	1	2	3	4	5	6	7
대운 남	1	1	1	1	소	9	9	9	8	8	8	7	7	7	6	6	6	5	5	대	4	4	4	3	3	3	2	2	2	1	1
대운 여	9	9	9	10	한	1	1	1	1	2	2	2	3	3	3	4	4	4	5	한	5	6	6	6	7	7	7	8	8	8	9

입춘 3일 18시 52분 【음1월】 ➡ 【丙寅月(병인월)】 ☯二黑星 우수 18일 14시 41분

양력 2월 / 음력 12/29 ~ 01/27

양력	1	2	3	4	5	6	7	8	9	10	11	12	13	14	15	16	17	18	19	20	21	22	23	24	25	26	27	28
요일	월	화	수	목	금	토	일	월	화	수	목	금	토	일	월	화	수	목	금	토	일	월	화	수	목	금	토	일
일진 日辰	丁未	戊申	己酉	庚戌	辛亥	壬子	癸丑	甲寅	乙卯	丙辰	丁巳	戊午	己未	庚申	辛酉	壬戌	癸亥	甲子	乙丑	丙寅	丁卯	戊辰	己巳	庚午	辛未	壬申	癸酉	甲戌
납음		大驛土		釵釧金		桑柘木		大溪水		沙中土		天上火		石榴木		大海水		海中金		爐中火		大林木		路傍土		劍鋒金		
음력	29	1/1	2	3	4	5	6	7	8	9	10	11	12	13	14	15	16	17	18	19	20	21	22	23	24	25	26	27
구성	8	9	1	2	3	4	5	6	7	8	9	1	2	3	4	5	6	7	8	9	1	2	3	4	5	6	7	8
대운 남	1	1	입	1	1	1	1	2	2	2	3	3	3	4	4	4	5	우	5	6	6	6	7	7	7	8	8	8
대운 여	9	9	춘	10	9	9	9	8	8	8	7	7	7	6	6	6	5	수	5	4	4	4	3	3	3	2	2	2

己巳年

경칩 5일 12시 41분 【음2월】 ➡ 【丁卯월(정묘월)】 ☯一白星 춘분 20일 13시 27분

양력 3월 / 음력 01/28 ~ 02/28

양력	1	2	3	4	5	6	7	8	9	10	11	12	13	14	15	16	17	18	19	20	21	22	23	24	25	26	27	28	29	30	31
요일	월	화	수	목	금	토	일	월	화	수	목	금	토	일	월	화	수	목	금	토	일	월	화	수	목	금	토	일	월	화	수
일진 日辰	乙亥	丙子	丁丑	戊寅	己卯	庚辰	辛巳	壬午	癸未	甲申	乙酉	丙戌	丁亥	戊子	己丑	庚寅	辛卯	壬辰	癸巳	甲午	乙未	丙申	丁酉	戊戌	己亥	庚子	辛丑	壬寅	癸卯	甲辰	乙巳
납음		澗下水		城頭土		白臘金		楊柳木		井中水		屋上土		霹靂火		松柏木		長流水		沙中金		山下火		平地木		壁上土		金箔金		覆燈火	
음력	28	29	30	2/1	2	3	4	5	6	7	8	9	10	11	12	13	14	15	16	17	18	19	20	21	22	23	24	25	26	27	28
구성	9	1	2	3	4	5	6	7	8	9	1	2	3	4	5	6	7	8	9	1	2	3	4	5	6	7	8	9	1	2	3
대운 남	9	9	9	10	경	1	1	1	1	2	2	2	3	3	3	4	4	4	5	춘	5	6	6	6	7	7	7	8	8	8	9
대운 여	1	1	1	1	칩	10	9	9	9	8	8	8	7	7	7	6	6	6	5	분	5	4	4	4	3	3	3	2	2	2	1

청명 4일 17시 13분 【음3월】 ➡ 【戊辰月(무진월)】 ☯九紫星 곡우 20일 00시 12분

양력 4월 / 음력 02/29 ~ 03/29

양력	1	2	3	4	5	6	7	8	9	10	11	12	13	14	15	16	17	18	19	20	21	22	23	24	25	26	27	28	29	30
요일	목	금	토	일	월	화	수	목	금	토	일	월	화	수	목	금	토	일	월	화	수	목	금	토	일	월	화	수	목	금
일진 日辰	丙午	丁未	戊申	己酉	庚戌	辛亥	壬子	癸丑	甲寅	乙卯	丙辰	丁巳	戊午	己未	庚申	辛酉	壬戌	癸亥	甲子	乙丑	丙寅	丁卯	戊辰	己巳	庚午	辛未	壬申	癸酉	甲戌	乙亥
납음	天河水		大驛土		釵釧金		桑柘木		大溪水		沙中土		天上火		石榴木		大海水		海中金		爐中火		大林木		路傍土		劍鋒金		山頭火	
음력	29	3/1	2	3	4	5	6	7	8	9	10	11	12	13	14	15	16	17	18	19	20	21	22	23	24	25	26	27	28	29
구성	4	5	6	7	8	9	1	2	3	4	5	6	7	8	9	1	2	3	4	5	6	7	8	9	1	2	3	4	5	6
대운 남	9	9	10	청	1	1	1	1	2	2	2	3	3	3	4	4	4	5	5	곡	6	6	6	7	7	7	8	8	8	9
대운 여	1	1	1	명	10	10	9	9	9	8	8	8	7	7	7	6	6	6	5	우	5	4	4	4	3	3	3	2	2	2

입하 5일 10시 11분 【음4월】 ➡ 【己巳月(기사월)】 ☯八白星 소만 20일 23시 02분

양력 5월 / 음력 03/30 ~ 05/01

양력	1	2	3	4	5	6	7	8	9	10	11	12	13	14	15	16	17	18	19	20	21	22	23	24	25	26	27	28	29	30	31
요일	토	일	월	화	수	목	금	토	일	월	화	수	목	금	토	일	월	화	수	목	금	토	일	월	화	수	목	금	토	일	월
일진 日辰	丙子	丁丑	戊寅	己卯	庚辰	辛巳	壬午	癸未	甲申	乙酉	丙戌	丁亥	戊子	己丑	庚寅	辛卯	壬辰	癸巳	甲午	乙未	丙申	丁酉	戊戌	己亥	庚子	辛丑	壬寅	癸卯	甲辰	乙巳	丙午
납음	澗下水		城頭土		白臘金		楊柳木		井中水		屋上土		霹靂火		松柏木		長流水		沙中金		山下火		平地木		壁上土		金箔金		覆燈火		
음력	30	4/1	2	3	4	5	6	7	8	9	10	11	12	13	14	15	16	17	18	19	20	21	22	23	24	25	26	27	28	29	5/1
구성	7	8	9	1	2	3	4	5	6	7	8	9	1	2	3	4	5	6	7	8	9	1	2	3	4	5	6	7	8	9	1
대운 남	9	9	10	10	입	1	1	1	1	2	2	2	3	3	3	4	4	4	5	소	5	6	6	6	7	7	7	8	8	8	9
대운 여	1	1	1	1	하	10	10	9	9	9	8	8	8	7	7	7	6	6	6	만	5	5	4	4	4	3	3	3	2	2	2

망종 5일 14시 02분 【음5월】 ➡ 【庚午月(경오월)】 ☯七赤星 하지 21일 06시 46분

양력 6월 / 음력 05/02 ~ 06/01

양력	1	2	3	4	5	6	7	8	9	10	11	12	13	14	15	16	17	18	19	20	21	22	23	24	25	26	27	28	29	30
요일	화	수	목	금	토	일	월	화	수	목	금	토	일	월	화	수	목	금	토	일	월	화	수	목	금	토	일	월	화	수
일진 日辰	丁未	戊申	己酉	庚戌	辛亥	壬子	癸丑	甲寅	乙卯	丙辰	丁巳	戊午	己未	庚申	辛酉	壬戌	癸亥	甲子	乙丑	丙寅	丁卯	戊辰	己巳	庚午	辛未	壬申	癸酉	甲戌	乙亥	丙子
납음		大驛土		釵釧金		桑柘木		大溪水		沙中土		天上火		石榴木		大海水		海中金		爐中火		大林木		路傍土		劍鋒金		山頭火		
음력	2	3	4	5	6	7	8	9	10	11	12	13	14	15	16	17	18	19	20	21	22	23	24	25	26	27	28	29	30	6/1
구성	2	3	4	5	6	7	8	9	1	2	3	4	5	6	7	8	9	9	8	7	6	5	4	3	2	1	9	8	7	6
대운 남	9	9	10	10	망	1	1	1	1	2	2	2	3	3	3	4	4	4	5	5	하	6	6	6	7	7	7	8	8	8
대운 여	1	1	1	1	종	10	10	10	9	9	9	8	8	8	7	7	7	6	6	6	지	5	5	4	4	4	3	3	3	2

한식(4월05일), 초복(7월14일), 중복(7월24일), 말복(8월13일) ↑춘사(春社)3/24 ☀추사(秋社)9/20
토왕지절(土旺之節):4월16일,7월19일,10월20일,1월17일(음12/22)臘享(납향):2050년1월15일(음12/20)

四日得辛, 九龍治水, 2049년 기사年 (대림목), 오황토

4綠	9紫	2黑
3碧	5黃	7赤
8白	1白	6白

2049 己巳年

소서 7일 00시 07분 【음6월】➡ 【辛未月(신미월)】 ☯六白星 대서 22일 17시 35분

양력 7월 / 음력 06/02 ~ 07/02

양력	1	2	3	4	5	6	7	8	9	10	11	12	13	14	15	16	17	18	19	20	21	22	23	24	25	26	27	28	29	30	31
요일	목	금	토	일	월	화	수	목	금	토	일	월	화	수	목	금	토	일	월	화	수	목	금	토	일	월	화	수	목	금	토
일진 日辰	丁丑	戊寅	己卯	庚辰	辛巳	壬午	癸未	甲申	乙酉	丙戌	丁亥	戊子	己丑	庚寅	辛卯	壬辰	癸巳	甲午	乙未	丙申	丁酉	戊戌	己亥	庚子	辛丑	壬寅	癸卯	甲辰	乙巳	丙午	丁未
납음		城頭土		白臘金		楊柳木		井中水		屋上土		霹靂火		松柏木		長流水		沙中金		山下火		平地木		壁上土		金箔金		覆燈火		天河水	
음력	2	3	4	5	6	7	8	9	10	11	12	13	14	15	16	17	18	19	20	21	22	23	24	25	26	27	28	29	30	7/1	2
구성	5	4	3	2	1	9	8	7	6	5	4	3	2	1	9	8	7	6	5	4	3	2	1	9	8	7	6	5	4	3	2
대운 남	9	9	9	10	10	10	소	1	1	1	1	2	2	2	3	3	3	4	4	4	5	대	5	6	6	6	7	7	7	8	8
대운 여	2	2	1	1	1	1	서	10	10	9	9	9	8	8	8	7	7	7	6	6	6	서	5	5	4	4	4	3	3	3	2

입추 7일 09시 56분 【음7월】➡ 【壬申月(임신월)】 ☯五黃星 처서 23일 00시 46분

양력 8월 / 음력 07/03 ~ 08/04

양력	1	2	3	4	5	6	7	8	9	10	11	12	13	14	15	16	17	18	19	20	21	22	23	24	25	26	27	28	29	30	31
요일	일	월	화	수	목	금	토	일	월	화	수	목	금	토	일	월	화	수	목	금	토	일	월	화	수	목	금	토	일	월	화
일진 日辰	戊申	己酉	庚戌	辛亥	壬子	癸丑	甲寅	乙卯	丙辰	丁巳	戊午	己未	庚申	辛酉	壬戌	癸亥	甲子	乙丑	丙寅	丁卯	戊辰	己巳	庚午	辛未	壬申	癸酉	甲戌	乙亥	丙子	丁丑	戊寅
납음	大驛土		釵釧金		桑柘木		大溪水		沙中土		天上火		石榴木		大海水		海中金		爐中火		大林木		路傍土		劍鋒金		山頭火		澗下水		
음력	3	4	5	6	7	8	9	10	11	12	13	14	15	16	17	18	19	20	21	22	23	24	25	26	27	28	29	8/1	2	3	4
구성	1	9	8	7	6	5	4	3	2	1	9	8	7	6	5	4	3	2	1	9	8	7	6	5	4	3	2	1	9	8	7
대운 남	8	9	9	9	10	10	입	1	1	1	1	2	2	2	3	3	3	4	4	4	5	5	처	6	6	6	7	7	7	8	8
대운 여	2	2	1	1	1	1	추	10	10	9	9	9	8	8	8	7	7	7	6	6	6	5	서	5	4	4	4	3	3	3	2

백로 7일 13시 04분 【음8월】➡ 【癸酉月(계유월)】 ☯四綠星 추분 22일 22시 41분

양력 9월 / 음력 08/05 ~ 09/04

양력	1	2	3	4	5	6	7	8	9	10	11	12	13	14	15	16	17	18	19	20	21	22	23	24	25	26	27	28	29	30
요일	수	목	금	토	일	월	화	수	목	금	토	일	월	화	수	목	금	토	일	월	화	수	목	금	토	일	월	화	수	목
일진 日辰	己卯	庚辰	辛巳	壬午	癸未	甲申	乙酉	丙戌	丁亥	戊子	己丑	庚寅	辛卯	壬辰	癸巳	甲午	乙未	丙申	丁酉	戊戌	己亥	庚子	辛丑	壬寅	癸卯	甲辰	乙巳	丙午	丁未	戊申
납음		白臘金		楊柳木		井中水		屋上土		霹靂火		松柏木		長流水		沙中金		山下火		平地木		壁上土		金箔金		覆燈火		天河水		
음력	5	6	7	8	9	10	11	12	13	14	15	16	17	18	19	20	21	22	23	24	25	26	27	28	29	30	9/1	2	3	4
구성	6	5	4	3	2	1	9	8	7	6	5	4	3	2	1	9	8	7	6	5	4	3	2	1	9	8	7	6	5	4
대운 남	8	9	9	9	10	10	백	1	1	1	1	2	2	2	3	3	3	4	4	4	5	추	5	6	6	6	7	7	7	8
대운 여	2	2	1	1	1	1	로	10	10	9	9	9	8	8	8	7	7	7	6	6	6	분	5	5	4	4	4	3	3	3

한로 8일 05시 03분 【음9월】➡ 【甲戌月(갑술월)】 ☯三碧星 상강 23일 08시 24분

양력 10월 / 음력 09/05 ~ 10/05

양력	1	2	3	4	5	6	7	8	9	10	11	12	13	14	15	16	17	18	19	20	21	22	23	24	25	26	27	28	29	30	31
요일	금	토	일	월	화	수	목	금	토	일	월	화	수	목	금	토	일	월	화	수	목	금	토	일	월	화	수	목	금	토	일
일진 日辰	己酉	庚戌	辛亥	壬子	癸丑	甲寅	乙卯	丙辰	丁巳	戊午	己未	庚申	辛酉	壬戌	癸亥	甲子	乙丑	丙寅	丁卯	戊辰	己巳	庚午	辛未	壬申	癸酉	甲戌	乙亥	丙子	丁丑	戊寅	己卯
납음		釵釧金		桑柘木		大溪水		沙中土		天上火		石榴木		大海水		海中金		爐中火		大林木		路傍土		劍鋒金		山頭火		澗下水		城頭土	
음력	5	6	7	8	9	10	11	12	13	14	15	16	17	18	19	20	21	22	23	24	25	26	27	28	29	30	10/1	2	3	4	5
구성	3	2	1	9	8	7	6	5	4	3	2	1	9	8	7	6	5	4	3	2	1	9	8	7	6	5	4	3	2	1	9
대운 남	8	8	9	9	9	10	10	한	1	1	1	1	2	2	2	3	3	3	4	4	4	5	상	5	6	6	6	7	7	7	8
대운 여	2	2	2	1	1	1	1	로	10	9	9	9	8	8	8	7	7	7	6	6	6	5	강	5	4	4	4	3	3	3	2

입동 7일 08시 37분 【음10월】➡ 【乙亥月(을해월)】 ☯二黑星 소설 22일 06시 18분

양력 11월 / 음력 10/06 ~ 11/06

양력	1	2	3	4	5	6	7	8	9	10	11	12	13	14	15	16	17	18	19	20	21	22	23	24	25	26	27	28	29	30
요일	월	화	수	목	금	토	일	월	화	수	목	금	토	일	월	화	수	목	금	토	일	월	화	수	목	금	토	일	월	화
일진 日辰	庚辰	辛巳	壬午	癸未	甲申	乙酉	丙戌	丁亥	戊子	己丑	庚寅	辛卯	壬辰	癸巳	甲午	乙未	丙申	丁酉	戊戌	己亥	庚子	辛丑	壬寅	癸卯	甲辰	乙巳	丙午	丁未	戊申	己酉
납음	白臘金		楊柳木		井中水		屋上土		霹靂火		松柏木		長流水		沙中金		山下火		平地木		壁上土		金箔金		覆燈火		天河水		大驛土	
음력	6	7	8	9	10	11	12	13	14	15	16	17	18	19	20	21	22	23	24	25	26	27	28	29	11/1	2	3	4	5	6
구성	8	7	6	5	4	3	2	1	9	8	7	6	5	4	3	2	1	9	8	7	6	5	4	3	2	1	9	8	7	6
대운 남	8	8	9	9	9	10	입	1	1	1	1	2	2	2	3	3	3	4	4	4	5	소	5	6	6	6	7	7	7	8
대운 여	2	2	1	1	1	1	동	10	9	9	9	8	8	8	7	7	7	6	6	6	5	설	5	4	4	4	3	3	3	2

대설 7일 01시 45분 【음11월】➡ 【丙子月(병자월)】 ☯一白星 동지 21일 19시 51분

양력 12월 / 음력 11/07 ~ 12/07

양력	1	2	3	4	5	6	7	8	9	10	11	12	13	14	15	16	17	18	19	20	21	22	23	24	25	26	27	28	29	30	31
요일	수	목	금	토	일	월	화	수	목	금	토	일	월	화	수	목	금	토	일	월	화	수	목	금	토	일	월	화	수	목	금
일진 日辰	庚戌	辛亥	壬子	癸丑	甲寅	乙卯	丙辰	丁巳	戊午	己未	庚申	辛酉	壬戌	癸亥	甲子	乙丑	丙寅	丁卯	戊辰	己巳	庚午	辛未	壬申	癸酉	甲戌	乙亥	丙子	丁丑	戊寅	己卯	庚辰
납음	釵釧金		桑柘木		大溪水		沙中土		天上火		石榴木		大海水		海中金		爐中火		大林木		路傍土		劍鋒金		山頭火		澗下水		城頭土		
음력	7	8	9	10	11	12	13	14	15	16	17	18	19	20	21	22	23	24	25	26	27	28	29	30	12/1	2	3	4	5	6	7
구성	5	4	3	2	1	9	8	7	6	5	4	3	2	1	1	2	3	4	5	6	7	8	9	1	2	3	4	5	6	7	8
대운 남	8	8	9	9	9	10	대	1	1	1	1	2	2	2	3	3	3	4	4	4	동	5	5	6	6	6	7	7	7	8	8
대운 여	2	2	1	1	1	1	설	9	9	9	8	8	8	7	7	7	6	6	6	5	지	5	4	4	4	3	3	3	2	2	2

단기 4383 年
불기 2594 年

2050년

上元·庚午年 납음(路傍土),본명성(四綠木)

대장군(卯동방), 삼살(북방), 상문(申서남방), 조객(辰동남방),납음(로방토),【삼재(신,유,술)년】 臘享(납향):2051년1월22일(음12/10)

말

소한 5일 13시 06분 【음12월】 ➡ 【丁丑月(정축월)】 ☯九紫星 대한 20일 06시 32분

양력 1월 / 음력 12/08 ~ 01/09

양력	1	2	3	4	5	6	7	8	9	10	11	12	13	14	15	16	17	18	19	20	21	22	23	24	25	26	27	28	29	30	31
요일	토	일	월	화	수	목	금	토	일	월	화	수	목	금	토	일	월	화	수	목	금	토	일	월	화	수	목	금	토	일	월
일진 日辰	辛巳	壬午	癸未	甲申	乙酉	丙戌	丁亥	戊子	己丑	庚寅	辛卯	壬辰	癸巳	甲午	乙未	丙申	丁酉	戊戌	己亥	庚子	辛丑	壬寅	癸卯	甲辰	乙巳	丙午	丁未	戊申	己酉	庚戌	辛亥
납음		楊柳木		井中水		屋上土		霹靂火		松柏木		長流水		沙中金		山下火		平地木		壁上土		金箔金		覆燈火		天河水		大驛土		釵釧金	
음력	8	9	10	11	12	13	14	15	16	17	18	19	20	21	22	23	24	25	26	27	28	29	1/1	2	3	4	5	6	7	8	9
구성	9	1	2	3	4	5	6	7	8	9	1	2	3	4	5	6	7	8	9	1	2	3	4	5	6	7	8	9	1	2	3
대운 남	8	9	9	9	소	1	1	1	1	2	2	2	3	3	3	4	4	4	5	대	5	6	6	6	7	7	7	8	8	8	9
대운 여	1	1	1	1	한	10	9	9	9	8	8	8	7	7	7	6	6	6	5	한	5	4	4	4	3	3	3	2	2	2	1

입춘 4일 00시 42분 【음1월】 ➡ 【戊寅月(무인월)】 ☯八白星 우수 18일 20시 34분

양력 2월 / 음력 01/10 ~ 02/07

양력	1	2	3	4	5	6	7	8	9	10	11	12	13	14	15	16	17	18	19	20	21	22	23	24	25	26	27	28
요일	화	수	목	금	토	일	월	화	수	목	금	토	일	월	화	수	목	금	토	일	월	화	수	목	금	토	일	월
일진 日辰	壬子	癸丑	甲寅	乙卯	丙辰	丁巳	戊午	己未	庚申	辛酉	壬戌	癸亥	甲子	乙丑	丙寅	丁卯	戊辰	己巳	庚午	辛未	壬申	癸酉	甲戌	乙亥	丙子	丁丑	戊寅	己卯
납음	桑柘木		大溪水		沙中土		天上火		石榴木		大海水		海中金		爐中火		大林木		路傍土		劍鋒金		山頭火		澗下水		城頭土	
음력	10	11	12	13	14	15	16	17	18	19	20	21	22	23	24	25	26	27	28	29	30	2/1	2	3	4	5	6	7
구성	4	5	6	7	8	9	1	2	3	4	5	6	7	8	9	1	2	3	4	5	6	7	8	9	1	2	3	4
대운 남	9	9	10	입	9	9	9	8	8	8	7	7	7	6	6	6	5	우	5	4	4	4	3	3	3	2	2	2
대운 여	1	1	1	춘	1	1	1	1	2	2	2	3	3	3	4	4	4	수	5	5	6	6	6	7	7	7	8	8

庚午年

경칩 5일 18시 31분 【음2월】 ➡ 【己卯月(기묘월)】 ☯七赤星 춘분 20일 19시 18분

양력 3월 / 음력 02/08 ~ 03/09

양력	1	2	3	4	5	6	7	8	9	10	11	12	13	14	15	16	17	18	19	20	21	22	23	24	25	26	27	28	29	30	31
요일	화	수	목	금	토	일	월	화	수	목	금	토	일	월	화	수	목	금	토	일	월	화	수	목	금	토	일	월	화	수	목
일진 日辰	庚辰	辛巳	壬午	癸未	甲申	乙酉	丙戌	丁亥	戊子	己丑	庚寅	辛卯	壬辰	癸巳	甲午	乙未	丙申	丁酉	戊戌	己亥	庚子	辛丑	壬寅	癸卯	甲辰	乙巳	丙午	丁未	戊申	己酉	庚戌
납음	白臘金		楊柳木		井中水		屋上土		霹靂火		松柏木		長流水		沙中金		山下火		平地木		壁上土		金箔金		覆燈火		天河水		大驛土		
음력	8	9	10	11	12	13	14	15	16	17	18	19	20	21	22	23	24	25	26	27	28	29	3/1	2	3	4	5	6	7	8	9
구성	5	6	7	8	9	1	2	3	4	5	6	7	8	9	1	2	3	4	5	6	7	8	9	1	2	3	4	5	6	7	8
대운 남	1	1	1	1	경	10	9	9	9	8	8	8	7	7	7	6	6	6	5	춘	5	4	4	4	3	3	3	2	2	2	1
대운 여	8	9	9	9	칩	1	1	1	1	2	2	2	3	3	3	4	4	4	5	분	5	6	6	6	7	7	7	8	8	8	9

청명 4일 23시 02분 【음3월】 ➡ 【庚辰月(경진월)】 ☯六白星 곡우 20일 06시 01분

양력 4월 / 음력 03/10 ~ 윤310

양력	1	2	3	4	5	6	7	8	9	10	11	12	13	14	15	16	17	18	19	20	21	22	23	24	25	26	27	28	29	30
요일	금	토	일	월	화	수	목	금	토	일	월	화	수	목	금	토	일	월	화	수	목	금	토	일	월	화	수	목	금	토
일진 日辰	辛亥	壬子	癸丑	甲寅	乙卯	丙辰	丁巳	戊午	己未	庚申	辛酉	壬戌	癸亥	甲子	乙丑	丙寅	丁卯	戊辰	己巳	庚午	辛未	壬申	癸酉	甲戌	乙亥	丙子	丁丑	戊寅	己卯	庚辰
납음		桑柘木		大溪水		沙中土		天上火		石榴木		大海水		海中金		爐中火		大林木		路傍土		劍鋒金		山頭火		澗下水		城頭土		
음력	10	11	12	13	14	15	16	17	18	19	20	21	22	23	24	25	26	27	28	29	윤3	2	3	4	5	6	7	8	9	10
구성	9	1	2	3	4	5	6	7	8	9	1	2	3	4	5	6	7	8	9	1	2	3	4	5	6	7	8	9	1	2
대운 남	1	1	1	청	10	10	9	9	9	8	8	8	7	7	7	6	6	6	5	곡	5	4	4	4	3	3	3	2	2	2
대운 여	9	9	10	명	1	1	1	1	2	2	2	3	3	3	4	4	4	5	5	우	6	6	6	7	7	7	8	8	8	9

입하 5일 16시 00분 【음4월】 ➡ 【辛巳月(신사월)】 ☯五黃星 소만 21일 04시 49분

양력 5월 / 음력 윤311 ~ 04/11

양력	1	2	3	4	5	6	7	8	9	10	11	12	13	14	15	16	17	18	19	20	21	22	23	24	25	26	27	28	29	30	31
요일	일	월	화	수	목	금	토	일	월	화	수	목	금	토	일	월	화	수	목	금	토	일	월	화	수	목	금	토	일	월	화
일진 日辰	辛巳	壬午	癸未	甲申	乙酉	丙戌	丁亥	戊子	己丑	庚寅	辛卯	壬辰	癸巳	甲午	乙未	丙申	丁酉	戊戌	己亥	庚子	辛丑	壬寅	癸卯	甲辰	乙巳	丙午	丁未	戊申	己酉	庚戌	辛亥
납음		楊柳木		井中水		屋上土		霹靂火		松柏木		長流水		沙中金		山下火		平地木		壁上土		金箔金		覆燈火		天河水		大驛土		釵釧金	
음력	11	12	13	14	15	16	17	18	19	20	21	22	23	24	25	26	27	28	29	30	4/1	2	3	4	5	6	7	8	9	10	11
구성	3	4	5	6	7	8	9	1	2	3	4	5	6	7	8	9	1	2	3	4	5	6	7	8	9	1	2	3	4	5	6
대운 남	1	1	1	1	입	10	10	9	9	9	8	8	8	7	7	7	6	6	6	5	소	5	4	4	4	3	3	3	2	2	2
대운 여	9	9	10	10	하	1	1	1	1	2	2	2	3	3	3	4	4	4	5	5	만	6	6	6	7	7	7	8	8	8	9

망종 5일 19시 53분 【음5월】 ➡ 【壬午月(임오월)】 ☯四綠星 하지 21일 12시 31분

양력 6월 / 음력 04/12 ~ 05/12

양력	1	2	3	4	5	6	7	8	9	10	11	12	13	14	15	16	17	18	19	20	21	22	23	24	25	26	27	28	29	30
요일	수	목	금	토	일	월	화	수	목	금	토	일	월	화	수	목	금	토	일	월	화	수	목	금	토	일	월	화	수	목
일진 日辰	壬子	癸丑	甲寅	乙卯	丙辰	丁巳	戊午	己未	庚申	辛酉	壬戌	癸亥	甲子	乙丑	丙寅	丁卯	戊辰	己巳	庚午	辛未	壬申	癸酉	甲戌	乙亥	丙子	丁丑	戊寅	己卯	庚辰	辛巳
납음	桑柘木		大溪水		沙中土		天上火		石榴木		大海水		海中金		爐中火		大林木		路傍土		劍鋒金		山頭火		澗下水		城頭土		白臘金	
음력	12	13	14	15	16	17	18	19	20	21	22	23	24	25	26	27	28	29	5/1	2	3	4	5	6	7	8	9	10	11	12
구성	7	8	9	1	2	3	4	5	6	7	8	9	9	8	7	6	5	4	3	2	1	9	8	7	6	5	4	3	2	1
대운 남	1	1	1	1	망	10	10	10	9	9	9	8	8	8	7	7	7	6	6	6	하	5	5	4	4	4	3	3	3	2
대운 여	9	9	10	10	종	1	1	1	1	2	2	2	3	3	3	4	4	4	5	5	지	6	6	6	7	7	7	8	8	8

한식(4월05일), 초복(7월19일), 중복(7월29일), 말복(8월08일) ☂춘사(春社)3/19 ☀추사(秋社)9/25
토왕지절(土旺之節):4월17일,7월19일,10월20일,1월17일(음12/05)臘享(납향):2051년1월22일(음12/10)

九日得辛, 二龍治水, 2050년 경오年 (노방토), 사록목

3碧	8白	1白
2黑	4綠	6白
7赤	9紫	5黃

2050 庚午年

소서 7일 06시 00분 【음6월】 ➡ 【癸未月(계미월)】 ☯三碧星 대서 22일 23시 20분

양력 7월	1	2	3	4	5	6	7	8	9	10	11	12	13	14	15	16	17	18	19	20	21	22	23	24	25	26	27	28	29	30	31
요일	금	토	일	월	화	수	목	금	토	일	월	화	수	목	금	토	일	월	화	수	목	금	토	일	월	화	수	목	금	토	일
일진 日辰	壬午	癸未	甲申	乙酉	丙戌	丁亥	戊子	己丑	庚寅	辛卯	壬辰	癸巳	甲午	乙未	丙申	丁酉	戊戌	己亥	庚子	辛丑	壬寅	癸卯	甲辰	乙巳	丙午	丁未	戊申	己酉	庚戌	辛亥	壬子
납음	楊柳木		井中水		屋上土		霹靂火		松柏木		長流水		沙中金		山下火		平地木		壁上土		金箔金		覆燈火		天河水		大驛土		釵釧金		
음력 (05/13 ~ 06/13)	13	14	15	16	17	18	19	20	21	22	23	24	25	26	27	28	29	30	6/1	2	3	4	5	6	7	8	9	10	11	12	13
구성	9	8	7	6	5	4	3	2	1	9	8	7	6	5	4	3	2	1	9	8	7	6	5	4	3	2	1	9	8	7	6
대운 남	2	2	1	1	1	1	소	10	10	9	9	9	8	8	8	7	7	7	6	6	6	대	5	5	4	4	4	3	3	3	2
대운 여	9	9	9	10	10	10	서	1	1	1	1	2	2	2	3	3	3	4	4	4	5	서	5	6	6	6	7	7	7	8	8

입추 7일 15시 51분 【음7월】 ➡ 【甲申月(갑신월)】 ☯二黑星 처서 23일 06시 31분

양력 8월	1	2	3	4	5	6	7	8	9	10	11	12	13	14	15	16	17	18	19	20	21	22	23	24	25	26	27	28	29	30	31
요일	월	화	수	목	금	토	일	월	화	수	목	금	토	일	월	화	수	목	금	토	일	월	화	수	목	금	토	일	월	화	수
일진 日辰	癸丑	甲寅	乙卯	丙辰	丁巳	戊午	己未	庚申	辛酉	壬戌	癸亥	甲子	乙丑	丙寅	丁卯	戊辰	己巳	庚午	辛未	壬申	癸酉	甲戌	乙亥	丙子	丁丑	戊寅	己卯	庚辰	辛巳	壬午	癸未
납음		大溪水		沙中土		天上火		石榴木		大海水		海中金		爐中火		大林木		路傍土		劍鋒金		山頭火		澗下水		城頭土		白臘金		楊柳木	
음력 (06/14 ~ 07/15)	14	15	16	17	18	19	20	21	22	23	24	25	26	27	28	29	7/1	2	3	4	5	6	7	8	9	10	11	12	13	14	15
구성	5	4	3	2	1	9	8	7	6	5	4	3	2	1	9	8	7	6	5	4	3	2	1	9	8	7	6	5	4	3	2
대운 남	2	2	1	1	1	1	입	10	10	9	9	9	8	8	8	7	7	7	6	6	6	5	처	5	4	4	4	3	3	3	2
대운 여	8	9	9	9	10	10	추	1	1	1	1	2	2	2	3	3	3	4	4	4	5	5	서	6	6	6	7	7	7	8	8

백로 7일 18시 59분 【음8월】 ➡ 【乙酉月(을유월)】 ☯一白星 추분 23일 04시 27분

양력 9월	1	2	3	4	5	6	7	8	9	10	11	12	13	14	15	16	17	18	19	20	21	22	23	24	25	26	27	28	29	30
요일	목	금	토	일	월	화	수	목	금	토	일	월	화	수	목	금	토	일	월	화	수	목	금	토	일	월	화	수	목	금
일진 日辰	甲申	乙酉	丙戌	丁亥	戊子	己丑	庚寅	辛卯	壬辰	癸巳	甲午	乙未	丙申	丁酉	戊戌	己亥	庚子	辛丑	壬寅	癸卯	甲辰	乙巳	丙午	丁未	戊申	己酉	庚戌	辛亥	壬子	癸丑
납음	井中水		屋上土		霹靂火		松柏木		長流水		沙中金		山下火		平地木		壁上土		金箔金		覆燈火		天河水		大驛土		釵釧金		桑柘木	
음력 (07/16 ~ 08/15)	16	17	18	19	20	21	22	23	24	25	26	27	28	29	30	8/1	2	3	4	5	6	7	8	9	10	11	12	13	14	15
구성	1	9	8	7	6	5	4	3	2	1	9	8	7	6	5	4	3	2	1	9	8	7	6	5	4	3	2	1	9	8
대운 남	2	2	1	1	1	1	백	10	10	9	9	9	8	8	8	7	7	7	6	6	6	5	추	5	4	4	4	3	3	3
대운 여	8	9	9	9	10	10	로	1	1	1	1	2	2	2	3	3	3	4	4	4	5	5	분	6	6	6	7	7	7	8

한로 8일 10시 59분 【음9월】 ➡ 【丙戌月(병술월)】 ☯九紫星 상강 23일 14시 10분

양력 10월	1	2	3	4	5	6	7	8	9	10	11	12	13	14	15	16	17	18	19	20	21	22	23	24	25	26	27	28	29	30	31
요일	토	일	월	화	수	목	금	토	일	월	화	수	목	금	토	일	월	화	수	목	금	토	일	월	화	수	목	금	토	일	월
일진 日辰	甲寅	乙卯	丙辰	丁巳	戊午	己未	庚申	辛酉	壬戌	癸亥	甲子	乙丑	丙寅	丁卯	戊辰	己巳	庚午	辛未	壬申	癸酉	甲戌	乙亥	丙子	丁丑	戊寅	己卯	庚辰	辛巳	壬午	癸未	甲申
납음	大溪水		沙中土		天上火		石榴木		大海水		海中金		爐中火		大林木		路傍土		劍鋒金		山頭火		澗下水		城頭土		白臘金		楊柳木		
음력 (08/16 ~ 09/16)	16	17	18	19	20	21	22	23	24	25	26	27	28	29	30	9/1	2	3	4	5	6	7	8	9	10	11	12	13	14	15	16
구성	7	6	5	4	3	2	1	9	8	7	6	5	4	3	2	1	9	8	7	6	5	4	3	2	1	9	8	7	6	5	4
대운 남	2	2	2	1	1	1	1	한	10	9	9	9	8	8	8	7	7	7	6	6	6	5	상	5	4	4	4	3	3	3	2
대운 여	8	8	9	9	9	10	10	로	1	1	1	1	2	2	2	3	3	3	4	4	4	5	강	5	6	6	6	7	7	7	8

입동 7일 14시 32분 【음10월】 ➡ 【丁亥月(정해월)】 ☯八白星 소설 22일 12시 05분

양력 11월	1	2	3	4	5	6	7	8	9	10	11	12	13	14	15	16	17	18	19	20	21	22	23	24	25	26	27	28	29	30
요일	화	수	목	금	토	일	월	화	수	목	금	토	일	월	화	수	목	금	토	일	월	화	수	목	금	토	일	월	화	수
일진 日辰	乙酉	丙戌	丁亥	戊子	己丑	庚寅	辛卯	壬辰	癸巳	甲午	乙未	丙申	丁酉	戊戌	己亥	庚子	辛丑	壬寅	癸卯	甲辰	乙巳	丙午	丁未	戊申	己酉	庚戌	辛亥	壬子	癸丑	甲寅
납음		屋上土		霹靂火		松柏木		長流水		沙中金		山下火		平地木		壁上土		金箔金		覆燈火		天河水		大驛土		釵釧金		桑柘木		
음력 (09/17 ~ 10/17)	17	18	19	20	21	22	23	24	25	26	27	28	29	10/1	2	3	4	5	6	7	8	9	10	11	12	13	14	15	16	17
구성	3	2	1	9	8	7	6	5	4	3	2	1	9	8	7	6	5	4	3	2	1	9	8	7	6	5	4	3	2	1
대운 남	2	2	1	1	1	1	입	10	9	9	9	8	8	8	7	7	7	6	6	6	5	소	5	4	4	4	3	3	3	2
대운 여	8	8	9	9	9	10	동	1	1	1	1	2	2	2	3	3	3	4	4	4	5	설	5	6	6	6	7	7	7	8

대설 7일 07시 40분 【음11월】 ➡ 【戊子月(무자월)】 ☯七赤星 동지 22일 01시 37분

양력 12월	1	2	3	4	5	6	7	8	9	10	11	12	13	14	15	16	17	18	19	20	21	22	23	24	25	26	27	28	29	30	31
요일	목	금	토	일	월	화	수	목	금	토	일	월	화	수	목	금	토	일	월	화	수	목	금	토	일	월	화	수	목	금	토
일진 日辰	乙卯	丙辰	丁巳	戊午	己未	庚申	辛酉	壬戌	癸亥	甲子	乙丑	丙寅	丁卯	戊辰	己巳	庚午	辛未	壬申	癸酉	甲戌	乙亥	丙子	丁丑	戊寅	己卯	庚辰	辛巳	壬午	癸未	甲申	乙酉
납음		沙中土		天上火		石榴木		大海水		海中金		爐中火		大林木		路傍土		劍鋒金		山頭火		澗下水		城頭土		白臘金		楊柳木		井中水	
음력 (10/18 ~ 11/18)	18	19	20	21	22	23	24	25	26	27	28	29	30	11/1	2	3	4	5	6	7	8	9	10	11	12	13	14	15	16	17	18
구성	9	8	7	6	5	4	3	2	1	1	2	3	4	5	6	7	8	9	1	2	3	4	5	6	7	8	9	1	2	3	4
대운 남	2	2	1	1	1	1	대	9	9	9	8	8	8	7	7	7	6	6	6	5	5	동	4	4	4	3	3	3	2	2	2
대운 여	8	8	9	9	9	10	설	1	1	1	1	2	2	2	3	3	3	4	4	4	5	지	5	6	6	6	7	7	7	8	8

두원출판미디어 역학도서

춘하추동 실전 사주학 시리즈(1-10)

❶ 건강과 질병

정가 : 15,000원

시디첨부시; ₩ 20,000

❷ 사주명리에 빠져봅시다.

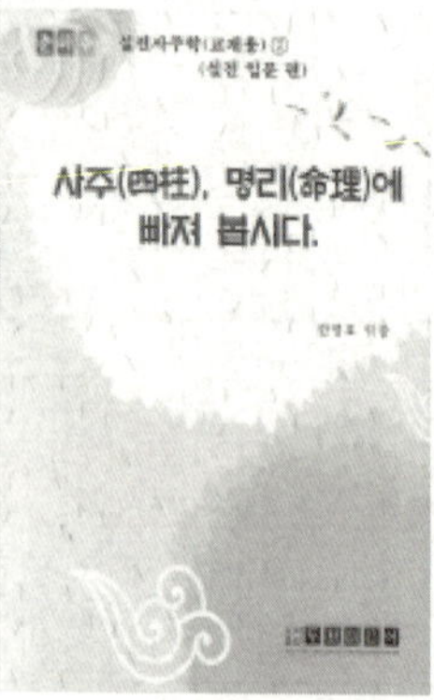

정가 27,000원

시디첨부시; ₩ 32,000

❶ 건강과 질병

건강에 관심이 날로 커가는 당연한 이치에 과연 어떻게 판단을 하고 어떻게 통변을 할 것인가? 관상으로 보는 관점등 생로병사에 관한 사항들을 집중으로 분석. 전문가 못지않은 실력을 배양토록 하였다. 약초의 활용도 첨가하였다.

❷ 사주명리에 빠져봅시다.

입문 과정에서 필수적으로 알아야 할 사항들을 집대성한 것으로 초보자들의 입문서이고, 반복적으로 참고해야 할 사항들을 모은 책이다. 커다란 활자로 편집 이해를 한층 쉽게 하는데 주력한 도서이다.

❸ 부부클리닉

정가 18,000원

시디첨부시; ₩ 23,000

❹ 사주 통변술의 이차방정식

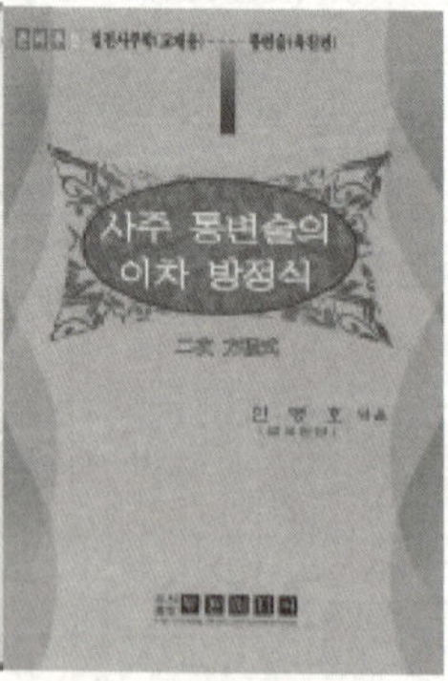

정가 25,000원

시디첨부시; ₩ 30,000

❸ 부부클리닉

남녀간의 만남과 이별, 팔자를 다룬 도서이다.
각자의 심성과 운을 첨가하여 인생의 반을 성공으로 이끄는 방법을 제시한 도서이다. 과연 팔자로만 치부할 것인가? 만남과 헤어짐의 원인을 분석한다.

❹ 사주 통변술의 이차방정식.

기본적인 사항을 익힌 후 어떻게 활용을 하고, 어떻게 통변을 할 것인가? 육친의 활용과 통변에 대한 자습서이다. 말문이 막히는 사람들을 위한 해결서이다. 백문이 불여일견(不如一見)이다.

❺ 사주격국의 원류와 흐름을 찾아서

❻ 사주 용신의 발톱을 찾아라.

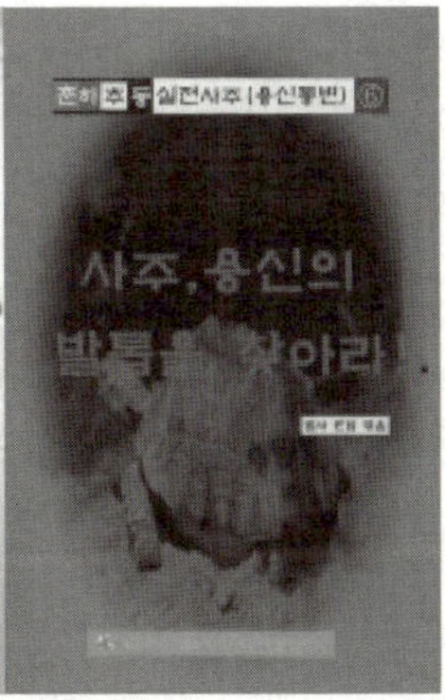

정가 27,000원
시디첨부시; ₩ 30,000

정가 30,000원
시디첨부시; ₩ 33,000

❺ 사주격국의 원류와 흐름을 찾아서

사주의 틀을 논하는 격국에 대한 안내서이다.
모양을 보면 알면서 들리는 소리는 듣고 아는데 왜?
사주를 보면서 틀을 모양과 규격을 왜 판단하지 못하는 가?
해결책과 비법을 알려주는 방법을 서술한 책이다.

❻ 사주 용신의 발톱을 찾아라.

배가 고프면 무엇인가 음식물을 섭취해야 한다.
사주의 격을 논하면 무엇이 중요한 요소 인가?를 판단하는 방법과 실전을 통한 자세한 설명이 첨부된다. 어디가 아프고? 무엇이 부족한가? 고쳐주고 채워주는 간결한 방법을 서술한다.

❼ 사주신살 약인가, 독인가?

❽ 내 팔자가 내 복이다.

정가 27,000원
시디첨부시; ₩ 30,000

정가 38,000원
시디첨부시; ₩ 38,000

❼ 사주신살 약인가, 독인가?

신살로 통변하는 방법을 논하는 것이다.
외면시하는 신살 실제로는 그것이 상담의 묘미를 더한다. 간편하면서도 피부에 와닿는 통변이다.
실질적인 상황에 대한 가까우면서도 먼 것 같은 핵심을 제시하는 것이다.

❽ 내 팔자가 내 복이다.

실전사주에 대한 사항이다.
남성을 대상으로 전반적으로 종합적인 분야를 두루 섭협할 수 있는 내용이다.
추명가의 남성편전체를 해부한 책이다. 각 항목별로 다루어 구분을 확실히 하고 실전사주들을 놓고 해부한다.

❾ 대박은 터트리고 쪽박은 깨야 한다.

❿ 사주 명리격론

정가 ₩ 33,000

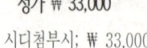

시디첨부시; ₩ 33,000

정가 ₩ 27,000

시디첨부시; ₩ 27,000

⑨ 대박은 터트리고 쪽박은 깨야 한다.

여성에 대한 항목을 전체적으로 다루는 경우이다. 남성과 여성의 차이는 무엇인가? 실전사주들을 파헤치면서 분석하고 해석한 내용이다. 추명가의 여명편을 집대성한 것이다. 내용이 광대하여 나누어 설명한다.

⑩ 사주 명리격론

⑨편에 이은 정라편이다.

여성의 사주를 다룬 책으로 팔자와 운의 심도를 더욱 가한 내용이다. 사망자들의 사주를 집중으로 다룬 것이 눈에 확 들어온다. 당신의 수명과 팔자의 관계는? 어떤가 묻는 책이다.

파워만세력-3

지 은 이 / 한명호
펴 낸 이 / 한원석
펴 낸 곳 / 두원출판미디어
강원도 춘천시 후만로 116번길2
☎ 033) 244-5612, 242-5612 FAX 033) 251-5611

등록 / 1999. 08. 06 제041호

♣ 파본, 낙장본은 교환하여 드립니다.
♣ 다음까페 : 두원출판미디어
홈페이지: www.dooweonmedia.co.kr

♣ E-mail : doo1616@naver.com
1판 2쇄 2021. 05. 22 ISBN 978-89-91253-13-1

정가 12,000원